CHINA REAL ESTATE YEARBOOK

# 2015
# 中国房地产年鉴

中国房地产业协会
中国房地产研究会
克而瑞信息集团
北京中房研协技术服务有限公司
——编著——

图书在版编目（CIP）数据

2015 中国房地产年鉴 / 中国房地产业协会等编著 . —北京：企业管理出版社，2015. 5
ISBN 978 - 7 - 5164 - 1048 - 6

Ⅰ. ①2…　Ⅱ. ①中…　Ⅲ. ①房地产业—中国—2015—年鉴　Ⅳ. ①F299. 233 - 54

中国版本图书馆 CIP 数据核字（2015）第 084379 号

书　　名：2015 中国房地产年鉴
作　　者：中国房地产业协会　中国房地产研究会　克而瑞信息集团　北京中房研协技术服务有限公司
责任编辑：刘一玲　崔立凯
书　　号：ISBN 978 - 7 - 5164 - 1048 - 6
出版发行：企业管理出版社
地　　址：北京市海淀区紫竹院南路 17 号　　邮编：100048
网　　址：http：//www. emph. cn
电　　话：总编室 010 - 68701719　发行部 010 - 68414644　编辑部 010 - 68701322
电子信箱：80147@ sina. com　zbs@ emph. cn
印　　刷：北京市媛明印刷厂
经　　销：新华书店
规　　格：889 毫米 ×1194 毫米　16 开本　42. 75 印张　1200 千字　彩插 4. 75 印张
版　　次：2015 年 5 月第 1 版　　2015 年 5 月第 1 次印刷
定　　价：498. 00 元

# 编撰说明

2014年中央及时调整了房地产调控政策，降准、降息、降首付成数；除一线城市外，各地基本都放松或取消了限购政策；部分城市还根据房地产市场的实际情况采取了增加公积金贷款额度、财政贴息、调整普通住房标准等稳定或促进房地产市场健康发展的措施。

随着我国经济发展进入新常态，房地产业在经历了十几年的快速发展后，也进入了增速的平稳期、结构的调整期、政策的完善期和品质的提升期。2014年房地产市场总体呈现投资减速、销量回落、库存上升、价格稳定、分化显著、行业集中度继续提升的特点。

住房保障方面，2014年全国城镇保障性安居工程已开工700万套以上，其中各类棚户区改造470万套，基本建成保障性住房480万套，同时还完成了260万户农村危房改造的任务，已全面完成年度目标任务。

为客观反映2014年中国房地产业的年度发展，更好地为政府决策服务、为行业平稳健康发展服务、为会员单位提供市场信息服务，中国房地产业协会、中国房地产研究会、克而瑞信息集团和北京中房研协技术服务有限公司在总结前四年编撰房地产年鉴经验的基础上，编撰了《2015中国房地产年鉴》(简称《年鉴》)。

《年鉴》包括政策、数据、市场、城市、企业、保障、发展和大事记等八个篇章。数据篇新增了连续五年的财政、税收、货币、发电量、货运量等关系国计民生的整体数据；新编了286个城市2013的房地产相关数据；新增了港、澳、台的2014年的房地产市场数据；首次编入中国房地产行业综合大奖——“广厦奖”获奖项目。

《年鉴》内容涉及面广、专业性强，加上成书时间短和我们水平有限，难免还存在一定的局限和不足。我们愿意听取广大读者的意见，继续对年鉴进行改进和完善。

《年鉴》在编写过程中，得到住房和城乡建设部有关司局、中国物业管理协会、北京市住建委、北京市物业管理协会、上海市统计局、上海市房管局、广东省房协、西藏自治区建设厅、中原地产等单位的大力协助，在此一并表示感谢！

《2015中国房地产年鉴》编委会

2015年4月

# 编撰说明

[illegible]

# 《2015中国房地产年鉴》编辑委员会

**特约支持单位：**

北京住总房地产开发有限责任公司

宁夏亘元房地产开发有限公司

# 目　录

## Ⅰ. 政策篇

### 导　读

## Ⅱ. 数据篇

### 导　读

## Ⅲ. 市场篇



## Ⅳ. 城市篇

## V. 企业篇

### 导 读

## Ⅵ. 保障篇



## Ⅶ. 发展篇

## Ⅷ. 大事记



## 企业形象展示

# Ⅰ.政策篇

# 导　读

2014年以来，国家对房地产市场的调控方式出现重大调整，行政主导转向市场主导、统一管控转向分类指导。

在中长期制度建设方面，主要颁布了《不动产登记暂行条例》和《国家新型城镇化规划（2014—2020）》，提出存量集体建设用地使用权入市等重大决策。

本篇选取2014年与房地产业相关的重要文件，主要源自国务院和国务院办公厅、国家发展和改革委员会、住房和城乡建设部、国土资源部、财政部、国家税务总局、中国人民银行等相关部委。中国房地产业协会的两篇重要报告也编入其中。

# 一、国家重要会议公报

## 2014年政府工作报告（节选）

2014年3月5日

国务院总理李克强在十二届全国人大二次会议作任职以来的首份政府工作报告：

### 2014年工作总体部署

2014年，我国面临的形势依然错综复杂，有利条件和不利因素并存。世界经济复苏仍存在不稳定不确定因素，一些国家宏观政策调整带来变数，新兴经济体又面临新的困难和挑战。全球经济格局深度调整，国际竞争更趋激烈。我国支撑发展的要素条件也在发生深刻变化，深层次矛盾凸显，正处于结构调整阵痛期、增长速度换挡期，到了爬坡过坎的紧要关口，经济下行压力依然较大。同时要看到，我国发展仍处在可以大有作为的重要战略机遇期，工业化、城镇化持续推进，区域发展回旋余地大，今后一个时期保持经济中高速增长有基础也有条件。我们必须防微虑远，趋利避害，一定要牢牢把握发展的主动权。

今年政府工作的总体要求是：高举中国特色社会主义伟大旗帜，以邓小平理论、“三个代表”重要思想、科学发展观为指导，全面贯彻落实党的十八大和十八届二中、三中全会精神，贯彻落实习近平同志系列重要讲话精神，坚持稳中求进工作总基调，把改革创新贯穿于经济社会发展各个领域各个环节，保持宏观经济政策连续性稳定性，增强调控的前瞻性针对性，全面深化改革，不断扩大开放，实施创新驱动，坚持走中国特色新型工业化、信息化、城镇化、农业现代化道路，加快转方式调结构促升级，加强基本公共服务体系建设，着力保障和改善民生，切实提高发展质量和效益，大力推进社会主义经济建设、政治建设、文化建设、社会建设、生态文明建设，实现经济持续健康发展和社会和谐稳定。

今年经济社会发展的主要预期目标是：国内生产总值增长7.5%左右，居民消费价格涨幅控制在3.5%左右，城镇新增就业1000万人以上，城镇登记失业率控制在4.6%以内，国际收支基本平衡，努力实现居民收入和经济发展同步。加强对增长、就业、物价、国际收支等主要目标的统筹平衡。这里，着重对两个目标加以说明。

关于经济增长。我国仍是一个发展中国家，还处于社会主义初级阶段，发展是解决我国所有问题的关键，必须牢牢抓住经济建设这个中心，保持合理的经济增长速度。经过认真比较、反复权衡，把增长预期目标定在7.5%左右，兼顾了需要和可能。这与全面建成小康社会的目标相衔接，有利于增强市场信心，有利于调整优化经济结构。稳增长更是为了保就业，既要满足城镇新增就业的需要，又要为农村转移劳动力进城务工留出空间，根本上是为了增加城乡居民收入、改善人民生活。实现今年经济增长目标有不少积极因素，但必须付出艰辛努力。

关于价格水平。把居民消费价格涨幅控制在3.5%左右，考虑了上一年涨价翘尾影响和今年新涨价因素，也表明我们抑制通胀、保障民生的决心和信心。我国农业连年增产，工业品总体上供大于求，粮食等物资储备充裕，进出口调节能力较强，保持物价总水平基本稳定具备许多有利条件。但今年推动价格上涨的因素不少，不能掉以轻心，必须做好物价调控，切实防止对群众生活造成大的影响。

实现今年经济社会发展的目标任务，要把握好以下原则和政策取向。

第一，向深化改革要动力。改革是最大的红利。当前改革已进入攻坚期和深水区，必须紧紧依靠人民群众，以壮士断腕的决心、背水一战的气概，冲破思想观念的束缚，突破利益固化的藩篱，以经济体制改革为牵引，全面深化各领域改革。要从群众最期盼的领域改起，从制约经济社会发展最突出的问题改起，从社会各界能够达成共识的环节改起，使市场在资源配置中起决定性作用和更好发挥政府作用，积极推进有利于结构调整的改革，破除制约市场主体活力和要素优化配置的障碍，让全社会创造潜力充分释放，让公平正义得以彰显，让全体人民共享改革发展成果。

第二，保持经济运行处在合理区间。完善宏观调控政策框架，守住稳增长、保就业的下限和防通胀的上限，继续实施积极的财政政策和稳健的货币政策。今年拟安排财政赤字13500亿元，比上年增加1500亿元，其中中央财政赤字9500亿元，由中央代地方发债4000亿元。财政赤字和国债规模随着经济总量扩大而有所增加，但赤字率稳定在2.1%，体现了财政政策的连续性。货币政策要保持松紧适度，促进社会总供求基本平衡，营造稳定的货币金融环境。加强宏观审慎管理，引导货币信贷和社会融资规模适度增长。今年广义货币M2预期增长13%左右。要加强财政、货币和产业、投资等政策协同配合，做好政策储备，适时适度预调微调，确保中国经济这艘巨轮行稳致远。

第三，着力提质增效升级、持续改善民生。我们追求的发展，是提高质量效益、推进转型升级、改善人民生活的发展。要在稳增长的同时，推动发展从主要依靠要素投入向更多依靠创新驱动转变，从主要依靠传统比较优势向更多发挥综合竞争优势转换，从国际产业分工中低端向中高端提升，从城乡区域不平衡向均衡协调迈进。完善政绩考核评价体系，切实把各方面积极性引导到加快转方式调结构、实现科学发展上来，不断增加就业和居民收入，不断改善生态环境，使经济社会发展更有效率、更加公平、更可持续。

## 2014年重点工作

做好今年政府工作，要以深化改革为强大动力，以调整结构为主攻方向，以改善民生为根本目的，统筹兼顾，突出重点，务求实效。

### （一）推动重要领域改革取得新突破

改革是今年政府工作的首要任务。要以经济体制改革为重点，区别情况，分类推进，抓好牵一发而动全身的举措，力求取得实质性进展，更多释放改革红利。

深入推进行政体制改革。进一步简政放权，这是政府的自我革命。今年要再取消和下放行政审批事项200项以上。深化投资审批制度改革，取消或简化前置性审批，充分落实企业投资自主权，推进投资创业便利化。确需设置的行政审批事项，要建立权力清单制度，一律向社会公开。清单之外的，一律不得实施审批。全面清理非行政审批事项。基本完成省市县政府机构改革，继续推进事业单位改革。在全国实施工商登记制度改革，落实认缴登记制，由先证后照改为先照后证，由企业年检制度改为年报公示制度，让市场主体不断迸发新的活力。

加强事中事后监管。坚持放管并重，建立纵横联动协同管理机制，实现责任和权力同步下放、放活和监管同步到位。推广一站式审批、一个窗口办事，探索实施统一市场监管。加快社会信用体系建设，推进政府信息共享，推动建立自然人、法人统一代码，对违背市场竞争原则和侵害消费者权益的企业建立黑名单制度，让失信者寸步难行，让守信者一路畅通。

抓好财税体制改革这个重头戏。实施全面规范、公开透明的预算制度。着力把所有政府性收入纳入预算，实行全口径预算管理。各级政府预算和决算都要向社会公开，部门预算要逐步公开到基本支出和项目支出，所有财政拨款的“三公”经费都要公开，打造阳光财政，让群众看明白、能监督。提高一般性转移支付比例，专项转移支付项目要减少1/3，今后还要进一步减少。推进税收制度改革，把“营改增”试点扩大到铁路运输、邮政服务、电信等行业，清费立税，推动消费税、资源税改革，做好房地产税、环境保护税立法相关工作。进一步扩展小微企业税收优惠范围，减轻企业负担。抓紧研究调整中央与地方事权和支出责任，逐步理顺中央与地方收入划分，保持现有财力格局总体稳定。建立规范的地方政府举债融资机制，把地方政府性债务纳入预算管理，推行政府综合财务报告制度，防范和化解债务风险。

深化金融体制改革。继续推进利率市场化，扩大金融机构利率自主定价权。保持人民币汇率在合理均衡水平上的基本稳定，扩大汇率双向浮动区间，推进人民币资本项目可兑换。稳步推进由民间资本发起设立中小型银行等金融机构，引导民间资本参股、投资金融机构及融资中介服务机构。建立存款保险制度，健全金融机构风险处置机制。实施政策性金融机构改革。加快发展多层次资本市场，推进股票发行注册制改革，规范发展债券市场。积极发展农业保险，探索建立巨灾保险制度。促进互联网金融健康发展，完善金融监管协调机制，密切监测跨境资本流动，守住不发生系统性和区域性金融风险的底线。让金融成为一池活水，更好地浇灌小微企业、“三农”等实体经济之树。

增强各类所有制经济活力。坚持和完善基本经济制度。优化国有经济布局和结构，加快发展混合所有制经济，建立健全现代企业制度和公司法人治理结构。完善国有资产管理体制，准确界定不同国有企业功能，推进国有资本投资运营公司试点。完善国有资本经营预算，提高中央企业国有资本收益上缴公共财政比例。制定非国有资本参与中央企业投资项目的办法，在金融、石油、电力、铁路、电信、资源开发、公用事业等领域，向非国有资本推出一批投资项目。制定非公有制企业进入特许经营领域具体办法。实施铁路投融资体制改革，在更多领域放开竞争性业务，为民间资本提供大显身手的舞台。完善产权保护制度，公有制经济财产权不可侵犯，非公有制经济财产权同样不可侵犯。

（二）开创高水平对外开放新局面

开放与改革相伴而生、相互促进。要构建开放型经济新体制，推动新一轮对外开放，在国际市场汪洋大海中搏击风浪，倒逼深层次改革和结构调整，加快培育国际竞争新优势。

扩大全方位主动开放。坚持积极有效利用外资，推动服务业扩大开放，打造内外资企业一视同仁、公平竞争的营商环境，使中国继续成为外商投资首选地。建设好、管理好中国上海自由贸易试验区，形成可复制可推广的体制机制，并开展若干新的试点。扩展内陆沿边开放，让广袤大地成为对外开放的热土。

从战略高度推动出口升级和贸易平衡发展。今年进出口总额预期增长7.5%左右。要稳定和完善出口政策，加快通关便利化改革，扩大跨境电子商务试点。实施鼓励进口政策，增加国内短缺产品进口。引导加工贸易转型升级，支持企业打造自主品牌和国际营销网络，发展服务贸易和服务外包，提升中国制造在国际分工中的地位。鼓励通信、铁路、电站等大型成套设备出口，让中国装备享誉全球。

在走出去中提升竞争力。推进对外投资管理方式改革，实行以备案制为主，大幅下放审批权限。健全金融、法律、领事等服务保障，规范走出去秩序，促进产品出口、工程承包与劳务合作。抓紧规划建设丝绸之路经济带、21世纪海上丝绸之路，推进孟中印缅、中巴经济走廊建设，推出一批重大支撑项目，加快基础设施互联互通，拓展国际经济技术合作新空间。

统筹多双边和区域开放合作。推动服务贸易协定、政府采购协定、信息技术协定等谈判，加快环保、电子商务等新议题谈判。积极参与高标准自贸区建设，推进中美、中欧投资协定谈判，加快与韩国、澳大利亚、海湾合作委员会等自贸区谈判进程。坚持推动贸易和投资自由化便利化，实现与各国互利共赢，形成对外开放与改革发展良性互动新格局。

（三）增强内需拉动经济的主引擎作用

扩大内需是经济增长的主要动力，也是重大的结构调整。要发挥好消费的基础作用和投资的关键作用，打造新的区域经济支撑带，从需求方面施策，从供给方面发力，构建扩大内需长效机制。

把消费作为扩大内需的主要着力点。通过增加居民收入提高消费能力，完善消费政策，培育消费热点。要扩大服务消费，支持社会力量兴办各类服务机构，重点发展养老、健康、旅游、文化等服务，落实带薪休假制度。要促进信息消费，实施“宽带中国”战略，加快发展第四代移动通信，推进城市百兆光纤工程和宽带乡村工程，大幅提高互联网网速，在全国推行“三网融合”，鼓励电子商务创新发展。维护网络安全。要深化流通体制改革，清除妨碍全国统一市场的各种关卡，降低流通成本，促进物流配送、快递业和网络购物发展。充分释放十几亿人口蕴藏的巨大消费潜力。

把投资作为稳定经济增长的关键。加快投融资体制改革，推进投资主体多元化，再推出一批民间投资示范项目，优化投资结构，保持固定资产投资合理增长。中央预算内投资拟增加到4576亿元，重点投向保障性安居工程、农业、重大水利、中西部铁路、节能环保、社会事业等领域，发挥好政府投资“四两拨千斤”的带动作用。

把培育新的区域经济带作为推动发展的战略支撑。深入实施区域发展总体战略，优先推进西部大开发，全面振兴东北地区等老工业基地，大力促进中部地区崛起，积极支持东部地区经济率先转型升级，加大对革命老区、民族地区、边疆地区、贫困地区支持力度。要谋划区域发展新棋局，由东向西、由沿海向内地，沿大江大河和陆路交通干线，推进梯度发展。依托黄金水道，建设长江经济带。以海陆重点口岸为支点，形成与沿海连接的西南、中南、东北、西北等经济支撑带。推进长三角地区经济一体化，深化泛珠三角区域经济合作，加强环渤海及京津冀地区经济协作。实施差别化经济政策，推动产业转移，发展跨区域大交通大流通，形成新的区域经济增长极。

海洋是我们宝贵的蓝色国土。要坚持陆海统筹，全面实施海洋战略，发展海洋经济，保护海洋环境，坚决维护国家海洋权益，大力建设海洋强国。

（四）促进农业现代化和农村改革发展

农业是扩内需调结构的重要领域，更是安天下稳民心的产业。要坚持把解决好“三农”问题放在全部工作的重中之重，以保障国家粮食安全和促进农民增收为核心，推进农业现代化。坚守耕地红线，提高耕地质量，增强农业综合生产能力，确保谷物基本自给、口粮绝对安全，把13亿中国人的饭碗牢牢端在自己手中。

强化农业支持保护政策。提高小麦、稻谷最低收购价格，继续执行玉米、油菜籽、食糖临时收储政策。探索建立农产品目标价格制度，市场价格过低时对生产者进行补贴，过高时对低收入消费者进行补贴。农业新增补贴向粮食等重要农产品、新型农业经营主体、主产区倾斜。增加对粮油猪等生产大县的奖励补助，扶持牛羊肉生产。发挥深松整地对增产的促进作用，今年启动1亿亩试点。统筹整合涉农资金。不管财力多么紧张，都要确保农业投入只增不减。

夯实农业农村发展基础。国家集中力量建设一批重大水利工程，今年拟安排中央预算内水利投资700多亿元，支持引水调水、骨干水源、江河湖泊治理、高效节水灌溉等重点项目。各地要加强中小型水利项目建设，解决好用水“最后一公里”问题。加快建成一批旱涝保收高标准农田，抓紧培育一批重要优良品种，研发推广一批新型高效农业机械。完善农村水电路气信等基础设施，改造农村危房260万户，改建农村公路20万公里。高度重视农村留守儿童、妇女、老人和“空心村”问题。今年再解决6000万农村人口的饮水安全问题，经过今明两年努力，要让所有农村居民都能喝上干净的水。

积极推进农村改革。坚持和完善农村基本经营制度，赋予农民更多财产权利。保持农村土地承包关系长久不变，抓紧土地承包经营权及农村集体建设用地使用权确权登记颁证工作，引导承包地经营权有序流转，慎重稳妥进行农村土地制度改革试点。坚持家庭经营基础性地位，培育专业大户、家庭农场、农民合作社、农业企业等新型农业经营主体，发展多种形式适度规模经营。完善集体林权制度改革。加快国有农牧林场改革。健全农业社会化服务体系，推进供销合作社综合改革试点。农村改革要从实际出发，试点先行，切实尊重农民意愿，坚决维护农民合法权益。

创新扶贫开发方式。加快推进集中连片特殊困难地区区域发展与扶贫攻坚。国家加大对跨区域重大基础设施建设和经济协作的支持，加强生态保护和基本公共服务。地方要优化整合扶贫资源，实行精准扶贫，确保扶贫到村到户。引导社会力量参与扶贫事业。今年再减少农村贫困人口1000万人以上。我们要继续向贫困宣战，决不让贫困代代相传。

（五）推进以人为核心的新型城镇化

城镇化是现代化的必由之路，是破除城乡二元结构的重要依托。要健全城乡发展一体化体制机制，坚持走以人为本、四化同步、优化布局、生态文明、传承文化的新型城镇化道路，遵循发展规律，积极稳妥推进，着力提升质量。今后一个时期，着重解决好现有“三个1亿人”问题，促进约1亿农业转移人口落户城镇，改造约1亿人居住的城镇棚户区和城中村，引导约1亿人在中西部地区就近城镇化。

有序推进农业转移人口市民化。推动户籍制度改革，实行不同规模城市差别化落户政策。把有能力、有意愿并长期在城镇务工经商的农民工及其家属逐步转为城镇居民。对未落户的农业转移人口，建立居住证制度。使更多进城务工人员随迁子女纳入城镇教育、实现异地升学，实施农民工职业技能提升计划。稳步推进城镇基本公共服务常住人口全覆盖，使农业转移人口和城镇居民共建共享城市现代文明。

加大对中西部地区新型城镇化的支持。提高产业发展和集聚人口能力，促进农业转移人口就近从业。加快推进交通、水利、能源、市政等基础设施建设，增强中西部地区城市群和城镇发展后劲。优化东部地区城镇结构，进一步提升城镇化质量和水平。

加强城镇化管理创新和机制建设。要更大规模加快棚户区改造，决不能一边高楼林立，一边棚户连片。以国家新型城镇化规划为指导，做好相关规划的统筹衔接。提高城镇建设用地效率，优先发展公共交通，保护历史文化和自然景观，避免千城一面。加强小城镇和村庄规划管理。探索建立农业转移人口市民化成本分担、多元化城镇建设投融资等机制。通过提高建设和管理水平，让我们的城镇各具特色、宜业宜居，更加充满活力。

（六）以创新支撑和引领经济结构优化升级

创新是经济结构调整优化的原动力。要把创新摆在国家发展全局的核心位置，促进科技与经济社会发展紧密结合，推动我国产业向全球价值链高端跃升。

加快科技体制改革。强化企业在技术创新中的主体地位，鼓励企业设立研发机构，牵头构建产学研协同创新联盟。全面落实企业研发费用加计扣除等普惠性措施。把国家自主创新示范区股权激励、科技成果处置权收益权改革等试点政策，扩大到更多科技园区和科教单位。加大政府对基础研究、前沿技术、社会公益技术、重大共性关键技术的投入，健全公共科技服务平台，完善科技重大专项实施机制。改进与加强科研项目和资金管理，实行国家创新调查和科技报告制度，鼓励科研人员创办企业。加强知识产权保护和运用。深入实施人才发展规划，统筹重大人才工程，鼓励企业建立研发人员报酬与市场业绩挂钩机制，使人才的贡献与回报相匹配，让各类人才脱颖而出、人尽其才、才尽其用。

产业结构调整要依靠改革，进退并举。进，要更加积极有为。优先发展生产性服务业，推进服务业综合改革试点和示范建设，促进文化创意和设计服务与相关产业融合发展，加快发展保险、商务、科技等服务业。促进信息化与工业化深度融合，推动企业加快技术改造、提升精准管理水平，完善设备加速折旧等政策，增强传统产业竞争力。设立新兴产业创业创新平台，在新一代移动通信、集成电路、大数据、先进制造、新能源、新材料等方面赶超先进，引领未来产业发展。退，要更加主动有序。坚持通过市场竞争实现优胜劣汰，鼓励企业兼并重组。对产能严重过剩行业，强化环保、能耗、技术等标准，清理各种优惠政策，消化一批存量，严控新上增量。今年要淘汰钢铁 2700 万吨、水泥 4200 万吨、平板玻璃 3500 万标准箱等落后产能，确保“十二五”淘汰任务提前一年完成，真正做到压下来，决不再反弹。

（七）加强教育、卫生、文化等社会建设

繁荣发展社会事业是促进社会公正、增进人民福祉的有效途径。要深化社会体制改革，以更大的投入和更有力的举措，推动经济社会协调发展。

促进教育事业优先发展、公平发展。继续加大教育资源向中西部和农村倾斜，促进义务教育均衡发展。全面改善贫困地区义务教育薄弱学校办学条件。贫困地区农村学生上重点高校人数要再增长 10% 以上，使更多农家子弟有升学机会。加强农村特别是边远贫困地区教师队伍建设，扩大优质教育资源覆盖面，改善贫困地区农村儿童营养状况。发展学前教育。实施特殊教育提升计划。继续增加中央财政教育投入，提高使用效率并强化监督。深化教育综合改革，积极稳妥改革考试招生制度，扩大省级政府教育统筹权和高校办学自主权，鼓励发展民办学校。加快构建以就业为导向的现代职业教育体系。我们要为下一代提供良好的教育，努力使每一个孩子有公平的发展机会。

推动医改向纵深发展。巩固全民基本医保，通过改革整合城乡居民基本医疗保险制度。完善政府、单位和个人合理分担的基本医疗保险筹资机制，城乡居民基本医保财政补助标准提高到人均 320 元。在全国推行城乡居民大病保险。加强城乡医疗救助、疾病应急救助。县级公立医院综合改革试点扩大到 1000 个县，覆盖农村 5 亿人口。扩大城市公立医院综合改革试点。破除以药补医，理顺医药价格，创新社会资本办医机制。巩固完善基本药物制度和基层医疗卫生机构运行新机制。健全分级诊疗体系，加强全科医生培养，推进医师多点执业，让群众能够就近享受优质医疗服务。提高重大传染病、慢性病和职业病、地方病防治能力，人均基本公共服务经费补助标准增加到 35 元。扶持中医药和民族医药事业发展。坚持计划生育基本国策不动摇，落实一方是独生子女的夫妇可生育两个孩子政策。为了人民的身心健康和家庭幸福，我们一定要坚定不移推进医改，用中国式办法解决好这个世界性难题。

文化是民族的血脉。要培育和践行社会主义核心价值观，加强公民道德和精神文明建设。继续深化文化体制改革，完善文化经济政策，增强文化整体实力和竞争力。促进基本公共文化服务标准化均等化，发展文化艺术、新闻出版、广播电影电视、档案等事业，繁荣发展哲学社会科学，倡导全民阅读。提升文化产业发展水平，培育和规范文化市场。传承和弘扬优秀传统文化，重视保护文物。加快文化走出去，发展文化贸易，加强国际传播能力建设，提升国家文化软实力。发展全民健身、竞技体育和体育产业。我国是历史悠久的文明古国，也一定能建成现代文化强国。

推进社会治理创新。注重运用法治方式，实行多元主体共同治理。健全村务公开、居务公开和民主管理制度，更好发挥社会组织在公共服务和社会治理中的作用。加强应急管理，提高公共安全和防灾救灾减灾能力，做好地震、气象、测绘等工作。改革信访工作制度，及时就近化解社会矛盾。加强行政复议工作。深入开展普法教育，加大法律援助。加强社会治安综合治理，坚决打击暴力恐怖犯罪活动，维护国家安全，形成良好社会秩序，共同建设平安中国。

（八）统筹做好保障和改善民生工作

民惟邦本，本固邦宁。政府工作的根本目的，是让全体人民过上好日子。要坚持建机制、补短板、兜底线，保障群众基本生活，不断提高人民生活水平和质量。

就业是民生之本。坚持实施就业优先战略和更加积极的就业政策，优化就业创业环境，以创新引领创业，以创业带动就业。今年高校毕业生将达 727 万人，要开发更多就业岗位，实施不间断的就业创业服务，提高大学生就业创业比例。加大对城镇就业困难人员帮扶力度，确保“零就业”家庭至少有一人就业，做好淘汰落后产能职工安置和再就业工作。统筹农村转移劳动力、退役军人等就业工作。努力实现更加充分、更高质量就业，使劳动者生活更加体面、更有尊严。

收入是民生之源。要深化收入分配体制改革，努力缩小收入差距。健全企业职工工资决定和正常增长机制，推进工资集体协商，构建和谐劳动关系。加强和改进国有企业负责人薪酬管理。改革机关事业单位工资制度，在事业单位逐步推行绩效工资，健全医务人员等适应行业特点的薪酬制度，完善艰苦边远地区津贴增长机制。多渠道增加低收入者收入，不断扩大中等收入者比重。使城乡居民收入与经济同步增长，广大人民群众普遍感受到得实惠。

社保是民生之基。重点是推进社会救助制度改革，继续提高城乡低保水平，全面实施临时救助制度，为特殊困难群众基本生活提供保障，为人们创业奋斗解除后顾之忧。建立统一的城乡居民基本养老保险制度，完善与职工养老保险的衔接办法，改革机关事业单位养老保险制度，鼓励发展企业年金、职业年金和商业保险。完善失业保险和工伤保险制度。落实社会救助和保障标准与物价水平挂钩联动机制。发展老龄事业，保障妇女权益，关心青少年发展，加强未成年人保护和困境家庭保障，做好残疾人基本公共服务和残疾预防，支持慈善事业发展。让每一个身处困境者都能得到社会关爱和温暖。

完善住房保障机制。以全体人民住有所居为目标，坚持分类指导、分步实施、分级负责，加大保障性安居工程建设力度，今年新开工 700 万套以上，其中各类棚户区 470 万套以上，加强配套设施建设。提高大城市保障房比例。推进公租房和廉租房并轨运行。创新政策性住房投融资机制和工具，采取市场化运作方式，为保障房建设提供长期稳定、成本适当的资金支持。各级政府要增加财政投入，提高建设质量，保证公平分配，完善准入退出机制，年内基本建成保障房 480 万套，让翘首以盼的住房困难群众早日迁入新居。针对不同城市情况分类调控，增加中小套型商品房和共有产权住房供应，抑制投机投资性需求，促进房地产市场持续健康发展。

人命关天，安全生产这根弦任何时候都要绷紧。要严格执行安全生产法律法规，全面落实安全生产责任制，坚决遏制重特大安全事故发生。大力整顿和规范市场秩序，继续开展专项整治，严厉打击制售假冒伪劣行为。建立从生产加工到流通消费的全程监管机制、社会共治制度和可追溯体系，健全从中央到地方直至基层的食品药品安全监管体制。严守法规和标准，用最严格的监管、最严厉的处罚、最严肃的问责，坚决治理餐桌上的污染，切实保障“舌尖上的安全”。

（九）努力建设生态文明的美好家园

生态文明建设关系人民生活，关乎民族未来。雾霾天气范围扩大，环境污染矛盾突出，是大自然向粗放发展方式亮起的红灯。必须加强生态环境保护，下决心用硬措施完成硬任务。

出重拳强化污染防治。以雾霾频发的特大城市和区域为重点，以细颗粒物（PM2.5）和可吸入颗粒物（PM10）治理为突破口，抓住产业结构、能源效率、尾气排放和扬尘等关键环节，健全政府、企业、公众共同参与新机制，实行区域联防联控，深入实施大气污染防治行动计划。今年要淘汰燃煤小锅炉5万台，推进燃煤电厂脱硫改造1500万千瓦、脱硝改造1.3亿千瓦、除尘改造1.8亿千瓦，淘汰黄标车和老旧车600万辆，在全国供应国四标准车用柴油。实施清洁水行动计划，加强饮用水源保护，推进重点流域污染治理。实施土壤修复工程。整治农业面源污染，建设美丽乡村。我们要像对贫困宣战一样，坚决向污染宣战。

推动能源生产和消费方式变革。加大节能减排力度，控制能源消费总量，今年能源消耗强度要降低3.9%以上，二氧化硫、化学需氧量排放量都要减少2%。要提高非化石能源发电比重，发展智能电网和分布式能源，鼓励发展风能、太阳能，开工一批水电、核电项目。加强天然气、煤层气、页岩气勘探开采与应用。推进资源性产品价格改革，建立健全居民用水、用气阶梯价格制度。实施建筑能效提升、节能产品惠民工程，发展清洁生产、绿色低碳技术和循环经济，提高应对气候变化能力。强化节水、节材和资源综合利用。加快开发应用节能环保技术和产品，把节能环保产业打造成生机勃勃的朝阳产业。

推进生态保护与建设。继续实施退耕还林还草，今年拟安排500万亩。实施退牧还草、天然林保护、防沙治沙、水土保持、石漠化治理、湿地恢复等重大生态工程。加强三江源生态保护。落实主体功能区制度，探索建立跨区域、跨流域生态补偿机制。生态环保功在当代、利在千秋。各级政府和全社会都要进一步积极行动起来，呵护好我们赖以生存的共同家园。

# 2015年政府工作报告（节选）

2015年3月5日

## 2014年工作回顾

过去一年，我国发展面临的国际国内环境复杂严峻。全球经济复苏艰难曲折，主要经济体走势分化。国内经济下行压力持续加大，多重困难和挑战相互交织。在以习近平同志为总书记的党中央坚强领导下，全国各族人民万众一心，克难攻坚，完成了全年经济社会发展主要目标任务，全面深化改革实现良好开局，全面推进依法治国开启新征程，全面从严治党取得新进展，全面建成小康社会又迈出坚实步伐。

一年来，我国经济社会发展总体平稳，稳中有进。“稳”的主要标志是，经济运行处于合理区间。增速稳，国内生产总值达到63.6万亿元，比上年增长7.4%，在世界主要经济体中名列前茅。

就业稳，城镇新增就业1322万人，高于上年。价格稳，居民消费价格上涨2%。“进”的总体特征是，发展的协调性和可持续性增强。经济结构有新的优化，粮食产量达到1.21万亿斤，消费对经济增长的贡献率上升3个百分点，达到51.2%，服务业增加值比重由46.9%提高到48.2%，新产业、新业态、新商业模式不断涌现。

中西部地区经济增速快于东部地区。发展质量有新的提升，一般公共预算收入增长8.6%，研究与试验发展经费支出与国内生产总值之比超过2%，能耗强度下降4.8%，是近年来最大降幅。

人民生活有新的改善，全国居民人均可支配收入实际增长8%，快于经济增长；农村居民人均可支配收入实际增长9.2%，快于城镇居民收入增长；农村贫困人口减少1232万人；6600多万农村人口饮水安全问题得到解决；出境旅游超过1亿人次。改革开放有新的突破，全面深化改革系列重点任务启动实施，本届政府减少1/3行政审批事项的目标提前实现。这份成绩单的确来之不易，它凝聚着全国各族人民的心血和汗水，坚定了我们奋勇前行的决心和信心。

过去一年，困难和挑战比预想的大。我们迎难而上，主要做了以下工作。

一是在区间调控基础上实施定向调控，保持经济稳定增长。面对经济下行压力加大态势，我们保持战略定力，稳定宏观经济政策，没有采取短期强刺激措施，而是继续创新宏观调控思路和方式，实行定向调控，激活力、补短板、强实体。把握经济运行合理区间的上下限，抓住发展中的突出矛盾和结构性问题，定向施策，聚焦靶心，精准发力。向促改革要动力，向调结构要助力，向惠民生要潜力，既扩大市场需求，又增加有效供给，努力做到结构调优而不失速。

有效实施积极的财政政策和稳健的货币政策。实行定向减税和普遍性降费，拓宽小微企业税收优惠政策范围，扩大“营改增”试点。加快财政支出进度，积极盘活存量资金。灵活运用货币政策工具，采取定向降准、定向再贷款、非对称降息等措施，加大对经济社会发展薄弱环节的支持力度，小微企业、“三农”贷款增速比各项贷款平均增速分别高4.2和0.7个百分点。同时，完善金融监管，坚决守住不发生区域性系统性风险的底线。

二是深化改革开放，激发经济社会发展活力。针对束缚发展的体制机制障碍，我们通过全面深化改革，以释放市场活力对冲经济下行压力，啃了不少硬骨头，经济、政治、文化、社会、生态文明等体制改革全面推进。

扎实推动重点改革。制定并实施深化财税体制改革总体方案，预算管理制度和税制改革取得重要进展，专项转移支付项目比上年减少1/3以上，一般性转移支付比重增加，地方政府性债务管理得到加强。存款利率和汇率浮动区间扩大，民营银行试点迈出新步伐，“沪港通”试点启动，外汇储备、保险资金运用范围拓展。能源、交通、环保、通信等领域价格改革加快。启动科技资金管理、考试招生、户籍、机关事业单位养老保险制度等改革。

继续把简政放权、放管结合作为改革的重头戏。国务院各部门全年取消和下放246项行政审批事项，取消评比达标表彰项目29项、职业资格许可和认定事项149项，再次修订投资项目核准目录，大幅缩减核准范围。着力改革商事制度，新登记注册市场主体达到1293万户，其中新登记注册企业增长45.9%，形成新的创业热潮。经济增速放缓，新增就业不降反增，显示了改革的巨大威力和市场的无限潜力。

以开放促改革促发展。扩展上海自由贸易试验区范围，新设广东、天津、福建自由贸易试验区。稳定出口，增加进口，出口占国际市场份额继续提升。实际使用外商直接投资1196亿美元，居世界首位。对外直接投资1029亿美元，与利用外资并驾齐驱。中国与冰岛、瑞士自贸区启动实施，中韩、中澳自贸区完成实质性谈判。铁路、电力、油气、通信等领域对外合作取得重要成果，中国装备正大步走向世界。

三是加大结构调整力度，增强发展后劲。在结构性矛盾突出的情况下，我们积极作为，有扶有控，多办当前急需又利长远的事，夯实经济社会发展根基。

不断巩固农业基础。加大强农惠农富农政策力度，实现粮食产量“十一连增”、农民收入“五连快”。农业综合生产能力稳步提高，农业科技和机械化水平持续提升，重大水利工程建设进度加快，新增节水灌溉面积3345万亩，新建改建农村公路23万公里。新一轮退耕还林还草启动实施。农村土地确权登记颁证有序进行，农业新型经营主体加快成长。

大力调整产业结构。着力培育新的增长点，促进服务业加快发展，支持发展移动互联网、集成电路、高端装备制造、新能源汽车等战略性新兴产业，互联网金融异军突起，电子商务、物流快递等新业态快速成长，众多“创客”脱颖而出，文化创意产业蓬勃发展。同时，继续化解过剩产能，钢铁、水泥等15个重点行业淘汰落后产能年度任务如期完成。加强雾霾治理，淘汰黄标车和老旧车指标超额完成。

推进基础设施建设和区域协调发展。京津冀协同发展、长江经济带建设取得重要进展。新建铁路投产里程8427公里，高速铁路运营里程达1.6万公里，占世界的60%以上。高速公路通车里程达11.2万公里，水路、民航、管道建设进一步加强。农网改造稳步进行。宽带用户超过7.8亿户。经过多年努力，南水北调中线一期工程正式通水，惠及沿线亿万群众。

实施创新驱动发展战略。着力打通科技成果转化通道，扩大中关村国家自主创新示范区试点政策实施范围，推进科技资源开放共享，科技人员创新活力不断释放。超级计算、探月工程、卫星应用等重大科研项目取得新突破，我国自主研制的支线客机飞上蓝天。

四是织密织牢民生保障网，增进人民福祉。我们坚持以人为本，持续增加民生投入，保基本、兜底线、建机制，尽管财政收入增速放缓、支出压力加大，但财政用于民生的比例达到70%以上。

加强就业和社会保障。完善就业促进政策，推出创业引领计划，高校毕业生就业稳中有升。统一城乡居民基本养老保险制度，企业退休人员基本养老金水平又提高10%。新开工保障性安居工程740万套，基本建成511万套。全面建立临时救助制度，城乡低保标准分别提高9.97%和14.1%，残疾军人、烈属和老复员军人等优抚对象抚恤和生活补助标准提高20%以上。

继续促进教育公平。加强贫困地区义务教育薄弱学校建设，提高家庭经济困难学生资助水平，国家助学贷款资助标准大幅上调。中等职业学校免学费补助政策扩大到三年。实行义务教育免试就近入学政策，28个省份实现了农民工随迁子女在流入地参加高考。贫困地区农村学生上重点高校人数连续两年增长10%以上。经过努力，全国财政性教育经费支出占国内生产总值比例超过4%。

深入推进医药卫生改革发展。城乡居民大病保险试点扩大到所有省份，疾病应急救助制度基本建立，全民医保覆盖面超过95%。基层医疗卫生机构综合改革深化，县乡村服务网络逐步完善。公立医院改革试点县市达到1300多个。

积极发展文化事业和文化产业。推动重大文化惠民项目建设，广播电视“村村通”工程向“户户通”升级。实施文艺精品战略，完善现代文化市场体系。群众健身活动蓬勃开展，成功举办南京青奥会。

五是创新社会治理，促进和谐稳定。我们妥善应对自然灾害和突发事件，有序化解社会矛盾，建立健全机制，强化源头防范，保障人民生命安全，维护良好的社会秩序。

去年云南鲁甸、景谷等地发生较强地震，我们及时高效展开抗震救灾，灾后恢复重建顺利推进。积极援非抗击埃博拉疫情，有效防控疫情输入。加强安全生产工作，事故总量、重特大事故、重点行业事故持续下降。着力治理餐桌污染，食品药品安全形势总体稳定。

我们大力推进依法行政，国务院提请全国人大常委会制定修订食品安全法等法律15件，制定修订企业信息公示暂行条例等行政法规38件。政务公开深入推进，政府重大决策和政策以多种形式向社会广泛征求意见。完成第三次全国经济普查。改革信访工作制度。法律援助范围从低保群体扩大到低收入群体。加强城乡社区建设，行业协会商会等四类社会组织实现直接登记。严厉打击各类犯罪活动，强化社会治安综合治理，维护了国家安全和公共安全。

我们严格落实党中央八项规定精神，持之以恒纠正“四风”。严格执行国务院“约法三章”，政府性楼堂馆所、机关事业单位人员编制、“三公”经费得到有效控制。加大行政监察和审计监督力度，推进党风廉政建设和反腐败斗争，严肃查处违纪违法案件，一批腐败分子得到应有惩处。

我们狠抓重大政策措施的落实，认真开展督查，引入第三方评估和社会评价，建立长效机制，有力促进了各项工作。

一年来，外交工作成果丰硕。习近平主席等国家领导人出访多国，出席二十国集团领导人峰会、金砖国家领导人会晤、上海合作组织峰会、东亚合作领导人系列会议、亚欧首脑会议、达沃斯论坛等重大活动。成功举办亚太经合组织第二十二次领导人非正式会议、亚信会议第四次峰会、博鳌亚洲论坛。积极参与多边机制建立和国际规则制定。大国外交稳中有进，周边外交呈现新局面，同发展中国家合作取得新进展，经济外交成果显著。推进丝绸之路经济带和21世纪海上丝绸之路建设，筹建亚洲基础设施投资银行，设立丝路基金。我们与各国的交往合作越来越紧密，中国在国际舞台上负责任大国形象日益彰显。

我们既要看到成绩，更要看到前进中的困难和挑战。投资增长乏力，新的消费热点不多，国际市场没有大的起色，稳增长难度加大，一些领域仍存在风险隐患。工业产品价格持续下降，生产要素成本上升，小微企业融资难、融资贵问题突出，部分企业生产经营困难。经济发展方式比较粗放，创新能力不足，产能过剩问题突出，农业基础薄弱。群众对医疗、养老、住房、交通、教育、收入分配、食品安全、社会治安等还有不少不满意的地方。有些地方环境污染严重，重大安全事故时有发生。政府工作还存在不足，有些政策措施落实不到位。少数政府机关工作人员乱作为，一些腐败问题触目惊心，有的为官不为，在其位不谋其政，该办的事不办。我们要直面问题，安不忘危，治不忘乱，勇于担当，不辱历史使命，不负人民重托！

## 中央经济工作会议公报

2014 年 12 月 13 日

中共中央总书记、国家主席、中央军委主席习近平在会上发表重要讲话，分析当前国内外经济形势，总结2014年经济工作，提出2015年经济工作的总体要求和主要任务。国务院总理李克强在讲话中阐述了明年宏观经济政策取向，对明年经济社会发展重点工作作出具体部署，并作总结讲话。

会议指出，今年以来，面对复杂多变的国际环境和艰巨繁重的国内改革发展稳定任务，我们贯彻落实去年中央经济工作会议决策部署，加强和改善党对经济工作的领导，牢牢把握发展大势，坚持稳中求进工作总基调，全面深化改革，保持宏观政策连续性和稳定性，创新宏观调控思路和方式，有针对性进行预调微调，扎实做好各项工作，实现了经济社会持续稳步发展，全年主要目标和任务可望较好完成，经济运行处在合理区间，经济结构调整出现积极变化，深化改革开放取得重大进展，人民生活水平提高。同时，我国经济运行仍面临不少困难和挑战，经济下行压力较大，结构调整阵痛显现，企业生产经营困难增多，部分经济风险显现。

会议认为，科学认识当前形势，准确研判未来走势，必须历史地、辩证地认识我国经济发展的阶段性特征，准确把握经济发展新常态。

从消费需求看，过去我国消费具有明显的模仿型排浪式特征，现在模仿型排浪式消费阶段基本结束，个性化、多样化消费渐成主流，保证产品质量安全、通过创新供给激活需求的重要性显著上升，必须采取正确的消费政策，释放消费潜力，使消费继续在推动经济发展中发挥基础作用。

从投资需求看，经历了30多年高强度大规模开发建设后，传统产业相对饱和，但基础设施互联互通和一些新技术、新产品、新业态、新商业模式的投资机会大量涌现，对创新投融资方式提出了新要求，必须善于把握投资方向，消除投资障碍，使投资继续对经济发展发挥关键作用。

从出口和国际收支看，国际金融危机发生前国际市场空间扩张很快，出口成为拉动我国经济快速发展的重要动能，现在全球总需求不振，我国低成本比较优势也发生了转化，同时我国出口竞争优势依然存在，高水平引进来、大规模走出去正在同步发生，必须加紧培育新的比较优势，使出口继续对经济发展发挥支撑作用。

从生产能力和产业组织方式看，过去供给不足是长期困扰我们的一个主要矛盾，现在传统产业供给能力大幅超出需求，产业结构必须优化升级，企业兼并重组、生产相对集中不可避免，新兴产业、服务业、小微企业作用更加凸显，生产小型化、智能化、专业化将成为产业组织新特征。

从生产要素相对优势看，过去劳动力成本低是最大优势，引进技术和管理就能迅速变成生产力，现在人口老龄化日趋发展，农业富余劳动力减少，要素的规模驱动力减弱，经济增长将更多依靠人力资本质量和技术进步，必须让创新成为驱动发展新引擎。

从市场竞争特点看，过去主要是数量扩张和价格竞争，现在正逐步转向质量型、差异化为主的竞争，统一全国市场、提高资源配置效率是经济发展的内生性要求，必须深化改革开放，加快形成统一透明、有序规范的市场环境。

从资源环境约束看，过去能源资源和生态环境空间相对较大，现在环境承载能力已经达到或接近上限，必须顺应人民群众对良好生态环境的期待，推动形成绿色低碳循环发展新方式。

从经济风险积累和化解看，伴随着经济增速下调，各类隐性风险逐步显性化，风险总体可控，但化解以高杠杆和泡沫化为主要特征的各类风险将持续一段时间，必须标本兼治、对症下药，建立健全化解各类风险的体制机制。

从资源配置模式和宏观调控方式看，全面刺激政策的边际效果明显递减，既要全面化解产能过剩，也要通过发挥市场机制作用探索未来产业发展方向，必须全面把握总供求关系新变化，科学进行宏观调控。

这些趋势性变化说明，我国经济正在向形态更高级、分工更复杂、结构更合理的阶段演化，经济发展进入新常态，正从高速增长转向中高速增长，经济发展方式正从规模速度型粗放增长转向质量效率型集约增长，经济结构正从增量扩能为主转向调整存量、做优增量并存的深度调整，经济发展动力正从传统增长点转向新的增长点。认识新常态，适应新常态，引领新常态，是当前和今后一个时期我国经济发展的大逻辑。

会议要求，面对我国经济发展新常态，观念上要适应，认识上要到位，方法上要对路，工作上要得力。要深化理解、统一认识，把思想和行动统一到中央认识和判断上来，增强加快转变经济发展方式的自觉性和主动性。要坚持发展、主动作为。经济发展进入新常态，没有改变我国发展仍处于可以大有作为的重要战略机遇期的判断，改变的是重要战略机遇期的内涵和条件；没有改变我国经济发展总体向好的基本面，改变的是经济发展方式和经济结构。要更加注重满足人民群众需要，更加注重市场和消费心理分析，更加注重引导社会预期，更加注重加强产权和知识产权保护，更加注重发挥企业家才能，更加注重加强教育和提升人力资本素质，更加注重建设生态文明，更加注重科技进步和全面创新。

会议认为，世界经济仍处在国际金融危机后的深度调整期，明年世界经济增速可能会略有回升，但总体复苏疲弱态势难有明显改观，国际金融市场波动加大，国际大宗商品价格波动，地缘政治等非经济因素影响加大。要趋利避害、顺势而为，防范各类风险。

会议指出，2015 年是全面深化改革的关键之年，是全面推进依法治国的开局之年，也是全面完成“十二五”规划的收官之年，做好经济工作意义重大。总体要求是：全面贯彻党的十八大和十八届三中、四中全会精神，以邓小平理论、“三个代表”重要思想、科学发展观为指导，坚持稳中求进工作总基调，坚持以提高经济发展质量和效益为中心，主动适应经济发展新常态，保持经济运行在合理区间，把转方式调结构放到更加重要位置，狠抓改革攻坚，突出创新驱动，强化风险防控，加强民生保障，促进经济平稳健康发展和社会和谐稳定。

会议提出了明年经济工作的主要任务。

（一）努力保持经济稳定增长

关键是保持稳增长和调结构之间平衡，坚持宏观政策要稳、微观政策要活、社会政策要托底的总体思路，保持宏观政策连续性和稳定性，继续实施积极的财政政策和稳健的货币政策。积极的财政政策要有力度，货币政策要更加注重松紧适度。要促进“三驾马车”更均衡地拉动增长。要切实把经济工作的着力点放到转方式调结构上来，推进新型工业化、信息化、城镇化、农业现代化同步发展，逐步增强战略性新兴产业和服务业的支撑作用，着力推动传统产业向中高端迈进。要高度关注风险发生发展趋势，按照严控增量、区别对待、分类施策、逐步化解的原则，有序加以化解。

（二）积极发现培育新增长点

我国存在大量新的增长点，潜力巨大。发现和培育新的增长点，一是市场要活，使市场在资源配置中起决定性作用，主要靠市场发现和培育新的增长点。二是创新要实，推动全面创新，更多靠产业化的创新来培育和形成新的增长点，创新必须落实到创造新的增长点上，把创新成果变成实实在在的产业活动。三是政策要宽，营造有利于大众创业、市场主体创新的政策环境和制度环境，政府要加快转变职能，创造更好市场竞争环境，培育市场化的创新机制，在保护产权、维护公平、改善金融支持、强化激励机制、集聚优秀人才等方面积极作为。

（三）加快转变农业发展方式

解决好“三农”问题始终是全党工作重中之重，必须继续夯实农业稳定发展的基础、稳住农村持续向好的局势，稳定粮食和主要农产品产量，持续增加农民收入。要坚定不移加快转变农业发展方式，尽快转到数量质量效益并重、注重提高竞争力、注重农业技术创新、注重可持续的集约发展上来，走产出高效、产品安全、资源节约、环境友好的现代农业发展道路。要深化农村各项改革，完善强农惠农政策，完善农产品价格形成机制，完善农业补贴办法，强化金融服务。要完善农村土地经营权流转政策，搞好土地承包经营权确权登记颁证工作，健全公开规范的土地流转市场。要完善职业培训政策，提高培训质量，造就一支适应现代农业发展的高素质职业农民队伍。

（四）优化经济发展空间格局

要完善区域政策，促进各地区协调发展、协同发展、共同发展。西部开发、东北振兴、中部崛起、东部率先的区域发展总体战略，要继续实施。各地区要找准主体功能区定位和自身优势，确定工作着力点。要重点实施“一带一路”、京津冀协同发展、长江经济带三大战略，争取明年有个良好开局。要通过改革创新打破地区封锁和利益藩篱，全面提高资源配置效率。推进城镇化健康发展是优化经济发展空间格局的重要内容，要有历史耐心，不要急于求成。要加快规划体制改革，健全空间规划体系，积极推进市县“多规合一”。要坚持不懈推进节能减排和保护生态环境，既要有立竿见影的措施，更要有可持续的制度安排，坚持源头严防、过程严管、后果严惩，治标治本多管齐下，朝着蓝天净水的目标不断前进。

（五）加强保障和改善民生工作

坚持守住底线、突出重点、完善制度、引导舆论的基本思路，多些雪中送炭，更加注重保障基本民生，更加关注低收入群众生活，更加重视社会大局稳定。做好就业工作，要精准发力，确保完成就业目标。要更好发挥市场在促进就业中的作用，鼓励创业带动就业，提高职业培训质量，加强政府公共就业服务能力。扶贫工作事关全局，全党必须高度重视。要让贫困家庭的孩子都能接受公平的有质量的教育，不要让孩子输在起跑线上。要因地制宜发展特色经济，加大对基本公共服务和扶贫济困工作的支持力度。要更多面向特定人口、具体人口，实现精准脱贫，防止平均数掩盖大多数。

会议要求，要加快推进改革开放。要敢于啃硬骨头，敢于涉险滩，敢于过深水区，加快推进经济体制改革。要围绕解决发展面临的突出问题推进改革，推出既具有年度特点、又有利于长远制度安排的改革举措，继续抓好各项改革方案制定。要加快行政审批、投资、价格、垄断行业、特许经营、政府购买服务、资本市场、民营银行准入、对外投资等领域改革，使改革举措有效转化成发展动力。要尊重和发挥地方、基层、群众首创精神，从实践中寻找最佳方案。要抓好改革措施落地，狠抓落实，强化责任，加大协调力度。要强化督促评估，落实督办责任制和评估机制，让群众来评价改革成效。推进国企改革要奔着问题去，以增强企业活力、提高效率为中心，提高国企核心竞争力，建立产权清晰、权责明确、政企分开、管理科学的现代企业制度。

会议要求，面对对外开放出现的新特点，必须更加积极地促进内需和外需平衡、进口和出口平衡、引进外资和对外投资平衡，逐步实现国际收支基本平衡，构建开放型经济新体制。要完善扩大出口和增加进口政策，提高贸易便利化水平，巩固出口市场份额。要改善投资环境，扩大服务业市场准入，进一步开放制造业，推广上海自由贸易试验区经验，稳定外商投资规模和速度，提高引进外资质量。要努力提高对外投资效率和质量，促进基础设施互联互通，推动优势产业走出去，开展先进技术合作，稳步推进人民币国际化。

会议强调，做好明年经济工作，要立足社会主义初级阶段基本国情，毫不动摇坚持以经济建设为中心，一心一意谋发展，咬定青山不放松，把我们自己的事办好。要精心谋划用好我国经济的巨大韧性、潜力和回旋余地，依靠促改革调结构，坚持不懈推动经济发展提质增效升级，努力做到调速不减势、量增质更优。要合理确定经济社会发展主要预期目标，保持区间调控弹性，稳定和完善宏观经济政策，继续实施定向调控、结构性调控。以政府自身革命带动重要领域改革，以大众创业、万众创新形成发展的新动力。要协调拓展内外需，同步推进新型工业化、信息化、城镇化、农业现代化，加强对实体经济的支持，大力加强生态环境保护，更加重视民生改善和社会建设，切实增强内需对经济增长的拉动力，实施新一轮高水平对外开放，保持经济中高速增长，推动经济发展迈向中高端水平。

会议要求，经济发展进入新常态，党领导经济工作的观念、体制、方式方法也要与时俱进。要加强党领导经济工作制度化建设，提高党领导经济工作法治化水平，增强党领导经济工作专业化能力，强化舆论引导工作。

会议指出，明年中央将研究提出关于制定“十三五”规划的建议，各地区各部门要按照中央统一部署，深入调研，抓紧工作，为制定好“十三五”规划做好准备。

会议号召，全党要统一思想、奋发有为，认真贯彻落实这次会议各项部署，努力推动经济社会持续健康发展。

## 中央农村工作会议公报

2014 年 12 月 23 日

会议深入贯彻习近平总书记系列重要讲话精神，全面落实党的十八大和十八届三中、四中全会以及中央经济工作会议精神，总结 2014 年农业农村工作，研究依靠改革创新推进农业现代化的重大举措，全面部署明年和今后一段时期农业和农村工作。

会议指出，今年以来，在党中央、国务院正确领导下，经过全党全国上下共同努力，粮食产量实现“十一连增”，农民增收实现“十一连快”，农村民生改善取得重大进展，农村改革加快推进，农村社会和谐稳定，为做好全局工作提供了支撑、增添了底气。

会议强调，随着国内外环境条件变化和长期粗放式经营积累的深层次矛盾逐步显现，农业持续稳定发展面临的挑战前所未有。目前国内主要农产品价格超过进口价格，而生产成本在不断上升。农业生态环境受损，耕地、淡水等资源紧张。必须按照党的十八大要求，坚定不移走中国特色新型农业现代化道路，加快转变农业发展方式，不断提高土地产出率、资源利用率、劳动生产率，实现集约发展、可持续发展。

会议指出，农业现代化是国家现代化的基础和支撑，目前仍是突出“短板”，全面建成小康社会的重点难点仍然在农村。我国经济发展进入新常态，加快推进农业现代化，对稳增长、调结构、惠民生意义重大。挖掘农民这个最大群体的消费潜力，可以更好发挥消费的基础作用；农业农村基础设施和公共服务落后，有巨大新增投资需求，用好这个空间，可以更好发挥投资的关键作用；做大做强农业产业，可以形成很多新产业、新业态、新模式，培育新的经济增长点。

会议强调，推进农业现代化，要坚持把保障国家粮食安全作为首要任务，确保谷物基本自给、口粮绝对安全。要创新机制、完善政策，努力做好各项工作。一是大力发展农业产业化。在稳定粮食生产基础上，积极推进农业结构调整，依靠科技支撑，由“生产导向”向“消费导向”转变，由单纯在耕地上想办法到面向整个国土资源做文章，构建优势区域布局和专业生产格局，加快推进农牧结合。要把产业链、价值链等现代产业组织方式引入农业，促进一、二、三产业融合互动。二是积极发展多种形式适度规模经营。这是农业现代化的必由之路，也是农民群众的自觉选择。要引导和规范土地经营权有序流转，发展各类新型农业经营主体，坚持以粮食和农业为主，避免“非粮化”，坚决禁止耕地“非农化”。发展适度规模经营，方式多种多样，要因地制宜，充分发挥基层和群众首创精神，允许“探索、探索、再探索”。只要符合国家法律和政策，符合改革方向，农民群众欢迎，不管什么形式，都要鼓励和支持。三是建设资源节约、环境友好农业。综合施策，减少农业投入品过量使用，逐步退出超过资源环境承载能力的生产，推进农业废弃物转化利用，促进受损生态环境修复治理，加强耕地质量建设，严格保护耕地和水资源。四是加大农业政策和资金投入力度。不管财力多紧张，都要确保农业投入只增不减。要统筹整合涉农资金，创新农业投融资机制，健全金融支农制度。五是用好两个市场两种资源。健全国际农业交流与合作制度，创新农业对外合作方式。

会议要求，发挥好新型城镇化对农业现代化的辐射带动作用。着力解决好现有“三个1亿人”问题，创新以城带乡、以工促农方式，引导城市现代生产要素向农业农村流动，多渠道促进农民增收。积极稳妥推进新农村建设，加快改善人居环境，提高农民素质，推动“物的新农村”和“人的新农村”建设齐头并进。继续向贫困宣战，促进区域开发与精准扶贫相结合，加快贫困地区脱贫致富步伐。

会议强调，推进农业现代化和新型城镇化，要坚持以人为本，激发农民的创造、创新、创业活力，形成大众创业、万众创新的生动局面。要加强对“三农”工作的组织领导，紧紧抓住发展这个第一要务，增强改革创新意识和法治思维，健全和落实责任制度，切实加强农村基层党组织建设，造就一支过硬的“三农”干部队伍，多为群众办实事，办好事，不断提升“三农”工作水平。

会议指出，要深刻认识新常态下农业农村外部环境和自身内部发生的重大变化，善于在变化中捕捉机遇、逆境中创造条件，不断挖掘新潜力、培育新优势、拓展新空间。要按照稳粮增收、提质增效、创新驱动的总要求，努力完成明年农村改革发展各项任务。要积极推进结构调整，加快转变发展方式，不断提高农业综合效益和竞争力。进一步深化农村改革，完善顶层设计，抓好试点试验，确保改有所进、改有所成。结合新一轮村“两委”换届，选好用好管好村“两委”带头人，不断增强农村基层服务型党组织的创造力、凝聚力、战斗力，为农村改革发展稳定提供有力保障。

会议讨论了《中共中央国务院关于进一步深化农村改革加快推进农业现代化的若干意见（讨论稿）》。中共中央政治局委员、国务院副总理汪洋主持会议并作总结讲话。国家发改委、科技部、财政部、水利部、农业部、中国人民银行、国家林业局、国务院扶贫办负责人作大会交流发言。

部分中共中央政治局委员、国务委员等出席会议。

中央农村工作领导小组成员，各省、自治区、直辖市以及计划单列市党委和政府分管农业和农村工作负责人，新疆生产建设兵团负责人，中央和国家机关有关部门负责人，军队及武警部队有关单位负责人等参加会议。

## 国务院常务会议：部署推进消费扩大和升级　促进经济提质增效

2014 年 10 月 29 日

国务院总理李克强主持召开国务院常务会议，部署推进消费扩大和升级，促进经济提质增效；决定进一步放开和规范银行卡清算市场，提高金融对内对外开放水平；确定发展慈善事业措施，汇聚更多爱心扶贫济困。

会议指出，消费是经济增长重要“引擎”，是我国发展巨大潜力所在。在稳增长的动力中，消费需求规模最大、和民生关系最直接。要瞄准群众多样化需求，改革创新，调动市场力量增加有效供给，促进消费扩大和升级，带动新产业、新业态发展，推动发展向中高端水平迈进，打造中国经济升级版。一要增加收入，让群众“能”消费。分批出台深化收入分配制度改革配套措施和实施细则，多渠道促进农民增收，努力实现居民收入增长和经济发展同步。提高国有资本收益上缴比例，更多用于民生保障。二要健全社保体系，让群众“敢”消费。提高医疗保险保障水平，全面推开大病保险。统筹推进社会救助体系建设。三要改善消费环境，让群众“愿”消费。加强农产品流通等骨干网建设。推进消费品安全立法，严惩“黑心”食品、旅游“宰客”等不法行为。

会议要求重点推进 6 大领域消费：一是扩大移动互联网、物联网等信息消费，提升宽带速度，支持网购发展和农村电商配送。加快健康医疗、企业监管等大数据应用。二是促进绿色消费，推广节能产品，对建设城市停车、新能源汽车充电设施较多的给予奖励。三是稳定住房消费，加强保障房建设，放宽提取公积金支付房租条件。四是升级旅游休闲消费，落实职工带薪休假制度，实施乡村旅游富民等工程，建设自驾车、房车营地。五是提升教育文体消费，完善民办学校收费政策，扩大中外合作办学。六是鼓励养老健康家政消费，探索建立产业基金等发展养老服务，制定支持民间资本投资养老服务的税收政策，民办医疗机构用水用电用热与公办机构同价。用更好的产品与服务，让人们放心消费、享受生活。

为扩大金融开放，加快推动国内银行卡市场和支付市场创新发展，提升现代服务业，优化消费环境，会议决定，放开银行卡清算市场，符合条件的内外资企业，均可申请在我国境内设立银行卡清算机构。仅为跨境交易提供外币清算服务的境外机构原则上无需在境内设立清算机构。要完善管理，防范风险，维护持卡人合法权益，使开放的金融市场便利和惠及消费者。

会议认为，发展慈善事业，引导社会力量开展慈善帮扶，是补上社会建设“短板”、弘扬社会道德、促进社会和谐的重要举措。必须创新机制，使慈善事业与国家保障救助制度互补衔接、形成合力。一要落实和完善公益性捐赠减免税政策，推出更多鼓励慈善的措施。以扶贫济困为重点，引导公众捐款捐物、开展志愿服务，推进股权捐赠、慈善信托等试点。二要优先发展具有扶贫济困功能的慈善组织。地方政府和社会力量可通过公益创投等方式，为初创期慈善组织提供支持。积极探索金融支持慈善发展的政策。三要强化行业自律和社会监督。引导慈善组织依法依规募捐，严格规范使用捐赠款物，及时公开项目运作、款物募集及使用等情况。加强监管，依法查处违规募捐、违约使用捐赠款物、无正当理由拒不兑现捐赠承诺等行为。增强慈善组织公信力，把慈善事业做成人人信任的“透明口袋”，让社会爱心的暖阳照耀困难群众、助力民生改善。

# 二、中华人民共和国国务院

## 国家新型城镇化规划（2014—2020 年）

2014 年 3 月 16 日

国家新型城镇化规划（2014—2020 年），根据中国共产党第十八次全国代表大会报告、《中共中央关于全面深化改革若干重大问题的决定》、中央城镇化工作会议精神、《中华人民共和国国民经济和社会发展第十二个五年规划纲要》和《全国主体功能区规划》编制，按照走中国特色新型城镇化道路、全面提高城镇化质量的新要求，明确未来城镇化的发展路径、主要目标和战略任务，统筹相关领域制度和政策创新，是指导全国城镇化健康发展的宏观性、战略性、基础性规划。

### 第一篇　规划背景

我国已进入全面建成小康社会的决定性阶段，正处于经济转型升级、加快推进社会主义现代化的重要时期，也处于城镇化深入发展的关键时期，必须深刻认识城镇化对经济社会发展的重大意义，牢牢把握城镇化蕴含的巨大机遇，准确研判城镇化发展的新趋势新特点，妥善应对城镇化面临的风险挑战。

#### 第一章　重大意义

城镇化是伴随工业化发展，非农产业在城镇集聚、农村人口向城镇集中的自然历史过程，是人类社会发展的客观趋势，是国家现代化的重要标志。按照建设中国特色社会主义五位一体总体布局，顺应发展规律，因势利导，趋利避害，积极稳妥扎实有序推进城镇化，对全面建成小康社会、加快社会主义现代化建设进程、实现中华民族伟大复兴的中国梦，具有重大现实意义和深远历史意义。

——城镇化是现代化的必由之路。工业革命以来的经济社会发展史表明，一国要成功实现现代化，在工业化发展的同时，必须注重城镇化发展。当今中国，城镇化与工业化、信息化和农业现代化同步发展，是现代化建设的核心内容，彼此相辅相成。工业化处于主导地位，是发展的动力；农业现代化是重要基础，是发展的根基；信息化具有后发优势，为发展注入新的活力；城镇化是载体和平台，承载工业化和信息化发展空间，带动农业现代化加快发展，发挥着不可替代的融合作用。

——城镇化是保持经济持续健康发展的强大引擎。内需是我国经济发展的根本动力，扩大内需的最大潜力在于城镇化。目前我国常住人口城镇化率为 53.7%，户籍人口城镇化率只有 36% 左右，不仅远低于发达国家 80% 的平均水平，也低于人均收入与我国相近的发展中国家 60% 的平均水平，还有较大的发展空间。城镇化水平持续提高，会使更多农民通过转移就业提高收入，通过转为市民享受更好的公共服务，从而使城镇消费群体不断扩大、消费结构不断升级、消费潜力不断释放，也会带来城市基础设施、公共服务设施和住宅建设等巨大投资需求，这将为经济发展提供持续的动力。

——城镇化是加快产业结构转型升级的重要抓手。产业结构转型升级是转变经济发展方式的战略任务，加快发展服务业是产业结构优化升级的主攻方向。目前我国服务业增加值占国内生产总值比重仅为46.1%，与发达国家74%的平均水平相距甚远，与中等收入国家53%的平均水平也有较大差距。城镇化与服务业发展密切相关，服务业是就业的最大容纳器。城镇化过程中的人口集聚、生活方式的变革、生活水平的提高，都会扩大生活性服务需求；生产要素的优化配置、三次产业的联动、社会分工的细化，也会扩大生产性服务需求。城镇化带来的创新要素集聚和知识传播扩散，有利于增强创新活力，驱动传统产业升级和新兴产业发展。

——城镇化是解决农业农村农民问题的重要途径。我国农村人口过多、农业水土资源紧缺，在城乡二元体制下，土地规模经营难以推行，传统生产方式难以改变，这是“三农”问题的根源。我国人均耕地仅0.1公顷，农户户均土地经营规模约0.6公顷，远远达不到农业规模化经营的门槛。城镇化总体上有利于集约节约利用土地，为发展现代农业腾出宝贵空间。随着农村人口逐步向城镇转移，农民人均资源占有量相应增加，可以促进农业生产规模化和机械化，提高农业现代化水平和农民生活水平。城镇经济实力提升，会进一步增强以工促农、以城带乡能力，加快农村经济社会发展。

——城镇化是推动区域协调发展的有力支撑。改革开放以来，我国东部沿海地区率先开放发展，形成了京津冀、长江三角洲、珠江三角洲等一批城市群，有力推动了东部地区快速发展，成为国民经济重要的增长极。但与此同时，中西部地区发展相对滞后，一个重要原因就是城镇化发展很不平衡，中西部城市发育明显不足。目前东部地区常住人口城镇化率达到62.2%，而中部、西部地区分别只有48.5%、44.8%。随着西部大开发和中部崛起战略的深入推进，东部沿海地区产业转移加快，在中西部资源环境承载能力较强地区，加快城镇化进程，培育形成新的增长极，有利于促进经济增长和市场空间由东向西、由南向北梯次拓展，推动人口经济布局更加合理、区域发展更加协调。

——城镇化是促进社会全面进步的必然要求。城镇化作为人类文明进步的产物，既能提高生产活动效率，又能富裕农民、造福人民，全面提升生活质量。随着城镇经济的繁荣，城镇功能的完善，公共服务水平和生态环境质量的提升，人们的物质生活会更加殷实充裕，精神生活会更加丰富多彩；随着城乡二元体制逐步破除，城市内部二元结构矛盾逐步化解，全体人民将共享现代文明成果。这既有利于维护社会公平正义、消除社会风险隐患，也有利于促进人的全面发展和社会和谐进步。

## 第二章　发展现状

改革开放以来，伴随着工业化进程加速，我国城镇化经历了一个起点低、速度快的发展过程。1978—2013年，城镇常住人口从1.7亿人增加到7.3亿人，城镇化率从17.9%提升到53.7%，年均提高1.02个百分点；城市数量从193个增加到658个，建制镇数量从2173个增加到20113个。京津冀、长江三角洲、珠江三角洲三大城市群，以2.8%的国土面积集聚了18%的人口，创造了36%的国内生产总值，成为带动我国经济快速增长和参与国际经济合作与竞争的主要平台。城市水、电、路、气、信息网络等基础设施显著改善，教育、医疗、文化体育、社会保障等公共服务水平明显提高，人均住宅、公园绿地面积大幅增加。城镇化的快速推进，吸纳了大量农村劳动力转移就业，提高了城乡生产要素配置效率，推动了国民经济持续快速发展，带来了社会结构深刻变革，促进了城乡居民生活水平全面提升，取得的成就举世瞩目。

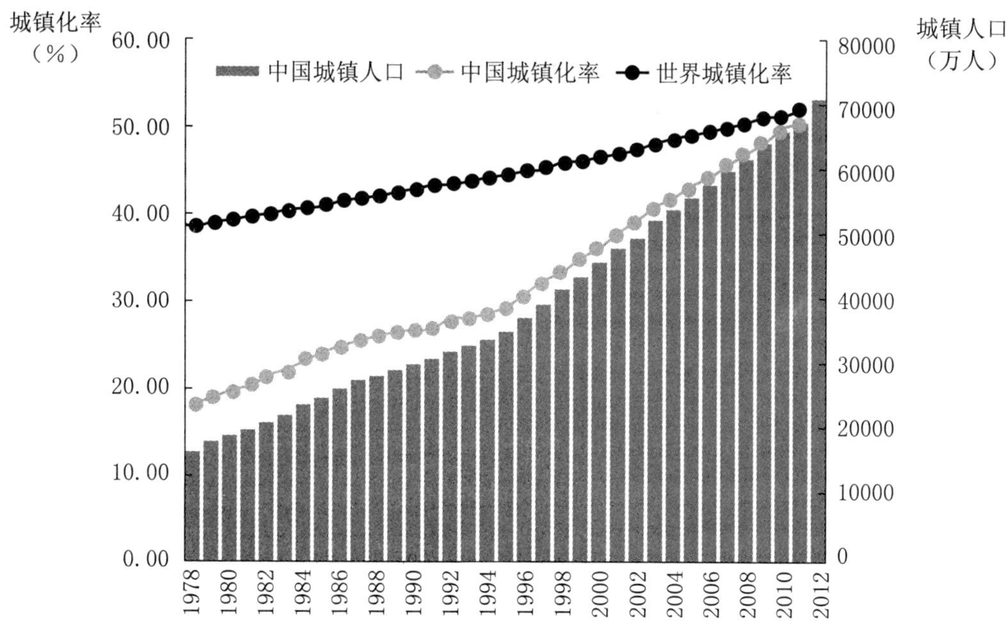


图1　城镇化水平变化

**表1**　　城市（镇）数量和规模变化情况

（单位：个）

| | 1978 年 | 2010 年 |
|---|---|---|
| **城市** | 193 | 658 |
| 1000 万以上人口城市 | 0 | 6 |
| 500 万～1000 万人口城市 | 2 | 10 |
| 300 万～500 万人口城市 | 2 | 21 |
| 100 万～300 万人口城市 | 25 | 103 |
| 50 万～100 万人口城市 | 35 | 138 |
| 50 万以下人口城市 | 129 | 380 |
| **建制镇** | 2173 | 19410 |

注：2010 年数据根据第六次全国人口普查数据整理。

**表2**　　城市基础设施和服务设施变化情况

| 指　标 | 2000 年 | 2012 年 |
|---|---|---|
| 用水普及率（%） | 63.9 | 97.2 |
| 燃气普及率（%） | 44.6 | 93.2 |
| 人均道路面积（平方米） | 6.1 | 14.4 |
| 人均住宅建筑面积（平方米） | 20.3 | 32.9 |
| 污水处理率（%） | 34.3 | 87.3 |
| 人均公园绿地面积（平方米） | 3.7 | 12.3 |
| 普通中学（所） | 14473.0 | 17333.0 |
| 病床数（万张） | 142.6 | 273.3 |

在城镇化快速发展过程中，也存在一些必须高度重视并着力解决的突出矛盾和问题。

——大量农业转移人口难以融入城市社会，市民化进程滞后。目前农民工已成为我国产业工人的主体，受城乡分割的户籍制度影响，被统计为城镇人口的2.34亿农民工及其随迁家属，未能在教育、就业、医疗、养老、保障性住房等方面享受城镇居民的基本公共服务，产城融合不紧密，产业集聚与人口集聚不同步，城镇化滞后于工业化。城镇内部出现新的二元矛盾，农村留守儿童、妇女和老人问题日益凸显，给经济社会发展带来诸多风险隐患。

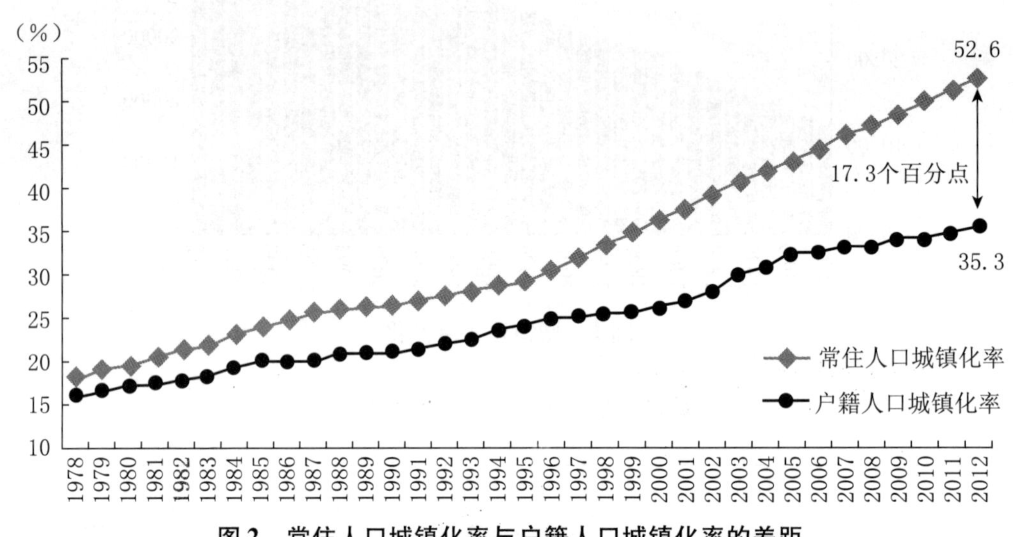


**图2　常住人口城镇化率与户籍人口城镇化率的差距**

——“土地城镇化”快于人口城镇化，建设用地粗放低效。一些城市“摊大饼”式扩张，过分追求宽马路、大广场，新城新区、开发区和工业园区占地过大，建成区人口密度偏低。1996—2012年，全国建设用地年均增加724万亩，其中城镇建设用地年均增加357万亩；2010—2012年，全国建设用地年均增加953万亩，其中城镇建设用地年均增加515万亩。2000—2011年，城镇建成区面积增长76.4%，远高于城镇人口50.5%的增长速度；农村人口减少1.33亿人，农村居民点用地却增加了3045万亩。一些地方过度依赖土地出让收入和土地抵押融资推进城镇建设，加剧了土地粗放利用，浪费了大量耕地资源，威胁到国家粮食安全和生态安全，也加大了地方政府性债务等财政金融风险。

——城镇空间分布和规模结构不合理，与资源环境承载能力不匹配。东部一些城镇密集地区资源环境约束趋紧，中西部资源环境承载能力较强地区的城镇化潜力有待挖掘；城市群布局不尽合理，城市群内部分工协作不够、集群效率不高；部分特大城市主城区人口压力偏大，与综合承载能力之间的矛盾加剧；中小城市集聚产业和人口不足，潜力没有得到充分发挥；小城镇数量多、规模小、服务功能弱，这些都增加了经济社会和生态环境成本。

——城市管理服务水平不高，“城市病”问题日益突出。一些城市空间无序开发、人口过度集聚，重经济发展、轻环境保护，重城市建设、轻管理服务，交通拥堵问题严重，公共安全事件频发，城市污水和垃圾处理能力不足，大气、水、土壤等环境污染加剧，城市管理运行效率不高，公共服务供给能力不足，城中村和城乡接合部等外来人口集聚区人居环境较差。

——自然历史文化遗产保护不力，城乡建设缺乏特色。一些城市景观结构与所处区域的自然地理特征不协调，部分城市贪大求洋、照搬照抄，脱离实际建设国际大都市，“建设性”破坏不断蔓延，城市的自然和文化个性被破坏。一些农村地区大拆大建，照搬城市小区模式建设新农村，简单用城市元素与风格取代传统民居和田园风光，导致乡土特色和民俗文化流失。

——体制机制不健全，阻碍了城镇化健康发展。现行城乡分割的户籍管理、土地管理、社会保障制度，以及财税金融、行政管理等制度，固化着已经形成的城乡利益失衡格局，制约着农业转移人口市民化，阻碍着城乡发展一体化。

## 第三章 发展态势

根据世界城镇化发展普遍规律，我国仍处于城镇化率30% -70%的快速发展区间，但延续过去传统粗放的城镇化模式，会带来产业升级缓慢、资源环境恶化、社会矛盾增多等诸多风险，可能落入“中等收入陷阱”，进而影响现代化进程。随着内外部环境和条件的深刻变化，城镇化必须进入以提升质量为主的转型发展新阶段。

——城镇化发展面临的外部挑战日益严峻。在全球经济再平衡和产业格局再调整的背景下，全球供给结构和需求结构正在发生深刻变化，庞大生产能力与有限市场空间的矛盾更加突出，国际市场竞争更加激烈，我国面临产业转型升级和消化严重过剩产能的挑战巨大；发达国家能源资源消费总量居高不下，人口庞大的新兴市场国家和发展中国家对能源资源的需求迅速膨胀，全球资源供需矛盾和碳排放权争夺更加尖锐，我国能源资源和生态环境面临的国际压力前所未有，传统高投入、高消耗、高排放的工业化城镇化发展模式难以为继。

——城镇化转型发展的内在要求更加紧迫。随着我国农业富余劳动力减少和人口老龄化程度提高，主要依靠劳动力廉价供给推动城镇化快速发展的模式不可持续；随着资源环境瓶颈制约日益加剧，主要依靠土地等资源粗放消耗推动城镇化快速发展的模式不可持续；随着户籍人口与外来人口公共服务差距造成的城市内部二元结构矛盾日益凸显，主要依靠非均等化基本公共服务压低成本推动城镇化快速发展的模式不可持续。工业化、信息化、城镇化和农业现代化发展不同步，导致农业根基不稳、城乡区域差距过大、产业结构不合理等突出问题。我国城镇化发展由速度型向质量型转型势在必行。

——城镇化转型发展的基础条件日趋成熟。改革开放30多年来我国经济快速增长，为城镇化转型发展奠定了良好物质基础。国家着力推动基本公共服务均等化，为农业转移人口市民化创造了条件。交通运输网络的不断完善、节能环保等新技术的突破应用，以及信息化的快速推进，为优化城镇化空间布局和形态，推动城镇可持续发展提供了有力支撑。各地在城镇化方面的改革探索，为创新体制机制积累了经验。

# 第二篇 指导思想和发展目标

我国城镇化是在人口多、资源相对短缺、生态环境比较脆弱、城乡区域发展不平衡的背景下推进的，这决定了我国必须从社会主义初级阶段这个最大实际出发，遵循城镇化发展规律，走中国特色新型城镇化道路。

## 第四章 指导思想

高举中国特色社会主义伟大旗帜，以邓小平理论、“三个代表”重要思想、科学发展观为指导，紧紧围绕全面提高城镇化质量，加快转变城镇化发展方式，以人的城镇化为核心，有序推进农业转移人口市民化；以城市群为主体形态，推动大中小城市和小城镇协调发展；以综合承载能力为支撑，提升城市可持续发展水平；以体制机制创新为保障，通过改革释放城镇化发展潜力，走以人为本、四化同步、优化布局、生态文明、文化传承的中国特色新型城镇化道路，促进经济转型升级和社会和谐进步，为全面建成小康社会、加快推进社会主义现代化、实现中华民族伟大复兴的中国梦奠定坚实基础。

要坚持以下基本原则：

——以人为本，公平共享。以人的城镇化为核心，合理引导人口流动，有序推进农业转移人口市民化，稳步推进城镇基本公共服务常住人口全覆盖，不断提高人口素质，促进人的全面发展和社会公平正义，使全体居民共享现代化建设成果。

——四化同步，统筹城乡。推动信息化和工业化深度融合、工业化和城镇化良性互动、城镇化和农业现代化相互协调，促进城镇发展与产业支撑、就业转移和人口集聚相统一，促进城乡要素平等交换和公共资源均衡配置，形成以工促农、以城带乡、工农互惠、城乡一体的新型工农、城乡关系。

——优化布局，集约高效。根据资源环境承载能力构建科学合理的城镇化宏观布局，以综合交通网络和信息网络为依托，科学规划建设城市群，严格控制城镇建设用地规模，严格划定永久基本农田，合理控制城镇开发边界，优化城市内部空间结构，促进城市紧凑发展，提高国土空间利用效率。

——生态文明，绿色低碳。把生态文明理念全面融入城镇化进程，着力推进绿色发展、循环发展、低碳发展，节约集约利用土地、水、能源等资源，强化环境保护和生态修复，减少对自然的干扰和损害，推动形成绿色低碳的生产生活方式和城市建设运营模式。

——文化传承，彰显特色。根据不同地区的自然历史文化禀赋，体现区域差异性，提倡形态多样性，防止千城一面，发展有历史记忆、文化脉络、地域风貌、民族特点的美丽城镇，形成符合实际、各具特色的城镇化发展模式。

——市场主导，政府引导。正确处理政府和市场关系，更加尊重市场规律，坚持使市场在资源配置中起决定性作用，更好发挥政府作用，切实履行政府制定规划政策、提供公共服务和营造制度环境的重要职责，使城镇化成为市场主导、自然发展的过程，成为政府引导、科学发展的过程。

——统筹规划，分类指导。中央政府统筹总体规划、战略布局和制度安排，加强分类指导；地方政府因地制宜、循序渐进抓好贯彻落实；尊重基层首创精神，鼓励探索创新和试点先行，凝聚各方共识，实现重点突破，总结推广经验，积极稳妥扎实有序推进新型城镇化。

## 第五章　发展目标

——城镇化水平和质量稳步提升。城镇化健康有序发展，常住人口城镇化率达到60%左右，户籍人口城镇化率达到45%左右，户籍人口城镇化率与常住人口城镇化率差距缩小2个百分点左右，努力实现1亿左右农业转移人口和其他常住人口在城镇落户。

——城镇化格局更加优化。“两横三纵”为主体的城镇化战略格局基本形成，城市群集聚经济、人口能力明显增强，东部地区城市群一体化水平和国际竞争力明显提高，中西部地区城市群成为推动区域协调发展的新的重要增长极。城市规模结构更加完善，中心城市辐射带动作用更加突出，中小城市数量增加，小城镇服务功能增强。

——城市发展模式科学合理。密度较高、功能混用和公交导向的集约紧凑型开发模式成为主导，人均城市建设用地严格控制在100平方米以内，建成区人口密度逐步提高。绿色生产、绿色消费成为城市经济生活的主流，节能节水产品、再生利用产品和绿色建筑比例大幅提高。城市地下管网覆盖率明显提高。

——城市生活和谐宜人。稳步推进义务教育、就业服务、基本养老、基本医疗卫生、保障性住房等城镇基本公共服务覆盖全部常住人口，基础设施和公共服务设施更加完善，消费环境更加便利，生态环境明显改善，空气质量逐步好转，饮用水安全得到保障。自然景观和文化特色得到有效保护，城市发展个性化，城市管理人性化、智能化。

——城镇化体制机制不断完善。户籍管理、土地管理、社会保障、财税金融、行政管理、生态环境等制度改革取得重大进展，阻碍城镇化健康发展的体制机制障碍基本消除。

**专栏 1　　新型城镇化主要指标**

| 指　标 | 2012 年 | 2020 年 |
|---|---|---|
| **城镇化水平** | | |
| 常住人口城镇化率（%） | 52.6 | 60 左右 |
| 户籍人口城镇化率（%） | 35.3 | 45 左右 |
| **基本公共服务** | | |
| 农民工随迁子女接受义务教育比例（%） | | ≥99 |
| 城镇失业人员、农民工、新成长劳动力免费接受基本职业技能培训覆盖率（%） | | ≥95 |
| 城镇常住人口基本养老保险覆盖率（%） | 66.9 | ≥90 |
| 城镇常住人口基本医疗保险覆盖率（%） | 95.0 | 98 |
| 城镇常住人口保障性住房覆盖率（%） | 12.5 | ≥23 |
| **基础设施** | | |
| 百万以上人口城市公共交通占机动化出行比例（%） | 45.0* | 60 |
| 城镇公共供水普及率（%） | 81.7 | 90 |
| 城市污水处理率（%） | 87.3 | 95 |
| 城市生活垃圾无害化处理率（%） | 84.8 | 95 |
| 城市家庭宽带接入能力（Mbps） | 4.0 | ≥50 |
| 城市社区综合服务设施覆盖率（%） | 72.5 | 100 |
| **资源环境** | | |
| 人均城市建设用地（平方米） | | ≤100 |
| 城镇可再生能源消费比重（%） | 8.7 | 13 |
| 城镇绿色建筑占新建建筑比重（%） | 2.0 | 50 |
| 城市建成区绿地率（%） | 35.7 | 39 |
| 地级以上城市空气质量达国家标准的比例（%） | 40.9 | 60 |

注：①带 * 为 2011 年数据。
②城镇常住人口基本养老保险覆盖率指标中，常住人口不含 16 周岁以下人员和在校学生。
③城镇保障性住房：包括公租房（含廉租房）、政策性商品住房和棚户区改造安置住房等。
④人均城市建设用地：国家《城市用地分类与规划建设用地标准》规定，人均城市建设用地标准为 65.0～115.0 平方米，新建城市为 85.1～105.0 平方米。
⑤城市空气质量国家标准：在 1996 年标准基础上，增设了 $PM_{2.5}$ 浓度限值和臭氧 8 小时平均浓度限值，调整了 $PM_{10}$、二氧化氮、铅等浓度限值。

## 第三篇　有序推进农业转移人口市民化

按照尊重意愿、自主选择，因地制宜、分步推进，存量优先、带动增量的原则，以农业转移人口为重点，兼顾高校和职业技术院校毕业生、城镇间异地就业人员和城区城郊农业人口，统筹推进户籍制度改革和基本公共服务均等化。

### 第六章　推进符合条件农业转移人口落户城镇

逐步使符合条件的农业转移人口落户城镇，不仅要放开小城镇落户限制，也要放宽大中城市落户条件。

#### 第一节　健全农业转移人口落户制度

各类城镇要健全农业转移人口落户制度，根据综合承载能力和发展潜力，以就业年限、居住年限、城镇社会保险参保年限等为基准条件，因地制宜制定具体的农业转移人口落户标准，并向全社会公布，引导农业转移人口在城镇落户的预期和选择。

#### 第二节　实施差别化落户政策

以合法稳定就业和合法稳定住所（含租赁）等为前置条件，全面放开建制镇和小城市落户限制，有序放开城区人口 50 万～100 万的城市落户限制，合理放开城区人口 100 万～300 万的大城市落户限制，合理确定城区人口 300 万～500 万的大城市落户条件，严格控制城区人口 500 万以上的特大城市人口规模。大中城市可设置参加城镇社会保险年限的要求，但最高年限不得超过 5 年。特大城市可采取积分制等方式设置阶梯式落户通道调控落户规模和节奏。

### 第七章　推进农业转移人口享有城镇基本公共服务

农村劳动力在城乡间流动就业是长期现象，按照保障基本、循序渐进的原则，积极推进城镇基本公共服务由主要对本地户籍人口提供向对常住人口提供转变，逐步解决在城镇就业居住但未落户的农业转移人口享有城镇基本公共服务问题。

#### 第一节　保障随迁子女平等享有受教育权利

建立健全全国中小学生学籍信息管理系统，为学生学籍转接提供便捷服务。将农民工随迁子女义务教育纳入各级政府教育发展规划和财政保障范畴，合理规划学校布局，科学核定教师编制，足额拨付教育经费，保障农民工随迁子女以公办学校为主接受义务教育。对未能在公办学校就学的，采取政府购买服务等方式，保障农民工随迁子女在普惠性民办学校接受义务教育的权利。逐步完善农民工随迁子女在流入地接受中等职业教育免学费和普惠性学前教育的政策，推动各地建立健全农民工随迁子女接受义务教育后在流入地参加升学考试的实施办法。

#### 第二节　完善公共就业创业服务体系

加强农民工职业技能培训，提高就业创业能力和职业素质。整合职业教育和培训资源，全面提供政府补贴职业技能培训服务。强化企业开展农民工岗位技能培训责任，足额提取并合理使用职工教育培训经费。鼓励高等学校、各类职业院校和培训机构积极开展职业教育和技能培训，推进职业技能实训基地建设。鼓励农民工取得职业资格证书和专项职业能力证书，并按规定给予职业技能鉴定补贴。加大农民工创业政策扶持力度，健全农民工劳动权益保护机制。实现就业信息全国联网，为农民工提供免费的就业信息和政策咨询。

专栏 2 农民工职业技能提升计划

| | |
|---|---|
| 01 | **就业技能培训**<br>对转移到非农产业务工经商的农村劳动者开展专项技能或初级技能培训。依托技工院校、中高等职业院校、职业技能实训基地等培训机构，加大各级政府投入，开展政府补贴农民工就业技能培训，每年培训 1000 万人次，基本消除新成长劳动力无技能从业现象。对少数民族转移就业人员实行双语技能培训。 |
| 02 | **岗位技能提升培训**<br>对与企业签订一定期限劳动合同的在岗农民工进行提高技能水平培训。鼓励企业结合行业特点和岗位技能需求，开展农民工在岗技能提升培训，每年培训农民工 1000 万人次。 |
| 03 | **高技能人才和创业培训**<br>对符合条件的具备中高级技能的农民工实施高技能人才培训计划，完善补贴政策，每年培养 100 万高技能人才。对有创业意愿并具备创业条件的农民工开展提升创业能力培训。 |
| 04 | **劳动预备制培训**<br>对农村未能继续升学并准备进入非农产业就业或进城务工的应届初高中毕业生、农村籍退役士兵进行储备性专业技能培训。 |
| 05 | **社区公益性培训**<br>组织中高等职业院校、普通高校、技工院校开展面向农民工的公益性教育培训，与街道、社区合作，举办灵活多样的社区培训，提升农民工的职业技能和综合素质。 |
| 06 | **职业技能培训能力建设**<br>依托现有各类职业教育和培训机构，提升改造一批职业技能实训基地。鼓励大中型企业联合技工院校、职业院校，建设一批农民工实训基地。支持一批职业教育优质特色学校和示范性中高等职业院校建设。 |

第三节　扩大社会保障覆盖面

扩大参保缴费覆盖面，适时适当降低社会保险费率。完善职工基本养老保险制度，实现基础养老金全国统筹，鼓励农民工积极参保、连续参保。依法将农民工纳入城镇职工基本医疗保险，允许灵活就业农民工参加当地城镇居民基本医疗保险。完善社会保险关系转移接续政策，在农村参加的养老保险和医疗保险规范接入城镇社保体系，建立全国统一的城乡居民基本养老保险制度，整合城乡居民基本医疗保险制度。强化企业缴费责任，扩大农民工参加城镇职工工伤保险、失业保险、生育保险比例。推进商业保险与社会保险衔接合作，开办各类补充性养老、医疗、健康保险。

第四节　改善基本医疗卫生条件

根据常住人口配置城镇基本医疗卫生服务资源，将农民工及其随迁家属纳入社区卫生服务体系，免费提供健康教育、妇幼保健、预防接种、传染病防控、计划生育等公共卫生服务。加强农民工聚居地疾病监测、疫情处理和突发公共卫生事件应对。鼓励有条件的地方将符合条件的农民工及其随迁家属纳入当地医疗救助范围。

第五节　拓宽住房保障渠道

采取廉租住房、公共租赁住房、租赁补贴等多种方式改善农民工居住条件。完善商品房配建保障性住房政策，鼓励社会资本参与建设。农民工集中的开发区和产业园区可以建设单元型或宿舍型公共租赁住房，农民工数量较多的企业可以在符合规定标准的用地范围内建设农民工集体宿舍。审慎探索由集体经济组织利用农村集体建设用地建设公共租赁住房。把进城落户农民完全纳入城镇住房保障体系。

## 第八章　建立健全农业转移人口市民化推进机制

强化各级政府责任，合理分担公共成本，充分调动社会力量，构建政府主导、多方参与、成本共担、协同推进的农业转移人口市民化机制。

第一节　建立成本分担机制

建立健全由政府、企业、个人共同参与的农业转移人口市民化成本分担机制，根据农业转移人口市民化成本分类，明确成本承担主体和支出责任。

政府要承担农业转移人口市民化在义务教育、劳动就业、基本养老、基本医疗卫生、保障性住房以及市政设施等方面的公共成本。企业要落实农民工与城镇职工同工同酬制度，加大职工技能培训投入，依法为农民工缴纳职工养老、医疗、工伤、失业、生育等社会保险费用。农民工要积极参加城镇社会保险、职业教育和技能培训等，并按照规定承担相关费用，提升融入城市社会的能力。

第二节　合理确定各级政府职责

中央政府负责统筹推进农业转移人口市民化的制度安排和政策制定，省级政府负责制定本行政区农业转移人口市民化总体安排和配套政策，市县政府负责制定本行政区城市和建制镇农业转移人口市民化的具体方案和实施细则。各级政府根据基本公共服务的事权划分，承担相应的财政支出责任，增强农业转移人口落户较多地区政府的公共服务保障能力。

第三节　完善农业转移人口社会参与机制

推进农民工融入企业、子女融入学校、家庭融入社区、群体融入社会，建设包容性城市。提高各级党代会代表、人大代表、政协委员中农民工的比例，积极引导农民工参加党组织、工会和社团组织，引导农业转移人口有序参政议政和参加社会管理。加强科普宣传教育，提高农民工科学文化和文明素质，营造农业转移人口参与社区公共活动、建设和管理的氛围。城市政府和用工企业要加强对农业转移人口的人文关怀，丰富其精神文化生活。

## 第四篇　优化城镇化布局和形态

根据土地、水资源、大气环流特征和生态环境承载能力，优化城镇化空间布局和城镇规模结构，在《全国主体功能区规划》确定的城镇化地区，按照统筹规划、合理布局、分工协作、以大带小的原则，发展集聚效率高、辐射作用大、城镇体系优、功能互补强的城市群，使之成为支撑全国经济增长、促进区域协调发展、参与国际竞争合作的重要平台。构建以陆桥通道、沿长江通道为两条横轴，以沿海、京哈京广、包昆通道为三条纵轴，以轴线上城市群和节点城市为依托、其他城镇化地区为重要组成部分，大中小城市和小城镇协调发展的“两横三纵”城镇化战略格局。

### 第九章　优化提升东部地区城市群

东部地区城市群主要分布在优化开发区域，面临水土资源和生态环境压力加大、要素成本快速上升、国际市场竞争加剧等制约，必须加快经济转型升级、空间结构优化、资源永续利用和环境质量提升。

京津冀、长江三角洲和珠江三角洲城市群，是我国经济最具活力、开放程度最高、创新能力最强、吸纳外来人口最多的地区，要以建设世界级城市群为目标，继续在制度创新、科技进步、产业升级、绿色发展等方面走在全国前列，加快形成国际竞争新优势，在更高层次参与国际合作和竞争，发挥其对全国经济社会发展的重要支撑和引领作用。科学定位各城市功能，增强城市群内中小城市和小城镇的人口经济集聚能力，引导人口和产业由特大城市主城区向周边和其他城镇疏散转移。依托河流、湖泊、山峦等自然地理格局建设区域生态网络。

东部地区其他城市群，要根据区域主体功能定位，在优化结构、提高效益、降低消耗、保护环境的基础上，壮大先进装备制造业、战略性新兴产业和现代服务业，推进海洋经济发展。充分发挥区位优势，全面提高开放水平，集聚创新要素，增强创新能力，提升国际竞争力。统筹区域、城乡基础设施网络和信息网络建设，深化城市间分工协作和功能互补，加快一体化发展。

## 第十章　培育发展中西部地区城市群

中西部城镇体系比较健全、城镇经济比较发达、中心城市辐射带动作用明显的重点开发区域，要在严格保护生态环境的基础上，引导有市场、有效益的劳动密集型产业优先向中西部转移，吸纳东部返乡和就近转移的农民工，加快产业集群发展和人口集聚，培育发展若干新的城市群，在优化全国城镇化战略格局中发挥更加重要作用。

加快培育成渝、中原、长江中游、哈长等城市群，使之成为推动国土空间均衡开发、引领区域经济发展的重要增长极。加大对内对外开放力度，有序承接国际及沿海地区产业转移，依托优势资源发展特色产业，加快新型工业化进程，壮大现代产业体系，完善基础设施网络，健全功能完备、布局合理的城镇体系，强化城市分工合作，提升中心城市辐射带动能力，形成经济充满活力、生活品质优良、生态环境优美的新型城市群。依托陆桥通道上的城市群和节点城市，构建丝绸之路经济带，推动形成与中亚乃至整个欧亚大陆的区域大合作。

中部地区是我国重要粮食主产区，西部地区是我国水源保护区和生态涵养区。培育发展中西部地区城市群，必须严格保护耕地特别是基本农田，严格保护水资源，严格控制城市边界无序扩张，严格控制污染物排放，切实加强生态保护和环境治理，彻底改变粗放低效的发展模式，确保流域生态安全和粮食生产安全。

## 第十一章　建立城市群发展协调机制

统筹制定实施城市群规划，明确城市群发展目标、空间结构和开发方向，明确各城市的功能定位和分工，统筹交通基础设施和信息网络布局，加快推进城市群一体化进程。加强城市群规划与城镇体系规划、土地利用规划、生态环境规划等的衔接，依法开展规划环境影响评价。中央政府负责跨省级行政区的城市群规划编制和组织实施，省级政府负责本行政区内的城市群规划编制和组织实施。

建立完善跨区域城市发展协调机制。以城市群为主要平台，推动跨区域城市间产业分工、基础设施、环境治理等协调联动。重点探索建立城市群管理协调模式，创新城市群要素市场管理机制，破除行政壁垒和垄断，促进生产要素自由流动和优化配置。建立城市群成本共担和利益共享机制，加快城市公共交通“一卡通”服务平台建设，推进跨区域互联互通，促进基础设施和公共服务设施共建共享，促进创新资源高效配置和开放共享，推动区域环境联防联控联治，实现城市群一体化发展。

## 第十二章　促进各类城市协调发展

优化城镇规模结构，增强中心城市辐射带动功能，加快发展中小城市，有重点地发展小城镇，促进大中小城市和小城镇协调发展。

### 第一节　增强中心城市辐射带动功能

直辖市、省会城市、计划单列市和重要节点城市等中心城市，是我国城镇化发展的重要支撑。沿海中心城市要加快产业转型升级，提高参与全球产业分工的层次，延伸面向腹地的产业和服务链，加快提升国际化程度和国际竞争力。内陆中心城市要加大开发开放力度，健全以先进制造业、战略性新兴产业、现代服务业为主的产业体系，提升要素集聚、科技创新、高端服务能力，发挥规模效应和带动效应。区域重要节点城市要完善城市功能，壮大经济实力，加强协作对接，实现集约发展、联动发展、互补发展。特大城市要适当疏散经济功能和其他功能，推进劳动密集型加工业向外转移，加强与周边城镇基础设施连接和公共服务共享，推进中心城区功能向 1 小时交通圈地区扩散，培育形成通勤高效、一体发展的都市圈。

第二节　加快发展中小城市

把加快发展中小城市作为优化城镇规模结构的主攻方向，加强产业和公共服务资源布局引导，提升质量，增加数量。鼓励引导产业项目在资源环境承载力强、发展潜力大的中小城市和县城布局，依托优势资源发展特色产业，夯实产业基础。加强市政基础设施和公共服务设施建设，教育医疗等公共资源配置要向中小城市和县城倾斜，引导高等学校和职业院校在中小城市布局、优质教育和医疗机构在中小城市设立分支机构，增强集聚要素的吸引力。完善设市标准，严格审批程序，对具备行政区划调整条件的县可有序改市，把有条件的县城和重点镇发展成为中小城市。培育壮大陆路边境口岸城镇，完善边境贸易、金融服务、交通枢纽等功能，建设国际贸易物流节点和加工基地。

**专栏 3　　重点建设的陆路边境口岸城镇**

| | |
|---|---|
| 01 | 面向东北亚<br>丹东、集安、临江、长白、和龙、图们、珲春、黑河、绥芬河、抚远、同江、东宁、满洲里、二连浩特、甘其毛都、策克 |
| 02 | 面向中亚西亚<br>喀什、霍尔果斯、伊宁、博乐、阿拉山口、塔城 |
| 03 | 面向东南亚<br>东兴、凭祥、宁明、龙州、大新、靖西、那坡、瑞丽、磨憨、畹町、河口 |
| 04 | 面向南亚<br>樟木、吉隆、亚东、普兰、日屋 |

第三节　有重点地发展小城镇

按照控制数量、提高质量，节约用地、体现特色的要求，推动小城镇发展与疏解大城市中心城区功能相结合、与特色产业发展相结合、与服务“三农”相结合。大城市周边的重点镇，要加强与城市发展的统筹规划与功能配套，逐步发展成为卫星城。具有特色资源、区位优势的小城镇，要通过规划引导、市场运作，培育成为文化旅游、商贸物流、资源加工、交通枢纽等专业特色镇。远离中心城市的小城镇和林场、农场等，要完善基础设施和公共服务，发展成为服务农村、带动周边的综合性小城镇。对吸纳人口多、经济实力强的镇，可赋予同人口和经济规模相适应的管理权。

**专栏 4　　县城和重点镇基础设施提升工程**

| | |
|---|---|
| 01 | 公共供水<br>加强供水设施建设，实现县城和重点镇公共供水普及率 85% 以上。 |
| 02 | 污水处理<br>因地制宜建设集中污水处理厂或分散型生态处理设施，使所有县城和重点镇具备污水处理能力，实现县城污水处理率达 85% 左右、重点镇达 70% 左右。 |
| 03 | 垃圾处理<br>实现县城具备垃圾无害化处理能力，按照以城带乡模式推进重点镇垃圾无害化处理，重点建设垃圾收集、转运设施，实现重点镇垃圾收集、转运全覆盖。 |

续表

| | |
|---|---|
| **04** | **道路交通**<br>统筹城乡交通一体化发展，县城基本实现高等级公路连通，重点镇积极发展公共交通。 |
| **05** | **燃气供热**<br>加快城镇天然气（含煤层气等）管网、液化天然气（压缩天然气）站、集中供热等设施建设，因地制宜发展大中型沼气、生物质燃气和地热能，县城逐步推进燃气替代生活燃煤，北方地区县城和重点镇集中供热水平明显提高。 |
| **06** | **分布式能源**<br>城镇建设和改造要优先采用分布式能源，资源丰富地区的城镇新能源和可再生能源消费比重显著提高。鼓励条件适宜地区大力促进可再生能源建筑应用。 |

### 第十三章　强化综合交通运输网络支撑

完善综合运输通道和区际交通骨干网络，强化城市群之间交通联系，加快城市群交通一体化规划建设，改善中小城市和小城镇对外交通，发挥综合交通运输网络对城镇化格局的支撑和引导作用。到2020年，普通铁路网覆盖20万以上人口城市，快速铁路网基本覆盖50万以上人口城市；普通国道基本覆盖县城，国家高速公路基本覆盖20万以上人口城市；民用航空网络不断扩展，航空服务覆盖全国90%左右的人口。

#### 第一节　完善城市群之间综合交通运输网络

依托国家"五纵五横"综合运输大通道，加强东中部城市群对外交通骨干网络薄弱环节建设，加快西部城市群对外交通骨干网络建设，形成以铁路、高速公路为骨干，以普通国省道为基础，与民航、水路和管道共同组成的连接东西、纵贯南北的综合交通运输网络，支撑国家"两横三纵"城镇化战略格局。

#### 第二节　构建城市群内部综合交通运输网络

按照优化结构的要求，在城市群内部建设以轨道交通和高速公路为骨干，以普通公路为基础，有效衔接大中小城市和小城镇的多层次快速交通运输网络。提升东部地区城市群综合交通运输一体化水平，建成以城际铁路、高速公路为主体的快速客运和大能力货运网络。推进中西部地区城市群内主要城市之间的快速铁路、高速公路建设，逐步形成城市群内快速交通运输网络。

#### 第三节　建设城市综合交通枢纽

建设以铁路、公路客运站和机场等为主的综合客运枢纽，以铁路和公路货运场站、港口和机场等为主的综合货运枢纽，优化布局，提升功能。依托综合交通枢纽，加强铁路、公路、民航、水运与城市轨道交通、地面公共交通等多种交通方式的衔接，完善集疏运系统与配送系统，实现客运"零距离"换乘和货运无缝衔接。

#### 第四节　改善中小城市和小城镇交通条件

加强中小城市和小城镇与交通干线、交通枢纽城市的连接，加快国省干线公路升级改造，提高中小城市和小城镇公路技术等级、通行能力和铁路覆盖率，改善交通条件，提升服务水平。

## 第五篇　提高城市可持续发展能力

加快转变城市发展方式，优化城市空间结构，增强城市经济、基础设施、公共服务和资源环境对人口的承载能力，有效预防和治理"城市病"，建设和谐宜居、富有特色、充满活力的现代城市。

## 第十四章　强化城市产业就业支撑

调整优化城市产业布局和结构，促进城市经济转型升级，改善营商环境，增强经济活力，扩大就业容量，把城市打造成为创业乐园和创新摇篮。

### 第一节　优化城市产业结构

根据城市资源环境承载能力、要素禀赋和比较优势，培育发展各具特色的城市产业体系。改造提升传统产业，淘汰落后产能，壮大先进制造业和节能环保、新一代信息技术、生物、新能源、新材料、新能源汽车等战略性新兴产业。适应制造业转型升级要求，推动生产性服务业专业化、市场化、社会化发展，引导生产性服务业在中心城市、制造业密集区域集聚；适应居民消费需求多样化，提升生活性服务业水平，扩大服务供给，提高服务质量，推动特大城市和大城市形成以服务经济为主的产业结构。强化城市间专业化分工协作，增强中小城市产业承接能力，构建大中小城市和小城镇特色鲜明、优势互补的产业发展格局。推进城市污染企业治理改造和环保搬迁。支持资源枯竭城市发展接续替代产业。

### 第二节　增强城市创新能力

顺应科技进步和产业变革新趋势，发挥城市创新载体作用，依托科技、教育和人才资源优势，推动城市走创新驱动发展道路。营造创新的制度环境、政策环境、金融环境和文化氛围，激发全社会创新活力，推动技术创新、商业模式创新和管理创新。建立产学研协同创新机制，强化企业在技术创新中的主体地位，发挥大型企业创新骨干作用，激发中小企业创新活力。建设创新基地，集聚创新人才，培育创新集群，完善创新服务体系，发展创新公共平台和风险投资机构，推进创新成果资本化、产业化。加强知识产权运用和保护，健全技术创新激励机制。推动高等学校提高创新人才培养能力，加快现代职业教育体系建设，系统构建从中职、高职、本科层次职业教育到专业学位研究生教育的技术技能人才培养通道，推进中高职衔接和职普沟通。引导部分地方本科高等学校转型发展为应用技术类型高校。试行普通高校、高职院校、成人高校之间的学分转换，为学生多样化成才提供选择。

### 第三节　营造良好就业创业环境

发挥城市创业平台作用，充分利用城市规模经济产生的专业化分工效应，放宽政府管制，降低交易成本，激发创业活力。完善扶持创业的优惠政策，形成政府激励创业、社会支持创业、劳动者勇于创业新机制。运用财政支持、税费减免、创业投资引导、政策性金融服务、小额贷款担保等手段，为中小企业特别是创业型企业发展提供良好的经营环境，促进以创业带动就业。促进以高校毕业生为重点的青年就业和农村转移劳动力、城镇困难人员、退役军人就业。结合产业升级开发更多适合高校毕业生的就业岗位，实行激励高校毕业生自主创业政策，实施离校未就业高校毕业生就业促进计划。合理引导高校毕业生就业流向，鼓励其到中小城市创业就业。

## 第十五章　优化城市空间结构和管理格局

按照统一规划、协调推进、集约紧凑、疏密有致、环境优先的原则，统筹中心城区改造和新城新区建设，提高城市空间利用效率，改善城市人居环境。

第一节　改造提升中心城区功能

| 专栏5 | 棚户区改造行动计划 |
| --- | --- |
| 01 | **城市棚户区改造**<br>加快推进集中成片城市棚户区改造，逐步将其他棚户区、城中村改造统一纳入城市棚户区改造范围，到2020年基本完成城市棚户区改造任务。 |
| 02 | **国有工矿棚户区改造**<br>将位于城市规划区内的国有工矿棚户区统一纳入城市棚户区改造范围，按照属地原则将铁路、钢铁、有色、黄金等行业棚户区纳入各地棚户区改造规划组织实施。 |
| 03 | **国有林区棚户区改造**<br>加快改造国有林区棚户区和国有林场危旧房，将国有林区（场）外其他林业基层单位符合条件的住房困难人员纳入当地城镇住房保障体系。 |
| 04 | **国有垦区危房改造**<br>加快改造国有垦区危房，将华侨农场非归难侨危房改造统一纳入垦区危房改造中央补助支持范围。 |

推动特大城市中心城区部分功能向卫星城疏散，强化大中城市中心城区高端服务、现代商贸、信息中介、创意创新等功能。完善中心城区功能组合，统筹规划地上地下空间开发，推动商业、办公、居住、生态空间与交通站点的合理布局与综合利用开发。制定城市市辖区设置标准，优化市辖区规模和结构。按照改造更新与保护修复并重的要求，健全旧城改造机制，优化提升旧城功能。加快城区老工业区搬迁改造，大力推进棚户区改造，稳步实施城中村改造，有序推进旧住宅小区综合整治、危旧住房和非成套住房改造，全面改善人居环境。

第二节　严格规范新城新区建设

严格新城新区设立条件，防止城市边界无序蔓延。因中心城区功能过度叠加、人口密度过高或规避自然灾害等原因，确需规划建设新城新区，必须以人口密度、产出强度和资源环境承载力为基准，与行政区划相协调，科学合理编制规划，严格控制建设用地规模，控制建设标准过度超前。统筹生产区、办公区、生活区、商业区等功能区规划建设，推进功能混合和产城融合，在集聚产业的同时集聚人口，防止新城新区空心化。加强现有开发区城市功能改造，推动单一生产功能向城市综合功能转型，为促进人口集聚、发展服务经济拓展空间。

第三节　改善城乡接合部环境

提升城乡接合部规划建设和管理服务水平，促进社区化发展，增强服务城市、带动农村、承接转移人口功能。加快城区基础设施和公共服务设施向城乡接合部地区延伸覆盖，规范建设行为，加强环境整治和社会综合治理，改善生活居住条件。保护生态用地和农用地，形成有利于改善城市生态环境质量的生态缓冲地带。

## 第十六章　提升城市基本公共服务水平

加强市政公用设施和公共服务设施建设，增加基本公共服务供给，增强对人口集聚和服务的支撑能力。

第一节　优先发展城市公共交通

将公共交通放在城市交通发展的首要位置，加快构建以公共交通为主体的城市机动化出行系统，积极发展快速公共汽车、现代有轨电车等大容量地面公共交通系统，科学有序推进城市轨道交通建设。优化公共交通站点和线路设置，推动形成公共交通优先通行网络，提高覆盖率、准点率和运行速度，基本实现100万人口以上城市中心城区公共交通站点500米全覆盖。强化交通综合管理，有效调控、合理引导个体机动化交通需求。推动各种交通方式、城市道路交通管理系统的信息共享和资源整合。

第二节　加强市政公用设施建设

建设安全高效便利的生活服务和市政公用设施网络体系。优化社区生活设施布局，健全社区养老服务体系，完善便民利民服务网络，打造包括物流配送、便民超市、平价菜店、家庭服务中心等在内的便捷生活服务圈。加强无障碍环境建设。合理布局建设公益性菜市场、农产品批发市场。统筹电力、通信、给排水、供热、燃气等地下管网建设，推行城市综合管廊，新建城市主干道路、城市新区、各类园区应实行城市地下管网综合管廊模式。加强城镇水源地保护与建设和供水设施改造与建设，确保城镇供水安全。加强防洪设施建设，完善城市排水与暴雨外洪内涝防治体系，提高应对极端天气能力。建设安全可靠、技术先进、管理规范的新型配电网络体系，加快推进城市清洁能源供应设施建设，完善燃气输配、储备和供应保障系统，大力发展热电联产，淘汰燃煤小锅炉。加强城镇污水处理及再生利用设施建设，推进雨污分流改造和污泥无害化处置。提高城镇生活垃圾无害化处理能力。合理布局建设城市停车场和立体车库，新建大中型商业设施要配建货物装卸作业区和停车场，新建办公区和住宅小区要配建地下停车场。

第三节　完善基本公共服务体系

根据城镇常住人口增长趋势和空间分布，统筹布局建设学校、医疗卫生机构、文化设施、体育场所等公共服务设施。优化学校布局和建设规模，合理配置中小学和幼儿园资源。加强社区卫生服务机构建设，健全与医院分工协作、双向转诊的城市医疗服务体系。完善重大疾病防控、妇幼保健等专业公共卫生和计划生育服务网络。加强公共文化、公共体育、就业服务、社保经办和便民利民服务设施建设。创新公共服务供给方式，引入市场机制，扩大政府购买服务规模，实现供给主体和方式多元化，根据经济社会发展状况和财力水平，逐步提高城镇居民基本公共服务水平，在学有所教、劳有所得、病有所医、老有所养、住有所居上持续取得新进展。

## 第十七章　提高城市规划建设水平

适应新型城镇化发展要求，提高城市规划科学性，加强空间开发管制，健全规划管理体制机制，严格建筑规范和质量管理，强化实施监督，提高城市规划管理水平和建筑质量。

第一节　创新规划理念

把以人为本、尊重自然、传承历史、绿色低碳理念融入城市规划全过程。城市规划要由扩张性规划逐步转向限定城市边界、优化空间结构的规划，科学确立城市功能定位和形态，加强城市空间开发利用管制，合理划定城市“三区四线”，合理确定城市规模、开发边界、开发强度和保护性空间，加强道路红线和建筑红线对建设项目的定位控制。统筹规划城市空间功能布局，促进城市用地功能适度混合。合理设定不同功能区土地开发利用的容积率、绿化率、地面渗透率等规范性要求。建立健全城市地下空间开发利用协调机制。统筹规划市区、城郊和周边乡村发展。

**专栏6　城市“三区四线”规划管理**

| | |
|---|---|
| 01 | **禁建区**<br>基本农田、行洪河道、水源地一级保护区、风景名胜区核心区、自然保护区核心区和缓冲区、森林湿地公园生态保育区和恢复重建区、地质公园核心区、道路红线、区域性市政走廊用地范围内、城市绿地、地质灾害易发区、矿产采空区、文物保护单位保护范围等，禁止城市建设开发活动。 |
| 02 | **限建区**<br>水源地二级保护区、地下水防护区、风景名胜区非核心区、自然保护区非核心区和缓冲区、森林公园非生态保育区、湿地公园非保育区和恢复重建区、地质公园非核心区、海陆交界生态敏感区和灾害易发区、文物保护单位建设控制地带、文物地下埋藏区、机场噪声控制区、市政走廊预留和道路红线外控制区、矿产采空区外围、地质灾害低易发区、蓄滞洪区、行洪河道外围一定范围等，限制城市建设开发活动。 |
| 03 | **适建区**<br>在已经划定为城市建设用地的区域，合理安排生产用地、生活用地和生态用地，合理确定开发时序、开发模式和开发强度。 |
| 04 | **绿线**<br>划定城市各类绿地范围的控制线，规定保护要求和控制指标。 |
| 05 | **蓝线**<br>划定在城市规划中确定的江、河、湖、库、渠和湿地等城市地表水体保护和控制的地域界线，规定保护要求和控制指标。 |
| 06 | **紫线**<br>划定国家历史文化名城内的历史文化街区和省、自治区、直辖市人民政府公布的历史文化街区的保护范围界线，以及城市历史文化街区外经县级以上人民政府公布保护的历史建筑的保护范围界线。 |
| 07 | **黄线**<br>划定对城市发展全局有影响、必须控制的城市基础设施用地的控制界线，规定保护要求和控制指标。 |

第二节　完善规划程序

完善城市规划前期研究、规划编制、衔接协调、专家论证、公众参与、审查审批、实施管理、评估修编等工作程序，探索设立城市总规划师制度，提高规划编制科学化、民主化水平。推行城市规划政务公开，加大公开公示力度。加强城市规划与经济社会发展、主体功能区建设、国土资源利用、生态环境保护、基础设施建设等规划的相互衔接。推动有条件地区的经济社会发展总体规划、城市规划、土地利用规划等“多规合一”。

第三节　强化规划管控

保持城市规划权威性、严肃性和连续性，坚持一本规划一张蓝图持之以恒加以落实，防止换一届领导改一次规划。加强规划实施全过程监管，确保依规划进行开发建设。健全国家城乡规划督察员制度，以规划强制性内容为重点，加强规划实施督察，对违反规划行为进行事前事中监管。严格实行规划实施责任追究制度，加大对政府部门、开发主体、居民个人违法违规行为的责任追究和处罚力度。制定城市规划建设考核指标体系，加强地方人大对城市规划实施的监督检查，将城市规划实施情况纳入地方党政领导干部考核和离任审计。运用信息化等手段，强化对城市规划管控的技术支撑。

第四节　严格建筑质量管理

强化建筑设计、施工、监理和建筑材料、装修装饰等全流程质量管控。严格执行先勘察、后设计、再施工的基本建设程序，加强建筑市场各类主体的资质资格管理，推行质量体系认证制度，加大建筑工人职业技能培训力度。坚决打击建筑工程招投标、分包转包、材料采购、竣工验收等环节的违法违规行为，惩治擅自改变房屋建筑主体和承重结构等违规行为。健全建筑档案登记、查询和管理制度，强化建筑质量责任追究和处罚，实行建筑质量责任终身追究制度。

## 第十八章　推动新型城市建设

顺应现代城市发展新理念新趋势，推动城市绿色发展，提高智能化水平，增强历史文化魅力，全面提升城市内在品质。

### 第一节　加快绿色城市建设

将生态文明理念全面融入城市发展，构建绿色生产方式、生活方式和消费模式。严格控制高耗能、高排放行业发展。节约集约利用土地、水和能源等资源，促进资源循环利用，控制总量，提高效率。加快建设可再生能源体系，推动分布式太阳能、风能、生物质能、地热能多元化、规模化应用，提高新能源和可再生能源利用比例。实施绿色建筑行动计划，完善绿色建筑标准及认证体系、扩大强制执行范围，加快既有建筑节能改造，大力发展绿色建材，强力推进建筑工业化。合理控制机动车保有量，加快新能源汽车推广应用，改善步行、自行车出行条件，倡导绿色出行。实施大气污染防治行动计划，开展区域联防联控联治，改善城市空气质量。完善废旧商品回收体系和垃圾分类处理系统，加强城市固体废弃物循环利用和无害化处置。合理划定生态保护红线，扩大城市生态空间，增加森林、湖泊、湿地面积，将农村废弃地、其他污染土地、工矿用地转化为生态用地，在城镇化地区合理建设绿色生态廊道。

专栏 7　　绿色城市建设重点

| | |
|---|---|
| 01 | **绿色能源**<br>推动新能源示范城市建设和智能微电网示范工程建设，依托新能源示范城市建设分布式光伏发电示范区。在北方地区城镇开展风电清洁供暖示范工程。选择部分县城开展可再生能源热利用示范工程，加强绿色能源县建设。 |
| 02 | **绿色建筑**<br>推进既有建筑供热计量和节能改造，基本完成北方采暖地区居住建筑供热计量和节能改造，积极推进夏热冬冷地区建筑节能改造和公共建筑节能改造。逐步提高新建建筑能效水平，严格执行节能标准。积极推进建筑工业化、标准化，提高住宅工业化比例。政府投资的公益性建筑、保障性住房和大型公共建筑全面执行绿色建筑标准和认证。 |
| 03 | **绿色交通**<br>加快发展新能源、小排量等环保型汽车，加快充电站、充电桩、加气站等配套设施建设，加强步行和自行车等慢行交通系统建设，积极推进混合动力、纯电动、天然气等新能源和清洁燃料车辆在公共交通行业的示范应用。推进机场、车站、码头节能节水改造，推广使用太阳能等可再生能源。继续严格实行运营车辆燃料消耗量准入制度，到 2020 年淘汰全部黄标车。 |
| 04 | **产业园区循环化改造**<br>以国家级和省级产业园区为重点，推进循环化改造，实现土地集约利用、废物交换利用、能量梯级利用、废水循环利用和污染物集中处理。 |
| 05 | **城市环境综合整治**<br>实施清洁空气工程，强化大气污染综合防治，明显改善城市空气质量；实施安全饮用水工程，治理地表水、地下水，实现水质、水量双保障；开展存量生活垃圾治理工作；实施重金属污染防治工程，推进重点地区污染场地和土壤修复治理。实施森林、湿地保护与修复。 |
| 06 | **绿色新生活行动**<br>在衣食住行游等方面，加快向简约适度、绿色低碳、文明节约方式转变。培育生态文化，引导绿色消费，推广节能环保型汽车、节能省地型住宅。健全城市废旧商品回收体系和餐厨废弃物资源化利用体系，减少使用一次性产品，抑制商品过度包装。 |

第二节　推进智慧城市建设

统筹城市发展的物质资源、信息资源和智力资源利用，推动物联网、云计算、大数据等新一代信息技术创新应用，实现与城市经济社会发展深度融合。强化信息网络、数据中心等信息基础设施建设。促进跨部门、跨行业、跨地区的政务信息共享和业务协同，强化信息资源社会化开发利用，推广智慧化信息应用和新型信息服务，促进城市规划管理信息化、基础设施智能化、公共服务便捷化、产业发展现代化、社会治理精细化。增强城市要害信息系统和关键信息资源的安全保障能力。

**专栏 8　　智慧城市建设方向**

| | |
|---|---|
| 01 | **信息网络宽带化**<br>推进光纤到户和"光进铜退"，实现光纤网络基本覆盖城市家庭，城市宽带接入能力达到 50Mbps，50% 家庭达到 100Mbps，发达城市部分家庭达到 1Gbps。推动 4G 网络建设，加快城市公共热点区域无线局域网覆盖。 |
| 02 | **规划管理信息化**<br>发展数字化城市管理，推动平台建设和功能拓展，建立城市统一的地理空间信息平台及建（构）筑物数据库，构建智慧城市公共信息平台，统筹推进城市规划、国土利用、城市管网、园林绿化、环境保护等市政基础设施管理的数字化和精准化。 |
| 03 | **基础设施智能化**<br>发展智能交通，实现交通诱导、指挥控制、调度管理和应急处理的智能化。发展智能电网，支持分布式能源的接入、居民和企业用电的智能管理。发展智能水务，构建覆盖供水全过程、保障供水质量安全的智能供排水和污水处理系统。发展智能管网，实现城市地下空间、地下管网的信息化管理和运行监控智能化。发展智能建筑，实现建筑设施、设备、节能、安全的智慧化管控。 |
| 04 | **公共服务便捷化**<br>建立跨部门跨地区业务协同、共建共享的公共服务信息服务体系。利用信息技术，创新发展城市教育、就业、社保、养老、医疗和文化的服务模式。 |
| 05 | **产业发展现代化**<br>加快传统产业信息化改造，推进制造模式向数字化、网络化、智能化、服务化转变。积极发展信息服务业，推动电子商务和物流信息化集成发展，创新并培育新型业态。 |
| 06 | **社会治理精细化**<br>在市场监管、环境监管、信用服务、应急保障、治安防控、公共安全等社会治理领域，深化信息应用，建立完善相关信息服务体系，创新社会治理方式。 |

第三节　注重人文城市建设

发掘城市文化资源，强化文化传承创新，把城市建设成为历史底蕴厚重、时代特色鲜明的人文魅力空间。注重在旧城改造中保护历史文化遗产、民族文化风格和传统风貌，促进功能提升与文化文物保护相结合。注重在新城新区建设中融入传统文化元素，与原有城市自然人文特征相协调。加强历史文化名城名镇、历史文化街区、民族风情小镇文化资源挖掘和文化生态的整体保护，传承和弘扬优秀传统文化，推动地方特色文化发展，保存城市文化记忆。培育和践行社会主义核心价值观，加快完善文化管理体制和文化生产经营机制，建立健全现代公共文化服务体系、现代文化市场体系。鼓励城市文化多样化发展，促进传统文化与现代文化、本土文化与外来文化交融，形成多元开放的现代城市文化。

专栏 9 人文城市建设重点

| | |
|---|---|
| 01 | **文化和自然遗产保护**<br>加强国家重大文化和自然遗产地、国家考古遗址公园、全国重点文物保护单位、历史文化名城名镇名村保护设施建设，加强城市重要历史建筑和历史文化街区保护，推进非物质文化遗产保护利用设施建设。 |
| 02 | **文化设施**<br>建设城市公共图书馆、文化馆、博物馆、美术馆等文化设施，每个社区配套建设文化活动设施，发展中小城市影剧院。 |
| 03 | **体育设施**<br>建设城市体育场（馆）和群众性户外体育健身场地，每个社区有便捷实用的体育健身设施。 |
| 04 | **休闲设施**<br>建设城市生态休闲公园、文化休闲街区、休闲步道、城郊休憩带。 |
| 05 | **公共设施免费开放**<br>逐步免费开放公共图书馆、文化馆（站）、博物馆、美术馆、纪念馆、科技馆、青少年宫和公益性城市公园。 |

## 第十九章　加强和创新城市社会治理

树立以人为本、服务为先理念，完善城市治理结构，创新城市治理方式，提升城市社会治理水平。

### 第一节　完善城市治理结构

顺应城市社会结构变化新趋势，创新社会治理体制，加强党委领导，发挥政府主导作用，鼓励和支持社会各方面参与，实现政府治理和社会自我调节、居民自治良性互动。坚持依法治理，加强法治保障，运用法治思维和法治方式化解社会矛盾。坚持综合治理，强化道德约束，规范社会行为，调节利益关系，协调社会关系，解决社会问题。坚持源头治理，标本兼治、重在治本，以网格化管理、社会化服务为方向，健全基层综合服务管理平台，及时反映和协调人民群众各方面各层次利益诉求。加强城市社会治理法律法规、体制机制、人才队伍和信息化建设。激发社会组织活力，加快实施政社分开，推进社会组织明确权责、依法自治、发挥作用。适合由社会组织提供的公共服务和解决的事项，交由社会组织承担。

### 第二节　强化社区自治和服务功能

健全社区党组织领导的基层群众自治制度，推进社区居民依法民主管理社区公共事务和公益事业。加快公共服务向社区延伸，整合人口、劳动就业、社保、民政、卫生计生、文化以及综治、维稳、信访等管理职能和服务资源，加快社区信息化建设，构建社区综合服务管理平台。发挥业主委员会、物业管理机构、驻区单位积极作用，引导各类社会组织、志愿者参与社区服务和管理。加强社区社会工作专业人才和志愿者队伍建设，推进社区工作人员专业化和职业化。加强流动人口服务管理。

### 第三节　创新社会治安综合治理

建立健全源头治理、动态协调、应急处置相互衔接、相互支撑的社会治安综合治理机制。创新立体化社会治安防控体系，改进治理方式，促进多部门城市管理职能整合，鼓励社会力量积极参与社会治安综合治理。及时解决影响人民群众安全的社会治安问题，加强对城市治安复杂部位的治安整治和管理。理顺城管执法体制，提高执法和服务水平。加大依法管理网络力度，加快完善互联网管理领导体制，确保国家网络和信息安全。

第四节 健全防灾减灾救灾体制

完善城市应急管理体系，加强防灾减灾能力建设，强化行政问责制和责任追究制。着眼抵御台风、洪涝、沙尘暴、冰雪、干旱、地震、山体滑坡等自然灾害，完善灾害监测和预警体系，加强城市消防、防洪、排水防涝、抗震等设施和救援救助能力建设，提高城市建筑灾害设防标准，合理规划布局和建设应急避难场所，强化公共建筑物和设施应急避难功能。完善突发公共事件应急预案和应急保障体系。加强灾害分析和信息公开，开展市民风险防范和自救互救教育，建立巨灾保险制度，发挥社会力量在应急管理中的作用。

## 第六篇 推动城乡发展一体化

坚持工业反哺农业、城市支持农村和多予少取放活方针，加大统筹城乡发展力度，增强农村发展活力，逐步缩小城乡差距，促进城镇化和新农村建设协调推进。

### 第二十章 完善城乡发展一体化体制机制

加快消除城乡二元结构的体制机制障碍，推进城乡要素平等交换和公共资源均衡配置，让广大农民平等参与现代化进程、共同分享现代化成果。

第一节 推进城乡统一要素市场建设

加快建立城乡统一的人力资源市场，落实城乡劳动者平等就业、同工同酬制度。建立城乡统一的建设用地市场，保障农民公平分享土地增值收益。建立健全有利于农业科技人员下乡、农业科技成果转化、先进农业技术推广的激励和利益分享机制。创新面向“三农”的金融服务，统筹发挥政策性金融、商业性金融和合作性金融的作用，支持具备条件的民间资本依法发起设立中小型银行等金融机构，保障金融机构农村存款主要用于农业农村。加快农业保险产品创新和经营组织形式创新，完善农业保险制度。鼓励社会资本投向农村建设，引导更多人才、技术、资金等要素投向农业农村。

第二节 推进城乡规划、基础设施和公共服务一体化

统筹经济社会发展规划、土地利用规划和城乡规划，合理安排市县域城镇建设、农田保护、产业集聚、村落分布、生态涵养等空间布局。扩大公共财政覆盖农村范围，提高基础设施和公共服务保障水平。统筹城乡基础设施建设，加快基础设施向农村延伸，强化城乡基础设施连接，推动水电路气等基础设施城乡联网、共建共享。加快公共服务向农村覆盖，推进公共就业服务网络向县以下延伸，全面建成覆盖城乡居民的社会保障体系，推进城乡社会保障制度衔接，加快形成政府主导、覆盖城乡、可持续的基本公共服务体系，推进城乡基本公共服务均等化。率先在一些经济发达地区实现城乡一体化。

### 第二十一章 加快农业现代化进程

坚持走中国特色新型农业现代化道路，加快转变农业发展方式，提高农业综合生产能力、抗风险能力、市场竞争能力和可持续发展能力。

第一节 保障国家粮食安全和重要农产品有效供给

确保国家粮食安全是推进城镇化的重要保障。严守耕地保护红线，稳定粮食播种面积。加强农田水利设施建设和土地整理复垦，加快中低产田改造和高标准农田建设。继续加大中央财政对粮食主产区投入，完善粮食主产区利益补偿机制，健全农产品价格保护制度，提高粮食主产区和种粮农民的积极性，将粮食生产核心区和非主产区产粮大县建设成为高产稳产商品粮生产基地。支持优势产区棉花、油料、糖料生产，推进畜禽水产品

标准化规模养殖。坚持“米袋子”省长负责制和“菜篮子”市长负责制。完善主要农产品市场调控机制和价格形成机制。积极发展都市现代农业。

第二节　提升现代农业发展水平

加快完善现代农业产业体系，发展高产、优质、高效、生态、安全农业。提高农业科技创新能力，做大做强现代种业，健全农技综合服务体系，完善科技特派员制度，推广现代化农业技术。鼓励农业机械企业研发制造先进实用的农业技术装备，促进农机农艺融合，改善农业设施装备条件，耕种收综合机械化水平达到70%左右。创新农业经营方式，坚持家庭经营在农业中的基础性地位，推进家庭经营、集体经营、合作经营、企业经营等共同发展。鼓励承包经营权在公开市场上向专业大户、家庭农场、农民合作社、农业企业流转，发展多种形式规模经营。鼓励和引导工商资本到农村发展适合企业化经营的现代种养业，向农业输入现代生产要素和经营模式。加快构建公益性服务与经营性服务相结合、专项服务与综合服务相协调的新型农业社会化服务体系。

第三节　完善农产品流通体系

统筹规划农产品市场流通网络布局，重点支持重要农产品集散地、优势农产品产地批发市场建设，加强农产品期货市场建设。加快推进以城市便民菜市场（菜店）、生鲜超市、城乡集贸市场为主体的农产品零售市场建设。实施粮食收储供应安全保障工程，加强粮油仓储物流设施建设，发展农产品低温仓储、分级包装、电子结算。健全覆盖农产品收集、存储、加工、运输、销售各环节的冷链物流体系。加快培育现代流通方式和新型流通业态，大力发展快捷高效配送。积极推进“农批对接”“农超对接”等多种形式的产销衔接，加快发展农产品电子商务，降低流通费用。强化农产品商标和地理标志保护。

## 第二十二章　建设社会主义新农村

坚持遵循自然规律和城乡空间差异化发展原则，科学规划县域村镇体系，统筹安排农村基础设施建设和社会事业发展，建设农民幸福生活的美好家园。

第一节　提升乡镇村庄规划管理水平

适应农村人口转移和村庄变化的新形势，科学编制县域村镇体系规划和镇、乡、村庄规划，建设各具特色的美丽乡村。按照发展中心村、保护特色村、整治空心村的要求，在尊重农民意愿的基础上，科学引导农村住宅和居民点建设，方便农民生产生活。在提升自然村落功能基础上，保持乡村风貌、民族文化和地域文化特色，保护有历史、艺术、科学价值的传统村落、少数民族特色村寨和民居。

第二节　加强农村基础设施和服务网络建设

加快农村饮水安全建设，因地制宜采取集中供水、分散供水和城镇供水管网向农村延伸的方式解决农村人口饮用水安全问题。继续实施农村电网改造升级工程，提高农村供电能力和可靠性，实现城乡用电同网同价。加强以太阳能、生物沼气为重点的清洁能源建设及相关技术服务。基本完成农村危房改造。完善农村公路网络，实现行政村通班车。加强乡村旅游服务网络、农村邮政设施和宽带网络建设，改善农村消防安全条件。继续实施新农村现代流通网络工程，培育面向农村的大型流通企业，增加农村商品零售、餐饮及其他生活服务网点。深入开展农村环境综合整治，实施乡村清洁工程，开展村庄整治，推进农村垃圾、污水处理和土壤环境整治，加快农村河道、水环境整治，严禁城市和工业污染向农村扩散。

第三节　加快农村社会事业发展

合理配置教育资源，重点向农村地区倾斜。推进义务教育学校标准化建设，加强农村中小学寄宿制学校建设，提高农村义务教育质量和均衡发展水平。积极发展农村学前教育。加强农村教师队伍建设。建立健全新型职业化农民教育、培训体系。优先建设发展县级医院，完善以县级医院为龙头、乡镇卫生院和村卫生室为基础的农村三级医疗卫生服务网络，向农民提供安全价廉可及的基本医疗卫生服务。加强乡镇综合文化站等农村公共文化和体育设施建设，提高文化产品和服务的有效供给能力，丰富农民精神文化生活。完善农村最低生活保障制度。健全农村留守儿童、妇女、老人关爱服务体系。

## 第七篇　改革完善城镇化发展体制机制

加强制度顶层设计，尊重市场规律，统筹推进人口管理、土地管理、财税金融、城镇住房、行政管理、生态环境等重点领域和关键环节体制机制改革，形成有利于城镇化健康发展的制度环境。

### 第二十三章　推进人口管理制度改革

在加快改革户籍制度的同时，创新和完善人口服务和管理制度，逐步消除城乡区域间户籍壁垒，还原户籍的人口登记管理功能，促进人口有序流动、合理分布和社会融合。

——建立居住证制度。全面推行流动人口居住证制度，以居住证为载体，建立健全与居住年限等条件相挂钩的基本公共服务提供机制，并作为申请登记居住地常住户口的重要依据。城镇流动人口暂住证持有年限累计进居住证。

——健全人口信息管理制度。加强和完善人口统计调查制度，进一步改进人口普查方法，健全人口变动调查制度。加快推进人口基础信息库建设，分类完善劳动就业、教育、收入、社保、房产、信用、计生、税务等信息系统，逐步实现跨部门、跨地区信息整合和共享，在此基础上建设覆盖全国、安全可靠的国家人口综合信息库和信息交换平台，到2020年在全国实行以公民身份号码为唯一标识，依法记录、查询和评估人口相关信息制度，为人口服务和管理提供支撑。

### 第二十四章　深化土地管理制度改革

实行最严格的耕地保护制度和集约节约用地制度，按照管住总量、严控增量、盘活存量的原则，创新土地管理制度，优化土地利用结构，提高土地利用效率，合理满足城镇化用地需求。

——建立城镇用地规模结构调控机制。严格控制新增城镇建设用地规模，严格执行城市用地分类与规划建设用地标准，实行增量供给与存量挖潜相结合的供地、用地政策，提高城镇建设使用存量用地比例。探索实行城镇建设用地增加规模与吸纳农业转移人口落户数量挂钩政策。有效控制特大城市新增建设用地规模，适度增加集约用地程度高、发展潜力大、吸纳人口多的卫星城、中小城市和县城建设用地供给。适当控制工业用地，优先安排和增加住宅用地，合理安排生态用地，保护城郊菜地和水田，统筹安排基础设施和公共服务设施用地。建立有效调节工业用地和居住用地合理比价机制，提高工业用地价格。

——健全节约集约用地制度。完善各类建设用地标准体系，严格执行土地使用标准，适当提高工业项目容积率、土地产出率门槛，探索实行长期租赁、先租后让、租让结合的工业用地供应制度，加强工程建设项目用地标准控制。建立健全规划统筹、政府引导、市场运作、公众参与、利益共享的城镇低效用地再开发激励约束机制，盘活利用现有城镇存量建设用地，建立存量建设用地退出激励机制，推进老城区、旧厂房、城中村的改造和保护性开发，发挥政府土地储备对盘活城镇低效用地的作用。加强农村土地综合整治，健全运行机制，规范推进城乡建设用地增减挂钩，总结推广工矿废弃地复垦利用等做法。禁止未经评估和无害化治理的污染场地进行土地流转和开发利用。完善土地租赁、转让、抵押二级市场。

——深化国有建设用地有偿使用制度改革。扩大国有土地有偿使用范围，逐步对经营性基础设施和社会事业用地实行有偿使用。减少非公益性用地划拨，对以划拨方式取得用于经营性项目的土地，通过征收土地年租金等多种方式纳入有偿使用范围。

——推进农村土地管理制度改革。全面完成农村土地确权登记颁证工作，依法维护农民土地承包经营权。在坚持和完善最严格的耕地保护制度前提下，赋予农民对承包地占有、使用、收益、流转及承包经营权抵押、担保权能。保障农户宅基地用益物权，改革完善农村宅基地制度，在试点基础上慎重稳妥推进农民住房财产权抵押、担保、转让，严格执行宅基地使用标准，严格禁止一户多宅。在符合规划和用途管制前提下，允许农村集体经营性建设用地出让、租赁、入股，实行与国有土地同等入市、同权同价。建立农村产权流转交易市场，推动农村产权流转交易公开、公正、规范运行。

——深化征地制度改革。缩小征地范围，规范征地程序，完善对被征地农民合理、规范、多元保障机制。建立兼顾国家、集体、个人的土地增值收益分配机制，合理提高个人收益，保障被征地农民长远发展生计。健全争议协调裁决制度。

——强化耕地保护制度。严格土地用途管制，统筹耕地数量管控和质量、生态管护，完善耕地占补平衡制度，建立健全耕地保护激励约束机制。落实地方各级政府耕地保护责任目标考核制度，建立健全耕地保护共同责任机制；加强基本农田管理，完善基本农田永久保护长效机制，强化耕地占补平衡和土地整理复垦监管。

## 第二十五章　创新城镇化资金保障机制

加快财税体制和投融资机制改革，创新金融服务，放开市场准入，逐步建立多元化、可持续的城镇化资金保障机制。

——完善财政转移支付制度。按照事权与支出责任相适应的原则，合理确定各级政府在教育、基本医疗、社会保障等公共服务方面的事权，建立健全城镇基本公共服务支出分担机制。建立财政转移支付同农业转移人口市民化挂钩机制，中央和省级财政安排转移支付要考虑常住人口因素。依托信息化管理手段，逐步完善城镇基本公共服务补贴办法。

——完善地方税体系。培育地方主体税种，增强地方政府提供基本公共服务能力。加快房地产税立法并适时推进改革。加快资源税改革，逐步将资源税征收范围扩展到占用各种自然生态空间。推动环境保护费改税。

——建立规范透明的城市建设投融资机制。在完善法律法规和健全地方政府债务管理制度基础上，建立健全地方债券发行管理制度和评级制度，允许地方政府发行市政债券，拓宽城市建设融资渠道。创新金融服务和产品，多渠道推动股权融资，提高直接融资比重。发挥现有政策性金融机构的重要作用，研究制定政策性金融专项支持政策，研究建立城市基础设施、住宅政策性金融机构，为城市基础设施和保障性安居工程建设提供规范透明、成本合理、期限匹配的融资服务。理顺市政公用产品和服务价格形成机制，放宽准入，完善监管，制定非公有制企业进入特许经营领域的办法，鼓励社会资本参与城市公用设施投资运营。鼓励公共基金、保险资金等参与项目自身具有稳定收益的城市基础设施项目建设和运营。

## 第二十六章　健全城镇住房制度

建立市场配置和政府保障相结合的住房制度，推动形成总量基本平衡、结构基本合理、房价与消费能力基本适应的住房供需格局，有效保障城镇常住人口的合理住房需求。

——健全住房供应体系。加快构建以政府为主提供基本保障、以市场为主满足多层次需求的住房供应体系。对城镇低收入和中等偏下收入住房困难家庭，实行租售并举、以租为主，提供保障性安居工程住房，满足基本住房需求。稳定增加商品住房供应，大力发展二手房市场和住房租赁市场，推进住房供应主体多元化，满足市场多样化住房需求。

——健全保障性住房制度。建立各级财政保障性住房稳定投入机制，扩大保障性住房有效供给。完善租赁补贴制度，推进廉租住房、公共租赁住房并轨运行。制定公平合理、公开透明的保障性住房配租政策和监管程序，严格准入和退出制度，提高保障性住房物业管理、服务水平和运营效率。

——健全房地产市场调控长效机制。调整完善住房、土地、财税、金融等方面政策，共同构建房地产市场调控长效机制。各城市要编制城市住房发展规划，确定住房建设总量、结构和布局。确保住房用地稳定供应，完善住房用地供应机制，保障性住房用地应保尽保，优先安排政策性商品住房用地，合理增加普通商品住房用地，严格控制大户型高档商品住房用地。实行差别化的住房税收、信贷政策，支持合理自住需求，抑制投机投资需求。依法规范市场秩序，健全法律法规体系，加大市场监管力度。建立以土地为基础的不动产统一登记制度，实现全国住房信息联网，推进部门信息共享。

### 第二十七章　强化生态环境保护制度

完善推动城镇化绿色循环低碳发展的体制机制，实行最严格的生态环境保护制度，形成节约资源和保护环境的空间格局、产业结构、生产方式和生活方式。

——建立生态文明考核评价机制。把资源消耗、环境损害、生态效益纳入城镇化发展评价体系，完善体现生态文明要求的目标体系、考核办法、奖惩机制。对限制开发区域和生态脆弱的国家扶贫开发工作重点县取消地区生产总值考核。

——建立国土空间开发保护制度。建立空间规划体系，坚定不移实施主体功能区制度，划定生态保护红线，严格按照主体功能区定位推动发展，加快完善城镇化地区、农产品主产区、重点生态功能区空间开发管控制度，建立资源环境承载能力监测预警机制。强化水资源开发利用控制、用水效率控制、水功能区限制纳污管理。对不同主体功能区实行差别化财政、投资、产业、土地、人口、环境、考核等政策。

——实行资源有偿使用制度和生态补偿制度。加快自然资源及其产品价格改革，全面反映市场供求、资源稀缺程度、生态环境损害成本和修复效益。建立健全居民生活用电、用水、用气等阶梯价格制度。制定并完善生态补偿方面的政策法规，切实加大生态补偿投入力度，扩大生态补偿范围，提高生态补偿标准。

——建立资源环境产权交易机制。发展环保市场，推行节能量、碳排放权、排污权、水权交易制度，建立吸引社会资本投入生态环境保护的市场化机制，推行环境污染第三方治理。

——实行最严格的环境监管制度。建立和完善严格监管所有污染物排放的环境保护管理制度，独立进行环境监管和行政执法。完善污染物排放许可制，实行企事业单位污染物排放总量控制制度。加大环境执法力度，严格环境影响评价制度，加强突发环境事件应急能力建设，完善以预防为主的环境风险管理制度。对造成生态环境损害的责任者严格实行赔偿制度，依法追究刑事责任。建立陆海统筹的生态系统保护修复和污染防治区域联动机制。开展环境污染强制责任保险试点。

## 第八篇　规划实施

本规划由国务院有关部门和地方各级政府组织实施。各地区各部门要高度重视、求真务实、开拓创新、攻坚克难，确保规划目标和任务如期完成。

### 第二十八章　加强组织协调

合理确定中央与地方分工，建立健全城镇化工作协调机制。中央政府要强化制度顶层设计，统筹重大政策研究和制定，协调解决城镇化发展中的重大问题。国家发展改革委要牵头推进规划实施和相关政策落实，监督检查工作进展情况。各有关部门要切实履行职责，根据本规划提出的各项任务和政策措施，研究制定具体实施方案。地方各级政府要全面贯彻落实本规划，建立健全工作机制，因地制宜研究制定符合本地实际的城镇化规划和具体政策措施。加快培养一批专家型城市管理干部，提高城镇化管理水平。

### 第二十九章　强化政策统筹

根据本规划制定配套政策，建立健全相关法律法规、标准体系。加强部门间政策制定和实施的协调配合，推动人口、土地、投融资、住房、生态环境等方面政策和改革举措形成合力、落到实处。城乡规划、土地利用规划、交通规划等要落实本规划要求，其他相关专项规划要加强与本规划的衔接协调。

### 第三十章　开展试点示范

本规划实施涉及诸多领域的改革创新，对已经形成普遍共识的问题，如长期进城务工经商的农业转移人口落户、城市棚户区改造、农民工随迁子女义务教育、农民工职业技能培训和中西部地区中小城市发展等，要加大力度，抓紧解决。对需要深入研究解决的难点问题，如建立农业转移人口市民化成本分担机制，建立多元化、可持续的城镇化投融资机制，建立创新行政管理、降低行政成本的设市设区模式，改革完善农村宅基地制度等，要选择不同区域不同城市分类开展试点。继续推进创新城市、智慧城市、低碳城镇试点。深化中欧城镇化伙伴关系等现有合作平台，拓展与其他国家和国际组织的交流，开展多形式、多领域的务实合作。

### 第三十一章　健全监测评估

加强城镇化统计工作，顺应城镇化发展态势，建立健全统计监测指标体系和统计综合评价指标体系，规范统计口径、统计标准和统计制度方法。加快制定城镇化发展监测评估体系，实施动态监测与跟踪分析，开展规划中期评估和专项监测，推动本规划顺利实施。

## 办公厅关于印发 2014 年政府信息公开工作要点的通知

国办发〔2014〕12 号　2014 年 3 月 17 日

各省、自治区、直辖市人民政府，国务院各部委、各直属机构：

《2014 年政府信息公开工作要点》已经国务院同意，现印发给你们，请结合实际认真贯彻落实。

国务院办公厅

### 2014 年政府信息公开工作要点

2014 年是贯彻落实党的十八届三中全会精神，全面深化改革的重要一年。做好今年政府信息公开工作的总体要求是：紧紧围绕党和政府中心工作及公众期盼，坚持把公开透明作为政府工作的基本制度，以保障人民群众知情、参与和监督为目标，深入贯彻落实《中华人民共和国政府信息公开条例》（以下简称《条例》），统筹推进政府信息公开，加强信息发布、解读和回应工作，强化制度机制建设，不断增强政府信息公开实效，进一步提高政府公信力，更好地发挥信息公开对建设法治政府、创新政府、廉洁政府的促进作用。

## 一、加强主动公开工作，全面贯彻落实《条例》

各地区、各部门要把政府信息主动公开工作作为推进依法行政的重要手段，不断扩大公开范围，细化公开内容。行政机关新获取和制作的政府信息，凡属于涉及公共利益、公众权益、社会关切及需要社会广泛知晓的，都要依法、全面、准确、及时地做好公开工作。要继续清理《条例》施行前形成但尚未移交国家档案管理部门的政府信息，以目前仍然有效的规范性文件为重点，分时段、有步骤地做好公开工作。加强信息解读工作，对一些涉及面广、社会关注度高或专业性比较强的政策性信息及相关重要信息，要加强事前舆情风险评估，制定信息发布、解读和回应的整体方案。公开前，要同步考虑相应解读事宜，准备解读预案及通俗易懂的解读材料；公开时，同步配发解读材料，及时组织专家进行科学解读、阐释，增进公众对政府工作的了解和理解。切实做好社会关切事项回应工作，建立健全政务舆情收集、研判、处置和回应机制，密切关注涉及党和政府重要工作部署、关系经济社会发展的重要政务舆情，及早发现、研判需要回应的相关舆情和热点问题，及时发布权威信息，消除不实传言，正面引导舆论。加强新闻发言人制度和政府网站、政务微博微信等信息公开平台建设，充分发挥广播电视、报刊、新闻网站、商业网站等媒体的作用，使主流声音和权威准确的政务信息在网络领域和公共信息传播体系中广泛传播。

## 二、推进行政权力运行信息公开

坚持依法行政，加大行政机关行政审批、行政许可、行政处罚等信息公开力度，积极推进行政权力公开透明运行。一是推进行政审批信息公开。公开国务院各部门行政审批事项清单，逐步建立地方各级政府及其工作部门权力清单制度，依法公开权力运行流程，接受社会监督。加强行政审批项目调整信息公开，围绕国务院关于简政放权的决策部署，及时公开取消、下放、清理以及实施机关变更的行政审批项目信息。继续推进行政许可办理信息公开，加强依据、条件、程序、数量、期限、需要提交材料目录以及办理情况的信息公开工作。二是推进行政处罚信息公开。加大制售假冒伪劣商品和侵犯知识产权行政处罚案件信息公开力度，除依法需要保护的涉及商业秘密和个人隐私的案件外，对适用一般程序查办的制售假冒伪劣商品和侵犯知识产权行政处罚案件，应当主动公开案件名称、被处罚者姓名或名称，以及主要违法事实和处罚种类、依据、结果等，并及时回应社会关切。推动其他行政权力运行信息公开，扩大公开范围，细化公开内容。

## 三、继续推进财政资金信息公开

财政资金是全体人民共有的财富，进一步加大管理使用情况的公开力度，让“财政资金”在阳光下运行。政府预算和决算要全部公开到支出功能分类的项级科目，专项转移支付预算和决算公开到具体项目。除按有关保密规定不宜公开其资金使用情况的部门和单位外，中央和地方所有使用财政拨款的部门均应公开本部门预算决算，部门预算决算要尽快公开到基本支出和项目支出。加大“三公”经费公开力度，所有财政拨款安排的“三公”经费都要详细公开，细化说明因公出国（境）团组数及人数，公务用车购置数及保有量，国内公务接待的有关情况，以及“三公”经费增减变化原因等信息。深化财政预算执行和其他财政收支审计信息公开，发布审计结果公告的同时，相关单位要及时、全面、准确公开整改情况，进一步提升财政预算执行和收支审计工作情况的透明度。

## 四、加强公共资源配置信息公开

公共资源的分配涉及公共利益，直接体现社会公平、公正，应该让人民群众知情，接受社会监督。当前要着力抓好征地拆迁、土地使用权出让、产权交易、政府采购、保障性住房分配等方面的信息公开。一是做好征地信息、农村土地承包经营权流转信息、国有建设用地使用权和矿业权出让信息公开。建立征地信息查询制度，方便公众查询征地批复、范围、补偿、安置等相关信息。加强农村土地承包经营权流转信息公开，重点公开流转面积、流向、用途、流转价格等信息，引导土地承包经营权有序流转。加大土地供应计划、出让公告、成交信息和供应结果公开力度。推进矿业权出让信息公开，细化矿业权审批信息公开范围和内容，扩大公众参与。二是深化国有土地上房屋征收与补偿信息公开。进一步做好房屋征收补偿方案、补偿标准、补偿结果信息公开，在征收范围内公开房屋征收决定、补助奖励政策和标准，向被征收人公开征收房屋调查结果、初步评估结果、补偿情况，实行阳光征收。三是继续推进保障性住房信息公开。全面公开城镇保障性安居工程建设项目信息、保障性住房分配和退出信息，加大公租房配租政策及实施情况公开力度。四是加强政府采购信息公开。公开政府采购项目预算、采购过程、采购结果，细化公开中标成交结果，逐步建立政府采购预算、执行、结果全过程信息公开制度。五是推进工程建设项目信息公开，深化项目审批、核准、监管、招标、投标等信息公开工作。

## 五、加强公共服务信息公开

建立健全公共服务信息公开制度，加强相关领域信息公开工作。一是深化高校招生信息和财务信息公开。进一步加大对特殊类型招生政策及有关考生信息的公开力度，全面公开高校预算决算信息。二是推动科技管理和项目经费信息公开。建立健全科研项目和资金管理信息公开制度，推进科技计划、科技专项等项目立项、验收、资金安排信息公开。三是做好医疗卫生领域信息公开，加大医疗服务收费信息公开力度。四是推进就业信息公开。及时公开促进就业方面的规划、政策、措施和实施情况，以及就业创业优惠政策实施范围，各项补贴申领条件、申领程序、管理和审批信息等，做好国有企事业单位人员招录信息和人力资源市场供求信息、分析信息发布工作。五是推进社会保障信息公开。重点推进城乡低保信息，包括低保标准、申请审批程序、资金使用情况等信息公开。

## 六、推动公共监管信息公开

要把公开透明作为政府监管工作的基本制度，切实加强监管信息公开。一是加强环境信息公开。继续推进空气和水环境信息公开，实时发布 161 个地级以上城市国控监测点监测数据和空气质量指数（AQI）值，公布重点城市空气质量排名，研究建立饮用水水源环境状况信息定期公开制度。推进建设项目环境影响评价信息公开，全文公开建设项目环境影响报告书、环境影响评价批复文件等信息，做到环评受理、审批和验收全过程公开。及时主动公开污染源环境监管信息、环境违法案件及查处情况、大气污染防治专项检查情况。推进国家重点监控企业污染源监督性监测信息公开和污染减排信息公开。推进核与辐射安全信息公开。二是继续做好安全生产事故信息公开。加强事故调查处理信息公开，除依法应当保密的内容外，主动全面公开特别重大、重大事故调查报告全文，逐步提高较大事故调查报告和调查处理信息的公开比例。建立预警预防信息发布和事故应急处置救援信息公开机制，扩大预警预报受众范围。加大对严重忽视安全生产的企业、性质严重的非法违法行为和可能酿成重特大事故的安全隐患曝光力度。三是推进国有企业财务相关信息公开。稳步推进中央企业主要财务指标、整体运行情况、业绩考核结果等信息公开。四是深入推进食品药品安全信息公开。重点做好食品药品监管法制建设信息，以及网上非法售药整治、医疗器械整治等专项行动信息公开工作，提高监管透明度。五是推动信用信息公开。依法公开行政机关在行政管理中掌握的信用信息，以政务诚信示范引领全社会诚信建设。

## 七、认真做好依申请公开工作

规范依申请公开办理工作，完善受理、审查、处理、答复以及保存备查等各个环节的流程，依法依规满足人民群众的特殊信息需求。提升依申请公开服务能力，畅通受理渠道，完善工作机制，提高工作效率，方便公众申请。改进完善申请办理方式，加强与申请人沟通，做好解疑释惑工作，引导公众正确行使申请权和救济权。对于经审核认定可以让社会广泛知晓的政府信息，在答复申请人的同时，应通过主动公开渠道予以公开，减少对同一政府信息的重复申请。对涉及多个地方或部门的申请事项，要加强会商协调，依法依规妥善办理。注意总结依申请公开工作经验和做法，不断完善本地区、本部门的信息公开制度。

## 八、加强制度建设和基础建设

建立经常性教育培训机制，发挥本地区、本部门信息公开工作主管部门的作用，加强信息公开培训，使信息公开培训范围覆盖各级行政机关及其工作人员。严格落实信息公开属性源头认定机制，行政机关对制作形成或在履行职责中获取的政府信息，要依法依规明确公开属性，确定为依申请公开或不予公开的，应当说明理由。加强信息公开保密审查制度建设，对公开的政府信息，要依法依规做好保密审查，涉及其他行政机关的，应与有关行政机关沟通确认，确保公开的政府信息准确一致，避免出现不实信息甚至“官谣”现象。建立政府信息公开指南和公开目录更新完善机制，进一步优化公开指南，细化公开范围和目录，方便公众查询和获取。加强工作考核、社会评议、责任追究、举报调查处理等制度建设，建立健全信息公开监督保障机制。强化机构和队伍建设，明确负责机构，加强力量配备，保障必要的工作经费。

各地区、各部门要进一步提高对信息公开工作的认识，加强组织领导，明确责任分工，认真抓好落实，确保要点提出的各项任务落实到位。要针对涉及本地区、本部门的工作，制定分解细化方案和工作进度安排，结合实际制定本地区、本部门信息公开工作要点，并及时报国务院办公厅备案。2014 年年底前，各地区、各部门要向国务院办公厅报送信息公开工作要点落实情况报告，国务院办公厅将适时对落实情况开展督查，通报结果。

# 办公厅关于改善农村人居环境的指导意见

国办发〔2014〕25 号　2014 年 5 月 16 日

各省、自治区、直辖市人民政府，国务院各部委、各直属机构：

近年来，各地区、各部门认真贯彻落实党中央和国务院的决策部署，推进农村基础设施建设和城乡基本公共服务均等化，农村人居环境逐步得到改善。但也要看到，目前我国农村人居环境总体水平仍然较低，在居住条件、公共设施和环境卫生等方面与全面建成小康社会的目标要求还有较大差距。为进一步改善农村人居环境，经国务院同意，现提出以下意见：

## 一、总体要求

（一）指导思想

以邓小平理论、“三个代表”重要思想、科学发展观为指导，深入学习领会党的十八大和十八届二中、三中全会精神，贯彻落实党中央和国务院的各项决策部署，按照全面建成小康社会和建设社会主义新农村的总体要求，以保障农民基本生活条件为底线，以村庄环境整治为重点，以建设宜居村庄为导向，从实际出发，循序渐进，通过长期艰苦努力，全面改善农村生产生活条件。

（二）基本原则

——因地制宜、分类指导。按照改善农村人居环境的总体要求，根据各地经济社会发展实际，科学确定不同地区的具体目标、重点、方法和标准。充分发挥地方自主性和创造性，防止生搬硬套和“一刀切”。

——量力而行、循序渐进。按照农村人居环境治理的阶段性规律，立足现有条件和财力可能，区分轻重缓急，优先安排保障农民基本生活条件的项目，有序推进农村人居环境治理，防止大拆大建。

——城乡统筹、突出特色。逐步实现城乡基本公共服务均等化，推进城乡互补，协调发展。慎砍树、禁挖山、不填湖、少拆房，保护乡情美景，弘扬传统文化，突出农村特色和田园风貌。

——坚持农民主体地位。尊重农民意愿，方便生产生活，与促进农民创业就业和增收相结合，不搞形象工程。广泛动员农民参与项目组织实施，保障农民决策权、参与权和监督权，防止政府大包大揽，不得强制或变相摊派，增加农民负担。

（三）目标任务

到2020年，全国农村居民住房、饮水和出行等基本生活条件明显改善，人居环境基本实现干净、整洁、便捷，建成一批各具特色的美丽宜居村庄。

## 二、规划先行，分类指导农村人居环境治理

（一）加快编制村庄规划

编制和完善县域村镇体系规划，根据镇、村人口变化等情况，科学论证，明确重点镇和一般镇、中心村和一般村的布局；合理确定基础设施和公共服务设施的项目与建设标准，明确不同区位、不同类型村庄人居环境改善的重点和时序。依据县域村镇体系规划，加快编制建设活动较多以及需要加强保护村庄的规划。

（二）提高村庄规划可实施性

村庄规划要符合农村实际，满足农民需求，体现乡村特色。规划编制要深入实地调查，坚持问题导向，保障农民参与，并做好与土地利用总体规划等规划的衔接，防止强行拆并村庄。规划内容要明确公共项目的实施方案，提出加强村民建房质量和风貌管控的要求；充分结合发展现代农业的需要，合理区分生产生活区域，统筹安排生产性基础设施。规划成果要通俗易懂，主要项目要达到可实施的深度，相关要求可纳入村规民约。

（三）合理确定整治重点

根据不同村庄人居环境现状，规划编制要兼顾中长期发展需要，分类确定整治重点，分步实施。基本生活条件尚未完善的村庄要以水电路气房等基础设施建设为重点，基本生活条件比较完善的村庄要以环境整治为重点，全面提升人居环境质量。

## 三、突出重点，循序渐进改善农村人居环境

（一）全力保障基本生活条件

加快推进农村危房改造，到2020年基本完成现有危房改造任务，建立健全农村基本住房安全保障长效机制。加强农房建设质量安全监管，做好农村建筑工匠培训和管理，落实农房抗震安全基本要求，提升农房节能性能。继续推进农村饮水安全工程，因地制宜推行城乡区域供水，完成全国农村饮水安全工程“十二五”规划任务。实施村内道路硬化工程，基本解决村民行路难问题。大力推进水电新农村电气化县建设，实施新一轮农村电网升级改造工程，促进可再生能源供电，全面解决不通电农村居民用电问题。加强地质灾害防治，完善消防、防洪等防灾减灾设施。

（二）大力开展村庄环境整治

加快农村环境综合整治，重点治理农村垃圾和污水。推行县域农村垃圾和污水治理的统一规划、统一建设、统一管理，有条件的地方推进城镇垃圾污水处理设施和服务向农村延伸。建立村庄保洁制度，推行垃圾就地分类减量和资源回收利用。深入开展全国城乡环境卫生整洁行动。交通便利且转运距离较近的村庄，生活垃圾可按照“户分类、村收集、镇转运、县处理”的方式处理；其他村庄的生活垃圾可通过适当方式就近处理。离城镇较远且人口较多的村庄，可建设村级污水集中处理设施，人口较少的村庄可建设户用污水处理设施。大力开展生态清洁型小流域建设，整乡整村推进农村河道综合治理。

推进规模化畜禽养殖区和居民生活区的科学分离，引导养殖业规模化发展，支持规模化养殖场畜禽粪污综合治理与利用。引导农民开展秸秆还田和秸秆养畜，支持秸秆能源化利用设施建设。逐步建立农村病死动物无害化收集和处理系统，加快无害化处理场所建设。合理处置农药包装物、农膜等废弃物，加快废弃物回收设施建设。推进农村清洁工程，因地制宜发展规模化沼气和户用沼气。推动农村家庭改厕，全面完成无害化卫生厕所改造任务。考虑种养大户等新型农业经营主体规模化生产需求，统筹建设晾晒场、农机棚等生产性公用设施，整治占用乡村道路晾晒、堆放等现象。

积极稳妥推进农村土地整治，节约集约使用土地。加强村庄公共空间整治，清理乱堆乱放，拆除私搭乱建，疏浚坑塘河道，推进村庄公共照明设施建设。统筹利用闲置土地、现有房屋及设施等，改造、建设村庄公共活动场所。

（三）稳步推进宜居乡村建设

加强对村域的规划管理，保持村庄整体风貌与自然环境相协调。结合水土保持等工程，保护和修复自然景观与田园景观。开展农房及院落风貌整治和村庄绿化美化，保护和修复水塘、沟渠等乡村设施。发展休闲农业、乡村旅游、文化创意等产业。制定传统村落保护发展规划，完善历史文化名村、传统村落和民居名录，建立健全保护和监管机制。继续实施“宽带中国”战略，加快农村互联网基础设施建设，推进宽带网络全面覆盖。利用小城镇基础设施以及商业服务设施，整体带动提升农村人居环境质量。

## 四、完善机制，持续推进农村人居环境改善

（一）创新投入方式

建立政府主导、村民参与、社会支持的投入机制中央政府投资要重点向中西部和贫困地区倾斜。以县级为主加强涉农资金整合，做到渠道不乱、用途不变、统筹安排、形成合力。完善村级公益事业建设一事一议财政奖补机制，调动农民参与农村人居环境建设的积极性；建立引导激励机制，鼓励社会资本参与建设。推动政府

通过委托、承包、采购等方式向社会购买村庄规划建设、垃圾收运处理、污水处理、河道管护等公共服务。

（二）建立管护长效机制

建立村庄道路、供排水、垃圾和污水处理、沼气、河道等公用设施的长效管护制度，逐步实现城乡管理一体化。培育市场化的专业管护队伍，提高管护人员素质。加强基层管理能力建设，逐步将村镇规划建设、环境保护、河道管护等管理责任落实到人。

（三）强化农民主体地位

建立农村人居环境治理自下而上的民主决策机制，以多数群众的共同需求为导向，推行村内事“村民议村民定、村民建村民管”的实施机制。发挥村务监督委员会、村民理事会等村民组织的作用，引导村民全过程参与项目规划、建设、管理和监督。完善村务公开制度，推行项目公开、合同公开、投资额公开，接受村民监督和评议。

（四）加强组织领导

各地区、各部门要充分认识改善农村人居环境的重要意义，切实加强对有关工作的组织领导。省级人民政府对本地区改善农村人居环境工作负总责，要科学编制规划，建立部门联动、分工明确的协调推进机制，统筹安排年度建设任务，规划及年度工作情况要及时报住房城乡建设部、环境保护部、农业部备案。各有关部门要认真履行职责，强化协调配合，加强对各地改善农村人居环境工作的指导。住房城乡建设部、环境保护部、农业部要组织开展监督检查，研究建立农村人居环境统计和评价机制，工作进展情况及时报告国务院。

# 关于加快发展现代保险服务业的若干意见

国发〔2014〕29 号　2014 年 8 月 10 日

各省、自治区、直辖市人民政府，国务院各部委、各直属机构：

保险是现代经济的重要产业和风险管理的基本手段，是社会文明水平、经济发达程度、社会治理能力的重要标志。改革开放以来，我国保险业快速发展，服务领域不断拓宽，为促进经济社会发展和保障人民群众生产生活作出了重要贡献。但总体上看，我国保险业仍处于发展的初级阶段，不能适应全面深化改革和经济社会发展的需要，与现代保险服务业的要求还有较大差距。加快发展现代保险服务业，对完善现代金融体系、带动扩大社会就业、促进经济提质增效升级、创新社会治理方式、保障社会稳定运行、提升社会安全感、提高人民群众生活质量具有重要意义。为深入贯彻党的十八大和十八届二中、三中全会精神，认真落实党中央和国务院决策部署，加快发展现代保险服务业，现提出以下意见。

## 一、总体要求

（一）指导思想

以邓小平理论、“三个代表”重要思想、科学发展观为指导，立足于服务国家治理体系和治理能力现代化，把发展现代保险服务业放在经济社会工作整体布局中统筹考虑，以满足社会日益增长的多元化保险服务需求为出发点，以完善保险经济补偿机制、强化风险管理核心功能和提高保险资金配置效率为方向，改革创新、扩大开放、健全市场、优化环境、完善政策，建设有市场竞争力、富有创造力和充满活力的现代保险服务业，使现代保险服务业成为完善金融体系的支柱力量、改善民生保障的有力支撑、创新社会管理的有效机制、促进经济提质增效升级的高效引擎和转变政府职能的重要抓手。

（二）基本原则

一是坚持市场主导、政策引导。对商业化运作的保险业务，营造公平竞争的市场环境，使市场在资源配置中起决定性作用；对具有社会公益性、关系国计民生的保险业务，创造低成本的政策环境，给予必要的扶持；对服务经济提质增效升级具有积极作用但目前基础薄弱的保险业务，更好发挥政府的引导作用。二是坚持改革创新、扩大开放。全面深化保险业体制机制改革，提升对内对外开放水平，引进先进经营管理理念和技术，释放和激发行业持续发展和创新活力。增强保险产品、服务、管理和技术创新能力，促进市场主体差异化竞争、个性化服务。三是坚持完善监管、防范风险。完善保险法制体系，加快推进保险监管现代化，维护保险消费者合法权益，规范市场秩序。处理好加快发展和防范风险的关系，守住不发生系统性区域性金融风险的底线。

（三）发展目标

到 2020 年，基本建成保障全面、功能完善、安全稳健、诚信规范，具有较强服务能力、创新能力和国际竞争力，与我国经济社会发展需求相适应的现代保险服务业，努力由保险大国向保险强国转变。保险成为政府、企业、居民风险管理和财富管理的基本手段，成为提高保障水平和保障质量的重要渠道，成为政府改进公共服务、加强社会管理的有效工具。保险深度（保费收入/国内生产总值）达到 5%，保险密度（保费收入/总人口）达到 3500 元/人。保险的社会“稳定器”和经济“助推器”作用得到有效发挥。

## 二、构筑保险民生保障网，完善多层次社会保障体系

（四）把商业保险建成社会保障体系的重要支柱

商业保险要逐步成为个人和家庭商业保障计划的主要承担者、企业发起的养老健康保障计划的重要提供者、社会保险市场化运作的积极参与者。支持有条件的企业建立商业养老健康保障计划。支持保险机构大力拓展企业年金等业务。充分发挥商业保险对基本养老、医疗保险的补充作用。

（五）创新养老保险产品服务

为不同群体提供个性化、差异化的养老保障。推动个人储蓄性养老保险发展。开展住房反向抵押养老保险试点。发展独生子女家庭保障计划。探索对失独老人保障的新模式。发展养老机构综合责任保险。支持符合条件的保险机构投资养老服务产业，促进保险服务业与养老服务业融合发展。

（六）发展多样化健康保险服务

鼓励保险公司大力开发各类医疗、疾病保险和失能收入损失保险等商业健康保险产品，并与基本医疗保险相衔接。发展商业性长期护理保险。提供与商业健康保险产品相结合的疾病预防、健康维护、慢性病管理等健康管理服务。支持保险机构参与健康服务业产业链整合，探索运用股权投资、战略合作等方式，设立医疗机构和参与公立医院改制。

## 三、发挥保险风险管理功能，完善社会治理体系

（七）运用保险机制创新公共服务提供方式

政府通过向商业保险公司购买服务等方式，在公共服务领域充分运用市场化机制，积极探索推进具有资质的商业保险机构开展各类养老、医疗保险经办服务，提升社会管理效率。按照全面开展城乡居民大病保险的要求，做好受托承办工作，不断完善运作机制，提高保障水平。鼓励发展治安保险、社区综合保险等新兴业务。

支持保险机构运用股权投资、战略合作等方式参与保安服务产业链整合。

（八）发挥责任保险化解矛盾纠纷的功能作用

强化政府引导、市场运作、立法保障的责任保险发展模式，把与公众利益关系密切的环境污染、食品安全、医疗责任、医疗意外、实习安全、校园安全等领域作为责任保险发展重点，探索开展强制责任保险试点。加快发展旅行社、产品质量以及各类职业责任保险、产品责任保险和公众责任保险，充分发挥责任保险在事前风险预防、事中风险控制、事后理赔服务等方面的功能作用，用经济杠杆和多样化的责任保险产品化解民事责任纠纷。

## 四、完善保险经济补偿机制，提高灾害救助参与度

（九）将保险纳入灾害事故防范救助体系

提升企业和居民利用商业保险等市场化手段应对灾害事故风险的意识和水平。积极发展企业财产保险、工程保险、机动车辆保险、家庭财产保险、意外伤害保险等，增强全社会抵御风险的能力。充分发挥保险费率杠杆的激励约束作用，强化事前风险防范，减少灾害事故发生，促进安全生产和突发事件应急管理。

（十）建立巨灾保险制度

围绕更好保障和改善民生，以制度建设为基础，以商业保险为平台，以多层次风险分担为保障，建立巨灾保险制度。研究建立巨灾保险基金、巨灾再保险等制度，逐步形成财政支持下的多层次巨灾风险分散机制。鼓励各地根据风险特点，探索对台风、地震、滑坡、泥石流、洪水、森林火灾等灾害的有效保障模式。制定巨灾保险法规。建立核保险巨灾责任准备金制度。建立巨灾风险管理数据库。

## 五、大力发展“三农”保险，创新支农惠农方式

（十一）积极发展农业保险

按照中央支持保大宗、保成本，地方支持保特色、保产量，有条件的保价格、保收入的原则，鼓励农民和各类新型农业经营主体自愿参保，扩大农业保险覆盖面，提高农业保险保障程度。开展农产品目标价格保险试点，探索天气指数保险等新兴产品和服务，丰富农业保险风险管理工具。落实农业保险大灾风险准备金制度。健全农业保险服务体系，鼓励开展多种形式的互助合作保险。健全保险经营机构与灾害预报部门、农业主管部门的合作机制。

（十二）拓展“三农”保险广度和深度

各地根据自身实际，支持保险机构提供保障适度、保费低廉、保单通俗的“三农”保险产品。积极发展农村小额信贷保险、农房保险、农机保险、农业基础设施保险、森林保险，以及农民养老健康保险、农村小额人身保险等普惠保险业务。

## 六、拓展保险服务功能，促进经济提质增效升级

（十三）充分发挥保险资金长期投资的独特优势

在保证安全性、收益性前提下，创新保险资金运用方式，提高保险资金配置效率。鼓励保险资金利用债权投资计划、股权投资计划等方式，支持重大基础设施、棚户区改造、城镇化建设等民生工程和国家重大工程。鼓励保险公司通过投资企业股权、债权、基金、资产支持计划等多种形式，在合理管控风险的前提下，为科技型企业、小微企业、战略性新兴产业等发展提供资金支持。研究制定保险资金投资创业投资基金相关政策。

（十四）促进保险市场与货币市场、资本市场协调发展

进一步发挥保险公司的机构投资者作用，为股票市场和债券市场长期稳定发展提供有力支持。鼓励设立不动产、基础设施、养老等专业保险资产管理机构，允许专业保险资产管理机构设立夹层基金、并购基金、不动产基金等私募基金。稳步推进保险公司设立基金管理公司试点。探索保险机构投资、发起资产证券化产品。探索发展债券信用保险。积极培育另类投资市场。

（十五）推动保险服务经济结构调整

建立完善科技保险体系，积极发展适应科技创新的保险产品和服务，推广国产首台首套装备的保险风险补偿机制，促进企业创新和科技成果产业化。加快发展小微企业信用保险和贷款保证保险，增强小微企业融资能力。积极发展个人消费贷款保证保险，释放居民消费潜力。发挥保险对咨询、法律、会计、评估、审计等产业的辐射作用，积极发展文化产业保险、物流保险，探索演艺、会展责任险等新兴保险业务，促进第三产业发展。

（十六）加大保险业支持企业“走出去”的力度

着力发挥出口信用保险促进外贸稳定增长和转型升级的作用。加大出口信用保险对自主品牌、自主知识产权、战略性新兴产业的支持力度，重点支持高科技、高附加值的机电产品和大型成套设备，简化审批程序。加快发展境外投资保险，以能源矿产、基础设施、高新技术和先进制造业、农业、林业等为重点支持领域，创新保险品种，扩大承保范围。稳步放开短期出口信用保险市场，进一步增加市场经营主体。积极发展航运保险。拓展保险资金境外投资范围。

## 七、推进保险业改革开放，全面提升行业发展水平

（十七）深化保险行业改革

继续深化保险公司改革，加快建立现代保险企业制度，完善保险公司治理结构。全面深化寿险费率市场化改革，稳步开展商业车险费率市场化改革。深入推进保险市场准入、退出机制改革。加快完善保险市场体系，支持设立区域性和专业性保险公司，发展信用保险专业机构。规范保险公司并购重组。支持符合条件的保险公司在境内外上市。

（十八）提升保险业对外开放水平

推动保险市场进一步对内对外开放，实现“引进来”和“走出去”更好结合，以开放促改革促发展。鼓励中资保险公司尝试多形式、多渠道“走出去”，为我国海外企业提供风险保障。支持中资保险公司通过国际资本市场筹集资金，多种渠道进入海外市场。努力扩大保险服务出口。引导外资保险公司将先进经验和技术植入中国市场。

（十九）鼓励保险产品服务创新

切实增强保险业自主创新能力，积极培育新的业务增长点。支持保险公司积极运用网络、云计算、大数据、移动互联网等新技术促进保险业销售渠道和服务模式创新。大力推进条款通俗化和服务标准化，鼓励保险公司提供个性化、定制化产品服务，减少同质低效竞争。推动保险公司转变发展方式，提高服务质量，努力降低经营成本，提供质优价廉、诚信规范的保险产品和服务。

（二十）加快发展再保险市场

增加再保险市场主体。发展区域性再保险中心。加大再保险产品和技术创新力度。加大再保险对农业、交通、能源、化工、水利、地铁、航空航天、核电及其他国家重点项目的大型风险、特殊风险的保险保障力度。

增强再保险分散自然灾害风险的能力。强化再保险对我国海外企业的支持保障功能，提升我国在全球再保险市场的定价权、话语权。

（二十一）充分发挥保险中介市场作用

不断提升保险中介机构的专业技术能力，发挥中介机构在风险定价、防灾防损、风险顾问、损失评估、理赔服务等方面的积极作用，更好地为保险消费者提供增值服务。优化保险中介市场结构，规范市场秩序。稳步推进保险营销体制改革。

## 八、加强和改进保险监管，防范化解风险

（二十二）推进监管体系和监管能力现代化

坚持机构监管与功能监管相统一，宏观审慎监管与微观审慎监管相统一，加快建设以风险为导向的保险监管制度。加强保险公司治理和内控监管，改进市场行为监管，加快建设第二代偿付能力监管制度。完善保险法规体系，提高监管法制化水平。积极推进监管信息化建设。充分发挥保险行业协会等自律组织的作用。充分利用保险监管派出机构资源，加强基层保险监管工作。

（二十三）加强保险消费者合法权益保护

推动完善保险消费者合法权益保护法律法规和规章制度。探索建立保险消费纠纷多元化解决机制，建立健全保险纠纷诉讼、仲裁与调解对接机制。加大保险监管力度，监督保险机构全面履行对保险消费者的各项义务，严肃查处各类损害保险消费者合法权益的行为。

（二十四）守住不发生系统性区域性金融风险的底线

加强保险业全面风险管理，建立健全风险监测预警机制，完善风险应急预案，优化风险处置流程和制度，提高风险处置能力。强化责任追究，增强市场约束，防止风险积累。加强金融监管协调，防范风险跨行业传递。完善保险监管与地方人民政府以及公安、司法、新闻宣传等部门的合作机制。健全保险保障基金管理制度和运行机制。

## 九、加强基础建设，优化保险业发展环境

（二十五）全面推进保险业信用体系建设

加强保险信用信息基础设施建设，扩大信用记录覆盖面，构建信用信息共享机制。引导保险机构采取差别化保险费率等手段，对守信者予以激励，对失信者进行约束。完善保险从业人员信用档案制度、保险机构信用评价体系和失信惩戒机制。

（二十六）加强保险业基础设施建设

加快建立保险业各类风险数据库，修订行业经验生命表、疾病发生率表等。组建全行业的资产托管中心、保险资产交易平台、再保险交易所、防灾防损中心等基础平台，加快中国保险信息技术管理有限责任公司发展，为提升保险业风险管理水平、促进行业转型升级提供支持。

（二十七）提升全社会保险意识

发挥新闻媒体的正面宣传和引导作用，鼓励广播电视、平面媒体及互联网等开办专门的保险频道或节目栏目，在全社会形成学保险、懂保险、用保险的氛围。加强中小学、职业院校学生保险意识教育。

## 十、完善现代保险服务业发展的支持政策

（二十八）建立保险监管协调机制

加强保险监管跨部门沟通协调和配合，促进商业保险与社会保障有效衔接、保险服务与社会治理相互融合、商业机制与政府管理密切结合。建立信息共享机制，逐步实现数据共享，提升有关部门的风险甄别水平和风险管理能力。建立保险数据库公安、司法、审计查询机制。

（二十九）鼓励政府通过多种方式购买保险服务

鼓励各地结合实际，积极探索运用保险的风险管理功能及保险机构的网络、专业技术等优势，通过运用市场化机制，降低公共服务运行成本。对于商业保险机构运营效率更高的公共服务，政府可以委托保险机构经办，也可以直接购买保险产品和服务；对于具有较强公益性，但市场化运作无法实现盈亏平衡的保险服务，可以由政府给予一定支持。

（三十）研究完善加快现代保险服务业发展的税收政策

完善健康保险有关税收政策。适时开展个人税收递延型商业养老保险试点。落实和完善企业为职工支付的补充养老保险费和补充医疗保险费有关企业所得税政策。落实农业保险税收优惠政策。结合完善企业研发费用所得税加计扣除政策，统筹研究科技研发保险费用支出税前扣除政策问题。

（三十一）加强养老产业和健康服务业用地保障

各级人民政府要在土地利用总体规划中统筹考虑养老产业、健康服务业发展需要，扩大养老服务设施、健康服务业用地供给，优先保障供应。加强对养老、健康服务设施用地监管，严禁改变土地用途。鼓励符合条件的保险机构等投资兴办养老产业和健康服务业机构。

（三十二）完善对农业保险的财政补贴政策

加大农业保险支持力度，提高中央、省级财政对主要粮食作物的保费补贴，减少或取消产粮大县三大粮食作物保险县级财政保费补贴。建立财政支持的农业保险大灾风险分散机制。

各地区、各部门要充分认识加快现代保险服务业发展的重要意义，把发展现代保险服务业作为促进经济转型、转变政府职能、带动扩大就业、完善社会治理、保障改善民生的重要抓手，加强沟通协调，形成工作合力。有关部门要根据本意见要求，按照职责分工抓紧制定相关配套措施，确保各项政策落实到位。省级人民政府要结合实际制订具体方案，促进本地区现代保险服务业有序健康发展。

# 办公厅关于进一步加强棚户区改造工作的通知

国办发〔2014〕36号　2014年7月21日

各省、自治区、直辖市人民政府，国务院各部委、各直属机构：

《国务院关于加快棚户区改造工作的意见》（国发〔2013〕25号）印发以来，各地区、各有关部门加大棚户区改造工作力度，全面推进城市、国有工矿、国有林区（林场）、国有垦区（农场）棚户区改造，2013年改造各类棚户区320万户以上，2014年计划改造470万户以上，为加快新一轮棚户区改造开了好局。但也要看到，目前仍有部分群众居住在棚户区中，与推进以人为核心的新型城镇化、改造约1亿人居住的城镇棚户区和

城中村的要求相比还有较大差距，棚户区改造中仍存在规划布局不合理、配套建设跟不上、项目前期工作慢等问题。为有效解决棚户区改造中的困难和问题，进一步加强棚户区改造工作，经国务院同意，现就有关要求通知如下：

## 一、进一步完善棚户区改造规划

各地区要进一步摸清待改造棚户区的底数、面积、类型等情况。区分轻重缓急，结合需要与可能，按照尽力而为、量力而行的原则，有计划有步骤地组织实施。各地区要在摸清底数的基础上，抓紧编制完善 2015—2017 年棚户区改造规划，将包括中央企业在内的国有企业棚户区纳入改造规划，重点安排资源枯竭型城市、独立工矿区和三线企业集中地区棚户区改造，优先改造连片规模较大、住房条件困难、安全隐患严重、群众要求迫切的棚户区。省级人民政府尚未审批棚户区改造规划的，要抓紧审批，并报国务院有关部门。各地区编制完善 2015—2017 年棚户区改造规划，应突出前瞻性、科学性。

## 二、优化规划布局

### （一）完善安置住房选点布局

棚户区改造安置住房实行原地和异地建设相结合，以原地安置为主，优先考虑就近安置；异地安置的，要充分考虑居民就业、就医、就学、出行等需要，在土地利用总体规划和城市总体规划确定的建设用地范围内，安排在交通便利、配套设施齐全地段。市、县人民政府应当结合棚户区改造规划、城市规划、产业发展和群众生产生活需要，科学合理确定安置住房布局。要统筹中心城区改造和新城新区建设，推动居住与商业、办公、生态空间、交通站点的空间融合及综合开发利用，提高城镇建设用地效率。鼓励国有林区（林场）、垦区（农场）棚户区改造在场部集中安置，促进国有林区、垦区小城镇建设。

### （二）改进配套设施规划布局

配套设施应与棚户区改造安置住房同步规划、同步报批、同步建设、同步交付使用。编制城市基础设施建设规划，应做好与棚户区改造规划的衔接，同步规划安置住房小区的城市道路以及公共交通、供水、供电、供气、供热、通讯、污水与垃圾处理等市政基础设施建设。安置住房小区商业、教育、医疗卫生等公共服务设施，配建水平必须与居住人口规模相适应，具体配建项目和建设标准，应遵循《城市居住区规划设计规范》要求，并符合当地棚户区改造公共服务设施配套标准的具体规定。

## 三、加快项目前期工作

### （一）做好征收补偿工作

棚户区改造实行实物安置和货币补偿相结合，由棚户区居民自愿选择。各地区要按照国家有关规定制定具体安置补偿办法，依法实施征收，维护群众合法权益。棚户区改造涉及集体土地征收的，要按照国家相关法律法规，做好土地征收、补偿安置等前期工作。各地区可以探索采取共有产权的办法，做好经济困难棚户区居民的住房安置工作。

### （二）建立行政审批快速通道

市、县发展改革、国土资源、住房城乡建设等部门要共同建立棚户区改造项目行政审批快速通道，简化审批程序，提高工作效率，改善服务方式，对符合相关规定的项目，限期完成项目立项、规划许可、土地使用、施工许可等审批手续。

## 四、加强质量安全管理

（一）强化在建工程质量安全监管

各地区要切实加强对棚户区改造在建工程质量安全的监督管理，重点对勘察、设计、施工、监理等参建单位执行工程建设强制性标准情况进行监督检查，对违法违规行为坚决予以查处。严格执行建筑节能强制性标准，实施绿色建筑行动，积极推广应用新技术、新材料，加快推进住宅产业化。全面推行安置住房质量责任终身制，加大质量安全责任追究力度。建设和施工单位要科学把握工程建设进度，保证工程建设的合理周期和造价，确保工程质量安全。

（二）开展已入住安置住房质量安全检查

市、县人民政府要加强对已入住棚户区改造安置住房质量安全状况的检查，重点是建成入住时间较长的安置住房，对有安全隐患的要督促整改、消除隐患，确保居住安全。

## 五、加快配套建设

（一）加快配套设施建设

市、县人民政府应当编制棚户区改造配套基础设施年度建设计划，明确建设项目、开工竣工时间等内容。棚户区改造安置住房小区的规划设计条件应当明确配套公共服务设施的种类、建设规模和要求等，相关用地以单独成宗供应为主，并依法办理相关供地手续；对确属规划难以分割的配套设施建设用地，可在招标拍卖挂牌出让商品住房用地或划拨供应保障性住房用地时整体供应，建成后依照约定移交设施、办理用地手续。配套设施建成后验收合格的，要及时移交给接收单位。接收单位应当在规定的时限内投入使用。

（二）完善社区公共服务

新建安置住房小区要及时纳入街道和社区管理。安置住房小区没有实施物业管理的，社区居民委员会应组织做好物业服务工作。要发展便民利民服务，加快发展社区志愿服务。鼓励邮政、金融、电信等公用事业服务单位在社区设点服务。

## 六、落实好各项支持政策

（一）确保建设用地供应

市、县人民政府应当依据棚户区改造规划与棚户区改造安置住房建设计划，结合改造用地需求、具备供应条件地块的具体情况和实际拆迁进度，编制棚户区改造安置住房用地供应计划。地方各级住房城乡建设、国土资源部门要共同商定棚户区改造用地年度供应计划，并根据用地年度供应计划实行宗地供应预安排，将棚户区改造和配套设施年度建设任务落实到地块。市、县规划部门应及时会同国土资源部门，严格依据经批准的控制性详细规划，确定棚户区改造区域全部拟供应宗地的开发强度、套型建筑面积等规划条件，涉及配套养老设施、科教文卫设施的，还应明确配建的设施种类、比例、面积、设施条件，以及建成后交付政府或政府收购的条件等要求，作为土地供应的条件。市、县国土资源部门应及时向社会公开棚户区改造用地年度供应计划、供地时序、宗地规划条件和土地使用要求，接受社会监督。省级国土资源部门应对市、县棚户区改造用地年度供应计划实施情况进行定期检查，确保用地落实到位。

（二）落实财税支持政策

市、县人民政府要切实加大棚户区改造资金投入，落实好税费减免政策。省级人民政府要进一步加大对本地区财政困难市县、贫困农林场棚户区改造的资金投入，支持国有林区（林场）、垦区（农场）棚户区改造相关的配套设施建设，重点支持资源枯竭型城市、独立工矿区和三线企业集中地区棚户区改造。中央继续加大对棚户区改造的补助力度，对财政困难地区予以倾斜。建立健全地方政府债券制度，加大对棚户区改造的支持。

（三）加大金融支持力度

进一步发挥开发性金融作用。国家开发银行成立住宅金融事业部，重点支持棚户区改造及城市基础设施等相关工程建设。鼓励商业银行等金融机构按照风险可控、商业可持续的原则，积极支持符合信贷条件的棚户区改造项目。纳入国家计划的棚户区改造项目，国家开发银行的贷款与项目资本金可在年度内同比例到位。对经过清理整顿符合条件的省级政府及地级以上城市政府融资平台公司，其实施的棚户区改造项目，银行业金融机构可比照公共租赁住房融资的有关规定给予信贷支持。与棚户区改造项目直接相关的城市基础设施项目，由国家开发银行按国务院有关要求给予信贷支持。各地要建立健全信贷偿还保障机制，确保还款保障得到有效落实。推进债券创新，支持承担棚户区改造项目的企业发行债券，优化棚户区改造债券品种方案设计，研究推出棚户区改造项目收益债券；与开发性金融政策相衔接，扩大“债贷组合”用于棚户区改造范围；适当放宽企业债券发行条件，支持国有大中型企业发债用于棚户区改造。通过投资补助、贷款贴息等多种方式，吸引社会资金，参与投资和运营棚户区改造项目，在市场准入和扶持政策方面对各类投资主体同等对待。支持金融机构创新金融产品和服务，研究建立完善多层次、多元化的棚户区改造融资体系。

## 七、加强组织领导

各地区、各有关部门要紧紧围绕推进新型城镇化的重大战略部署，进一步加大棚户区改造工作力度，力争超额完成2014年目标任务，并提前谋划2015—2017年棚户区改造工作。各省（区、市）人民政府对本地区棚户区改造负总责，要加强对市、县人民政府棚户区改造工作目标责任考核，落实市、县人民政府具体工作责任，完善工作机制，抓好组织实施。国务院各有关部门要依据各自职责，密切配合，加强对地方的监督指导，研究完善相关政策措施。要广泛宣传棚户区改造的重要意义，主动发布和准确解读政策措施，深入细致做好群众工作，营造良好社会氛围，共同推进棚户区改造工作。

# 办公厅关于支持铁路建设实施土地综合开发的意见

国办发〔2014〕37号　2014年8月11日

各省、自治区、直辖市人民政府，国务院各部委、各直属机构：

为落实《国务院关于改革铁路投融资体制加快推进铁路建设的意见》（国发〔2013〕33号），实施铁路用地及站场毗邻区域土地综合开发利用政策，支持铁路建设，经国务院同意，现提出以下意见：

## 一、土地综合开发的基本原则

（一）支持铁路建设与新型城镇化相结合

按照新型城镇化要求，在保障铁路运输功能和运营安全的前提下，坚持“多式衔接、立体开发、功能融合、节约集约”的原则，对铁路站场及毗邻地区特定范围内的土地实施综合开发利用。通过市场方式供应土地，一体设计、统一联建方式开发利用土地，促进铁路站场及相关设施用地布局协调、交通设施无缝衔接、地上地下空间充分利用、铁路运输功能和城市综合服务功能大幅提高，形成铁路建设和城镇及相关产业发展的良性互动机制，促进铁路和城镇化可持续发展。

（二）政府引导与市场自主开发相结合

相关部门和地方政府要遵循铁路建设发展规律，坚持依法行政，完善土地综合开发相关管理制度，建立公平公开、有序竞争的市场环境。地方政府要在符合土地利用总体规划和城乡规划的前提下，统筹铁路站场及毗邻地区相关规划，合理确定土地综合开发的边界和规模，通过综合开发用地供应与铁路建设联动等措施，引导市场主体实施铁路用地及站场毗邻区域土地综合开发，有力有序推进铁路建设。

（三）盘活存量铁路用地与综合开发新老站场用地相结合

支持铁路运输企业以自主开发、转让、租赁等多种方式盘活利用现有建设用地，鼓励铁路运输企业对既有铁路站场及毗邻地区实施土地综合开发，促进铁路建设投资等主体对新建铁路站场及毗邻地区实施土地综合开发，提高铁路建设项目的资金筹集能力和收益水平。

## 二、支持盘活现有铁路用地推动土地综合开发

（四）科学编制既有铁路站场及周边地区改建规

地方政府应主动与铁路运输企业协商，统筹编制既有铁路站场及毗邻地区相关规划，加强功能调整和空间优化，完善交通组织、用地布局和设施条件，增强铁路站场和周边地区的承载能力和服务功能，指导站场改建及周边地区土地综合开发，促进地上地下统一规划、统筹开发建设，实现对外交通与城市道路、公共交通一体化。

（五）给予既有铁路站场综合开发用地政策支持

支持铁路运输企业利用自有土地、平等协商收购相邻土地、依法取得政府供应土地或与其他市场主体合作，对既有铁路站场地区进行综合开发。市、县国土资源部门要依法为铁路运输企业利用自有土地进行土地产权整合和宗地合并、分拆等提供服务。政府供应既有铁路站场综合开发范围内的用地，应将综合开发的规划要求和铁路建设要求一并纳入土地供应的前提条件。

（六）促进铁路运输企业盘活各类现有土地资源

铁路运输企业依法取得的划拨用地，因转让或改变用途不再符合《划拨用地目录》的，可依法采取协议方式办理用地手续。经国家授权经营的土地，铁路运输企业在使用年限内可依法作价出资（入股）、租赁或在集团公司直属企业、控股公司、参股企业之间转让。

（七）鼓励提高铁路用地节约集约利用水平

利用铁路用地进行地上、地下空间开发的，在符合规划的前提下，可兼容一定比例其他功能，并可分层设立建设用地使用权。分层设立的建设用地使用权，符合《划拨用地目录》的，可按划拨方式办理用地手续；不符合《划拨用地目录》的，可按协议方式办理有偿用地手续。

## 三、鼓励新建铁路站场实施土地综合开发

（八）支持新建铁路站场与土地综合开发项目统一联建

新建铁路建设项目的投资主管部门、机构应与沿线地方政府按照一体规划、联动供应、立体开发、统筹建设的原则，协商确定铁路站场建设需配套安排的土地综合开发事项，明确土地综合开发项目与对应铁路站场、

线路工程统一联建等相关事宜。

（九）合理确定土地综合开发的边界和规模

地方政府应按照新建铁路站场地区土地综合开发的基本要求，综合考虑建设用地供给能力、市场容纳能力、铁路建设投融资规模等因素，依据土地利用总体规划和城市、镇规划，合理划定综合开发用地边界。扣除站场用地后，同一铁路建设项目的综合开发用地总量按单个站场平均规模不超过50公顷控制，少数站场综合开发用地规模不超过100公顷。

（十）明确站场建设和土地综合开发的规划要求

地方政府在编制土地利用总体规划和城市总体规划时，要根据新建铁路线路和站场的选址，做好用地控制和预留。城乡规划部门要加强对站场建设与土地综合开发的规划管理，在编制铁路站场及周边地区的控制性详细规划时，应同步组织开展修建性详细规划编制或城市设计工作，深化建筑空间组织、道路交通规划、开发强度、建设时序等要求，大力推进铁路与城市轨道交通、公共交通、出租车等各类交通方式的无缝衔接，促进综合交通枢纽建设，方便乘客出行和换乘。在综合开发用地供应前，城乡规划部门应依据控制性详细规划提出规划设计条件。未确定规划条件的地块，不得供应。

（十一）采用市场化方式供应综合开发用地

新建铁路站场地区综合开发用地采用市场化方式供应，供地公告时间不得少于60个工作日。新建铁路项目未确定投资主体的，可在项目招标时，将土地综合开发权一并招标，新建铁路项目中标人同时取得土地综合开发权，相应用地可按开发分期约定一次或分期提供，供地价格按出让时的市场价确定。新建铁路项目已确定投资主体但未确定土地综合开发权的，综合开发用地采用招标拍卖挂牌方式供应，并将统一联建的铁路站场、线路工程及相关规划条件、铁路建设要求作为取得土地的前提条件。土地由铁路建设投资主体取得的，铁路建设和土地综合开发应统筹推进；土地由其他市场主体取得的，其他市场主体应与铁路建设投资主体协商安排铁路建设与土地综合开发相关事宜，确保铁路等各项建设按规划有序进行。

## 四、完善土地综合开发配套政策

（十二）统筹土地综合开发相关规划管理

地方政府应在编制土地利用总体规划和城市规划时，统筹考虑铁路用地及站场毗邻区域土地综合开发利用需求，并据此及时组织编制土地综合开发相关规划。如确需调整既有法定规划的，应按程序报批。严格建设工程设计总平面图审查。相关部门要完善土地综合开发规划管理方式，促进土地综合开发规范有序进行。

（十三）完善综合开发用地供应模式

土地综合开发可分期供应，分期供应的土地可成片提供，成片供应的土地应根据城市规划和实际情况进行分宗，按宗地用途和有关规定，核发划拨决定书或签订有偿使用合同。

（十四）落实综合开发用地指标支持政策

铁路建设项目配套安排的土地综合开发所需新增建设用地指标，经省级人民政府严格审核后，暂由国土资源部予以计划单列。

（十五）完善相关工程建设标准规范

有关部门要根据铁路与其他交通运输方式接驳、综合交通枢纽建设、站场设施功能混合、地上地下立体开发等需要，梳理、完善有关标准规范，加强各类标准的衔接协调。

## 五、加强土地综合开发的监管和协调

（十六）实行备案管理制度

供应与新建铁路站场统一联建的综合开发用地前，市、县国土资源部门应将土地综合开发的位置、规模、用地需求、规划条件及拟安排的供应分期等向国土资源部备案，并抄送住房城乡建设部。

（十七）严格土地开发利用管理

相关市、县国土资源部门应与取得综合开发用地使用权的主体签订土地综合开发利用协议，明确约定铁路站场、线路工程应先于土地综合开发项目建设。取得综合开发用地的主体未按约定优先建设铁路站场、线路工程的，不得为其办理土地、房产手续。

（十八）切实加强建设管理

对铁路站场、线路工程建设及土地综合开发涉及的各类建设项目，相关政府部门应加强项目资本金、土地使用标准及建设标准、质量和施工安全等方面的监督管理工作。取得综合开发用地使用权的主体应严格遵守房地产开发项目建设管理等相关规定。

实施铁路用地及站场毗邻区域土地综合开发利用，是加快铁路投融资体制改革和铁路建设的重要举措，是促进新型城镇化发展和节约集约用地的有力抓手，各地区、各有关部门要高度重视，认真落实本意见精神，在严格管理的前提下，积极稳妥予以推进。

# 不动产登记暂行条例

国务院令第656号　2014年11月24日

现公布《不动产登记暂行条例》，自2015年3月1日起施行。

总理　李克强

## 第一章　总　则

**第一条**　为整合不动产登记职责，规范登记行为，方便群众申请登记，保护权利人合法权益，根据《中华人民共和国物权法》等法律，制定本条例。

**第二条**　本条例所称不动产登记，是指不动产登记机构依法将不动产权利归属和其他法定事项记载于不动产登记簿的行为。

本条例所称不动产，是指土地、海域以及房屋、林木等定着物。

**第三条**　不动产首次登记、变更登记、转移登记、注销登记、更正登记、异议登记、预告登记、查封登记等，适用本条例。

**第四条**　国家实行不动产统一登记制度。

不动产登记遵循严格管理、稳定连续、方便群众的原则。

不动产权利人已经依法享有的不动产权利，不因登记机构和登记程序的改变而受到影响。

**第五条**　下列不动产权利，依照本条例的规定办理登记：

（一）集体土地所有权；

（二）房屋等建筑物、构筑物所有权；

（三）森林、林木所有权；

（四）耕地、林地、草地等土地承包经营权；

（五）建设用地使用权；

（六）宅基地使用权；

（七）海域使用权；

（八）地役权；

（九）抵押权；

（十）法律规定需要登记的其他不动产权利。

**第六条**　国务院国土资源主管部门负责指导、监督全国不动产登记工作。

县级以上地方人民政府应当确定一个部门为本行政区域的不动产登记机构，负责不动产登记工作，并接受上级人民政府不动产登记主管部门的指导、监督。

**第七条**　不动产登记由不动产所在地的县级人民政府不动产登记机构办理；直辖市、设区的市人民政府可以确定本级不动产登记机构统一办理所属各区的不动产登记。

跨县级行政区域的不动产登记，由所跨县级行政区域的不动产登记机构分别办理。不能分别办理的，由所跨县级行政区域的不动产登记机构协商办理；协商不成的，由共同的上一级人民政府不动产登记主管部门指定办理。

国务院确定的重点国有林区的森林、林木和林地，国务院批准项目用海、用岛，中央国家机关使用的国有土地等不动产登记，由国务院国土资源主管部门会同有关部门规定。

## 第二章　不动产登记簿

**第八条**　不动产以不动产单元为基本单位进行登记。不动产单元具有唯一编码。

不动产登记机构应当按照国务院国土资源主管部门的规定设立统一的不动产登记簿。

不动产登记簿应当记载以下事项：

（一）不动产的坐落、界址、空间界限、面积、用途等自然状况；

（二）不动产权利的主体、类型、内容、来源、期限、权利变化等权属状况；

（三）涉及不动产权利限制、提示的事项；

（四）其他相关事项。

**第九条**　不动产登记簿应当采用电子介质，暂不具备条件的，可以采用纸质介质。不动产登记机构应当明确不动产登记簿唯一、合法的介质形式。

不动产登记簿采用电子介质的，应当定期进行异地备份，并具有唯一、确定的纸质转化形式。

**第十条**　不动产登记机构应当依法将各类登记事项准确、完整、清晰地记载于不动产登记簿。任何人不得损毁不动产登记簿，除依法予以更正外不得修改登记事项。

**第十一条**　不动产登记工作人员应当具备与不动产登记工作相适应的专业知识和业务能力。

不动产登记机构应当加强对不动产登记工作人员的管理和专业技术培训。

**第十二条**　不动产登记机构应当指定专人负责不动产登记簿的保管，并建立健全相应的安全责任制度。

采用纸质介质不动产登记簿的，应当配备必要的防盗、防火、防渍、防有害生物等安全保护设施。

采用电子介质不动产登记簿的，应当配备专门的存储设施，并采取信息网络安全防护措施。

**第十三条** 不动产登记簿由不动产登记机构永久保存。不动产登记簿损毁、灭失的，不动产登记机构应当依据原有登记资料予以重建。

行政区域变更或者不动产登记机构职能调整的，应当及时将不动产登记簿移交相应的不动产登记机构。

## 第三章 登记程序

**第十四条** 因买卖、设定抵押权等申请不动产登记的，应当由当事人双方共同申请。

属于下列情形之一的，可以由当事人单方申请：

（一）尚未登记的不动产首次申请登记的；

（二）继承、接受遗赠取得不动产权利的；

（三）人民法院、仲裁委员会生效的法律文书或者人民政府生效的决定等设立、变更、转让、消灭不动产权利的；

（四）权利人姓名、名称或者自然状况发生变化，申请变更登记的；

（五）不动产灭失或者权利人放弃不动产权利，申请注销登记的；

（六）申请更正登记或者异议登记的；

（七）法律、行政法规规定可以由当事人单方申请的其他情形。

**第十五条** 当事人或者其代理人应当到不动产登记机构办公场所申请不动产登记。

不动产登记机构将申请登记事项记载于不动产登记簿前，申请人可以撤回登记申请。

**第十六条** 申请人应当提交下列材料，并对申请材料的真实性负责：

（一）登记申请书；

（二）申请人、代理人身份证明材料、授权委托书；

（三）相关的不动产权属来源证明材料、登记原因证明文件、不动产权属证书；

（四）不动产界址、空间界限、面积等材料；

（五）与他人利害关系的说明材料；

（六）法律、行政法规以及本条例实施细则规定的其他材料。

不动产登记机构应当在办公场所和门户网站公开申请登记所需材料目录和示范文本等信息。

**第十七条** 不动产登记机构收到不动产登记申请材料，应当分别按照下列情况办理：

（一）属于登记职责范围，申请材料齐全、符合法定形式，或者申请人按照要求提交全部补正申请材料的，应当受理并书面告知申请人；

（二）申请材料存在可以当场更正的错误的，应当告知申请人当场更正，申请人当场更正后，应当受理并书面告知申请人；

（三）申请材料不齐全或者不符合法定形式的，应当当场书面告知申请人不予受理并一次性告知需要补正的全部内容；

（四）申请登记的不动产不属于本机构登记范围的，应当当场书面告知申请人不予受理并告知申请人向有登记权的机构申请。

不动产登记机构未当场书面告知申请人不予受理的，视为受理。

**第十八条** 不动产登记机构受理不动产登记申请的，应当按照下列要求进行查验：

（一）不动产界址、空间界限、面积等材料与申请登记的不动产状况是否一致；

（二）有关证明材料、文件与申请登记的内容是否一致；

（三）登记申请是否违反法律、行政法规规定。

**第十九条** 属于下列情形之一的，不动产登记机构可以对申请登记的不动产进行实地查看：

（一）房屋等建筑物、构筑物所有权首次登记；

（二）在建建筑物抵押权登记；

（三）因不动产灭失导致的注销登记；

（四）不动产登记机构认为需要实地查看的其他情形。

对可能存在权属争议，或者可能涉及他人利害关系的登记申请，不动产登记机构可以向申请人、利害关系人或者有关单位进行调查。

不动产登记机构进行实地查看或者调查时，申请人、被调查人应当予以配合。

**第二十条** 不动产登记机构应当自受理登记申请之日起 30 个工作日内办结不动产登记手续，法律另有规定的除外。

**第二十一条** 登记事项自记载于不动产登记簿时完成登记。

不动产登记机构完成登记，应当依法向申请人核发不动产权属证书或者登记证明。

**第二十二条** 登记申请有下列情形之一的，不动产登记机构应当不予登记，并书面告知申请人：

（一）违反法律、行政法规规定的；

（二）存在尚未解决的权属争议的；

（三）申请登记的不动产权利超过规定期限的；

（四）法律、行政法规规定不予登记的其他情形。

## 第四章 登记信息共享与保护

**第二十三条** 国务院国土资源主管部门应当会同有关部门建立统一的不动产登记信息管理基础平台。

各级不动产登记机构登记的信息应当纳入统一的不动产登记信息管理基础平台，确保国家、省、市、县四级登记信息的实时共享。

**第二十四条** 不动产登记有关信息与住房城乡建设、农业、林业、海洋等部门审批信息、交易信息等应当实时互通共享。

不动产登记机构能够通过实时互通共享取得的信息，不得要求不动产登记申请人重复提交。

**第二十五条** 国土资源、公安、民政、财政、税务、工商、金融、审计、统计等部门应当加强不动产登记有关信息互通共享。

**第二十六条** 不动产登记机构、不动产登记信息共享单位及其工作人员应当对不动产登记信息保密；涉及国家秘密的不动产登记信息，应当依法采取必要的安全保密措施。

**第二十七条** 权利人、利害关系人可以依法查询、复制不动产登记资料，不动产登记机构应当提供。

有关国家机关可以依照法律、行政法规的规定查询、复制与调查处理事项有关的不动产登记资料。

**第二十八条** 查询不动产登记资料的单位、个人应当向不动产登记机构说明查询目的，不得将查询获得的不动产登记资料用于其他目的；未经权利人同意，不得泄露查询获得的不动产登记资料。

## 第五章　法律责任

**第二十九条**　不动产登记机构登记错误给他人造成损害，或者当事人提供虚假材料申请登记给他人造成损害的，依照《中华人民共和国物权法》的规定承担赔偿责任。

**第三十条**　不动产登记机构工作人员进行虚假登记，损毁、伪造不动产登记簿，擅自修改登记事项，或者有其他滥用职权、玩忽职守行为的，依法给予处分；给他人造成损害的，依法承担赔偿责任；构成犯罪的，依法追究刑事责任。

**第三十一条**　伪造、变造不动产权属证书、不动产登记证明，或者买卖、使用伪造、变造的不动产权属证书、不动产登记证明的，由不动产登记机构或者公安机关依法予以收缴；有违法所得的，没收违法所得；给他人造成损害的，依法承担赔偿责任；构成违反治安管理行为的，依法给予治安管理处罚；构成犯罪的，依法追究刑事责任。

**第三十二条**　不动产登记机构、不动产登记信息共享单位及其工作人员，查询不动产登记资料的单位或者个人违反国家规定，泄露不动产登记资料、登记信息，或者利用不动产登记资料、登记信息进行不正当活动，给他人造成损害的，依法承担赔偿责任；对有关责任人员依法给予处分；有关责任人员构成犯罪的，依法追究刑事责任。

## 第六章　附　则

**第三十三条**　本条例施行前依法颁发的各类不动产权属证书和制作的不动产登记簿继续有效。

不动产统一登记过渡期内，农村土地承包经营权的登记按照国家有关规定执行。

**第三十四条**　本条例实施细则由国务院国土资源主管部门会同有关部门制定。

**第三十五条**　本条例自2015年3月1日起施行。本条例施行前公布的行政法规有关不动产登记的规定与本条例规定不一致的，以本条例规定为准。

# 三、中华人民共和国国家发展和改革委员会

## 办公厅关于创新企业债券融资方式扎实推进棚户区改造建设有关问题的通知

发改办财金〔2014〕1047号　2014年5月13日

各省、自治区、直辖市及计划单列市、新疆生产建设兵团发展改革委：

为进一步加大企业债券融资对棚户区改造建设的支持力度，现就创新企业债券融资方式、扎实推进棚户区改造建设有关问题通知如下：

### 一、认真开展棚户区改造项目资金需求测算分析，逐省研究融资预案，支持符合条件的地区增加企业债券发行规模指标

请各地发展改革委对列入2014年目标任务的棚户区改造项目资金需求进行测算分析，研究融资预案。我

委将根据实际情况采取支持和引导措施，扩大企业债券资金用于棚户区改造的规模。除中央、地方财政资金外，对棚户区改造项目较多、资金缺口较大，且地方政府性债务率较低的地区，可适当增加其承担棚户区改造的城投类公司年度发债规模指标。按照国务院有关精神，重点满足北京、上海、广州、深圳等热点城市棚户区改造和保障房建设的融资需求，扩大对中低收入群众的住房供应。

### 二、适当放宽企业债券发行条件，支持国有大中型企业发债用于棚户区改造

支持国有工矿（含煤矿）、国有林区、国有垦区等国有大中型企业发行企业债券用于所属区域棚户区改造项目建设。在偿债保障措施较为完善的前提下，对国有大中型企业发债用于工矿区棚户区改造的，适当放宽企业债券发行条件。

### 三、推进企业债券品种创新，研究推出棚户区改造项目收益债券

对于具有稳定偿债资金来源的棚户区改造项目，将按照融资—投资建设—回收资金封闭运行的模式，开展棚户区改造项目收益债券试点。项目收益债券不占用地方政府所属投融资平台公司年度发债指标。

### 四、与开发性金融政策相衔接，扩大“债贷组合”用于棚户区改造范围

一是我委将与国家开发银行进一步加强合作，紧密衔接，结合开发性金融对棚户区改造项目贷款及各省融资缺口情况，研究设计发债方案，互相补充，多渠道融资。二是继续扩大与开发银行合作开展的棚户区改造“债贷组合”范围，扩大发债规模。三是加大企业债券与其他商业银行贷款实施棚户区改造“债贷组合”的力度，支持一般房地产开发企业和民营企业发债承担棚户区改造项目建设任务。

### 五、优化棚户区改造债券品种方案设计，科学合理设置债券期限和还本付息方式

切实加强棚户区改造项目资金保障，建立可持续的资金保障机制，为使债券资金与项目实施和回收期更加匹配，凡实施棚户区改造的地方城投类企业发债可不再实行分摊还本的强制性债券方案设计，企业可根据棚户区改造项目资金回收的具体情况设计债券发行方案，合理灵活设置债券期限、选择权及还本付息方式。

## 关于放开房地产咨询收费和下放房地产经纪收费管理的通知

发改价格〔2014〕1289 号　2014 年 6 月 13 日

各省、自治区、直辖市发展改革委、物价局、住房城乡建设厅（建委、房地局）、新疆生产建设兵团发展改革委、建设局：

为深入贯彻落实十八届三中全会精神，充分发挥市场在资源配置中的决定性作用，完善房地产中介服务价格形成机制，促进行业健康发展，决定放开目前实行政府指导价管理的房地产咨询服务收费标准，下放房地产经纪服务收费管理权限。现就有关事项通知如下：

一、放开房地产咨询服务收费。房地产中介服务机构接受委托，提供有关房地产政策法规、技术及相关信

息等咨询的服务收费，实行市场调节价。

二、下放房地产经纪服务收费定价权限，由省级人民政府价格、住房城乡建设行政主管部门管理，各地可根据当地市场发育实际情况，决定实行政府指导价管理或市场调节价。实行政府指导价管理的，要制定合理的收费标准并明确收费所对应的服务内容等；实行市场调节价的，房地产经纪服务收费标准由委托和受托双方，依据服务内容、服务成本、服务质量和市场供求状况协商确定。

三、各房地产中介服务机构应按照《价格法》《房地产经纪管理办法》等法律法规要求，公平竞争、合法经营，诚实守信，为委托人提供价格合理、优质高效服务；严格执行明码标价制度，在其经营场所的醒目位置公示价目表，价目表应包括服务项目、服务内容及完成标准、收费标准、收费对象及支付方式等基本标价要素；一项服务包含多个项目和标准的，应当明确标示每一个项目名称和收费标准，不得混合标价、捆绑标价；代收代付的税、费也应予以标明。房地产中介服务机构不得收取任何未标明的费用。

四、各级价格主管部门要依法加强对房地产中介服务收费行为的监督管理，重点查处收费后不按约定义务履行服务职责，以及串通涨价、利用虚假或者使人误解的标价内容和标价方式进行价格欺诈等乱收费行为，规范房地产中介服务市场价格秩序。

五、上述规定自2014年7月1日起执行。《国家计委、建设部关于房地产中介服务收费的通知》（计价格〔1995〕971号）中有关房地产咨询和经纪服务收费的规定同时废止。

# 四、中华人民共和国住房和城乡建设部

## 关于做好2014年住房保障工作的通知

建保〔2014〕57号　2014年4月22日

各省、自治区住房城乡建设厅，北京市住房城乡建设委，天津市城乡建设交通委、国土资源房屋管理局，上海市城乡建设管理委、住房保障房屋管理局，重庆市城乡建设委、国土资源房屋管理局，新疆生产建设兵团建设局：

为切实抓好2014年住房保障工作，现就有关事项通知如下：

一、确保完成年度建设任务。今年全国城镇保障性安居工程计划新开工700万套以上，其中各类棚户区470万套以上；计划基本建成480万套。各地要协调发展改革、财政等部门，加大省级补助支持力度；建立省级巡查机制，加强对目标任务进展情况的督促检查；指导市县尽早开工建设，提高建成比例，尽快投入使用，确保完成年度开工和建成任务。

二、加强配套设施建设。要协调相关部门加大对配套设施建设的省级资金支持，组织制定加强保障性安居工程项目规划布局、配套设施建设的政策，明确市政基础设施和公共服务设施建设进度要求，并纳入对市县工作的年度目标考核。督促市县科学规划选址、合理布局，实现配套设施和保障性住房同步规划设计、同步建设、同步投入使用，推进保障性住房实施绿色建筑行动。

三、抓好住房保障规划编制工作。要指导市县人民政府结合实际，合理界定棚户区具体改造范围，摸清棚户区底数，调查摸底范围应包含建制镇。抓紧完成2013—2017年棚户区改造规划编制，分解到年度、落实到项目，5月底前报省级人民政府批准后报我部备案；在规划中展望2018—2020年棚户区改造任务安排。开展“十二五”住房保障规划实施情况评估，提前谋划“十三五”住房保障规划。会同有关部门开展进城落户农民住房保障需求研究，调查测算至2020年进城落户农民住房保障需求数量，为编制“十三五”住房保障规划提供支撑。

四、探索发展共有产权住房。我部确定北京、上海、深圳、成都、淮安、黄石为共有产权住房试点城市，试点城市要按照实施方案积极稳妥推进试点，在12月底前报送试点工作总结，相关省住房城乡建设部门要加强对试点工作的督促指导。其他省、自治区、直辖市也可以根据实际开展试点，在完善住房保障和供应体系、创新棚户区改造融资机制等方面进行有益探索。

五、推进公共租赁住房和廉租住房并轨运行。要根据《住房城乡建设部、财政部、国家发展改革委关于公共租赁住房和廉租住房并轨运行的通知》，在6月底前出台并轨运行实施办法，指导督促市县在8月底前出台实施方案。2014年年底前，各地区要把廉租住房全部纳入公共租赁住房，实现统一规划建设、统一资金使用、统一申请受理、统一运营管理。

六、继续推进保障性住房信息公开。要指导督促市县认真贯彻落实《国务院办公厅关于印发2014年政府信息公开工作要点的通知》，全面公开城镇保障性安居工程建设项目信息、保障性住房分配和退出信息，加大公共租赁住房配租政策及实施情况公开力度。

七、强化住房保障公平分配。要指导市县贯彻实施我部《住房保障档案管理办法》及实施意见，地级以上城市和档案管理基础工作较好的县市，要在2014年年底前建立住房保障档案制度健全、管理规范、运行高效、信息安全的管理体制和工作机制。加强住房保障管理信息系统建设，提高信息化管理水平。落实对企事业单位利用自有土地建设或其他社会投资建设的公共租赁住房支持政策，并纳入政府监管，确保配租对象符合住房保障条件。

八、抓好住房救助工作。要认真贯彻实施《社会救助暂行办法》，依法完善住房救助政策措施。会同民政等部门抓紧组织对辖区内已实施住房救助，以及尚待实施住房救助对象的规模等情况进行调查摸底。对符合规定需实施住房救助的，要全部纳入住房保障体系，优先安排解决；对已通过廉租住房实施住房救助的，要确保公共租赁住房和廉租住房并轨后救助标准适当、租金水平合理。

九、认真整改审计发现的问题。要指导市县积极配合住房保障审计工作，跟踪审计过程，对审计发现的问题，做到边审计边整改。对于存在的配套设施建设滞后、建设工程监管不到位、分配审核把关不严、部分保障性住房闲置等问题，要逐项限期整改，对重点问题督导整改，并建立纠错机制，举一反三，健全廉政风险防控机制，完善相关政策措施。

十、做好信息报送工作。要加强工作信息交流，认真总结住房保障工作经验成效，及时报送有关经验做法、政策法规、工作动态。在8月底前报送公共租赁住房和廉租住房并轨工作情况，10月底前报送住房救助工作情况。

# 关于并轨后公共租赁住房有关运行管理工作的意见

建保〔2014〕91 号　2014 年 6 月 24 日

各省、自治区住房城乡建设厅，北京市住房城乡建设委，天津市城乡建设交通委、国土资源房屋管理局，上海市城乡建设管理委、住房保障房屋管理局，重庆市城乡建设委、国土资源房屋管理局，新疆生产建设兵团建设局：

住房城乡建设部、财政部、国家发展改革委《关于公共租赁住房和廉租住房并轨运行的通知》（建保〔2013〕178 号）印发后，各地认真贯彻落实，并轨运行工作取得积极成效。为进一步做好有关运行管理工作，现提出如下意见：

## 一、明确保障对象

并轨后公共租赁住房的保障对象，包括原廉租住房保障对象和原公共租赁住房保障对象，即符合规定条件的城镇低收入住房困难家庭、中等偏下收入住房困难家庭，及符合规定条件的新就业无房职工、稳定就业的外来务工人员。

## 二、科学制定年度建设计划

各地应根据城镇低收入和中等偏下收入住房困难家庭对公共租赁住房需求，考虑符合当地住房保障条件的新就业无房职工、进城落户农民和外来务工人员的需要，结合当地经济社会发展水平和政府财政能力，科学制定公共租赁住房年度建设计划。要创新融资机制，多方筹集资金，做好公共租赁住房及其配套基础设施和公共服务设施规划建设，方便群众生产生活。落实民间资本参与公共租赁住房建设的各项支持政策。

## 三、健全申请审核机制

各地要整合原廉租住房和公共租赁住房受理窗口，方便群众申请。要明确并轨后公共租赁住房保障对象收入审核部门职责及协调机制。落实申请人对申请材料真实性负责的承诺和授权审核制度。社会投资建设公共租赁住房的分配要纳入政府监管。符合规定条件的住房保障对象，到市场承租住房的，可按各地原政策规定，继续领取或申请领取租赁住房补贴。

## 四、完善轮候制度

各地应当根据本地实际情况，合理确定公共租赁住房轮候期，对登记为轮候对象的申请人，应当在轮候期内给予安排。要优化轮候规则，坚持分层实施，梯度保障，优先满足符合规定条件的城镇低收入住房困难家庭的需求，对城镇住房救助对象，即符合规定标准的住房困难的最低生活保障家庭、分散供养的特困人员，依申请做到应保尽保。

## 五、强化配租管理

省级住房城乡建设部门要制定公共租赁住房合同示范文本，明确租赁双方权利义务。公共租赁住房租金原则上按照适当低于市场租金的水平确定。已建成并分配入住廉租住房统一纳入公共租赁住房管理，对已入住的城镇低收入住房困难家庭，其租金水平仍按原合同约定执行。对于新增城镇低收入住房困难家庭，租赁政府投资建设的公共租赁住房，应采取租金减免方式予以保障，不宜按公共租赁住房租金水平先收后返。

## 六、加强使用退出管理

公共租赁住房的所有权人及其委托的运营单位应当依合同约定，切实履行对公共租赁住房及其配套设施的维修养护责任，确保公共租赁住房的正常使用。经公共租赁住房所有权人或其委托的运营单位同意，承租人之间可以互换所承租的公共租赁住房。完善城镇低收入住房困难家庭资格复核制度，不再符合城镇低收入住房困难家庭条件但符合公共租赁住房保障对象条件的，可继续承租原住房，同时应调整租金。承租人违反有关规定或经审核不再符合公共租赁住房保障条件的，应退出公共租赁住房保障。

## 七、推进信息公开工作

各地要全面公开公共租赁住房的年度建设计划、完成情况、分配政策、分配对象、分配房源、分配程序、分配过程、分配结果及退出情况等信息，畅通投诉监督渠道，接受社会监督。

# 办公厅关于开展加强和改进住房公积金服务专项督查工作的通知

建办金函〔2014〕394 号　2014 年 7 月 11 日

各省、自治区住房和城乡建设厅，直辖市、新疆生产建设兵团住房公积金管委会、住房公积金管理中心：

按照住房城乡建设部党组统一部署，为落实第一批群众路线教育实践活动住房公积金相关问题的整改措施，加强对第二批群众路线教育实践活动的行业指导，切实解决群众反映强烈的住房公积金服务方面存在的突出问题，维护住房公积金缴存职工合法权益，我部决定于 2014 年下半年开展加强和改进住房公积金服务专项督查工作，现通知如下。

## 一、工作目标

通过开展专项督查，构筑方便快捷的住房公积金管理服务体系，全面提升服务质量，重点解决群众反映最强烈、最迫切的服务问题，切实维护广大缴存职工的合法权益，充分发挥住房公积金制度作用。

## 二、工作任务

（一）健全服务制度

按照《住房公积金服务指引》要求，建立首问负责、一次性告知、限时办结、服务承诺等各项服务制度，明确服务内容、落实服务责任。

（二）优化业务流程

在确保资金安全，有效防控风险的前提下，合理简化业务办理手续。做好住房公积金管理中心与受委托银行在业务办理手续方面的衔接，推动各地实施一站式业务办理，缩短办理时限，提高办事效率。

（三）降低中间费用

取消强制保险、公证和担保及其他不合理收费。降低业务办理现场提供的复印、打印等服务收费，有条件的地区免费提供辅助性服务。

（四）改进服务方式

改善服务环境，在服务网点配备自助查询终端、叫号机、休息椅、饮水机等设施。逐步建立网上服务大厅、12329 服务热线、手机短信平台、网点服务四位一体的服务体系。

（五）提升服务能力

加强住房公积金服务人员的配备，不断提高服务意识和服务能力。通过建立对服务人员的培训、考核和责任追究机制，推进住房公积金管理队伍建设。

## 三、工作安排

（一）自查自纠阶段（2014 年 7—8 月）

各省、自治区住房和城乡建设厅按照我部《关于加强和改进住房公积金服务工作的通知》（建金〔2011〕9 号）《住房公积金服务指引》以及本通知要求，组织对所辖设区城市住房公积金服务工作进行自查。直辖市、新疆生产建设兵团住房公积金管理中心对照相关文件要求，检查本中心住房公积金服务工作是否到位。各省、自治区住房和城乡建设厅，直辖市、新疆生产建设兵团住房公积金管理中心于 2014 年 8 月 31 日前，将自查报告报我部住房公积金监管司。

（二）重点抽查阶段（2014 年 9—10 月）

我部组成 10 个检查组，由司局级领导带队，根据各地报送的自查情况，对直辖市、新疆生产建设兵团，以及每个省（区）选择 2 ~ 3 个城市进行抽查。届时将邀请部分省（区）住房和城乡建设厅分管负责同志担任部分检查组组长，异地检查住房公积金服务情况。重点抽查工作于 2014 年 10 月底前完成。

（三）总结督促整改阶段（2014 年 11—12 月）

2014 年 11 月 15 日之前，各检查组将检查报告报送我部住房公积金监管司汇总，形成专项督查情况总结报告。11 月底之前，对存在问题比较严重的地区下发整改意见通知书。12 月，组织各省（区）住房和城乡建设厅、部分设区城市住房公积金管理中心召开专项督查工作总结交流会。总结各地住房公积金服务情况，通报住房公积金服务不到位的典型案例，交流推广住房公积金服务方面的先进经验和有效做法。

## 四、工作要求

（一）加强领导

各省（区）住房和城乡建设厅要切实加强对本地区专项督查工作的组织领导，抽调精干人员对各设区城市住房公积金服务工作情况进行检查。住房和城乡建设厅要积极发挥牵头作用，会同其他省级监管部门，形成工作合力，上下联动，共同抓好落实。

（二）建立机制

各级住房公积金监管部门和管理机构，在开展专项督查过程中要坚持广泛听取意见、开门整改。通过设立举报电话和举报信箱等方式，主动接受群众监督。在专项督查过程中，对群众的举报和投诉，以及网络、报纸等媒体曝光的住房公积金服务不到位的现象，省级监管部门要认真调查、快速处理、及时反馈。

（三）务求实效

在专项督查过程中，要坚持边整边改，发现问题及时纠正，存在不足及时改进。坚持专项督查与制度建设同步推进，需要从制度层面解决的问题，及时完善相关政策，加快制度建设。坚持专项督查和长期监督相结合，通过开展专项督查，研究建立督促各地持续提高住房公积金服务能力和水平的长效机制。

# 关于发展住房公积金个人住房贷款业务的通知

建金〔2014〕148 号　2014 年 10 月 9 日

各省、自治区、直辖市住房城乡建设厅（建委）、财政厅（局），新疆生产建设兵团建设局、财务局，中国人民银行上海总部、有关分行、营业管理部、省会（首府）城市中心支行，直辖市、新疆生产建设兵团住房公积金管理委员会、住房公积金管理中心：

住房公积金个人住房贷款是提高缴存职工住房消费能力的重要途径，也是缴存职工的基本权益。当前，各地住房公积金个人住房贷款业务发展不平衡，部分城市贷款发放率较高，但多数城市发放率在 85% 以下，影响了缴存职工的合法权益，也削弱了住房公积金制度的作用。为提高住房公积金个人住房贷款发放率，支持缴存职工购买首套和改善型自住住房，现就发展住房公积金个人住房贷款业务的有关问题通知如下：

## 一、合理确定贷款条件

职工连续足额缴存住房公积金 6 个月（含）以上，可申请住房公积金个人住房贷款。对曾经在异地缴存住房公积金、在现缴存地缴存不满 6 个月的，缴存时间可根据原缴存地住房公积金管理中心出具的缴存证明合并计算。住房公积金贷款对象为购买首套自住住房或第二套改善型普通自住住房的缴存职工。住房公积金管理中心不得向购买第三套及以上住房的缴存职工家庭发放住房公积金个人住房贷款。

## 二、适当提高首套贷款额度

住房公积金个人住房贷款发放率低于 85% 的设区城市，住房公积金管理委员会要根据当地商品住房价格和人均住房面积等情况，适当提高首套自住住房贷款额度，加大对购房缴存职工的支持力度。

## 三、推进异地贷款业务

各省、自治区、直辖市要实现住房公积金缴存异地互认和转移接续。职工在就业地缴存住房公积金，在户籍所在地购买自住住房的，可持就业地住房公积金管理中心出具的缴存证明，向户籍所在地住房公积金管理中心申请住房公积金个人住房贷款。

## 四、设区城市统筹使用资金

未按照《住房公积金管理条例》规定调整到位的分支机构，要尽快纳入设区城市住房公积金管理中心统一制度、统一决策、统一管理、统一核算。设区城市住房公积金管理中心统筹使用分支机构的住房公积金。

## 五、盘活存量贷款资产

住房公积金个人住房贷款发放率在 85% 以上的城市，要主动采取措施，积极协调商业银行发放住房公积金和商业银行的组合贷款。有条件的城市，要积极探索发展住房公积金个人住房贷款资产证券化业务。

### 六、降低贷款中间费用

住房公积金个人住房贷款担保以所购住房抵押为主。取消住房公积金个人住房贷款保险、公证、新房评估和强制性机构担保等收费项目，减轻贷款职工负担。

### 七、优化贷款办理流程

各地住房公积金管理中心与房屋产权登记机构应尽快联网，实现信息共享，简化贷款办理程序，缩短贷款办理周期。房屋产权登记机构应在受理抵押登记申请之日起 10 个工作日内完成抵押权登记手续；住房公积金管理中心应在抵押登记后 5 个工作日内完成贷款发放。房地产开发企业不得拒绝缴存职工使用住房公积金贷款购房。

### 八、提高贷款服务效率

各地住房公积金管理中心要健全贷款服务制度，完善服务手段，积极开展网上贷款业务咨询、贷款初审等业务，要全面开通 12329 服务热线和短信平台，向缴存职工提供数据查询、业务咨询、还款提示、投诉举报等服务。积极探索建立全省统一的 12329 服务热线和短信平台。

### 九、加强考核和检查

各省、自治区住房和城乡建设厅要加强对各市住房公积金个人住房贷款业务的考核，加大个人住房贷款业务考核权重。要定期进行现场专项检查，对工作不力的城市，要责令加大工作力度。住房城乡建设部每月通报全国住房公积金个人住房贷款发放情况。

各省、自治区住房城乡建设厅、财政厅、人民银行分支机构，直辖市、新疆生产建设兵团住房公积金管理委员会要按照本通知要求，根据不同城市住房公积金个人住房贷款发放情况，加强分类指导，加大对贷款发放率低的城市督促检查力度，提高资金使用效率，保障住房公积金有效使用和资金安全，并将本通知落实情况于 2014 年年底前报住房城乡建设部、财政部和人民银行。

## 关于做好住房救助有关工作的通知

建保〔2014〕160 号　2014 年 11 月 13 日

各省、自治区住房城乡建设厅、民政厅、财政厅，直辖市建委（国土资源房屋管理局、住房保障房屋管理局）、民政局、财政局，新疆生产建设兵团建设局、民政局、财政局：

住房救助是社会救助的重要组成部分，是针对住房困难的社会救助对象实施的住房保障。住房救助是切实保障特殊困难群众获得能够满足其家庭生活需要的基本住房，在住房方面保民生、促公平的托底性制度安排。为依法做好住房救助工作，根据《社会救助暂行办法》和《国务院关于全面建立临时救助制度的通知》（国发〔2014〕47 号）有关规定，现就有关事项通知如下：

## 一、明确住房救助对象

住房救助对象是指符合县级以上地方人民政府规定标准的、住房困难的最低生活保障家庭和分散供养的特困人员。城镇住房救助对象，属于公共租赁住房制度保障范围。农村住房救助对象，属于优先实施农村危房改造的对象范围。

## 二、规范住房救助方式

要充分考虑住房救助对象经济条件差、住房支付能力不足的客观条件，通过配租公共租赁住房、发放低收入住房困难家庭租赁补贴、农村危房改造等方式实施住房救助。对城镇住房救助对象，要优先配租公共租赁住房或发放低收入住房困难家庭租赁补贴，其中对配租公共租赁住房的，应给予租金减免，确保其租房支出可负担。对农村住房救助对象，应优先纳入当地农村危房改造计划，优先实施改造。

## 三、健全住房救助标准

县级以上地方人民政府要统筹考虑本行政区域经济发展水平和住房价格水平等因素，合理确定、及时公布住房救助对象的住房困难条件，以及城镇家庭实施住房救助后住房应当达到的标准和对住房救助对象实施农村危房改造的补助标准。住房困难标准及住房救助标准应当按年度实行动态管理，以确保救助对象住房条件能随着经济和社会发展水平的进步而相应地提高。

## 四、完善住房救助实施程序

市、县人民政府应当本着方便、快捷、随到随办的原则，建立“一门受理、协同办理”机制，完善申请审核、资格复核、具体实施等住房救助程序规定，方便城乡家庭申请住房救助。

城镇家庭可通过乡镇人民政府、街道办事处或者直接向住房保障部门提出申请，经县级民政部门确认申请家庭的最低生活保障及特困供养人员资格，由住房保障部门负责审核家庭住房状况并公示。经审核符合规定条件的，应当纳入城镇住房保障轮候对象范围，优先给予保障。各地要完善城镇住房救助对象家庭资格复核制度，不再符合住房救助条件但符合公共租赁住房保障对象条件的，可继续承租公共租赁住房，同时相应调整租金。

农村居民（家庭）应向户籍所在地的乡镇人民政府提出申请。乡镇人民政府对申请人的最低生活保障或特困供养人员资格、住房状况进行确认、调查核实并公示后，报县级人民政府住房城乡建设部门会同民政部门审批。对经审批决定纳入住房救助范围的，应将其作为农村危房改造对象优先纳入当地农村危房改造计划。

## 五、落实优惠政策

各地要按规定，落实公共租赁住房筹集、发放低收入住房困难家庭租赁补贴、农村危房改造的财税、金融和用地等优惠政策，为实施住房救助提供有力支持。

## 六、加强实施管理

各地要全面公开住房救助政策、救助程序、救助结果等信息，畅通投诉监督渠道，接受社会监督。各地在制定公共租赁住房筹集、发放低收入住房困难家庭租赁补贴、农村危房改造年度计划时，应优先满足当年实施住房救助的需要。各级住房城乡建设部门（住房保障部门）应会同民政等部门，组织对本辖区内累计实施、当年实施住房救助的情况，以及尚待实施住房救助的对象规模等，进行调查摸底，并将有关情况于当年11月底前报住房城乡建设部。

## 办公厅关于贯彻落实住房公积金基础数据标准的通知

建办金〔2014〕51号　2014年12月9日

各省、自治区住房城乡建设厅，直辖市、新疆生产建设兵团住房公积金管理委员会、住房公积金管理中心：

贯彻落实《住房公积金基础数据标准》（以下简称《基础数据标准》）对建立科学、合理、规范的住房公积金业务数据体系，提高住房公积金管理信息化水平，促进住房公积金监管系统建设，提升住房公积金服务能力，实现异地转移接续使用具有重要意义。为做好《基础数据标准》贯彻落实工作，现就有关要求通知如下：

一、请各省、自治区住房城乡建设厅组织本地住房公积金管理中心（以下简称公积金中心）开展信息系统《基础数据标准》贯彻落实工作，并于2017年年底之前完成。

二、公积金中心新建或升级改造信息系统，在咨询设计阶段要明确贯彻《基础数据标准》的方法和措施；在招标阶段，要把贯彻《基础数据标准》作为项目招投标条件之一；在建设阶段，要按《基础数据标准》规定进行应用系统和数据库设计开发；在验收阶段，要将贯彻《基础数据标准》情况形成专门的验收测评报告。

三、暂不进行信息系统升级改造的公积金中心，应按照《基础数据标准》要求，在现有业务信息系统数据库中建立标准数据表，实现系统生产数据项与标准数据表中数据项的对照映射，确保能够覆盖标准数据表中所有数据项。

四、公积金中心应于2014年12月底前将贯彻《基础数据标准》方案和计划报本省、自治区住房城乡建设厅，直辖市和新疆生产建设兵团公积金中心直接报我部住房公积金监管司。各省、自治区住房城乡建设厅要根据本地公积金中心贯彻《基础数据标准》工作的安排，拟订三年内完成贯彻《基础数据标准》的工作计划，于2015年1月底前报我部住房公积金监管司；同时，与我部建立联动机制，按照公积金中心贯彻《基础数据标准》工作进度共同提供指导和咨询服务，促进工作顺利开展。

五、为确保资金安全，提供便捷服务，各地公积金中心信息系统在贯彻《基础数据标准》过程中，要同时接入全国统一的住房公积金银行结算数据应用系统，与受托银行进行直联支付结算，实时获取银行结算数据，实现资金、业务和财务信息的自动平衡匹配，建立先进、实用、安全的信息系统。

六、各省、自治区住房城乡建设厅要对本地公积金中心信息系统贯彻《基础数据标准》情况，组织专项检查验收并形成报告，报我部住房公积金监管司。我部在住房公积金数据镜像系统部署工作中，将对完成贯彻《基础数据标准》工作的公积金中心信息系统进行逐项复查。

七、公积金中心要按本通知要求，积极与财政部门沟通，将贯彻《基础数据标准》工作费用列入专项经费，保证《基础数据标准》贯彻落实工作按期完成。

# 五、中华人民共和国国土资源部

## 关于强化管控落实最严格耕地保护制度的通知

国土资发〔2014〕18 号　2014 年 2 月 20 日

各省、自治区、直辖市及计划单列市国土资源主管部门，新疆生产建设兵团国土资源局，解放军土地管理局，各派驻地方的国家土地督察局，部机关各司局：

党中央、国务院高度重视耕地保护工作。党的十八大、十八届三中全会和中央经济工作会议、城镇化工作会议、农村工作会议就严防死守 18 亿亩耕地保护红线、确保实有耕地面积基本稳定、实行耕地数量和质量保护并重等提出了新的更高要求。为了贯彻落实最严格的耕地保护制度，现通知如下：

### 一、进一步提高认识，毫不动摇地坚持耕地保护红线

（一）充分认识保护耕地的极端重要性

党中央、国务院的新要求，体现了对坚守耕地保护红线和粮食安全底线的战略定力，体现了深化改革创新和对子孙后代高度负责的鲜明态度。各级国土资源部门要认真学习、深刻领会党中央、国务院决策精神，切实提高对保护耕地极端重要性和现实紧迫性的认识，在思想上、行动上自觉与以习近平同志为总书记的党中央保持高度一致。必须充分认识到，尽管第二次全国土地调查数据显示耕地面积有所增加，但粮食生产的实有耕地面积并未增长，人口多、耕地少的基本国情没有改变，粮食安全和耕地保护形势依然严峻，耕地保护工作绝不能放松；我国经济已经到了必须在发展中加快提质增效升级的重要时期，粗放扩张、浪费资源、破坏环境的老路不能再走，严守耕地红线、节约集约用地比以往任何时候都更为重要和紧迫；经过 30 多年持续快速发展，我国土地开发强度总体偏高，建设用地存量大、利用效率低，划定永久基本农田、严控建设占用耕地不仅十分必要，也已具备条件。

（二）坚决落实党中央、国务院决策部署

各级国土资源部门要积极行动起来，认真贯彻落实党的十八大和十八届三中全会等一系列重要会议精神，紧紧围绕经济工作的总体要求，将保护耕地作为土地管理的首要任务，坚决落实最严格的耕地保护制度和节约用地制度，坚持耕地保护优先、数量质量并重，全面强化规划统筹、用途管制、用地节约和执法监管，加快建立共同责任、经济激励和社会监督机制，严守耕地红线，确保耕地实有面积基本稳定、质量不下降。

### 二、强化土地用途管制，全面落实耕地数量和质量保护战略任务

（三）加大土地利用规划计划管控力度

严格按照土地利用总体规划批地用地，严禁突破土地利用总体规划设立新城新区和各类开发区（园区）。建立土地利用总体规划评估修改制度，严格限定条件，规范修改程序，扩大公众参与，禁止随意修改规划，切实维护规划的严肃性。按照国家新型城镇化发展要求，依据第二次全国土地调查成果，合理调整土地利用总体规划，严格划定城市开发边界、永久基本农田和生态保护红线，强化规划硬约束；严格控制城市建设用地规

模，确需扩大的，要采取串联式、组团式、卫星城式布局，避让优质耕地。按照国家统一部署，选择部分市、县，探索经济社会发展、城乡、土地利用规划的“多规合一”，强化土地利用规划的基础性、约束性作用。加强年度用地计划与规划的衔接，逐步减少新增建设用地计划指标，重点控制东部地区特别是京津冀、长三角、珠三角三大城市群建设用地规模，对耕地后备资源不足的地区相应减少建设占用耕地指标。

（四）进一步严格建设占用耕地审批

强化建设项目预审，严格项目选址把关。凡不符合土地利用总体规划、耕地占补平衡要求、征地补偿安置政策、用地标准、产业和供地政策的项目，不得通过用地预审。对线性工程占用耕地100公顷以上、块状工程70公顷以上的，省级国土资源部门必须组织实地踏勘论证，部组织抽查核实；确需占用的，按照确保粮食生产能力不下降的要求，提出补充耕地安排，补充数量质量相当的耕地，并作为通过预审的必备条件。建设用地审查报批时，要严格审查补充耕地落实情况，达不到规定要求的，不得通过审查。严格审核城市建设用地，除生活用地及公共基础设施用地外，原则上不再安排城市人口500万以上特大城市中心城区新增建设用地；人均城市建设用地目标严格控制在100平方米以内，后备耕地资源不足的地方相应减少新增建设占用耕地。处理好简政放权、改革审批与保护耕地、严格监管的关系，对符合法律法规规定和以上要求的建设项目，要提高土地审批效率，搞好供地服务。

（五）强化耕地数量和质量占补平衡

各地要严格执行以补定占、先补后占规定，引导建设不占或少占耕地。利用农用地分等定级、土壤地质调查测评分析、第二次全国土地调查等成果，完善现有和后备耕地资源质量等级评定，健全耕地质量等级评价制度，作为调整完善规划、划定永久基本农田、建设用地审批和补充耕地审查的依据。土地整治补充耕地要先评定等级再验收，没有达到要求的不得验收。省级国土资源部门要在省级人民政府的领导和组织下，会同有关部门，对建设项目耕地占补平衡进行严格审查把关，坚决纠正占优补劣问题。全面实施耕作层剥离再利用制度，建设占用耕地特别是基本农田的耕作层应当予以剥离，用于补充耕地的质量建设，超过合理运距、不宜直接用于补充耕地的，应用于现有耕地的整治。统筹规划，整合资金，大力推进高标准基本农田建设。加大对生产建设活动和自然损毁土地的复垦力度，探索开展受污染严重耕地的修复工作。加强补充耕地立项管理，提高项目工程建设标准，加强项目规划设计审查，严格项目验收。加强土地整治项目的建后管护，严防边整治边撂荒，严禁土地整治后又被非农业建设占用，多措并举提高整治土地的质量等级。除突发性自然灾害等原因外，严禁将耕地等农用地通过人为撂荒、破坏质量等方式变为未利用地。对因生态退化等原因导致耕地等农用地变更为未利用地的，不得纳入土地整治项目并用于占补平衡。

（六）严格划定和永久保护基本农田

各地应以依法批准的土地利用总体规划为依据，在已有工作基础上，从城市人口500万以上城市中心城区周边开始，由大到小、由近及远，加快全国基本农田划定工作，切实做到落地到户、上图入库，网上公布，接受监督。在交通沿线和城镇、村庄周边的显著位置增设永久保护标志牌。按照耕地质量等别从高到低的顺序，城镇、村庄周边和铁路、公路等交通沿线的优质耕地，建成的高标准农田，经县级以上人民政府批准确定的粮、棉、油、蔬菜等生产基地内的耕地，农业科研、教学试验田等，必须划定为基本农田。不得借基本农田划定或者建立数据库之机，擅自改变规划确定的基本农田布局，降低基本农田的质量标准。基本农田一经划定，实行严格管理、永久保护，任何单位和个人不得擅自占用或改变用途；建立和完善基本农田保护负面清单，符合法定条件和供地政策，确需占用和改变基本农田的，必须报国务院批准，并优先将同等面积的优质耕地补划为基本农田。

（七）严防集体土地流转“非农化”

农村土地管理制度改革要按照守住底线、试点先行的原则稳步推进，严格依据经中央批准的改革方案、在批准的试点范围内进行，坚持以符合规划和用途管制为前提，严防擅自扩大建设用地规模、乱占滥用耕地。农村土地承包经营权流转和抵押、担保等，必须在坚持和完善最严格的耕地保护制度前提下进行，坚持农地农用，不得借农地流转之名违规搞非农业建设，严禁在流转农地上建设旅游度假村、高尔夫球场、别墅、农家乐、私人会所等。引导农业结构调整不改变耕地用途，严禁占用基本农田挖塘造湖、种植林果、建绿色通道及其他毁坏基本农田种植条件的行为。设施农业项目要尽可能利用农村存量建设用地和非耕地，不得占用基本农田。生态退耕必须严格按照有关法规规定的条件和经国务院批准的方案，分步骤、有计划进行，基本农田和土地整治形成的耕地不得纳入退耕范围，依据第二次全国土地调查、年度土地变更调查成果审核退耕范围和退耕结果，严防弄虚作假和随意扩大退耕范围。

（八）引导和促进各类建设节约集约用地

各级国土资源部门要按照严控增量、盘活存量、优化结构、提高效率的总要求，综合运用规划调控、市场调节、标准控制、执法监管等手段，全面推进城镇、工矿、农村、基础设施等各类建设节约集约用地，切实减少对耕地的占用，严防侵占优质耕地。统筹安排新增和存量建设用地，新增建设用地计划安排要与节约集约用地绩效相挂钩，促进节约用地、保护耕地。

## 三、加强土地执法督察，严肃查处乱占滥用耕地行为

（九）强化耕地保护执法监察

加强对违反规划计划扩大建设用地规模、农村土地流转和农业结构调整中大量损坏基本农田等影响面大的违法违规行为的执法检查。充分利用卫星遥感、动态巡查、网络信息、群众举报等手段，健全“天上看、地上查、网上管、群众报”违法行为发现机制，对耕地进行全天候、全覆盖监测。在每年一次全国土地卫片执法检查的基础上，在有条件地区推广应用无人机航拍、基本农田视频监控网等，对重点城市群郊区、耕地集中连片区域和土地违法违规行为高发地区，加大执法查处频度。认真落实违法行为报告制度，对非法占用基本农田 5 亩以上或基本农田以外的耕地 10 亩以上、非法批准征占基本农田 10 亩以上或基本农田以外的耕地 30 亩以上以及其他造成耕地大量毁坏行为的，国土资源部门必须在核定上述违法行为后 3 个工作日内向同级地方人民政府和上级国土资源部门报告。坚持重大典型违法违规案件挂牌督办制度，对占用耕地重大典型案件及时进行公开查处、公开曝光。加强与法院、检察、公安、监察等部门的协同配合，形成查处合力。

（十）进一步加强耕地保护督察

国家土地督察机构要以耕地保护目标责任落实、规划计划执行、建设用地审批、基本农田划定、耕地占补平衡和农地流转等为重点，加强对省级人民政府耕地保护情况的监督检查，有关工作向国务院报告。2014 年，要将耕地数量质量保护、粮食主产区基本农田划定和保护、农地流转“非农化”、地方违规出台相关政策造成耕地大量流失等作为督察工作的重点。对监督检查中发现的问题，派驻地方的国家土地督察局应及时向督察区域内相关省级和计划单列市人民政府提出整改意见。对整改不力的，由国家土地总督察依照有关规定责令限期整改。整改期间，暂停被责令限期整改地区农用地转用和土地征收的受理和审查报批。

（十一）严格耕地保护责任追究制度

严格执行《违反土地管理规定行为处分办法》（监察部、人力资源和社会保障部、国土资源部部令第 15 号），积极配合监察机关追究地方人民政府负责人的责任。应当将耕地划入基本农田而不划入，且拒不改正的，

对直接负责的主管人员和其他直接责任人员，给予行政处分。对国土资源部门工作人员不依法履行职责，存在徇私舞弊、压案不查、隐瞒不报等行为的，要严格依照相关规定追究有关责任人的责任。

### 四、落实共同责任，建立耕地保护长效机制

（十二）构建耕地保护共同责任机制

完善省级人民政府耕地保护责任目标考核办法，将永久基本农田划定和保护、高标准基本农田建设、补充耕地质量等纳入考核内容，健全评价标准，实行耕地数量与质量考核并重。积极推动将耕地保护目标纳入地方经济社会发展和领导干部政绩考核评价指标体系，加大指标权重，考核结果作为对领导班子和领导干部综合考核评价的参考依据。推动地方政府严格执行领导干部耕地保护离任审计制度，落实地方政府保护耕地的主体责任。建立奖惩机制，将耕地保护责任目标落实情况与用地指标分配、整治项目安排相挂钩。

（十三）完善耕地保护约束激励机制

支持地方提高非农业建设占用耕地特别是基本农田的成本，加大对耕地保护的补贴力度，探索建立耕地保护经济补偿机制。建立健全制度，鼓励农村集体经济组织和农民依据土地整治规划开展高标准基本农田建设，探索实行“以补代投、以补促建”。积极促进土地税费制度改革，提高新增建设用地土地有偿使用费标准，建立按本地区开垦同等质量耕地成本缴纳耕地开垦费的制度。耕地保有量和基本农田面积少于土地利用总体规划确定的保护目标的，核减相应中央新增建设用地土地有偿使用费预算分配数。

（十四）推进耕地保护调查监测和信息化监管

加强耕地和基本农田变化情况监测及调查，及时预警、发布变化情况。以第二次全国土地调查、年度土地变更调查和卫星遥感监测数据为基础，加快完善土地规划、基本农田保护、土地整治和占补平衡等数据库，建立数据实时更新机制，实现与建设用地审批、在线土地督察等系统的关联应用和全国、省、市、县四级系统的互联互通，纳入国土资源“一张图”和综合监管平台，强化耕地保护全流程动态监管。

（十五）加强耕地保护法制化规范化建设

加强耕地保护立法研究工作，推动土地利用规划、土地整治、土地督察等法制化建设。各地要结合实际，健全耕地保护地方性法规规章。推行重大决策社会稳定风险评估和后评估制度，全面落实耕地保护听证制度。抓紧完善耕地质量等级评定和建设标准，完善工程项目用地控制指标。

管好用好耕地始终是我国现代化进程中一个基础性、全局性、战略性问题。各级国土资源部门要切实增强保护耕地的责任感和使命感，采取有力措施，坚决落实最严格的耕地保护制度，确保国家政令畅通，保障国家粮食安全。

## 办公厅关于印发《养老服务设施用地指导意见》的通知

国土资厅发〔2014〕11 号　2014 年 4 月 17 日

各省、自治区、直辖市国土资源主管部门，新疆生产建设兵团国土资源局，计划单列市国土资源主管部门：

为贯彻落实《国务院关于加快发展养老服务业的若干意见》（国发〔2013〕35 号）文件精神，保障养老服务设施用地供应，规范养老服务设施用地开发利用管理，大力支持养老服务业发展，部制定了《养老服务设施

用地指导意见》(以下简称“《意见》”),现予印发,请结合本地实际认真贯彻执行。

本通知自下发之日起执行,有效期五年。

## 养老服务设施用地指导意见

### 一、合理界定养老服务设施用地范围

专门为老年人提供生活照料、康复护理、托管等服务的房屋和场地设施占用土地,可确定为养老服务设施用地。老年酒店、宾馆、会所、商场、俱乐部等商业性设施占用土地,不属于本《意见》中的养老服务设施用地。

### 二、依法确定养老服务设施土地用途和年期

养老服务设施用地在办理供地手续和土地登记时,土地用途应确定为医卫慈善用地。

依据《土地利用现状分类》(GB/T21010－2007),规划为公共管理用地、公共服务用地中的医卫慈善用地,可布局和安排养老服务设施用地,其他用地中只能配套建设养老服务设施用房并分摊相应的土地面积。

养老服务设施用地以出让方式供应的,建设用地使用权出让年限按最高不超过 50 年确定。以租赁方式供应的,租赁年限在合同中约定,最长租赁期限不得超过同类用途土地出让最高年期。

### 三、规范编制养老服务设施供地计划

养老服务设施用地供应应当纳入国有建设用地供应计划。新建城区和居住小区配建养老服务设施用地的,建设规模应一并纳入住房建设用地供应计划;新建养老机构服务设施用地的,应根据城乡规划布局要求,统筹考虑,分期分阶段纳入国有建设用地供应计划。对闲置土地依法处置后由政府收回的,规划用途符合要求的,可优先用于养老服务设施用地,一并纳入国有建设用地供应计划。

### 四、细化养老服务设施供地政策

经养老主管部门认定的非营利性养老服务机构的,其养老服务设施用地可采取划拨方式供地。民间资本举办的非营利性养老服务机构,经养老主管部门认定后同意变更为营利性养老服务机构的,其养老服务设施用地应当报经市、县人民政府批准后,可以办理协议出让(租赁)土地手续,补缴土地出让金(租金)。但法律法规规章和原《国有建设用地划拨决定书》明确应当收回划拨建设用地使用权的除外。

营利性养老服务设施用地,应当以租赁、出让等有偿方式供应,原则上以租赁方式为主。土地出让(租赁)计划公布后,同一宗养老服务设施用地有两个或者两个以上意向用地者的,应当以招标、拍卖或者挂牌方式供地。以招标、拍卖或者挂牌方式供应养老服务设施用地时,不得设置要求竞买人具备相应资质、资格等影响公平公正竞争的限制条件。房地产用地中配套建设养老服务设施的,可将养老服务设施的建设要求作为出让条件,但不得将养老服务机构的资格或资信等级等作为出让条件。

### 五、鼓励租赁供应养老服务设施用地

为降低营利性养老服务机构的建设成本,各地可制订养老服务设施用地以出租或先租后让供应的鼓励政策和租金标准,明确相应的权利和义务,向社会公开后执行。市县国土资源管理部门与用地者应当签订养老服务

设施用地租赁合同，约定租赁国有建设用地的出租人和承租人、地块的位置、用途、面积、空间范围、容积率、租期、租金标准及调整时间和方式、到期处置与续期或出让等内容。

## 六、实行养老服务设施用地分类管理

新建城区和居住（小）区按规定配建养老服务设施，依据规划用途可以划分为不同宗地的，应当先行分割成不同宗地，再按宗供应；不能分宗的，应当明确养老服务设施用地、社区其他用途土地的面积比例和供应方式。

新建养老服务机构项目用地涉及新增建设用地，符合土地利用总体规划和城乡规划的，应当在土地利用年度计划指标中优先予以安排。

新建养老服务设施用地依据规划单独办理供地手续的，其宗地面积原则上控制在3公顷以下。有集中配建医疗、保健、康复等医卫设施的，不得超过5公顷。新建城区和居住（小）区按规定配建养老服务设施用地，应当在《国有建设用地使用权出让合同》或《国有建设用地划拨决定书》中予以特别说明，应明确配建的面积、容积率、开发投资条件和开发建设周期，以及建成后交付、运营、管理、后续监管的方式等。

## 七、加强养老服务设施用地监管

在核发国有建设用地划拨决定书、签订出让合同和租赁合同时，应当作出以下规定或者约定：

（一）建设用地使用权可以整体转让和转租、不得分割转让和转租；

（二）不得改变规划确定的土地用途，改变用途用于住宅、商业等房地产开发的，由市、县国土资源管理部门依法收回建设用地使用权；

（三）签订出让合同和租赁合同时，应当约定出让或租赁建设用地使用权可以设定抵押权。划拨建设用地要设定抵押权，在核发划拨决定书时，应当约定划拨建设用地使用权不得单独设定抵押权，设定房地产抵押权的建设用地使用权是以划拨方式取得的，应当从拍卖所得的价款中缴纳相当于应缴纳的土地使用权出让金的款额后，抵押权人方可优先受偿；

（四）养老服务设施用地内建设的老年公寓、宿舍等居住用房，可参照公共租赁住房套型建筑面积标准，限定在40平方米以内；

（五）向符合养老申请条件的老年人出租老年公寓、宿舍等居住用房的，出租服务合同应约定服务期限一次最长不能超过5年，期限届满，原承租人有优先承租权。

## 八、鼓励盘活存量用地用于养老服务设施建设

对营利性养老服务机构利用存量建设用地从事养老设施建设，涉及划拨建设用地使用权出让（租赁）或转让的，在原土地用途符合规划的前提下，可不改变土地用途，允许补缴土地出让金（租金），办理协议出让或租赁手续。在符合规划的前提下，在已建成的住宅小区内增加非营利性养老服务设施建筑面积的，可不增收土地价款。若后续调整为营利性养老服务设施的，应补缴相应土地价款。

企事业单位、个人对城镇现有空闲的厂房、学校、社区用房等进行改造和利用，兴办养老服务机构，经规划批准临时改变建筑使用功能从事非营利性养老服务且连续经营一年以上的，五年内可不增收土地年租金或土地收益差价，土地使用性质也可暂不作变更。

## 九、利用集体建设用地兴办养老服务设施

农村集体经济组织可依法使用本集体所有土地，为本集体经济组织内部成员兴办非营利性养老服务设施。民间资本举办的非营利性养老机构与政府举办的养老机构可以依法使用农民集体所有的土地。

# 节约集约利用土地规定

国土资源部令第61号　2014年5月22日

《节约集约利用土地规定》已经2014年3月27日国土资源部第1次部务会议审议通过，现予以发布，自2014年9月1日起施行。

部长　姜大明

## 第一章　总则

**第一条**　为贯彻十分珍惜、合理利用土地和切实保护耕地的基本国策，落实最严格的耕地保护制度和最严格的节约集约用地制度，提升土地资源对经济社会发展的承载能力，促进生态文明建设，根据《中华人民共和国土地管理法》和《国务院关于促进节约集约用地的通知》，制定本规定。

**第二条**　本规定所称节约集约利用土地，是指通过规模引导、布局优化、标准控制、市场配置、盘活利用等手段，达到节约土地、减量用地、提升用地强度、促进低效废弃地再利用、优化土地利用结构和布局、提高土地利用效率的各项行为与活动。

**第三条**　土地管理和利用应当遵循下列原则：

（一）坚持节约优先的原则，各项建设少占地、不占或者少占耕地，珍惜和合理利用每一寸土地；

（二）坚持合理使用的原则，盘活存量土地资源，构建符合资源国情的城乡土地利用新格局；

（三）坚持市场配置的原则，妥善处理好政府与市场的关系，充分发挥市场在土地资源配置中的决定性作用；

（四）坚持改革创新的原则，探索土地管理新机制，创新节约集约用地新模式。

**第四条**　县级以上地方国土资源主管部门应当加强与发展改革、财政、城乡规划、环境保护等部门的沟通协调，将土地节约集约利用的目标和政策措施纳入地方经济社会发展总体框架、相关规划和考核评价体系。

**第五条**　国土资源主管部门应当建立节约集约用地制度，开展节约集约用地活动，组织制定节地标准体系和相关标准规范，探索节约集约用地新机制，鼓励采用节约集约用地新技术和新模式，促进土地利用效率的提高。

**第六条**　在节约集约用地方面成效显著的市、县人民政府，由国土资源部按照有关规定给予表彰和奖励。

## 第二章　规模引导

**第七条**　国家通过土地利用总体规划，确定建设用地的规模、布局、结构和时序安排，对建设用地实行总量控制。

土地利用总体规划确定的约束性指标和分区管制规定不得突破。

下级土地利用总体规划不得突破上级土地利用总体规划确定的约束性指标。

**第八条** 土地利用总体规划对各区域、各行业发展用地规模和布局具有统筹作用。

产业发展、城乡建设、基础设施布局、生态环境建设等相关规划，应当与土地利用总体规划相衔接，所确定的建设用地规模和布局必须符合土地利用总体规划的安排。

相关规划超出土地利用总体规划确定的建设用地规模的，应当及时调整或者修改，核减用地规模，调整用地布局。

**第九条** 国土资源主管部门应当通过规划、计划、用地标准、市场引导等手段，有效控制特大城市新增建设用地规模，适度增加集约用地程度高、发展潜力大的地区和中小城市、县城建设用地供给，合理保障民生用地需求。

## 第三章 布局优化

**第十条** 城乡土地利用应当体现布局优化的原则。引导工业向开发区集中、人口向城镇集中、住宅向社区集中，推动农村人口向中心村、中心镇集聚，产业向功能区集中，耕地向适度规模经营集中。

禁止在土地利用总体规划和城乡规划确定的城镇建设用地范围之外设立各类城市新区、开发区和工业园区。

鼓励线性基础设施并线规划和建设，促进集约布局和节约用地。

**第十一条** 国土资源主管部门应当在土地利用总体规划中划定城市开发边界和禁止建设的边界，实行建设用地空间管制。

城市建设用地应当因地制宜采取组团式、串联式、卫星城式布局，避免占用优质耕地。

**第十二条** 市、县国土资源主管部门应当加强与城乡规划主管部门的协商，促进现有城镇用地内部结构调整优化，控制生产用地，保障生活用地，提高生态用地的比例，加大城镇建设使用存量用地的比例，促进城镇用地效率的提高。

**第十三条** 鼓励建设项目用地优化设计、分层布局，鼓励充分利用地上、地下空间。

建设用地使用权在地上、地下分层设立的，其取得方式和使用年期参照在地表设立的建设用地使用权的相关规定。

出让分层设立的建设用地使用权，应当根据当地基准地价和不动产实际交易情况，评估确定分层出让的建设用地最低价标准。

**第十四条** 促进整体设计、合理布局的建设项目用地节约集约开发。

对不同用途高度关联、需要整体规划建设、确实难以分割供应的综合用途建设项目用地，市、县国土资源主管部门可以按照一宗土地实行整体出让供应，综合确定出让底价。

综合用途建设项目用地供应，包含需要通过招标拍卖挂牌的方式出让的，整宗土地应当采用招标拍卖挂牌的方式出让。

## 第四章 标准控制

**第十五条** 国家实行建设项目用地标准控制制度。

国土资源部会同有关部门制定工程建设项目用地控制指标、工业项目建设用地控制指标、房地产开发用地宗地规模和容积率等建设项目用地控制标准。

地方国土资源主管部门可以根据本地实际，制定和实施更加节约集约的地方性建设项目用地控制标准。

**第十六条** 建设项目应当严格按照建设项目用地控制标准进行测算、设计和施工。

市、县国土资源主管部门应当加强对用地者和勘察设计单位落实建设项目用地控制标准的督促和指导。

**第十七条** 建设项目用地审查、供应和使用，应当符合建设项目用地控制标准和供地政策。

对违反建设项目用地控制标准和供地政策使用土地的，县级以上国土资源主管部门应当责令纠正，并依法予以处理。

**第十八条** 国家和地方尚未出台建设项目用地控制标准的建设项目，或者因安全生产、特殊工艺、地形地貌等原因，确实需要超标准建设的项目，县级以上国土资源主管部门应当组织开展建设项目用地评价，并将其作为建设用地供应的依据。

**第十九条** 国土资源部会同有关部门根据国家经济社会发展状况和宏观产业政策，制定《禁止用地项目目录》和《限制用地项目目录》，促进土地节约集约利用。

国土资源主管部门为限制用地的建设项目办理建设用地供应手续必须符合规定的条件；不得为禁止用地的建设项目办理建设用地供应手续。

## 第五章 市场配置

**第二十条** 各类有偿使用的土地供应应当充分贯彻市场配置的原则，通过运用土地租金和价格杠杆，促进土地节约集约利用。

**第二十一条** 国家扩大国有土地有偿使用范围，减少非公益性用地划拨。

除军事、保障性住房和涉及国家安全和公共秩序的特殊用地可以以划拨方式供应外，国家机关办公和交通、能源、水利等基础设施（产业）、城市基础设施以及各类社会事业用地中的经营性用地，实行有偿使用。

具体办法由国土资源部另行规定。

**第二十二条** 经营性用地应当以招标拍卖挂牌的方式确定土地使用者和土地价格。

各类有偿使用的土地供应不得低于国家规定的用地最低价标准。

禁止以土地换项目、先征后返、补贴、奖励等形式变相减免土地出让价款。

**第二十三条** 市、县国土资源主管部门可以采取先出租后出让、在法定最高年期内实行缩短出让年期等方式出让土地。

采取先出租后出让方式供应工业用地的，应当符合国土资源部规定的行业目录。

**第二十四条** 鼓励土地使用者在符合规划的前提下，通过厂房加层、厂区改造、内部用地整理等途径提高土地利用率。

在符合规划、不改变用途的前提下，现有工业用地提高土地利用率和增加容积率的，不再增收土地价款。

**第二十五条** 符合节约集约用地要求、属于国家鼓励产业的工业用地，可以实行差别化的地价政策。

分期建设的大中型工业项目，可以预留规划范围，根据建设进度，实行分期供地。

具体办法由国土资源部另行规定。

**第二十六条** 市、县国土资源主管部门供应工业用地，应当将工业项目投资强度、容积率、建筑系数、绿地率、非生产设施占地比例等控制性指标纳入土地使用条件。

**第二十七条** 市、县国土资源主管部门在有偿供应各类建设用地时，应当在建设用地使用权出让、出租合同中明确节约集约用地的规定。

在供应住宅用地时，应当将最低容积率限制、单位土地面积的住房建设套数和住宅建设套型等规划条件写入建设用地使用权出让合同。

## 第六章 盘活利用

**第二十八条** 国家鼓励土地整治。县级以上地方国土资源主管部门应当会同有关部门，依据土地利用总体规划和土地整治规划，对田、水、路、林、村进行综合治理，对历史遗留的工矿等废弃地进行复垦利用，对城乡低效利用土地进行再开发，提高土地利用效率和效益，促进土地节约集约利用。

**第二十九条** 农用地整治应当促进耕地集中连片，增加有效耕地面积，提升耕地质量，改善生产条件和生态环境，优化用地结构和布局。

宜农未利用地开发，应当根据环境和资源承载能力，坚持有利于保护和改善生态环境的原则，因地制宜适度开展。

**第三十条** 高标准基本农田建设，应当严格控制田间基础设施占地规模，合理缩减田间基础设施占地率。

对基础设施占地率超过国家高标准基本农田建设相关标准规范要求的，县级以上地方国土资源主管部门不得通过项目验收。

**第三十一条** 县级以上地方国土资源主管部门可以依据国家有关规定，统筹开展农村建设用地整治、历史遗留工矿废弃地和自然灾害毁损土地的整治，提高建设用地利用效率和效益，改善人民群众生产生活条件和生态环境。

**第三十二条** 县级以上地方国土资源主管部门在本级人民政府的领导下，会同有关部门建立城镇低效用地再开发、废弃地再利用的激励机制，对布局散乱、利用粗放、用途不合理、闲置浪费等低效用地进行再开发，对因采矿损毁、交通改线、居民点搬迁、产业调整形成的废弃地实行复垦再利用，促进土地优化利用。

鼓励社会资金参与城镇低效用地、废弃地再开发和利用。鼓励土地使用者自行开发或者合作开发。

## 第七章 监督考评

**第三十三条** 县级以上国土资源主管部门应当加强土地市场动态监测与监管，对建设用地批准和供应后的开发情况实行全程监管，定期在门户网站上公布土地供应、合同履行、欠缴土地价款等情况，接受社会监督。

**第三十四条** 省级国土资源主管部门应当对本行政区域内的节约集约用地情况进行监督，在用地审批、土地供应和土地使用等环节加强用地准入条件、功能分区、用地规模、用地标准、投入产出强度等方面的检查，依据法律法规对浪费土地的行为和责任主体予以处理并公开通报。

**第三十五条** 县级以上国土资源主管部门应当组织开展本行政区域内的建设用地利用情况普查，全面掌握建设用地开发利用和投入产出情况、集约利用程度、潜力规模与空间分布等情况，并将其作为土地管理和节约集约用地评价的基础。

**第三十六条** 县级以上国土资源主管部门应当根据建设用地利用情况普查，组织开展区域、城市和开发区节约集约用地评价，并将评价结果向社会公开。

节约集约用地评价结果作为主管部门绩效管理和开发区升级、扩区、区位调整和退出的重要依据。

## 第八章 法律责任

**第三十七条** 县级以上国土资源主管部门及其工作人员违反本规定，有下列情形之一的，对有关责任人员依法给予处分；构成犯罪的，依法追究刑事责任：

（一）违反本规定第十七条规定，为不符合建设项目用地标准和供地政策的建设项目供地的；

（二）违反本规定第十九条规定，为禁止或者不符合限制用地条件的建设项目办理建设用地供应手续的；

（三）违反本规定第二十二条规定，低于国家规定的工业用地最低价标准供应工业用地的；

（四）违反本规定第三十条规定，通过高标准基本农田项目验收的；

（五）其他徇私舞弊、滥用职权和玩忽职守的行为。

### 第九章　附则

**第三十八条**　本规定自2014年9月1日起实施。

## 国土资源部　财政部　住房和城乡建设部　农业部　国家林业局 关于进一步加快推进宅基地和集体建设用地使用权确权登记发证工作的通知

2014年8月1日

各省、自治区、直辖市及副省级城市国土资源主管部门、财政厅（局）、住房城乡建设厅（建委、建交委）、农业（农牧、农村经济）厅（局、委、办），林业厅（局）、新疆生产建设兵团国土资源局、财务局、建设局、农业局、林业局，解放军土地管理局：

为落实党的十八届三中全会关于“赋予农民更多财产权利，保障农户宅基地用益物权，改革完善农村宅基地制度；建立城乡统一的建设用地市场，在符合规划和用途管制前提下，允许集体经营性建设用地实行与国有土地同等入市、同权同价”改革精神，认真贯彻《关于全面深化农村改革加快推进农业现代化的若干意见》（中发〔2014〕1号）和《2014年政府工作报告》，结合国家建立和实施不动产统一登记制度的有关要求，进一步加快推进宅基地和集体建设用地使用权确权登记发证工作，现将有关事项通知如下：

### 一、结合新形势，充分认识宅基地和集体建设用地使用权确权登记发证工作的重要意义

（一）加快推进宅基地和集体建设用地使用权确权登记发证是维护农民合法权益，促进农村社会秩序和谐稳定的重要措施

宅基地和集体建设用地使用权是农民及农民集体重要的财产权利，直接关系到每个农户的切身利益，通过宅基地和集体建设用地确权登记发证，依法确认农民的宅基地和集体建设用地使用权，可以有效解决土地权属纠纷，化解农村社会矛盾，为农民维护土地权益提供有效保障，从而进一步夯实农业农村发展基础，促进农村社会秩序的稳定与和谐。

（二）宅基地和集体建设用地使用权确权登记发证是深化农村改革，促进城乡统筹发展的产权基础

通过加快推进宅基地和集体建设用地确权登记发证，使农民享有的宅基地和集体建设用地使用权依法得到法律的确认和保护，是改革完善宅基地制度，实行集体经营性建设用地与国有土地同等入市、同权同价，建立城乡统一的建设用地市场等农村改革的基础和前提，也为下一步赋予农民更多财产权利，促进城乡统筹发展提供了产权基础和法律依据。

（三）宅基地和集体建设用地使用权登记发证是建立实施不动产统一登记制度的基本内容

党的十八届二中全会和十二届全国人大一次会议审议通过的《国务院机构改革和职能转变方案》明确建立不动产统一登记制度，为避免增加群众负担，减少重复建设和资金浪费，在宅基地和集体建设用地使用权登记发证工作中将农房等集体建设用地上建筑物、构筑物一并纳入，有助于建立健全不动产登记制度，形成覆盖城乡房地一体的不动产登记体系，进一步提高政府行政效能和监管水平。

## 二、因地制宜，全面加快推进宅基地和集体建设用地使用权确权登记发证工作

各地要以登记发证为主线，因地制宜，采用符合实际的调查方法，将农房等集体建设用地上的建筑物、构筑物纳入工作范围，建立健全不动产统一登记制度，实现统一调查、统一确权登记、统一发证，力争尽快完成房地一体的全国农村宅基地和集体建设用地使用权确权登记发证工作。

（一）全面加快农村地籍调查，统筹推进农房等集体建设用地上的建筑物、构筑物补充调查工作

各地要以服务和支撑登记发证工作为切入点，兼顾集体建设用地流转、改革完善宅基地制度等土地制度改革、不动产统一登记建设的实际需要，按照《农村地籍和房屋调查技术方案（试行）》（见附件）的要求，积极稳妥推进本地区的农村地籍调查工作，并将农房等集体建设用地上的建筑物、构筑物纳入工作范围。

各地要统筹考虑基础条件、工作需求和经济技术可行性，避免重复投入，因事、因地、因物，审慎科学地选择符合本地区实际的调查方法。可按照“百衲衣”的方式，同一地区内采用多种不同调查方法开展工作，以满足登记发证工作的基本需要。

（二）制定和完善宅基地和集体建设用地使用权确权登记发证相关政策

各地要认真研究分析当前工作存在的问题，全面总结行之有效的经验和做法，在国土资发〔2011〕60号、国土资发〔2011〕178号及国家有关要求的基础上，根据本地实际，进一步细化农村宅基地和集体建设用地使用权确权登记发证的政策，积极探索，勇于突破，尽快出台或完善有关政策或指导意见，为推进工作提供政策支撑。

各地在制定政策或指导意见时，应以化解矛盾、应发尽发为原则，要坚持农村违法宅基地和集体建设用地必须依法补办用地批准手续后，方可进行登记发证。在权属调查和纠纷处理工作中，要充分发挥基层群众自治组织和农村集体经济组织的作用，建立健全农村土地权属纠纷调处工作机制，在登记发证工作中注重保护农村妇女土地权益，切实保护群众合法利益。

（三）进一步加快推进宅基地和集体建设用地使用权确权登记发证工作

各地要按照不动产统一登记制度建设和宅基地制度改革的要求，全面落实宅基地、集体建设用地使用权以及农房等集体建设用地上的建筑物、构筑物确权登记发证工作，做到应发尽发。要从工作现状出发，尽快制定或调整工作计划，将农房等集体建设用地上的建筑物、构筑物纳入工作范围，按年度细化工作目标、任务和措施，明确完成时限。在完成农村地籍调查和农房调查的基础上，省级国土资源主管部门要尽量选择房地合一的地区开展房地一体的登记发证试点，为全面铺开工作积累经验。

计划在2014年年底完成宅基地和集体建设用地使用权确权登记发证的省（区、市），应根据实际情况尽快调整工作计划，增加农房调查等工作任务，并制订补充调查方案；做出新的调整，增加农房等集体建设用地上的建筑物、构筑物可能造成不利影响的，今年可以先按原计划继续推进，今后再逐步开展补充调查，或结合日常变更登记逐步补充完善房屋及附属设施信息。各省（区、市）应按照工作计划，积极推进确权登记发证工作，本级财政给予必要的支持。

（四）进一步加强登记规范化和信息化建设

已完成宅基地和集体建设用地使用权确权登记发证工作的省份，要进一步规范已有登记成果，提高成果质量。各地要继续推进农村集体土地登记信息化数据库建设，逐步建立数据库共享机制，实现数据实时更新，在满足现有工作需求基础上，统筹考虑与不动产统一登记制度信息化建设的衔接，实现登记发证成果的数字化管理和信息化应用。

## 三、采取有效措施，切实保障宅基地和集体建设用地使用权确权登记发证顺利进行

（一）加强组织领导

地方各级集体土地确权登记发证领导小组办公室继续负责本地区确权登记发证工作的组织和实施。根据《国务院办公厅关于落实中共中央国务院关于全面深化农村改革加快推进农业现代化的若干意见有关政策措施分工的通知》（国办函〔2014〕31 号）要求，相应增加或调整领导小组成员单位。依靠各级党委、政府，特别是市（县）党委、政府强有力的组织、协调和保障，各级国土资源部门要牵头负责，与同级财政、住建、农业、林业部门密切合作，确保宅基地和集体建设用地使用权确权登记发证工作积极稳妥、规范有序推进。严格执行已有工作机制和制度，认真落实月报季报等有关制度。省级国土资源主管部门要在 2014 年 8 月 31 日前将相关工作计划报国土资源部备案。

（二）切实保障经费落实

相关地方政府要按照 2013 年、2014 年中发 1 号文件要求将确权登记颁证工作经费纳入财政预算，切实保障工作开展。

（三）加强正面宣传引导

各地应结合建立和实施不动产统一登记制度建设的要求，通过报纸、电视、广播、网络等媒体，加强宣传宅基地和集体建设用地使用权及农房等集体建设用地上的建筑物、构筑物确权登记发证工作的重要意义、工作目标和法律政策，争取广大农民群众和社会各界的理解支持，创造良好的舆论环境和工作氛围。

（四）加强督促指导及验收

全国加快推进农村集体土地确权登记发证工作领导小组办公室将继续实行“一省一策”“分片包干”“定期上报”等工作制度，加强督促检查，对工作进度缓慢、工作质量不高的地区，进行重点督导。省级国土资源主管部门应在本省（区、市）基本完成宅基地和集体建设用地使用权确权登记发证工作的基础上，对尚未完成工作任务的地区，进一步加强督促和指导，集中研究解决难题，限时完成工作目标，同时组织好验收总结，切实保证工作成果质量。

# 关于推进土地节约集约利用的指导意见

国土资发〔2014〕119 号　2014 年 9 月 12 日

各省、自治区、直辖市及计划单列市国土资源主管部门，新疆生产建设兵团国土资源局，解放军土地管理局，中国地质调查局及部其他直属单位，各派驻地方的国家土地督察局，部机关各司局：

土地节约集约利用是生态文明建设的根本之策，是新型城镇化的战略选择。党中央、国务院高度重视土地节约集约利用，针对我国经济发展进入新常态，处于经济增长换挡期、结构调整阵痛期、前期刺激政策消化期

“三期叠加”的阶段特征，对大力推进节约集约用地提出了新要求。近年来，各地采取措施推进土地节约集约利用，取得了积极进展，但是，土地粗放利用状况没有根本改变，建设用地低效闲置现象仍较普遍。为了深入贯彻落实党中央、国务院的决策部署，切实解决土地粗放利用和浪费问题，以土地利用方式转变促进经济发展方式转变，推动生态文明建设和新型城镇化，提出如下指导意见。

## 一、总体要求

（一）指导思想

以邓小平理论、“三个代表”重要思想和科学发展观为指导，认真贯彻生态文明建设和新型城镇化战略部署，紧紧围绕使市场在资源配置中起决定性作用和更好发挥政府作用，坚持和完善最严格的节约用地制度，遵循严控增量、盘活存量、优化结构、提高效率的总要求，全面做好定标准、建制度、重服务、强监管工作，大力推进节约集约用地，促进土地利用方式和经济发展方式加快转变，为全面建成小康社会和实现中华民族伟大复兴的中国梦提供坚实保障。

（二）主要目标

——建设用地总量得到严格控制。实施建设用地总量控制和减量化战略，城乡建设用地总量控制在土地利用总体规划确定的目标之内，努力实现全国新增建设用地规模逐步减少，到 2020 年，单位建设用地二、三产业增加值比 2010 年翻一番，单位固定资产投资建设用地面积下降 80%，城市新区平均容积率比现城区提高 30% 以上。

——土地利用结构和布局不断优化。实施土地空间引导和布局优化战略，完成全国城市开发边界、永久基本农田和生态保护红线划定，引导城市建设向组团式、串联式、卫星城式发展，工业用地逐步减少，生活和基础设施用地逐步增加，中西部地区建设用地占全国建设用地的比例有所提高。

——土地存量挖潜和综合整治取得明显进展。实施土地内涵挖潜和整治再开发战略，“十二五”和“十三五”期间，累计完成城镇低效用地再开发 750 万亩、农村建设用地整治 900 万亩、历史遗留工矿废弃地复垦利用 300 万亩，土地批后供应率、实际利用率明显提高。

——土地节约集约利用制度更加完善，机制更加健全。“党委领导、政府负责、部门协同、公众参与、上下联动”的国土资源管理新格局基本形成，节约集约用地制度更加完备，市场配置、政策激励、科技应用、考核评价、共同责任等机制更加完善，建成一批国土资源节约集约利用示范省、模范县（市）。

## 二、严格用地规模管控

（三）严格控制城乡建设用地规模

实行城乡建设用地总量控制制度，强化县市城乡建设用地规模刚性约束，遏制土地过度开发和建设用地低效利用。加强相关规划与土地利用总体规划的协调衔接，相关规划的建设用地规模不得超过土地利用总体规划确定的建设用地规模。依据二次土地调查成果和土地变更调查成果，按照国家统一部署，调整完善土地利用总体规划，从严控制城乡建设用地规模。探索编制实施重点城市群土地利用总体规划和村土地利用规划，强化对城镇建设用地总规模的控制，合理引导乡村建设集中布局、集约用地。严格执行围填海造地政策，控制围填海造地规模。

（四）逐步减少新增建设用地规模

与国民经济和社会发展计划、节约集约用地目标要求相适应，逐步减少新增建设用地计划和供应，东部地区特别是优化开发的三大城市群地区要以盘活存量为主，率先压减新增建设用地规模。严格核定各类城市新增建设用地规模，适当增加城区人口100万～300万的大城市新增建设用地，合理确定城区人口300万～500万的大城市新增建设用地，从严控制城区人口500万以上的特大城市新增建设用地。

（五）着力盘活存量建设用地

着力释放存量建设用地空间，提高存量建设用地在土地供应总量中的比重。制定促进批而未征、征而未供、供而未用土地有效利用的政策，将实际供地率作为安排新增建设用地计划和城镇批次用地规模的重要依据，对近五年平均供地率小于60%的市、县，除国家重点项目和民生保障项目外，暂停安排新增建设用地指标，促进建设用地以盘活存量为主。严格执行依法收回闲置土地或征收土地闲置费的规定，加快闲置土地的认定、公示和处置。建立健全低效用地再开发激励约束机制，推进城乡存量建设用地挖潜利用和高效配置。完善土地收购储备制度，制定工业用地等各类存量用地回购和转让政策，建立存量建设用地盘活利用激励机制。

（六）有序增加建设用地流量

按照土地利用总体规划和土地整治规划，在安排新增建设用地时同步减少原有存量建设用地，既保持建设用地总量不变又增加建设用地流量，保障经济社会发展用地，提高土地节约集约利用水平。在确保城乡建设用地总量稳定、新增建设用地规模逐步减少的前提下，逐步增加城乡建设用地增减挂钩、工矿废弃地复垦利用和城镇低效用地再开发等流量指标，统筹保障建设用地供给。建设用地流量供应，主要用于促进存量建设用地的布局优化，推动建设用地在城镇和农村内部、城乡之间合理流动。各地要探索创新“以补充量定新增量、以压增量倒逼存量挖潜”的建设用地流量管理办法和机制，合理保障城乡建设用地，促进土地利用和经济发展方式转变。

（七）提高建设用地利用效率

合理确定城市用地规模和开发边界，强化城市建设用地开发强度、土地投资强度、人均用地指标整体控制，提高区域平均容积率，优化城市内部用地结构，促进城市紧凑发展，提高城市土地综合承载能力。制定地上地下空间开发利用管理规范，统筹地上地下空间开发，推进建设用地的多功能立体开发和复合利用，提高空间利用效率。完善城市、基础设施、公共服务设施、交通枢纽等公共空间土地综合开发利用模式和供地方式，提高土地利用强度。统筹城市新区各功能区用地，鼓励功能混合和产城融合，促进人口集中、产业集聚、用地集约。加强开发区用地功能改造，合理调整用地结构和布局，推动单一生产功能向城市综合功能转型，提高土地利用经济、社会、生态综合效益。

## 三、优化开发利用格局

（八）优化建设用地布局

发挥国土规划和土地利用总体规划的引导管控作用，最大限度保护耕地、园地和河流、湖泊、山峦等自然生态用地，促进形成规模适度、布局合理、功能互补的城镇空间体系，加快构建以城市群为主体、大中小城市和小城镇协调发展的城镇化格局。加快划定城市开发边界、永久基本农田和生态保护红线，促进生产、生活、生态用地合理布局。结合农村土地综合整治，因地制宜、量力而行，在具备条件的地方对农村建设用地按规划进行区位调整、产权置换，促进农民住宅向集镇、中心村集中。完善与区域发展战略相适应、与人口城镇化相匹配、与节约集约用地相挂钩的土地政策体系，促进区域、城乡用地布局优化。

（九）严控城市新区无序扩张

严格城市新区用地管控，除因中心城区功能过度叠加、人口密度过高或规避自然灾害等原因外，不得设立城市新区；确需设立城市新区的，必须以人口密度、用地产出强度和资源环境承载能力为基准，以符合土地利用总体规划为前提。按照《城市新区设立审核办法》，严格审核城市新区规划建设用地规模和布局。制订新区用地扩张与旧城改造相挂钩的方案，促进新旧城区联动发展。

（十）加强产业与用地的空间协同

强化产业发展规划与土地利用总体规划的协调衔接，统筹各业各类用地，重点保障与区域资源环境和发展条件相适应的主导产业用地，合理布局战略性新兴产业、先进制造业和基础产业用地，引导产业集聚、用地集约。完善用地激励和约束机制，严禁为产能严重过剩行业新增产能项目提供用地，促进落后产能淘汰退出和企业兼并重组。推动特大城市中心城区部分产业向卫星城疏散，强化大中城市中心城区现代商贸、现代服务等功能，提高城市土地产业支撑能力。

（十一）合理调整建设用地比例结构

与新型城镇化和新农村建设进程相适应，引导城镇建设用地结构调整，控制生产用地，保障生活用地，增加生态用地；优化农村建设用地结构，保障农业生产、农民生活必需的建设用地，支持农村基础设施建设和社会事业发展；促进城乡用地结构调整，合理增加城镇建设用地，加大农村空闲、闲置和低效用地整治，力争到 2020 年，城镇工矿用地在城乡建设用地总量中的比例提高到 40% 左右。调整产业用地结构，保障水利、交通、能源等重点基础设施用地，优先安排社会民生、扶贫开发、战略性新兴产业以及国家扶持的健康和养老服务业、文化产业、旅游业、生产性服务业发展用地。

## 四、健全用地控制标准

（十二）完善区域节约集约用地控制标准

继续落实“十二五”单位国内生产总值建设用地下降 30% 的目标要求。探索开展土地开发利用强度和效益考核，依据区域人口密度，二、三产业产值，产业结构、税收等指标和建设用地结构、总量的变化，提出控制标准，加快建立综合反映土地利用对经济社会发展承载能力和水平的评价标准。

（十三）引导城乡提高土地利用强度

加强对城镇和功能区土地利用强度的管控和引导，依据城镇建设用地普查，开展人均城镇建设用地、城市土地平均容积率、各功能区容积率和不同用途容积率、建筑密度、单位土地投资等土地利用效率和效益的控制标准研究。提出“十三五”平均容积率等节约集约用地考核具体指标。逐步确立由国家和省市调控城镇区域投入产出、平均建筑密度、平均容积率控制标准，各城镇自主确定具体地块土地利用强度的管理制度，实现城镇整体节约集约、功能结构完整、利用疏密有致、建筑形态各具特点的土地利用新格局。

（十四）严格执行各行各业建设项目用地标准

在建设项目可行性研究、初步设计、土地审批、土地供应、供后监管、竣工验收等环节，严格执行建设用地标准，建设项目的用地规模和功能分区，不得突破标准控制。各地要在用地批准文件、出让合同、划拨决定书等法律文本中，明确用地标准的控制性要求，加强土地使用标准执行的监督检查。鼓励各地在严格执行国家标准的基础上，结合实际制定地方土地使用标准，细化和提高相关要求。对国家和地方尚未编制用地标准的建设项目，国家和地方已编制用地标准但因安全生产、地形地貌、工艺技术有特殊要求需要突破标准的建设项目，必须开展建设项目节地评价论证，合理确定用地规模。

## 五、发挥市场机制作用

（十五）发挥市场机制的激励约束作用

深化国有建设用地有偿使用制度改革，扩大国有土地有偿使用范围，逐步对经营性基础设施和社会事业用地实行有偿使用，缩小划拨供地范围。加快形成充分反映市场供求关系、资源稀缺程度和环境损害成本的土地市场价格机制，通过价格杠杆约束粗放利用，激励节约集约用地。完善土地租赁、转让、抵押二级市场。健全完善主体平等、规则一致、竞争有序的市场规制，营造有利于土地市场规范运行、有效落实节约集约用地的制度环境。

（十六）鼓励划拨土地盘活利用

按照促进流转、鼓励利用的原则，进一步细化原划拨土地利用政策，加快推进原划拨土地入市交易和开发利用，提高土地要素市场周转率和利用效率。符合规划并经市、县人民政府批准，原划拨土地可依法办理出让、转让、租赁等有偿使用手续。符合规划并经依法批准后，原划拨土地既可与其他存量土地一并整体开发，也可由原土地使用权人自行开发。经依法批准后，鼓励闲置划拨土地上的工业厂房、仓库等用于养老、流通、服务、旅游、文化创意等行业发展，在一定时间内可继续以划拨方式使用土地，暂不变更土地使用性质。

（十七）完善土地价租均衡的调节机制

完善工业用地出让最低价标准相关实施政策，建立有效调节工业用地和居住用地合理比价机制，提高工业用地价格，优化居住用地和工业用地结构比例。实行新增工业用地弹性出让年期制，重点推行工业用地长期租赁。加快制订有利于节约集约用地的租金标准，根据产业类型和生产经营周期确定各类用地单位的租期和用地量，引导企业减少占地规模，缩短占地年期，防止工业企业长期大量圈占土地。进一步完善土地价租税体系，提高土地保有成本，强化对土地取得、占有和使用的经济约束，提高土地利用效率和效益。

## 六、实施综合整治利用

（十八）推动城乡土地综合利用

在符合建设要求、不影响质量安全和生态环境的基础上，因地制宜推动城市交通、商业、娱乐、人防、绿化等多功能、一体化、综合型公共空间立体开发建设，引导城镇建设提高开发强度和社会经济活动承载力。引导工业企业通过技改、压缩绿地和辅助设施用地，扩大生产用地，提高工业用地投资强度和利用效率。推动农村各类用地科学布局，鼓励农用地按循环经济模式引导、组合各类生产功能，实现土地复合利用、立体利用。结合永久基本农田和生态保护红线的划定，保留连片优质农田和菜地，作为城市绿心、绿带，发挥耕地的生产、生态和景观等多重功能。

（十九）大力推进城镇低效用地再开发

坚持规划统筹、政府引导、市场运作、公众参与、利益共享、严格监管的原则，在严格保护历史文化遗产、传统建筑和保持特色风貌的前提下，规范有序推进城镇更新和用地再开发，提升城镇用地人口、产业承载能力。结合城市棚户区改造，建立合理利益分配机制，采取协商收回、收购储备等方式，推进“旧城镇”改造；依法办理相关手续，鼓励“旧工厂”改造和产业升级；充分尊重权利人意愿，鼓励采取自主开发、联合开发、收购开发等模式，分类推动“城中村”改造。

（二十）强化开发区用地内涵挖潜

推动开发区存量建设用地盘活利用，鼓励对现有工业用地追加投资、转型改造，提高土地利用强度。提高开发区工业用地准入门槛，制定各开发区亩均投资强度标准和最低单独供地标准，并定期更新。推动开发区建设一定规模的多层标准厂房，支持各类投资开发主体参与建设和运营管理。加强标准厂房建设的土地供应，国家级和省级开发区建设标准厂房容积率超过 1.2 的，所需新增建设用地年度计划指标由省级国土资源主管部门单列。各地可结合实际，制定扶持标准厂房建设和鼓励中小项目向标准厂房集中的政策，促进中小企业节约集约用地。

（二十一）因地制宜盘活农村建设用地

统筹运用土地整治、城乡建设用地增减挂钩等政策手段，整合涉地资金和项目，推进田、水、路、林、村综合整治，促进农村低效和空闲土地盘活利用，改善农村生产生活条件和农村人居环境。土地整治和增减挂钩要按照新农村建设、现代农业发展和农村人居环境改造的要求，尊重农民意愿，坚持因地制宜、分类指导、规划先行、循序渐进，保持乡村特色，防止大拆大建；要坚持政府统一组织和农民主体地位，增加工作的公开性和透明度，维护农民土地合法权益，确保农民自愿、农民参与、农民受益。在同一乡镇范围内调整村庄建设用地布局的，由省级国土资源部门统筹安排，纳入城乡建设用地增减挂钩管理。

（二十二）积极推进矿区土地复垦利用

按照生态文明建设和矿区可持续发展的要求，坚持强化主体责任与完善激励机制相结合，综合运用矿山地质环境治理恢复、土地复垦等政策手段，全面推进矿区土地复垦，改善矿区生态环境，提高矿区土地利用效率。依法落实矿山土地复垦主体责任，确保新建在建矿山损毁土地及时全面复垦。创新土地管理方式，在集中成片、条件具备的地区，推动历史遗留工矿废弃地复垦和挂钩利用，确保建设用地规模不增加、耕地综合生产能力有提高、生态环境有改善，废弃地得到盘活利用。

## 七、推动科技示范引领

（二十三）推广应用节地技术和模式

及时总结提炼各类有利于节约集约用地的建造技术和利用模式，完善激励机制和政策，加大推广应用力度。要重点推广城市公交场站、大型批发市场、会展和文体中心、城市新区建设中的地上地下空间立体开发、综合利用、无缝衔接等节地技术和节地模式，鼓励城市内涵发展；加快推广标准厂房等节地技术和模式，降低工业项目占地规模；引导铁路、公路、水利等基础设施建设采取措施，减少工程用地和取弃土用地；推进盐碱地、污染地、工矿废弃地的治理与生态修复技术创新，加强暗管改碱节地技术研发和应用，实现土地循环利用。

（二十四）研究制定激励配套政策

加大节地技术和节地模式的配套政策支持力度，在用地取得、供地方式、土地价格等方面，制定鼓励政策，形成节约集约用地的激励机制。对现有工业项目不改变用途前提下提高利用率和新建工业项目建筑容积率超过国家、省、市规定容积率部分的，不再增收土地价款。在土地供应中，可将节地技术和节地模式作为供地要求，落实到供地文件和土地使用合同中。协助相关部门，探索土地使用税差别化征收措施，按照节约集约利用水平完善土地税收调节政策，鼓励提高土地利用效率和效益。

（二十五）组织开展土地整治技术集成与应用

加强土地整治技术集成方法研究，组织实施一批土地整治重大科技专项，选取典型区域开展应用示范攻关。在土地整理、土地复垦、土地开发和土地修复中，综合运用先进科学技术，推进农村土地整治和城市更新，修复损毁土地，保障土地可持续利用，提高节约集约用地水平。

（二十六）深入开展节约集约用地模范县市创建

完善创建活动指标标准体系和评选考核办法，深化创建活动工作机制建设，定期评选模范县市，引导开展节约集约示范省建设。以创建活动引导各地树立正确的政绩观和科学发展理念；广泛动员社会各方力量，推进土地节约集约利用进社区、进企业、进家庭、进课堂。

## 八、加强评价监管宣传

（二十七）全面清查城乡建设用地情况

以第二次全国土地调查和城镇地籍调查为基础，通过年度土地变更调查和年度城镇地籍调查数据更新汇总，全面掌握城乡建设用地的结构、布局、强度、密度等现状及其变化情况。在此基础上，各地可根据需要开展补充调查，为充分利用各类闲置、低效和未利用土地及开展节约集约用地评价考核提供详实的建设用地基础数据。

（二十八）全面推进节约集约用地评价

持续开展单位国内生产总值建设用地消耗下降目标的年度评价。进一步完善开发区建设用地节约集约利用评价，适时更新评价制度。部署开展城市节约集约用地初始评价，在初始评价基础上开展区域和中心城区更新评价。加快建立工程建设项目节地评价制度，明确节地评价的范围、原则和实施程序，通过制度规范促进节约集约用地。

（二十九）加强建设用地全程监管及执法督察

全面落实土地利用动态巡查制度，超过土地使用合同规定的开工时间一年以上未开工、且未开工建设用地总面积已超过近五年年均供地量的市、县，要暂停新增建设用地供应。建立健全土地市场监测监管实地核查办法，加大违法违规信息的网上排查和实地核查。充分运用执法、督察手段，加强与审计、纪检监察、检察等监督或司法机关的联动，有效制止和严肃查处违法违规用地行为。

（三十）强化舆论宣传和引导

充分利用多种媒体渠道和“6·25”土地日等活动平台，广泛宣传我国土地资源国情和形势，增强社会各界的资源忧患意识，促进形成节约集约用地全民共识。深入宣传全面落实节约优先战略，提高土地利用效率和效益的做法和典型经验。加强科普宣传和人才培训，普及推广节约集约用地知识。

推进土地节约集约利用，是各级国土资源部门的中心工作和主要职责。各省（区、市）国土资源部门积极争取党委、政府的支持，结合实际制定细化方案和配套措施，认真贯彻落实本指导意见。部机关各司局、各派驻地方的国家土地督察局及相关单位要结合职责，明确目标任务、具体措施、责任分工和推进时限，确保指导意见的落实。

本文件有效期为 8 年。

# 六、中华人民共和国财政部　国家税务总局

## 关于城乡建设用地增减挂钩试点有关财税政策问题的通知

财综〔2014〕7号　2014年1月26日

各省、自治区、直辖市、计划单列市财政厅（局）：

2006年以来，经国土资源部批准，各地陆续开展了城乡建设用地增减挂钩试点（以下简称增减挂钩）工作，对于促进节约集约用地、缓解土地供需矛盾、保护耕地资源、统筹城乡发展起到积极作用。根据《国务院关于严格规范增减挂钩试点切实做好农村土地整治工作的通知》（国发〔2010〕47号）《国务院办公厅关于规范国有土地使用权出让收支管理的通知》（国办发〔2006〕100号）等规定，现就增减挂钩中有关财税政策问题通知如下：

### 一、加强增减挂钩相关收入征管，落实“收支两条线”政策

在实施增减挂钩中，市县国土资源管理部门依法供应用于城镇建设的地块（即建新地块）形成的土地出让收入，包括利用增减挂钩节余指标供应土地形成的土地出让收入，均应当按照国办发〔2006〕100号文件规定，就地全额缴入国库，实行“收支两条线”管理，并按照不同供地方式分别填列《政府收支分类科目》“1030148 国有土地使用权出让收入”中的相应目级科目。增减挂钩地区试行土地节余指标交易流转的，其土地节余指标交易流转收入应当作为土地出让收入的一部分，全额缴入国库，实行“收支两条线”管理，缴库时填列《政府收支分类科目》中的“103014899 其他收入”科目。市县财政部门应当会同国土资源管理部门加强增减挂钩相关收入征收管理，确保相关收入及时足额缴库，不得随意减免或返还相关收入，也不得账外设账、截留、挤占和挪作他用。

### 二、规范增减挂钩支出管理，加大对增减挂钩项目的支持力度

在实施增减挂钩中，要做好农村居民的拆迁补偿安置工作，规范项目支出管理，加大财政支持力度。其中，农村居民住宅等拆迁补偿所需费用，新建农村居民安置住房所需费用，以及新建农村居民安置住房社区中的道路、供水、供电、供气、排水、通信、照明、污水、环境、卫生、文化、公共绿地、公共厕所、消防等公共基础设施建设支出，可以通过预算从土地出让收入中安排；整理复垦为耕地的农村建设用地地块（即拆旧地块）所需费用，可以按照“渠道不乱、用途不变、统筹安排、集中投入、各负其责、各计其功、形成合力”的原则，通过预算从土地出让收益中计提的农业土地开发资金、农田水利建设资金以及新增建设用地土地有偿使用费、耕地开垦费、土地复垦费等资金来源安排；新建农村居民安置住房社区中的学前教育、义务教育等相关开支，可以通过预算从土地出让收益中计提的教育资金等相关资金渠道中安排。

### 三、建立增减挂钩项目支出预决算制度，按照项目实施进度核拨资金

实施增减挂钩项目的单位，应当按照同级财政部门的规定编报项目支出预算，经同级财政部门审核后纳入

年度土地出让支出预算，按规定程序报同级人民政府同意，并报同级人大审议批准后实施。增减挂钩项目单位申请拨款，应当依据批准的预算，提出年度分季分月用款计划，报同级财政部门批准后，按照项目实施进度核拨资金，并根据用途分别填列相应的土地出让支出科目。对于未列入预算的增减挂钩支出项目，财政部门一律不得安排资金。年度终了，实施增减挂钩项目的单位，应当按同级财政部门的规定，编报增减挂钩项目支出决算，经同级财政部门审核后纳入年度土地出让支出决算，按规定程序报同级人民政府同意，并报同级人大审议批准。

## 四、明确增减挂钩税费优惠政策，减轻增减挂钩项目负担

为支持增减挂钩工作，减轻增减挂钩项目负担，对增减挂钩项目实施税费优惠政策。根据《耕地占用税暂行条例实施细则》（财政部令第 49 号）的有关规定，增减挂钩项目中农村居民经批准搬迁，原宅基地恢复耕种，新建农村居民安置住房占用耕地面积不超过原宅基地面积的，不征收耕地占用税；超过原宅基地面积的，对超过部分按照当地适用税额减半征收耕地占用税；新建农村居民住房社区中学校、道路等占用耕地符合减免条件的，可以依法减免耕地占用税。增减挂钩项目中新建农村居民安置住房和社区公共基础设施用地，以及增减挂钩项目所在市县利用节余指标供应国有建设用地，未超过国土资源部下达增减挂钩周转指标的，可以不缴纳新增建设用地土地有偿使用费、耕地开垦费；上述用地超出国土资源部下达增减挂钩周转指标的部分，以及节余指标在其他市县交易流转供应相应面积的国有建设用地，凡涉及农用地、未利用地转为建设用地的，均应当依法缴纳新增建设用地土地有偿使用费、耕地开垦费。

## 五、坚持量力而行的原则，从严控制增减挂钩项目的债务规模

实施增减挂钩应当充分尊重农村居民意愿，坚持群众自愿、因地制宜、统筹安排、分步实施、量力而行的原则。增减挂钩项目单位需要举借债务的，应当与开展增减挂钩项目所需自筹资金相适应，从严控制债务规模。属于地方政府性债务的，纳入地方政府性债务统一管理，并严格执行地方政府性债务管理政策。增减挂钩项目单位举债筹集的资金，应当实行银行专账管理，专项用于与增减挂钩项目相关的开支，不得挤占和挪作他用。

## 六、加大监督检查力度，提高增减挂钩项目实施效果

为确保增减挂钩不走样，防止出现“重建新、轻拆旧”“重指标、轻复垦”问题，市县财政部门应当加强增减挂钩项目及其相关收支的监督管理，保障农村居民合法权益，督促增减挂钩项目资金按照规定管理和使用，落实相关税费优惠政策。同时，将增减挂钩项目纳入审计范围，督促相关单位严格按规定程序和要求实施增减挂钩项目，优化用地结构，节约集约利用建设用地，加快整理复垦耕地进度，保障整理复垦耕地的数量和质量，增加耕地有效面积，提高增减挂钩项目实施效果。

实施增减挂钩是改善农村生产生活条件、促进农业现代化建设、提高节约集约用地水平、统筹城乡发展、保护耕地的一项重要措施，各级财政部门要高度重视这项工作，加强部门协调与配合，齐心协力共同做好这项工作，确保增减挂钩工作有序规范开展和顺利实施。

# 关于做好公共租赁住房和廉租住房并轨运行有关财政工作的通知

财综〔2014〕11 号　2014 年 3 月 10 日

各省、自治区、直辖市、计划单列市财政厅（局），新疆生产建设兵团财务局：

根据住房城乡建设部、财政部、国家发展改革委联合印发的《关于公共租赁住房和廉租住房并轨运行的通知》（建保〔2013〕178 号）的规定，从 2014 年起各地公共租赁住房和廉租住房并轨运行。为确保并轨工作顺利进行，现就有关事宜通知如下：

## 一、整合地方政府资金来源

按照建保〔2013〕178 号文件规定，廉租住房并入公共租赁住房后，地方政府原用于廉租住房建设的资金来源渠道，包括从基本建设投资安排的资金、从住房公积金增值收益安排的资金、从土地出让收益安排的资金等，均整合用于公共租赁住房（含 2014 年以前在建廉租住房，下同）。省级财政部门要会同有关部门根据本地区并轨后的公共租赁住房任务，统一下达中央和省级补助资金。市县财政部门要根据本级并轨后的公共租赁住房任务，统筹安排本级资金，统一下达中央和省级补助资金，同时，要严格按照工程进度拨付资金。

## 二、做好租赁补贴发放工作

廉租住房和公共租赁住房并轨后，原廉租住房租赁补贴资金继续用于补贴在市场租赁住房（含社会投资建设并运营管理的公共租赁住房）的低收入住房保障家庭。为避免政府重复投资和补贴，对于符合住房保障条件的低收入家庭租赁政府投资建设的公共租赁住房的，应当一律采取租金减免方式予以保障，不再发放租赁补贴。各地发放低收入住房保障家庭租赁补贴应当按月或按季均衡核发，不得采取半年或一年集中一次性发放方式，年度最后一次核发租赁补贴必须在 12 月 25 日前完成。

## 三、准确填列政府收支分类科目

从 2014 年起，各地公共财政安排用于 2014 年以前在建廉租住房项目的续建支出，填列《政府收支分类科目》2210101“廉租住房”科目；安排用于公共租赁住房项目支出，填列 2210106“公共租赁住房”科目；安排用于低收入住房保障对象租赁补贴资金支出，填列 2210107“保障性住房租金补贴”科目。

各地住房公积金增值收益安排用于 2014 年以前在建廉租住房项目的续建支出，填列《政府收支分类科目》2120702“廉租住房支出”科目；安排用于公共租赁住房项目支出，填列 2120704“公共租赁住房支出”科目；相关租金收入统一填列 103014304“公共租赁住房租金收入”科目。

各地土地出让收益安排用于 2014 年以前在建廉租住房项目的续建支出，填列《政府收支分类科目》2120807“廉租住房支出”科目；安排用于公共租赁住房项目支出，填列 2120811“公共租赁住房支出”科目。

因公共租赁住房和廉租住房并轨，需要调整的其他相关政府收支分类科目，由财政部会同有关部门另行发文。

## 四、盘活政府存量资金

省级财政要督促市县财政部门对政府保障性安居工程结余资金进行全面清理，盘活政府存量资金。对于因资金拨付不及时形成的结余资金，要根据工程进度及时拨付资金；对于因工程进度缓慢而形成的结余资金，要督促有关部门采取措施，加快工程进度，及时拨付资金；对于应发未发租赁补贴形成的结余资金，要按规定及时足额发放到位；对于项目已经完成或租赁补贴已发放而形成的净结余资金，要相应减少中央和省级补助资金。

## 五、严格资金使用管理

各级财政部门要督促有关部门严格按照规定用途使用保障性安居工程资金，确保资金专款专用，不得滞留、挤占和挪作他用，不得将保障性安居工程资金用于人员经费、公用经费、购置设备和交通工具、办公楼建设、对外投资等与保障性安居工程无关的支出。同一地区同一个保障性安居工程项目，只能享受一次中央补助资金，不得重复安排中央补助资金，违反规定的应当立即予以纠正。各级财政部门要加强资金分配基础工作，防止不符合住房保障条件的家庭通过提供不实资料等手段，违规领取或重复领取租赁补贴资金；防止个别部门或个别项目单位，以虚报资料、擅自调整投资计划等方式套取资金。同时，要加强保障性安居工程资金管理，不得将应当在国库核算的资金，转移到财政专户或单位银行账户核算，更不得公款私存，不得采取“以拨代支”方式违规拨付财政资金。对于违反规定的，将按照《财政违法行为处罚处分条例》（国务院令第 427 号）的规定进行处理，并依法追究有关责任人员的责任。

# 关于下放城镇土地使用税困难减免税审批权限有关事项的公告

2014 年第 1 号　2014 年 1 月 8 日

根据《国务院关于取消和下放一批行政审批项目的决定》（国发〔2013〕44 号）及《国务院关于修改部分行政法规的决定》（国务院令第 645 号），决定把城镇土地使用税困难减免税（以下简称困难减免税）审批权限下放至县以上地方税务机关。现将有关事项公告如下：

一、各省、自治区、直辖市和计划单列市地方税务机关（以下简称省地方税务机关）要根据纳税困难类型、减免税金额大小及本地区管理实际，按照减负提效、放管结合的原则，合理确定省、市、县地方税务机关的审批权限，做到审批严格规范、纳税人办理方便。

二、困难减免税按年审批，纳税人申请困难减免税应在规定时限内向主管税务机关或有权审批的税务机关提交书面申请并报送相关资料。纳税人报送的资料应真实、准确、齐全。

三、申请困难减免税的情形、办理流程、时限及其他事项由省地方税务机关确定。省地方税务机关在确定申请困难减免税情形时要符合国家关于调整产业结构和促进土地节约集约利用的要求。对因风、火、水、地震等造成的严重自然灾害或其他不可抗力因素遭受重大损失、从事国家鼓励和扶持产业或社会公益事业发生严重亏损，缴纳城镇土地使用税确有困难的，可给予定期减免税。对从事国家限制或不鼓励发展的产业不予减免税。

四、省地方税务机关要按照本公告的要求尽快修订并公布本地区困难减免税审批管理办法，明确困难减免税的审批权限、申请困难减免税的情形、办理流程及时限等。同时，要加强困难减免税审批的后续管理和监督，坚决杜绝违法违规审批。要建立健全审批管理和风险防范制度。要加大检查力度，及时发现和解决问题，不断完善本地区困难减免税审批管理办法。

五、负责困难减免税审批的地方税务机关要坚持服务与管理并重的原则，切实做好审批工作。要加强宣传和解释，及时让纳税人知晓申请困难减免税的情形、受理机关、办理流程、需报送的资料等。要优化困难减免税审批流程，简化审批手续，创新审批管理工作方式，推进网上审批。同时，要加强困难减免税审批的事中事后管理，明确各部门、各岗位的职责和权限，严格过错追究。要设立困难减免税审批台账，定期向上级地方税务机关报送困难减免税批准情况。要加强对困难减免税对象的动态管理，对经批准减免税的纳税人进行跟踪评估。对情形发生变化的，要重新进行审核；对骗取减免税的，应及时追缴税款并按规定予以处罚。

六、本公告未涉及的事项，按照《国家税务总局关于印发〈税收减免管理办法（试行）〉的通知》（国税发〔2005〕129号）及有关规定执行。

本公告自2014年1月1日起施行。《国家税务总局关于下放城镇土地使用税困难减免审批项目管理层级后有关问题的通知》（国税函〔2004〕940号）同时废止。

# 七、中国人民银行

## 关于进一步做好住房金融服务工作的通知

2014年9月30日

为进一步改进对保障性安居工程建设的金融服务，继续支持居民家庭合理的住房消费，促进房地产市场持续健康发展，现就有关事项通知如下：

### 一、加大对保障性安居工程建设的金融支持

鼓励银行业金融机构按照风险可控、财务可持续的原则，积极支持符合信贷条件的棚户区改造和保障房建设项目。对公共租赁住房和棚户区改造的贷款期限可延长至不超过25年。进一步发挥开发性金融对棚户区改造支持作用；对地方政府统筹规划棚户区改造安置房、公共租赁住房和普通商品房建设的安排，纳入开发性金融支持范围，提高资金使用效率。

### 二、积极支持居民家庭合理的住房贷款需求

对于贷款购买首套普通自住房的家庭，贷款最低首付款比例为30%，贷款利率下限为贷款基准利率的0.7倍，具体由银行业金融机构根据风险情况自主确定。对拥有1套住房并已结清相应购房贷款的家庭，为改善居住条件再次申请贷款购买普通商品住房，银行业金融机构执行首套房贷款政策。在已取消或未实施“限购”措施的城市，对拥有2套及以上住房并已结清相应购房贷款的家庭，又申请贷款购买住房，银行业金融机构应根据借款人偿付能力、信用状况等因素审慎把握并具体确定首付款比例和贷款利率水平。银行业金融机构可根据当地城镇化发展规划，向符合政策条件的非本地居民发放住房贷款。

银行业金融机构要缩短放贷审批周期，合理确定贷款利率，优先满足居民家庭贷款购买首套普通自住房和改善型普通自住房的信贷需求。

### 三、增强金融机构个人住房贷款投放能力

鼓励银行业金融机构通过发行住房抵押贷款支持证券（MBS）、发行期限较长的专项金融债券等多种措施筹集资金，专门用于增加首套普通自住房和改善型普通自住房贷款投放。

### 四、继续支持房地产开发企业的合理融资需求

银行业金融机构在防范风险的前提下，合理配置信贷资源，支持资质良好、诚信经营的房地产企业开发建设普通商品住房，积极支持有市场前景的在建、续建项目的合理融资需求。扩大市场化融资渠道，支持符合条件的房地产企业在银行间债券市场发行债务融资工具。积极稳妥开展房地产投资信托基金（REITs）试点。

人民银行、银监会各级派出机构要针对辖区内不同城市情况和当地政府对房地产市场的调控要求，支持当地银行业金融机构把握好各类住房信贷政策的尺度，促进当地房地产市场持续健康发展。

## 中国人民银行决定下调金融机构人民币贷款和存款基准利率并扩大存款利率浮动区间

2014 年 11 月 21 日

中国人民银行决定，自 2014 年 11 月 22 日起下调金融机构人民币贷款和存款基准利率。金融机构一年期贷款基准利率下调 0. 4 个百分点至 5. 6%；一年期存款基准利率下调 0. 25 个百分点至 2. 75%，同时结合推进利率市场化改革，将金融机构存款利率浮动区间的上限由存款基准利率的 1. 1 倍调整为 1. 2 倍；其他各档次贷款和存款基准利率相应调整，并对基准利率期限档次作适当简并。

附表：

**金融机构人民币存贷款基准利率调整表**

单位:%

| | 调整后利率 |
|---|---|
| 一、城乡居民和单位存款 | |
| （一）活期存款 | 0. 35 |
| （二）整存整取定期存款 | |
| 三个月 | 2. 35 |
| 半年 | 2. 55 |
| 一年 | 2. 75 |
| 二年 | 3. 35 |
| 三年 | 4. 00 |

续表

| | 调整后利率 |
|---|---|
| **二、各项贷款** | |
| 一年以内（含一年） | 5.60 |
| 一至五年（含五年） | 6.00 |
| 五年以上 | 6.15 |
| **三、个人住房公积金贷款** | |
| 五年以下（含五年） | 3.75 |
| 五年以上 | 4.25 |

# 八、中国保险监督管理委员会

## 关于印发《保险业服务新型城镇化发展的指导意见》的通知

保监发〔2014〕25 号　2014 年 3 月 25 日

保监会机关各部门，各保监局，中国保险行业协会，中国保险学会，中国保险保障基金有限责任公司，中国保险信息技术管理有限责任公司，各保险公司、保险资产管理公司，各保险中介机构：

现将《保险业服务新型城镇化发展的指导意见》（以下简称《指导意见》）印发给你们，并将有关事项通知如下，请遵照执行。

一、积极稳妥扎实有序推进城镇化，对全面建成小康社会、加快社会主义现代化建设进程、实现中华民族伟大复兴的中国梦，具有重大现实意义和深远历史意义。服务新型城镇化是保险业的历史使命和重要的战略机遇。各单位要高度重视，认真学习，深刻领会精神内涵，切实抓好《指导意见》的贯彻落实。

二、各保监局要与当地新型城镇化工作进行衔接，加强沟通协调，结合地区实际，突出特色，制定实施服务新型城镇化发展的政策措施，并自 2015—2020 年，每年 1 月上报贯彻落实情况。

三、各保险机构要根据《指导意见》要求，不断深化改革创新，进一步提高服务能力和水平，在新型城镇化建设中贡献保险业应有之力。

### 中国保监会　保险业服务新型城镇化发展的指导意见

为深入贯彻落实中央城镇化工作会议精神和《中共中央　国务院关于印发〈国家新型城镇化规划（2014—2020 年）〉的通知》（中发〔2014〕4 号）要求，推动保险业更好地服务新型城镇化发展，现提出如下指导意见。

## 一、统筹发展商业养老保险和医疗健康保险，完善多层次社会保障体系

（一）积极开展基本社会保障经办服务

健全商业保险与社会保险的衔接合作机制，不断拓宽商业保险机构受托管理新型农村合作医疗、新型农村社会养老保险以及城镇职工和城镇居民基本社会保障服务的渠道。积极参与基本养老保险基金和个人账户投资管理服务。

（二）努力提高补充养老医疗保险保障水平

积极发展与城乡居民基本社会养老、医疗保险相衔接的保险产品和服务，推动完善我国补充养老医疗保障体系。以企业年金税收优惠政策为契机，大力拓展企业年金业务。整合企业年金服务资源，为企业提供高质量的企业年金咨询与管理服务。积极参与职业年金管理。积极发展补充工伤保险，减轻企业负担，保障劳动者权益。研究探索以团体万能险和投连险等新型方式为中小企业提供补充养老保障。

（三）大力发展商业养老保险和健康保险

继续推进个人税收递延型养老保险试点工作，充分利用税收优惠政策杠杆，推动个人养老保险发展，提高社会公众养老保障水平。开展住房反向抵押养老保险试点。鼓励保险公司参与养老服务业建设，推动养老社区发展。积极发展商业健康保险，分担社会医疗成本。开发长期护理保险及与健康管理等相关的商业健康保险产品。建立基本寿险保障计划，大力发展定期寿险、意外险等保障类人身保险，推广“家有保险”活动。

（四）加快大病保险整体推进步伐

加大政策协调力度，扩大大病保险试点范围。发挥保险机构的专业优势，协助政府制定科学合理的大病保障方案，完善大病保险运行机制，加大产品和服务创新力度，改进和完善服务流程，简化报销手续，提供“保障水平更高、风险管控更强、营运成本更低、服务质量更优”的大病保险服务。

（五）努力为农业转移人口提供保险保障

积极开发针对进城务工人员的一揽子保险，促进进城务工人员更好地融入城市。研究探索运用保险机制为被征地农民设立个人养老账户，为被征地农民提供长期保障。大力发展小额人身保险，推动建立小额保险与扶贫机制相结合的保险保障模式。发挥商业保险的机构网络优势，实现保险保障的跨区域覆盖。

## 二、创新保险资金运用形式，支持新型城镇化建设

（六）加大保险资金投资基础设施建设和运营力度

发挥保险资金优势，积极支持铁路、地下管网、污水和生活垃圾处理、公共交通系统、城市配电网等基础设施建设，提高城市综合承载能力。在风险可控的前提下，完善对基础设施项目主体资质和增信措施的政策要求。加大基础设施债权投资计划发展力度，探索项目资产支持计划、公用事业收益权证券化、优先股以及股债结合、夹层基金等新型投资工具和方式，满足基础设施建设多元化的融资需求。

（七）鼓励保险资金支持民生项目建设

参与养老养生、医疗健康等产业的投资运营，积极争取投资税收优惠政策。引导保险机构完善投资保障性住房项目、棚户区改造的有效商业模式。

（八）深化资金运用市场化改革

进一步完善保险资金投资比例、范围等方面的政策，探索保险资金投资市政债券等新型融资工具，支持建立多元可持续的新型城镇化建设资金保障机制。

## 三、发挥保险机制作用，促进城市经济持续健康发展

（九）促进国内外贸易发展

大力发展出口信用保险和航运保险，支持国内企业扩大出口和开拓国际市场，服务开放型经济发展。加快发展国内贸易信用保险，帮助企业提高交易效率。

（十）支持小微企业发展

支持保险机构以发起设立小微企业投资基金、投资小微企业私募债等多种方式，为小微企业发展提供资金支持。发展贷款保证保险、履约保证保险，改善小微企业发展环境。

（十一）推动城市产业结构优化升级

大力发展企业财产保险、建筑工程保险等传统保险业务，服务国家产业振兴战略，支持重要产业项目发展。积极发展科技保险、绿色保险、文化产业保险等新兴保险业务，服务低碳经济和战略性新兴产业发展，推动城市产业结构优化升级。

（十二）加强保险与养老、医疗、家政、教育、健身、旅游等相关领域的互动发展，发挥保险对养老、护理等多领域就业的带动作用，提高新型城镇化就业承载能力。

## 四、加强社会风险管理，创新城市社会治理

（十三）协助提升政府公共服务效能

以政府创新公共服务供给方式为契机，积极推动政府采购保险产品和服务，充分发挥保险公司的专业技术、机构网络、人才队伍、信息系统等方面的优势，通过受托、承包等多种方式，努力提供收付费、投资、账户管理、精算等多种服务。

（十四）辅助政府创新城市治理方式

大力发展环境污染、公众安全、医疗执业、安全生产等与公众利益密切相关的责任保险，充分利用保险费率杠杆的激励约束机制，构建市场化的公众权益保障和矛盾调处新模式。进一步完善机动车交通事故责任强制保险制度，充分利用差别费率和价格杠杆，提高城市交通管理水平。积极发展社会治安保险，促进社会治安综合治理创新。

（十五）推动建立国家政策支持的巨灾保险制度

建立和完善农业巨灾风险分散机制，探索建立城乡居民住房地震保险、洪水保险等制度，加强新型城镇化进程中的自然灾害风险管理，健全国家防灾减灾救灾体系。推动有条件的地区开展自然灾害公众责任保险试点，转移城乡居民因自然灾害导致的人身伤亡风险。

## 五、健全农业保险服务体系，促进新型城镇化与农业现代化协调发展

（十六）努力扩大农业保险保障范围和覆盖区域

以主要粮油作物和畜产品为重点，进一步提高保障程度，促进农业生产的长期可持续发展，保障粮食安全和食品安全。

（十七）加大农业保险产品创新力度

开发推广地方特色农产品保险、菜篮子工程保险、产品价格指数保险、农产品质量保证保险、农业基础设施保险等新型险种。研究开发针对家庭农场、农业生产大户、龙头企业、合作组织的保险产品，促进农业规模

化生产。积极发展农村小额信贷保险，改善农村信用环境，完善农村金融服务体系。

（十八）创新农业保险经营组织形式

推进农村基层保险服务网点建设，延伸服务内容，优化服务流程，为农户、农企提供优质的保险服务。推动农村相互合作保险试点。

## 六、深化改革创新，提升保险服务质量和水平

（十九）加快主体创新

发展区域保险公司，发挥其贴近当地市场的优势，更好地为当地新型城镇化服务。根据新型城镇化需要，鼓励发展养老、健康、责任、汽车和农业等专业保险公司，探索发展信用保险机构，丰富市场主体组织形式。结合新型城镇化空间分布和规模结构，合理布局保险市场主体分支机构。

（二十）加快管理创新

加强新型城镇化保险需求研究，有针对性地探索保险新产品、新渠道、新服务和新商业模式。探索保险产品、保险资金运用与区域经济发展的联动创新机制。发挥市场配置资源的决定性作用，提高市场活力和服务效率，促进市场主体差异化竞争，满足新型城镇化多样化的保险需求。加快推进市场化改革，加强保险监管创新，建立保险业服务新型城镇化的监管激励机制。

（二十一）加快基础建设

深化保险公司改革，增强保险公司综合竞争能力，打造资本充足、内控严密、运营高效、声誉良好的现代保险企业。加强保险业诚信建设，重点解决销售误导、理赔难问题，推进条款通俗化和服务标准化，切实保护保险消费者利益。加大网络信息等新技术应用力度，提高服务效率和质量，为城乡居民提供便捷、专业、低成本的保险服务。

# 关于开展老年人住房反向抵押养老保险试点的指导意见

保监发〔2014〕53 号　2014 年 6 月 17 日

各保监局、中国保险行业协会、各人身保险公司：

为贯彻落实《国务院关于加快发展养老服务业的若干意见》（国发〔2013〕35 号）有关要求，鼓励保险业积极参与养老服务业发展，探索完善我国养老保障体系、丰富养老保障方式的新途径，中国保监会决定开展老年人住房反向抵押养老保险（以下简称反向抵押养老保险）试点。反向抵押养老保险是一种将住房抵押与终身养老年金保险相结合的创新型商业养老保险业务，即拥有房屋完全产权的老年人，将其房产抵押给保险公司，继续拥有房屋占有、使用、收益和经抵押权人同意的处置权，并按照约定条件领取养老金直至身故；老年人身故后，保险公司获得抵押房产处置权，处置所得将优先用于偿付养老保险相关费用。为做好试点有关工作，现提出如下意见：

## 一、开展试点的重要意义

（一）有利于健全我国社会养老保障体系

建立多层次、可持续的养老保障制度，是有效应对人口老龄化问题，实现社会经济健康发展的必然要求。

开展试点有利于丰富养老保障方式，引导社会形成新的养老保障习惯，增强养老保障体系的可持续性。

（二）有利于拓宽养老保障资金渠道

当前，我国缺少将社会存量资产转化为养老资源的有效手段。开展试点，盘活老年人房产，是实现个人经济资源优化配置的积极探索，有利于拓宽养老保障资金来源，提升老年人养老保障水平。

（三）有利于丰富老年人的养老选择

反向抵押养老保险属于商业保险范畴。开展试点，在不影响老年人既有养老福利的前提下，增加了一种新的养老方式，老年人可根据个人生活状况和养老需求自愿投保。

（四）有利于保险业进一步参与养老服务业发展

加快养老服务业发展，是应对养老形势，满足老年人日益增长的养老需求的必然要求。开展试点，有利于发挥保险业风险管理、资金管理等优势，探索行业多方位参与养老服务业发展的有效手段，也为行业自身发展拓展了新空间。

## 二、开展试点的基本原则

（一）公平守信，保障消费者合法权益

反向抵押养老保险是保险业响应国家号召，推动养老服务业发展的重要手段。该业务以老年人为客户，业务涵盖面广、流程复杂、期间较长。保险公司应顾全大局，立足实际，依法合规经营，公平对待消费者。一是在房产评估、抵押、后续管理等方面秉持公平公正原则，严格执行法律规定及合同约定；二是产品条款简单易懂，业务流程规范可行，使投保老人便于理解和接受。三是在业务运行过程中，充分保障消费者的知情权。要结合老年消费者的消费习惯和特点，加强沟通与交流，对与消费者自身权益有关的信息，应做好披露工作。

（二）审慎经营，强化风险防范

反向抵押养老保险是养老保障方式的创新，涉及老年人的切身利益，社会关注度较高；同时，该业务将传统养老保险与房地产市场联系起来，法律关系复杂，风险因素多，风险管控难度较大。保险公司应坚持审慎经营，高度重视业务经营中可能存在的风险隐患，在条款制定、流程设计、法律合规、业务管理等方面加强风险防范和控制。

（三）大胆创新，注重总结沟通

反向抵押养老保险是对现有商业养老保险的业务模式创新，是构建新型商业养老保险产品框架的积极探索。保险公司应解放思想，结合中央和地方各项养老政策，在改善老年人养老待遇和服务、促进养老保障体系建设、加快养老服务业发展方面广开思路，大胆创新。同时，保险公司要做好试点经验总结，并就相关情况加强与监管部门的沟通，做好信息报送，为日后推广奠定基础。

## 三、试点资格申请与审核

保险公司开展试点，应当向中国保监会提出申请，获得试点资格。

（一）试点保险公司资格条件

申请试点资格的保险公司应具备以下条件：

1. 已开业满 5 年，注册资本不少于 20 亿元；

2. 满足保险公司偿付能力管理规定，申请试点时上一年度末及最近季度末的偿付能力充足率不低于 120%；

3. 具备较强的保险精算技术，能够对反向抵押养老保险进行科学合理定价；

4. 具有专业的法律人员，能够对反向抵押养老保险相关法律问题进行处理；

5. 具有房地产物业管理专业人员，或委托有资质的物业管理机构，有能力对抵押房产进行日常维护及依法处置；

6. 具备完善的公司治理结构、内部风险管理和控制体系，能够对反向抵押养老保险业务实行专项管理和独立核算；

7. 中国保监会规定的其他条件。

（二）保险公司申报材料

符合试点资格条件的保险公司应提交以下材料供审核：

1. 开展反向抵押养老保险试点申请书；

2. 开展反向抵押养老保险的可行性研究报告；

3. 反向抵押养老保险试点方案，包括但不限于拟试点地区、目标客户、试点业务规模、产品设计思路与定价、业务流程、组织实施和风险防范措施等；

4. 经法律责任人与外部执业律师共同签字的反向抵押养老保险产品条款；

5. 反向抵押养老保险业务宣传资料；

6. 总精算师声明书；

7. 法律责任人声明书；

8. 中国保监会要求的其他材料。

此外，如保险公司委托有资质的物业管理公司进行日常管理，应提交委托合同。

（三）如在试点期间，保险公司出现不符合试点资格条件的情况，中国保监会将暂停其开展反向抵押养老保险新业务，直至其重新符合试点资格条件

## 四、试点产品管理

1. 保险公司开展反向抵押养老保险，应对相关房屋按照产权抵押的有关规定进行处理，即投保人依合同约定，将其房产抵押给保险公司，保险公司接受房产抵押，并按照约定条件向投保人支付养老金。

2. 根据保险公司对于投保人所抵押房产增值的处理方式不同，试点产品分为参与型反向抵押养老保险产品和非参与型反向抵押养老保险产品（以下简称参与型产品和非参与型产品）。

3. 参与型产品指保险公司可参与分享房产增值收益，通过评估，对投保人所抵押房产价值增长部分，依照合同约定在投保人和保险公司之间进行分配。非参与型产品指保险公司不参与分享房产增值收益，抵押房产价值增长全部归属于投保人。

4. 保险公司应当在保险合同中明确规定犹豫期的起算时间、长度，犹豫期内客户的权利，以及客户在犹豫期内解除合同可能遭受的损失。犹豫期不得短于 30 个自然日。

## 五、试点要求

（一）关于试点业务宣传

反向抵押养老保险是一项新生事物，社会认可度和接受度有待提升。保险公司应客观公正地开展业务宣传，做好消费者教育，如实介绍该业务在丰富养老保障选择、提升养老保障水平等方面的积极作用，明确提示

消费者抵押房产的后续评估、管理和处置情况，不得夸大房产增值在提升养老金领取水平方面的作用。反向抵押养老保险业务宣传材料应由总公司统一制作并严格管理，分支机构、销售人员不得擅自编写、印制宣传材料。

（二）关于销售人员管理

中国保监会将适时指导中国保险行业协会建立反向抵押养老保险销售人员资格考试制度。在该制度建立前，保险公司应当根据自身情况，主动建立反向抵押养老保险销售人员管理制度，明确销售人员资格条件，建立培训及考核制度。待中国保险行业协会建立反向抵押养老保险销售人员资格考试制度后，从其规定。反向抵押养老保险销售人员应品行良好、业务熟练、无投诉及其他不良记录。对销售人员的培训内容应当包括与反向抵押养老保险业务相关的专业知识及职业道德培训，其中针对职业道德的培训时间应不短于1天。销售人员经考核通过后才可取得反向抵押养老保险业务销售资格。保险公司应将取得资格的销售人员向中国保监会和试点地区保监局报告，并在公司网站公布，以便于消费者随时查询。对存在销售误导行为的销售人员，一经查实，保险公司必须取消其销售资格。

（三）关于销售过程管理

保险公司应加强销售行为和销售过程管理，做到投保年龄符合要求、投保资料真实准确、投保房屋产权清晰、房产评估公正透明、法律调查尽职尽责、合规经营风险可控。要明确参保客户范围和条件，做好客户甄别，不得向不符合相关要求的客户推介业务。要聘请具有一级资质的房地产估价机构对房产价值进行评估，费用由保险公司和消费者共同负担。保险公司应当对消费者进行签约前辅导，全面、客观、准确介绍业务模式、特点、风险及合同条款相关内容，并进行退保赎回价值演示，确保消费者正确理解保险产品及自身的权利义务。保险公司应当通过录音、录像或第三方见证等方式增强合同签订过程的公平性、公正性，确保合同体现各方真实意思表示。保险公司应当在犹豫期内再次向投保人介绍反向抵押养老保险产品，确认投保人的真实购买意愿。对于参与型产品，保险公司与投保人应在保险合同中明确规定参与分享房产增值的方式与比例。保险公司应与投保人约定双方在对所抵押房屋日常维护及管理方面的权利义务，做好房屋的防灾防损和保险工作。

（四）关于信息披露

保险公司每年应定期向客户披露反向抵押养老保险相关信息，包括但不限于年金领取情况、退保赎回价值等。对于参与型产品客户，还应向其披露房产评估价值信息以及房产评估价值变动对年金领取金额的影响。

（五）关于财务管理

反向抵押养老保险的现金流与传统保险业务不同，保险公司应制定试点业务现金流管理方案，确保现金流持续充足，并可探索现金流补充机制。同时，保险公司应按照有关规定，做好试点业务的财务核算和偿付能力管理。

（六）关于服务创新

保险公司应在服务领域延伸、服务内容多样和服务手段创新等方面积极探索，完善与反向抵押养老保险相关的养老服务链条，如针对不同年龄和需求的客户推出医疗保险、健康管理、金融理财等服务。

（七）关于投诉处理

保险公司应高度重视客户投诉，做好解释沟通和后续处理。如查实存在销售误导，可视客户意愿办理退保，并取消有关销售人员销售资格；如属于业务管理问题，应充分听取客户意见，并积极整改。

（八）关于监管问题

试点地区保监局应加强对反向抵押养老保险业务的监管，跟踪研究试点情况，督促保险公司妥善处置消费者投诉，切实保护保险消费者合法权益。对于试点中发现的问题，保险公司应当及时向中国保监会以及试点地区保监局报告。

六、其他事项

1. 投保人群应为60周岁以上拥有房屋完全独立产权的老年人。

2. 试点城市为北京、上海、广州、武汉。

3. 试点期间自2014年7月1日起至2016年6月30日止。

4. 试点期间，单个保险公司开展试点业务，接受抵押房产的评估价值合计不得超过：4% ×上一年末总资产不超过200亿的部分 +0.2% ×上一年末总资产超过200亿的部分。

5. 保险公司应于每月10日前，向中国保监会和试点地区保监局报送反向抵押养老保险的进展情况报告，内容包括但不限于业务开展情况、存在的问题及对试点工作的意见建议等。

本指导意见自2014年7月1日起实施。

# 九、中国房地产业协会　中国房地产研究会

## 第六届中国房地产科学发展论坛主报告：迈向新发展

刘志峰

2014年10月30日

本次论坛的主题是房地产业创新转型，围绕新形势、新理念、新模式、新技术总结探讨。选择这个主题，是房地产行业的内外部环境发生了变化，需要我们改变传统思维、开发模式和技术手段。

当今世界，信息技术正在改变我们的生产方式、消费方式和生活方式，新技术、新产品正在开启我们认识世界的视窗，新能源正在为我们努力实现可持续发展展开新的道路。尤其中国在新型城镇化、新型工业化的进程中，在正在步入中等收入发展水平的进程中，国家建设、人民生活都正在发生质的变化，作为一个传统产业的房地产业，如何注入新的活力，是我们必须面对的问题。

过去的二十多年里，制度创新和市场化改革，激发了住房发展和房地产市场的活力，极大改善了群众居住条件、推进了实现住有所居，同时对拉动经济增长、改变城镇面貌、促进相关产业发展，发挥了重要作用。

我们也必须看到，我国房地产业论发展规模全球第一，但大而不强；论发展速度世界领先，但快而不优；论发展质量远远低于发达国家，资源能源消耗更比发达国家要高得多。房地产行业主要依靠土地、资金等要素投入推动规模扩张，建造能耗高、资源浪费严重、建筑材料不循环利用、建筑垃圾产生率高，只注重经济效益、不注重社会效益和环境质量，依赖大量劳动力，工业化水平较低。这是不可持续的。房地产业的发展面临三个变化：

第一，住房需求和供给关系发生了变化。正在从住房严重短缺转向供需逐步平衡，有些城市出现了阶段性

的供大于求。以往由供方垄断市场、有了房子不愁卖的时代已经过去。以往跑马圈地、依靠坐地升值快速开发的时代已经过去。虽然从建设小康社会的总目标看，我们的住房不足还会在相当长的时期内存在，仍处在总量不足、局部过剩的阶段，但房地产业已经由以量取胜，转向了以质取胜的竞争时代。

第二，住房的需求层次和居住观念发生了变化。我们正处于新的经济社会发展阶段，人民群众对全面小康社会翘首以待。居住文明成为我国建成小康社会的重要组成部分。随着居民收入的提高，群众对住房质量和品质的要求进一步提高，人们更注重舒适、安全、健康、性能、环境和好的空气质量；更注重项目周边的学校、医院、文化娱乐、体育健身和公共交通等配套服务。住房，不仅仅是由混凝土堆砌起来的“壳”，还融入了文化元素，如天津泰达建设集团以中式文化为设计灵感，打造出了名字叫“格调”的住宅系列产品，寄托了人们对美好生活的向往。

第三，房地产业的发展内涵发生了变化。房地产业从过去只做投资开发的载体，演变成整合各种资源的平台；从过去的一个项目单元，演变成综合服务的整体；从过去的住宅发展商，演变成城市配套服务商和社区服务商。“开发商”这个名字脱胎换骨后，能让我们找准定位，更名副其实、名正言顺地发展自己。

转变经济发展方式，建设资源节约型、环境友好型社会，新兴产业兴起、新技术应用、互联网经济崛起，对房地产行业发展提出了新的要求，是一次新的大考！今天，我们再次面临革故鼎新，再注活力。新的生产力正如大浪淘沙，作为市场主体的企业，要有凤凰涅槃的精神，不变革，被淘汰；变革，而重生。

——谋求新的发展，就必须将新型工业化、信息化、新型城镇化、农业现代化的理念植入房地产业的发展。住房建设必须走新型工业化道路，逐步以现代工厂化生产取代劳动密集型的生产方式，像造汽车那样造房子，达到工业化的标准，工业化的效率，工业化的精细，工业化的质量。现在不是想不想改变传统的生产方式，而是现代工业化浪潮已经把我们推到了由建造变为制造的前沿。信息化发展，打破了房地产业的传统分工，带来了资源重新分配，也改变了人交流认知事物的方式。互联网经济、电子商务、移动支付服务已经渗透到我们周围，苹果、微软、谷歌三大互联网巨头进入了中国住宅的“客厅智能系统”，改变了信息传输、供需契合的方式；改变了住房设计、空间布局、功能配置的理念。我们要利用好大数据、电子商务，帮助供需双方促进交易，降低成本，提高质量。新型城镇化给房地产企业参与城乡建设和服务创造了条件，今后项目开发要更注重以人为本，宜居宜业。如华夏幸福基业采取“以产促城、以城带产、产城融合、城乡一体、共同发展”的模式，取得了比较好的经济和社会效益。

农业现代化打破了几千年形成的旧的居住观念，城乡的融合，人的融合，公共服务的均等化，都给小城镇、新农村建设提出了更高要求。新农村建设不仅仅是盖几间新房，换个厨房和水龙头，而是要让住上新房的人提升幸福指数，增加他们对美丽家乡的热爱和依恋！

——谋求新的发展，就是要确立节约型、集约式、可循环的先进理念，放弃粗放式的落后模式，从资源浪费型向节约型转型。房地产行业和受其关联的上下游产业是资源能源消耗大户，绿色环保做好了，就能为“两型”社会建功立业；节能减排和性能质量做砸了，就有可能成为历史的罪人！因此，不仅要在项目设计开发中降低资源能源消耗，还要在小区建设、物业管理、上下游产业整合中，实现“五节一环保”。如大连大有开发的小区，将生活污水经过中水处理后有效转化为景观用水，实现了地下水、生活用水、生活污水三水联动循环；将生活垃圾分为干湿、有害无害、可回收和不可直接回收三类，实现了生活污水和生活垃圾的零排放。

——谋求新的发展，就是要适应经济社会发展，设计开发满足社会需要的住宅产品，从传统业态向新业态转型。前些年，由于短缺，有了房子不愁卖，一些地方、一些企业心态浮躁，注重眼前利益，规划、设计拼拼抄抄，缺乏特色，缺少精雕细琢，简单满足居住功能而较少考虑社会生活的综合功能。例如养老问题。当前65岁以上老人家庭户数约8800万户，占全部家庭户数的比例超过20%。我们距离老年人口达到3个亿的2025年，只剩11年时间，肯定要提倡居家养老为主，如果今后的设计开发不考虑适老化设施和配套服务，很难称得上适用性能好，也难以满足老龄化社会的需要。我们必须看到养老设施、养老服务、大健康产业迅猛崛起的现实和潜在需求。这方面，保利地产已经走在前列，他们发展居家养老、社区养老、机构养老三位一体的养老模式，满足老龄社会的全方位需求。今后我们要加大产业的引导，及时改革住宅产品设计研发体系，在新业态中谋求新发展。

——谋求新的发展，就是要建立以消费者需求为主导的服务理念，从单一产品、局部功能向综合配套服务转型。过去一段时间，我们开发项目，经典传世的少，建筑产品“有数量缺质量，有高原没高峰”。而且都比较注重三个“大”：面积大、规模大、批量大，动不动造新城、开园区，一圈地，就是几十万平方米的住宅。现在，老百姓买房，不一定考虑如何大，还要考虑三个“近”：医院近不近，学校近不近，地铁、公交近不近；还有三个“快”：快递能不能送得到，快餐能不能送得进，快销品能不能买得到，也就是看周围有没有超市、服务业配套设施。如果具备这三个“近”、三个“快”，房子的销售就比较好。这就要求我们改变过去一味贪大、图快的传统理念，发现捕捉到消费者的所想、所需、所求、所用，设计和开发适销对路的住宅产品。如万科由开发商转向城市配套服务商，开始注重社区和街区服务，延伸楼宇经济和物业管理的价值链。

未来，我国房地产业仍有三个发展动力：第一个是新型城镇化建设的发展动力；第二个是服务业的发展动力；第三个是信息化的发展动力。因此，要借助这三大动力，围绕消费者实际需求，生产出长寿命、好性能、绿色低碳的好房子。在新型城镇化带动下，2020年前，我国城乡每年新增房屋建筑面积将达到17亿～20亿平方米，这是住宅产业现代化的良好舞台，是房地产业谋求新发展的良好舞台。

发展靠创新，创新促转型。理念创新启发思想是先机，模式探索是实践的基础。房地产行业新的发展模式，要将单一的投资建房，走向上下游产业关联、互动，如亿达集团提供软件园配套服务，满足入园企业在教育、卫生、医疗方面的需求，让科技人员在园内生活无忧，全身心地投入研发和技术创新。要将住房建设与产业发展结合起来，将就业与居住互为融合；要将提供居住功能服务与提供社会综合服务结合起来；要将新技术、新产品的研发与应用结合起来，如朗诗由开发商转向房地产科技公司，接受客户的技术委托盖医院、建绿色住区，提高了住宅产品的附加值。要将绿色、环保、低排放、低消耗融入在房地产的生产全过程。只有我们的生产方式改变了，经营理念转换了，服务品质上去了，我们才能谋求更大发展，才能继续站在时代前沿。

房地产行业再也不能依靠政策吃饭了。现在看，除了做好“服务活”、端住“质量碗”外，房地产行业还应该吃“技术饭”。怎么吃“技术饭”？有五项新技术需要掌握应用。

第一，住宅产业化。我国住宅产业化的大部分单项技术和产品研发已经比较成熟，初步建立了住宅产业化技术创新和保障体系。下一步，要在行业内部完善标准体系的同时，搞好技术集成，以国家住宅产业化基地为龙头，发挥产业集聚作用，带动高校和科研院所、设计单位、开发企业、施工企业参与产业化的全链工作。要扩大产业化市场份额，让群众享受产业化成果。现在有不少能够提高住房品质的产业化技术用不上，关键是理念跟不上，怕增加成本。其实不然，有些企业用产业化手段盖的房子，尽管成本有所上升，但如果以住房全寿命周期来衡量居住成本，以住房质量、性能的改善来衡量投入产出，以规模化的生产来衡量效率效能，住宅质量上去了，性价比高了，即使成本增加一点，老百姓也是能够接受的。如我们在上海绿地试点的“百年住宅”项目，设计、结构、施工、运维方面，加了部分产业化技术，市场认可度比普通住宅要提高一个档次。产业化技术既能让老百姓住上好一点的房子，也能给企业带来市场，对双方都是有好处的。

第二，绿色低碳技术。绿色低碳是生态文明的重要组成部分。但它不是简单地在小区里多种几棵树，在项目里建个花园、搭个景观，而是指建筑的建造和使用的全寿命周期内，尽量少用不可再生的矿物质能源，尽可能多地利用太阳能、浅层地能、生物质能等可再生能源，最大限度地节能、节地、节水、节材、节时，保护环境和减少污染。这几年，雾霾天气范围扩大，受影响时间增多，严重影响了人们的生产生活。因此，用好绿色低碳技术不仅能推进建筑节能减排降碳，还能避免施工扬尘加重雾霾天气。现在，我们并不缺绿色低碳技术，缺少的是把这些技术捏合在一起，形成一个比较完整的集成体系。

第三，节能环保技术。节能环保技术很多，但比较有代表性的是被动式建筑。被动式建筑顾名思义，就是不需要主动提供能量就能满足室内热舒适度要求的建筑。我国到2030年能耗将达到58亿吨标准煤，以集中供暖为例，我国一次性能耗的煤要高出欧洲的1倍。建筑物与环境争资源的问题已经非常突出。被动式建筑只依靠建筑本身的构造设计，就能满足冬暖夏凉的要求，不需要单独和另外安装供暖设备。这种建筑比普通住宅节省70%～80%能耗，每年每平方米只消耗30度电。目前，秦皇岛的水立方、哈尔滨庭院的被动式建筑已经建成使用。

第四，信息技术。随着房地产行业打破了传统分工，拓展了上下游产业，数据收集、整理、分析、管理和决策比过去更重要。如果没有信息化，分析海量数据不可想象。本届论坛我们重点要讲信息化领域的BIM技术。BIM技术翻译成中文，就是建筑信息模型。目前，全球几十个国家都不同程度地在房地产领域应用。我国BIM技术应用已经能为房地产开发提供新理念、组合新模式、提供新技术。现在，借助三维可视化模型、数据协同、信息挖掘等BIM技术，可将土建、产品、造价、管理信息等加载到数字化建筑模型中，再利用大数据，结合物联网、互联网等技术，使房地产开发逐步走向决策科学化、施工高效化、管理精细化、资源集约化、资金分配合理化、经济社会效益最大化。现在，中建总公司、上海建工集团都能够比较好地利用用BIM技术，在房地产规划、设计、施工到运维管理的全生命期发挥作用，提升了房地产的综合开发能力。希望在座的房地产领军企业加深认识，推动BIM在整个产业链应用推广。

第五，新材料、新部品技术。房地产行业是强调产业链相互支持的行业，特别是部品部件更是产业化的重要组成部分。上面提到的被动式建筑，朗诗的田明董事长说，就是小小的密封条，由于国内采购不到，只好到德国买。其实，小小的一个部件，就能反映一个国家的工业生产和建造水平。今天要在大会发言的青海西旺实业集团，经过十多年艰苦努力，研发出一种无毒、无放射、无异味、无甲醛，可循环利用的新材料，部分替代传统的陶瓷产品，能耗大大降低。他们提出的企业理念是“从摇篮到摇篮”，让建材和部品尽可能的循环利用。这样，既利国利民，又能为企业创造价值。这些都是我们要提倡和鼓励的！

形势追赶我们变革，市场催促我们创新，几千家会员单位和更多企业期待闯出一条新路，让我们站在新起点，在挑战中寻找机遇，在转型中奋发有为，为谋求房地产业明天的发展做出新的更大贡献！

## 2013—2014年度“广厦奖”工作会议主报告：把“广厦奖”推上新水平

刘志峰

2014年12月4日

2011年8月，我们在宁夏召开了“广厦奖”工作会议，总结交流了前四届“广厦奖”评选工作的经验。宁夏工作会议对这几年“广厦奖”活动的开展产生了重要的指导作用。当前房地产形势发生了新变化、面临新任务，召开这次工作会议的目的，是对宁夏工作会议以来“广厦奖”评选工作的一次全面总结，同时讨论修改“广厦奖”管理办法及评价标准，部署2015—2016年“广厦奖”评选工作，探讨如何更加扎实地做好“广厦奖”评选工作，推进住宅建设和房地产项目上水平。希望大家集中精力，集思广益，把会议开成继宁夏工作会议后的又一次统一思想会、工作指导会、经验交流会，为下一步“广厦奖”的评选工作奠定基础。

## 一、要用新眼光看待“广厦奖”评选活动的目的和意义

在宁夏工作会议上，对开展“广厦奖”活动的目的和意义讲了很多，但时隔3年，“广厦奖”活动的内外部环境都发生了一定的变化，没有新的认识和相适应的工作机制、评选标准，这项工作就无法发挥更好的作用，同志们在开展工作时，也难以理直气壮地说出它的好处，特别是针对当前社会对一些奖项产生议论时，我们更应该对这项工作有一个统一的认识。

第一，设立和开展“广厦奖”评选活动，是提高我国人居综合水平，满足群众对住房质量更高追求的需要。我国住房的需求层次和居住观念发生了深刻变化。在衣食住行里，“住”在老百姓心目中的位置越来越重。随着居民收入的提高，老百姓对住房质量和品质的要求进一步提高，人们更注重宜居、舒适、安全、健康和好的空气质量；更注重周边的学校、医院、文化娱乐、体育健身和公共交通等配套服务。人的容身之处，不仅仅是由钢筋混凝土堆砌起来的“壳”，还融入了文化内涵和精神享受，寄托了人们对美好生活的向往。通过“广厦奖”的评选，从规划设计、项目施工、质量管理、后期服务四个阶段，强调要为老百姓盖寿命长、性能好、绿色低碳的好房子，是满足群众对住房品质追求的最佳实践途径，也是过硬的检验标准。实践证明，开展这项活动以来，特别是宁夏工作会议以来，我们通过争创“广厦奖”的活动，引导了广大开发企业更注重品质，更注重项目的内在和“软实力”，并通过“广厦奖”项目的示范带动作用，全面提升了开发项目的含金量。获得“广厦奖”的开发企业也在争创过程中积累了经验，提高了水平。一方面，“广厦奖”的获奖项目促进了人居水平的提高；另一方面，获得这项荣誉也是对企业综合能力、质量信誉、品牌口碑的充分肯定。

第二，设立和开展“广厦奖”评选活动，是建设资源节约型环境友好型社会的需要，是房地产业与现代工业化、信息化、城镇化、农业现代化深度融合的需要。我国房地产业，论发展规模，全球第一，但大而不强；论发展速度，世界领先，但快而不优；论发展质量，进步明显，但仍远低于发达国家，资源能源消耗更比发达国家要高得多，特别是建造能耗高、资源浪费严重、建筑材料不能循环利用、建筑垃圾产生率高，依赖大量劳动力，产业化、工业化、信息化水平较低。这是不可持续的。因此，通过“广厦奖”严格的评选标准，对项目进行选拔、认定，对促进住宅产业化，全面推广住宅全装修，应用绿色低碳技术、节能环保技术、信息技术、新材料和新部品技术，推动节能减排和循环利用，具有不可替代的作用。

第三，设立和开展“广厦奖”评选活动，是改变房地产发展理念，转变房地产业发展方式的需要。我们要看到，住房需求和供给关系已经发生了变化。以往由供方垄断市场、有了房子不愁卖的时代已经过去，以往依靠坐地升值快速开发的时代已经过去，房地产业由以量取胜，转向了以质取胜的竞争时代，市场也从“建什么住什么”转向了“住什么建什么”。我们要发挥“广厦奖”活动在行业的先进性、示范性作用，淘汰粗放落后的房地产业发展方式，加快转变长期以来依靠投资拉动、资源投入、规模膨胀的粗放式模式，实现产业发展向依靠科技进步、资源集约利用、劳动者素质提高和管理创新转变，全面提升房地产业发展质量和效益，促使广大开发企业用“广厦奖”标准建设好、管理好、服务好每一个项目，全面促进房地产业创新转型、优化升级。

此外，通过开展“广厦奖”评选活动，还可以发挥中房协在社团改革中的职能作用，抑制社会上的乱评奖现象，用真李逵取代假李逵，促使房地产行业各类评奖活动得到进一步规范。我再强调一点，“广厦奖”能够

在中央严格的清理整顿精神下保留下来，并成为唯一的房地产行业综合性大奖，来之不易，我们一定要珍惜这一荣誉，把它当作房地产质量和品质的一面镜子，维护好，保持好，发挥它的品牌作用，扩大它的社会影响力！

## 二、要用新标准总结和检验宁夏工作会议以来的工作成果

在住房城乡建设部的大力支持下，在中房协与住宅产业化促进中心的紧密合作下，在各地评选机构的认真配合下，在专家们的精心指导下，从2007年正式启动"广厦奖"评选活动到2012年，"广厦奖"已连续评了五届，共有340个项目获奖。明天的颁奖大会，我们要向93个获奖项目授予荣誉。其中，住宅类68个，包括限价房1个、农民住房1个、公租房5个、经济适用房项目4个，非住宅类项目25个。这些获奖项目不仅标准越来越高、性能功能越来越好，评定工作也越来越规范。

成绩主要体现在以下几个方面：

第一，进一步完善了制度建设和信息化服务。宁夏工作会议以来，我们充实了"广厦奖"办公室的日常工作力量，加强了对开展这项活动的指导工作，注重了申报项目的现场调研。今年上半年，"广厦奖"办公室分别赴山西、江苏、天津调研，与地方评选机构负责人、联络员开展座谈，针对地方在推荐项目中存在的问题，检查督促评选活动常态化、制度化。同时，我们还分别邀请江苏、山东评选机构负责人到中房协座谈，听取他们对改进宣传工作的意见建议。去年年底，我们还利用在上海召开各省区市房协会长或秘书长工作会议之际，向天津、河北、安徽、江西、河南、青海等17个省、市、自治区的评选机构提出了工作新要求。为提高申报效率，我们还开通了网上申报，指导企业填写电子资料，解答相关技术问题，对地方评选机构的申报、初审问题给予指导，从制度建设、信息化管理方面，确保了这项工作顺利推进，基本保证了评选工作程序规范、流程优化，提高了工作效率。

第二，充分发挥了评选机构的重要作用。地方评选机构是开展"广厦奖"活动的有力支撑。宁夏工作会议以来，我们充实了各地评选活动负责人、专家组组长、联络员人选。在组织上保障了评选工作的顺利开展。今年以来，各地评选机构认真负责、主动工作，取得了较大成绩，如内蒙古在12个城市、黑龙江在13个城市建立了市级联络员，占全国33个设立市级联络员城市的76%；山东、内蒙古、上海评选机构共申报16个候选项目，占全国总申报候选项目并经专家组评审通过的57%。各地评选机构还积极做好向社会公示的工作。截至11月28日，31家地方评选机构对全部获奖项目进行了公示，做到了项目无投诉，件件有反馈。其中，四川省在项目推荐之前，就在该省进行了公示；辽宁、山西、湖北回复及时认真。黑龙江省房协不仅组织评审，还实地考察了每个申报项目，体现了对评选活动认真负责的态度。明天，我们将表彰9个优秀评选机构，以表彰他们在机构建设、推荐质量、支持宣传工作、推动获奖项目示范推广、积极支持"广厦奖"基金等方面所取得的成绩。

第三，进一步发挥评审专家组指导作用。评选工作是一项权威性、严肃性很强的工作。各地专家小组在地方评选机构支持下，认真开展评审，有效完成了申报项目的初审工作，其中山东、江苏还派出专家支持"广厦奖"专家组在北京对93个推荐项目进行了评审。18位专家分成住宅类、非住宅类、工程质量和物业管理四个组，在各组组长带领下，克服了首次使用电子资料带来的困难，认真审慎，不辞辛苦，以高强度的工作圆满完成了评审工作。对专家组提出的两个有异议的项目，由专家组长窦以德带队实地核查，核查结果上报评委会后确认通过。正是由于专家们的严格把关，"广厦奖"的评选活动才体现了权威性，对推进技术进步、推进质量提高、推进管理水平，树立先进标杆，发挥了很好的作用。借此机会，我要向所有为开展这项活动提供支持的

专家们，表示崇高的敬意，希望你们继续支持这项工作。

第四，强化候选项目机制确保评选工作开展。宁夏工作会议的一条成功经验，就是建立了“广厦奖”候选项目的工作机制。这一机制的最大好处，就是从源头上对“广厦奖”申报项目进行指导，按照“广厦奖”评价标准进行建设，在项目规划设计、开发建设每一环节按照“广厦奖”评价标准严格要求，及时纠正项目的缺陷不足，把“广厦奖”项目培育在前期，确保获奖项目质量，从而更好发挥“广厦奖”的示范带动作用。今年，我们采取了整体推进、分批评选的办法，共举办了三批候选项目的评选工作。共申报 34 个项目，专家组评审通过 28 个项目。这一过程中，我们对每个阶段的工作有点评、有提醒，有总结，为每个批次的候选项目提供了指导，让每个项目都能代表达到符合申报奖项的水平。

第五，获奖项目充分反映了时代特点。本届“广厦奖”获奖项目反映了以下几个特点：①突出了正确的政策和民生导向，获奖项目坚持以普通商品房为主，兼顾了保障性住房、新农村建设及中高档住房项目。这一届，有 11 个保障性住房项目获得“广厦奖”。②突出了规划设计的导向作用。保障性住房、公租房、中小套型普通商品房的规划设计有了新的探索；全装修项目比例有所增加；中小城市的设计水平和建造能力有所提高；获奖项目的整体水平有了长足进步，尤其是非住宅项目的水平较以往有了较大提高。③突出了先进的发展理念和生产方式，获奖项目更注重绿色低碳、节能环保；更注重住宅产业化、工业化、部品化；更注重居住环境、功能、品质、健康对老百姓生活的影响。④突出了科学客观的选拔导向，注重项目的前期培育和过程跟踪，首次引入了社会中介机构进行住户满意度调查，对用户满意度低、质量有问题、不符合政策、规划设计不合理、使用落后材料和技术的项目，坚决不能入选。

但也要看到，“广厦奖”的评选活动开展的时间比较短，它的广泛性、代表性还不够，知名度、影响力也不大，质量不能完全代表行业发展水平。再加上对获奖项目缺乏激励，一些企业申报积极性不高，推荐项目和候选项目的覆盖面也不够广。虽然各地都建立了评选机构，有些还建立了市级机构，但发挥的作用有限，一些优秀项目没有推荐渠道。这些问题，需要下一步评选工作中改进和完善。

## 三、要用新水平布置落实下一步“广厦奖”的评选工作

行业能不能看重“广厦奖”，社会能不能认可“广厦奖”，严格评选、宁缺勿滥是一条不能违背的原则。“广厦奖”的评选，既要突出行业的代表性，更要严格执行标准规范；既要鼓励企业创建精品工程，也要防止出现片面追求数量的倾向。今后，“广厦奖”评选工作要努力在以下几个方面取得实效：

第一，引领技术进步。技术进步，是未来房地产行业整体竞争能力提升的根本动力。房地产业能否彻底改变过去粗放型的发展方式，关键还要看新技术的应用。当前，住宅产业化技术、绿色低碳技术、节能环保技术、信息技术以及新材料、新部品技术，已在悄然改变房地产业的竞争格局。顺应新形势，在“广厦奖”新的评选标准和办法中，我们已加大了节能减排、绿色建筑、信息技术应用等指标的权重。目的就是，通过“广厦奖”的评选，起到一个示范效应、促进效应，使得房地产业整体的技术水平、产业化水平、信息化水平上一个台阶，推动技术革新，引领新技术应用的风尚，逐渐带动所有企业走上依靠技术进步发展的道路，促进行业的创新转型升级。

第二，竖立标杆品牌。当前，社会各界对住房质量缺陷批评甚多，比如规划布局不科学，住房空间不合理，管线隐患多，渗漏等质量通病长期得不到根治。要真正建设一个好住房，建设一个住户满意的住房，需要有一个引领性的标志，由老百姓去评判，去对比。今后，我们评选出的“广厦奖”项目，就是要起到标杆作用，发挥品牌效应，成为住房品质有保证的代名词。一方面，为老百姓选择环境好、功能好、质量好的住房提

供参照；另一方面，也激励房地产企业更加注重以给住户提供一个最佳居住生活环境为出发点建设住房。

第三，增强创建动力。我在前面谈到了“广厦奖”的评选还存在企业申报积极性不高、覆盖面不够广等问题。究其原因，最主要的还是缺少创建动力。为此，在新的“广厦奖”评选标准和办法中，增加了候选项目，变过去住房项目建成后申报，前移到最早在住房项目立项时就可以申报，使得住房建设的全过程都嵌入“广厦奖”标准，让获奖的人或者企业能真正感受到是自己在培育“广厦奖”，因而把“广厦奖”的创建行动，变成提升企业品牌、企业价值、内在信誉和质量水平的标志，增强他们的创建动力。此外，各地方在组织“广厦奖”的评选过程中，也能提升本地房地产业发展的水平和档次，为区域经济整体实力的提高注入活力。

第四，改进评选方法。适应信息时代的发展需要，研发网上申报系统和评审软件，供企业在网上申报资料，地方评选机构、“广厦奖”办公室，评审专家及评委会也可使用同一系统完成整个评审工作。今后的评选工作，还要更多借助信息技术、网络技术，以提高评选效率，及时分享和宣传评选成果。此外，我们也将继续简化评选程序，改进评选方法，比如，对住宅2A级性能认定、康居示范工程、绿色建筑评价等标准，今后项目申报企业只需提供相应的证书，评委会无需再次组织评审，除非评审专家对证书或验收合格证明有疑义，方可启动重新评审程序。

第五，扩大“广厦奖”的宣传效应。酒香还怕巷子深，何况我们才是一个仅有8年时间的奖项。一方面，要依靠“我爱‘广厦奖’”等群众参与性强的方式扩大宣传；另一方面，要利用新媒体加强传播，扩大“广厦奖”的知名度、影响力。这次颁奖大会，我们请了中央电视台等媒体宣传报道，颁奖后，还将组织《中国房地产业》杂志，对获奖项目与开发企业、各参建单位和开发企业在建项目进行报道。总之，要让获奖企业在社会叫得响，让购房者记得住。从本届活动开始，我们推出了《广厦奖年鉴》报备各级主管部门，供研究机构、金融机构、测评中心等单位作决策参考。

让我们以这次工作会议为契机，不断改进完善“广厦奖”的评选工作，确保评选公开、公平、公正，使更多房地产企业参与到“广厦奖”的创建和评选中来，让“广厦奖”的示范作用在全行业发扬光大。

# Ⅱ.数据篇

# 导 读

房地产市场基础数据是国家制定房地产产业政策的基本依据，也是房地产企业经营决策的重要参考。

“数据篇”中宏观经济数据，全国各省、直辖市、自治区的行业数据主要来源于国家统计局以及各省市统计局公报；全国286个城市土地、人口和人民生活、城市基础设施等众多统计数据主要来源国土资源部、住房与城乡建设部和国家统计局；港、澳、台房地产行业的相关数据，主要来源于香港房屋署、香港房屋协、澳门统计暨普查局、台湾信义不动产。其他数据根据公开信息整理。

# 一、全国宏观经济数据

表 2-1　　2014 年全国宏观经济月度数据

| | 1月 | 2月 | 3月 | 4月 | 5月 | 6月 | 7月 | 8月 | 9月 | 10月 | 11月 | 12月 |
|---|---|---|---|---|---|---|---|---|---|---|---|---|
| 工业增加值同比增幅（%） | — | 8.6 | 8.8 | 8.7 | 8.8 | 9.2 | 9.0 | 6.9 | 8 | 7.7 | 7.2 | 7.9 |
| 固定资产投资额（亿元） | — | 30283 | 38039 | 38756 | 46639 | 59054 | 46722 | 46294 | 52001 | 48373 | 44907 | 50937 |
| 进口总额（亿美元） | 1753 | 1371 | 1624 | 1701 | 1596 | 1552 | 1656 | 1586 | 1827 | 1615 | 1572 | 1779 |
| 进口总额同比增幅（%） | 10.0 | 10.1 | -13.8 | -1.3 | -1.6 | 5.5 | -1.6 | -2.4 | 7.0 | 4.6 | -6.7 | -2.4 |
| 出口总额（亿美元） | 2071 | 1141 | 1701 | 1885 | 1955 | 1868 | 2129 | 2085 | 2137 | 2069 | 2117 | 2275 |
| 出口总额同比增幅（%） | 10.6 | -18.1 | -6.6 | 0.9 | 7.0 | 7.2 | 14.5 | 9.4 | 15.3 | 11.6 | 4.7 | 9.7 |
| 社会消费品零售总额（亿元） | — | 42281 | 19801 | 19701 | 21250 | 21166 | 20776 | 21134 | 23042 | 23967 | 23475 | 25801 |
| 社会消费品零售总额同比增幅（%） | — | 11.8 | 12.2 | 11.9 | 12.5 | 12.4 | 12.2 | 11.9 | 11.6 | 11.5 | 11.7 | 11.9 |
| 新增贷款总额（亿元） | 13200 | 6445 | 10500 | 7747 | 8708 | 10800 | 3852 | 7025 | 8572 | 5483 | 8527 | 6973 |
| 新增贷款同比增幅（%） | 23.4 | 4.0 | -1.9 | -2.3 | 30.5 | 25.5 | -45.0 | -1.2 | 8.9 | 8.3 | 36.5 | 44.5 |
| PPI 同比增幅（%） | -1.6 | -2.0 | -2.3 | -2.0 | -1.4 | -1.1 | -0.9 | -1.2 | -1.8 | -2.2 | -2.7 | -3.3 |
| CPI 同比增幅（%） | 2.5 | 2.0 | 2.4 | 1.8 | 2.5 | 2.3 | 2.3 | 2.0 | 1.6 | 1.6 | 1.4 | 1.5 |
| PMI（%） | 50.5 | 50.2 | 50.3 | 50.4 | 50.8 | 51.0 | 51.7 | 51.1 | 51.1 | 50.8 | 50.3 | 50.1 |

注：固定资产投资总额 30283 亿元，社会消费品零售总额 42881 亿元，均为 1~2 月份累计值。
数据来源：国家统计局。

表 2-2　　2014 年全国宏观经济月度累计数据

| | 1-2月 | 1-3月 | 1-4月 | 1-5月 | 1-6月 | 1-7月 | 1-8月 | 1-9月 | 1-10月 | 1-11月 | 1-12月 |
|---|---|---|---|---|---|---|---|---|---|---|---|
| 工业增加值累计增幅（%） | 8.6 | 8.7 | 8.7 | 8.7 | 8.8 | 8.8 | 8.5 | 8.5 | 8.4 | 8.3 | 8.3 |
| 固定资产投资额（亿元） | 30283 | 68322 | 107078 | 153716 | 212770 | 259493 | 305786 | 357787 | 406161 | 451068 | 502005 |
| 同比增幅（%） | 17.9 | 17.6 | 17.3 | 17.2 | 17.3 | 17.0 | 16.5 | 15.7 | 15.5 | 15.3 | 15.0 |
| 进口总额累计（亿美元） | 3123 | 4746 | 6445 | 8039 | 9590 | 11246 | 12829 | 14655 | 16267 | 17829 | 19603 |
| 同比增幅（%） | 10.0 | 1.6 | 1.4 | 0.8 | 1.5 | 1.0 | 0.6 | 1.3 | 1.6 | 0.8 | 0.4 |
| 出口总额累计（亿美元） | 3212 | 4913 | 6798 | 8752 | 10619 | 12751 | 14835 | 16971 | 19038 | 21154 | 23427 |
| 同比增幅（%） | -1.6 | -3.4 | -2.3 | -0.4 | 0.9 | 3.0 | 3.8 | 5.1 | 5.8 | 5.7 | 6.1 |
| 消费品零售总额（亿元） | 42281 | 62081 | 81782 | 103032 | 124199 | 144974 | 166108 | 189151 | 213118 | 236593 | 262394 |
| 同比增幅（%） | 11.8 | 12.0 | 12.0 | 12.1 | 12.1 | 12.1 | 12.1 | 12.0 | 12.0 | 12.0 | 12.0 |
| 新增贷款总额累计（亿元） | 19645 | 30100 | 37847 | 46555 | 57400 | 61252 | 68277 | 76800 | 82300 | 90800 | 97800 |
| 同比增幅（%） | 16.2 | 9.1 | 6.6 | 10.6 | 13.0 | 6.0 | 5.2 | 5.5 | 5.8 | 8.0 | 10.0 |

数据来源：国家统计局。

表 2－3　2014 年国内生产总值各季度增长数据

| | 1 季度 | 2 季度 | 3 季度 | 4 季度 |
|---|---|---|---|---|
| 国内生产总值（亿元） | 128213 | 140831 | 150864 | 216555 |
| 增长幅度（%） | 7.4 | 7.5 | 7.3 | 7.3 |

数据来源：国家统计局。

表 2－4　2014 年国内生产总值季度累计值及同比增幅

| | 1 季度 | 1－2 季度 | 1－3 季度 | 1－4 季度 |
|---|---|---|---|---|
| 国内生产总值（亿元） | 128213 | 269044 | 419908 | 636463 |
| 增长幅度（%） | 7.4 | 7.4 | 7.4 | 7.4 |

数据来源：国家统计局。

表 2－5　2010—2014 年全国各地区生产总值数据

单位：亿元

| 地　区 | 2010 年 | 2011 年 | 2012 年 | 2013 年 | 2014 年 |
|---|---|---|---|---|---|
| 北　京 | 14113.58 | 16251.93 | 17879.40 | 19500.56 | 21330.80 |
| 天　津 | 9224.46 | 11307.28 | 12893.88 | 14370.16 | 15722.47 |
| 河　北 | 20394.26 | 24515.76 | 26575.01 | 28301.41 | 29421.20 |
| 辽　宁 | 18457.27 | 22226.70 | 24846.43 | 27077.65 | 28626.58 |
| 上　海 | 17165.98 | 19195.69 | 20181.72 | 21602.12 | 23560.94 |
| 江　苏 | 41425.48 | 49110.27 | 54058.22 | 59161.75 | 65088.32 |
| 浙　江 | 27722.31 | 32318.85 | 34665.33 | 37568.49 | 40153.50 |
| 福　建 | 14737.12 | 17560.18 | 19701.78 | 21759.64 | 24055.76 |
| 山　东 | 39169.92 | 45361.85 | 50013.24 | 54684.33 | 59426.60 |
| 广　东 | 46013.06 | 53210.28 | 57067.92 | 62163.97 | 67792.24 |
| 海　南 | 2064.50 | 2522.66 | 2855.54 | 3146.46 | 3500.72 |
| 山　西 | 9200.86 | 11237.55 | 12112.83 | 12602.24 | 12759.44 |
| 吉　林 | 8667.58 | 10568.83 | 11939.24 | 12981.46 | 13803.81 |
| 黑龙江 | 10368.60 | 12582.00 | 13691.58 | 14382.93 | 15039.40 |
| 安　徽 | 12359.33 | 15300.65 | 17212.05 | 19038.87 | 20848.80 |
| 江　西 | 9451.26 | 11702.82 | 12948.88 | 14338.50 | 15708.60 |
| 河　南 | 23092.36 | 26931.03 | 29599.31 | 32155.86 | 34939.38 |
| 湖　北 | 15967.61 | 19632.26 | 22250.45 | 24668.49 | 27367.04 |
| 湖　南 | 16037.96 | 19669.56 | 22154.23 | 24501.67 | 27048.50 |
| 内蒙古 | 11672.00 | 14359.88 | 15880.58 | 16832.38 | 17769.50 |
| 广　西 | 9569.85 | 11720.87 | 13035.10 | 14378.00 | 15672.97 |
| 重　庆 | 7925.58 | 10011.37 | 11409.60 | 12656.69 | 14265.40 |

续表

| 地　区 | 2010 年 | 2011 年 | 2012 年 | 2013 年 | 2014 年 |
|---|---|---|---|---|---|
| 四　川 | 17185.48 | 21026.68 | 23872.80 | 26260.77 | 28536.70 |
| 贵　州 | 4602.16 | 5701.84 | 6852.20 | 8006.79 | 9251.01 |
| 云　南 | 7224.18 | 8893.12 | 10309.47 | 11720.91 | 12814.59 |
| 西　藏 | 507.46 | 605.83 | 701.03 | 807.67 | 920.80 |
| 陕　西 | 10123.48 | 12512.30 | 14453.68 | 16045.21 | 17689.94 |
| 甘　肃 | 4120.75 | 5020.37 | 5650.20 | 6268.01 | 6835.27 |
| 青　海 | 1350.43 | 1670.44 | 1893.54 | 2101.05 | 2301.12 |
| 宁　夏 | 1689.65 | 2102.21 | 2341.29 | 2565.06 | 2752.10 |
| 新　疆 | 5437.47 | 6610.05 | 7505.31 | 8360.24 | 9264.10 |

数据来源：各地统计局。

**表 2－6　　2010—2014 年全国及各地区城镇居民家庭人均可支配收入**

单位：元

| | 2010 年 | 2011 年 | 2012 年 | 2013 年 | 2014 年 |
|---|---|---|---|---|---|
| 全　国 | 19109 | 21810 | 24565 | 26955 | 28844 |
| 北　京 | 29073 | 32903 | 36469 | 40321 | 43910 |
| 天　津 | 24293 | 26921 | 29626 | 32658 | 31506 |
| 河　北 | 16263 | 18292 | 20543 | 22580 | 24141 |
| 辽　宁 | 17713 | 20467 | 23223 | 25578 | 29082 |
| 上　海 | 31838 | 36230 | 40188 | 43851 | 47710 |
| 江　苏 | 22944 | 26341 | 29677 | 32538 | 34346 |
| 浙　江 | 27359 | 30971 | 34550 | 37851 | 40393 |
| 福　建 | 21781 | 24907 | 28055 | 30816 | 30722 |
| 山　东 | 19946 | 22792 | 25755 | 28264 | 29222 |
| 广　东 | 23898 | 26897 | 30227 | 33090 | 32148 |
| 海　南 | 15581 | 18369 | 20918 | 22929 | 24487 |
| 山　西 | 15648 | 18124 | 20412 | 22456 | 24069 |
| 吉　林 | 15411 | 17797 | 20208 | 22275 | 23218 |
| 黑龙江 | 13857 | 15696 | 17760 | 19597 | 22609 |
| 安　徽 | 15788 | 18606 | 21024 | 23114 | 24839 |
| 江　西 | 15481 | 17495 | 19860 | 21873 | 24309 |
| 河　南 | 15930 | 18195 | 20443 | 22398 | 24391 |
| 湖　北 | 16058 | 18374 | 20840 | 22906 | 24852 |
| 湖　南 | 16566 | 18844 | 21319 | 23414 | 26570 |
| 内蒙古 | 17698 | 20408 | 23150 | 25497 | 28350 |

续表

| | 2010 年 | 2011 年 | 2012 年 | 2013 年 | 2014 年 |
|---|---|---|---|---|---|
| 广　西 | 17064 | 18854 | 21243 | 23300 | 24669 |
| 重　庆 | 17532 | 20250 | 22968 | 25216 | 25147 |
| 四　川 | 15461 | 17899 | 20307 | 22368 | 24381 |
| 贵　州 | 14180 | 16495 | 18700 | 20667 | 22548 |
| 云　南 | 16065 | 18576 | 21075 | 23236 | 24299 |
| 西　藏 | 14980 | 16196 | 18056 | 20023 | 22026 |
| 陕　西 | 15695 | 18245 | 20734 | 22858 | 24366 |
| 甘　肃 | 13189 | 14989 | 17237 | 18965 | 20804 |
| 青　海 | 13855 | 15603 | 17566 | 19499 | 22307 |
| 宁　夏 | 15345 | 17579 | 19831 | 22013 | 23285 |
| 新　疆 | 13644 | 15514 | 17921 | 19874 | 22160 |

数据来源：国家及各地统计局。

# 二、全国房地产数据

表 2－7

**2010—2014 年全国房地产数据**

单位：亿元，万平方米，%

| | 2010 年 | | 2011 年 | | 2012 年 | | 2013 年 | | 2014 年 | |
|---|---|---|---|---|---|---|---|---|---|---|
| | 数值 | 同比 | 数值 | 同比 | 数值 | 同比 | 数值 | 同比 | 数值 | 同比 |
| **开发投资** | **48267** | **33.2** | **61740** | **27.9** | **71804** | **16.2** | **86013** | **19.8** | **95036** | **10.5** |
| 住　宅 | 34038 | 32.9 | 44308 | 30.2 | 49374 | 11.4 | 58951 | 19.4 | 64352 | 9.2 |
| 办公楼 | 1807 | 31.2 | 2544 | 40.7 | 3367 | 31.6 | 4652 | 38.2 | 5641 | 21.3 |
| 商业营业用房 | 5599 | 33.9 | 7370 | 30.5 | 9312 | 25.4 | 11945 | 28.3 | 14346 | 20.1 |
| 土地购置费 | 9992 | 20.7 | 11413 | 14.1 | 12100 | 5.0 | 13502 | 11.6 | 17459 | 29.3 |
| **施工面积** | **405539** | **26.6** | **507959** | **25.3** | **573418** | **13.2** | **665572** | **16.1** | **726482** | **9.2** |
| 住　宅 | 314943 | 25.3 | 388439 | 23.4 | 428964 | 10.6 | 486347 | 13.4 | 515096 | 5.9 |
| 办公楼 | 12140 | 21.4 | 15950 | 31.3 | 19434 | 21.5 | 24577 | 26.5 | 29928 | 21.8 |
| 商业营业用房 | 44616 | 29.2 | 56278 | 26.1 | 65814 | 17.6 | 80627 | 22.5 | 94320 | 17.0 |
| **新开工面积** | **163777** | **40.7** | **190083** | **16.2** | **177334** | **－7.3** | **201208** | **13.5** | **179592** | **－10.7** |
| 住　宅 | 129468 | 38.8 | 146035 | 12.9 | 130695 | －11.2 | 145845 | 11.6 | 124877 | －14.4 |
| 办公楼 | 3678 | 28.6 | 5361 | 46.2 | 5986 | 10.9 | 6887 | 15.0 | 7349 | 6.7 |
| 商业营业用房 | 17461 | 40.6 | 20671 | 18.3 | 22077 | 6.2 | 25902 | 17.7 | 25048 | －3.3 |
| **竣工面积** | **75961** | **4.5** | **89244** | **13.3** | **99425** | **7.3** | **101435** | **2.0** | **107459** | **5.9** |
| 住　宅 | 61216 | 2.7 | 71692 | 13.0 | 79043 | 6.4 | 78741 | －0.4 | 80868 | 2.7 |

续表

| | 2010 年 | | 2011 年 | | 2012 年 | | 2013 年 | | 2014 年 | |
|---|---|---|---|---|---|---|---|---|---|---|
| | 数值 | 同比 | 数值 | 同比 | 数值 | 同比 | 数值 | 同比 | 数值 | 同比 |
| 办公楼 | 1748 | 5.8 | 2179 | 20.0 | 2315 | 2.1 | 2789 | 20.5 | 3144 | 12.7 |
| 商业营业用房 | 7931 | 16.2 | 9045 | 9.2 | 10226 | 8.0 | 10852 | 6.1 | 12084 | 11.3 |
| **商品房销售面积** | **104349** | **10.1** | **109946** | **4.9** | **111304** | **1.8** | **130551** | **17.3** | **120649** | **-7.6** |
| 住　宅 | 93052 | 8.0 | 97030 | 3.9 | 98468 | 2.0 | 115723 | 17.5 | 105182 | -9.1 |
| 办公楼 | 1882 | 21.9 | 2008 | 6.2 | 2254 | 12.4 | 2883 | 27.9 | 2498 | -13.4 |
| 商业营业用房 | 6921 | 29.9 | 7878 | 12.6 | 7759 | -1.4 | 8469 | 9.1 | 9075 | 7.2 |
| **商品房销售额** | **52479** | **18.3** | **59119** | **12.1** | **64456** | **10.0** | **81428** | **26.3** | **76292** | **-6.3** |
| 住　宅 | 43953 | 14.4 | 48619 | 10.2 | 53467 | 10.9 | 67695 | 26.6 | 62396 | -7.8 |
| 办公楼 | 2149 | 31.2 | 2502 | 16.1 | 2773 | 12.2 | 3747 | 35.1 | 2944 | -21.4 |
| 商业营业用房 | 5354 | 46.3 | 6702 | 23.7 | 7000 | 4.8 | 8280 | 18.3 | 8906 | 7.6 |
| **资金来源** | **72494** | **25.4** | **83246** | **14.1** | **96538** | **12.7** | **122122** | **26.5** | **121991** | **-0.1** |
| 国内贷款 | 12540 | 10.3 | 12564 | 0.0 | 14778 | 13.2 | 19673 | 33.1 | 21243 | 8.0 |
| 利用外资 | 796 | 66.0 | 814 | 2.9 | 402 | -48.8 | 534 | 32.8 | 639 | 19.7 |
| 自筹资金 | 26705 | 48.8 | 34093 | 28.0 | 39083 | 11.7 | 47425 | 21.3 | 50420 | 6.3 |
| 其他资金 | 32454 | 15.9 | 35775 | 8.6 | 42275 | 14.7 | 54491 | 28.9 | 49690 | -8.8 |

数据来源：国家统计局。

**表 2-8　　2014 年全国房地产月度数据**

| | 1-2 月 | 3 月 | 4 月 | 5 月 | 6 月 | 7 月 | 8 月 | 9 月 | 10 月 | 11 月 | 12 月 |
|---|---|---|---|---|---|---|---|---|---|---|---|
| 房地产开发投资额（亿元） | 7956 | 7383 | 6982 | 8417 | 11280 | 8363 | 8593 | 9777 | 8469 | 9381 | 8434 |
| 住宅开发投资额（亿元） | 5426 | 5104 | 4768 | 5744 | 7646 | 5676 | 5794 | 6565 | 5739 | 6211 | 5677 |
| 房屋新开工面积（亿平方米） | 1.67 | 1.24 | 1.41 | 1.67 | 2.02 | 1.81 | 1.62 | 1.70 | 1.63 | 1.70 | 1.49 |
| 住宅新开工面积（亿平方米） | 1.23 | 0.90 | 0.99 | 1.14 | 1.41 | 1.24 | 1.11 | 1.16 | 1.11 | 1.18 | 1.02 |
| 房屋竣工面积（亿平方米） | 1.24 | 0.61 | 0.52 | 0.70 | 0.75 | 0.53 | 0.62 | 0.67 | 0.74 | 1.12 | 3.24 |
| 住宅竣工面积（亿平方米） | 0.93 | 0.46 | 0.40 | 0.55 | 0.58 | 0.41 | 0.48 | 0.52 | 0.55 | 0.85 | 2.36 |
| 商品房销售面积（万平方米） | 10466 | 9646 | 7598 | 8360 | 12296 | 8114 | 8508 | 12144 | 11362 | 13223 | 18932 |
| 住宅销售面积（万平方米） | 9377 | 8448 | 6690 | 7432 | 10541 | 7105 | 7502 | 10574 | 9938 | 11407 | 16168 |
| 商品房销售额（亿元） | 7090 | 6173 | 5044 | 5367 | 7459 | 5182 | 5346 | 7566 | 7158 | 8096 | 11812 |
| 住宅销售额（亿元） | 5985 | 5090 | 4184 | 4462 | 5912 | 4241 | 4440 | 6202 | 5859 | 6637 | 9384 |
| 国房景气指数（当月） | 96.91 | 96.40 | 95.79 | 95.02 | 94.84 | 94.82 | 94.79 | 94.72 | 94.76 | 94.3 | 93.93 |

数据来源：根据国家统计局整理。

表 2－9　　2014 年全国房地产月度累计数据

| | 1－2 月 | 1－3 月 | 1－4 月 | 1－5 月 | 1－6 月 | 1－7 月 | 1－8 月 | 1－9 月 | 1－10 月 | 1－11 月 | 1－12 月 |
|---|---|---|---|---|---|---|---|---|---|---|---|
| 房地产开发投资额（亿元） | 7956 | 15339 | 22322 | 30739 | 42019 | 50381 | 58975 | 68751 | 77220 | 86601 | 95036 |
| 同比增幅（%） | 19.3 | 16.8 | 16.4 | 14.7 | 14.1 | 13.7 | 13.2 | 12.5 | 12.4 | 11.9 | 10.5 |
| 住宅开发投资额（亿元） | 5426 | 10530 | 15299 | 21043 | 28689 | 34365 | 40159 | 46725 | 52464 | 58676 | 64352 |
| 同比增幅（%） | 18.4 | 16.8 | 16.6 | 14.6 | 13.7 | 13.3 | 12.4 | 11.3 | 11.1 | 10.5 | 9.2 |
| 房屋新开工面积（亿平方米） | 1.67 | 2.91 | 4.32 | 5.99 | 8.01 | 9.82 | 11.44 | 13.14 | 14.77 | 16.47 | 17.96 |
| 同比增幅（%） | －27.4 | －25.2 | －22.1 | －18.6 | －16.4 | －12.8 | －10.5 | －9.3 | －5.5 | －9 | －10.7 |
| 住宅新开工面积（亿平方米） | 1.23 | 2.12 | 3.12 | 4.26 | 5.67 | 6.91 | 8.02 | 9.18 | 10.29 | 11.46 | 12.49 |
| 同比增幅（%） | －29.6 | －27.2 | －24.5 | －21.6 | －19.8 | －16.4 | －14.4 | －13.5 | －9.8 | －13.1 | －14.4 |
| 房屋施工面积（亿平方米） | 52.96 | 54.70 | 56.48 | 58.61 | 61.14 | 63.27 | 65.30 | 67.32 | 69.21 | 71.13 | 72.65 |
| 同比增幅（%） | 16.3 | 14.2 | 12.8 | 12 | 11.3 | 11.3 | 11.5 | 11.5 | 12.3 | 10.1 | 9.2 |
| 住宅施工面积（亿平方米） | 38.10 | 39.32 | 40.54 | 41.99 | 43.72 | 45.16 | 46.52 | 47.90 | 49.19 | 50.49 | 51.51 |
| 同比增幅（%） | 13.5 | 11.4 | 9.9 | 9.1 | 8.3 | 8.2 | 8.3 | 8.1 | 8.8 | 6.8 | 5.9 |
| 房屋竣工面积（亿平方米） | 1.24 | 1.85 | 2.37 | 3.07 | 3.82 | 4.35 | 4.98 | 5.65 | 6.39 | 7.51 | 10.75 |
| 同比增幅（%） | －8.2 | －4.9 | －0.3 | 6.8 | 8.1 | 4.5 | 6.7 | 7.2 | 7.6 | 8.1 | 5.9 |
| 住宅竣工面积（亿平方米） | 0.93 | 1.39 | 1.79 | 2.34 | 2.92 | 3.33 | 3.80 | 4.33 | 4.87 | 5.72 | 8.09 |
| 同比增幅（%） | －10.6 | －7.3 | －2.1 | 5.3 | 6.3 | 2.7 | 4.8 | 5.1 | 5.1 | 5.5 | 2.7 |
| 商品房销售面积（万平方米） | 10466 | 20111 | 27709 | 36070 | 48365 | 56480 | 64987 | 77132 | 88494 | 101717 | 120649 |
| 同比增幅（%） | －0.1 | －3.8 | －6.9 | －7.8 | －6 | －7.6 | －8.3 | －8.6 | －7.8 | －8.2 | －7.6 |
| 住宅销售面积（万平方米） | 9377 | 17825 | 24515 | 31946 | 42487 | 49592 | 57094 | 67669 | 77607 | 89014 | 105182 |
| 同比增幅（%） | －1.2 | －5.7 | －8.6 | －9.2 | －7.8 | －9.4 | －10 | －10.3 | －9.5 | －10 | －9.1 |
| 商品房销售额（亿元） | 7090 | 13263 | 18307 | 23674 | 31133 | 36315 | 41661 | 49227 | 56385 | 64481 | 76292 |
| 同比增幅（%） | －3.7 | －5.2 | －7.8 | －8.5 | －6.7 | －8.2 | －8.9 | －8.9 | －7.9 | －7.8 | －6.3 |
| 住宅销售额（亿元） | 5985 | 11075 | 15259 | 19720 | 25632 | 29874 | 34314 | 40516 | 46375 | 53012 | 62396 |
| 同比增幅（%） | －5.0 | －7.7 | －9.9 | －10.2 | －9.2 | －10.5 | －10.9 | －10.8 | －9.9 | －9.7 | －7.8 |

数据来源：国家统计局。

# 三、全国各地区房地产开发投资数据

**表 2 -10　　2010—2014 年全国各地区房地产开发投资**

单位：亿元

| | 2010 年 | 2011 年 | 2012 年 | 2013 年 | 2014 年 |
|---|---|---|---|---|---|
| **总　计** | **48267.07** | **61739.78** | **71803.79** | **86013.38** | **95035.61** |
| **一、东部地区** | **28009.07** | **35606.66** | **40541.36** | **47971.53** | **52940.55** |
| 北　京 | 2901.07 | 3036.33 | 3153.44 | 3483.40 | 3715.33 |
| 天　津 | 866.64 | 1080.04 | 1260.00 | 1480.82 | 1699.65 |
| 河　北 | 2264.83 | 3069.55 | 3086.52 | 3445.42 | 4059.72 |
| 辽　宁 | 3465.76 | 4487.56 | 5455.82 | 6450.75 | 5301.31 |
| 上　海 | 1980.68 | 2170.31 | 2381.36 | 2819.59 | 3206.48 |
| 江　苏 | 4301.85 | 5552.69 | 6206.10 | 7241.45 | 8240.22 |
| 浙　江 | 3030.04 | 4137.25 | 5226.27 | 6216.25 | 7262.38 |
| 福　建 | 1818.86 | 2402.61 | 2824.12 | 3702.97 | 4567.40 |
| 山　东 | 3251.78 | 4108.08 | 4708.31 | 5444.53 | 5817.95 |
| 广　东 | 3659.69 | 4899.19 | 5352.79 | 6489.59 | 7638.45 |
| 海　南 | 467.87 | 663.05 | 886.64 | 1196.76 | 1431.65 |
| **二、中部地区** | **10516.65** | **13197.33** | **15762.82** | **19044.80** | **20662.29** |
| 山　西 | 592.24 | 789.92 | 1010.45 | 1308.63 | 1403.55 |
| 吉　林 | 921.01 | 1165.39 | 1310.03 | 1252.43 | 1030.13 |
| 黑龙江 | 843.12 | 1219.37 | 1535.84 | 1604.83 | 1324.09 |
| 安　徽 | 2251.80 | 2590.07 | 3151.61 | 3946.23 | 4338.96 |
| 江　西 | 706.82 | 852.69 | 969.62 | 1174.58 | 1322.49 |
| 河　南 | 2114.08 | 2620.01 | 3035.29 | 3843.76 | 4375.71 |
| 湖　北 | 1618.24 | 2063.21 | 2539.46 | 3286.02 | 3983.79 |
| 湖　南 | 1469.33 | 1896.66 | 2210.52 | 2628.32 | 2883.57 |
| **三、西部地区** | **9741.35** | **12935.79** | **15499.61** | **18997.05** | **21432.78** |
| 内蒙古 | 1120.02 | 1650.02 | 1291.44 | 1479.01 | 1370.88 |
| 广　西 | 1206.22 | 1500.46 | 1554.94 | 1614.63 | 1838.49 |
| 重　庆 | 1620.26 | 2015.09 | 2508.35 | 3012.78 | 3630.23 |
| 四　川 | 2194.63 | 2836.71 | 3266.40 | 3853.00 | 4380.09 |
| 贵　州 | 556.69 | 878.67 | 1467.6 | 1942.54 | 2187.67 |
| 云　南 | 900.44 | 1272.72 | 1782.14 | 2488.33 | 2846.65 |
| 西　藏 | 8.96 | 5.13 | 6.87 | 9.68 | 52.91 |
| 陕　西 | 1160.23 | 1420.53 | 1835.93 | 2240.17 | 2426.49 |
| 甘　肃 | 266.41 | 362.88 | 561.02 | 724.65 | 721.47 |
| 青　海 | 108.19 | 144.77 | 189.68 | 247.61 | 308.27 |
| 宁　夏 | 254.37 | 330.55 | 429.15 | 558.97 | 654.80 |
| 新　疆 | 344.93 | 518.26 | 606.09 | 825.69 | 1014.81 |

数据来源：国家统计局。

**表 2－11**

## 2014 年全国各地区月度累计房地产开发投资

单位：亿元

| | 1－2 月 | 1－3 月 | 1－4 月 | 1－5 月 | 1－6 月 | 1－7 月 | 1－8 月 | 1－9 月 | 1－10 月 | 1－11 月 | 1－12 月 |
|---|---|---|---|---|---|---|---|---|---|---|---|
| **总　计** | **7955.98** | **15339.24** | **22321.56** | **30738.58** | **42018.62** | **50381.25** | **58974.51** | **68751.21** | **77220.27** | **86601.36** | **95035.61** |
| **东部地区** | **4791.99** | **9138.66** | **13230.26** | **17994.82** | **24223.48** | **28833.28** | **33524.70** | **38736.72** | **43194.74** | **48237.90** | **52940.55** |
| 北　京 | 243.64 | 539.36 | 785.84 | 1029.64 | 1434.88 | 1791.34 | 2179.92 | 2552.82 | 2837.20 | 3251.02 | 3715.33 |
| 天　津 | 103.83 | 303.40 | 483.50 | 679.79 | 943.68 | 1072.63 | 1206.15 | 1361.77 | 1452.93 | 1560.46 | 1699.65 |
| 河　北 | 164.88 | 543.98 | 847.63 | 1199.32 | 1717.82 | 2090.77 | 2523.96 | 2963.08 | 3379.28 | 3781.35 | 4059.72 |
| 辽　宁 | 178.24 | 626.40 | 1129.93 | 1816.11 | 2880.53 | 3448.67 | 3947.96 | 4495.71 | 4923.07 | 5178.28 | 5301.31 |
| 上　海 | 399.23 | 628.59 | 826.58 | 1095.72 | 1338.01 | 1606.57 | 1875.03 | 2175.50 | 2498.37 | 2894.90 | 3206.48 |
| 江　苏 | 1017.76 | 1769.58 | 2409.03 | 3149.26 | 3939.45 | 4597.95 | 5300.37 | 6072.11 | 6750.93 | 7511.03 | 8240.22 |
| 浙　江 | 757.04 | 1337.35 | 1883.95 | 2513.69 | 3307.23 | 3943.76 | 4594.47 | 5312.65 | 5878.77 | 6671.09 | 7262.38 |
| 福　建 | 492.09 | 866.62 | 1223.79 | 1646.21 | 2224.14 | 2590.83 | 2954.35 | 3393.94 | 3750.67 | 4163.64 | 4567.40 |
| 山　东 | 483.29 | 981.95 | 1452.5 | 1995.05 | 2611.5 | 3131.53 | 3608.59 | 4155.78 | 4660.35 | 5238.90 | 5817.95 |
| 广　东 | 793.06 | 1282.34 | 1825.21 | 2417.82 | 3217.39 | 3837.77 | 4487.97 | 5278.42 | 5973.38 | 6739.76 | 7638.45 |
| 海　南 | 158.94 | 259.08 | 362.31 | 452.21 | 608.84 | 721.46 | 845.91 | 974.92 | 1089.79 | 1247.48 | 1431.65 |
| **中部地区** | **1508.26** | **2915.71** | **4268.09** | **6012.97** | **8558.25** | **10379.61** | **12289.42** | **14535.58** | **16522.68** | **18650.37** | **20662.29** |
| 山　西 | 26.85 | 95.88 | 166.91 | 284.87 | 440.59 | 585.28 | 748.23 | 923.73 | 1070.46 | 1221.34 | 1403.55 |
| 吉　林 | 8.97 | 22.87 | 67.16 | 148.82 | 268.29 | 412.55 | 551.17 | 707.91 | 842.26 | 974.68 | 1030.13 |
| 黑龙江 | 5.01 | 26.08 | 78.26 | 189.14 | 415.01 | 558.51 | 701.72 | 898.50 | 1092.08 | 1236.91 | 1324.09 |
| 安　徽 | 473.42 | 787.99 | 1097.47 | 1491.11 | 1965.92 | 2317.8 | 2737.14 | 3178.20 | 3577.70 | 3953.65 | 4338.96 |
| 江　西 | 149.16 | 244.92 | 338.38 | 430.18 | 558.56 | 677.36 | 803.58 | 951.63 | 1067.21 | 1199.29 | 1322.49 |
| 河　南 | 285.55 | 645.88 | 977.1 | 1360.16 | 1862.94 | 2232.29 | 2590.46 | 3050.41 | 3442.68 | 3888.64 | 4375.71 |
| 湖　北 | 282.18 | 621.66 | 893.16 | 1223.96 | 1836.82 | 2135.27 | 2446.85 | 2833.52 | 3162.43 | 3576.71 | 3983.79 |
| 湖　南 | 277.13 | 470.44 | 649.65 | 884.74 | 1210.12 | 1460.53 | 1710.27 | 1991.67 | 2267.86 | 2599.15 | 2883.57 |
| **西部地区** | **1655.73** | **3284.88** | **4823.21** | **6730.79** | **9236.89** | **11168.35** | **13160.38** | **15478.91** | **17502.85** | **19713.09** | **21432.78** |
| 内蒙古 | 7.76 | 37.13 | 123.61 | 259.18 | 455.54 | 631.13 | 842.20 | 1047.41 | 1240.67 | 1356.67 | 1370.88 |
| 广　西 | 157.46 | 294.11 | 404.18 | 534.43 | 775.49 | 930.54 | 1062.76 | 1216.73 | 1377.26 | 1607.52 | 1838.49 |
| 重　庆 | 369.07 | 687.98 | 933.73 | 1224.35 | 1553.36 | 1836.92 | 2151.24 | 2545.11 | 2820.33 | 3250.59 | 3630.23 |
| 四　川 | 470.85 | 889.38 | 1211.08 | 1619.58 | 2107.19 | 2476.83 | 2842.45 | 3255.73 | 3613.63 | 4013.16 | 4380.09 |
| 贵　州 | 219.03 | 434.28 | 608.76 | 816.18 | 1057.13 | 1231.24 | 1413.03 | 1642.95 | 1839.57 | 2058.08 | 2187.67 |
| 云　南 | 223.88 | 471.2 | 695.92 | 952.25 | 1277.99 | 1519 | 1724.72 | 2002.28 | 2282.64 | 2573.85 | 2846.65 |
| 西　藏 | 0.01 | 0.12 | 1.68 | 4.05 | 10.28 | 13.2 | 24.41 | 34.60 | 45.88 | 51.51 | 52.91 |
| 陕　西 | 182.83 | 346.72 | 520.3 | 732.48 | 1052.61 | 1235.99 | 1475.76 | 1740.09 | 1961.14 | 2214.31 | 2426.49 |
| 甘　肃 | 13.69 | 48.42 | 103.67 | 186.01 | 289.76 | 366.91 | 447.26 | 548.81 | 629.91 | 689.87 | 721.47 |
| 青　海 | 1.06 | 17.05 | 49.18 | 79.26 | 120.92 | 164.2 | 198.82 | 229.38 | 272.35 | 304.97 | 308.27 |
| 宁　夏 | 2.83 | 33.22 | 83.73 | 144.98 | 227.73 | 304.91 | 388.02 | 479.41 | 554.33 | 618.86 | 654.80 |
| 新　疆 | 7.27 | 25.27 | 87.37 | 178.05 | 308.88 | 457.47 | 589.71 | 736.40 | 865.14 | 973.68 | 1014.81 |

数据来源：国家统计局。

表 2－12　　2010—2014 年全国各地区住宅开发投资

单位：亿元

| | 2010 年 | 2011 年 | 2012 年 | 2013 年 | 2014 年 |
|---|---|---|---|---|---|
| **总　计** | **34038.14** | **44308.43** | **49374.21** | **58950.76** | **64352.15** |
| **一、东部地区** | **19233.00** | **25214.76** | **27648.93** | **32696.81** | **35477.24** |
| 北　京 | 1508.95 | 1778.31 | 1627.99 | 1724.56 | 1846.08 |
| 天　津 | 565.39 | 678.98 | 843.05 | 986.28 | 1122.26 |
| 河　北 | 1785.65 | 2296.31 | 2317.13 | 2539.29 | 3010.35 |
| 辽　宁 | 2481.10 | 3413.44 | 3961.95 | 4666.03 | 3844.26 |
| 上　海 | 1229.83 | 1398.75 | 1451.94 | 1615.51 | 1724.65 |
| 江　苏 | 3159.94 | 4085.85 | 4354.63 | 5171.50 | 5924.51 |
| 浙　江 | 2058.47 | 2699.82 | 3436.74 | 4089.22 | 4594.17 |
| 福　建 | 975.13 | 1591.56 | 1751.98 | 2402.08 | 2917.17 |
| 山　东 | 2513.40 | 3202.04 | 3473.23 | 3976.63 | 4184.33 |
| 广　东 | 2538.02 | 3495.43 | 3704.98 | 4530.63 | 5187.32 |
| 海　南 | 417.11 | 574.27 | 725.32 | 995.09 | 1122.14 |
| **二、中部地区** | **7859.67** | **9831.79** | **11063.50** | **13264.72** | **14551.87** |
| 山　西 | 457.45 | 615.03 | 735.61 | 958.85 | 1010.69 |
| 吉　林 | 731.82 | 903.60 | 987.74 | 911.45 | 732.47 |
| 黑龙江 | 656.93 | 938.82 | 1122.52 | 1124.72 | 946.03 |
| 安　徽 | 1607.83 | 1884.16 | 2059.29 | 2549.88 | 2847.63 |
| 江　西 | 544.77 | 656.91 | 684.21 | 795.38 | 971.92 |
| 河　南 | 1685.21 | 2022.06 | 2203.06 | 2827.09 | 3289.20 |
| 湖　北 | 1040.86 | 1327.21 | 1698.38 | 2251.56 | 2755.42 |
| 湖　南 | 1134.79 | 1484.01 | 1572.67 | 1845.81 | 1998.51 |
| **三、西部地区** | **6945.47** | **9261.88** | **10661.79** | **12989.23** | **14323.04** |
| 内蒙古 | 782.14 | 1112.02 | 845.63 | 1003.57 | 936.76 |
| 广　西 | 878.89 | 1073.59 | 1069.64 | 1166.61 | 1292.63 |
| 重　庆 | 1091.49 | 1438.45 | 1706.77 | 2044.24 | 2451.37 |
| 四　川 | 1535.28 | 1998.11 | 2197.75 | 2537.89 | 2847.82 |
| 贵　州 | 328.63 | 579.97 | 930.31 | 1224.23 | 1350.34 |
| 云　南 | 654.67 | 873.90 | 1152.50 | 1642.40 | 1830.07 |
| 西　藏 | 6.99 | 3.74 | 4.25 | 5.87 | 29.44 |
| 陕　西 | 938.53 | 1180.11 | 1477.57 | 1768.95 | 1869.69 |
| 甘　肃 | 187.93 | 258.06 | 412.51 | 539.85 | 496.37 |
| 青　海 | 75.20 | 90.20 | 141.10 | 159.72 | 190.67 |
| 宁　夏 | 187.29 | 235.80 | 279.49 | 340.27 | 411.58 |
| 新　疆 | 278.43 | 417.93 | 444.27 | 555.62 | 616.30 |

数据来源：国家统计局。

表 2－13　2014 年全国各地区月度累计住宅开发投资

单位：亿元

| | 1－2 月 | 1－3 月 | 1－4 月 | 1－5 月 | 1－6 月 | 1－7 月 | 1－8 月 | 1－9 月 | 1－10 月 | 1－11 月 | 1－12 月 |
|---|---|---|---|---|---|---|---|---|---|---|---|
| **总　计** | **5426.29** | **10530.49** | **15298.76** | **21043.03** | **28689.21** | **34365.47** | **40159.32** | **46724.74** | **52464.21** | **58675.54** | **64352.15** |
| **东部地区** | **3213.00** | **6206.33** | **8958.47** | **12172.21** | **16381.72** | **19515.92** | **22657.13** | **26062.46** | **29058.73** | **32349.02** | **35477.24** |
| 北　京 | 113.38 | 276.70 | 378.00 | 505.76 | 722.72 | 920.34 | 1115.29 | 1264.51 | 1419.47 | 1630.53 | 1846.08 |
| 天　津 | 71.39 | 194.57 | 318.42 | 450.22 | 617.28 | 702.70 | 793.92 | 898.34 | 949.94 | 1021.29 | 1122.26 |
| 河　北 | 121.89 | 410.65 | 634.48 | 892.55 | 1275.27 | 1557.64 | 1866.12 | 2188.00 | 2501.61 | 2796.95 | 3010.35 |
| 辽　宁 | 123.04 | 441.37 | 810.22 | 1310.14 | 2100.15 | 2514.06 | 2882.08 | 3261.73 | 3562.47 | 3752.29 | 3844.26 |
| 上　海 | 217.03 | 346.39 | 465.17 | 610.58 | 753.95 | 901.96 | 1046.82 | 1226.91 | 1377.81 | 1569.41 | 1724.65 |
| 江　苏 | 733.32 | 1274.03 | 1736.78 | 2266.77 | 2823.09 | 3318.92 | 3803.53 | 4360.66 | 4843.71 | 5406.62 | 5924.51 |
| 浙　江 | 498.70 | 877.25 | 1221.07 | 1606.48 | 2106.38 | 2505.78 | 2934.62 | 3382.61 | 3766.42 | 4226.89 | 4594.17 |
| 福　建 | 333.39 | 597.41 | 828.08 | 1108.5 | 1457.96 | 1683.45 | 1913.06 | 2176.25 | 2399.96 | 2658.90 | 2917.17 |
| 山　东 | 343.15 | 697.97 | 1038.19 | 1431.07 | 1875.28 | 2242.77 | 2576.53 | 2963.85 | 3320.74 | 3748.97 | 4184.33 |
| 广　东 | 531.69 | 877.38 | 1232.41 | 1621.15 | 2150.37 | 2580.13 | 3039.81 | 3569.71 | 4051.10 | 4565.95 | 5187.32 |
| 海　南 | 126.01 | 212.6 | 295.65 | 369.00 | 499.27 | 588.2 | 685.34 | 769.89 | 865.51 | 971.21 | 1122.14 |
| **中部地区** | **1087.37** | **2100.02** | **3063.33** | **4301.28** | **6070.43** | **7350.35** | **8673.99** | **10259.78** | **11658.02** | **13122.79** | **14551.87** |
| 山　西 | 20.67 | 71.53 | 125.42 | 210.91 | 325.43 | 429.48 | 553.38 | 685.26 | 789.96 | 889.33 | 1010.69 |
| 吉　林 | 5.67 | 16.34 | 46.83 | 106.74 | 195.75 | 296.62 | 400.86 | 510.94 | 605.39 | 696.13 | 732.47 |
| 黑龙江 | 3.66 | 18.52 | 56.38 | 135.35 | 297.88 | 397.61 | 498.42 | 647.99 | 793.95 | 884.50 | 946.03 |
| 安　徽 | 329.55 | 538.41 | 748.58 | 1011.73 | 1327.00 | 1553.66 | 1810.94 | 2096.35 | 2345.14 | 2585.15 | 2847.63 |
| 江　西 | 106.13 | 177.00 | 242.30 | 309.69 | 402.51 | 489.96 | 582.04 | 687.66 | 775.24 | 877.02 | 971.92 |
| 河　南 | 210.60 | 486.84 | 740.9 | 1024.64 | 1390.18 | 1669.41 | 1936.37 | 2285.63 | 2589.77 | 2928.30 | 3289.20 |
| 湖　北 | 211.56 | 452.48 | 633.47 | 871.65 | 1288.35 | 1494.46 | 1704.53 | 1964.86 | 2188.12 | 2468.98 | 2755.42 |
| 湖　南 | 199.53 | 338.91 | 469.45 | 630.56 | 843.33 | 1019.15 | 1187.44 | 1381.09 | 1570.45 | 1793.37 | 1998.51 |
| **西部地区** | **1125.93** | **2224.14** | **3276.97** | **4569.54** | **6237.06** | **7499.19** | **8828.20** | **10402.49** | **11747.46** | **13203.73** | **14323.04** |
| 内蒙古 | 4.67 | 23.6 | 78.66 | 174.64 | 300.63 | 418.74 | 568.24 | 711.66 | 848.65 | 927.50 | 936.76 |
| 广　西 | 112.62 | 216.6 | 297.53 | 392.18 | 556.95 | 657.08 | 746.58 | 856.72 | 975.69 | 1136.87 | 1292.63 |
| 重　庆 | 259.47 | 468.36 | 635.05 | 835.63 | 1052.47 | 1247.93 | 1466.71 | 1748.96 | 1927.20 | 2206.27 | 2451.37 |
| 四　川 | 306.72 | 584.47 | 805.15 | 1071.12 | 1385.11 | 1617.14 | 1847.03 | 2117.41 | 2344.42 | 2607.57 | 2847.82 |
| 贵　州 | 140.96 | 281.18 | 390.83 | 518.64 | 667.18 | 772.19 | 881.20 | 1021.31 | 1138.86 | 1271.02 | 1350.34 |
| 云　南 | 143.17 | 302.19 | 449.48 | 616.78 | 828.06 | 978.90 | 1111.44 | 1298.99 | 1477.83 | 1664.14 | 1830.07 |
| 西　藏 | 0.01 | 0.05 | 1.03 | 2.45 | 5.33 | 7.45 | 12.45 | 18.15 | 24.24 | 28.47 | 29.44 |
| 陕　西 | 141.52 | 270.92 | 410.5 | 575.07 | 825.87 | 968.74 | 1153.21 | 1347.76 | 1519.12 | 1709.83 | 1869.69 |
| 甘　肃 | 9.41 | 31.3 | 71.94 | 127.51 | 200.58 | 254.4 | 309.53 | 378.90 | 432.92 | 474.39 | 496.37 |
| 青　海 | 0.58 | 9.77 | 29.62 | 49.04 | 76.08 | 100.61 | 120.05 | 140.00 | 169.91 | 190.00 | 190.67 |
| 宁　夏 | 1.84 | 19.04 | 50.64 | 89.59 | 140.07 | 189.58 | 241.39 | 301.27 | 347.93 | 389.59 | 411.58 |
| 新　疆 | 4.97 | 16.68 | 56.54 | 116.9 | 198.74 | 286.44 | 370.38 | 461.36 | 540.68 | 598.09 | 616.30 |

数据来源：国家统计局。

# 四、全国各地区房地产开发企业到位资金状况

**表2－14　　2010—2014年全国各地区房地产开发企业到位资金**

单位：亿元

| | 2010年 | 2011年 | 2012年 | 2013年 | 2014年 |
|---|---|---|---|---|---|
| **总　计** | **72494.34** | **83245.94** | **96537.67** | **122122.47** | **121991.48** |
| **一、东部地区** | **45186.36** | **49945.10** | **57763.36** | **73755.00** | **72076.11** |
| 北　京 | 5790.61 | 5358.09 | 6084.55 | 7300.18 | 6622.01 |
| 天　津 | 1665.54 | 1997.82 | 2146.28 | 2761.47 | 2823.48 |
| 河　北 | 2686.64 | 3437.76 | 3712.99 | 4123.54 | 4438.48 |
| 辽　宁 | 5071.82 | 5607.39 | 6328.76 | 7448.99 | 5890.97 |
| 上　海 | 3229.29 | 3206.93 | 3968.51 | 5092.67 | 5269.90 |
| 江　苏 | 7856.73 | 7912.88 | 9856.89 | 12682.03 | 12100.16 |
| 浙　江 | 5385.57 | 6029.57 | 6530.86 | 8858.25 | 8956.31 |
| 福　建 | 2527.86 | 3326.51 | 4120.73 | 5767.04 | 5726.13 |
| 山　东 | 4431.35 | 5253.75 | 5755.09 | 7371.32 | 6991.18 |
| 广　东 | 5743.77 | 6889.45 | 7918.27 | 10472.94 | 11326.60 |
| 海　南 | 797.18 | 924.95 | 1340.42 | 1876.56 | 1930.87 |
| **二、中部地区** | **13360.42** | **15985.91** | **19210.49** | **23930.84** | **23785.53** |
| 山　西 | 786.46 | 840.49 | 1033.69 | 1377.16 | 1393.49 |
| 吉　林 | 968.45 | 1190.35 | 1431.68 | 1516.78 | 1229.42 |
| 黑龙江 | 1044.61 | 1536.48 | 1711.04 | 1833.64 | 1408.40 |
| 安　徽 | 2863.70 | 3149.47 | 3835.34 | 5077.16 | 5231.17 |
| 江　西 | 1008.16 | 1118.26 | 1477.22 | 1906.64 | 1945.85 |
| 河　南 | 2468.79 | 2845.25 | 3455.04 | 4402.70 | 4688.97 |
| 湖　北 | 2216.43 | 2801.02 | 3363.83 | 4224.48 | 4322.24 |
| 湖　南 | 2003.80 | 2504.59 | 2902.66 | 3592.27 | 3565.99 |
| **三、西部地区** | **13947.56** | **17314.93** | **19563.82** | **24436.63** | **26129.84** |
| 内蒙古 | 1168.55 | 1794.69 | 1409.08 | 1638.04 | 1439.17 |
| 广　西 | 1538.57 | 1691.20 | 2007.36 | 2155.24 | 2410.75 |
| 重　庆 | 2859.53 | 3295.69 | 3869.54 | 4614.06 | 5344.98 |
| 四　川 | 3143.99 | 4029.00 | 4222.67 | 5324.53 | 5863.11 |
| 贵　州 | 926.97 | 1271.26 | 1418.17 | 2145.72 | 2336.62 |
| 云　南 | 1300.66 | 1648.09 | 2134.02 | 2924.36 | 2917.43 |
| 西　藏 | 14.99 | 9.66 | 8.13 | 12.56 | 47.90 |
| 陕　西 | 1692.23 | 1929.28 | 2317.40 | 2592.39 | 2684.78 |
| 甘　肃 | 317.21 | 390.65 | 651.24 | 963.35 | 854.65 |
| 青　海 | 124.73 | 148.67 | 228.45 | 259.09 | 351.07 |
| 宁　夏 | 359.14 | 433.18 | 499.80 | 694.15 | 742.91 |
| 新　疆 | 500.99 | 673.57 | 797.95 | 1113.15 | 1136.48 |

数据来源：国家统计局。

表 2－15　　2014 年全国各地区月度累计房地产开发企业到位资金

单位：亿元

| | 1－2 月 | 1－3 月 | 1－4 月 | 1－5 月 | 1－6 月 | 1－7 月 | 1－8 月 | 1－9 月 | 1－10 月 | 1－11 月 | 1－12 月 |
|---|---|---|---|---|---|---|---|---|---|---|---|
| **总　计** | **21264.44** | **28730.70** | **37200.25** | **46727.67** | **58912.96** | **68986.85** | **79062.13** | **89868.91** | **100240.79** | **110115.30** | **121991.48** |
| **东部地区** | **13157.17** | **17819.46** | **22799.84** | **28425.54** | **35449.59** | **41306.97** | **47098.59** | **53288.31** | **59298.34** | **64901.97** | **72076.11** |
| 北　京 | 1060.52 | 1572.04 | 2002.96 | 2384.20 | 3007.72 | 3616.26 | 4051.94 | 4656.41 | 5305.33 | 5648.88 | 6622.01 |
| 天　津 | 457.72 | 740.03 | 1063.53 | 1230.64 | 1500.64 | 1710.92 | 1922.75 | 2163.79 | 2335.09 | 2466.07 | 2823.48 |
| 河　北 | 615.02 | 924.77 | 1207.23 | 1572.98 | 2068.94 | 2434.53 | 2878.34 | 3302.83 | 3733.54 | 4133.09 | 4438.48 |
| 辽　宁 | 851.41 | 1289.11 | 1741.64 | 2373.95 | 3308.98 | 3887.36 | 4397.22 | 5002.78 | 5434.59 | 5683.89 | 5890.97 |
| 上　海 | 1144.05 | 1347.22 | 1634.04 | 2032.77 | 2365.12 | 2742.66 | 3138.17 | 3506.88 | 4005.33 | 4614.61 | 5269.90 |
| 江　苏 | 2898.09 | 3730.07 | 4474.19 | 5393.78 | 6452.71 | 7347.14 | 8264.92 | 9214.57 | 10123.02 | 11023.14 | 12100.16 |
| 浙　江 | 1405.80 | 2025.29 | 2568.22 | 3198.92 | 3961.99 | 4744.91 | 5568.37 | 6370.25 | 7232.13 | 8014.04 | 8956.31 |
| 福　建 | 1022.21 | 1364.04 | 1813.90 | 2286.57 | 2849.91 | 3323.27 | 3767.88 | 4285.51 | 4717.59 | 5146.79 | 5726.13 |
| 山　东 | 1310.84 | 1813.03 | 2300.32 | 2826.51 | 3510.11 | 4081.42 | 4608.97 | 5205.45 | 5736.24 | 6323.76 | 6991.18 |
| 广　东 | 1985.01 | 2497.57 | 3342.29 | 4334.24 | 5405.04 | 6275.34 | 7204.19 | 8175.23 | 9091.66 | 10111.26 | 11326.60 |
| 海　南 | 406.51 | 516.29 | 651.54 | 790.98 | 1018.42 | 1143.16 | 1295.85 | 1404.61 | 1583.83 | 1736.45 | 1930.87 |
| **中部地区** | **3818.26** | **5141.24** | **6784.13** | **8660.08** | **11204.20** | **13134.86** | **15138.34** | **17367.52** | **19427.04** | **21389.59** | **23785.53** |
| 山　西 | 93.01 | 165.52 | 248.09 | 357.01 | 498.99 | 632.02 | 767.09 | 941.64 | 1092.55 | 1218.48 | 1393.49 |
| 吉　林 | 83.30 | 93.83 | 198.92 | 301.68 | 444.79 | 593.63 | 745.57 | 936.08 | 1080.50 | 1167.82 | 1229.42 |
| 黑龙江 | 35.86 | 104.44 | 205.11 | 332.62 | 550.59 | 673.16 | 818.86 | 988.88 | 1173.24 | 1306.10 | 1408.40 |
| 安　徽 | 1105.12 | 1417.46 | 1756.80 | 2183.47 | 2707.19 | 3085.43 | 3509.06 | 3993.05 | 4376.70 | 4720.34 | 5231.17 |
| 江　西 | 438.60 | 539.59 | 644.15 | 780.90 | 989.85 | 1133.80 | 1318.25 | 1501.10 | 1646.41 | 1789.09 | 1945.85 |
| 河　南 | 560.42 | 887.68 | 1232.78 | 1636.30 | 2122.49 | 2535.88 | 2902.03 | 3346.60 | 3773.20 | 4181.68 | 4688.97 |
| 湖　北 | 708.43 | 959.35 | 1345.29 | 1658.58 | 2184.19 | 2519.61 | 2856.12 | 3120.18 | 3472.86 | 3850.19 | 4322.24 |
| 湖　南 | 793.52 | 973.36 | 1152.99 | 1409.53 | 1706.10 | 1961.33 | 2221.37 | 2540.01 | 2811.57 | 3155.89 | 3565.99 |
| **西部地区** | **4289.01** | **5770.00** | **7616.28** | **9642.04** | **12259.17** | **14545.01** | **16825.20** | **19213.07** | **21515.40** | **23823.75** | **26129.84** |
| 内蒙古 | 77.08 | 163.51 | 241.56 | 369.93 | 562.87 | 721.25 | 937.98 | 1115.18 | 1294.43 | 1412.66 | 1439.17 |
| 广　西 | 409.58 | 576.90 | 728.23 | 905.01 | 1161.55 | 1353.18 | 1536.32 | 1718.41 | 1908.32 | 2158.17 | 2410.75 |
| 重　庆 | 967.64 | 1242.96 | 1662.19 | 2047.44 | 2482.03 | 2977.61 | 3344.75 | 3868.08 | 4266.75 | 4683.77 | 5344.98 |
| 四　川 | 1165.12 | 1497.59 | 1890.16 | 2365.32 | 2937.26 | 3405.39 | 3946.54 | 4346.88 | 4855.59 | 5413.97 | 5863.11 |
| 贵　州 | 378.65 | 560.96 | 728.54 | 916.13 | 1151.72 | 1334.32 | 1509.73 | 1743.78 | 1949.24 | 2166.12 | 2336.62 |
| 云　南 | 593.36 | 729.70 | 917.31 | 1144.37 | 1447.96 | 1690.85 | 1911.53 | 2158.88 | 2399.17 | 2630.46 | 2917.43 |
| 西　藏 | 0.15 | 0.55 | 2.05 | 4.94 | 11.96 | 14.68 | 20.88 | 29.47 | 39.93 | 45.15 | 47.90 |
| 陕　西 | 374.80 | 511.99 | 727.68 | 921.37 | 1206.25 | 1400.65 | 1668.84 | 1934.33 | 2192.73 | 2431.07 | 2684.78 |
| 甘　肃 | 108.74 | 159.04 | 226.43 | 301.25 | 400.47 | 484.03 | 557.51 | 672.63 | 752.73 | 814.55 | 854.65 |
| 青　海 | 51.09 | 72.77 | 107.88 | 135.23 | 169.98 | 210.26 | 241.78 | 266.01 | 299.65 | 343.09 | 351.07 |
| 宁　夏 | 77.77 | 107.79 | 161.25 | 224.59 | 302.03 | 373.29 | 452.27 | 524.99 | 600.52 | 668.50 | 742.91 |
| 新　疆 | 85.04 | 146.26 | 223.00 | 306.45 | 425.08 | 579.51 | 697.07 | 834.45 | 956.34 | 1056.23 | 1136.48 |

数据来源：国家统计局。

表 2-16　**2010—2014 年房地产开发企业到位资金国内贷款**

单位：亿元

| | 2010 年 | 2011 年 | 2012 年 | 2013 年 | 2014 年 |
|---|---|---|---|---|---|
| **总　计** | **12540.48** | **12563.79** | **14778.39** | **19672.66** | **21242.61** |
| **一、东部地区** | **8837.85** | **8655.23** | **10174.09** | **13257.14** | **14281.63** |
| 北　京 | 1439.08 | 1167.95 | 1484.74 | 1836.95 | 2158.03 |
| 天　津 | 539.59 | 521.53 | 570.37 | 765.22 | 817.16 |
| 河　北 | 285.61 | 277.64 | 295.57 | 336.40 | 312.47 |
| 辽　宁 | 622.72 | 762.26 | 850.76 | 847.64 | 720.70 |
| 上　海 | 819.57 | 741.18 | 975.78 | 1292.36 | 1638.84 |
| 江　苏 | 1544.85 | 1543.22 | 1890.71 | 2373.97 | 2249.68 |
| 浙　江 | 1020.2 | 1085.61 | 1125.48 | 1590.65 | 1817.77 |
| 福　建 | 436.09 | 399.36 | 523.63 | 747.66 | 752.62 |
| 山　东 | 756.57 | 794.7 | 677.51 | 995.41 | 995.83 |
| 广　东 | 1237.93 | 1218.65 | 1507.53 | 2143.59 | 2432.61 |
| 海　南 | 135.65 | 143.12 | 272.02 | 327.30 | 385.91 |
| **二、中部地区** | **1642.18** | **1711.02** | **2037.00** | **2742.90** | **3020.39** |
| 山　西 | 87.54 | 68.76 | 60.87 | 65.79 | 123.63 |
| 吉　林 | 62.11 | 53.6 | 109.70 | 126.57 | 126.19 |
| 黑龙江 | 48.55 | 59.53 | 87.64 | 130.19 | 97.82 |
| 安　徽 | 323.73 | 339.38 | 406.23 | 466.87 | 567.93 |
| 江　西 | 146.4 | 135.2 | 164.90 | 236.63 | 255.97 |
| 河　南 | 244.5 | 271.3 | 321.09 | 387.13 | 527.01 |
| 湖　北 | 415.43 | 453.49 | 512.05 | 796.57 | 737.54 |
| 湖　南 | 313.93 | 329.76 | 374.52 | 533.15 | 584.28 |
| **三、西部地区** | **2060.45** | **2197.54** | **2567.30** | **3672.62** | **3940.59** |
| 内蒙古 | 50.28 | 65.16 | 79.60 | 113.27 | 145.62 |
| 广　西 | 248.6 | 241.59 | 263.84 | 324.35 | 340.03 |
| 重　庆 | 584.72 | 695.08 | 720.80 | 1112.29 | 1190.77 |
| 四　川 | 436.83 | 449.2 | 459.24 | 725.45 | 817.88 |
| 贵　州 | 160.18 | 175.95 | 230.61 | 226.82 | 242.62 |
| 云　南 | 160.82 | 129.5 | 216.12 | 418.80 | 414.90 |
| 西　藏 | 0.37 | 2.4 | — | — | 0.80 |
| 陕　西 | 219 | 231.17 | 280.36 | 326.10 | 391.28 |
| 甘　肃 | 56.6 | 67.02 | 129.08 | 168.75 | 120.51 |
| 青　海 | 26.9 | 17.13 | 37.39 | 44.43 | 51.56 |
| 宁　夏 | 56.07 | 50.87 | 59.40 | 105.74 | 120.04 |
| 新　疆 | 60.1 | 72.45 | 90.87 | 106.60 | 104.58 |

数据来源：国家统计局。

**表 2 -17　　2014 年全国各地区月度累计房地产开发企业国内贷款**

单位：亿元

| | 1-2月 | 1-3月 | 1-4月 | 1-5月 | 1-6月 | 1-7月 | 1-8月 | 1-9月 | 1-10月 | 1-11月 | 1-12月 |
|---|---|---|---|---|---|---|---|---|---|---|---|
| **总　计** | **4913.09** | **6226.42** | **7709.13** | **9378.62** | **11292.89** | **13111.42** | **14663.63** | **16288.05** | **17734.54** | **19252.46** | **21242.61** |
| **东部地区** | **3359.51** | **4287.07** | **5314.53** | **6367.32** | **7660.54** | **8824.24** | **9793.50** | **10851.74** | **11856.18** | **12858.39** | **14281.63** |
| 北　京 | 418.10 | 540.82 | 721.69 | 839.04 | 1032.68 | 1234.94 | 1297.72 | 1513.88 | 1695.18 | 1781.53 | 2158.03 |
| 天　津 | 112.86 | 207.39 | 335.39 | 327.15 | 414.88 | 500.52 | 557.40 | 607.06 | 651.88 | 685.74 | 817.16 |
| 河　北 | 92.86 | 100.32 | 120.71 | 147.81 | 168.19 | 191.37 | 226.73 | 249.09 | 262.09 | 288.74 | 312.47 |
| 辽　宁 | 162.70 | 243.93 | 298.02 | 375.73 | 466.38 | 513.48 | 549.72 | 583.66 | 644.83 | 701.84 | 720.70 |
| 上　海 | 391.09 | 463.75 | 548.62 | 693.16 | 788.99 | 920.76 | 1048.96 | 1158.56 | 1280.85 | 1499.00 | 1638.84 |
| 江　苏 | 744.90 | 915.07 | 1016.60 | 1185.64 | 1378.74 | 1529.30 | 1694.54 | 1860.47 | 1985.75 | 2123.84 | 2249.68 |
| 浙　江 | 374.79 | 529.58 | 656.14 | 790.60 | 951.25 | 1111.03 | 1282.36 | 1399.89 | 1551.62 | 1649.92 | 1817.77 |
| 福　建 | 142.05 | 182.80 | 258.89 | 313.45 | 381.69 | 451.80 | 504.61 | 571.39 | 608.64 | 660.61 | 752.62 |
| 山　东 | 303.11 | 380.52 | 416.85 | 485.75 | 588.38 | 673.50 | 737.24 | 790.66 | 843.96 | 907.29 | 995.83 |
| 广　东 | 563.88 | 640.78 | 845.39 | 1088.20 | 1320.82 | 1499.38 | 1654.11 | 1847.05 | 2007.19 | 2202.01 | 2432.61 |
| 海　南 | 53.16 | 82.10 | 96.24 | 120.80 | 168.54 | 198.16 | 240.11 | 270.03 | 324.17 | 357.86 | 385.91 |
| **中部地区** | **693.04** | **851.69** | **1037.88** | **1300.87** | **1604.89** | **1859.05** | **2140.09** | **2341.93** | **2520.43** | **2731.13** | **3020.39** |
| 山　西 | 7.95 | 15.00 | 20.83 | 24.66 | 31.34 | 37.67 | 43.36 | 60.03 | 69.84 | 97.28 | 123.63 |
| 吉　林 | 18.44 | 21.69 | 27.13 | 36.05 | 49.35 | 56.56 | 63.42 | 99.50 | 114.24 | 118.56 | 126.19 |
| 黑龙江 | 6.57 | 15.07 | 29.48 | 35.67 | 42.94 | 50.69 | 60.05 | 69.46 | 82.90 | 88.07 | 97.82 |
| 安　徽 | 172.70 | 206.29 | 242.71 | 281.30 | 350.91 | 391.23 | 435.59 | 481.51 | 495.25 | 519.38 | 567.93 |
| 江　西 | 53.29 | 61.68 | 69.51 | 87.76 | 113.33 | 131.79 | 193.40 | 208.16 | 220.68 | 239.68 | 255.97 |
| 河　南 | 74.02 | 105.69 | 140.50 | 186.17 | 240.67 | 307.50 | 341.06 | 401.57 | 433.54 | 470.33 | 527.01 |
| 湖　北 | 171.43 | 217.03 | 279.84 | 374.44 | 451.68 | 523.13 | 598.67 | 574.98 | 625.97 | 675.97 | 737.54 |
| 湖　南 | 188.66 | 209.25 | 227.87 | 274.82 | 324.68 | 360.49 | 404.52 | 446.72 | 478.01 | 521.85 | 584.28 |
| **西部地区** | **860.53** | **1087.66** | **1356.72** | **1710.43** | **2027.46** | **2428.13** | **2730.05** | **3094.39** | **3357.93** | **3662.95** | **3940.59** |
| 内蒙古 | 9.43 | 32.42 | 28.01 | 47.31 | 71.02 | 87.58 | 104.60 | 128.23 | 140.21 | 145.29 | 145.62 |
| 广　西 | 69.12 | 97.69 | 121.70 | 152.47 | 185.42 | 204.39 | 232.35 | 255.35 | 279.18 | 304.00 | 340.03 |
| 重　庆 | 284.16 | 310.45 | 384.49 | 525.91 | 609.20 | 755.18 | 820.03 | 955.51 | 1009.94 | 1080.64 | 1190.77 |
| 四　川 | 212.54 | 236.28 | 311.95 | 358.38 | 410.07 | 493.51 | 555.69 | 611.40 | 670.62 | 782.27 | 817.88 |
| 贵　州 | 55.96 | 86.09 | 103.90 | 115.13 | 134.85 | 149.43 | 169.26 | 195.02 | 215.97 | 235.79 | 242.62 |
| 云　南 | 99.71 | 133.91 | 152.16 | 196.21 | 224.89 | 273.79 | 309.48 | 338.66 | 357.67 | 374.64 | 414.90 |
| 西　藏 | — | — | — | — | 0.50 | 0.50 | 0.50 | 0.50 | 0.80 | 0.80 | 0.80 |
| 陕　西 | 62.23 | 99.41 | 133.85 | 158.69 | 201.58 | 227.30 | 266.60 | 302.48 | 338.79 | 366.13 | 391.28 |
| 甘　肃 | 24.48 | 31.83 | 43.26 | 53.36 | 62.25 | 69.10 | 76.72 | 92.06 | 109.66 | 115.47 | 120.51 |
| 青　海 | 8.88 | 13.14 | 19.11 | 22.57 | 26.28 | 33.09 | 39.26 | 43.06 | 45.31 | 51.51 | 51.56 |
| 宁　夏 | 21.13 | 28.94 | 34.34 | 44.35 | 58.88 | 68.80 | 80.83 | 86.71 | 97.01 | 106.23 | 120.04 |
| 新　疆 | 12.90 | 17.50 | 23.95 | 36.06 | 42.52 | 65.46 | 74.74 | 85.41 | 92.77 | 100.18 | 104.58 |

数据来源：国家统计局。

表 2－18　　2010—2014 年房地产开发企业到位资金中利用外资

单位：亿元

| | 2010 年 | 2011 年 | 2012 年 | 2013 年 | 2014 年 |
|---|---|---|---|---|---|
| **总　计** | **795.56** | **813.63** | **402.09** | **534.17** | **639.26** |
| **一、东部地区** | **545.78** | **534.38** | **300.38** | **385.79** | **435.72** |
| 北　京 | 13.9 | 2.6 | 4.22 | 11.60 | 7.78 |
| 天　津 | 8.34 | 12.48 | 3.47 | 16.22 | 7.19 |
| 河　北 | 3.00 | 14.52 | 10.93 | 9.98 | 26.34 |
| 辽　宁 | 177.28 | 199.02 | 117.88 | 61.92 | 70.63 |
| 上　海 | 96.05 | 43.55 | 26.12 | 38.14 | 69.61 |
| 江　苏 | 93.68 | 85.65 | 61.57 | 109.41 | 80.79 |
| 浙　江 | 24.47 | 43.86 | 16.00 | 47.03 | 71.68 |
| 福　建 | 18.17 | 17.66 | 7.84 | 21.58 | 23.32 |
| 山　东 | 18.87 | 27.37 | 15.91 | 33.51 | 14.13 |
| 广　东 | 91.30 | 81.41 | 29.06 | 36.29 | 63.65 |
| 海　南 | 0.71 | 6.25 | 7.37 | 0.10 | 0.62 |
| **二、中部地区** | **114.02** | **138.23** | **57.63** | **51.53** | **31.45** |
| 山　西 | — | — | 0.03 | — | — |
| 吉　林 | 0.04 | 5.03 | 1.89 | 5.15 | 0.50 |
| 黑龙江 | 1.5 | 3.35 | 0.02 | — | 2.70 |
| 安　徽 | 6.18 | 7.34 | 1.39 | 1.00 | 2.78 |
| 江　西 | 2.9 | 6.08 | 0.79 | 0.82 | 0.39 |
| 河　南 | 1.76 | 6.69 | 1.13 | 5.40 | 0.67 |
| 湖　北 | 97.29 | 43.9 | 1.27 | — | 19.63 |
| 湖　南 | 4.35 | 65.84 | 51.12 | 39.15 | 4.78 |
| **三、西部地区** | **135.76** | **141.02** | **44.08** | **96.85** | **172.09** |
| 内蒙古 | 0.16 | — | — | — | — |
| 广　西 | 8.59 | 7.11 | 0.33 | 0.62 | 0.21 |
| 重　庆 | 83.93 | 59.92 | 20.13 | 44.18 | 113.13 |
| 四　川 | 33.33 | 66.64 | 16.93 | 32.33 | 39.34 |
| 贵　州 | 0.72 | 4.47 | 4.29 | — | 3.41 |
| 云　南 | 0.85 | 0.90 | — | 12.29 | 16.00 |
| 西　藏 | — | — | — | — | — |
| 陕　西 | 5.62 | 0.24 | 2.40 | 7.44 | — |
| 甘　肃 | — | — | — | — | — |
| 青　海 | 2.32 | 1.53 | — | — | — |
| 宁　夏 | 0.25 | — | — | — | — |
| 新　疆 | — | 0.22 | — | — | — |

数据来源：国家统计局。

表 2－19　　2014 年全国各地区月度累计房地产开发企业利用外资

单位：亿元

| | 1－2 月 | 1－3 月 | 1－4 月 | 1－5 月 | 1－6 月 | 1－7 月 | 1－8 月 | 1－9 月 | 1－10 月 | 1－11 月 | 1－12 月 |
|---|---|---|---|---|---|---|---|---|---|---|---|
| **总　计** | **49.75** | **83.96** | **116.18** | **149.89** | **185.78** | **244.53** | **340.76** | **429.80** | **489.01** | **530.43** | **639.26** |
| **东部地区** | **36.64** | **60.68** | **76.50** | **109.90** | **134.74** | **190.11** | **257.38** | **287.53** | **328.31** | **359.29** | **435.72** |
| 北　京 | 0.11 | 0.83 | 0.83 | 0.83 | 1.30 | 2.82 | 3.61 | 6.54 | 6.54 | 6.97 | 7.78 |
| 天　津 | 1.22 | 1.36 | 1.37 | 1.53 | 1.89 | 2.27 | 2.27 | 5.93 | 6.60 | 6.93 | 7.19 |
| 河　北 | 0.42 | 1.04 | 1.36 | 1.66 | 2.16 | 2.16 | 16.39 | 21.98 | 25.09 | 26.34 | 26.34 |
| 辽　宁 | 5.63 | 10.58 | 14.35 | 21.22 | 30.92 | 42.12 | 49.17 | 63.77 | 65.92 | 68.33 | 70.63 |
| 上　海 | 3.86 | 6.60 | 6.60 | 6.61 | 7.15 | 7.67 | 8.20 | 8.60 | 9.01 | 9.42 | 69.61 |
| 江　苏 | 9.88 | 20.73 | 37.04 | 38.64 | 42.88 | 50.20 | 63.01 | 64.18 | 77.65 | 77.54 | 80.79 |
| 浙　江 | 9.51 | 11.02 | 4.56 | 4.96 | 5.96 | 39.20 | 59.31 | 59.38 | 68.90 | 69.99 | 71.68 |
| 福　建 | 0.22 | 0.24 | 0.26 | 20.77 | 20.79 | 21.22 | 21.24 | 22.38 | 22.44 | 22.70 | 23.32 |
| 山　东 | 3.16 | 3.00 | 4.56 | 4.82 | 7.01 | 7.18 | 7.33 | 7.42 | 7.43 | 7.96 | 14.13 |
| 广　东 | 2.63 | 5.30 | 5.56 | 8.86 | 14.62 | 15.23 | 26.79 | 27.30 | 38.67 | 63.05 | 63.65 |
| 海　南 | — | — | — | — | 0.06 | 0.06 | 0.06 | 0.06 | 0.06 | 0.06 | 0.62 |
| **中部地区** | **4.53** | **1.29** | **7.19** | **7.38** | **9.91** | **17.86** | **19.88** | **22.56** | **28.20** | **31.43** | **31.45** |
| 山　西 | — | — | — | — | — | — | — | — | — | — | — |
| 吉　林 | — | — | — | — | — | — | 0.50 | 0.50 | 0.50 | 0.50 | 0.50 |
| 黑龙江 | — | — | — | — | — | — | — | — | 2.70 | 2.70 | 2.70 |
| 安　徽 | 1.00 | 1.00 | — | — | 2.00 | 2.00 | 2.00 | 2.00 | 2.78 | 2.78 | 2.78 |
| 江　西 | 0.02 | 0.03 | 0.03 | 0.22 | 0.25 | 0.26 | 0.28 | 0.33 | 0.34 | 0.38 | 0.39 |
| 河　南 | — | — | — | — | 0.50 | 0.67 | 0.67 | 0.67 | 0.67 | 0.67 | 0.67 |
| 湖　北 | — | 0.01 | 7.00 | 7.00 | 7.00 | 14.82 | 15.62 | 17.48 | 19.63 | 19.63 | 19.63 |
| 湖　南 | 3.51 | 0.25 | 0.16 | 0.16 | 0.16 | 0.11 | 0.81 | 1.58 | 1.58 | 4.78 | 4.78 |
| **西部地区** | **8.58** | **21.99** | **32.49** | **32.61** | **41.13** | **36.56** | **63.49** | **119.72** | **132.50** | **139.71** | **172.09** |
| 内蒙古 | — | — | — | — | — | — | — | — | — | — | — |
| 广　西 | — | 0.10 | 0.21 | 0.21 | 0.21 | 0.21 | 0.21 | 0.21 | 0.21 | 0.21 | 0.21 |
| 重　庆 | 4.30 | 7.18 | 18.08 | 18.20 | 20.40 | 13.77 | 23.86 | 79.66 | 81.44 | 87.51 | 113.13 |
| 四　川 | 0.70 | 0.72 | 0.22 | 0.22 | 6.14 | 7.70 | 24.18 | 24.30 | 32.37 | 32.86 | 39.34 |
| 贵　州 | 3.05 | 3.05 | 3.05 | 3.05 | 3.05 | 3.05 | 3.05 | 3.05 | 3.05 | 3.40 | 3.41 |
| 云　南 | 0.53 | 10.93 | 10.93 | 10.93 | 11.33 | 11.82 | 12.19 | 12.50 | 15.43 | 15.73 | 16.00 |
| 西　藏 | — | — | — | — | — | — | — | — | — | — | — |
| 陕　西 | — | — | — | — | — | — | — | — | — | — | — |
| 甘　肃 | — | — | — | — | — | — | — | — | — | — | — |
| 青　海 | — | — | — | — | — | — | — | — | — | — | — |
| 宁　夏 | — | — | — | — | — | — | — | — | — | — | — |
| 新　疆 | — | — | — | — | — | — | — | — | — | — | — |

数据来源：国家统计局。

表 2 - 20　　2010—2014 年房地产开发企业到位资金中自筹资金

单位：亿元

| | 2010 年 | 2011 年 | 2012 年 | 2013 年 | 2014 年 |
|---|---|---|---|---|---|
| **总　计** | **26704.58** | **34093.4** | **39082.68** | **47424.95** | **50419.80** |
| **一、东部地区** | **15556.96** | **18917.03** | **21716.75** | **26485.44** | **27973.09** |
| 北　京 | 1762.97 | 1746.18 | 1611.91 | 2138.23 | 1815.41 |
| 天　津 | 457.74 | 645.44 | 831.71 | 892.08 | 875.23 |
| 河　北 | 1488.79 | 2001.75 | 2195.48 | 2394.67 | 2819.53 |
| 辽　宁 | 2802.48 | 2820.67 | 3310.51 | 4090.17 | 3368.50 |
| 上　海 | 1070.88 | 1192.87 | 1385.96 | 1569.91 | 1560.83 |
| 江　苏 | 2165.13 | 2432.98 | 3087.53 | 3932.97 | 4154.86 |
| 浙　江 | 1267.41 | 1838.29 | 2178.56 | 2765.07 | 3202.31 |
| 福　建 | 1016.44 | 1401.77 | 1426.79 | 2016.51 | 2479.19 |
| 山　东 | 1787.79 | 2351.55 | 2675.86 | 3149.08 | 3105.00 |
| 广　东 | 1581.64 | 2162.76 | 2414.64 | 2798.34 | 3705.57 |
| 海　南 | 155.7 | 322.68 | 597.81 | 738.42 | 886.66 |
| **二、中部地区** | **5952.15** | **7851.56** | **9107.01** | **10815.07** | **11046.13** |
| 山　西 | 288.43 | 377.14 | 550.70 | 758.31 | 743.32 |
| 吉　林 | 596.93 | 709.92 | 878.38 | 804.59 | 658.92 |
| 黑龙江 | 645.77 | 1045.6 | 1104.07 | 1102.62 | 909.94 |
| 安　徽 | 1211.07 | 1497.06 | 1686.80 | 2143.66 | 2203.85 |
| 江　西 | 391.29 | 464.12 | 504.79 | 582.49 | 606.50 |
| 河　南 | 1336.57 | 1654.38 | 1920.72 | 2472.67 | 2601.55 |
| 湖　北 | 782.56 | 1198.02 | 1425.31 | 1735.33 | 1971.63 |
| 湖　南 | 699.53 | 905.32 | 1036.23 | 1215.39 | 1350.42 |
| **三、西部地区** | **5195.47** | **7324.81** | **8258.92** | **10124.44** | **11400.58** |
| 内蒙古 | 938.19 | 1502.18 | 1031.07 | 1118.00 | 1022.39 |
| 广　西 | 547.43 | 679.96 | 788.45 | 815.69 | 901.60 |
| 重　庆 | 685.00 | 853.72 | 1182.06 | 1263.70 | 1824.41 |
| 四　川 | 1204.90 | 1639.08 | 1728.97 | 2150.87 | 2513.68 |
| 贵　州 | 268.89 | 544.92 | 518.44 | 877.20 | 964.86 |
| 云　南 | 461.22 | 773.24 | 975.03 | 1541.76 | 1549.46 |
| 西　藏 | 10.27 | 2.61 | 2.13 | 5.10 | 35.03 |
| 陕　西 | 648.01 | 701.50 | 1120.44 | 1143.18 | 1274.57 |
| 甘　肃 | 132.70 | 169.81 | 304.97 | 431.08 | 411.45 |
| 青　海 | 56.78 | 79.36 | 113.35 | 117.97 | 139.36 |
| 宁　夏 | 103.32 | 147.39 | 196.32 | 247.69 | 275.47 |
| 新　疆 | 138.76 | 231.03 | 297.69 | 412.18 | 488.30 |

数据来源：国家统计局。

## 表 2－21　2014 年全国各地区月度累计房地产开发企业自筹资金

单位：亿元

| | 1－2 月 | 1－3 月 | 1－4 月 | 1－5 月 | 1－6 月 | 1－7 月 | 1－8 月 | 1－9 月 | 1－10 月 | 1－11 月 | 1－12 月 |
|---|---|---|---|---|---|---|---|---|---|---|---|
| **总　计** | **8256.12** | **11093.15** | **14376.10** | **18221.78** | **23810.27** | **28077.95** | **32617.97** | **37535.11** | **42231.53** | **46242.92** | **50419.80** |
| **东部地区** | **4805.60** | **6586.25** | **8370.42** | **10564.46** | **13633.94** | **15999.51** | **18516.67** | **21170.18** | **23717.95** | **25787.53** | **27973.09** |
| 北　京 | 237.85 | 414.10 | 497.39 | 592.85 | 785.03 | 963.84 | 1138.86 | 1318.04 | 1579.64 | 1652.81 | 1815.41 |
| 天　津 | 211.35 | 287.19 | 386.68 | 434.81 | 521.41 | 572.99 | 627.99 | 712.01 | 755.98 | 793.32 | 875.23 |
| 河　北 | 351.04 | 559.58 | 731.39 | 971.13 | 1297.79 | 1521.84 | 1805.78 | 2076.34 | 2372.40 | 2632.96 | 2819.53 |
| 辽　宁 | 354.25 | 674.29 | 927.63 | 1289.05 | 1886.07 | 2254.32 | 2584.92 | 2939.39 | 3197.04 | 3291.26 | 3368.50 |
| 上　海 | 348.01 | 405.75 | 478.29 | 598.14 | 696.53 | 795.84 | 884.71 | 997.92 | 1224.54 | 1405.66 | 1560.83 |
| 江　苏 | 1096.72 | 1326.14 | 1584.29 | 1896.30 | 2303.11 | 2598.71 | 2960.45 | 3317.24 | 3606.12 | 3880.82 | 4154.86 |
| 浙　江 | 426.32 | 626.19 | 809.77 | 1029.14 | 1336.64 | 1623.92 | 1945.63 | 2282.16 | 2617.39 | 2921.45 | 3202.31 |
| 福　建 | 442.76 | 549.35 | 719.00 | 919.95 | 1189.35 | 1381.48 | 1593.78 | 1860.15 | 2062.39 | 2241.83 | 2479.19 |
| 山　东 | 539.04 | 773.80 | 974.86 | 1202.21 | 1533.37 | 1785.88 | 2028.41 | 2310.52 | 2581.48 | 2853.15 | 3105.00 |
| 广　东 | 576.99 | 728.64 | 970.29 | 1285.76 | 1639.94 | 1988.84 | 2359.45 | 2718.97 | 3019.21 | 3322.71 | 3705.57 |
| 海　南 | 221.28 | 241.23 | 290.82 | 345.12 | 444.71 | 511.87 | 586.70 | 637.44 | 701.76 | 791.56 | 886.66 |
| **中部地区** | **1522.05** | **2079.06** | **2822.14** | **3650.13** | **4952.98** | **5857.68** | **6821.19** | **7987.88** | **9054.09** | **9993.73** | **11046.13** |
| 山　西 | 42.81 | 71.77 | 113.18 | 166.56 | 241.22 | 319.99 | 403.50 | 509.26 | 604.95 | 664.52 | 743.32 |
| 吉　林 | 41.49 | 45.42 | 85.09 | 137.93 | 213.92 | 299.55 | 404.84 | 499.45 | 583.57 | 635.36 | 658.92 |
| 黑龙江 | 10.80 | 48.79 | 106.66 | 187.64 | 339.54 | 428.67 | 526.90 | 643.15 | 764.60 | 858.39 | 909.94 |
| 安　徽 | 436.88 | 546.41 | 679.75 | 861.46 | 1107.46 | 1258.76 | 1457.14 | 1661.94 | 1846.72 | 1979.82 | 2203.85 |
| 江　西 | 122.45 | 150.32 | 180.01 | 222.62 | 304.24 | 364.77 | 409.57 | 491.41 | 535.49 | 566.47 | 606.50 |
| 河　南 | 298.02 | 482.59 | 670.33 | 896.86 | 1164.96 | 1372.21 | 1582.05 | 1839.54 | 2096.24 | 2318.50 | 2601.55 |
| 湖　北 | 288.74 | 402.40 | 594.45 | 697.36 | 979.25 | 1114.42 | 1239.36 | 1423.38 | 1589.70 | 1773.46 | 1971.63 |
| 湖　南 | 280.87 | 331.36 | 392.68 | 479.69 | 602.39 | 699.31 | 797.82 | 919.76 | 1032.83 | 1197.21 | 1350.42 |
| **西部地区** | **1928.47** | **2427.84** | **3183.55** | **4007.19** | **5223.34** | **6220.76** | **7280.11** | **8377.05** | **9459.49** | **10461.67** | **11400.58** |
| 内蒙古 | 53.39 | 96.33 | 159.50 | 231.63 | 367.03 | 484.77 | 655.60 | 784.56 | 918.98 | 1010.99 | 1022.39 |
| 广　西 | 158.89 | 216.37 | 265.61 | 336.90 | 427.80 | 509.55 | 574.99 | 641.12 | 714.45 | 816.96 | 901.60 |
| 重　庆 | 375.45 | 468.69 | 585.20 | 660.58 | 804.18 | 985.63 | 1106.96 | 1258.92 | 1416.58 | 1527.54 | 1824.41 |
| 四　川 | 516.03 | 651.95 | 821.28 | 1031.43 | 1283.71 | 1452.99 | 1685.95 | 1893.16 | 2112.60 | 2340.72 | 2513.68 |
| 贵　州 | 188.35 | 247.63 | 311.53 | 390.65 | 490.65 | 569.53 | 636.52 | 731.98 | 820.29 | 902.01 | 964.86 |
| 云　南 | 343.03 | 380.19 | 480.63 | 594.45 | 779.15 | 896.30 | 1007.78 | 1145.70 | 1278.53 | 1412.23 | 1549.46 |
| 西　藏 | 0.04 | 0.14 | 1.32 | 3.72 | 9.09 | 10.83 | 15.01 | 20.91 | 29.05 | 33.15 | 35.03 |
| 陕　西 | 172.18 | 198.85 | 296.38 | 395.02 | 548.70 | 639.33 | 782.61 | 927.52 | 1050.97 | 1175.12 | 1274.57 |
| 甘　肃 | 49.27 | 67.26 | 95.20 | 137.90 | 187.32 | 234.46 | 273.91 | 324.54 | 361.09 | 395.03 | 411.45 |
| 青　海 | 13.93 | 24.29 | 38.58 | 45.52 | 61.89 | 78.14 | 90.30 | 102.22 | 115.90 | 138.17 | 139.36 |
| 宁　夏 | 29.80 | 32.03 | 54.40 | 79.26 | 109.05 | 136.96 | 170.54 | 199.68 | 227.05 | 249.70 | 275.47 |
| 新　疆 | 28.10 | 44.10 | 73.92 | 100.14 | 154.76 | 222.28 | 279.96 | 346.74 | 414.00 | 460.05 | 488.30 |

数据来源：国家统计局。

表 2－22　　**2010—2014 年房地产开发企业到位资金中其他资金**

单位：亿元

| | 2010 年 | 2011 年 | 2012 年 | 2013 年 | 2014 年 |
|---|---|---|---|---|---|
| **总　计** | **32453.72** | **35775.12** | **42274.52** | **54490.70** | **49689.81** |
| **一、东部地区** | **20245.77** | **21838.46** | **25572.14** | **33626.62** | **29385.67** |
| 北　京 | 2574.66 | 2441.36 | 2983.68 | 3313.40 | 2640.80 |
| 天　津 | 659.88 | 818.37 | 740.73 | 1087.95 | 1123.91 |
| 河　北 | 909.25 | 1143.85 | 1211.02 | 1382.50 | 1280.14 |
| 辽　宁 | 1469.34 | 1825.44 | 2049.61 | 2449.26 | 1731.14 |
| 上　海 | 1242.78 | 1229.32 | 1580.66 | 2192.26 | 2000.62 |
| 江　苏 | 4053.08 | 3851.04 | 4817.07 | 6265.69 | 5614.83 |
| 浙　江 | 3073.48 | 3061.81 | 3210.82 | 4455.49 | 3864.55 |
| 福　建 | 1057.16 | 1507.61 | 2162.47 | 2981.29 | 2471.00 |
| 山　东 | 1868.11 | 2080.14 | 2385.81 | 3193.32 | 2876.22 |
| 广　东 | 2832.90 | 3426.63 | 3967.04 | 5494.72 | 5124.77 |
| 海　南 | 505.12 | 452.90 | 463.22 | 810.73 | 657.69 |
| **二、中部地区** | **5652.07** | **6285.10** | **8008.86** | **10321.35** | **9687.56** |
| 山　西 | 410.49 | 394.59 | 422.09 | 553.06 | 526.54 |
| 吉　林 | 309.38 | 421.80 | 441.71 | 580.47 | 443.81 |
| 黑龙江 | 348.79 | 428.00 | 519.32 | 600.83 | 397.94 |
| 安　徽 | 1322.72 | 1305.70 | 1740.92 | 2465.62 | 2456.60 |
| 江　西 | 467.57 | 512.86 | 806.74 | 1086.70 | 1082.99 |
| 河　南 | 885.96 | 912.89 | 1212.10 | 1537.51 | 1559.74 |
| 湖　北 | 921.16 | 1105.61 | 1425.21 | 1692.58 | 1593.44 |
| 湖　南 | 986.00 | 1203.66 | 1440.78 | 1804.57 | 1626.51 |
| **三、西部地区** | **6555.88** | **7651.56** | **8693.51** | **10542.73** | **10616.58** |
| 内蒙古 | 179.91 | 227.35 | 298.41 | 406.76 | 271.16 |
| 广　西 | 733.96 | 762.54 | 954.75 | 1014.58 | 1168.91 |
| 重　庆 | 1505.89 | 1686.98 | 1946.55 | 2193.89 | 2216.67 |
| 四　川 | 1468.94 | 1874.08 | 2017.53 | 2415.89 | 2492.22 |
| 贵　州 | 497.18 | 545.92 | 664.82 | 1041.70 | 1125.72 |
| 云　南 | 677.78 | 744.45 | 942.87 | 951.51 | 937.07 |
| 西　藏 | 4.35 | 4.64 | 6.00 | 7.45 | 12.07 |
| 陕　西 | 819.60 | 996.36 | 914.21 | 1115.67 | 1018.94 |
| 甘　肃 | 127.92 | 153.82 | 217.19 | 363.52 | 322.68 |
| 青　海 | 38.72 | 50.65 | 77.70 | 96.68 | 160.15 |
| 宁　夏 | 199.50 | 234.92 | 244.09 | 340.72 | 347.39 |
| 新　疆 | 302.13 | 369.86 | 409.38 | 594.36 | 543.60 |

数据来源：国家统计局。

表 2-23　　**2014 年全国各地区月度累计房地产开发企业其他资金**

单位：亿元

|  | 1-2月 | 1-3月 | 1-4月 | 1-5月 | 1-6月 | 1-7月 | 1-8月 | 1-9月 | 1-10月 | 1-11月 | 1-12月 |
|---|---|---|---|---|---|---|---|---|---|---|---|
| **总　计** | **8045.49** | **11327.17** | **14998.84** | **18977.37** | **23624.02** | **27552.95** | **31439.77** | **35615.94** | **39785.71** | **44089.49** | **49689.81** |
| **东部地区** | **4955.42** | **6885.45** | **9038.39** | **11383.86** | **14020.36** | **16293.10** | **18531.03** | **20978.87** | **23395.90** | **25896.76** | **29385.67** |
| 北　京 | 404.47 | 616.28 | 783.05 | 951.48 | 1188.71 | 1414.67 | 1611.75 | 1817.96 | 2023.96 | 2207.57 | 2640.80 |
| 天　津 | 132.29 | 244.10 | 340.08 | 467.15 | 562.46 | 635.15 | 735.09 | 838.80 | 920.63 | 980.07 | 1123.91 |
| 河　北 | 170.70 | 263.84 | 353.77 | 452.39 | 600.80 | 719.15 | 829.44 | 955.42 | 1073.95 | 1185.05 | 1280.14 |
| 辽　宁 | 328.83 | 360.30 | 501.64 | 687.95 | 925.60 | 1077.44 | 1213.41 | 1415.97 | 1526.80 | 1622.47 | 1731.14 |
| 上　海 | 401.07 | 471.12 | 600.53 | 734.86 | 872.46 | 1018.40 | 1196.31 | 1341.81 | 1490.92 | 1700.53 | 2000.62 |
| 江　苏 | 1046.59 | 1468.13 | 1836.26 | 2273.20 | 2727.98 | 3168.93 | 3546.91 | 3972.68 | 4453.50 | 4940.94 | 5614.83 |
| 浙　江 | 595.18 | 858.51 | 1097.75 | 1374.22 | 1668.15 | 1970.77 | 2281.07 | 2628.82 | 2994.22 | 3372.67 | 3864.55 |
| 福　建 | 437.18 | 631.65 | 835.75 | 1032.40 | 1258.09 | 1468.77 | 1648.25 | 1831.60 | 2024.11 | 2221.65 | 2471.00 |
| 山　东 | 465.52 | 655.72 | 904.05 | 1133.73 | 1381.35 | 1614.86 | 1835.99 | 2096.84 | 2303.37 | 2555.36 | 2876.22 |
| 广　东 | 841.52 | 1122.85 | 1521.05 | 1951.42 | 2429.66 | 2771.89 | 3163.84 | 3581.91 | 4026.58 | 4523.48 | 5124.77 |
| 海　南 | 132.07 | 192.96 | 264.47 | 325.06 | 405.10 | 433.07 | 468.98 | 497.08 | 557.85 | 586.97 | 657.69 |
| **中部地区** | **1598.64** | **2209.20** | **2916.93** | **3701.71** | **4636.42** | **5400.27** | **6157.19** | **7015.16** | **7824.33** | **8633.30** | **9687.56** |
| 山　西 | 42.25 | 78.76 | 114.09 | 165.78 | 226.42 | 274.36 | 320.23 | 372.34 | 417.76 | 456.67 | 526.54 |
| 吉　林 | 23.38 | 26.72 | 86.70 | 127.69 | 181.52 | 237.53 | 276.80 | 336.63 | 382.19 | 413.39 | 443.81 |
| 黑龙江 | 18.49 | 40.58 | 68.97 | 109.31 | 168.12 | 193.80 | 231.91 | 276.27 | 323.04 | 356.94 | 397.94 |
| 安　徽 | 494.54 | 663.77 | 834.34 | 1040.71 | 1246.83 | 1433.44 | 1614.33 | 1847.60 | 2031.95 | 2218.36 | 2456.60 |
| 江　西 | 262.85 | 327.56 | 394.61 | 470.30 | 572.03 | 636.99 | 714.99 | 801.20 | 889.91 | 982.56 | 1082.99 |
| 河　南 | 188.38 | 299.40 | 421.95 | 553.27 | 716.36 | 855.50 | 978.24 | 1104.83 | 1242.75 | 1392.19 | 1559.74 |
| 湖　北 | 248.26 | 339.90 | 464.00 | 579.78 | 746.26 | 867.23 | 1002.46 | 1104.34 | 1237.57 | 1381.13 | 1593.44 |
| 湖　南 | 320.49 | 432.51 | 532.27 | 654.87 | 778.88 | 901.43 | 1018.22 | 1171.95 | 1299.15 | 1432.04 | 1626.51 |
| **西部地区** | **1491.42** | **2232.52** | **3043.52** | **3891.80** | **4967.24** | **5859.57** | **6751.55** | **7621.92** | **8565.47** | **9559.42** | **10616.58** |
| 内蒙古 | 14.27 | 34.76 | 54.04 | 90.99 | 124.82 | 148.90 | 177.78 | 202.39 | 235.24 | 256.38 | 271.16 |
| 广　西 | 181.57 | 262.74 | 340.71 | 415.44 | 548.11 | 639.04 | 728.78 | 821.73 | 914.48 | 1037.01 | 1168.91 |
| 重　庆 | 303.72 | 456.64 | 674.42 | 842.75 | 1048.26 | 1223.03 | 1393.90 | 1573.99 | 1758.78 | 1988.08 | 2216.67 |
| 四　川 | 435.86 | 608.64 | 756.71 | 975.29 | 1237.34 | 1451.19 | 1680.72 | 1818.02 | 2040.00 | 2258.13 | 2492.22 |
| 贵　州 | 131.29 | 224.19 | 310.06 | 407.30 | 523.18 | 612.31 | 700.90 | 813.73 | 909.92 | 1024.91 | 1125.72 |
| 云　南 | 150.09 | 204.67 | 273.59 | 342.78 | 432.59 | 508.94 | 582.08 | 662.03 | 747.54 | 827.85 | 937.07 |
| 西　藏 | 0.11 | 0.41 | 0.74 | 1.22 | 2.37 | 3.35 | 5.37 | 8.06 | 10.08 | 11.21 | 12.07 |
| 陕　西 | 140.39 | 213.72 | 297.45 | 367.65 | 455.96 | 534.02 | 619.63 | 704.33 | 802.97 | 889.83 | 1018.94 |
| 甘　肃 | 35.00 | 59.95 | 87.98 | 109.99 | 150.90 | 180.47 | 206.87 | 256.03 | 281.98 | 304.05 | 322.68 |
| 青　海 | 28.28 | 35.34 | 50.19 | 67.15 | 81.82 | 99.03 | 112.23 | 120.73 | 138.44 | 153.41 | 160.15 |
| 宁　夏 | 26.83 | 46.81 | 72.51 | 100.98 | 134.10 | 167.53 | 200.91 | 238.59 | 276.46 | 312.56 | 347.39 |
| 新　疆 | 44.03 | 84.66 | 125.13 | 170.26 | 227.80 | 291.78 | 342.38 | 402.30 | 449.57 | 496.00 | 543.60 |

数据来源：国家统计局。

# 五、全国各地区土地购置情况

表 2-24　　2010—2014 年全国各地区土地购置面积

单位：万平方米

| | 2010 年 | 2011 年 | 2012 年 | 2013 年 | 2014 年 |
|---|---|---|---|---|---|
| **总　计** | **40969.53** | **40972.95** | **35666.80** | **38814.38** | **33383.03** |
| **一、东部地区** | **19596.61** | **19728.54** | **15868.71** | **17900.66** | **14876.56** |
| 北　京 | 858.75 | 507.04 | 305.99 | 906.17 | 580.76 |
| 天　津 | 652.46 | 596.59 | 299.75 | 210.64 | 122.74 |
| 河　北 | 2844.26 | 2737.89 | 1760.99 | 1127.34 | 1081.72 |
| 辽　宁 | 3652.01 | 3307.12 | 3199.52 | 2502.27 | 1670.85 |
| 上　海 | 432.44 | 562.76 | 300.62 | 421.74 | 313.18 |
| 江　苏 | 2224.24 | 2409.68 | 3071.00 | 4207.74 | 3454.27 |
| 浙　江 | 1833.69 | 1987.59 | 1256.11 | 1760.73 | 1887.92 |
| 福　建 | 1532.47 | 1288.38 | 925.64 | 1591.13 | 1294.16 |
| 山　东 | 3290.53 | 3641.96 | 2610.03 | 2615.07 | 2225.50 |
| 广　东 | 1755.61 | 2289.69 | 1805.44 | 2250.96 | 1956.99 |
| 海　南 | 520.16 | 399.83 | 333.62 | 306.85 | 288.47 |
| **二、中部地区** | **11790.59** | **11257.12** | **10691.35** | **11001.40** | **9197.60** |
| 山　西 | 838.56 | 654.85 | 718.36 | 875.90 | 431.71 |
| 吉　林 | 935.91 | 1280.25 | 1539.01 | 1143.95 | 928.40 |
| 黑龙江 | 1137.81 | 1703.71 | 929.91 | 655.67 | 416.58 |
| 安　徽 | 2611.07 | 2601.91 | 2618.78 | 2760.18 | 3029.58 |
| 江　西 | 777.15 | 1002.29 | 733.17 | 841.82 | 918.20 |
| 河　南 | 2864.32 | 1534.8 | 1742.63 | 1501.56 | 1116.16 |
| 湖　北 | 1529.68 | 1414.23 | 1303.19 | 1894.68 | 1244.99 |
| 湖　南 | 1096.09 | 1065.08 | 1106.29 | 1327.64 | 1111.98 |
| **三、西部地区** | **9582.34** | **9987.29** | **9106.74** | **9912.32** | **9308.87** |
| 内蒙古 | 2006.14 | 1692.7 | 902.76 | 837.63 | 534.48 |
| 广　西 | 1183.88 | 907.43 | 541.71 | 431.96 | 610.01 |
| 重　庆 | 1369.22 | 1676.12 | 2183.07 | 1896.65 | 1864.59 |
| 四　川 | 963.31 | 961.51 | 892.22 | 1142.76 | 1535.43 |
| 贵　州 | 980.1 | 911.07 | 707.51 | 1209.52 | 936.36 |
| 云　南 | 1031.39 | 1425.38 | 1602.39 | 1974.01 | 1218.23 |
| 西　藏 | 4.55 | 5.77 | 1.34 | — | 58.10 |
| 陕　西 | 579.49 | 488.71 | 473.03 | 503.45 | 487.52 |
| 甘　肃 | 279.48 | 287.52 | 419.33 | 421.71 | 567.49 |
| 青　海 | 112.43 | 140.31 | 197.03 | 80.13 | 99.87 |
| 宁　夏 | 548.81 | 520.54 | 425.69 | 438.26 | 332.77 |
| 新　疆 | 523.54 | 970.24 | 760.67 | 976.24 | 1064.02 |

数据来源：国家统计局。

表 2 - 25 **2014 年全国各地区月度累计土地购置面积**

单位：万平方米

| | 1-2月 | 1-3月 | 1-4月 | 1-5月 | 1-6月 | 1-7月 | 1-8月 | 1-9月 | 1-10月 | 1-11月 | 1-12月 |
|---|---|---|---|---|---|---|---|---|---|---|---|
| **总　计** | **4062.02** | **5989.64** | **8130.41** | **11089.90** | **14807.46** | **17823.98** | **20787.35** | **24014.10** | **26971.71** | **29736.28** | **33383.03** |
| **东部地区** | **2022.79** | **2963.28** | **3983.61** | **5430.50** | **7090.42** | **8240.97** | **9574.90** | **10965.59** | **12158.55** | **13256.84** | **14876.56** |
| 北　京 | 78.04 | 143.64 | 160.09 | 211.37 | 243.04 | 295.96 | 306.07 | 421.57 | 504.14 | 513.98 | 580.76 |
| 天　津 | 27.31 | 27.61 | 32.33 | 45.63 | 79.17 | 81.21 | 87.66 | 112.37 | 113.27 | 113.77 | 122.74 |
| 河　北 | 105.40 | 193.30 | 268.51 | 381.97 | 481.46 | 630.60 | 736.84 | 839.73 | 913.60 | 1014.36 | 1081.72 |
| 辽　宁 | 367.29 | 407.25 | 593.10 | 762.53 | 1000.50 | 1158.30 | 1252.13 | 1416.74 | 1515.46 | 1593.13 | 1670.85 |
| 上　海 | 19.04 | 81.98 | 89.26 | 127.71 | 136.52 | 169.27 | 195.85 | 221.26 | 236.19 | 256.38 | 313.18 |
| 江　苏 | 592.45 | 748.61 | 1023.98 | 1300.79 | 1676.09 | 1929.45 | 2296.22 | 2580.81 | 2881.32 | 3132.63 | 3454.27 |
| 浙　江 | 182.93 | 337.21 | 432.48 | 619.46 | 837.66 | 1020.38 | 1173.39 | 1377.51 | 1572.23 | 1718.54 | 1887.92 |
| 福　建 | 253.60 | 313.30 | 346.14 | 479.45 | 583.24 | 673.10 | 783.41 | 863.51 | 986.31 | 1044.11 | 1294.16 |
| 山　东 | 209.02 | 420.51 | 613.38 | 882.20 | 1165.96 | 1338.90 | 1507.13 | 1676.59 | 1841.26 | 2016.63 | 2225.50 |
| 广　东 | 180.22 | 278.10 | 403.32 | 590.72 | 840.86 | 859.96 | 1118.10 | 1331.34 | 1457.57 | 1632.99 | 1956.99 |
| 海　南 | 7.49 | 11.78 | 21.03 | 28.67 | 45.93 | 83.84 | 118.10 | 124.16 | 137.20 | 220.31 | 288.47 |
| **中部地区** | **1100.43** | **1526.52** | **2055.25** | **2787.64** | **3760.22** | **4683.24** | **5444.15** | **6269.07** | **7072.54** | **8027.41** | **9197.60** |
| 山　西 | 7.05 | 16.62 | 33.80 | 106.67 | 155.20 | 242.19 | 287.58 | 338.55 | 379.40 | 400.25 | 431.71 |
| 吉　林 | 71.73 | 56.56 | 87.78 | 139.75 | 188.16 | 365.32 | 472.92 | 617.18 | 710.19 | 879.08 | 928.40 |
| 黑龙江 | 12.33 | 45.38 | 52.68 | 82.74 | 127.67 | 166.38 | 232.43 | 303.38 | 340.47 | 389.07 | 416.58 |
| 安　徽 | 195.78 | 470.54 | 643.08 | 896.89 | 1243.29 | 1573.59 | 1847.09 | 2131.58 | 2419.51 | 2579.95 | 3029.58 |
| 江　西 | 62.28 | 81.14 | 147.29 | 218.03 | 358.94 | 412.52 | 472.76 | 570.12 | 621.53 | 850.18 | 918.20 |
| 河　南 | 250.63 | 303.73 | 355.48 | 432.82 | 556.94 | 598.30 | 701.68 | 735.60 | 815.12 | 905.94 | 1116.16 |
| 湖　北 | 309.29 | 337.69 | 461.99 | 578.94 | 730.92 | 797.71 | 802.04 | 832.56 | 921.92 | 1016.35 | 1244.99 |
| 湖　南 | 191.36 | 214.87 | 273.16 | 331.80 | 399.09 | 527.23 | 627.64 | 740.09 | 864.40 | 1006.58 | 1111.98 |
| **西部地区** | **938.80** | **1499.85** | **2091.54** | **2871.75** | **3956.83** | **4899.77** | **5768.30** | **6779.44** | **7740.61** | **8452.02** | **9308.87** |
| 内蒙古 | 29.39 | 56.95 | 81.39 | 112.24 | 182.21 | 274.37 | 351.67 | 420.62 | 486.31 | 529.03 | 534.48 |
| 广　西 | 49.17 | 72.05 | 102.56 | 163.31 | 225.23 | 245.49 | 334.67 | 430.52 | 570.81 | 519.84 | 610.01 |
| 重　庆 | 277.22 | 382.04 | 572.51 | 647.23 | 833.20 | 998.83 | 1146.67 | 1294.58 | 1466.89 | 1598.95 | 1864.59 |
| 四　川 | 162.39 | 227.39 | 262.13 | 429.24 | 641.62 | 756.36 | 908.95 | 1061.16 | 1153.92 | 1385.58 | 1535.43 |
| 贵　州 | 60.86 | 124.56 | 195.41 | 314.61 | 447.75 | 540.88 | 613.75 | 747.79 | 846.23 | 900.37 | 936.36 |
| 云　南 | 268.09 | 254.65 | 337.88 | 441.55 | 594.87 | 715.09 | 771.16 | 867.14 | 1013.99 | 1102.86 | 1218.23 |
| 西　藏 | — | — | — | — | 6.52 | 6.52 | 17.69 | 21.76 | 51.51 | 58.10 | 58.10 |
| 陕　西 | 3.56 | 7.94 | 31.36 | 60.71 | 93.34 | 134.14 | 217.27 | 306.18 | 358.78 | 434.69 | 487.52 |
| 甘　肃 | 35.32 | 195.62 | 292.72 | 335.15 | 407.60 | 463.94 | 501.49 | 531.39 | 559.63 | 559.63 | 567.49 |
| 青　海 | 2.31 | 44.56 | 47.17 | 47.51 | 47.51 | 90.29 | 90.29 | 90.29 | 91.36 | 99.87 | 99.87 |
| 宁　夏 | 26.94 | 67.20 | 68.49 | 133.84 | 172.63 | 210.97 | 236.81 | 296.34 | 321.87 | 324.96 | 332.77 |
| 新　疆 | 23.55 | 66.89 | 99.93 | 186.36 | 304.36 | 462.90 | 577.89 | 711.66 | 819.33 | 938.16 | 1064.02 |

数据来源：国家统计局。

表 2-26　　2010—2014 年全国各地区土地购置费

单位：亿元

| | 2010 年 | 2011 年 | 2012 年 | 2013 年 | 2014 年 |
|---|---|---|---|---|---|
| **总　计** | **9992. 11** | **11412. 82** | **12100. 15** | **13501. 73** | **17458. 53** |
| **一、东部地区** | **6891. 35** | **7704. 59** | **8198. 60** | **8829. 05** | **11844. 02** |
| 北　京 | 1292. 75 | 1301. 23 | 1102. 69 | 1159. 47 | 1378. 94 |
| 天　津 | 134. 08 | 85. 15 | 138. 39 | 107. 25 | 281. 37 |
| 河　北 | 368. 45 | 410. 14 | 332. 60 | 297. 68 | 511. 39 |
| 辽　宁 | 508. 14 | 523. 13 | 740. 56 | 569. 55 | 535. 15 |
| 上　海 | 449. 27 | 418. 10 | 390. 53 | 588. 84 | 873. 61 |
| 江　苏 | 955. 41 | 1259. 43 | 1140. 46 | 1262. 70 | 1745. 93 |
| 浙　江 | 1135. 49 | 1338. 62 | 1948. 75 | 2121. 73 | 2680. 59 |
| 福　建 | 764. 99 | 793. 95 | 688. 16 | 856. 91 | 1170. 49 |
| 山　东 | 600. 55 | 690. 24 | 852. 28 | 757. 97 | 889. 55 |
| 广　东 | 633. 37 | 817. 50 | 787. 27 | 981. 77 | 1591. 35 |
| 海　南 | 48. 86 | 67. 11 | 76. 91 | 125. 19 | 185. 63 |
| **二、中部地区** | **1696. 33** | **2059. 46** | **2032. 66** | **2318. 75** | **2695. 96** |
| 山　西 | 92. 00 | 91. 95 | 117. 61 | 107. 99 | 160. 50 |
| 吉　林 | 125. 17 | 182. 10 | 225. 59 | 173. 57 | 155. 20 |
| 黑龙江 | 90. 68 | 152. 60 | 150. 95 | 125. 33 | 167. 14 |
| 安　徽 | 517. 30 | 521. 67 | 525. 27 | 651. 48 | 832. 88 |
| 江　西 | 109. 90 | 155. 65 | 107. 59 | 147. 61 | 179. 64 |
| 河　南 | 293. 23 | 300. 21 | 307. 36 | 391. 70 | 352. 80 |
| 湖　北 | 291. 17 | 375. 71 | 348. 49 | 441. 01 | 509. 28 |
| 湖　南 | 176. 88 | 279. 57 | 249. 80 | 280. 07 | 338. 51 |
| **三、西部地区** | **1404. 43** | **1648. 77** | **1868. 89** | **2353. 92** | **2918. 55** |
| 内蒙古 | 129. 85 | 196. 52 | 135. 32 | 177. 27 | 154. 48 |
| 广　西 | 150. 60 | 232. 55 | 191. 74 | 189. 01 | 255. 37 |
| 重　庆 | 371. 44 | 374. 76 | 384. 16 | 519. 65 | 649. 64 |
| 四　川 | 368. 94 | 420. 84 | 474. 23 | 609. 05 | 823. 54 |
| 贵　州 | 60. 92 | 66. 28 | 119. 50 | 177. 10 | 140. 33 |
| 云　南 | 121. 27 | 129. 87 | 251. 08 | 374. 73 | 508. 46 |
| 西　藏 | 1. 72 | 0. 48 | 0. 07 | — | 7. 96 |
| 陕　西 | 107. 29 | 98. 61 | 140. 27 | 116. 97 | 185. 31 |
| 甘　肃 | 29. 28 | 39. 63 | 52. 38 | 63. 07 | 39. 63 |
| 青　海 | 9. 87 | 18. 85 | 38. 81 | 20. 85 | 27. 02 |
| 宁　夏 | 21. 59 | 28. 08 | 43. 03 | 46. 70 | 39. 88 |
| 新　疆 | 31. 66 | 42. 30 | 38. 29 | 59. 53 | 86. 93 |

数据来源：国家统计局。

表 2－27　　2014 年全国各地区月度累计土地购置费

单位：亿元

| | 1－2 月 | 1－3 月 | 1－4 月 | 1－5 月 | 1－6 月 | 1－7 月 | 1－8 月 | 1－9 月 | 1－10 月 | 1－11 月 | 1－12 月 |
|---|---|---|---|---|---|---|---|---|---|---|---|
| **总　计** | **853.10** | **2051.95** | **3238.48** | **4797.09** | **6955.72** | **8633.95** | **10455.78** | **12371.03** | **13879.07** | **16076.38** | **17458.53** |
| **东部地区** | **630.81** | **1512.38** | **2363.92** | **3448.19** | **4876.20** | **6025.14** | **7289.20** | **8517.42** | **9494.45** | **11007.87** | **11844.02** |
| 北　京 | 50.40 | 181.26 | 243.58 | 305.16 | 462.99 | 604.05 | 795.81 | 914.84 | 1015.72 | 1218.86 | 1378.94 |
| 天　津 | 3.34 | 18.34 | 45.11 | 101.26 | 164.26 | 196.39 | 218.20 | 245.68 | 250.98 | 265.70 | 281.37 |
| 河　北 | 11.32 | 43.46 | 78.35 | 127.19 | 188.82 | 245.66 | 305.05 | 364.48 | 417.55 | 480.90 | 511.39 |
| 辽　宁 | 9.91 | 35.46 | 75.04 | 129.13 | 247.26 | 306.82 | 370.53 | 426.80 | 486.04 | 519.25 | 535.15 |
| 上　海 | 36.50 | 102.86 | 151.45 | 245.11 | 290.91 | 366.21 | 468.37 | 556.77 | 675.50 | 844.41 | 873.61 |
| 江　苏 | 135.18 | 284.59 | 438.58 | 618.07 | 795.82 | 941.97 | 1129.81 | 1320.88 | 1437.13 | 1625.32 | 1745.93 |
| 浙　江 | 205.05 | 428.32 | 643.10 | 888.10 | 1228.85 | 1482.89 | 1754.11 | 2020.63 | 2179.12 | 2552.03 | 2680.59 |
| 福　建 | 79.46 | 154.31 | 247.28 | 340.58 | 517.08 | 641.95 | 753.83 | 875.25 | 975.11 | 1100.16 | 1170.49 |
| 山　东 | 32.29 | 102.17 | 176.85 | 283.14 | 377.90 | 475.63 | 543.89 | 621.31 | 707.14 | 826.70 | 889.55 |
| 广　东 | 59.37 | 148.80 | 242.18 | 378.80 | 552.73 | 694.61 | 856.95 | 1049.88 | 1216.57 | 1411.66 | 1591.35 |
| 海　南 | 7.99 | 12.81 | 22.41 | 31.62 | 49.58 | 68.95 | 92.66 | 120.91 | 133.58 | 162.88 | 185.63 |
| **中部地区** | **96.79** | **239.96** | **367.78** | **592.59** | **979.07** | **1228.44** | **1504.39** | **1837.07** | **2107.94** | **2415.34** | **2695.96** |
| 山　西 | 0.28 | 3.76 | 6.42 | 14.22 | 26.33 | 48.98 | 67.15 | 90.93 | 109.47 | 136.02 | 160.50 |
| 吉　林 | 0.01 | 0.56 | 2.86 | 6.33 | 16.75 | 41.00 | 62.29 | 89.12 | 110.80 | 138.50 | 155.20 |
| 黑龙江 | 0.08 | 0.84 | 3.12 | 14.35 | 47.48 | 64.23 | 80.40 | 110.84 | 135.80 | 155.02 | 167.14 |
| 安　徽 | 48.36 | 91.48 | 139.68 | 238.96 | 360.98 | 436.45 | 522.41 | 626.52 | 706.35 | 774.94 | 832.88 |
| 江　西 | 9.96 | 17.82 | 28.44 | 39.59 | 61.50 | 78.60 | 98.11 | 122.11 | 143.67 | 168.80 | 179.64 |
| 河　南 | 7.57 | 30.81 | 47.93 | 75.80 | 138.53 | 152.83 | 182.34 | 212.59 | 240.47 | 286.03 | 352.80 |
| 湖　北 | 19.67 | 70.80 | 98.26 | 135.69 | 212.06 | 251.76 | 304.27 | 361.25 | 395.98 | 445.74 | 509.28 |
| 湖　南 | 10.87 | 23.89 | 41.07 | 67.63 | 115.44 | 154.59 | 187.42 | 223.71 | 265.40 | 310.30 | 338.51 |
| **西部地区** | **125.50** | **299.61** | **506.78** | **756.32** | **1100.45** | **1380.37** | **1662.19** | **2016.54** | **2276.67** | **2653.17** | **2918.55** |
| 内蒙古 | 0.00 | 1.61 | 6.96 | 21.68 | 41.46 | 63.70 | 90.73 | 110.93 | 134.67 | 152.61 | 154.48 |
| 广　西 | 9.59 | 17.92 | 30.34 | 43.44 | 74.73 | 107.94 | 131.07 | 156.40 | 180.45 | 220.57 | 255.37 |
| 重　庆 | 15.24 | 57.86 | 116.63 | 169.67 | 239.28 | 288.80 | 348.70 | 440.44 | 480.09 | 573.90 | 649.64 |
| 四　川 | 57.93 | 123.05 | 185.57 | 265.53 | 366.61 | 442.96 | 508.81 | 588.90 | 657.84 | 743.95 | 823.54 |
| 贵　州 | 11.14 | 21.46 | 35.84 | 50.75 | 67.69 | 81.11 | 96.33 | 111.75 | 127.89 | 137.68 | 140.33 |
| 云　南 | 28.42 | 66.06 | 96.96 | 146.62 | 202.34 | 244.95 | 283.72 | 341.27 | 391.36 | 456.97 | 508.46 |
| 西　藏 | — | — | 0.62 | 1.03 | 1.59 | 1.73 | 5.13 | 6.63 | 7.61 | 7.96 | 7.96 |
| 陕　西 | 2.29 | 3.72 | 12.01 | 23.21 | 43.88 | 57.24 | 78.55 | 116.82 | 137.76 | 176.76 | 185.31 |
| 甘　肃 | 0.42 | 0.62 | 2.82 | 6.38 | 13.26 | 18.03 | 22.72 | 27.04 | 33.01 | 37.90 | 39.63 |
| 青　海 | — | 3.60 | 8.11 | 8.33 | 10.92 | 15.16 | 16.47 | 17.45 | 18.81 | 25.70 | 27.02 |
| 宁　夏 | — | 2.74 | 5.56 | 8.90 | 14.72 | 22.34 | 26.63 | 33.13 | 34.61 | 38.12 | 39.88 |
| 新　疆 | 0.46 | 0.94 | 5.34 | 10.78 | 23.99 | 36.40 | 53.34 | 65.79 | 72.59 | 81.05 | 86.93 |

数据来源：国家统计局。

# 六、全国各地区房地产建设数据

表 2 – 28　　2010—2014 年全国各地区房屋施工面积

单位：万平方米

| | 2010 年 | 2011 年 | 2012 年 | 2013 年 | 2014 年 |
|---|---|---|---|---|---|
| **总　计** | **405538.91** | **507959.39** | **573417.52** | **665571.89** | **726482.34** |
| **一、东部地区** | **209590.11** | **262005.40** | **289323.21** | **329581.67** | **355052.79** |
| 北　京 | 10300.86 | 12065.38 | 13122.49 | 13886.87 | 13588.08 |
| 天　津 | 7160.74 | 9075.39 | 9864.22 | 10892.17 | 10652.37 |
| 河　北 | 20790.28 | 26835.37 | 27577.83 | 29949.12 | 31628.39 |
| 辽　宁 | 26824.50 | 34511.89 | 38502.02 | 41625.60 | 38616.88 |
| 上　海 | 11295.03 | 12983.32 | 13249.97 | 13516.58 | 14690.18 |
| 江　苏 | 35063.76 | 40738.08 | 45097.54 | 52574.17 | 57637.72 |
| 浙　江 | 23824.53 | 30318.08 | 33422.97 | 37647.24 | 42144.35 |
| 福　建 | 14184.85 | 19212.77 | 21121.50 | 26287.28 | 30051.77 |
| 山　东 | 28229.00 | 36293.3 | 42958.91 | 50549.17 | 54508.45 |
| 广　东 | 29217.60 | 36311.94 | 39296.27 | 46480.47 | 53977.47 |
| 海　南 | 2698.96 | 3659.88 | 5109.49 | 6173.00 | 7557.15 |
| **二、中部地区** | **95866.41** | **119260.50** | **138172.71** | **165264.80** | **181702.50** |
| 山　西 | 7616.35 | 9325.63 | 11714.28 | 14040.05 | 15476.89 |
| 吉　林 | 7099.96 | 8963.42 | 10935.8 | 12181.28 | 12268.44 |
| 黑龙江 | 7543.71 | 12065.32 | 13484.97 | 13567.37 | 14218.09 |
| 安　徽 | 17541.90 | 20744.07 | 24836.06 | 30235.20 | 33479.11 |
| 江　西 | 7229.94 | 8210.88 | 9465.63 | 11995.67 | 13332.64 |
| 河　南 | 20394.18 | 25280.95 | 29559.36 | 35979.33 | 38857.60 |
| 湖　北 | 11620.91 | 13923.9 | 16819.71 | 21865.81 | 26321.99 |
| 湖　南 | 16819.46 | 20746.32 | 21356.89 | 25400.09 | 27747.75 |
| **三、西部地区** | **100082.39** | **126693.49** | **145921.60** | **170725.42** | **189727.04** |
| 内蒙古 | 11517.78 | 16378.1 | 16507.4 | 18624.32 | 18474.17 |
| 广　西 | 12050.65 | 14448.23 | 15018.46 | 16040.17 | 17472.15 |
| 重　庆 | 17138.50 | 20397.24 | 22009.03 | 26251.89 | 28623.93 |
| 四　川 | 21158.47 | 27315.44 | 29865.50 | 32164.98 | 36499.35 |
| 贵　州 | 7902.39 | 10395.27 | 13245.31 | 17356.96 | 20369.36 |
| 云　南 | 8784.97 | 10597.88 | 14362.00 | 18260.72 | 20034.58 |
| 西　藏 | 72.31 | 48.73 | 47.33 | 57.70 | 273.17 |
| 陕　西 | 9965.18 | 12179.97 | 15410.57 | 17240.86 | 19466.10 |
| 甘　肃 | 3130.40 | 3810.00 | 5634.95 | 6848.40 | 7660.30 |
| 青　海 | 1423.97 | 1659.03 | 1891.23 | 2376.64 | 2545.90 |
| 宁　夏 | 2940.53 | 4040.83 | 5033.26 | 6043.23 | 7019.37 |
| 新　疆 | 3997.24 | 5422.77 | 6896.55 | 9459.55 | 11288.65 |

数据来源：国家统计局。

表 2－29　　2014 年全国各地区月度累计施工面积

单位：万平方米

| | 1－2 月 | 1－3 月 | 1－4 月 | 1－5 月 | 1－6 月 | 1－7 月 | 1－8 月 | 1－9 月 | 1－10 月 | 1－11 月 | 1－12 月 |
|---|---|---|---|---|---|---|---|---|---|---|---|
| **总　计** | **529592.92** | **547030.44** | **564782.49** | **586080.91** | **611405.64** | **632684.92** | **652952.50** | **673229.98** | **692132.30** | **711307.44** | **726482.34** |
| **东部地区** | **266509.06** | **275604.71** | **283964.70** | **294387.84** | **304914.67** | **313835.74** | **322850.78** | **331664.68** | **340081.93** | **347862.43** | **355052.79** |
| 北　京 | 10568.37 | 11522.14 | 11685.74 | 11970.42 | 12264.71 | 12523.59 | 12618.14 | 12825.95 | 13136.80 | 13232.91 | 13588.08 |
| 天　津 | 8165.56 | 8448.26 | 8799.10 | 9032.07 | 9336.29 | 9434.78 | 9609.90 | 9808.83 | 10017.32 | 10290.34 | 10652.37 |
| 河　北 | 20891.24 | 21898.69 | 22604.11 | 24163.32 | 25448.08 | 26956.66 | 27947.07 | 29133.66 | 30129.37 | 31004.94 | 31628.39 |
| 辽　宁 | 29990.59 | 31023.99 | 32008.00 | 32822.18 | 34229.70 | 35083.02 | 36159.54 | 37150.14 | 38096.48 | 38530.88 | 38616.88 |
| 上　海 | 11239.17 | 11761.98 | 11909.99 | 12334.60 | 12561.50 | 12821.20 | 13089.47 | 13426.55 | 13867.86 | 14398.35 | 14690.18 |
| 江　苏 | 43691.96 | 45065.17 | 46803.27 | 48679.65 | 50302.15 | 51686.43 | 53341.94 | 54849.23 | 56111.50 | 56848.27 | 57637.72 |
| 浙　江 | 32126.97 | 33104.10 | 34336.58 | 35379.71 | 36464.46 | 37480.75 | 38467.40 | 39538.41 | 40421.34 | 41390.27 | 42144.35 |
| 福　建 | 22714.15 | 23602.44 | 24070.63 | 25039.41 | 26286.82 | 26829.75 | 27446.25 | 28109.87 | 28704.82 | 29383.89 | 30051.77 |
| 山　东 | 41760.58 | 42952.13 | 44526.90 | 46170.75 | 47304.78 | 48593.47 | 49690.11 | 50700.29 | 51968.21 | 53294.95 | 54508.45 |
| 广　东 | 39896.61 | 40452.86 | 41394.79 | 42828.81 | 44554.99 | 46099.61 | 47779.75 | 49281.66 | 50506.86 | 52121.97 | 53977.47 |
| 海　南 | 5463.85 | 5772.95 | 5825.58 | 5966.92 | 6161.19 | 6326.48 | 6701.19 | 6840.10 | 7121.36 | 7365.66 | 7557.15 |
| **中部地区** | **128288.71** | **131850.50** | **135670.94** | **141042.17** | **147978.04** | **153714.05** | **158883.30** | **165173.88** | **170714.39** | **176712.15** | **181702.50** |
| 山　西 | 10893.46 | 11264.17 | 11407.17 | 11811.81 | 12238.42 | 13049.57 | 13611.44 | 14159.92 | 14604.06 | 14998.53 | 15476.89 |
| 吉　林 | 8590.76 | 8687.05 | 9015.74 | 9296.48 | 9610.93 | 10013.14 | 10446.32 | 10879.60 | 11283.45 | 12180.48 | 12268.44 |
| 黑龙江 | 10281.73 | 10328.07 | 10506.74 | 11086.28 | 11637.45 | 12139.52 | 12575.05 | 13098.25 | 13555.03 | 14026.71 | 14218.09 |
| 安　徽 | 23937.02 | 24601.80 | 25666.64 | 26780.73 | 28131.35 | 28900.43 | 30134.77 | 31278.62 | 32114.26 | 32749.06 | 33479.11 |
| 江　西 | 9610.63 | 9818.42 | 10030.98 | 10258.62 | 11008.27 | 11558.03 | 11956.95 | 12563.86 | 12866.73 | 13221.78 | 13332.64 |
| 河　南 | 28201.74 | 29133.03 | 29477.47 | 30211.34 | 31237.60 | 32226.26 | 33223.22 | 34647.29 | 35994.73 | 37251.27 | 38857.60 |
| 湖　北 | 17361.82 | 17946.87 | 19022.65 | 19835.88 | 21132.39 | 21931.33 | 22768.99 | 23461.98 | 24339.15 | 25208.67 | 26321.99 |
| 湖　南 | 19411.54 | 20071.09 | 20543.56 | 21761.04 | 22981.64 | 23895.76 | 24166.56 | 25084.37 | 25956.99 | 27075.65 | 27747.75 |
| **西部地区** | **134795.15** | **139575.22** | **145146.84** | **150650.90** | **158512.92** | **165135.14** | **171218.43** | **176391.43** | **181335.98** | **186732.87** | **189727.04** |
| 内蒙古 | 14024.55 | 14359.74 | 15079.51 | 15515.66 | 16107.77 | 16587.64 | 17296.30 | 17582.29 | 18072.62 | 18590.57 | 18474.17 |
| 广　西 | 12661.40 | 12971.32 | 13282.65 | 13754.71 | 14217.50 | 15108.95 | 15750.22 | 16027.50 | 16575.78 | 17160.59 | 17472.15 |
| 重　庆 | 21651.00 | 22163.56 | 23311.38 | 23897.58 | 24784.22 | 25501.83 | 26252.56 | 26839.25 | 27618.79 | 28116.82 | 28623.93 |
| 四　川 | 24135.90 | 25423.90 | 26278.36 | 27795.29 | 29468.71 | 31013.96 | 32024.04 | 33280.85 | 34437.78 | 35716.18 | 36499.35 |
| 贵　州 | 14897.78 | 15611.66 | 16205.33 | 16812.17 | 17753.09 | 18398.43 | 18807.83 | 19279.12 | 19671.74 | 20128.15 | 20369.36 |
| 云　南 | 14251.40 | 14958.15 | 15464.04 | 15945.00 | 16789.21 | 17488.58 | 18213.30 | 18875.15 | 19273.00 | 19753.85 | 20034.58 |
| 西　藏 | 27.75 | 27.72 | 59.74 | 80.92 | 133.13 | 145.72 | 178.83 | 237.20 | 271.01 | 273.14 | 273.17 |
| 陕　西 | 14481.50 | 14738.68 | 15009.55 | 15264.38 | 16069.79 | 16222.61 | 17185.09 | 17667.91 | 18101.06 | 18874.88 | 19466.10 |
| 甘　肃 | 5044.26 | 5241.37 | 5599.85 | 6034.47 | 6496.60 | 6862.29 | 7117.91 | 7387.63 | 7564.69 | 7696.18 | 7660.30 |
| 青　海 | 1721.69 | 1902.96 | 1987.77 | 2032.17 | 2165.67 | 2245.84 | 2295.12 | 2334.68 | 2370.79 | 2521.03 | 2545.90 |
| 宁　夏 | 4718.82 | 4946.64 | 5274.86 | 5494.57 | 5759.79 | 6163.88 | 6286.16 | 6489.28 | 6676.85 | 6791.60 | 7019.37 |
| 新　疆 | 7179.10 | 7229.52 | 7593.80 | 8023.96 | 8767.43 | 9395.40 | 9811.07 | 10390.58 | 10701.86 | 11109.88 | 11288.65 |

数据来源：国家统计局。

**表 2－30　　2010—2014 年全国各地区房屋新开工面积**

单位：万平方米

| | 2010 年 | 2011 年 | 2012 年 | 2013 年 | 2014 年 |
|---|---|---|---|---|---|
| **总　计** | **163776.67** | **190082.70** | **177333.62** | **201207.84** | **179592.49** |
| **一、东部地区** | **80866.52** | **94717.56** | **83232.11** | **93591.45** | **83424.48** |
| 北　京 | 2974.24 | 4246.05 | 3224.21 | 3577.52 | 2449.39 |
| 天　津 | 2911.67 | 3484.21 | 2565.19 | 2672.93 | 2815.27 |
| 河　北 | 9636.28 | 11298.70 | 7641.80 | 6932.65 | 8239.03 |
| 辽　宁 | 12627.39 | 12425.86 | 13828.92 | 13444.45 | 8192.17 |
| 上　海 | 3030.59 | 3644.06 | 2724.05 | 2705.95 | 2782.02 |
| 江　苏 | 13729.61 | 14721.11 | 13908.44 | 16358.18 | 14220.35 |
| 浙　江 | 7890.63 | 10216.94 | 7816.80 | 9315.10 | 9676.14 |
| 福　建 | 4679.56 | 7033.35 | 5342.97 | 7193.01 | 6754.06 |
| 山　东 | 12357.46 | 14029.44 | 13902.72 | 15390.76 | 13328.07 |
| 广　东 | 9892.98 | 11968.66 | 10615.73 | 14265.48 | 13384.34 |
| 海　南 | 1136.12 | 1649.19 | 1661.29 | 1735.42 | 1583.64 |
| **二、中部地区** | **41830.85** | **49007.73** | **48325.48** | **55227.62** | **48763.96** |
| 山　西 | 2759.02 | 2838.30 | 4166.34 | 3673.34 | 3887.51 |
| 吉　林 | 3553.85 | 4749.81 | 4826.76 | 3746.24 | 3257.60 |
| 黑龙江 | 5018.42 | 7195.27 | 5074.35 | 4030.44 | 3281.38 |
| 安　徽 | 7317.60 | 8308.17 | 7874.22 | 10077.71 | 8736.77 |
| 江　西 | 2344.98 | 3308.49 | 3261.03 | 4138.96 | 3348.42 |
| 河　南 | 8610.57 | 9823.23 | 10515.11 | 12465.09 | 10586.54 |
| 湖　北 | 5765.52 | 5605.60 | 5976.06 | 8226.71 | 7598.69 |
| 湖　南 | 6460.90 | 7178.86 | 6631.62 | 8869.13 | 8067.05 |
| **三、西部地区** | **41079.29** | **46357.41** | **45776.03** | **52388.77** | **47404.06** |
| 内蒙古 | 6289.60 | 8537.91 | 5423.42 | 5042.81 | 3114.00 |
| 广　西 | 4750.57 | 3760.22 | 3741.88 | 3715.67 | 4138.43 |
| 重　庆 | 6312.64 | 6824.36 | 5813.48 | 7641.63 | 6254.04 |
| 四　川 | 7731.66 | 8473.27 | 8367.21 | 10163.57 | 11328.04 |
| 贵　州 | 2871.15 | 2912.81 | 3787.67 | 5628.24 | 4616.49 |
| 云　南 | 3702.76 | 4984.70 | 6037.53 | 6481.80 | 5458.43 |
| 西　藏 | 13.98 | 4.53 | 22.68 | 27.76 | 191.49 |
| 陕　西 | 3329.19 | 3843.17 | 4738.32 | 4483.35 | 3943.16 |
| 甘　肃 | 1395.98 | 1546.59 | 2404.51 | 2451.19 | 2050.36 |
| 青　海 | 700.67 | 532.33 | 772.90 | 859.76 | 694.77 |
| 宁　夏 | 1808.73 | 1954.46 | 1842.78 | 2163.12 | 2053.77 |
| 新　疆 | 2172.38 | 2983.06 | 2823.65 | 3729.87 | 3561.09 |

数据来源：国家统计局。

**表 2－31　　2014 年全国各地区月度累计新开工面积**

单位：万平方米

| | 1－2 月 | 1－3 月 | 1－4 月 | 1－5 月 | 1－6 月 | 1－7 月 | 1－8 月 | 1－9 月 | 1－10 月 | 1－11 月 | 1－12 月 |
|---|---|---|---|---|---|---|---|---|---|---|---|
| **总　计** | **16693.01** | **29089.66** | **43234.32** | **59912.47** | **80125.74** | **98231.77** | **114381.52** | **131410.97** | **147661.01** | **164705.46** | **179592.49** |
| **东部地区** | **8058.01** | **14419.27** | **21606.04** | **29446.05** | **37936.95** | **45717.78** | **53214.12** | **60895.14** | **68378.26** | **75810.59** | **83424.48** |
| 北　京 | 182.41 | 525.48 | 638.26 | 788.39 | 1053.96 | 1336.22 | 1442.45 | 1627.43 | 1945.77 | 2065.48 | 2449.39 |
| 天　津 | 168.73 | 281.23 | 410.83 | 566.37 | 731.83 | 877.39 | 1099.41 | 1269.68 | 1502.97 | 1727.56 | 2815.27 |
| 河　北 | 492.06 | 952.16 | 1519.69 | 2271.87 | 3251.38 | 4412.65 | 5036.74 | 6004.60 | 6741.22 | 7599.69 | 8239.03 |
| 辽　宁 | 453.54 | 1395.89 | 2110.48 | 2871.83 | 3954.24 | 4762.59 | 5783.84 | 6731.32 | 7643.48 | 8045.10 | 8192.17 |
| 上　海 | 254.18 | 570.04 | 743.27 | 899.29 | 1115.40 | 1323.48 | 1479.13 | 1783.51 | 2137.82 | 2580.40 | 2782.02 |
| 江　苏 | 1949.69 | 2977.73 | 4304.18 | 5805.25 | 7194.02 | 8337.51 | 9667.01 | 10979.89 | 12130.87 | 13206.75 | 14220.35 |
| 浙　江 | 548.60 | 1324.80 | 2445.82 | 3443.00 | 4414.64 | 5316.04 | 6300.34 | 7231.23 | 8062.82 | 8934.66 | 9676.14 |
| 福　建 | 706.63 | 1198.36 | 1904.82 | 2623.45 | 3688.84 | 4138.12 | 4608.85 | 5195.16 | 5704.07 | 6201.05 | 6754.06 |
| 山　东 | 1592.03 | 2750.89 | 4258.99 | 5633.55 | 6655.04 | 7860.48 | 8787.69 | 9689.06 | 10983.96 | 12209.27 | 13328.07 |
| 广　东 | 1502.08 | 2101.08 | 2904.79 | 4070.77 | 5307.90 | 6627.77 | 8082.09 | 9334.70 | 10390.76 | 11866.49 | 13384.34 |
| 海　南 | 208.08 | 341.62 | 364.91 | 472.27 | 569.68 | 725.53 | 926.58 | 1048.56 | 1134.54 | 1374.15 | 1583.64 |
| **中部地区** | **4433.19** | **6936.15** | **10078.39** | **14396.55** | **20010.83** | **25138.26** | **29610.69** | **34483.95** | **39213.62** | **44457.01** | **48763.96** |
| 山　西 | 46.94 | 249.80 | 369.78 | 756.71 | 1117.62 | 1894.82 | 2341.65 | 2864.30 | 3186.84 | 3516.41 | 3887.51 |
| 吉　林 | 8.84 | 25.60 | 367.40 | 536.38 | 808.06 | 1190.29 | 1542.16 | 1961.14 | 2341.55 | 3137.14 | 3257.60 |
| 黑龙江 | 0.86 | 59.40 | 177.55 | 707.60 | 1116.28 | 1554.83 | 1919.90 | 2373.33 | 2719.89 | 3106.76 | 3281.38 |
| 安　徽 | 1356.49 | 1847.18 | 2711.49 | 3638.07 | 4609.15 | 5330.70 | 6258.89 | 6732.41 | 7500.10 | 8047.98 | 8736.77 |
| 江　西 | 357.33 | 550.66 | 795.01 | 978.36 | 1484.40 | 1905.35 | 2257.59 | 2613.50 | 2874.16 | 3149.73 | 3348.42 |
| 河　南 | 910.32 | 1603.47 | 1922.04 | 2644.24 | 3734.01 | 4771.13 | 5628.10 | 6884.17 | 8028.36 | 9210.70 | 10586.54 |
| 湖　北 | 797.32 | 1182.60 | 1978.72 | 2631.95 | 3694.71 | 4325.67 | 4936.72 | 5415.61 | 6100.84 | 6813.70 | 7598.69 |
| 湖　南 | 955.09 | 1417.44 | 1756.41 | 2503.23 | 3446.60 | 4165.48 | 4725.66 | 5639.50 | 6461.88 | 7474.59 | 8067.05 |
| **西部地区** | **4201.81** | **7734.24** | **11549.89** | **16069.87** | **22177.96** | **27375.72** | **31556.70** | **36031.87** | **40069.12** | **44437.87** | **47404.06** |
| 内蒙古 | 7.84 | 167.18 | 361.15 | 678.22 | 1048.46 | 1504.93 | 1958.32 | 2276.38 | 2730.50 | 3106.82 | 3114.00 |
| 广　西 | 623.32 | 848.96 | 1052.81 | 1442.99 | 1777.46 | 2336.43 | 2808.58 | 3073.11 | 3423.22 | 3828.79 | 4138.43 |
| 重　庆 | 624.69 | 953.71 | 1613.70 | 2055.62 | 2958.29 | 3632.03 | 4121.93 | 4668.72 | 5315.16 | 5688.55 | 6254.04 |
| 四　川 | 1220.85 | 2107.64 | 2918.57 | 4259.57 | 5512.98 | 6549.37 | 7479.66 | 8449.05 | 9472.50 | 10431.65 | 11328.04 |
| 贵　州 | 447.89 | 1090.37 | 1503.75 | 1964.08 | 2444.33 | 2971.76 | 3305.09 | 3702.30 | 4022.56 | 4396.52 | 4616.49 |
| 云　南 | 642.21 | 1083.16 | 1432.79 | 1871.54 | 2661.34 | 3178.62 | 3597.40 | 4204.02 | 4518.40 | 5169.48 | 5458.43 |
| 西　藏 | — | 0.00 | 32.23 | 53.49 | 88.08 | 90.43 | 123.56 | 150.99 | 189.32 | 191.46 | 191.49 |
| 陕　西 | 568.27 | 740.10 | 1012.34 | 1250.15 | 1762.77 | 1945.48 | 2488.36 | 2842.20 | 3109.11 | 3628.46 | 3943.16 |
| 甘　肃 | 50.55 | 224.17 | 495.45 | 790.61 | 1138.89 | 1388.96 | 1564.83 | 1765.63 | 1915.53 | 2023.63 | 2050.36 |
| 青　海 | — | 184.05 | 276.17 | 303.77 | 407.07 | 481.88 | 507.01 | 529.71 | 559.60 | 694.20 | 694.77 |
| 宁　夏 | 12.00 | 267.43 | 555.55 | 741.95 | 1058.10 | 1382.09 | 1450.98 | 1662.93 | 1811.48 | 1905.89 | 2053.77 |
| 新　疆 | 4.19 | 67.45 | 295.40 | 657.89 | 1320.18 | 1913.76 | 2151.00 | 2706.84 | 3001.74 | 3372.42 | 3561.09 |

数据来源：国家统计局。

表 2 -32　　2010—2014 年全国各地区房屋竣工面积

单位：万平方米

| | 2010 年 | 2011 年 | 2012 年 | 2013 年 | 2014 年 |
|---|---|---|---|---|---|
| **总　计** | **75960. 97** | **89244. 25** | **99424. 96** | **101434. 99** | **107459. 05** |
| **一、东部地区** | **39166. 71** | **45578. 01** | **49483. 00** | **50480. 07** | **54390. 16** |
| 北　京 | 2386. 71 | 2245. 24 | 2390. 86 | 2666. 35 | 3054. 12 |
| 天　津 | 2098. 55 | 2105. 32 | 2542. 75 | 2805. 37 | 2924. 82 |
| 河　北 | 3028. 58 | 5145. 32 | 4894. 56 | 4437. 02 | 4037. 56 |
| 辽　宁 | 4466. 50 | 6359. 15 | 6438. 15 | 6151. 97 | 6146. 96 |
| 上　海 | 1941. 25 | 2240. 62 | 2305. 06 | 2254. 44 | 2313. 29 |
| 江　苏 | 8265. 61 | 8040. 88 | 9848. 40 | 9711. 60 | 9620. 47 |
| 浙　江 | 4049. 47 | 4423. 32 | 4292. 94 | 4692. 34 | 6390. 17 |
| 福　建 | 2244. 66 | 2614. 88 | 2232. 78 | 3369. 76 | 3583. 57 |
| 山　东 | 4999. 72 | 6226. 85 | 7324. 97 | 7508. 52 | 7787. 31 |
| 广　东 | 5234. 59 | 5800. 52 | 6356. 12 | 6273. 30 | 7327. 99 |
| 海　南 | 451. 08 | 375. 91 | 856. 41 | 609. 40 | 1203. 90 |
| **二、中部地区** | **20307. 23** | **23898. 91** | **26221. 68** | **28042. 25** | **28603. 80** |
| 山　西 | 1089. 72 | 2084. 20 | 1732. 99 | 2284. 82 | 2182. 48 |
| 吉　林 | 1871. 38 | 1656. 17 | 1927. 87 | 2253. 65 | 1573. 86 |
| 黑龙江 | 2166. 77 | 2992. 61 | 3245. 73 | 2932. 70 | 3000. 90 |
| 安　徽 | 3020. 57 | 3063. 87 | 3965. 39 | 5180. 35 | 5196. 37 |
| 江　西 | 1822. 20 | 1777. 42 | 1747. 48 | 1790. 26 | 1871. 79 |
| 河　南 | 4427. 14 | 5307. 13 | 5870. 54 | 5965. 87 | 7324. 34 |
| 湖　北 | 2558. 94 | 3083. 54 | 3273. 71 | 3040. 84 | 3431. 18 |
| 湖　南 | 3350. 51 | 3933. 97 | 4457. 97 | 4593. 76 | 4022. 89 |
| **三、西部地区** | **16487. 03** | **19767. 33** | **23720. 28** | **22912. 67** | **24465. 08** |
| 内蒙古 | 2192. 01 | 2453. 11 | 2449. 13 | 2638. 24 | 2012. 08 |
| 广　西 | 1564. 31 | 2183. 90 | 2333. 58 | 1712. 68 | 1865. 98 |
| 重　庆 | 2626. 59 | 3424. 33 | 3990. 63 | 3804. 36 | 3717. 78 |
| 四　川 | 3966. 77 | 4308. 71 | 5866. 58 | 5108. 86 | 5334. 45 |
| 贵　州 | 1028. 73 | 1462. 44 | 1416. 77 | 1764. 78 | 2842. 32 |
| 云　南 | 1535. 99 | 1450. 76 | 1851. 57 | 2019. 20 | 1788. 62 |
| 西　藏 | 11. 90 | 21. 69 | 9. 23 | 18. 09 | 52. 47 |
| 陕　西 | 860. 79 | 1104. 45 | 1653. 94 | 1511. 67 | 2188. 91 |
| 甘　肃 | 598. 66 | 655. 99 | 844. 50 | 915. 56 | 813. 22 |
| 青　海 | 267. 67 | 505. 91 | 416. 20 | 592. 62 | 559. 49 |
| 宁　夏 | 936. 86 | 942. 77 | 1151. 97 | 1104. 45 | 1203. 68 |
| 新　疆 | 896. 76 | 1253. 27 | 1736. 17 | 1722. 16 | 2086. 08 |

数据来源：国家统计局。

## 表 2－33　2014 年全国各地区月度累计竣工面积

单位：万平方米

| | 1－2 月 | 1－3 月 | 1－4 月 | 1－5 月 | 1－6 月 | 1－7 月 | 1－8 月 | 1－9 月 | 1－10 月 | 1－11 月 | 1－12 月 |
|---|---|---|---|---|---|---|---|---|---|---|---|
| **总　计** | **12418.24** | **18520.17** | **23685.46** | **30700.42** | **38214.96** | **43524.49** | **49758.81** | **56503.80** | **63888.88** | **75062.66** | **107459.05** |
| **东部地区** | **6458.43** | **9544.68** | **11964.69** | **14859.89** | **18247.98** | **20994.15** | **24483.97** | **27553.23** | **31194.90** | **36392.60** | **54390.16** |
| 北　京 | 264.13 | 362.13 | 420.57 | 581.28 | 670.87 | 783.50 | 872.37 | 1036.48 | 1251.72 | 1646.87 | 3054.12 |
| 天　津 | 222.16 | 281.13 | 357.59 | 416.14 | 530.27 | 582.84 | 644.45 | 678.43 | 719.94 | 856.64 | 2924.82 |
| 河　北 | 226.87 | 477.77 | 601.61 | 804.73 | 1037.80 | 1262.51 | 1554.42 | 1945.02 | 2209.55 | 2777.72 | 4037.56 |
| 辽　宁 | 230.56 | 634.67 | 924.15 | 1219.89 | 1968.80 | 2285.84 | 2805.57 | 3185.57 | 3807.20 | 4545.86 | 6146.96 |
| 上　海 | 385.14 | 489.62 | 573.40 | 743.64 | 879.52 | 1089.35 | 1211.24 | 1328.33 | 1467.03 | 1757.04 | 2313.29 |
| 江　苏 | 1635.76 | 2253.46 | 2808.76 | 3508.84 | 4132.17 | 4566.64 | 5222.77 | 5705.80 | 6330.74 | 7020.99 | 9620.47 |
| 浙　江 | 997.03 | 1379.40 | 1670.89 | 2080.87 | 2449.29 | 2964.51 | 3390.78 | 3764.98 | 4137.46 | 4493.73 | 6390.17 |
| 福　建 | 545.57 | 749.41 | 887.06 | 1028.42 | 1229.77 | 1341.55 | 1644.48 | 1905.78 | 2231.57 | 2554.11 | 3583.57 |
| 山　东 | 813.39 | 1314.66 | 1656.12 | 2073.19 | 2525.97 | 2845.19 | 3069.46 | 3399.39 | 3965.92 | 4998.37 | 7787.31 |
| 广　东 | 986.22 | 1417.21 | 1854.88 | 2181.00 | 2556.95 | 2996.76 | 3296.21 | 3705.87 | 4126.41 | 4772.56 | 7327.99 |
| 海　南 | 151.61 | 185.23 | 209.66 | 221.88 | 266.56 | 275.45 | 772.22 | 897.57 | 947.36 | 968.72 | 1203.90 |
| **中部地区** | **2852.28** | **4360.26** | **5897.80** | **8165.17** | **10411.72** | **11717.17** | **13432.90** | **15661.90** | **17402.08** | **20264.74** | **28603.80** |
| 山　西 | 89.94 | 183.57 | 273.31 | 492.97 | 664.14 | 723.74 | 747.70 | 801.78 | 1022.02 | 1315.42 | 2182.48 |
| 吉　林 | 34.46 | 82.50 | 134.48 | 273.93 | 492.51 | 610.44 | 694.86 | 969.19 | 1088.34 | 1332.19 | 1573.86 |
| 黑龙江 | 158.30 | 264.48 | 351.98 | 681.88 | 867.37 | 917.31 | 987.69 | 1375.06 | 1516.32 | 1926.52 | 3000.90 |
| 安　徽 | 802.73 | 1049.94 | 1435.14 | 1764.27 | 2084.61 | 2418.61 | 2765.29 | 3112.34 | 3317.17 | 3765.34 | 5196.37 |
| 江　西 | 229.18 | 286.03 | 534.86 | 797.63 | 945.57 | 1072.76 | 1147.32 | 1303.23 | 1393.94 | 1488.45 | 1871.79 |
| 河　南 | 498.15 | 1022.13 | 1321.68 | 1895.93 | 2545.05 | 2805.69 | 3491.43 | 3929.20 | 4462.43 | 5164.22 | 7324.34 |
| 湖　北 | 391.71 | 559.41 | 727.84 | 935.27 | 1192.17 | 1347.59 | 1464.69 | 1731.40 | 1887.88 | 2193.36 | 3431.18 |
| 湖　南 | 647.80 | 912.21 | 1118.51 | 1323.30 | 1620.30 | 1821.03 | 2133.93 | 2439.70 | 2713.97 | 3079.24 | 4022.89 |
| **西部地区** | **3107.53** | **4615.24** | **5822.97** | **7675.36** | **9555.27** | **10813.17** | **11841.94** | **13288.67** | **15291.90** | **18405.32** | **24465.08** |
| 内蒙古 | 35.36 | 96.53 | 176.67 | 302.31 | 510.85 | 676.43 | 798.30 | 1054.06 | 1388.62 | 1732.26 | 2012.08 |
| 广　西 | 443.40 | 558.08 | 662.88 | 745.83 | 848.73 | 885.58 | 963.84 | 1081.07 | 1266.65 | 1462.85 | 1865.98 |
| 重　庆 | 643.94 | 957.72 | 1066.06 | 1176.06 | 1525.02 | 1787.21 | 1916.13 | 2110.22 | 2346.63 | 2770.52 | 3717.78 |
| 四　川 | 952.42 | 1174.73 | 1426.53 | 1712.40 | 2154.31 | 2446.23 | 2690.29 | 2997.16 | 3277.77 | 3594.85 | 5334.45 |
| 贵　州 | 478.19 | 606.83 | 809.92 | 1535.56 | 1734.12 | 1798.52 | 1894.26 | 1985.49 | 2154.57 | 2348.80 | 2842.32 |
| 云　南 | 223.84 | 545.48 | 678.93 | 733.49 | 887.61 | 1001.46 | 1035.46 | 1134.53 | 1273.13 | 1459.82 | 1788.62 |
| 西　藏 | — | 0.00 | — | — | 14.12 | 14.12 | 14.12 | 22.38 | 45.48 | 45.48 | 52.47 |
| 陕　西 | 177.40 | 302.67 | 396.75 | 627.10 | 787.24 | 876.17 | 905.06 | 958.82 | 1065.48 | 1397.38 | 2188.91 |
| 甘　肃 | 48.81 | 111.66 | 154.00 | 219.45 | 269.18 | 296.32 | 385.51 | 461.01 | 532.56 | 637.42 | 813.22 |
| 青　海 | — | 19.74 | 56.14 | 73.66 | 104.36 | 118.50 | 123.33 | 144.53 | 202.00 | 414.02 | 559.49 |
| 宁　夏 | 66.70 | 164.69 | 227.22 | 273.83 | 337.10 | 392.69 | 472.93 | 536.63 | 655.32 | 859.29 | 1203.68 |
| 新　疆 | 37.46 | 77.09 | 167.86 | 275.67 | 382.62 | 519.94 | 642.72 | 802.78 | 1083.68 | 1682.64 | 2086.08 |

数据来源：国家统计局。

表 2 -34　　**2010—2014 年全国各地区住宅施工面积**

单位：万平方米

| | 2010 年 | 2011 年 | 2012 年 | 2013 年 | 2014 年 |
|---|---|---|---|---|---|
| **总　计** | **314942. 59** | **388438. 59** | **428964. 05** | **486347. 33** | **515096. 45** |
| **一、东部地区** | **157008. 32** | **194081. 66** | **211109. 99** | **235926. 39** | **247809. 50** |
| 北　京 | 6176. 02 | 7168. 12 | 7510. 36 | 7406. 88 | 6977. 99 |
| 天　津 | 5117. 60 | 6435. 79 | 6923. 52 | 7562. 48 | 7204. 46 |
| 河　北 | 17274. 45 | 21483. 03 | 21895. 95 | 23558. 26 | 24456. 15 |
| 辽　宁 | 20669. 88 | 26742. 21 | 29284. 88 | 31416. 51 | 28524. 54 |
| 上　海 | 7313. 85 | 8386. 26 | 8315. 68 | 8125. 74 | 8525. 85 |
| 江　苏 | 26349. 91 | 30469. 01 | 33412. 17 | 38756. 78 | 41579. 79 |
| 浙　江 | 16149. 97 | 20023. 78 | 21656. 38 | 23828. 31 | 25874. 49 |
| 福　建 | 10570. 84 | 13719. 68 | 14731. 19 | 17835. 42 | 19718. 43 |
| 山　东 | 22881. 77 | 29014. 62 | 33715. 25 | 38571. 84 | 40648. 82 |
| 广　东 | 22176. 17 | 27452. 39 | 29253. 24 | 33690. 67 | 38290. 06 |
| 海　南 | 2327. 86 | 3186. 79 | 4411. 38 | 5173. 49 | 6008. 91 |
| **二、中部地区** | **77848. 36** | **95665. 44** | **107040. 28** | **125212. 26** | **134141. 70** |
| 山　西 | 6252. 79 | 7727. 98 | 9299. 62 | 10754. 95 | 11471. 77 |
| 吉　林 | 5785. 69 | 7144. 34 | 8512. 60 | 9317. 77 | 9067. 10 |
| 黑龙江 | 6112. 02 | 9593. 72 | 10471. 96 | 10241. 40 | 10424. 11 |
| 安　徽 | 13770. 20 | 16058. 40 | 18182. 58 | 21531. 23 | 23193. 68 |
| 江　西 | 6064. 62 | 6781. 84 | 7319. 85 | 9018. 79 | 9975. 73 |
| 河　南 | 16902. 19 | 20576. 45 | 23466. 99 | 28113. 59 | 29831. 26 |
| 湖　北 | 9170. 94 | 11058. 67 | 13013. 01 | 16640. 27 | 19610. 09 |
| 湖　南 | 13789. 92 | 16724. 04 | 16773. 68 | 19594. 27 | 20567. 96 |
| **三、西部地区** | **80085. 91** | **98691. 48** | **110813. 77** | **125208. 68** | **133145. 24** |
| 内蒙古 | 8246. 59 | 11298. 24 | 11181. 66 | 12634. 11 | 12386. 94 |
| 广　西 | 9768. 56 | 11497. 68 | 11846. 86 | 12419. 68 | 13065. 65 |
| 重　庆 | 13744. 78 | 15923. 84 | 16997. 85 | 19248. 95 | 20294. 49 |
| 四　川 | 17289. 74 | 21596. 31 | 22590. 16 | 23208. 91 | 24732. 35 |
| 贵　州 | 5968. 65 | 7780. 42 | 9654. 03 | 12316. 36 | 13792. 94 |
| 云　南 | 7046. 37 | 7973. 23 | 10432. 11 | 12969. 39 | 13607. 78 |
| 西　藏 | 66. 43 | 36. 28 | 31. 01 | 39. 15 | 177. 79 |
| 陕　西 | 8595. 32 | 10488. 13 | 13030. 16 | 14225. 86 | 15475. 10 |
| 甘　肃 | 2557. 70 | 3141. 26 | 4431. 21 | 5324. 49 | 5644. 35 |
| 青　海 | 1179. 25 | 1359. 46 | 1513. 51 | 1748. 26 | 1711. 99 |
| 宁　夏 | 2285. 56 | 3059. 76 | 3622. 63 | 4090. 83 | 4622. 94 |
| 新　疆 | 3336. 95 | 4536. 88 | 5482. 59 | 6982. 70 | 7632. 93 |

数据来源：国家统计局。

表 2-35　　2014 年全国各地区月度累计住宅施工面积

单位：万平方米

| | 1-2月 | 1-3月 | 1-4月 | 1-5月 | 1-6月 | 1-7月 | 1-8月 | 1-9月 | 1-10月 | 1-11月 | 1-12月 |
|---|---|---|---|---|---|---|---|---|---|---|---|
| **总　计** | **380951.67** | **393205.69** | **405407.83** | **419883.09** | **437194.62** | **451577.37** | **465242.53** | **479016.59** | **491855.31** | **504914.52** | **515096.45** |
| **东部地区** | **187861.57** | **194217.10** | **199910.28** | **206659.93** | **213994.59** | **220142.10** | **226300.13** | **232184.55** | **237983.88** | **243015.68** | **247809.50** |
| 北　京 | 5432.65 | 5826.60 | 5948.31 | 6104.40 | 6286.19 | 6440.29 | 6517.05 | 6598.61 | 6793.68 | 6845.13 | 6977.99 |
| 天　津 | 5404.58 | 5651.02 | 5912.05 | 6077.02 | 6349.53 | 6390.30 | 6517.66 | 6633.18 | 6821.27 | 6945.83 | 7204.46 |
| 河　北 | 16359.94 | 17106.37 | 17652.67 | 18741.60 | 19684.95 | 20798.74 | 21471.58 | 22412.24 | 23282.66 | 23961.44 | 24456.15 |
| 辽　宁 | 22038.07 | 22781.40 | 23574.15 | 24169.95 | 25263.21 | 25923.90 | 26689.12 | 27416.51 | 28125.32 | 28469.06 | 28524.54 |
| 上　海 | 6660.20 | 6976.30 | 7066.49 | 7241.28 | 7368.19 | 7496.94 | 7651.90 | 7854.16 | 8066.23 | 8351.52 | 8525.85 |
| 江　苏 | 31533.94 | 32581.52 | 33792.86 | 35135.49 | 36290.72 | 37352.88 | 38423.35 | 39553.73 | 40524.16 | 40995.12 | 41579.79 |
| 浙　江 | 20146.94 | 20758.14 | 21535.56 | 22060.79 | 22691.72 | 23205.45 | 23855.96 | 24418.86 | 24982.07 | 25487.89 | 25874.49 |
| 福　建 | 15391.81 | 16119.23 | 16252.01 | 16817.21 | 17541.56 | 17871.94 | 18280.02 | 18624.25 | 18907.41 | 19298.56 | 19718.43 |
| 山　东 | 31440.73 | 32335.07 | 33497.04 | 34630.43 | 35493.97 | 36423.33 | 37217.50 | 37899.77 | 38747.62 | 39735.13 | 40648.82 |
| 广　东 | 28855.07 | 29237.54 | 29799.15 | 30703.98 | 31915.20 | 32993.72 | 34151.94 | 35134.52 | 35962.61 | 37042.19 | 38290.06 |
| 海　南 | 4597.65 | 4843.91 | 4879.98 | 4977.78 | 5109.35 | 5244.62 | 5524.05 | 5638.71 | 5770.84 | 5883.82 | 6008.91 |
| **中部地区** | **95971.02** | **98616.72** | **101329.01** | **105312.23** | **110343.85** | **114328.13** | **117920.62** | **122387.52** | **126323.95** | **130683.13** | **134141.70** |
| 山　西 | 8301.43 | 8590.30 | 8688.20 | 8997.65 | 9313.86 | 9825.64 | 10284.80 | 10676.49 | 10972.23 | 11226.11 | 11471.77 |
| 吉　林 | 6427.33 | 6477.32 | 6712.37 | 6922.97 | 7196.85 | 7495.55 | 7839.13 | 8118.19 | 8364.71 | 9022.71 | 9067.10 |
| 黑龙江 | 7615.19 | 7668.68 | 7796.37 | 8207.88 | 8614.12 | 8973.34 | 9253.24 | 9629.07 | 9979.16 | 10326.15 | 10424.11 |
| 安　徽 | 16887.98 | 17380.72 | 18101.19 | 18892.37 | 19778.17 | 20251.82 | 21056.47 | 21827.24 | 22316.23 | 22728.27 | 23193.68 |
| 江　西 | 7178.95 | 7324.57 | 7458.72 | 7636.88 | 8196.61 | 8614.02 | 8928.02 | 9370.41 | 9604.41 | 9887.57 | 9975.73 |
| 河　南 | 21812.42 | 22608.03 | 22892.36 | 23437.61 | 24212.33 | 24956.41 | 25610.60 | 26637.63 | 27634.78 | 28604.94 | 29831.26 |
| 湖　北 | 13017.23 | 13339.01 | 14115.33 | 14748.42 | 15723.05 | 16275.59 | 16872.60 | 17409.14 | 18107.01 | 18790.64 | 19610.09 |
| 湖　南 | 14730.49 | 15228.09 | 15564.48 | 16468.44 | 17308.87 | 17935.77 | 18075.76 | 18719.35 | 19345.43 | 20096.74 | 20567.96 |
| **西部地区** | **97119.08** | **100371.87** | **104168.54** | **107910.94** | **112856.18** | **117107.14** | **121021.78** | **124444.51** | **127547.47** | **131215.71** | **133145.24** |
| 内蒙古 | 9195.15 | 9453.25 | 9989.15 | 10305.54 | 10663.41 | 11037.90 | 11539.80 | 11743.48 | 12102.46 | 12463.42 | 12386.94 |
| 广　西 | 9723.52 | 9921.23 | 10159.43 | 10491.70 | 10795.62 | 11380.90 | 11808.61 | 12025.58 | 12387.81 | 12827.48 | 13065.65 |
| 重　庆 | 15778.46 | 16132.60 | 16853.21 | 17298.02 | 17889.49 | 18352.61 | 18816.56 | 19198.39 | 19672.22 | 19966.04 | 20294.49 |
| 四　川 | 16842.97 | 17714.53 | 18331.84 | 19222.80 | 20284.67 | 21303.95 | 21877.56 | 22716.86 | 23403.94 | 24248.06 | 24732.35 |
| 贵　州 | 10453.21 | 10910.67 | 11265.89 | 11671.93 | 12235.31 | 12551.46 | 12787.93 | 13098.26 | 13327.81 | 13625.00 | 13792.94 |
| 云　南 | 9946.28 | 10386.78 | 10689.07 | 11039.89 | 11567.53 | 12018.09 | 12477.31 | 12828.44 | 13121.54 | 13490.08 | 13607.78 |
| 西　藏 | 19.66 | 19.66 | 47.32 | 61.91 | 79.13 | 87.34 | 110.68 | 160.57 | 174.78 | 177.75 | 177.79 |
| 陕　西 | 11847.50 | 12055.68 | 12281.77 | 12448.15 | 13002.86 | 13138.55 | 13851.16 | 14215.64 | 14491.09 | 15016.52 | 15475.10 |
| 甘　肃 | 3833.91 | 3987.68 | 4297.66 | 4574.23 | 4858.59 | 5092.53 | 5273.29 | 5459.01 | 5573.29 | 5670.65 | 5644.35 |
| 青　海 | 1228.83 | 1313.16 | 1368.73 | 1402.11 | 1475.78 | 1525.91 | 1549.80 | 1569.76 | 1595.43 | 1702.66 | 1711.99 |
| 宁　夏 | 3058.16 | 3239.39 | 3453.99 | 3632.26 | 3799.95 | 4086.43 | 4158.40 | 4274.89 | 4379.74 | 4461.10 | 4622.94 |
| 新　疆 | 5191.43 | 5237.23 | 5430.48 | 5762.41 | 6203.83 | 6531.46 | 6770.69 | 7153.64 | 7317.36 | 7566.96 | 7632.93 |

数据来源：国家统计局。

表 2 -36

## 2010—2014 年全国各地区住宅新开工面积

单位：万平方米

| | 2010 年 | 2011 年 | 2012 年 | 2013 年 | 2014 年 |
|---|---|---|---|---|---|
| **总　计** | **129467.93** | **146034.57** | **130695.42** | **145844.80** | **124877.00** |
| **一、东部地区** | **62243.18** | **71003.05** | **60461.97** | **66591.24** | **57685.92** |
| 北　京 | 2063.40 | 2596.45 | 1627.50 | 1736.54 | 1282.28 |
| 天　津 | 2026.89 | 2374.29 | 1764.76 | 1744.85 | 1986.56 |
| 河　北 | 7857.55 | 9017.52 | 5983.78 | 5445.77 | 6361.42 |
| 辽　宁 | 9848.46 | 9896.26 | 10644.03 | 10141.66 | 6137.69 |
| 上　海 | 2111.11 | 2473.60 | 1563.39 | 1643.09 | 1547.29 |
| 江　苏 | 10620.32 | 11158.20 | 10285.49 | 12211.81 | 10377.91 |
| 浙　江 | 5240.23 | 6674.46 | 4946.83 | 5787.98 | 5602.77 |
| 福　建 | 3399.53 | 4828.29 | 3565.11 | 4795.83 | 4193.81 |
| 山　东 | 10290.65 | 11305.66 | 10837.97 | 11497.27 | 9821.37 |
| 广　东 | 7804.41 | 9242.84 | 7840.26 | 10114.75 | 9174.08 |
| 海　南 | 980.63 | 1435.49 | 1402.85 | 1471.69 | 1200.74 |
| **二、中部地区** | **34147.09** | **39438.37** | **36737.28** | **41856.38** | **35473.16** |
| 山　西 | 2253.58 | 2418.95 | 3271.11 | 2723.39 | 2739.99 |
| 吉　林 | 2920.00 | 3780.22 | 3683.39 | 2858.01 | 2283.82 |
| 黑龙江 | 4079.40 | 5734.93 | 3785.55 | 2920.48 | 2327.27 |
| 安　徽 | 5770.46 | 6428.52 | 5468.39 | 7143.99 | 5929.47 |
| 江　西 | 1956.47 | 2684.43 | 2400.09 | 3050.83 | 2559.77 |
| 河　南 | 7299.94 | 8158.35 | 8424.45 | 10055.31 | 8079.35 |
| 湖　北 | 4483.91 | 4480.39 | 4650.79 | 6250.23 | 5817.89 |
| 湖　南 | 5383.32 | 5752.59 | 5053.52 | 6854.15 | 5735.60 |
| **三、西部地区** | **33077.65** | **35593.14** | **33496.17** | **37397.18** | **31717.93** |
| 内蒙古 | 4486.54 | 5988.45 | 3670.18 | 3633.33 | 2151.45 |
| 广　西 | 3905.84 | 2951.41 | 2910.11 | 2901.93 | 2958.26 |
| 重　庆 | 5268.76 | 5214.42 | 4345.14 | 5387.60 | 4275.96 |
| 四　川 | 6270.79 | 6562.20 | 5962.51 | 7008.71 | 7335.98 |
| 贵　州 | 2250.29 | 2179.78 | 2578.41 | 3974.16 | 2829.30 |
| 云　南 | 2960.81 | 3618.18 | 4166.88 | 4529.09 | 3654.29 |
| 西　藏 | 13.32 | 0.04 | 17.07 | 22.37 | 118.43 |
| 陕　西 | 2887.08 | 3364.05 | 3928.91 | 3488.16 | 2933.94 |
| 甘　肃 | 1169.10 | 1289.98 | 1933.52 | 1917.05 | 1486.88 |
| 青　海 | 569.01 | 447.77 | 605.33 | 599.85 | 406.66 |
| 宁　夏 | 1444.86 | 1457.54 | 1228.74 | 1435.77 | 1396.24 |
| 新　疆 | 1851.26 | 2519.31 | 2149.36 | 2499.16 | 2170.53 |

数据来源：国家统计局。

表 2－37　　**2014 年全国各地区月度累计住宅新开工面积**

单位：万平方米

| | 1－2月 | 1－3月 | 1－4月 | 1－5月 | 1－6月 | 1－7月 | 1－8月 | 1－9月 | 1－10月 | 1－11月 | 1－12月 |
|---|---|---|---|---|---|---|---|---|---|---|---|
| **总　计** | **12278.79** | **21238.35** | **31184.06** | **42588.27** | **56673.76** | **69068.85** | **80173.59** | **91754.30** | **102879.43** | **114636.67** | **124877.00** |
| **东部地区** | **5773.61** | **10516.96** | **15458.41** | **20596.22** | **26552.63** | **31999.14** | **37109.46** | **42211.23** | **47466.47** | **52490.06** | **57685.92** |
| 北　京 | 121.72 | 296.01 | 363.37 | 461.90 | 618.27 | 795.16 | 827.32 | 891.12 | 1074.21 | 1118.59 | 1282.28 |
| 天　津 | 61.97 | 162.90 | 259.93 | 346.46 | 487.21 | 595.06 | 780.94 | 883.62 | 1090.20 | 1235.01 | 1986.56 |
| 河　北 | 424.44 | 759.67 | 1195.32 | 1783.93 | 2540.91 | 3408.97 | 3815.65 | 4593.54 | 5165.42 | 5855.34 | 6361.42 |
| 辽　宁 | 295.79 | 1002.71 | 1570.02 | 2127.98 | 2982.73 | 3610.66 | 4340.87 | 5024.14 | 5723.44 | 6044.24 | 6137.69 |
| 上　海 | 155.49 | 374.97 | 470.45 | 540.00 | 629.17 | 735.79 | 787.83 | 974.82 | 1159.36 | 1408.25 | 1547.29 |
| 江　苏 | 1347.70 | 2184.71 | 3086.08 | 4226.52 | 5198.17 | 6072.07 | 6957.60 | 7884.66 | 8773.76 | 9596.03 | 10377.91 |
| 浙　江 | 328.86 | 817.59 | 1530.26 | 2010.81 | 2582.25 | 3083.79 | 3727.67 | 4251.10 | 4783.54 | 5235.18 | 5602.77 |
| 福　建 | 527.62 | 873.06 | 1334.35 | 1680.69 | 2360.15 | 2643.84 | 2943.29 | 3238.53 | 3526.59 | 3842.16 | 4193.81 |
| 山　东 | 1200.28 | 2129.25 | 3252.04 | 4217.85 | 5031.28 | 5906.62 | 6582.38 | 7208.66 | 8077.62 | 8973.19 | 9821.37 |
| 广　东 | 1113.36 | 1594.31 | 2063.71 | 2791.40 | 3651.47 | 4551.27 | 5597.45 | 6404.94 | 7160.01 | 8146.28 | 9174.08 |
| 海　南 | 196.40 | 321.77 | 332.89 | 408.67 | 471.02 | 595.93 | 748.45 | 856.09 | 932.33 | 1035.79 | 1200.74 |
| **中部地区** | **3390.94** | **5305.05** | **7608.91** | **10810.09** | **14932.92** | **18566.10** | **21757.50** | **25334.90** | **28681.45** | **32463.35** | **35473.16** |
| 山　西 | 40.29 | 205.72 | 296.78 | 596.85 | 873.57 | 1376.10 | 1730.72 | 2114.98 | 2338.96 | 2544.88 | 2739.99 |
| 吉　林 | 8.82 | 24.49 | 239.86 | 375.77 | 590.03 | 872.01 | 1135.00 | 1409.02 | 1643.17 | 2215.56 | 2283.82 |
| 黑龙江 | 0.86 | 45.38 | 147.48 | 507.62 | 805.36 | 1121.11 | 1352.98 | 1694.05 | 1961.91 | 2245.63 | 2327.27 |
| 安　徽 | 965.52 | 1348.05 | 1913.41 | 2569.36 | 3204.83 | 3651.82 | 4295.68 | 4690.71 | 5148.91 | 5521.14 | 5929.47 |
| 江　西 | 283.31 | 424.93 | 621.19 | 764.17 | 1143.67 | 1476.82 | 1735.36 | 2002.56 | 2206.36 | 2410.47 | 2559.77 |
| 河　南 | 743.51 | 1280.88 | 1543.72 | 2107.67 | 3016.57 | 3794.81 | 4380.05 | 5278.72 | 6109.38 | 7011.58 | 8079.35 |
| 湖　北 | 640.49 | 887.35 | 1486.05 | 1994.09 | 2797.85 | 3256.61 | 3715.03 | 4074.71 | 4633.60 | 5204.99 | 5817.89 |
| 湖　南 | 708.14 | 1088.24 | 1360.40 | 1894.56 | 2501.04 | 3016.81 | 3412.69 | 4070.13 | 4639.17 | 5309.10 | 5735.60 |
| **西部地区** | **3114.23** | **5416.34** | **8116.74** | **11181.96** | **15188.21** | **18503.61** | **21306.63** | **24208.18** | **26731.51** | **29683.26** | **31717.93** |
| 内蒙古 | 2.21 | 84.83 | 234.13 | 436.23 | 679.07 | 1037.76 | 1374.43 | 1571.40 | 1894.44 | 2148.06 | 2151.45 |
| 广　西 | 483.59 | 633.18 | 797.24 | 1064.39 | 1280.95 | 1626.07 | 1980.48 | 2175.37 | 2424.93 | 2726.77 | 2958.26 |
| 重　庆 | 489.79 | 724.96 | 1164.23 | 1496.93 | 2086.72 | 2520.52 | 2874.57 | 3264.85 | 3657.21 | 3921.18 | 4275.96 |
| 四　川 | 914.64 | 1505.74 | 2060.35 | 2823.18 | 3643.16 | 4299.26 | 4885.76 | 5505.69 | 6082.13 | 6706.42 | 7335.98 |
| 贵　州 | 293.20 | 698.08 | 949.90 | 1258.85 | 1544.68 | 1793.89 | 1968.78 | 2231.15 | 2429.19 | 2668.92 | 2829.30 |
| 云　南 | 435.52 | 701.49 | 956.11 | 1298.24 | 1854.53 | 2181.04 | 2475.21 | 2780.47 | 2991.75 | 3469.53 | 3654.29 |
| 西　藏 | — | — | 27.87 | 42.54 | 53.44 | 55.24 | 78.60 | 97.55 | 115.42 | 118.40 | 118.43 |
| 陕　西 | 444.90 | 578.79 | 801.83 | 980.90 | 1344.30 | 1508.61 | 1885.03 | 2163.62 | 2354.43 | 2681.40 | 2933.94 |
| 甘　肃 | 39.92 | 170.20 | 396.96 | 598.00 | 826.11 | 1018.53 | 1143.26 | 1291.06 | 1390.56 | 1467.99 | 1486.88 |
| 青　海 | — | 85.22 | 149.68 | 167.43 | 237.40 | 284.15 | 290.36 | 295.07 | 319.98 | 412.57 | 406.66 |
| 宁　夏 | 6.35 | 188.76 | 382.75 | 534.59 | 769.53 | 995.29 | 1028.32 | 1151.59 | 1237.12 | 1298.01 | 1396.24 |
| 新　疆 | 4.11 | 45.09 | 195.69 | 480.68 | 868.33 | 1183.24 | 1321.82 | 1680.34 | 1834.35 | 2064.01 | 2170.53 |

数据来源：国家统计局。

表 2 - 38

## 2010—2014 年全国各地区住宅竣工面积

单位：万平方米

| | 2010 年 | 2011 年 | 2012 年 | 2013 年 | 2014 年 |
|---|---|---|---|---|---|
| **总　计** | **61215.72** | **71692.33** | **79043.2** | **78740.62** | **80868.26** |
| **一、东部地区** | **30400.48** | **35299.17** | **38065.07** | **38209.67** | **40176.30** |
| 北　京 | 1498.48 | 1316.13 | 1522.72 | 1692.04 | 1804.34 |
| 天　津 | 1603.65 | 1641.68 | 1913.97 | 2117.66 | 2130.25 |
| 河　北 | 2651.00 | 4250.37 | 3978.10 | 3517.80 | 3195.11 |
| 辽　宁 | 3662.51 | 5259.86 | 5132.29 | 5025.69 | 4940.48 |
| 上　海 | 1396.05 | 1549.66 | 1609.13 | 1417.41 | 1535.55 |
| 江　苏 | 6268.44 | 6147.76 | 7687.13 | 7584.17 | 7259.11 |
| 浙　江 | 2756.50 | 2986.62 | 2917.26 | 3187.62 | 4158.30 |
| 福　建 | 1717.07 | 1993.32 | 1564.62 | 2338.06 | 2568.02 |
| 山　东 | 4212.76 | 5197.97 | 6086.71 | 6063.35 | 6090.74 |
| 广　东 | 4248.36 | 4611.54 | 4918.16 | 4748.25 | 5442.49 |
| 海　南 | 385.67 | 344.26 | 734.99 | 517.62 | 1051.90 |
| **二、中部地区** | **17016.34** | **20142.46** | **21631.05** | **22537.29** | **22403.87** |
| 山　西 | 896.93 | 1867.13 | 1435.69 | 1847.99 | 1701.64 |
| 吉　林 | 1562.40 | 1371.31 | 1613.59 | 1769.95 | 1309.26 |
| 黑龙江 | 1778.16 | 2396.04 | 2646.21 | 2344.41 | 2295.70 |
| 安　徽 | 2402.42 | 2422.58 | 3123.15 | 3919.00 | 3829.60 |
| 江　西 | 1554.93 | 1513.22 | 1440.48 | 1427.53 | 1511.27 |
| 河　南 | 3852.80 | 4646.63 | 4888.17 | 4916.31 | 5767.18 |
| 湖　北 | 2137.30 | 2647.50 | 2795.21 | 2547.39 | 2812.35 |
| 湖　南 | 2831.41 | 3278.05 | 3688.55 | 3764.71 | 3176.87 |
| **三、西部地区** | **13798.90** | **16250.71** | **19347.08** | **17993.66** | **18288.10** |
| 内蒙古 | 1799.40 | 1939.20 | 1816.10 | 2001.21 | 1496.66 |
| 广　西 | 1342.87 | 1836.76 | 1956.57 | 1385.37 | 1441.84 |
| 重　庆 | 2179.81 | 2826.78 | 3386.35 | 2867.45 | 2771.55 |
| 四　川 | 3390.01 | 3520.09 | 4713.61 | 4028.88 | 3871.28 |
| 贵　州 | 809.06 | 1106.85 | 1120.17 | 1352.29 | 2046.43 |
| 云　南 | 1258.44 | 1182.14 | 1492.28 | 1576.13 | 1255.20 |
| 西　藏 | 11.22 | 19.28 | 6.46 | 10.65 | 29.45 |
| 陕　西 | 762.97 | 972.79 | 1413.75 | 1272.77 | 1863.01 |
| 甘　肃 | 501.05 | 554.15 | 710.03 | 769.07 | 652.04 |
| 青　海 | 242.12 | 435.22 | 371.06 | 474.39 | 447.50 |
| 宁　夏 | 746.32 | 762.2 | 922.26 | 861.37 | 818.86 |
| 新　疆 | 755.64 | 1095.24 | 1438.43 | 1394.08 | 1594.27 |

数据来源：国家统计局。

## 表 2－39　　2014 年全国各地区月度累计住宅竣工面积

单位：万平方米

| | 1－2 月 | 1－3 月 | 1－4 月 | 1－5 月 | 1－6 月 | 1－7 月 | 1－8 月 | 1－9 月 | 1－10 月 | 1－11 月 | 1－12 月 |
|---|---|---|---|---|---|---|---|---|---|---|---|
| **总　计** | **9265. 50** | **13910. 42** | **17883. 35** | **23387. 88** | **29168. 39** | **33270. 45** | **38036. 38** | **43268. 63** | **48748. 68** | **57235. 73** | **80868. 26** |
| **东部地区** | **4692. 78** | **7086. 54** | **8914. 46** | **11140. 08** | **13737. 67** | **15853. 28** | **18491. 31** | **20842. 63** | **23489. 17** | **27325. 62** | **40176. 30** |
| 北　京 | 138. 66 | 177. 29 | 216. 94 | 306. 58 | 352. 81 | 430. 26 | 480. 87 | 580. 21 | 714. 64 | 953. 36 | 1804. 34 |
| 天　津 | 175. 25 | 230. 48 | 292. 22 | 344. 72 | 409. 99 | 453. 05 | 509. 61 | 535. 55 | 568. 42 | 702. 89 | 2130. 25 |
| 河　北 | 176. 77 | 389. 90 | 488. 95 | 656. 45 | 848. 17 | 1032. 05 | 1268. 07 | 1573. 62 | 1760. 34 | 2214. 66 | 3195. 11 |
| 辽　宁 | 182. 95 | 504. 41 | 749. 67 | 995. 10 | 1589. 60 | 1862. 08 | 2252. 78 | 2565. 30 | 3073. 71 | 3636. 96 | 4940. 48 |
| 上　海 | 217. 07 | 304. 50 | 357. 43 | 488. 31 | 587. 12 | 751. 20 | 834. 48 | 933. 48 | 1022. 85 | 1191. 60 | 1535. 55 |
| 江　苏 | 1178. 37 | 1640. 22 | 2053. 98 | 2598. 54 | 3096. 44 | 3426. 92 | 3927. 89 | 4327. 13 | 4760. 35 | 5293. 56 | 7259. 11 |
| 浙　江 | 690. 24 | 972. 99 | 1144. 54 | 1433. 51 | 1693. 05 | 2030. 88 | 2252. 20 | 2513. 71 | 2759. 14 | 2991. 19 | 4158. 30 |
| 福　建 | 395. 25 | 540. 46 | 642. 27 | 757. 55 | 879. 57 | 966. 03 | 1214. 26 | 1407. 38 | 1643. 34 | 1870. 23 | 2568. 02 |
| 山　东 | 640. 12 | 1056. 49 | 1331. 21 | 1654. 32 | 2024. 69 | 2278. 45 | 2462. 76 | 2706. 43 | 3154. 62 | 3915. 12 | 6090. 74 |
| 广　东 | 761. 40 | 1110. 84 | 1456. 55 | 1712. 85 | 2023. 35 | 2380. 90 | 2607. 50 | 2917. 98 | 3206. 42 | 3711. 98 | 5442. 49 |
| 海　南 | 136. 71 | 158. 96 | 180. 70 | 192. 14 | 232. 89 | 241. 44 | 680. 89 | 781. 85 | 825. 35 | 844. 07 | 1051. 90 |
| **中部地区** | **2186. 32** | **3364. 14** | **4579. 04** | **6394. 50** | **8170. 13** | **9222. 29** | **10591. 03** | **12399. 12** | **13784. 03** | **16072. 30** | **22403. 87** |
| 山　西 | 64. 93 | 132. 14 | 195. 68 | 377. 34 | 514. 82 | 566. 31 | 585. 86 | 618. 39 | 799. 70 | 1043. 61 | 1701. 64 |
| 吉　林 | 30. 72 | 65. 97 | 111. 47 | 227. 47 | 397. 75 | 495. 55 | 560. 08 | 802. 48 | 904. 70 | 1106. 28 | 1309. 26 |
| 黑龙江 | 141. 95 | 205. 76 | 279. 25 | 517. 09 | 661. 23 | 695. 85 | 745. 42 | 1056. 26 | 1164. 19 | 1480. 14 | 2295. 70 |
| 安　徽 | 546. 45 | 707. 07 | 967. 08 | 1220. 58 | 1472. 53 | 1713. 86 | 1990. 99 | 2235. 95 | 2380. 32 | 2719. 26 | 3829. 60 |
| 江　西 | 176. 08 | 224. 53 | 430. 17 | 631. 16 | 749. 84 | 864. 73 | 920. 80 | 1050. 61 | 1126. 34 | 1202. 30 | 1511. 27 |
| 河　南 | 394. 44 | 837. 39 | 1090. 90 | 1582. 47 | 2104. 93 | 2325. 15 | 2881. 91 | 3265. 36 | 3708. 26 | 4294. 39 | 5767. 18 |
| 湖　北 | 319. 45 | 455. 98 | 596. 99 | 775. 25 | 968. 99 | 1098. 86 | 1201. 30 | 1420. 84 | 1548. 54 | 1795. 03 | 2812. 35 |
| 湖　南 | 512. 29 | 735. 30 | 907. 49 | 1063. 14 | 1300. 05 | 1461. 97 | 1704. 67 | 1949. 23 | 2151. 98 | 2431. 30 | 3176. 87 |
| **西部地区** | **2386. 40** | **3459. 74** | **4389. 85** | **5853. 30** | **7260. 59** | **8194. 88** | **8954. 04** | **10026. 87** | **11475. 47** | **13837. 81** | **18288. 10** |
| 内蒙古 | 30. 76 | 74. 20 | 131. 09 | 226. 42 | 362. 85 | 480. 91 | 573. 18 | 776. 85 | 1009. 36 | 1282. 30 | 1496. 66 |
| 广　西 | 334. 94 | 432. 31 | 511. 07 | 574. 03 | 663. 74 | 693. 40 | 746. 21 | 828. 07 | 966. 85 | 1128. 65 | 1441. 84 |
| 重　庆 | 497. 23 | 710. 12 | 798. 23 | 869. 12 | 1130. 08 | 1348. 91 | 1455. 24 | 1615. 07 | 1794. 69 | 2064. 22 | 2771. 55 |
| 四　川 | 706. 32 | 888. 09 | 1094. 17 | 1313. 88 | 1676. 27 | 1865. 28 | 2045. 57 | 2263. 17 | 2441. 47 | 2666. 28 | 3871. 28 |
| 贵　州 | 364. 12 | 455. 45 | 603. 14 | 1180. 55 | 1317. 01 | 1355. 71 | 1417. 27 | 1482. 74 | 1601. 19 | 1721. 88 | 2046. 43 |
| 云　南 | 178. 66 | 364. 92 | 460. 55 | 505. 21 | 602. 63 | 676. 40 | 702. 91 | 782. 72 | 890. 86 | 1027. 50 | 1255. 20 |
| 西　藏 | — | — | — | — | 6. 54 | 6. 54 | 6. 54 | 14. 44 | 27. 42 | 27. 42 | 29. 45 |
| 陕　西 | 161. 86 | 268. 84 | 341. 06 | 545. 75 | 677. 02 | 763. 62 | 788. 34 | 831. 37 | 928. 07 | 1219. 83 | 1863. 01 |
| 甘　肃 | 40. 54 | 89. 32 | 127. 78 | 175. 67 | 214. 52 | 239. 57 | 308. 18 | 361. 14 | 419. 58 | 507. 19 | 652. 04 |
| 青　海 | — | 18. 42 | 48. 44 | 61. 67 | 80. 29 | 89. 87 | 94. 70 | 112. 91 | 155. 32 | 338. 28 | 447. 50 |
| 宁　夏 | 44. 67 | 101. 42 | 150. 82 | 188. 99 | 231. 33 | 270. 64 | 328. 67 | 365. 67 | 428. 09 | 573. 29 | 818. 86 |
| 新　疆 | 27. 31 | 56. 65 | 123. 52 | 212. 01 | 298. 31 | 404. 05 | 487. 25 | 592. 71 | 812. 57 | 1280. 97 | 1594. 27 |

数据来源：国家统计局。

表 2 -40

## 2010—2014 年全国各地区办公楼施工面积

单位：万平方米

| | 2010 年 | 2011 年 | 2012 年 | 2013 年 | 2014 年 |
|---|---|---|---|---|---|
| **总　计** | **12139. 78** | **15949. 87** | **19434. 17** | **24577. 41** | **29927. 54** |
| **一、东部地区** | **8077. 04** | **10572. 70** | **12058. 63** | **14954. 89** | **17684. 98** |
| 北　京 | 1054. 84 | 1422. 66 | 1711. 86 | 2114. 13 | 2253. 98 |
| 天　津 | 396. 61 | 687. 88 | 792. 40 | 841. 00 | 864. 64 |
| 河　北 | 384. 20 | 572. 14 | 598. 79 | 659. 34 | 676. 79 |
| 辽　宁 | 582. 95 | 611. 63 | 778. 99 | 796. 46 | 816. 08 |
| 上　海 | 1103. 18 | 1158. 34 | 1284. 68 | 1431. 73 | 1779. 04 |
| 江　苏 | 1167. 65 | 1362. 12 | 1539. 84 | 1989. 66 | 2310. 53 |
| 浙　江 | 1479. 17 | 1967. 10 | 2099. 17 | 2477. 02 | 2925. 46 |
| 福　建 | 452. 19 | 769. 11 | 987. 37 | 1363. 45 | 1810. 02 |
| 山　东 | 476. 82 | 759. 82 | 1051. 82 | 1553. 26 | 1978. 01 |
| 广　东 | 943. 49 | 1218. 97 | 1176. 38 | 1675. 71 | 2137. 02 |
| 海　南 | 35. 94 | 42. 92 | 37. 34 | 53. 11 | 133. 40 |
| **二、中部地区** | **1960. 42** | **2436. 28** | **3665. 46** | **4760. 97** | **5598. 09** |
| 山　西 | 182. 54 | 172. 92 | 216. 67 | 327. 11 | 462. 29 |
| 吉　林 | 103. 83 | 161. 50 | 207. 22 | 302. 72 | 349. 78 |
| 黑龙江 | 74. 76 | 122. 68 | 177. 66 | 199. 33 | 250. 54 |
| 安　徽 | 521. 89 | 498. 18 | 789. 46 | 1034. 03 | 1084. 97 |
| 江　西 | 114. 25 | 130. 64 | 280. 19 | 423. 91 | 471. 78 |
| 河　南 | 510. 84 | 755. 96 | 976. 49 | 1297. 06 | 1489. 02 |
| 湖　北 | 241. 71 | 317. 47 | 576. 52 | 596. 11 | 786. 87 |
| 湖　南 | 210. 60 | 276. 91 | 441. 25 | 580. 70 | 702. 83 |
| **三、西部地区** | **2102. 32** | **2940. 90** | **3710. 08** | **4861. 54** | **6644. 47** |
| 内蒙古 | 486. 14 | 675. 56 | 643. 1 | 692. 90 | 641. 90 |
| 广　西 | 183. 04 | 246. 72 | 279. 76 | 321. 91 | 445. 65 |
| 重　庆 | 247. 56 | 386. 84 | 499. 85 | 781. 98 | 1072. 22 |
| 四　川 | 413. 26 | 598. 48 | 834. 65 | 922. 54 | 1300. 71 |
| 贵　州 | 149. 32 | 171. 87 | 300. 50 | 502. 13 | 722. 15 |
| 云　南 | 154. 77 | 319. 66 | 427. 16 | 557. 95 | 735. 83 |
| 西　藏 | 0. 74 | 0. 76 | 1. 68 | 1. 56 | 17. 51 |
| 陕　西 | 229. 63 | 248. 77 | 338. 57 | 501. 13 | 705. 15 |
| 甘　肃 | 50. 96 | 60. 68 | 99. 85 | 107. 80 | 178. 95 |
| 青　海 | 23. 64 | 26. 29 | 29. 23 | 75. 14 | 122. 47 |
| 宁　夏 | 74. 17 | 102. 33 | 119. 14 | 171. 20 | 248. 16 |
| 新　疆 | 89. 08 | 102. 94 | 136. 61 | 225. 32 | 453. 78 |

数据来源：国家统计局。

表 2 -41　　**2014 年全国各地区月度累计办公楼施工面积**

单位：万平方米

| | 1-2 月 | 1-3 月 | 1-4 月 | 1-5 月 | 1-6 月 | 1-7 月 | 1-8 月 | 1-9 月 | 1-10 月 | 1-11 月 | 1-12 月 |
|---|---|---|---|---|---|---|---|---|---|---|---|
| **总　计** | **20964.13** | **21895.87** | **22769.87** | **23718.57** | **24738.50** | **25666.51** | **26509.96** | **27381.43** | **28272.92** | **29045.53** | **29927.54** |
| **东部地区** | **12694.74** | **13356.45** | **13866.08** | **14484.23** | **14935.91** | **15395.85** | **15792.05** | **16206.84** | **16689.36** | **17137.35** | **17684.98** |
| 北　京 | 1602.29 | 1959.54 | 1961.14 | 2013.50 | 2045.92 | 2081.63 | 2076.95 | 2131.54 | 2162.45 | 2154.62 | 2253.98 |
| 天　津 | 675.05 | 675.05 | 735.21 | 742.08 | 743.98 | 755.97 | 753.95 | 789.39 | 791.22 | 862.03 | 864.64 |
| 河　北 | 385.52 | 387.64 | 402.03 | 467.51 | 507.62 | 556.44 | 607.56 | 624.83 | 636.93 | 664.43 | 676.79 |
| 辽　宁 | 640.57 | 657.43 | 678.51 | 690.56 | 717.40 | 732.12 | 771.60 | 792.81 | 803.58 | 809.75 | 816.08 |
| 上　海 | 1291.86 | 1324.56 | 1336.77 | 1398.10 | 1424.32 | 1459.81 | 1491.38 | 1528.44 | 1631.68 | 1706.66 | 1779.04 |
| 江　苏 | 1729.92 | 1785.06 | 1864.06 | 1961.20 | 2004.78 | 2026.54 | 2135.48 | 2158.46 | 2202.17 | 2214.77 | 2310.53 |
| 浙　江 | 2178.27 | 2230.17 | 2333.96 | 2372.65 | 2465.24 | 2546.49 | 2578.71 | 2662.47 | 2723.60 | 2829.50 | 2925.46 |
| 福　建 | 1248.74 | 1276.66 | 1349.33 | 1445.80 | 1549.96 | 1589.54 | 1629.70 | 1666.14 | 1709.78 | 1755.59 | 1810.02 |
| 山　东 | 1448.13 | 1520.23 | 1591.57 | 1667.80 | 1709.80 | 1756.84 | 1805.69 | 1839.68 | 1906.53 | 1967.15 | 1978.01 |
| 广　东 | 1449.10 | 1489.05 | 1562.45 | 1668.66 | 1708.32 | 1830.55 | 1874.61 | 1945.59 | 1994.02 | 2045.43 | 2137.02 |
| 海　南 | 45.30 | 51.06 | 51.06 | 56.36 | 58.56 | 59.90 | 66.43 | 67.48 | 127.41 | 127.41 | 133.40 |
| **中部地区** | **4031.74** | **4087.58** | **4185.84** | **4334.15** | **4524.19** | **4679.92** | **4870.58** | **5134.71** | **5282.61** | **5407.92** | **5598.09** |
| 山　西 | 255.29 | 270.66 | 280.11 | 290.85 | 295.50 | 310.64 | 314.85 | 329.34 | 340.56 | 378.83 | 462.29 |
| 吉　林 | 274.83 | 268.32 | 269.20 | 282.21 | 284.55 | 301.56 | 306.65 | 322.56 | 346.02 | 349.23 | 349.78 |
| 黑龙江 | 167.20 | 166.18 | 170.11 | 202.00 | 209.85 | 215.22 | 232.08 | 243.89 | 246.54 | 248.29 | 250.54 |
| 安　徽 | 826.13 | 842.24 | 850.76 | 872.51 | 906.62 | 929.31 | 969.14 | 1019.06 | 1068.16 | 1081.57 | 1084.97 |
| 江　西 | 384.54 | 380.25 | 396.44 | 396.99 | 425.00 | 434.90 | 446.27 | 455.21 | 463.57 | 472.63 | 471.78 |
| 河　南 | 1097.83 | 1108.90 | 1120.07 | 1155.76 | 1178.20 | 1212.59 | 1265.21 | 1378.96 | 1398.35 | 1429.98 | 1489.02 |
| 湖　北 | 521.59 | 530.48 | 554.33 | 574.86 | 614.02 | 649.18 | 689.77 | 716.24 | 739.20 | 750.64 | 786.87 |
| 湖　南 | 504.33 | 520.55 | 544.83 | 558.96 | 610.45 | 626.53 | 646.61 | 669.46 | 680.22 | 696.75 | 702.83 |
| **西部地区** | **4237.65** | **4451.84** | **4717.95** | **4900.19** | **5278.40** | **5590.74** | **5847.33** | **6039.88** | **6300.94** | **6500.26** | **6644.47** |
| 内蒙古 | 537.13 | 543.26 | 570.14 | 575.89 | 611.98 | 615.46 | 632.62 | 637.39 | 642.16 | 647.95 | 641.90 |
| 广　西 | 270.89 | 308.40 | 311.52 | 323.76 | 335.24 | 388.86 | 427.02 | 431.83 | 437.56 | 439.90 | 445.65 |
| 重　庆 | 696.50 | 713.53 | 832.94 | 854.32 | 865.40 | 916.89 | 962.52 | 976.61 | 1040.65 | 1066.29 | 1072.22 |
| 四　川 | 823.35 | 830.78 | 838.82 | 891.62 | 961.32 | 1028.19 | 1076.78 | 1137.65 | 1225.66 | 1279.71 | 1300.71 |
| 贵　州 | 506.25 | 523.86 | 547.04 | 574.30 | 623.89 | 656.92 | 674.51 | 692.13 | 706.55 | 721.09 | 722.15 |
| 云　南 | 473.11 | 558.98 | 585.73 | 593.76 | 615.93 | 628.75 | 642.98 | 651.10 | 671.41 | 699.24 | 735.83 |
| 西　藏 | — | — | 0.62 | 0.62 | 11.06 | 11.06 | 15.11 | 15.11 | 17.51 | 17.51 | 17.51 |
| 陕　西 | 442.21 | 464.60 | 482.31 | 500.18 | 539.94 | 542.73 | 581.66 | 599.48 | 633.35 | 667.78 | 705.15 |
| 甘　肃 | 85.86 | 86.46 | 87.20 | 113.81 | 134.79 | 160.21 | 162.02 | 172.88 | 177.94 | 178.75 | 178.95 |
| 青　海 | 66.36 | 80.02 | 90.18 | 90.81 | 114.06 | 109.69 | 113.39 | 113.68 | 114.26 | 121.55 | 122.47 |
| 宁　夏 | 155.73 | 160.46 | 179.10 | 180.37 | 182.39 | 193.20 | 203.45 | 221.36 | 225.75 | 228.85 | 248.16 |
| 新　疆 | 180.26 | 181.48 | 192.35 | 200.75 | 282.42 | 338.79 | 355.27 | 390.66 | 408.14 | 431.63 | 453.78 |

数据来源：国家统计局。

表 2 -42

## 2010—2014 年全国各地区办公楼新开工面积

单位：万平方米

| | 2010 年 | 2011 年 | 2012 年 | 2013 年 | 2014 年 |
|---|---|---|---|---|---|
| **总　计** | **3678. 01** | **5360. 94** | **5986. 46** | **6887. 24** | **7349. 10** |
| **一、东部地区** | **2290. 03** | **3471. 29** | **3247. 75** | **4129. 36** | **4110. 01** |
| 北　京 | 203. 29 | 489. 40 | 536. 82 | 671. 40 | 421. 37 |
| 天　津 | 206. 73 | 278. 26 | 231. 02 | 173. 84 | 132. 38 |
| 河　北 | 147. 43 | 253. 58 | 187. 61 | 172. 02 | 160. 41 |
| 辽　宁 | 214. 05 | 116. 18 | 234. 61 | 196. 80 | 154. 16 |
| 上　海 | 147. 39 | 225. 72 | 303. 91 | 264. 06 | 365. 25 |
| 江　苏 | 374. 63 | 507. 13 | 402. 53 | 547. 94 | 502. 95 |
| 浙　江 | 477. 18 | 593. 55 | 413. 88 | 576. 71 | 776. 59 |
| 福　建 | 183. 46 | 300. 38 | 252. 38 | 381. 57 | 495. 20 |
| 山　东 | 157. 78 | 373. 36 | 378. 27 | 567. 24 | 456. 55 |
| 广　东 | 164. 00 | 311. 83 | 288. 94 | 563. 20 | 636. 11 |
| 海　南 | 14. 08 | 21. 89 | 17. 78 | 14. 59 | 9. 02 |
| **二、中部地区** | **660. 14** | **835. 98** | **1381. 59** | **1301. 55** | **1308. 36** |
| 山　西 | 54. 70 | 29. 50 | 66. 62 | 76. 47 | 169. 59 |
| 吉　林 | 23. 75 | 69. 08 | 88. 50 | 96. 21 | 79. 06 |
| 黑龙江 | 40. 61 | 74. 93 | 92. 79 | 34. 72 | 70. 04 |
| 安　徽 | 163. 46 | 148. 53 | 233. 75 | 246. 09 | 198. 49 |
| 江　西 | 41. 82 | 60. 50 | 137. 02 | 167. 13 | 76. 83 |
| 河　南 | 171. 02 | 252. 65 | 360. 08 | 329. 90 | 342. 33 |
| 湖　北 | 102. 24 | 101. 20 | 218. 38 | 201. 33 | 178. 85 |
| 湖　南 | 62. 53 | 99. 57 | 184. 44 | 149. 71 | 193. 17 |
| **三、西部地区** | **727. 84** | **1053. 68** | **1357. 11** | **1456. 33** | **1930. 73** |
| 内蒙古 | 285. 83 | 266. 26 | 160. 55 | 99. 50 | 72. 47 |
| 广　西 | 59. 75 | 101. 07 | 103. 03 | 72. 74 | 151. 06 |
| 重　庆 | 57. 20 | 154. 44 | 160. 64 | 241. 15 | 264. 17 |
| 四　川 | 128. 53 | 140. 72 | 314. 46 | 264. 42 | 452. 51 |
| 贵　州 | 29. 22 | 20. 08 | 176. 24 | 171. 33 | 187. 80 |
| 云　南 | 55. 87 | 173. 42 | 222. 37 | 171. 33 | 183. 86 |
| 西　藏 | 0. 00 | — | 1. 57 | — | 10. 09 |
| 陕　西 | 38. 08 | 76. 91 | 99. 03 | 179. 21 | 208. 88 |
| 甘　肃 | 11. 53 | 23. 03 | 23. 22 | 30. 13 | 51. 86 |
| 青　海 | 17. 26 | 6. 51 | 7. 79 | 43. 75 | 53. 11 |
| 宁　夏 | 21. 25 | 50. 67 | 38. 60 | 59. 86 | 78. 37 |
| 新　疆 | 23. 33 | 40. 55 | 49. 63 | 122. 90 | 216. 54 |

数据来源：国家统计局。

表 2-43　　2014 年全国各地区月度累计办公楼新开工面积

单位：万平方米

| | 1-2月 | 1-3月 | 1-4月 | 1-5月 | 1-6月 | 1-7月 | 1-8月 | 1-9月 | 1-10月 | 1-11月 | 1-12月 |
|---|---|---|---|---|---|---|---|---|---|---|---|
| **总　计** | **524.19** | **996.93** | **1608.96** | **2285.00** | **3098.29** | **3870.06** | **4544.02** | **5314.57** | **6012.67** | **6668.12** | **7349.10** |
| **东部地区** | **304.04** | **564.27** | **976.69** | **1396.02** | **1765.90** | **2141.30** | **2526.08** | **2927.07** | **3285.50** | **3660.46** | **4110.01** |
| 北　京 | 10.73 | 101.68 | 111.14 | 132.39 | 165.32 | 196.41 | 216.87 | 259.74 | 291.01 | 307.87 | 421.37 |
| 天　津 | 5.51 | 5.51 | 12.10 | 19.82 | 21.71 | 32.65 | 32.65 | 54.84 | 56.70 | 72.11 | 132.38 |
| 河　北 | 0.49 | 2.23 | 17.11 | 32.38 | 44.83 | 73.03 | 104.49 | 115.35 | 131.21 | 156.67 | 160.41 |
| 辽　宁 | 11.64 | 16.62 | 31.74 | 42.11 | 64.77 | 75.65 | 111.64 | 131.47 | 145.18 | 150.22 | 154.16 |
| 上　海 | 33.56 | 49.10 | 71.70 | 92.74 | 122.99 | 143.96 | 171.78 | 199.98 | 263.08 | 330.58 | 365.25 |
| 江　苏 | 76.89 | 128.37 | 184.82 | 224.63 | 259.54 | 279.25 | 385.91 | 436.28 | 465.65 | 483.30 | 502.95 |
| 浙　江 | 45.87 | 86.18 | 183.27 | 241.06 | 327.93 | 408.61 | 453.38 | 522.54 | 583.48 | 690.37 | 776.59 |
| 福　建 | 32.06 | 52.06 | 117.38 | 206.59 | 289.90 | 315.26 | 355.01 | 395.55 | 437.81 | 454.27 | 495.20 |
| 山　东 | 39.63 | 67.68 | 126.05 | 183.04 | 215.63 | 260.52 | 288.27 | 328.11 | 384.93 | 444.07 | 456.55 |
| 广　东 | 47.54 | 54.64 | 121.17 | 218.61 | 250.37 | 351.88 | 401.99 | 478.06 | 521.04 | 565.60 | 636.11 |
| 海　南 | 0.13 | 0.20 | 0.20 | 2.65 | 2.90 | 4.08 | 4.08 | 5.14 | 5.40 | 5.40 | 9.02 |
| **中部地区** | **67.70** | **89.82** | **154.07** | **267.05** | **413.16** | **551.49** | **698.75** | **913.44** | **1041.00** | **1151.73** | **1308.36** |
| 山　西 | 0.53 | 3.31 | 9.72 | 18.85 | 17.81 | 31.30 | 33.34 | 46.07 | 56.87 | 89.72 | 169.59 |
| 吉　林 | — | — | 0.32 | 6.99 | 8.26 | 25.45 | 35.27 | 51.29 | 73.42 | 77.57 | 79.06 |
| 黑龙江 | — | 0.19 | 0.33 | 30.60 | 35.05 | 39.93 | 58.82 | 64.38 | 66.30 | 69.34 | 70.04 |
| 安　徽 | 23.13 | 28.09 | 49.53 | 62.68 | 77.10 | 97.41 | 118.32 | 134.00 | 174.06 | 187.97 | 198.49 |
| 江　西 | 3.09 | 3.38 | 8.36 | 8.92 | 35.73 | 44.82 | 57.28 | 65.88 | 66.92 | 73.83 | 76.83 |
| 河　南 | 6.86 | 14.96 | 23.97 | 46.03 | 64.02 | 92.96 | 143.99 | 251.44 | 270.26 | 299.63 | 342.33 |
| 湖　北 | 17.79 | 29.38 | 44.03 | 65.06 | 82.70 | 112.19 | 123.87 | 151.12 | 163.12 | 171.92 | 178.85 |
| 湖　南 | 16.30 | 10.51 | 17.81 | 27.92 | 92.48 | 107.43 | 127.86 | 149.26 | 170.03 | 181.74 | 193.17 |
| **西部地区** | **152.46** | **342.85** | **478.20** | **621.93** | **919.23** | **1177.27** | **1319.20** | **1474.07** | **1686.18** | **1855.93** | **1930.73** |
| 内蒙古 | 0.93 | 30.44 | 39.97 | 45.91 | 61.01 | 64.78 | 53.59 | 63.61 | 67.81 | 72.47 | 72.47 |
| 广　西 | 3.70 | 35.80 | 36.97 | 49.14 | 60.56 | 109.57 | 137.48 | 142.85 | 145.52 | 150.07 | 151.06 |
| 重　庆 | 17.78 | 19.38 | 40.87 | 47.44 | 95.92 | 142.77 | 169.09 | 180.57 | 232.90 | 247.48 | 264.17 |
| 四　川 | 34.19 | 48.73 | 62.09 | 124.78 | 176.07 | 223.83 | 252.08 | 303.82 | 390.38 | 435.38 | 452.51 |
| 贵　州 | 46.67 | 65.85 | 84.43 | 98.21 | 118.33 | 140.53 | 156.34 | 160.52 | 175.48 | 186.51 | 187.80 |
| 云　南 | 18.18 | 70.01 | 87.63 | 95.28 | 110.79 | 123.98 | 126.51 | 134.65 | 154.21 | 175.97 | 183.86 |
| 西　藏 | — | — | 0.62 | 0.62 | 5.87 | 5.87 | 9.93 | 9.93 | 10.09 | 10.09 | 10.09 |
| 陕　西 | 27.64 | 47.03 | 66.25 | 78.59 | 103.72 | 106.90 | 145.87 | 148.49 | 162.02 | 194.81 | 208.88 |
| 甘　肃 | 3.36 | 4.28 | 4.44 | 22.43 | 33.84 | 45.25 | 45.66 | 48.42 | 50.60 | 51.38 | 51.86 |
| 青　海 | — | 13.66 | 24.14 | 24.73 | 42.08 | 40.99 | 44.15 | 44.34 | 44.79 | 52.19 | 53.11 |
| 宁　夏 | — | 4.37 | 22.98 | 22.65 | 24.10 | 31.82 | 36.21 | 55.05 | 54.73 | 58.54 | 78.37 |
| 新　疆 | 0.01 | 3.32 | 7.80 | 12.15 | 86.93 | 140.97 | 142.29 | 181.81 | 197.64 | 221.04 | 216.54 |

数据来源：国家统计局。

表 2 –44　　2010—2014 年全国各地区办公楼竣工面积

单位：万平方米

| | 2010 年 | 2011 年 | 2012 年 | 2013 年 | 2014 年 |
|---|---|---|---|---|---|
| **总　计** | **1748.44** | **2179.42** | **2315.36** | **2789.40** | **3144.18** |
| **一、东部地区** | **1282.41** | **1620.55** | **1663.38** | **1932.41** | **1993.36** |
| 北　京 | 198.42 | 245.17 | 226.79 | 273.05 | 387.45 |
| 天　津 | 102.42 | 146.72 | 166.80 | 188.59 | 117.15 |
| 河　北 | 19.60 | 111.16 | 94.53 | 158.24 | 63.13 |
| 辽　宁 | 75.29 | 73.16 | 99.74 | 66.24 | 74.11 |
| 上　海 | 150.69 | 174.33 | 206.87 | 176.01 | 165.03 |
| 江　苏 | 290.54 | 239.26 | 237.18 | 332.43 | 269.53 |
| 浙　江 | 195.86 | 290.53 | 218.35 | 246.44 | 370.71 |
| 福　建 | 35.20 | 56.70 | 119.20 | 98.33 | 145.51 |
| 山　东 | 84.52 | 113.51 | 130.29 | 127.17 | 182.93 |
| 广　东 | 118.01 | 169.15 | 159.63 | 264.58 | 211.26 |
| 海　南 | 11.85 | 0.88 | 3.99 | 1.31 | 6.54 |
| **二、中部地区** | **269.05** | **273.84** | **290.49** | **459.23** | **577.22** |
| 山　西 | 19.73 | 23.66 | 14.90 | 30.75 | 29.97 |
| 吉　林 | 11.98 | 16.08 | 16.43 | 25.61 | 11.27 |
| 黑龙江 | 20.27 | 20.62 | 28.52 | 32.07 | 53.49 |
| 安　徽 | 49.89 | 58.06 | 49.98 | 131.92 | 120.97 |
| 江　西 | 23.41 | 6.79 | 31.89 | 24.55 | 25.45 |
| 河　南 | 56.17 | 66.72 | 82.01 | 121.80 | 228.49 |
| 湖　北 | 52.89 | 45.46 | 27.37 | 43.07 | 36.12 |
| 湖　南 | 34.71 | 36.44 | 39.39 | 49.47 | 71.48 |
| **三、西部地区** | **196.98** | **285.02** | **361.49** | **397.76** | **573.60** |
| 内蒙古 | 28.92 | 31.91 | 67.23 | 41.66 | 34.02 |
| 广　西 | 13.01 | 19.12 | 25.33 | 18.13 | 40.78 |
| 重　庆 | 30.03 | 44.77 | 30.37 | 75.76 | 115.03 |
| 四　川 | 35.16 | 61.78 | 119.35 | 101.33 | 144.31 |
| 贵　州 | 18.36 | 31.77 | 16.16 | 30.00 | 73.69 |
| 云　南 | 16.73 | 26.94 | 26.54 | 41.24 | 37.30 |
| 西　藏 | 0.00 | 0.20 | 0.11 | — | 6.78 |
| 陕　西 | 11.79 | 14.57 | 19.48 | 42.68 | 22.95 |
| 甘　肃 | 7.94 | 7.91 | 8.56 | 3.34 | 11.50 |
| 青　海 | 3.86 | 4.59 | 3.41 | 8.74 | 14.10 |
| 宁　夏 | 17.34 | 23.35 | 9.85 | 9.86 | 28.35 |
| 新　疆 | 13.83 | 18.12 | 35.10 | 25.03 | 44.79 |

数据来源：国家统计局。

表 2－45　　2014 年全国各地区月度累计办公楼竣工面积

单位：万平方米

| | 1－2 月 | 1－3 月 | 1－4 月 | 1－5 月 | 1－6 月 | 1－7 月 | 1－8 月 | 1－9 月 | 1－10 月 | 1－11 月 | 1－12 月 |
|---|---|---|---|---|---|---|---|---|---|---|---|
| **总　计** | **368.28** | **552.37** | **679.99** | **801.89** | **980.31** | **1128.70** | **1272.49** | **1414.59** | **1650.29** | **2044.18** | **3144.18** |
| **东部地区** | **236.01** | **325.53** | **414.72** | **475.48** | **571.35** | **673.73** | **769.85** | **869.83** | **1010.42** | **1263.06** | **1993.36** |
| 北　京 | 50.16 | 83.83 | 97.89 | 130.68 | 143.17 | 157.98 | 166.46 | 193.87 | 217.20 | 274.58 | 387.45 |
| 天　津 | 8.08 | 8.08 | 8.08 | 8.08 | 12.11 | 12.11 | 12.12 | 12.12 | 12.12 | 12.12 | 117.15 |
| 河　北 | 0.29 | 3.07 | 3.41 | 3.41 | 9.31 | 9.59 | 10.13 | 26.82 | 38.09 | 51.38 | 63.13 |
| 辽　宁 | | 0.11 | 1.49 | 2.00 | 2.99 | 3.01 | 15.64 | 22.12 | 24.81 | 62.27 | 74.11 |
| 上　海 | 48.59 | 48.59 | 52.85 | 53.88 | 66.44 | 72.18 | 73.95 | 73.95 | 84.42 | 119.88 | 165.03 |
| 江　苏 | 27.26 | 41.02 | 69.29 | 76.73 | 90.84 | 104.47 | 125.44 | 144.52 | 165.14 | 193.59 | 269.53 |
| 浙　江 | 48.52 | 71.19 | 102.07 | 112.07 | 136.00 | 172.05 | 205.44 | 214.03 | 246.10 | 255.50 | 370.71 |
| 福　建 | 20.60 | 21.69 | 25.21 | 27.08 | 43.90 | 48.70 | 49.48 | 51.17 | 60.64 | 80.45 | 145.51 |
| 山　东 | 16.99 | 22.97 | 28.98 | 31.87 | 34.56 | 49.66 | 62.40 | 67.85 | 88.13 | 129.63 | 182.93 |
| 广　东 | 15.48 | 24.85 | 25.31 | 29.55 | 31.90 | 43.85 | 48.58 | 58.52 | 67.25 | 77.12 | 211.26 |
| 海　南 | 0.04 | 0.14 | 0.14 | 0.14 | 0.14 | 0.14 | 0.20 | 4.85 | 6.54 | 6.54 | 6.54 |
| **中部地区** | **48.86** | **91.72** | **116.98** | **138.13** | **181.83** | **210.44** | **238.28** | **258.76** | **286.83** | **351.68** | **577.22** |
| 山　西 | 5.89 | 9.04 | 9.34 | 11.14 | 14.52 | 15.23 | 15.26 | 16.59 | 22.49 | 26.07 | 29.97 |
| 吉　林 | 0.56 | 1.14 | 1.35 | 1.51 | 1.82 | 2.10 | 2.28 | 6.39 | 6.77 | 7.66 | 11.27 |
| 黑龙江 | 0.12 | 20.75 | 20.75 | 20.81 | 32.34 | 32.34 | 33.51 | 33.65 | 34.50 | 36.67 | 53.49 |
| 安　徽 | 18.46 | 26.15 | 47.25 | 51.77 | 54.78 | 76.73 | 75.25 | 77.93 | 78.35 | 99.52 | 120.97 |
| 江　西 | 0.70 | 0.75 | 0.75 | 3.82 | 15.60 | 16.13 | 16.18 | 16.68 | 16.72 | 19.08 | 25.45 |
| 河　南 | 7.79 | 20.18 | 21.26 | 23.25 | 26.83 | 26.97 | 54.28 | 60.96 | 71.05 | 76.06 | 228.49 |
| 湖　北 | 4.42 | 0.95 | 3.30 | 5.20 | 11.86 | 13.06 | 13.55 | 13.86 | 17.66 | 22.96 | 36.12 |
| 湖　南 | 10.91 | 12.76 | 12.99 | 20.63 | 24.09 | 27.88 | 27.97 | 32.69 | 39.30 | 63.68 | 71.48 |
| **西部地区** | **83.42** | **135.12** | **148.29** | **188.28** | **227.13** | **244.52** | **264.35** | **286.00** | **353.04** | **429.43** | **573.60** |
| 内蒙古 | | 0.31 | 2.50 | 2.76 | 6.66 | 13.96 | 15.67 | 16.08 | 25.26 | 28.68 | 34.02 |
| 广　西 | 17.69 | 17.74 | 22.94 | 23.81 | 24.02 | 24.02 | 25.95 | 29.15 | 31.15 | 31.23 | 40.78 |
| 重　庆 | 2.44 | 32.44 | 33.93 | 40.07 | 46.45 | 46.88 | 47.49 | 47.50 | 71.74 | 93.21 | 115.03 |
| 四　川 | 46.95 | 47.72 | 49.42 | 58.55 | 59.98 | 65.23 | 67.64 | 75.87 | 86.82 | 96.06 | 144.31 |
| 贵　州 | 7.50 | 8.08 | 9.55 | 30.74 | 33.39 | 33.39 | 33.49 | 33.49 | 33.53 | 42.55 | 73.69 |
| 云　南 | 2.85 | 18.05 | 18.05 | 18.07 | 29.38 | 29.81 | 29.95 | 31.33 | 32.21 | 34.07 | 37.30 |
| 西　藏 | — | — | — | — | 5.18 | 5.18 | 5.18 | 5.18 | 6.04 | 6.04 | 6.78 |
| 陕　西 | 0.31 | 0.88 | 1.53 | 1.53 | 3.91 | 3.91 | 4.03 | 4.73 | 4.73 | 19.20 | 22.95 |
| 甘　肃 | — | 3.91 | 3.92 | 4.79 | 4.79 | 4.36 | 6.97 | 8.50 | 8.50 | 8.95 | 11.50 |
| 青　海 | — | 0.27 | 0.27 | 0.27 | 2.84 | 4.50 | 4.50 | 4.50 | 7.32 | 10.98 | 14.10 |
| 宁　夏 | 4.49 | 4.53 | 4.53 | 4.53 | 5.74 | 5.74 | 10.06 | 15.98 | 19.63 | 20.05 | 28.35 |
| 新　疆 | 1.20 | 1.20 | 1.65 | 3.16 | 4.78 | 7.52 | 13.42 | 13.67 | 26.13 | 38.39 | 44.79 |

数据来源：国家统计局。

表 2－46　　2010—2014 年全国各地区商业营业用房施工面积

单位：万平方米

| | 2010 年 | 2011 年 | 2012 年 | 2013 年 | 2014 年 |
|---|---|---|---|---|---|
| **总　计** | **44615.72** | **56278.18** | **65813.91** | **80626.76** | **94320.05** |
| **一、东部地区** | **24243.79** | **29494.29** | **32753.02** | **38272.75** | **43315.01** |
| 北　京 | 1229.33 | 1187.48 | 1236.89 | 1233.37 | 1278.52 |
| 天　津 | 1004.47 | 1031.65 | 1045.23 | 1158.61 | 1217.15 |
| 河　北 | 1964.76 | 2885.03 | 2798.25 | 3091.02 | 3422.20 |
| 辽　宁 | 3954.62 | 5028.99 | 5698.58 | 6230.28 | 6095.79 |
| 上　海 | 1292.96 | 1365.89 | 1449.91 | 1500.72 | 1751.99 |
| 江　苏 | 4824.87 | 5503.92 | 6071.07 | 6904.71 | 7929.02 |
| 浙　江 | 2620.40 | 3197.38 | 3642.28 | 4226.99 | 5073.43 |
| 福　建 | 1272.69 | 1956.68 | 2246.11 | 3002.82 | 3622.17 |
| 山　东 | 3280.50 | 4074.98 | 4887.12 | 6160.95 | 6810.56 |
| 广　东 | 2623.18 | 3062.86 | 3355.53 | 4323.84 | 5441.59 |
| 海　南 | 176.02 | 199.42 | 322.06 | 439.44 | 672.58 |
| **二、中部地区** | **10281.09** | **12958.07** | **16105.04** | **20327.73** | **24208.75** |
| 山　西 | 785.75 | 831.91 | 1253.00 | 1647.81 | 1871.53 |
| 吉　林 | 814.95 | 1110.16 | 1470.87 | 1627.53 | 1759.35 |
| 黑龙江 | 862.63 | 1378.01 | 1569.99 | 1877.86 | 2086.29 |
| 安　徽 | 2300.21 | 2790.02 | 3840.09 | 4787.71 | 5963.25 |
| 江　西 | 734.09 | 869.58 | 1188.94 | 1515.36 | 1707.34 |
| 河　南 | 1952.08 | 2413.57 | 2941.81 | 3709.10 | 4220.45 |
| 湖　北 | 1281.29 | 1609.56 | 1760.44 | 2584.29 | 3347.13 |
| 湖　南 | 1550.10 | 1955.26 | 2079.91 | 2578.07 | 3253.43 |
| **三、西部地区** | **10090.84** | **13825.82** | **16955.84** | **22026.27** | **26796.29** |
| 内蒙古 | 2035.13 | 3062.00 | 3083.05 | 3496.14 | 3478.37 |
| 广　西 | 1111.02 | 1342.48 | 1406.52 | 1534.40 | 1913.63 |
| 重　庆 | 1549.77 | 1956.25 | 2028.90 | 2965.72 | 3316.67 |
| 四　川 | 1593.47 | 2393.79 | 3136.25 | 3784.84 | 4880.91 |
| 贵　州 | 908.43 | 1293.82 | 1729.94 | 2419.76 | 3123.45 |
| 云　南 | 934.79 | 1272.57 | 1869.51 | 2546.09 | 3006.23 |
| 西　藏 | 4.22 | 11.69 | 14.65 | 13.19 | 44.35 |
| 陕　西 | 707.68 | 889.59 | 1186.64 | 1447.76 | 1935.20 |
| 甘　肃 | 332.15 | 391.25 | 632.82 | 819.59 | 1114.76 |
| 青　海 | 141.98 | 164.48 | 207.67 | 311.75 | 434.78 |
| 宁　夏 | 360.99 | 507.76 | 818.67 | 1141.59 | 1344.36 |
| 新　疆 | 411.21 | 540.14 | 841.22 | 1545.45 | 2203.59 |

数据来源：国家统计局。

**表 2－47　　2014 年全国各地区月度累计商业营业用房施工面积**

单位：万平方米

| | 1－2 月 | 1－3 月 | 1－4 月 | 1－5 月 | 1－6 月 | 1－7 月 | 1－8 月 | 1－9 月 | 1－10 月 | 1－11 月 | 1－12 月 |
|---|---|---|---|---|---|---|---|---|---|---|---|
| **总　计** | **66048.72** | **68170.96** | **70649.59** | **73697.65** | **77444.90** | **80515.22** | **83767.65** | **86673.00** | **89556.55** | **92268.86** | **94320.05** |
| **东部地区** | **32030.18** | **32969.33** | **34016.75** | **35479.82** | **36864.29** | **37920.93** | **39150.85** | **40414.28** | **41474.77** | **42529.92** | **43315.01** |
| 北　京 | 1030.15 | 1094.49 | 1108.70 | 1131.35 | 1154.95 | 1175.76 | 1179.61 | 1195.75 | 1214.18 | 1249.12 | 1278.52 |
| 天　津 | 975.81 | 981.01 | 1004.42 | 1055.96 | 1075.75 | 1096.59 | 1121.73 | 1141.13 | 1146.62 | 1174.24 | 1217.15 |
| 河　北 | 2114.49 | 2252.46 | 2333.82 | 2591.67 | 2741.56 | 2912.64 | 3066.42 | 3207.44 | 3284.78 | 3342.51 | 3422.20 |
| 辽　宁 | 4816.41 | 4958.13 | 5094.06 | 5237.72 | 5428.45 | 5534.26 | 5735.74 | 5896.53 | 6049.68 | 6101.97 | 6095.79 |
| 上　海 | 1231.58 | 1291.34 | 1314.30 | 1405.93 | 1451.65 | 1491.14 | 1559.18 | 1613.25 | 1676.22 | 1749.80 | 1751.99 |
| 江　苏 | 6161.47 | 6294.86 | 6522.05 | 6742.27 | 7005.48 | 7159.11 | 7399.12 | 7591.91 | 7764.84 | 7898.39 | 7929.02 |
| 浙　江 | 3636.01 | 3768.05 | 3877.61 | 4070.49 | 4217.22 | 4395.32 | 4502.64 | 4689.61 | 4785.74 | 4931.87 | 5073.43 |
| 福　建 | 2534.37 | 2607.92 | 2703.68 | 2827.79 | 3008.63 | 3081.09 | 3151.83 | 3281.83 | 3440.25 | 3566.46 | 3622.17 |
| 山　东 | 5287.95 | 5424.94 | 5591.92 | 5777.16 | 5908.63 | 6055.96 | 6202.69 | 6369.11 | 6546.46 | 6682.09 | 6810.56 |
| 广　东 | 3842.16 | 3884.43 | 4045.36 | 4190.16 | 4403.05 | 4542.51 | 4706.70 | 4891.72 | 5027.60 | 5189.61 | 5441.59 |
| 海　南 | 399.78 | 411.71 | 420.83 | 449.32 | 468.92 | 476.54 | 525.18 | 535.99 | 538.40 | 643.86 | 672.58 |
| **中部地区** | **16068.45** | **16630.74** | **17208.23** | **17919.79** | **18853.80** | **19793.30** | **20769.72** | **21703.37** | **22576.12** | **23394.80** | **24208.75** |
| 山　西 | 1240.56 | 1284.74 | 1302.39 | 1351.03 | 1400.60 | 1571.78 | 1616.98 | 1676.77 | 1756.76 | 1796.80 | 1871.53 |
| 吉　林 | 1181.72 | 1223.20 | 1287.90 | 1332.30 | 1348.44 | 1397.06 | 1451.43 | 1542.29 | 1622.53 | 1727.70 | 1759.35 |
| 黑龙江 | 1505.42 | 1493.24 | 1516.41 | 1577.57 | 1670.82 | 1753.08 | 1856.80 | 1934.17 | 1987.29 | 2061.94 | 2086.29 |
| 安　徽 | 3932.46 | 4023.54 | 4253.44 | 4462.49 | 4726.70 | 4917.50 | 5200.08 | 5416.07 | 5617.37 | 5765.15 | 5963.25 |
| 江　西 | 1167.88 | 1213.81 | 1255.04 | 1289.19 | 1386.18 | 1472.37 | 1502.70 | 1613.79 | 1651.91 | 1705.66 | 1707.34 |
| 河　南 | 2874.92 | 2956.64 | 2970.39 | 3060.32 | 3186.31 | 3295.99 | 3507.74 | 3667.27 | 3835.77 | 4000.13 | 4220.45 |
| 湖　北 | 2084.26 | 2248.31 | 2387.89 | 2477.58 | 2642.99 | 2791.19 | 2929.77 | 2995.28 | 3100.48 | 3201.23 | 3347.13 |
| 湖　南 | 2081.23 | 2187.27 | 2234.76 | 2369.31 | 2491.76 | 2594.32 | 2704.22 | 2857.74 | 3004.02 | 3136.20 | 3253.43 |
| 西部地区 | 17950.09 | 18570.89 | 19424.60 | 20298.03 | 21726.80 | 22800.99 | 23847.09 | 24555.35 | 25505.67 | 26344.14 | 26796.29 |
| 内蒙古 | 2833.93 | 2880.34 | 3006.97 | 3064.08 | 3179.40 | 3225.88 | 3341.46 | 3373.86 | 3442.35 | 3509.45 | 3478.37 |
| 广　西 | 1209.19 | 1257.41 | 1302.29 | 1353.34 | 1457.22 | 1609.36 | 1704.82 | 1696.50 | 1809.86 | 1879.82 | 1913.63 |
| 重　庆 | 2451.64 | 2497.43 | 2631.37 | 2675.00 | 2785.93 | 2875.16 | 2995.37 | 3076.64 | 3203.94 | 3255.17 | 3316.67 |
| 四　川 | 3013.31 | 3187.89 | 3289.52 | 3567.30 | 3853.50 | 4049.95 | 4226.90 | 4358.46 | 4554.94 | 4761.27 | 4880.91 |
| 贵　州 | 2063.19 | 2208.13 | 2337.05 | 2450.94 | 2618.50 | 2754.37 | 2844.70 | 2932.83 | 3015.49 | 3099.04 | 3123.45 |
| 云　南 | 2065.34 | 2125.83 | 2228.77 | 2298.81 | 2444.64 | 2593.34 | 2690.10 | 2796.74 | 2856.82 | 2920.54 | 3006.23 |
| 西　藏 | 4.30 | 4.26 | 7.87 | 13.92 | 27.78 | 32.15 | 34.59 | 34.67 | 45.93 | 44.35 | 44.35 |
| 陕　西 | 1237.27 | 1256.50 | 1266.16 | 1325.67 | 1463.48 | 1475.25 | 1609.69 | 1672.14 | 1744.36 | 1884.46 | 1935.20 |
| 甘　肃 | 636.34 | 634.62 | 677.91 | 772.87 | 877.46 | 945.81 | 997.62 | 1045.31 | 1090.83 | 1117.61 | 1114.76 |
| 青　海 | 247.38 | 311.33 | 325.51 | 332.51 | 356.20 | 377.38 | 391.23 | 410.27 | 417.62 | 431.44 | 434.78 |
| 宁　夏 | 982.13 | 996.02 | 1025.92 | 1047.74 | 1114.28 | 1175.43 | 1203.52 | 1233.72 | 1295.65 | 1311.72 | 1344.36 |
| 新　疆 | 1206.06 | 1211.13 | 1325.26 | 1395.86 | 1548.42 | 1686.91 | 1807.11 | 1924.22 | 2027.88 | 2129.27 | 2203.59 |

数据来源：国家统计局。

表 2 -48　　2010—2014 年全国各地区商业营业用房新开工面积

单位：万平方米

| | 2010 年 | 2011 年 | 2012 年 | 2013 年 | 2014 年 |
|---|---|---|---|---|---|
| **总　计** | **17460. 98** | **20670. 72** | **22006. 85** | **25902. 00** | **25047. 73** |
| **一、东部地区** | **8807. 65** | **9822. 62** | **9854. 12** | **11320. 28** | **10490. 54** |
| 北　京 | 242. 42 | 306. 43 | 325. 61 | 351. 01 | 208. 17 |
| 天　津 | 407. 83 | 436. 57 | 202. 16 | 370. 11 | 275. 08 |
| 河　北 | 1007. 15 | 1199. 31 | 831. 34 | 704. 82 | 959. 84 |
| 辽　宁 | 1838. 67 | 1577. 01 | 1922. 63 | 1965. 50 | 1267. 55 |
| 上　海 | 298. 10 | 240. 00 | 365. 17 | 274. 96 | 388. 03 |
| 江　苏 | 1680. 26 | 1836. 81 | 1928. 27 | 2047. 90 | 1873. 32 |
| 浙　江 | 868. 85 | 1041. 92 | 911. 76 | 1123. 97 | 1359. 26 |
| 福　建 | 454. 55 | 824. 57 | 640. 96 | 888. 85 | 863. 93 |
| 山　东 | 1250. 35 | 1349. 82 | 1590. 80 | 1976. 83 | 1661. 38 |
| 广　东 | 692. 85 | 917. 97 | 998. 18 | 1481. 58 | 1400. 00 |
| 海　南 | 66. 63 | 92. 20 | 137. 25 | 134. 74 | 233. 98 |
| **二、中部地区** | **4474. 36** | **5399. 20** | **6104. 55** | **6994. 89** | **7110. 63** |
| 山　西 | 288. 34 | 199. 31 | 442. 44 | 472. 80 | 483. 97 |
| 吉　林 | 423. 93 | 615. 94 | 699. 35 | 505. 73 | 533. 80 |
| 黑龙江 | 578. 35 | 830. 38 | 728. 46 | 733. 93 | 523. 78 |
| 安　徽 | 958. 36 | 1125. 75 | 1440. 55 | 1624. 77 | 1738. 20 |
| 江　西 | 250. 13 | 365. 43 | 480. 42 | 529. 57 | 438. 48 |
| 河　南 | 759. 29 | 866. 24 | 985. 31 | 1185. 51 | 1291. 23 |
| 湖　北 | 658. 42 | 693. 53 | 615. 35 | 1022. 16 | 958. 80 |
| 湖　南 | 557. 54 | 702. 61 | 712. 68 | 920. 42 | 1142. 37 |
| **三、西部地区** | **4178. 97** | **5448. 90** | **6048. 17** | **7586. 83** | **7446. 56** |
| 内蒙古 | 1101. 40 | 1573. 30 | 977. 63 | 879. 30 | 483. 48 |
| 广　西 | 394. 85 | 309. 84 | 376. 32 | 331. 09 | 580. 15 |
| 重　庆 | 433. 68 | 708. 12 | 539. 04 | 1001. 32 | 774. 73 |
| 四　川 | 634. 66 | 833. 06 | 1089. 37 | 1402. 18 | 1743. 46 |
| 贵　州 | 304. 59 | 413. 58 | 567. 91 | 806. 39 | 849. 88 |
| 云　南 | 391. 68 | 611. 10 | 882. 77 | 1003. 08 | 826. 61 |
| 西　藏 | 0. 66 | 4. 50 | 4. 04 | 1. 59 | 35. 51 |
| 陕　西 | 257. 27 | 239. 77 | 419. 70 | 474. 83 | 482. 79 |
| 甘　肃 | 160. 52 | 157. 51 | 251. 68 | 300. 68 | 362. 70 |
| 青　海 | 69. 38 | 43. 73 | 97. 38 | 123. 41 | 149. 39 |
| 宁　夏 | 214. 55 | 250. 01 | 421. 02 | 424. 44 | 315. 77 |
| 新　疆 | 215. 74 | 304. 38 | 421. 32 | 838. 51 | 842. 10 |

数据来源：国家统计局。

表 2 -49　　2014 年全国各地区月度累计商业营业用房新开工面积

单位：万平方米

| | 1-2月 | 1-3月 | 1-4月 | 1-5月 | 1-6月 | 1-7月 | 1-8月 | 1-9月 | 1-10月 | 1-11月 | 1-12月 |
|---|---|---|---|---|---|---|---|---|---|---|---|
| **总　计** | **2164.08** | **3641.72** | **5503.31** | **7864.10** | **10731.50** | **13316.84** | **15813.79** | **18263.22** | **20730.62** | **23026.80** | **25047.73** |
| **东部地区** | **1102.76** | **1745.73** | **2630.71** | **3660.95** | **4723.95** | **5660.29** | **6700.28** | **7799.06** | **8729.95** | **9616.71** | **10490.54** |
| 北　京 | 12.63 | 30.41 | 37.24 | 42.74 | 64.43 | 83.83 | 111.54 | 129.61 | 146.57 | 182.36 | 208.17 |
| 天　津 | 15.90 | 19.80 | 37.69 | 69.68 | 83.83 | 101.06 | 121.85 | 144.95 | 160.84 | 167.35 | 275.08 |
| 河　北 | 44.11 | 125.56 | 190.18 | 266.78 | 388.12 | 523.45 | 635.63 | 751.57 | 831.90 | 875.86 | 959.84 |
| 辽　宁 | 107.26 | 235.03 | 346.48 | 483.23 | 608.93 | 713.24 | 898.58 | 1051.81 | 1192.49 | 1242.56 | 1267.55 |
| 上　海 | 35.25 | 65.06 | 80.51 | 113.78 | 162.07 | 198.01 | 257.48 | 294.58 | 340.74 | 392.29 | 388.03 |
| 江　苏 | 354.39 | 428.82 | 602.19 | 735.18 | 967.97 | 1085.46 | 1257.69 | 1464.03 | 1627.54 | 1751.77 | 1873.32 |
| 浙　江 | 59.08 | 151.27 | 261.13 | 451.40 | 581.56 | 715.80 | 844.14 | 997.74 | 1082.30 | 1215.40 | 1359.26 |
| 福　建 | 61.89 | 108.09 | 161.10 | 287.53 | 411.92 | 497.18 | 551.26 | 660.07 | 744.89 | 810.92 | 863.93 |
| 山　东 | 248.54 | 376.25 | 549.59 | 716.59 | 832.97 | 967.08 | 1094.56 | 1224.75 | 1406.00 | 1543.40 | 1661.38 |
| 广　东 | 158.39 | 192.98 | 343.61 | 451.43 | 568.94 | 708.18 | 834.45 | 978.21 | 1091.74 | 1219.53 | 1400.00 |
| 海　南 | 5.31 | 12.47 | 21.01 | 42.60 | 53.20 | 67.01 | 93.09 | 101.74 | 104.95 | 215.28 | 233.98 |
| **中部地区** | **586.88** | **900.24** | **1371.92** | **1952.94** | **2762.26** | **3542.40** | **4309.82** | **4949.09** | **5693.12** | **6399.25** | **7110.63** |
| 山　西 | 2.22 | 22.54 | 31.80 | 69.40 | 111.13 | 272.74 | 309.41 | 362.99 | 405.18 | 438.51 | 483.97 |
| 吉　林 | — | — | 77.61 | 97.63 | 134.49 | 180.74 | 234.23 | 321.70 | 400.85 | 494.14 | 533.80 |
| 黑龙江 | — | 5.49 | 16.02 | 80.12 | 158.35 | 229.41 | 319.75 | 389.99 | 429.75 | 496.68 | 523.78 |
| 安　徽 | 236.85 | 292.70 | 481.72 | 666.93 | 870.71 | 1043.22 | 1221.04 | 1244.85 | 1420.15 | 1529.04 | 1738.20 |
| 江　西 | 44.94 | 70.82 | 102.06 | 126.54 | 183.96 | 229.15 | 271.27 | 331.12 | 368.52 | 416.83 | 438.48 |
| 河　南 | 74.27 | 168.64 | 192.69 | 261.64 | 369.86 | 487.70 | 648.24 | 799.56 | 963.79 | 1123.05 | 1291.23 |
| 湖　北 | 95.45 | 154.65 | 256.55 | 333.48 | 480.98 | 564.93 | 661.80 | 708.91 | 773.76 | 847.66 | 958.80 |
| 湖　南 | 133.15 | 185.41 | 213.49 | 317.21 | 452.77 | 534.51 | 644.10 | 789.96 | 931.13 | 1053.34 | 1142.37 |
| **西部地区** | **474.44** | **995.75** | **1500.68** | **2250.21** | **3245.29** | **4114.15** | **4803.68** | **5515.06** | **6307.55** | **7010.84** | **7446.56** |
| 内蒙古 | 4.69 | 39.25 | 55.59 | 126.97 | 188.09 | 239.25 | 311.78 | 368.27 | 436.88 | 481.24 | 483.48 |
| 广　西 | 49.61 | 67.14 | 90.59 | 157.53 | 239.35 | 325.19 | 383.22 | 409.68 | 481.50 | 530.70 | 580.15 |
| 重　庆 | 54.41 | 91.46 | 193.73 | 229.29 | 332.86 | 417.89 | 468.07 | 548.72 | 640.82 | 681.28 | 774.73 |
| 四　川 | 148.39 | 274.37 | 382.48 | 630.67 | 856.18 | 1018.81 | 1177.11 | 1294.52 | 1495.83 | 1644.64 | 1743.46 |
| 贵　州 | 57.92 | 161.86 | 233.90 | 334.71 | 409.68 | 536.47 | 609.88 | 693.81 | 752.85 | 831.27 | 849.88 |
| 云　南 | 102.19 | 147.52 | 193.41 | 245.65 | 352.65 | 466.83 | 537.60 | 637.18 | 691.97 | 767.63 | 826.61 |
| 西　藏 | — | — | 3.61 | 9.65 | 19.66 | 20.22 | 22.65 | 22.73 | 37.09 | 35.51 | 35.51 |
| 陕　西 | 52.45 | 65.08 | 78.10 | 114.32 | 176.99 | 189.30 | 254.72 | 301.89 | 339.21 | 465.01 | 482.79 |
| 甘　肃 | 3.48 | 27.43 | 68.85 | 123.50 | 191.57 | 226.81 | 261.79 | 296.84 | 338.23 | 360.64 | 362.70 |
| 青　海 | — | 63.14 | 72.95 | 79.07 | 85.35 | 105.15 | 118.13 | 135.73 | 136.95 | 148.73 | 149.39 |
| 宁　夏 | 1.30 | 42.38 | 57.67 | 75.99 | 126.16 | 175.95 | 198.74 | 229.18 | 279.46 | 294.75 | 315.77 |
| 新　疆 | 0.01 | 16.12 | 69.80 | 122.87 | 266.74 | 392.29 | 460.00 | 576.51 | 676.77 | 769.45 | 842.10 |

数据来源：国家统计局。

表 2－50　　2010—2014 年全国各地区商业营业用房竣工面积

单位：万平方米

| | 2010 年 | 2011 年 | 2012 年 | 2013 年 | 2014 年 |
|---|---|---|---|---|---|
| **总　计** | **7931.40** | **9045.27** | **10226.45** | **10852.42** | **12084.08** |
| **一、东部地区** | **4270.10** | **4622.79** | **5061.98** | **5038.37** | **5688.79** |
| 北　京 | 271.92 | 232.43 | 240.06 | 178.36 | 216.24 |
| 天　津 | 235.29 | 154.27 | 301.42 | 187.80 | 267.75 |
| 河　北 | 234.36 | 468.85 | 503.80 | 501.77 | 439.14 |
| 辽　宁 | 535.72 | 720.10 | 762.07 | 716.08 | 741.14 |
| 上　海 | 176.41 | 231.80 | 177.65 | 253.45 | 208.36 |
| 江　苏 | 1127.10 | 1063.34 | 1168.74 | 995.59 | 1213.10 |
| 浙　江 | 546.25 | 466.82 | 453.11 | 471.99 | 708.44 |
| 福　建 | 165.82 | 266.03 | 238.83 | 404.85 | 308.55 |
| 山　东 | 497.50 | 595.27 | 682.60 | 816.47 | 837.67 |
| 广　东 | 448.59 | 403.03 | 473.58 | 469.15 | 684.38 |
| 海　南 | 31.14 | 20.83 | 60.15 | 42.87 | 64.02 |
| **二、中部地区** | **2110.45** | **2404.39** | **2834.71** | **3242.12** | **3353.05** |
| 山　西 | 117.64 | 104.79 | 182.54 | 272.98 | 257.71 |
| 吉　林 | 204.16 | 172.98 | 223.07 | 307.50 | 172.54 |
| 黑龙江 | 258.61 | 424.25 | 340.25 | 339.84 | 360.79 |
| 安　徽 | 430.68 | 464.22 | 577.19 | 698.82 | 834.63 |
| 江　西 | 173.97 | 200.04 | 205.59 | 260.16 | 249.47 |
| 河　南 | 369.63 | 418.18 | 562.00 | 620.81 | 652.77 |
| 湖　北 | 270.79 | 263.74 | 300.19 | 328.68 | 389.91 |
| 湖　南 | 284.95 | 356.18 | 443.88 | 413.33 | 435.23 |
| **三、西部地区** | **1550.86** | **2018.09** | **2329.76** | **2571.93** | **3042.23** |
| 内蒙古 | 277.25 | 371.26 | 403.68 | 391.43 | 311.13 |
| 广　西 | 121.89 | 188.58 | 205.02 | 175.44 | 204.63 |
| 重　庆 | 229.44 | 298.79 | 282.23 | 456.08 | 340.59 |
| 四　川 | 283.94 | 378.9 | 518.93 | 482.70 | 653.93 |
| 贵　州 | 126.79 | 195.66 | 162.36 | 218.58 | 364.03 |
| 云　南 | 157.72 | 150.77 | 183.06 | 220.86 | 283.25 |
| 西　藏 | 0.67 | 2.21 | 2.66 | 7.44 | 5.83 |
| 陕　西 | 58.99 | 88.79 | 145.59 | 114.92 | 183.55 |
| 甘　肃 | 60.42 | 82.03 | 93.85 | 97.62 | 100.23 |
| 青　海 | 18.12 | 41.41 | 23.88 | 52.78 | 66.17 |
| 宁　夏 | 122.50 | 113.77 | 131.04 | 133.69 | 214.56 |
| 新　疆 | 93.13 | 105.92 | 177.45 | 220.39 | 314.32 |

数据来源：国家统计局。

表 2 -51　　2014 年全国各地区月度累计商业营业用房竣工面积

单位：万平方米

| | 1-2月 | 1-3月 | 1-4月 | 1-5月 | 1-6月 | 1-7月 | 1-8月 | 1-9月 | 1-10月 | 1-11月 | 1-12月 |
|---|---|---|---|---|---|---|---|---|---|---|---|
| **总　计** | **1501.83** | **2223.93** | **2751.30** | **3502.12** | **4353.36** | **4929.37** | **5658.64** | **6407.81** | **7300.53** | **8451.69** | **12084.08** |
| **东部地区** | **768.38** | **1080.65** | **1289.08** | **1601.82** | **1943.36** | **2201.71** | **2607.29** | **2876.04** | **3255.45** | **3732.75** | **5688.79** |
| 北　京 | 29.56 | 36.57 | 38.77 | 46.93 | 56.01 | 59.10 | 67.00 | 73.45 | 92.77 | 116.42 | 216.24 |
| 天　津 | 16.49 | 18.63 | 13.24 | 14.85 | 29.02 | 33.59 | 33.61 | 33.75 | 40.29 | 40.13 | 267.75 |
| 河　北 | 29.64 | 45.61 | 52.46 | 72.31 | 94.80 | 123.93 | 165.61 | 207.41 | 234.11 | 286.25 | 439.14 |
| 辽　宁 | 34.56 | 90.70 | 117.89 | 151.08 | 246.64 | 277.58 | 363.35 | 408.87 | 481.96 | 567.43 | 741.14 |
| 上　海 | 61.42 | 64.03 | 76.74 | 94.50 | 97.98 | 102.90 | 117.31 | 126.40 | 143.16 | 167.97 | 208.36 |
| 江　苏 | 268.61 | 371.23 | 437.33 | 526.19 | 592.33 | 648.30 | 724.17 | 750.96 | 846.57 | 912.85 | 1213.10 |
| 浙　江 | 98.74 | 123.14 | 148.16 | 192.64 | 220.94 | 286.69 | 373.91 | 400.78 | 421.35 | 460.41 | 708.44 |
| 福　建 | 58.50 | 89.21 | 98.94 | 105.23 | 129.49 | 134.10 | 160.61 | 180.34 | 205.22 | 220.65 | 308.55 |
| 山　东 | 81.75 | 126.58 | 166.34 | 235.12 | 285.68 | 315.81 | 331.42 | 385.17 | 427.90 | 552.63 | 837.67 |
| 广　东 | 77.25 | 104.68 | 128.48 | 151.61 | 178.21 | 207.36 | 233.94 | 263.04 | 313.53 | 357.06 | 684.38 |
| 海　南 | 11.86 | 10.25 | 10.72 | 11.37 | 12.25 | 12.37 | 36.37 | 45.85 | 48.60 | 50.94 | 64.02 |
| **中部地区** | **402.77** | **594.93** | **779.17** | **1028.65** | **1274.82** | **1401.58** | **1604.13** | **1878.77** | **2096.23** | **2406.63** | **3353.05** |
| 山　西 | 11.85 | 30.07 | 49.02 | 73.03 | 93.90 | 97.74 | 99.71 | 115.62 | 130.50 | 152.83 | 257.71 |
| 吉　林 | 2.50 | 11.29 | 15.70 | 34.22 | 68.12 | 77.33 | 91.21 | 103.89 | 115.69 | 150.49 | 172.54 |
| 黑龙江 | 9.12 | 18.16 | 24.05 | 51.40 | 67.09 | 80.21 | 93.09 | 140.32 | 161.45 | 217.13 | 360.79 |
| 安　徽 | 153.28 | 209.81 | 268.41 | 324.14 | 366.15 | 409.32 | 454.35 | 523.77 | 573.03 | 638.49 | 834.63 |
| 江　西 | 40.44 | 46.36 | 85.53 | 131.75 | 142.53 | 152.45 | 163.69 | 186.86 | 200.94 | 211.25 | 249.47 |
| 河　南 | 63.80 | 101.24 | 123.21 | 170.84 | 243.16 | 262.19 | 323.41 | 355.08 | 403.16 | 465.17 | 652.77 |
| 湖　北 | 58.44 | 86.77 | 104.13 | 120.68 | 146.17 | 155.56 | 165.50 | 207.87 | 220.07 | 255.43 | 389.91 |
| 湖　南 | 63.35 | 91.22 | 109.13 | 122.59 | 147.70 | 166.78 | 213.16 | 245.36 | 291.38 | 315.82 | 435.23 |
| **西部地区** | **330.68** | **548.35** | **683.05** | **871.64** | **1135.18** | **1326.08** | **1447.23** | **1653.01** | **1948.86** | **2312.31** | **3042.23** |
| 内蒙古 | 2.54 | 13.31 | 29.70 | 54.22 | 109.62 | 127.23 | 142.94 | 169.63 | 238.08 | 277.36 | 311.13 |
| 广　西 | 52.69 | 60.92 | 76.76 | 83.23 | 88.66 | 92.99 | 105.56 | 116.60 | 150.22 | 164.70 | 204.63 |
| 重　庆 | 68.78 | 95.04 | 98.12 | 115.54 | 132.05 | 149.95 | 159.44 | 177.90 | 193.99 | 241.78 | 340.59 |
| 四　川 | 90.98 | 122.23 | 140.41 | 166.20 | 217.16 | 273.57 | 306.14 | 348.11 | 396.20 | 436.80 | 653.93 |
| 贵　州 | 53.89 | 71.26 | 92.34 | 158.90 | 203.55 | 228.06 | 235.16 | 252.77 | 274.52 | 309.37 | 364.03 |
| 云　南 | 21.00 | 93.23 | 107.94 | 111.07 | 138.53 | 167.63 | 167.80 | 175.86 | 187.70 | 218.26 | 283.25 |
| 西　藏 | — | — | — | — | 0.12 | 0.12 | 0.12 | 0.48 | 4.17 | 4.17 | 5.83 |
| 陕　西 | 13.26 | 23.16 | 34.64 | 45.18 | 56.80 | 58.23 | 60.34 | 66.22 | 69.89 | 91.97 | 183.55 |
| 甘　肃 | 5.93 | 12.16 | 16.34 | 27.32 | 35.18 | 37.69 | 46.17 | 63.78 | 68.79 | 79.03 | 100.23 |
| 青　海 | — | 0.73 | 4.82 | 7.48 | 16.87 | 19.38 | 19.38 | 20.36 | 29.71 | 51.51 | 66.17 |
| 宁　夏 | 14.67 | 40.75 | 47.30 | 55.01 | 73.77 | 87.53 | 94.77 | 108.12 | 140.93 | 168.56 | 214.56 |
| 新　疆 | 6.94 | 15.57 | 34.67 | 47.49 | 62.86 | 83.70 | 109.39 | 153.17 | 194.64 | 268.80 | 314.32 |

数据来源：国家统计局。

# 七、全国各地区房地产销售数据

表 2－52　　2010—2014 年全国各地区各地区商品房销售面积

单位：万平方米

| | 2010 年 | 2011 年 | 2012 年 | 2013 年 | 2014 年 |
|---|---|---|---|---|---|
| **总　计** | **104349.11** | **109945.56** | **111303.65** | **130550.59** | **120648.54** |
| **一、东部地区** | **50822.01** | **51052.25** | **53223.76** | **63476.04** | **54755.84** |
| 北　京 | 1639.53 | 1440.04 | 1943.74 | 1903.11 | 1454.19 |
| 天　津 | 1564.52 | 1643.11 | 1661.69 | 1847.11 | 1612.98 |
| 河　北 | 4532.99 | 5901.36 | 5144.92 | 5675.95 | 5706.19 |
| 辽　宁 | 6798.15 | 7561.39 | 8827.95 | 9292.33 | 5754.81 |
| 上　海 | 2055.53 | 1771.30 | 1898.46 | 2382.20 | 2084.66 |
| 江　苏 | 9377.74 | 7982.67 | 9019.18 | 11454.77 | 9846.84 |
| 浙　江 | 4809.96 | 3827.08 | 4005.29 | 4886.99 | 4676.83 |
| 福　建 | 2575.65 | 2696.16 | 3258.94 | 4676.16 | 4119.48 |
| 山　东 | 9291.21 | 9579.60 | 8632.76 | 10329.80 | 9180.12 |
| 广　东 | 7322.01 | 7761.34 | 7898.99 | 9836.39 | 9315.76 |
| 海　南 | 854.73 | 888.19 | 931.84 | 1191.23 | 1003.97 |
| **二、中部地区** | **26223.44** | **29311.92** | **30139.86** | **35191.28** | **33824.25** |
| 山　西 | 1163.38 | 1263.19 | 1497.88 | 1642.82 | 1576.27 |
| 吉　林 | 2319.64 | 2364.25 | 2452.42 | 2214.96 | 1581.72 |
| 黑龙江 | 2718.06 | 3395.42 | 3806.82 | 3339.95 | 2475.74 |
| 安　徽 | 4113.88 | 4581.55 | 4828.81 | 6265.35 | 6202.18 |
| 江　西 | 2469.67 | 2335.36 | 2397.10 | 3167.06 | 3067.16 |
| 河　南 | 5452.23 | 6304.41 | 5968.49 | 7310.21 | 7879.67 |
| 湖　北 | 3513.63 | 4190.09 | 4037.85 | 5298.54 | 5601.98 |
| 湖　南 | 4472.97 | 4877.65 | 5150.48 | 5952.38 | 5439.53 |
| **三、西部地区** | **27303.66** | **29581.39** | **27940.03** | **31883.27** | **32068.46** |
| 内蒙古 | 3020.54 | 3620.12 | 2523.52 | 2737.70 | 2457.18 |
| 广　西 | 2793.92 | 2934.05 | 2759.26 | 2995.58 | 3156.55 |
| 重　庆 | 4314.39 | 4533.50 | 4522.40 | 4817.56 | 5100.39 |
| 四　川 | 6396.92 | 6664.70 | 6455.93 | 7312.78 | 7142.44 |
| 贵　州 | 1730.69 | 1889.95 | 2186.95 | 2972.32 | 3178.12 |
| 云　南 | 2959.43 | 3107.12 | 3237.75 | 3309.30 | 3194.19 |
| 西　藏 | 19.09 | 19.36 | 22.50 | 25.40 | 59.33 |
| 陕　西 | 2590.18 | 3068.63 | 2755.59 | 3045.70 | 3093.64 |
| 甘　肃 | 756.51 | 815.89 | 978.44 | 1220.02 | 1325.51 |
| 青　海 | 281.04 | 348.20 | 262.96 | 381.56 | 415.77 |
| 宁　夏 | 935.98 | 842.89 | 804.43 | 1048.31 | 1129.46 |
| 新　疆 | 1504.96 | 1736.98 | 1430.31 | 2017.03 | 1815.88 |

数据来源：国家统计局。

表 2－53　　2014 年全国各地区月度累计商品房销售面积

单位：万平方米

| | 1－2 月 | 1－3 月 | 1－4 月 | 1－5 月 | 1－6 月 | 1－7 月 | 1－8 月 | 1－9 月 | 1－10 月 | 1－11 月 | 1－12 月 |
|---|---|---|---|---|---|---|---|---|---|---|---|
| **总　计** | **10465.62** | **20111.18** | **27709.26** | **36069.60** | **48365.23** | **56479.59** | **64987.50** | **77131.82** | **88493.81** | **101716.57** | **120648.54** |
| **东部地区** | **5088.90** | **9698.98** | **13339.61** | **17173.04** | **22630.37** | **26435.76** | **30484.89** | **35907.58** | **40902.31** | **46513.85** | **54755.84** |
| 北　京 | 134.62 | 260.52 | 357.23 | 454.35 | 531.92 | 677.43 | 774.36 | 895.89 | 1025.57 | 1173.50 | 1454.19 |
| 天　津 | 197.63 | 377.90 | 461.32 | 620.52 | 722.81 | 763.00 | 859.95 | 1015.06 | 1151.39 | 1274.70 | 1612.98 |
| 河　北 | 245.71 | 633.73 | 921.85 | 1318.42 | 2039.22 | 2417.42 | 2896.90 | 3699.52 | 4195.79 | 4752.80 | 5706.19 |
| 辽　宁 | 291.41 | 1020.36 | 1440.58 | 1918.58 | 2783.22 | 3289.46 | 3742.78 | 4382.02 | 4876.78 | 5361.63 | 5754.81 |
| 上　海 | 287.17 | 467.18 | 602.27 | 707.49 | 900.90 | 1049.32 | 1166.96 | 1315.71 | 1486.66 | 1747.99 | 2084.66 |
| 江　苏 | 1179.11 | 1978.73 | 2686.67 | 3393.44 | 4229.79 | 4907.56 | 5639.71 | 6459.85 | 7387.05 | 8343.20 | 9846.84 |
| 浙　江 | 498.02 | 785.18 | 1059.44 | 1361.03 | 1715.36 | 2047.37 | 2449.11 | 2936.04 | 3429.13 | 3975.22 | 4676.83 |
| 福　建 | 520.55 | 869.16 | 1283.73 | 1566.50 | 1922.33 | 2182.70 | 2423.62 | 2781.59 | 3167.29 | 3534.94 | 4119.48 |
| 山　东 | 665.03 | 1409.64 | 1967.46 | 2569.76 | 3474.26 | 4138.39 | 4863.08 | 5824.14 | 6628.80 | 7630.40 | 9180.12 |
| 广　东 | 933.95 | 1653.46 | 2250.79 | 2893.98 | 3846.00 | 4437.70 | 5055.01 | 5927.54 | 6816.57 | 7851.91 | 9315.76 |
| 海　南 | 135.69 | 243.12 | 308.28 | 368.96 | 464.58 | 525.40 | 613.43 | 670.23 | 737.29 | 867.57 | 1003.97 |
| **中部地区** | **2800.05** | **5322.95** | **7298.32** | **9529.86** | **12987.42** | **15196.49** | **17409.69** | **20692.83** | **23736.74** | **27431.73** | **33824.25** |
| 山　西 | 65.26 | 176.34 | 272.45 | 396.26 | 575.18 | 745.91 | 875.75 | 1015.36 | 1127.65 | 1279.68 | 1576.27 |
| 吉　林 | 66.11 | 118.36 | 223.80 | 369.56 | 567.62 | 721.60 | 871.85 | 1034.86 | 1201.89 | 1370.88 | 1581.72 |
| 黑龙江 | 55.67 | 171.13 | 294.41 | 418.26 | 725.16 | 893.67 | 1054.45 | 1404.00 | 1702.48 | 2040.39 | 2475.74 |
| 安　徽 | 835.62 | 1357.39 | 1760.94 | 2203.52 | 2796.35 | 3172.24 | 3600.14 | 4111.48 | 4583.00 | 5179.70 | 6202.18 |
| 江　西 | 373.09 | 611.35 | 753.84 | 924.83 | 1214.66 | 1379.26 | 1539.89 | 1817.99 | 2042.85 | 2325.97 | 3067.16 |
| 河　南 | 463.95 | 1136.42 | 1605.18 | 2096.89 | 2827.81 | 3323.99 | 3884.17 | 4661.55 | 5434.82 | 6336.76 | 7879.67 |
| 湖　北 | 463.44 | 881.43 | 1229.86 | 1587.10 | 2212.74 | 2540.20 | 2839.02 | 3401.98 | 3921.70 | 4462.52 | 5601.98 |
| 湖　南 | 476.91 | 870.54 | 1157.85 | 1533.46 | 2067.88 | 2419.63 | 2744.42 | 3245.62 | 3722.34 | 4435.82 | 5439.53 |
| **西部地区** | **2576.68** | **5089.25** | **7071.32** | **9366.70** | **12747.44** | **14847.34** | **17092.92** | **20531.41** | **23854.76** | **27770.99** | **32068.46** |
| 内蒙古 | 23.75 | 134.37 | 221.11 | 359.24 | 589.27 | 709.52 | 837.30 | 1230.99 | 1764.59 | 2144.06 | 2457.18 |
| 广　西 | 271.56 | 463.65 | 647.94 | 874.70 | 1254.55 | 1454.83 | 1653.78 | 1880.35 | 2172.25 | 2576.39 | 3156.55 |
| 重　庆 | 546.19 | 1013.17 | 1351.41 | 1714.96 | 2178.98 | 2495.08 | 2855.64 | 3292.81 | 3732.36 | 4328.71 | 5100.39 |
| 四　川 | 743.02 | 1343.86 | 1821.31 | 2396.48 | 3210.32 | 3740.83 | 4260.86 | 4888.61 | 5521.39 | 6250.49 | 7142.44 |
| 贵　州 | 294.25 | 594.69 | 786.35 | 985.06 | 1314.49 | 1489.30 | 1685.54 | 2175.88 | 2466.45 | 2927.98 | 3178.12 |
| 云　南 | 237.90 | 536.00 | 740.77 | 953.31 | 1275.47 | 1478.20 | 1705.30 | 2063.42 | 2369.02 | 2767.07 | 3194.19 |
| 西　藏 | — | 0.57 | 1.39 | 16.51 | 24.20 | 26.88 | 36.62 | 40.15 | 52.91 | 56.80 | 59.33 |
| 陕　西 | 208.21 | 436.77 | 633.34 | 845.26 | 1227.64 | 1417.66 | 1633.60 | 2008.17 | 2268.59 | 2588.16 | 3093.64 |
| 甘　肃 | 66.26 | 162.52 | 246.99 | 339.39 | 484.80 | 591.94 | 702.24 | 884.33 | 1008.15 | 1171.77 | 1325.51 |
| 青　海 | 20.90 | 56.54 | 74.61 | 98.05 | 124.75 | 169.95 | 193.26 | 250.98 | 310.38 | 365.59 | 415.77 |
| 宁　夏 | 70.92 | 145.21 | 238.44 | 331.81 | 450.89 | 533.69 | 637.77 | 751.10 | 863.99 | 983.36 | 1129.46 |
| 新　疆 | 93.72 | 201.89 | 307.67 | 451.93 | 612.07 | 739.46 | 891.01 | 1064.63 | 1324.67 | 1610.61 | 1815.88 |

数据来源：国家统计局。

表 2－54　　**2010—2014 年全国各地区各地区商品房销售金额**

单位：亿元

| | 2010 年 | 2011 年 | 2012 年 | 2013 年 | 2014 年 |
|---|---|---|---|---|---|
| **总　计** | **52478.72** | **59119.09** | **64455.79** | **81428.28** | **76292.41** |
| **一、东部地区** | **33203.34** | **34628.05** | **38412.81** | **49327.40** | **43606.95** |
| 北　京 | 2915.36 | 2425.80 | 3308.56 | 3530.82 | 2738.74 |
| 天　津 | 1282.43 | 1473.11 | 1365.53 | 1615.47 | 1486.94 |
| 河　北 | 1605.82 | 2350.04 | 2303.90 | 2779.69 | 2928.00 |
| 辽　宁 | 3059.88 | 3576.31 | 4362.78 | 4759.21 | 3092.10 |
| 上　海 | 2959.94 | 2568.88 | 2669.49 | 3911.57 | 3499.53 |
| 江　苏 | 5430.71 | 5186.00 | 6067.01 | 7913.70 | 6898.42 |
| 浙　江 | 4448.70 | 3728.16 | 4262.66 | 5396.03 | 4923.00 |
| 福　建 | 1610.99 | 2070.94 | 2817.70 | 4232.08 | 3763.52 |
| 山　东 | 3666.42 | 4259.17 | 4111.80 | 5215.12 | 4879.66 |
| 广　东 | 5476.48 | 6199.18 | 6407.81 | 8941.05 | 8461.84 |
| 海　南 | 746.61 | 790.44 | 735.57 | 1032.65 | 935.21 |
| **二、中部地区** | **9138.84** | **11895.36** | **13020.46** | **16524.49** | **16558.22** |
| 山　西 | 404.59 | 434.67 | 579.89 | 728.26 | 746.14 |
| 吉　林 | 836.65 | 1040.08 | 1016.95 | 993.04 | 808.58 |
| 黑龙江 | 1010.10 | 1357.51 | 1548.30 | 1582.34 | 1208.54 |
| 安　徽 | 1732.66 | 2183.10 | 2329.88 | 3182.87 | 3345.19 |
| 江　西 | 776.40 | 953.57 | 1137.35 | 1647.90 | 1621.76 |
| 河　南 | 1658.79 | 2201.22 | 2286.67 | 3074.14 | 3440.58 |
| 湖　北 | 1313.14 | 1872.99 | 2036.20 | 2790.32 | 3088.31 |
| 湖　南 | 1406.52 | 1852.22 | 2085.23 | 2525.64 | 2299.11 |
| **三、西部地区** | **10136.54** | **12595.68** | **13022.51** | **15576.39** | **16127.24** |
| 内蒙古 | 1065.03 | 1360.82 | 1022.80 | 1177.36 | 1064.82 |
| 广　西 | 995.19 | 1111.68 | 1159.83 | 1375.79 | 1532.05 |
| 重　庆 | 1846.94 | 2146.09 | 2297.35 | 2682.76 | 2814.99 |
| 四　川 | 2647.34 | 3270.85 | 3517.72 | 4020.27 | 3997.37 |
| 贵　州 | 581.01 | 734.70 | 900.08 | 1276.69 | 1370.31 |
| 云　南 | 934.60 | 1133.61 | 1362.83 | 1487.24 | 1596.37 |
| 西　藏 | 5.55 | 6.69 | 7.35 | 10.60 | 34.25 |
| 陕　西 | 973.44 | 1517.23 | 1420.75 | 1608.11 | 1598.04 |
| 甘　肃 | 227.81 | 276.95 | 349.32 | 474.07 | 602.34 |
| 青　海 | 84.40 | 114.16 | 106.46 | 158.84 | 211.27 |
| 宁　夏 | 309.22 | 314.53 | 317.58 | 443.70 | 464.96 |
| 新　疆 | 466.02 | 608.38 | 560.45 | 860.95 | 840.47 |

数据来源：国家统计局。

表 2－55　　2014 年全国各地区月度累计商品房销售金额

单位：亿元

| | 1－2月 | 1－3月 | 1－4月 | 1－5月 | 1－6月 | 1－7月 | 1－8月 | 1－9月 | 1－10月 | 1－11月 | 1－12月 |
|---|---|---|---|---|---|---|---|---|---|---|---|
| **总　计** | **7090.42** | **13262.96** | **18306.56** | **23673.64** | **31132.81** | **36315.14** | **41661.01** | **49227.01** | **56384.93** | **64480.58** | **76292.41** |
| **东部地区** | **4356.47** | **7981.26** | **10967.46** | **14054.14** | **18050.76** | **21021.86** | **24127.77** | **28418.39** | **32487.59** | **37021.08** | **43606.95** |
| 北　京 | 272.91 | 562.21 | 744.06 | 904.08 | 1068.84 | 1277.88 | 1446.75 | 1700.99 | 1919.52 | 2244.31 | 2738.74 |
| 天　津 | 223.14 | 363.76 | 425.86 | 566.03 | 643.98 | 695.98 | 799.03 | 930.72 | 1065.44 | 1183.65 | 1486.94 |
| 河　北 | 126.76 | 327.11 | 479.02 | 686.47 | 1033.50 | 1265.00 | 1481.08 | 1895.65 | 2121.89 | 2386.95 | 2928.00 |
| 辽　宁 | 173.54 | 549.29 | 799.31 | 1066.14 | 1519.39 | 1776.20 | 2019.37 | 2344.41 | 2623.01 | 2878.37 | 3092.10 |
| 上　海 | 378.59 | 660.22 | 882.71 | 1113.25 | 1399.61 | 1633.72 | 1847.31 | 2118.30 | 2465.81 | 2879.92 | 3499.53 |
| 江　苏 | 789.52 | 1322.76 | 1841.58 | 2346.61 | 2961.23 | 3415.02 | 3892.68 | 4488.69 | 5169.01 | 5830.06 | 6898.42 |
| 浙　江 | 530.18 | 829.17 | 1104.99 | 1442.69 | 1809.99 | 2130.86 | 2562.41 | 3063.74 | 3588.60 | 4175.34 | 4923.00 |
| 福　建 | 462.62 | 832.32 | 1218.82 | 1470.93 | 1762.92 | 2022.45 | 2238.73 | 2575.10 | 2957.62 | 3285.34 | 3763.52 |
| 山　东 | 359.54 | 747.80 | 1051.29 | 1377.29 | 1852.27 | 2214.87 | 2627.31 | 3158.52 | 3583.58 | 4094.65 | 4879.66 |
| 广　东 | 888.34 | 1520.13 | 2085.46 | 2682.91 | 3510.94 | 4050.15 | 4617.47 | 5483.38 | 6276.80 | 7245.36 | 8461.84 |
| 海　南 | 151.34 | 266.49 | 334.34 | 397.74 | 488.08 | 539.72 | 595.65 | 658.90 | 716.32 | 817.11 | 935.21 |
| **中部地区** | **1404.72** | **2652.73** | **3655.17** | **4764.88** | **6511.26** | **7614.99** | **8709.24** | **10337.01** | **11818.25** | **13507.85** | **16558.22** |
| 山　西 | 30.43 | 81.03 | 125.13 | 178.78 | 256.89 | 325.08 | 392.84 | 464.13 | 520.54 | 590.38 | 746.14 |
| 吉　林 | 32.32 | 59.04 | 111.80 | 182.79 | 286.89 | 372.49 | 437.97 | 518.65 | 614.97 | 693.45 | 808.58 |
| 黑龙江 | 31.96 | 88.36 | 154.15 | 219.61 | 376.54 | 466.36 | 555.36 | 724.05 | 860.92 | 1020.97 | 1208.54 |
| 安　徽 | 438.15 | 705.41 | 936.66 | 1179.80 | 1534.27 | 1744.59 | 1998.13 | 2273.29 | 2527.46 | 2827.09 | 3345.19 |
| 江　西 | 203.03 | 318.69 | 398.32 | 482.54 | 641.49 | 736.21 | 817.54 | 970.00 | 1097.72 | 1259.46 | 1621.76 |
| 河　南 | 214.26 | 543.37 | 743.23 | 965.81 | 1279.63 | 1508.85 | 1751.99 | 2096.10 | 2421.66 | 2785.10 | 3440.58 |
| 湖　北 | 243.40 | 482.02 | 682.95 | 882.63 | 1241.06 | 1413.66 | 1569.06 | 1889.29 | 2170.29 | 2446.71 | 3088.31 |
| 湖　南 | 211.16 | 374.81 | 502.92 | 672.91 | 894.49 | 1047.76 | 1186.36 | 1401.50 | 1604.69 | 1884.68 | 2299.11 |
| **西部地区** | **1329.23** | **2628.97** | **3683.94** | **4854.62** | **6570.80** | **7678.28** | **8824.00** | **10471.61** | **12079.09** | **13951.66** | **16127.24** |
| 内蒙古 | 11.34 | 70.81 | 110.31 | 184.71 | 265.86 | 320.92 | 378.83 | 559.85 | 781.34 | 933.71 | 1064.82 |
| 广　西 | 122.85 | 225.45 | 314.52 | 430.05 | 600.42 | 698.33 | 811.93 | 916.62 | 1061.64 | 1249.94 | 1532.05 |
| 重　庆 | 309.23 | 564.69 | 789.88 | 977.40 | 1244.18 | 1426.28 | 1620.82 | 1845.92 | 2078.85 | 2389.59 | 2814.99 |
| 四　川 | 410.82 | 737.51 | 1007.87 | 1332.78 | 1796.97 | 2100.35 | 2389.60 | 2745.48 | 3105.77 | 3516.52 | 3997.37 |
| 贵　州 | 129.89 | 258.14 | 345.78 | 433.54 | 573.61 | 651.72 | 742.91 | 947.46 | 1057.47 | 1256.71 | 1370.31 |
| 云　南 | 109.65 | 262.61 | 368.93 | 476.76 | 658.48 | 763.38 | 850.43 | 1004.09 | 1153.08 | 1341.08 | 1596.37 |
| 西　藏 | — | 0.30 | 0.69 | 6.71 | 11.84 | 13.27 | 21.06 | 23.10 | 29.77 | 32.66 | 34.25 |
| 陕　西 | 109.21 | 239.15 | 347.32 | 460.31 | 663.20 | 759.31 | 882.51 | 1063.10 | 1206.00 | 1360.68 | 1598.04 |
| 甘　肃 | 35.55 | 76.27 | 111.88 | 150.72 | 215.41 | 275.93 | 322.32 | 406.29 | 461.15 | 537.08 | 602.34 |
| 青　海 | 11.42 | 34.20 | 43.67 | 54.19 | 65.80 | 98.29 | 111.03 | 137.59 | 164.23 | 187.39 | 211.27 |
| 宁　夏 | 33.24 | 62.09 | 95.80 | 133.50 | 184.85 | 220.04 | 264.11 | 311.65 | 357.82 | 404.90 | 464.96 |
| 新　疆 | 46.03 | 97.73 | 147.29 | 213.96 | 290.19 | 350.46 | 428.45 | 510.48 | 621.98 | 741.40 | 840.47 |

数据来源：国家统计局。

**表 2 －56** 

## 2010—2014 年全国各地区住宅销售面积

单位：万平方米

| | 2010 年 | 2011 年 | 2012 年 | 2013 年 | 2014 年 |
|---|---|---|---|---|---|
| **总　计** | **93051. 56** | **97030. 26** | **98467. 51** | **115722. 69** | **105181. 79** |
| **一、东部地区** | **44308. 52** | **44466. 13** | **46648. 67** | **55667. 45** | **47487. 61** |
| 北　京 | 1201. 39 | 1034. 96 | 1483. 37 | 1363. 67 | 1136. 53 |
| 天　津 | 1352. 61 | 1454. 84 | 1511. 40 | 1720. 34 | 1477. 63 |
| 河　北 | 4213. 12 | 5311. 77 | 4622. 46 | 5020. 13 | 5015. 06 |
| 辽　宁 | 6011. 37 | 6631. 84 | 7655. 40 | 8014. 80 | 4932. 08 |
| 上　海 | 1685. 35 | 1473. 72 | 1592. 63 | 2015. 81 | 1780. 91 |
| 江　苏 | 8041. 62 | 6789. 64 | 7923. 37 | 10191. 52 | 8800. 93 |
| 浙　江 | 3832. 98 | 3006. 06 | 3316. 23 | 4097. 63 | 3941. 49 |
| 福　建 | 2139. 26 | 2207. 49 | 2741. 96 | 3957. 46 | 3324. 10 |
| 山　东 | 8443. 23 | 8745. 79 | 7745. 87 | 9300. 29 | 7972. 49 |
| 广　东 | 6553. 40 | 6969. 10 | 7157. 63 | 8830. 95 | 8163. 56 |
| 海　南 | 834. 19 | 840. 92 | 898. 35 | 1154. 86 | 942. 84 |
| **二、中部地区** | **23848. 79** | **26157. 72** | **26917. 09** | **31572. 70** | **29957. 40** |
| 山　西 | 1057. 33 | 1150. 62 | 1390. 44 | 1484. 37 | 1433. 91 |
| 吉　林 | 2062. 73 | 2060. 73 | 2159. 43 | 1985. 95 | 1387. 87 |
| 黑龙江 | 2380. 76 | 2914. 45 | 3226. 22 | 2944. 23 | 2131. 46 |
| 安　徽 | 3604. 87 | 3970. 33 | 4275. 43 | 5573. 53 | 5364. 94 |
| 江　西 | 2265. 66 | 2084. 95 | 2125. 90 | 2846. 04 | 2775. 22 |
| 河　南 | 5092. 49 | 5747. 77 | 5455. 50 | 6561. 41 | 7009. 09 |
| 湖　北 | 3241. 90 | 3784. 68 | 3620. 10 | 4765. 68 | 5002. 60 |
| 湖　南 | 4143. 06 | 4444. 17 | 4664. 08 | 5411. 48 | 4852. 32 |
| **三、西部地区** | **24894. 26** | **26406. 42** | **24901. 75** | **28482. 54** | **27736. 77** |
| 内蒙古 | 2534. 81 | 3000. 38 | 2104. 22 | 2263. 65 | 1995. 68 |
| 广　西 | 2607. 15 | 2724. 00 | 2546. 96 | 2765. 15 | 2869. 32 |
| 重　庆 | 3986. 31 | 4063. 42 | 4105. 11 | 4359. 19 | 4423. 68 |
| 四　川 | 5849. 34 | 5944. 35 | 5679. 33 | 6505. 32 | 6176. 51 |
| 贵　州 | 1596. 30 | 1705. 92 | 2002. 40 | 2646. 98 | 2707. 09 |
| 云　南 | 2658. 99 | 2716. 42 | 2789. 68 | 2855. 52 | 2618. 02 |
| 西　藏 | 18. 57 | 18. 40 | 20. 65 | 22. 78 | 53. 64 |
| 陕　西 | 2471. 95 | 2885. 85 | 2530. 84 | 2831. 22 | 2836. 69 |
| 甘　肃 | 692. 07 | 734. 38 | 893. 36 | 1134. 81 | 1212. 60 |
| 青　海 | 266. 43 | 332. 11 | 246. 85 | 369. 70 | 362. 92 |
| 宁　夏 | 816. 79 | 701. 86 | 707. 57 | 928. 26 | 939. 37 |
| 新　疆 | 1395. 55 | 1579. 33 | 1274. 80 | 1799. 95 | 1541. 25 |

数据来源：国家统计局。

**表 2－57**

## 2014 年全国各地区月度累计住宅销售面积

单位：万平方米

| | 1－2 月 | 1－3 月 | 1－4 月 | 1－5 月 | 1－6 月 | 1－7 月 | 1－8 月 | 1－9 月 | 1－10 月 | 1－11 月 | 1－12 月 |
|---|---|---|---|---|---|---|---|---|---|---|---|
| **总　计** | **9377.10** | **17824.69** | **24514.55** | **31946.35** | **42487.19** | **49592.00** | **57094.42** | **67668.61** | **77606.72** | **89013.93** | **105181.79** |
| **东部地区** | **4470.55** | **8478.14** | **11659.99** | **15021.96** | **19707.96** | **23041.64** | **26610.75** | **31249.91** | **35628.69** | **40469.81** | **47487.61** |
| 北　京 | 90.05 | 170.78 | 249.41 | 328.78 | 385.38 | 505.07 | 578.63 | 685.34 | 797.09 | 921.82 | 1136.53 |
| 天　津 | 177.47 | 348.65 | 423.27 | 570.12 | 662.77 | 701.72 | 783.53 | 919.54 | 1049.02 | 1158.50 | 1477.63 |
| 河　北 | 222.19 | 579.29 | 846.43 | 1216.24 | 1823.08 | 2182.06 | 2621.62 | 3283.41 | 3726.53 | 4203.16 | 5015.06 |
| 辽　宁 | 252.91 | 838.67 | 1216.72 | 1630.12 | 2372.14 | 2809.85 | 3204.33 | 3761.27 | 4191.86 | 4597.64 | 4932.08 |
| 上　海 | 247.23 | 418.50 | 531.78 | 618.31 | 789.33 | 912.38 | 1010.39 | 1133.66 | 1274.64 | 1503.66 | 1780.91 |
| 江　苏 | 1058.44 | 1774.24 | 2406.84 | 3034.73 | 3776.49 | 4382.92 | 5045.27 | 5769.04 | 6608.68 | 7468.14 | 8800.93 |
| 浙　江 | 418.45 | 653.12 | 887.23 | 1140.27 | 1427.21 | 1710.28 | 2057.69 | 2478.70 | 2898.49 | 3365.90 | 3941.49 |
| 福　建 | 447.98 | 716.07 | 1035.23 | 1276.01 | 1553.37 | 1768.84 | 1958.98 | 2234.58 | 2562.46 | 2855.72 | 3324.10 |
| 山　东 | 606.89 | 1276.44 | 1766.77 | 2281.95 | 3068.10 | 3644.20 | 4299.67 | 5136.29 | 5828.67 | 6659.24 | 7972.49 |
| 广　东 | 819.34 | 1467.11 | 1997.68 | 2571.01 | 3406.56 | 3923.72 | 4463.76 | 5206.02 | 5987.52 | 6910.37 | 8163.56 |
| 海　南 | 129.60 | 235.26 | 298.64 | 354.42 | 443.54 | 500.58 | 586.88 | 642.05 | 703.73 | 825.65 | 942.84 |
| **中部地区** | **2560.70** | **4802.59** | **6571.78** | **8597.71** | **11650.29** | **13617.32** | **15590.84** | **18518.24** | **21194.76** | **24416.87** | **29957.40** |
| 山　西 | 62.68 | 163.59 | 252.65 | 363.76 | 530.39 | 693.11 | 807.82 | 934.05 | 1035.64 | 1172.66 | 1433.91 |
| 吉　林 | 55.78 | 104.74 | 200.24 | 331.97 | 496.97 | 633.18 | 768.59 | 910.41 | 1054.76 | 1201.50 | 1387.87 |
| 黑龙江 | 48.64 | 150.74 | 265.81 | 377.15 | 651.38 | 791.45 | 927.30 | 1235.81 | 1472.37 | 1753.62 | 2131.46 |
| 安　徽 | 766.51 | 1219.72 | 1554.65 | 1937.00 | 2430.38 | 2745.78 | 3119.74 | 3553.16 | 3969.89 | 4489.74 | 5364.94 |
| 江　西 | 343.11 | 558.11 | 690.27 | 847.62 | 1117.15 | 1266.72 | 1415.16 | 1669.25 | 1871.77 | 2125.51 | 2775.22 |
| 河　南 | 415.84 | 1005.56 | 1433.95 | 1883.12 | 2550.24 | 2993.03 | 3498.46 | 4194.90 | 4883.77 | 5676.60 | 7009.09 |
| 湖　北 | 433.85 | 800.95 | 1108.15 | 1440.83 | 1997.90 | 2297.48 | 2574.95 | 3093.36 | 3546.21 | 4010.51 | 5002.60 |
| 湖　南 | 434.28 | 799.18 | 1066.05 | 1416.27 | 1875.89 | 2196.57 | 2478.80 | 2927.31 | 3360.35 | 3986.73 | 4852.32 |
| **西部地区** | **2345.85** | **4543.96** | **6282.78** | **8326.68** | **11128.94** | **12933.04** | **14892.83** | **17900.47** | **20783.27** | **24127.25** | **27736.77** |
| 内蒙古 | 20.60 | 106.54 | 174.96 | 286.51 | 469.57 | 574.27 | 686.79 | 1009.12 | 1431.36 | 1734.28 | 1995.68 |
| 广　西 | 252.43 | 432.41 | 601.84 | 814.66 | 1152.30 | 1336.01 | 1515.33 | 1721.33 | 1987.27 | 2350.53 | 2869.32 |
| 重　庆 | 511.49 | 925.84 | 1225.19 | 1562.83 | 1940.81 | 2214.59 | 2530.92 | 2924.12 | 3321.74 | 3813.93 | 4423.68 |
| 四　川 | 673.53 | 1214.19 | 1639.16 | 2135.91 | 2805.83 | 3270.52 | 3719.35 | 4266.93 | 4812.49 | 5439.62 | 6176.51 |
| 贵　州 | 261.96 | 515.85 | 679.54 | 852.04 | 1131.34 | 1278.07 | 1442.97 | 1862.94 | 2116.30 | 2500.51 | 2707.09 |
| 云　南 | 202.67 | 455.12 | 626.86 | 815.28 | 1059.22 | 1228.06 | 1416.22 | 1714.02 | 1965.16 | 2288.91 | 2618.02 |
| 西　藏 | — | 0.51 | 1.20 | 15.87 | 22.77 | 25.27 | 33.52 | 36.59 | 48.16 | 51.41 | 53.64 |
| 陕　西 | 194.68 | 397.92 | 583.14 | 779.29 | 1116.07 | 1286.01 | 1482.60 | 1833.79 | 2070.71 | 2366.05 | 2836.69 |
| 甘　肃 | 63.61 | 153.25 | 231.00 | 317.23 | 441.39 | 534.38 | 636.11 | 803.01 | 917.15 | 1069.49 | 1212.60 |
| 青　海 | 20.61 | 48.10 | 64.41 | 85.41 | 109.19 | 135.84 | 156.45 | 210.72 | 266.98 | 316.31 | 362.92 |
| 宁　夏 | 60.28 | 123.95 | 194.25 | 273.75 | 369.59 | 433.81 | 523.18 | 618.96 | 716.27 | 815.18 | 939.37 |
| 新　疆 | 84.00 | 170.29 | 261.22 | 387.90 | 510.85 | 616.22 | 749.40 | 898.95 | 1129.66 | 1381.04 | 1541.25 |

数据来源：国家统计局。

表 2 -58

## 2010—2014 年全国各地区住宅销售金额

单位：亿元

| | 2010 年 | 2011 年 | 2012 年 | 2013 年 | 2014 年 |
|---|---|---|---|---|---|
| **总　计** | **43953.33** | **48619.39** | **53467.18** | **67694.94** | **62395.58** |
| **一、东部地区** | **27448.77** | **28362.59** | **32045.05** | **41049.38** | **36265.45** |
| 北　京 | 2060.52 | 1606.04 | 2455.50 | 2434.71 | 2102.46 |
| 天　津 | 1070.27 | 1242.27 | 1210.57 | 1443.34 | 1294.33 |
| 河　北 | 1453.64 | 1998.08 | 1914.61 | 2329.12 | 2501.62 |
| 辽　宁 | 2585.07 | 3010.84 | 3611.21 | 3941.86 | 2518.87 |
| 上　海 | 2395.35 | 1981.91 | 2208.96 | 3264.03 | 2923.44 |
| 江　苏 | 4462.03 | 4125.75 | 5089.06 | 6777.70 | 5969.60 |
| 浙　江 | 3573.11 | 2924.97 | 3541.63 | 4513.88 | 4172.58 |
| 福　建 | 1299.83 | 1627.14 | 2293.90 | 3410.57 | 2939.58 |
| 山　东 | 3223.36 | 3760.14 | 3529.51 | 4461.07 | 4009.48 |
| 广　东 | 4591.50 | 5326.19 | 5488.39 | 7476.10 | 6960.26 |
| 海　南 | 734.10 | 759.27 | 701.72 | 997.00 | 873.22 |
| **二、中部地区** | **7809.74** | **9767.16** | **10722.15** | **13770.16** | **13483.47** |
| 山　西 | 351.64 | 372.32 | 513.20 | 625.14 | 639.83 |
| 吉　林 | 711.87 | 863.62 | 836.80 | 839.73 | 667.62 |
| 黑龙江 | 830.41 | 1080.22 | 1201.93 | 1305.90 | 962.69 |
| 安　徽 | 1408.41 | 1736.81 | 1921.86 | 2662.04 | 2691.80 |
| 江　西 | 670.33 | 789.96 | 931.39 | 1396.06 | 1379.50 |
| 河　南 | 1454.57 | 1790.97 | 1915.57 | 2516.26 | 2739.71 |
| 湖　北 | 1134.64 | 1566.32 | 1689.86 | 2310.04 | 2543.76 |
| 湖　南 | 1247.87 | 1566.93 | 1711.55 | 2114.97 | 1858.58 |
| **三、西部地区** | **8694.82** | **10489.64** | **10699.98** | **12875.40** | **12646.66** |
| 内蒙古 | 755.67 | 997.57 | 769.39 | 874.45 | 765.04 |
| 广　西 | 881.70 | 973.48 | 995.82 | 1166.72 | 1274.57 |
| 重　庆 | 1610.64 | 1825.41 | 1972.42 | 2283.57 | 2253.28 |
| 四　川 | 2330.85 | 2727.35 | 2816.49 | 3308.58 | 3145.02 |
| 贵　州 | 501.63 | 595.27 | 739.96 | 988.77 | 1000.01 |
| 云　南 | 769.32 | 921.80 | 1077.10 | 1192.55 | 1165.39 |
| 西　藏 | 5.15 | 6.07 | 6.16 | 8.85 | 28.55 |
| 陕　西 | 906.00 | 1353.91 | 1215.57 | 1413.20 | 1368.12 |
| 甘　肃 | 201.47 | 235.55 | 301.60 | 418.08 | 513.47 |
| 青　海 | 77.06 | 103.28 | 91.14 | 146.29 | 155.83 |
| 宁　夏 | 253.76 | 237.74 | 256.19 | 363.60 | 352.03 |
| 新　疆 | 401.57 | 512.20 | 458.14 | 710.74 | 625.35 |

数据来源：国家统计局。

表 2-59　　2014 年全国各地区月度累计住宅销售金额

单位：亿元

| | 1-2月 | 1-3月 | 1-4月 | 1-5月 | 1-6月 | 1-7月 | 1-8月 | 1-9月 | 1-10月 | 1-11月 | 1-12月 |
|---|---|---|---|---|---|---|---|---|---|---|---|
| **总　计** | **5984.67** | **11074.99** | **15258.70** | **19720.20** | **25632.46** | **29873.71** | **34314.19** | **40516.11** | **46374.95** | **53011.92** | **62395.58** |
| **东部地区** | **3647.34** | **6697.86** | **9210.56** | **11789.49** | **15036.14** | **17530.69** | **20156.84** | **23710.42** | **27111.45** | **30934.97** | **36265.45** |
| 北　京 | 186.46 | 369.51 | 512.61 | 638.52 | 764.51 | 933.81 | 1067.13 | 1288.11 | 1474.04 | 1748.91 | 2102.46 |
| 天　津 | 187.18 | 317.35 | 372.22 | 495.11 | 558.80 | 612.22 | 688.35 | 802.29 | 924.24 | 1027.71 | 1294.33 |
| 河　北 | 109.56 | 290.08 | 429.45 | 620.50 | 895.31 | 1111.52 | 1306.76 | 1649.04 | 1839.81 | 2061.94 | 2501.62 |
| 辽　宁 | 144.52 | 438.77 | 656.95 | 873.96 | 1234.88 | 1448.99 | 1649.62 | 1916.63 | 2143.53 | 2343.42 | 2518.87 |
| 上　海 | 327.20 | 591.76 | 772.05 | 946.58 | 1193.95 | 1379.31 | 1566.00 | 1786.59 | 2072.86 | 2442.03 | 2923.44 |
| 江　苏 | 680.49 | 1140.49 | 1593.36 | 2027.98 | 2558.86 | 2949.35 | 3366.38 | 3870.37 | 4473.20 | 5052.35 | 5969.60 |
| 浙　江 | 445.37 | 699.21 | 939.71 | 1230.14 | 1511.01 | 1787.54 | 2161.80 | 2602.02 | 3054.18 | 3561.43 | 4172.58 |
| 福　建 | 395.01 | 689.86 | 992.91 | 1200.53 | 1417.30 | 1633.00 | 1802.76 | 2062.13 | 2340.41 | 2573.14 | 2939.58 |
| 山　东 | 311.80 | 653.03 | 904.37 | 1160.19 | 1549.84 | 1843.75 | 2206.53 | 2638.06 | 2981.97 | 3376.88 | 4009.48 |
| 广　东 | 714.70 | 1249.56 | 1712.03 | 2213.55 | 2885.12 | 3316.25 | 3772.09 | 4464.23 | 5130.68 | 5975.46 | 6960.26 |
| 海　南 | 145.05 | 258.26 | 324.93 | 382.44 | 466.57 | 514.97 | 569.41 | 630.95 | 676.54 | 771.69 | 873.22 |
| **中部地区** | **1209.96** | **2210.84** | **3033.73** | **3968.71** | **5367.58** | **6267.84** | **7184.27** | **8507.85** | **9694.64** | **11079.46** | **13483.47** |
| 山　西 | 28.72 | 72.96 | 109.75 | 153.22 | 220.81 | 281.76 | 340.78 | 400.07 | 447.22 | 508.35 | 639.83 |
| 吉　林 | 27.22 | 51.14 | 95.93 | 157.45 | 239.35 | 309.24 | 363.84 | 428.01 | 506.94 | 569.87 | 667.62 |
| 黑龙江 | 25.02 | 71.62 | 129.55 | 183.71 | 313.22 | 379.21 | 451.46 | 595.72 | 688.72 | 814.01 | 962.69 |
| 安　徽 | 384.47 | 603.58 | 783.15 | 980.34 | 1226.96 | 1387.70 | 1599.54 | 1821.14 | 2027.42 | 2271.89 | 2691.80 |
| 江　西 | 174.72 | 271.26 | 340.15 | 413.25 | 553.33 | 636.77 | 707.08 | 837.28 | 945.76 | 1082.36 | 1379.50 |
| 河　南 | 172.40 | 408.94 | 576.72 | 765.40 | 1031.73 | 1215.91 | 1419.74 | 1697.21 | 1954.87 | 2243.69 | 2739.71 |
| 湖　北 | 215.70 | 407.75 | 566.27 | 741.95 | 1038.74 | 1188.32 | 1322.84 | 1582.68 | 1807.58 | 2045.76 | 2543.76 |
| 湖　南 | 181.70 | 323.60 | 432.20 | 573.40 | 743.42 | 868.95 | 979.00 | 1145.74 | 1316.13 | 1543.53 | 1858.58 |
| **西部地区** | **1127.37** | **2166.28** | **3014.41** | **3962.00** | **5228.74** | **6075.18** | **6973.08** | **8297.84** | **9568.86** | **10997.49** | **12646.66** |
| 内蒙古 | 9.35 | 53.04 | 79.31 | 132.01 | 186.82 | 232.46 | 278.81 | 410.05 | 554.91 | 662.05 | 765.04 |
| 广　西 | 104.12 | 196.17 | 270.50 | 364.38 | 504.61 | 585.94 | 668.91 | 756.68 | 885.37 | 1037.34 | 1274.57 |
| 重　庆 | 277.06 | 493.16 | 672.20 | 831.59 | 1026.79 | 1167.70 | 1325.07 | 1519.52 | 1717.99 | 1940.55 | 2253.28 |
| 四　川 | 342.87 | 617.81 | 840.33 | 1099.97 | 1430.53 | 1673.69 | 1903.18 | 2185.45 | 2473.05 | 2786.12 | 3145.02 |
| 贵　州 | 103.52 | 195.62 | 260.98 | 326.15 | 427.37 | 484.49 | 552.37 | 705.94 | 783.42 | 921.65 | 1000.01 |
| 云　南 | 86.07 | 199.49 | 277.72 | 360.87 | 486.56 | 563.91 | 631.29 | 752.79 | 862.08 | 1002.86 | 1165.39 |
| 西　藏 | — | 0.25 | 0.52 | 6.20 | 10.70 | 12.00 | 17.65 | 19.09 | 24.94 | 27.27 | 28.55 |
| 陕　西 | 98.35 | 196.23 | 294.17 | 393.27 | 560.75 | 640.67 | 742.47 | 901.64 | 1025.14 | 1159.60 | 1368.12 |
| 甘　肃 | 33.37 | 69.34 | 100.59 | 136.10 | 188.50 | 230.88 | 270.83 | 341.57 | 389.95 | 457.38 | 513.47 |
| 青　海 | 10.80 | 24.71 | 32.58 | 41.43 | 50.98 | 61.45 | 68.98 | 91.44 | 114.73 | 135.32 | 155.83 |
| 宁　夏 | 24.00 | 45.92 | 72.14 | 102.15 | 137.63 | 163.23 | 196.22 | 233.14 | 269.10 | 304.74 | 352.03 |
| 新　疆 | 37.84 | 74.54 | 113.36 | 167.87 | 217.51 | 258.76 | 317.32 | 380.53 | 468.19 | 562.61 | 625.35 |

数据来源：国家统计局。

表 2－60　　2010—2014 年全国各地区办公楼销售面积

单位：万平方米

| | 2010 年 | 2011 年 | 2012 年 | 2013 年 | 2014 年 |
|---|---|---|---|---|---|
| **总　计** | **1882.00** | **2007.90** | **2253.65** | **2883.35** | **2497.87** |
| **一、东部地区** | **1318.51** | **1299.61** | **1368.62** | **1798.99** | **1415.71** |
| 北　京 | 208.15 | 211.42 | 253.50 | 317.93 | 136.80 |
| 天　津 | 35.29 | 42.80 | 28.17 | 23.49 | 13.53 |
| 河　北 | 38.74 | 60.70 | 74.78 | 78.00 | 75.54 |
| 辽　宁 | 64.71 | 54.08 | 79.15 | 53.61 | 71.20 |
| 上　海 | 162.89 | 147.40 | 111.73 | 161.22 | 120.28 |
| 江　苏 | 204.09 | 217.12 | 200.83 | 286.81 | 210.69 |
| 浙　江 | 271.91 | 226.18 | 188.75 | 218.29 | 185.22 |
| 福　建 | 82.20 | 110.02 | 150.83 | 211.42 | 181.01 |
| 山　东 | 82.50 | 69.36 | 135.38 | 189.29 | 185.53 |
| 广　东 | 162.56 | 154.40 | 141.47 | 256.86 | 230.45 |
| 海　南 | 5.47 | 6.10 | 4.04 | 2.08 | 5.48 |
| **二、中部地区** | **246.52** | **375.87** | **418.59** | **589.76** | **501.96** |
| 山　西 | 10.76 | 14.28 | 9.54 | 15.30 | 23.89 |
| 吉　林 | 6.99 | 8.94 | 14.75 | 21.25 | 11.83 |
| 黑龙江 | 8.21 | 8.05 | 24.26 | 24.84 | 15.34 |
| 安　徽 | 87.28 | 88.31 | 62.00 | 94.98 | 111.10 |
| 江　西 | 19.02 | 20.76 | 47.56 | 56.46 | 42.75 |
| 河　南 | 60.79 | 150.93 | 126.49 | 205.44 | 181.67 |
| 湖　北 | 24.19 | 34.57 | 69.75 | 92.76 | 65.91 |
| 湖　南 | 29.27 | 50.05 | 64.25 | 78.72 | 49.47 |
| **三、西部地区** | **316.97** | **332.41** | **466.44** | **494.59** | **580.20** |
| 内蒙古 | 29.73 | 45.12 | 36.56 | 53.31 | 42.50 |
| 广　西 | 18.58 | 16.68 | 9.60 | 32.06 | 29.91 |
| 重　庆 | 62.60 | 43.88 | 62.30 | 68.67 | 98.15 |
| 四　川 | 83.84 | 85.44 | 157.37 | 114.22 | 141.03 |
| 贵　州 | 26.27 | 27.03 | 14.88 | 100.02 | 84.08 |
| 云　南 | 21.50 | 41.68 | 90.87 | 51.33 | 66.50 |
| 西　藏 | 0.00 | — | 0.43 | 0.77 | 1.59 |
| 陕　西 | 40.04 | 38.77 | 65.97 | 44.83 | 47.48 |
| 甘　肃 | 5.67 | 8.20 | 2.97 | 5.90 | 13.00 |
| 青　海 | 1.00 | 0.57 | 0.21 | 0.69 | 8.10 |
| 宁　夏 | 15.40 | 9.27 | 6.82 | 5.74 | 8.83 |
| 新　疆 | 12.35 | 15.79 | 18.47 | 17.04 | 39.01 |

数据来源：国家统计局。

表 2 -61　　2014 年全国各地区月度累计办公楼销售面积

单位：万平方米

| | 1 -2 月 | 1 -3 月 | 1 -4 月 | 1 -5 月 | 1 -6 月 | 1 -7 月 | 1 -8 月 | 1 -9 月 | 1 -10 月 | 1 -11 月 | 1 -12 月 |
|---|---|---|---|---|---|---|---|---|---|---|---|
| **总　计** | **231. 08** | **492. 17** | **652. 33** | **817. 40** | **1089. 99** | **1274. 52** | **1401. 73** | **1646. 72** | **1837. 68** | **2095. 00** | **2497. 87** |
| **东部地区** | **143. 95** | **281. 16** | **363. 66** | **459. 49** | **605. 15** | **716. 99** | **782. 72** | **926. 35** | **1045. 14** | **1199. 76** | **1415. 71** |
| 北　京 | 25. 03 | 50. 39 | 59. 61 | 67. 36 | 75. 76 | 86. 76 | 91. 00 | 97. 44 | 102. 83 | 114. 15 | 136. 80 |
| 天　津 | 0. 54 | 2. 47 | 3. 04 | 3. 52 | 3. 91 | 4. 48 | 5. 85 | 7. 34 | 9. 99 | 10. 84 | 13. 53 |
| 河　北 | 2. 20 | 4. 94 | 5. 59 | 6. 69 | 20. 46 | 21. 20 | 23. 09 | 37. 05 | 43. 53 | 57. 45 | 75. 54 |
| 辽　宁 | 0. 24 | 21. 87 | 25. 13 | 33. 12 | 43. 62 | 48. 99 | 51. 25 | 58. 29 | 60. 12 | 69. 53 | 71. 20 |
| 上　海 | 12. 57 | 15. 90 | 26. 20 | 37. 16 | 44. 91 | 59. 81 | 66. 95 | 75. 36 | 88. 19 | 102. 41 | 120. 28 |
| 江　苏 | 20. 00 | 39. 28 | 49. 50 | 62. 87 | 84. 56 | 94. 93 | 103. 98 | 136. 24 | 152. 15 | 170. 78 | 210. 69 |
| 浙　江 | 27. 69 | 42. 55 | 49. 14 | 61. 20 | 82. 61 | 95. 53 | 106. 20 | 121. 83 | 137. 44 | 152. 14 | 185. 22 |
| 福　建 | 17. 02 | 43. 05 | 62. 83 | 71. 36 | 96. 37 | 114. 87 | 119. 47 | 127. 63 | 140. 09 | 160. 97 | 181. 01 |
| 山　东 | 12. 73 | 21. 41 | 32. 50 | 41. 33 | 52. 70 | 70. 87 | 79. 84 | 105. 41 | 126. 05 | 160. 10 | 185. 53 |
| 广　东 | 24. 60 | 37. 50 | 48. 29 | 73. 04 | 98. 28 | 117. 57 | 133. 13 | 157. 78 | 179. 37 | 195. 99 | 230. 45 |
| 海　南 | 1. 32 | 1. 80 | 1. 84 | 1. 84 | 1. 97 | 1. 97 | 1. 97 | 1. 97 | 5. 39 | 5. 41 | 5. 48 |
| **中部地区** | **48. 66** | **115. 48** | **148. 04** | **183. 98** | **231. 58** | **263. 60** | **293. 92** | **344. 09** | **366. 53** | **411. 50** | **501. 96** |
| 山　西 | 0. 29 | 3. 28 | 5. 47 | 8. 20 | 10. 51 | 12. 07 | 14. 11 | 16. 62 | 18. 26 | 19. 20 | 23. 89 |
| 吉　林 | 1. 98 | 2. 37 | 2. 86 | 3. 67 | 5. 38 | 5. 84 | 6. 41 | 8. 58 | 9. 05 | 10. 89 | 11. 83 |
| 黑龙江 | 0. 10 | 3. 03 | 3. 35 | 4. 20 | 4. 91 | 6. 05 | 7. 81 | 8. 68 | 9. 96 | 12. 94 | 15. 34 |
| 安　徽 | 9. 74 | 29. 62 | 38. 06 | 46. 19 | 61. 88 | 71. 29 | 74. 04 | 83. 81 | 86. 85 | 98. 56 | 111. 10 |
| 江　西 | 9. 03 | 16. 38 | 18. 76 | 20. 87 | 22. 83 | 23. 63 | 25. 60 | 31. 38 | 32. 62 | 35. 37 | 42. 75 |
| 河　南 | 21. 53 | 41. 49 | 50. 12 | 62. 99 | 75. 07 | 87. 03 | 102. 05 | 119. 18 | 127. 04 | 146. 08 | 181. 67 |
| 湖　北 | 2. 63 | 12. 28 | 19. 61 | 22. 49 | 31. 47 | 34. 67 | 36. 85 | 39. 61 | 44. 04 | 45. 06 | 65. 91 |
| 湖　南 | 3. 37 | 7. 04 | 9. 81 | 15. 37 | 19. 54 | 23. 03 | 27. 04 | 36. 23 | 38. 71 | 43. 41 | 49. 47 |
| **西部地区** | **38. 47** | **95. 54** | **140. 62** | **173. 93** | **253. 26** | **293. 93** | **325. 09** | **376. 28** | **426. 01** | **483. 74** | **580. 20** |
| 内蒙古 | 0. 51 | 1. 78 | 7. 44 | 11. 68 | 17. 64 | 20. 46 | 22. 45 | 29. 80 | 30. 74 | 33. 63 | 42. 50 |
| 广　西 | 2. 05 | 2. 49 | 6. 16 | 9. 46 | 12. 28 | 15. 47 | 17. 53 | 19. 48 | 21. 13 | 22. 82 | 29. 91 |
| 重　庆 | 4. 41 | 7. 27 | 23. 04 | 26. 38 | 50. 41 | 59. 09 | 64. 29 | 68. 29 | 71. 23 | 82. 68 | 98. 15 |
| 四　川 | 9. 79 | 19. 82 | 26. 96 | 39. 42 | 59. 33 | 68. 68 | 75. 49 | 89. 15 | 111. 73 | 125. 87 | 141. 03 |
| 贵　州 | 9. 33 | 29. 88 | 34. 37 | 38. 00 | 48. 51 | 50. 96 | 52. 78 | 59. 09 | 61. 66 | 71. 31 | 84. 08 |
| 云　南 | 4. 19 | 14. 98 | 17. 80 | 18. 56 | 23. 42 | 24. 47 | 25. 51 | 32. 73 | 41. 92 | 44. 81 | 66. 50 |
| 西　藏 | — | — | — | — | — | — | 1. 12 | 1. 33 | 1. 51 | 1. 55 | 1. 59 |
| 陕　西 | 5. 18 | 11. 69 | 15. 30 | 18. 73 | 21. 48 | 26. 00 | 32. 55 | 33. 72 | 35. 92 | 41. 82 | 47. 48 |
| 甘　肃 | — | 0. 62 | 1. 02 | 1. 63 | 6. 00 | 10. 06 | 10. 80 | 10. 92 | 11. 11 | 12. 81 | 13. 00 |
| 青　海 | — | 1. 74 | 1. 75 | 2. 04 | 2. 18 | 2. 26 | 3. 11 | 3. 88 | 4. 84 | 6. 98 | 8. 10 |
| 宁　夏 | 0. 52 | 1. 26 | 1. 72 | 2. 06 | 2. 67 | 3. 20 | 3. 92 | 4. 99 | 6. 36 | 7. 61 | 8. 83 |
| 新　疆 | 2. 49 | 4. 01 | 5. 07 | 5. 98 | 9. 34 | 13. 28 | 15. 54 | 22. 89 | 27. 88 | 31. 85 | 39. 01 |

数据来源：国家统计局。

**表 2 -62** **2010—2014 年全国各地区办公楼销售金额**

单位：亿元

| | 2010 年 | 2011 年 | 2012 年 | 2013 年 | 2014 年 |
|---|---|---|---|---|---|
| **总　计** | **2148.81** | **2501.74** | **2773.43** | **3747.35** | **2944.22** |
| **一、东部地区** | **1753.40** | **1919.66** | **1974.25** | **2777.04** | **1980.97** |
| 北　京 | 487.32 | 500.96 | 560.59 | 744.78 | 359.32 |
| 天　津 | 48.90 | 53.55 | 37.61 | 26.88 | 17.11 |
| 河　北 | 18.24 | 41.90 | 50.34 | 60.72 | 48.78 |
| 辽　宁 | 52.45 | 32.37 | 76.35 | 36.34 | 41.45 |
| 上　海 | 307.67 | 371.81 | 234.62 | 380.85 | 300.43 |
| 江　苏 | 161.12 | 211.48 | 181.73 | 218.46 | 185.36 |
| 浙　江 | 300.10 | 265.33 | 240.53 | 303.78 | 205.92 |
| 福　建 | 71.78 | 115.57 | 182.77 | 290.14 | 201.48 |
| 山　东 | 54.99 | 54.23 | 117.73 | 176.13 | 179.69 |
| 广　东 | 247.32 | 266.61 | 289.98 | 534.06 | 428.75 |
| 海　南 | 3.53 | 5.85 | 2.01 | 4.88 | 12.66 |
| **二、中部地区** | **156.52** | **309.52** | **389.24** | **518.09** | **448.82** |
| 山　西 | 6.06 | 10.13 | 7.47 | 14.64 | 31.58 |
| 吉　林 | 2.39 | 8.11 | 11.79 | 13.78 | 8.30 |
| 黑龙江 | 3.54 | 3.92 | 13.82 | 17.61 | 11.96 |
| 安　徽 | 54.19 | 58.83 | 46.01 | 69.11 | 75.84 |
| 江　西 | 15.70 | 18.95 | 50.62 | 51.28 | 38.84 |
| 河　南 | 50.31 | 138.59 | 111.57 | 187.16 | 164.40 |
| 湖　北 | 13.38 | 27.94 | 85.67 | 77.77 | 69.01 |
| 湖　南 | 10.95 | 43.06 | 62.30 | 86.74 | 48.88 |
| **三、西部地区** | **238.88** | **272.55** | **409.95** | **452.23** | **514.43** |
| 内蒙古 | 18.59 | 27.46 | 22.07 | 40.42 | 27.16 |
| 广　西 | 14.54 | 13.84 | 15.02 | 43.23 | 29.48 |
| 重　庆 | 59.70 | 51.28 | 71.61 | 78.08 | 109.41 |
| 四　川 | 74.16 | 83.07 | 140.93 | 111.75 | 109.51 |
| 贵　州 | 13.73 | 16.33 | 12.14 | 73.15 | 57.02 |
| 云　南 | 14.47 | 22.07 | 71.57 | 46.62 | 78.99 |
| 西　藏 | — | — | 0.23 | 0.40 | 2.18 |
| 陕　西 | 22.09 | 33.52 | 53.38 | 33.22 | 43.74 |
| 甘　肃 | 2.15 | 6.36 | 2.06 | 5.03 | 11.13 |
| 青　海 | 0.22 | 0.18 | 0.14 | 0.41 | 6.64 |
| 宁　夏 | 8.13 | 6.73 | 3.45 | 4.57 | 6.41 |
| 新　疆 | 11.10 | 11.73 | 17.33 | 15.35 | 32.77 |

数据来源：国家统计局。

表 2 -63　　2014 年全国各地区月度累计办公楼销售金额

单位：亿元

| | 1-2 月 | 1-3 月 | 1-4 月 | 1-5 月 | 1-6 月 | 1-7 月 | 1-8 月 | 1-9 月 | 1-10 月 | 1-11 月 | 1-12 月 |
|---|---|---|---|---|---|---|---|---|---|---|---|
| **总　计** | **296.78** | **574.88** | **791.60** | **1019.43** | **1330.53** | **1553.62** | **1693.28** | **1985.79** | **2213.27** | **2470.12** | **2944.22** |
| **东部地区** | **221.20** | **395.36** | **529.71** | **691.92** | **894.70** | **1048.74** | **1131.10** | **1321.64** | **1489.23** | **1684.64** | **1980.97** |
| 北　京 | 56.30 | 128.64 | 155.35 | 176.30 | 197.19 | 217.14 | 225.60 | 247.16 | 259.28 | 288.66 | 359.32 |
| 天　津 | 0.92 | 2.85 | 3.60 | 4.21 | 4.57 | 5.24 | 6.65 | 8.00 | 13.27 | 14.12 | 17.11 |
| 河　北 | 1.48 | 3.39 | 3.89 | 4.61 | 14.55 | 15.14 | 16.22 | 23.31 | 27.29 | 35.53 | 48.78 |
| 辽　宁 | 0.22 | 6.34 | 9.14 | 15.96 | 21.94 | 23.76 | 25.54 | 28.52 | 30.39 | 39.65 | 41.45 |
| 上　海 | 26.51 | 33.86 | 57.32 | 101.69 | 120.65 | 156.02 | 167.01 | 193.48 | 233.41 | 259.85 | 300.43 |
| 江　苏 | 20.61 | 36.41 | 43.41 | 55.28 | 78.52 | 87.57 | 96.73 | 124.41 | 135.75 | 151.27 | 185.36 |
| 浙　江 | 32.09 | 46.91 | 53.97 | 67.02 | 97.81 | 108.30 | 119.94 | 137.63 | 151.62 | 168.81 | 205.92 |
| 福　建 | 20.09 | 41.83 | 65.16 | 74.08 | 97.40 | 113.93 | 117.83 | 129.15 | 143.11 | 180.67 | 201.48 |
| 山　东 | 11.20 | 18.55 | 29.34 | 37.58 | 48.75 | 71.34 | 81.05 | 113.08 | 132.91 | 159.97 | 179.69 |
| 广　东 | 49.97 | 73.75 | 105.59 | 152.26 | 210.06 | 247.05 | 271.29 | 313.64 | 349.70 | 373.53 | 428.75 |
| 海　南 | 1.82 | 2.84 | 2.94 | 2.94 | 3.26 | 3.26 | 3.26 | 3.26 | 12.50 | 12.58 | 12.66 |
| **中部地区** | **43.78** | **96.42** | **132.44** | **169.20** | **210.12** | **240.48** | **265.82** | **331.87** | **350.65** | **366.23** | **448.82** |
| 山　西 | 0.30 | 2.33 | 5.54 | 9.70 | 13.61 | 16.27 | 17.77 | 20.98 | 23.52 | 24.86 | 31.58 |
| 吉　林 | 0.69 | 0.99 | 1.30 | 1.83 | 3.10 | 3.47 | 3.94 | 5.59 | 6.01 | 7.30 | 8.30 |
| 黑龙江 | 0.08 | 1.66 | 1.98 | 2.78 | 3.28 | 4.13 | 5.04 | 5.94 | 6.90 | 10.36 | 11.96 |
| 安　徽 | 7.71 | 19.10 | 27.72 | 32.74 | 41.21 | 48.13 | 50.19 | 57.50 | 59.28 | 67.40 | 75.84 |
| 江　西 | 8.25 | 14.74 | 16.79 | 19.17 | 21.64 | 22.75 | 24.77 | 29.92 | 30.89 | 33.05 | 38.84 |
| 河　南 | 21.40 | 38.70 | 48.51 | 61.59 | 73.21 | 86.31 | 99.20 | 116.05 | 122.01 | 136.67 | 164.40 |
| 湖　北 | 2.47 | 12.63 | 20.65 | 24.07 | 31.32 | 33.52 | 35.95 | 58.08 | 61.68 | 43.16 | 69.01 |
| 湖　南 | 2.89 | 6.27 | 9.95 | 17.31 | 22.75 | 25.91 | 28.95 | 37.81 | 40.37 | 43.42 | 48.88 |
| **西部地区** | **31.80** | **83.10** | **129.45** | **158.31** | **225.71** | **264.40** | **296.36** | **332.27** | **373.39** | **419.25** | **514.43** |
| 内蒙古 | 0.52 | 1.63 | 4.43 | 7.76 | 12.51 | 14.25 | 15.33 | 20.69 | 21.05 | 23.13 | 27.16 |
| 广　西 | 2.10 | 2.74 | 8.93 | 11.49 | 13.97 | 16.66 | 20.11 | 22.06 | 23.26 | 26.50 | 29.48 |
| 重　庆 | 5.09 | 9.17 | 28.27 | 32.49 | 60.34 | 71.22 | 75.84 | 78.87 | 82.57 | 92.09 | 109.41 |
| 四　川 | 7.05 | 14.38 | 19.43 | 29.94 | 45.40 | 52.83 | 59.04 | 69.72 | 87.80 | 98.27 | 109.51 |
| 贵　州 | 7.16 | 22.33 | 26.29 | 29.08 | 33.99 | 35.95 | 37.50 | 41.55 | 43.34 | 48.05 | 57.02 |
| 云　南 | 3.58 | 14.73 | 18.69 | 19.25 | 25.41 | 26.40 | 27.27 | 30.14 | 38.21 | 40.86 | 78.99 |
| 西　藏 | — | — | — | — | — | — | 1.71 | 2.04 | 2.13 | 2.15 | 2.18 |
| 陕　西 | 3.67 | 11.39 | 14.96 | 17.75 | 20.04 | 24.00 | 30.52 | 31.58 | 33.02 | 38.25 | 43.74 |
| 甘　肃 | — | 0.43 | 0.79 | 1.12 | 1.77 | 6.78 | 7.54 | 7.63 | 7.94 | 10.92 | 11.13 |
| 青　海 | — | 1.47 | 1.47 | 1.63 | 1.74 | 1.80 | 2.70 | 3.73 | 4.56 | 5.57 | 6.64 |
| 宁　夏 | 0.43 | 1.02 | 1.39 | 1.70 | 2.23 | 2.67 | 3.29 | 4.02 | 4.91 | 5.63 | 6.41 |
| 新　疆 | 2.20 | 3.80 | 4.79 | 6.08 | 8.33 | 11.83 | 15.52 | 20.25 | 24.60 | 27.81 | 32.77 |

数据来源：国家统计局。

表 2-64　　2010—2014 年全国各地区商业营业用房销售面积

单位：万平方米

| | 2010 年 | 2011 年 | 2012 年 | 2013 年 | 2014 年 |
|---|---|---|---|---|---|
| **总　计** | **6921.46** | **7878.19** | **7759.28** | **8469.22** | **9074.88** |
| **一、东部地区** | **3658.72** | **3626.16** | **3639.79** | **3997.75** | **3737.41** |
| 北　京 | 142.07 | 108.69 | 113.97 | 102.52 | 79.50 |
| 天　津 | 103.64 | 104.50 | 72.17 | 51.60 | 65.56 |
| 河　北 | 192.97 | 368.05 | 316.70 | 404.93 | 444.33 |
| 辽　宁 | 509.86 | 592.27 | 775.93 | 859.00 | 522.80 |
| 上　海 | 125.56 | 95.57 | 120.01 | 116.47 | 102.86 |
| 江　苏 | 954.70 | 842.59 | 763.95 | 817.48 | 688.25 |
| 浙　江 | 458.49 | 375.48 | 332.64 | 344.41 | 333.88 |
| 福　建 | 176.37 | 180.18 | 209.88 | 242.53 | 286.94 |
| 山　东 | 609.86 | 604.25 | 553.75 | 600.12 | 674.69 |
| 广　东 | 371.28 | 328.29 | 360.57 | 433.61 | 491.06 |
| 海　南 | 13.92 | 26.30 | 20.23 | 25.08 | 47.53 |
| **二、中部地区** | **1739.20** | **2262.02** | **2212.53** | **2396.84** | **2703.90** |
| 山　西 | 80.49 | 81.26 | 79.50 | 116.00 | 81.11 |
| 吉　林 | 206.08 | 237.90 | 219.49 | 157.31 | 138.04 |
| 黑龙江 | 237.17 | 362.84 | 410.87 | 256.21 | 239.56 |
| 安　徽 | 386.86 | 482.31 | 428.42 | 506.29 | 647.96 |
| 江　西 | 150.52 | 183.26 | 189.46 | 214.03 | 196.09 |
| 河　南 | 246.44 | 332.08 | 297.96 | 444.99 | 554.60 |
| 湖　北 | 183.77 | 287.75 | 256.87 | 358.38 | 423.25 |
| 湖　南 | 247.87 | 294.64 | 329.97 | 343.63 | 423.29 |
| **三、西部地区** | **1523.53** | **1990.00** | **1906.96** | **2074.64** | **2633.58** |
| 内蒙古 | 353.60 | 394.41 | 270.17 | 272.07 | 270.24 |
| 广　西 | 108.21 | 120.78 | 149.83 | 135.09 | 181.23 |
| 重　庆 | 194.25 | 266.32 | 221.89 | 244.04 | 348.49 |
| 四　川 | 294.25 | 403.85 | 438.53 | 468.64 | 561.42 |
| 贵　州 | 80.91 | 125.27 | 144.56 | 198.99 | 337.76 |
| 云　南 | 182.56 | 250.94 | 277.54 | 285.65 | 328.99 |
| 西　藏 | 0.52 | 0.95 | 1.42 | 1.85 | 4.09 |
| 陕　西 | 63.36 | 112.65 | 124.34 | 119.22 | 137.43 |
| 甘　肃 | 53.44 | 62.08 | 63.99 | 63.72 | 80.93 |
| 青　海 | 13.21 | 14.81 | 15.48 | 10.27 | 40.18 |
| 宁　夏 | 89.94 | 114.53 | 82.92 | 102.66 | 132.44 |
| 新　疆 | 89.27 | 123.42 | 116.31 | 172.44 | 210.38 |

数据来源：国家统计局。

表 2-65　　2014 年全国各地区月度累计商业营业用房销售面积

单位：万平方米

| | 1-2月 | 1-3月 | 1-4月 | 1-5月 | 1-6月 | 1-7月 | 1-8月 | 1-9月 | 1-10月 | 1-11月 | 1-12月 |
|---|---|---|---|---|---|---|---|---|---|---|---|
| **总　计** | **568.88** | **1190.51** | **1694.28** | **2246.78** | **3300.47** | **3903.24** | **4520.92** | **5467.98** | **6332.52** | **7412.05** | **9074.88** |
| **东部地区** | **285.46** | **545.79** | **768.43** | **1018.58** | **1433.11** | **1664.83** | **1938.24** | **2362.36** | **2697.78** | **3088.48** | **3737.41** |
| 北　京 | 9.88 | 16.66 | 21.59 | 25.65 | 32.04 | 37.58 | 45.44 | 48.99 | 58.62 | 64.64 | 79.50 |
| 天　津 | 11.96 | 16.15 | 18.24 | 26.03 | 33.80 | 31.99 | 35.27 | 46.45 | 49.63 | 53.58 | 65.56 |
| 河　北 | 8.21 | 25.74 | 36.99 | 56.09 | 141.94 | 156.51 | 187.65 | 279.02 | 314.93 | 355.61 | 444.33 |
| 辽　宁 | 24.09 | 85.38 | 115.61 | 159.73 | 239.21 | 280.99 | 324.07 | 383.89 | 432.20 | 479.10 | 522.80 |
| 上　海 | 16.52 | 15.34 | 20.58 | 25.87 | 36.06 | 43.09 | 51.35 | 62.24 | 72.64 | 80.56 | 102.86 |
| 江　苏 | 84.28 | 139.60 | 192.89 | 247.22 | 308.02 | 363.29 | 407.99 | 459.47 | 518.74 | 583.67 | 688.25 |
| 浙　江 | 28.99 | 46.32 | 65.41 | 90.20 | 119.49 | 142.19 | 170.72 | 201.27 | 239.88 | 276.99 | 333.88 |
| 福　建 | 21.73 | 42.47 | 68.24 | 81.10 | 103.39 | 115.34 | 141.67 | 182.84 | 201.28 | 228.00 | 286.94 |
| 山　东 | 30.69 | 78.95 | 119.23 | 169.71 | 232.84 | 274.58 | 315.85 | 383.04 | 448.47 | 540.91 | 674.69 |
| 广　东 | 45.19 | 74.86 | 104.20 | 127.11 | 172.15 | 201.53 | 239.19 | 294.88 | 339.58 | 396.05 | 491.06 |
| 海　南 | 3.91 | 4.32 | 5.45 | 9.87 | 14.18 | 17.74 | 19.04 | 20.28 | 21.81 | 29.35 | 47.53 |
| **中部地区** | **154.34** | **318.03** | **463.33** | **599.71** | **892.57** | **1063.94** | **1237.17** | **1486.42** | **1762.12** | **2090.03** | **2703.90** |
| 山　西 | 2.15 | 7.87 | 10.82 | 15.80 | 23.32 | 27.84 | 37.90 | 45.73 | 53.84 | 62.23 | 81.11 |
| 吉　林 | 4.12 | 7.30 | 15.23 | 26.38 | 45.72 | 59.65 | 69.51 | 84.12 | 101.82 | 120.10 | 138.04 |
| 黑龙江 | 4.09 | 11.04 | 15.95 | 22.82 | 42.55 | 61.81 | 78.98 | 103.65 | 155.18 | 197.87 | 239.56 |
| 安　徽 | 54.66 | 93.96 | 148.93 | 198.11 | 272.62 | 320.16 | 365.17 | 425.53 | 473.80 | 525.04 | 647.96 |
| 江　西 | 15.54 | 30.06 | 36.60 | 46.62 | 62.01 | 73.80 | 81.25 | 97.78 | 114.46 | 136.11 | 196.09 |
| 河　南 | 21.93 | 59.61 | 84.01 | 106.30 | 151.14 | 187.10 | 219.81 | 278.59 | 336.36 | 412.11 | 554.60 |
| 湖　北 | 20.53 | 56.63 | 86.58 | 102.71 | 153.09 | 169.56 | 186.35 | 218.14 | 262.01 | 318.59 | 423.25 |
| 湖　南 | 31.32 | 51.55 | 65.22 | 80.97 | 142.11 | 164.02 | 198.20 | 232.87 | 264.65 | 317.97 | 423.29 |
| **西部地区** | **129.08** | **326.69** | **462.52** | **628.49** | **974.78** | **1174.47** | **1345.51** | **1619.20** | **1872.62** | **2233.54** | **2633.58** |
| 内蒙古 | 0.72 | 16.86 | 24.14 | 42.94 | 71.85 | 80.93 | 90.53 | 137.19 | 192.65 | 242.33 | 270.24 |
| 广　西 | 11.22 | 20.10 | 29.06 | 37.19 | 60.28 | 70.46 | 81.46 | 94.59 | 107.40 | 137.66 | 181.23 |
| 重　庆 | 20.31 | 57.88 | 73.05 | 89.75 | 129.80 | 153.74 | 173.74 | 195.34 | 219.81 | 269.99 | 348.49 |
| 四　川 | 39.65 | 72.82 | 104.58 | 153.38 | 242.66 | 280.92 | 319.90 | 366.74 | 408.40 | 468.13 | 561.42 |
| 贵　州 | 19.81 | 42.58 | 62.43 | 80.57 | 112.29 | 136.12 | 163.16 | 221.02 | 250.21 | 308.96 | 337.76 |
| 云　南 | 16.87 | 42.47 | 66.11 | 88.68 | 127.53 | 149.33 | 168.75 | 195.15 | 228.47 | 279.32 | 328.99 |
| 西　藏 | — | 0.07 | 0.20 | 0.65 | 1.43 | 1.61 | 1.98 | 2.24 | 3.25 | 3.83 | 4.09 |
| 陕　西 | 4.03 | 20.63 | 25.28 | 30.20 | 54.54 | 66.47 | 77.48 | 93.92 | 104.69 | 118.22 | 137.43 |
| 甘　肃 | 1.80 | 6.81 | 10.11 | 14.37 | 28.70 | 38.10 | 43.47 | 57.12 | 65.22 | 71.24 | 80.93 |
| 青　海 | 0.29 | 5.62 | 7.06 | 8.92 | 11.69 | 30.16 | 32.01 | 34.68 | 36.85 | 37.77 | 40.18 |
| 宁　夏 | 8.27 | 16.76 | 23.88 | 31.58 | 50.95 | 66.85 | 78.77 | 91.29 | 102.88 | 116.56 | 132.44 |
| 新　疆 | 6.10 | 24.08 | 36.63 | 50.28 | 83.08 | 99.80 | 114.25 | 129.94 | 152.79 | 179.52 | 210.38 |

数据来源：国家统计局。

**表 2-66　　2010—2014 年全国各地区商业营业用房销售金额**

单位：亿元

| | 2010 年 | 2011 年 | 2012 年 | 2013 年 | 2014 年 |
|---|---|---|---|---|---|
| **总　计** | **5354.02** | **6702.46** | **6999.57** | **8280.48** | **8905.90** |
| **一、东部地区** | **3311.93** | **3561.57** | **3666.25** | **4422.33** | **4117.47** |
| 北　京 | 318.99 | 270.85 | 233.36 | 270.71 | 202.03 |
| 天　津 | 109.31 | 138.58 | 93.87 | 85.40 | 101.23 |
| 河　北 | 108.89 | 259.93 | 297.49 | 311.39 | 319.13 |
| 辽　宁 | 332.31 | 411.08 | 546.40 | 636.55 | 417.32 |
| 上　海 | 197.57 | 181.66 | 194.62 | 224.71 | 226.44 |
| 江　苏 | 751.46 | 794.57 | 746.69 | 851.47 | 683.39 |
| 浙　江 | 484.10 | 443.77 | 405.36 | 481.18 | 449.59 |
| 福　建 | 180.53 | 253.57 | 262.01 | 373.78 | 373.51 |
| 山　东 | 342.11 | 387.78 | 392.20 | 482.11 | 554.88 |
| 广　东 | 478.14 | 400.78 | 468.51 | 679.81 | 745.57 |
| 海　南 | 8.52 | 19.00 | 25.74 | 25.21 | 44.36 |
| **二、中部地区** | **1035.34** | **1625.89** | **1672.97** | **1954.88** | **2290.19** |
| 山　西 | 44.06 | 47.25 | 54.58 | 80.91 | 61.23 |
| 吉　林 | 105.03 | 145.34 | 141.31 | 111.18 | 108.31 |
| 黑龙江 | 137.36 | 225.65 | 264.54 | 196.89 | 191.97 |
| 安　徽 | 258.56 | 374.28 | 336.48 | 420.27 | 551.63 |
| 江　西 | 80.51 | 130.13 | 140.23 | 174.90 | 176.43 |
| 河　南 | 137.09 | 247.51 | 228.15 | 334.53 | 437.64 |
| 湖　北 | 142.01 | 241.76 | 224.62 | 354.73 | 419.71 |
| 湖　南 | 130.71 | 213.99 | 283.08 | 281.48 | 343.28 |
| **三、西部地区** | **1006.75** | **1515.00** | **1660.35** | **1903.27** | **2498.24** |
| 内蒙古 | 252.77 | 262.98 | 187.60 | 196.30 | 195.50 |
| 广　西 | 75.54 | 100.78 | 129.07 | 139.47 | 183.47 |
| 重　庆 | 155.46 | 216.58 | 212.47 | 263.08 | 373.75 |
| 四　川 | 183.05 | 366.12 | 488.40 | 514.30 | 637.65 |
| 贵　州 | 56.76 | 108.03 | 139.21 | 204.10 | 292.25 |
| 云　南 | 118.48 | 159.91 | 182.26 | 207.45 | 291.02 |
| 西　藏 | 0.40 | 0.61 | 0.97 | 1.36 | 3.52 |
| 陕　西 | 40.11 | 114.23 | 132.38 | 125.10 | 147.77 |
| 甘　肃 | 23.00 | 32.51 | 41.57 | 46.49 | 68.17 |
| 青　海 | 7.00 | 10.42 | 15.02 | 11.83 | 47.02 |
| 宁　夏 | 43.97 | 64.75 | 55.44 | 70.62 | 88.99 |
| 新　疆 | 50.22 | 78.09 | 75.98 | 123.17 | 169.12 |

数据来源：国家统计局。

**表 2-67　　2014 年全国各地区月度累计商业营业用房销售金额**

单位：亿元

| | 1-2月 | 1-3月 | 1-4月 | 1-5月 | 1-6月 | 1-7月 | 1-8月 | 1-9月 | 1-10月 | 1-11月 | 1-12月 |
|---|---|---|---|---|---|---|---|---|---|---|---|
| **总　计** | **647.28** | **1244.47** | **1765.69** | **2336.58** | **3373.04** | **3968.75** | **4590.13** | **5469.18** | **6304.52** | **7288.55** | **8905.90** |
| **东部地区** | **369.58** | **649.13** | **903.03** | **1177.97** | **1616.17** | **1860.28** | **2167.32** | **2597.42** | **2965.07** | **3371.01** | **4117.47** |
| 北　京 | 23.90 | 45.02 | 56.24 | 63.80 | 78.08 | 89.89 | 108.51 | 117.49 | 136.35 | 154.61 | 202.03 |
| 天　津 | 22.47 | 27.94 | 29.94 | 41.91 | 53.90 | 48.62 | 53.85 | 63.62 | 70.00 | 76.68 | 101.23 |
| 河　北 | 9.03 | 22.14 | 31.02 | 44.92 | 103.48 | 115.29 | 133.46 | 188.55 | 214.52 | 242.00 | 319.13 |
| 辽　宁 | 22.49 | 66.11 | 91.47 | 128.60 | 193.48 | 224.22 | 258.91 | 305.72 | 349.53 | 386.55 | 417.32 |
| 上　海 | 18.97 | 25.43 | 38.01 | 49.56 | 67.29 | 77.73 | 91.05 | 111.05 | 127.22 | 140.94 | 226.44 |
| 江　苏 | 82.82 | 136.97 | 190.92 | 243.26 | 298.98 | 351.99 | 399.35 | 456.68 | 518.08 | 578.68 | 683.39 |
| 浙　江 | 42.53 | 64.48 | 86.63 | 115.59 | 164.13 | 193.25 | 232.51 | 269.34 | 319.90 | 370.44 | 449.59 |
| 福　建 | 27.51 | 58.21 | 93.22 | 112.44 | 143.31 | 160.61 | 189.69 | 234.46 | 265.76 | 305.71 | 373.51 |
| 山　东 | 30.42 | 63.42 | 97.59 | 147.97 | 208.92 | 244.87 | 276.52 | 329.85 | 380.20 | 451.80 | 554.88 |
| 广　东 | 86.12 | 135.58 | 183.42 | 219.71 | 289.28 | 335.31 | 403.65 | 499.33 | 559.95 | 634.78 | 745.57 |
| 海　南 | 3.32 | 3.82 | 4.57 | 10.22 | 15.32 | 18.49 | 19.82 | 21.34 | 23.55 | 28.81 | 44.36 |
| **中部地区** | **135.47** | **270.38** | **400.04** | **522.99** | **801.19** | **953.29** | **1091.35** | **1296.42** | **1536.73** | **1787.19** | **2290.19** |
| 山　西 | 1.38 | 5.44 | 8.53 | 13.42 | 19.34 | 22.84 | 29.12 | 36.21 | 42.53 | 47.94 | 61.23 |
| 吉　林 | 2.82 | 5.29 | 11.94 | 19.62 | 35.22 | 47.39 | 54.48 | 66.70 | 81.24 | 94.25 | 108.31 |
| 黑龙江 | 5.66 | 12.54 | 18.31 | 25.09 | 45.33 | 63.24 | 79.01 | 94.84 | 133.46 | 160.23 | 191.97 |
| 安　徽 | 44.29 | 77.39 | 119.92 | 159.80 | 255.62 | 297.08 | 334.48 | 378.22 | 423.16 | 465.69 | 551.63 |
| 江　西 | 17.50 | 29.37 | 34.68 | 42.88 | 57.50 | 66.36 | 74.18 | 90.42 | 106.01 | 126.86 | 176.43 |
| 河　南 | 18.05 | 44.20 | 63.49 | 80.99 | 113.00 | 141.35 | 163.89 | 211.13 | 265.93 | 320.69 | 437.64 |
| 湖　北 | 22.74 | 56.84 | 89.30 | 107.65 | 159.40 | 176.85 | 194.34 | 226.34 | 265.08 | 312.38 | 419.71 |
| 湖　南 | 23.02 | 39.30 | 53.86 | 73.54 | 115.78 | 138.18 | 161.86 | 192.57 | 219.32 | 259.16 | 343.28 |
| **西部地区** | **142.24** | **324.96** | **462.62** | **635.62** | **955.67** | **1155.19** | **1331.47** | **1575.34** | **1802.71** | **2130.35** | **2498.24** |
| 内蒙古 | 0.88 | 12.87 | 20.82 | 37.74 | 53.59 | 59.94 | 68.38 | 106.23 | 149.36 | 177.06 | 195.50 |
| 广　西 | 14.42 | 22.92 | 30.42 | 48.44 | 66.28 | 78.00 | 96.51 | 108.52 | 119.00 | 147.10 | 183.47 |
| 重　庆 | 23.68 | 55.10 | 79.02 | 100.86 | 136.40 | 162.70 | 186.98 | 209.45 | 235.25 | 297.45 | 373.75 |
| 四　川 | 50.49 | 89.04 | 125.38 | 175.08 | 278.91 | 324.31 | 368.51 | 422.48 | 467.69 | 542.41 | 637.65 |
| 贵　州 | 18.03 | 37.56 | 54.72 | 72.81 | 103.43 | 121.78 | 142.51 | 186.89 | 215.60 | 266.84 | 292.25 |
| 云　南 | 15.00 | 39.10 | 60.73 | 83.75 | 122.18 | 145.52 | 159.93 | 180.65 | 207.54 | 244.46 | 291.02 |
| 西　藏 | — | 0.06 | 0.17 | 0.51 | 1.14 | 1.27 | 1.70 | 1.98 | 2.71 | 3.24 | 3.52 |
| 陕　西 | 4.54 | 25.36 | 30.42 | 36.93 | 63.82 | 74.03 | 87.98 | 103.24 | 114.67 | 128.21 | 147.77 |
| 甘　肃 | 1.61 | 5.51 | 8.33 | 10.80 | 21.42 | 34.27 | 38.32 | 50.12 | 55.62 | 59.62 | 68.17 |
| 青　海 | 0.62 | 7.24 | 8.69 | 10.07 | 12.01 | 33.97 | 38.29 | 41.34 | 43.86 | 44.74 | 47.02 |
| 宁　夏 | 8.10 | 13.80 | 18.38 | 23.40 | 37.40 | 45.37 | 53.86 | 62.61 | 70.96 | 78.59 | 88.99 |
| 新　疆 | 4.88 | 16.40 | 25.55 | 35.23 | 59.09 | 74.04 | 88.51 | 101.84 | 120.45 | 140.65 | 169.12 |

数据来源：国家统计局。

# 八、2014 年全国七十大中城市住宅销售价格变动情况

表 2-68　　2014 年 70 个大中城市新建住宅价格定基指数

| 城市 | 1月 | 2月 | 3月 | 4月 | 5月 | 6月 | 7月 | 8月 | 9月 | 10月 | 11月 | 12月 |
|---|---|---|---|---|---|---|---|---|---|---|---|---|
| 北京 | 121.5 | 121.7 | 122.2 | 122.4 | 122.5 | 122.6 | 121.4 | 120.3 | 119.4 | 118.1 | 117.9 | 117.7 |
| 天津 | 112.4 | 112.8 | 113.1 | 113.2 | 113.2 | 112.7 | 111.8 | 110.7 | 109.8 | 109.1 | 108.8 | 108.6 |
| 石家庄 | 120.5 | 121.0 | 121.5 | 121.5 | 120.7 | 120.7 | 119.8 | 118.4 | 117.1 | 116.3 | 116.1 | 115.9 |
| 太原 | 115.6 | 116.0 | 116.3 | 116.4 | 116.5 | 116.1 | 114.4 | 113.1 | 111.9 | 111.4 | 111.0 | 110.5 |
| 呼和浩特 | 115.3 | 115.9 | 116.0 | 116.0 | 116.0 | 116.3 | 115.1 | 113.2 | 111.9 | 111.0 | 109.9 | 108.9 |
| 沈阳 | 120.2 | 120.7 | 121.2 | 121.3 | 120.8 | 119.8 | 117.7 | 115.8 | 114.4 | 112.9 | 111.5 | 110.5 |
| 大连 | 117.9 | 118.3 | 118.8 | 118.9 | 118.9 | 118.9 | 117.3 | 115.5 | 114.3 | 112.9 | 111.3 | 110.2 |
| 长春 | 113.7 | 114.1 | 114.6 | 114.8 | 114.9 | 114.2 | 113.3 | 112.4 | 111.0 | 110.2 | 109.5 | 109.0 |
| 哈尔滨 | 114.5 | 114.6 | 114.8 | 114.7 | 114.8 | 114.9 | 114.1 | 113.1 | 112.1 | 110.7 | 110.3 | 109.8 |
| 上海 | 120.8 | 121.3 | 121.7 | 122.0 | 121.7 | 121.0 | 119.6 | 118.3 | 117.2 | 116.6 | 116.1 | 115.8 |
| 南京 | 113.2 | 113.5 | 114.0 | 114.4 | 114.6 | 114.0 | 113.1 | 111.9 | 111.1 | 110.7 | 110.7 | 110.5 |
| 杭州 | 102.4 | 102.4 | 102.4 | 101.7 | 100.3 | 98.6 | 96.3 | 94.4 | 93.3 | 92.9 | 92.6 | 92.3 |
| 宁波 | 100.3 | 100.6 | 100.6 | 100.4 | 99.9 | 98.3 | 97.0 | 96.3 | 95.9 | 95.4 | 95.0 | 94.6 |
| 合肥 | 113.4 | 113.9 | 114.1 | 114.3 | 114.3 | 113.9 | 113.1 | 112.4 | 111.2 | 111.0 | 111.0 | 110.9 |
| 福州 | 120.0 | 120.5 | 120.9 | 120.9 | 120.9 | 120.1 | 118.2 | 116.9 | 114.7 | 113.6 | 113.1 | 112.8 |
| 厦门 | 125.2 | 126.1 | 126.9 | 127.4 | 127.6 | 127.7 | 127.9 | 128.2 | 128.2 | 127.6 | 127.0 | 126.4 |
| 南昌 | 118.2 | 118.5 | 118.7 | 118.7 | 118.4 | 117.9 | 116.8 | 115.3 | 114.0 | 112.7 | 112.3 | 111.9 |
| 济南 | 113.5 | 114.0 | 114.6 | 114.6 | 114.2 | 113.4 | 112.0 | 110.6 | 109.8 | 109.3 | 108.9 | 108.5 |
| 青岛 | 110.4 | 110.8 | 110.9 | 111.0 | 111.0 | 110.3 | 109.0 | 107.9 | 106.4 | 104.9 | 103.9 | 103.0 |
| 郑州 | 120.7 | 121.1 | 121.7 | 121.8 | 122.2 | 122.2 | 122.2 | 121.6 | 120.5 | 120.4 | 120.2 | 120.2 |
| 武汉 | 116.3 | 116.7 | 117.2 | 117.3 | 117.3 | 116.8 | 114.8 | 113.0 | 112.1 | 111.6 | 111.2 | 111.2 |
| 长沙 | 122.6 | 123.1 | 123.5 | 123.7 | 123.1 | 122.0 | 120.3 | 118.4 | 117.1 | 115.6 | 114.5 | 113.7 |
| 广州 | 128.9 | 129.6 | 130.0 | 130.1 | 130.1 | 129.3 | 127.7 | 126.0 | 124.3 | 122.8 | 122.3 | 122.0 |
| 深圳 | 125.6 | 125.9 | 126.2 | 126.4 | 126.1 | 125.6 | 124.9 | 123.6 | 122.6 | 122.1 | 122.0 | 123.5 |
| 南宁 | 112.6 | 113.0 | 113.3 | 113.4 | 113.5 | 112.8 | 111.4 | 110.1 | 108.6 | 108.1 | 107.8 | 107.2 |
| 海口 | 104.1 | 104.1 | 104.0 | 103.9 | 103.7 | 103.1 | 102.2 | 101.7 | 100.7 | 99.8 | 99.5 | 98.8 |
| 重庆 | 114.4 | 114.7 | 115.0 | 115.1 | 115.0 | 114.1 | 113.1 | 111.7 | 109.7 | 108.9 | 108.3 | 108.0 |
| 成都 | 114.0 | 114.6 | 114.9 | 115.0 | 114.6 | 114.0 | 112.8 | 111.4 | 110.2 | 108.9 | 108.3 | 108.0 |
| 贵阳 | 113.7 | 114.0 | 114.1 | 114.4 | 114.6 | 114.8 | 114.3 | 112.8 | 112.2 | 111.3 | 110.8 | 110.4 |
| 昆明 | 114.3 | 114.5 | 114.7 | 114.9 | 114.9 | 114.3 | 113.4 | 112.2 | 111.2 | 110.6 | 109.9 | 109.4 |
| 西安 | 116.1 | 116.5 | 116.8 | 117.2 | 116.9 | 116.8 | 116.1 | 114.7 | 113.7 | 113.0 | 112.2 | 111.7 |
| 兰州 | 116.0 | 116.3 | 116.5 | 116.6 | 116.3 | 115.4 | 114.7 | 114.3 | 113.8 | 113.1 | 112.7 | 112.5 |
| 西宁 | 121.4 | 121.6 | 122.0 | 122.3 | 122.3 | 122.5 | 122.6 | 120.9 | 119.6 | 118.5 | 118.0 | 117.6 |
| 银川 | 114.7 | 115.1 | 115.5 | 115.7 | 115.7 | 115.9 | 114.9 | 113.2 | 112.7 | 112.1 | 111.1 | 110.8 |
| 乌鲁木齐 | 124.2 | 124.8 | 125.4 | 125.5 | 125.3 | 124.7 | 124.0 | 122.2 | 121.3 | 120.6 | 119.7 | 119.1 |

续表

| 城　市 | 1月 | 2月 | 3月 | 4月 | 5月 | 6月 | 7月 | 8月 | 9月 | 10月 | 11月 | 12月 |
|---|---|---|---|---|---|---|---|---|---|---|---|---|
| 唐　山 | 103.6 | 103.6 | 103.6 | 103.7 | 103.2 | 103.2 | 103.0 | 102.0 | 101.4 | 100.2 | 100.1 | 100.1 |
| 秦皇岛 | 115.4 | 115.7 | 115.7 | 115.9 | 115.6 | 115.2 | 114.3 | 113.2 | 112.2 | 110.5 | 110.0 | 109.7 |
| 包　头 | 113.0 | 113.0 | 113.2 | 113.3 | 113.0 | 112.4 | 111.2 | 109.5 | 108.8 | 108.1 | 107.3 | 106.8 |
| 丹　东 | 118.0 | 118.1 | 118.2 | 118.2 | 118.3 | 117.5 | 116.9 | 116.0 | 114.1 | 112.5 | 111.1 | 110.5 |
| 锦　州 | 116.8 | 117.2 | 117.4 | 117.5 | 116.8 | 115.9 | 115.7 | 114.3 | 112.8 | 111.2 | 110.1 | 109.5 |
| 吉　林 | 115.3 | 115.3 | 115.5 | 115.6 | 115.0 | 114.4 | 113.8 | 113.1 | 111.4 | 110.8 | 110.5 | 110.2 |
| 牡丹江 | 113.4 | 113.3 | 113.3 | 113.5 | 113.5 | 113.4 | 113.4 | 112.3 | 111.8 | 111.2 | 110.9 | 110.3 |
| 无　锡 | 107.3 | 107.6 | 107.6 | 107.4 | 106.7 | 105.8 | 105.2 | 104.5 | 104.0 | 103.5 | 102.9 | 102.7 |
| 扬　州 | 111.9 | 112.3 | 112.7 | 112.8 | 112.6 | 112.2 | 110.3 | 108.6 | 107.8 | 106.6 | 106.2 | 105.9 |
| 徐　州 | 113.4 | 113.6 | 113.9 | 113.9 | 113.1 | 112.6 | 112.5 | 110.9 | 110.1 | 109.6 | 108.9 | 108.6 |
| 温　州 | 79.9 | 79.8 | 79.7 | 79.6 | 79.6 | 79.3 | 79.3 | 79.3 | 78.8 | 78.2 | 77.8 | 77.5 |
| 金　华 | 104.4 | 104.8 | 104.9 | 104.5 | 103.9 | 103.3 | 102.4 | 100.7 | 100.1 | 99.6 | 99.3 | 98.9 |
| 蚌　埠 | 108.8 | 109.0 | 109.2 | 109.3 | 108.9 | 108.3 | 107.7 | 106.7 | 104.7 | 103.4 | 102.7 | 102.3 |
| 安　庆 | 109.8 | 109.6 | 109.6 | 109.5 | 109.2 | 108.9 | 108.0 | 106.9 | 105.5 | 104.7 | 103.7 | 103.2 |
| 泉　州 | 108.6 | 109.3 | 109.4 | 109.5 | 109.3 | 108.3 | 106.9 | 105.9 | 104.4 | 103.6 | 102.4 | 101.9 |
| 九　江 | 110.0 | 110.1 | 110.4 | 110.4 | 110.2 | 109.5 | 108.6 | 107.6 | 106.4 | 105.7 | 105.4 | 105.1 |
| 赣　州 | 114.9 | 115.2 | 115.4 | 115.0 | 114.8 | 113.9 | 112.7 | 111.4 | 109.5 | 108.6 | 108.0 | 108.0 |
| 烟　台 | 112.5 | 112.8 | 113.1 | 113.4 | 113.4 | 112.9 | 112.0 | 110.2 | 109.2 | 108.3 | 107.4 | 106.6 |
| 济　宁 | 113.6 | 113.6 | 113.6 | 113.6 | 113.8 | 113.4 | 112.9 | 111.9 | 111.0 | 110.4 | 110.0 | 109.7 |
| 洛　阳 | 116.6 | 117.2 | 117.4 | 117.4 | 117.5 | 116.1 | 115.2 | 114.0 | 113.1 | 112.4 | 112.0 | 111.3 |
| 平顶山 | 115.1 | 115.3 | 115.6 | 115.7 | 115.7 | 115.0 | 113.6 | 112.8 | 112.1 | 111.4 | 110.5 | 110.0 |
| 宜　昌 | 115.3 | 115.6 | 115.5 | 115.5 | 115.4 | 114.5 | 113.4 | 112.4 | 111.6 | 111.0 | 110.0 | 109.4 |
| 襄　阳 | 115.5 | 115.9 | 116.2 | 116.4 | 115.9 | 114.9 | 113.5 | 112.2 | 111.4 | 110.7 | 109.9 | 109.5 |
| 岳　阳 | 114.4 | 114.6 | 114.9 | 115.0 | 115.1 | 115.1 | 114.5 | 113.7 | 113.0 | 112.6 | 112.0 | 111.6 |
| 常　德 | 112.9 | 113.4 | 113.7 | 113.9 | 113.5 | 113.0 | 111.8 | 110.6 | 109.9 | 109.3 | 108.9 | 108.7 |
| 惠　州 | 114.7 | 115.2 | 115.6 | 115.1 | 114.9 | 114.5 | 113.6 | 111.7 | 110.4 | 109.2 | 108.7 | 108.1 |
| 湛　江 | 118.1 | 118.5 | 119.0 | 119.0 | 119.2 | 119.3 | 118.5 | 116.6 | 115.1 | 113.8 | 112.6 | 111.7 |
| 韶　关 | 113.7 | 113.8 | 113.7 | 113.7 | 113.2 | 112.4 | 110.6 | 109.1 | 108.0 | 106.7 | 105.9 | 105.3 |
| 桂　林 | 119.1 | 119.4 | 119.6 | 119.7 | 119.7 | 118.7 | 117.2 | 115.7 | 113.5 | 112.4 | 110.9 | 110.0 |
| 北　海 | 112.4 | 112.7 | 113.0 | 113.1 | 113.1 | 112.5 | 111.9 | 110.4 | 109.1 | 108.2 | 107.2 | 107.1 |
| 三　亚 | 106.7 | 107.0 | 107.4 | 107.6 | 107.7 | 107.5 | 105.0 | 104.4 | 104.1 | 103.4 | 102.7 | 102.0 |
| 泸　州 | 113.7 | 114.0 | 114.4 | 114.7 | 114.8 | 113.8 | 111.8 | 110.3 | 108.2 | 107.5 | 107.0 | 105.6 |
| 南　充 | 112.5 | 113.0 | 113.5 | 113.6 | 113.7 | 113.2 | 112.0 | 110.5 | 109.3 | 107.7 | 106.9 | 106.4 |
| 遵　义 | 113.6 | 113.9 | 114.1 | 114.2 | 114.2 | 113.8 | 113.0 | 111.8 | 111.2 | 110.5 | 110.0 | 109.8 |
| 大　理 | 107.3 | 107.2 | 107.3 | 107.4 | 107.5 | 107.6 | 107.6 | 106.4 | 105.9 | 104.9 | 104.3 | 103.7 |

数据来源：国家统计局。

注：定基指数以2010年为100。

**表 2－69　　2014 年 70 个大中城市新建商品住宅价格定基指数**

| 城　市 | 1月 | 2月 | 3月 | 4月 | 5月 | 6月 | 7月 | 8月 | 9月 | 10月 | 11月 | 12月 |
|---|---|---|---|---|---|---|---|---|---|---|---|---|
| 北　京 | 127.8 | 128.1 | 128.7 | 128.9 | 129.2 | 129.3 | 127.6 | 126.2 | 125.0 | 123.4 | 123.0 | 122.7 |
| 天　津 | 114.0 | 114.5 | 114.8 | 115.0 | 115.0 | 114.4 | 113.4 | 112.1 | 111.1 | 110.3 | 109.9 | 109.6 |
| 石家庄 | 121.0 | 121.5 | 122.0 | 122.0 | 121.2 | 121.2 | 120.2 | 118.8 | 117.5 | 116.7 | 116.4 | 116.3 |
| 太　原 | 116.2 | 116.6 | 117.0 | 117.0 | 117.2 | 116.7 | 114.9 | 113.6 | 112.4 | 111.8 | 111.4 | 110.9 |
| 呼和浩特 | 115.8 | 116.4 | 116.5 | 116.5 | 116.5 | 116.8 | 115.6 | 113.6 | 112.3 | 111.3 | 110.2 | 109.2 |
| 沈　阳 | 120.8 | 121.3 | 121.9 | 122.0 | 121.5 | 120.4 | 118.3 | 116.4 | 115.0 | 113.4 | 112.1 | 111.0 |
| 大　连 | 118.1 | 118.5 | 119.0 | 119.1 | 119.1 | 119.1 | 117.5 | 115.6 | 114.5 | 113.0 | 111.4 | 110.2 |
| 长　春 | 114.1 | 114.5 | 115.1 | 115.3 | 115.3 | 114.6 | 113.7 | 112.8 | 111.3 | 110.6 | 109.9 | 109.3 |
| 哈尔滨 | 115.2 | 115.2 | 115.5 | 115.4 | 115.5 | 115.6 | 114.8 | 113.8 | 112.7 | 111.2 | 110.8 | 110.3 |
| 上　海 | 125.0 | 125.5 | 126.1 | 126.4 | 126.0 | 125.1 | 123.4 | 121.9 | 120.6 | 119.8 | 119.2 | 118.8 |
| 南　京 | 117.4 | 117.8 | 118.5 | 118.9 | 119.2 | 118.5 | 117.2 | 115.7 | 114.6 | 114.0 | 114.0 | 113.8 |
| 杭　州 | 102.5 | 102.5 | 102.5 | 101.7 | 100.3 | 98.5 | 96.1 | 94.2 | 93.0 | 92.6 | 92.2 | 91.9 |
| 宁　波 | 100.3 | 100.6 | 100.6 | 100.4 | 99.8 | 98.2 | 96.8 | 96.1 | 95.6 | 95.1 | 94.7 | 94.3 |
| 合　肥 | 114.5 | 115.0 | 115.3 | 115.5 | 115.4 | 115.0 | 114.1 | 113.3 | 112.0 | 111.8 | 111.8 | 111.7 |
| 福　州 | 120.3 | 120.8 | 121.2 | 121.2 | 121.2 | 120.4 | 118.5 | 117.1 | 114.9 | 113.8 | 113.3 | 113.0 |
| 厦　门 | 125.9 | 126.8 | 127.6 | 128.1 | 128.3 | 128.5 | 128.7 | 129.0 | 128.9 | 128.3 | 127.7 | 127.1 |
| 南　昌 | 119.0 | 119.3 | 119.4 | 119.4 | 119.2 | 118.6 | 117.5 | 115.8 | 114.5 | 113.1 | 112.7 | 112.3 |
| 济　南 | 113.5 | 114.0 | 114.6 | 114.6 | 114.2 | 113.4 | 112.0 | 110.6 | 109.8 | 109.3 | 108.9 | 108.5 |
| 青　岛 | 110.9 | 111.3 | 111.4 | 111.5 | 111.5 | 110.8 | 109.4 | 108.3 | 106.7 | 105.1 | 104.0 | 103.1 |
| 郑　州 | 121.2 | 121.7 | 122.3 | 122.4 | 122.7 | 122.8 | 122.7 | 122.2 | 121.0 | 121.0 | 120.8 | 120.7 |
| 武　汉 | 117.2 | 117.6 | 118.1 | 118.3 | 118.2 | 117.7 | 115.6 | 113.7 | 112.7 | 112.2 | 111.8 | 111.7 |
| 长　沙 | 122.9 | 123.4 | 123.8 | 124.0 | 123.4 | 122.3 | 120.5 | 118.6 | 117.3 | 115.8 | 114.7 | 113.9 |
| 广　州 | 129.2 | 129.9 | 130.4 | 130.5 | 130.5 | 129.7 | 128.0 | 126.3 | 124.6 | 123.0 | 122.5 | 122.2 |
| 深　圳 | 126.1 | 126.4 | 126.7 | 127.0 | 126.6 | 126.1 | 125.4 | 124.1 | 123.0 | 122.5 | 122.5 | 123.9 |
| 南　宁 | 112.9 | 113.4 | 113.7 | 113.8 | 113.9 | 113.1 | 111.7 | 110.4 | 108.9 | 108.3 | 108.0 | 107.4 |
| 海　口 | 104.1 | 104.2 | 104.0 | 104.0 | 103.7 | 103.1 | 102.2 | 101.7 | 100.7 | 99.8 | 99.4 | 98.7 |
| 重　庆 | 114.7 | 115.0 | 115.3 | 115.4 | 115.4 | 114.4 | 113.4 | 111.9 | 109.9 | 109.1 | 108.5 | 108.2 |
| 成　都 | 114.0 | 114.6 | 114.9 | 115.1 | 114.7 | 114.1 | 112.9 | 111.5 | 110.3 | 108.9 | 108.3 | 108.1 |
| 贵　阳 | 114.8 | 115.2 | 115.3 | 115.6 | 115.8 | 116.1 | 115.5 | 113.8 | 113.1 | 112.1 | 111.6 | 111.1 |
| 昆　明 | 116.4 | 116.7 | 116.9 | 117.1 | 117.1 | 116.5 | 115.3 | 113.9 | 112.7 | 112.0 | 111.2 | 110.4 |
| 西　安 | 117.8 | 118.2 | 118.6 | 119.0 | 118.6 | 118.6 | 117.8 | 116.2 | 115.1 | 114.3 | 113.4 | 112.8 |
| 兰　州 | 116.3 | 116.6 | 116.8 | 116.9 | 116.6 | 115.7 | 115.0 | 114.6 | 114.0 | 113.3 | 112.9 | 112.7 |
| 西　宁 | 121.4 | 121.6 | 122.0 | 122.3 | 122.3 | 122.5 | 122.6 | 120.9 | 119.7 | 118.5 | 118.0 | 117.6 |
| 银　川 | 115.8 | 116.2 | 116.6 | 116.8 | 116.9 | 117.0 | 116.0 | 114.2 | 113.6 | 113.0 | 111.9 | 111.6 |
| 乌鲁木齐 | 124.4 | 125.0 | 125.6 | 125.6 | 125.5 | 124.9 | 124.1 | 122.3 | 121.4 | 120.7 | 119.8 | 119.2 |

续表

| 城　市 | 1月 | 2月 | 3月 | 4月 | 5月 | 6月 | 7月 | 8月 | 9月 | 10月 | 11月 | 12月 |
|---|---|---|---|---|---|---|---|---|---|---|---|---|
| 唐　山 | 103.9 | 103.9 | 104.0 | 104.1 | 103.5 | 103.5 | 103.3 | 102.2 | 101.5 | 100.2 | 100.1 | 100.0 |
| 秦皇岛 | 117.1 | 117.5 | 117.4 | 117.6 | 117.3 | 116.9 | 115.9 | 114.7 | 113.5 | 111.7 | 111.1 | 110.8 |
| 包　头 | 114.6 | 114.7 | 114.9 | 115.1 | 114.6 | 113.9 | 112.5 | 110.6 | 109.7 | 108.8 | 107.9 | 107.3 |
| 丹　东 | 118.2 | 118.2 | 118.3 | 118.4 | 118.4 | 117.6 | 117.0 | 116.1 | 114.2 | 112.6 | 111.2 | 110.5 |
| 锦　州 | 116.8 | 117.2 | 117.4 | 117.5 | 116.8 | 115.9 | 115.7 | 114.3 | 112.8 | 111.2 | 110.1 | 109.5 |
| 吉　林 | 116.0 | 116.0 | 116.2 | 116.3 | 115.7 | 115.0 | 114.5 | 113.7 | 111.9 | 111.2 | 110.9 | 110.7 |
| 牡丹江 | 113.5 | 113.4 | 113.4 | 113.6 | 113.6 | 113.5 | 113.5 | 112.4 | 111.9 | 111.2 | 111.0 | 110.4 |
| 无　锡 | 108.3 | 108.6 | 108.6 | 108.4 | 107.5 | 106.5 | 105.8 | 105.0 | 104.3 | 103.8 | 103.0 | 102.8 |
| 扬　州 | 112.3 | 112.7 | 113.1 | 113.2 | 113.0 | 112.6 | 110.6 | 108.9 | 108.1 | 106.8 | 106.4 | 106.1 |
| 徐　州 | 114.1 | 114.4 | 114.6 | 114.7 | 113.9 | 113.3 | 113.2 | 111.5 | 110.7 | 110.1 | 109.3 | 109.1 |
| 温　州 | 78.7 | 78.6 | 78.5 | 78.3 | 78.3 | 78.1 | 78.1 | 78.0 | 77.6 | 76.9 | 76.5 | 76.2 |
| 金　华 | 104.4 | 104.8 | 104.9 | 104.5 | 103.9 | 103.3 | 102.4 | 100.7 | 100.1 | 99.6 | 99.3 | 98.9 |
| 蚌　埠 | 109.0 | 109.2 | 109.4 | 109.5 | 109.0 | 108.5 | 107.9 | 106.9 | 104.8 | 103.5 | 102.7 | 102.3 |
| 安　庆 | 110.1 | 109.9 | 110.0 | 109.8 | 109.5 | 109.1 | 108.3 | 107.1 | 105.5 | 104.7 | 103.7 | 103.2 |
| 泉　州 | 109.1 | 109.8 | 109.9 | 110.0 | 109.8 | 108.7 | 107.3 | 106.2 | 104.7 | 103.8 | 102.6 | 102.0 |
| 九　江 | 110.6 | 110.6 | 110.9 | 111.0 | 110.7 | 109.9 | 109.0 | 108.0 | 106.7 | 106.0 | 105.7 | 105.3 |
| 赣　州 | 115.0 | 115.4 | 115.5 | 115.1 | 114.9 | 114.0 | 112.8 | 111.4 | 109.6 | 108.7 | 108.1 | 108.1 |
| 烟　台 | 112.7 | 113.0 | 113.3 | 113.6 | 113.6 | 113.1 | 112.2 | 110.4 | 109.3 | 108.4 | 107.5 | 106.7 |
| 济　宁 | 114.0 | 114.0 | 114.0 | 114.0 | 114.2 | 113.8 | 113.3 | 112.3 | 111.3 | 110.8 | 110.3 | 110.0 |
| 洛　阳 | 116.9 | 117.5 | 117.7 | 117.7 | 117.8 | 116.4 | 115.5 | 114.3 | 113.3 | 112.7 | 112.2 | 111.5 |
| 平顶山 | 115.3 | 115.6 | 115.8 | 116.0 | 115.9 | 115.2 | 113.8 | 113.0 | 112.2 | 111.5 | 110.7 | 110.1 |
| 宜　昌 | 115.6 | 115.9 | 115.8 | 115.7 | 115.6 | 114.7 | 113.6 | 112.6 | 111.8 | 111.2 | 110.2 | 109.6 |
| 襄　阳 | 115.6 | 116.0 | 116.3 | 116.5 | 116.0 | 115.0 | 113.6 | 112.3 | 111.5 | 110.8 | 110.0 | 109.5 |
| 岳　阳 | 119.9 | 120.3 | 120.8 | 121.0 | 121.1 | 121.2 | 120.1 | 118.6 | 117.6 | 116.8 | 115.8 | 115.1 |
| 常　德 | 113.1 | 113.6 | 113.9 | 114.1 | 113.7 | 113.1 | 111.9 | 110.8 | 110.1 | 109.4 | 109.0 | 108.8 |
| 惠　州 | 114.7 | 115.2 | 115.7 | 115.1 | 114.9 | 114.6 | 113.6 | 111.7 | 110.4 | 109.2 | 108.7 | 108.1 |
| 湛　江 | 118.1 | 118.5 | 119.0 | 119.0 | 119.2 | 119.3 | 118.5 | 116.6 | 115.1 | 113.8 | 112.6 | 111.7 |
| 韶　关 | 114.1 | 114.1 | 114.0 | 114.1 | 113.5 | 112.8 | 110.9 | 109.4 | 108.2 | 106.8 | 106.1 | 105.4 |
| 桂　林 | 119.5 | 119.8 | 120.0 | 120.1 | 120.2 | 119.1 | 117.6 | 116.0 | 113.8 | 112.7 | 111.1 | 110.2 |
| 北　海 | 112.4 | 112.7 | 113.0 | 113.1 | 113.1 | 112.6 | 112.0 | 110.4 | 109.2 | 108.2 | 107.2 | 107.1 |
| 三　亚 | 106.8 | 107.0 | 107.5 | 107.6 | 107.7 | 107.6 | 105.0 | 104.5 | 104.1 | 103.4 | 102.7 | 102.0 |
| 泸　州 | 114.1 | 114.5 | 114.9 | 115.1 | 115.3 | 114.3 | 112.2 | 110.6 | 108.5 | 107.7 | 107.2 | 105.8 |
| 南　充 | 112.7 | 113.2 | 113.6 | 113.8 | 113.8 | 113.4 | 112.1 | 110.7 | 109.4 | 107.8 | 107.0 | 106.4 |
| 遵　义 | 115.2 | 115.6 | 115.8 | 115.9 | 115.9 | 115.5 | 114.6 | 113.3 | 112.5 | 111.8 | 111.2 | 111.0 |
| 大　理 | 107.9 | 107.8 | 107.9 | 108.0 | 108.1 | 108.2 | 108.3 | 107.0 | 106.3 | 105.2 | 104.5 | 103.9 |

数据来源：国家统计局。

注1：定基指数以2010年为100。

注2：本表所列北京市“新建商品住宅价格指数”与北京市有关部门发布的“新建普通住房价格”在统计口径、统计标准等方面均有不同。

**表 2 - 70　　2014 年 70 个大中城市二手住宅价格定基指数**

| 城　市 | 1 月 | 2 月 | 3 月 | 4 月 | 5 月 | 6 月 | 7 月 | 8 月 | 9 月 | 10 月 | 11 月 | 12 月 |
|---|---|---|---|---|---|---|---|---|---|---|---|---|
| 北　京 | 120.1 | 120.1 | 120.4 | 120.2 | 119.1 | 117.6 | 116.6 | 115.7 | 114.0 | 114.3 | 115.1 | 115.3 |
| 天　津 | 107.2 | 107.5 | 107.9 | 108.5 | 108.7 | 108.7 | 107.8 | 106.7 | 105.5 | 105.3 | 104.8 | 104.5 |
| 石家庄 | 101.0 | 101.3 | 101.5 | 101.6 | 101.6 | 101.7 | 101.5 | 100.9 | 99.9 | 99.2 | 99.1 | 98.9 |
| 太　原 | 115.7 | 116.0 | 116.2 | 116.6 | 116.6 | 116.7 | 115.3 | 114.6 | 113.3 | 112.2 | 111.9 | 111.6 |
| 呼和浩特 | 108.0 | 108.0 | 107.8 | 107.6 | 107.5 | 107.2 | 106.4 | 105.6 | 104.8 | 103.8 | 103.3 | 103.0 |
| 沈　阳 | 110.0 | 110.4 | 110.7 | 110.8 | 111.0 | 110.6 | 108.9 | 108.2 | 107.3 | 107.3 | 107.1 | 107.0 |
| 大　连 | 107.9 | 108.2 | 108.4 | 108.5 | 108.2 | 107.8 | 106.4 | 105.6 | 104.6 | 103.6 | 103.2 | 102.8 |
| 长　春 | 105.6 | 105.9 | 106.3 | 106.2 | 106.0 | 105.8 | 105.4 | 104.4 | 103.2 | 102.3 | 101.7 | 101.2 |
| 哈尔滨 | 103.7 | 104.1 | 104.1 | 104.3 | 104.4 | 104.4 | 104.4 | 103.6 | 102.7 | 101.7 | 99.9 | 99.6 |
| 上　海 | 116.8 | 117.5 | 117.8 | 117.8 | 117.5 | 116.7 | 115.7 | 114.9 | 114.0 | 114.1 | 114.0 | 114.5 |
| 南　京 | 105.5 | 105.7 | 106.1 | 106.6 | 106.9 | 106.7 | 105.7 | 105.0 | 103.9 | 103.4 | 103.5 | 103.4 |
| 杭　州 | 97.8 | 97.4 | 97.2 | 96.5 | 96.1 | 95.2 | 94.2 | 93.6 | 92.9 | 93.2 | 93.0 | 92.8 |
| 宁　波 | 96.4 | 96.4 | 96.3 | 96.1 | 95.9 | 95.2 | 94.3 | 93.5 | 92.5 | 91.6 | 91.0 | 90.5 |
| 合　肥 | 106.7 | 107.2 | 107.9 | 108.7 | 108.7 | 108.2 | 107.2 | 107.2 | 106.3 | 105.3 | 104.9 | 104.7 |
| 福　州 | 104.9 | 105.3 | 105.3 | 105.2 | 104.6 | 103.9 | 102.9 | 102.1 | 101.2 | 100.3 | 100.0 | 99.7 |
| 厦　门 | 110.9 | 112.2 | 112.8 | 113.2 | 113.8 | 113.5 | 113.5 | 113.5 | 112.9 | 112.2 | 112.2 | 111.8 |
| 南　昌 | 106.7 | 106.7 | 106.9 | 107.3 | 107.3 | 106.8 | 106.0 | 105.0 | 103.8 | 102.8 | 102.5 | 102.8 |
| 济　南 | 106.3 | 106.5 | 106.6 | 106.5 | 106.3 | 106.0 | 104.9 | 104.3 | 103.3 | 102.5 | 101.9 | 101.1 |
| 青　岛 | 103.8 | 103.9 | 104.0 | 103.8 | 103.5 | 103.1 | 102.1 | 101.4 | 100.3 | 99.3 | 98.6 | 98.2 |
| 郑　州 | 111.6 | 112.5 | 113.4 | 113.8 | 114.1 | 114.1 | 114.0 | 113.3 | 112.2 | 111.5 | 111.6 | 111.8 |
| 武　汉 | 111.2 | 111.5 | 111.8 | 111.8 | 111.6 | 111.1 | 109.9 | 109.0 | 107.9 | 107.1 | 106.5 | 106.4 |
| 长　沙 | 108.2 | 108.6 | 108.9 | 109.3 | 109.5 | 109.6 | 108.2 | 107.5 | 106.3 | 105.5 | 105.1 | 104.9 |
| 广　州 | 120.2 | 120.5 | 120.7 | 121.5 | 121.6 | 121.3 | 120.0 | 118.4 | 116.9 | 116.8 | 116.8 | 117.0 |
| 深　圳 | 121.3 | 122.3 | 123.7 | 123.8 | 124.0 | 123.3 | 122.6 | 122.0 | 121.2 | 121.1 | 121.6 | 122.4 |
| 南　宁 | 106.8 | 106.6 | 107.0 | 107.5 | 106.6 | 106.5 | 105.5 | 104.3 | 102.2 | 101.6 | 102.8 | 101.9 |
| 海　口 | 95.4 | 95.3 | 95.2 | 95.1 | 95.0 | 94.6 | 94.0 | 93.2 | 92.3 | 91.5 | 91.3 | 90.6 |
| 重　庆 | 105.3 | 105.5 | 105.6 | 105.7 | 105.5 | 105.0 | 104.2 | 103.2 | 102.0 | 101.1 | 100.7 | 100.6 |
| 成　都 | 104.5 | 104.6 | 104.9 | 104.8 | 104.8 | 104.3 | 103.0 | 102.1 | 101.0 | 100.3 | 100.2 | 100.0 |
| 贵　阳 | 119.0 | 119.3 | 119.4 | 119.5 | 119.8 | 119.8 | 119.4 | 118.9 | 118.0 | 116.9 | 116.5 | 116.4 |
| 昆　明 | 115.2 | 114.6 | 115.2 | 115.9 | 116.0 | 116.0 | 114.5 | 113.4 | 112.1 | 111.0 | 110.3 | 109.4 |
| 西　安 | 106.3 | 106.1 | 106.1 | 106.0 | 105.9 | 105.5 | 104.6 | 103.3 | 102.4 | 101.5 | 100.9 | 100.4 |
| 兰　州 | 101.2 | 101.1 | 101.2 | 101.4 | 101.3 | 101.2 | 100.8 | 100.0 | 98.9 | 98.2 | 97.8 | 97.6 |
| 西　宁 | 112.5 | 112.7 | 112.8 | 112.9 | 112.8 | 112.9 | 113.0 | 112.4 | 111.3 | 110.5 | 110.6 | 109.7 |
| 银　川 | 111.4 | 111.8 | 112.1 | 112.5 | 112.8 | 112.9 | 112.4 | 111.2 | 109.8 | 108.9 | 108.4 | 107.6 |
| 乌鲁木齐 | 112.6 | 113.0 | 113.5 | 113.9 | 114.3 | 114.3 | 113.9 | 113.8 | 112.7 | 111.4 | 111.1 | 111.1 |

续表

| 城　市 | 1月 | 2月 | 3月 | 4月 | 5月 | 6月 | 7月 | 8月 | 9月 | 10月 | 11月 | 12月 |
|---|---|---|---|---|---|---|---|---|---|---|---|---|
| 唐　山 | 104.7 | 104.5 | 104.5 | 104.4 | 104.3 | 104.0 | 104.0 | 103.9 | 103.1 | 102.3 | 101.9 | 101.8 |
| 秦皇岛 | 103.5 | 103.6 | 103.5 | 103.4 | 102.7 | 101.9 | 100.7 | 99.6 | 98.8 | 97.8 | 97.5 | 97.4 |
| 包　头 | 103.4 | 103.5 | 103.5 | 103.5 | 103.4 | 102.7 | 101.4 | 100.8 | 99.7 | 98.7 | 98.2 | 98.1 |
| 丹　东 | 106.3 | 106.4 | 106.4 | 106.3 | 106.1 | 105.7 | 104.9 | 103.9 | 102.9 | 101.6 | 100.7 | 99.6 |
| 锦　州 | 102.2 | 102.3 | 102.3 | 102.4 | 102.2 | 101.8 | 100.9 | 100.0 | 99.3 | 98.1 | 97.4 | 96.2 |
| 吉　林 | 105.4 | 105.4 | 105.3 | 105.1 | 104.7 | 104.2 | 103.5 | 102.7 | 102.2 | 100.9 | 100.2 | 99.9 |
| 牡丹江 | 102.7 | 102.5 | 101.4 | 101.4 | 101.0 | 99.4 | 98.5 | 97.2 | 95.3 | 93.5 | 91.7 | 90.0 |
| 无　锡 | 107.7 | 107.8 | 107.7 | 107.6 | 107.3 | 106.9 | 106.2 | 105.2 | 104.6 | 103.8 | 103.6 | 103.5 |
| 扬　州 | 102.3 | 102.3 | 102.3 | 102.2 | 102.1 | 102.2 | 102.2 | 101.4 | 100.8 | 100.1 | 99.9 | 99.8 |
| 徐　州 | 100.0 | 100.0 | 100.0 | 100.0 | 100.0 | 99.8 | 99.5 | 98.6 | 97.8 | 96.8 | 96.5 | 96.4 |
| 温　州 | 81.3 | 80.6 | 80.1 | 79.6 | 79.0 | 78.0 | 77.2 | 76.7 | 76.4 | 75.9 | 75.3 | 75.0 |
| 金　华 | 98.8 | 98.7 | 97.9 | 97.7 | 97.4 | 96.8 | 96.0 | 95.1 | 93.8 | 92.9 | 92.4 | 92.2 |
| 蚌　埠 | 108.1 | 108.9 | 109.6 | 109.9 | 110.1 | 109.6 | 108.8 | 107.4 | 106.2 | 104.6 | 103.6 | 102.8 |
| 安　庆 | 101.2 | 101.2 | 101.1 | 101.0 | 100.8 | 100.5 | 100.0 | 98.9 | 98.1 | 97.2 | 96.8 | 96.7 |
| 泉　州 | 100.2 | 100.3 | 100.3 | 100.3 | 100.4 | 99.9 | 98.8 | 97.6 | 96.8 | 95.7 | 95.3 | 95.1 |
| 九　江 | 104.9 | 104.5 | 104.4 | 104.5 | 104.3 | 103.9 | 103.3 | 102.4 | 101.7 | 100.7 | 100.3 | 100.5 |
| 赣　州 | 101.1 | 100.9 | 100.4 | 100.2 | 100.0 | 99.5 | 98.4 | 97.1 | 96.1 | 95.0 | 95.0 | 95.3 |
| 烟　台 | 104.5 | 104.5 | 104.6 | 104.8 | 104.8 | 104.5 | 103.4 | 102.2 | 101.2 | 100.1 | 99.2 | 98.6 |
| 济　宁 | 108.7 | 108.6 | 108.7 | 108.7 | 108.7 | 108.3 | 107.4 | 106.4 | 105.6 | 104.7 | 104.3 | 103.9 |
| 洛　阳 | 111.9 | 112.5 | 113.2 | 113.9 | 114.2 | 114.3 | 113.3 | 112.1 | 111.1 | 110.0 | 109.3 | 108.8 |
| 平顶山 | 111.3 | 111.7 | 112.2 | 112.5 | 112.5 | 112.5 | 111.3 | 110.1 | 109.1 | 108.3 | 107.8 | 107.2 |
| 宜　昌 | 108.7 | 109.0 | 109.2 | 109.2 | 109.1 | 108.9 | 107.9 | 106.9 | 106.2 | 104.9 | 104.3 | 104.0 |
| 襄　阳 | 115.6 | 115.8 | 116.0 | 115.9 | 115.8 | 115.4 | 114.4 | 113.1 | 111.8 | 110.9 | 110.6 | 110.1 |
| 岳　阳 | 114.7 | 115.1 | 115.3 | 115.5 | 115.6 | 115.6 | 114.8 | 113.6 | 112.5 | 111.5 | 111.0 | 110.9 |
| 常　德 | 114.3 | 114.6 | 114.6 | 114.7 | 114.7 | 114.5 | 114.0 | 113.2 | 112.2 | 111.5 | 111.2 | 111.1 |
| 惠　州 | 111.4 | 111.6 | 112.0 | 112.4 | 112.8 | 112.3 | 110.9 | 109.7 | 108.6 | 107.6 | 107.3 | 106.7 |
| 湛　江 | 111.4 | 111.6 | 111.7 | 111.7 | 111.7 | 111.5 | 110.7 | 109.9 | 109.0 | 108.0 | 107.4 | 106.9 |
| 韶　关 | 109.7 | 109.7 | 109.8 | 109.6 | 109.9 | 109.1 | 107.8 | 107.2 | 105.4 | 103.8 | 103.2 | 102.6 |
| 桂　林 | 106.4 | 106.3 | 106.4 | 106.2 | 106.1 | 106.1 | 105.3 | 104.5 | 103.4 | 102.0 | 101.7 | 101.0 |
| 北　海 | 108.4 | 108.5 | 108.6 | 108.6 | 108.3 | 107.9 | 107.0 | 105.7 | 104.5 | 103.3 | 102.6 | 101.7 |
| 三　亚 | 96.3 | 96.5 | 96.5 | 96.6 | 96.4 | 96.4 | 95.8 | 95.4 | 94.8 | 94.1 | 94.1 | 93.9 |
| 泸　州 | 105.3 | 105.8 | 106.2 | 106.5 | 106.5 | 106.1 | 105.1 | 104.3 | 103.3 | 101.8 | 101.5 | 101.4 |
| 南　充 | 106.5 | 106.7 | 106.7 | 106.9 | 106.7 | 106.5 | 105.8 | 104.8 | 103.5 | 102.2 | 101.7 | 101.6 |
| 遵　义 | 111.9 | 112.2 | 112.4 | 112.4 | 112.5 | 112.5 | 111.8 | 111.8 | 110.9 | 110.2 | 110.2 | 110.1 |
| 大　理 | 105.4 | 104.9 | 104.8 | 104.6 | 103.9 | 103.7 | 103.1 | 102.9 | 102.1 | 101.6 | 101.2 | 99.6 |

数据来源：国家统计局。

注：定基指数以2010年为100。

**表 2－71　　2014 年 70 个大中城市新建住宅价格环比指数**

| 城　市 | 1 月 | 2 月 | 3 月 | 4 月 | 5 月 | 6 月 | 7 月 | 8 月 | 9 月 | 10 月 | 11 月 | 12 月 |
|---|---|---|---|---|---|---|---|---|---|---|---|---|
| 北　京 | 100.4 | 100.2 | 100.4 | 100.1 | 100.2 | 100.1 | 99.0 | 99.1 | 99.3 | 98.9 | 99.8 | 99.8 |
| 天　津 | 100.4 | 100.4 | 100.2 | 100.1 | 100.0 | 99.5 | 99.2 | 99.0 | 99.2 | 99.3 | 99.7 | 99.8 |
| 石家庄 | 100.6 | 100.4 | 100.4 | 100.0 | 99.3 | 100.0 | 99.2 | 98.8 | 98.9 | 99.4 | 99.8 | 99.9 |
| 太　原 | 100.7 | 100.3 | 100.3 | 100.1 | 100.1 | 99.6 | 98.5 | 98.9 | 98.9 | 99.5 | 99.6 | 99.6 |
| 呼和浩特 | 100.4 | 100.5 | 100.0 | 100.0 | 100.0 | 100.2 | 99.0 | 98.4 | 98.9 | 99.1 | 99.1 | 99.1 |
| 沈　阳 | 100.3 | 100.4 | 100.4 | 100.1 | 99.6 | 99.1 | 98.3 | 98.4 | 98.8 | 98.7 | 98.8 | 99.1 |
| 大　连 | 100.3 | 100.3 | 100.4 | 100.1 | 100.0 | 100.0 | 98.7 | 98.4 | 99.0 | 98.7 | 98.6 | 99.0 |
| 长　春 | 100.4 | 100.3 | 100.4 | 100.2 | 100.0 | 99.4 | 99.3 | 99.2 | 98.7 | 99.4 | 99.4 | 99.5 |
| 哈尔滨 | 99.9 | 100.0 | 100.2 | 100.0 | 100.0 | 100.1 | 99.3 | 99.2 | 99.1 | 98.8 | 99.6 | 99.6 |
| 上　海 | 100.5 | 100.4 | 100.4 | 100.3 | 99.7 | 99.4 | 98.8 | 98.9 | 99.1 | 99.4 | 99.6 | 99.7 |
| 南　京 | 100.3 | 100.3 | 100.4 | 100.3 | 100.2 | 99.5 | 99.2 | 99.0 | 99.3 | 99.6 | 100.0 | 99.9 |
| 杭　州 | 99.9 | 100.0 | 100.0 | 99.3 | 98.6 | 98.3 | 97.6 | 98.0 | 98.8 | 99.6 | 99.6 | 99.7 |
| 宁　波 | 100.4 | 100.3 | 100.0 | 99.8 | 99.4 | 98.5 | 98.6 | 99.3 | 99.5 | 99.5 | 99.6 | 99.6 |
| 合　肥 | 100.5 | 100.4 | 100.2 | 100.2 | 100.0 | 99.6 | 99.3 | 99.4 | 98.9 | 99.8 | 100.0 | 99.9 |
| 福　州 | 100.8 | 100.4 | 100.3 | 100.0 | 99.9 | 99.3 | 98.5 | 98.8 | 98.2 | 99.0 | 99.6 | 99.8 |
| 厦　门 | 101.2 | 100.7 | 100.6 | 100.4 | 100.2 | 100.1 | 100.2 | 100.2 | 100.0 | 99.5 | 99.6 | 99.5 |
| 南　昌 | 100.2 | 100.3 | 100.1 | 100.0 | 99.8 | 99.5 | 99.1 | 98.7 | 98.9 | 98.9 | 99.6 | 99.7 |
| 济　南 | 100.4 | 100.5 | 100.4 | 100.0 | 99.6 | 99.3 | 98.8 | 98.7 | 99.3 | 99.5 | 99.6 | 99.7 |
| 青　岛 | 100.6 | 100.3 | 100.1 | 100.1 | 99.9 | 99.4 | 98.8 | 99.0 | 98.6 | 98.6 | 99.0 | 99.1 |
| 郑　州 | 100.6 | 100.4 | 100.5 | 100.1 | 100.3 | 100.0 | 100.0 | 99.5 | 99.1 | 100.0 | 99.8 | 100.0 |
| 武　汉 | 100.5 | 100.3 | 100.4 | 100.1 | 100.0 | 99.6 | 98.3 | 98.4 | 99.2 | 99.6 | 99.7 | 100.0 |
| 长　沙 | 100.5 | 100.4 | 100.3 | 100.2 | 99.6 | 99.1 | 98.6 | 98.4 | 99.0 | 98.7 | 99.1 | 99.3 |
| 广　州 | 100.7 | 100.5 | 100.4 | 100.1 | 100.0 | 99.4 | 98.7 | 98.7 | 98.6 | 98.8 | 99.6 | 99.8 |
| 深　圳 | 100.4 | 100.2 | 100.2 | 100.2 | 99.8 | 99.6 | 99.4 | 98.9 | 99.2 | 99.6 | 100.0 | 101.2 |
| 南　宁 | 100.5 | 100.4 | 100.3 | 100.1 | 100.1 | 99.3 | 98.8 | 98.9 | 98.7 | 99.5 | 99.7 | 99.5 |
| 海　口 | 100.5 | 100.0 | 99.8 | 100.0 | 99.8 | 99.4 | 99.2 | 99.5 | 99.0 | 99.1 | 99.7 | 99.3 |
| 重　庆 | 100.4 | 100.2 | 100.3 | 100.1 | 100.0 | 99.2 | 99.1 | 98.7 | 98.2 | 99.3 | 99.5 | 99.7 |
| 成　都 | 100.6 | 100.5 | 100.3 | 100.1 | 99.7 | 99.4 | 98.9 | 98.8 | 98.9 | 98.8 | 99.4 | 99.8 |
| 贵　阳 | 100.2 | 100.3 | 100.1 | 100.3 | 100.2 | 100.2 | 99.6 | 98.7 | 99.4 | 99.2 | 99.6 | 99.6 |
| 昆　明 | 100.6 | 100.2 | 100.1 | 100.2 | 100.0 | 99.5 | 99.2 | 99.0 | 99.1 | 99.5 | 99.4 | 99.5 |
| 西　安 | 100.4 | 100.3 | 100.3 | 100.3 | 99.8 | 100.0 | 99.4 | 98.8 | 99.1 | 99.4 | 99.3 | 99.5 |
| 兰　州 | 100.1 | 100.3 | 100.1 | 100.1 | 99.8 | 99.2 | 99.4 | 99.7 | 99.5 | 99.4 | 99.7 | 99.8 |
| 西　宁 | 101.0 | 100.2 | 100.3 | 100.2 | 100.0 | 100.1 | 100.0 | 98.7 | 98.9 | 99.0 | 99.6 | 99.7 |
| 银　川 | 100.4 | 100.3 | 100.4 | 100.1 | 100.0 | 100.1 | 99.2 | 98.5 | 99.5 | 99.5 | 99.1 | 99.8 |
| 乌鲁木齐 | 100.1 | 100.4 | 100.5 | 100.0 | 99.9 | 99.6 | 99.4 | 98.6 | 99.3 | 99.4 | 99.3 | 99.5 |

续表

| 城　市 | 1月 | 2月 | 3月 | 4月 | 5月 | 6月 | 7月 | 8月 | 9月 | 10月 | 11月 | 12月 |
|---|---|---|---|---|---|---|---|---|---|---|---|---|
| 唐　山 | 100.4 | 100.0 | 100.0 | 100.1 | 99.5 | 100.0 | 99.8 | 99.1 | 99.4 | 98.8 | 99.9 | 100.0 |
| 秦皇岛 | 100.3 | 100.3 | 100.0 | 100.2 | 99.8 | 99.6 | 99.2 | 99.1 | 99.0 | 98.5 | 99.5 | 99.8 |
| 包　头 | 99.9 | 100.1 | 100.2 | 100.1 | 99.7 | 99.5 | 98.9 | 98.5 | 99.3 | 99.4 | 99.3 | 99.5 |
| 丹　东 | 100.4 | 100.0 | 100.1 | 100.0 | 100.0 | 99.4 | 99.5 | 99.2 | 98.3 | 98.7 | 98.7 | 99.4 |
| 锦　州 | 100.3 | 100.4 | 100.2 | 100.0 | 99.4 | 99.2 | 99.8 | 98.8 | 98.7 | 98.6 | 99.1 | 99.5 |
| 吉　林 | 100.4 | 100.0 | 100.2 | 100.1 | 99.5 | 99.4 | 99.5 | 99.3 | 98.5 | 99.4 | 99.7 | 99.8 |
| 牡丹江 | 100.0 | 99.9 | 100.0 | 100.1 | 100.0 | 99.9 | 100.0 | 99.0 | 99.6 | 99.4 | 99.8 | 99.4 |
| 无　锡 | 100.3 | 100.2 | 100.0 | 99.8 | 99.3 | 99.2 | 99.4 | 99.3 | 99.5 | 99.6 | 99.4 | 99.8 |
| 扬　州 | 100.6 | 100.3 | 100.4 | 100.1 | 99.8 | 99.7 | 98.3 | 98.5 | 99.3 | 98.9 | 99.6 | 99.7 |
| 徐　州 | 100.0 | 100.2 | 100.2 | 100.0 | 99.3 | 99.6 | 99.9 | 98.6 | 99.3 | 99.5 | 99.4 | 99.8 |
| 温　州 | 98.6 | 99.8 | 99.9 | 99.9 | 100.0 | 99.7 | 100.0 | 100.0 | 99.4 | 99.2 | 99.5 | 99.6 |
| 金　华 | 100.3 | 100.4 | 100.1 | 99.6 | 99.5 | 99.4 | 99.2 | 98.3 | 99.4 | 99.5 | 99.8 | 99.6 |
| 蚌　埠 | 100.4 | 100.2 | 100.1 | 100.1 | 99.6 | 99.5 | 99.4 | 99.1 | 98.1 | 98.8 | 99.3 | 99.6 |
| 安　庆 | 100.4 | 99.9 | 100.0 | 99.8 | 99.8 | 99.7 | 99.2 | 98.9 | 98.7 | 99.3 | 99.1 | 99.5 |
| 泉　州 | 100.5 | 100.6 | 100.1 | 100.0 | 99.9 | 99.0 | 98.8 | 99.0 | 98.6 | 99.3 | 98.8 | 99.5 |
| 九　江 | 100.3 | 100.0 | 100.2 | 100.0 | 99.8 | 99.3 | 99.2 | 99.1 | 98.8 | 99.4 | 99.7 | 99.7 |
| 赣　州 | 100.6 | 100.3 | 100.1 | 99.7 | 99.8 | 99.2 | 98.9 | 98.8 | 98.4 | 99.2 | 99.4 | 100.0 |
| 烟　台 | 100.4 | 100.3 | 100.3 | 100.2 | 100.0 | 99.6 | 99.2 | 98.4 | 99.1 | 99.2 | 99.1 | 99.3 |
| 济　宁 | 100.0 | 99.9 | 100.0 | 100.0 | 100.1 | 99.7 | 99.6 | 99.1 | 99.2 | 99.5 | 99.6 | 99.7 |
| 洛　阳 | 100.6 | 100.5 | 100.2 | 100.0 | 100.1 | 98.8 | 99.2 | 99.0 | 99.2 | 99.4 | 99.6 | 99.3 |
| 平顶山 | 100.7 | 100.2 | 100.2 | 100.1 | 100.0 | 99.4 | 98.8 | 99.3 | 99.4 | 99.4 | 99.3 | 99.5 |
| 宜　昌 | 100.1 | 100.2 | 99.9 | 100.0 | 99.9 | 99.2 | 99.0 | 99.1 | 99.3 | 99.5 | 99.1 | 99.4 |
| 襄　阳 | 100.4 | 100.3 | 100.3 | 100.2 | 99.6 | 99.1 | 98.8 | 98.9 | 99.2 | 99.4 | 99.3 | 99.6 |
| 岳　阳 | 100.3 | 100.2 | 100.3 | 100.1 | 100.1 | 100.0 | 99.5 | 99.2 | 99.4 | 99.6 | 99.5 | 99.7 |
| 常　德 | 100.7 | 100.5 | 100.3 | 100.2 | 99.6 | 99.5 | 99.0 | 99.0 | 99.3 | 99.4 | 99.7 | 99.8 |
| 惠　州 | 100.6 | 100.5 | 100.4 | 99.5 | 99.9 | 99.7 | 99.2 | 98.3 | 98.8 | 98.9 | 99.5 | 99.4 |
| 湛　江 | 100.5 | 100.4 | 100.4 | 100.0 | 100.1 | 100.1 | 99.3 | 98.4 | 98.7 | 98.9 | 99.0 | 99.1 |
| 韶　关 | 99.8 | 100.0 | 99.9 | 100.1 | 99.5 | 99.3 | 98.4 | 98.7 | 99.0 | 98.8 | 99.3 | 99.4 |
| 桂　林 | 100.5 | 100.2 | 100.2 | 100.0 | 100.1 | 99.1 | 98.7 | 98.7 | 98.2 | 99.0 | 98.7 | 99.2 |
| 北　海 | 100.7 | 100.3 | 100.3 | 100.1 | 100.0 | 99.5 | 99.5 | 98.6 | 98.9 | 99.2 | 99.0 | 99.9 |
| 三　亚 | 100.4 | 100.2 | 100.4 | 100.2 | 100.1 | 99.9 | 97.6 | 99.5 | 99.6 | 99.3 | 99.4 | 99.3 |
| 泸　州 | 100.6 | 100.3 | 100.3 | 100.2 | 100.1 | 99.2 | 98.3 | 98.6 | 98.1 | 99.3 | 99.6 | 98.7 |
| 南　充 | 100.5 | 100.5 | 100.4 | 100.1 | 100.0 | 99.6 | 98.9 | 98.7 | 98.8 | 98.6 | 99.3 | 99.5 |
| 遵　义 | 100.3 | 100.3 | 100.2 | 100.1 | 100.0 | 99.7 | 99.3 | 99.0 | 99.4 | 99.4 | 99.5 | 99.9 |
| 大　理 | 100.2 | 100.0 | 100.0 | 100.1 | 100.1 | 100.0 | 100.1 | 98.9 | 99.5 | 99.1 | 99.4 | 99.4 |

数据来源：国家统计局。

注：环比以上月价格为100。

**表 2－72　　2014 年 70 个大中城市新建商品住宅价格环比指数**

| 城　市 | 1 月 | 2 月 | 3 月 | 4 月 | 5 月 | 6 月 | 7 月 | 8 月 | 9 月 | 10 月 | 11 月 | 12 月 |
|---|---|---|---|---|---|---|---|---|---|---|---|---|
| 北　京 | 100.5 | 100.3 | 100.5 | 100.2 | 100.2 | 100.1 | 98.7 | 98.8 | 99.1 | 98.7 | 99.7 | 99.8 |
| 天　津 | 100.5 | 100.5 | 100.2 | 100.1 | 100.0 | 99.5 | 99.1 | 98.9 | 99.1 | 99.2 | 99.6 | 99.8 |
| 石家庄 | 100.6 | 100.4 | 100.4 | 100.0 | 99.3 | 100.0 | 99.2 | 98.8 | 98.9 | 99.3 | 99.8 | 99.9 |
| 太　原 | 100.7 | 100.4 | 100.3 | 100.1 | 100.1 | 99.6 | 98.4 | 98.9 | 98.9 | 99.5 | 99.6 | 99.5 |
| 呼和浩特 | 100.4 | 100.5 | 100.0 | 100.0 | 100.0 | 100.2 | 99.0 | 98.3 | 98.8 | 99.1 | 99.0 | 99.1 |
| 沈　阳 | 100.3 | 100.4 | 100.4 | 100.1 | 99.6 | 99.1 | 98.3 | 98.3 | 98.8 | 98.7 | 98.8 | 99.1 |
| 大　连 | 100.3 | 100.3 | 100.4 | 100.1 | 100.0 | 100.0 | 98.7 | 98.4 | 99.0 | 98.7 | 98.6 | 99.0 |
| 长　春 | 100.4 | 100.3 | 100.5 | 100.2 | 100.0 | 99.4 | 99.3 | 99.2 | 98.7 | 99.3 | 99.4 | 99.5 |
| 哈尔滨 | 99.9 | 100.0 | 100.2 | 100.0 | 100.0 | 100.1 | 99.2 | 99.1 | 99.0 | 98.7 | 99.6 | 99.6 |
| 上　海 | 100.5 | 100.4 | 100.4 | 100.3 | 99.7 | 99.3 | 98.6 | 98.7 | 98.9 | 99.3 | 99.5 | 99.7 |
| 南　京 | 100.4 | 100.3 | 100.6 | 100.4 | 100.2 | 99.4 | 98.9 | 98.7 | 99.1 | 99.5 | 100.0 | 99.8 |
| 杭　州 | 99.9 | 100.0 | 100.0 | 99.3 | 98.6 | 98.2 | 97.5 | 97.9 | 98.8 | 99.5 | 99.6 | 99.7 |
| 宁　波 | 100.4 | 100.3 | 100.0 | 99.8 | 99.4 | 98.4 | 98.6 | 99.3 | 99.5 | 99.5 | 99.6 | 99.5 |
| 合　肥 | 100.6 | 100.4 | 100.2 | 100.2 | 100.0 | 99.6 | 99.2 | 99.3 | 98.8 | 99.8 | 100.0 | 99.9 |
| 福　州 | 100.8 | 100.4 | 100.3 | 100.0 | 99.9 | 99.3 | 98.5 | 98.8 | 98.2 | 99.0 | 99.5 | 99.8 |
| 厦　门 | 101.2 | 100.7 | 100.6 | 100.4 | 100.2 | 100.1 | 100.2 | 100.2 | 100.0 | 99.5 | 99.6 | 99.5 |
| 南　昌 | 100.2 | 100.3 | 100.1 | 100.0 | 99.8 | 99.5 | 99.0 | 98.6 | 98.8 | 98.8 | 99.6 | 99.7 |
| 济　南 | 100.4 | 100.5 | 100.4 | 100.0 | 99.6 | 99.3 | 98.8 | 98.7 | 99.3 | 99.5 | 99.6 | 99.7 |
| 青　岛 | 100.6 | 100.3 | 100.1 | 100.1 | 99.9 | 99.4 | 98.8 | 98.9 | 98.6 | 98.5 | 99.0 | 99.1 |
| 郑　州 | 100.6 | 100.4 | 100.5 | 100.1 | 100.3 | 100.0 | 100.0 | 99.5 | 99.1 | 100.0 | 99.8 | 100.0 |
| 武　汉 | 100.5 | 100.3 | 100.4 | 100.2 | 100.0 | 99.5 | 98.2 | 98.3 | 99.1 | 99.5 | 99.7 | 100.0 |
| 长　沙 | 100.5 | 100.4 | 100.3 | 100.2 | 99.6 | 99.1 | 98.5 | 98.4 | 98.9 | 98.7 | 99.1 | 99.3 |
| 广　州 | 100.7 | 100.5 | 100.4 | 100.1 | 100.0 | 99.4 | 98.7 | 98.7 | 98.6 | 98.8 | 99.6 | 99.8 |
| 深　圳 | 100.4 | 100.3 | 100.2 | 100.2 | 99.8 | 99.6 | 99.4 | 98.9 | 99.1 | 99.6 | 100.0 | 101.2 |
| 南　宁 | 100.5 | 100.4 | 100.3 | 100.1 | 100.1 | 99.3 | 98.7 | 98.8 | 98.6 | 99.5 | 99.7 | 99.4 |
| 海　口 | 100.5 | 100.0 | 99.8 | 100.0 | 99.8 | 99.4 | 99.2 | 99.5 | 99.0 | 99.1 | 99.7 | 99.3 |
| 重　庆 | 100.4 | 100.2 | 100.3 | 100.1 | 100.0 | 99.2 | 99.1 | 98.7 | 98.2 | 99.2 | 99.5 | 99.7 |
| 成　都 | 100.6 | 100.5 | 100.3 | 100.1 | 99.7 | 99.4 | 98.9 | 98.8 | 98.9 | 98.8 | 99.4 | 99.8 |
| 贵　阳 | 100.2 | 100.3 | 100.1 | 100.3 | 100.2 | 100.2 | 99.5 | 98.5 | 99.4 | 99.1 | 99.5 | 99.6 |
| 昆　明 | 100.7 | 100.2 | 100.1 | 100.2 | 100.0 | 99.4 | 99.0 | 98.8 | 98.9 | 99.4 | 99.3 | 99.3 |
| 西　安 | 100.5 | 100.4 | 100.3 | 100.3 | 99.7 | 100.0 | 99.3 | 98.6 | 99.0 | 99.3 | 99.2 | 99.5 |
| 兰　州 | 100.1 | 100.3 | 100.1 | 100.1 | 99.8 | 99.2 | 99.4 | 99.7 | 99.5 | 99.4 | 99.7 | 99.8 |
| 西　宁 | 101.0 | 100.2 | 100.3 | 100.2 | 100.0 | 100.1 | 100.0 | 98.7 | 98.9 | 99.0 | 99.6 | 99.7 |
| 银　川 | 100.4 | 100.3 | 100.4 | 100.1 | 100.0 | 100.1 | 99.1 | 98.4 | 99.5 | 99.5 | 99.0 | 99.8 |
| 乌鲁木齐 | 100.1 | 100.4 | 100.5 | 100.0 | 99.9 | 99.6 | 99.4 | 98.6 | 99.3 | 99.4 | 99.3 | 99.5 |

续表

| 城　市 | 1月 | 2月 | 3月 | 4月 | 5月 | 6月 | 7月 | 8月 | 9月 | 10月 | 11月 | 12月 |
|---|---|---|---|---|---|---|---|---|---|---|---|---|
| 唐　山 | 100.4 | 100.0 | 100.0 | 100.1 | 99.5 | 100.0 | 99.8 | 99.0 | 99.3 | 98.7 | 99.9 | 99.9 |
| 秦皇岛 | 100.4 | 100.3 | 100.0 | 100.2 | 99.7 | 99.6 | 99.2 | 99.0 | 98.9 | 98.4 | 99.5 | 99.8 |
| 包　头 | 99.9 | 100.1 | 100.2 | 100.1 | 99.6 | 99.4 | 98.8 | 98.3 | 99.2 | 99.3 | 99.2 | 99.4 |
| 丹　东 | 100.4 | 100.0 | 100.1 | 100.0 | 100.0 | 99.4 | 99.5 | 99.2 | 98.3 | 98.6 | 98.7 | 99.4 |
| 锦　州 | 100.3 | 100.4 | 100.2 | 100.0 | 99.4 | 99.2 | 99.8 | 98.8 | 98.7 | 98.6 | 99.1 | 99.5 |
| 吉　林 | 100.4 | 100.0 | 100.2 | 100.1 | 99.5 | 99.4 | 99.5 | 99.3 | 98.4 | 99.4 | 99.7 | 99.8 |
| 牡丹江 | 100.0 | 99.9 | 100.0 | 100.1 | 100.0 | 99.9 | 100.0 | 99.0 | 99.6 | 99.4 | 99.8 | 99.4 |
| 无　锡 | 100.4 | 100.2 | 100.0 | 99.8 | 99.2 | 99.0 | 99.4 | 99.2 | 99.4 | 99.5 | 99.3 | 99.8 |
| 扬　州 | 100.7 | 100.3 | 100.4 | 100.1 | 99.8 | 99.7 | 98.2 | 98.5 | 99.2 | 98.8 | 99.6 | 99.7 |
| 徐　州 | 100.0 | 100.2 | 100.2 | 100.0 | 99.3 | 99.5 | 99.9 | 98.5 | 99.2 | 99.5 | 99.3 | 99.8 |
| 温　州 | 98.5 | 99.8 | 99.9 | 99.9 | 100.0 | 99.7 | 100.0 | 100.0 | 99.4 | 99.2 | 99.5 | 99.5 |
| 金　华 | 100.3 | 100.4 | 100.1 | 99.6 | 99.5 | 99.4 | 99.1 | 98.3 | 99.3 | 99.5 | 99.8 | 99.6 |
| 蚌　埠 | 100.5 | 100.2 | 100.1 | 100.1 | 99.6 | 99.5 | 99.4 | 99.1 | 98.1 | 98.7 | 99.3 | 99.6 |
| 安　庆 | 100.4 | 99.9 | 100.0 | 99.8 | 99.8 | 99.7 | 99.2 | 98.9 | 98.6 | 99.2 | 99.0 | 99.5 |
| 泉　州 | 100.5 | 100.6 | 100.1 | 100.0 | 99.9 | 99.0 | 98.7 | 98.9 | 98.6 | 99.2 | 98.8 | 99.5 |
| 九　江 | 100.3 | 100.0 | 100.3 | 100.0 | 99.8 | 99.3 | 99.2 | 99.1 | 98.7 | 99.4 | 99.7 | 99.6 |
| 赣　州 | 100.6 | 100.3 | 100.1 | 99.7 | 99.8 | 99.2 | 98.9 | 98.8 | 98.4 | 99.2 | 99.4 | 100.0 |
| 烟　台 | 100.4 | 100.3 | 100.3 | 100.2 | 100.0 | 99.6 | 99.2 | 98.4 | 99.0 | 99.2 | 99.1 | 99.3 |
| 济　宁 | 99.9 | 99.9 | 100.0 | 100.0 | 100.1 | 99.6 | 99.6 | 99.1 | 99.1 | 99.5 | 99.6 | 99.7 |
| 洛　阳 | 100.6 | 100.5 | 100.2 | 100.0 | 100.1 | 98.8 | 99.2 | 99.0 | 99.2 | 99.4 | 99.6 | 99.3 |
| 平顶山 | 100.8 | 100.2 | 100.2 | 100.1 | 100.0 | 99.4 | 98.8 | 99.2 | 99.4 | 99.4 | 99.3 | 99.5 |
| 宜　昌 | 100.2 | 100.2 | 99.9 | 100.0 | 99.9 | 99.2 | 99.0 | 99.1 | 99.3 | 99.5 | 99.1 | 99.4 |
| 襄　阳 | 100.4 | 100.3 | 100.3 | 100.2 | 99.6 | 99.1 | 98.8 | 98.9 | 99.2 | 99.4 | 99.3 | 99.6 |
| 岳　阳 | 100.5 | 100.3 | 100.4 | 100.1 | 100.1 | 100.0 | 99.1 | 98.8 | 99.1 | 99.3 | 99.1 | 99.4 |
| 常　德 | 100.7 | 100.5 | 100.3 | 100.2 | 99.6 | 99.5 | 98.9 | 99.0 | 99.3 | 99.4 | 99.6 | 99.8 |
| 惠　州 | 100.6 | 100.5 | 100.4 | 99.5 | 99.9 | 99.7 | 99.2 | 98.3 | 98.8 | 98.9 | 99.5 | 99.4 |
| 湛　江 | 100.5 | 100.4 | 100.4 | 100.0 | 100.1 | 100.1 | 99.3 | 98.4 | 98.7 | 98.9 | 99.0 | 99.1 |
| 韶　关 | 99.8 | 100.0 | 99.9 | 100.1 | 99.5 | 99.3 | 98.3 | 98.7 | 98.9 | 98.7 | 99.3 | 99.4 |
| 桂　林 | 100.6 | 100.2 | 100.2 | 100.0 | 100.1 | 99.1 | 98.7 | 98.6 | 98.1 | 99.0 | 98.6 | 99.2 |
| 北　海 | 100.7 | 100.3 | 100.3 | 100.1 | 100.0 | 99.5 | 99.5 | 98.6 | 98.9 | 99.2 | 99.0 | 99.9 |
| 三　亚 | 100.4 | 100.2 | 100.4 | 100.2 | 100.1 | 99.9 | 97.6 | 99.5 | 99.6 | 99.3 | 99.4 | 99.3 |
| 泸　州 | 100.6 | 100.3 | 100.3 | 100.2 | 100.1 | 99.2 | 98.2 | 98.6 | 98.1 | 99.3 | 99.5 | 98.7 |
| 南　充 | 100.5 | 100.5 | 100.4 | 100.1 | 100.0 | 99.6 | 98.9 | 98.7 | 98.8 | 98.5 | 99.3 | 99.5 |
| 遵　义 | 100.3 | 100.3 | 100.2 | 100.1 | 100.0 | 99.7 | 99.2 | 98.9 | 99.3 | 99.3 | 99.5 | 99.8 |
| 大　理 | 100.2 | 100.0 | 100.0 | 100.2 | 100.1 | 100.0 | 100.1 | 98.8 | 99.4 | 99.0 | 99.3 | 99.4 |

数据来源：国家统计局。

注1：环比以上月价格为100。

注2：本表所列北京市“新建商品住宅价格指数”与北京市有关部门发布的“新建普通住房价格”在统计口径、统计标准等方面均有不同。

表 2－73　　2014 年 70 个大中城市二手住宅价格环比指数

| 城市 | 1月 | 2月 | 3月 | 4月 | 5月 | 6月 | 7月 | 8月 | 9月 | 10月 | 11月 | 12月 |
|---|---|---|---|---|---|---|---|---|---|---|---|---|
| 北京 | 99.9 | 100.0 | 100.2 | 99.8 | 99.1 | 98.7 | 99.2 | 99.1 | 98.6 | 100.3 | 100.7 | 100.2 |
| 天津 | 100.3 | 100.2 | 100.4 | 100.5 | 100.2 | 100.0 | 99.1 | 99.0 | 98.9 | 99.8 | 99.5 | 99.8 |
| 石家庄 | 100.1 | 100.3 | 100.2 | 100.1 | 100.0 | 100.1 | 99.8 | 99.4 | 99.0 | 99.3 | 99.8 | 99.8 |
| 太原 | 100.0 | 100.3 | 100.2 | 100.3 | 100.0 | 100.1 | 98.8 | 99.4 | 98.9 | 99.0 | 99.7 | 99.8 |
| 呼和浩特 | 100.0 | 100.1 | 99.8 | 99.8 | 99.9 | 99.6 | 99.3 | 99.2 | 99.2 | 99.1 | 99.5 | 99.7 |
| 沈阳 | 100.1 | 100.4 | 100.2 | 100.1 | 100.1 | 99.7 | 98.5 | 99.3 | 99.2 | 100.0 | 99.8 | 99.8 |
| 大连 | 99.9 | 100.3 | 100.2 | 100.0 | 99.7 | 99.6 | 98.7 | 99.2 | 99.1 | 99.0 | 99.5 | 99.7 |
| 长春 | 99.9 | 100.2 | 100.4 | 99.9 | 99.9 | 99.8 | 99.6 | 99.1 | 98.8 | 99.1 | 99.4 | 99.5 |
| 哈尔滨 | 100.2 | 100.4 | 100.1 | 100.2 | 100.1 | 100.0 | 100.0 | 99.3 | 99.1 | 99.0 | 98.3 | 99.7 |
| 上海 | 100.1 | 100.6 | 100.2 | 100.0 | 99.8 | 99.3 | 99.1 | 99.3 | 99.2 | 100.0 | 100.0 | 100.4 |
| 南京 | 100.7 | 100.2 | 100.4 | 100.4 | 100.3 | 99.7 | 99.1 | 99.3 | 99.0 | 99.4 | 100.1 | 100.0 |
| 杭州 | 100.0 | 99.6 | 99.8 | 99.2 | 99.6 | 99.1 | 98.9 | 99.4 | 99.3 | 100.3 | 99.8 | 99.7 |
| 宁波 | 100.3 | 100.0 | 99.9 | 99.8 | 99.7 | 99.3 | 99.0 | 99.1 | 99.0 | 99.0 | 99.4 | 99.4 |
| 合肥 | 100.5 | 100.4 | 100.7 | 100.7 | 100.0 | 99.5 | 99.1 | 100.1 | 99.2 | 99.0 | 99.6 | 99.8 |
| 福州 | 100.6 | 100.4 | 100.0 | 99.9 | 99.4 | 99.3 | 99.0 | 99.3 | 99.1 | 99.1 | 99.7 | 99.7 |
| 厦门 | 100.8 | 101.1 | 100.5 | 100.4 | 100.5 | 99.8 | 100.0 | 100.0 | 99.5 | 99.3 | 100.0 | 99.7 |
| 南昌 | 100.3 | 100.0 | 100.2 | 100.4 | 100.0 | 99.5 | 99.2 | 99.1 | 98.8 | 99.1 | 99.7 | 100.3 |
| 济南 | 100.1 | 100.2 | 100.1 | 99.9 | 99.8 | 99.7 | 99.0 | 99.4 | 99.1 | 99.2 | 99.4 | 99.3 |
| 青岛 | 100.2 | 100.2 | 100.0 | 99.8 | 99.7 | 99.6 | 99.1 | 99.2 | 99.0 | 99.0 | 99.3 | 99.6 |
| 郑州 | 100.8 | 100.7 | 100.8 | 100.4 | 100.3 | 100.0 | 99.9 | 99.4 | 99.1 | 99.3 | 100.1 | 100.2 |
| 武汉 | 100.4 | 100.3 | 100.2 | 100.0 | 99.8 | 99.6 | 98.9 | 99.2 | 99.0 | 99.3 | 99.5 | 99.9 |
| 长沙 | 100.7 | 100.4 | 100.3 | 100.3 | 100.2 | 100.0 | 98.7 | 99.4 | 98.9 | 99.2 | 99.6 | 99.8 |
| 广州 | 101.0 | 100.3 | 100.2 | 100.7 | 100.1 | 99.7 | 98.9 | 98.6 | 98.7 | 100.0 | 100.0 | 100.2 |
| 深圳 | 100.8 | 100.8 | 101.1 | 100.1 | 100.2 | 99.4 | 99.4 | 99.5 | 99.3 | 100.0 | 100.4 | 100.7 |
| 南宁 | 100.3 | 99.9 | 100.4 | 100.4 | 99.2 | 100.0 | 99.1 | 98.8 | 98.0 | 99.4 | 101.2 | 99.2 |
| 海口 | 100.0 | 99.9 | 99.9 | 100.0 | 99.9 | 99.6 | 99.4 | 99.2 | 99.0 | 99.1 | 99.8 | 99.3 |
| 重庆 | 100.2 | 100.2 | 100.1 | 100.1 | 99.8 | 99.5 | 99.2 | 99.1 | 98.8 | 99.1 | 99.6 | 99.9 |
| 成都 | 100.3 | 100.1 | 100.3 | 99.8 | 100.0 | 99.5 | 98.8 | 99.1 | 98.9 | 99.3 | 99.9 | 99.8 |
| 贵阳 | 100.2 | 100.3 | 100.1 | 100.1 | 100.2 | 100.1 | 99.6 | 99.7 | 99.2 | 99.1 | 99.6 | 99.9 |
| 昆明 | 99.8 | 99.5 | 100.6 | 100.5 | 100.1 | 100.0 | 98.8 | 99.0 | 98.9 | 99.0 | 99.4 | 99.2 |
| 西安 | 99.8 | 99.8 | 100.0 | 99.9 | 99.9 | 99.7 | 99.1 | 98.8 | 99.0 | 99.2 | 99.4 | 99.5 |
| 兰州 | 100.1 | 99.9 | 100.0 | 100.2 | 100.0 | 99.8 | 99.6 | 99.2 | 98.9 | 99.4 | 99.6 | 99.8 |
| 西宁 | 100.2 | 100.2 | 100.1 | 100.1 | 100.0 | 100.1 | 100.1 | 99.4 | 99.0 | 99.3 | 100.1 | 99.2 |
| 银川 | 100.2 | 100.4 | 100.2 | 100.4 | 100.3 | 100.0 | 99.6 | 98.9 | 98.7 | 99.2 | 99.6 | 99.3 |
| 乌鲁木齐 | 100.3 | 100.4 | 100.5 | 100.3 | 100.4 | 100.0 | 99.6 | 99.9 | 99.0 | 98.9 | 99.8 | 100.0 |

续表

| 城 市 | 1月 | 2月 | 3月 | 4月 | 5月 | 6月 | 7月 | 8月 | 9月 | 10月 | 11月 | 12月 |
|---|---|---|---|---|---|---|---|---|---|---|---|---|
| 唐 山 | 100.0 | 99.9 | 100.0 | 99.9 | 100.0 | 99.7 | 100.0 | 99.9 | 99.3 | 99.2 | 99.6 | 99.9 |
| 秦皇岛 | 99.9 | 100.1 | 99.9 | 100.0 | 99.3 | 99.2 | 98.8 | 98.9 | 99.2 | 99.0 | 99.7 | 99.9 |
| 包 头 | 100.4 | 100.1 | 100.0 | 100.1 | 99.8 | 99.4 | 98.7 | 99.4 | 98.9 | 99.0 | 99.5 | 99.8 |
| 丹 东 | 100.1 | 100.1 | 100.0 | 100.0 | 99.8 | 99.6 | 99.3 | 99.0 | 99.0 | 98.7 | 99.1 | 99.0 |
| 锦 州 | 100.0 | 100.1 | 100.0 | 100.1 | 99.8 | 99.6 | 99.2 | 99.0 | 99.3 | 98.8 | 99.3 | 98.8 |
| 吉 林 | 100.0 | 100.0 | 99.9 | 99.8 | 99.6 | 99.5 | 99.4 | 99.2 | 99.5 | 98.8 | 99.2 | 99.8 |
| 牡丹江 | 99.8 | 99.8 | 99.0 | 100.0 | 99.5 | 98.5 | 99.1 | 98.6 | 98.0 | 98.2 | 98.0 | 98.2 |
| 无 锡 | 100.2 | 100.2 | 99.9 | 99.9 | 99.7 | 99.6 | 99.3 | 99.1 | 99.4 | 99.3 | 99.8 | 99.9 |
| 扬 州 | 100.2 | 100.0 | 100.0 | 99.9 | 99.9 | 100.1 | 100.0 | 99.3 | 99.4 | 99.3 | 99.8 | 99.9 |
| 徐 州 | 100.0 | 100.0 | 100.0 | 100.1 | 100.0 | 99.7 | 99.7 | 99.1 | 99.3 | 98.9 | 99.7 | 99.9 |
| 温 州 | 98.1 | 99.1 | 99.3 | 99.4 | 99.3 | 98.8 | 98.9 | 99.4 | 99.5 | 99.4 | 99.3 | 99.5 |
| 金 华 | 100.0 | 99.9 | 99.2 | 99.8 | 99.7 | 99.4 | 99.1 | 99.0 | 98.7 | 99.0 | 99.5 | 99.8 |
| 蚌 埠 | 100.5 | 100.7 | 100.6 | 100.3 | 100.1 | 99.6 | 99.2 | 98.7 | 98.9 | 98.5 | 99.0 | 99.3 |
| 安 庆 | 99.9 | 100.0 | 100.0 | 99.9 | 99.8 | 99.6 | 99.5 | 99.0 | 99.2 | 99.1 | 99.6 | 99.9 |
| 泉 州 | 100.3 | 100.1 | 100.0 | 100.0 | 100.1 | 99.5 | 98.9 | 98.8 | 99.1 | 98.9 | 99.5 | 99.8 |
| 九 江 | 100.2 | 99.7 | 99.8 | 100.1 | 99.8 | 99.6 | 99.4 | 99.1 | 99.3 | 99.0 | 99.7 | 100.1 |
| 赣 州 | 100.1 | 99.8 | 99.5 | 99.8 | 99.8 | 99.6 | 98.9 | 98.7 | 98.9 | 98.9 | 100.0 | 100.2 |
| 烟 台 | 100.2 | 100.0 | 100.1 | 100.2 | 100.0 | 99.7 | 99.0 | 98.8 | 99.0 | 98.9 | 99.1 | 99.4 |
| 济 宁 | 99.8 | 99.9 | 100.1 | 100.0 | 100.0 | 99.7 | 99.2 | 99.0 | 99.3 | 99.1 | 99.6 | 99.7 |
| 洛 阳 | 100.7 | 100.6 | 100.7 | 100.6 | 100.3 | 100.1 | 99.1 | 99.0 | 99.1 | 99.0 | 99.3 | 99.6 |
| 平顶山 | 100.7 | 100.4 | 100.4 | 100.3 | 100.0 | 100.0 | 98.9 | 98.9 | 99.1 | 99.2 | 99.5 | 99.4 |
| 宜 昌 | 100.3 | 100.2 | 100.3 | 99.9 | 99.9 | 99.8 | 99.1 | 99.1 | 99.3 | 98.8 | 99.4 | 99.8 |
| 襄 阳 | 100.3 | 100.2 | 100.1 | 100.0 | 99.8 | 99.7 | 99.1 | 98.9 | 98.8 | 99.2 | 99.7 | 99.5 |
| 岳 阳 | 100.2 | 100.3 | 100.2 | 100.1 | 100.1 | 100.0 | 99.3 | 98.9 | 99.0 | 99.1 | 99.5 | 99.9 |
| 常 德 | 100.2 | 100.3 | 99.9 | 100.1 | 100.0 | 99.9 | 99.5 | 99.2 | 99.2 | 99.3 | 99.7 | 99.9 |
| 惠 州 | 100.4 | 100.2 | 100.4 | 100.3 | 100.4 | 99.5 | 98.7 | 99.0 | 99.0 | 99.1 | 99.7 | 99.4 |
| 湛 江 | 100.2 | 100.2 | 100.1 | 100.0 | 100.0 | 99.8 | 99.3 | 99.3 | 99.1 | 99.1 | 99.4 | 99.5 |
| 韶 关 | 99.9 | 100.1 | 100.0 | 99.9 | 100.3 | 99.3 | 98.8 | 99.4 | 98.3 | 98.5 | 99.5 | 99.4 |
| 桂 林 | 99.9 | 99.9 | 100.1 | 99.8 | 99.9 | 100.0 | 99.2 | 99.2 | 99.0 | 98.7 | 99.7 | 99.3 |
| 北 海 | 100.4 | 100.0 | 100.1 | 100.0 | 99.8 | 99.6 | 99.2 | 98.7 | 98.9 | 98.9 | 99.3 | 99.1 |
| 三 亚 | 100.2 | 100.1 | 100.1 | 100.0 | 99.9 | 99.9 | 99.4 | 99.6 | 99.4 | 99.2 | 100.0 | 99.8 |
| 泸 州 | 100.4 | 100.5 | 100.4 | 100.3 | 100.0 | 99.6 | 99.0 | 99.3 | 99.1 | 98.5 | 99.7 | 99.9 |
| 南 充 | 100.2 | 100.2 | 100.0 | 100.1 | 99.9 | 99.8 | 99.3 | 99.0 | 98.8 | 98.8 | 99.5 | 99.8 |
| 遵 义 | 100.2 | 100.3 | 100.1 | 100.1 | 100.0 | 100.1 | 99.4 | 100.0 | 99.2 | 99.4 | 100.0 | 99.9 |
| 大 理 | 99.7 | 99.5 | 99.9 | 99.8 | 99.3 | 99.8 | 99.4 | 99.7 | 99.3 | 99.5 | 99.6 | 98.4 |

数据来源：国家统计局。

注：环比以上月价格为100。

# 九、中国财政收入情况

表 2－74　　2010—2014 年中国财政收入情况

单位：亿元

| | 2010 年 | 2011 年 | 2012 年 | 2013 年 | 2014 年 |
|---|---|---|---|---|---|
| 全国一般公共财政收入 | 83102 | 103740 | 117254 | 129210 | 140350 |
| 中央一般公共财政收入 | 42488 | 51306 | 56175 | 60198 | 64490 |
| 地方一般公共财政收入（本级） | 40613 | 52547 | 61078 | 69011 | 75860 |
| 税收收入 | 73211 | 89720 | 100614 | 110531 | 119158 |
| #房地产营业税 | — | — | 4051 | 5411 | 5627 |
| #房地产企业所得税 | — | — | — | 2850 | 2961 |
| #房产税 | 894 | 1102 | 1372 | 1582 | — |
| #契税 | 2465 | 2764 | 2874 | 3844 | 3986 |
| #土地增值税 | 1278 | 2063 | 2719 | 3294 | 3914 |
| #耕地占用税 | 889 | 1075 | 1621 | 1808 | 2059 |
| #城镇土地使用税 | 1004 | 1222 | 1542 | 1719 | 1993 |
| 全国政府性基金收入 | 36785 | 41363 | 37535 | 52269 | 54093 |
| 中央政府性基金收入 | 3176 | 3131 | 3318 | 4238 | 4097 |
| 地方政府性基金收入（本级） | 33609 | 38232 | 34217 | 48030 | 49996 |
| 国有土地使用权出让收入 | 30109 | 33173 | 28886 | 41266 | 42940 |

数据来源：财政部。

表 2－75　　2010—2014 年中国地方财政收入和土地出让金比较

单位：亿元，%

| 年份 | 地方财政收入 | 增幅 | 国有土地使用权出让收入 | 增幅 | 土地出让收入占地方财政收入比重 |
|---|---|---|---|---|---|
| 2010 | 40613 | 24.6 | 30109 | 111.4 | 74.1 |
| 2011 | 52547 | 29.4 | 33173 | 10.2 | 63.1 |
| 2012 | 61078 | 16.2 | 28886 | －12.9 | 47.3 |
| 2013 | 69011 | 12.9 | 41266 | 42.9 | 59.8 |
| 2014 | 75860 | 9.9 | 42940 | 4.1 | 56.6 |

资料来源：财政部。

表 2 -76　　2014 年中国土地出让金收支情况

单位：亿元，%

| | 金额 | 同比 | | 金额 | 同比 |
|---|---|---|---|---|---|
| 一、土地出让总收入 | 42940. 30 | 3. 1 | 2. 非成本性支出 | | |
| 1. 招拍挂和协议 | 37956. 43 | 1. 7 | 城市建设 | 4063. 02 | 7. 6 |
| 2. 补缴 | 1886. 89 | -1. 1 | 保障性安居工程 | 760. 1 | 5. 3 |
| 3. 划拨 | 935. 94 | 5. 0 | #棚户区改造 | 182. 52 | 98. 3 |
| 4. 出租土地等其他 | 2161. 04 | 43. 1 | 农业农村 | 2435. 49 | -9. 3 |
| 二、土地出让支出 | 41210. 98 | 0. 8 | #农村基础设施建设 | 428. 9 | -17. 0 |
| 1. 成本性支出 | 33952. 37 | 0. 7 | #农业土地开发和基本农田建设与保护 | 1146. 72 | -19. 5 |
| 征地拆迁补偿 | 21216. 03 | -2. 5 | #教育 | 377. 07 | 3. 2 |
| 土地出让前期开发 | 9206. 38 | 7. 3 | #农田水利建设 | 482. 8 | 27. 6 |
| 其他成本性支出 | 3529. 96 | 5. 1 | | | |

资料来源：国土资源部。

表 2 -77　　2010—2014 年四十个重点城市公共财政收入情况

单位：亿元

| 城　市 | 2010 年 | 2011 年 | 2012 年 | 2013 年 | 2014 年 |
|---|---|---|---|---|---|
| 北　京 | 2353. 90 | 3006. 30 | 3314. 90 | 3661. 10 | 4027. 20 |
| 天　津 | 1068. 81 | 1454. 87 | 1760. 02 | 2078. 30 | 2390. 00 |
| 石家庄 | 163. 60 | 221. 20 | 272. 30 | 315. 10 | 343. 50 |
| 太　原 | 138. 48 | 174. 72 | 215. 67 | 247. 33 | 258. 85 |
| 呼和浩特 | 126. 70 | 151. 43 | 178. 00 | 182. 02 | 211. 54 |
| 沈　阳 | 465. 40 | 620. 10 | 715. 00 | 801. 00 | 785. 50 |
| 大　连 | 500. 80 | 651. 00 | 750. 10 | 850. 00 | 780. 79 |
| 长　春 | 180. 80 | 288. 60 | 340. 80 | 381. 80 | — |
| 哈尔滨 | 238. 10 | 300. 30 | 354. 70 | 402. 30 | 423. 50 |
| 上　海 | 2873. 58 | 3429. 83 | 3743. 71 | 4109. 51 | 4585. 55 |
| 南　京 | 518. 80 | 635. 00 | 733. 02 | 831. 31 | 903. 50 |
| 无　锡 | 511. 89 | 615. 00 | 658. 03 | 710. 91 | 768. 01 |
| 苏　州 | 900. 55 | 1100. 88 | 1204. 30 | 1331. 00 | 1443. 80 |
| 杭　州 | 671. 34 | 785. 15 | 859. 99 | 945. 20 | 1027. 32 |
| 宁　波 | 530. 90 | 657. 60 | 725. 50 | 792. 80 | 860. 60 |
| 温　州 | 228. 49 | 270. 87 | 289. 64 | 323. 98 | 352. 50 |
| 合　肥 | 259. 43 | 338. 51 | 389. 50 | 438. 62 | 500. 34 |
| 福　州 | 247. 82 | 320. 04 | 382. 01 | 453. 97 | 510. 87 |
| 厦　门 | 289. 17 | 370. 77 | 422. 91 | 490. 60 | 543. 80 |
| 南　昌 | 146. 46 | 187. 03 | 240. 02 | 291. 91 | 342. 21 |

续表

| 城　市 | 2010 年 | 2011 年 | 2012 年 | 2013 年 | 2014 年 |
|---|---|---|---|---|---|
| 济　南 | 266.10 | 325.40 | 380.80 | 482.10 | 543.12 |
| 青　岛 | 452.61 | 566.00 | 670.18 | 788.72 | 895.20 |
| 郑　州 | 386.80 | 502.30 | 606.70 | 723.60 | 833.88 |
| 武　汉 | 390.19 | 673.26 | 828.58 | 978.52 | 1101.02 |
| 长　沙 | 314.28 | 425.78 | 490.65 | 536.63 | 632.80 |
| 广　州 | 872.65 | 979.47 | 1102.25 | 1141.79 | 1241.50 |
| 深　圳 | 1106.82 | 1339.59 | 1482.08 | 1731.26 | 2082.44 |
| 南　宁 | 156.10 | 186.29 | 229.73 | 256.25 | 274.85 |
| 北　海 | 27.51 | 37.06 | 41.13 | 42.10 | 47.25 |
| 海　口 | 50.37 | 60.93 | 73.17 | 86.73 | 100.12 |
| 三　亚 | 42.22 | 50.03 | 60.25 | 67.50 | 77.77 |
| 重　庆 | 1018.36 | 1488.25 | 1703.49 | 1692.92 | 1921.90 |
| 成　都 | 526.90 | 680.70 | 781.00 | 898.50 | 1025.00 |
| 贵　阳 | 136.30 | 187.09 | 241.20 | 277.21 | 331.59 |
| 昆　明 | 253.83 | 317.70 | 378.40 | 450.75 | 477.97 |
| 西　安 | 241.86 | 318.55 | 396.96 | 501.98 | 583.79 |
| 兰　州 | 72.76 | 86.49 | 103.73 | 124.52 | 152.33 |
| 西　宁 | 34.52 | 45.25 | 54.77 | 67.11 | 83.90 |
| 银　川 | 64.04 | 96.62 | 113.13 | 134.60 | 153.60 |
| 乌鲁木齐 | 147.99 | 206.20 | 252.01 | 301.90 | — |

资料来源：各财政局及统计局。

# 十、2014 年房地产上市公司股票价格涨跌幅排名

**表 2－78**　　沪市房地产企业股价涨跌幅排行榜

单位：元,%

| 排名 | 证券代码 | 证券简称 | 2013 年收盘价 | 2014 年收盘价 | 涨跌幅 | 最高价 | 最低价 |
|---|---|---|---|---|---|---|---|
| 1 | 600606 | 金丰投资 | 5.29 | 14.79 | 179.58 | 15.15 | 14.29 |
| 2 | 600173 | 卧龙地产 | 2.81 | 6.65 | 136.65 | 6.68 | 6.50 |
| 3 | 600158 | 中体产业 | 7.65 | 18.07 | 136.21 | 18.92 | 17.96 |
| 4 | 600208 | 新湖中宝 | 3.20 | 7.16 | 123.75 | 7.18 | 7.04 |
| 5 | 600555 | 九龙山 | 2.97 | 6.54 | 120.20 | 6.60 | 6.51 |
| 6 | 600657 | 信达地产 | 3.23 | 7.03 | 117.65 | 7.10 | 6.79 |
| 7 | 600266 | 北京城建 | 9.68 | 19.81 | 104.65 | 20.00 | 19.20 |
| 8 | 600663 | 陆家嘴 | 16.99 | 34.58 | 103.53 | 34.93 | 33.85 |
| 9 | 600376 | 首开股份 | 5.03 | 10.15 | 101.79 | 10.37 | 9.47 |

续表

| 排名 | 证券代码 | 证券简称 | 2013 年收盘价 | 2014 年收盘价 | 涨跌幅 | 最高价 | 最低价 |
|---|---|---|---|---|---|---|---|
| 10 | 600415 | 小商品城 | 5. 87 | 11. 53 | 96. 42 | 11. 96 | 11. 37 |
| 11 | 600639 | 浦东金桥 | 11. 76 | 22. 05 | 87. 50 | 22. 28 | 21. 55 |
| 12 | 600895 | 张江高科 | 7. 51 | 13. 68 | 82. 16 | 13. 98 | 13. 33 |
| 13 | 600743 | 华远地产 | 2. 55 | 4. 27 | 67. 45 | 4. 29 | 4. 18 |
| 14 | 600665 | 天地源 | 3. 24 | 5. 33 | 64. 51 | 5. 42 | 5. 22 |
| 15 | 600823 | 世茂股份 | 8. 98 | 14. 60 | 62. 58 | 14. 72 | 14. 23 |
| 16 | 600683 | 京投银泰 | 4. 39 | 7. 12 | 62. 19 | 7. 13 | 7. 00 |
| 17 | 600846 | 同济科技 | 5. 69 | 9. 04 | 58. 88 | 9. 09 | 8. 96 |
| 18 | 600325 | 华发股份 | 7. 45 | 11. 72 | 57. 32 | 11. 85 | 11. 42 |
| 19 | 600603 | 大洲兴业 | 5. 26 | 8. 27 | 57. 22 | 8. 36 | 8. 24 |
| 20 | 600383 | 金地集团 | 6. 68 | 10. 48 | 56. 89 | 10. 60 | 10. 28 |
| 21 | 600064 | 南京高科 | 11. 02 | 17. 04 | 54. 63 | 17. 09 | 16. 67 |
| 22 | 600503 | 华丽家族 | 4. 17 | 6. 40 | 53. 48 | 6. 43 | 6. 26 |
| 23 | 600159 | 大龙地产 | 2. 85 | 4. 34 | 52. 28 | 4. 36 | 4. 27 |
| 24 | 600748 | 上实发展 | 7. 55 | 11. 37 | 50. 60 | 11. 48 | 11. 13 |
| 25 | 600133 | 东湖高新 | 5. 64 | 8. 43 | 49. 47 | 8. 48 | 8. 26 |
| 26 | 600053 | 中江地产 | 6. 19 | 9. 08 | 46. 69 | 9. 12 | 8. 99 |
| 27 | 600136 | 道博股份 | 10. 54 | 15. 44 | 46. 49 | 15. 98 | 15. 41 |
| 28 | 600736 | 苏州高新 | 4. 04 | 5. 86 | 45. 05 | 5. 89 | 5. 73 |
| 29 | 600385 | ST 金泰 | 8. 50 | 12. 30 | 44. 71 | 12. 38 | 12. 16 |
| 30 | 600247 | * ST 成城 | 4. 13 | 5. 96 | 44. 31 | 5. 97 | 5. 88 |
| 31 | 600647 | 同达创业 | 10. 05 | 14. 41 | 43. 38 | 14. 69 | 14. 12 |
| 32 | 600614 | 鼎立股份 | 10. 43 | 14. 54 | 39. 41 | 14. 62 | 13. 82 |
| 33 | 600724 | 宁波富达 | 4. 19 | 5. 79 | 38. 19 | 5. 81 | 5. 68 |
| 34 | 600638 | 新黄浦 | 12. 24 | 16. 82 | 37. 42 | 16. 98 | 16. 70 |
| 35 | 600732 | 上海新梅 | 5. 24 | 7. 13 | 36. 07 | 7. 15 | 7. 00 |
| 36 | 600007 | 中国国贸 | 10. 61 | 14. 36 | 35. 34 | 14. 79 | 14. 23 |
| 37 | 600533 | 栖霞建设 | 3. 35 | 4. 53 | 35. 22 | 4. 55 | 4. 47 |
| 38 | 600082 | 海泰发展 | 4. 87 | 6. 57 | 34. 91 | 6. 64 | 6. 47 |
| 39 | 600113 | 浙江东日 | 8. 83 | 11. 89 | 34. 65 | 11. 99 | 11. 66 |
| 40 | 600696 | 多伦股份 | 6. 06 | 8. 15 | 34. 49 | 8. 19 | 8. 10 |
| 41 | 600641 | 万业企业 | 4. 30 | 5. 75 | 33. 72 | 5. 78 | 5. 62 |
| 42 | 600322 | 天房发展 | 3. 32 | 4. 41 | 32. 83 | 4. 42 | 4. 33 |
| 43 | 600051 | 宁波联合 | 6. 71 | 8. 78 | 30. 85 | 8. 86 | 8. 60 |
| 44 | 600048 | 保利地产 | 8. 25 | 10. 75 | 30. 30 | 10. 94 | 10. 40 |

续表

| 排名 | 证券代码 | 证券简称 | 2013 年收盘价 | 2014 年收盘价 | 涨跌幅 | 最高价 | 最低价 |
|---|---|---|---|---|---|---|---|
| 45 | 600393 | 东华实业 | 5. 51 | 7. 16 | 29. 95 | 7. 16 | 7. 08 |
| 46 | 600622 | 嘉宝集团 | 6. 17 | 8. 00 | 29. 66 | 8. 05 | 7. 90 |
| 47 | 600252 | 中恒集团 | 13. 64 | 17. 10 | 25. 37 | 17. 23 | 16. 98 |
| 48 | 600615 | 丰华股份 | 9. 80 | 12. 16 | 24. 08 | 12. 25 | 12. 00 |
| 49 | 600807 | 天业股份 | 6. 82 | 8. 41 | 23. 31 | 8. 49 | 8. 33 |
| 50 | 600617 | 国新能源 | 20. 98 | 24. 79 | 18. 16 | 25. 10 | 24. 12 |
| 51 | 600067 | 冠城大通 | 6. 47 | 7. 43 | 14. 84 | 7. 49 | 7. 28 |
| 52 | 600791 | 京能置业 | 5. 72 | 6. 26 | 9. 44 | 6. 29 | 6. 18 |
| 53 | 600515 | 海岛建设 | 7. 66 | 8. 35 | 9. 01 | 8. 36 | 8. 30 |
| 54 | 600620 | 天宸股份 | 9. 00 | 9. 79 | 8. 78 | 9. 91 | 9. 50 |
| 55 | 600634 | 中技控股 | 10. 73 | 11. 43 | 6. 52 | 11. 84 | 11. 28 |
| 56 | 600890 | 中房股份 | 7. 90 | 8. 37 | 5. 95 | 8. 42 | 8. 31 |
| 57 | 600734 | 实达集团 | 4. 87 | 5. 14 | 5. 54 | 5. 16 | 5. 04 |
| 58 | 600648 | 外高桥 | 32. 23 | 32. 29 | 0. 19 | 32. 40 | 32. 00 |
| 59 | 600193 | 创新资源 | 6. 60 | 6. 47 | -1. 94 | 6. 48 | 6. 41 |
| 60 | 600225 | 天津松江 | 7. 41 | 7. 11 | -4. 05 | 7. 13 | 7. 00 |
| 61 | 600684 | 珠江实业 | 7. 22 | 6. 70 | -7. 20 | 6. 75 | 6. 61 |
| 62 | 600679 | 金山开发 | 12. 83 | 11. 88 | -7. 40 | 12. 00 | 11. 75 |
| 63 | 601588 | 北辰实业 | 2. 69 | 2. 49 | -7. 43 | 2. 84 | 2. 47 |
| 64 | 600675 | 中华企业 | 6. 91 | 6. 29 | -8. 97 | 6. 33 | 6. 15 |

数据来源：上海证券交易所。

**表 2-79　　深市房地产企业股价涨跌幅排行榜**

单位：元，%

| 排名 | 证券代码 | 证券简称 | 2013 年收盘价 | 2014 年收盘价 | 涨跌幅 | 最高价 | 最低价 |
|---|---|---|---|---|---|---|---|
| 1 | 000150 | 宜华地产 | 5. 43 | 15. 88 | 192. 45 | 16. 05 | 15. 82 |
| 2 | 000031 | 中粮地产 | 3. 71 | 9. 13 | 146. 09 | 9. 24 | 8. 81 |
| 3 | 000046 | 泛海建设 | 4. 49 | 10. 02 | 123. 16 | 10. 15 | 9. 65 |
| 4 | 000656 | 金科股份 | 8. 08 | 16. 63 | 105. 82 | 17. 36 | 16. 48 |
| 5 | 000540 | 中天城投 | 5. 80 | 11. 88 | 104. 83 | 11. 96 | 11. 31 |
| 6 | 000402 | 金融街 | 5. 23 | 10. 61 | 102. 87 | 10. 80 | 10. 38 |
| 7 | 000505 | 珠江控股 | 3. 55 | 7. 15 | 101. 41 | 7. 19 | 7. 08 |
| 8 | 000961 | 中南建设 | 7. 03 | 12. 27 | 74. 54 | 12. 36 | 12. 03 |
| 9 | 000534 | 万泽股份 | 4. 28 | 7. 37 | 72. 20 | 7. 42 | 7. 28 |
| 10 | 000029 | 深深房 A | 3. 75 | 6. 35 | 69. 33 | 6. 42 | 6. 27 |

续表

| 排名 | 证券代码 | 证券简称 | 2013 年收盘价 | 2014 年收盘价 | 涨跌幅 | 最高价 | 最低价 |
|---|---|---|---|---|---|---|---|
| 11 | 000965 | 天保基建 | 5.51 | 9.18 | 66.61 | 9.29 | 8.91 |
| 12 | 000667 | 美好集团 | 1.82 | 3.01 | 65.38 | 3.03 | 2.97 |
| 13 | 000507 | 珠海港 | 5.39 | 8.72 | 61.78 | 8.80 | 8.60 |
| 14 | 000558 | 莱茵置业 | 3.44 | 5.50 | 59.88 | 5.58 | 5.41 |
| 15 | 000502 | 绿景控股 | 6.35 | 10.03 | 57.95 | 10.10 | 9.76 |
| 16 | 000638 | 万方地产 | 4.26 | 6.60 | 54.93 | 6.78 | 6.51 |
| 17 | 000652 | 泰达股份 | 4.60 | 7.10 | 54.35 | 7.35 | 7.06 |
| 18 | 000517 | 荣安地产 | 4.89 | 7.48 | 52.97 | 7.49 | 7.39 |
| 19 | 000797 | 中国武夷 | 7.55 | 11.43 | 51.39 | 11.90 | 11.30 |
| 20 | 000926 | 福星股份 | 7.12 | 10.74 | 50.84 | 10.79 | 10.46 |
| 21 | 000537 | 广宇发展 | 5.70 | 8.52 | 49.47 | 8.56 | 8.32 |
| 22 | 000803 | 金宇车城 | 7.64 | 11.19 | 46.47 | 11.27 | 11.16 |
| 23 | 002077 | 大港股份 | 5.83 | 8.50 | 45.80 | 8.59 | 8.32 |
| 24 | 000671 | 阳光城 | 9.29 | 13.48 | 45.10 | 13.66 | 13.12 |
| 25 | 000918 | 嘉凯城 | 2.78 | 4.03 | 44.96 | 4.05 | 3.96 |
| 26 | 000631 | 顺发恒业 | 4.41 | 6.33 | 43.54 | 6.35 | 6.23 |
| 27 | 000836 | 鑫茂科技 | 5.76 | 8.17 | 41.84 | 8.25 | 8.03 |
| 28 | 000628 | 高新发展 | 6.55 | 9.25 | 41.22 | 9.35 | 9.11 |
| 29 | 000838 | 国兴地产 | 6.42 | 9.04 | 40.81 | 9.08 | 8.76 |
| 30 | 000036 | 华联控股 | 2.88 | 4.04 | 40.28 | 4.06 | 3.97 |
| 31 | 000736 | 中房地产 | 6.95 | 9.69 | 39.42 | 9.73 | 9.56 |
| 32 | 000009 | 中国宝安 | 9.45 | 13.05 | 38.10 | 13.18 | 13.00 |
| 33 | 000718 | 苏宁环球 | 4.57 | 6.20 | 35.67 | 6.23 | 6.06 |
| 34 | 002016 | 世荣兆业 | 6.72 | 9.00 | 33.93 | 9.25 | 8.60 |
| 35 | 000043 | 中航地产 | 6.07 | 8.09 | 33.28 | 8.19 | 7.95 |
| 36 | 000006 | 深振业 A | 4.93 | 6.48 | 31.44 | 6.52 | 6.35 |
| 37 | 000014 | 沙河股份 | 10.26 | 13.31 | 29.73 | 13.40 | 13.21 |
| 38 | 000546 | 金圆股份 | 6.06 | 7.60 | 25.41 | 7.62 | 7.53 |
| 39 | 000609 | 绵世股份 | 7.04 | 8.82 | 25.28 | 9.33 | 6.58 |
| 40 | 002208 | 合肥城建 | 6.54 | 8.07 | 23.39 | 8.13 | 7.86 |
| 41 | 000632 | 三木集团 | 4.49 | 5.51 | 22.72 | 5.53 | 5.43 |
| 42 | 002133 | 广宇集团 | 3.82 | 4.64 | 21.47 | 4.66 | 4.57 |
| 43 | 000024 | 招商地产 | 20.78 | 25.08 | 20.69 | 25.50 | 24.30 |
| 44 | 000011 | 深物业 A | 7.81 | 9.11 | 16.65 | 9.17 | 9.01 |
| 45 | 000897 | 津滨发展 | 5.45 | 6.12 | 12.29 | 6.88 | 4.16 |

续表

| 排名 | 证券代码 | 证券简称 | 2013 年收盘价 | 2014 年收盘价 | 涨跌幅 | 最高价 | 最低价 |
|---|---|---|---|---|---|---|---|
| 46 | 000567 | 海德股份 | 7. 59 | 8. 51 | 12. 12 | 9. 09 | 7. 30 |
| 47 | 002244 | 滨江集团 | 7. 05 | 7. 81 | 10. 78 | 7. 85 | 7. 66 |
| 48 | 000526 | 银润投资 | 19. 20 | 20. 20 | 5. 21 | 20. 50 | 20. 08 |
| 49 | 000007 | 零七股份 | 13. 88 | 14. 60 | 5. 19 | 14. 74 | 14. 46 |
| 50 | 002285 | 世联行 | 15. 76 | 15. 39 | -2. 35 | 15. 46 | 14. 91 |
| 51 | 000005 | 世纪星源 | 2. 50 | 2. 43 | -2. 80 | 2. 53 | 2. 28 |
| 52 | 000573 | 粤宏远 A | 5. 19 | 4. 62 | -10. 98 | 4. 63 | 4. 55 |
| 53 | 000608 | 阳光股份 | 5. 14 | 4. 45 | -13. 42 | 4. 47 | 4. 40 |
| 54 | 000002 | 万科 A | 8. 03 | 6. 57 | -18. 18 | 8. 07 | 6. 55 |
| 55 | 000042 | 中洲控股 | 25. 60 | 13. 95 | -45. 51 | 14. 08 | 13. 71 |

数据来源：深圳证券交易所。

**表 2-80　　港市内地房地产企业股价涨跌幅排行榜**

单位：港元,%

| 排名 | 证券代码 | 证券简称 | 2013 年收盘价 | 2014 年收盘价 | 涨跌幅 | 最高价 | 最低价 |
|---|---|---|---|---|---|---|---|
| 1 | 0917 | 新世界中国 | 3. 84 | 6. 41 | 66. 93 | 6. 80 | 3. 65 |
| 2 | 0672 | 众安房产 | 1. 42 | 1. 84 | 29. 58 | 2. 71 | 1. 24 |
| 3 | 0059 | 天誉置业 | 0. 72 | 0. 89 | 23. 61 | 0. 95 | 0. 68 |
| 4 | 3333 | 恒大地产 | 2. 97 | 3. 38 | 13. 80 | 4. 08 | 2. 73 |
| 5 | 0083 | 信和置业 | 10. 68 | 12. 02 | 12. 55 | 12. 28 | 9. 92 |
| 6 | 0173 | 嘉华国际 | 4. 70 | 5. 21 | 10. 85 | 7. 32 | 4. 58 |
| 7 | 0001 | 长江实业 | 122. 90 | 135. 60 | 10. 33 | 137. 40 | 111. 80 |
| 8 | 0012 | 恒基地产 | 44. 35 | 48. 60 | 9. 58 | 49. 05 | 40. 10 |
| 9 | 0014 | 希慎兴业 | 33. 70 | 35. 80 | 6. 23 | 36. 45 | 30. 30 |
| 10 | 0588 | 北辰实业 | 1. 75 | 1. 80 | 2. 86 | 2. 11 | 1. 58 |
| 11 | 0016 | 新鸿基地产 | 98. 55 | 100. 80 | 2. 28 | 102. 20 | 90. 35 |
| 12 | 1813 | 合景泰富 | 4. 40 | 4. 37 | -0. 68 | 4. 79 | 3. 46 |
| 13 | 1638 | 佳兆业集团 | 2. 48 | 2. 45 | -1. 21 | 2. 87 | 2. 20 |
| 14 | 0013 | 和记黄埔 | 105. 70 | 104. 00 | -1. 61 | 109. 60 | 94. 80 |
| 15 | 0101 | 恒隆地产 | 24. 65 | 23. 60 | -4. 26 | 24. 80 | 19. 80 |
| 16 | 2868 | 首创置业 | 2. 64 | 2. 52 | -4. 55 | 3. 30 | 2. 39 |
| 17 | 1628 | 禹洲地产 | 1. 93 | 1. 81 | -6. 22 | 1. 94 | 1. 45 |
| 18 | 0028 | 天安中国 | 6. 40 | 5. 99 | -6. 41 | 6. 99 | 5. 81 |
| 19 | 0846 | 明发集团 | 2. 06 | 1. 89 | -8. 25 | 2. 14 | 1. 79 |
| 20 | 1966 | 中骏置业 | 1. 84 | 1. 68 | -8. 70 | 1. 84 | 1. 62 |

续表

| 排名 | 证券代码 | 证券简称 | 2013 年收盘价 | 2014 年收盘价 | 涨跌幅 | 最高价 | 最低价 |
|---|---|---|---|---|---|---|---|
| 21 | 1098 | 路劲基建 | 7.42 | 6.70 | -9.70 | 7.47 | 6.60 |
| 22 | 0683 | 嘉里建设 | 27.15 | 24.50 | -9.76 | 27.50 | 22.55 |
| 23 | 0004 | 九龙仓集团 | 60.05 | 53.95 | -10.16 | 60.50 | 47.30 |
| 24 | 0337 | 绿地香港 | 3.72 | 3.34 | -10.22 | 5.84 | 3.21 |
| 25 | 0410 | SOHO 中国 | 6.68 | 5.97 | -10.63 | 6.73 | 5.50 |
| 26 | 1383 | 太阳世纪集团 | 0.38 | 0.34 | -10.67 | 0.66 | 0.30 |
| 27 | 0884 | 旭辉集团 | 1.64 | 1.46 | -10.98 | 1.74 | 1.38 |
| 28 | 0258 | 汤臣集团 | 2.38 | 2.10 | -11.76 | 2.41 | 2.05 |
| 29 | 0017 | 新世界发展 | 9.82 | 8.63 | -12.12 | 10.46 | 7.34 |
| 30 | 0960 | 龙湖地产 | 10.86 | 9.48 | -12.71 | 11.88 | 8.70 |
| 31 | 0604 | 深圳控股 | 2.92 | 2.51 | -14.04 | 2.92 | 2.38 |
| 32 | 1838 | 中国地产 | 1.98 | 1.70 | -14.14 | 1.98 | 1.55 |
| 33 | 0817 | 方兴地产 | 2.68 | 2.30 | -14.18 | 2.74 | 2.17 |
| 34 | 2777 | 富力地产 | 11.46 | 9.82 | -14.31 | 11.86 | 9.48 |
| 35 | 1207 | 上置集团 | 0.27 | 0.23 | -14.72 | 0.27 | 0.20 |
| 36 | 0688 | 中国海外 | 21.95 | 18.66 | -14.99 | 22.95 | 17.52 |
| 37 | 0755 | 上海证大 | 0.14 | 0.12 | -15.38 | 0.15 | 0.11 |
| 38 | 0169 | 万达商业地产 | 3.20 | 2.70 | -15.63 | 3.75 | 2.61 |
| 39 | 1168 | 百仕达控股 | 0.73 | 0.61 | -16.44 | 0.77 | 0.58 |
| 40 | 0127 | 华人置业 | 24.10 | 20.10 | -16.60 | 24.70 | 14.30 |
| 41 | 0363 | 上海实业控股 | 28.50 | 23.75 | -16.67 | 29.60 | 23.40 |
| 42 | 0272 | 瑞安房地产 | 2.38 | 1.98 | -16.81 | 2.54 | 1.81 |
| 43 | 0813 | 世茂房地产 | 18.00 | 14.74 | -18.11 | 18.70 | 13.22 |
| 44 | 1663 | 汉港房地产 | 0.77 | 0.63 | -18.18 | 0.77 | 0.57 |
| 45 | 1918 | 融创中国 | 4.65 | 3.78 | -18.71 | 5.20 | 3.56 |
| 46 | 0119 | 保利香港 | 4.15 | 3.37 | -18.80 | 4.28 | 3.13 |
| 47 | 3377 | 远洋地产 | 5.09 | 4.08 | -19.84 | 5.09 | 3.68 |
| 48 | 0832 | 建业地产 | 2.40 | 1.90 | -20.83 | 2.58 | 1.82 |
| 49 | 0123 | 越秀投资 | 1.91 | 1.48 | -22.51 | 1.92 | 1.43 |
| 50 | 1109 | 华润置地 | 19.22 | 14.76 | -23.20 | 20.10 | 14.16 |
| 51 | 0754 | 合生创展 | 9.34 | 7.13 | -23.66 | 9.40 | 6.60 |
| 52 | 0563 | 上实城市开发 | 1.94 | 1.48 | -23.71 | 1.94 | 1.38 |
| 53 | 2009 | 金隅股份 | 6.93 | 5.16 | -25.54 | 7.10 | 4.95 |
| 54 | 1036 | 万科置业海外 | 11.00 | 8.17 | -25.73 | 11.86 | 8.09 |
| 55 | 3883 | 中国奥园 | 1.62 | 1.18 | -27.16 | 1.65 | 1.18 |

续表

| 排名 | 证券代码 | 证券简称 | 2013 年收盘价 | 2014 年收盘价 | 涨跌幅 | 最高价 | 最低价 |
|---|---|---|---|---|---|---|---|
| 56 | 1224 | 中渝置地 | 1.97 | 1.40 | -28.93 | 1.97 | 1.30 |
| 57 | 3900 | 绿城中国 | 11.96 | 8.41 | -29.68 | 12.44 | 6.75 |
| 58 | 0845 | 恒盛地产 | 1.67 | 1.14 | -31.74 | 1.73 | 1.03 |
| 59 | 1238 | 宝龙地产 | 1.66 | 1.13 | -31.93 | 1.66 | 1.12 |
| 60 | 3383 | 雅居乐 | 8.37 | 5.58 | -33.33 | 8.45 | 5.53 |
| 61 | 0535 | 金地商置 | 0.71 | 0.47 | -33.80 | 0.76 | 0.47 |
| 62 | 1124 | 沿海家园 | 0.35 | 0.23 | -34.29 | 0.39 | 0.22 |
| 63 | 2007 | 碧桂园 | 4.73 | 3.09 | -34.67 | 4.80 | 2.82 |
| 64 | 1777 | 花样年 | 1.34 | 0.83 | -38.06 | 1.46 | 0.81 |

数据来源：香港证券交易所。

**表 2-81　　海外上市内地房地产企业股价涨跌幅排行榜**

单位：美元,%

| 排名 | 证券代码 | 证券简称 | 2013 年收盘价 | 2014 年收盘价 | 涨跌幅 | 最高价 | 最低价 |
|---|---|---|---|---|---|---|---|
| 1 | NASDAQ：HGSF | 汉广厦房地产 | 5.95 | 4.29 | -27.90 | 9.09 | 2.19 |
| 2 | NYSE：EJ | 易居中国 | 15.08 | 7.24 | -51.99 | 15.74 | 7.24 |
| 3 | NYSE：XIN | 鑫苑置业 | 5.35 | 2.36 | -55.89 | 5.35 | 2.30 |
| 4 | NASDAQ：CTC | 21 世纪不动产 | 2.05 | 0.77 | -62.44 | 2.09 | 0.58 |
| 5 | NASDAQ：CHLN | 中华地产 | 2.32 | 0.51 | -78.02 | 2.45 | 0.48 |

数据来源：新浪财经网。

# 十一、中国房地产企业情况

**表 2-82　　2013 年中国房地产企业数据**

| | 企业法人单位（万个） | 从业人员（万人） | 资产总计（亿元） |
|---|---|---|---|
| **合　计** | **33.8** | **877.2** | **525889.2** |
| 房地产开发经营 | 13.2 | 335.0 | 474567.4 |
| 物业管理 | 10.5 | 411.6 | 13667.7 |
| 房地产中介服务 | 6.6 | 77.6 | 5489.5 |
| 自有房地产经营活动 | 2.4 | 34.4 | 11670.8 |
| 其他房地产业 | 1.2 | 18.5 | 20493.0 |

数据来源：第三次全国经济普查主要数据公报。

表 2 - 83　　2014 年度中国房地产开发企业销售面积 TOP100

单位：万平方米

| 排名 | 企业名称 | 销售面积 | 排名 | 企业名称 | 销售面积 |
|---|---|---|---|---|---|
| 1 | 绿地集团 | 2010.8 | 37 | 越秀地产 | 191.6 |
| 2 | 恒大地产 | 1901.7 | 38 | 金辉地产 | 190.0 |
| 3 | 碧桂园 | 1880.7 | 39 | 旭辉集团 | 186.0 |
| 4 | 万科地产 | 1783.9 | 40 | 阳光城 | 175.8 |
| 5 | 万达集团 | 1183.8 | 41 | 宏立城 | 170.3 |
| 6 | 保利地产 | 1065.6 | 42 | 文一地产 | 160.0 |
| 7 | 中海地产 | 950.6 | 43 | 雨润地产 | 158.9 |
| 8 | 华润置地 | 659.5 | 44 | 花样年 | 158.7 |
| 9 | 世茂房地产 | 583.4 | 45 | 电建地产 | 156.6 |
| 10 | 华夏幸福 | 570.0 | 46 | 首开股份 | 154.7 |
| 11 | 龙湖地产 | 470.9 | 47 | 正荣集团 | 150.8 |
| 12 | 荣盛发展 | 467.6 | 48 | 合景泰富 | 149.7 |
| 13 | 雅居乐 | 442.0 | 49 | 升龙集团 | 148.3 |
| 14 | 金科集团 | 427.0 | 50 | 时代地产 | 147.4 |
| 15 | 富力地产 | 396.0 | 51 | 复地集团 | 146.4 |
| 16 | 金地集团 | 393.8 | 52 | 金隅股份 | 145.0 |
| 17 | 招商地产 | 351.7 | 53 | 中国奥园 | 136.9 |
| 18 | 中国铁建 | 321.0 | 54 | 路劲基建 | 130.0 |
| 19 | 融创中国 | 315.5 | 55 | 龙光地产 | 128.8 |
| 20 | 新城控股 | 295.0 | 56 | 协信集团 | 125.8 |
| 21 | 中国中铁 | 285.0 | 57 | 宝龙地产 | 125.0 |
| 22 | 佳兆业 | 275.6 | 58 | 中骏置业 | 121.3 |
| 23 | 中南集团 | 263.8 | 59 | 海航地产 | 121.1 |
| 24 | 绿城中国 | 260.5 | 60 | 禹洲地产 | 117.0 |
| 25 | 蓝光实业 | 259.6 | 61 | 正商地产 | 113.5 |
| 26 | 远洋地产 | 257.0 | 62 | 泰禾集团 | 113.4 |
| 27 | 世纪金源 | 252.0 | 63 | 融侨集团 | 111.5 |
| 28 | 首创置业 | 247.1 | 64 | 五矿地产 | 111.0 |
| 29 | 保利置业 | 240.0 | 65 | 融信集团 | 103.3 |
| 30 | 建业地产 | 225.0 | 66 | 景瑞地产 | 101.6 |
| 31 | 九龙仓 | 216.9 | 67 | 深业集团 | 95.2 |
| 32 | 俊发地产 | 212.7 | 68 | 卓越集团 | 93.5 |
| 33 | 海亮地产 | 212.3 | 69 | 华宇地产 | 88.9 |
| 34 | 中天城投 | 209.6 | 70 | 方兴地产 | 87.9 |
| 35 | 敏捷地产 | 202.4 | 71 | 新世界中国 | 86.0 |
| 36 | 中信地产 | 201.0 | 72 | 中粮集团 | 85.7 |

续表

| 排名 | 企业名称 | 销售面积 | 排名 | 企业名称 | 销售面积 |
|---|---|---|---|---|---|
| 73 | 朗诗集团 | 84.0 | 87 | 大华集团 | 62.8 |
| 74 | 阳光100 | 81.0 | 88 | 苏宁环球 | 61.6 |
| 75 | 农工商房产 | 80.1 | 89 | 华侨城 | 61.2 |
| 76 | 鲁商置业 | 79.2 | 90 | 美好置业 | 61.1 |
| 77 | 中渝置地 | 77.6 | 91 | 亿达中国 | 59.1 |
| 78 | 鑫苑中国 | 76.3 | 92 | 蓝润集团 | 56.9 |
| 79 | 当代置业 | 75.7 | 93 | 鲁能置业 | 55.0 |
| 80 | 和记黄埔 | 74.5 | 93 | 湖北联投 | 55.0 |
| 81 | 宝能集团 | 74.4 | 95 | 恒基兆业 | 53.9 |
| 82 | 奥克斯置业 | 73.2 | 96 | 信达地产 | 49.0 |
| 83 | 新湖中宝 | 73.0 | 97 | 仁恒置地 | 48.6 |
| 84 | 建发房产 | 70.3 | 98 | 国贸地产 | 48.5 |
| 85 | 雅戈尔 | 67.6 | 99 | 天朗地产 | 48.1 |
| 86 | 隆鑫地产 | 67.3 | 100 | 中航地产 | 47.8 |

数据来源：中国房地产决策咨询系统（CRIC）。

**表2-84　　2014年度中国房地产开发企业销售金额TOP100**

单位：亿元

| 排名 | 企业名称 | 销售面积 | 排名 | 企业名称 | 销售面积 |
|---|---|---|---|---|---|
| 1 | 万科地产 | 2120.0 | 19 | 九龙仓 | 296.6 |
| 2 | 绿地集团 | 2080.2 | 20 | 金科集团 | 288.0 |
| 3 | 万达集团 | 1501.0 | 21 | 荣盛发展 | 282.9 |
| 4 | 恒大地产 | 1376.3 | 22 | 佳兆业 | 282.0 |
| 5 | 保利地产 | 1361.6 | 23 | 中国铁建 | 272.1 |
| 6 | 碧桂园 | 1250.1 | 24 | 中国中铁 | 252.3 |
| 7 | 中海地产 | 1152.0 | 25 | 新城控股 | 251.0 |
| 8 | 世茂房地产 | 707.8 | 26 | 首创置业 | 248.6 |
| 9 | 华润置地 | 699.8 | 27 | 保利置业 | 245.0 |
| 10 | 融创中国 | 658.0 | 28 | 金隅股份 | 234.0 |
| 11 | 富力地产 | 550.0 | 29 | 阳光城 | 230.7 |
| 12 | 绿城中国 | 525.3 | 30 | 旭辉集团 | 223.0 |
| 13 | 华夏幸福 | 520.0 | 30 | 越秀地产 | 220.6 |
| 14 | 龙湖地产 | 510.0 | 32 | 中信地产 | 215.2 |
| 14 | 招商地产 | 510.0 | 33 | 方兴地产 | 215.0 |
| 16 | 金地集团 | 486.7 | 34 | 蓝光实业 | 210.1 |
| 17 | 雅居乐 | 430.0 | 35 | 合景泰富 | 208.7 |
| 18 | 远洋地产 | 360.0 | 36 | 中南集团 | 207.0 |

续表

| 排名 | 企业名称 | 销售面积 | 排名 | 企业名称 | 销售面积 |
|---|---|---|---|---|---|
| 37 | 复地集团 | 205.6 | 69 | 中骏置业 | 111.1 |
| 38 | 首开股份 | 205.0 | 70 | 宝龙地产 | 111.0 |
| 39 | 泰禾集团 | 201.0 | 71 | 龙光地产 | 110.0 |
| 40 | 华侨城 | 187.1 | 72 | 新世界中国 | 109.7 |
| 41 | 敏捷地产 | 180.0 | 73 | 文一地产 | 107.0 |
| 42 | 正荣集团 | 169.0 | 74 | 朗诗集团 | 106.2 |
| 43 | 电建地产 | 168.6 | 75 | 深业集团 | 106.0 |
| 44 | 融信集团 | 167.0 | 76 | 大华集团 | 105.0 |
| 45 | 金辉地产 | 165.5 | 77 | 正商地产 | 97.0 |
| 46 | 建业地产 | 157.2 | 78 | 滨江集团 | 96.3 |
| 47 | 时代地产 | 156.0 | 79 | 景瑞地产 | 91.7 |
| 48 | 协信集团 | 155.3 | 80 | 京投银泰 | 90.8 |
| 49 | 雨润地产 | 155.1 | 81 | 新湖中宝 | 86.7 |
| 50 | 中粮集团 | 154.3 | 82 | 鲁商置业 | 82.8 |
| 51 | 升龙集团 | 154.3 | 83 | 宏立城 | 82.4 |
| 52 | 世纪金源 | 154.0 | 84 | 鑫苑中国 | 82.3 |
| 53 | 海亮地产 | 151.0 | 85 | 瑞安房地产 | 81.7 |
| 54 | 中天城投 | 146.7 | 86 | 华宇地产 | 80.5 |
| 55 | 卓越集团 | 143.0 | 87 | 奥克斯置业 | 80.0 |
| 56 | 俊发地产 | 141.9 | 88 | 北京住总 | 79.7 |
| 57 | 金融街 | 141.0 | 89 | 国贸地产 | 78.3 |
| 58 | 路劲基建 | 140.5 | 90 | 农工商房产 | 76.4 |
| 59 | 海航地产 | 140.3 | 91 | 嘉凯城 | 75.0 |
| 60 | 建发房产 | 140.2 | 92 | 亿达中国 | 74.2 |
| 61 | 融侨集团 | 138.3 | 93 | 星河湾 | 73.5 |
| 62 | 五矿地产 | 126.0 | 94 | 华发股份 | 73.3 |
| 63 | 仁恒置地 | 122.3 | 95 | 一方集团 | 73.2 |
| 64 | 中国奥园 | 122.2 | 96 | 当代置业 | 72.8 |
| 65 | 禹洲地产 | 121.0 | 97 | 新鸿基地产 | 72.5 |
| 66 | 花样年 | 120.0 | 98 | 凯德置地 | 72.1 |
| 67 | 和记黄埔 | 117.7 | 99 | 中航地产 | 71.6 |
| 68 | 雅戈尔 | 116.6 | 100 | 苏宁环球 | 70.3 |

数据来源：中国房地产决策咨询系统（CRIC）。

# 十二、房地产开发贷款

表 2－85　　2010—2014 年各季度房地产开发贷款情况

单位：亿元,%

| | 房地产开发贷款余额 | | 地产开发贷款余额 | | 房产开发贷款余额 | | 购房贷款余额 | |
|---|---|---|---|---|---|---|---|---|
| | 绝对值 | 同比 | 绝对值 | 同比 | 绝对值 | 同比 | 绝对值 | 同比 |
| 2014Q4 | 56300 | 18.9 | 13500 | 25.7 | 42800 | 21.7 | 115200 | 17.5 |
| 2014Q3 | 53900 | 19.5 | 12100 | 12.7 | 41800 | 22.0 | 111200 | 17.5 |
| 2014Q2 | 52000 | 20.4 | 11600 | 9.7 | 40400 | 23.7 | 107400 | 18.4 |
| 2014Q1 | 49000 | 26.8 | 11200 | 7.6 | 37800 | 18.3 | 102900 | 20.1 |
| 2013Q4 | 45900 | 18.8 | 10700 | 9.8 | 35200 | 16.3 | 98000 | 21.0 |
| 2013Q3 | 45100 | 18.5 | 10800 | 13.1 | 34300 | 14.9 | 94700 | 21.2 |
| 2013Q2 | 43200 | 16.0 | 10600 | 17.2 | 32600 | 11.0 | 90700 | 21.1 |
| 2013Q1 | 38630 | 7.3 | 10400 | 21.4 | 32000 | 12.3 | 85700 | 17.4 |
| 2012Q4 | 38630 | 10.8 | 8630 | 12.4 | 30000 | 10.7 | 81000 | 13.5 |
| 2012Q3 | 38061 | 12.3 | 8461 | 7.3 | 29600 | 12.1 | 78000 | 12.6 |
| 2012Q2 | 37237 | 9.0 | 8037 | 0.8 | 29200 | 11.3 | 74900 | 11.0 |
| 2012Q1 | 36010 | 8.2 | 7710 | －8.0 | 28300 | 11.0 | 73000 | 12.1 |
| 2011Q4 | 34880 | 11.3 | 7680 | 24.7 | 27200 | 17.1 | 71400 | 15.5 |
| 2011Q3 | 33887 | 8.3 | 7887 | －4.8 | 26000 | 14.9 | 64000 | 16.2 |
| 2011Q2 | 34168 | 15.0 | 7968 | 0.5 | 26200 | 18.4 | 62600 | 17.5 |
| 2011Q1 | 33268 | 16.9 | 8368 | 12.5 | 24900 | 18.6 | 64800 | 22.8 |
| 2010Q4 | 31326 | 23.9 | 8326 | 24.7 | 23000 | 23.0 | 62000 | 29.7 |
| 2010Q3 | 31281 | 26.6 | 8281 | 36.0 | 23000 | 21.5 | 60000 | 37.3 |
| 2010Q2 | 29715 | 26.4 | 7915 | 45.5 | 21800 | 20.3 | 57400 | 48.8 |
| 2010Q1 | 28453 | 31.1 | 7453 | 80.2 | 21000 | 19.6 | 53300 | 52.6 |

数据来源：中国人民银行。

# 十三、城市地价及土地情况

表 2－86　　2010—2014 年中国建设用地供应情况

单位：万公顷，万亿

| | 2010 年 | 2011 年 | 2012 年 | 2013 年 | 2014 年 |
|---|---|---|---|---|---|
| 批准建设用地面积 | 53.9 | 61.2 | 61.5 | 53.4 | 40.4 |
| #国务院批准 | 20.4 | 27.6 | 24.2 | 32.1 | 15.4 |
| #省级政府批准 | 33.5 | 33.6 | 37.3 | 21.3 | 25.0 |
| 国有建设用地供应面积 | 43.3 | 59.3 | 71.1 | 73.1 | 61.0 |
| #住宅用地 | 11.5 | 12.7 | 11.5 | 13.8 | 10.2 |
| #商服用地 | 3.9 | 4.3 | 5.1 | 6.5 | 4.9 |

续表

| | 2010 年 | 2011 年 | 2012 年 | 2013 年 | 2014 年 |
|---|---|---|---|---|---|
| #工矿仓储用地 | 15.4 | 19.1 | 20.7 | 21.0 | 14.7 |
| #其他用地 | 12.4 | 23.3 | 33.9 | 31.7 | 31.1 |
| 国有建设用地出让面积 | 29.2 | 33.4 | 32.3 | 36.7 | 27.2 |
| #招拍挂 | 25.7 | 30.5 | 29.3 | 33.9 | 25.2 |
| 国有建设用地合同价款 | 2.7 | 3.2 | 2.7 | 4.2 | 3.3 |
| #招拍挂 | 2.6 | 3.0 | 2.6 | 4.0 | 3.2 |
| 保障性安居工程用地面积 | 2.4 | 4.8 | 3.8 | 3.4 | — |
| #占住宅用地比例（%） | 21.21 | 38.02 | 33.13 | 24.91 | — |

数据来源：国土资源部。

**表 2－87　　2014 年各季度 105 个城市综合（住、商、工）及住宅用地平均价格**

单位：平方公里，元/平方米

| 城市 | 监测面积 | 综合（住、商、工）用地价格 | | | | 住宅用地价格 | | | |
|---|---|---|---|---|---|---|---|---|---|
| | | 2014Q1 | 2014Q2 | 2014Q3 | 2014Q4 | 2014Q1 | 2014Q2 | 2014Q3 | 2014Q4 |
| 全　国 | — | 3412 | 3458 | 3485 | 3522 | 5139 | 5214 | 5236 | 5277 |
| 北　京 | 1088 | 10061 | 10302 | 27972 | 28030 | 15170 | 15563 | 46372 | 46426 |
| 天　津 | 338 | 5508 | 5569 | 5588 | 5630 | 5940 | 6013 | 6035 | 6073 |
| 石家庄 | 171 | 3214 | 3258 | 3297 | 3335 | 3689 | 3744 | 3791 | 3836 |
| 保　定 | 101 | 1548 | 1594 | 2634 | 2681 | 2499 | 2574 | 4546 | 4637 |
| 邯　郸 | 91 | 1120 | 1134 | 1150 | 1155 | 1561 | 1592 | 1613 | 1623 |
| 廊　坊 | 99 | 2024 | 2027 | 2028 | 2040 | 3072 | 3074 | 3076 | 3097 |
| 秦皇岛 | 115 | 1765 | 1789 | 1808 | 1836 | 2486 | 2524 | 2554 | 2601 |
| 唐　山 | 69 | 1502 | 1506 | 1508 | 1508 | 1831 | 1834 | 1838 | 1837 |
| 张家口 | 27 | 1058 | 1070 | 1082 | 1083 | 1025 | 1034 | 1043 | 1042 |
| 太　原 | 236 | 2180 | 2225 | 2386 | 2264 | 2481 | 2778 | 2789 | 2820 |
| 大　同 | 17 | 1909 | 1909 | 1909 | 1940 | 2841 | 2841 | 2841 | 2841 |
| 呼和浩特 | 83 | 3042 | 3083 | 3134 | 3152 | 3365 | 3409 | 3462 | 3483 |
| 包　头 | 129 | 848 | 1638 | 1649 | 1655 | 1113 | 2155 | 2169 | 2182 |
| 沈　阳 | 438 | 2328 | 2339 | 2350 | 2363 | 2674 | 2685 | 2697 | 2711 |
| 大　连 | 285 | 2312 | 2349 | 2377 | 2410 | 2814 | 2865 | 2901 | 2952 |
| 鞍　山 | — | 775 | 775 | 774 | 774 | 945 | 945 | 944 | 944 |
| 本　溪 | 36 | 786 | 791 | 793 | 796 | 1049 | 1051 | 1054 | 1056 |
| 丹　东 | 13 | 876 | 882 | 890 | 897 | 1596 | 1610 | 1628 | 1647 |
| 抚　顺 | 90 | 627 | 628 | 626 | 624 | 1228 | 1226 | 1222 | 1216 |
| 阜　新 | 78 | 912 | 911 | 904 | 891 | 1186 | 1179 | 1164 | 1147 |
| 锦　州 | 84 | 743 | 762 | 783 | 797 | 851 | 877 | 905 | 924 |
| 辽　阳 | 29 | 807 | 806 | 804 | 801 | 1035 | 1035 | 1034 | 1032 |
| 长　春 | 309 | 2266 | 2270 | 2272 | 2274 | 2735 | 2742 | 2744 | 2746 |
| 吉　林 | 102 | 829 | 830 | 832 | 833 | 1194 | 1197 | 1199 | 1201 |
| 哈尔滨 | 212 | 2334 | 2337 | 2338 | 2335 | 2531 | 2533 | 2534 | 2525 |

续表

| 城市 | 监测面积 | 综合（住、商、工）用地价格 | | | | 住宅用地价格 | | | |
|---|---|---|---|---|---|---|---|---|---|
| | | 2014Q1 | 2014Q2 | 2014Q3 | 2014Q4 | 2014Q1 | 2014Q2 | 2014Q3 | 2014Q4 |
| 大　庆 | 156 | 887 | 887 | 891 | 891 | 1029 | 1029 | 1033 | 1033 |
| 佳木斯 | 17 | 516 | 518 | 519 | 519 | 524 | 527 | 529 | 531 |
| 鸡　西 | 12 | 589 | 589 | 590 | 588 | 691 | 691 | 691 | 689 |
| 牡丹江 | 17 | 678 | 679 | 679 | 678 | 669 | 670 | 670 | 669 |
| 齐齐哈尔 | 31 | 575 | 585 | 595 | 595 | 705 | 718 | 731 | 727 |
| 鹤　岗 | 21 | 499 | 499 | 499 | 503 | 423 | 423 | 423 | 429 |
| 伊　春 | 13 | 285 | 286 | 287 | 288 | 238 | 238 | 240 | 241 |
| 上　海 | 642 | 16803 | 17233 | 17344 | 17744 | 29171 | 30019 | 30186 | 30979 |
| 南　京 | 266 | 7179 | 7254 | 7182 | 7295 | 9564 | 9670 | 9542 | 9307 |
| 常　州 | 86 | 1322 | 1325 | 1324 | 1325 | 3086 | 3091 | 3084 | 3085 |
| 南　通 | 150 | 1767 | 1754 | 1736 | 1724 | 3157 | 3122 | 3073 | 3043 |
| 苏　州 | 343 | 3010 | 3012 | 3006 | 3014 | 2886 | 2890 | 2881 | 2893 |
| 无　锡 | 161 | 3232 | 3209 | 3168 | — | 4952 | 4908 | 4828 | — |
| 徐　州 | 140 | 2207 | 2214 | 2215 | 2223 | 3235 | 3244 | 3246 | 3257 |
| 扬　州 | 155 | 1205 | 1209 | 1209 | 1211 | 1777 | 1782 | 1782 | 1784 |
| 杭　州 | 117 | 11273 | 11305 | 11316 | 11525 | 16360 | 16383 | 16379 | 16640 |
| 宁　波 | 167 | 6122 | 6025 | 5820 | 5804 | 9353 | 9124 | 8721 | 8700 |
| 嘉　兴 | 77 | 1314 | 1318 | 1319 | 1311 | 1531 | 1529 | 1525 | 1511 |
| 温　州 | 110 | 5084 | 5038 | 4984 | 4907 | 9518 | 9440 | 9322 | 9181 |
| 湖　州 | 34 | 1988 | 1984 | 1983 | 1973 | 2464 | 2459 | 2457 | 2443 |
| 合　肥 | 262 | 2608 | 2674 | 2720 | 2772 | 3682 | 3793 | 3866 | 3951 |
| 蚌　埠 | 92 | 960 | 961 | 963 | 966 | 1350 | 1351 | 1356 | 1361 |
| 淮　北 | 96 | 1455 | 1458 | 1461 | 1462 | 1941 | 1945 | 1948 | 1949 |
| 淮　南 | 52 | 947 | 947 | 947 | 955 | 1269 | 1269 | 1269 | 1281 |
| 芜　湖 | 115 | 1617 | 1622 | 1649 | 1625 | 2603 | 2613 | 2687 | 2623 |
| 福　州 | 126 | 10350 | 10298 | 10187 | 10060 | 11378 | 11301 | 11143 | 10983 |
| 厦　门 | 169 | 18672 | 18696 | 18755 | 18798 | 20447 | 20467 | 20525 | 20567 |
| 泉　州 | 80 | 3562 | 3583 | 3559 | 3514 | 6031 | 6067 | 6016 | 5925 |
| 南　昌 | 182 | 4677 | 4701 | 4688 | 4660 | 5142 | 5166 | 5150 | 5119 |
| 九　江 | 43 | 1434 | 1460 | 1473 | 1484 | 2625 | 2670 | 2693 | 2712 |
| 济　南 | 190 | 2317 | 2331 | 2340 | 2346 | 3730 | 3747 | 3762 | 3773 |
| 青　岛 | 132 | 3193 | 3313 | 3391 | 3395 | 4894 | 5130 | 5247 | 5254 |
| 济　宁 | 49 | 876 | 879 | 882 | 881 | 1288 | 1295 | 1301 | 1299 |
| 临　沂 | 123 | 863 | 884 | 899 | 914 | 1090 | 1116 | 1138 | 1158 |
| 泰　安 | 52 | 1629 | 1607 | 1623 | 1636 | 2401 | 2565 | 2591 | 2615 |
| 潍　坊 | 101 | 1543 | 1567 | 1582 | 1594 | 1646 | 1669 | 1689 | 1707 |
| 烟　台 | 132 | 1726 | 1731 | 1725 | 1757 | 4293 | 4304 | 4284 | 4359 |
| 枣　庄 | 26 | 907 | 934 | 939 | 943 | 1248 | 1281 | 1287 | 1291 |
| 淄　博 | 87 | 1071 | 1077 | 1082 | 1087 | 1418 | 1426 | 1433 | 1439 |
| 郑　州 | 202 | 2589 | 2629 | 2695 | 2735 | 3468 | 3521 | 3624 | 3685 |
| 安　阳 | 66 | 1042 | 1051 | 1069 | 1089 | 1095 | 1101 | 1113 | 1136 |

续表

| 城市 | 监测面积 | 综合（住、商、工）用地价格 | | | | 住宅用地价格 | | | |
|---|---|---|---|---|---|---|---|---|---|
| | | 2014Q1 | 2014Q2 | 2014Q3 | 2014Q4 | 2014Q1 | 2014Q2 | 2014Q3 | 2014Q4 |
| 焦作 | 68 | 691 | 695 | 697 | 698 | 893 | 895 | 900 | 901 |
| 开封 | 51 | 1275 | 1293 | 1315 | 1328 | 1567 | 1591 | 1616 | 1633 |
| 洛阳 | 142 | 1350 | 1374 | 1396 | 1415 | 1814 | 1851 | 1885 | 1914 |
| 平顶山 | 33 | 1193 | 1256 | 1334 | 1418 | 1445 | 1529 | 1628 | 1780 |
| 新乡 | 50 | 1396 | 1422 | 1433 | 1477 | 1746 | 1770 | 1774 | 1884 |
| 武汉 | 469 | 4258 | 4263 | 4264 | 4376 | 5872 | 5866 | 5860 | 6037 |
| 黄石 | 36 | 668 | 680 | 687 | 688 | 713 | 731 | 745 | 747 |
| 荆州 | 71 | 1307 | 1316 | 1316 | 1320 | 1723 | 1736 | 1734 | 1741 |
| 襄樊 | 100 | 993 | 1009 | 1028 | 1029 | 1097 | 1121 | 1151 | 1151 |
| 宜昌 | 48 | 1246 | 1279 | 1307 | 1344 | 1277 | 1318 | 1350 | 1338 |
| 长沙 | 277 | 2504 | 2530 | 2552 | 2562 | 2834 | 2854 | 2886 | 2908 |
| 衡阳 | 96 | 848 | 869 | 890 | 905 | 893 | 920 | 945 | 959 |
| 湘潭 | 72 | 1748 | 1748 | 1758 | 1759 | 1791 | 1792 | 1789 | 1788 |
| 岳阳 | 54 | 1558 | 1574 | 1583 | 1595 | 1555 | 1572 | 1581 | 1590 |
| 株洲 | 93 | 1310 | 1332 | 1368 | 1398 | 1338 | 1369 | 1413 | 1446 |
| 广州 | 899 | 17681 | 18893 | 19121 | 19325 | 23414 | 25195 | 25407 | 25625 |
| 深圳 | 636 | 22094 | 22319 | 22505 | 22763 | 34558 | 35160 | 35507 | 35963 |
| 东莞 | — | 4934 | 4971 | 5010 | 5017 | 5357 | 5398 | 5441 | 5451 |
| 佛山顺德 | 221 | 3471 | 3585 | 3649 | 3722 | 4671 | 4833 | 4930 | 5038 |
| 汕头 | 75 | 2140 | 2123 | 2071 | 2052 | 3659 | 3609 | 3467 | 3432 |
| 湛江 | 60 | 1112 | 1113 | 1114 | 1129 | 1708 | 1703 | 1700 | 1725 |
| 中山 | 134 | 1872 | 1921 | 1911 | 1933 | 1608 | 1643 | 1618 | 1636 |
| 珠海 | 141 | 4333 | 4425 | 4472 | 4536 | 6447 | 6605 | 6676 | 6782 |
| 南宁 | 146 | 2543 | 2559 | 2566 | 2582 | 1975 | 1991 | 1995 | 2012 |
| 北海 | 73 | 1260 | 1260 | 1266 | 1265 | 2009 | 2009 | 2015 | 2012 |
| 柳州 | 161 | 2383 | 2398 | 2409 | 2402 | 2806 | 2824 | 2835 | 2825 |
| 海口 | 201 | 3113 | 3155 | 3190 | 3195 | 3619 | 3667 | 3699 | 3703 |
| 重庆 | 593 | 4049 | 4066 | 4096 | 4123 | 3944 | 3968 | 3998 | 4030 |
| 成都 | 455 | 7238 | 7229 | 7132 | 7109 | 7935 | 7870 | 7718 | 7655 |
| 宜宾 | 43 | 1935 | 1930 | 1899 | 1840 | 2460 | 2451 | 2400 | 2318 |
| 南充 | 70 | 1986 | 2005 | 2011 | 2009 | 2268 | 2293 | 2299 | 2293 |
| 贵阳 | 52 | 3314 | 3329 | 3340 | 3369 | 3682 | 3696 | 3707 | 3738 |
| 昆明 | 163 | 6589 | 6532 | 6508 | 6499 | 7406 | 7295 | 7267 | 7292 |
| 拉萨 | 60 | 1693 | 1309 | 1763 | 1791 | 1987 | 1476 | 2070 | 2105 |
| 西安 | 272 | 3336 | 3392 | 3448 | 3478 | 4145 | 4208 | 4277 | 4311 |
| 兰州 | 208 | 2129 | 2134 | 2134 | 2136 | 2841 | 2849 | 2849 | 2848 |
| 西宁 | 160 | 1350 | 1359 | 1360 | 1362 | 1413 | 1423 | 1424 | 1425 |
| 银川 | 102 | 1212 | 1227 | 1238 | 1256 | 1696 | 1714 | 1728 | 1737 |
| 乌鲁木齐 | 173 | 1830 | 1848 | 1860 | 1895 | 3151 | 3180 | 3201 | 3215 |

数据来源：国土资源部。

表 2-88　**2014 年各季度 105 个城市商服及工业用地平均价格**

单位：平方公里，元/平方米

| 城市 | 监测面积 | 商服用地价格 | | | | 工业用地价格 | | | |
|---|---|---|---|---|---|---|---|---|---|
| | | 2014Q1 | 2014Q2 | 2014Q3 | 2014Q4 | 2014Q1 | 2014Q2 | 2014Q3 | 2014Q4 |
| 全　国 | — | 6415 | 6475 | 6527 | 6552 | 712 | 722 | 730 | 742 |
| 北　京 | 1088 | 14203 | 14492 | 44763 | 44946 | 1645 | 1670 | 2236 | 2256 |
| 天　津 | 338 | 8669 | 8747 | 8774 | 8859 | 806 | 813 | 817 | 822 |
| 石家庄 | 171 | 4822 | 4889 | 4950 | 5010 | 689 | 689 | 690 | 690 |
| 保　定 | 101 | 3342 | 3516 | 4487 | 4556 | 552 | 560 | 578 | 581 |
| 邯　郸 | 91 | 2336 | 2356 | 2413 | 2427 | 607 | 612 | 615 | 615 |
| 廊　坊 | 99 | 3847 | 3849 | 3850 | 3851 | 424 | 428 | 429 | 431 |
| 秦皇岛 | 115 | 2588 | 2603 | 2624 | 2642 | 369 | 371 | 371 | 372 |
| 唐　山 | 69 | 2323 | 2333 | 2333 | 2332 | 532 | 535 | 535 | 535 |
| 张家口 | 27 | 1897 | 1932 | 1969 | 1981 | 409 | 411 | 413 | 413 |
| 太　原 | 236 | 3758 | 3626 | 3990 | 3712 | 782 | 876 | 839 | 888 |
| 大　同 | 17 | 3701 | 3701 | 3701 | 3831 | 517 | 517 | 517 | 517 |
| 呼和浩特 | 83 | 4283 | 4357 | 4477 | 4501 | 534 | 537 | 538 | 538 |
| 包　头 | 129 | 1789 | 4364 | 4397 | 4403 | 322 | 344 | 347 | 347 |
| 沈　阳 | 438 | 3066 | 3088 | 3103 | 3123 | 665 | 668 | 671 | 673 |
| 大　连 | 285 | 4912 | 4937 | 4986 | 5022 | 739 | 761 | 764 | 766 |
| 鞍　山 | — | 1270 | 1270 | 1269 | 1269 | 405 | 405 | 405 | 405 |
| 本　溪 | 36 | 1147 | 1151 | 1155 | 1160 | 418 | 426 | 426 | 429 |
| 丹　东 | 13 | 2991 | 3019 | 3050 | 3080 | 366 | 367 | 368 | 369 |
| 抚　顺 | 90 | 1408 | 1404 | 1396 | 1393 | 378 | 380 | 380 | 379 |
| 阜　新 | 78 | 1906 | 1924 | 1932 | 1904 | 343 | 343 | 343 | 339 |
| 锦　州 | 84 | 1375 | 1403 | 1433 | 1455 | 281 | 282 | 284 | 284 |
| 辽　阳 | — | 1524 | 1521 | 1521 | 1521 | 456 | 453 | 450 | 446 |
| 长　春 | 309 | 4372 | 4376 | 4380 | 4386 | 387 | 387 | 387 | 387 |
| 吉　林 | 102 | 1343 | 1346 | 1349 | 1351 | 371 | 371 | 371 | 371 |
| 哈尔滨 | 212 | 6343 | 6355 | 6358 | 6357 | 436 | 436 | 436 | 436 |
| 大　庆 | 156 | 1389 | 1389 | 1398 | 1398 | 251 | 251 | 254 | 254 |
| 佳木斯 | 17 | 1134 | 1135 | 1136 | 1138 | 286 | 286 | 286 | 286 |
| 鸡　西 | 12 | 2131 | 2135 | 2135 | 2136 | 250 | 250 | 250 | 250 |
| 牡丹江 | 17 | 2472 | 2474 | 2474 | 2472 | 352 | 352 | 352 | 352 |
| 齐齐哈尔 | 31 | 1719 | 1749 | 1785 | 1794 | 364 | 370 | 376 | 378 |
| 鹤　岗 | 21 | 1009 | 1009 | 1008 | 1008 | 249 | 249 | 249 | 249 |
| 伊　春 | 13 | 493 | 494 | 495 | 497 | 197 | 199 | 199 | 199 |
| 上　海 | 642 | 37401 | 37926 | 38195 | 38551 | 1817 | 1852 | 1884 | 1936 |
| 南　京 | 266 | 18543 | 18734 | 18746 | 18717 | 1079 | 1081 | 1083 | 1781 |

续表

| 城 市 | 监测面积 | 商服用地价格 | | | | 工业用地价格 | | | |
|---|---|---|---|---|---|---|---|---|---|
| | | 2014Q1 | 2014Q2 | 2014Q3 | 2014Q4 | 2014Q1 | 2014Q2 | 2014Q3 | 2014Q4 |
| 常 州 | 86 | 4811 | 4827 | 4835 | 4847 | 376 | 377 | 377 | 377 |
| 南 通 | 150 | 3753 | 3737 | 3714 | 3696 | 583 | 583 | 584 | 584 |
| 苏 州 | 343 | 5523 | 5525 | 5514 | 5523 | 622 | 623 | 622 | 624 |
| 无 锡 | 161 | 10681 | 10636 | 10575 | — | 720 | 720 | 721 | — |
| 徐 州 | 140 | 3798 | 3811 | 3817 | 3831 | 272 | 272 | 272 | 272 |
| 扬 州 | 155 | 2644 | 2652 | 2655 | 2665 | 347 | 348 | 348 | 348 |
| 杭 州 | 117 | 15914 | 15969 | 15995 | 16481 | 538 | 581 | 618 | 676 |
| 宁 波 | 167 | 8657 | 8700 | 8576 | 8536 | 1143 | 1147 | 1149 | 1147 |
| 嘉 兴 | 77 | 3082 | 3074 | 3064 | 3046 | 482 | 498 | 511 | 515 |
| 温 州 | 110 | 11539 | 11432 | 11351 | 11113 | 1695 | 1674 | 1660 | 1642 |
| 湖 州 | 34 | 4346 | 4336 | 4333 | 4312 | 439 | 439 | 439 | 439 |
| 合 肥 | 262 | 5543 | 5601 | 5671 | 5726 | 408 | 408 | 408 | 408 |
| 蚌 埠 | 92 | 1685 | 1687 | 1688 | 1690 | 312 | 312 | 312 | 312 |
| 淮 北 | 96 | 3703 | 3716 | 3728 | 3736 | 300 | 300 | 300 | 301 |
| 淮 南 | 52 | 1731 | 1731 | 1731 | 1749 | 303 | 303 | 303 | 303 |
| 芜 湖 | 115 | 5334 | 5346 | 5364 | 5340 | 375 | 376 | 376 | 376 |
| 福 州 | 126 | 17464 | 17457 | 17417 | 17280 | 594 | 600 | 602 | 606 |
| 厦 门 | 169 | 29511 | 29605 | 29750 | 29853 | 899 | 902 | 906 | 911 |
| 泉 州 | 80 | 6924 | 6963 | 6952 | 6912 | 596 | 599 | 600 | 602 |
| 南 昌 | 182 | 7609 | 7658 | 7644 | 7597 | 462 | 464 | 465 | 466 |
| 九 江 | 43 | 2926 | 3002 | 3039 | 3066 | 298 | 299 | 300 | 301 |
| 济 南 | 190 | 4427 | 4495 | 4506 | 4520 | 699 | 703 | 707 | 707 |
| 青 岛 | 132 | 9234 | 9559 | 9885 | 9896 | 783 | 783 | 783 | 783 |
| 济 宁 | 49 | 1584 | 1588 | 1593 | 1591 | 477 | 477 | 478 | 478 |
| 临 沂 | 123 | 1553 | 1623 | 1654 | 1687 | 374 | 376 | 378 | 380 |
| 泰 安 | 52 | 2290 | 2634 | 2658 | 2680 | 324 | 310 | 312 | 312 |
| 潍 坊 | 101 | 2525 | 2570 | 2591 | 2607 | 444 | 447 | 449 | 450 |
| 烟 台 | 132 | 4810 | 4819 | 4814 | 4953 | 373 | 375 | 375 | 380 |
| 枣 庄 | 26 | 1650 | 1739 | 1760 | 1773 | 352 | 356 | 358 | 359 |
| 淄 博 | 87 | 1976 | 1994 | 2012 | 2028 | 426 | 426 | 426 | 427 |
| 郑 州 | 202 | 3086 | 3143 | 3208 | 3258 | 682 | 686 | 691 | 687 |
| 安 阳 | 66 | 2268 | 2317 | 2361 | 2383 | 613 | 618 | 638 | 654 |
| 焦 作 | 68 | 1680 | 1689 | 1696 | 1698 | 323 | 325 | 325 | 325 |
| 开 封 | 51 | 2437 | 2457 | 2536 | 2574 | 419 | 423 | 427 | 429 |
| 洛 阳 | 142 | 2753 | 2808 | 2869 | 2927 | 545 | 546 | 547 | 549 |
| 平顶山 | 33 | 2388 | 2527 | 2785 | 2889 | 554 | 572 | 572 | 572 |

续表

| 城 市 | 监测面积 | 商服用地价格 | | | | 工业用地价格 | | | |
|---|---|---|---|---|---|---|---|---|---|
| | | 2014Q1 | 2014Q2 | 2014Q3 | 2014Q4 | 2014Q1 | 2014Q2 | 2014Q3 | 2014Q4 |
| 新 乡 | 50 | 2477 | 2538 | 2569 | 2603 | 406 | 411 | 413 | 417 |
| 武 汉 | 469 | 9111 | 9130 | 9150 | 9363 | 811 | 827 | 830 | 830 |
| 黄 石 | 36 | 1043 | 1067 | 1077 | 1078 | 346 | 346 | 347 | 347 |
| 荆 州 | 71 | 2514 | 2533 | 2539 | 2544 | 551 | 552 | 554 | 554 |
| 襄 樊 | 100 | 1869 | 1902 | 1942 | 1943 | 548 | 549 | 549 | 549 |
| 宜 昌 | 48 | 2012 | 2062 | 2107 | 2252 | 376 | 377 | 378 | 378 |
| 长 沙 | 277 | 4012 | 4069 | 4101 | 4102 | 779 | 787 | 788 | 786 |
| 衡 阳 | 96 | 1817 | 1873 | 1930 | 1980 | 495 | 501 | 506 | 511 |
| 湘 潭 | 72 | 2419 | 2419 | 2457 | 2464 | 501 | 501 | 505 | 505 |
| 岳 阳 | 54 | 3032 | 3052 | 3073 | 3113 | 364 | 365 | 367 | 368 |
| 株 洲 | 93 | 2935 | 2976 | 3056 | 3133 | 429 | 430 | 433 | 434 |
| 广 州 | 899 | 27995 | 29629 | 30102 | 30503 | 666 | 697 | 739 | 756 |
| 深 圳 | 636 | 36209 | 36179 | 36386 | 36633 | 3008 | 3045 | 3077 | 3166 |
| 东 莞 | | 7249 | 7301 | 7353 | 7339 | 715 | 720 | 725 | 730 |
| 佛山顺德 | 221 | 7296 | 7515 | 7609 | 7723 | 675 | 693 | 705 | 718 |
| 汕 头 | 75 | 5596 | 5580 | 5542 | 5548 | 874 | 874 | 867 | 852 |
| 湛 江 | 60 | 4024 | 4061 | 4090 | 4170 | 437 | 441 | 444 | 447 |
| 中 山 | 134 | 6052 | 6268 | 6321 | 6400 | 650 | 661 | 669 | 673 |
| 珠 海 | 141 | 9738 | 9913 | 10020 | 10147 | 594 | 597 | 600 | 605 |
| 南 宁 | 146 | 6360 | 6397 | 6414 | 6445 | 508 | 510 | 513 | 516 |
| 北 海 | 73 | 2906 | 2909 | 2923 | 2926 | 334 | 334 | 338 | 338 |
| 柳 州 | 161 | 7152 | 7198 | 7233 | 7210 | 418 | 421 | 424 | 426 |
| 海 口 | 201 | 3795 | 3843 | 3888 | 3897 | 573 | 587 | 617 | 620 |
| 重 庆 | 593 | 8471 | 8478 | 8538 | 8572 | 565 | 566 | 568 | 570 |
| 成 都 | 455 | 10699 | 10846 | 10832 | 10908 | 709 | 716 | 717 | 719 |
| 宜 宾 | 43 | 2619 | 2626 | 2620 | 2561 | 212 | 212 | 212 | 212 |
| 南 充 | 70 | 2839 | 2864 | 2871 | 2872 | 515 | 517 | 520 | 522 |
| 贵 阳 | 52 | 8751 | 8799 | 8834 | 8923 | 458 | 459 | 460 | 462 |
| 昆 明 | 163 | 15954 | 16079 | 16022 | 15781 | 674 | 671 | 669 | 678 |
| 拉 萨 | 60 | 2993 | 2063 | 3120 | 3164 | 768 | 774 | 798 | 808 |
| 西 安 | 272 | 5127 | 5235 | 5336 | 5389 | 697 | 699 | 703 | 707 |
| 兰 州 | 208 | 3078 | 3088 | 3088 | 3094 | 756 | 756 | 756 | 756 |
| 西 宁 | 160 | 2575 | 2586 | 2589 | 2603 | 482 | 484 | 485 | 485 |
| 银 川 | 102 | 2459 | 2511 | 2546 | 2588 | 253 | 253 | 253 | 274 |
| 乌鲁木齐 | 173 | 3488 | 3532 | 3561 | 3605 | 563 | 567 | 570 | 617 |

数据来源：国土资源部。

表 2－89　　2013 年 286 城市土地面积

单位：平方公里

| 地区 | 全市 | 市区 | 城区 | 市区建成区 | 地区 | 全市 | 市区 | 城区 | 市区建成区 |
|---|---|---|---|---|---|---|---|---|---|
| 北　京 | 16411 | 12187 | 12187 | 1306 | 河南省 | | | | |
| 天　津 | 11917 | 7399 | 2334 | 747 | 郑　州 | 6444 | 362 | 439 | 383 |
| 河北省 | | | | | 开　封 | 15236 | 768 | 121 | 99 |
| 石家庄 | 15848 | 471 | 306 | 217 | 洛　阳 | 7904 | 443 | 331 | 192 |
| 唐　山 | 13742 | 1230 | 1230 | 249 | 平顶山 | 7352 | 534 | 260 | 73 |
| 秦皇岛 | 7802 | 503 | 363 | 97 | 安　阳 | 2182 | 679 | 153 | 79 |
| 邯　郸 | 12065 | 463 | 417 | 121 | 鹤　壁 | 8552 | 352 | 130 | 64 |
| 邢　台 | 12433 | 425 | 115 | 79 | 新　乡 | 4071 | 416 | 140 | 110 |
| 保　定 | 20900 | 327 | 327 | 144 | 焦　作 | 4136 | 263 | 102 | 102 |
| 张家口 | 36873 | 376 | 376 | 86 | 濮　阳 | 4996 | 97 | 154 | 50 |
| 承　德 | 39735 | 1267 | 734 | 114 | 许　昌 | 2160 | 1020 | 97 | 84 |
| 沧　州 | 14053 | 183 | 183 | 64 | 漯　河 | 10496 | 185 | 107 | 61 |
| 廊　坊 | 6382 | 292 | 292 | 65 | 三门峡 | 26509 | 2135 | 30 | 30 |
| 衡　水 | 8825 | 592 | 273 | 46 | 南　阳 | 10704 | 1697 | 641 | 149 |
| 山西省 | | | | | 商　丘 | 15841 | 3604 | 103 | 62 |
| 太　原 | 6977 | 1500 | 1000 | 320 | 信　阳 | 11961 | 338 | 260 | 84 |
| 大　同 | 14127 | 2080 | 130 | 108 | 周　口 | 15083 | 1365 | 100 | 63 |
| 阳　泉 | 4570 | 652 | 54 | 54 | 驻马店 | — | — | 185 | 69 |
| 长　治 | 13896 | 334 | 76 | 59 | 湖北省 | | | | |
| 晋　城 | 9425 | 143 | 152 | 52 | 武　汉 | 4583 | 237 | 888 | 543 |
| 朔　州 | 10674 | 4107 | 159 | 42 | 黄　石 | 23680 | 1193 | 237 | 88 |
| 晋　中 | 16392 | 1318 | 53 | 53 | 十　堰 | 21084 | 4284 | 319 | 72 |
| 运　城 | 14181 | 1215 | 56 | 46 | 宜　昌 | 19728 | 4149 | 541 | 153 |
| 忻　州 | 25117 | 1982 | 183 | 32 | 襄　樊 | 1596 | 1596 | 338 | 117 |
| 临　汾 | 20275 | 1316 | 60 | 54 | 鄂　州 | 12404 | 2391 | 241 | 60 |
| 吕　梁 | 21239 | 1339 | 25 | 24 | 荆　门 | 8910 | 1020 | 194 | 54 |
| 内蒙古 | | | | | 孝　感 | 14099 | 1566 | 87 | 38 |
| 呼和浩特 | 17186 | 2065 | 322 | 259 | 荆　州 | 17457 | 362 | 72 | 72 |
| 包　头 | 27768 | 2965 | 885 | 186 | 黄　冈 | 10027 | 1510 | 33 | 33 |
| 乌　海 | 1754 | 1754 | 1754 | 63 | 咸　宁 | 9636 | 1322 | 165 | 72 |
| 赤　峰 | 90021 | 7077 | 560 | 104 | 随　州 | — | — | 266 | 45 |
| 通　辽 | 59535 | 3385 | 76 | 61 | 湖南省 | | | | |
| 鄂尔多斯 | 86752 | 2530 | 196 | 113 | 长　沙 | 11262 | 837 | 1008 | 288 |
| 呼伦贝尔 | 252777 | 1588 | 265 | 59 | 株　洲 | 5008 | 658 | 837 | 133 |
| 巴彦淖尔 | 64413 | 2354 | 698 | 42 | 湘　潭 | 15303 | 693 | 168 | 79 |
| 乌兰察布 | 54500 | 527 | 60 | 60 | 衡　阳 | 20830 | 436 | 124 | 114 |
| 辽宁省 | | | | | 邵　阳 | 14858 | 1413 | 67 | 56 |
| 沈　阳 | 12980 | 3471 | 3133 | 455 | 岳　阳 | 18177 | 2510 | 155 | 88 |

续表

| 地区 | 全市 | 市区 | 城区 | 市区建成区 | 地区 | 全市 | 市区 | 城区 | 市区建成区 |
|---|---|---|---|---|---|---|---|---|---|
| 大　连 | 12574 | 2567 | 1170 | 396 | 常　德 | 9516 | 2735 | 339 | 86 |
| 鞍　山 | 9255 | 792 | 624 | 167 | 张家界 | 12320 | 1851 | 60 | 33 |
| 抚　顺 | 11272 | 1416 | 628 | 134 | 益　阳 | 19342 | 2248 | 88 | 66 |
| 本　溪 | 8411 | 1518 | 1518 | 109 | 郴　州 | 22260 | 3181 | 580 | 73 |
| 丹　东 | 15290 | 941 | 226 | 53 | 永　州 | 27573 | 666 | 100 | 60 |
| 锦　州 | 10047 | 825 | 436 | 77 | 娄　底 | 8117 | 429 | 62 | 61 |
| 营　口 | 5242 | 702 | 184 | 110 | 怀　化 | — | — | 62 | 47 |
| 阜　新 | 10355 | 490 | 448 | 77 | **广东省** | | | | |
| 辽　阳 | 4736 | 1081 | 728 | 104 | 广　州 | 18412 | 2871 | 1396 | 1024 |
| 盘　锦 | 4065 | 251 | 266 | 70 | 韶　关 | 1997 | 1997 | 92 | 92 |
| 铁　岭 | 12985 | 659 | 204 | 57 | 深　圳 | 1658 | 1658 | 1997 | 871 |
| 朝　阳 | 19698 | 1137 | 570 | 43 | 珠　海 | 2064 | 1856 | 745 | 124 |
| 葫芦岛 | 10414 | 2347 | 575 | 81 | 汕　头 | 3798 | 3798 | 608 | 247 |
| **吉林省** | | | | | 佛　山 | 9505 | 1818 | 735 | 157 |
| 长　春 | 20604 | 4789 | 470 | 452 | 江　门 | 13261 | 1703 | 566 | 158 |
| 吉　林 | 27205 | 3695 | 499 | 166 | 湛　江 | 11426 | 886 | 110 | 108 |
| 四　平 | 14080 | 1075 | 87 | 54 | 茂　名 | 14891 | 803 | 116 | 103 |
| 辽　源 | 5140 | 442 | 46 | 46 | 肇　庆 | 11343 | 2694 | 394 | 95 |
| 通　化 | 15608 | 745 | 65 | 50 | 惠　州 | 15865 | 3047 | 981 | 237 |
| 白　山 | 17485 | 2736 | 384 | 47 | 梅　州 | 4865 | 393 | 168 | 50 |
| 松　原 | 21090 | 1325 | 80 | 48 | 汕　尾 | 15654 | 362 | 283 | 16 |
| 白　城 | 25745 | 2525 | 49 | 42 | 河　源 | 7956 | 780 | 32 | 32 |
| **黑龙江省** | | | | | 阳　江 | 19036 | 3650 | 357 | 46 |
| 哈尔滨 | 53068 | 7086 | 391 | 391 | 清　远 | 2460 | 2460 | 363 | 61 |
| 齐齐哈尔 | 42469 | 4365 | 140 | 140 | 东　莞 | 1784 | 1784 | 2465 | 903 |
| 鸡　西 | 22531 | 2300 | 79 | 79 | 中　山 | 3146 | 1414 | 262 | 106 |
| 鹤　岗 | 14657 | 4551 | 85 | 53 | 潮　州 | 5266 | 1031 | 152 | 42 |
| 双鸭山 | 23209 | 1760 | 118 | 58 | 揭　阳 | 7785 | 763 | 1031 | 109 |
| 大　庆 | 21522 | 5107 | 316 | 241 | 云　浮 | — | — | 84 | 21 |
| 伊　春 | 32759 | 19567 | 175 | 167 | **广　西** | | | | |
| 佳木斯 | 32704 | 1875 | 97 | 97 | 南　宁 | 18597 | 1017 | 841 | 283 |
| 七台河 | 6221 | 3646 | 307 | 70 | 柳　州 | 27850 | 565 | 464 | 178 |
| 牡丹江 | 38405 | 2360 | 89 | 78 | 桂　林 | 12588 | 1097 | 565 | 67 |
| 黑　河 | 68240 | 14444 | 28 | 20 | 梧　州 | 3337 | 957 | 307 | 38 |
| 绥　化 | 34873 | 2756 | 93 | 35 | 北　海 | 6238 | 2836 | 957 | 71 |
| 上　海 | 6340 | 5155 | 6341 | 999 | 防城港 | 12154 | 4852 | 233 | 35 |
| **江苏省** | | | | | 钦　州 | 10602 | 3548 | 354 | 88 |
| 南　京 | 6587 | 6587 | 4226 | 713 | 贵　港 | 12824 | 1265 | 302 | 69 |
| 无　锡 | 4627 | 1643 | 1165 | 325 | 玉　林 | 36202 | 3718 | 302 | 67 |
| 徐　州 | 11259 | 3038 | 427 | 253 | 百　色 | 11753 | 5517 | 363 | 37 |

续表

| 地区 | 全市 | 市区 | 城区 | 市区建成区 |
|---|---|---|---|---|
| 常州 | 4372 | 1862 | 384 | 186 |
| 苏州 | 8488 | 4467 | 1524 | 441 |
| 南通 | 8001 | 1521 | 387 | 172 |
| 连云港 | 7615 | 1498 | 674 | 150 |
| 淮安 | 10072 | 3160 | 227 | 140 |
| 盐城 | 16972 | 1862 | 324 | 96 |
| 扬州 | 6591 | 2306 | 415 | 132 |
| 镇江 | 3847 | 1082 | 555 | 128 |
| 宿迁 | 5787 | 1567 | 409 | 96 |
| 泰州 | 8524 | 2153 | 346 | 75 |
| 浙江省 | | | | |
| 杭州 | 16596 | 3068 | 1022 | 462 |
| 宁波 | 9816 | 2461 | 778 | 295 |
| 温州 | 11784 | 1187 | 730 | 205 |
| 嘉兴 | 3915 | 968 | 224 | 109 |
| 湖州 | 5824 | 1572 | 641 | 92 |
| 绍兴 | 8279 | 2965 | 497 | 197 |
| 金华 | 10942 | 2049 | 380 | 77 |
| 衢州 | 8845 | 2354 | 200 | 67 |
| 舟山 | 1455 | 1034 | 580 | 60 |
| 台州 | 9411 | 1536 | 750 | 116 |
| 丽水 | 17308 | 1502 | 266 | 33 |
| 安徽省 | | | | |
| 合肥 | 11445 | 1127 | 777 | 393 |
| 芜湖 | 5988 | 1292 | 722 | 155 |
| 蚌埠 | 5952 | 803 | 365 | 119 |
| 淮南 | 2584 | 1690 | 415 | 106 |
| 马鞍山 | 4049 | 704 | 176 | 89 |
| 淮北 | 2741 | 760 | 210 | 80 |
| 铜陵 | 1201 | 355 | 181 | 69 |
| 安庆 | 15318 | 821 | 311 | 81 |
| 黄山 | 9807 | 2342 | 446 | 60 |
| 滁州 | 13516 | 1406 | 283 | 83 |
| 阜阳 | 9776 | 1914 | 333 | 98 |
| 宿州 | 9787 | 2868 | 165 | 70 |
| 六安 | 8374 | 2226 | 166 | 70 |
| 亳州 | 8272 | 2432 | 87 | 49 |
| 池州 | 12453 | 2621 | 253 | 37 |
| 宣城 | — | — | 132 | 49 |
| 福建省 | | | | |
| 贺州 | 33476 | 2346 | 72 | 31 |
| 河池 | 13409 | 4363 | 80 | 21 |
| 来宾 | 17331 | 2917 | 92 | 37 |
| 崇左 | — | — | 50 | 26 |
| 海南省 | | | | |
| 海口 | 1919 | 1919 | 562 | 124 |
| 三亚 | 82374 | 29590 | 188 | 62 |
| 重庆 | — | — | 6134 | 1115 |
| 四川省 | | | | |
| 成都 | 4381 | 1434 | 780 | 529 |
| 自贡 | 7401 | 2017 | 778 | 106 |
| 攀枝花 | 12236 | 2133 | 327 | 69 |
| 泸州 | 5910 | 648 | 411 | 109 |
| 德阳 | 20248 | 1570 | 74 | 70 |
| 绵阳 | 16311 | 4580 | 465 | 110 |
| 广元 | 5325 | 1874 | 217 | 50 |
| 遂宁 | 5385 | 1556 | 299 | 76 |
| 内江 | 12723 | 2506 | 240 | 58 |
| 乐山 | 12477 | 2526 | 167 | 68 |
| 南充 | 7140 | 1330 | 420 | 109 |
| 眉山 | 13271 | 1835 | 57 | 45 |
| 宜宾 | 6341 | 1533 | 104 | 94 |
| 广安 | 16588 | 879 | 141 | 47 |
| 达州 | 15046 | 1681 | 159 | 68 |
| 雅安 | 12293 | 3714 | 197 | 29 |
| 巴中 | 7960 | 1633 | 160 | 28 |
| 资阳 | — | — | 185 | 43 |
| 贵州省 | | | | |
| 贵阳 | 9914 | 469 | 415 | 299 |
| 六盘水 | 30762 | 1316 | 129 | 40 |
| 遵义 | 9267 | 1704 | 220 | 63 |
| 安顺 | — | — | 109 | 41 |
| 云南省 | | | | |
| 昆明 | 28905 | 1553 | 1749 | 407 |
| 曲靖 | 15285 | 1004 | 56 | 56 |
| 玉溪 | 19637 | 5011 | 88 | 36 |
| 保山 | 22440 | 2163 | 60 | 27 |
| 昭通 | 21219 | 1255 | 61 | 37 |
| 丽江 | 45385 | 4093 | 26 | 23 |
| 思茅 | 23620 | 2557 | 50 | 25 |

续表

| 地区 | 全市 | 市区 | 城区 | 市区建成区 | 地区 | 全市 | 市区 | 城区 | 市区建成区 |
|---|---|---|---|---|---|---|---|---|---|
| 福　州 | 1573 | 1573 | 1043 | 248 | 临　沧 | — | — | 34 | 18 |
| 厦　门 | 4131 | 2290 | 282 | 282 | 西　藏 | | | | |
| 莆　田 | 22965 | 1151 | 244 | 55 | 拉　萨 | — | — | 297 | 93 |
| 三　明 | 11015 | 855 | 220 | 34 | 陕西省 | | | | |
| 泉　州 | 12554 | 401 | 529 | 189 | 西　安 | 3937 | 2406 | 430 | 424 |
| 漳　州 | 26280 | 2653 | 95 | 59 | 铜　川 | 18117 | 3625 | 55 | 44 |
| 南　平 | 19063 | 2678 | 166 | 28 | 宝　鸡 | 10189 | 528 | 156 | 86 |
| 龙　岩 | 13452 | 1537 | 185 | 45 | 咸　阳 | 13134 | 1221 | 78 | 71 |
| 宁　德 | — | — | 108 | 25 | 渭　南 | 37037 | 3556 | 202 | 46 |
| 江西省 | | | | | 延　安 | 27285 | 556 | 43 | 36 |
| 南　昌 | 5261 | 430 | 330 | 250 | 汉　中 | 43578 | 7053 | 86 | 34 |
| 景德镇 | 3831 | 1070 | 199 | 79 | 榆　林 | 23536 | 3646 | 119 | 52 |
| 萍　乡 | 19078 | 599 | 86 | 51 | 安　康 | 19292 | 2672 | 160 | 39 |
| 九　江 | 3178 | 1789 | 105 | 100 | 商　洛 | — | — | 40 | 26 |
| 新　余 | 3560 | 136 | 230 | 72 | 甘肃省 | | | | |
| 鹰　潭 | 39379 | 528 | 63 | 33 | 兰　州 | 2935 | 2935 | 220 | 207 |
| 赣　州 | 25283 | 1340 | 112 | 95 | 嘉峪关 | 8896 | 3019 | 120 | 68 |
| 吉　安 | 18669 | 2532 | 229 | 50 | 金　昌 | 21158 | 3478 | 42 | 39 |
| 宜　春 | 18799 | 2125 | 88 | 65 | 白　银 | 14277 | 5858 | 99 | 60 |
| 抚　州 | 22791 | 370 | 85 | 56 | 天　水 | 33238 | 5081 | 60 | 46 |
| 上　饶 | — | — | 62 | 48 | 酒　泉 | 41924 | 4240 | 31 | 31 |
| 山东省 | | | | | 张　掖 | 11170 | 1936 | 200 | 63 |
| 济　南 | 11282 | 3293 | 1210 | 372 | 武　威 | 193974 | 3386 | 255 | 36 |
| 青　岛 | 5965 | 2989 | 1963 | 470 | 平　凉 | 27119 | 996 | 232 | 48 |
| 淄　博 | 4563 | 3069 | 662 | 250 | 西　峰 | 20330 | 4225 | 25 | 24 |
| 枣　庄 | 8243 | 3445 | 349 | 146 | 定　西 | 27839 | 4683 | 36 | 23 |
| 东　营 | 13852 | 2738 | 1099 | 113 | 陇　南 | — | — | 40 | 10 |
| 烟　台 | 16143 | 2638 | 901 | 276 | 青海省 | | | | |
| 潍　坊 | 11311 | 1644 | 1187 | 168 | 西　宁 | — | — | 380 | 85 |
| 济　宁 | 7762 | 2087 | 880 | 176 | 宁　夏 | | | | |
| 泰　安 | 5786 | 777 | 406 | 121 | 银　川 | 5310 | 2262 | 1774 | 149 |
| 威　海 | 5359 | 2043 | 230 | 142 | 石嘴山 | 16757 | 1107 | 118 | 103 |
| 日　照 | 2246 | 2246 | 404 | 97 | 吴　忠 | 13047 | 4489 | 60 | 48 |
| 莱　芜 | 17191 | 2293 | 614 | 120 | 固　原 | 17448 | 6877 | 39 | 39 |
| 临　沂 | 10356 | 539 | 1278 | 205 | 中　卫 | — | — | 65 | 38 |
| 德　州 | 8984 | 1710 | 539 | 107 | 新　疆 | | | | |
| 聊　城 | 9660 | 1041 | 413 | 74 | 乌鲁木齐 | 7735 | 7735 | 391 | 391 |
| 滨　州 | 12239 | 1415 | 559 | 114 | 克拉玛依 | — | — | 64 | 64 |
| 菏　泽 | — | — | 390 | 90 | | | | | |

数据来源：住房和城乡建设部。

表 2－90　　2013 年 286 城市市区建设用地及居住用地面积

单位：平方公里，平方米/人

| 地区 | 建设用地面积 | 人均建设用地面积 | 居住用地面积 | 人均居住用地面积 | 地区 | 建设用地面积 | 人均建设用地面积 | 居住用地面积 | 人均居住用地面积 |
|---|---|---|---|---|---|---|---|---|---|
| 北　京 | 1504.79 | 82.45 | — | — | 河南省 | | | | |
| 天　津 | 736.35 | 110.95 | 199.20 | 30.02 | 郑　州 | 343.77 | 58.66 | 88.02 | 15.02 |
| 河北省 | | | | | 开　封 | 98.86 | 111.14 | 31.98 | 35.95 |
| 石家庄 | 215.15 | 85.62 | 80.00 | 31.84 | 洛　阳 | 189.59 | 74.91 | 64.43 | 25.46 |
| 唐　山 | 192.42 | 97.44 | 71.17 | 36.04 | 平顶山 | 72.50 | 78.07 | 28.00 | 30.15 |
| 秦皇岛 | 97.06 | 100.86 | 24.51 | 25.47 | 安　阳 | 78.45 | 109.72 | 24.62 | 34.43 |
| 邯　郸 | 120.52 | 73.14 | 39.82 | 24.16 | 鹤　壁 | 63.76 | 140.50 | 15.05 | 33.16 |
| 邢　台 | 79.21 | 86.38 | 31.78 | 34.66 | 新　乡 | 102.67 | 135.09 | 29.76 | 39.16 |
| 保　定 | 137.96 | 112.43 | 43.18 | 35.19 | 焦　作 | 101.93 | 132.36 | 36.31 | 47.15 |
| 张家口 | 85.19 | 97.25 | 20.58 | 23.49 | 濮　阳 | 50.00 | 107.14 | 16.70 | 35.78 |
| 承　德 | 64.05 | 117.35 | 19.64 | 35.98 | 许　昌 | 73.00 | 149.44 | 19.10 | 39.10 |
| 沧　州 | 63.69 | 116.37 | 24.27 | 44.34 | 漯　河 | 59.92 | 107.38 | 16.01 | 28.69 |
| 廊　坊 | 64.50 | 122.86 | 21.58 | 41.10 | 三门峡 | 29.80 | 90.58 | 9.22 | 28.02 |
| 衡　水 | 42.58 | 116.28 | 9.90 | 27.03 | 南　阳 | 117.42 | 76.35 | 34.18 | 22.23 |
| 山西省 | | | | | 商　丘 | 61.95 | 64.25 | 10.98 | 11.39 |
| 太　原 | 284.00 | 83.53 | 65.00 | 19.12 | 信　阳 | 71.53 | 145.09 | 22.07 | 44.77 |
| 大　同 | 108.00 | 83.34 | 43.00 | 33.18 | 周　口 | 46.20 | 149.22 | 12.65 | 40.86 |
| 阳　泉 | 42.55 | 72.01 | 15.21 | 25.74 | 驻马店 | 65.80 | 141.93 | 16.20 | 34.94 |
| 长　治 | 57.63 | 76.90 | 15.95 | 21.28 | 湖北省 | | | | |
| 晋　城 | 51.90 | 118.76 | 31.00 | 70.94 | 武　汉 | 708.04 | 112.65 | 221.07 | 35.17 |
| 朔　州 | 40.24 | 102.08 | 12.07 | 30.62 | 黄　石 | 79.11 | 107.40 | 20.24 | 27.48 |
| 晋　中 | 52.00 | 108.45 | 18.00 | 37.54 | 十　堰 | 72.24 | 125.48 | 21.81 | 37.88 |
| 运　城 | 41.40 | 96.28 | 19.15 | 44.53 | 宜　昌 | 136.36 | 164.25 | 35.67 | 42.97 |
| 忻　州 | 31.52 | 111.34 | 11.60 | 40.97 | 襄　樊 | 112.26 | 130.75 | 34.11 | 39.73 |
| 临　汾 | 50.49 | 104.36 | 21.98 | 45.43 | 鄂　州 | 60.07 | 144.54 | 16.67 | 40.11 |
| 吕　梁 | 21.86 | 81.26 | 7.17 | 26.65 | 荆　门 | 54.05 | 111.47 | 15.29 | 31.53 |
| 内蒙古 | | | | | 孝　感 | 26.56 | 68.54 | 2.20 | 5.68 |
| 呼和浩特 | 247.65 | 130.30 | 83.33 | 43.84 | 荆　州 | 71.77 | 98.64 | 18.96 | 26.06 |
| 包　头 | 186.00 | 105.08 | 56.30 | 31.81 | 黄　冈 | 33.02 | 108.91 | 10.57 | 34.86 |
| 乌　海 | 56.93 | 89.12 | 17.85 | 27.94 | 咸　宁 | 40.97 | 104.14 | 22.35 | 56.81 |
| 赤　峰 | 80.28 | 84.71 | 37.88 | 39.97 | 随　州 | 38.76 | 78.78 | 13.77 | 27.99 |
| 通　辽 | 61.20 | 124.36 | 15.39 | 31.27 | 湖南省 | | | | |
| 鄂尔多斯 | 155.00 | 255.35 | 44.78 | 73.77 | 长　沙 | 287.51 | 90.83 | 112.74 | 35.62 |
| 呼伦贝尔 | 59.46 | 186.16 | 21.69 | 67.91 | 株　洲 | 109.12 | 103.53 | 44.89 | 42.59 |
| 巴彦淖尔 | 39.50 | 103.27 | 21.00 | 54.90 | 湘　潭 | 79.20 | 100.74 | 26.77 | 34.05 |
| 乌兰察布 | 52.18 | 156.70 | 21.80 | 65.47 | 衡　阳 | 114.30 | 100.62 | 38.12 | 33.56 |
| 辽宁省 | | | | | 邵　阳 | 51.41 | 70.85 | 19.01 | 26.20 |
| 沈　阳 | 455.00 | 79.28 | 152.00 | 26.49 | 岳　阳 | 87.00 | 132.22 | 24.70 | 37.54 |

续表

| 地区 | 建设用地面积 | 人均建设用地面积 | 居住用地面积 | 人均居住用地面积 |
|---|---|---|---|---|
| 大　连 | 388.65 | 120.25 | 129.91 | 40.19 |
| 鞍　山 | 151.55 | 93.61 | 42.70 | 26.37 |
| 抚　顺 | 134.40 | 100.73 | 33.72 | 25.27 |
| 本　溪 | 92.40 | 97.26 | 27.96 | 29.43 |
| 丹　东 | 53.40 | 82.07 | 20.22 | 31.07 |
| 锦　州 | 77.10 | 80.56 | 34.64 | 36.20 |
| 营　口 | 110.00 | 109.67 | 33.45 | 33.35 |
| 阜　新 | 160.16 | 204.65 | 43.40 | 55.46 |
| 辽　阳 | 104.18 | 129.63 | 36.95 | 45.97 |
| 盘　锦 | 69.56 | 100.64 | 24.93 | 36.07 |
| 铁　岭 | 50.00 | 110.82 | 20.23 | 44.84 |
| 朝　阳 | 42.80 | 70.16 | 12.00 | 19.67 |
| 葫芦岛 | 75.85 | 166.30 | 22.10 | 48.45 |
| **吉林省** | | | | |
| 长　春 | 424.50 | 117.59 | 122.84 | 34.03 |
| 吉　林 | 161.36 | 126.47 | 49.58 | 38.86 |
| 四　平 | 54.00 | 90.91 | 23.09 | 38.87 |
| 辽　源 | 46.30 | 90.78 | 27.60 | 54.12 |
| 通　化 | 50.23 | 105.73 | 19.24 | 40.50 |
| 白　山 | 41.92 | 104.28 | 19.30 | 48.01 |
| 松　原 | 47.21 | 97.34 | 15.00 | 30.93 |
| 白　城 | 40.97 | 144.57 | 11.72 | 41.35 |
| **黑龙江省** | | | | |
| 哈尔滨 | 381.75 | 92.67 | 120.20 | 29.18 |
| 齐齐哈尔 | 139.63 | 128.22 | 44.32 | 40.70 |
| 鸡　西 | 78.85 | 109.33 | 47.80 | 66.28 |
| 鹤　岗 | 53.21 | 95.53 | 19.28 | 34.61 |
| 双鸭山 | 57.21 | 122.51 | 30.00 | 64.24 |
| 大　庆 | 315.54 | 219.87 | 79.85 | 55.64 |
| 伊　春 | 156.96 | 204.80 | 63.08 | 82.31 |
| 佳木斯 | 83.40 | 138.08 | 27.40 | 45.36 |
| 七台河 | 70.60 | 175.19 | 27.35 | 67.87 |
| 牡丹江 | 88.58 | 124.78 | 35.03 | 49.34 |
| 黑　河 | 20.00 | 139.28 | 5.50 | 38.30 |
| 绥　化 | 34.40 | 103.61 | 10.56 | 31.81 |
| 上　海 | 2915.56 | 120.72 | 1058.89 | 43.84 |
| **江苏省** | | | | |
| 南　京 | 708.12 | 118.09 | 198.41 | 33.09 |
| 无　锡 | 286.60 | 116.61 | 94.20 | 38.33 |
| 徐　州 | 228.14 | 136.83 | 53.36 | 32.00 |

| 地区 | 建设用地面积 | 人均建设用地面积 | 居住用地面积 | 人均居住用地面积 |
|---|---|---|---|---|
| 常　德 | 85.92 | 125.43 | 23.14 | 33.78 |
| 张家界 | 32.86 | 147.22 | 8.72 | 39.07 |
| 益　阳 | 61.70 | 92.64 | 26.00 | 39.04 |
| 郴　州 | 63.43 | 105.86 | 22.99 | 38.37 |
| 永　州 | 59.28 | 113.04 | 15.05 | 28.70 |
| 娄　底 | 59.39 | 117.84 | 16.42 | 32.58 |
| 怀　化 | 47.15 | 99.26 | 16.20 | 34.11 |
| **广东省** | | | | |
| 广　州 | 687.80 | 64.73 | 198.68 | 18.70 |
| 韶　关 | 92.10 | 167.70 | 29.81 | 54.28 |
| 深　圳 | — | — | — | 0.00 |
| 珠　海 | 122.93 | 79.32 | 44.35 | 28.62 |
| 汕　头 | 243.13 | 96.83 | 97.08 | 38.66 |
| 佛　山 | 182.54 | 84.67 | 61.22 | 28.40 |
| 江　门 | 147.00 | 124.27 | 43.99 | 37.19 |
| 湛　江 | 98.55 | 114.55 | 32.99 | 38.35 |
| 茂　名 | 91.61 | 187.96 | 34.30 | 70.37 |
| 肇　庆 | 85.85 | 156.09 | 25.14 | 45.71 |
| 惠　州 | 228.63 | 149.64 | 65.53 | 42.89 |
| 梅　州 | 49.91 | 117.46 | 13.64 | 32.10 |
| 汕　尾 | 15.67 | 67.22 | 6.50 | 27.89 |
| 河　源 | 31.30 | 105.71 | 9.23 | 31.17 |
| 阳　江 | 41.18 | 103.49 | 11.43 | 28.73 |
| 清　远 | 55.68 | 124.56 | 15.77 | 35.28 |
| 东　莞 | 1019.71 | 163.75 | 276.69 | 44.43 |
| 中　山 | 103.32 | 148.47 | 33.10 | 47.56 |
| 潮　州 | 41.68 | 115.71 | 14.16 | 39.31 |
| 揭　阳 | 81.00 | 38.18 | 24.20 | 11.41 |
| 云　浮 | 17.10 | 79.72 | 2.40 | 11.19 |
| **广　西** | | | | |
| 南　宁 | 277.83 | 112.48 | 84.74 | 34.31 |
| 柳　州 | 177.54 | 111.58 | 46.95 | 29.51 |
| 桂　林 | 67.13 | 81.57 | 18.06 | 21.94 |
| 梧　州 | 37.15 | 87.74 | 12.20 | 28.81 |
| 北　海 | 70.21 | 171.29 | 25.60 | 62.45 |
| 防城港 | 21.41 | 130.71 | 4.87 | 29.73 |
| 钦　州 | 86.67 | 280.85 | 21.84 | 70.77 |
| 贵　港 | 60.91 | 154.28 | 19.42 | 49.19 |
| 玉　林 | 65.84 | 99.46 | 26.17 | 39.53 |
| 百　色 | 34.28 | 138.79 | 13.74 | 55.63 |

续表

| 地区 | 建设用地面积 | 人均建设用地面积 | 居住用地面积 | 人均居住用地面积 |
| --- | --- | --- | --- | --- |
| 常　州 | 185.58 | 127.14 | 51.99 | 35.62 |
| 苏　州 | 438.72 | 152.97 | 124.50 | 43.41 |
| 南　通 | 214.29 | 148.01 | 68.31 | 47.18 |
| 连云港 | 180.30 | 217.67 | 79.05 | 95.44 |
| 淮　安 | 213.00 | 154.29 | 76.00 | 55.05 |
| 盐　城 | 94.84 | 121.00 | 32.31 | 41.22 |
| 扬　州 | 130.58 | 119.17 | 42.04 | 38.37 |
| 镇　江 | 128.00 | 144.60 | 35.50 | 40.10 |
| 宿　迁 | 137.87 | 153.46 | 44.03 | 49.01 |
| 泰　州 | 77.55 | 124.56 | 20.52 | 32.96 |
| 浙江省 | | | | |
| 杭　州 | 409.42 | 106.43 | 109.03 | 28.34 |
| 宁　波 | 346.82 | 190.33 | 76.17 | 41.80 |
| 温　州 | 158.35 | 82.14 | 39.00 | 20.23 |
| 嘉　兴 | 108.52 | 133.86 | 31.80 | 39.23 |
| 湖　州 | 106.93 | 123.19 | 31.47 | 36.26 |
| 绍　兴 | 208.13 | 148.33 | 61.45 | 43.79 |
| 金　华 | 76.68 | 125.54 | 20.47 | 33.51 |
| 衢　州 | 65.37 | 195.43 | 14.66 | 43.83 |
| 舟　山 | 55.47 | 97.90 | 19.60 | 34.59 |
| 台　州 | 161.24 | 158.81 | 44.78 | 44.11 |
| 丽　水 | 35.36 | 103.70 | 10.77 | 31.58 |
| 安徽省 | | | | |
| 合　肥 | 364.04 | 110.08 | 108.67 | 32.86 |
| 芜　湖 | 153.50 | 131.61 | 34.50 | 29.58 |
| 蚌　埠 | 119.00 | 129.40 | 38.24 | 41.58 |
| 淮　南 | 104.91 | 99.17 | 43.12 | 40.76 |
| 马鞍山 | 99.76 | 148.96 | 22.10 | 33.00 |
| 淮　北 | 85.25 | 103.11 | 32.06 | 38.78 |
| 铜　陵 | 67.51 | 154.70 | 18.24 | 41.80 |
| 安　庆 | 88.40 | 136.10 | 31.53 | 48.55 |
| 黄　山 | 40.66 | 116.07 | 16.16 | 46.13 |
| 滁　州 | 101.66 | 264.95 | 29.43 | 76.70 |
| 阜　阳 | 96.81 | 125.56 | 48.79 | 63.28 |
| 宿　州 | 69.60 | 133.67 | 24.80 | 47.63 |
| 六　安 | 70.20 | 119.39 | 23.26 | 39.56 |
| 亳　州 | 53.13 | 150.51 | 17.55 | 49.72 |
| 池　州 | 37.06 | 122.23 | 13.98 | 46.11 |
| 宣　城 | 42.78 | 130.63 | 10.85 | 33.13 |
| 福建省 | | | | |

| 地区 | 建设用地面积 | 人均建设用地面积 | 居住用地面积 | 人均居住用地面积 |
| --- | --- | --- | --- | --- |
| 贺　州 | 27.56 | 97.28 | 8.19 | 28.91 |
| 河　池 | 20.55 | 87.75 | 6.14 | 26.22 |
| 来　宾 | 37.00 | 120.52 | 10.26 | 33.42 |
| 崇　左 | 14.06 | 84.55 | 3.95 | 23.75 |
| 海南省 | | | | |
| 海　口 | 121.99 | 97.05 | 49.80 | 39.62 |
| 三　亚 | 62.17 | 185.58 | 11.34 | 33.85 |
| 重　庆 | 920.55 | 81.25 | 294.87 | 26.03 |
| 四川省 | | | | |
| 成　都 | 519.19 | 110.58 | 179.06 | 38.14 |
| 自　贡 | 106.48 | 95.37 | 34.03 | 30.48 |
| 攀枝花 | 68.52 | 103.35 | 18.60 | 28.05 |
| 泸　州 | 104.54 | 91.06 | 29.56 | 25.75 |
| 德　阳 | 69.79 | 135.30 | 20.32 | 39.40 |
| 绵　阳 | 109.84 | 92.94 | 30.15 | 25.51 |
| 广　元 | 47.43 | 126.89 | 12.00 | 32.10 |
| 遂　宁 | 69.45 | 97.56 | 23.11 | 32.46 |
| 内　江 | 58.01 | 95.58 | 22.06 | 36.35 |
| 乐　山 | 61.17 | 108.90 | 20.74 | 36.92 |
| 南　充 | 109.00 | 102.83 | 41.62 | 39.26 |
| 眉　山 | 42.74 | 129.67 | 16.30 | 49.45 |
| 宜　宾 | 89.54 | 146.93 | 25.35 | 41.60 |
| 广　安 | 46.70 | 137.07 | 16.00 | 46.96 |
| 达　州 | 74.30 | 119.09 | 22.09 | 35.41 |
| 雅　安 | 21.69 | 83.87 | 6.85 | 26.49 |
| 巴　中 | 29.40 | 84.00 | 8.00 | 22.86 |
| 资　阳 | 41.37 | 126.51 | 10.33 | 31.59 |
| 贵州省 | | | | |
| 贵　阳 | 243.89 | 91.91 | 65.74 | 24.77 |
| 六盘水 | 38.40 | 121.44 | 11.52 | 36.43 |
| 遵　义 | 61.91 | 81.58 | 14.16 | 18.66 |
| 安　顺 | 36.32 | 70.02 | 11.79 | 22.73 |
| 云南省 | | | | |
| 昆　明 | 335.22 | 89.67 | 144.36 | 38.62 |
| 曲　靖 | 55.86 | 97.49 | 17.57 | 30.66 |
| 玉　溪 | 21.57 | 71.66 | 4.54 | 15.08 |
| 保　山 | 21.19 | 76.50 | 7.20 | 25.99 |
| 昭　通 | 27.36 | 99.89 | 8.13 | 29.68 |
| 丽　江 | 20.43 | 149.89 | 4.06 | 29.79 |
| 思　茅 | 22.94 | 103.33 | 4.90 | 22.07 |

续表

| 地区 | 建设用地面积 | 人均建设用地面积 | 居住用地面积 | 人均居住用地面积 |
| --- | --- | --- | --- | --- |
| 福　州 | 226.90 | 98.61 | 96.50 | 41.94 |
| 厦　门 | 281.60 | 99.54 | 66.24 | 23.41 |
| 莆　田 | 50.43 | 90.38 | 15.99 | 28.66 |
| 三　明 | 33.80 | 148.44 | 9.90 | 43.48 |
| 泉　州 | 143.20 | 119.43 | 45.00 | 37.53 |
| 漳　州 | 59.01 | 130.44 | 17.04 | 37.67 |
| 南　平 | 28.18 | 134.70 | 7.15 | 34.18 |
| 龙　岩 | 43.97 | 141.25 | 10.56 | 33.92 |
| 宁　德 | 32.76 | 130.83 | 12.14 | 48.48 |
| **江西省** | | | | |
| 南　昌 | 217.80 | 88.60 | 71.01 | 28.89 |
| 景德镇 | 73.52 | 148.65 | 19.91 | 40.25 |
| 萍　乡 | 50.18 | 113.58 | 15.60 | 35.31 |
| 九　江 | 100.17 | 153.17 | 32.80 | 50.15 |
| 新　余 | 66.38 | 144.49 | 24.20 | 52.68 |
| 鹰　潭 | 27.21 | 125.22 | 6.39 | 29.41 |
| 赣　州 | 93.12 | 103.24 | 27.67 | 30.68 |
| 吉　安 | 46.22 | 114.66 | 9.78 | 24.26 |
| 宜　春 | 65.00 | 117.43 | 14.65 | 26.47 |
| 抚　州 | 56.48 | 105.99 | 18.00 | 33.78 |
| 上　饶 | 47.20 | 109.49 | 26.68 | 61.89 |
| **山东省** | | | | |
| 济　南 | 371.67 | 124.30 | 95.56 | 31.96 |
| 青　岛 | 202.77 | 63.60 | 54.37 | 17.05 |
| 淄　博 | 245.13 | 154.96 | 81.24 | 51.36 |
| 枣　庄 | 141.97 | 152.08 | 46.50 | 49.81 |
| 东　营 | 111.40 | 169.46 | 37.35 | 56.81 |
| 烟　台 | 275.84 | 189.41 | 75.37 | 51.75 |
| 潍　坊 | 168.21 | 132.75 | 61.32 | 48.39 |
| 济　宁 | 174.13 | 129.89 | 50.62 | 37.76 |
| 泰　安 | 121.20 | 185.60 | 46.62 | 71.39 |
| 威　海 | 142.00 | 236.35 | 40.47 | 67.36 |
| 日　照 | 97.10 | 148.18 | 28.81 | 43.96 |
| 莱　芜 | 81.00 | 135.09 | 21.15 | 35.27 |
| 临　沂 | 198.37 | 102.38 | 54.26 | 28.01 |
| 德　州 | 107.42 | 153.61 | 29.13 | 41.66 |
| 聊　城 | 68.03 | 105.85 | 17.70 | 27.54 |
| 滨　州 | 109.88 | 149.27 | 32.05 | 43.54 |
| 菏　泽 | 89.90 | 126.44 | 31.05 | 43.67 |
| 临　沧 | 17.15 | 102.33 | 7.43 | 44.33 |
| 西　藏 | | | | |
| 拉　萨 | 86.49 | 168.27 | 40.97 | 79.71 |
| **陕西省** | | | | |
| 西　安 | 420.00 | 107.44 | 111.00 | 28.39 |
| 铜　川 | 44.10 | 109.29 | 9.30 | 23.05 |
| 宝　鸡 | 85.84 | 106.24 | 10.16 | 12.57 |
| 咸　阳 | 70.94 | 75.62 | 15.57 | 16.60 |
| 渭　南 | 45.43 | 103.25 | 18.38 | 41.77 |
| 延　安 | 35.99 | 90.38 | 13.10 | 32.90 |
| 汉　中 | 31.90 | 82.03 | 5.70 | 14.66 |
| 榆　林 | 41.37 | 108.87 | 9.25 | 24.34 |
| 安　康 | 38.00 | 118.16 | 22.50 | 69.96 |
| 商　洛 | 16.00 | 101.91 | 3.00 | 19.11 |
| **甘肃省** | | | | |
| 兰　州 | 198.44 | 100.85 | 47.71 | 24.25 |
| 嘉峪关 | 65.22 | 267.08 | 13.01 | 53.28 |
| 金　昌 | 39.35 | 211.33 | 6.83 | 36.68 |
| 白　银 | 59.45 | 142.67 | 17.10 | 41.04 |
| 天　水 | 45.80 | 67.02 | 9.36 | 13.70 |
| 酒　泉 | 30.85 | 95.51 | 20.00 | 61.92 |
| 张　掖 | 34.33 | 182.41 | 15.60 | 82.89 |
| 武　威 | 33.20 | 109.57 | 13.30 | 43.89 |
| 平　凉 | 40.90 | 116.33 | 10.20 | 29.01 |
| 西　峰 | 25.41 | 135.52 | 7.69 | 41.01 |
| 定　西 | 14.74 | 82.07 | 5.14 | 28.62 |
| 陇　南 | 9.20 | 60.25 | 6.42 | 42.04 |
| **青海省** | | | | |
| 西　宁 | 78.48 | 63.40 | 41.12 | 33.22 |
| **宁　夏** | | | | |
| 银　川 | 148.61 | 114.87 | 45.49 | 35.16 |
| 石嘴山 | 51.27 | 107.94 | 21.85 | 46.00 |
| 吴　忠 | 43.58 | 211.35 | 14.01 | 67.94 |
| 固　原 | 35.91 | 134.75 | 12.85 | 48.22 |
| 中　卫 | 36.88 | 176.46 | 11.10 | 53.11 |
| **新　疆** | | | | |
| 乌鲁木齐 | 391.20 | 128.47 | 134.36 | 44.12 |
| 克拉玛依 | 62.38 | 171.47 | 23.33 | 64.13 |

数据来源：住房和城乡建设部。

表 2-91　　2013 年 286 城市市区公共设施及市政公用设施用地面积

单位：平方公里，平方米/人

| 地区 | 公共设施用地面积 | 人均公共设施用地面积 | 市政公用设施用地面积 | 地区 | 公共设施用地面积 | 人均公共设施用地面积 | 市政公用设施用地面积 |
|---|---|---|---|---|---|---|---|
| 北　京 | — | — | — | 河南省 | | | |
| 天　津 | 89.08 | 13.42 | 21.46 | 郑　州 | 63.83 | 10.89 | 13.81 |
| 河北省 | | | | 开　封 | 19.70 | 22.15 | 2.61 |
| 石家庄 | 36.13 | 14.38 | 9.89 | 洛　阳 | 31.58 | 12.48 | 3.88 |
| 唐　山 | 26.99 | 13.67 | 26.88 | 平顶山 | 8.89 | 9.57 | 1.35 |
| 秦皇岛 | 20.46 | 21.26 | 4.67 | 安　阳 | 12.36 | 17.29 | 2.85 |
| 邯　郸 | 28.59 | 17.35 | 4.86 | 鹤　壁 | 10.13 | 22.32 | 1.96 |
| 邢　台 | 12.08 | 13.17 | 1.95 | 新　乡 | 20.81 | 27.38 | 2.65 |
| 保　定 | 17.08 | 13.92 | 4.55 | 焦　作 | 19.03 | 24.71 | 1.58 |
| 张家口 | 12.88 | 14.70 | 1.98 | 濮　阳 | 8.00 | 17.14 | 2.00 |
| 承　德 | 11.61 | 21.27 | 1.29 | 许　昌 | 9.90 | 20.27 | 7.00 |
| 沧　州 | 8.55 | 15.62 | 1.73 | 漯　河 | 6.40 | 11.47 | 7.43 |
| 廊　坊 | 6.18 | 11.77 | 2.76 | 三门峡 | 5.29 | 16.08 | 0.90 |
| 衡　水 | 8.73 | 23.84 | 1.19 | 南　阳 | 22.56 | 14.67 | 5.00 |
| 山西省 | | | | 商　丘 | 8.01 | 8.31 | 2.97 |
| 太　原 | 40.00 | 11.76 | 41.00 | 信　阳 | 13.30 | 26.98 | 0.73 |
| 大　同 | 22.80 | 17.59 | 1.60 | 周　口 | 9.25 | 29.88 | 3.15 |
| 阳　泉 | 2.64 | 4.47 | 1.22 | 驻马店 | 15.67 | 33.80 | 5.44 |
| 长　治 | 13.29 | 17.73 | 3.04 | 湖北省 | | | |
| 晋　城 | 15.20 | 34.78 | 1.00 | 武　汉 | 120.75 | 19.21 | 26.57 |
| 朔　州 | 8.41 | 21.33 | 2.14 | 黄　石 | 8.96 | 12.16 | 3.46 |
| 晋　中 | 9.37 | 19.54 | 11.20 | 十　堰 | 10.28 | 17.86 | 2.68 |
| 运　城 | 2.86 | 6.65 | 4.80 | 宜　昌 | 30.87 | 37.18 | 6.08 |
| 忻　州 | 5.76 | 20.35 | 1.99 | 襄　樊 | 17.06 | 19.87 | 3.47 |
| 临　汾 | 8.73 | 18.04 | 2.73 | 鄂　州 | 7.68 | 18.48 | 3.17 |
| 吕　梁 | 4.41 | 16.39 | 1.59 | 荆　门 | 10.04 | 20.71 | 4.35 |
| 内蒙古 | | | | 孝　感 | 7.11 | 18.35 | 5.27 |
| 呼和浩特 | 37.58 | 19.77 | 38.94 | 荆　州 | 10.69 | 14.69 | 1.25 |
| 包　头 | 24.65 | 13.93 | 2.60 | 黄　冈 | 8.51 | 28.07 | 3.90 |
| 乌　海 | 12.93 | 20.24 | 0.91 | 咸　宁 | 3.21 | 8.16 | 0.09 |
| 赤　峰 | 8.54 | 9.01 | 6.66 | 随　州 | 8.76 | 17.80 | 1.23 |
| 通　辽 | 12.98 | 26.38 | 4.35 | 湖南省 | | | |
| 鄂尔多斯 | 33.25 | 54.78 | 1.60 | 长　沙 | 62.49 | 19.74 | 4.11 |
| 呼伦贝尔 | 8.08 | 25.30 | 3.13 | 株　洲 | 14.70 | 13.95 | 2.03 |
| 巴彦淖尔 | 2.00 | 5.23 | 0.42 | 湘　潭 | 16.49 | 20.97 | 1.44 |
| 乌兰察布 | 6.67 | 20.03 | 1.70 | 衡　阳 | 15.24 | 13.42 | 3.08 |
| 辽宁省 | | | | 邵　阳 | 10.25 | 14.13 | 3.10 |
| 沈　阳 | 64.00 | 11.15 | 11.00 | 岳　阳 | 14.90 | 22.64 | 11.20 |

续表

| 地区 | 公共设施用地面积 | 人均公共设施用地面积 | 市政公用设施用地面积 | 地区 | 公共设施用地面积 | 人均公共设施用地面积 | 市政公用设施用地面积 |
|---|---|---|---|---|---|---|---|
| 大　连 | 45.95 | 14.22 | 10.93 | 常　德 | 16.72 | 24.41 | 3.51 |
| 鞍　山 | 13.45 | 8.31 | 4.97 | 张家界 | 8.96 | 40.14 | 5.16 |
| 抚　顺 | 15.42 | 11.56 | 5.60 | 益　阳 | 7.00 | 10.51 | 16.00 |
| 本　溪 | 19.52 | 20.55 | 1.88 | 郴　州 | 10.20 | 17.02 | 1.05 |
| 丹　东 | 6.36 | 9.77 | 0.84 | 永　州 | 12.27 | 23.40 | 8.00 |
| 锦　州 | 11.02 | 11.52 | 2.74 | 娄　底 | 12.38 | 24.56 | 7.38 |
| 营　口 | 39.27 | 39.15 | 4.32 | 怀　化 | 15.90 | 33.47 | 5.44 |
| 阜　新 | 21.61 | 27.61 | 1.44 | **广东省** | | | |
| 辽　阳 | 11.34 | 14.11 | 2.52 | 广　州 | 151.00 | 14.21 | 36.57 |
| 盘　锦 | 9.52 | 13.77 | 1.16 | 韶　关 | 19.35 | 35.23 | 4.13 |
| 铁　岭 | 5.30 | 11.75 | 5.92 | 深　圳 | 0.00 | 0.00 | |
| 朝　阳 | 4.00 | 6.56 | 1.00 | 珠　海 | 28.20 | 18.20 | 7.97 |
| 葫芦岛 | 9.45 | 20.72 | 2.95 | 汕　头 | 59.80 | 23.82 | 8.28 |
| **吉林省** | | | | 佛　山 | 22.75 | 10.55 | 2.64 |
| 长　春 | 64.35 | 17.83 | 25.58 | 江　门 | 15.64 | 13.22 | 4.86 |
| 吉　林 | 20.22 | 15.85 | 13.42 | 湛　江 | 24.27 | 28.21 | 11.49 |
| 四　平 | 11.64 | 19.60 | 3.20 | 茂　名 | 7.15 | 14.67 | 7.05 |
| 辽　源 | 2.65 | 5.20 | 1.40 | 肇　庆 | 12.20 | 22.18 | 0.81 |
| 通　化 | 15.01 | 31.59 | 1.52 | 惠　州 | 37.42 | 24.49 | 7.13 |
| 白　山 | 3.50 | 8.71 | 0.71 | 梅　州 | 11.11 | 26.15 | 0.48 |
| 松　原 | 5.10 | 10.52 | 1.17 | 汕　尾 | 2.52 | 10.81 | 0.61 |
| 白　城 | 5.46 | 19.27 | 0.61 | 河　源 | 3.04 | 10.27 | 3.17 |
| **黑龙江省** | | | | 阳　江 | 5.27 | 13.24 | 0.93 |
| 哈尔滨 | 70.09 | 17.01 | 10.64 | 清　远 | 14.68 | 32.84 | 1.44 |
| 齐齐哈尔 | 17.89 | 16.43 | 14.07 | 东　莞 | 92.60 | 14.87 | 25.45 |
| 鸡　西 | 4.68 | 6.49 | 1.44 | 中　山 | 13.48 | 19.37 | 2.25 |
| 鹤　岗 | 5.69 | 10.22 | 1.37 | 潮　州 | 4.17 | 11.58 | 0.58 |
| 双鸭山 | 14.50 | 31.05 | 1.19 | 揭　阳 | 16.50 | 7.78 | 1.10 |
| 大　庆 | 55.40 | 38.60 | 11.54 | 云　浮 | 6.00 | 27.97 | 2.10 |
| 伊　春 | 16.51 | 21.54 | 6.22 | **广　西** | | | |
| 佳木斯 | 19.92 | 32.98 | 2.28 | 南　宁 | 54.20 | 21.94 | 8.97 |
| 七台河 | 6.38 | 15.83 | 8.60 | 柳　州 | 28.68 | 18.02 | 3.77 |
| 牡丹江 | 8.90 | 12.54 | 1.86 | 桂　林 | 6.88 | 8.36 | 4.90 |
| 黑　河 | 5.30 | 36.91 | 0.89 | 梧　州 | 7.20 | 17.01 | 2.36 |
| 绥　化 | 4.09 | 12.32 | 0.45 | 北　海 | 13.40 | 32.69 | 2.50 |
| 上　海 | 299.27 | 12.39 | 130.28 | 防城港 | 2.59 | 15.81 | 1.01 |
| **江苏省** | | | | 钦　州 | 12.99 | 42.09 | 1.77 |
| 南　京 | 126.45 | 21.09 | 23.34 | 贵　港 | 8.04 | 20.36 | 2.34 |
| 无　锡 | 43.60 | 17.74 | 7.20 | 玉　林 | 19.01 | 28.72 | 2.27 |
| 徐　州 | 34.60 | 20.75 | 21.52 | 百　色 | 4.34 | 17.57 | 0.97 |

续表

| 地区 | 公共设施用地面积 | 人均公共设施用地面积 | 市政公用设施用地面积 |
|---|---|---|---|
| 常　州 | 19.40 | 13.29 | 6.50 |
| 苏　州 | 54.25 | 18.91 | 8.63 |
| 南　通 | 81.84 | 56.53 | 4.51 |
| 连云港 | 20.27 | 24.47 | 3.08 |
| 淮　安 | 23.00 | 16.66 | 26.00 |
| 盐　城 | 16.58 | 21.15 | 1.39 |
| 扬　州 | 20.96 | 19.13 | 2.24 |
| 镇　江 | 15.10 | 17.06 | 4.90 |
| 宿　迁 | 25.53 | 28.42 | 4.80 |
| 泰　州 | 12.25 | 19.68 | 0.69 |
| 浙江省 | | | |
| 杭　州 | 101.07 | 26.27 | 10.62 |
| 宁　波 | 35.69 | 19.59 | 13.81 |
| 温　州 | 47.27 | 24.52 | 8.43 |
| 嘉　兴 | 23.28 | 28.72 | 16.98 |
| 湖　州 | 16.63 | 19.16 | 2.02 |
| 绍　兴 | 24.05 | 17.14 | 8.73 |
| 金　华 | 12.32 | 20.17 | 1.87 |
| 衢　州 | 7.22 | 21.58 | 1.86 |
| 舟　山 | 10.03 | 17.70 | 1.68 |
| 台　州 | 18.17 | 17.90 | 16.62 |
| 丽　水 | 8.06 | 23.64 | 5.02 |
| 安徽省 | | | |
| 合　肥 | 71.63 | 21.66 | 7.06 |
| 芜　湖 | 24.00 | 20.58 | 11.00 |
| 蚌　埠 | 10.50 | 11.42 | 10.04 |
| 淮　南 | 14.70 | 13.90 | 4.45 |
| 马鞍山 | 11.56 | 17.26 | 2.56 |
| 淮　北 | 15.17 | 18.35 | 1.52 |
| 铜　陵 | 10.92 | 25.02 | 3.46 |
| 安　庆 | 8.11 | 12.49 | 8.50 |
| 黄　山 | 7.11 | 20.30 | 0.26 |
| 滁　州 | 12.02 | 31.33 | 2.75 |
| 阜　阳 | 9.74 | 12.63 | 1.54 |
| 宿　州 | 11.30 | 21.70 | 1.85 |
| 六　安 | 9.06 | 15.41 | 2.11 |
| 亳　州 | 20.08 | 56.88 | 2.10 |
| 池　州 | 5.47 | 18.04 | 0.79 |
| 宣　城 | 5.92 | 18.08 | 0.53 |
| 福建省 | | | |

| 地区 | 公共设施用地面积 | 人均公共设施用地面积 | 市政公用设施用地面积 |
|---|---|---|---|
| 贺　州 | 8.23 | 29.05 | 3.76 |
| 河　池 | 3.06 | 13.07 | 2.35 |
| 来　宾 | 2.51 | 8.18 | 5.32 |
| 崇　左 | 2.26 | 13.59 | 1.41 |
| 海南省 | | | |
| 海　口 | 26.00 | 20.68 | 2.47 |
| 三　亚 | 11.04 | 32.96 | 0.98 |
| 重　庆 | 141.01 | 12.45 | 25.64 |
| 四川省 | | | |
| 成　都 | 87.34 | 18.60 | 82.58 |
| 自　贡 | 11.28 | 10.10 | 2.21 |
| 攀枝花 | 10.01 | 15.10 | 3.51 |
| 泸　州 | 11.82 | 10.30 | 2.14 |
| 德　阳 | 8.72 | 16.91 | 1.04 |
| 绵　阳 | 23.16 | 19.60 | 2.52 |
| 广　元 | 7.74 | 20.71 | 2.65 |
| 遂　宁 | 8.69 | 12.21 | 1.37 |
| 内　江 | 6.07 | 10.00 | 1.34 |
| 乐　山 | 14.65 | 26.08 | 1.33 |
| 南　充 | 18.26 | 17.23 | 4.53 |
| 眉　山 | 10.00 | 30.34 | 3.10 |
| 宜　宾 | 12.95 | 21.25 | 1.26 |
| 广　安 | 9.35 | 27.44 | 2.75 |
| 达　州 | 11.82 | 18.95 | 2.51 |
| 雅　安 | 4.29 | 16.59 | 1.05 |
| 巴　中 | 6.00 | 17.14 | 4.00 |
| 资　阳 | 4.72 | 14.43 | 1.01 |
| 贵州省 | | | |
| 贵　阳 | 54.30 | 20.46 | 5.27 |
| 六盘水 | 6.17 | 19.51 | 3.20 |
| 遵　义 | 7.60 | 10.01 | 9.89 |
| 安　顺 | 4.72 | 9.10 | 1.72 |
| 云南省 | | | |
| 昆　明 | 57.77 | 15.45 | 6.89 |
| 曲　靖 | 8.35 | 14.57 | 3.50 |
| 玉　溪 | 0.13 | 0.43 | 1.30 |
| 保　山 | 1.60 | 5.78 | 0.40 |
| 昭　通 | 4.51 | 16.47 | 0.63 |
| 丽　江 | 4.19 | 30.74 | 1.58 |
| 思　茅 | 10.31 | 46.44 | 0.50 |

续表

| 地区 | 公共设施用地面积 | 人均公共设施用地面积 | 市政公用设施用地面积 |
|---|---|---|---|
| 福　州 | 37.90 | 16.47 | 4.30 |
| 厦　门 | 57.79 | 20.43 | 8.10 |
| 莆　田 | 12.00 | 21.51 | 2.47 |
| 三　明 | 3.34 | 14.67 | 1.18 |
| 泉　州 | 43.00 | 35.86 | 10.00 |
| 漳　州 | 7.88 | 17.42 | 3.64 |
| 南　平 | 4.39 | 20.98 | 0.14 |
| 龙　岩 | 8.61 | 27.66 | 1.02 |
| 宁　德 | 5.07 | 20.25 | 0.30 |
| **江西省** | | | |
| 南　昌 | 41.18 | 16.75 | 4.87 |
| 景德镇 | 9.96 | 20.14 | 6.79 |
| 萍　乡 | 5.09 | 11.52 | 5.32 |
| 九　江 | 12.67 | 19.37 | 2.85 |
| 新　余 | 9.66 | 21.03 | 9.30 |
| 鹰　潭 | 1.82 | 8.38 | 2.65 |
| 赣　州 | 15.40 | 17.07 | 2.13 |
| 吉　安 | 17.44 | 43.26 | 2.62 |
| 宜　春 | 11.56 | 20.89 | 3.44 |
| 抚　州 | 8.66 | 16.25 | 0.94 |
| 上　饶 | 4.85 | 11.25 | 1.16 |
| **山东省** | | | |
| 济　南 | 79.79 | 26.69 | 13.76 |
| 青　岛 | 35.75 | 11.21 | 6.24 |
| 淄　博 | 33.77 | 21.35 | 5.68 |
| 枣　庄 | 28.41 | 30.43 | 7.09 |
| 东　营 | 28.52 | 43.38 | 8.27 |
| 烟　台 | 47.81 | 32.83 | 12.03 |
| 潍　坊 | 4.10 | 3.24 | 23.22 |
| 济　宁 | 17.75 | 13.24 | 12.16 |
| 泰　安 | 22.14 | 33.91 | 1.02 |
| 威　海 | 18.46 | 30.73 | 1.84 |
| 日　照 | 11.30 | 17.24 | 4.27 |
| 莱　芜 | 11.35 | 18.93 | 1.14 |
| 临　沂 | 34.28 | 17.69 | 12.86 |
| 德　州 | 21.40 | 30.60 | 1.89 |
| 聊　城 | 12.57 | 19.56 | 0.63 |
| 滨　州 | 16.38 | 22.25 | 2.76 |
| 菏　泽 | 12.35 | 17.37 | 1.25 |
| 临　沧 | 3.43 | 20.47 | 0.51 |
| **西　藏** | | | |
| 拉　萨 | 13.71 | 26.67 | 6.21 |
| **陕西省** | | | |
| 西　安 | 93.00 | 23.79 | 10.00 |
| 铜　川 | 3.42 | 8.48 | 1.82 |
| 宝　鸡 | 17.98 | 22.25 | 3.69 |
| 咸　阳 | 9.60 | 10.23 | 3.16 |
| 渭　南 | 6.32 | 14.36 | 0.87 |
| 延　安 | 5.25 | 13.18 | 0.91 |
| 汉　中 | 7.70 | 19.80 | 2.00 |
| 榆　林 | 5.21 | 13.71 | 4.72 |
| 安　康 | 4.00 | 12.44 | 4.36 |
| 商　洛 | 4.00 | 25.48 | 0.50 |
| **甘肃省** | | | |
| 兰　州 | 31.43 | 15.97 | 5.34 |
| 嘉峪关 | 13.25 | 54.26 | 0.60 |
| 金　昌 | 8.76 | 47.05 | 1.43 |
| 白　银 | 8.04 | 19.29 | 2.65 |
| 天　水 | 4.46 | 6.53 | 4.17 |
| 酒　泉 | 5.00 | 15.48 | 0.50 |
| 张　掖 | 4.86 | 25.82 | 3.50 |
| 武　威 | 9.91 | 32.71 | 0.72 |
| 平　凉 | 8.55 | 24.32 | 1.00 |
| 西　峰 | 5.18 | 27.63 | 5.29 |
| 定　西 | 2.82 | 15.70 | 0.01 |
| 陇　南 | 1.26 | 8.25 | 0.50 |
| **青海省** | | | |
| 西　宁 | 6.35 | 5.13 | 3.11 |
| **宁　夏** | | | |
| 银　川 | 28.83 | 22.28 | 8.74 |
| 石嘴山 | 5.67 | 11.94 | 0.91 |
| 吴　忠 | 8.94 | 43.36 | 1.81 |
| 固　原 | 6.06 | 22.74 | 1.90 |
| 中　卫 | 8.77 | 41.96 | 2.05 |
| **新　疆** | | | |
| 乌鲁木齐 | 50.49 | 16.58 | 19.72 |
| 克拉玛依 | 12.61 | 34.66 | 3.00 |

数据来源：住房和城乡建设部。

表 2－92　　2013 年 286 城市市区工业、仓储物流、公共管理及商业服务设施用地面积

单位：平方公里

| 地区 | 工业用地 | 仓储物流用地 | 公共管理和服务用地 | 商业服务业设施用地 | 地区 | 工业用地 | 仓储物流用地 | 公共管理和服务用地 | 商业服务业设施用地 |
|---|---|---|---|---|---|---|---|---|---|
| 北　京 | — | — | — | — | 河南省 | | | | |
| 天　津 | 168.83 | 54.98 | 49.00 | 40.08 | 郑　州 | 31.66 | 13.79 | 51.14 | 12.69 |
| 河北省 | | | | | 开　封 | 21.93 | 2.33 | 12.61 | 7.09 |
| 石家庄 | 8.27 | 3.87 | 22.60 | 13.53 | 洛　阳 | 33.03 | 10.35 | 23.39 | 8.19 |
| 唐　山 | 31.31 | 4.36 | 26.99 | — | 平顶山 | 15.54 | 3.27 | 4.89 | 4.00 |
| 秦皇岛 | 4.72 | 16.84 | 7.43 | 13.03 | 安　阳 | 14.83 | 3.20 | 9.92 | 2.44 |
| 邯　郸 | 14.49 | 11.65 | 17.98 | 10.61 | 鹤　壁 | 16.37 | 1.03 | 6.13 | 4.00 |
| 邢　台 | 13.95 | 1.92 | 6.23 | 5.85 | 新　乡 | 25.04 | 3.05 | 15.30 | 5.51 |
| 保　定 | 40.46 | 3.38 | 11.57 | 5.51 | 焦　作 | 22.60 | 1.08 | 14.54 | 4.49 |
| 张家口 | 18.05 | 6.05 | 6.83 | 6.05 | 濮　阳 | 5.50 | 1.50 | 3.00 | 5.00 |
| 承　德 | 12.19 | 1.65 | 7.51 | 4.10 | 许　昌 | 10.00 | 4.00 | 6.00 | 3.90 |
| 沧　州 | 10.34 | 2.56 | 4.93 | 3.62 | 漯　河 | 5.59 | 2.11 | 4.40 | 2.00 |
| 廊　坊 | 7.04 | 2.87 | 3.48 | 2.70 | 三门峡 | 2.49 | 0.25 | 3.69 | 1.60 |
| 衡　水 | 2.14 | 1.44 | 3.87 | 4.86 | 南　阳 | 23.86 | 3.74 | 18.00 | 4.56 |
| 山西省 | | | | | 商　丘 | 1.82 | 0.60 | 6.20 | 1.81 |
| 太　原 | 77.00 | 9.00 | 40.00 | — | 信　阳 | 13.98 | 1.89 | 10.70 | 2.60 |
| 大　同 | 14.70 | 6.70 | 13.40 | 9.40 | 周　口 | 4.10 | 2.20 | 5.10 | 4.15 |
| 阳　泉 | 10.55 | 1.31 | 1.82 | 0.82 | 驻马店 | 13.60 | 1.12 | 9.80 | 5.87 |
| 长　治 | 12.70 | 2.59 | 12.96 | 0.33 | 湖北省 | | | | |
| 晋　城 | 3.60 | — | 12.00 | 3.20 | 武　汉 | 179.15 | 20.73 | 85.47 | 35.28 |
| 朔　州 | 0.98 | 1.85 | 3.51 | 4.90 | 黄　石 | 25.26 | 2.09 | 8.24 | 0.72 |
| 晋　中 | 8.00 | 2.73 | 4.00 | 5.37 | 十　堰 | 25.66 | 2.91 | 8.42 | 1.86 |
| 运　城 | 5.89 | 2.00 | 1.52 | 1.34 | 宜　昌 | 37.84 | 4.82 | 23.98 | 6.89 |
| 忻　州 | 4.50 | 0.71 | 4.53 | 1.23 | 襄　樊 | 43.93 | 1.16 | 11.97 | 5.09 |
| 临　汾 | 1.30 | 1.53 | 4.61 | 4.12 | 鄂　州 | 14.22 | 2.27 | 4.80 | 2.88 |
| 吕　梁 | 5.38 | 0.88 | 4.01 | 0.40 | 荆　门 | 13.15 | 1.07 | 7.34 | 2.70 |
| 内蒙古 | | | | | 孝　感 | 6.31 | 1.20 | 4.00 | 3.11 |
| 呼和浩特 | 43.36 | 4.53 | 28.87 | 8.71 | 荆　州 | 19.85 | 1.75 | 8.44 | 2.25 |
| 包　头 | 52.40 | 7.50 | 14.82 | 9.83 | 黄　冈 | 6.47 | 0.42 | 5.58 | 2.93 |
| 乌　海 | 7.27 | 1.12 | 6.32 | 6.61 | 咸　宁 | 9.92 | 0.23 | 2.23 | 0.98 |
| 赤　峰 | 14.65 | 1.54 | 7.68 | 0.86 | 随　州 | 9.20 | 1.63 | 4.50 | 4.26 |
| 通　辽 | 9.16 | 5.29 | 8.34 | 4.64 | 湖南省 | | | | |
| 鄂尔多斯 | 4.43 | 0.94 | 17.82 | 15.43 | 长　沙 | 25.03 | 7.25 | 43.15 | 19.34 |
| 呼伦贝尔 | 8.41 | 5.01 | 3.91 | 4.17 | 株　洲 | 25.98 | 2.53 | 10.59 | 4.11 |
| 巴彦淖尔 | 1.65 | 0.83 | 1.35 | 0.65 | 湘　潭 | 17.49 | 1.61 | 11.28 | 5.21 |
| 乌兰察布 | 8.10 | 1.10 | 4.11 | 2.56 | 衡　阳 | 26.52 | 2.54 | 11.22 | 4.02 |
| 辽宁省 | | | | | 邵　阳 | 3.03 | 2.02 | 6.50 | 3.75 |
| 沈　阳 | 99.00 | 10.00 | 43.00 | 21.00 | 岳　阳 | 17.20 | 3.20 | 9.40 | 5.50 |

续表

| 地区 | 工业用地 | 仓储物流用地 | 公共管理和服务用地 | 商业服务业设施用地 |
|---|---|---|---|---|
| 大　连 | 92.78 | 17.97 | 30.14 | 15.81 |
| 鞍　山 | 55.31 | 3.25 | 12.96 | 0.49 |
| 抚　顺 | 45.15 | 4.91 | 9.33 | 6.09 |
| 本　溪 | 21.90 | 0.93 | 6.80 | 12.72 |
| 丹　东 | 13.18 | 1.29 | 3.68 | 2.68 |
| 锦　州 | 12.85 | 1.71 | 8.37 | 2.65 |
| 营　口 | 6.30 | 6.40 | 8.85 | 30.42 |
| 阜　新 | 39.71 | 6.72 | 8.16 | 13.45 |
| 辽　阳 | 27.01 | 7.05 | 3.34 | 8.00 |
| 盘　锦 | 19.65 | 1.97 | 5.63 | 3.89 |
| 铁　岭 | 9.40 | 0.10 | 5.20 | 0.10 |
| 朝　阳 | 9.00 | 2.80 | 2.00 | 2.00 |
| 葫芦岛 | 19.78 | 2.52 | 3.10 | 6.35 |
| **吉林省** | | | | |
| 长　春 | 100.62 | 12.26 | 43.05 | 21.30 |
| 吉　林 | 61.85 | 1.65 | 13.42 | 6.80 |
| 四　平 | 8.45 | — | 4.35 | 7.29 |
| 辽　源 | 8.81 | 0.84 | 1.86 | 0.79 |
| 通　化 | 2.53 | 1.96 | 4.08 | 10.93 |
| 白　山 | 6.11 | 0.53 | 2.18 | 1.32 |
| 松　原 | 5.85 | 1.10 | 3.60 | 1.50 |
| 白　城 | 11.57 | 3.18 | 3.11 | 2.35 |
| **黑龙江省** | | | | |
| 哈尔滨 | 83.17 | 8.80 | 48.97 | 21.12 |
| 齐齐哈尔 | 29.72 | 7.71 | 11.43 | 6.46 |
| 鸡　西 | 9.94 | 1.93 | 2.07 | 2.61 |
| 鹤　岗 | 11.27 | 1.02 | 1.93 | 3.76 |
| 双鸭山 | 1.62 | 3.60 | 4.20 | 10.30 |
| 大　庆 | 73.89 | 20.91 | 43.25 | 12.15 |
| 伊　春 | 18.33 | 5.23 | 11.17 | 5.34 |
| 佳木斯 | 17.67 | 3.48 | 15.04 | 4.88 |
| 七台河 | 15.79 | 6.09 | 6.18 | 0.20 |
| 牡丹江 | 18.72 | 3.53 | 7.66 | 1.24 |
| 黑　河 | 2.13 | 1.15 | 3.94 | 1.36 |
| 绥　化 | 10.22 | 1.37 | 2.93 | 1.16 |
| 上　海 | 733.11 | 85.54 | 161.73 | 137.54 |
| **江苏省** | | | | |
| 南　京 | 168.13 | 18.46 | 83.23 | 43.22 |
| 无　锡 | 74.50 | 6.70 | 18.80 | 24.80 |
| 徐　州 | 26.16 | 20.82 | 28.89 | 5.71 |
| 常　德 | 20.56 | 3.17 | 12.28 | 4.44 |
| 张家界 | 1.50 | — | 7.56 | 1.40 |
| 益　阳 | 5.00 | 1.00 | 4.00 | 3.00 |
| 郴　州 | 4.70 | 1.94 | 6.00 | 4.20 |
| 永　州 | 6.05 | 2.48 | 5.01 | 7.26 |
| 娄　底 | 5.00 | 4.40 | 10.70 | 1.68 |
| 怀　化 | 2.23 | 1.36 | 7.80 | 8.10 |
| **广东省** | | | | |
| 广　州 | 178.12 | 18.52 | 99.33 | 51.67 |
| 韶　关 | 17.68 | 2.09 | 10.57 | 8.78 |
| 深　圳 | — | — | — | — |
| 珠　海 | 15.11 | 5.85 | 14.37 | 13.83 |
| 汕　头 | 26.85 | 13.99 | 25.89 | 33.91 |
| 佛　山 | 54.36 | 9.46 | 12.97 | 9.78 |
| 江　门 | 39.66 | 1.84 | 9.23 | 6.41 |
| 湛　江 | 17.31 | 3.31 | 11.97 | 12.30 |
| 茂　名 | 11.86 | 2.08 | 5.85 | 1.30 |
| 肇　庆 | 26.13 | 1.15 | 7.87 | 4.33 |
| 惠　州 | 62.37 | 6.08 | 23.91 | 13.51 |
| 梅　州 | 4.82 | 2.02 | 7.83 | 3.28 |
| 汕　尾 | 2.18 | 0.24 | 1.42 | 1.10 |
| 河　源 | 6.30 | 0.88 | 2.06 | 0.98 |
| 阳　江 | 4.91 | 1.54 | 2.34 | 2.93 |
| 清　远 | 7.02 | 0.30 | 7.81 | 6.87 |
| 东　莞 | 352.23 | 12.01 | 44.91 | 47.69 |
| 中　山 | 25.80 | 0.97 | 7.41 | 6.07 |
| 潮　州 | 7.44 | 0.40 | 1.61 | 2.56 |
| 揭　阳 | 28.30 | 0.90 | 9.10 | 7.40 |
| 云　浮 | 2.60 | 1.00 | 2.80 | 3.20 |
| **广　西** | | | | |
| 南　宁 | 28.96 | 6.78 | 39.00 | 15.20 |
| 柳　州 | 39.80 | 7.36 | 17.37 | 11.31 |
| 桂　林 | 13.80 | 2.59 | 6.80 | 0.08 |
| 梧　州 | 5.50 | 1.84 | 4.70 | 2.50 |
| 北　海 | 4.00 | 1.71 | 9.40 | 4.00 |
| 防城港 | 2.21 | 1.93 | 2.05 | 0.54 |
| 钦　州 | 20.77 | 8.32 | 7.22 | 5.77 |
| 贵　港 | 13.79 | 2.68 | 5.08 | 2.96 |
| 玉　林 | 2.18 | 2.19 | 9.50 | 9.51 |
| 百　色 | 6.93 | 1.88 | 3.40 | 0.94 |

续表

| 地区 | 工业用地 | 仓储物流用地 | 公共管理和服务用地 | 商业服务业设施用地 |
|---|---|---|---|---|
| 常　州 | 45.77 | 3.81 | 10.58 | 8.82 |
| 苏　州 | 131.70 | 6.75 | 27.95 | 26.30 |
| 南　通 | 12.09 | 3.19 | 24.81 | 57.03 |
| 连云港 | 43.97 | 9.02 | 10.70 | 9.57 |
| 淮　安 | 39.00 | 11.00 | 4.00 | 19.00 |
| 盐　城 | 25.92 | 2.08 | 5.56 | 11.02 |
| 扬　州 | 38.06 | 1.63 | 10.49 | 10.47 |
| 镇　江 | 34.50 | 5.10 | 8.80 | 6.30 |
| 宿　迁 | 36.35 | 3.37 | 14.31 | 11.22 |
| 泰　州 | 21.61 | 0.86 | 7.96 | 4.29 |
| 浙江省 | | | | |
| 杭　州 | 68.46 | 9.08 | 61.71 | 39.36 |
| 宁　波 | 128.30 | 12.07 | 16.57 | 19.12 |
| 温　州 | 3.87 | 7.01 | 11.81 | 35.46 |
| 嘉　兴 | 18.98 | 1.75 | 5.63 | 17.65 |
| 湖　州 | 35.39 | 1.26 | 7.94 | 8.69 |
| 绍　兴 | 61.33 | 3.62 | 11.29 | 12.76 |
| 金　华 | 17.81 | 3.77 | 6.24 | 6.08 |
| 衢　州 | 22.47 | 1.89 | 4.52 | 2.70 |
| 舟　山 | 6.88 | 0.43 | 7.50 | 2.53 |
| 台　州 | 51.66 | 2.78 | 17.53 | 0.64 |
| 丽　水 | 3.85 | 0.35 | 6.07 | 1.99 |
| 安徽省 | | | | |
| 合　肥 | 72.27 | 4.32 | 59.39 | 12.24 |
| 芜　湖 | 13.00 | 4.00 | 8.50 | 15.50 |
| 蚌　埠 | 22.93 | 8.74 | 7.01 | 3.49 |
| 淮　南 | 16.79 | 2.19 | 7.52 | 7.18 |
| 马鞍山 | 38.28 | 2.62 | 7.32 | 4.24 |
| 淮　北 | 20.05 | 1.10 | 6.51 | 8.66 |
| 铜　陵 | 13.18 | 4.84 | 5.12 | 5.80 |
| 安　庆 | 25.85 | 4.33 | 5.43 | 2.68 |
| 黄　山 | 8.28 | 0.52 | 4.27 | 2.84 |
| 滁　州 | 27.38 | 2.19 | 7.52 | 4.50 |
| 阜　阳 | 14.96 | 2.83 | 4.69 | 5.05 |
| 宿　州 | 14.50 | 2.70 | 1.60 | 9.70 |
| 六　安 | 13.01 | 1.28 | 4.70 | 4.36 |
| 亳　州 | 1.92 | 4.50 | 6.58 | 13.50 |
| 池　州 | 4.46 | 1.35 | 3.30 | 2.17 |
| 宣　城 | 14.22 | 0.08 | 3.36 | 2.56 |
| 福建省 | | | | |

| 地区 | 工业用地 | 仓储物流用地 | 公共管理和服务用地 | 商业服务业设施用地 |
|---|---|---|---|---|
| 贺　州 | 3.73 | 0.36 | 6.38 | 1.85 |
| 河　池 | 4.54 | 0.44 | 2.55 | 0.51 |
| 来　宾 | 5.62 | 1.41 | 1.36 | 1.15 |
| 崇　左 | 2.38 | 0.45 | 1.83 | 0.43 |
| 海南省 | | | | |
| 海　口 | 12.31 | 2.32 | 23.00 | 3.00 |
| 三　亚 | 0.65 | 0.15 | 8.25 | 2.79 |
| 重　庆 | 195.56 | 19.26 | 83.95 | 57.06 |
| 四川省 | | | | |
| 成　都 | 97.45 | 7.17 | 75.76 | 11.58 |
| 自　贡 | 26.87 | 1.35 | 6.12 | 5.16 |
| 攀枝花 | 20.94 | 3.16 | 3.86 | 6.15 |
| 泸　州 | 17.69 | 1.52 | 6.68 | 5.14 |
| 德　阳 | 19.96 | 0.78 | 5.83 | 2.89 |
| 绵　阳 | 29.80 | 1.81 | 16.95 | 6.21 |
| 广　元 | 9.96 | 1.28 | 5.63 | 2.11 |
| 遂　宁 | 13.60 | 2.53 | 3.48 | 5.21 |
| 内　江 | 14.88 | 1.61 | 4.50 | 1.57 |
| 乐　山 | 8.89 | 1.24 | 7.56 | 7.09 |
| 南　充 | 15.60 | 5.65 | 11.13 | 7.13 |
| 眉　山 | 4.46 | 0.83 | 3.50 | 6.50 |
| 宜　宾 | 24.06 | 2.61 | 8.74 | 4.21 |
| 广　安 | 4.73 | 1.65 | 6.60 | 2.75 |
| 达　州 | 14.14 | 3.24 | 6.25 | 5.57 |
| 雅　安 | 3.17 | 0.44 | 2.28 | 2.01 |
| 巴　中 | 0.90 | 0.25 | 4.00 | 2.00 |
| 资　阳 | 11.38 | 0.40 | 3.02 | 1.70 |
| 贵州省 | | | | |
| 贵　阳 | 42.35 | 6.02 | 42.74 | 11.56 |
| 六盘水 | 9.30 | 0.90 | 5.02 | 1.15 |
| 遵　义 | 6.00 | 1.00 | 5.50 | 2.10 |
| 安　顺 | 6.71 | 0.88 | 2.38 | 2.34 |
| 云南省 | | | | |
| 昆　明 | 45.52 | 9.96 | 37.17 | 20.60 |
| 曲　靖 | 6.15 | 2.67 | 8.22 | 0.13 |
| 玉　溪 | 0.35 | — | 0.08 | 0.05 |
| 保　山 | 1.00 | 0.50 | 1.00 | 0.60 |
| 昭　通 | 4.94 | 1.00 | 2.41 | 2.10 |
| 丽　江 | 2.00 | 2.08 | 2.14 | 2.05 |
| 思　茅 | 0.40 | 2.08 | 7.93 | 2.38 |

续表

| 地区 | 工业用地 | 仓储物流用地 | 公共管理和服务用地 | 商业服务业设施用地 |
|---|---|---|---|---|
| 福　州 | 37.20 | 2.40 | 28.40 | 9.50 |
| 厦　门 | 93.97 | 8.24 | 45.36 | 12.43 |
| 莆　田 | 11.00 | 0.01 | 11.00 | 1.00 |
| 三　明 | 12.60 | 2.00 | 2.29 | 1.05 |
| 泉　州 | 6.00 | 5.30 | 18.00 | 25.00 |
| 漳　州 | 14.80 | 0.83 | 7.39 | 0.49 |
| 南　平 | 6.30 | 1.09 | 3.56 | 0.83 |
| 龙　岩 | 7.34 | 0.99 | 5.81 | 2.80 |
| 宁　德 | 3.69 | 0.19 | 3.10 | 1.97 |
| **江西省** | | | | |
| 南　昌 | 37.83 | 3.81 | 12.42 | 28.76 |
| 景德镇 | 19.85 | 5.71 | 4.23 | 5.73 |
| 萍　乡 | 8.68 | 1.18 | 4.52 | 0.57 |
| 九　江 | 23.66 | 1.92 | 6.76 | 5.91 |
| 新　余 | 12.93 | 2.12 | 8.46 | 1.20 |
| 鹰　潭 | 2.99 | 1.13 | 0.63 | 1.19 |
| 赣　州 | 22.03 | 1.11 | 10.96 | 4.44 |
| 吉　安 | 4.05 | 1.52 | 7.04 | 10.40 |
| 宜　春 | 8.40 | 3.85 | 4.80 | 6.76 |
| 抚　州 | 11.08 | 1.21 | 5.29 | 3.37 |
| 上　饶 | 2.18 | 0.19 | 2.96 | 1.89 |
| **山东省** | | | | |
| 济　南 | 70.78 | 7.91 | 58.27 | 21.52 |
| 青　岛 | 47.44 | 6.58 | 22.70 | 13.05 |
| 淄　博 | 70.08 | 6.70 | 19.78 | 13.99 |
| 枣　庄 | 21.71 | 4.91 | 16.11 | 12.30 |
| 东　营 | 20.92 | 2.11 | 14.83 | 13.69 |
| 烟　台 | 62.97 | 6.15 | 21.48 | 26.33 |
| 潍　坊 | 32.80 | 5.40 | 4.10 | — |
| 济　宁 | 40.33 | 5.41 | 12.14 | 5.61 |
| 泰　安 | 22.32 | 0.81 | 10.69 | 11.45 |
| 威　海 | 52.11 | 2.19 | 9.81 | 8.65 |
| 日　照 | 21.88 | 4.09 | 4.90 | 6.40 |
| 莱　芜 | 21.46 | 1.05 | 6.63 | 4.72 |
| 临　沂 | 35.87 | 7.50 | 23.56 | 10.72 |
| 德　州 | 20.78 | 2.40 | 21.40 | — |
| 聊　城 | 20.34 | 2.19 | 6.95 | 5.62 |
| 滨　州 | 23.42 | 2.32 | 14.22 | 2.16 |
| 菏　泽 | 23.48 | 1.99 | 8.97 | 3.38 |
| 临　沧 | 1.20 | 0.34 | 0.86 | 2.57 |
| **西　藏** | | | | |
| 拉　萨 | 9.21 | — | 5.21 | 8.50 |
| **陕西省** | | | | |
| 西　安 | 50.00 | 6.00 | 57.00 | 36.00 |
| 铜　川 | 8.53 | 0.33 | 2.70 | 0.72 |
| 宝　鸡 | 15.54 | 2.78 | 7.68 | 10.30 |
| 咸　阳 | 12.72 | 2.41 | 9.18 | 0.42 |
| 渭　南 | 3.50 | 0.63 | 4.04 | 2.28 |
| 延　安 | 2.43 | 0.27 | 2.71 | 2.54 |
| 汉　中 | 4.40 | 1.35 | 2.60 | 5.10 |
| 榆　林 | 4.68 | 0.80 | 4.57 | 0.64 |
| 安　康 | 2.03 | 0.25 | 2.83 | 1.17 |
| 商　洛 | 0.50 | 2.00 | 2.00 | 2.00 |
| **甘肃省** | | | | |
| 兰　州 | 31.65 | 6.13 | 20.12 | 11.31 |
| 嘉峪关 | 6.98 | 2.51 | 6.00 | 7.25 |
| 金　昌 | 15.73 | 1.46 | 8.76 | — |
| 白　银 | 21.48 | 1.26 | 5.16 | 2.88 |
| 天　水 | 10.33 | 5.79 | 3.24 | 1.22 |
| 酒　泉 | 1.15 | — | 2.00 | 3.00 |
| 张　掖 | 1.60 | 2.20 | 2.50 | 2.36 |
| 武　威 | 0.38 | 0.96 | 5.90 | 4.01 |
| 平　凉 | 2.60 | 0.80 | 3.65 | 4.90 |
| 西　峰 | 3.80 | 0.60 | 5.16 | 0.02 |
| 定　西 | 3.36 | 0.60 | 2.82 | — |
| 陇　南 | 0.16 | 0.02 | 0.86 | 0.40 |
| **青海省** | | | | |
| 西　宁 | 4.13 | 13.14 | 4.31 | 2.04 |
| **宁　夏** | | | | |
| 银　川 | 15.47 | 7.12 | 27.00 | 1.83 |
| 石嘴山 | 8.53 | 0.20 | 2.16 | 3.51 |
| 吴　忠 | 4.26 | 0.23 | 6.23 | 2.71 |
| 固　原 | 0.50 | 1.50 | 4.50 | 1.56 |
| 中　卫 | 3.12 | 0.92 | 4.92 | 3.85 |
| **新　疆** | | | | |
| 乌鲁木齐 | 71.65 | 15.84 | 26.46 | 24.03 |
| 克拉玛依 | 3.45 | 2.40 | 8.71 | 3.90 |

数据来源：住房和城乡建设部。

表 2-93　　2013 年 286 城市市区征用土地面积

单位：平方公里

| 地区 | 征用土地面积 | 地区 | 征用土地面积 | 地区 | 征用土地面积 |
|---|---|---|---|---|---|
| 北　京 | 34.91 | 安徽省 | | 广东省 | |
| 天　津 | 41.13 | 合　肥 | 13.40 | 广　州 | 9.22 |
| 河北省 | | 芜　湖 | 14.50 | 韶　关 | — |
| 石家庄 | — | 蚌　埠 | 8.91 | 深　圳 | — |
| 唐　山 | — | 淮　南 | 10.47 | 珠　海 | — |
| 秦皇岛 | 7.08 | 马鞍山 | — | 汕　头 | — |
| 邯　郸 | — | 淮　北 | 5.98 | 佛　山 | 6.98 |
| 邢　台 | — | 铜　陵 | 13.60 | 江　门 | 3.49 |
| 保　定 | 4.59 | 安　庆 | 4.46 | 湛　江 | 0.54 |
| 张家口 | — | 黄　山 | 1.55 | 茂　名 | 2.80 |
| 承　德 | 1.27 | 滁　州 | 18.13 | 肇　庆 | 14.48 |
| 沧　州 | 2.23 | 阜　阳 | 12.67 | 惠　州 | 0.93 |
| 廊　坊 | 1.72 | 宿　州 | 2.60 | 梅　州 | 1.13 |
| 衡　水 | 1.12 | 六　安 | 4.26 | 汕　尾 | 1.89 |
| 山西省 | | 亳　州 | 4.35 | 河　源 | — |
| 太　原 | 11.00 | 池　州 | 4.06 | 阳　江 | — |
| 大　同 | — | 宣　城 | 5.11 | 清　远 | 6.51 |
| 阳　泉 | 0.80 | 福建省 | | 东　莞 | 9.40 |
| 长　治 | — | 福　州 | 13.28 | 中　山 | 0.94 |
| 晋　城 | — | 厦　门 | 19.11 | 潮　州 | — |
| 朔　州 | 0.60 | 莆　田 | 2.00 | 揭　阳 | 0.15 |
| 晋　中 | 2.52 | 三　明 | — | 云　浮 | 1.36 |
| 运　城 | — | 泉　州 | 5.00 | 广　西 | |
| 忻　州 | — | 漳　州 | 4.68 | 南　宁 | 30.54 |
| 临　汾 | 2.15 | 南　平 | 2.17 | 柳　州 | 12.78 |
| 吕　梁 | 2.84 | 龙　岩 | 3.95 | 桂　林 | — |
| 内蒙古 | | 宁　德 | 4.48 | 梧　州 | 4.58 |
| 呼和浩特 | 1.75 | 江西省 | | 北　海 | 5.82 |
| 包　头 | — | 南　昌 | 21.38 | 防城港 | 0.40 |
| 乌　海 | 0.25 | 景德镇 | | 钦　州 | 10.52 |
| 赤　峰 | — | 萍　乡 | 51.38 | 贵　港 | 2.42 |
| 通　辽 | 3.40 | 九　江 | — | 玉　林 | 0.47 |
| 鄂尔多斯 | — | 新　余 | 1.24 | 百　色 | 2.03 |
| 呼伦贝尔 | — | 鹰　潭 | — | 贺　州 | 5.33 |
| 巴彦淖尔 | — | 赣　州 | 9.02 | 河　池 | 0.85 |

续表

| 地区 | 征用土地面积 | 地区 | 征用土地面积 | 地区 | 征用土地面积 |
|---|---|---|---|---|---|
| 乌兰察布 | 4.81 | 吉　安 | 0.15 | 来　宾 | 13.75 |
| **辽宁省** | | 宜　春 | — | 崇　左 | 0.21 |
| 沈　阳 | 30.86 | 抚　州 | 7.36 | **重　庆** | 81.54 |
| 大　连 | 30.50 | 上　饶 | — | **四川省** | |
| 鞍　山 | 2.84 | **山东省** | | 成　都 | 28.38 |
| 抚　顺 | 3.70 | 济　南 | 12.72 | 自　贡 | — |
| 本　溪 | 8.59 | 青　岛 | 6.23 | 攀枝花 | 2.77 |
| 丹　东 | 6.75 | 淄　博 | 26.10 | 泸　州 | 9.20 |
| 锦　州 | 1.07 | 枣　庄 | 6.74 | 德　阳 | 4.75 |
| 营　口 | — | 东　营 | 1.36 | 绵　阳 | — |
| 阜　新 | — | 烟　台 | 10.80 | 广　元 | 0.19 |
| 辽　阳 | 6.90 | 潍　坊 | — | 遂　宁 | — |
| 盘　锦 | 1.42 | 济　宁 | 5.71 | 内　江 | 1.80 |
| 铁　岭 | 0.50 | 泰　安 | — | 乐　山 | — |
| 朝　阳 | — | 威　海 | 4.00 | 南　充 | 8.35 |
| 葫芦岛 | — | 日　照 | 1.30 | 眉　山 | 2.92 |
| **吉林省** | | 莱　芜 | — | 宜　宾 | — |
| 长　春 | 24.79 | 临　沂 | 3.09 | 广　安 | 0.20 |
| 吉　林 | — | 德　州 | | 达　州 | 2.30 |
| 四　平 | 2.03 | 聊　城 | 3.76 | 雅　安 | 0.26 |
| 辽　源 | — | 滨　州 | 0.33 | 巴　中 | 0.50 |
| 通　化 | 0.37 | 菏　泽 | 3.75 | 资　阳 | 1.84 |
| 白　山 | — | **河南省** | | **贵州省** | |
| 松　原 | 3.65 | 郑　州 | 7.81 | 贵　阳 | — |
| 白　城 | 2.78 | 开　封 | 9.34 | 六盘水 | — |
| **黑龙江省** | | 洛　阳 | — | 遵　义 | — |
| 哈尔滨 | 7.52 | 平顶山 | — | 安　顺 | — |
| 齐齐哈尔 | 0.70 | 安　阳 | — | **云南省** | |
| 鸡　西 | 1.75 | 鹤　壁 | — | 昆　明 | 37.44 |
| 鹤　岗 | — | 新　乡 | — | 曲　靖 | — |
| 双鸭山 | 0.80 | 焦　作 | — | 玉　溪 | — |
| 大　庆 | 0.53 | 濮　阳 | 1.10 | 保　山 | 1.00 |
| 伊　春 | — | 许　昌 | — | 昭　通 | 1.30 |
| 佳木斯 | — | 漯　河 | — | 丽　江 | 1.01 |
| 七台河 | 1.57 | 三门峡 | — | 思　茅 | 2.60 |
| 牡丹江 | 2.70 | 南　阳 | 2.67 | 临　沧 | 1.60 |
| 黑　河 | — | 商　丘 | — | **西　藏** | |

续表

| 地区 | 征用土地面积 | 地区 | 征用土地面积 | 地区 | 征用土地面积 |
| --- | --- | --- | --- | --- | --- |
| 绥　化 | 1.30 | 信　阳 | — | 拉　萨 | — |
| **上　海** | 35.51 | 周　口 | — | **陕西省** | |
| **江苏省** | | 驻马店 | 1.00 | 西　安 | 19.21 |
| 南　京 | 27.57 | **湖北省** | | 铜　川 | — |
| 无　锡 | 24.67 | 武　汉 | 64.80 | 宝　鸡 | — |
| 徐　州 | 1.45 | 黄　石 | — | 咸　阳 | — |
| 常　州 | 20.28 | 十　堰 | — | 渭　南 | 0.48 |
| 苏　州 | 6.68 | 宜　昌 | 2.57 | 延　安 | — |
| 南　通 | 3.78 | 襄　樊 | 12.69 | 汉　中 | — |
| 连云港 | 2.62 | 鄂　州 | 2.13 | 榆　林 | — |
| 淮　安 | 18.00 | 荆　门 | — | 安　康 | 1.47 |
| 盐　城 | 3.25 | 孝　感 | 1.50 | 商　洛 | — |
| 扬　州 | 5.53 | 荆　州 | 2.72 | **甘肃省** | |
| 镇　江 | 7.05 | 黄　冈 | 1.00 | 兰　州 | 18.25 |
| 宿　迁 | 0.78 | 咸　宁 | — | 嘉峪关 | — |
| 泰　州 | 3.32 | 随　州 | 0.85 | 金　昌 | 1.16 |
| **浙江省** | | **湖南省** | | 白　银 | 1.25 |
| 杭　州 | 20.52 | 长　沙 | — | 天　水 | — |
| 宁　波 | 3.41 | 株　洲 | 15.24 | 酒　泉 | — |
| 温　州 | 7.97 | 湘　潭 | 13.27 | 张　掖 | 2.48 |
| 嘉　兴 | 2.91 | 衡　阳 | 2.00 | 武　威 | — |
| 湖　州 | 2.34 | 邵　阳 | 0.31 | 平　凉 | — |
| 绍　兴 | 8.85 | 岳　阳 | 0.50 | 西　峰 | 2.13 |
| 金　华 | 16.45 | 常　德 | 3.80 | 定　西 | 1.24 |
| 衢　州 | 16.07 | 张家界 | 2.40 | 陇　南 | — |
| 舟　山 | 2.82 | 益　阳 | 3.80 | **宁　夏** | |
| 台　州 | 4.29 | 郴　州 | 4.05 | 银　川 | — |
| 丽　水 | 1.80 | 永　州 | 1.27 | 石嘴山 | — |
| **海南省** | | 娄　底 | 0.04 | 吴　忠 | 2.63 |
| 海　口 | — | 怀　化 | 2.12 | 固　原 | 1.60 |
| 三　亚 | — | **新　疆** | | 中　卫 | 0.14 |
| **青海省** | | 乌鲁木齐 | 22.51 | | |
| 西　宁 | — | 克拉玛依 | 0.60 | | |

数据来源：住房和城乡建设部。

# 十四、城市基础设施

表 2 - 94　　2013 年 286 城市市区完成基础设施投资额及基础设施新增固定资产

单位：亿元

| 地区 | 基础设施投资额 | 基础设施新增固定资产 | 地区 | 基础设施投资额 | 基础设施新增固定资产 |
|---|---|---|---|---|---|
| **北　京** | 1067.14 | 398.66 | **河南省** | | |
| **天　津** | 633.64 | 145.99 | 郑　州 | 168.79 | 63.08 |
| **河北省** | | | 开　封 | 23.11 | 21.16 |
| 石家庄 | 123.17 | 123.17 | 洛　阳 | 18.88 | 17.20 |
| 唐　山 | 25.21 | 17.67 | 平顶山 | 9.88 | 6.66 |
| 秦皇岛 | 34.03 | 20.01 | 安　阳 | 1.53 | 1.53 |
| 邯　郸 | 28.76 | 0.60 | 鹤　壁 | 5.83 | 2.19 |
| 邢　台 | 7.73 | 4.52 | 新　乡 | 5.03 | 5.03 |
| 保　定 | 11.83 | 1.75 | 焦　作 | 19.84 | 12.97 |
| 张家口 | 20.55 | 26.05 | 濮　阳 | 6.25 | 6.25 |
| 承　德 | 5.66 | 5.64 | 许　昌 | 4.57 | 4.57 |
| 沧　州 | 11.17 | 2.98 | 漯　河 | 2.98 | 2.98 |
| 廊　坊 | 25.42 | 25.39 | 三门峡 | 3.23 | 3.05 |
| 衡　水 | 9.51 | 9.86 | 南　阳 | 17.76 | 7.44 |
| **山西省** | | | 商　丘 | 5.48 | 5.33 |
| 太　原 | 332.62 | 332.62 | 信　阳 | 7.04 | 7.31 |
| 大　同 | 45.61 | 30.73 | 周　口 | 6.19 | 3.28 |
| 阳　泉 | 10.00 | 5.94 | 驻马店 | 6.55 | 6.32 |
| 长　治 | 19.23 | 3.35 | **湖北省** | | |
| 晋　城 | 11.30 | 11.30 | 武　汉 | 735.26 | 735.26 |
| 朔　州 | 15.57 | 13.35 | 黄　石 | 0.00 | 17.35 |
| 晋　中 | 28.04 | 22.52 | 十　堰 | 21.42 | 14.03 |
| 运　城 | 7.70 | 0.89 | 宜　昌 | 29.16 | 24.34 |
| 忻　州 | 22.00 | 22.00 | 襄　樊 | 45.95 | 45.95 |
| 临　汾 | 20.77 | 20.77 | 鄂　州 | 12.95 | 13.84 |
| 吕　梁 | 5.16 | 5.16 | 荆　门 | 13.60 | 10.65 |
| **内蒙古** | | | 孝　感 | 13.48 | 12.50 |
| 呼和浩特 | 52.80 | 40.74 | 荆　州 | 3.43 | 3.58 |
| 包　头 | 79.02 | 41.37 | 黄　冈 | 3.03 | 3.03 |
| 乌　海 | 6.95 | 5.11 | 咸　宁 | 1.40 | 0.23 |
| 赤　峰 | 31.54 | 22.17 | 随　州 | 2.33 | 1.37 |
| 通　辽 | 27.66 | 22.40 | **湖南省** | | |
| 鄂尔多斯 | 45.39 | 36.86 | 长　沙 | 157.85 | 4.50 |
| 呼伦贝尔 | 25.81 | 20.59 | 株　洲 | 46.42 | 38.03 |
| 巴彦淖尔 | 33.98 | 26.52 | 湘　潭 | 71.44 | 13.33 |
| 乌兰察布 | 37.81 | 32.47 | 衡　阳 | 61.96 | 7.30 |

续表

| 地区 | 基础设施投资额 | 基础设施新增固定资产 |
|---|---|---|
| 辽宁省 | | |
| 沈　阳 | 304.89 | 370.35 |
| 大　连 | 63.59 | 26.50 |
| 鞍　山 | 14.12 | 13.05 |
| 抚　顺 | 43.87 | 36.02 |
| 本　溪 | 8.34 | 5.66 |
| 丹　东 | 5.08 | 3.63 |
| 锦　州 | 17.73 | 14.68 |
| 营　口 | 1.36 | 1.30 |
| 阜　新 | 7.18 | 7.83 |
| 辽　阳 | 10.67 | 10.67 |
| 盘　锦 | 4.90 | 3.64 |
| 铁　岭 | 11.52 | 11.52 |
| 朝　阳 | 3.77 | 1.32 |
| 葫芦岛 | 1.11 | 0.72 |
| 吉林省 | | |
| 长　春 | 207.02 | 54.14 |
| 吉　林 | 13.39 | 3.86 |
| 四　平 | 1.23 | 0.26 |
| 辽　源 | 3.44 | 1.25 |
| 通　化 | 0.72 | 0.30 |
| 白　山 | 2.45 | 2.15 |
| 松　原 | 1.35 | 0.11 |
| 白　城 | 5.34 | 1.52 |
| 黑龙江省 | | |
| 哈尔滨 | 138.03 | 64.18 |
| 齐齐哈尔 | 13.36 | 7.43 |
| 鸡　西 | 9.36 | 8.40 |
| 鹤　岗 | 3.93 | 3.51 |
| 双鸭山 | 5.71 | 5.71 |
| 大　庆 | 37.81 | 35.91 |
| 伊　春 | 18.52 | 8.77 |
| 佳木斯 | 5.36 | 5.36 |
| 七台河 | 3.39 | 3.19 |
| 牡丹江 | 16.26 | 15.68 |
| 黑　河 | 1.23 | 1.19 |
| 绥　化 | 5.12 | 4.21 |
| 上　海 | 294.79 | 430.64 |
| 江苏省 | | |
| 南　京 | 582.49 | 103.45 |
| 无　锡 | 120.86 | 42.37 |
| 邵　阳 | 17.93 | 17.63 |
| 岳　阳 | 34.60 | 31.95 |
| 常　德 | 30.71 | 30.42 |
| 张家界 | 2.76 | 2.69 |
| 益　阳 | 8.42 | 5.22 |
| 郴　州 | 114.88 | 1.29 |
| 永　州 | 24.88 | 4.10 |
| 娄　底 | 31.57 | 31.09 |
| 怀　化 | 37.34 | — |
| 广东省 | | |
| 广　州 | 271.73 | 129.19 |
| 韶　关 | 0.42 | 0.15 |
| 深　圳 | 210.29 | 27.04 |
| 珠　海 | 71.25 | 66.36 |
| 汕　头 | 5.01 | 4.64 |
| 佛　山 | 6.88 | 9.74 |
| 江　门 | 15.87 | 16.07 |
| 湛　江 | 9.38 | 5.12 |
| 茂　名 | 1.72 | 1.11 |
| 肇　庆 | 24.72 | 2.14 |
| 惠　州 | 13.49 | 5.84 |
| 梅　州 | 1.20 | — |
| 汕　尾 | 2.17 | 1.25 |
| 河　源 | 3.82 | 1.24 |
| 阳　江 | 3.90 | — |
| 清　远 | 12.90 | 1.87 |
| 东　莞 | 42.71 | 0.47 |
| 中　山 | 12.02 | 12.04 |
| 潮　州 | 0.00 | — |
| 揭　阳 | 0.80 | 0.80 |
| 云　浮 | 3.81 | — |
| 广　西 | | |
| 南　宁 | 188.54 | 90.85 |
| 柳　州 | 53.48 | 79.97 |
| 桂　林 | 56.74 | 54.40 |
| 梧　州 | 8.56 | 5.75 |
| 北　海 | 16.81 | 15.04 |
| 防城港 | 15.58 | 9.79 |
| 钦　州 | 29.40 | 17.77 |
| 贵　港 | 7.40 | 4.96 |
| 玉　林 | 18.53 | 3.72 |

续表

| 地区 | 基础设施投资额 | 基础设施新增固定资产 |
|---|---|---|
| 徐　州 | 44. 57 | 40. 39 |
| 常　州 | 128. 31 | 114. 36 |
| 苏　州 | 182. 50 | 98. 90 |
| 南　通 | 200. 57 | 196. 41 |
| 连云港 | 70. 96 | 41. 63 |
| 淮　安 | 12. 79 | 12. 59 |
| 盐　城 | 9. 24 | 10. 18 |
| 扬　州 | 54. 57 | 58. 33 |
| 镇　江 | 137. 42 | 140. 09 |
| 宿　迁 | 24. 78 | 21. 62 |
| 泰　州 | 21. 43 | 22. 78 |
| **浙江省** | | |
| 杭　州 | 186. 10 | 109. 21 |
| 宁　波 | 183. 38 | 74. 63 |
| 温　州 | 127. 23 | 70. 85 |
| 嘉　兴 | 11. 65 | 10. 53 |
| 湖　州 | 13. 69 | 11. 06 |
| 绍　兴 | 46. 26 | 27. 78 |
| 金　华 | 11. 59 | 6. 87 |
| 衢　州 | 6. 32 | 5. 32 |
| 舟　山 | 21. 31 | 3. 70 |
| 台　州 | 14. 36 | 13. 41 |
| 丽　水 | 21. 85 | 8. 68 |
| **安徽省** | | |
| 合　肥 | 120. 71 | 97. 35 |
| 芜　湖 | 78. 22 | 22. 03 |
| 蚌　埠 | 57. 41 | 66. 86 |
| 淮　南 | 47. 89 | 14. 71 |
| 马鞍山 | 57. 20 | 28. 76 |
| 淮　北 | 32. 00 | 18. 26 |
| 铜　陵 | 24. 96 | 24. 96 |
| 安　庆 | 33. 17 | 18. 47 |
| 黄　山 | 9. 97 | 8. 15 |
| 滁　州 | 31. 12 | 19. 84 |
| 阜　阳 | 18. 50 | 18. 81 |
| 宿　州 | 35. 63 | 11. 72 |
| 六　安 | 13. 44 | 11. 23 |
| 亳　州 | 15. 31 | 16. 65 |
| 池　州 | 24. 80 | 17. 36 |
| 宣　城 | 35. 26 | 11. 26 |
| 百　色 | 1. 11 | 0. 18 |
| 贺　州 | 4. 41 | 4. 41 |
| 河　池 | 1. 24 | 1. 24 |
| 来　宾 | 15. 24 | 13. 15 |
| 崇　左 | 8. 09 | 0. 99 |
| **海南省** | | |
| 海　口 | 9. 62 | 6. 50 |
| 三　亚 | 10. 82 | 8. 91 |
| 重　庆 | 514. 03 | 413. 20 |
| **四川省** | | |
| 成　都 | 513. 16 | 165. 69 |
| 自　贡 | 41. 37 | 29. 35 |
| 攀枝花 | 11. 47 | 7. 37 |
| 泸　州 | 31. 19 | 19. 72 |
| 德　阳 | 14. 23 | 10. 18 |
| 绵　阳 | 32. 69 | 30. 64 |
| 广　元 | 17. 73 | 10. 76 |
| 遂　宁 | 17. 59 | 6. 78 |
| 内　江 | 31. 11 | 20. 39 |
| 乐　山 | 5. 87 | 3. 38 |
| 南　充 | 23. 19 | 20. 67 |
| 眉　山 | 19. 40 | 4. 79 |
| 宜　宾 | 8. 75 | 0. 18 |
| 广　安 | 11. 45 | 4. 69 |
| 达　州 | 12. 13 | 1. 24 |
| 雅　安 | 4. 79 | 0. 04 |
| 巴　中 | 3. 80 | 3. 76 |
| 资　阳 | 30. 18 | 29. 67 |
| **贵州省** | | |
| 贵　阳 | 379. 60 | 119. 26 |
| 六盘水 | 0. 16 | 0. 16 |
| 遵　义 | 0. 78 | — |
| 安　顺 | 36. 93 | 36. 93 |
| **云南省** | | |
| 昆　明 | 128. 40 | 52. 30 |
| 曲　靖 | 9. 69 | 10. 32 |
| 玉　溪 | 1. 60 | 1. 70 |
| 保　山 | 4. 72 | 4. 36 |
| 昭　通 | 2. 00 | 2. 00 |
| 丽　江 | 0. 99 | 0. 99 |

续表

| 地区 | 基础设施投资额 | 基础设施新增固定资产 |
| --- | --- | --- |
| **福建省** | | |
| 福　州 | 111.68 | 64.88 |
| 厦　门 | 85.95 | 75.73 |
| 莆　田 | 73.22 | 44.71 |
| 三　明 | 3.06 | 2.65 |
| 泉　州 | 54.22 | 53.85 |
| 漳　州 | 44.58 | 11.55 |
| 南　平 | 3.30 | 2.47 |
| 龙　岩 | 13.99 | 13.99 |
| 宁　德 | 11.01 | 3.35 |
| **江西省** | | |
| 南　昌 | 170.70 | 9.51 |
| 景德镇 | 12.54 | 1.85 |
| 萍　乡 | 15.93 | 7.09 |
| 九　江 | 47.28 | 42.10 |
| 新　余 | 31.40 | 19.25 |
| 鹰　潭 | 7.46 | |
| 赣　州 | 13.21 | 13.21 |
| 吉　安 | 21.17 | 20.98 |
| 宜　春 | 54.33 | 16.65 |
| 抚　州 | 48.41 | 47.81 |
| 上　饶 | 15.32 | 9.59 |
| **山东省** | | |
| 济　南 | 143.28 | 74.89 |
| 青　岛 | 146.79 | 95.20 |
| 淄　博 | 28.14 | 21.98 |
| 枣　庄 | 30.30 | 28.45 |
| 东　营 | 45.52 | 24.40 |
| 烟　台 | 60.39 | 26.70 |
| 潍　坊 | 21.60 | 21.00 |
| 济　宁 | 32.32 | 32.60 |
| 泰　安 | 25.88 | 11.62 |
| 威　海 | 25.98 | 23.95 |
| 日　照 | 41.37 | 29.74 |
| 莱　芜 | 20.02 | 15.92 |
| 临　沂 | 45.47 | 44.92 |
| 德　州 | 31.65 | 31.65 |
| 聊　城 | 31.69 | 26.98 |
| 滨　州 | 9.61 | 9.17 |
| 菏　泽 | 7.52 | 7.89 |
| 思　茅 | 1.53 | 1.53 |
| 临　沧 | 2.31 | 4.52 |
| **西　藏** | | |
| 拉　萨 | 3.66 | — |
| **陕西省** | | |
| 西　安 | 307.10 | 104.32 |
| 铜　川 | 16.26 | 5.89 |
| 宝　鸡 | 7.42 | 5.97 |
| 咸　阳 | 34.72 | 24.84 |
| 渭　南 | 16.17 | 14.83 |
| 延　安 | 6.32 | 3.50 |
| 汉　中 | 5.87 | 5.65 |
| 榆　林 | 32.85 | 32.85 |
| 安　康 | 26.36 | 25.32 |
| 商　洛 | 5.37 | — |
| **甘肃省** | | |
| 兰　州 | 292.70 | 148.27 |
| 嘉峪关 | 3.69 | 3.69 |
| 金　昌 | 3.74 | 3.74 |
| 白　银 | 3.08 | 2.14 |
| 天　水 | 8.04 | 6.29 |
| 酒　泉 | 1.57 | 1.57 |
| 张　掖 | — | — |
| 武　威 | 10.98 | 10.34 |
| 平　凉 | 3.82 | 3.82 |
| 西　峰 | 3.59 | 1.63 |
| 定　西 | — | — |
| 陇　南 | 5.95 | 5.95 |
| **青海省** | | |
| 西　宁 | 32.01 | 32.01 |
| **宁　夏** | | |
| 银　川 | 13.71 | 7.47 |
| 石嘴山 | 3.35 | 1.80 |
| 吴　忠 | 4.17 | 4.17 |
| 固　原 | 5.61 | 5.61 |
| 中　卫 | 4.42 | 4.29 |
| **新　疆** | | |
| 乌鲁木齐 | 240.08 | 159.42 |
| 克拉玛依 | 23.60 | 17.15 |

数据来源：住房和城乡建设部。

表 2 – 95　　**2013 年 286 城市市区绿化覆盖及公共绿地面积**

单位：公顷

| 地区 | 绿化覆盖面积 | 公共绿地面积 | 人均公共绿地面积 | 地区 | 绿化覆盖面积 | 公共绿地面积 | 人均公共绿地面积 |
|---|---|---|---|---|---|---|---|
| **北　京** | 70111 | 23223 | 12.72 | **河南省** | | | |
| **天　津** | 26101 | 7279 | 10.97 | 郑　州 | 15920 | 3895 | 6.65 |
| **河北省** | | | | 开　封 | 3812 | 799 | 8.98 |
| 石家庄 | 10461 | 3783 | 15.05 | 洛　阳 | 7149 | 1869 | 7.38 |
| 唐　山 | 10245 | 2972 | 15.05 | 平顶山 | 3127 | 952 | 10.25 |
| 秦皇岛 | 5448 | 1980 | 20.58 | 安　阳 | 3140 | 697 | 9.75 |
| 邯　郸 | 9320 | 2983 | 18.10 | 鹤　壁 | 2470 | 653 | 14.39 |
| 邢　台 | 5681 | 1068 | 11.65 | 新　乡 | 4492 | 775 | 10.20 |
| 保　定 | 5963 | 1270 | 10.35 | 焦　作 | 4057 | 776 | 10.08 |
| 张家口 | 3665 | 1080 | 12.33 | 濮　阳 | 2048 | 624 | 13.37 |
| 承　德 | 4698 | 1320 | 24.18 | 许　昌 | 3294 | 508 | 10.40 |
| 沧　州 | 2361 | 580 | 10.60 | 漯　河 | 2520 | 825 | 14.78 |
| 廊　坊 | 4572 | 691 | 13.16 | 三门峡 | 1304 | 482 | 14.65 |
| 衡　水 | 1911 | 447 | 12.21 | 南　阳 | 6274 | 2660 | 17.30 |
| **山西省** | | | | 商　丘 | 2573 | 584 | 6.06 |
| 太　原 | 12762 | 4258 | 12.52 | 信　阳 | 4849 | 697 | 14.14 |
| 大　同 | 4681 | 1058 | 8.16 | 周　口 | 2757 | 321 | 10.37 |
| 阳　泉 | 3288 | 561 | 9.49 | 驻马店 | 2795 | 466 | 10.05 |
| 长　治 | 2688 | 751 | 10.02 | **湖北省** | | | |
| 晋　城 | 2597 | 558 | 12.77 | 武　汉 | 20758 | 6622 | 10.54 |
| 朔　州 | 1934 | 422 | 10.71 | 黄　石 | 2808 | 911 | 12.37 |
| 晋　中 | 1930 | 605 | 12.62 | 十　堰 | 12591 | 655 | 11.38 |
| 运　城 | 1760 | 431 | 10.02 | 宜　昌 | 6295 | 1175 | 14.15 |
| 忻　州 | 996 | 364 | 12.86 | 襄　樊 | 6525 | 1190 | 13.86 |
| 临　汾 | 2047 | 643 | 13.29 | 鄂　州 | 2065 | 621 | 14.94 |
| 吕　梁 | 937 | 334 | 12.42 | 荆　门 | 2144 | 485 | 10.00 |
| **内蒙古** | | | | 孝　感 | 1723 | 448 | 11.56 |
| 呼和浩特 | 7908 | 2853 | 15.01 | 荆　州 | 2803 | 760 | 10.45 |
| 包　头 | 8074 | 2255 | 12.74 | 黄　冈 | 1187 | 397 | 13.09 |
| 乌　海 | 2561 | 782 | 12.24 | 咸　宁 | 3863 | 490 | 12.46 |
| 赤　峰 | 4023 | 1533 | 16.18 | 随　州 | 4780 | 447 | 9.09 |
| 通　辽 | 2837 | 779 | 15.83 | **湖南省** | | | |
| 鄂尔多斯 | 11002 | 1813 | 29.87 | 长　沙 | 11206 | 2913 | 9.20 |
| 呼伦贝尔 | 1317 | 687 | 21.51 | 株　洲 | 5500 | 1143 | 10.84 |
| 巴彦淖尔 | 1607 | 627 | 16.39 | 湘　潭 | 4860 | 709 | 9.02 |
| 乌兰察布 | 2340 | 1166 | 35.02 | 衡　阳 | 4008 | 880 | 7.75 |
| **辽宁省** | | | | 邵　阳 | 2620 | 620 | 8.54 |
| 沈　阳 | 29219 | 7112 | 12.39 | 岳　阳 | 3568 | 607 | 9.22 |

续表

| 地区 | 绿化覆盖面积 | 公共绿地面积 | 人均公共绿地面积 |
| --- | --- | --- | --- |
| 大　连 | 18719 | 3627 | 11.22 |
| 鞍　山 | 6463 | 1814 | 11.20 |
| 抚　顺 | 6604 | 1382 | 10.36 |
| 本　溪 | 87239 | 975 | 10.26 |
| 丹　东 | 2510 | 715 | 10.99 |
| 锦　州 | 4385 | 1228 | 12.83 |
| 营　口 | 4417 | 1018 | 10.15 |
| 阜　新 | 3424 | 946 | 12.09 |
| 辽　阳 | 4261 | 767 | 9.54 |
| 盘　锦 | 2752 | 804 | 11.63 |
| 铁　岭 | 2242 | 539 | 11.95 |
| 朝　阳 | 2727 | 541 | 8.87 |
| 葫芦岛 | 3105 | 682 | 14.95 |
| **吉林省** | | | |
| 长　春 | 12568 | 5018 | 13.90 |
| 吉　林 | 8000 | 1523 | 11.94 |
| 四　平 | 1842 | 551 | 9.28 |
| 辽　源 | 1818 | 384 | 7.53 |
| 通　化 | 1770 | 546 | 11.49 |
| 白　山 | 1283 | 404 | 10.05 |
| 松　原 | 2045 | 841 | 17.34 |
| 白　城 | 1234 | 224 | 7.90 |
| **黑龙江省** | | | |
| 哈尔滨 | 14353 | 4333 | 10.52 |
| 齐齐哈尔 | 6187 | 1091 | 10.02 |
| 鸡　西 | 3179 | 775 | 10.75 |
| 鹤　岗 | 3073 | 834 | 14.97 |
| 双鸭山 | 2733 | 690 | 14.78 |
| 大　庆 | 25282 | 2081 | 14.50 |
| 伊　春 | 4656 | 1572 | 20.51 |
| 佳木斯 | 4031 | 847 | 14.02 |
| 七台河 | 2744 | 483 | 11.99 |
| 牡丹江 | 5248 | 759 | 10.69 |
| 黑　河 | 652 | 210 | 14.62 |
| 绥　化 | 989 | 300 | 9.04 |
| 上　海 | 134904 | 17142 | 7.10 |
| **江苏省** | | | |
| 南　京 | 93503 | 8725 | 14.55 |
| 无　锡 | 19106 | 3616 | 14.71 |
| 徐　州 | 15773 | 2720 | 16.31 |

| 地区 | 绿化覆盖面积 | 公共绿地面积 | 人均公共绿地面积 |
| --- | --- | --- | --- |
| 常　德 | 3734 | 976 | 14.25 |
| 张家界 | 1547 | 222 | 9.95 |
| 益　阳 | 2561 | 528 | 7.93 |
| 郴　州 | 3097 | 663 | 11.06 |
| 永　州 | 2365 | 425 | 8.10 |
| 娄　底 | 2198 | 390 | 7.74 |
| 怀　化 | 2781 | 456 | 9.60 |
| **广东省** | | | |
| 广　州 | 142240 | 21165 | 19.92 |
| 韶　关 | 4247 | 667 | 12.14 |
| 深　圳 | 98635 | 17750 | 16.70 |
| 珠　海 | 33125 | 2867 | 18.50 |
| 汕　头 | 10344 | 3491 | 13.90 |
| 佛　山 | 9378 | 2615 | 12.13 |
| 江　门 | 11461 | 2052 | 17.35 |
| 湛　江 | 5799 | 1112 | 12.93 |
| 茂　名 | 3749 | 613 | 12.58 |
| 肇　庆 | 7447 | 1192 | 21.67 |
| 惠　州 | 8531 | 2567 | 16.80 |
| 梅　州 | 2340 | 545 | 12.83 |
| 汕　尾 | 658 | 308 | 13.21 |
| 河　源 | 1412 | 366 | 12.36 |
| 阳　江 | 1915 | 458 | 11.51 |
| 清　远 | 2469 | 712 | 15.93 |
| 东　莞 | 92189 | 10404 | 16.71 |
| 中　山 | 4305 | 1212 | 17.42 |
| 潮　州 | 1845 | 471 | 13.08 |
| 揭　阳 | 3510 | 1781 | 8.39 |
| 云　浮 | 1249 | 290 | 13.52 |
| **广　西** | | | |
| 南　宁 | 40352 | 3394 | 13.74 |
| 柳　州 | 8279 | 2094 | 13.16 |
| 桂　林 | 2822 | 846 | 10.28 |
| 梧　州 | 2273 | 360 | 8.50 |
| 北　海 | 2774 | 445 | 10.86 |
| 防城港 | 1204 | 133 | 8.12 |
| 钦　州 | 3283 | 232 | 7.52 |
| 贵　港 | 1676 | 521 | 13.20 |
| 玉　林 | 2716 | 634 | 9.58 |
| 百　色 | 1588 | 236 | 9.55 |

续表

| 地区 | 绿化覆盖面积 | 公共绿地面积 | 人均公共绿地面积 |
|---|---|---|---|
| 常　州 | 8862 | 1873 | 12. 83 |
| 苏　州 | 26559 | 4341 | 15. 14 |
| 南　通 | 8165 | 2070 | 14. 30 |
| 连云港 | 20156 | 1168 | 14. 10 |
| 淮　安 | 8540 | 1793 | 12. 99 |
| 盐　城 | 4633 | 944 | 12. 04 |
| 扬　州 | 8025 | 1899 | 17. 33 |
| 镇　江 | 7677 | 1576 | 17. 80 |
| 宿　迁 | 7986 | 834 | 9. 28 |
| 泰　州 | 9827 | 810 | 13. 01 |
| **浙江省** | | | |
| 杭　州 | 34053 | 5820 | 15. 13 |
| 宁　波 | 11871 | 1927 | 10. 58 |
| 温　州 | 7907 | 2182 | 11. 32 |
| 嘉　兴 | 5403 | 1094 | 13. 49 |
| 湖　州 | 4807 | 1433 | 16. 51 |
| 绍　兴 | 10291 | 1878 | 13. 38 |
| 金　华 | 2928 | 709 | 11. 61 |
| 衢　州 | 2780 | 472 | 14. 11 |
| 舟　山 | 15317 | 756 | 13. 34 |
| 台　州 | 5402 | 1178 | 11. 60 |
| 丽　水 | 1514 | 367 | 10. 76 |
| **安徽省** | | | |
| 合　肥 | 16683 | 3890 | 11. 76 |
| 芜　湖 | 6325 | 1610 | 13. 80 |
| 蚌　埠 | 5415 | 1026 | 11. 16 |
| 淮　南 | 4709 | 1270 | 12. 00 |
| 马鞍山 | 5787 | 1052 | 15. 71 |
| 淮　北 | 4094 | 1229 | 14. 86 |
| 铜　陵 | 4284 | 626 | 14. 34 |
| 安　庆 | 11206 | 775 | 11. 93 |
| 黄　山 | 13920 | 524 | 14. 96 |
| 滁　州 | 4536 | 508 | 13. 24 |
| 阜　阳 | 4110 | 772 | 10. 01 |
| 宿　州 | 3376 | 611 | 11. 73 |
| 六　安 | 2934 | 827 | 14. 06 |
| 亳　州 | 2060 | 406 | 11. 50 |
| 池　州 | 1714 | 518 | 17. 08 |
| 宣　城 | 3811 | 411 | 12. 55 |
| **福建省** | | | |
| 贺　州 | 1452 | 344 | 12. 14 |
| 河　池 | 652 | 155 | 6. 62 |
| 来　宾 | 1305 | 315 | 10. 26 |
| 崇　左 | 1047 | 143 | 8. 60 |
| **海南省** | | | |
| 海　口 | 5253 | 1578 | 12. 55 |
| 三　亚 | 2847 | 541 | 16. 15 |
| 重　庆 | 52996 | 20436 | 18. 04 |
| **四川省** | | | |
| 成　都 | 21246 | 6310 | 13. 44 |
| 自　贡 | 4286 | 1164 | 10. 43 |
| 攀枝花 | 2719 | 616 | 9. 29 |
| 泸　州 | 4995 | 1035 | 9. 02 |
| 德　阳 | 2780 | 516 | 10. 00 |
| 绵　阳 | 4229 | 1078 | 9. 12 |
| 广　元 | 1878 | 438 | 11. 72 |
| 遂　宁 | 5897 | 585 | 8. 22 |
| 内　江 | 2509 | 522 | 8. 60 |
| 乐　山 | 3420 | 498 | 8. 87 |
| 南　充 | 4769 | 1065 | 10. 05 |
| 眉　山 | 1880 | 380 | 11. 53 |
| 宜　宾 | 3300 | 847 | 13. 90 |
| 广　安 | 1745 | 620 | 18. 20 |
| 达　州 | 2545 | 885 | 14. 18 |
| 雅　安 | 2075 | 249 | 9. 63 |
| 巴　中 | 1279 | 485 | 13. 86 |
| 资　阳 | 1686 | 298 | 9. 11 |
| **贵州省** | | | |
| 贵　阳 | 23578 | 4104 | 15. 47 |
| 六盘水 | 1520 | 95 | 3. 00 |
| 遵　义 | 2671 | 994 | 13. 10 |
| 安　顺 | 2866 | 124 | 2. 39 |
| **云南省** | | | |
| 昆　明 | 16065 | 3709 | 9. 92 |
| 曲　靖 | 2200 | 517 | 9. 02 |
| 玉　溪 | 1331 | 251 | 8. 34 |
| 保　山 | 913 | 196 | 7. 08 |
| 昭　通 | 1152 | 158 | 5. 77 |
| 丽　江 | 982 | 423 | 31. 03 |
| 思　茅 | 1023 | 235 | 10. 59 |

续表

| 地区 | 绿化覆盖面积 | 公共绿地面积 | 人均公共绿地面积 | 地区 | 绿化覆盖面积 | 公共绿地面积 | 人均公共绿地面积 |
|---|---|---|---|---|---|---|---|
| 福　州 | 11227 | 2954 | 12.84 | 临　沧 | 701 | 174 | 10.38 |
| 厦　门 | 18878 | 3244 | 11.47 | **西　藏** | | | |
| 莆　田 | 2529 | 710 | 12.72 | 拉　萨 | 2091 | 180 | 3.50 |
| 三　明 | 1532 | 292 | 12.82 | **陕西省** | | | |
| 泉　州 | 8012 | 1667 | 13.90 | 西　安 | 19242 | 4380 | 11.20 |
| 漳　州 | 2463 | 615 | 13.59 | 铜　川 | 1944 | 460 | 11.40 |
| 南　平 | 1345 | 288 | 13.77 | 宝　鸡 | 4520 | 990 | 12.25 |
| 龙　岩 | 2235 | 375 | 12.05 | 咸　阳 | 3025 | 1410 | 15.03 |
| 宁　德 | 1100 | 349 | 13.94 | 渭　南 | 1773 | 537 | 12.20 |
| **江西省** | | | | 延　安 | 1437 | 390 | 9.79 |
| 南　昌 | 10584 | 2959 | 12.04 | 汉　中 | 1452 | 576 | 14.81 |
| 景德镇 | 4055 | 738 | 14.92 | 榆　林 | 2468 | 401 | 10.55 |
| 萍　乡 | 2059 | 474 | 10.73 | 安　康 | 1581 | 357 | 11.10 |
| 九　江 | 5200 | 1127 | 17.23 | 商　洛 | 1400 | 148 | 9.43 |
| 新　余 | 3779 | 835 | 18.18 | **甘肃省** | | | |
| 鹰　潭 | 1335 | 310 | 14.27 | 兰　州 | 7730 | 2058 | 10.46 |
| 赣　州 | 4001 | 1103 | 12.23 | 嘉峪关 | 2546 | 361 | 14.78 |
| 吉　安 | 2843 | 684 | 16.97 | 金　昌 | 1422 | 329 | 17.67 |
| 宜　春 | 2801 | 830 | 15.00 | 白　银 | 1891 | 382 | 9.17 |
| 抚　州 | 2733 | 887 | 16.64 | 天　水 | 1589 | 471 | 6.89 |
| 上　饶 | 2286 | 617 | 14.31 | 酒　泉 | 623 | 483 | 14.95 |
| **山东省** | | | | 张　掖 | 2140 | 1339 | 71.15 |
| 济　南 | 14494 | 3094 | 10.35 | 武　威 | 2007 | 245 | 8.09 |
| 青　岛 | 30627 | 4649 | 14.58 | 平　凉 | 1752 | 343 | 9.76 |
| 淄　博 | 17568 | 2498 | 15.79 | 西　峰 | 734 | 121 | 6.45 |
| 枣　庄 | 6140 | 1361 | 14.58 | 定　西 | 624 | 190 | 10.58 |
| 东　营 | 7150 | 1374 | 20.90 | 陇　南 | 1256 | 22 | 1.44 |
| 烟　台 | 11921 | 3415 | 23.45 | **青海省** | | | |
| 潍　坊 | 9811 | 2248 | 17.74 | 西　宁 | 3345 | 1358 | 10.97 |
| 济　宁 | 8334 | 1834 | 13.68 | **宁　夏** | | | |
| 泰　安 | 5539 | 1298 | 19.88 | 银　川 | 7694 | 2173 | 16.80 |
| 威　海 | 7294 | 1513 | 25.18 | 石嘴山 | 8538 | 1055 | 22.21 |
| 日　照 | 4227 | 1463 | 22.33 | 吴　忠 | 2444 | 433 | 21.00 |
| 莱　芜 | 6393 | 1137 | 18.96 | 固　原 | 1098 | 232 | 8.71 |
| 临　沂 | 11898 | 3662 | 18.90 | 中　卫 | 1436 | 390 | 18.66 |
| 德　州 | 4652 | 1712 | 24.48 | **新　疆** | | | |
| 聊　城 | 5150 | 839 | 13.05 | 乌鲁木齐 | 25404 | 3061 | 10.05 |
| 滨　州 | 5726 | 1375 | 18.68 | 克拉玛依 | 4176 | 371 | 10.20 |
| 菏　泽 | 4284 | 836 | 11.76 | | | | |

数据来源：住房和城乡建设部。

表 2－96　　2013 年 286 城市市区市区公共汽（电）车及出租汽车车辆数

单位：标台、辆

| 地区 | 公共汽（电）车 | 每万人拥有公共交通车辆 | 出租汽车 | 地区 | 公共汽（电）车 | 每万人拥有公共交通车辆 | 出租汽车 |
|---|---|---|---|---|---|---|---|
| 北　京 | 23592 | 12.93 | 67046 | 河南省 | | | |
| 天　津 | 9670 | 14.57 | 31940 | 郑　州 | 5745 | 9.80 | 10608 |
| 河北省 | | | | 开　封 | 1634 | 18.37 | 3679 |
| 石家庄 | 4552 | 18.11 | 6710 | 洛　阳 | 1709 | 6.75 | 4267 |
| 唐　山 | 2427 | 12.29 | 6610 | 平顶山 | 668 | 7.19 | 2080 |
| 秦皇岛 | 934 | 9.71 | 4344 | 安　阳 | 605 | 8.46 | 1359 |
| 邯　郸 | 2899 | 17.59 | 7185 | 鹤　壁 | 341 | 7.51 | 670 |
| 邢　台 | 1451 | 15.82 | 2863 | 新　乡 | 817 | 10.75 | 1738 |
| 保　定 | 2389 | 19.47 | 6543 | 焦　作 | 689 | 8.95 | 1398 |
| 张家口 | 1391 | 15.88 | 5474 | 濮　阳 | 360 | 7.71 | 1745 |
| 承　德 | 838 | 15.35 | 5892 | 许　昌 | 550 | 11.26 | 1396 |
| 沧　州 | 1447 | 26.44 | 7503 | 漯　河 | 946 | 16.95 | 1100 |
| 廊　坊 | 693 | 13.20 | 8252 | 三门峡 | 238 | 7.23 | 400 |
| 衡　水 | 1154 | 31.51 | 2412 | 南　阳 | 449 | 2.92 | 1860 |
| 山西省 | | | | 商　丘 | 1188 | 12.32 | 2848 |
| 太　原 | 2824 | 8.31 | 8719 | 信　阳 | 273 | 5.54 | 1904 |
| 大　同 | 1066 | 8.23 | 4970 | 周　口 | 231 | 7.46 | 928 |
| 阳　泉 | 804 | 13.61 | 2236 | 驻马店 | 470 | 10.14 | 1548 |
| 长　治 | 678 | 9.05 | 1801 | 湖北省 | | | |
| 晋　城 | 507 | 11.60 | 1453 | 武　汉 | 7594 | 12.08 | 16597 |
| 朔　州 | 251 | 6.37 | 994 | 黄　石 | 820 | 11.13 | 1580 |
| 晋　中 | 407 | 8.49 | 1327 | 十　堰 | 856 | 14.87 | 810 |
| 运　城 | 909 | 21.14 | 1805 | 宜　昌 | 1031 | 12.42 | 1704 |
| 忻　州 | 112 | 3.96 | 713 | 襄　樊 | 1145 | 13.34 | 2100 |
| 临　汾 | 314 | 6.49 | 1862 | 鄂　州 | 564 | 13.57 | 499 |
| 吕　梁 | 96 | 3.57 | 433 | 荆　门 | 500 | 10.31 | 800 |
| 内蒙古 | | | | 孝　感 | 484 | 12.49 | 900 |
| 呼和浩特 | 3643 | 19.17 | 5564 | 荆　州 | 763 | 10.49 | 1588 |
| 包　头 | 1194 | 6.75 | 5827 | 黄　冈 | 132 | 4.35 | 593 |
| 乌　海 | 393 | 6.15 | 953 | 咸　宁 | 299 | 7.60 | 656 |
| 赤　峰 | 574 | 6.06 | 3251 | 随　州 | 335 | 6.81 | 762 |
| 通　辽 | 382 | 7.76 | 2949 | 湖南省 | | | |
| 鄂尔多斯 | 485 | 7.99 | 2517 | 长　沙 | 4157 | 13.13 | 6915 |
| 呼伦贝尔 | 384 | 12.02 | 2432 | 株　洲 | 1162 | 11.02 | 1995 |
| 巴彦淖尔 | 111 | 2.90 | 1237 | 湘　潭 | 713 | 9.07 | 1927 |
| 乌兰察布 | 261 | 7.84 | 2177 | 衡　阳 | 986 | 8.68 | 1400 |
| 辽宁省 | | | | 邵　阳 | 450 | 6.20 | 1100 |
| 沈　阳 | 5510 | 9.60 | 19021 | 岳　阳 | 1026 | 15.59 | 1785 |

续表

| 地区 | 公共汽（电）车 | 每万人拥有公共交通车辆 | 出租汽车 |
|---|---|---|---|
| 大　连 | 5037 | 15.58 | 10693 |
| 鞍　山 | 1649 | 10.19 | 5375 |
| 抚　顺 | 1231 | 9.23 | 4121 |
| 本　溪 | 715 | 7.53 | 2724 |
| 丹　东 | 625 | 9.61 | 1932 |
| 锦　州 | 543 | 5.67 | 4293 |
| 营　口 | 822 | 8.20 | 4997 |
| 阜　新 | 452 | 5.78 | 2771 |
| 辽　阳 | 539 | 6.71 | 3579 |
| 盘　锦 | 488 | 7.06 | 3187 |
| 铁　岭 | 365 | 8.09 | 2184 |
| 朝　阳 | 243 | 3.98 | 1971 |
| 葫芦岛 | 665 | 14.58 | 4363 |
| **吉林省** | | | |
| 长　春 | 4724 | 13.09 | 16967 |
| 吉　林 | 1201 | 9.41 | 4863 |
| 四　平 | 280 | 4.71 | 3057 |
| 辽　源 | 384 | 7.53 | 1049 |
| 通　化 | 370 | 7.79 | 1423 |
| 白　山 | 368 | 9.15 | 1397 |
| 松　原 | 546 | 11.26 | 2177 |
| 白　城 | 256 | 9.03 | 1815 |
| **黑龙江省** | | | |
| 哈尔滨 | 5990 | 14.54 | 15587 |
| 齐齐哈尔 | 1027 | 9.43 | 3159 |
| 鸡　西 | 739 | 10.25 | 2935 |
| 鹤　岗 | 584 | 10.48 | 1915 |
| 双鸭山 | 333 | 7.13 | 1100 |
| 大　庆 | 1605 | 11.18 | 6699 |
| 伊　春 | 513 | 6.69 | 5312 |
| 佳木斯 | 410 | 6.79 | 2559 |
| 七台河 | 499 | 12.38 | 1547 |
| 牡丹江 | 780 | 10.99 | 2919 |
| 黑　河 | 99 | 6.89 | 981 |
| 绥　化 | 225 | 6.78 | 2553 |
| 上　海 | 16717 | 6.92 | 50612 |
| **江苏省** | | | |
| 南　京 | 6946 | 11.58 | 11612 |
| 无　锡 | 3261 | 13.27 | 4040 |
| 徐　州 | 2067 | 12.40 | 3866 |
| 常　德 | 623 | 9.09 | 1146 |
| 张家界 | 327 | 14.65 | 1030 |
| 益　阳 | 787 | 11.82 | 1000 |
| 郴　州 | 876 | 14.62 | 1649 |
| 永　州 | 630 | 12.01 | 700 |
| 娄　底 | 438 | 8.69 | 800 |
| 怀　化 | 201 | 4.23 | 850 |
| **广东省** | | | |
| 广　州 | 13010 | 12.24 | 21437 |
| 韶　关 | 368 | 6.70 | 755 |
| 深　圳 | 30590 | 28.78 | 15973 |
| 珠　海 | 1938 | 12.50 | 2165 |
| 汕　头 | 1159 | 4.62 | 1384 |
| 佛　山 | 5396 | 25.03 | 3425 |
| 江　门 | 977 | 8.26 | 569 |
| 湛　江 | 755 | 8.78 | 1300 |
| 茂　名 | 303 | 6.22 | 527 |
| 肇　庆 | 450 | 8.18 | 883 |
| 惠　州 | 1916 | 12.54 | 1732 |
| 梅　州 | 399 | 9.39 | 421 |
| 汕　尾 | 210 | 9.01 | 360 |
| 河　源 | 191 | 6.45 | 495 |
| 阳　江 | 171 | 4.30 | 441 |
| 清　远 | 633 | 14.16 | 520 |
| 东　莞 | 1416 | 2.27 | 7691 |
| 中　山 | 2363 | 33.96 | 1581 |
| 潮　州 | 229 | 6.36 | 862 |
| 揭　阳 | 274 | 1.29 | 513 |
| 云　浮 | 195 | 9.09 | 125 |
| **广　西** | | | |
| 南　宁 | 2710 | 10.97 | 6520 |
| 柳　州 | 1149 | 7.22 | 1869 |
| 桂　林 | 1090 | 13.24 | 2677 |
| 梧　州 | 345 | 8.15 | 605 |
| 北　海 | 288 | 7.03 | 555 |
| 防城港 | 267 | 16.30 | 138 |
| 钦　州 | 516 | 16.72 | 577 |
| 贵　港 | 187 | 4.74 | 365 |
| 玉　林 | 234 | 3.53 | 599 |
| 百　色 | 144 | 5.83 | 1285 |

续表

| 地区 | 公共汽（电）车 | 每万人拥有公共交通车辆 | 出租汽车 |
|---|---|---|---|
| 常　州 | 2705 | 18.53 | 3042 |
| 苏　州 | 4493 | 15.67 | 4303 |
| 南　通 | 1408 | 9.73 | 1472 |
| 连云港 | 780 | 9.42 | 1611 |
| 淮　安 | 991 | 7.18 | 1373 |
| 盐　城 | 549 | 7.00 | 1010 |
| 扬　州 | 1416 | 12.92 | 2574 |
| 镇　江 | 1176 | 13.29 | 1323 |
| 宿　迁 | 656 | 7.30 | 800 |
| 泰　州 | 697 | 11.19 | 769 |
| **浙江省** | | | |
| 杭　州 | 8249 | 21.44 | 10904 |
| 宁　波 | 4454 | 24.44 | 4627 |
| 温　州 | 2156 | 11.18 | 3770 |
| 嘉　兴 | 1025 | 12.64 | 973 |
| 湖　州 | 677 | 7.80 | 825 |
| 绍　兴 | 1408 | 10.03 | 1704 |
| 金　华 | 580 | 9.50 | 976 |
| 衢　州 | 245 | 7.32 | 521 |
| 舟　山 | 604 | 10.66 | 802 |
| 台　州 | 844 | 8.31 | 1518 |
| 丽　水 | 289 | 8.48 | 409 |
| **安徽省** | | | |
| 合　肥 | 3854 | 11.65 | 8925 |
| 芜　湖 | 1281 | 10.98 | 3525 |
| 蚌　埠 | 1181 | 12.84 | 2485 |
| 淮　南 | 828 | 7.83 | 3078 |
| 马鞍山 | 542 | 8.09 | 2298 |
| 淮　北 | 524 | 6.34 | 1630 |
| 铜　陵 | 523 | 11.98 | 1584 |
| 安　庆 | 500 | 7.70 | 1782 |
| 黄　山 | 279 | 7.96 | 525 |
| 滁　州 | 415 | 10.82 | 1257 |
| 阜　阳 | 683 | 8.86 | 1788 |
| 宿　州 | 280 | 5.38 | 1498 |
| 六　安 | 393 | 6.68 | 1850 |
| 亳　州 | 270 | 7.65 | 1000 |
| 池　州 | 278 | 9.17 | 600 |
| 宣　城 | 220 | 6.72 | 999 |
| **福建省** | | | |
| 贺　州 | 137 | 4.84 | 419 |
| 河　池 | 169 | 7.22 | 300 |
| 来　宾 | 247 | 8.05 | 370 |
| 崇　左 | 46 | 2.77 | 140 |
| **海南省** | | | |
| 海　口 | 1624 | 12.92 | 2761 |
| 三　亚 | 611 | 18.24 | 1850 |
| 重　庆 | 12088 | 10.67 | 20431 |
| **四川省** | | | |
| 成　都 | 10176 | 21.67 | 14853 |
| 自　贡 | 832 | 7.45 | 1096 |
| 攀枝花 | 723 | 10.90 | 1477 |
| 泸　州 | 933 | 8.13 | 1539 |
| 德　阳 | 365 | 7.08 | 850 |
| 绵　阳 | 1409 | 11.92 | 1477 |
| 广　元 | 365 | 9.76 | 597 |
| 遂　宁 | 220 | 3.09 | 725 |
| 内　江 | 666 | 10.97 | 700 |
| 乐　山 | 438 | 7.80 | 880 |
| 南　充 | 625 | 5.90 | 1207 |
| 眉　山 | 236 | 7.16 | 418 |
| 宜　宾 | 672 | 11.03 | 1011 |
| 广　安 | 75 | 2.20 | 385 |
| 达　州 | 222 | 3.56 | 1063 |
| 雅　安 | 111 | 4.29 | 306 |
| 巴　中 | 176 | 5.03 | 398 |
| 资　阳 | 230 | 7.03 | 235 |
| **贵州省** | | | |
| 贵　阳 | 2286 | 8.61 | 6463 |
| 六盘水 | 395 | 12.49 | 917 |
| 遵　义 | 623 | 8.21 | 1673 |
| 安　顺 | 297 | 5.73 | 768 |
| **云南省** | | | |
| 昆　明 | 4877 | 13.05 | 7985 |
| 曲　靖 | 579 | 10.10 | 1589 |
| 玉　溪 | 102 | 3.39 | 550 |
| 保　山 | 215 | 7.76 | 450 |
| 昭　通 | 218 | 7.96 | 581 |
| 丽　江 | 210 | 15.41 | 776 |
| 思　茅 | 141 | 6.35 | 249 |

续表

| 地区 | 公共汽（电）车 | 每万人拥有公共交通车辆 | 出租汽车 |
|---|---|---|---|
| 福 州 | 4310 | 18.73 | 6682 |
| 厦 门 | 3880 | 13.71 | 4961 |
| 莆 田 | 436 | 7.81 | 984 |
| 三 明 | 312 | 13.70 | 374 |
| 泉 州 | 936 | 7.81 | 1862 |
| 漳 州 | 401 | 8.86 | 1002 |
| 南 平 | 219 | 10.47 | 241 |
| 龙 岩 | 344 | 11.05 | 500 |
| 宁 德 | 198 | 7.91 | 556 |
| **江西省** | | | |
| 南 昌 | 3484 | 14.17 | 5153 |
| 景德镇 | 395 | 7.99 | 595 |
| 萍 乡 | 392 | 8.87 | 700 |
| 九 江 | 426 | 6.51 | 1517 |
| 新 余 | 519 | 11.30 | 636 |
| 鹰 潭 | 159 | 7.32 | 271 |
| 赣 州 | 516 | 5.72 | 1120 |
| 吉 安 | 285 | 7.07 | 393 |
| 宜 春 | 342 | 6.18 | 504 |
| 抚 州 | 315 | 5.91 | 409 |
| 上 饶 | 260 | 6.03 | 511 |
| **山东省** | | | |
| 济 南 | 4652 | 15.56 | 8357 |
| 青 岛 | 6179 | 19.38 | 9826 |
| 淄 博 | 2433 | 15.38 | 6084 |
| 枣 庄 | 1197 | 12.82 | 834 |
| 东 营 | 961 | 14.62 | 3405 |
| 烟 台 | 2249 | 15.44 | 2169 |
| 潍 坊 | 1134 | 8.95 | 2298 |
| 济 宁 | 1363 | 10.17 | 1561 |
| 泰 安 | 1097 | 16.80 | 1292 |
| 威 海 | 926 | 15.41 | 1543 |
| 日 照 | 552 | 8.42 | 1068 |
| 莱 芜 | 988 | 16.48 | 1600 |
| 临 沂 | 1530 | 7.90 | 2750 |
| 德 州 | 734 | 10.50 | 2405 |
| 聊 城 | 649 | 10.10 | 1416 |
| 滨 州 | 619 | 8.41 | 714 |
| 菏 泽 | 406 | 5.71 | 1315 |
| 临 沧 | 60 | 3.58 | 300 |
| **西 藏** | | | |
| 拉 萨 | 317 | 6.17 | 11604 |
| **陕西省** | | | |
| 西 安 | 8128 | 20.79 | 12115 |
| 铜 川 | 301 | 7.46 | 1025 |
| 宝 鸡 | 826 | 10.22 | 3233 |
| 咸 阳 | 580 | 6.18 | 2993 |
| 渭 南 | 320 | 7.27 | 900 |
| 延 安 | 415 | 10.42 | 850 |
| 汉 中 | 227 | 5.84 | 870 |
| 榆 林 | 280 | 7.37 | 1001 |
| 安 康 | 102 | 3.17 | 533 |
| 商 洛 | 103 | 6.56 | 319 |
| **甘肃省** | | | |
| 兰 州 | 2696 | 13.70 | 7152 |
| 嘉峪关 | 120 | 4.91 | 717 |
| 金 昌 | 153 | 8.22 | 510 |
| 白 银 | 297 | 7.13 | 2050 |
| 天 水 | 392 | 5.74 | 2147 |
| 酒 泉 | 304 | 9.41 | 1101 |
| 张 掖 | 187 | 9.94 | 1225 |
| 武 威 | 238 | 7.85 | 922 |
| 平 凉 | 305 | 8.67 | 820 |
| 西 峰 | 350 | 18.67 | 879 |
| 定 西 | 69 | 3.84 | 491 |
| 陇 南 | 48 | 3.14 | 675 |
| **青海省** | | | |
| 西 宁 | 1885 | 15.23 | 5516 |
| **宁 夏** | | | |
| 银 川 | 1942 | 15.01 | 5364 |
| 石嘴山 | 168 | 3.54 | 1739 |
| 吴 忠 | 373 | 18.09 | 1046 |
| 固 原 | 156 | 5.85 | 2585 |
| 中 卫 | 439 | 21.00 | 1847 |
| **新 疆** | | | |
| 乌鲁木齐 | 4149 | 13.63 | 12188 |
| 克拉玛依 | 513 | 14.10 | 1526 |

数据来源：住房和城乡建设部。

表 2－97　　2013 年 286 城市市区用水及用电量

| 地区 | 居民生活用水量 | 人均用水量 | 用电总量 | 生活用电量 | 人均生活用电量 |
|---|---|---|---|---|---|
| | 万吨 | 吨 | 亿千瓦时 | 亿千瓦时 | 千瓦时 |
| 北　京 | 76122 | 41.71 | 891.35 | 152.90 | 837.79 |
| 天　津 | 24338 | 36.67 | 774.49 | 75.17 | 1132.71 |
| 河北省 | | | | | |
| 石家庄 | 7148 | 28.45 | 149.22 | 16.85 | 670.66 |
| 唐　山 | 5893 | 29.84 | 565.08 | 10.38 | 525.45 |
| 秦皇岛 | 4069 | 42.28 | 72.94 | 8.41 | 873.43 |
| 邯　郸 | 4321 | 26.22 | 153.31 | 6.28 | 381.04 |
| 邢　台 | 2337 | 25.49 | 49.13 | 5.52 | 602.16 |
| 保　定 | 3878 | 31.60 | 77.12 | 12.26 | 999.16 |
| 张家口 | 2194 | 25.05 | 73.24 | 5.25 | 599.41 |
| 承　德 | 1852 | 33.93 | 46.15 | 3.33 | 609.25 |
| 沧　州 | 1303 | 23.81 | 69.41 | 4.91 | 897.86 |
| 廊　坊 | 2152 | 40.99 | 65.30 | 7.55 | 1438.06 |
| 衡　水 | 1105 | 30.17 | 28.74 | 3.50 | 956.77 |
| 山西省 | | | | | |
| 太　原 | 13286 | 39.08 | 230.00 | 26.01 | 765.02 |
| 大　同 | 3439 | 26.54 | 78.82 | 8.83 | 681.36 |
| 阳　泉 | 1344 | 22.74 | 78.42 | 2.72 | 459.81 |
| 长　治 | 4328 | 57.75 | 39.74 | 4.62 | 616.15 |
| 晋　城 | 1055 | 24.14 | 19.92 | 1.63 | 373.98 |
| 朔　州 | 1093 | 27.73 | 50.57 | 1.00 | 254.90 |
| 晋　中 | 1111 | 23.17 | 30.80 | 3.18 | 663.19 |
| 运　城 | 812 | 18.88 | 50.17 | 5.28 | 1228.86 |
| 忻　州 | 931 | 32.89 | 11.07 | 1.22 | 429.35 |
| 临　汾 | 1404 | 29.02 | 29.68 | 5.39 | 1114.10 |
| 吕　梁 | 346 | 12.86 | 8.66 | 2.20 | 817.84 |
| 内蒙古 | | | | | |
| 呼和浩特 | 3256 | 17.13 | 62.83 | 14.54 | 765.21 |
| 包　头 | 3616 | 20.43 | 237.60 | 17.21 | 972.14 |
| 乌　海 | 1131 | 17.71 | 159.38 | 2.67 | 417.89 |
| 赤　峰 | 2367 | 24.98 | 57.68 | 5.39 | 568.95 |
| 通　辽 | 1056 | 21.46 | 70.53 | 5.27 | 1070.47 |
| 鄂尔多斯 | 1692 | 27.87 | 22.74 | 3.10 | 511.09 |
| 呼伦贝尔 | 1191 | 37.29 | 14.69 | 2.52 | 788.23 |
| 河南省 | | | | | |
| 郑　州 | 11871 | 20.26 | 361.85 | 46.49 | 793.29 |
| 开　封 | 2233 | 25.10 | 48.08 | 7.80 | 876.50 |
| 洛　阳 | 6550 | 25.88 | 244.02 | 12.56 | 496.46 |
| 平顶山 | 3572 | 38.46 | 79.79 | 6.66 | 717.55 |
| 安　阳 | 2440 | 34.13 | 145.83 | 9.59 | 1341.73 |
| 鹤　壁 | 1755 | 38.67 | 35.16 | 2.44 | 537.40 |
| 新　乡 | 2946 | 38.76 | 75.77 | 7.92 | 1041.87 |
| 焦　作 | 2382 | 30.93 | 147.20 | 5.24 | 679.92 |
| 濮　阳 | 1520 | 32.57 | 49.25 | 4.32 | 926.38 |
| 许　昌 | 1461 | 29.91 | 30.02 | 4.48 | 916.27 |
| 漯　河 | 1149 | 20.59 | 35.17 | 6.23 | 1116.29 |
| 三门峡 | 1340 | 40.73 | 17.95 | 2.14 | 650.43 |
| 南　阳 | 2901 | 18.86 | 75.28 | 13.95 | 906.77 |
| 商　丘 | 2005 | 20.79 | 94.49 | 9.42 | 976.53 |
| 信　阳 | 1984 | 40.24 | 42.04 | 7.88 | 1597.57 |
| 周　口 | 945 | 30.52 | 15.12 | 2.88 | 928.84 |
| 驻马店 | 1280 | 27.61 | 42.25 | 4.23 | 912.96 |
| 湖北省 | | | | | |
| 武　汉 | 48212 | 76.71 | 376.82 | 67.83 | 1079.15 |
| 黄　石 | 5243 | 71.18 | 67.10 | 5.50 | 746.14 |
| 十　堰 | 4272 | 74.21 | 36.09 | 5.00 | 867.76 |
| 宜　昌 | 4067 | 48.99 | 80.30 | 8.83 | 1063.11 |
| 襄　樊 | 6288 | 73.24 | 59.46 | 10.06 | 1171.49 |
| 鄂　州 | 3718 | 89.46 | 58.93 | 5.22 | 1256.42 |
| 荆　门 | 2442 | 50.36 | 34.59 | 3.87 | 798.97 |
| 孝　感 | 1860 | 48.00 | 16.92 | 5.52 | 1425.63 |
| 荆　州 | 3436 | 47.22 | 39.79 | 6.49 | 892.55 |
| 黄　冈 | 2003 | 66.06 | 8.97 | 2.58 | 850.40 |
| 咸　宁 | 1410 | 35.84 | 15.97 | 3.16 | 803.38 |
| 随　州 | 1532 | 31.14 | 10.97 | 2.58 | 524.76 |
| 湖南省 | | | | | |
| 长　沙 | 31263 | 98.77 | 137.32 | 48.97 | 1546.97 |
| 株　洲 | 6850 | 64.99 | 79.86 | 9.04 | 857.30 |

续表

| 地区 | 居民生活用水量 | 人均用水量 | 用电总量 | 生活用电量 | 人均生活用电量 | 地区 | 居民生活用水量 | 人均用水量 | 用电总量 | 生活用电量 | 人均生活用电量 |
|---|---|---|---|---|---|---|---|---|---|---|---|
| | 万吨 | 吨 | 亿千瓦时 | 亿千瓦时 | 千瓦时 | | 万吨 | 吨 | 亿千瓦时 | 亿千瓦时 | 千瓦时 |
| 巴彦淖尔 | 1319 | 34.48 | 19.00 | 2.67 | 698.01 | 湘　潭 | 3462 | 44.03 | 78.88 | 6.06 | 770.96 |
| 乌兰察布 | 782 | 23.48 | 14.93 | 2.43 | 729.70 | 衡　阳 | 4636 | 40.81 | 67.16 | 8.70 | 766.18 |
| 辽宁省 | | | | | | 邵　阳 | 3392 | 46.75 | 16.17 | 3.41 | 469.65 |
| 沈　阳 | 20965 | 36.53 | 248.00 | 42.02 | 732.26 | 岳　阳 | 7103 | 107.95 | 69.31 | 8.47 | 1286.88 |
| 大　连 | 10593 | 32.78 | 263.20 | 28.42 | 879.30 | 常　德 | 3913 | 57.12 | 25.99 | 6.10 | 890.58 |
| 鞍　山 | 3463 | 21.39 | 163.53 | 8.83 | 545.23 | 张家界 | 1020 | 45.70 | 9.75 | 3.02 | 1354.35 |
| 抚　顺 | 2232 | 16.73 | 107.36 | 6.80 | 509.77 | 益　阳 | 2334 | 35.05 | 21.53 | 4.85 | 728.92 |
| 本　溪 | 1634 | 17.20 | 128.59 | 5.01 | 527.02 | 郴　州 | 3652 | 60.95 | 40.18 | 4.95 | 826.10 |
| 丹　东 | 1471 | 22.61 | — | — | — | 永　州 | 2336 | 44.55 | 21.13 | 5.26 | 1002.12 |
| 锦　州 | 2673 | 27.93 | 47.92 | 9.42 | 984.78 | 娄　底 | 2202 | 43.69 | 18.71 | 0.99 | 195.89 |
| 营　口 | 1918 | 19.12 | 100.53 | 6.22 | 620.06 | 怀　化 | 2672 | 56.25 | 66.59 | 4.95 | 1041.89 |
| 阜　新 | 2388 | 30.51 | 38.97 | 4.13 | 528.15 | 广东省 | | | | | |
| 辽　阳 | 1875 | 23.33 | 95.51 | 3.68 | 457.81 | 广　州 | 88722 | 83.50 | 639.80 | 128.20 | 1206.53 |
| 盘　锦 | 1948 | 28.18 | 51.86 | 3.16 | 457.47 | 韶　关 | 4617 | 84.07 | 60.60 | 6.42 | 1168.97 |
| 铁　岭 | 1278 | 28.32 | 14.62 | 3.02 | 668.51 | 深　圳 | 91204 | 85.81 | 729.77 | 103.94 | 977.89 |
| 朝　阳 | 1490 | 24.43 | 27.30 | 3.06 | 501.13 | 珠　海 | 10650 | 68.72 | 124.73 | 16.84 | 1086.84 |
| 葫芦岛 | 2089 | 45.80 | — | — | — | 汕　头 | 14373 | 57.24 | — | — | — |
| 吉林省 | | | | | | 佛　山 | 47277 | 219.30 | 527.06 | 60.50 | 2806.54 |
| 长　春 | 8829 | 24.46 | 129.40 | 19.81 | 548.87 | 江　门 | 6085 | 51.44 | 101.88 | 11.72 | 991.17 |
| 吉　林 | 4718 | 36.98 | 109.04 | 9.35 | 733.02 | 湛　江 | 5931 | 68.94 | 56.44 | 7.66 | 890.70 |
| 四　平 | 1058 | 17.81 | 33.52 | 2.19 | 368.99 | 茂　名 | 3064 | 62.86 | 48.07 | 4.81 | 986.77 |
| 辽　源 | 650 | 12.75 | 21.25 | 1.78 | 348.45 | 肇　庆 | 3729 | 67.80 | 41.91 | 5.24 | 952.31 |
| 通　化 | 618 | 13.01 | 21.06 | 2.80 | 590.04 | 惠　州 | 9892 | 64.74 | 154.56 | 19.20 | 1256.48 |
| 白　山 | 587 | 14.60 | 20.20 | 2.55 | 633.38 | 梅　州 | 2135 | 50.25 | 19.33 | 4.67 | 1098.00 |
| 松　原 | 2100 | 43.30 | 34.31 | 3.15 | 649.44 | 汕　尾 | 1316 | 56.46 | 9.17 | 4.69 | 2012.18 |
| 白　城 | 758 | 26.75 | 8.62 | 2.36 | 832.92 | 河　源 | 2507 | 84.67 | 21.35 | 4.31 | 1456.97 |
| 黑龙江省 | | | | | | 阳　江 | 2397 | 60.24 | 41.51 | 4.04 | 1014.38 |
| 哈尔滨 | 15070 | 36.58 | 157.32 | 31.03 | 753.30 | 清　远 | 4077 | 91.21 | 83.17 | 7.98 | 1785.03 |
| 齐齐哈尔 | 2859 | 26.25 | — | — | — | 东　莞 | 40418 | 64.91 | 622.51 | 72.06 | 1157.20 |
| 鸡　西 | 1518 | 21.05 | 38.96 | 3.55 | 492.55 | 中　山 | — | — | 217.10 | 32.83 | 4717.24 |
| 鹤　岗 | 1125 | 20.20 | 34.04 | 5.33 | 957.27 | 潮　州 | 2435 | 67.60 | 59.39 | 10.39 | 2884.45 |
| 双鸭山 | 1075 | 23.02 | 0.00 | 0.00 | 0.00 | 揭　阳 | 5511 | 25.97 | — | — | — |
| 大　庆 | 4247 | 29.59 | 187.34 | 7.04 | 490.83 | 云　浮 | 1241 | 57.86 | 10.95 | 1.75 | 817.72 |
| 伊　春 | 2272 | 29.65 | 20.52 | 3.10 | 405.13 | 广　西 | | | | | |

续表

| 地区 | 居民生活用水量 | 人均用水量 | 用电总量 | 生活用电量 | 人均生活用电量 | 地区 | 居民生活用水量 | 人均用水量 | 用电总量 | 生活用电量 | 人均生活用电量 |
|---|---|---|---|---|---|---|---|---|---|---|---|
| | 万吨 | 吨 | 亿千瓦时 | 亿千瓦时 | 千瓦时 | | 万吨 | 吨 | 亿千瓦时 | 亿千瓦时 | 千瓦时 |
| 佳木斯 | 1740 | 28.81 | 18.53 | 4.40 | 729.02 | 南　宁 | 20684 | 83.74 | 106.78 | 26.75 | 1082.83 |
| 七台河 | 800 | 19.85 | 26.32 | 3.33 | 826.05 | 柳　州 | 8717 | 54.78 | 77.46 | 12.05 | 757.00 |
| 牡丹江 | 1668 | 23.50 | 0.00 | 0.00 | 0.00 | 桂　林 | 5771 | 70.12 | 26.63 | 8.83 | 1073.32 |
| 黑　河 | 246 | 17.13 | 8.50 | 0.83 | 579.67 | 梧　州 | 2386 | 56.35 | 28.00 | 3.24 | 765.16 |
| 绥　化 | 1311 | 39.49 | 6.72 | 4.92 | 1482.47 | 北　海 | 2576 | 62.84 | 30.13 | 5.62 | 1370.92 |
| **上　海** | 102382 | 42.39 | 1410.60 | 205.04 | 848.97 | 防城港 | 1047 | 63.92 | 31.08 | 2.92 | 1781.32 |
| **江苏省** | | | | | | 钦　州 | 2052 | 66.49 | 39.93 | 4.63 | 1498.96 |
| 南　京 | 36636 | 61.10 | 462.67 | 67.55 | 1126.47 | 贵　港 | 2398 | 60.74 | 33.31 | 6.28 | 1591.11 |
| 无　锡 | 14497 | 58.99 | 276.18 | 32.67 | 1329.14 | 玉　林 | 3137 | 47.39 | 21.44 | 5.83 | 881.19 |
| 徐　州 | 6579 | 39.46 | 203.16 | 20.62 | 1237.02 | 百　色 | 2101 | 85.06 | 50.36 | 3.00 | 1213.89 |
| 常　州 | 11758 | 80.55 | 280.31 | 19.34 | 1324.99 | 贺　州 | 1265 | 44.65 | 43.72 | 4.12 | 1454.15 |
| 苏　州 | 20836 | 72.65 | 549.28 | 52.19 | 1819.65 | 河　池 | 1687 | 72.03 | 15.03 | 1.39 | 593.42 |
| 南　通 | 9546 | 65.93 | 134.41 | 37.80 | 2610.68 | 来　宾 | 1900 | 61.89 | 40.82 | 3.44 | 1121.14 |
| 连云港 | 2871 | 34.66 | 48.41 | 8.54 | 1030.64 | 崇　左 | 572 | 34.40 | 9.38 | 1.25 | 751.71 |
| 淮　安 | 6911 | 50.06 | 91.35 | 14.74 | 1067.66 | **海南省** | | | | | |
| 盐　城 | 3886 | 49.58 | 46.06 | 10.15 | 1294.53 | 海　口 | 9655 | 76.81 | 55.52 | 9.05 | 720.15 |
| 扬　州 | 7672 | 70.02 | 108.21 | 18.46 | 1685.14 | 三　亚 | 3174 | 94.75 | 24.75 | 6.90 | 2058.36 |
| 镇　江 | 5856 | 66.15 | 108.43 | 9.75 | 1100.90 | **重　庆** | 50626 | 44.68 | 641.68 | 104.27 | 920.30 |
| 宿　迁 | 3193 | 35.54 | 76.22 | 10.83 | 1205.19 | **四川省** | | | | | |
| 泰　州 | 2175 | 34.93 | 65.83 | 7.20 | 1156.79 | 成　都 | 40449 | 86.15 | 284.32 | 51.59 | 1098.88 |
| **浙江省** | | | | | | 自　贡 | 2291 | 20.52 | 30.64 | 4.62 | 413.79 |
| 杭　州 | 23733 | 61.70 | 484.05 | 71.52 | 1859.30 | 攀枝花 | 3283 | 49.52 | 89.18 | 3.94 | 594.86 |
| 宁　波 | 14606 | 80.16 | 308.12 | 32.04 | 1758.24 | 泸　州 | 4080 | 35.54 | 36.61 | 7.36 | 640.91 |
| 温　州 | 11137 | 57.77 | 122.90 | 25.43 | 1318.88 | 德　阳 | 2182 | 42.30 | 28.68 | 4.17 | 809.33 |
| 嘉　兴 | 2341 | 28.88 | 99.12 | 8.71 | 1074.58 | 绵　阳 | 4789 | 40.52 | 47.62 | 8.23 | 695.92 |
| 湖　州 | 3726 | 42.93 | 75.59 | 10.04 | 1156.90 | 广　元 | 1929 | 51.61 | 36.57 | 3.43 | 918.33 |
| 绍　兴 | 5868 | 41.82 | 244.73 | 19.19 | 1367.89 | 遂　宁 | 1795 | 25.21 | 14.45 | 4.06 | 570.61 |
| 金　华 | 3097 | 50.70 | 49.16 | 8.80 | 1441.01 | 内　江 | 1929 | 31.78 | 16.15 | 4.92 | 809.87 |
| 衢　州 | 1733 | 51.81 | 67.58 | 4.99 | 1492.41 | 乐　山 | 2619 | 46.63 | 77.31 | 6.84 | 1216.97 |
| 舟　山 | 1948 | 34.38 | 33.91 | 6.05 | 1068.02 | 南　充 | 4050 | 38.21 | 25.06 | 7.30 | 688.60 |
| 台　州 | 6413 | 63.16 | 94.22 | 15.68 | 1544.77 | 眉　山 | 1654 | 50.18 | 53.70 | 4.00 | 1213.62 |
| 丽　水 | 1603 | 47.01 | 17.63 | 3.28 | 960.65 | 宜　宾 | 2952 | 48.44 | 37.76 | 8.30 | 1362.14 |
| **安徽省** | | | | | | 广　安 | 957 | 28.09 | 19.86 | 1.91 | 560.23 |
| 合　肥 | 18757 | 56.72 | 117.03 | 30.09 | 909.81 | 达　州 | 2017 | 32.33 | 25.44 | 1.80 | 288.67 |

续表

| 地区 | 居民生活用水量 | 人均用水量 | 用电总量 | 生活用电量 | 人均生活用电量 |
|---|---|---|---|---|---|
| | 万吨 | 吨 | 亿千瓦时 | 亿千瓦时 | 千瓦时 |
| 芜　湖 | 6192 | 53.09 | 85.95 | 8.59 | 736.53 |
| 蚌　埠 | 3661 | 39.81 | 39.25 | 6.37 | 692.38 |
| 淮　南 | 3850 | 36.39 | 55.14 | 8.89 | 840.20 |
| 马鞍山 | 3807 | 56.85 | 112.21 | 6.47 | 965.76 |
| 淮　北 | 2839 | 34.34 | 33.68 | 4.63 | 560.33 |
| 铜　陵 | 2613 | 59.88 | 57.92 | 2.91 | 665.81 |
| 安　庆 | 2279 | 35.09 | 40.80 | 4.46 | 687.30 |
| 黄　山 | 1337 | 38.17 | 12.53 | 2.91 | 830.97 |
| 滁　州 | 1561 | 40.68 | 21.01 | 3.12 | 812.69 |
| 阜　阳 | 1452 | 18.83 | 36.90 | 4.41 | 572.62 |
| 宿　州 | 2548 | 48.93 | 31.96 | 6.50 | 1249.05 |
| 六　安 | 1728 | 29.39 | 23.93 | 7.03 | 1195.15 |
| 亳　州 | 1373 | 38.90 | 14.46 | 6.00 | 1700.42 |
| 池　州 | 1065 | 35.13 | 29.64 | 2.72 | 895.65 |
| 宣　城 | 1338 | 40.85 | 19.76 | 3.85 | 1175.88 |
| **福建省** | | | | | |
| 福　州 | 13085 | 56.87 | 114.42 | 36.47 | 1585.08 |
| 厦　门 | 13069 | 46.19 | 200.27 | 39.74 | 1404.56 |
| 莆　田 | 2864 | 51.33 | 51.84 | 15.18 | 2720.39 |
| 三　明 | 1620 | 71.15 | 39.43 | 2.75 | 1206.63 |
| 泉　州 | 5432 | 45.30 | 81.43 | 17.57 | 1465.56 |
| 漳　州 | 2411 | 53.29 | 51.80 | 10.98 | 2427.28 |
| 南　平 | 1348 | 64.44 | 44.14 | 3.94 | 1882.89 |
| 龙　岩 | 1412 | 45.36 | 41.37 | 6.94 | 2230.16 |
| 宁　德 | 1060 | 42.33 | 14.82 | 4.22 | 1685.30 |
| **江西省** | | | | | |
| 南　昌 | 11226 | 45.67 | 149.41 | 31.35 | 1275.37 |
| 景德镇 | 2561 | 51.78 | 16.32 | 3.38 | 682.43 |
| 萍　乡 | 1540 | 34.86 | 42.96 | 4.78 | 1081.76 |
| 九　江 | 3207 | 49.04 | 38.03 | 5.67 | 867.55 |
| 新　余 | 2390 | 52.02 | 56.04 | 3.16 | 687.42 |
| 鹰　潭 | 708 | 32.58 | 7.07 | 1.55 | 713.44 |
| 赣　州 | 3560 | 39.47 | 20.51 | 4.53 | 502.42 |
| 吉　安 | 1406 | 34.88 | 13.74 | 2.28 | 565.89 |

| 地区 | 居民生活用水量 | 人均用水量 | 用电总量 | 生活用电量 | 人均生活用电量 |
|---|---|---|---|---|---|
| | 万吨 | 吨 | 亿千瓦时 | 亿千瓦时 | 千瓦时 |
| 雅　安 | 1133 | 43.81 | 20.82 | 3.37 | 1304.14 |
| 巴　中 | 1325 | 37.86 | 7.53 | 3.61 | 1032.49 |
| 资　阳 | 1141 | 34.89 | 11.02 | 3.31 | 1012.87 |
| **贵州省** | | | | | |
| 贵　阳 | 11992 | 45.19 | 174.51 | 42.58 | 1604.45 |
| 六盘水 | 1502 | 47.50 | 48.24 | — | — |
| 遵　义 | 3542 | 46.67 | 45.65 | 9.58 | 1263.00 |
| 安　顺 | 1315 | 25.35 | 37.46 | 4.43 | 853.42 |
| **云南省** | | | | | |
| 昆　明 | 12059 | 32.26 | 103.62 | 24.53 | 656.12 |
| 曲　靖 | 1965 | 34.29 | 34.82 | 3.52 | 614.21 |
| 玉　溪 | 1483 | 49.27 | 39.97 | 2.28 | 757.28 |
| 保　山 | 820 | 29.60 | 9.32 | 3.02 | 1088.45 |
| 昭　通 | 1010 | 36.87 | 13.70 | 2.96 | 1080.28 |
| 丽　江 | 503 | 36.90 | 4.37 | 1.21 | 886.06 |
| 思　茅 | 658 | 29.64 | 7.07 | 1.38 | 621.80 |
| 临　沧 | 545 | 32.52 | 4.62 | 0.93 | 553.94 |
| **西　藏** | | | | | |
| 拉　萨 | 4065 | 79.09 | — | — | — |
| **陕西省** | | | | | |
| 西　安 | 24549 | 62.80 | 218.66 | 65.10 | 1665.26 |
| 铜　川 | 745 | 18.46 | 52.69 | 2.61 | 647.88 |
| 宝　鸡 | 3039 | 37.61 | 37.73 | 6.06 | 749.52 |
| 咸　阳 | 3014 | 32.13 | 14.06 | 2.31 | 246.46 |
| 渭　南 | 1327 | 30.16 | 8.95 | 3.20 | 727.64 |
| 延　安 | 817 | 20.52 | 16.01 | 2.52 | 633.73 |
| 汉　中 | 1196 | 30.75 | 7.84 | 1.92 | 493.34 |
| 榆　林 | 910 | 23.95 | 35.91 | 2.76 | 727.47 |
| 安　康 | 901 | 28.02 | 16.54 | 4.32 | 1343.44 |
| 商　洛 | 520 | 33.12 | 3.41 | 1.59 | 1013.69 |
| **甘肃省** | | | | | |
| 兰　州 | 9782 | 49.72 | 137.10 | 12.10 | 614.92 |
| 嘉峪关 | 638 | 26.13 | 156.29 | 1.97 | 804.95 |
| 金　昌 | 889 | 47.74 | 0.00 | 0.00 | 0.00 |

续表

| 地区 | 居民生活用水量 | 人均用水量 | 用电总量 | 生活用电量 | 人均生活用电量 | 地区 | 居民生活用水量 | 人均用水量 | 用电总量 | 生活用电量 | 人均生活用电量 |
|---|---|---|---|---|---|---|---|---|---|---|---|
| | 万吨 | 吨 | 亿千瓦时 | 亿千瓦时 | 千瓦时 | | 万吨 | 吨 | 亿千瓦时 | 亿千瓦时 | 千瓦时 |
| 宜　春 | 2589 | 46.78 | 16.24 | 4.01 | 723.99 | 白　银 | 3822 | 91.72 | 82.56 | 2.85 | 684.93 |
| 抚　州 | 2611 | 49.00 | 15.97 | 3.83 | 719.10 | 天　水 | 1798 | 26.31 | 0.00 | 0.00 | 0.00 |
| 上　饶 | 1349 | 31.29 | 8.02 | 2.62 | 607.21 | 酒　泉 | 1174 | 36.35 | 13.99 | 2.25 | 695.73 |
| 山东省 | | | | | | 张　掖 | 928 | 49.31 | 3.53 | 1.21 | 644.16 |
| 济　南 | 12681 | 42.41 | 182.80 | 33.69 | 1126.83 | 武　威 | 705 | 23.27 | 11.96 | 1.10 | 361.85 |
| 青　岛 | 11851 | 37.17 | 203.49 | 31.55 | 989.55 | 平　凉 | 795 | 22.61 | 11.41 | 1.55 | 440.13 |
| 淄　博 | 5552 | 35.10 | 260.03 | 19.31 | 1220.81 | 西　峰 | 580 | 30.93 | 4.19 | 0.52 | 278.93 |
| 枣　庄 | 2948 | 31.58 | 70.04 | 9.25 | 991.14 | 定　西 | 210 | 11.69 | 1.39 | 0.26 | 146.05 |
| 东　营 | 2363 | 35.94 | 147.21 | 3.52 | 535.06 | 陇　南 | | 0.00 | 4.33 | 1.36 | 888.28 |
| 烟　台 | 4518 | 31.02 | 123.08 | 13.14 | 902.31 | 青海省 | | | | | |
| 潍　坊 | 3427 | 27.05 | 135.67 | 12.16 | 959.43 | 西　宁 | 6152 | 49.70 | 79.97 | 9.83 | 794.10 |
| 济　宁 | 4877 | 36.38 | 99.17 | 9.96 | 743.15 | 宁　夏 | | | | | |
| 泰　安 | 2144 | 32.83 | 40.39 | 7.93 | 1213.95 | 银　川 | 5776 | 44.65 | 0.00 | 0.00 | 0.00 |
| 威　海 | 1508 | 25.10 | 51.29 | 5.32 | 886.04 | 石嘴山 | 821 | 17.28 | 119.57 | 2.30 | 483.28 |
| 日　照 | 1985 | 30.29 | 124.77 | 7.36 | 1123.12 | 吴　忠 | 636 | 30.84 | 17.71 | 1.12 | 543.16 |
| 莱　芜 | 1935 | 32.27 | 104.26 | 4.88 | 814.48 | 固　原 | 347 | 13.02 | 8.35 | 1.17 | 439.02 |
| 临　沂 | 6360 | 32.83 | 162.37 | 17.01 | 877.69 | 中　卫 | 375 | 17.94 | 167.89 | 1.07 | 514.07 |
| 德　州 | 1575 | 22.52 | 56.40 | 4.24 | 605.79 | 新　疆 | | | | | |
| 聊　城 | 2305 | 35.86 | 126.21 | 6.41 | 998.12 | 乌鲁木齐 | 14170 | 46.53 | 188.77 | 14.98 | 491.94 |
| 滨　州 | 2089 | 28.38 | 49.58 | 4.02 | 546.61 | 克拉玛依 | 1649 | 45.33 | 49.82 | 2.60 | 714.60 |
| 菏　泽 | 1854 | 26.08 | 59.91 | 6.51 | 915.99 | | | | | | |

数据来源：住房和城乡建设部。

# 十五、人口和人民生活

**表 2－98　　2013 年 286 城市人口情况**

单位：万人，人/平方公里

| 地区 | 全市常住人口 | 全市年底户籍人口 | 市区常住人口 | 市区年底户籍人口 | 城区人口和暂住人口合计 | 全市常住人口密度 |
|---|---|---|---|---|---|---|
| 北　京 | 2092.04 | 1316.30 | 2012.90 | 1245.20 | 1825.10 | 1274.78 |
| 天　津 | 1442.69 | 1004.00 | 1319.84 | 821.70 | 663.66 | 1210.61 |
| 河北省 | | | | | | |
| 石家庄 | 1044.29 | 1003.20 | 300.74 | 252.40 | 251.29 | 658.94 |
| 唐　山 | 768.83 | 738.70 | 246.37 | 302.90 | 197.48 | 559.48 |

续表

| 地区 | 全市常住人口 | 全市年底户籍人口 | 市区常住人口 | 市区年底户籍人口 | 城区人口和暂住人口合计 | 全市常住人口密度 |
| --- | --- | --- | --- | --- | --- | --- |
| 秦皇岛 | 303.34 | 292.70 | 107.60 | 88.00 | 96.23 | 388.79 |
| 邯　郸 | 930.58 | 994.00 | 175.83 | 139.40 | 164.79 | 771.30 |
| 邢　台 | 720.28 | 762.90 | 91.66 | 86.80 | 91.70 | 579.33 |
| 保　定 | 1138.37 | 1163.90 | 118.89 | 106.90 | 122.71 | 544.67 |
| 张家口 | 439.04 | 466.90 | 110.11 | 85.30 | 87.60 | 119.07 |
| 承　德 | 351.07 | 378.10 | 64.92 | 58.90 | 54.58 | 88.35 |
| 沧　州 | 727.67 | 754.30 | 61.09 | 53.40 | 54.73 | 517.80 |
| 廊　坊 | 445.39 | 422.40 | 88.87 | 82.30 | 52.50 | 697.88 |
| 衡　水 | 439.88 | 447.50 | 56.40 | 41.00 | 36.62 | 498.45 |
| 山西省 | | | | | | |
| 太　原 | 426.70 | 367.50 | 348.23 | 284.90 | 340.00 | 611.58 |
| 大　同 | 336.60 | 337.50 | 181.85 | 176.60 | 129.59 | 238.27 |
| 阳　泉 | 138.26 | 132.70 | 70.20 | 70.70 | 59.09 | 302.54 |
| 长　治 | 355.91 | 338.60 | 78.52 | 71.00 | 74.94 | 256.12 |
| 晋　城 | 229.62 | 219.30 | 48.40 | 36.80 | 43.70 | 243.63 |
| 朔　州 | 173.96 | 174.40 | 31.45 | 72.10 | 39.42 | 162.97 |
| 晋　中 | 329.59 | 330.50 | 64.59 | 60.80 | 47.95 | 201.07 |
| 运　城 | 520.91 | 522.40 | 68.90 | 69.10 | 43.00 | 367.33 |
| 忻　州 | 310.68 | 311.40 | 55.43 | 55.40 | 28.31 | 123.69 |
| 临　汾 | 437.91 | 427.20 | 95.74 | 80.60 | 48.38 | 215.98 |
| 吕　梁 | 378.22 | 393.90 | 32.57 | 28.20 | 26.90 | 178.08 |
| 内蒙古 | | | | | | |
| 呼和浩特 | 297.50 | 234.00 | 210.61 | 124.60 | 190.06 | 173.10 |
| 包　头 | 274.89 | 225.00 | 213.68 | 146.40 | 177.00 | 98.99 |
| 乌　海 | 55.07 | 55.30 | 55.07 | 55.30 | 63.88 | 314.00 |
| 赤　峰 | 430.97 | 464.30 | 137.46 | 124.70 | 94.77 | 47.87 |
| 通　辽 | 312.91 | 321.20 | 108.51 | 85.70 | 49.21 | 52.56 |
| 鄂尔多斯 | 201.08 | 154.30 | 60.40 | 26.90 | 60.70 | 23.18 |
| 呼伦贝尔 | 253.33 | 253.20 | 40.50 | 36.90 | 31.94 | 10.02 |
| 巴彦淖尔 | 166.99 | 183.20 | 54.90 | 59.60 | 38.25 | 25.93 |
| 乌兰察布 | 212.63 | 283.30 | 31.79 | 31.40 | 33.30 | 39.02 |
| 辽宁省 | | | | | | |
| 沈　阳 | 824.25 | 727.10 | 650.47 | 524.60 | 573.90 | 635.01 |
| 大　连 | 691.75 | 591.50 | — | 301.20 | 323.20 | 550.15 |
| 鞍　山 | 350.05 | 349.80 | 151.65 | 151.40 | 161.90 | 378.23 |
| 抚　顺 | 209.70 | 218.00 | 146.25 | 143.20 | 133.43 | 186.04 |
| 本　溪 | 172.70 | 152.30 | 111.27 | 93.60 | 95.00 | 205.32 |

续表

| 地区 | 全市常住人口 | 全市年底户籍人口 | 市区常住人口 | 市区年底户籍人口 | 城区人口和暂住人口合计 | 全市常住人口密度 |
|---|---|---|---|---|---|---|
| 丹　东 | 239. 64 | 239. 70 | 78. 44 | 78. 50 | 65. 07 | 156. 73 |
| 锦　州 | 309. 20 | 305. 90 | 97. 73 | 97. 70 | 95. 70 | 307. 75 |
| 营　口 | 244. 30 | 232. 50 | 91. 78 | 91. 80 | 100. 30 | 466. 04 |
| 阜　新 | 179. 55 | 191. 10 | 78. 15 | 77. 50 | 78. 26 | 173. 40 |
| 辽　阳 | 185. 45 | 180. 00 | 92. 87 | 87. 80 | 80. 37 | 391. 58 |
| 盘　锦 | 143. 65 | 129. 00 | 74. 55 | 64. 10 | 69. 12 | 353. 38 |
| 铁　岭 | 302. 04 | 301. 90 | 43. 98 | 43. 90 | 45. 12 | 232. 61 |
| 朝　阳 | 298. 55 | 339. 50 | 66. 22 | 60. 70 | 61. 00 | 151. 56 |
| 葫芦岛 | 258. 60 | 279. 90 | 95. 70 | 98. 40 | 45. 61 | 248. 32 |
| **吉林省** | | | | | | |
| 长　春 | 754. 79 | 752. 70 | 363. 40 | 363. 80 | 361. 00 | 366. 33 |
| 吉　林 | 429. 95 | 429. 10 | 182. 08 | 181. 80 | 127. 59 | 158. 04 |
| 四　平 | 333. 50 | 328. 40 | 58. 90 | 58. 90 | 59. 40 | 236. 86 |
| 辽　源 | 121. 96 | 121. 90 | 57. 57 | 47. 40 | 51. 00 | 237. 27 |
| 通　化 | 223. 44 | 222. 30 | 44. 25 | 44. 30 | 47. 51 | 143. 16 |
| 白　山 | 127. 51 | 127. 10 | 58. 55 | 57. 70 | 40. 20 | 72. 92 |
| 松　原 | 286. 35 | 283. 00 | 58. 01 | 56. 80 | 48. 50 | 135. 77 |
| 白　城 | 201. 20 | 199. 10 | 50. 60 | 49. 80 | 28. 34 | 78. 15 |
| **黑龙江省** | | | | | | |
| 哈尔滨 | 993. 51 | 995. 20 | 473. 63 | 473. 60 | 411. 96 | 187. 22 |
| 齐齐哈尔 | 525. 90 | 557. 00 | 138. 76 | 138. 40 | 108. 90 | 123. 83 |
| 鸡　西 | 186. 25 | 186. 60 | 85. 34 | 85. 20 | 72. 12 | 82. 66 |
| 鹤　岗 | 108. 13 | 107. 80 | 67. 02 | 66. 80 | 55. 70 | 73. 78 |
| 双鸭山 | 150. 10 | 149. 80 | 49. 62 | 49. 50 | 46. 70 | 64. 67 |
| 大　庆 | 282. 14 | 282. 60 | 135. 91 | 136. 40 | 143. 51 | 131. 09 |
| 伊　春 | 124. 17 | 123. 20 | 79. 21 | 78. 90 | 76. 64 | 37. 90 |
| 佳木斯 | 250. 58 | 242. 10 | 79. 87 | 79. 10 | 60. 40 | 76. 62 |
| 七台河 | 92. 16 | 92. 00 | 56. 99 | 56. 90 | 40. 30 | 148. 15 |
| 牡丹江 | 278. 39 | 259. 00 | 96. 86 | 89. 00 | 70. 99 | 72. 49 |
| 黑　河 | 172. 00 | 171. 50 | 12. 57 | 21. 00 | 14. 36 | 25. 20 |
| 绥　化 | 566. 36 | 556. 20 | 54. 57 | 86. 90 | 33. 20 | 162. 41 |
| **上　海** | 2397. 78 | 1432. 30 | 2327. 95 | 1364. 10 | 2415. 15 | 3781. 99 |
| **江苏省** | | | | | | |
| 南　京 | 817. 44 | 643. 10 | 817. 44 | 643. 10 | 599. 65 | 1240. 98 |
| 无　锡 | 647. 48 | 472. 20 | 359. 86 | 242. 60 | 245. 77 | 1399. 35 |
| 徐　州 | 857. 76 | 1006. 90 | 323. 81 | 326. 40 | 166. 73 | 761. 84 |
| 常　州 | 468. 94 | 365. 90 | 337. 10 | 231. 70 | 145. 97 | 1072. 61 |

续表

| 地区 | 全市常住人口 | 全市年底户籍人口 | 市区常住人口 | 市区年底户籍人口 | 城区人口和暂住人口合计 | 全市常住人口密度 |
|---|---|---|---|---|---|---|
| 苏　州 | 1056.39 | 653.80 | 546.14 | 332.90 | 286.81 | 1244.57 |
| 南　通 | 729.76 | 766.50 | 232.63 | 212.30 | 144.78 | 912.08 |
| 连云港 | 441.76 | 520.20 | 110.01 | 98.20 | 82.83 | 580.12 |
| 淮　安 | 481.50 | 553.00 | 266.69 | 287.10 | 138.05 | 478.06 |
| 盐　城 | 721.81 | 823.80 | 161.48 | 167.80 | 78.38 | 425.29 |
| 扬　州 | 446.86 | 459.80 | 241.54 | 230.90 | 109.57 | 677.98 |
| 镇　江 | 316.03 | 271.80 | 122.11 | 103.30 | 88.52 | 821.49 |
| 宿　迁 | 463.19 | 507.80 | 161.54 | 163.30 | 89.84 | 800.40 |
| 泰　州 | 480.86 | 572.10 | 150.05 | 168.50 | 62.26 | 564.12 |
| 浙江省 | | | | | | |
| 杭　州 | 882.30 | 706.60 | 633.87 | 450.80 | 384.68 | 531.63 |
| 宁　波 | 765.10 | 580.20 | 3515.06 | 227.60 | 182.22 | 779.44 |
| 温　州 | 917.64 | 807.20 | — | 151.00 | 192.78 | 778.72 |
| 嘉　兴 | 455.10 | 345.90 | 121.25 | 85.50 | 81.07 | 1162.46 |
| 湖　州 | 291.05 | 262.50 | 130.08 | 109.90 | 86.80 | 499.74 |
| 绍　兴 | 494.60 | 441.70 | — | 216.70 | 140.32 | 597.42 |
| 金　华 | 542.80 | 473.40 | 94.25 | 94.60 | 61.08 | 496.07 |
| 衢　州 | 212.40 | 254.20 | 83.36 | 83.60 | 33.45 | 240.14 |
| 舟　山 | 114.10 | 97.30 | — | 70.60 | 56.66 | 784.19 |
| 台　州 | 602.15 | 594.00 | — | 157.80 | 101.53 | 639.84 |
| 丽　水 | 211.95 | 263.90 | 45.96 | 39.60 | 34.10 | 122.46 |
| 安徽省 | | | | | | |
| 合　肥 | 759.14 | 711.50 | 377.00 | 240.80 | 330.70 | 663.30 |
| 芜　湖 | 383.99 | 384.50 | 143.25 | 136.10 | 116.63 | 641.27 |
| 蚌　埠 | 320.14 | 366.60 | — | 103.60 | 91.96 | 537.86 |
| 淮　南 | 234.80 | 243.30 | 170.64 | 179.10 | 105.79 | 908.68 |
| 马鞍山 | 220.12 | 228.40 | 82.40 | 82.40 | 66.97 | 543.63 |
| 淮　北 | 213.26 | 214.50 | 105.57 | 106.80 | 82.68 | 778.03 |
| 铜　陵 | 73.50 | 74.20 | 46.51 | 45.20 | 43.64 | 611.99 |
| 安　庆 | 533.25 | 621.70 | 73.31 | 73.40 | 64.95 | 348.12 |
| 黄　山 | 135.45 | 147.40 | 45.92 | 44.00 | 35.03 | 138.12 |
| 滁　州 | 395.33 | 449.50 | 57.55 | 53.90 | 38.37 | 292.49 |
| 阜　阳 | 767.74 | 1053.20 | 200.73 | 216.00 | 77.10 | 785.33 |
| 宿　州 | 540.46 | 641.90 | 202.66 | 187.00 | 52.07 | 552.22 |
| 六　安 | 566.64 | 716.70 | 188.63 | 188.60 | 58.80 | 314.61 |
| 亳　州 | 492.25 | 632.90 | 166.38 | 167.00 | 35.30 | 587.83 |
| 池　州 | 142.05 | 161.90 | 67.07 | 67.00 | 30.32 | 171.72 |

续表

| 地区 | 全市常住人口 | 全市年底户籍人口 | 市区常住人口 | 市区年底户籍人口 | 城区人口和暂住人口合计 | 全市常住人口密度 |
|---|---|---|---|---|---|---|
| 宣　城 | 255.95 | 280.20 | 86.66 | 86.80 | 32.75 | 205.54 |
| **福建省** | | | | | | |
| 福　州 | 730.50 | 655.50 | 300.14 | 194.80 | 230.10 | 559.09 |
| 厦　门 | 370.00 | 196.80 | 370.00 | 196.80 | 282.91 | 2352.19 |
| 莆　田 | 282.00 | 334.20 | 198.20 | 222.90 | 55.80 | 682.65 |
| 三　明 | 250.50 | 278.50 | 37.80 | 28.30 | 22.77 | 109.08 |
| 泉　州 | 832.50 | 703.50 | 146.35 | 105.10 | 119.90 | 755.78 |
| 漳　州 | 491.50 | 489.50 | 76.38 | 57.50 | 45.24 | 391.51 |
| 南　平 | 262.50 | 316.00 | 46.90 | 50.00 | 20.92 | 99.88 |
| 龙　岩 | 257.50 | 302.60 | 68.80 | 49.80 | 31.13 | 135.08 |
| 宁　德 | 284.00 | 347.20 | 43.86 | 47.00 | 25.04 | 211.12 |
| **江西省** | | | | | | |
| 南　昌 | 515.79 | 510.10 | 279.03 | 226.40 | 245.83 | 696.83 |
| 景德镇 | 161.47 | 166.30 | 48.60 | 46.80 | 49.46 | 306.92 |
| 萍　乡 | 187.78 | 193.60 | 86.94 | 87.10 | 44.18 | 490.15 |
| 九　江 | 478.13 | 508.10 | 71.71 | 65.40 | 65.40 | 250.62 |
| 新　余 | 115.33 | 121.50 | 85.63 | 88.70 | 45.94 | 362.90 |
| 鹰　潭 | 114.02 | 124.70 | 21.71 | 23.40 | 21.73 | 320.28 |
| 赣　州 | 846.48 | 928.50 | 73.69 | 66.20 | 90.20 | 214.96 |
| 吉　安 | 477.83 | 509.10 | 54.91 | 56.00 | 40.31 | 188.99 |
| 宜　春 | 547.12 | 578.10 | 105.75 | 109.80 | 55.35 | 293.07 |
| 抚　州 | 395.56 | 419.60 | 110.27 | 119.10 | 53.29 | 210.42 |
| 上　饶 | 665.36 | 759.70 | 42.18 | 41.30 | 43.11 | 291.94 |
| **山东省** | | | | | | |
| 济　南 | 697.42 | 613.30 | 446.19 | 355.40 | 299.00 | 852.91 |
| 青　岛 | 891.63 | 773.70 | 477.22 | 366.40 | 318.80 | 790.31 |
| 淄　博 | 458.59 | 425.30 | 281.66 | 282.40 | 158.19 | 768.81 |
| 枣　庄 | 378.65 | 396.00 | 213.00 | 226.70 | 93.35 | 829.83 |
| 东　营 | 207.87 | 187.00 | 102.57 | 84.20 | 65.74 | 252.18 |
| 烟　台 | 698.61 | 651.20 | 180.94 | 181.60 | 145.63 | 504.34 |
| 潍　坊 | 922.07 | 882.90 | 207.90 | 184.10 | 126.71 | 571.19 |
| 济　宁 | 818.19 | 847.80 | 193.30 | 177.70 | 134.06 | 723.36 |
| 泰　安 | 554.86 | 558.80 | 175.37 | 159.70 | 65.30 | 714.84 |
| 威　海 | 280.15 | 253.80 | — | 66.20 | 60.08 | 484.19 |
| 日　照 | 284.24 | 290.10 | 139.52 | 130.40 | 65.53 | 530.40 |
| 莱　芜 | 132.31 | 126.50 | 132.31 | 126.50 | 59.96 | 589.09 |
| 临　沂 | 1014.17 | 1090.40 | 265.26 | 251.50 | 193.75 | 589.94 |

续表

| 地区 | 全市常住人口 | 全市年底户籍人口 | 市区常住人口 | 市区年底户籍人口 | 城区人口和暂住人口合计 | 全市常住人口密度 |
|---|---|---|---|---|---|---|
| 德　州 | 565.11 | 578.80 | 68.77 | 60.90 | 69.93 | 545.68 |
| 聊　城 | 590.24 | 597.50 | 115.76 | 116.50 | 64.27 | 656.99 |
| 滨　州 | 379.73 | 381.60 | 69.05 | 65.40 | 73.61 | 393.10 |
| 菏　泽 | 835.31 | 957.50 | 135.93 | 149.80 | 71.10 | 682.50 |
| **河南省** | | | | | | |
| 郑　州 | 911.11 | 919.10 | 494.94 | 517.10 | 586.01 | 1223.62 |
| 开　封 | 464.95 | 553.10 | 103.93 | 87.30 | 88.95 | 721.52 |
| 洛　阳 | 660.25 | 692.30 | 209.15 | 193.30 | 253.09 | 433.35 |
| 平顶山 | 493.92 | 537.50 | 108.45 | 97.90 | 92.87 | 624.90 |
| 安　阳 | 508.66 | 602.00 | 120.47 | 114.40 | 71.50 | 691.86 |
| 鹤　壁 | 165.93 | 165.90 | 62.59 | 62.60 | 45.38 | 760.45 |
| 新　乡 | 567.18 | 625.00 | 107.73 | 103.90 | 76.00 | 663.22 |
| 焦　作 | 351.71 | 367.80 | 98.31 | 98.30 | 77.01 | 863.93 |
| 濮　阳 | 359.08 | 417.30 | 68.54 | 68.40 | 46.67 | 868.17 |
| 许　昌 | 423.85 | 499.00 | 50.39 | 41.90 | 48.85 | 848.37 |
| 漯　河 | 256.65 | 274.20 | 142.92 | 139.40 | 55.80 | 1188.21 |
| 三门峡 | 223.66 | 226.80 | 31.94 | 29.90 | 32.90 | 213.09 |
| 南　阳 | 1011.95 | 1171.00 | 182.01 | 186.00 | 153.79 | 381.74 |
| 商　丘 | 729.95 | 942.60 | 167.83 | 183.30 | 96.42 | 681.94 |
| 信　阳 | 638.54 | 859.80 | 132.37 | 149.50 | 49.30 | 403.10 |
| 周　口 | 879.54 | 1130.80 | 64.25 | 53.30 | 30.96 | 735.34 |
| 驻马店 | 691.61 | 896.00 | 89.78 | 80.60 | 46.36 | 458.54 |
| **湖北省** | | | | | | |
| 武　汉 | 1017.00 | 822.10 | 741.31 | 512.60 | 628.52 | 1197.31 |
| 黄　石 | 244.28 | 262.30 | 76.87 | 62.80 | 73.66 | 533.02 |
| 十　堰 | 336.70 | 346.70 | 79.11 | 54.30 | 57.57 | 142.19 |
| 宜　昌 | 409.33 | 400.10 | 144.85 | 127.40 | 83.02 | 194.14 |
| 襄　樊 | 557.10 | 595.10 | 227.43 | 226.70 | 85.86 | 282.39 |
| 鄂　州 | 105.52 | 109.80 | 105.52 | 109.80 | 41.56 | 661.18 |
| 荆　门 | 288.62 | 300.80 | 74.55 | 67.50 | 48.49 | 232.68 |
| 孝　感 | 484.30 | 527.40 | 91.39 | 96.00 | 38.75 | 543.54 |
| 荆　州 | 573.94 | 661.00 | 121.71 | 111.90 | 72.76 | 407.08 |
| 黄　冈 | 625.20 | 750.20 | 36.91 | 35.60 | 30.32 | 358.14 |
| 咸　宁 | 248.00 | 300.50 | 51.56 | 62.40 | 39.34 | 247.33 |
| 随　州 | 217.91 | 257.60 | 60.50 | 49.90 | 49.20 | 226.14 |
| **湖南省** | | | | | | |
| 长　沙 | 718.40 | 662.80 | 369.39 | 299.30 | 316.53 | 607.99 |

续表

| 地区 | 全市常住人口 | 全市年底户籍人口 | 市区常住人口 | 市区年底户籍人口 | 城区人口和暂住人口合计 | 全市常住人口密度 |
|---|---|---|---|---|---|---|
| 株　洲 | 392.06 | 399.60 | 119.50 | 95.10 | 105.40 | 348.12 |
| 湘　潭 | 279.03 | 289.90 | 105.67 | 87.70 | 78.62 | 557.17 |
| 衡　阳 | 722.42 | 785.90 | 114.42 | 93.10 | 113.60 | 472.08 |
| 邵　阳 | 718.53 | 808.30 | 76.05 | 69.10 | 72.56 | 344.95 |
| 岳　阳 | 554.12 | 560.00 | 124.54 | 108.50 | 65.80 | 372.94 |
| 常　德 | 578.25 | 607.20 | 142.62 | 139.20 | 68.50 | 318.12 |
| 张家界 | 150.73 | 170.90 | 51.05 | 52.60 | 22.32 | 158.39 |
| 益　阳 | 435.78 | 480.00 | 125.23 | 135.50 | 66.60 | 353.72 |
| 郴　州 | 464.89 | 512.10 | 84.17 | 73.70 | 59.92 | 240.36 |
| 永　州 | 529.24 | 622.60 | 104.19 | 114.70 | 52.44 | 237.75 |
| 娄　底 | 479.99 | 515.00 | 57.55 | 37.10 | 50.40 | 174.08 |
| 怀　化 | 382.29 | 438.60 | 50.33 | 47.60 | 47.50 | 470.98 |
| **广东省** | | | | | | |
| 广　州 | 1288.29 | 832.30 | 1122.52 | 686.60 | 1062.59 | 1732.97 |
| 韶　关 | 287.77 | 328.00 | 101.12 | 92.40 | 54.92 | 156.29 |
| 深　圳 | 1058.82 | 310.50 | 1058.82 | 310.50 | 1062.89 | 5302.06 |
| 珠　海 | 158.64 | 108.60 | 158.64 | 108.60 | 154.98 | 956.84 |
| 汕　头 | 546.35 | 540.00 | 540.25 | 532.50 | 251.08 | 2647.06 |
| 佛　山 | 727.88 | 381.60 | 727.88 | 381.60 | 215.58 | 1916.47 |
| 江　门 | 449.01 | 393.00 | 184.44 | 139.50 | 118.29 | 472.40 |
| 湛　江 | 713.82 | 804.20 | 164.47 | 159.20 | 86.03 | 538.28 |
| 茂　名 | 599.00 | 757.70 | 124.55 | 136.00 | 48.74 | 524.24 |
| 肇　庆 | 400.22 | 429.80 | 73.54 | 55.10 | 55.00 | 268.77 |
| 惠　州 | 468.70 | 343.40 | 239.54 | 138.80 | 152.79 | 413.21 |
| 梅　州 | 430.05 | 525.00 | 95.06 | 96.70 | 42.49 | 271.07 |
| 汕　尾 | 297.76 | 352.50 | 51.64 | 52.00 | 23.31 | 612.05 |
| 河　源 | 302.38 | 361.00 | 47.61 | 30.30 | 29.61 | 193.17 |
| 阳　江 | 247.48 | 285.10 | 70.03 | 68.60 | 39.79 | 311.06 |
| 清　远 | 377.85 | 409.80 | 154.21 | 134.20 | 44.70 | 198.49 |
| 东　莞 | 830.45 | 188.90 | 830.45 | 188.90 | 622.72 | 3375.81 |
| 中　山 | 316.45 | 154.10 | 316.45 | 154.10 | 69.59 | 1773.80 |
| 潮　州 | 270.60 | 267.20 | 181.06 | 162.60 | 36.02 | 860.15 |
| 揭　阳 | 597.54 | 682.70 | 192.96 | 205.10 | 212.18 | 1134.71 |
| 云　浮 | 242.25 | 290.30 | 32.24 | 31.10 | 21.45 | 311.17 |
| **广　西** | | | | | | |
| 南　宁 | 718.97 | 724.40 | 277.14 | 279.70 | 247.01 | 323.22 |
| 柳　州 | 384.02 | 372.40 | 156.82 | 115.70 | 159.12 | 206.50 |

续表

| 地区 | 全市常住人口 | 全市年底户籍人口 | 市区常住人口 | 市区年底户籍人口 | 城区人口和暂住人口合计 | 全市常住人口密度 |
|---|---|---|---|---|---|---|
| 桂　林 | 485.99 | 521.80 | 102.33 | 76.70 | 82.30 | 174.50 |
| 梧　州 | 294.19 | 336.20 | 66.47 | 52.10 | 42.34 | 233.71 |
| 北　海 | 157.86 | 169.40 | 68.75 | 63.60 | 40.99 | 473.06 |
| 防城港 | 89.30 | 93.00 | 53.61 | 55.30 | 16.38 | 143.15 |
| 钦　州 | 314.63 | 396.50 | 121.82 | 146.30 | 30.86 | 258.87 |
| 贵　港 | 420.35 | 538.20 | 152.95 | 195.30 | 39.48 | 396.49 |
| 玉　林 | 561.37 | 700.90 | 119.15 | 106.40 | 66.20 | 437.75 |
| 百　色 | 353.16 | 411.70 | 38.30 | 35.40 | 24.70 | 97.55 |
| 贺　州 | 199.36 | 233.60 | 102.87 | 114.40 | 28.33 | 169.63 |
| 河　池 | 342.37 | 413.70 | 33.70 | 33.50 | 23.42 | 102.27 |
| 来　宾 | 214.20 | 255.60 | 93.41 | 104.50 | 30.70 | 159.75 |
| 崇　左 | 202.39 | 246.50 | 32.73 | 36.60 | 16.63 | 116.78 |
| **海南省** | | | | | | |
| 海　口 | 213.78 | 163.20 | 213.78 | 163.20 | 125.70 | 927.44 |
| 三　亚 | 57.47 | 57.70 | 57.47 | 57.70 | 33.50 | 299.48 |
| **重　庆** | 2957.52 | 3358.40 | 1797.35 | 1787.00 | 1133.00 | 359.04 |
| **四川省** | | | | | | |
| 成　都 | 1423.78 | 1188.00 | 777.82 | 564.90 | 469.50 | 1173.47 |
| 自　贡 | 272.57 | 329.70 | 136.71 | 151.30 | 111.65 | 622.17 |
| 攀枝花 | 123.21 | 112.00 | 79.98 | 68.70 | 66.30 | 166.48 |
| 泸　州 | 424.79 | 508.40 | 140.45 | 149.50 | 114.80 | 347.17 |
| 德　阳 | 352.75 | 392.00 | 74.10 | 68.80 | 51.58 | 596.87 |
| 绵　阳 | 492.01 | 547.40 | 135.69 | 125.40 | 118.19 | 242.99 |
| 广　元 | 253.75 | 310.20 | 89.29 | 93.50 | 37.38 | 155.57 |
| 遂　宁 | 327.14 | 379.40 | 109.41 | 151.60 | 71.19 | 614.34 |
| 内　江 | 372.14 | 426.80 | 126.73 | 142.80 | 60.69 | 691.07 |
| 乐　山 | 325.50 | 356.00 | 122.54 | 116.10 | 56.17 | 255.84 |
| 南　充 | 630.87 | 759.00 | 191.49 | 196.70 | 106.00 | 505.63 |
| 眉　山 | 297.24 | 352.20 | 83.01 | 87.20 | 32.96 | 416.31 |
| 宜　宾 | 446.25 | 550.40 | 118.10 | 126.50 | 60.94 | 336.26 |
| 广　安 | 322.04 | 470.40 | 86.27 | 126.80 | 34.07 | 507.87 |
| 达　州 | 550.29 | 687.60 | 56.82 | 59.50 | 62.39 | 331.74 |
| 雅　安 | 153.01 | 157.00 | 62.16 | 62.40 | 25.86 | 101.69 |
| 巴　中 | 331.27 | 390.20 | 130.05 | 136.20 | 35.00 | 269.48 |
| 资　阳 | 357.99 | 507.30 | 88.15 | 110.40 | 32.70 | 449.73 |
| **贵州省** | | | | | | |
| 贵　阳 | 448.68 | 379.10 | 318.23 | 227.90 | 265.36 | 557.85 |

续表

| 地区 | 全市常住人口 | 全市年底户籍人口 | 市区常住人口 | 市区年底户籍人口 | 城区人口和暂住人口合计 | 全市常住人口密度 |
|---|---|---|---|---|---|---|
| 六盘水 | 286.68 | 325.40 | 59.42 | 47.10 | 31.62 | 289.17 |
| 遵　义 | 612.98 | 778.50 | 112.45 | 88.30 | 75.89 | 199.26 |
| 安　顺 | 229.19 | 285.60 | 76.35 | 88.30 | 51.87 | 247.32 |
| 云南省 | | | | | | |
| 昆　明 | 655.61 | 546.80 | 391.95 | 274.60 | 373.84 | 312.01 |
| 曲　靖 | 595.49 | 641.90 | 75.80 | 71.90 | 57.30 | 206.02 |
| 玉　溪 | 233.50 | 214.70 | 50.20 | 43.30 | 30.10 | 152.76 |
| 保　山 | 254.71 | 256.90 | 95.10 | 91.70 | 27.70 | 129.71 |
| 昭　通 | 531.89 | 586.50 | 80.58 | 85.80 | 27.39 | 237.03 |
| 丽　江 | 126.55 | 120.10 | 21.42 | 15.20 | 13.63 | 59.64 |
| 思　茅 | 257.95 | 258.40 | 30.74 | 30.80 | 22.20 | 56.84 |
| 临　沧 | 247.10 | 236.40 | 32.88 | 32.00 | 16.76 | 104.62 |
| 西　藏 | | | | | | |
| 拉　萨 | 59.01 | 60.10 | 19.85 | 30.00 | 51.40 | 19.99 |
| 陕西省 | | | | | | |
| 西　安 | 857.05 | 806.90 | 657.83 | 580.60 | 390.92 | 848.81 |
| 铜　川 | 84.18 | 85.60 | 74.94 | 76.10 | 40.35 | 213.82 |
| 宝　鸡 | 374.07 | 385.60 | 144.70 | 143.50 | 80.80 | 206.47 |
| 咸　阳 | 493.54 | 533.20 | 95.20 | 92.20 | 93.81 | 484.38 |
| 渭　南 | 532.64 | 569.80 | 88.83 | 99.40 | 44.00 | 405.54 |
| 延　安 | 220.21 | 237.80 | 46.92 | 46.90 | 39.82 | 59.46 |
| 汉　中 | 342.17 | 386.20 | 53.69 | 56.80 | 38.89 | 125.40 |
| 榆　林 | 336.36 | 377.00 | 64.24 | 55.40 | 38.00 | 77.19 |
| 安　康 | 263.56 | 308.30 | 87.19 | 102.50 | 32.16 | 111.98 |
| 商　洛 | 234.40 | 250.60 | 53.23 | 55.40 | 15.70 | 121.50 |
| 甘肃省 | | | | | | |
| 兰　州 | 363.60 | 368.60 | 284.65 | 247.10 | 196.76 | 277.86 |
| 嘉峪关 | 23.48 | 20.00 | 23.48 | 20.00 | 24.42 | 80.01 |
| 金　昌 | 46.80 | 46.90 | 23.08 | 23.10 | 18.62 | 52.61 |
| 白　银 | 171.57 | 177.00 | 50.45 | 48.90 | 41.67 | 81.09 |
| 天　水 | 328.75 | 378.00 | 120.85 | 133.10 | 68.34 | 230.27 |
| 酒　泉 | 181.02 | 188.50 | 100.73 | 101.60 | 32.30 | 54.46 |
| 张　掖 | 120.91 | 131.30 | 51.12 | 51.90 | 18.82 | 28.84 |
| 武　威 | 208.43 | 231.90 | 57.83 | 51.40 | 30.30 | 186.60 |
| 平　凉 | 110.51 | 110.80 | 43.47 | 40.90 | 35.16 | 5.70 |
| 西　峰 | 222.06 | 264.10 | 38.13 | 37.70 | 18.75 | 81.88 |
| 定　西 | 276.98 | 300.10 | 42.39 | 46.60 | 17.96 | 136.24 |

续表

| 地区 | 全市常住人口 | 全市年底户籍人口 | 市区常住人口 | 市区年底户籍人口 | 城区人口和暂住人口合计 | 全市常住人口密度 |
|---|---|---|---|---|---|---|
| 陇　南 | 257.24 | 282.80 | 56.11 | 56.00 | 15.27 | 92.40 |
| 青海省 | | | | | | |
| 西　宁 | 225.75 | 226.80 | 123.18 | 123.90 | 123.78 | 295.14 |
| 宁　夏 | | | | | | |
| 银　川 | 206.45 | 172.60 | 133.53 | 103.40 | 129.37 | 228.75 |
| 石嘴山 | 75.06 | 76.60 | 48.80 | 45.50 | 47.50 | 141.36 |
| 吴　忠 | 132.19 | 143.70 | 39.25 | 40.00 | 20.62 | 78.89 |
| 固　原 | 125.42 | 154.20 | 42.15 | 46.50 | 26.65 | 96.13 |
| 中　卫 | 111.61 | 121.50 | 39.24 | 40.50 | 20.90 | 63.96 |
| 新　疆 | | | | | | |
| 乌鲁木齐 | 340.50 | 262.90 | 337.08 | 256.80 | 304.51 | 246.95 |
| 克拉玛依 | 57.21 | 37.90 | 57.21 | 37.90 | 36.38 | 73.96 |

数据来源：国家统计局。

**表 2－99　　2013 年 286 城市市区城乡居民储蓄情况**

单位：亿元，元

| 地区 | 年底储蓄余额 | 人均年底储蓄余额 | 地区 | 年底储蓄余额 | 人均年底储蓄余额 |
|---|---|---|---|---|---|
| 北　京 | 22539.48 | 111974.89 | 河南省 | | |
| 天　津 | 7612.31 | 57675.89 | 郑　州 | 3427.27 | 69246.47 |
| 河北省 | | | 开　封 | 346.82 | 33371.61 |
| 石家庄 | 2338.76 | 77766.85 | 洛　阳 | 972.66 | 46505.72 |
| 唐　山 | 2073.93 | 84178.52 | 平顶山 | 501.01 | 46198.56 |
| 秦皇岛 | 845.33 | 78561.73 | 安　阳 | 372.23 | 30897.40 |
| 邯　郸 | 891.04 | 50675.97 | 鹤　壁 | 147.92 | 23632.70 |
| 邢　台 | 481.41 | 52518.72 | 新　乡 | 381.33 | 35397.06 |
| 保　定 | 766.90 | 64504.76 | 焦　作 | 311.60 | 31695.67 |
| 张家口 | 603.83 | 54837.40 | 濮　阳 | 348.51 | 50851.06 |
| 承　德 | 380.10 | 58551.74 | 许　昌 | 262.32 | 52062.99 |
| 沧　州 | 435.10 | 71222.80 | 漯　河 | 288.03 | 20152.70 |
| 廊　坊 | 555.83 | 62546.90 | 三门峡 | 152.19 | 47650.02 |
| 衡　水 | 354.20 | 62803.65 | 南　阳 | 486.73 | 26741.16 |
| 山西省 | | | 商　丘 | 338.86 | 20190.23 |
| 太　原 | 3049.98 | 87586.00 | 信　阳 | 386.86 | 29225.41 |
| 大　同 | 1053.09 | 57910.58 | 周　口 | 177.51 | 27628.66 |
| 阳　泉 | 414.65 | 59067.64 | 驻马店 | 253.84 | 28273.40 |

续表

| 地区 | 年底储蓄余额 | 人均年底储蓄余额 |
|---|---|---|
| 长　治 | 529.25 | 67401.38 |
| 晋　城 | 464.51 | 95981.47 |
| 朔　州 | 371.48 | 118127.72 |
| 晋　中 | 365.86 | 56640.68 |
| 运　城 | 225.22 | 32687.70 |
| 忻　州 | 303.42 | 54743.56 |
| 临　汾 | 431.56 | 45077.16 |
| 吕　梁 | 190.65 | 58528.21 |
| **内蒙古** | | |
| 呼和浩特 | 1266.35 | 60127.63 |
| 包　头 | 1056.14 | 49427.09 |
| 乌　海 | 299.05 | 54298.84 |
| 赤　峰 | 459.85 | 33453.89 |
| 通　辽 | 239.05 | 22030.85 |
| 鄂尔多斯 | 555.44 | 91960.45 |
| 呼伦贝尔 | 205.11 | 50647.94 |
| 巴彦淖尔 | 166.30 | 30292.02 |
| 乌兰察布 | 169.11 | 53195.38 |
| **辽宁省** | | |
| 沈　阳 | 4418.60 | 67929.08 |
| 大　连 | 3489.89 | — |
| 鞍　山 | 991.43 | 65377.03 |
| 抚　顺 | 709.17 | 48490.11 |
| 本　溪 | 493.89 | 44386.83 |
| 丹　东 | 499.14 | 63632.93 |
| 锦　州 | 598.80 | 61272.26 |
| 营　口 | 576.36 | 62794.92 |
| 阜　新 | 366.24 | 46863.28 |
| 辽　阳 | 510.20 | 54937.53 |
| 盘　锦 | 594.11 | 79691.96 |
| 铁　岭 | 325.93 | 74104.00 |
| 朝　阳 | — | — |
| 葫芦岛 | 387.29 | 40468.98 |
| **吉林省** | | |
| 长　春 | 2556.95 | 70362.80 |
| **湖北省** | | |
| 武　汉 | 4483.41 | 60479.26 |
| 黄　石 | 332.61 | 43269.35 |
| 十　堰 | 374.45 | 47332.68 |
| 宜　昌 | 620.56 | 42841.68 |
| 襄　樊 | 695.41 | 30576.30 |
| 鄂　州 | 236.75 | 22435.60 |
| 荆　门 | 263.56 | 35353.08 |
| 孝　感 | 276.80 | 30285.99 |
| 荆　州 | 424.85 | 34906.44 |
| 黄　冈 | 136.04 | 36858.22 |
| 咸　宁 | 134.81 | 26146.05 |
| 随　州 | 298.60 | 49355.19 |
| **湖南省** | | |
| 长　沙 | 2718.42 | 73591.98 |
| 株　洲 | 702.00 | 58744.93 |
| 湘　潭 | 462.91 | 43807.24 |
| 衡　阳 | 573.85 | 50152.89 |
| 邵　阳 | 241.87 | 31803.64 |
| 岳　阳 | 403.58 | 32405.77 |
| 常　德 | 409.53 | 28714.77 |
| 张家界 | 120.36 | 23576.85 |
| 益　阳 | 308.09 | 24601.52 |
| 郴　州 | 352.80 | 41915.01 |
| 永　州 | 246.33 | 23642.34 |
| 娄　底 | 226.84 | 39416.22 |
| 怀　化 | 195.55 | 38853.54 |
| **广东省** | | |
| 广　州 | 11749.67 | 104672.29 |
| 韶　关 | 394.59 | 39020.34 |
| 深　圳 | 9289.37 | 87733.18 |
| 珠　海 | 1340.62 | 84504.79 |
| 汕　头 | 1663.25 | 30786.42 |
| 佛　山 | 5602.58 | 76971.61 |
| 江　门 | 1030.85 | 55890.62 |

续表

| 地区 | 年底储蓄余额 | 人均年底储蓄余额 | 地区 | 年底储蓄余额 | 人均年底储蓄余额 |
|---|---|---|---|---|---|
| 吉　林 | 882.99 | 48495.62 | 湛　江 | 711.40 | 43252.87 |
| 四　平 | 237.50 | 40322.56 | 茂　名 | 336.44 | 27013.62 |
| 辽　源 | 159.40 | 27686.75 | 肇　庆 | 368.28 | 50082.31 |
| 通　化 | 174.85 | 39510.71 | 惠　州 | 997.53 | 41643.33 |
| 白　山 | 190.67 | 32565.26 | 梅　州 | 354.66 | 37309.52 |
| 松　原 | 200.53 | 34567.81 | 汕　尾 | 89.85 | 17400.50 |
| 白　城 | 132.94 | 26272.79 | 河　源 | 154.40 | 32425.90 |
| **黑龙江省** | | | 阳　江 | 241.96 | 34550.05 |
| 哈尔滨 | 2965.43 | 62610.62 | 清　远 | 416.51 | 27009.12 |
| 齐齐哈尔 | 553.79 | 39909.94 | 东　莞 | 4476.43 | 53903.69 |
| 鸡　西 | 319.03 | 37381.12 | 中　山 | 1932.67 | 61074.40 |
| 鹤　岗 | 256.05 | 38202.30 | 潮　州 | 520.15 | 28727.54 |
| 双鸭山 | 183.10 | 36900.54 | 揭　阳 | 463.97 | 24044.44 |
| 大　庆 | 1013.39 | 74565.92 | 云　浮 | 152.15 | 47191.64 |
| 伊　春 | 243.99 | 30802.22 | **广　西** | | |
| 佳木斯 | 343.72 | 43035.76 | 南　宁 | 1840.09 | 66395.67 |
| 七台河 | 175.55 | 30804.63 | 柳　州 | 662.13 | 42222.70 |
| 牡丹江 | 404.55 | 41767.00 | 桂　林 | 539.50 | 52723.97 |
| 黑　河 | 101.65 | 80845.98 | 梧　州 | 187.87 | 28263.75 |
| 绥　化 | 171.34 | 31396.35 | 北　海 | 266.99 | 38835.49 |
| **上　海** | 21185.69 | 91005.67 | 防城港 | 139.09 | 25945.38 |
| **江苏省** | | | 钦　州 | 226.02 | 18554.26 |
| 南　京 | 4883.29 | 59739.05 | 贵　港 | 254.96 | 16670.02 |
| 无　锡 | 2472.09 | 68694.92 | 玉　林 | 280.68 | 23556.78 |
| 徐　州 | 1183.39 | 36545.99 | 百　色 | 108.37 | 28293.73 |
| 常　州 | 2101.24 | 62333.26 | 贺　州 | 135.06 | 13128.70 |
| 苏　州 | 3286.88 | 60183.48 | 河　池 | 101.86 | 30230.67 |
| 南　通 | 1593.97 | 68520.97 | 来　宾 | 102.75 | 10999.42 |
| 连云港 | 365.41 | 33216.12 | 崇　左 | 51.16 | 15633.69 |
| 淮　安 | 554.81 | 20803.49 | **海南省** | | |
| 盐　城 | 483.61 | 29949.29 | 海　口 | 1062.10 | 49682.66 |
| 扬　州 | 1276.63 | 52854.66 | 三　亚 | 345.26 | 60077.41 |
| 镇　江 | 617.47 | 50567.52 | **重　庆** | 7128.58 | 39661.72 |
| 宿　迁 | 767.86 | 47533.94 | **四川省** | | |
| 泰　州 | 250.01 | 16662.15 | 成　都 | — | — |

续表

| 地区 | 年底储蓄余额 | 人均年底储蓄余额 | 地区 | 年底储蓄余额 | 人均年底储蓄余额 |
|---|---|---|---|---|---|
| 浙江省 | | | 自　贡 | 345.23 | 25252.56 |
| 杭　州 | 5382.55 | 84915.48 | 攀枝花 | 323.75 | 40478.19 |
| 宁　波 | 2591.53 | 7372.65 | 泸　州 | 475.45 | 33851.67 |
| 温　州 | 1811.46 | — | 德　阳 | 339.62 | 45832.52 |
| 嘉　兴 | 708.06 | 58396.31 | 绵　阳 | 603.73 | 44495.07 |
| 湖　州 | 644.12 | 49517.43 | 广　元 | 240.70 | 26957.66 |
| 绍　兴 | 1745.54 | — | 遂　宁 | 262.33 | 23977.17 |
| 金　华 | 522.04 | 55389.72 | 内　江 | 301.82 | 23815.92 |
| 衢　州 | 231.26 | 27743.21 | 乐　山 | 427.32 | 34871.80 |
| 舟　山 | 434.67 | — | 南　充 | 511.69 | 26721.68 |
| 台　州 | 1169.52 | — | 眉　山 | 296.78 | 35751.61 |
| 丽　水 | 218.86 | 47615.19 | 宜　宾 | 316.61 | 26808.51 |
| 安徽省 | | | 广　安 | 273.76 | 31732.68 |
| 合　肥 | 1597.57 | 42375.91 | 达　州 | 303.70 | 53453.45 |
| 芜　湖 | 524.71 | 36629.97 | 雅　安 | 176.50 | 28396.67 |
| 蚌　埠 | 345.29 | — | 巴　中 | 178.56 | 13730.16 |
| 淮　南 | 540.59 | 31679.57 | 资　阳 | 216.11 | 24516.13 |
| 马鞍山 | 427.08 | 51828.61 | 贵州省 | | |
| 淮　北 | 306.81 | 29063.43 | 贵　阳 | 1642.05 | 51599.06 |
| 铜　陵 | 229.37 | 49316.14 | 六盘水 | 199.06 | 33503.09 |
| 安　庆 | 330.66 | 45101.62 | 遵　义 | 387.89 | 34495.12 |
| 黄　山 | 195.06 | 42478.70 | 安　顺 | 154.30 | 20208.87 |
| 滁　州 | 192.17 | 33392.62 | 云南省 | | |
| 阜　阳 | 408.86 | 20368.73 | 昆　明 | 2822.35 | 72008.42 |
| 宿　州 | 318.19 | 15700.70 | 曲　靖 | 297.71 | 39276.09 |
| 六　安 | 334.11 | 17712.34 | 玉　溪 | 254.52 | 50701.88 |
| 亳　州 | 220.97 | 13280.63 | 保　山 | 128.95 | 13559.36 |
| 池　州 | 177.52 | 26469.87 | 昭　通 | 118.06 | 14650.62 |
| 宣　城 | 171.50 | 19789.71 | 丽　江 | 113.63 | 53046.16 |
| 福建省 | | | 思　茅 | 91.41 | 29735.34 |
| 福　州 | 2018.96 | 67267.27 | 临　沧 | 56.89 | 17304.21 |
| 厦　门 | 1950.10 | 52705.56 | 西　藏 | | |
| 莆　田 | 594.43 | 29991.60 | 拉　萨 | — | — |
| 三　明 | 157.76 | 41736.21 | 陕西省 | | |
| 泉　州 | 680.85 | 46522.35 | 西　安 | 4944.51 | 75164.15 |

续表

| 地区 | 年底储蓄余额 | 人均年底储蓄余额 | 地区 | 年底储蓄余额 | 人均年底储蓄余额 |
|---|---|---|---|---|---|
| 漳　州 | 311.79 | 40820.47 | 铜　川 | 197.28 | 26323.46 |
| 南　平 | 148.49 | 31661.28 | 宝　鸡 | 582.08 | 40226.91 |
| 龙　岩 | 271.31 | 39434.68 | 咸　阳 | 473.18 | 49704.01 |
| 宁　德 | 92.76 | 21148.59 | 渭　南 | 230.63 | 25963.99 |
| 江西省 | | | 延　安 | 255.91 | 54538.62 |
| 南　昌 | 1516.73 | 54356.35 | 汉　中 | 263.39 | 49057.49 |
| 景德镇 | 222.97 | 45879.45 | 榆　林 | 301.10 | 46867.69 |
| 萍　乡 | 270.84 | 31152.74 | 安　康 | 232.70 | 26688.02 |
| 九　江 | 327.88 | 45723.35 | 商　洛 | 139.04 | 26120.19 |
| 新　余 | 279.15 | 32599.79 | 甘肃省 | | |
| 鹰　潭 | 107.78 | 49637.56 | 兰　州 | 1803.14 | 63346.83 |
| 赣　州 | 366.28 | 49702.66 | 嘉峪关 | 118.61 | 50511.02 |
| 吉　安 | 205.04 | 37340.49 | 金　昌 | 103.75 | 44940.77 |
| 宜　春 | 203.48 | 19241.81 | 白　银 | 170.22 | 33740.91 |
| 抚　州 | 261.20 | 23687.72 | 天　水 | 422.52 | 34962.46 |
| 上　饶 | 191.49 | 45397.20 | 酒　泉 | 250.55 | 24873.81 |
| 山东省 | | | 张　掖 | 141.34 | 27648.84 |
| 济　南 | 2746.50 | 61553.90 | 武　威 | 136.49 | 23600.42 |
| 青　岛 | 2964.89 | 62128.59 | 平　凉 | 161.41 | 37131.84 |
| 淄　博 | 1570.31 | 55752.72 | 西　峰 | 126.43 | 33158.31 |
| 枣　庄 | 480.77 | 22571.60 | 定　西 | 81.87 | 19314.89 |
| 东　营 | 731.45 | 71309.34 | 陇　南 | 77.87 | 13878.18 |
| 烟　台 | 1346.67 | 74428.19 | 青海省 | | |
| 潍　坊 | 879.05 | 42282.26 | 西　宁 | 852.61 | 69214.24 |
| 济　宁 | 763.51 | 39499.25 | 宁　夏 | | |
| 泰　安 | 599.84 | 34204.29 | 银　川 | 799.88 | 59901.40 |
| 威　海 | 538.17 | — | 石嘴山 | 227.93 | 46707.40 |
| 日　照 | 463.48 | 33219.85 | 吴　忠 | 121.51 | 30960.17 |
| 莱　芜 | 417.86 | 31582.13 | 固　原 | 67.76 | 16076.64 |
| 临　沂 | 952.75 | 35917.55 | 中　卫 | 84.97 | 21656.83 |
| 德　州 | 349.28 | 50788.03 | 新　疆 | | |
| 聊　城 | 372.01 | 32135.88 | 乌鲁木齐 | 1879.38 | 55754.93 |
| 滨　州 | 242.33 | 35097.16 | 克拉玛依 | 236.32 | 41310.40 |
| 菏　泽 | 337.23 | 24809.06 | | | |

数据来源：国家统计局。

**表 2－100　　2013 年 286 城市市区职工年平均工资**

单位：元

| 地区 | 职工年平均工资 | 地区 | 职工年平均工资 | 地区 | 职工年平均工资 |
|---|---|---|---|---|---|
| **北　京** | 95030 | **安徽省** | | **广东省** | |
| **天　津** | 69254 | 合　肥 | 56648 | 广　州 | 75578 |
| **河北省** | | 芜　湖 | 45936 | 韶　关 | 49217 |
| 石家庄 | 48814 | 蚌　埠 | 42745 | 深　圳 | 77749 |
| 唐　山 | 46402 | 淮　南 | 57143 | 珠　海 | 56240 |
| 秦皇岛 | 53537 | 马鞍山 | 57598 | 汕　头 | 42698 |
| 邯　郸 | 45247 | 淮　北 | — | 佛　山 | 50355 |
| 邢　台 | 48619 | 铜　陵 | 49262 | 江　门 | 47284 |
| 保　定 | 41789 | 安　庆 | 36610 | 湛　江 | 50814 |
| 张家口 | 39660 | 黄　山 | 44460 | 茂　名 | 50564 |
| 承　德 | 45869 | 滁　州 | 47240 | 肇　庆 | 45591 |
| 沧　州 | 44908 | 阜　阳 | 40461 | 惠　州 | 49298 |
| 廊　坊 | 58426 | 宿　州 | 40091 | 梅　州 | 51435 |
| 衡　水 | 43835 | 六　安 | 42893 | 汕　尾 | 43309 |
| **山西省** | | 亳　州 | 40135 | 河　源 | 46405 |
| 太　原 | 49147 | 池　州 | 41667 | 阳　江 | 44071 |
| 大　同 | 45210 | 宣　城 | — | 清　远 | 47523 |
| 阳　泉 | 38963 | **福建省** | | 东　莞 | 42870 |
| 长　治 | 12712 | 福　州 | 53735 | 中　山 | 48450 |
| 晋　城 | 26468 | 厦　门 | 58005 | 潮　州 | 40360 |
| 朔　州 | 29668 | 莆　田 | 44352 | 揭　阳 | 39549 |
| 晋　中 | 12386 | 三　明 | 53293 | 云　浮 | 49600 |
| 运　城 | 10325 | 泉　州 | 46481 | **广　西** | |
| 忻　州 | 9394 | 漳　州 | 57387 | 南　宁 | 52384 |
| 临　汾 | 10336 | 南　平 | 49040 | 柳　州 | 48231 |
| 吕　梁 | 5742 | 龙　岩 | 51593 | 桂　林 | 45431 |
| **内蒙古** | | 宁　德 | 54123 | 梧　州 | 35373 |
| 呼和浩特 | 51813 | **江西省** | | 北　海 | 43004 |
| 包　头 | 52720 | 南　昌 | 49570 | 防城港 | 42067 |
| 乌　海 | 53198 | 景德镇 | 38640 | 钦　州 | 42783 |
| 赤　峰 | 54510 | 萍　乡 | 41476 | 贵　港 | 44775 |
| 通　辽 | 46742 | 九　江 | 49292 | 玉　林 | 44033 |
| 鄂尔多斯 | 80314 | 新　余 | 43760 | 百　色 | 41219 |
| 呼伦贝尔 | 53959 | 鹰　潭 | 40317 | 贺　州 | 44613 |
| 巴彦淖尔 | 49266 | 赣　州 | 49384 | 河　池 | 44539 |

续表

| 地区 | 职工年平均工资 | 地区 | 职工年平均工资 | 地区 | 职工年平均工资 |
| --- | --- | --- | --- | --- | --- |
| 乌兰察布 | 41090 | 吉　安 | 40111 | 来　宾 | 41291 |
| **辽宁省** | | 宜　春 | 44655 | 崇　左 | 38534 |
| 沈　阳 | 53752 | 抚　州 | 41502 | **重　庆** | 52690 |
| 大　连 | 63030 | 上　饶 | 43253 | **四川省** | |
| 鞍　山 | 41912 | **山东省** | | 成　都 | 61821 |
| 抚　顺 | 44178 | 济　南 | 59446 | 自　贡 | 46828 |
| 本　溪 | 42248 | 青　岛 | 60610 | 攀枝花 | 52404 |
| 丹　东 | 30049 | 淄　博 | 48830 | 泸　州 | 45963 |
| 锦　州 | 44085 | 枣　庄 | 44136 | 德　阳 | 56558 |
| 营　口 | 40690 | 东　营 | 63741 | 绵　阳 | 54925 |
| 阜　新 | 41350 | 烟　台 | 52046 | 广　元 | 44794 |
| 辽　阳 | 43067 | 潍　坊 | 48739 | 遂　宁 | 45605 |
| 盘　锦 | 58484 | 济　宁 | 43085 | 内　江 | 45674 |
| 铁　岭 | 39651 | 泰　安 | 44156 | 乐　山 | 44002 |
| 朝　阳 | 39479 | 威　海 | 44765 | 南　充 | 44062 |
| 葫芦岛 | 42539 | 日　照 | 47320 | 眉　山 | 39133 |
| **吉林省** | | 莱　芜 | 47479 | 宜　宾 | 48891 |
| 长　春 | 55287 | 临　沂 | 46950 | 广　安 | 47876 |
| 吉　林 | 45361 | 德　州 | 41235 | 达　州 | 44788 |
| 四　平 | 38552 | 聊　城 | 43925 | 雅　安 | 43520 |
| 辽　源 | 37171 | 滨　州 | 48057 | 巴　中 | 35431 |
| 通　化 | 37056 | 菏　泽 | 37284 | 资　阳 | 42158 |
| 白　山 | 34949 | **河南省** | | **贵州省** | |
| 松　原 | 51957 | 郑　州 | 48559 | 贵　阳 | 68592 |
| 白　城 | 31807 | 开　封 | 35801 | 六盘水 | 50422 |
| **黑龙江省** | | 洛　阳 | 46819 | 遵　义 | 49981 |
| 哈尔滨 | 50937 | 平顶山 | 45625 | 安　顺 | 45599 |
| 齐齐哈尔 | 41577 | 安　阳 | 39012 | **云南省** | |
| 鸡　西 | 43893 | 鹤　壁 | 36377 | 昆　明 | 50616 |
| 鹤　岗 | 41721 | 新　乡 | 38330 | 曲　靖 | 40394 |
| 双鸭山 | 43387 | 焦　作 | 42373 | 玉　溪 | 49177 |
| 大　庆 | 69648 | 濮　阳 | 41033 | 保　山 | 40679 |
| 伊　春 | 25546 | 许　昌 | 41920 | 昭　通 | 48896 |
| 佳木斯 | 43187 | 漯　河 | 34470 | 丽　江 | 41999 |
| 七台河 | 40656 | 三门峡 | 46149 | 思　茅 | 34998 |
| 牡丹江 | 48655 | 南　阳 | 41542 | 临　沧 | 40404 |
| 黑　河 | 44298 | 商　丘 | 34641 | **西　藏** | |

续表

| 地区 | 职工年平均工资 | 地区 | 职工年平均工资 | 地区 | 职工年平均工资 |
|---|---|---|---|---|---|
| 绥　化 | 30364 | 信　阳 | 34559 | 拉　萨 | — |
| **上　海** | 91889 | 周　口 | 46079 | **陕西省** | |
| **江苏省** | | 驻马店 | 33014 | 西　安 | 44454 |
| 南　京 | 66383 | **湖北省** | | 铜　川 | 45964 |
| 无　锡 | 60609 | 武　汉 | 55384 | 宝　鸡 | 46979 |
| 徐　州 | 51902 | 黄　石 | 35305 | 咸　阳 | 39871 |
| 常　州 | 77030 | 十　堰 | 38516 | 渭　南 | 44270 |
| 苏　州 | 63256 | 宜　昌 | 36704 | 延　安 | 59127 |
| 南　通 | 59756 | 襄　樊 | 40530 | 汉　中 | 42891 |
| 连云港 | 52057 | 鄂　州 | 29628 | 榆　林 | 58388 |
| 淮　安 | 47352 | 荆　门 | 42641 | 安　康 | 43309 |
| 盐　城 | 50327 | 孝　感 | 35515 | 商　洛 | 36030 |
| 扬　州 | 51504 | 荆　州 | 40972 | **甘肃省** | |
| 镇　江 | 57003 | 黄　冈 | 30517 | 兰　州 | 50019 |
| 宿　迁 | 48642 | 咸　宁 | 31385 | 嘉峪关 | 53397 |
| 泰　州 | 46063 | 随　州 | 34635 | 金　昌 | 54082 |
| **浙江省** | | **湖南省** | | 白　银 | 47668 |
| 杭　州 | 66424 | 长　沙 | 59214 | 天　水 | 37179 |
| 宁　波 | 67878 | 株　洲 | 51100 | 酒　泉 | 33399 |
| 温　州 | 67999 | 湘　潭 | 45862 | 张　掖 | 34461 |
| 嘉　兴 | 58549 | 衡　阳 | 43268 | 武　威 | 36998 |
| 湖　州 | 51914 | 邵　阳 | 37068 | 平　凉 | 39731 |
| 绍　兴 | 51032 | 岳　阳 | 36830 | 西　峰 | 52044 |
| 金　华 | 61154 | 常　德 | 43297 | 定　西 | 38407 |
| 衢　州 | 62939 | 张家界 | 39890 | 陇　南 | 41778 |
| 舟　山 | 64092 | 益　阳 | 38917 | **宁　夏** | |
| 台　州 | 51375 | 郴　州 | 46590 | 银　川 | 59495 |
| 丽　水 | 69618 | 永　州 | 39904 | 石嘴山 | 50330 |
| **海南省** | | 娄　底 | 43359 | 吴　忠 | 43124 |
| 海　口 | 45411 | 怀　化 | 41512 | 固　原 | 41218 |
| 三　亚 | 47716 | **新　疆** | | 中　卫 | 49340 |
| **青海省** | | 乌鲁木齐 | 56435 | | |
| 西　宁 | 44695 | 克拉玛依 | 84576 | | |

数据来源：国家统计局。

表 2-101　　2013 年 286 城市市区基本养老人数

单位：万人

| 地区 | 基本养老人数 | 地区 | 基本养老人数 | 地区 | 基本养老人数 |
|---|---|---|---|---|---|
| 北　京 | 1286.40 | 安徽省 | | 广东省 | |
| 天　津 | 520.67 | 合　肥 | 113.76 | 广　州 | — |
| 河北省 | | 芜　湖 | 38.84 | 韶　关 | 26.27 |
| 石家庄 | 134.47 | 蚌　埠 | 40.09 | 深　圳 | 813.90 |
| 唐　山 | 97.47 | 淮　南 | 27.18 | 珠　海 | 105.36 |
| 秦皇岛 | 52.99 | 马鞍山 | 45.67 | 汕　头 | 107.34 |
| 邯　郸 | 66.45 | 淮　北 | 34.07 | 佛　山 | 305.40 |
| 邢　台 | 28.45 | 铜　陵 | 22.36 | 江　门 | — |
| 保　定 | 19.97 | 安　庆 | 30.95 | 湛　江 | 50.97 |
| 张家口 | 35.18 | 黄　山 | 12.48 | 茂　名 | 54.75 |
| 承　德 | 26.84 | 滁　州 | 13.94 | 肇　庆 | 33.11 |
| 沧　州 | 32.28 | 阜　阳 | 19.35 | 惠　州 | 146.86 |
| 廊　坊 | 35.81 | 宿　州 | 15.59 | 梅　州 | 26.17 |
| 衡　水 | 18.81 | 六　安 | 14.84 | 汕　尾 | 13.49 |
| 山西省 | | 亳　州 | 7.08 | 河　源 | 17.22 |
| 太　原 | 125.48 | 池　州 | 6.27 | 阳　江 | 19.34 |
| 大　同 | 56.65 | 宣　城 | 6.71 | 清　远 | 39.71 |
| 阳　泉 | 23.76 | 福建省 | | 东　莞 | 521.91 |
| 长　治 | 26.13 | 福　州 | 117.15 | 中　山 | 190.05 |
| 晋　城 | 23.55 | 厦　门 | 222.30 | 潮　州 | 39.55 |
| 朔　州 | 9.75 | 莆　田 | 27.05 | 揭　阳 | 30.87 |
| 晋　中 | 15.34 | 三　明 | 16.83 | 云　浮 | 11.04 |
| 运　城 | 1.94 | 泉　州 | 42.99 | 广　西 | |
| 忻　州 | 8.02 | 漳　州 | 21.97 | 南　宁 | 74.00 |
| 临　汾 | 24.36 | 南　平 | 17.32 | 柳　州 | 65.73 |
| 吕　梁 | 2.99 | 龙　岩 | 17.51 | 桂　林 | 41.19 |
| 内蒙古 | | 宁　德 | 7.99 | 梧　州 | 19.12 |
| 呼和浩特 | 31.56 | 江西省 | | 北　海 | 12.12 |
| 包　头 | 76.10 | 南　昌 | 30.57 | 防城港 | 8.86 |
| 乌　海 | 16.26 | 景德镇 | 27.95 | 钦　州 | 5.53 |
| 赤　峰 | 6.93 | 萍　乡 | 25.12 | 贵　港 | 11.45 |
| 通　辽 | 10.46 | 九　江 | 29.81 | 玉　林 | 12.83 |
| 鄂尔多斯 | 11.91 | 新　余 | 24.44 | 百　色 | 2.15 |
| 呼伦贝尔 | 10.84 | 鹰　潭 | 7.09 | 贺　州 | 3.60 |
| 巴彦淖尔 | 7.53 | 赣　州 | 23.35 | 河　池 | 9.04 |

续表

| 地区 | 基本养老人数 | 地区 | 基本养老人数 | 地区 | 基本养老人数 |
|---|---|---|---|---|---|
| 乌兰察布 | 2. 52 | 吉　安 | 7. 73 | 来　宾 | 6. 49 |
| **辽宁省** | | 宜　春 | 7. 83 | 崇　左 | 3. 53 |
| 沈　阳 | 325. 45 | 抚　州 | 16. 56 | **重　庆** | 623. 96 |
| 大　连 | 160. 81 | 上　饶 | 6. 40 | **四川省** | |
| 鞍　山 | 59. 71 | **山东省** | | 成　都 | 224. 18 |
| 抚　顺 | 87. 50 | 济　南 | 201. 84 | 自　贡 | 41. 62 |
| 本　溪 | 79. 77 | 青　岛 | 279. 10 | 攀枝花 | 30. 93 |
| 丹　东 | 47. 82 | 淄　博 | 140. 21 | 泸　州 | 55. 19 |
| 锦　州 | 50. 50 | 枣　庄 | 43. 38 | 德　阳 | 35. 30 |
| 营　口 | 34. 56 | 东　营 | 28. 48 | 绵　阳 | 45. 55 |
| 阜　新 | 38. 68 | 烟　台 | 122. 73 | 广　元 | 21. 84 |
| 辽　阳 | 42. 38 | 潍　坊 | 62. 15 | 遂　宁 | 24. 02 |
| 盘　锦 | 31. 75 | 济　宁 | 60. 50 | 内　江 | 22. 80 |
| 铁　岭 | 2. 20 | 泰　安 | 51. 69 | 乐　山 | 44. 66 |
| 朝　阳 | 21. 15 | 威　海 | 53. 20 | 南　充 | 37. 77 |
| 葫芦岛 | 12. 64 | 日　照 | 33. 55 | 眉　山 | 11. 96 |
| **吉林省** | | 莱　芜 | 84. 75 | 宜　宾 | 39. 92 |
| 长　春 | 158. 18 | 临　沂 | 160. 71 | 广　安 | 7. 96 |
| 吉　林 | 71. 08 | 德　州 | 6. 82 | 达　州 | 6. 22 |
| 四　平 | 24. 93 | 聊　城 | 21. 31 | 雅　安 | 8. 19 |
| 辽　源 | 17. 57 | 滨　州 | 18. 62 | 巴　中 | 3. 83 |
| 通　化 | 21. 90 | 菏　泽 | 21. 46 | 资　阳 | 20. 30 |
| 白　山 | 10. 37 | **河南省** | | **贵州省** | |
| 松　原 | 16. 90 | 郑　州 | 160. 18 | 贵　阳 | 122. 53 |
| 白　城 | 12. 02 | 开　封 | 12. 81 | 六盘水 | 3. 68 |
| **黑龙江省** | | 洛　阳 | 76. 52 | 遵　义 | 19. 43 |
| 哈尔滨 | 104. 58 | 平顶山 | 47. 38 | 安　顺 | 8. 42 |
| 齐齐哈尔 | 27. 91 | 安　阳 | 46. 30 | **云南省** | |
| 鸡　西 | 17. 59 | 鹤　壁 | 11. 76 | 昆　明 | 139. 35 |
| 鹤　岗 | 10. 06 | 新　乡 | 52. 05 | 曲　靖 | 4. 61 |
| 双鸭山 | 1. 14 | 焦　作 | 29. 11 | 玉　溪 | 5. 22 |
| 大　庆 | 34. 58 | 濮　阳 | 13. 14 | 保　山 | 3. 62 |
| 伊　春 | 26. 58 | 许　昌 | 21. 99 | 昭　通 | 1. 64 |
| 佳木斯 | 15. 57 | 漯　河 | 21. 21 | 丽　江 | 1. 88 |
| 七台河 | 22. 55 | 三门峡 | 12. 34 | 思　茅 | 5. 39 |
| 牡丹江 | 19. 44 | 南　阳 | 31. 00 | 临　沧 | 3. 62 |

续表

| 地区 | 基本养老人数 | 地区 | 基本养老人数 | 地区 | 基本养老人数 |
|---|---|---|---|---|---|
| 黑　河 | 3.00 | 商　丘 | 18.87 | **西　藏** | |
| 绥　化 | 3.07 | 信　阳 | 14.40 | 拉　萨 | — |
| **上　海** | 13429.80 | 周　口 | 6.03 | **陕西省** | |
| **江苏省** | | 驻马店 | 11.79 | 西　安 | 276.51 |
| 南　京 | 358.35 | **湖北省** | | 铜　川 | 16.88 |
| 无　锡 | 185.63 | 武　汉 | 325.17 | 宝　鸡 | 36.00 |
| 徐　州 | 72.14 | 黄　石 | 40.14 | 咸　阳 | 10.18 |
| 常　州 | 98.76 | 十　堰 | 17.95 | 渭　南 | 15.09 |
| 苏　州 | 249.99 | 宜　昌 | 55.09 | 延　安 | 15.57 |
| 南　通 | 127.85 | 襄　樊 | 52.14 | 汉　中 | 17.40 |
| 连云港 | 42.88 | 鄂　州 | 42.39 | 榆　林 | 10.20 |
| 淮　安 | 52.39 | 荆　门 | 34.88 | 安　康 | 10.20 |
| 盐　城 | 43.72 | 孝　感 | 14.63 | 商　洛 | 33.55 |
| 扬　州 | 37.84 | 荆　州 | 37.58 | **甘肃省** | |
| 镇　江 | 54.32 | 黄　冈 | 12.92 | 兰　州 | 37.58 |
| 宿　迁 | 117.53 | 咸　宁 | 12.16 | 嘉峪关 | 9.37 |
| 泰　州 | 19.43 | 随　州 | 3.36 | 金　昌 | 2.84 |
| **浙江省** | | **湖南省** | | 白　银 | 5.74 |
| 杭　州 | 435.65 | 长　沙 | 151.24 | 天　水 | 1.94 |
| 宁　波 | 306.92 | 株　洲 | 34.78 | 酒　泉 | 3.61 |
| 温　州 | 95.34 | 湘　潭 | 21.61 | 张　掖 | 6.98 |
| 嘉　兴 | 58.56 | 衡　阳 | 34.60 | 武　威 | 2.25 |
| 湖　州 | 44.82 | 邵　阳 | 17.99 | 平　凉 | 2.71 |
| 绍　兴 | 140.68 | 岳　阳 | 28.47 | 西　峰 | 3.50 |
| 金　华 | 33.66 | 常　德 | 46.26 | 定　西 | 1.94 |
| 衢　州 | 25.88 | 张家界 | 5.88 | 陇　南 | 0.68 |
| 舟　山 | 31.17 | 益　阳 | 12.31 | **宁　夏** | |
| 台　州 | 59.79 | 郴　州 | 18.94 | 银　川 | 49.38 |
| 丽　水 | 14.69 | 永　州 | 18.74 | 石嘴山 | 15.55 |
| **海南省** | | 娄　底 | 8.43 | 吴　忠 | 8.46 |
| 海　口 | 46.95 | 怀　化 | 9.98 | 固　原 | 3.97 |
| 三　亚 | 16.50 | **新　疆** | | 中　卫 | 7.82 |
| **青海省** | | 乌鲁木齐 | 83.39 | | |
| 西　宁 | 27.94 | 克拉玛依 | 23.84 | | |

**表 2－102　国家新型城镇化综合试点各区域城镇化率现状及规划城镇化率目标**

单位：万人，%

| 地区 | 2013 年 | | | | 2017 年 | | 2020 年 | |
|---|---|---|---|---|---|---|---|---|
| | 常住人口 | 户籍人口 | 常住人口城镇化率 | 户籍人口城镇化率 | 常住人口城镇化率 | 户籍人口城镇化率 | 常住人口城镇化率 | 户籍人口城镇化率 |
| 江　苏 | 7940.0 | 5090.0 | 64.0 | 57.0 | 68.0 | 62.0 | 72.0 | 67.0 |
| 安　徽 | 6030.0 | — | 47.9 | 22.9 | 54.0 | 30.0 | 58.0 | 35.0 |
| 宁　波 | 766.3 | 580.1 | 69.8 | 36.9 | 72.2 | 40.5 | 73.9 | 43.0 |
| 大　连 | 691.8 | 591.4 | 68.5 | 63.1 | 71.4 | 67.0 | 75.6 | 72.5 |
| 青　岛 | 896.0 | 607.0 | 67.7 | 52.3 | 72.0 | 59.0 | 75.0 | 65.0 |
| 石家庄 | 1050.0 | — | 55.0 | 41.5 | 60.0 | 48.0 | 63.0 | 52.0 |
| 长　春 | 770.0 | 752.7 | 56.5 | 45.0 | 60.0 | 50.0 | 62.0 | 53.0 |
| 哈尔滨 | 1064.0 | — | 63.0 | 48.0 | 67.0 | — | 70.0 | — |
| 武　汉 | 1022.0 | 822.0 | 79.3 | 67.6 | 81.0 | 71.0 | 84.0 | 75.0 |
| 长　沙 | 722.0 | 509.0 | 70.6 | 37.7 | 76.0 | 44.3 | 80.0 | 50.1 |
| 广　州 | 1293.0 | — | 85.3 | 51.4 | 87.0 | 66.0 | 88.0 | 70.0 |
| 重庆市主城九区 | 809.0 | — | 87.9 | 73.5 | 91.0 | 78.0 | 95.0 | 83.0 |
| 北京通州区 | 132.6 | 68.0 | 63.7 | 53.9 | 66.0 | 60.5 | 68.0 | 64.2 |
| 天津蓟县 | 91.8 | — | 41.6 | 18.6 | 50.0 | 30.0 | 60.0 | 45.0 |
| 吉林省吉林市 | 438.6 | 430.8 | 56.7 | 48.7 | 59.8 | 53.3 | 61.7 | 56.1 |
| 齐齐哈尔市 | 548.0 | — | 47.0 | 35.6 | 48.9 | 38.6 | 51.5 | 41.6 |
| 牡丹江市 | 278.3 | — | 58.5 | 56.3 | 65.0 | 62.9 | 70.0 | 68.0 |
| 上海金山区 | 78.0 | 53.0 | 49.5 | — | 51.0 | — | 55.0 | — |
| 嘉兴市 | 456.0 | 346.0 | 57.1 | — | 62.0 | — | 65.0 | — |
| 莆田市 | 283.0 | — | 53.6 | 20.0 | 65.0 | 45.0 | 70.0 | 55.0 |
| 鹰潭市 | 114.0 | — | 52.7 | 28.2 | 57.0 | 36.0 | 62.0 | 45.0 |
| 威海市 | 280.6 | — | 60.3 | 51.6 | 65.0 | 60.0 | 70.0 | 68.0 |
| 德州市 | 567.0 | — | 47.7 | 30.7 | 54.7 | 39.7 | 60.0 | 47.0 |
| 洛阳市 | 661.5 | — | 49.4 | 29.6 | 53.6 | 34.6 | 55.0 | 39.0 |
| 孝感市 | 485.0 | 527.0 | 51.0 | 31.0 | 55.0 | 42.0 | 62.0 | 52.0 |
| 株洲市 | 393.0 | 237.0 | 60.0 | 27.0 | 67.0 | — | 73.0 | — |
| 东莞市 | 831.7 | 188.9 | 88.8 | 11.7 | 90.0 | 16.5 | 91.0 | 23.5 |
| 惠州市 | 470.0 | 343.4 | 66.0 | 43.5 | 70.0 | 50.0 | 75.0 | 65.0 |
| 深圳光明区 | 49.6 | 6.0 | — | — | — | — | — | — |
| 广西柳州市 | 383.0 | 156.0 | 59.5 | 32.5 | 64.8 | 40.8 | 68.7 | 45.6 |
| 广西来宾市 | 214.9 | 80.5 | 37.5 | — | 45.0 | — | 55.0 | — |
| 泸州市 | 508.0 | — | 43.8 | 35.9 | 52.2 | 46.7 | 58.5 | 55.0 |
| 安顺市 | 230.1 | 285.6 | 39.5 | 20.0 | 51.5 | 34.0 | 61.0 | 47.0 |

续表

| 地区 | 2013 年 | | | | 2017 年 | | 2020 年 | |
|---|---|---|---|---|---|---|---|---|
| | 常住人口 | 户籍人口 | 常住人口城镇化率 | 户籍人口城镇化率 | 常住人口城镇化率 | 户籍人口城镇化率 | 常住人口城镇化率 | 户籍人口城镇化率 |
| 曲靖市 | 597.4 | 641.9 | 41.6 | 39.0 | 51.0 | 49.5 | 60.0 | 59.0 |
| 金昌市 | 46.9 | 45.9 | 65.6 | 54.7 | 73.0 | 65.0 | 75.0 | 72.0 |
| 海东市 | 143.0 | 167.0 | 34.0 | 28.0 | 40.0 | 35.0 | 50.0 | 45.0 |
| 宁夏固原市 | 154.1 | 57.1 | 37.1 | 23.1 | 50.0 | 40.0 | 60.0 | 52.0 |
| 河北定州市 | 130.0 | 34.5 | 41.6 | 31.2 | 47.6 | 38.8 | 56.1 | 48.9 |
| 河北张北县 | 13.3 | — | 43.3 | 37.3 | 54.0 | 48.0 | 63.0 | 59.0 |
| 山西介休市 | — | 20.0 | 61.8 | 30.3 | 66.8 | 40.0 | 71.0 | 52.0 |
| 内蒙古扎兰屯市 | 43.0 | 16.0 | 39.0 | 31.0 | 42.0 | 37.0 | 45.0 | 41.0 |
| 辽宁海城市 | 130.0 | 109.0 | 67.2 | 48.7 | 70.0 | 59.0 | 72.0 | 62.0 |
| 吉林延吉市 | 65.0 | 53.0 | 83.5 | 79.8 | 86.0 | 83.0 | 89.0 | 87.0 |
| 浙江义乌市 | 124.0 | 76.0 | 75.0 | 45.0 | 78.0 | 54.0 | 80.0 | 66.0 |
| 福建晋江市 | 239.0 | 109.0 | 62.8 | 34.3 | 67.0 | 50.0 | 70.0 | 60.0 |
| 江西樟树市 | 22.5 | — | 42.0 | 26.9 | 50.0 | 35.4 | 60.0 | 46.0 |
| 山东郓城县 | — | 122.1 | 42.2 | 22.0 | 48.0 | 32.0 | 52.0 | 42.0 |
| 河南禹州市 | 113.0 | 128.0 | 39.3 | 17.4 | 45.4 | 25.4 | 50.0 | 32.0 |
| 河南新郑市 | 63.9 | 72.0 | 48.5 | 22.6 | 61.3 | 52.0 | 68.8 | 63.7 |
| 河南兰考县 | — | — | 31.5 | 18.3 | 39.2 | 30.7 | 45.0 | 40.0 |
| 湖北仙桃市 | 138.2 | 156.1 | 55.5 | 49.1 | 60.0 | 57.0 | 65.0 | 63.0 |
| 湖北宜城市 | 25.9 | 56.8 | 45.6 | 37.6 | 53.1 | 46.5 | 56.1 | 50.1 |
| 湖南资兴市 | 34.4 | 20.7 | 60.3 | 32.8 | 63.9 | 45.0 | 67.0 | 52.0 |
| 海南儋州市 | 103.8 | 98.3 | 51.3 | 39.9 | 55.0 | 48.5 | 60.0 | 57.0 |
| 四川阆中市 | — | — | 42.4 | 36.7 | 51.4 | 46.9 | 59.4 | 56.4 |
| 贵州都匀市 | 44.3 | 49.8 | 53.6 | 44.4 | 58.0 | 51.0 | 65.0 | 59.0 |
| 云南大理市 | — | 61.2 | 61.3 | 46.1 | 65.1 | — | 70.0 | — |
| 西藏日喀则市桑珠孜区 | — | — | 38.7 | 21.6 | 45.0 | 30.0 | 50.0 | 38.0 |
| 陕西高陵县 | — | — | 68.0 | 62.0 | 72.0 | 69.0 | 75.0 | 72.0 |
| 青海格尔市 | 23.0 | 13.3 | 86.0 | 57.8 | 86.5 | 62.0 | 87.0 | 65.0 |
| 新疆伊宁市 | 62.0 | 52.2 | 72.9 | 61.4 | 77.8 | 72.9 | 79.0 | 75.0 |
| 新疆阿拉市 | — | — | 65.0 | 60.0 | 80.0 | 76.0 | 85.0 | 82.0 |
| 浙江苍南县龙港镇 | 43.7 | 36.2 | — | — | — | — | — | — |
| 吉林安图县二道白河镇 | 10.6 | — | 85.0 | 79.9 | — | — | — | — |

数据来源：《国家新型城镇化综合试点总体实施方案》。

表 2 - 103　　2010—2014 年中国运输及工业产品量

| 指标 | 2010 年 | 2011 年 | 2012 年 | 2013 年 | 2014 年 |
|---|---|---|---|---|---|
| 货物运输量（亿吨） | 324.2 | 369.7 | 410.0 | 409.9 | 439.1 |
| 发电量（亿千瓦小时） | 42071.6 | 47130.2 | 50210.4 | 53975.9 | 56495.8 |
| 水泥产量（亿吨） | 18.8 | 21.0 | 22.1 | 24.2 | 24.8 |
| 平板玻璃产量（万重量箱） | 66330.8 | 79107.6 | 75050.5 | 77898.4 | 79262.0 |
| 生铁产量（万吨） | 59733.3 | 64050.9 | 66354.4 | 70897.0 | 71160.0 |
| 钢材产量（万吨） | 80276.6 | 88619.6 | 95577.8 | 106762.2 | 112557.2 |

数据来源：国家统计局。

# 十六、港澳台地区房地产数据①

表 2 - 104　　2012—2014 年香港地区新落成私人楼宇

单位：千平方米

| 年份 | 住宅 | | 商住两用 | | | 商业 | | 工业 | |
|---|---|---|---|---|---|---|---|---|---|
| | 楼宇数目 | 实用楼面面积 | 楼宇数目 | 住宅实用楼面面积 | 非住宅实用楼面面积 | 楼宇数目 | 实用楼面面积 | 楼宇数目 | 实用楼面面积 |
| 2012 | 323 | 280.6 | 33 | 225.8 | 50.2 | 12 | 176.1 | 18 | 196.6 |
| 2013 | 396 | 205.1 | 96 | 122.0 | 27.4 | 16 | 117.2 | 10 | 98.4 |
| 2014 | 181 | 422.7 | 51 | 206.8 | 32.2 | 19 | 132.2 | 17 | 172.2 |

| 年份 | 其他 | | | 所有种类 | | | |
|---|---|---|---|---|---|---|---|
| | 楼宇数目 | 住宅实用楼面面积 | 非住宅实用楼面面积 | 楼宇数目 | 住宅实用楼面面积 | 非住宅实用楼面面积 | 统计 |
| 2012 | 215 | 51.2 | 414.0 | 601 | 557.6 | 836.9 | 1394.5 |
| 2013 | 160 | 21.1 | 240.2 | 678 | 348.2 | 483.2 | 831.4 |
| 2014 | 198 | 15.2 | 117.9 | 466 | 644.8 | 454.5 | 1099.3 |

表 2 - 105　　2012—2014 年香港地区获批可动工兴建私人楼宇

单位：千平方米

| 年份 | 住宅 | | | | 商住两用 | | | | | |
|---|---|---|---|---|---|---|---|---|---|---|
| | 楼宇数目 | | 实用楼面面积 | | 楼宇数目 | | 住宅实用楼面面积 | | 非住宅实用楼面面积 | |
| | 初次呈交图则 | 重大修改 | 初次呈交图则 | 重大修改 | 初次呈交图则 | 重大修改 | 初次呈交图则 | 重大修改 | 初次呈交图则 | 重大修改 |
| 2012 | 102 | 86 | 272.3 | 149.1 | 62 | 2 | 349.5 | 5.7 | 58.3 | 1.1 |
| 2013 | 329 | 445 | 181.2 | 211.4 | 54 | 53 | 201.0 | 211.3 | 28.4 | 18.1 |
| 2014 | 254 | 200 | 240.2 | 96.3 | 41 | 5 | 220.2 | 220.2 | 62.0 | 27.3 |

① 注：港澳台地区货币单位。

| 年份 | 商业 | | | | 工业 | | | |
|---|---|---|---|---|---|---|---|---|
| | 楼宇数目 | | 实用楼面面积 | | 楼宇数目 | | 实用楼面面积 | |
| | 初次呈交图则 | 重大修改 | 初次呈交图则 | 重大修改 | 初次呈交图则 | 重大修改 | 初次呈交图则 | 重大修改 |
| 2012 | 19 | 0 | 150.9 | 0 | 8 | 3 | 46.2 | 24.5 |
| 2013 | 21 | 2 | 231.4 | 31.6 | 9 | 4 | 101.3 | 36.8 |
| 2014 | 16 | 1 | 169 | 32 | 6 | 1 | 103.8 | 2.1 |

| 年份 | 其他 | | | | | |
|---|---|---|---|---|---|---|
| | 楼宇数目 | | 实用楼面面积 | | 非住宅实用楼面面积 | |
| | 初次呈交图则 | 重大修改 | 初次呈交图则 | 重大修改 | 初次呈交图则 | 重大修改 |
| 2012 | 68 | 23 | 8.6 | 11.2 | 392.3 | 36.5 |
| 2013 | 35 | 18 | 1.4 | 9.7 | 127.3 | 9.1 |
| 2014 | 45 | 12 | 27.7 | 2.2 | 142.1 | 75.1 |

| 年份 | 所有统计 | | | | | | | |
|---|---|---|---|---|---|---|---|---|
| | 楼宇数目 | | 住宅实用楼面面积 | | 非住宅实用楼面面积 | | 统计实用楼面面积 | |
| | 初次呈交图则 | 重大修改 | 初次呈交图则 | 重大修改 | 初次呈交图则 | 重大修改 | 初次呈交图则 | 重大修改 |
| 2012 | 266 | 114 | 630.5 | 165.9 | 647.7 | 62 | 1278.2 | 228 |
| 2013 | 448 | 522 | 383.6 | 432.4 | 488.4 | 95.6 | 872.0 | 258 |
| 2014 | 362 | 219 | 488.0 | 159 | 476.9 | 136.4 | 965.0 | 295.5 |

**表 2-106　　2012—2014 年香港地区私人住宅楼宇平均售价**

单位：元/平方米

| 年份 | 少于 40 平方米 | | | 40~69.9 平方米 | | | 70~99.9 平方米 | | | 100~159.9 平方米 | | | 160 平方米或以上 | | |
|---|---|---|---|---|---|---|---|---|---|---|---|---|---|---|---|
| | 香港 | 九龙 | 新界 | 香港 | 九龙 | 新界 | 香港 | 九龙 | 新界 | 香港 | 九龙 | 新界 | 香港 | 九龙 | 新界 |
| 2012 | 108326 | 79928 | 67828 | 112158 | 92997 | 65319 | 142070 | 128259 | 75416 | 177673 | 158106 | 76953 | 259380 | 185727 | 87598 |
| 2013 | 123304 | 94808 | 83132 | 126642 | 103401 | 75449 | 159480 | 138823 | 85640 | 184830 | 157700 | 79818 | 255215 | 194285 | 78664 |
| 2014 | 128869 | 104421 | 91381 | 129575 | 108849 | 81483 | 153722 | 138423 | 89561 | 183055 | 159151 | 85664 | 247776 | 237155 | 73969 |

数据来源：香港房屋署，香港房屋协会。

**表 2-107　　2012—2014 年香港地区私人住宅楼宇新订租约平均租金**

单位：元/平方米

| 年份 | 少于 40 平方米 | | | 40~69.9 平方米 | | | 70~99.9 平方米 | | | 100~159.9 平方米 | | | 160 平方米或以上 | | |
|---|---|---|---|---|---|---|---|---|---|---|---|---|---|---|---|
| | 香港 | 九龙 | 新界 | 香港 | 九龙 | 新界 | 香港 | 九龙 | 新界 | 香港 | 九龙 | 新界 | 香港 | 九龙 | 新界 |
| 2012 | 325 | 237 | 193 | 304 | 232 | 175 | 346 | 281 | 190 | 391 | 269 | 249 | 465 | 293 | 287 |
| 2013 | 377 | 293 | 240 | 347 | 278 | 205 | 383 | 306 | 225 | 419 | 310 | 244 | 477 | 341 | 256 |
| 2014 | 397 | 311 | 252 | 358 | 300 | 218 | 390 | 321 | 226 | 412 | 323 | 250 | 464 | 334 | 247 |

数据来源：香港房屋署，香港房屋协会。

表 2－108　2012—2014 年香港政府土地拍卖/投标（市区）

单位：平方米，百万元

| 年份 | 住宅 | | 商业 | | 商业/住宅 | | 工业/货仓 | | 其他用途 | | 统计 | |
|---|---|---|---|---|---|---|---|---|---|---|---|---|
| | 面积 | 已征收的地价 | 面积 | 已征收的地价 | 面积 | 已征收的地价 | 面积 | 已征收的地价 | 面积 | 已征收的地价 | 面积 | 已征收的地价 |
| 2012 | 17910 | 10400 | 2579 | 1818 | 23400 | 6910 | 0 | 0 | 0 | 0 | 43889 | 19128 |
| 2013 | 48355 | 20197 | 15996 | 9760 | 0 | 0 | 0 | 0 | 27500 | 1688 | 91851 | 31645 |
| 2014 | 50763 | 17250 | 9240 | 9459 | 0 | 0 | 0 | 0 | 2123 | 523 | 62126 | 27232 |

数据来源：香港房屋署，香港房屋协会。

表 2－109　2012—2014 年香港政府土地拍卖/投标（新界）

单位：平方米，百万元

| 年份 | 住宅 | | 商业 | | 商业/住宅 | | 工业/货仓 | | 其他用途 | | 统计 | |
|---|---|---|---|---|---|---|---|---|---|---|---|---|
| | 面积 | 已征收的地价 | 面积 | 已征收的地价 | 面积 | 已征收的地价 | 面积 | 已征收的地价 | 面积 | 已征收的地价 | 面积 | 已征收的地价 |
| 2012 | 212817 | 23841 | 6500 | 411 | 5200 | 81 | 0 | 0 | 28215 | 1609 | 252732 | 25942 |
| 2013 | 243861 | 27918 | 15116 | 2990 | 0 | 0 | 0 | 0 | 33237 | 2438 | 292214 | 33346 |
| 2014 | 278610 | 18552 | 12902 | 1830 | 14160 | 3940 | 0 | 0 | 1070 | 137 | 306742 | 24459 |

数据来源：香港房屋署，香港房屋协会。

表 2－110　2012—2014 年香港政府土地批租（私人协约方式批地）

单位：平方米

| 年份 | 市区 | | | | | 新界 | | | | |
|---|---|---|---|---|---|---|---|---|---|---|
| | 工业/仓库 | 住宅 | 公用事业/团体用途 | 其他用途 | 统计 | 工业/仓库 | 住宅 | 公用事业/团体用途 | 其他用途 | 统计 |
| 2012 | 0 | 6625 | 4283 | 0 | 10908 | 0 | 23250 | 5290 | 4001 | 32541 |
| 2013 | 0 | 0 | 14351 | 0 | 14351 | 0 | 10321 | 15087 | 0 | 25408 |
| 2014 | 0 | 1996 | 21549 | 0 | 23545 | 0 | 113136 | 2084 | 0 | 115220 |

数据来源：香港房屋署，香港房屋协会。

表 2－111　2010—2014 年澳门地区新动工及建成楼宇

| 年份 | 新动工楼宇 | | | 建成楼宇 | | |
|---|---|---|---|---|---|---|
| | 楼宇数目 | 单位数目 | 建筑面积 | 楼宇数目 | 单位数目 | 建筑面积 |
| | 数目 | 数目 | 平方米 | 数目 | 数目 | 平方米 |
| 2010 | 55 | 870 | 183571 | 66 | 4527 | 1271509 |
| 2011 | 67 | 2159 | 367253 | 54 | 1387 | 1162506 |
| 2012 | 53 | 1592 | 304376 | 62 | 2558 | 1568470 |
| 2013 | 75 | 2241 | 2396055 | 39 | 1316 | 562022 |
| 2014 | 81 | 1900 | 2239079 | 49 | 3001 | 439809 |

数据来源：澳门统计暨普查局。

表 2－112　　2010—2014 年澳门地区楼宇单位买卖数目

| 年份 | 总数 | 住宅（总数） | 商业 | 办公室 | 工业 | 停车位 | 其他用途 |
|---|---|---|---|---|---|---|---|
| | 数目 | 数目 | 数目 | 数目 | 数目 | 数目 | 数目 |
| 2010 | 29617 | 17989 | 2099 | 652 | 208 | 8483 | 186 |
| 2011 | 27624 | 17176 | 2196 | 932 | 194 | 6977 | 149 |
| 2012 | 25419 | 16917 | 2189 | 783 | 246 | 5122 | 162 |
| 2013 | 19237 | 12046 | 1430 | 542 | 267 | 4803 | 149 |
| 2014 | 13230 | 7625 | 1212 | 296 | 299 | 3662 | 136 |

数据来源：澳门统计暨普查局。

表 2－113　　2010—2014 年澳门地区楼宇单位买卖价值

单位：百万元

| 年份 | 总数 | 住宅（总数） | 商业 | 办公室 | 工业 | 停车位 | 其他用途 |
|---|---|---|---|---|---|---|---|
| 2010 | 56754 | 45939 | 5264 | 1316 | 422 | 2322 | 1491 |
| 2011 | 76255 | 58861 | 9686 | 3010 | 911 | 2754 | 1033 |
| 2012 | 100906 | 74230 | 16040 | 2966 | 1535 | 3381 | 2753 |
| 2013 | 96048 | 68195 | 14108 | 3070 | 2728 | 5075 | 2873 |
| 2014 | 83690 | 49795 | 16368 | 2808 | 4705 | 5949 | 4065 |

数据来源：澳门统计暨普查局。

表 2－114　　2010—2014 年澳门地区楼宇单位买卖平均成交价

单位：元/平方米

| 年份 | 住宅（全澳） | 办公室 | 工　业 |
|---|---|---|---|
| 2010 | 31016 | 22857 | 6962 |
| 2011 | 41433 | 35076 | 12001 |
| 2012 | 57362 | 46320 | 20812 |
| 2013 | 81811 | 74525 | 33721 |
| 2014 | 99795 | 121112 | 54250 |

数据来源：澳门统计暨普查局。

表 2－115　　2010—2014 年台湾地区建筑物所有权登记

单位：栋，千平方公尺

| 年份 | 第一次登记 | | 移转登记 | | | |
|---|---|---|---|---|---|---|
| | 栋数 | 面积 | 栋数 | 面积 | 买卖登记 | |
| | | | | | 栋数 | 面积 |
| 2010 | 90945 | 25941 | 529972 | 67529 | 406689 | 45248 |
| 2011 | 93632 | 25814 | 497739 | 78759 | 361704 | 40928 |
| 2012 | 102385 | 30273 | 454908 | 55960 | 328874 | 38150 |
| 2013 | 111093 | 31817 | 503628 | 61435 | 371892 | 42554 |
| 2014 | 115865 | 33530 | 457911 | 57899 | 320598 | 37386 |

数据来源：台湾内政部统计通报。

表 2-116　　2014 年台湾地区住宅交易指标

| | 成交天数（中位数） | 住宅屋龄（年） | 住宅面积（坪①） |
|---|---|---|---|
| 2014 年 1 月 | 34.0 | 16.7 | 36.2 |
| 2014 年 2 月 | 39.0 | 16.7 | 36.0 |
| 2014 年 3 月 | 40.0 | 16.8 | 36.1 |
| 2014 年 4 月 | 41.0 | 16.9 | 36.2 |
| 2014 年 5 月 | 39.0 | 16.9 | 36.2 |
| 2014 年 6 月 | 40.0 | 17.0 | 36.3 |
| 2014 年 7 月 | 40.0 | 16.8 | 36.3 |
| 2014 年 8 月 | 41.0 | 16.5 | 36.5 |
| 2014 年 9 月 | 43.0 | 16.6 | 36.3 |
| 2014 年 10 月 | 46.0 | 17.0 | 36.4 |
| 2014 年 11 月 | 47.0 | 17.2 | 36.1 |
| 2014 年 12 月 | 50.0 | 17.3 | 36.4 |

数据来源：信义不动产第四季度报告。
①坪原为日本面积单位，1 日坪（台坪）≈3.31 平方公尺（平方米）。

表 2-117　　2014 年台湾地区各类产品交易占比变化

单位:%

| | 公寓 | 大楼 | 店面 | 办公室 | 套房 | 别墅+透天 |
|---|---|---|---|---|---|---|
| 2014 年 1 月 | 14.3 | 66.7 | 5.0 | 1.5 | 4.3 | 5.5 |
| 2014 年 2 月 | 14.0 | 66.6 | 5.0 | 1.7 | 4.7 | 5.4 |
| 2014 年 3 月 | 14.4 | 66.2 | 4.9 | 1.6 | 4.8 | 5.4 |
| 2014 年 4 月 | 14.9 | 66.5 | 4.5 | 1.4 | 4.7 | 5.2 |
| 2014 年 5 月 | 14.7 | 67.2 | 4.7 | 1.3 | 4.4 | 5.3 |
| 2014 年 6 月 | 14.8 | 67.4 | 4.6 | 1.5 | 4.4 | 5.2 |
| 2014 年 7 月 | 14.0 | 67.8 | 4.7 | 1.6 | 4.4 | 5.2 |
| 2014 年 8 月 | 13.9 | 68.8 | 4.1 | 1.2 | 4.5 | 4.9 |
| 2014 年 9 月 | 14.0 | 69.0 | 3.9 | 1.1 | 4.2 | 5.0 |
| 2014 年 10 月 | 13.8 | 68.6 | 3.7 | 1.0 | 4.4 | 5.8 |
| 2014 年 11 月 | 14.1 | 67.5 | 4.1 | 1.2 | 4.5 | 6.3 |
| 2014 年 12 月 | 13.7 | 67.6 | 4.4 | 1.1 | 4.3 | 6.6 |

数据来源：信义不动产第四季度报告。

表 2 - 118　　2014 年台湾地区住宅产品总价分布变化

单位:%

| | 300 万以下 | 300 ~ 500 万 | 500 ~ 700 万 | 700 ~ 1000 万 | 1000 ~ 1500 万 | 1500 ~ 2000 万 | 2000 ~ 2500 万 | 2500 ~ 3000 万 | 3000 ~ 5000 万 | 5000 万以上 |
|---|---|---|---|---|---|---|---|---|---|---|
| 2014 年 1 月 | 6. 1 | 12. 7 | 16. 1 | 20. 7 | 21. 3 | 10. 0 | 4. 7 | 3. 1 | 4. 0 | 1. 5 |
| 2014 年 2 月 | 6. 5 | 12. 6 | 16. 3 | 21. 2 | 20. 7 | 9. 3 | 4. 8 | 3. 2 | 3. 8 | 1. 4 |
| 2014 年 3 月 | 6. 3 | 12. 8 | 15. 8 | 21. 3 | 21. 3 | 9. 7 | 4. 8 | 2. 8 | 3. 9 | 1. 4 |
| 2014 年 4 月 | 5. 6 | 12. 1 | 15. 5 | 22. 0 | 21. 9 | 9. 9 | 4. 2 | 2. 7 | 4. 6 | 1. 5 |
| 2014 年 5 月 | 5. 3 | 11. 6 | 15. 3 | 21. 3 | 22. 7 | 10. 6 | 4. 4 | 2. 4 | 4. 9 | 1. 4 |
| 2014 年 6 月 | 4. 7 | 11. 1 | 15. 3 | 22. 2 | 23. 3 | 10. 5 | 4. 3 | 2. 4 | 4. 9 | 1. 2 |
| 2014 年 7 月 | 4. 7 | 11. 3 | 15. 6 | 21. 5 | 23. 0 | 11. 3 | 4. 5 | 2. 5 | 4. 2 | 1. 3 |
| 2014 年 8 月 | 4. 1 | 11. 9 | 16. 2 | 21. 9 | 22. 7 | 10. 8 | 4. 6 | 2. 9 | 3. 6 | 1. 3 |
| 2014 年 9 月 | 4. 1 | 12. 3 | 16. 4 | 21. 0 | 22. 8 | 11. 4 | 4. 6 | 2. 6 | 3. 4 | 1. 3 |
| 2014 年 10 月 | 4. 5 | 12. 4 | 15. 8 | 21. 6 | 22. 4 | 11. 4 | 4. 8 | 2. 7 | 3. 2 | 1. 1 |
| 2014 年 11 月 | 4. 7 | 12. 2 | 15. 5 | 21. 8 | 22. 6 | 11. 7 | 4. 7 | 2. 7 | 3. 3 | 1. 0 |
| 2014 年 12 月 | 4. 7 | 11. 7 | 15. 2 | 22. 1 | 22. 5 | 10. 6 | 5. 3 | 3. 0 | 3. 8 | 1. 1 |

数据来源：信义不动产第四季度报告。

表 2 - 119　　2014 年台湾地区住宅产品面积分布变化

单位:%

| | ~ 15 坪 | 15 ~ 25 坪 | 25 ~ 35 坪 | 35 ~ 45 坪 | 45 ~ 55 坪 | 55 坪 ~ |
|---|---|---|---|---|---|---|
| 2014 年 1 月 | 9. 7 | 18. 5 | 26. 2 | 21. 1 | 12. 2 | 12. 4 |
| 2014 年 2 月 | 10. 3 | 18. 6 | 25. 5 | 21. 0 | 12. 3 | 12. 2 |
| 2014 年 3 月 | 11. 0 | 18. 2 | 25. 4 | 20. 7 | 12. 5 | 12. 2 |
| 2014 年 4 月 | 10. 7 | 17. 9 | 25. 9 | 20. 6 | 12. 9 | 12. 0 |
| 2014 年 5 月 | 10. 3 | 17. 5 | 26. 3 | 20. 9 | 13. 4 | 11. 7 |
| 2014 年 6 月 | 9. 8 | 17. 1 | 26. 7 | 20. 6 | 14. 3 | 11. 6 |
| 2014 年 7 月 | 9. 6 | 17. 5 | 27. 0 | 20. 5 | 13. 7 | 11. 7 |
| 2014 年 8 月 | 9. 5 | 17. 9 | 26. 3 | 20. 3 | 13. 7 | 12. 2 |
| 2014 年 9 月 | 9. 4 | 18. 9 | 25. 2 | 21. 1 | 13. 3 | 12. 1 |
| 2014 年 10 月 | 9. 8 | 18. 2 | 24. 5 | 21. 5 | 13. 6 | 12. 4 |
| 2014 年 11 月 | 9. 6 | 18. 7 | 25. 4 | 20. 8 | 13. 2 | 12. 3 |
| 2014 年 12 月 | 9. 6 | 17. 3 | 26. 4 | 21. 2 | 13. 0 | 12. 6 |

数据来源：信义不动产第四季度报告。

表 2－120　　2014 年台北市住宅成交均价表现

| | 成交天数（中位数） | 住宅屋龄（年） | 住宅面积（坪） | 住宅总价（万元） | 公寓单价（万元/坪） | 大楼单价（万元/坪） | 住宅单价（万元/坪） |
|---|---|---|---|---|---|---|---|
| 2014 年 1 月 | 38.0 | 21.3 | 32.3 | 2229 | 56.3 | 71.1 | 68.0 |
| 2014 年 2 月 | 42.0 | 21.5 | 32.2 | 2194 | 54.6 | 70.2 | 67.1 |
| 2014 年 3 月 | 42.0 | 21.2 | 32.6 | 2220 | 55.2 | 69.9 | 66.9 |
| 2014 年 4 月 | 42.0 | 22.1 | 32.7 | 2252 | 56.2 | 70.7 | 67.8 |
| 2014 年 5 月 | 39.5 | 22.2 | 32.5 | 2295 | 57.2 | 72.4 | 69.3 |
| 2014 年 6 月 | 41.0 | 22.9 | 31.6 | 2196 | 56.8 | 73.3 | 69.6 |
| 2014 年 7 月 | 44.0 | 22.2 | 31.8 | 2168 | 55.8 | 73.7 | 69.7 |
| 2014 年 8 月 | 51.0 | 21.4 | 32.3 | 2141 | 55.1 | 71.9 | 68.2 |
| 2014 年 9 月 | 50.0 | 21.9 | 32.3 | 2161 | 56.1 | 71.7 | 68.0 |
| 2014 年 10 月 | 50.0 | 22.6 | 32.4 | 2143 | 55.4 | 70.3 | 66.8 |
| 2014 年 11 月 | 50.0 | 23.7 | 31.8 | 2117 | 55.9 | 70.3 | 66.8 |
| 2014 年 12 月 | 53.0 | 22.8 | 32.5 | 2172 | 55.1 | 70.0 | 67.0 |

数据来源：信义不动产第四季度报告。

# 十七、世界主要国家经济数据

表 2－121　　2010—2014 年世界主要国家和地区国内生产总值

单位：亿美元

| 国家/地区 | 2010 年 | 2011 年 | 2012 年 | 2013 年 | 2014 年 |
|---|---|---|---|---|---|
| 美　国 | 144989.3 | 150756.8 | 156533.7 | 161979.6 | 169125.4 |
| 中　国 | 59303.9 | 72981.5 | 82502.4 | 90386.6 | 99255.4 |
| 日　本 | 54885.5 | 58665.4 | 59843.9 | 59973.2 | 61625.1 |
| 德　国 | 33121.9 | 36073.6 | 33666.5 | 33733.3 | 34620.0 |
| 巴　西 | 21429.3 | 24929.1 | 24250.5 | 25038.7 | 26853.1 |
| 英　国 | 22674.8 | 24313.1 | 24337.8 | 25320.5 | 26517.3 |
| 法　国 | 25705.9 | 27780.9 | 25804.2 | 25656.2 | 26216.2 |
| 印　度 | 16304.7 | 18268.1 | 19467.7 | 21172.8 | 23147.2 |
| 俄罗斯 | 14872.9 | 18504.0 | 19535.6 | 21090.2 | 23081.9 |
| 意大利 | 20608.9 | 21987.3 | 19804.5 | 19538.2 | 19829.4 |
| 加拿大 | 15770.4 | 17389.5 | 17700.8 | 18391.4 | 19048.1 |
| 澳大利亚 | 12444.1 | 14869.1 | 15420.6 | 15980.7 | 16389.3 |
| 西班牙 | 13917.6 | 14795.6 | 13402.7 | 13111.2 | 13357.7 |
| 中国台湾 | 4301.8 | 4664.2 | 4660.5 | 4692.9 | 5039.8 |
| 南　非 | 3634.8 | 4086.9 | 3909.2 | 4021.5 | 4222.7 |
| 中国香港 | 2241.6 | 2436.7 | 2579.5 | 2736.7 | 2933.4 |

数据来源：世界经济网。

表 2－122　　2010—2014 年世界主要国家和地区人均国内生产总值（GDP）

单位：美元

| 国家/地区 | 2010 年 | 2011 年 | 2012 年 | 2013 年 | 2014 年 |
|---|---|---|---|---|---|
| 美　国 | 46811.2 | 48327.9 | 49802.2 | 51056.5 | 52804.7 |
| 中　国 | 4422.7 | 5416.7 | 6094.0 | 6644.5 | 7261.6 |
| 日　本 | 42863.4 | 45869.7 | 46895.7 | 47096.5 | 48500.6 |
| 德　国 | 40512.5 | 44111.0 | 41167.6 | 41331.8 | 42503.3 |
| 巴　西 | 11088.7 | 12788.6 | 12339.6 | 12643.0 | 13460.7 |
| 英　国 | 36441.7 | 38811.4 | 38591.5 | 39883.8 | 41494.4 |
| 法　国 | 40938.9 | 44007.3 | 40689.9 | 40272.2 | 40963.7 |
| 印　度 | 1369.5 | 1513.6 | 1591.6 | 1708.5 | 1843.6 |
| 俄罗斯 | 10407.9 | 12993.4 | 13764.8 | 14911.2 | 16375.3 |
| 意大利 | 34154.4 | 36266.9 | 32522.0 | 31952.4 | 32304.4 |
| 加拿大 | 46282.9 | 50496.0 | 50826.1 | 52087.7 | 53234.2 |
| 澳大利亚 | 56097.8 | 66371.2 | 67982.7 | 69582.4 | 70480.5 |
| 西班牙 | 30207.8 | 32077.1 | 28976.2 | 28197.6 | 28612.4 |
| 中国台湾 | 18572.8 | 20082.9 | 19888.0 | 19847.3 | 21124.5 |
| 南　非 | 7270.8 | 8078.5 | 7635.6 | 7761.8 | 8053.5 |
| 中国香港 | 31786.5 | 34259.3 | 35960.6 | 37827.8 | 40202.7 |

数据来源：世界经济网。

表 2－123　　2014 年世界主要国家失业率

单位:%

| 国家/地区 | 1 月 | 2 月 | 3 月 | 4 月 | 5 月 | 6 月 | 7 月 | 8 月 | 9 月 | 10 月 | 11 月 | 12 月 |
|---|---|---|---|---|---|---|---|---|---|---|---|---|
| 美　国 | 6.6 | 6.7 | 6.7 | 6.3 | 6.3 | 6.1 | 6.2 | 6.1 | 5.9 | 5.8 | 5.8 | 5.6 |
| 日　本 | 3.7 | 3.6 | 3.6 | 3.6 | 3.5 | 3.7 | 3.8 | 3.5 | 3.6 | 3.5 | 3.5 | 3.4 |
| 德　国 | 7.3 | 7.3 | 7.1 | 6.8 | 6.6 | 6.5 | 6.6 | 6.7 | 6.5 | 6.3 | 6.3 | 6.4 |
| 英　国 | 3.6 | 3.5 | 3.4 | 3.3 | 3.2 | 3.1 | 3 | 2.9 | 2.8 | 2.8 | 2.7 | 2.6 |
| 澳大利亚 | 6 | 6 | 5.8 | 5.8 | 5.8 | 6 | 6.4 | 6 | 6.2 | 6.2 | 6.2 | 6.1 |
| 加拿大 | 7 | 7 | 6.9 | 6.9 | 7 | 7.1 | 7 | 7 | 6.8 | 6.5 | 6.6 | 6.6 |

数据来源：中国金融信息网。

# Ⅲ.市场篇

# 导读

本篇介绍了全国土地市场、新建商品房市场情况；二手房市场介绍了北京、上海、广州、深圳四个城市的情况；还有北京市、上海市、广东省、西藏自治区的房地产市场情况。

# 一、土地市场

## （一）全国土地市场供求情况

### 1. 土地供应及收入

财政部2015年3月24日公布的全国土地出让收支情况显示，2014年，受投资增速放缓的影响，工业仓储用地、房地产用地需求不足。全国国有建设用地实际供应面积60.99万公顷，同比下降16.5%。其中，工矿仓储用地14.73万公顷，下降29.9%，占24.2%；房地产用地15.14万公顷，下降25.5%，占24.8%；基础设施等其他用地31.12万公顷，下降1.9%，占51.0%。

2014年，全国土地出让收入42940.30亿元，同比增长3.1%。其中，招拍挂和协议出让价款37956.43亿元，增长1.7%；补缴的土地价款1886.89亿元，下降1.1%；划拨土地收入935.94亿元，增长5%；出租土地等其他收入2161.04亿元，增长43.1%。当年，从土地出让收益中计提的教育资金、农田水利建设资金分别为631.97亿元和643.84亿元，增长22.4%和25.4%。

### 2. 土地购置面积

2014年全国土地购置面积33383万平方米，同比下降14%（见图3－1）。第四季度全国土地购置面积9369万平方米，环比增加1.8%，但与上一年同期相比减少31.3%，跌幅较上季度扩大28.8个百分点。

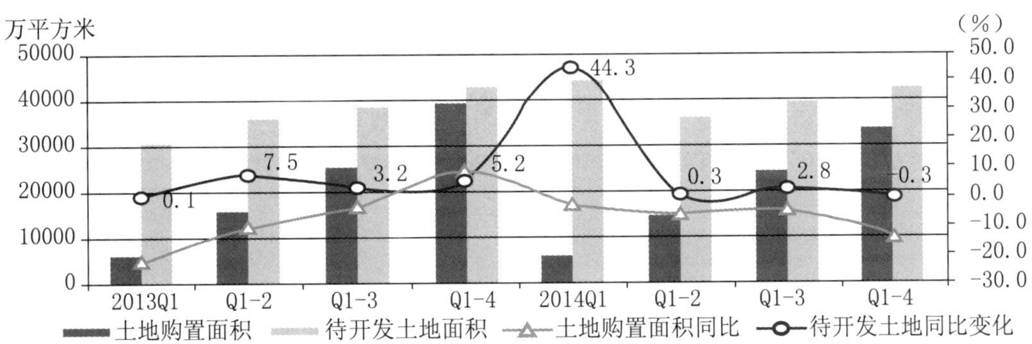


**图3－1 2013—2014年季度累计全国土地购置面积及待开发土地面积情况**

数据来源：国家统计局。

### 3. 土地成交价格

2014年全国土地成交价款10020亿元，同比上涨1%（见图3－2），在前三季度累计土地成交价款同比涨幅平稳保持10%左右的基础下，全年累计同比涨幅明显收窄，四季度的成交情况对全年影响较大。

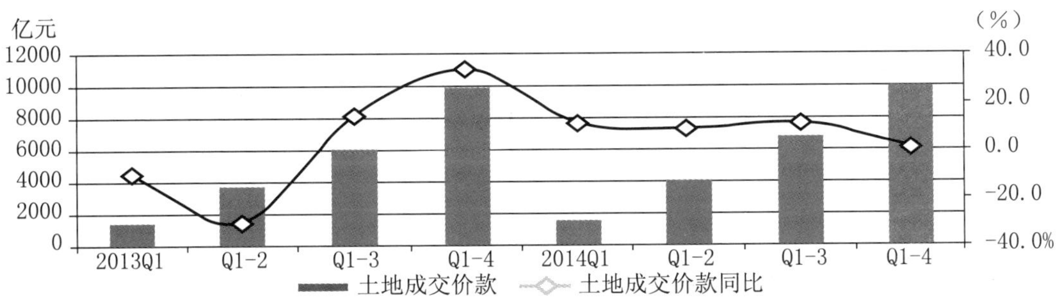


**图3－2 2013—2014年季度累计全国土地成交价款及同比变化情况**

数据来源：国家统计局。

2014 年全国土地成交均价 3002 元/平方米，延续近年来稳步上升的趋势（见图 3－3）。土地价格的上涨主要受两方面影响：一是土地资源的紧缺性，特别是一线城市和部分热点城市及重点城市的主城区，开发企业积极抢地；二是地方政府也在推地定价时提高了土地使用成本。

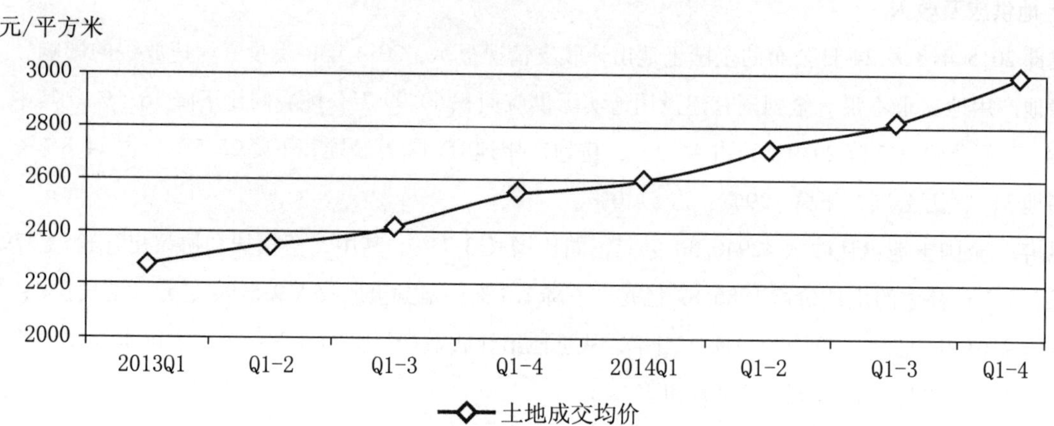


**图 3－3　2013—2014 年季度累计全国土地成交均价变化情况**

数据来源：国家统计局。

**4. 土地成交区域结构**

2014 年，东部地区季度累计土地购置面积同比增幅持续下降，三季度、四季度变为负增长，年末同比跌落至－16.9%，全年累计 14877 万平方米。2014 年中部地区累计土地购置面积 9198 万平方米，同比下降 16.4%，跌幅较前三季度扩大 6.5 个百分点；西部地区全年累计 9309 万平方米，超过中部地区，同比降幅逐步收窄（见图 3－4）。

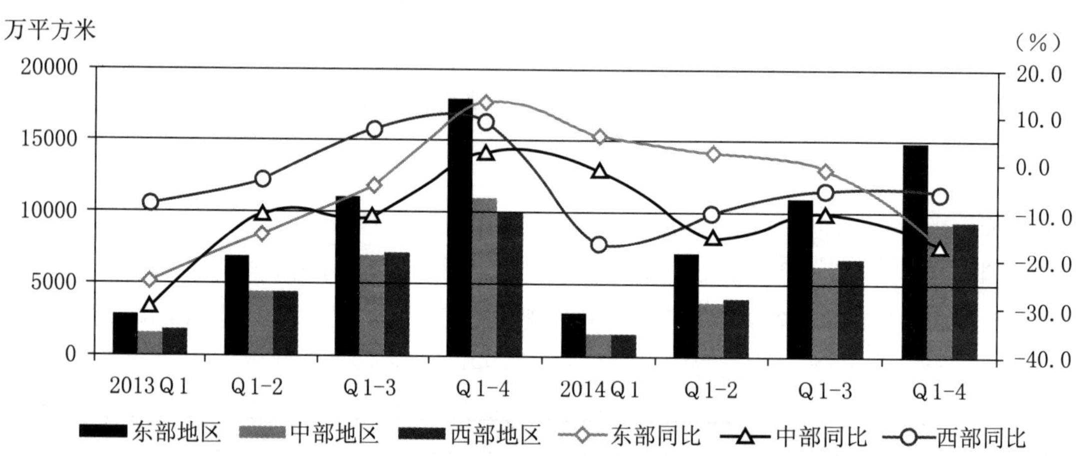


**图 3－4　2013—2014 年季度累计三区域土地购置面积情况**

数据来源：国家统计局。

2014 年东部及西部地区累计土地成交价款与土地购置面积同比涨跌相反，西部地区涨幅明显，中部地区下降 8.3%（见表 3－1）。全年同比增幅走势来看，东部地区持续下降，中部地区波动较大，西部地区下半年扭转上半年下降的局面，并且增幅持续扩大。

表 3－1　　2014 年季度累计三区域土地成交价款情况

单位：亿元，%

| 地区 | Q1 | | Q1－2 | | Q1－3 | | Q1－4 | |
|---|---|---|---|---|---|---|---|---|
| | 总金额 | 同比 | 总金额 | 同比 | 总金额 | 同比 | 总金额 | 同比 |
| 东部地区 | 971 | 28.0 | 2430 | 20.6 | 3995 | 16.2 | 5899 | 0.7 |
| 中部地区 | 276 | 5.8 | 755 | －6.6 | 1370 | 3.0 | 2023 | －8.3 |
| 西部地区 | 310 | －18.0 | 845 | －3.4 | 1416 | 7.7 | 2098 | 13.4 |

数据来源：国家统计局。

从土地价格来看，三区域均延续上涨趋势，东部地区依然涨幅最大，西部地区均价超过中部地区。2014 年东部地区土地均价 3965 元/平方米，较上一年同期上涨 21.1%；中部地区 2200 元/平方米，较上一年同期上涨 9.6%；西部地区 2254 元/平方米，较上一年同期上涨 20.7%（见图 3－5）。

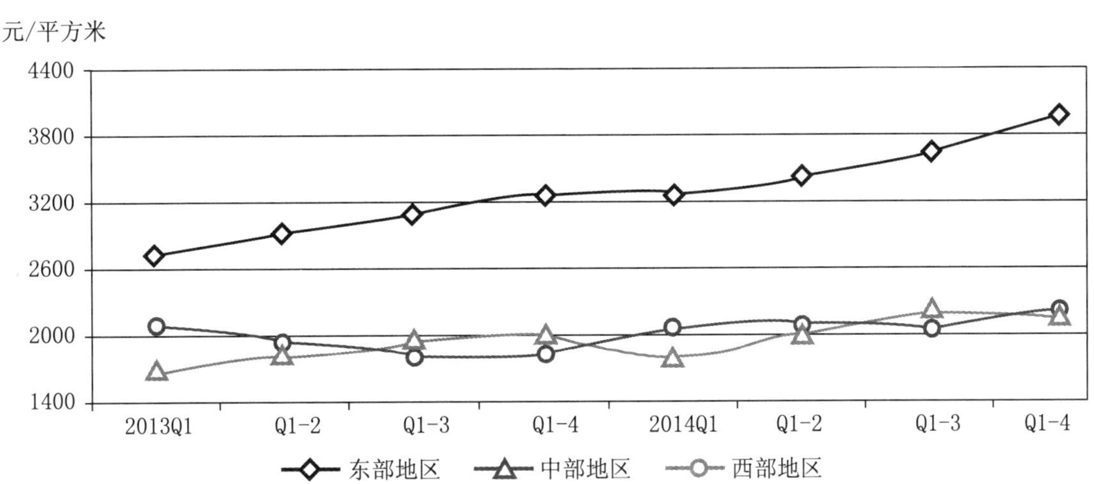


图 3－5　2013—2014 年季度累计三区域土地成交均价情况

数据来源：根据国家统计局数据整理。

（二）50① 个监测城市土地市场分析

克而瑞信息集团报告显示，2014 年全国 50 个监测城市土地供应总量及成交总量同比均大幅回落，土地成交平均楼板价同比虽有增长，但并不显著，以致土地成交金额的亦现同比下滑。从土地供应及成交节奏来看，下半年行业景气逐渐转暖，土地市场迎来升温，尤其是四季度，随着企业信心的回复，高溢价地块频现，单价、总价最高纪录不断被刷新。

**1. 土地供应：推地总量大幅回落，综合用地比例提高**

八成城市推地量下滑，仅六城供地量超千万平方米。2014 年多数地方政府供地量下滑，50 个监测城市土地供地面积总量同比下滑 28.77%。仅 12 个城市供应出现增长，其中 5 个城市增幅超过 50%，增幅最高达

① 50 个监测城市，包括：北京、哈尔滨、长春、沈阳、大连、天津、乌鲁木齐、兰州、西安、成都、重庆、贵阳、昆明、太原、石家庄、济南、青岛、郑州、合肥、南京、徐州、连云港、扬州、常州、江阴、无锡、苏州、南通、上海、武汉、长沙、南昌、九江、杭州、宁波、福州、厦门、泉州、南宁、桂林、北海、海口、三亚、广州、肇庆、佛山、东莞、惠州、中山、深圳。

131%。38 个城市供应量有所降低，其中 15 个城市降幅超过 50%，降幅最高为 92.4%（见表 3－2）。2014 年 50 个监测城市中供地面积超过 1000 万平方米的城市数量减少 8～6 个，其中青岛连续两年土地供地面积超过 2000 万方，位列全国第一。

**表 3－2　　全国 50 个监测城市经营性土地年度供地情况**

单位：万平方米，%

| 城　市 | 供地面积 | 供地面积同比 | 城市 | 供地面积 | 供地面积同比 |
|---|---|---|---|---|---|
| 青　岛 | 2017.66 | －12.10 | 杭　州 | 508.44 | －47.21 |
| 重　庆 | 1460.93 | －29.85 | 广　州 | 499.53 | －20.68 |
| 成　都 | 1258.97 | 12.70 | 佛　山 | 490.66 | －52.33 |
| 北　京 | 1118.14 | －33.16 | 南　昌 | 480.68 | 2.03 |
| 武　汉 | 1045.37 | －4.60 | 哈尔滨 | 422.50 | －36.41 |
| 九　江 | 1028.36 | 47.59 | 扬　州 | 418.49 | 106.84 |
| 天　津 | 974.54 | －32.42 | 乌鲁木齐 | 377.12 | －25.09 |
| 南　通 | 959.46 | 18.49 | 徐　州 | 336.15 | －38.26 |
| 上　海 | 936.80 | －35.31 | 长　春 | 321.72 | －58.96 |
| 兰　州 | 922.05 | 54.10 | 北　海 | 277.48 | 20.67 |
| 南　京 | 895.41 | 11.61 | 惠　州 | 254.51 | －54.33 |
| 西　安 | 892.91 | 21.02 | 贵　阳 | 251.80 | －70.85 |
| 合　肥 | 891.58 | －2.20 | 海　口 | 220.64 | 130.99 |
| 昆　明 | 878.63 | －18.72 | 太　原 | 185.85 | －70.40 |
| 济　南 | 691.64 | －39.79 | 东　莞 | 179.90 | －48.63 |
| 宁　波 | 681.73 | －52.82 | 石家庄 | 173.57 | －18.65 |
| 长　沙 | 660.38 | －17.31 | 无　锡 | 157.03 | －70.42 |
| 大　连 | 603.67 | －50.04 | 厦　门 | 138.53 | －4.29 |
| 沈　阳 | 566.33 | －62.83 | 深　圳 | 135.61 | 51.68 |
| 连云港 | 565.92 | －62.04 | 中　山 | 117.97 | －62.09 |
| 南　宁 | 562.31 | －4.14 | 江　阴 | 102.11 | －73.76 |
| 桂　林 | 560.27 | 53.99 | 三　亚 | 91.14 | －48.04 |
| 苏　州 | 555.92 | －8.84 | 肇　庆 | 81.04 | －75.51 |
| 郑　州 | 550.38 | －15.92 | 福　州 | 57.12 | －76.88 |
| 常　州 | 535.77 | 14.83 | 泉　州 | 11.06 | －92.42 |

数据来源：CRIC 中国房地产决策咨询系统。

综合用地为供应主力，住宅用地占比小幅上升。2014 年 50 个监测城市综合地块供应量在经营性用地供应中占比仍最高，但较 2013 年有所下滑（见表 3－3）。住宅用地占比小幅上升，主要是由于政府加大宅地供应思路的转变。

表 3-3　　全国 50 个监测城市经营性土地供应用途分布情况

单位:%

| 类　别 | 2014 年 | 2013 年 | 占比变动百分点 |
|---|---|---|---|
| 住　宅[①] | 31.3 | 28.5 | 2.8 |
| 商　办 | 27.3 | 26.6 | 0.7 |
| 综合用地 | 41.4 | 44.9 | -3.5 |

数据来源：CRIC 中国房地产决策咨询系统。

①住宅用地指住宅属性占 70% 以上的地块，商办用地指商业或办公属性占 70% 以上的地块，综合用地指土地属性包含两种或两种以上不同用途、且各用途占比不超过 70% 的地块。

**2. 土地成交：成交量同比回落，流拍率整体偏高**

整体市场规模收窄，八成城市供应量有所回落。2014 年全国 50 个监测城市土地市场规模收窄，成交供地面积和金额同比分别下降了 28.77% 和 20.75%（见表 3-4）。9 个城市成交供地面积上涨，其中 4 个城市增幅超过 50%。41 个城市供应量有所下降，其中 13 个城市降幅超过 50%。2014 年 50 个监测城市中成交供地面积超过 1000 万平方米的城市数量减少 7~3 个，其中青岛成交供地面积超 1500 万平方米。2014 年土地市场成交量价回落，主要原因有两点：一是因为市场景气的回落，开发商回款速度减慢，企业投资信心回落；二是受到前三季度银根紧缩制约，企业资金来源受限。

表 3-4　　全国 50 个监测城市经营性土地年度成交情况

单位：万平方米，亿元，%

| 城　市 | 成交面积 | 同比 | 成交金额 | 同比 |
|---|---|---|---|---|
| 青　岛 | 1525.55 | -21.68 | 391.23 | 20.74 |
| 重　庆 | 1311.14 | -35.23 | 773.62 | -33.20 |
| 北　京 | 1089.55 | -27.68 | 1899.18 | 8.71 |
| 南　京 | 952.76 | 32.40 | 746.43 | -13.44 |
| 天　津 | 951.26 | -29.92 | 695.49 | -0.89 |
| 昆　明 | 949.90 | -35.22 | 178.73 | -58.93 |
| 上　海 | 920.17 | -30.24 | 1673.63 | -22.67 |
| 武　汉 | 871.52 | -21.11 | 555.00 | -18.01 |
| 成　都 | 851.11 | -17.28 | 495.15 | -25.88 |
| 兰　州 | 843.06 | 90.37 | 48.08 | -31.39 |
| 西　安 | 754.26 | 6.36 | 297.98 | 20.31 |
| 济　南 | 702.46 | -10.50 | 368.16 | -13.48 |
| 合　肥 | 693.74 | -23.29 | 418.68 | -1.47 |
| 南　通 | 690.81 | -17.26 | 244.61 | -3.26 |
| 长　沙 | 582.47 | -18.48 | 280.79 | -38.28 |
| 宁　波 | 582.32 | -56.82 | 256.71 | -57.51 |
| 郑　州 | 571.03 | -0.58 | 340.15 | 45.89 |

续表

| 城　市 | 成交面积 | 同比 | 成交金额 | 同比 |
|---|---|---|---|---|
| 杭　州 | 529.97 | -35.19 | 843.58 | -36.50 |
| 常　州 | 511.90 | 21.59 | 358.46 | 51.64 |
| 苏　州 | 511.20 | -10.78 | 386.57 | -11.61 |
| 佛　山 | 481.62 | -39.10 | 297.13 | -52.60 |
| 南　宁 | 463.33 | -6.97 | 178.68 | -13.98 |
| 哈尔滨 | 432.37 | -24.46 | 114.94 | -21.36 |
| 南　昌 | 430.80 | 5.30 | 172.73 | -9.90 |
| 广　州 | 405.44 | -20.08 | 822.24 | 27.94 |
| 沈　阳 | 402.80 | -67.91 | 197.54 | -58.85 |
| 大　连 | 385.08 | -53.33 | 133.47 | -59.50 |
| 乌鲁木齐 | 359.99 | -24.80 | 34.71 | -50.90 |
| 扬　州 | 359.81 | 71.44 | 109.16 | -3.84 |
| 贵　阳 | 319.85 | -36.23 | 84.75 | -35.35 |
| 长　春 | 315.60 | -56.26 | 131.40 | -45.01 |
| 徐　州 | 281.99 | -44.51 | 106.18 | -35.21 |
| 江　阴 | 266.73 | 44.30 | 65.52 | 25.67 |
| 惠　州 | 248.23 | -34.93 | 53.97 | -14.66 |
| 无　锡 | 215.30 | -51.56 | 75.52 | -61.05 |
| 太　原 | 206.28 | -40.34 | 100.49 | -51.59 |
| 海　口 | 171.95 | 275.15 | 56.40 | 78.11 |
| 桂　林 | 166.32 | -57.33 | 41.50 | -26.86 |
| 北　海 | 142.68 | -11.25 | 8.28 | -73.49 |
| 深　圳 | 142.02 | 82.36 | 518.15 | 20.46 |
| 东　莞 | 121.55 | -61.08 | 78.38 | -53.71 |
| 厦　门 | 96.15 | -30.58 | 170.57 | -35.74 |
| 三　亚 | 87.26 | -25.84 | 55.01 | -3.71 |
| 福　州 | 75.44 | -54.10 | 170.02 | -36.66 |
| 石家庄 | 65.62 | -75.34 | 57.72 | -67.31 |
| 九　江 | 50.52 | -77.09 | 13.77 | -75.67 |
| 连云港 | 44.53 | -95.62 | 14.60 | -89.70 |
| 中　山 | 43.89 | -80.53 | 14.84 | -76.43 |
| 肇　庆 | 40.97 | -80.77 | 5.72 | -81.53 |
| 泉　州 | 26.63 | -48.71 | 23.29 | -35.48 |
| **合　计** | **23246.92** | **-28.77** | **15158.94** | **-20.75** |

数据来源：CRIC 中国房地产决策咨询系统。

住宅成交占比增加，综合用地比例下降。从各属性地块成交占比来看，综合地块 2014 年占比为 43%（见表 3-5），虽较 2013 年有小幅下滑，但仍然是成交主力。住宅成交占比上升，一方面是政府为了调节供需矛盾，加大住宅用地的供应比例；另一方面企业也更加偏好低风险、周转更快的住宅产品所致。

**表 3-5　全国 50 个监测城市经营性土地成交用途分布情况**

单位：%

| 类　别 | 2014 年 | 2013 年 | 占比变动百分点 |
| --- | --- | --- | --- |
| 住　宅 | 30.9 | 28.6 | 2.3 |
| 商　办 | 26.1 | 25.4 | 0.7 |
| 综合用地 | 43.0 | 46.0 | -3.0 |

数据来源：CRIC 中国房地产决策咨询系统。

企业拿地较为谨慎，多数月份土地流拍率偏高。2014 年 50 个监测城市土地流标率整体处于高位。年初土地市场延续 2013 年的态势，流标率相对偏低。此后楼市遇冷加剧，土地市场也开始降温，政府推地节奏放缓，企业拿地愈发谨慎，因而流标率持续处于高位。3 月之后一直在 13% 上下波动，11 月份更是攀升至 23%，达全年峰值，随着年底楼市回稳，房企拿地积极性上升，12 月份土地流标率回落至 13%（见图 3-6）。

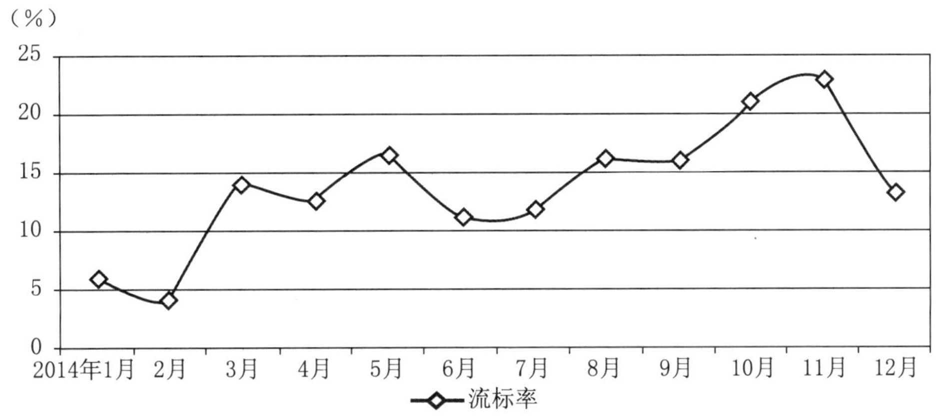


**图 3-6　2014 年全国 50 个监测城市经营性土地成交流标情况**

数据来源：CRIC 中国房地产决策咨询系统。

**3. 土地价格：超六成城市地价上涨**

平均楼板价上涨近三成，超六成城市价格上涨。2014 年 50 个监测城市经营性用地成交平均楼板价为 2731 元/平方米，同比上涨 25.8%。31 个城市土地价格同比上涨，其中仅 4 个城市增幅超过 50%，增幅最高的为连云港，达 210.2%。19 个城市土地价格同比下降，仅兰州降幅超过 50%，为 60.6%。楼板价超过 5000 元/平方米的城市有 8 个，其中深圳和北京分列前两位，为仅有的两个平均楼板价过万的城市，平均楼板价分别为 14914 元/平方米和 12967 元/平方米。

从 50 个监测城市月度价格走势来看，除 7、8 两月外，其余各月拿地成本同比均有所增长。6、7、8 三个月市场低迷，底价成交现象普遍，土地成交均价处于相对低位。11 月份市场则较为活跃，优质地块频出，平均楼板价增长显著，当月楼板价 4254 元/平方米，达到全年最高值（见图 3-7）。

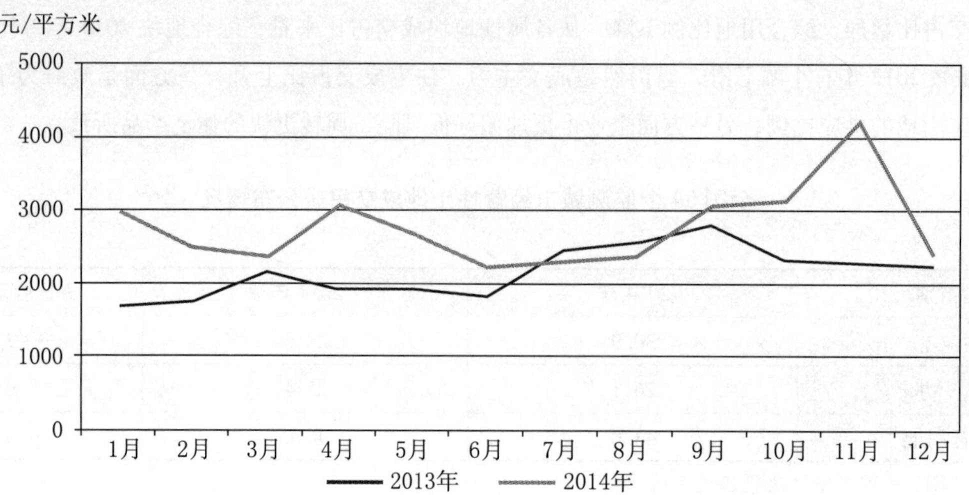


**图 3-7　50 个监测城市经营性土地月度楼板价走势情况**

数据来源：CRIC 中国房地产决策咨询系统。

总价、单价榜单门槛均同比微涨，上海、北京入榜比例最高。2014 年 50 个监测城市 TOP20 土地成交总价排行榜入榜门槛为 44.41 亿元，同比上涨 1.3%。高总价地块大多出现在一线城市，尤其是北京和深圳，其中北京有 6 幅地块、深圳有 4 幅地块上榜。全国总价最高地块来自上海（见表 3-6）。

**表 3-6　　50 个监测城市经营性土地 TOP20 总价排行榜**

单位：亿元

| 排名 | 城市 | 土地名称 | 土地用途 | 土地价格 | 受让人 |
|---|---|---|---|---|---|
| 1 | 上　海 | 黄浦区小东门街道 616、735 街坊地块 | 住宅；商业；办公 | 248.50 | 上海外滩投资开发（集团）有限公司、上海佳渡置业有限公司、中国民生投资股份有限公司 |
| 2 | 深　圳 | 南山区 T201-0080 地块 | 住宅；商业；办公；公建配套和其他 | 134.10 | 兆华斯坦开发公司、深圳市前海国际能源金融中心 |
| 3 | 上　海 | 闸北区大宁路街道 325 街坊地块 | 住宅 | 101.00 | 上海拓平置业有限公司、友昇置业有限公司 |
| 4 | 北　京 | 西城区华嘉胡同 0110-633 地块、0110-634 地块 | 住宅；商业 | 74.60 | 北京金嘉房地产开发有限公司 |
| 5 | 广　州 | 白云区华南快速路红云涂料化工厂 AB3103004、AB3103067、AB3103083、AB3103085 地块 | 住宅；公建配套和其他 | 64.51 | 栢盈国际集团有限公司 |
| 6 | 广　州 | 天河区岐山路 183 号油制气厂地块 | 住宅；公建配套和其他 | 61.50 | 广州市城实投资有限公司（广州珠江实业集团有限公司和广州市城市建设投资集团有限公司合资组建） |
| 7 | 北　京 | 石景山区老古城综合改造项目 C 等地块 | 住宅；商业；公建配套和其他 | 59.00 | 北京中海金石房地产开发有限公司 |
| 8 | 北　京 | 怀柔区雁栖镇柏崖厂村 HR02-0200-6001 等地块 | 商业；公建配套和其他 | 56.80 | 北京北控国际会都房地产开发有限责任公司 |

续表

| 排名 | 城市 | 土地名称 | 土地用途 | 土地价格 | 受让人 |
|---|---|---|---|---|---|
| 9 | 福　州 | 台江区宗地 2013－41 号地块（“融信双杭城”地块） | 住宅；商业 | 56.20 | 融信（福建）投资集团有限公司 |
| 10 | 深　圳 | 大鹏 G16301－0701 地块 | 住宅；商业；公建配套和其他 | 54.00 | 佳兆业集团（深圳）有限公司、生命人寿保险股份有限公司 |
| 11 | 天　津 | 津西黑（挂）2014－059 号地块 | 住宅；商业 | 50.40 | 中海地产集团有限公司 |
| 12 | 北　京 | 丰台区城乡一体化卢沟桥乡西局村旧村改造项目二期 XJ－03－1、XJ－08 地块 | 住宅；商业 | 49.58 | 福州泰禾房地产开发有限公司 |
| 13 | 天　津 | 津西大（挂）2014－057 号地块 | 住宅；商业 | 49.49 | 中冶置业集团有限公司 |
| 14 | 北　京 | 石景山区刘娘府 1604－659 等地块（刘娘府综合改造项目 A1 地块一期） | 住宅；商业 | 49.17 | 北京德俊置业有限公司和北京奥宸置业有限公司联合体 |
| 15 | 北　京 | 昌平区北七家镇地块 | 住宅；商业；办公 | 48.82 | 北京龙冠房产开发有限责任公司 |
| 16 | 深　圳 | 宝安区 A002－0046 地块 | 商业 | 48.30 | 深圳金利通投资有限公司 |
| 17 | 深　圳 | 龙华 A802－0305 地块 | 住宅 | 46.80 | 深圳市金骏房地产有限公司 |
| 18 | 天　津 | 津西黑（挂）2014－078 号地块 | 住宅；商业 | 45.75 | 天津房地产集团有限公司 |
| 19 | 广　州 | 天河区东圃立交地块 | 住宅；公建配套和其他 | 44.57 | 广州佳郡置业有限公司 |
| 20 | 杭　州 | 杭政储出（2014）27 号地块 | 住宅；公建配套和其他 | 44.41 | 杭州市地铁置业有限公司 |

数据来源：CRIC 中国房地产决策咨询系统。

2014 年 TOP20 土地成交单价排行榜的入榜门槛为 28155.74 元/平方米，同比上涨 1.4%。上海和北京分别有 13 幅和 6 幅地块上榜，占比高达 95%（见表 3－7）。从拿地企业来看，格力地产、三湘、金地、珠海华发等知名企业都榜上有名。此外，2014 年有更多的房企强势入驻一线城市，房企拿地也逐步向一线城市靠拢。

**表 3－7　　50 个监测城市经营性土地 TOP20 单价排行榜**

单位：元/平方米

| 排名 | 城市 | 土地名称 | 土地属性 | 楼板价 | 受让人 |
|---|---|---|---|---|---|
| 1 | 上　海 | 浦东新区黄浦江南延伸段前滩地区 Z000801 编制单元 36－01 地块 | 住宅 | 66629 | 上海三湘海农资产管理有限公司、上海三湘祥腾湘麒投资有限公司、康晟发展有限公司 |
| 2 | 上　海 | 浦东新区黄浦江南延伸段前滩地区 Z000801 编制单元 32－01 地块 | 住宅 | 65832 | 格力地产股份有限公司、珠海格力房产有限公司、上海弘翌投资合伙企业（有限合伙） |

续表

| 排名 | 城市 | 土地名称 | 土地属性 | 楼板价 | 受让人 |
|---|---|---|---|---|---|
| 3 | 北　京 | 西城区华嘉胡同 0110 - 633 地块、0110 - 634 地块 | 住宅；商业 | 63377 | 北京金嘉房地产开发有限公司 |
| 4 | 上　海 | 卢湾区五里桥街道 104 街坊 39/1 宗地块 | 住宅 | 59859 | 东方动力有限公司 |
| 5 | 上　海 | 浦东新区黄浦江南延伸段前滩地区 Z000801 编制单元 38 - 01 地块 | 住宅 | 53905 | 格力地产股份有限公司、珠海格力房产有限公司、上海弘翌投资合伙企业（有限合伙） |
| 6 | 上　海 | 静安区南西社区 111 - 09 地块（轨道交通 12 号线南京西路站地块） | 商业；办公 | 53575 | 上海静安地铁投资有限公司、上海沪中房地产联合发展总公司 |
| 7 | 上　海 | 闸北区大宁路街道 325 街坊地块 | 住宅 | 47609 | 上海拓平置业有限公司、友昇置业有限公司 |
| 8 | 上　海 | 杨浦区平凉社区 03F5 - 01（平凉街道 47 街坊）地块 | 住宅 | 41078 | 上海福利腾房地产开发有限公司 |
| 9 | 上　海 | 杨浦区平凉街道 18 街坊地块 | 住宅 | 39264 | 上海隆威投资有限公司 |
| 10 | 北　京 | 海淀区太平庄村 2 号地项目（原星竹园） | 住宅；商业；办公 | 37742 | 北京金地兴业房地产有限公司、北京永同昌房地产开发有限公司和北京中金元泰销售有限公司联合体 |
| 11 | 上　海 | 黄浦区小东门街道 616、735 街坊地块 | 住宅；商业；办公 | 35392 | 上海外滩投资开发（集团）有限公司、上海佳渡置业有限公司、中国民生投资股份有限公司 |
| 12 | 上　海 | 浦东新区杨思社区 Z000602 编制单元 15 - 08 地块 | 住宅 | 33740 | 上海嘉宝实业（集团）股份有限公司、上海锦熙投资中心有限公司 |
| 13 | 上　海 | 杨浦区定海社区 B5 - 5（大桥街道 117 街坊）地块 | 住宅 | 33723 | 珠海华发置业发展有限公司 |
| 14 | 上　海 | 浦东新区黄浦江南延伸段前滩地区 Z000801 编制单元 52 - 01 地块 | 住宅；商业；办公 | 33005 | 上海鸿淮置业有限公司 |
| 15 | 北　京 | 石景山区刘娘府 1604 - 659 等地块（刘娘府综合改造项目 A1 地块一期） | 住宅；商业 | 32411 | 北京德俊置业有限公司和北京奥宸置业有限公司联合体 |
| 16 | 北　京 | 顺义新城第 21 街区 21 - 18 - 001a、21 - 18 - 001c 地块 | 住宅；商业；公建配套和其他 | 29264 | 北京顺义新城建设开发有限公司 |
| 17 | 北　京 | 丰台区城乡一体化卢沟桥乡西局村旧村改造项目二期 XJ - 03 - 1、XJ - 08 地块 | 住宅；商业 | 29073 | 福州泰禾房地产开发有限公司 |
| 18 | 深　圳 | 宝安区 A002 - 0046 地块 | 商业 | 28774 | 深圳金利通投资有限公司 |
| 19 | 上　海 | 上海世博会地区 A13A - 01 地块 | 商业；办公 | 28429 | 上海浦东发展银行股份有限公司 |
| 20 | 北　京 | 昌平区沙河镇北沙河北侧（丽春湖土地一级开发项目）LCH - 008 地块 | 住宅（住区服务设施）；商业（商服）；办公 | 28156 | 北京瑞坤置业有限责任公司 |

数据来源：CRIC 中国房地产决策咨询系统。

（克而瑞信息集团研究中心）

# 二、新房市场

## （一）全年市场分析

### 1. 房地产开发投资

2014 年全国房地产开发投资总额 95036 亿元，同比增长 10.5%。投资额绝对值再创历史新高。同比增速则出现了明显的下滑，且是近五年的最低值。其中住宅投资总额 64352 亿元，同比增长 9.2%；办公楼投资和商业营业用房投资同比分别增长 21.3% 和 20.1%。

第四季度房地产投资绝对额并没有表现出往年的特点，环比出现了小幅下降，仅比一季度投资额高一些（见表 3－8）。从物业类型看，住宅、办公楼、商业营业用房在第四季度表现低于第二、第三季度各自的投资额。以往逐季上涨的态势并未出现。

**表 3－8　　2014 年各季度房地产开发投资情况**

单位：亿元，%

| 分类 | Q1 | | | Q2 | | | Q3 | | | Q4 | | |
|---|---|---|---|---|---|---|---|---|---|---|---|---|
| | 同比 | 数额 | 环比 | 同比 | 数额 | 环比 | 同比 | 数额 | 环比 | 同比 | 数额 | 环比 |
| 房地产投资 | 15339 | －38.4 | 16.8 | 26680 | 73.9 | 12.6 | 26732 | 0.2 | 10 | 26285 | －1.7 | 5.6 |
| #住宅 | 10530 | －38.0 | 16.8 | 18159 | 72.5 | 12 | 18036 | －0.7 | 7.7 | 17627 | －2.3 | 3.9 |
| #办公楼 | 902 | －35.1 | 20.8 | 1492 | 65.4 | 18 | 1614 | 8.2 | 29 | 1633 | 1.2 | 17.5 |
| #商业营业用房 | 2160 | －38.6 | 25.5 | 4012 | 85.7 | 22 | 4170 | 3.9 | 22.1 | 4004 | －4.0 | 13.8 |

数据来源：国家统计局。

从历年数据演变看，2010—2014 年房地产开发投资额绝对额一直在净增长，而同比增幅呈现持续下降的态势（见表 3－9）。

**表 3－9　　2010—2014 年全国房地产开发投资情况**

单位：亿元，%

| 分类 | 2014 年 | | 2010 年 | | 2011 年 | | 2012 年 | | 2013 年 | |
|---|---|---|---|---|---|---|---|---|---|---|
| | 数额 | 同比 | 数额 | 同比 | 数额 | 同比 | 数额 | 同比 | 数额 | 同比 |
| 房地产投资 | 48267 | 33.2 | 61740 | 27.9 | 71804 | 16.2 | 86013 | 19.8 | 95036 | 10.5 |
| #住宅 | 34038 | 32.9 | 44308 | 30.2 | 49374 | 11.4 | 58951 | 19.4 | 64352 | 9.2 |
| #办公楼 | 1807 | 31.2 | 2544 | 40.7 | 3367 | 31.6 | 4652 | 38.2 | 5641 | 21.3 |
| #商业营业用房 | 5599 | 33.9 | 7370 | 30.5 | 9312 | 25.4 | 11945 | 28.3 | 14346 | 20.1 |

数据来源：国家统计局。

从全年角度看，开发投资全国同比增幅低于 40 个重点城市，北上广深最高。而住宅开发投资同比增幅则 40 个重点城市最高。第四季度，北上广深环比增幅均高于 40 个重点城市及全国（见表 3－10）。

表 3－10　　2014 年及第四季度和全年房地产开发投资区域对比

单位：亿元，%

| 分类 | 2014 年第四季度 | | | | 2014 年度 | | | |
|---|---|---|---|---|---|---|---|---|
| | | 北上广深 | 40 重点城市 | 全国 | | 北上广深 | 40 重点城市 | 全国 |
| 房地产投资 | 金额 | 3094 | 13820 | 26285 | 金额 | 9807 | 50677 | 95036 |
| | 环比 | 13.7 | －1.3 | －1.7 | 同比 | 12.1 | 11.2 | 10.5 |
| #住宅投资 | 金额 | 1619 | 8638 | 17627 | 金额 | 5296 | 32542 | 64352 |
| | 环比 | 10 | －4.2 | －2.3 | 同比 | 8.5 | 9.9 | 9.2 |

数据来源：根据国家统计局数据整理。

**2. 商品房建设**

2014 全年，房屋新开工面积 179592 万平方米，下降 10.7%，较前三季度扩大 1.4 个百分点。其中，住宅新开工面积 124877 万平方米，下降 14.4%，较前三季度扩大 0.9 个百分点。房屋竣工面积 107459 万平方米，增长 5.9%，较前三季度回落 1.3 个百分点。其中，住宅竣工面积 80868 万平方米，增长 2.7%，较前三季度回落 2.4 个百分点。

从 2014 全年和前三季度增速的对比看，新开工面积降幅有扩大的趋势，竣工面积虽为正向增长，但增速也出现了下滑。

2014 全年，房地产开发企业房屋施工面积 726482 万平方米，比上年增长 9.2%，增速比前三季度回落 2.3 个百分点。其中，住宅施工面积 515096 万平方米，增长 5.9%，比前三季度回落 2.2 个百分点（见表 3－11）。

表 3－11　　2014 年全国房屋季度累计施工面积情况

单位：万平方米，%

| 分类 | Q1 | | Q1－2 | | Q1－3 | | Q1－4 | |
|---|---|---|---|---|---|---|---|---|
| | 面积 | 同比 | 面积 | 同比 | 面积 | 同比 | 面积 | 同比 |
| 房屋施工面积 | 547030 | 14.2 | 611406 | 11.3 | 673230 | 11.5 | 726482 | 9.2 |
| #住宅 | 393206 | 11.4 | 437195 | 8.3 | 479017 | 8.1 | 515096 | 5.9 |
| #办公楼 | 21896 | 24.9 | 24739 | 23.3 | 27381 | 24.5 | 29928 | 21.8 |
| #商业营业用房 | 68171 | 22.6 | 77445 | 18.5 | 86673 | 20.1 | 94320 | 17.0 |

数据来源：国家统计局数据。

**3. 商品房销售**

2014 全年全国商品房销售面积 120649 万平方米，同比下降 7.6%；商品房销售金额 76292 亿元，同比下降 6.3%。住宅销售面积 105182 万平方米，下降 9.1%；住宅销售金额 62396 亿元，下降 7.8%。

纵观 2014 年房地产市场运行轨迹，整体呈现出先抑后扬的趋势，基本可以分为四个阶段：

第一阶段是 1—4 月，2014 年伊始并没能延续 2013 年成交火热的势头，年初市场预冷，成交急剧萎缩，又正值春节，虽然政策面的支持 2—3 月已经开始，但仍受到银根紧缩的制约，市场交易一直延续低迷状态；

第二阶段是 5—6 月，中央和地方救市政策相继出台，加上品牌企业为冲击半年业绩，纷纷采取降价跑量的策略，市场刚需开始集中释放，推动各城市交易量快速回暖；

第三阶段是7—8月，一些地方政府限购解除、公积金调整，买卖双方博弈僵持，成交量短暂复苏后，市场销售再次下滑；

第四阶段是9—12月，四季度翘尾明显，这也是2014年成交能够大幅上涨，成交量仅次于上年的重要阶段。其主要原因是“9·30”政策的出台，给低迷的房地产市场注入一剂强心剂，这也成为全年市场的转折点，加上传统销售旺季“金九银十”的到来，成交量持续走高。11月，央行发布不对称降息，再次给市场注入了信心，加之年底房企为冲击业绩，回笼资金，降价力度加大，相当一部分本来就有购房需求的购房者，担忧明年市场会进一步回暖而加快入市的脚步（见图3-8）。

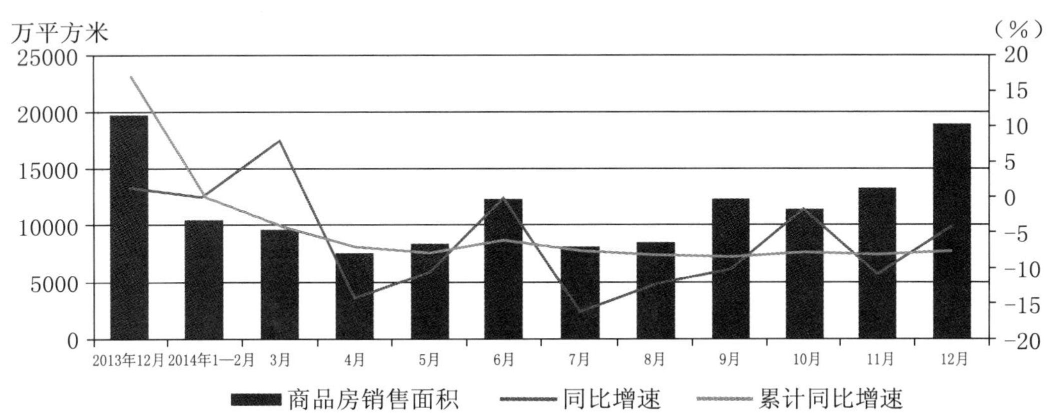


**图3-8　2014年全国商品房月度销售面积及同比增速**

数据来源：国家统计局。

**4. 商品房销售均价**

2014年全国商品房成交均价为6323.47元/平方米，同比上涨1.4%，增幅仅高于2008年-1.7%的最低点（见图3-9）。在今年整体市场较弱的情况下，销售均价总体基本保持平稳。

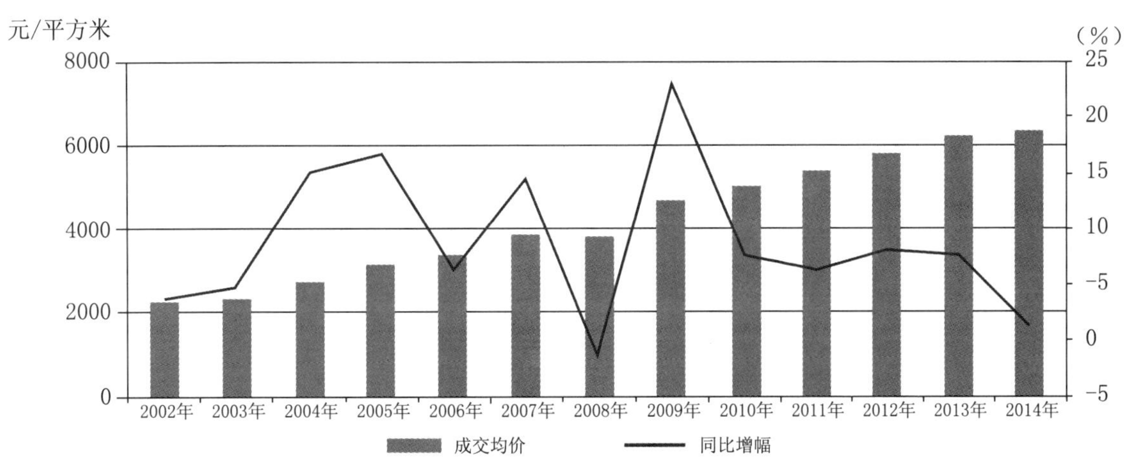


**图3-9　历年全国商品房销售均价及同比增幅走势**

数据来源：国家统计局。

从月度走势来看，2012 年以来，全国商品房成交均价呈现断崖式波动。2012 年商品房成交均价逐月攀升，下半年稳定在6%左右，2013 年年初，价格增幅大幅上涨，达到 18.8%，此后增幅开始高位回落，2014 年伊始，增幅下降11 个百分点，再次跌入负区间，随后，跌幅逐步收窄（见图3－10）。随着下半年各项救市措施的出台，四季度市场显著回暖，开发商信心提振，全年销售均价同比再次回到正区间，相比 2013 年上涨1.4%。

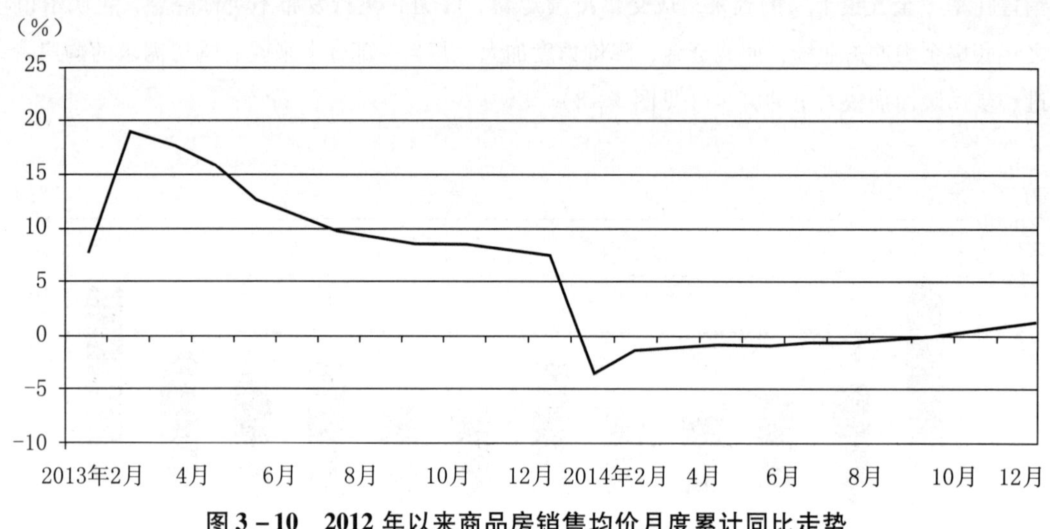


**图3－10　2012 年以来商品房销售均价月度累计同比走势**

数据来源：国家统计局。

**5. 房地产贷款**

2014 年年底，主要金融机构及小型农村金融机构、外资银行人民币房地产贷款余额 17.37 万亿元，同比增长 18.9%（见图3－11），增速比上年末低0.2 个百分点；全年增加2.75 万亿元，同比多增4055 亿元，增量占同期各项贷款增量的28.1%，与上年占比水平持平。

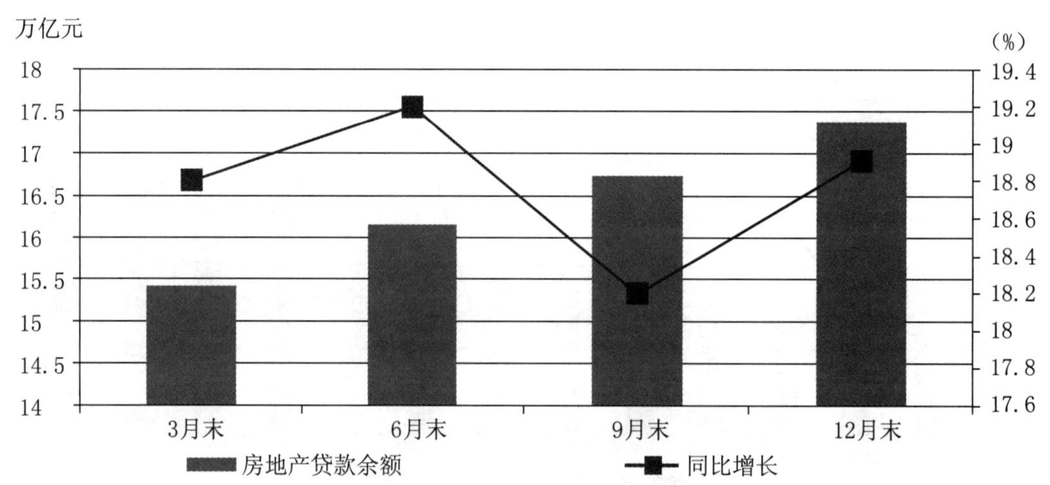


**图3－11　2014 年金融机构房地产贷款余额统计**

数据来源：国家统计局。

2014 年年底，房地产开发贷款余额 5.63 万亿元，同比增长 22.6%（见图 3－12），增速比上年末高 7.9 个百分点。其中，房产开发贷款余额 4.28 万亿元，同比增长 21.7%，增速比上年末高 5.3 个百分点；地产开发贷款余额 1.35 万亿元，同比增长 25.7%，增速比上年末高 15.9 个百分点。个人购房贷款余额 11.52 万亿元，同比增长 17.5%，增速高于同期各项贷款增速 3.9 个百分点；全年增加 1.72 万亿元，同比多增 196 亿元。

2014 年年底，房产开发贷款中的保障性住房开发贷款余额 1.14 万亿元，同比增长 57.2%（见图 3－13），增速比上年末高 30.5 个百分点；全年增加 4119 亿元，同比多增 2589 亿元，增量占同期房产开发贷款的 55%，比上年增量占比高 24 个百分点。

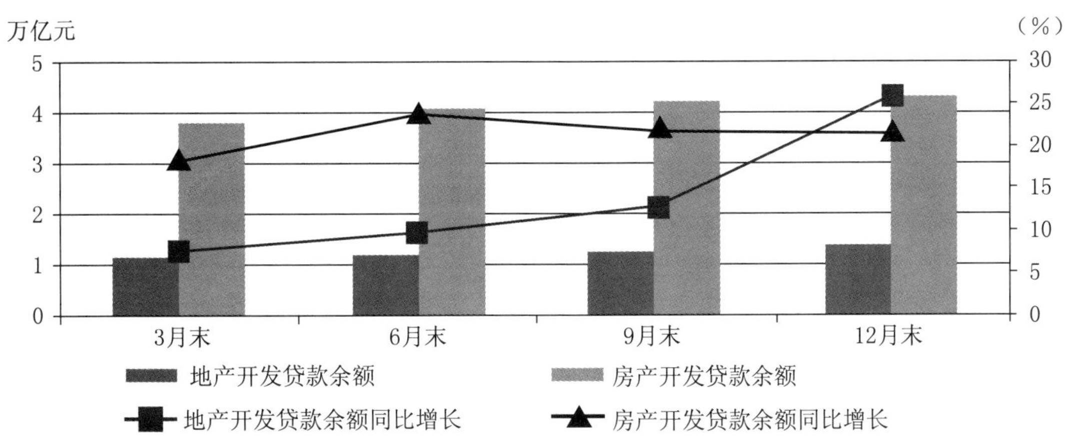


**图 3－12　2014 年金融机构房地产开发贷款余额统计**

数据来源：国家统计局。

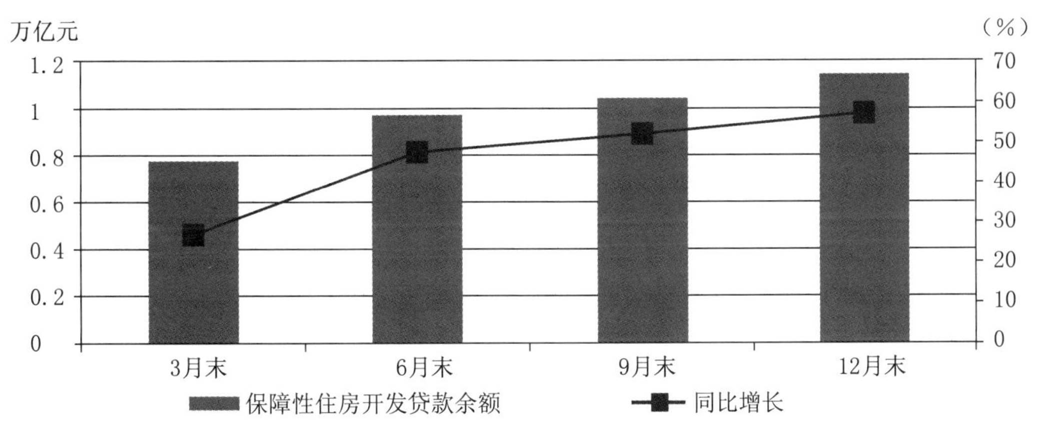


**图 3－13　2014 年金融机构保障性住房开发贷款余额统计**

数据来源：国家统计局。

**6. 开发企业到位资金**

2014 年全年，房地产开发到位资金 121991 亿元，其中，国内贷款 21243 亿元，利用外资 639 亿元，自筹资金 50420 亿元，其他资金 49690 亿元。各项来源中，同比增幅较前三季度出现了分化。其中，国内贷款同比增长 8%，增速较前三季度下降了 3.8 个百分点；其他资金同比跌幅有所收窄，由前三季度的－9.1% 收窄至－8.8%；而利用外资同比增幅明显回升，较前三季度增加 9.8 个百分点；自筹资金则同比增长 6.3%（见图 3－14）。

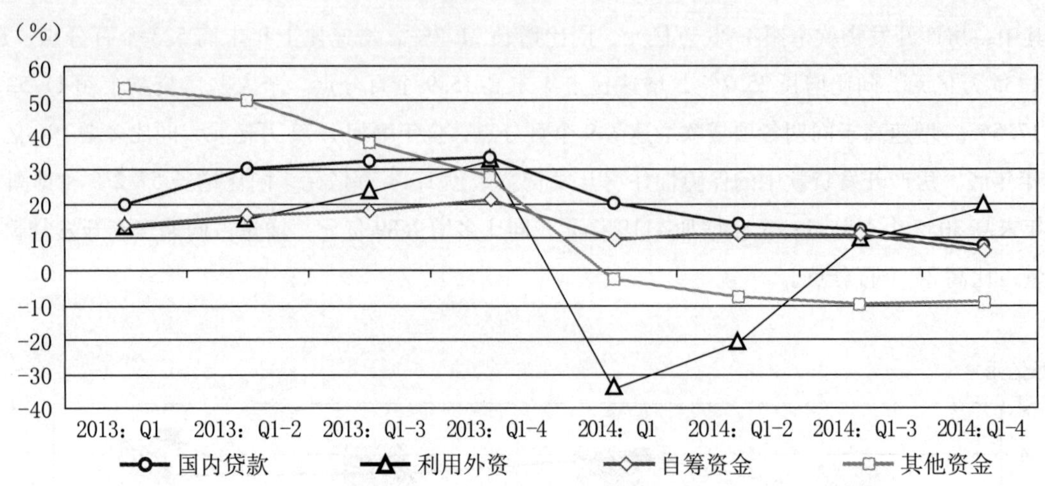


**图 3－14　2013—2014 年房地产开发企业资金来源季度累计同比情况**

数据来源：国家统计局。

2014 年开发企业资金来源的构成，国内贷款占 17.4%；利用外资占 0.5%；自筹资金占 41.3%；其他资金占 40.7%（见表 3－12）。相比 2013 年全年，其他资金比重下降，国内贷款、利用外资、房企自筹资金比重均有所上升（2013 年国内贷款、利用外资、自筹资金、其他资金所占比重分别为 16.1%、0.4%、38.8%、44.6%）。

**表 3－12　　2014 年房地产开发资金来源季度累计占比情况**

单位：%

| 分　类 | Q1 | Q1－2 | Q1－3 | Q1－4 |
|---|---|---|---|---|
| 国内贷款 | 21.7 | 19.2 | 18.1 | 17.4 |
| 利用外资 | 0.3 | 0.3 | 0.5 | 0.5 |
| 自筹资金 | 38.6 | 40.4 | 41.8 | 41.3 |
| 其他资金 | 39.4 | 40.1 | 39.6 | 40.7 |

数据来源：国家统计局。

**7. 全国房地产景气指数**

受房地产市场低位调整的影响，2014 年全国房地产景气指数相对 2013 年持续走低，且一度跌至历史最低值。12 月份，国房景气指数为 93.93，比上月回落 0.37 点（见图 3－15），这是自 2001 年 1 月份统计该数据以来的最低数值。

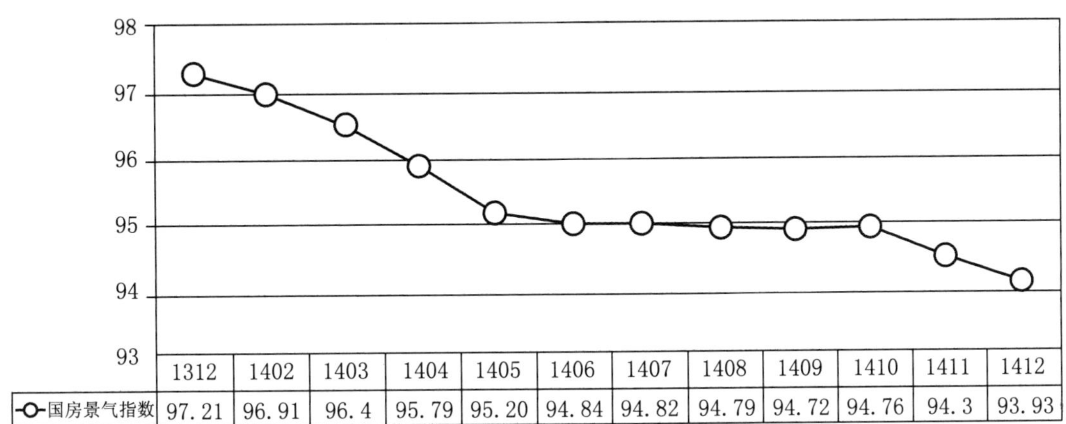


| | 1312 | 1402 | 1403 | 1404 | 1405 | 1406 | 1407 | 1408 | 1409 | 1410 | 1411 | 1412 |
|---|---|---|---|---|---|---|---|---|---|---|---|---|
| 国房景气指数 | 97.21 | 96.91 | 96.4 | 95.79 | 95.20 | 94.84 | 94.82 | 94.79 | 94.72 | 94.76 | 94.3 | 93.93 |

**图3－15　近一年国房景气指数走势图表**

数据来源：国家统计局。

（二）2014年房地产市场运行特点

**1. 商品房库存在持续增加，商业地产明显过剩**

截至12月底，商品房待售面积62169万平方米，较2013年年底增加12874万平方米，同比增长26.1%。其中，住宅待售面积40684万平方米，较2013年年底增加8281万平方米；办公楼待售面积2627万平方米，较2013年年底增加673万平方米；商业营业用房待售面积11773万平方米，较2013年年底增加2428万平方米。按照2014年月均销售量1亿平方米计算，现有的存量商品房需要6个多月消化时间。但各地情况不同，一些城市更长。另外，现在房屋施工面积72.6亿平方米，住宅施工面积51.5亿平方米，今后仍然有相当数量的项目要上市，所以一些地方存量房的消化压力仍然很大。

尤其要注意的是，商业地产库存规模较大，增长较快。2014年商业地产直面电商的冲击，传统的商业模式不断进行触网变革，万达、华润、中粮等旗下项目纷纷启动O2O尝试，推出大数据管理，增加体验式商业业态以应对电商，通过模式创新将互联网威胁变成运营手段；另一方面，前几年商业项目的快速推出，使得从一线城市到二、三线城市，商业地产综合体、购物中心的总量过剩、同质化严重，项目间竞争也进入短兵相接阶段。商业地产的总量已经饱和，甚至部分区域已经过剩，未来随着商业物业面积持续增长，人均商业面积还将继续提升。

**2. 地区市场差异性和波动性加大**

40个重点城市中，商品住宅成交量与2013年相比，上涨的有10个，下降的有30个。因此，注意地区间的差异性，密切关注市场运行中出现的新情况、新问题并做好应对准备，以促进房地产市场平稳健康发展，仍是2015年的重要任务。

**3. 一些企业，尤其是中小型企业由于销售不畅、负债提高、现金流紧张，甚至出现违约现象**

2014年房地产开发企业到位资金12.2万亿元，同比下降0.1%，而2013年房地产企业房地产到位资金同比增长26.5%。资金供应并未出现增长，一些企业现金流出现紧张的情况，如果再有其他意外，如涉及到比较敏感的反腐问题，地方房管部门在网上交易备案系统锁定开发商的房源，企业现金流更加困难的局面，从而引发违约和破产现象发生。

个别房企违约事件虽然不至于导致整个房地产市场出现系统性风险，但也要引起充分的重视。

（三）2015年房地产业发展趋势及政策建议

随着我国经济发展进入新常态，房地产业在经过了十几年的快速发展后，也进入了增速的平稳期、结构的调整期、政策的完善期和品质的提升期。就全国而言，至少在2020年前，城镇化率将从2013年的53.7%提升到2020年的60%左右，加上棚户区改造、城中村改造和既有住区的改造及新型产业和服务业的发展，家庭结构变化带来的需求，还有相当数量的新市民的住房问题需要解决，相当数量的城市居民对改善住房条件有新的期待，再加上房地产新业态的发展，因此房地产市场仍有较大的发展空间。

2015年楼市总的发展态势是：房地产市场发展的政策氛围将保持宽松，但房地产市场将继续面临经济下行和存量房消化的压力，一些地方去库存的压力仍然较大，房地产开发投资增速将继续略有回落，住房的成交量预计略好于2014年，市场的差异性继续明显，企业的优胜劣汰、兼并重组可能加快，行业的集中度继续上升。

**1. 处理好增加有效供给与消化、盘活存量的关系，完善“双轨制”的住房供应机制，稳定住房消费**

落实“央四条”，切实对居民合理的自住型购房需求和企业的合理融资需求给予支持。

按照国家的部署继续抓好保障性安居工程建设和棚户区改造。住房供求关系总体正常的城市或偏紧的城市，仍要增加住房和土地的有效供应，包括抓好公租房（2008年以来，我国已累计开工新建公租房910万套）配套设施的建设和分配入住。同时还要大力规范和发展二手房市场和租赁市场，真正使居民通过购买和租赁两种方式解决好住有所居的问题。

在供明显大于求的城市，仍要把消化存量作为2015年的重要任务。除建议政府和有关单位要主动控制开发节奏、开发规模和希望开发企业以合理价格销售外，还要探索在拆迁安置和棚户区改造安置中，在尊重被拆迁户意愿的前提下，尽量扩大货币补偿的比例，让被拆迁安置户在市场上购买和租赁合适的住房；或者由政府与开发商议定一个合理价格，开发企业让利，政府在税费上优惠，由政府组织团购，采取货币补偿的集中安置。

在供明显大于求的城市，要创新保障房计划的实现形式。按照“十二五”期间建设3600万套保障性安居工程的计划，2015年还要新开工保障性安居工程700万套，基本建成480万套，这是兑现政府的承诺，是必要的。但在供明显大于求的城市和空置房较多的城市，也可创新保障房计划的实现形式，充分发挥市场的积极作用，政府也可以以合理的价格向开发企业和居民收购或包租一些合适的住房，作为保障房房源，减少新建的保障性住房数量。逐步从实物保障为主转向建设和租赁补贴并重，“补砖头”与“补人头”相结合，鼓励和支持符合公共租赁住房保障条件的家庭，通过租赁市场解决住房问题，政府按规定提供货币化租赁补贴。

**2. 尊重房地产发展规律和地区性差异实际，逐步建立分类调控，分级施政的房地产调控体系**

从对国民经济的贡献及对上下游产业的拉动，房地产业确实是支柱产业；从中央政府近两年来反复强调新型城镇化要产城融合、产业主导，今后由要素驱动、投资驱动逐步转向创新驱动，将房地产业定位于基础产业更合适。住宅产业以民生为主，兼顾经济发展；非住宅业态与相关产业发展协调并适应，这有利于我们更好地研究并尊重房地产规律，促进经济、社会的协调发展。

房地产是不动产，房地产市场是差异性很强的市场。2013年起实施的分类调控已取得了一定的成效。下一步，应进一步明确分类调控的内容，中央政府、省级政府、及市、县政府在分类调控中的职责，特别应赋予市、县政府更多的权限与责任，同时应明确地方政府在分类调控中的底线。

**3. 转变房地产发展方式，促进建筑产业、住宅产业现代化**

在城市规划、城市设计的指导下，做好新建小区的规划、设计与单体建筑的设计。既要注重建筑风格，更要注重功能品质。要严格执行绿色、节能、环保的标准，推进建筑工业化和信息化的融合，通过建筑设计标准化、部品生产工厂化、现场施工装配化、结构装修一体化、过程管理信息化，大力开发省地节能环保性项目，确保工程质量和安全。推广使用高强钢筋、高标号混凝土，推行主体结构和填充体基本分离、管线、设备便于维修和更新的百年建筑。

要加强小区周边与小区内的基础设施、服务设施建设，真正让居民住得安心、舒心。

根据住房城乡部的工作安排，建筑产业现代化要有新跨越。要抓紧制定支持政策，抓紧完善标准规范体系。要以住宅建设为重点，以保障房为先导，推动规模化、整体化发展。2015—2017 年，要新增产业化建筑 1 亿平方米以上。

**4. 积极引导产业园区地产、商业地产、旅游地产、养老地产等业态的发展，培育新的经济增长点，扩大有效消费**

这方面，各地的积极性比较高，但存在的问题或需要探索的问题也不少。2014 年在房地产的业态中，唯有商业营业用房的销售面积同比增长 7.2%、销售额增长 7.6%，但不少地方商业地产总量过大、结构不合理的问题也比较明显。在快速人口老龄化的背景下，如何使新建的小区配建好养老服务设施，如何做好既有住区的适老化改造，如何通过一定的优惠政策吸引开发企业和民营资本进入老年住区的开发建设，希望政府在配套政策中具体化。如何盘活 20 世纪 90 年代一些部门、央企、国企在风景较好的地方办的疗养院或培训中心，使之为旅游业和养老服务业的发展服务，也是一个值得研究的问题。为适应旅游业由观光旅游向观光、度假旅游并重转型发展，开发企业应探索开发产权式分时度假产品。

有条件的骨干企业，还应积极而又慎重地拓展境外市场，这既是企业发展的需要，也与中国政府希望不断扩大对外投资相适应。如“一带一路”的建设就是我们发展的机遇。

**5. 关注企业的兼并和重组**

根据国家统计局 2014 年 12 月 16 日发布的公报，2013 年年底全国房地产开发经营企业 13.2 万个，比 2008 年年底增加了 50.3%。今后随着市场的不断规范和行业的转型发展，企业的兼并重组是必然趋势。

（中房研协研究中心）

## 三、二手房市场

2014 年前三季度，主要城市二手房市场成交萎缩，跌至近三年以来的低谷，价格亦出现不同程度下调。政府有节奏地推出了一系列政策：从限购松绑、信贷宽松到 11 月央行降息等等，政策的累加效应有力地提振了二手房市场。2014 年年底成交量迅速攀升至年内高位，二手房价整体止跌企稳，市场重获信心。

尽管北京、上海、广州和深圳四大一线城市限购政策暂无放松可能，但是京沪普通住宅标准的相继调整，加之信贷的强势支撑，四大城市反弹显著。

（一）政策效应刺激，年末成交翘尾

2014 年前三季度信贷持续收紧，致使观望氛围浓厚，主要城市二手住宅市场成交低位徘徊良久。根据中原统计，2014 年北京、上海、广州和深圳四大一线城市二手住宅总成交面积约 3464 万平方米，同比下跌约 38%，为近三年以来的新低。然而观察发现，2008 年、2011 年和 2014 年连续 3 个楼市低位逐次有大于 9% 的增量趋势，显示二手住宅成交量始终是在波动中上行的。原因主要来自两方面，常住人口的持续增长和成熟市场二手住宅占比稳定上升。

进入第四季度，得益于政府利好政策，市场出现预期逆转。在沉寂了整整 10 个月之后，二手住宅市场出现了一波年末翘尾的行情。根据统计，2014 年 12 月四大一线城市二手住宅总成交面积快速攀升至 436 万平方米的年度高位，基本接近 2013 年的月均值 466 万平方米。

（二）房价止跌企稳，议价空间收窄

与 2013 年的一路上扬形成鲜明对比，2014 年二手住宅市场的整体回落带动中原二手房价格指数全面由涨转跌，至年末稍有喘息。从 2014 年价格变动情况来看，四大一线城市中仅深圳累计上涨，其余三个城市均出现下跌，然而受年末信贷政策放宽刺激，跌幅逐步收窄。

深圳为一线城市中最先回暖的城市，2014 年累计涨幅达 6.94%，改善性需求稳定成为推高价格的原因之一。下跌的城市中，北京是下跌最早，也是下跌时间最长的城市，自 2013 年 12 月起连续下跌 11 个月，2014 年北京累计跌幅为 2.18%。其主要原因是受到年初大量自住房上市的冲击，分流了大量的刚需客户；而广州则是跌幅最大的城市，累计跌幅已经达到 6.33%，主要是公积金贷款额度不足抑制了一大批的需求释放；上海房价小幅波动，累计下跌 2.42%，外围的新房分流效应致使二手业主溢价空间有限。

(三) 租赁持续平稳，租金微幅上扬

由于销售市场回落，租赁市场也失去了持续上涨的动力。但由于租赁需求相对稳定，租金依然呈波动上涨的态势。根据中原领先指数系统数据显示，2014 年全年，一线城市租金指数波动上扬，累计涨幅在 1.88% ~ 16.75% 之间。其中，深圳的累计涨幅最高；上海次之，累计涨幅为 5.67%；北京和深圳的租金指数累计涨幅较小，低于 2%。

租金相对平稳且价格滞涨，令租金回报率依然在低位徘徊。截至 2014 年年底，四大一线城市二手住宅租金回报率在 2.09% ~ -2.58% 之间徘徊，北京的租金回报率最低。

(四) 新房降价促销，抢占二手房份额

在楼市趋冷的环境下，二手房市场降温更为明显。中原监测一、二手房成交量的 14 个城市中，有 11 个城市 2014 年二手房成交量同比降幅超过新房同比降幅。其中，一线城市 2014 年新房的成交面积同比平均降幅为 21%，而二手房成交面积的同比平均降幅高达 40%，比二手房跌幅高出 19 个百分点。

究其原因，相较于新房的集中促销，无资金压力的二手房业主更愿意选择持房观望，而不是降价抛售，故二手房价格降幅有限。每当楼市淡季来临，绝大部分购房者倾向于选择降价幅度较大的新房，导致二手房的份额被侵蚀，市场占比缩减。另外，对于大多数卖旧换新的改善型需求来说，由于年初信贷紧张，放款时间大幅延长，部分卖家需要等 3 ~ 6 个月才能拿到下家的银行贷款，使得整个换房周期延长，风险增加。因而不得已放弃置换需求，导致了二手成交受影响更大。

(五) 京沪普宅标准上调，二手房获益良多

2014 年下半年京沪相继调整了普通住宅的标准，使更多购房者享受税费减免以及房贷优惠。尤其是二手房交易中与普通住房标准直接相关的营业税、个人所得税随之大幅下调，直接降低了购房成本，激发京沪两个城市二手成交活跃。

9 月 30 日，北京上调了享受税收优惠政策普通住房平均交易价格。按照新标准，五环内单价不超过 39600 元/平方米、总价不超过 468 万元的房屋（见表 3 - 13），即可认定为“普通住宅”，享受税收优惠政策。新普宅标准价格线上浮 22%，普宅占比将超九成。此次调整，在普通住宅认定标准中除了单价标准还添加了总价标准。在满足其他条件后，价格只要满足其一即可认定为普宅，较之前更加完善，同时为改善性客户提供了更大的选择空间。

**表 3 - 13　　北京普通住宅标准新旧对比**

| 区域 | 2011 年 11 月公布标准 | | 2014 年 9 月公布标准 |
|---|---|---|---|
| | 北部 | 南部 | |
| 三环四环之间 | 38880 元/平方米 | 34560 元/平方米 | 39600 元/平方米或总价 468 万元 |
| 四环至五环之间 | 32400 元/平方米 | 28080 元/平方米 | |
| 五环到六环 | 25920 元/平方米 | 21600 元/平方米 | 31680 元/平方米或总价 374.4 万 |
| 六环以外 | 17280 元/平方米 | | 23760 元/平方米或总价 280.8 万 |

数据来源：中原集团研究中心。

继北京之后，自 11 月 20 日起，上海执行新的普通住宅认定标准，外环外、内外环间及内环内的普通住宅总价标准分别为低于 230 万元、310 万元及 450 万元（见表 3－14）。与调整前的上海普通住宅标准相比，此次外环外、内外环间、内环内总价标准分别提高了 70 万元、110 万元及 120 万元。经初步计算，上海二手住宅中的普通住宅交易比重在调整前为 79%，调整后上升为 89%。上海普通住宅认定标准的提高，将使可以享受交易税费优惠的房源占比明显增加。

**表 3－14　上海普通住宅标准新旧对比**

单位：万元，%

| 日期 | 内环内 | 内外环间 | 外环外 |
|---|---|---|---|
| 2014 年 11 月 20 日 | 450 | 310 | 230 |
| 2012 年 3 月 1 日 | 330 | 220 | 160 |
| 调整幅度 | 36 | 55 | 44 |

数据来源：中原集团研究中心。

（六）改善性需求释放，中等偏大户型受青睐

得益于“9·30 新政”对首套房认定标准的放宽以及降息的双重利好，改善性需求加速入市，未来二手房成交结构里中等偏大户型的比重有望逐步增加。回顾近三年的户型分布，北京已初露端倪。据中原数据监测，2014 年，北京 90～144 平方米的二手住宅成交套数占二手住宅总成交套数的比例为 32%，同比上升 4%；在 144 平方米以上的面积段中，同比上升 1.3%（见图 3－16）。

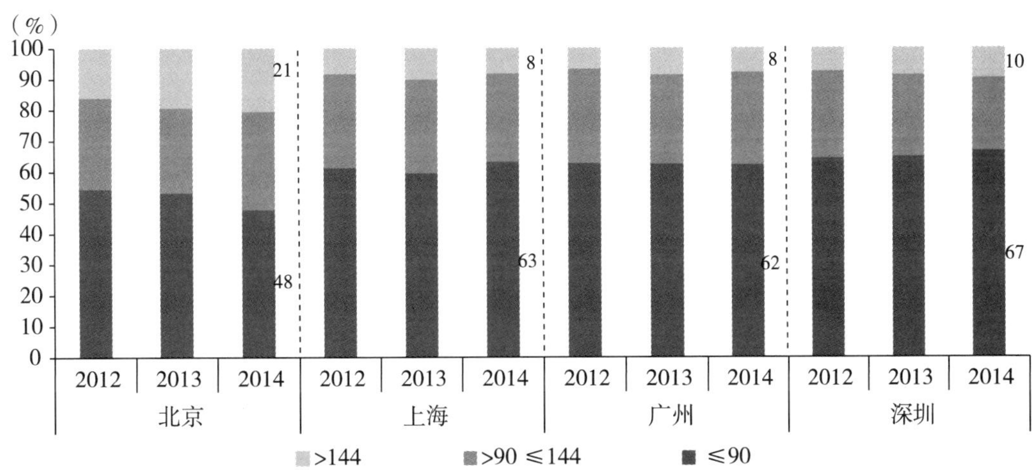


**图 3－16　四大一线城市二手住宅成交面积结构变化**（2012—2014）

数据来源：中原集团研究中心。

虽然 90 平方米以下小户型依然是目前市场成交主力，但显然无法满足日益增长的改善性需求。随着“二孩”政策的放开，家庭人口数增长，购房者对居住面积的要求也水涨船高。加上对中心城区优质教育资源的旺盛需求，未来二手住宅市场，中等偏大户型将越来越受到购房者的青睐。

（七）本轮调整有限，后市谨慎乐观

从历次楼市调整的情况来看，楼市的复苏有赖于信贷和政策环境的放松。本次调整最先由北京自2013年12月始。截至2014年年底，四大城市中原二手住宅价格指数累计下跌5~11个月，累计跌幅在2.8%~-9.2%（见表3-15）。最大累计跌幅均未超过10%。随着9月底以来，首套房认定放宽以及降息的双重刺激，改善性需求得以释放，成交量大幅反弹，价格亦止跌回升。与前两次楼市调整相比，无论是下跌周期，还是下跌幅度都较低，本次二手房市场受影响幅度均属有限。

**表3-15　　CLI中原二手住宅价格指数历次下调幅度及周期对比**

单位:%

| | 2005年 | 2007-2008年 | 2011-2012年 | 本次（截至2014年11月） |
|---|---|---|---|---|
| 北　京 | — | -11.5（9个月） | -10.5（12个月） | -3.3（11个月） |
| 上　海 | -17.4（9个月） | -12.8（7个月） | -6.5（5个月） | -4.3（9个月） |
| 广　州 | — | -14.4（13个月） | -2.8（3个月） | -9.2（7个月） |
| 深　圳 | — | -25.8（18个月） | -11.7（9个月） | -2.8（5个月） |

数据来源：中原集团研究中心。

尽管央行“9·30”新政中明确指出房贷最低可达7折优惠，然而从实际情况来看，大多数银行房贷利率并无变化，仅有个别银行推出95折优惠。当政策刺激效应衰减，则难以维持成交量持续回升，市场可能重陷胶着。因此2015年二手住宅市场，总体判断是谨慎乐观，量价止跌回稳。

（中原集团研究中心）

## 四、北京市房地产市场综述

（一）房地产市场主要指标情况

**1. 房地产开发投资增长，项目到位资金下降**

2014年，全市完成房地产开发投资3911.3亿元，比上年增长12.3%。其中，住宅完成投资1962亿元，增长13.8%；写字楼完成投资750.2亿元，增长22.6%；商业、非公益用房及其他完成投资1199.1亿元，增长4.5%。房地产开发投资中，建筑工程投资为1563亿元，比上年增长6.5%，占全市房地产开发投资比重为40%。

2014年，全市房地产开发项目本年到位资金为6730.4亿元，比上年下降7.8%。其中，金融贷款为2183.7亿元，同比增长18.9%；自筹资金为1898.1亿元，下降11.2%；定金及预收款为1751.6亿元，下降22.4%。

**2. 商品房施工、新开工面积下降，竣工面积增长**

2014年，全市商品房施工面积为13641.5万平方米，比上年下降1.8%。其中，住宅施工面积为6999.7万平方米，下降5.5%；写字楼为2277.1万平方米，增长7.7%；商业、非公益用房及其他为4364.7万平方米，与上年持平。

2014年，全市商品房新开工面积为2502.8万平方米，比上年下降30%。其中，住宅新开工面积为1304万平方米，下降24.9%；写字楼为444.4万平方米，下降33.8%；商业、非公益用房及其他为754.4万平方米，下降35.5%。

2014 年，全市商品房竣工面积为 3054. 1 万平方米，增长 14. 5%。其中，住宅竣工面积为 1804. 3 万平方米，增长 6. 6%；写字楼为 387. 5 万平方米，增长 41. 9%；商业、非公益用房及其他为 862. 3 万平方米，增长 23. 0%。

**3. 居住用地成交减少，地价上涨**

据北京市国土局网站数据统计，2014 年全年出让居住用地规划建筑面积 900. 7 万平方米（见图 3 - 17），同比减少 32. 2%；平均楼面价 14557 元/平方米，同比上涨 50. 9%。

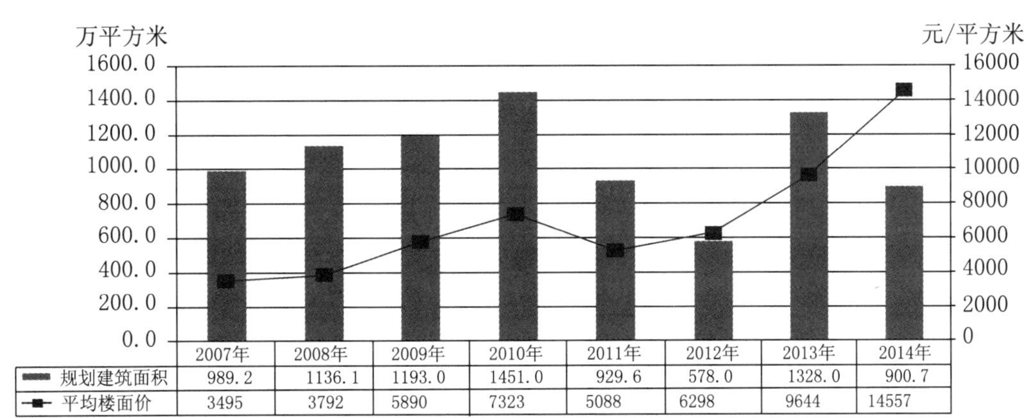


**图 3 - 17　2007 年以来居住类土地成交情况**

**4. 新建商品住房新增供应增加、成交回落，房价总体回落**

2014 年，新建商品住房上市 10. 9 万套，同比增加 49. 3%；成交 6. 9 万套，同比减少 24. 1%。截至年底，库存 6. 6 万套，处于 6 ~ 8 万套的常态区间（见图 3 - 18）。房价指数方面，环比自 7 月份起连续 6 个月下降，12 月份下降 0. 2%；同比自 10 月份起连续 3 个月回落，12 月份下降 3. 4%。

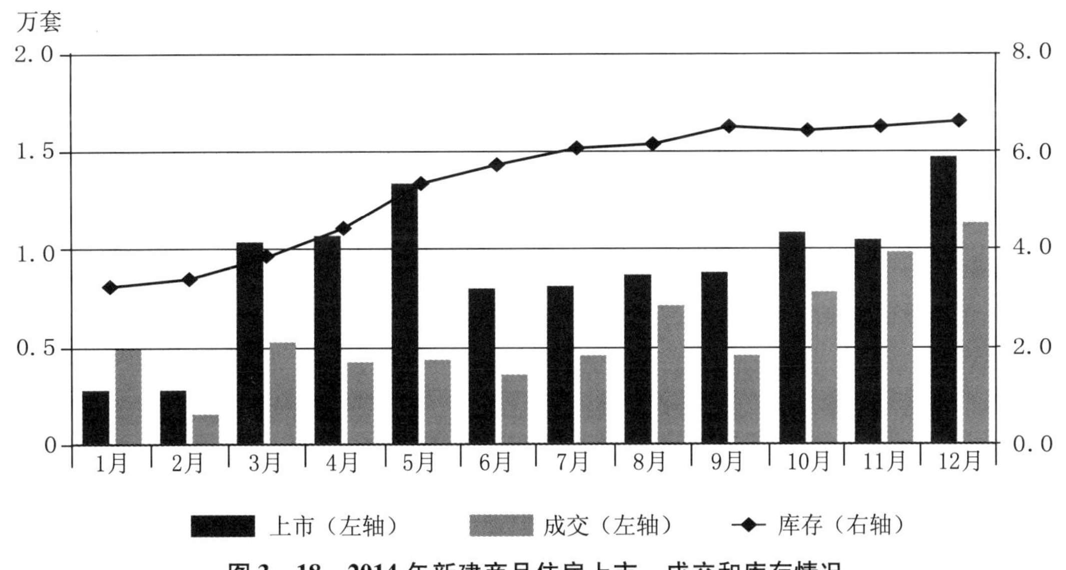


**图 3 - 18　2014 年新建商品住房上市、成交和库存情况**

**5. 二手住房成交减少、价格总体回落，租赁市场量价总体稳定**

2014 年，二手住房成交 10. 3 万套，同比减少 34. 6%。价格指数 4—9 月份连续 6 个月环比下降，10 月份起开始小幅回升，12 月份上涨 0.2%；同比自 9 月份起连续 4 个月下降，12 月份下降 4.1%。全市住房租赁成交约 172 万套次，同比增长 9.7%，增幅较上一年回落 1.7 个百分点；平均租金 61.0 元/平方米·月，同比上涨 3.8%，涨幅较上一年同期回落 5.8 个百分点。

（二）2015 年北京市房地产市场形势分析

初步看，北京房地产市场基本进入触底回升的周期，预计交易量将延续回升态势，市场总体有望温和上行，应不会大起大落。

上行因素：一是政策方面有利于需求继续释放。北京市住房需求规模总体仍然较大，信贷政策的放松、公积金贷款额度的提高，将有力支持居民刚性自住需求和改善性需求，在经历去年的调整后，积压的需求将在政策引导下逐步释放。二是供应方面总体仍然偏紧。库存虽然回升至合理区间，但去年企业为应对市场调整，普遍采取少拿地、缓开工的策略，将影响市场后续的有效供应。

下行因素：主要是宏观层面的经济增长由高速进入中高速的“新常态”，以及北京城镇人均住房建筑面积已达 31.54 平方米，本地需求动力将逐步减弱，加上实施严格的人口控制战略和京津冀协同发展战略，也将导致外来需求减少。

（北京住房和城乡建设委员会）

## 五、上海市房地产市场综述

（一）2014 年上海市房地产市场基本状况

在经历了 2013 年楼市交易繁荣、房价较快上涨后，2014 年前三季度上海市房地产市场经历了一轮调整，主要表现为开发投资增速回落和楼市销售量减少。但在四季度限贷放松、普通商品住房标准调整及贷款利率下降等多重因素影响下，楼市出现回暖走势。

**1. 房地产开发建设情况**

（1）房地产开发投资增速回落，占全社会固定资产投资比重上升。

2014 年，上海市房地产开发投资 3206.48 亿元，比上年增长 13.7%，增幅较上年回落 4.7 个百分点。从全年走势看，投资增幅呈现前三季度个位数增长，四季度达到两位数（见图 3－19）。全年房地产开发投资占全社会固定资产投资比重上升，达 53.3%，分别比 2013 年和 2012 年高出 3.4 个和 8 个百分点。

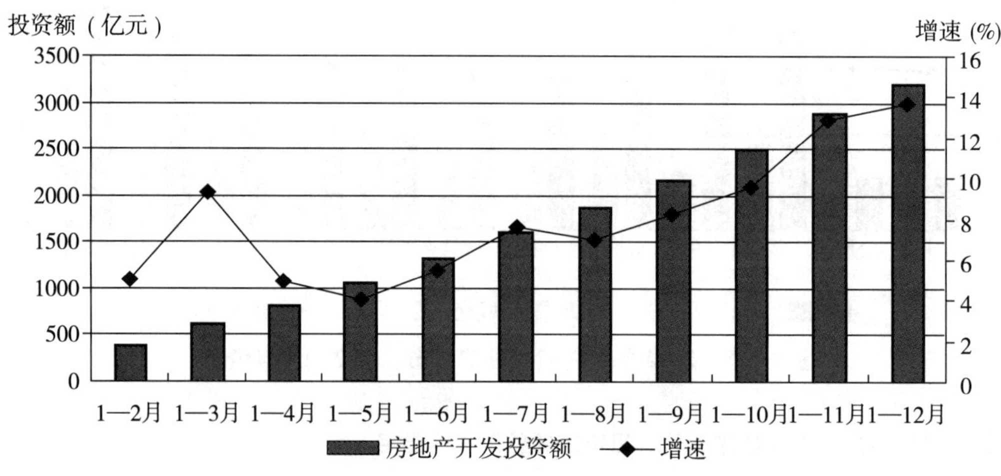


**图 3－19　2014 年上海市房地产开发投资情况**

从房屋类型看，非住宅投资快于住宅投资。2014 年，上海市住宅投资 1724.65 亿元，比上年增长 6.8%，占全部房地产开发投资的 53.8%；办公楼投资 534.77 亿元，增长 41.8%，占 16.7%；商业营业用房投资 457.92 亿元，增长 23.8%，占 14.3%。

从投资结构看，土地购置费快速增长。2014 年，上海市房地产开发投资中建筑及安装工程投资 2076.59 亿元，比上一年增长 9.8%，占全部房地产开发投资的 64.8%；土地购置费 873.61 亿元，增长 48.4%，成为拉动房地产开发投资增长的主要因素。

从项目规模看，大项目投资增速较高。2014 年，上海市完成投资额 5 亿元以上的房地产开发项目有 162 个，比上一年增加 33 个，共计投资 1573.46 亿元，增长 29%，高出全市房地产开发投资增速 15.3 个百分点。

从投资主体看，非国有企业投资增长较快。2014 年，国有房地产企业投资 219.65 亿元，比上一年下降 48.1%；非国有企业投资 2986.83 亿元，增长 24.6%。在非国有企业投资中，股份制企业投资 1504.16 亿元，增长 21.2%；私营企业投资 862.75 亿元，增长 27.1%；港澳台企业投资 408.02 亿元，增长 78.5%；外商企业投资 198.81 亿元，增长 22.3%。

从全国范围看，上海的房地产投资额居全国 31 个省市区的第 14 位，与上年持平，投资额占全国及东部地区的比重分别为 3.4% 和 6.1%，比上年分别提高 0.1 个和 0.2 个百分点；上海房地产开发投资增速居全国 31 个省市区的第 17 位，比上一年增长 13.7%，分别比全国（10.5%）和东部地区（10.4%）高 3.2 和 3.3 个百分点。

（2）房屋新开工及竣工面积小幅增长。

2014 年上海市房地产开发投资增幅较上年明显回落，且投资增长更多依赖土地购置费的快速增长。受此影响，房屋施工面积仅个位数增长。2014 年，房屋施工面积 14690.18 万平方米，比上年增长 8.7%。其中，住宅 8525.85 万平方米，增长 4.9%。

2014 年，房屋新开工面积 2782.02 万平方米，比上年增长 2.8%。其中，住宅 1547.29 万平方米，下降 5.8%；非住宅 1234.73 万平方米，增长 16.2%。10 月起，房屋新开工面积扭转了长达 31 个月同比下降的走势。同时，房屋竣工面积自 11 月起也出现了同比增长。2014 年，上海市房屋竣工面积 2313.29 万平方米，比上年增长 2.6%。其中，住宅 1535.55 万平方米，增长 8.3%（见表 3－16）。

**表 3－16　　2014 年上海市房屋新开工及竣工情况**

单位：万平方米，%

| 指　标 | 新开工面积 | | 竣工面积 | |
|---|---|---|---|---|
| | | 增速 | | 增速 |
| 全部房屋 | 2782.02 | 2.8 | 2313.29 | 2.6 |
| #住宅 | 1547.29 | －5.8 | 1535.55 | 8.3 |
| 办公楼 | 365.25 | 38.3 | 165.03 | －6.2 |
| 商业营业用房 | 388.03 | 41.1 | 208.36 | －17.8 |

**2. 房地产项目本年到位资金小幅增长**

受销售房款减少和银行业规范表外业务等因素影响，2014 年上海市房地产项目本年到位资金 5269.9 亿元，比上年增长 3.5%。从资金来源渠道看，四大类资金呈现“两增两降”（见表 3－17）。

表 3－17　　2014 年上海市房地产项目本年到位资金情况

单位：亿元，%

| 指　标 | 资金额 | 增速 | 比重 |
|---|---|---|---|
| 本年到位资金 | 5269.90 | 3.5 | 100.0 |
| 国内贷款 | 1638.84 | 26.8 | 31.1 |
| 利用外资 | 69.61 | 82.5 | 1.3 |
| 自筹投资 | 1560.83 | －0.6 | 29.6 |
| 其他资金 | 2000.62 | －8.7 | 38.0 |

据人民银行上海总部统计，截至 2014 年年底上海市中资银行本外币商业性房地产贷款余额 12361.53 亿元，比上年增长 12.1%。其中，房地产开发贷款余额 5490.39 亿元，增长 17.3%；个人购房贷款余额 6429.82 亿元，增长 9.8%。

2014 年，上海市新建及存量住房销售量均出现下降。受此影响，2014 年公积金贷款当年发放贷款 472.2 亿元，比上年下降 23.2%，而上年则增长 49.8%。

**3. 楼市交易量出现萎缩**

2014 年，上海市严格贯彻落实国家和市级各项房地产调控政策措施，采取差别化住房信贷、税收、住房限购、增加土地供应等综合措施，抑制投资和投机性购房需求。由于房价上涨预期有所分歧，前三季度买卖双方持续观望，导致市场交易出现萎缩。

（1）新建房屋销售面积降幅超一成。

一方面由于 2013 年本市楼市交易繁荣，成交面积明显高于正常年份，导致基数较高；另一方面由于 2014 年前三季度市场经历了一轮调整，观望情绪浓厚，导致 2014 年新建房屋销售面积减少，降幅超一成（见图 3－20）。2014 年，上海市新建房屋销售面积 2084.66 万平方米，比上一年下降 12.5%。其中，住宅 1780.91 万平方米，下降 11.7%。

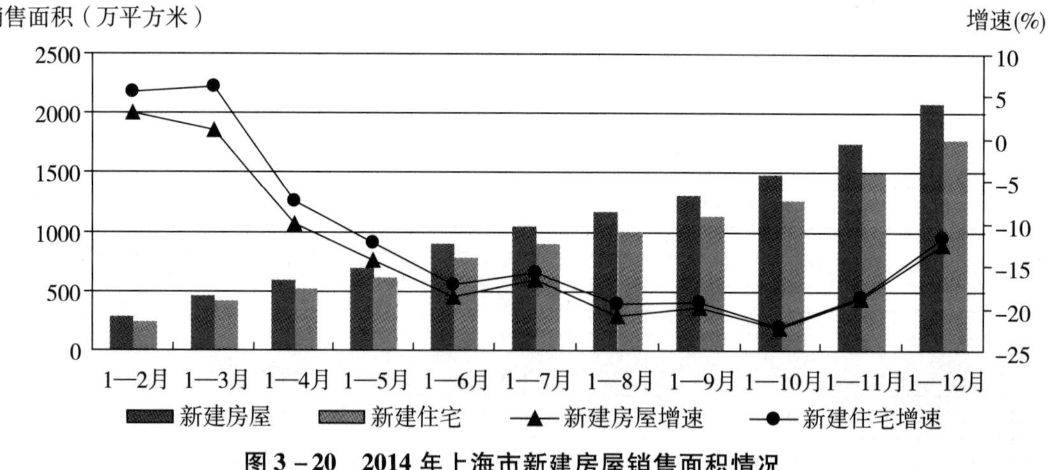


图 3－20　2014 年上海市新建房屋销售面积情况

从成交结构看，市场化新建住宅成交减少是全市新建住宅销售面积下降的主要原因。2014 年，上海市场化新建住宅销售面积比上年下降 26%，保障性住宅则增长 6.2%。从历史成交量看，自 2013 年 12 月至 2014 年 9 月市场化新建住宅单月成交面积连续 10 个月低于近 5 年来月均成交水平，受四季度出台的一系列楼市政策影响，2014 年四季度市场化新建住宅月均成交面积超百万平方米（见图 3－21）。

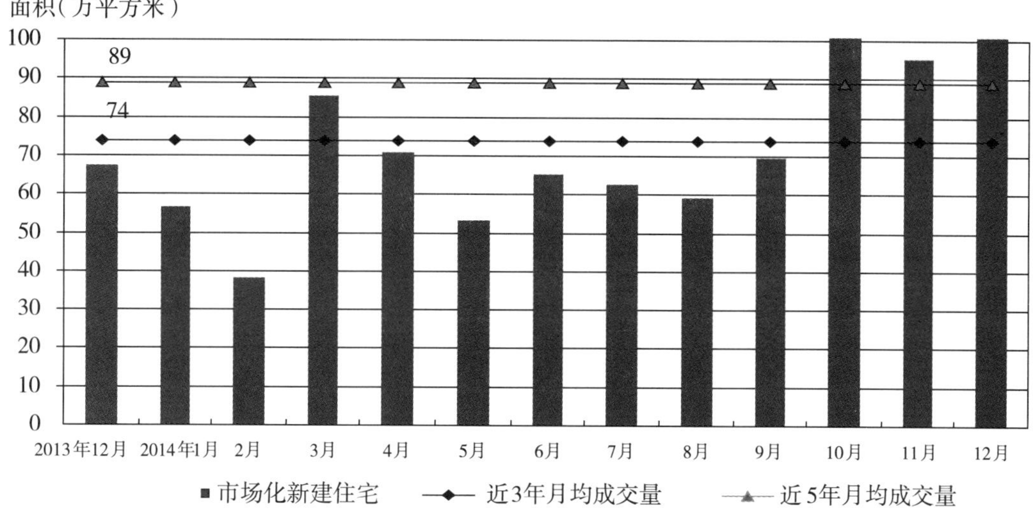


**图 3－21　2014 年上海市市场化新建住宅单月成交情况**

从全国范围看，2014 年全国新建房屋销售面积 120648. 54 万平方米，东部地区 54755. 84 万平方米，上海分别占全国及东部地区销售面积的 1. 7% 和 3. 8%。上海新建房屋销售面积比上年下降 12. 5%，同期全国下降 7. 6%，东部地区下降 13. 7%，上海降幅居全国 31 个省市区的第 8 位，降幅居前的依次是辽宁（－38. 1%）、吉林（－28. 6%）、黑龙江（－25. 9%）、北京（－23. 6%）、海南（－15. 7%）、江苏（－14%）和天津（－12. 7%）。

（2）存量房市场交易前冷后热。

卖方撤牌惜售、买方谨慎入市，买卖双方因市场环境低迷，不约而同选择了观望，前三季度存量房交易显得较为冷清，四季度成交出现回升。据上海市房地产交易中心统计，2014 年本市存量房网签面积 1719. 3 万平方米，比上一年下降 38. 3%。其中，存量住宅 1454. 6 万平方米，下降 40. 9%。从月度数据看，在四季度出台的各类楼市政策作用下，存量住宅网签月均成交量超 150 万平方米，但相比火爆的 2013 年上海市，2014 年存量房市场成交量还是出现了较大幅度的下降（见表 3－18）。

**表 3－18　　2014 年上海市存量房及存量住宅网签情况**

单位：万平方米，%

| 月　份 | 存量房 | | 存量住宅 | |
| --- | --- | --- | --- | --- |
| | 面积 | 同比增速 | 面积 | 同比增速 |
| 2 月 | 102. 06 | －20. 6 | 94. 05 | －20. 0 |
| 3 月 | 177. 90 | －69. 6 | 159. 90 | －72. 0 |
| 4 月 | 151. 46 | －11. 1 | 128. 31 | －15. 6 |
| 5 月 | 121. 18 | －31. 8 | 103. 30 | －29. 7 |
| 6 月 | 115. 00 | －43. 8 | 94. 36 | －45. 8 |
| 7 月 | 110. 90 | －43. 4 | 94. 31 | －39. 4 |

续表

| 月　份 | 存量房 | | 存量住宅 | |
|---|---|---|---|---|
| | 面积 | 同比增速 | 面积 | 同比增速 |
| 8 月 | 122.02 | -40.7 | 101.29 | -46.6 |
| 9 月 | 121.91 | -47.8 | 97.73 | -51.9 |
| 10 月 | 152.14 | -35.7 | 129.45 | -34.5 |
| 11 月 | 187.67 | -12.7 | 164.76 | -11.5 |
| 12 月 | 208.71 | 1.4 | 168.54 | 0.8 |

**4. 新建住宅平均销售价格达到每平方米 16415 元**

2014 年，上海市新建住宅平均销售价格 16415 元/平方米。从区域分布看，全市新建住宅中，内环线以内区域销售 54.28 万平方米，占全市新建住宅的 3%；内外环线之间区域销售 304.81 万平方米，占 17.1%；外环线以外区域销售 1421.82 万平方米，占 79.9%。全年各环线区域新建住宅平均销售价格分别为：内环线以内 53629 元/平方米，内外环线之间 23681 元/平方米，外环线以外 13437 元/平方米。

从剔除共有产权房和动迁安置房等保障性住宅后的市场化新建住宅的区域分布看，内环线以内区域销售 52.38 万平方米，占全市市场化新建住宅的 6.3%；内外环线之间区域销售 148.66 万平方米，占 18%；外环线以外区域销售 625.69 万平方米，占 75.7%。全年各环线区域市场化新建住宅平均销售价格分别为：内环线以内 54436 元/平方米，内外环线之间 40345 元/平方米，外环线以外 20487 元/平方米。

**5. 保障性住房建设和筹措目标顺利完成**

2014 年，上海市根据经济社会发展情况和“四位一体”、租售并举住房保障体系的衔接要求，继续放宽廉租住房和共有产权保障住房的准入标准，不断扩大保障性住房政策的覆盖面和受益面，进一步优化相关政策口径，以确保更加合理地分配和使用住房保障资源。同时，本市加快了保障性安居工程基地的各项配套设施建设进度，并引进优质教育卫生和商业资源、优化公交出行、建立公用基础设施共建共享机制、丰富文体设施。

据市住房保障和房屋管理局统计，2014 年上海市新开工建设及筹措各类保障性住房（含旧住房综合改造）5.69 万套，超额完成年度目标（见表 3-19）。

**表 3-19　　2014 年上海市保障性住房新开工及筹措情况**

| 类　别 | 目标套数（万套） | 完成套数（万套） | 完成率（%） |
|---|---|---|---|
| 保障性住房 | 5.5 | 5.69 | 103.5 |
| #征收安置住房 | 2.2 | 2.22 | 100.9 |
| 公共租赁住房 | 0.8 | 0.80 | 100.0 |
| 旧住房综合改造 | 2.5 | 2.67 | 106.8 |

（二）2014 年上海市房地产市场存在的主要问题

**1. 投资增长后续支撑力度略显不足**

2014 年，上海市房地产投资基本在个位数区间增长，与 2013 年 20% 以上的增速相比有较大幅度的回落，投资增长后续支撑力度略显不足，主要表现为：

一是实体工作量占比下降，2014 年建筑工程投资 1847.26 亿元，占全部房地产投资的 57.6%，比上年回落 2.4 个百分点；

二是项目新开工量长期下降，2014 年住宅新开工面积比上年下降 5.8%，连续 34 个月同比下降；

三是投资增长更多的是依赖土地购置费的快速增长，2014 年上海市土地购置费增长 48.4%，增幅高出全部房地产投资的 34.7 个百分点。

此外，房地产投资占比持续上升也需引起重视，2014 年本市房地产开发投资占全社会固定资产投资比重达 53.3%，分别比 2013 年和 2012 年高出 3.4 个和 8 个百分点。

**2. 市场化住宅供应略有压力**

通过连续几年实施限购限贷等调控政策，目前上海市投资和投机购房需求得到了有效抑制。2014 年市场经历了一轮调整，表现为投资增速回落和销售量萎缩。但 9 月底，央行调整了首套房认定标准，市场预期发生变化，市场出现回暖走势。从中长期看，上海市人多地少、住房刚性需求和改善性需求较为旺盛的情况并未改变，因此保证一定量的后续供应显得十分必要。2014 年，上海市市场化住宅新开工面积下降 6.5%，预示着今后一段时间市场化住宅供应有一定的压力。

**3. 市场供需呈现结构性矛盾**

从分户型供需结构看，呈现出结构性矛盾。2014 年年底，140 平方米以上市场化新建住宅可售面积占全部可售面积的 56.4%，而同期销售量中 140 平方米以上的仅占 33.9%，照此销售速度，去化周期超过 2 年半时间。中小户型（90 平方米以下）市场化新建住宅销售面积 210.6 万平方米，占全部销售的 24.2%，而中小户型的可售量仅占全部可售量的 14.1%，其去化周期不足 11 个月。如果市场回暖，估计将出现供应不足的情况，易引发房价上涨（见表 3－20）。

**表 3－20　　2014 年上海市市场化新建住宅供需结构情况**

单位：万平方米,%

| 指　标 | 2014 年底网上可售面积 | 占比 | 2014 年全年销售面积 | 占比 |
|---|---|---|---|---|
| 市场化新建住宅 | 1332.1 | 100.0 | 870.0 | 100.0 |
| 90 平方米以下 | 188.3 | 14.1 | 210.6 | 24.2 |
| 90～140 平方米 | 393.0 | 29.5 | 364.7 | 41.9 |
| 140 平方米以上 | 750.8 | 56.4 | 294.7 | 33.9 |

（三）2015 年上海市房地产市场趋势判断

从宏观面看，当前面临的经济形势依然较为复杂，但上海市稳增长的决策依旧，预计房地产投资仍将保持一定的规模。从资金面看，国家强调执行稳健的货币政策，同时实施定向宽松，总体上有利于楼市的稳定；但银行业规范表外业务的力度不减，导致房地产开发企业资金趋紧，这将迫使企业“以价换量”回笼资金；在利率市场化背景下，影响住房需求的贷款利率水平难有实质性下降，企业融资成本将继续处于高位。从政策面看，2014 年四季度出台的一系列楼市政策一定程度上改变了市场的预期。综合判断，2015 年本市房地产开发投资将小幅增长，市场销售有所回暖。

**1. 开发投资小幅增长**

从建设角度，2014 年本市房地产开发投资增幅呈现回落，但房屋新开工面积和竣工面积在长期下降后出现增长走势，土地市场成交依旧活跃，土地购置费快速增长；从外部环境看，经济稳定增长需要投资保持一定的力度，企业融资成本居高不下也会提升建设成本。同时，投资增长倚重土地费用，建安实体投资后续支撑不足的隐忧也存在。因此，2015 年本市房地产开发投资将小幅增长。

**2. 市场销售有所回暖**

2014 年前三季度本市房地产市场出现调整走势，主要原因是住房信贷收紧、市场预期发生变化。但是，随着 9 月底央行调整了首套房的认定标准，11 月 20 日本市普通住房标准调整，11 月 21 日央行下调金融机构人民币贷款和存款基准利率，市场预期出现转向，呈现转暖走势。由于企业融资成本上升，去库存并加快新增供应以回笼资金依然是当前房地产开发企业的必然选择。同时，本市市场化住宅后续供应面临一定的压力，特别是中小户型。因此，预计 2015 年本市楼市销售量将有所增加。

（四）上海市房地产市场平稳发展的对策建议

房地产市场平稳发展，不仅有利于房地产市场本身可持续发展，同时也有利于宏观经济健康发展。目前，对于上海这样的特大型城市，应保持当前各项政策的相对稳定性，同时密切关注市场动向，必要时适当加以微调，调节供需关系，避免因房地产市场波动对宏观经济产生影响。

**1. 加大中小户型普通商品住房建设用地供应力度**

从市场化新建住宅供求结构看，2014 年年底本市 90 平方米以下中小户型网上可售面积为 188.3 万平方米（占比为 14.1%），同期成交面积为 210.6 万平方米（占比为 24.2%），供应明显不足。建议切实采取措施，按照“调整特大城市供地结构，提高住宅用地比例和土地容积率”的要求，加大中小套型普通商品住房建设用地供应。同时，当前大户型销售周期超过 30 个月，建议通过提高大户型住宅的预售标准，拉长销售回款时间，在一定程度上引导房地产开发商减少大户型住宅建设量。

**2. 继续严格执行住房限购等调控政策**

由于上海这座特大型城市的人口导入压力巨大，央行调整首套房的认定标准导致市场预期出现改变，后期供应又相对不足，特别是结构性供需矛盾明显。因此，需要继续严格执行抑制投资和投机性需求的调控政策，强化合理住房消费的引导和正确的舆论导向。同时，继续加强市场监管，查处违法违规行为，维护市场交易秩序。

**3. 加强对商办等非居住房屋的监管**

在住宅限购背景下，2014 年本市商办等非居住房屋投资依然偏快，且办公楼和商业营业用房的新开工面积增长约四成。据专业研究机构统计，目前本市商业营业用房人均面积已超过香港，风险需要关注。部分开发企业以“类住宅”名义建设和销售商办用房，误导购房人，易产生矛盾纠纷；部分开发企业建设和销售商铺类商业用房（特别是小分割的产权商铺），极易引发市场风险。建议在项目审批、售楼广告、签约交易等环节加强监管，出台相应措施，保障购房人权益。

**4. 强调发挥市场配置资源的作用**

2014 年以来，本市房地产市场出现了一系列新的变化，开发投资增速回落，销售量减少，房价上涨的趋势发生了改变，这对宏观经济增长和地方财政收入都产生了一定的影响。但是，必须认识到此轮调整是在外部政策环境没有发生变化的背景下，市场机制的自发调整。从调控思路上，今后依然要坚持分类调控，强调发挥市场在资源配置中的决定性作用，保持定力，不急于出台刺激政策，不干扰市场机制发挥作用。

（上海统计局）

# 六、广东省房地产市场综述

## （一）市场运行情况分析

### 1. 房屋销售触底反弹，加速去化仍是主题

2014 年，广东商品房销售面积 9315.76 万平方米，同比下降 5.3%；销售额 8461.84 亿元，同比下降 5.4%；销售均价 9083 元/平方米，小幅下降 0.1%（见图 3－22）。从走势看，1－8 月，销量同比降幅总体逐月扩大；下半年，随着各地行政干预逐步退出，降息和差别化住房信贷政策的有效刺激，市场预期趋于好转，企业积极促销，各月销售量明显上升，累计降幅自 8 月筑底之后逐月缩小，全年呈现先降后升态势（见图 3－23）。

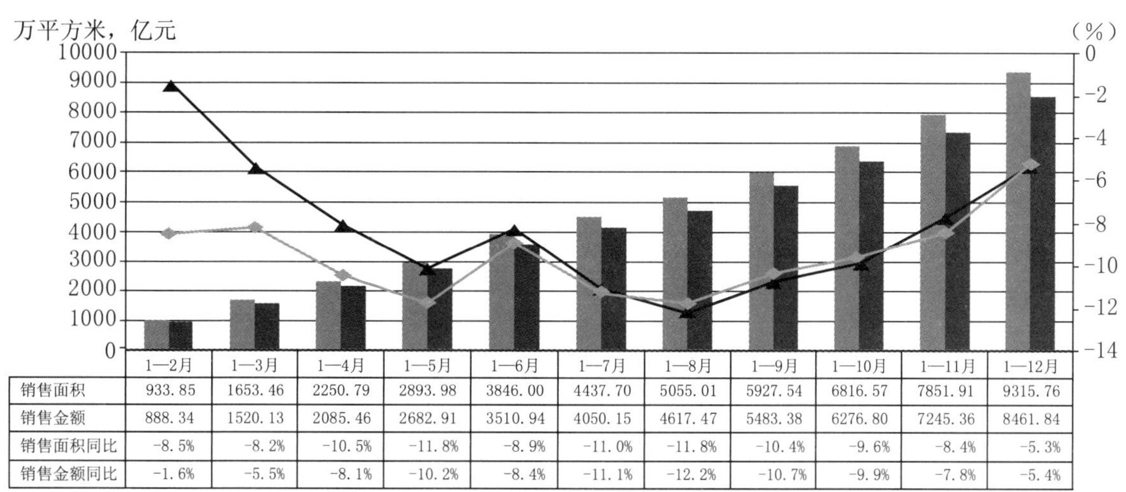


| | 1—2月 | 1—3月 | 1—4月 | 1—5月 | 1—6月 | 1—7月 | 1—8月 | 1—9月 | 1—10月 | 1—11月 | 1—12月 |
|---|---|---|---|---|---|---|---|---|---|---|---|
| 销售面积 | 933.85 | 1653.46 | 2250.79 | 2893.98 | 3846.00 | 4437.70 | 5055.01 | 5927.54 | 6816.57 | 7851.91 | 9315.76 |
| 销售金额 | 888.34 | 1520.13 | 2085.46 | 2682.91 | 3510.94 | 4050.15 | 4617.47 | 5483.38 | 6276.80 | 7245.36 | 8461.84 |
| 销售面积同比 | -8.5% | -8.2% | -10.5% | -11.8% | -8.9% | -11.0% | -11.8% | -10.4% | -9.6% | -8.4% | -5.3% |
| 销售金额同比 | -1.6% | -5.5% | -8.1% | -10.2% | -8.4% | -11.1% | -12.2% | -10.7% | -9.9% | -7.8% | -5.4% |

**图 3－22　2014 年广东商品房销售情况走势**

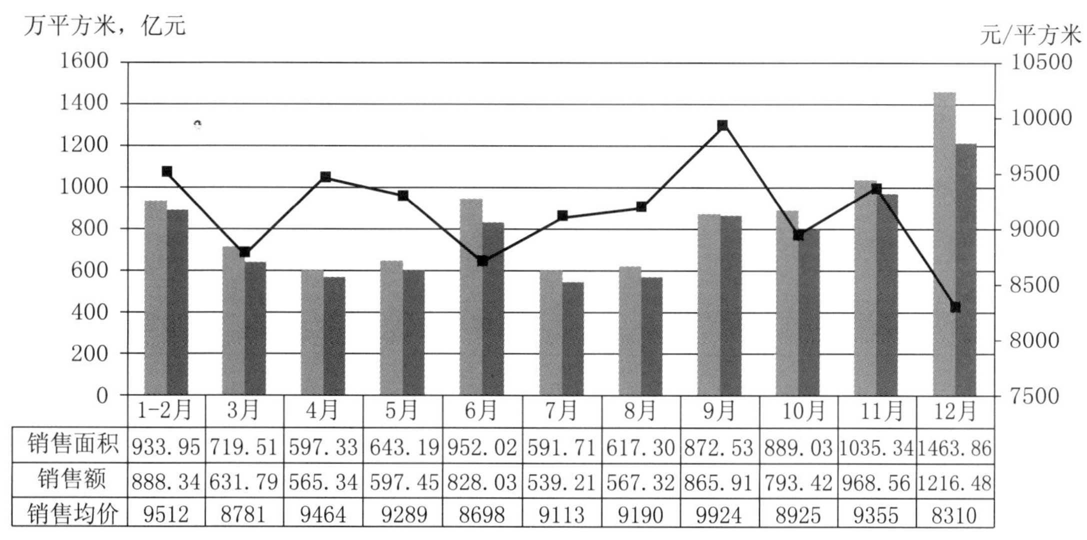


| | 1-2月 | 3月 | 4月 | 5月 | 6月 | 7月 | 8月 | 9月 | 10月 | 11月 | 12月 |
|---|---|---|---|---|---|---|---|---|---|---|---|
| 销售面积 | 933.95 | 719.51 | 597.33 | 643.19 | 952.02 | 591.71 | 617.30 | 872.53 | 889.03 | 1035.34 | 1463.86 |
| 销售额 | 888.34 | 631.79 | 565.34 | 597.45 | 828.03 | 539.21 | 567.32 | 865.91 | 793.42 | 968.56 | 1216.48 |
| 销售均价 | 9512 | 8781 | 9464 | 9289 | 8698 | 9113 | 9190 | 9924 | 8925 | 9355 | 8310 |

**图 3－23　2014 年广东商品房各月销售情况**

从近五年广东商品房销售面积比较情况看，2014 年仅低于 2013 年，处于历史次高水平。其中，2014 年第四季度销售面积达到 3388.23 万平方米，则为历史最高水平（见图 3－24）。

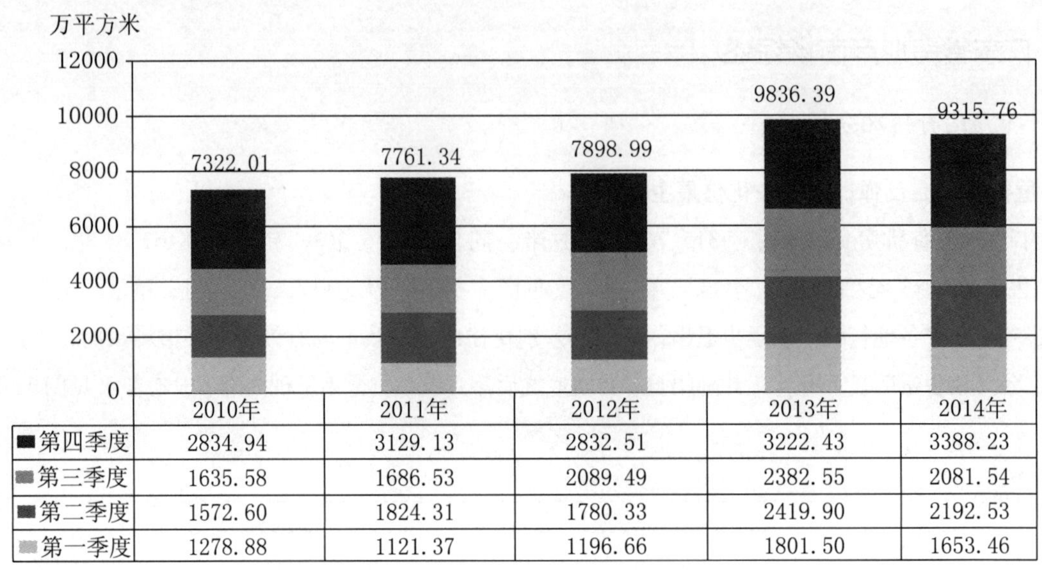


**图 3 - 24　2010—2014 年广东商品房销售面积情况**

按用途分，商品住宅销售面积、销售额分别为 8163.56 万平方米、6960.26 亿元，同比分别下降 7.6% 和 6.9%；合计销售 73.94 万套，同比下降 6.5%；销售均价 8526 元/平方米，小幅增长 0.7%。办公楼销售面积 230.45 万平方米，同比下降 10.3%；商业营业用房销售面积 491.06 万平方米，同比增长 13.2%；其他房屋销售面积 430.70 万平方米，同比大幅增长 36.7%。数据显示，商品住宅销量占商品房总销量的 87.6%，同比下降 2.2 个百分点；办公楼占 2.5%，小幅下降 0.1 个百分点；商业营业用房占 5.3%，同比提高 0.9 个百分点；其他房屋占 4.6%，同比提高 1.4 个百分点。数据反映，商业营业用房和其他房屋销售面积有较大幅度增长，或与过去几年商用物业投资建设加大，企业为减轻资金压力减少持有，加大销售有关（见表 3 - 21）。

**表 3 - 21　　2014 年广东商品房销售面积**（按用途分）

单位：万平方米，%

| 年份 | 住宅 | | 办公楼 | | 商业营业用房 | | 其他房屋 | |
|---|---|---|---|---|---|---|---|---|
| | | 占比 | | 占比 | | 占比 | | 占比 |
| 2013 年 | 8830.95 | 89.80 | 256.86 | 2.60 | 433.61 | 4.40 | 314.96 | 3.20 |
| 2014 年 | 8163.56 | 87.60 | 230.45 | 2.50 | 491.06 | 5.30 | 430.7 | 4.60 |
| 同比 | -7.60 | -2.20 个百分点 | -10.30 | -0.10 个百分点 | 13.20 | 0.90 个百分点 | 36.70 | 1.40 个百分点 |

从当年新增供应情况看，全省商品房、商品住宅批准预售 8336.55 万和 7110.67 万平方米，同比分别下降 1.0%和 4.7%。数据显示，广东商品房当年批准预售面积与上年新开工面积高度正相关。2013 年新开工面积达到历史最高，但 2014 年批准预售面积未迎来峰值，房屋上市率反而创下 58.4%的低位水平，这与过去几年新增供应较为充足有密切关系（见图 3 - 25）。2003—2009 年间，广东每年商品房销售面积与上年新开工面积大致相当，但 2010—2013 年新开工量大幅增加，4 年间累计新增 4.67 亿平方米，比 2011—2014 年累计销售面积（3.48 亿平方米）多出 1.19 亿平方米，去化率仅为 74.5%，说明市场潜在供应充足，供求关系较为宽松（见图 3 - 26）。

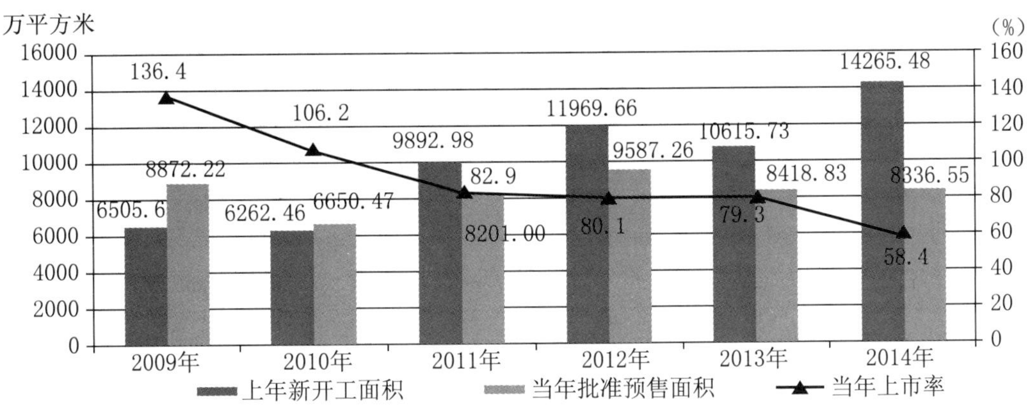


**图 3－25　2009—2014 年广东商品房上市率走势**

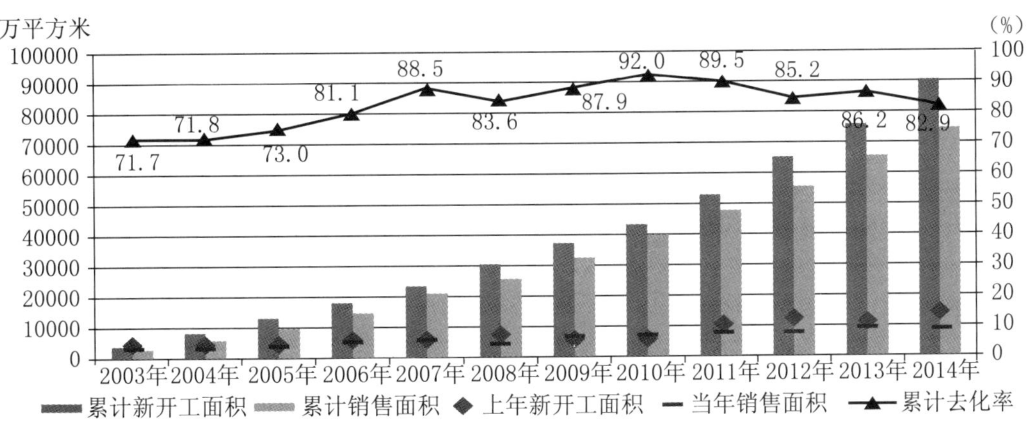


**图 3－26　2003—2014 年广东商品房去化率走势**

其中，从商品住宅看，2010—2013 年新开工面积 3.50 亿平方米，约比 2011—2014 年累计销售面积（3.12 亿平方米）多 3800 万平方米，去化率达 88.9%；以 2003 年为起点，至 2014 年，全省商品住宅的累计去化率为 96.5%，该去化率为 2007 年以来的次低水平，但仍处于基本平衡状态（见图 3－27）。比较而言，近十几年广东非住宅商品房的累计去化率明显低于住宅去化水平，至 2014 年去化率为 36.2%，为历年最低（见图 3－28）。

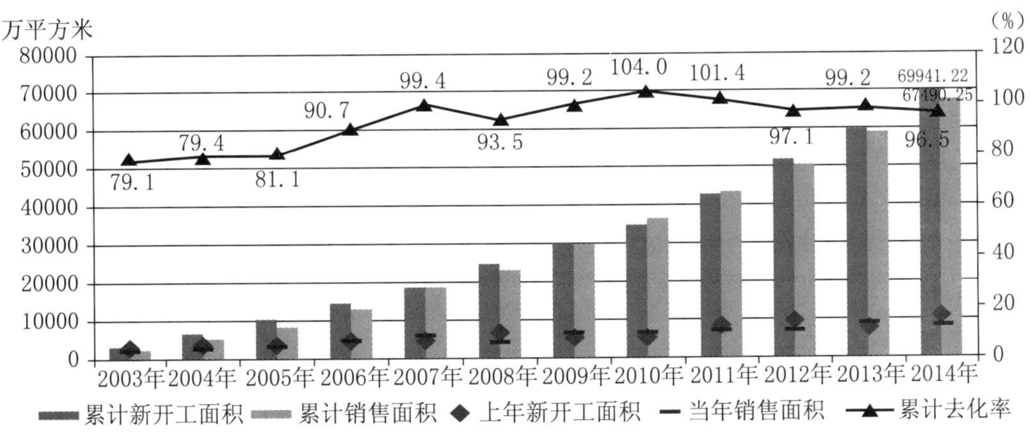


**图 3－27　2003—2014 年广东商品住宅去化率走势**

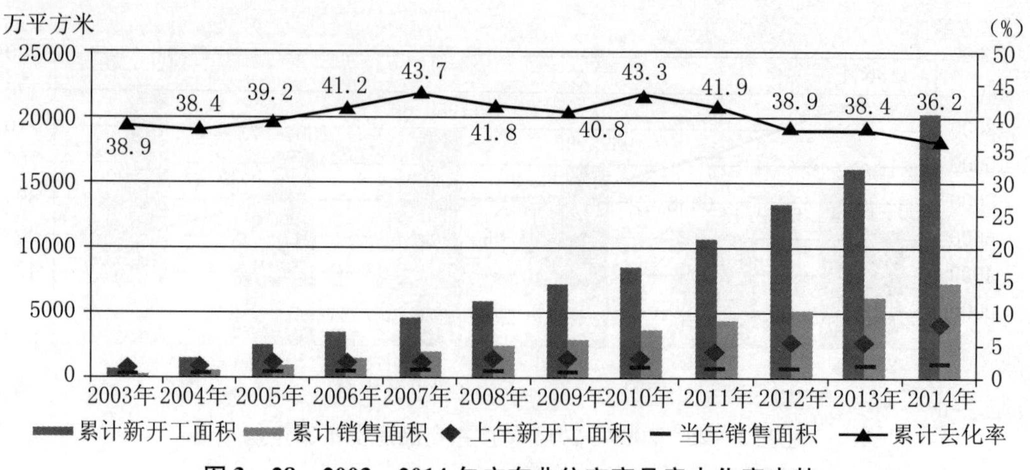


**图 3-28　2003—2014 年广东非住宅商品房去化率走势**

库存方面，截至 2014 年年底，全省商品房待售面积 5467.99 万平方米，同比增长 22.3%。其中，商品住宅待售面积 3545.82 万平方米，同比增长 24.6%；办公楼 198.69 万平方米，同比下降 4.5%；商业营业用房 818.36 万平方米，同比增长 16.9%；其他房屋 905.13 万平方米，同比增长 26.4%。除写字楼之外，其他各类用房的待售面积均创下历史新高，说明后市总体面临较大的去化压力（见图 3-29）。

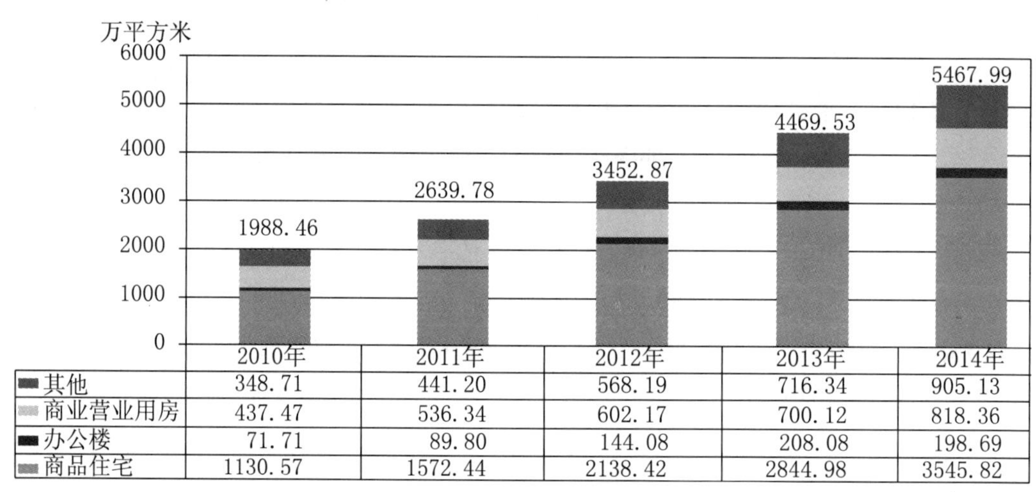


|  | 2010年 | 2011年 | 2012年 | 2013年 | 2014年 |
|---|---|---|---|---|---|
| 其他 | 348.71 | 441.20 | 568.19 | 716.34 | 905.13 |
| 商业营业用房 | 437.47 | 536.34 | 602.17 | 700.12 | 818.36 |
| 办公楼 | 71.71 | 89.80 | 144.08 | 208.08 | 198.69 |
| 商品住宅 | 1130.57 | 1572.44 | 2138.42 | 2844.98 | 3545.82 |

**图 3-29　2010—2014 年广东商品房待售面积情况**

**2. 信贷新政初显成效，资金压力仍较沉重**

2014 年，广东房地产企业到位资金 11326.60 亿元，同比增长 8.2%，增幅为 2003 年以来的次低水平，也是除 2008 年之外，唯一仅实现个位数增长的年份。从本年到位资金来源看，国内贷款 2432.61 亿元，同比增长 13.5%；利用外资 63.65 亿元，同比增长 75.4%；自筹资金 3705.57 亿元，同比增长 32.4%；其他资金来源（销售回笼资金）5124.77 亿元，同比下降 6.7%（见图 3-30）。从资金结构看，国内贷款占到位资金比重 21.5%，较上一年同期提高 1.0 个百分点；利用外资占比 0.6%，同比下降 0.2 个百分点；自筹资金占比 32.7%，同比提高 6.0 个百分点；其他资金来源占比 45.2%，同比下降 7.2 个百分点。对比 2008—2014 年的资金结构，2014 年与 2008 年较为相似，自筹资金占比仅略低于 2008 年水平；作为最主要资金来源且不需支付利息的销售回笼资金，所占比重也最接近 2008 年，反映出 2014 年广东房地产企业的资金成本处于相对较高水平。

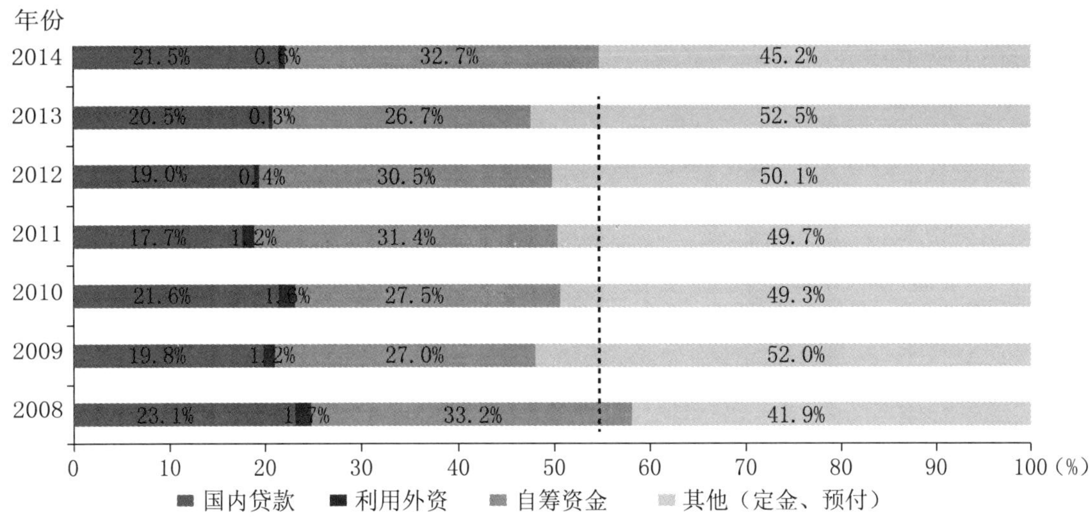


**图 3－30　2008—2014 年广东房地产本年资金来源结构**

从商品房销售额占到位资金的比重情况看，2014 年全省商品房销售额 8461. 84 亿元，占本年到位资金的 74. 7%，该比重为 2006 年以来的最低水平，反映出当年房地产企业运作中资金缺口相对较大（见图 3－31）。与当年完成投资额相比，2014 年商品房销售额与完成投资额的比值为 110. 8%，比上年大幅回落 26. 3 个百分点，为 2006 年以来的次低水平，反映出当年房地产企业的资金流较为紧张，需要拓展资金来源渠道。

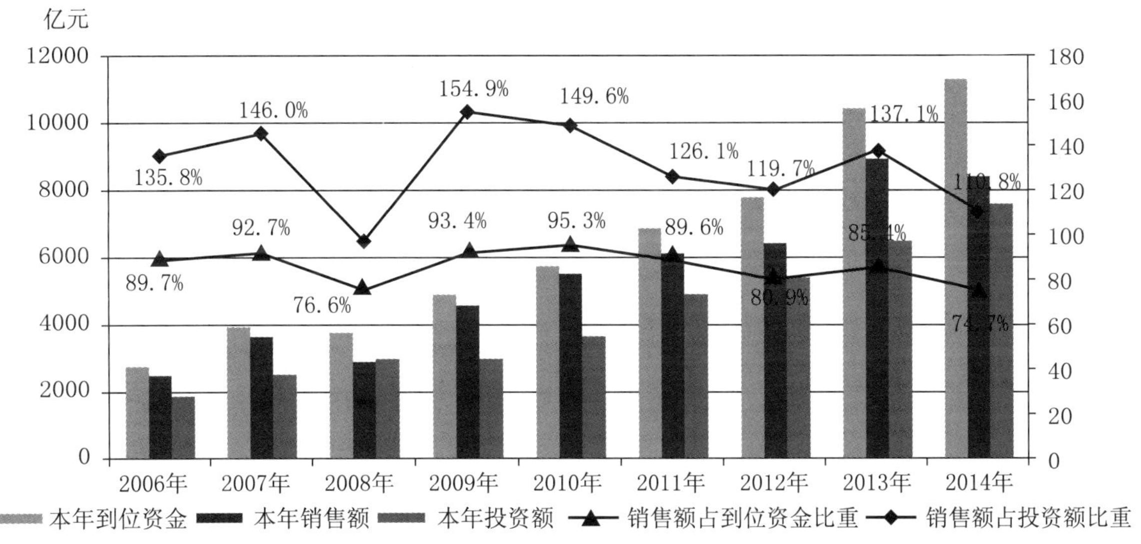


**图 3－31　2006—2014 年广东商品房销售额占本年到位资金及完成投资额比重走势**

从企业来自金融机构的资金情况看，2014 年各季度来自银行、非银行金融机构的企业贷款和个人住房按揭贷款的总额基本在 1000 亿元左右。其中，第四季度个人住房按揭贷款较前三个季度明显提高（见图 3－32），说明企业销售资金回笼加速，资金压力得到缓解，9 月 30 日央行和银监会联合下发《关于进一步做好住房金融服务工作的通知》的信贷新政效应初步显现。但银行贷款并未同步提高，显示银行机构对于房地产贷款的态度仍偏谨慎，房地产企业资金压力依然较大，加速去库存，改善资金结构仍是重要任务。

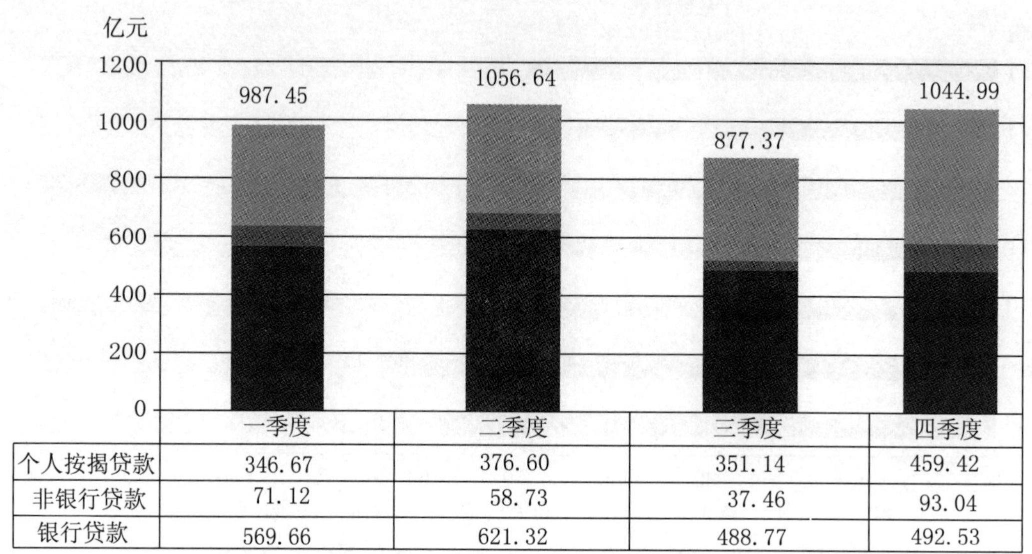


| | 一季度 | 二季度 | 三季度 | 四季度 |
|---|---|---|---|---|
| 个人按揭贷款 | 346.67 | 376.60 | 351.14 | 459.42 |
| 非银行贷款 | 71.12 | 58.73 | 37.46 | 93.04 |
| 银行贷款 | 569.66 | 621.32 | 488.77 | 492.53 |

**图 3－32　2014 年各季度广东房地产企业来自金融机构资金情况**

**3. 购地拉动效应过半，投资增长质量下降**

2014 年，广东房地产完成投资额 7638.45 亿元，同比增长 17.2%，增速同比下降 4.6 个百分点（见图 3－33）。从全年走势看，受制于企业资金压力，年底增速略有下探，但总体呈现平稳增长态势。按投资构成分，建安工程投资 5427.18 亿元，同比增长 12.5%，占总投资额的 71.1%；设备工器具购置 78.03 亿元，同比增长 19.1%；两者合计拉动房地产总体投资增长 9.5 个百分点。土地购置费 1591.35 亿元，占总投资额的 20.8%，同比提高 5.6 个百分点；同比大幅增长 60.6%，拉动房地产总体投资增长 9.2 个百分点。除土地购置费以外的其他费用 541.9 亿元，同比下降 15.2%，拉低总体投资增速 1.5 个百分点。数据显示，2014 年土地购置费的增长对房地产投资增速的拉动作用与建安工程相当，既反映出企业的投资能力受到土地成本的挤压，也意味着房地产的投资增速对于带动经济增长的质量明显下降（见表 3－22）。

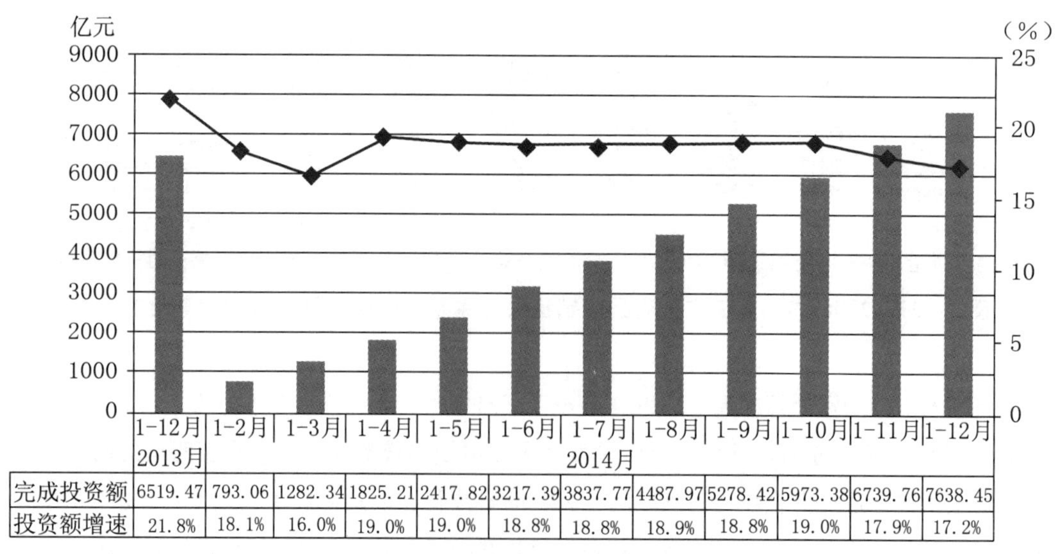


| | 1-12月 2013月 | 1-2月 | 1-3月 | 1-4月 | 1-5月 | 1-6月 | 1-7月 | 1-8月 | 1-9月 | 1-10月 | 1-11月 | 1-12月 |
|---|---|---|---|---|---|---|---|---|---|---|---|---|
| | | 2014月 | | | | | | | | | | |
| 完成投资额 | 6519.47 | 793.06 | 1282.34 | 1825.21 | 2417.82 | 3217.39 | 3837.77 | 4487.97 | 5278.42 | 5973.38 | 6739.76 | 7638.45 |
| 投资额增速 | 21.8% | 18.1% | 16.0% | 19.0% | 19.0% | 18.8% | 18.8% | 18.9% | 18.8% | 19.0% | 17.9% | 17.2% |

**图 3－33　2013—2014 年广东房地产投资额走势**

**表 3－22　　2013、2014 年广东房地产完成投资按构成分**

单位：亿元，%

| 年　份 | 本年完成投资 | | | | |
|---|---|---|---|---|---|
| | | 建安工程 | 设备工器具购置 | 其他费用 | |
| | | | | | 土地购置费 |
| 2013 年 | 6519.47 | 4824.12 | 65.51 | 1629.84 | 991.11 |
| 占比 | 100.00 | 74.00 | 1.00 | 25.00 | 15.20 |
| 拉动率 | 21.80 | 18.80 | 0.30 | 2.70 | 3.80 |
| 2014 年 | 7638.45 | 5427.18 | 78.03 | 2133.25 | 1591.35 |
| 占比 | 100.00 | 71.10 | 1.00 | 27.90 | 20.80 |
| 拉动率 | 17.20 | 9.30 | 0.20 | 7.70 | 9.20 |

开发建设方面，截至 2014 年年底，全省商品房施工面积 5.4 亿平方米，同比增长 16.1%，增速比年初回落 6.4 个百分点（见图 3－34）。其中，2014 年新开工面积 1.34 亿平方米，同比下降 6.2%，降幅比年初缩小 20.3 个百分点；竣工面积 7327.99 万平方米，同比增长 16.8%，比年初提高 34.1 个百分点。虽然当年竣工面积同比实现两位数增长，但从 2004 年以来的累计竣工率走势看（假定建设周期为 3 年，即第（n－2）年的新开工项目基本在第 n 年达到竣工），2014 年的竣工率为 72.7%，竣工率连续 3 年持续下行并创下最低水平（见图 3－35），意味着企业对在建项目的资金投入负担持续加大，承受着较重的资金压力。而 2014 年多达 1.34 亿平方米的新开工面积，将逐步形成供应而进一步放大当前供大于求的局面。

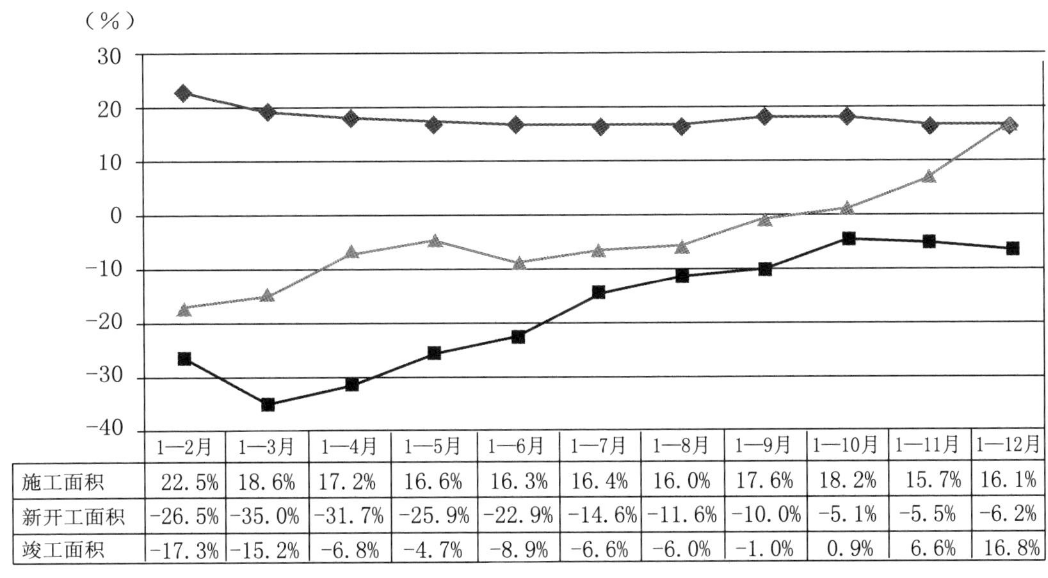


**图 3－34　2014 年广东商品房新开工、施工、竣工面积增速走势**

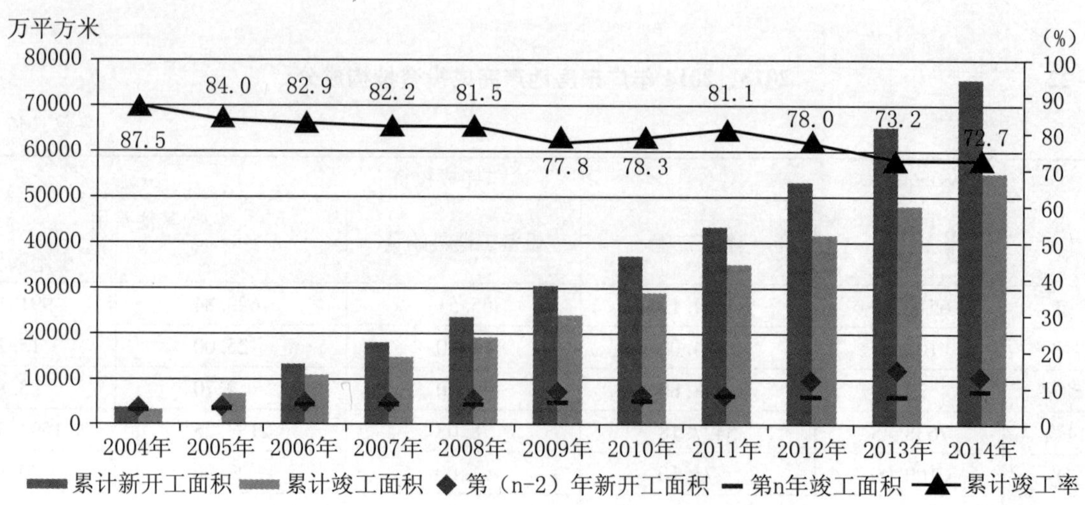


图 3－35　2004—2014 年广东商品房竣工率走势

土地市场方面，全省土地购置面积 1956.99 万平方米，同比下降 13.1%；土地成交价款 856.58 亿元，同比增长 25.7%；土地成交均价 4377 元/平方米，同比大幅上涨 44.6%（见图 3－36）。从地价与房价水平的比较看，在同样不考虑容积率因素的情况下，2014 年土地平均购置价格相当于商品房平均销售价格的 48.2%，大幅高于其他年份水平，地价的过快上涨推高了市场风险。

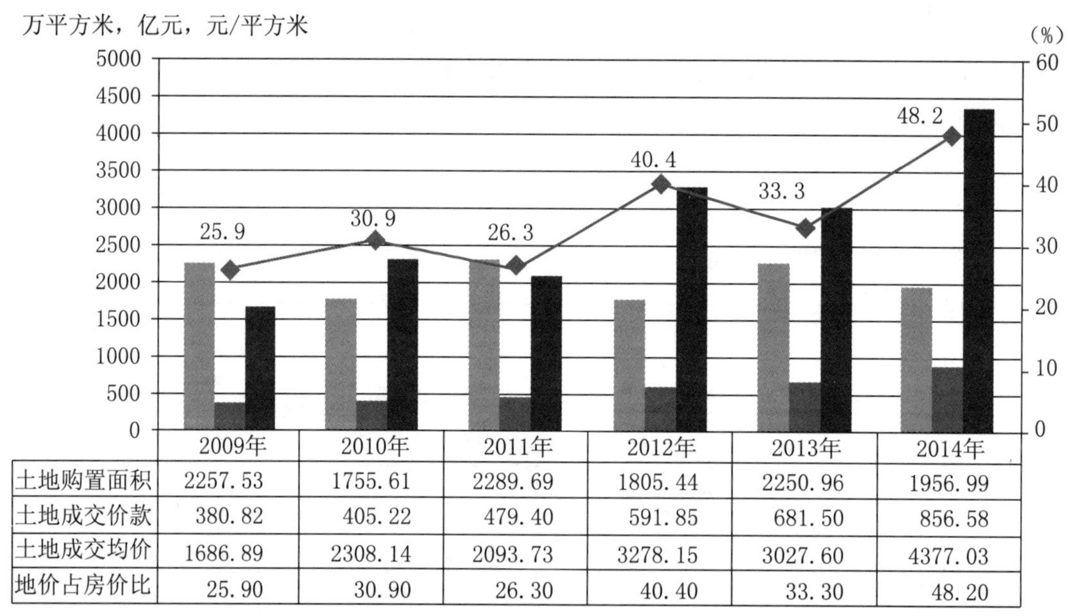


| | 2009年 | 2010年 | 2011年 | 2012年 | 2013年 | 2014年 |
|---|---|---|---|---|---|---|
| 土地购置面积 | 2257.53 | 1755.61 | 2289.69 | 1805.44 | 2250.96 | 1956.99 |
| 土地成交价款 | 380.82 | 405.22 | 479.40 | 591.85 | 681.50 | 856.58 |
| 土地成交均价 | 1686.89 | 2308.14 | 2093.73 | 3278.15 | 3027.60 | 4377.03 |
| 地价占房价比 | 25.90 | 30.90 | 26.30 | 40.40 | 33.30 | 48.20 |

图 3－36　2009—2014 年广东房地产土地购置情况

（二）结论与展望

**1. 结论**

关于交易市场。2014 年市场进入自我调整阶段，上半年开始商品房销量同比降幅持续扩大，下半年筑底回升，第四季度成交面积创下历史同期最高，全年销售量同比小幅下降，仍为历史次高水平；销售均价总体趋于平稳；待售面积创新高，市场潜在供应充足，加快去库存仍是当务之急。

关于资金状况。下半年信贷新政效应初步显现，销售回笼资金有所加快，但本年企业到位资金增速大幅下滑；自筹资金比重偏高，销售回笼资金相应降低，资金结构与2008年相似，行业资金成本较高，资金压力依旧沉重。

关于投资建设。全年房地产投资增速总体平稳，但近半是由土地购置费所拉动，投资增速对带动经济增长的质量明显下降；商品房竣工率处于历史低位，后续资金需求持续加大；土地市场量降价升，土地成本大幅上涨推高了市场风险。

**2. 展望**

当前，世界经济发展不确定因素在增加，而且中国经济也进入了由高速增长转为中高速增长，从要素驱动、投资驱动转向创新驱动的新常态。同时，国家正全面深化改革，坚持充分发挥市场的决定作用，建立健全房地产市场长效机制。新常态下，国家仍将继续实施稳健的货币政策和积极的财政政策，以支持和鼓励合理住房消费的差别化信贷环境有望继续实施。但随着人口红利的消失以及城镇住房短缺时期的过去，以住宅开发为主的传统房地产发展方式将难以为继，房地产转型升级的步伐将不断加快。

从住宅市场走势看，尽管截至2014年年底住宅市场供需总体处于基本平衡状态，但2010年以来持续超规模的新开工量一定程度上透支了市场的消费能力，且2014年近亿平方米的新开工面积将于2015年陆续进入市场形成供应，而市场需求则难以同步提升，预计今年仍将是积极消化库存的关键时期。同时，由于总体建设规模的持续扩大，企业的资金压力不断加重，在行业转型升级的关键时期，为获得发展新机，也要求企业加速销售回笼资金。总体而言，随着行政干预退出，在稳健货币政策和积极财政政策刺激下，消费预期继续好转，预计市场或延续2014年8月份以来的态势，全年市场保持谨慎乐观，住房价格维持稳定。对于库存去化周期较长的城市和企业，建议根据市场细分采用租售并举的方式以加快存量房的消化速度。

从商用物业市场走势看，一方面是调控政策和地方政府土地出让策略倒逼；另一方面是企业主动调整业态结构，近年来广东的商用物业投资建设比重有所增加，过去五年年均增长率达到24.0%以上，而商用物业的去化率却明显低于住宅去化水平，相对住宅市场风险更高。预计在行业资金较为紧张的背景下，持有过多商用物业可能成为沉重负担，为减轻资金包袱，2015年或有更多商用物业上市销售。建议企业结合实际情况和产业政策进一步拓宽多元化经营思路，如旅游休闲、养生养老、文体创意等新型地产，而不仅仅局限于商品住宅和商业综合体。

从土地市场看，大幅上涨的土地成本，在加大了市场风险的同时，也严重制约了企业追加投资的能力，降低了房地产投资对经济发展的拉动作用。2015年，预计各地方政府仍有出让土地的迫切需求，但企业参与市场竞拍将趋于谨慎，土地溢价水平将有所回落。建议各地方政府根据中央和省调结构、改变增长方式的战略部署，推出多用途功能的土地，以支持配合房地产行业转型升级，实现社会经济和房地产业健康平稳发展。

（广东省房地产业协会）

## 七、西藏自治区房地产市场综述

### （一）房地产市场开发情况

已开工房地产项目情况。2014年度，全区商品房新开工项目37个，计划总投资达92.89亿元（其中商品住房42.16亿元），计划开发土地面积144.8万平方米，计划开发商品房总建筑面积287.7万平方米（其中商品住房188.8万平方米、14744套）。

商品房开发完成情况。全区商品房开发2014年度完成投资36.5亿元，占项目计划总投资的39.3%；完成开发建筑面积 110.5 万平方米（其中商品住房 68.7 万平方米），占项目计划开发总建筑面积的 38%。

（二）商品房销售情况

商品房完成销售规模。全区 2014 年度共完成商品房销售 72.4 万平方米，其中，商业用房 13 万平方米，住宅 4825 套 59.3 万平方米，实现销售额 46.6 亿元。

普通商品住房（不含别墅、精装房、酒店式公寓）销售价格情况。据统计，全区商业用房销售均价 10323 元/平方米、商品住房销售均价 5271 元/平方米。

（三）全区房地产市场特点分析

全区 2014 年度房地产业相关统计数据均以行业统计为主，区别于往年统计部门的专业统计。

2014 年全区房地产市场发展态势良好。

房地产市场发展势头向好。行业相关数据表明，房地产开发项目数量增加较多，目前已开工的在建房地产开发项目 37 个，开发土地面积达 144.8 万平方米，开发商品房规模 287.7 万平方米。这些都表明，房地产开发企业对我区房地产市场发展充满信心。

商品房销售持续平稳。相关数据表明，全区商品房销售面积完成 72.4 万平方米，达到历史最高；销售均价方面，全区商业用房销售均价 10323 元/平方米、商品住房销售均价 5271 元/平方米，总体处于合理区间运行。

房地产项目开发结构出现微妙变化。从全区房地产投资方向看，商业地产投资增幅明显。全区房地产计划总投资 92.89 亿元，其中商业地产为 50.73 亿元，占计划投资总量的 54.6%。

（西藏自治区住房和城乡建设厅）

# Ⅳ.城市篇

# 导 读

本篇第一部分是2014年全国四十个重点城市的数据汇集，包括国家统计局城市层面的行业数据，中国房地产决策咨询系统（CRIC）的四十个城市土地出让列表数据和预售项目列表数据。第二部分是2014年四十个城市房地产市场分析和记录，对各城市建设规模、市场变化等市场要素进行分析解读，展示2014年城市层面房地产市场的特点与差异。

# 一、四十个重点城市数据

## （一）四十个重点城市宏观经济数据

**表 4－1　　2014 年四十个重点城市宏观经济数据**

| 城　市 | GDP（亿元） | 同比（%） | 进出口总额（亿美元） | 同比（%） | 固定资产投资（亿元） | 同比（%） | 社会消费品零售总额（亿元） | 同比（%） |
|---|---|---|---|---|---|---|---|---|
| 北　京 | 21330.8 | 7.3 | 4156.5 | 3.3 | 7562.3 | 7.5 | 9098.1 | 8.6 |
| 天　津 | 15722.5 | 10.0 | 1339.1 | 4.2 | 11654.1 | 15.1 | 4738.7 | 6.0 |
| 石家庄 | 5100.2 | 7.9 | 143.0 | 2.1 | 5076.4 | 16.2 | 2423.5 | 12.5 |
| 太　原 | 2531.1 | 3.3 | 106.7 | 16.5 | 1746.1 | 4.5 | 1411.1 | 10.1 |
| 呼和浩特 | 2950.0 | 8.0 | 22.0 | 37.5 | 1736.0 | 16.0 | 1260.0 | 10.0 |
| 沈　阳 | 7589.0 | 6.0 | 158.0 | 10.6 | 6575.0 | 3.0 | 3568.4 | 12.0 |
| 大　连 | 8001.4 | 4.6 | 645.8 | 7.1 | 6800.0 | 5.0 | 2828.4 | 12.0 |
| 长　春 | 5382.0 | 6.6 | 207.2 | 1.7 | 3924.5 | 24.1 | 2217.5 | 12.6 |
| 哈尔滨 | 5340.5 | 6.6 | 57.8 | -2.6 | 5856.7 | 12.2 | 3070.9 | 12.6 |
| 上　海 | 23560.9 | 7.0 | 4666.2 | 5.6 | 6016.4 | 6.5 | 8718.7 | 8.7 |
| 南　京 | 8820.8 | 10.1 | 572.2 | 2.6 | 5460.0 | 3.7 | 3958.0 | 13.0 |
| 无　锡 | 8205.3 | 8.2 | 741.7 | 5.4 | 4634.2 | 15.4 | 3054.8 | 11.5 |
| 苏　州 | 13761.0 | 8.3 | 3113.1 | 0.6 | 6230.7 | 3.8 | 4061.0 | 12.0 |
| 杭　州 | 9201.2 | 8.2 | 680.0 | 4.5 | 4952.7 | 16.2 | 3838.7 | 8.7 |
| 宁　波 | 7602.5 | 7.6 | 2186.1 | 3.1 | 3989.5 | 16.6 | 2992.0 | 13.5 |
| 温　州 | 4302.8 | 7.2 | 207.8 | 0.9 | 3052.8 | 16.6 | 2410.4 | 12.8 |
| 合　肥 | 5158.0 | 10.0 | 200.9 | 10.5 | 5385.2 | 18.1 | 1666.8 | 12.9 |
| 福　州 | 5169.2 | 10.1 | 303.7 | 4.9 | 4388.6 | 14.9 | 2992.0 | 14.6 |
| 厦　门 | 3273.5 | 9.2 | 835.5 | -0.6 | 1573.0 | 16.7 | 1072.9 | 10.0 |
| 南　昌 | 3668.0 | 9.8 | 122.3 | 25.9 | 3434.3 | 18.6 | 1429.2 | 12.5 |
| 济　南 | 5770.6 | 8.8 | 105.0 | 9.7 | 3063.4 | 16.1 | 2964.4 | 12.6 |
| 青　岛 | 8692.1 | 8.0 | 798.9 | 2.5 | 5766.0 | 16.1 | 3268.8 | 12.6 |
| 郑　州 | 6783.0 | 9.5 | 464.3 | 8.6 | 5259.6 | 20.1 | 2913.6 | 12.7 |
| 武　汉 | 10069.5 | 9.7 | 264.3 | 21.4 | 7002.9 | 16.7 | 4369.3 | 12.7 |
| 长　沙 | 7824.8 | 10.5 | 124.7 | 26.0 | 5435.8 | 18.3 | 3162.1 | 12.9 |
| 广　州 | 16706.9 | 8.6 | 1306.0 | 9.8 | 4889.5 | 14.5 | 7697.9 | 12.5 |
| 深　圳 | 16002.0 | 8.8 | 4877.7 | -9.2 | 2717.4 | 13.6 | 4844.0 | 9.3 |
| 南　宁 | 3148.3 | 8.5 | 48.1 | 9.0 | 2886.7 | 18.7 | 1616.9 | 12.1 |
| 北　海 | 856.0 | 12.5 | 35.0 | 30.0 | 756.2 | 16.5 | 185.8 | 11.2 |
| 海　口 | 1005.5 | 9.2 | 34.0 | -29.7 | 821.5 | 26.5 | 541.3 | 10.5 |
| 三　亚 | 404.4 | 5.5 | 0.4 | -72.8 | 629.6 | 20.4 | 141.5 | 14.6 |
| 重　庆 | 14265.4 | 10.9 | 954.5 | 39.0 | 13223.8 | 18.0 | 5096.2 | 13.0 |
| 成　都 | 10056.6 | 8.9 | 558.5 | 10.4 | 6620.4 | 1.8 | 4202.4 | 12.0 |
| 贵　阳 | 2497.3 | 13.9 | 78.4 | 24.1 | 2336.1 | 19.3 | 888.6 | 13.1 |
| 昆　明 | 3713.0 | 8.1 | 177.9 | 5.3 | 3138.2 | 7.0 | 1905.9 | 12.0 |
| 西　安 | 5474.8 | 9.9 | 249.8 | 38.9 | 5904.0 | 15.0 | 2872.9 | 12.8 |
| 兰　州 | 1913.5 | 10.4 | 45.6 | 12.2 | 1610.7 | 22.3 | 944.9 | 12.7 |
| 西　宁 | 1077.1 | 13.5 | 15.9 | 28.7 | 1176.6 | 27.1 | 412.9 | 13.1 |
| 银　川 | 1395.7 | 9.6 | 45.0 | 86.7 | 1392.8 | 21.2 | 382.5 | 9.9 |
| 乌鲁木齐 | 2510.0 | 10.5 | 132.0 | 10.0 | 1526.0 | 20.0 | 1070.0 | 10.3 |

数据来源：各地方统计局。

## （二）四十个重点城市房地产开发投资数据

表 4－2　　2010—2014 年四十个重点城市房地产开发投资额

单位：亿元

| 城市 | 2010 年 | 2011 年 | 2012 年 | 2013 年 | 2014 年 |
|---|---|---|---|---|---|
| 北京 | 2901.07 | 3036.33 | 3153.44 | 3483.40 | 3715.33 |
| 天津 | 866.64 | 1080.04 | 1260.00 | 1480.82 | 1699.65 |
| 石家庄 | 538.00 | 789.86 | 833.21 | 928.15 | 1025.33 |
| 太原 | 241.09 | 312.08 | 359.24 | 416.23 | 469.68 |
| 呼和浩特 | 254.35 | 344.49 | 447.99 | 581.68 | 563.13 |
| 沈阳 | 1450.08 | 1684.72 | 1942.96 | 2184.01 | 1975.82 |
| 大连 | 768.02 | 1107.46 | 1396.52 | 1710.36 | 1429.34 |
| 长春 | 542.76 | 666.42 | 649.65 | 611.78 | 532.57 |
| 哈尔滨 | 360.74 | 562.00 | 789.04 | 857.94 | 686.66 |
| 上海 | 1980.68 | 2170.31 | 2381.36 | 2819.59 | 3206.48 |
| 南京 | 748.35 | 871.43 | 971.96 | 1037.71 | 1125.49 |
| 无锡 | 611.76 | 872.99 | 971.30 | 1126.40 | 1249.37 |
| 苏州 | 935.80 | 1199.13 | 1263.36 | 1414.01 | 1764.44 |
| 杭州 | 956.20 | 1302.27 | 1600.37 | 1853.28 | 2301.98 |
| 宁波 | 557.27 | 712.87 | 884.35 | 1123.14 | 1328.14 |
| 温州 | 271.09 | 480.55 | 687.06 | 734.28 | 807.98 |
| 合肥 | 802.65 | 880.29 | 913.80 | 1105.81 | 1127.35 |
| 福州 | 670.69 | 956.45 | 972.27 | 1264.79 | 1455.07 |
| 厦门 | 396.13 | 436.31 | 518.88 | 531.80 | 704.06 |
| 南昌 | 230.15 | 279.66 | 344.36 | 406.14 | 414.07 |
| 济南 | 484.50 | 527.16 | 664.01 | 721.77 | 917.54 |
| 青岛 | 602.44 | 782.72 | 932.10 | 1048.52 | 1117.73 |
| 郑州 | 775.16 | 923.64 | 1095.14 | 1445.33 | 1743.51 |
| 武汉 | 1017.40 | 1274.17 | 1574.86 | 1905.60 | 2353.63 |
| 长沙 | 683.98 | 887.47 | 1034.35 | 1157.63 | 1313.62 |
| 广州 | 983.66 | 1306.74 | 1370.45 | 1572.43 | 1816.15 |
| 深圳 | 458.47 | 590.21 | 736.84 | 876.90 | 1069.49 |
| 南宁 | 317.50 | 377.16 | 362.73 | 416.37 | 551.82 |
| 北海 | 97.34 | 135.40 | 176.17 | 170.00 | 157.49 |
| 海口 | 103.79 | 145.14 | 175.66 | 256.40 | 300.47 |
| 三亚 | 132.84 | 178.84 | 238.45 | 302.72 | 380.02 |
| 重庆 | 1620.26 | 2015.09 | 2508.35 | 3012.78 | 3630.23 |
| 成都 | 1278.34 | 1595.64 | 1889.23 | 2111.25 | 2215.53 |
| 贵阳 | 310.47 | 467.36 | 901.03 | 978.02 | 1010.38 |
| 昆明 | 440.75 | 625.97 | 919.07 | 1291.71 | 1492.62 |
| 西安 | 842.34 | 1002.67 | 1269.93 | 1572.65 | 1742.28 |
| 兰州 | 118.28 | 159.67 | 209.74 | 257.44 | 317.08 |
| 西宁 | 95.40 | 117.29 | 160.14 | 195.58 | 246.86 |
| 银川 | 144.32 | 176.19 | 275.70 | 330.81 | 388.90 |
| 乌鲁木齐 | 141.63 | 189.28 | 220.69 | 270.59 | 329.98 |

数据来源：国家统计局。

表 4－3　　2014 年四十个重点城市月度累计房地产开发投资额

单位：亿元

| 城市 | 1－3月 | 1－4月 | 1－5月 | 1－6月 | 1－7月 | 1－8月 | 1－9月 | 1－10月 | 1－11月 | 1－12月 |
|---|---|---|---|---|---|---|---|---|---|---|
| 北　京 | 539.36 | 785.84 | 1029.64 | 1434.88 | 1791.34 | 2179.92 | 2552.82 | 2837.20 | 3251.02 | 3715.33 |
| 天　津 | 303.40 | 483.50 | 679.79 | 943.68 | 1072.63 | 1206.15 | 1361.77 | 1452.93 | 1560.46 | 1699.65 |
| 石家庄 | 109.41 | 181.45 | 262.56 | 395.40 | 483.04 | 586.35 | 694.56 | 818.54 | 939.26 | 1025.33 |
| 太　原 | 36.53 | 56.75 | 89.98 | 137.11 | 174.19 | 215.81 | 277.53 | 319.06 | 379.99 | 469.68 |
| 呼和浩特 | 15.06 | 38.94 | 90.93 | 182.82 | 247.59 | 341.02 | 428.61 | 518.03 | 563.17 | 563.13 |
| 沈　阳 | 220.92 | 425.79 | 692.55 | 1110.17 | 1367.33 | 1583.57 | 1801.62 | 1951.69 | 1970.01 | 1975.82 |
| 大　连 | 190.75 | 316.84 | 478.95 | 785.69 | 900.69 | 1008.13 | 1110.85 | 1240.53 | 1363.66 | 1429.34 |
| 长　春 | 6.01 | 21.98 | 62.05 | 123.46 | 196.59 | 261.84 | 346.87 | 415.86 | 486.91 | 532.57 |
| 哈尔滨 | 18.07 | 46.94 | 97.76 | 213.73 | 276.42 | 338.79 | 439.10 | 549.55 | 639.27 | 686.66 |
| 上　海 | 628.59 | 826.58 | 1095.72 | 1338.01 | 1606.57 | 1875.03 | 2175.50 | 2498.37 | 2894.90 | 3206.48 |
| 南　京 | 263.90 | 381.54 | 489.80 | 600.89 | 675.26 | 736.82 | 851.56 | 923.13 | 1052.13 | 1125.49 |
| 无　锡 | 274.45 | 367.61 | 501.87 | 648.43 | 744.63 | 858.84 | 981.64 | 1082.63 | 1183.59 | 1249.37 |
| 苏　州 | 345.35 | 492.32 | 624.03 | 801.32 | 967.15 | 1138.65 | 1333.72 | 1470.72 | 1609.96 | 1764.44 |
| 杭　州 | 361.01 | 538.92 | 752.14 | 1008.03 | 1199.37 | 1394.11 | 1645.47 | 1840.33 | 2108.11 | 2301.98 |
| 宁　波 | 303.52 | 406.36 | 524.74 | 690.65 | 805.64 | 920.89 | 1039.12 | 1111.60 | 1226.94 | 1328.14 |
| 温　州 | 135.62 | 190.47 | 254.60 | 323.57 | 388.91 | 470.43 | 562.24 | 627.82 | 732.39 | 807.98 |
| 合　肥 | 248.52 | 334.01 | 446.37 | 569.10 | 667.79 | 765.96 | 871.75 | 965.48 | 1053.75 | 1127.35 |
| 福　州 | 261.88 | 352.44 | 536.65 | 720.43 | 837.81 | 952.50 | 1066.60 | 1187.59 | 1319.56 | 1455.07 |
| 厦　门 | 138.19 | 200.70 | 256.81 | 354.59 | 426.52 | 467.41 | 525.09 | 586.91 | 653.02 | 704.06 |
| 南　昌 | 73.71 | 95.49 | 123.40 | 166.18 | 204.56 | 237.83 | 287.65 | 320.95 | 375.38 | 414.07 |
| 济　南 | 196.03 | 267.47 | 350.12 | 451.61 | 528.14 | 596.36 | 687.78 | 753.71 | 846.51 | 917.54 |
| 青　岛 | 186.33 | 286.11 | 401.81 | 513.43 | 597.93 | 674.67 | 799.49 | 906.66 | 1005.36 | 1117.73 |
| 郑　州 | 253.50 | 385.60 | 554.07 | 780.48 | 941.99 | 1080.15 | 1263.07 | 1407.67 | 1558.59 | 1743.51 |
| 武　汉 | 388.89 | 539.60 | 731.39 | 1156.70 | 1332.18 | 1509.74 | 1753.55 | 1933.31 | 2163.82 | 2353.63 |
| 长　沙 | 227.55 | 314.60 | 420.64 | 586.70 | 698.17 | 831.79 | 967.46 | 1090.81 | 1237.74 | 1313.62 |
| 广　州 | 322.49 | 457.86 | 594.96 | 787.30 | 934.70 | 1069.53 | 1262.71 | 1428.63 | 1607.27 | 1816.15 |
| 深　圳 | 160.49 | 232.92 | 323.63 | 431.94 | 512.45 | 603.73 | 721.92 | 841.50 | 949.51 | 1069.49 |
| 南　宁 | 85.14 | 116.93 | 150.54 | 216.47 | 261.34 | 304.53 | 349.61 | 402.21 | 483.55 | 551.82 |
| 北　海 | 41.28 | 49.62 | 67.25 | 94.07 | 111.20 | 114.08 | 123.08 | 132.97 | 144.51 | 157.49 |
| 海　口 | 42.41 | 65.34 | 81.77 | 103.03 | 120.16 | 143.67 | 164.50 | 205.67 | 244.32 | 300.47 |
| 三　亚 | 79.10 | 96.77 | 119.22 | 141.42 | 174.00 | 214.81 | 265.11 | 301.56 | 346.00 | 380.02 |
| 重　庆 | 687.98 | 933.73 | 1224.35 | 1553.36 | 1836.92 | 2151.24 | 2545.11 | 2820.33 | 3250.59 | 3630.23 |
| 成　都 | 426.30 | 589.03 | 791.30 | 1057.84 | 1249.83 | 1431.68 | 1627.69 | 1802.58 | 2018.95 | 2215.53 |
| 贵　阳 | 219.25 | 301.73 | 405.53 | 512.91 | 577.71 | 656.71 | 760.39 | 846.07 | 950.46 | 1010.38 |
| 昆　明 | 267.65 | 396.31 | 533.03 | 714.51 | 824.99 | 920.85 | 1048.40 | 1171.68 | 1308.95 | 1492.62 |
| 西　安 | 246.90 | 369.51 | 528.32 | 765.17 | 883.11 | 1056.90 | 1250.12 | 1412.49 | 1597.19 | 1742.28 |
| 兰　州 | 20.79 | 41.40 | 74.79 | 116.14 | 147.11 | 178.80 | 229.23 | 268.79 | 298.37 | 317.08 |
| 西　宁 | 15.25 | 38.58 | 64.10 | 98.29 | 129.64 | 156.96 | 179.46 | 215.12 | 241.54 | 246.86 |
| 银　川 | 22.81 | 53.43 | 89.87 | 130.45 | 178.32 | 221.13 | 275.18 | 318.72 | 362.52 | 388.90 |
| 乌鲁木齐 | 10.16 | 26.42 | 52.98 | 101.31 | 147.59 | 188.57 | 229.27 | 274.83 | 312.75 | 329.98 |

数据来源：国家统计局。

表 4-4　　2010—2014 年四十个重点城市住宅开发投资额

单位：亿元

| 城　市 | 2010 年 | 2011 年 | 2012 年 | 2013 年 | 2014 年 |
|---|---|---|---|---|---|
| 北　京 | 1508.95 | 1778.31 | 1627.99 | 1724.56 | 1846.08 |
| 天　津 | 565.39 | 678.98 | 843.05 | 986.28 | 1122.26 |
| 石家庄 | 412.25 | 548.70 | 592.27 | 615.70 | 685.33 |
| 太　原 | 185.16 | 246.53 | 257.02 | 300.29 | 341.08 |
| 呼和浩特 | 254.35 | 257.70 | 302.19 | 392.13 | 410.07 |
| 沈　阳 | 1004.34 | 1262.79 | 1331.43 | 1574.58 | 1416.34 |
| 大　连 | 575.65 | 869.69 | 1055.41 | 1257.97 | 1064.70 |
| 长　春 | 427.46 | 502.53 | 493.22 | 435.52 | 359.21 |
| 哈尔滨 | 288.56 | 421.43 | 544.79 | 583.86 | 493.81 |
| 上　海 | 1229.83 | 1398.75 | 1451.94 | 1615.51 | 1724.65 |
| 南　京 | 570.62 | 637.52 | 660.94 | 729.13 | 796.27 |
| 无　锡 | 430.21 | 582.95 | 613.28 | 733.87 | 844.13 |
| 苏　州 | 667.20 | 882.57 | 851.65 | 988.62 | 1303.50 |
| 杭　州 | 676.27 | 800.81 | 1004.22 | 1169.56 | 1337.92 |
| 宁　波 | 323.12 | 396.06 | 515.65 | 642.33 | 773.25 |
| 温　州 | 193.13 | 324.25 | 466.32 | 522.16 | 550.63 |
| 合　肥 | 550.13 | 636.44 | 578.50 | 674.35 | 715.04 |
| 福　州 | 384.28 | 687.51 | 628.48 | 865.41 | 926.58 |
| 厦　门 | 207.43 | 254.53 | 289.49 | 304.19 | 384.62 |
| 南　昌 | 171.27 | 206.10 | 221.33 | 241.24 | 304.67 |
| 济　南 | 364.56 | 402.33 | 445.38 | 514.12 | 613.86 |
| 青　岛 | 450.99 | 570.78 | 595.00 | 668.12 | 731.11 |
| 郑　州 | 555.75 | 627.37 | 675.65 | 910.46 | 1176.93 |
| 武　汉 | 595.33 | 737.31 | 991.41 | 1250.78 | 1560.55 |
| 长　沙 | 516.16 | 684.73 | 701.01 | 769.46 | 858.26 |
| 广　州 | 548.45 | 780.81 | 827.61 | 950.68 | 994.90 |
| 深　圳 | 304.89 | 393.35 | 474.60 | 590.48 | 730.28 |
| 南　宁 | 228.12 | 263.37 | 253.98 | 302.38 | 368.23 |
| 北　海 | 66.95 | 95.08 | 129.17 | 119.71 | 126.32 |
| 海　口 | 82.57 | 116.70 | 130.21 | 205.73 | 207.90 |
| 三　亚 | 124.40 | 160.79 | 183.19 | 229.19 | 272.51 |
| 重　庆 | 1091.49 | 1438.45 | 1706.77 | 2044.24 | 2451.37 |
| 成　都 | 804.29 | 1039.75 | 1171.16 | 1290.45 | 1349.41 |
| 贵　阳 | 165.02 | 306.28 | 568.49 | 627.94 | 627.19 |
| 昆　明 | 326.62 | 419.58 | 585.99 | 868.95 | 934.93 |
| 西　安 | 842.34 | 833.37 | 1003.85 | 1226.28 | 1321.91 |
| 兰　州 | 67.00 | 89.05 | 131.72 | 171.02 | 212.53 |
| 西　宁 | 64.11 | 68.09 | 118.69 | 124.46 | 151.67 |
| 银　川 | 101.62 | 120.72 | 175.51 | 195.68 | 239.01 |
| 乌鲁木齐 | 112.80 | 154.64 | 174.47 | 198.98 | 213.17 |

数据来源：国家统计局。

**表 4－5　　2014 年四十个重点城市月度累计住宅开发投资额**

单位：亿元

| 城　市 | 1－3 月 | 1－4 月 | 1－5 月 | 1－6 月 | 1－7 月 | 1－8 月 | 1－9 月 | 1－10 月 | 1－11 月 | 1－12 月 |
|---|---|---|---|---|---|---|---|---|---|---|
| 北　京 | 276.70 | 378.00 | 505.76 | 722.72 | 920.34 | 1115.29 | 1264.51 | 1419.47 | 1630.53 | 1846.08 |
| 天　津 | 194.57 | 318.42 | 450.22 | 617.28 | 702.70 | 793.92 | 898.34 | 949.94 | 1021.29 | 1122.26 |
| 石家庄 | 79.24 | 129.13 | 180.55 | 272.99 | 330.30 | 389.66 | 460.84 | 542.72 | 626.54 | 685.33 |
| 太　原 | 27.82 | 43.61 | 69.72 | 106.84 | 135.87 | 170.01 | 219.82 | 252.59 | 284.07 | 341.08 |
| 呼和浩特 | 9.06 | 28.05 | 66.12 | 132.40 | 175.50 | 246.47 | 309.40 | 375.40 | 409.88 | 410.07 |
| 沈　阳 | 159.65 | 307.56 | 500.53 | 812.33 | 992.79 | 1148.84 | 1296.89 | 1396.92 | 1411.72 | 1416.34 |
| 大　连 | 133.46 | 227.50 | 347.04 | 581.26 | 671.76 | 753.82 | 828.90 | 922.32 | 1015.36 | 1064.70 |
| 长　春 | 3.86 | 14.71 | 43.31 | 86.41 | 134.83 | 182.20 | 240.33 | 287.36 | 331.01 | 359.21 |
| 哈尔滨 | 12.64 | 33.08 | 69.22 | 152.47 | 197.39 | 242.66 | 322.42 | 410.07 | 458.99 | 493.81 |
| 上　海 | 346.39 | 465.17 | 610.58 | 753.95 | 901.96 | 1046.82 | 1226.91 | 1377.81 | 1569.41 | 1724.65 |
| 南　京 | 188.14 | 275.51 | 350.60 | 423.60 | 479.12 | 524.73 | 600.52 | 643.22 | 740.05 | 796.27 |
| 无　锡 | 191.33 | 250.86 | 337.42 | 431.69 | 500.11 | 569.74 | 659.04 | 730.93 | 799.95 | 844.13 |
| 苏　州 | 251.00 | 361.55 | 457.35 | 588.03 | 723.09 | 844.74 | 989.53 | 1097.67 | 1200.66 | 1303.50 |
| 杭　州 | 220.85 | 318.41 | 437.53 | 586.34 | 700.41 | 823.70 | 971.37 | 1088.65 | 1233.07 | 1337.92 |
| 宁　波 | 177.93 | 238.33 | 307.49 | 399.81 | 463.25 | 537.17 | 608.18 | 660.69 | 714.56 | 773.25 |
| 温　州 | 102.38 | 142.00 | 186.19 | 238.44 | 280.84 | 335.98 | 394.70 | 435.95 | 502.24 | 550.63 |
| 合　肥 | 168.89 | 227.35 | 297.84 | 370.86 | 430.51 | 489.27 | 557.90 | 610.91 | 664.58 | 715.04 |
| 福　州 | 180.12 | 235.47 | 357.51 | 467.64 | 542.21 | 612.20 | 686.94 | 761.15 | 842.04 | 926.58 |
| 厦　门 | 97.37 | 138.12 | 170.69 | 219.35 | 248.94 | 276.42 | 301.48 | 331.69 | 358.69 | 384.62 |
| 南　昌 | 47.52 | 63.08 | 82.56 | 113.84 | 143.05 | 169.17 | 206.39 | 231.81 | 275.09 | 304.67 |
| 济　南 | 121.13 | 162.54 | 220.29 | 291.86 | 342.83 | 390.58 | 453.72 | 496.30 | 563.49 | 613.86 |
| 青　岛 | 122.64 | 191.99 | 264.69 | 334.68 | 389.97 | 434.03 | 509.53 | 582.27 | 649.61 | 731.11 |
| 郑　州 | 169.22 | 257.30 | 365.31 | 511.72 | 623.26 | 711.57 | 840.26 | 943.32 | 1049.26 | 1176.93 |
| 武　汉 | 280.75 | 373.72 | 514.52 | 788.28 | 904.60 | 1016.15 | 1174.36 | 1288.13 | 1431.43 | 1560.55 |
| 长　沙 | 157.54 | 218.13 | 285.25 | 384.53 | 460.31 | 542.19 | 629.93 | 713.56 | 805.30 | 858.26 |
| 广　州 | 183.06 | 254.68 | 330.14 | 429.05 | 509.91 | 583.77 | 682.21 | 779.13 | 876.53 | 994.90 |
| 深　圳 | 107.91 | 153.79 | 221.11 | 299.41 | 356.13 | 424.27 | 503.40 | 579.57 | 647.77 | 730.28 |
| 南　宁 | 57.95 | 77.99 | 102.26 | 144.30 | 168.17 | 195.60 | 226.33 | 267.69 | 323.15 | 368.23 |
| 北　海 | 34.68 | 42.34 | 54.78 | 76.74 | 90.26 | 93.92 | 100.62 | 108.15 | 116.99 | 126.32 |
| 海　口 | 34.24 | 49.50 | 58.76 | 74.44 | 87.90 | 104.29 | 114.78 | 149.83 | 172.10 | 207.90 |
| 三　亚 | 64.77 | 80.32 | 97.54 | 117.14 | 141.70 | 170.38 | 194.53 | 223.27 | 243.11 | 272.51 |
| 重　庆 | 468.36 | 635.05 | 835.63 | 1052.47 | 1247.93 | 1466.71 | 1748.96 | 1927.20 | 2206.27 | 2451.37 |
| 成　都 | 251.67 | 358.62 | 482.66 | 649.53 | 761.58 | 867.65 | 987.46 | 1092.64 | 1228.15 | 1349.41 |
| 贵　阳 | 140.61 | 191.27 | 258.60 | 327.10 | 369.28 | 417.87 | 481.96 | 532.68 | 593.12 | 627.19 |
| 昆　明 | 164.42 | 246.17 | 333.59 | 448.99 | 515.07 | 576.16 | 663.75 | 743.70 | 830.43 | 934.93 |
| 西　安 | 185.03 | 281.59 | 402.26 | 590.55 | 683.95 | 817.84 | 955.95 | 1078.70 | 1217.00 | 1321.91 |
| 兰　州 | 12.72 | 27.36 | 49.52 | 78.67 | 101.35 | 121.69 | 155.89 | 179.63 | 199.69 | 212.53 |
| 西　宁 | 8.65 | 21.73 | 38.20 | 59.83 | 78.50 | 94.17 | 109.12 | 133.29 | 148.83 | 151.67 |
| 银　川 | 11.79 | 30.02 | 53.88 | 80.40 | 111.69 | 138.24 | 171.54 | 197.10 | 225.41 | 239.01 |
| 乌鲁木齐 | 6.92 | 18.98 | 38.56 | 69.40 | 98.11 | 126.84 | 155.60 | 187.00 | 202.87 | 213.17 |

数据来源：国家统计局。

（三）四十个重点城市房地产开发企业到位资金状况

表 4－6　　2010—2014 年四十个重点城市房地产开发到位资金

单位：亿元

| 城　市 | 2010 年 | 2011 年 | 2012 年 | 2013 年 | 2014 年 |
|---|---|---|---|---|---|
| 北　京 | 5790.61 | 5358.09 | 6084.55 | 7300.18 | 6622.01 |
| 天　津 | 1665.54 | 1997.82 | 2146.28 | 2761.47 | 2823.48 |
| 石家庄 | 603.48 | 809.79 | 997.38 | 1024.00 | 1080.41 |
| 太　原 | 359.03 | 379.76 | 383.98 | 522.14 | 535.43 |
| 呼和浩特 | 239.15 | 350.58 | 465.67 | 588.41 | 531.58 |
| 沈　阳 | 1979.78 | 2105.97 | 2118.30 | 2517.48 | 2136.88 |
| 大　连 | 1284.34 | 1463.13 | 1666.84 | 2092.16 | 1659.37 |
| 长　春 | 568.90 | 692.65 | 749.28 | 812.45 | 683.33 |
| 哈尔滨 | 466.38 | 713.43 | 919.28 | 1044.21 | 758.20 |
| 上　海 | 3229.29 | 3206.93 | 3968.51 | 5092.67 | 5269.90 |
| 南　京 | 1241.80 | 1296.32 | 1663.52 | 2215.43 | 2150.05 |
| 无　锡 | 1121.93 | 1070.93 | 1328.13 | 1540.63 | 1477.78 |
| 苏　州 | 2405.29 | 2059.41 | 2460.80 | 2979.51 | 2975.04 |
| 杭　州 | 2118.41 | 1921.70 | 2167.52 | 2904.45 | 3112.14 |
| 宁　波 | 528.43 | 786.40 | 860.12 | 1391.03 | 1472.25 |
| 温　州 | 329.60 | 733.55 | 777.09 | 870.83 | 872.64 |
| 合　肥 | 1068.70 | 1066.83 | 1152.96 | 1551.42 | 1585.99 |
| 福　州 | 908.35 | 1246.78 | 1521.63 | 2082.26 | 1843.01 |
| 厦　门 | 530.10 | 664.05 | 942.33 | 1180.77 | 1143.91 |
| 南　昌 | 365.16 | 411.52 | 627.47 | 737.86 | 664.01 |
| 济　南 | 612.61 | 687.55 | 844.53 | 964.79 | 1162.07 |
| 青　岛 | 1117.70 | 1258.32 | 1228.91 | 1672.18 | 1465.53 |
| 郑　州 | 975.38 | 1017.44 | 1316.59 | 1673.33 | 1860.41 |
| 武　汉 | 1448.31 | 1748.03 | 2198.52 | 2428.86 | 2483.81 |
| 长　沙 | 1088.52 | 1342.44 | 1404.66 | 1658.60 | 1667.15 |
| 广　州 | 1502.20 | 1681.65 | 1868.02 | 2286.92 | 2434.80 |
| 深　圳 | 773.09 | 890.85 | 1190.97 | 1686.91 | 1631.90 |
| 南　宁 | 491.77 | 516.53 | 668.55 | 687.01 | 852.53 |
| 北　海 | 102.74 | 132.29 | 169.61 | 184.09 | 171.10 |
| 海　口 | 225.14 | 190.07 | 427.96 | 494.34 | 522.86 |
| 三　亚 | 249.65 | 270.49 | 345.62 | 458.37 | 486.29 |
| 重　庆 | 2859.53 | 3295.69 | 3869.54 | 4614.06 | 5344.98 |
| 成　都 | 1973.71 | 2479.83 | 2540.10 | 3093.59 | 3378.25 |
| 贵　阳 | 563.70 | 710.57 | 746.69 | 1053.48 | 1042.38 |
| 昆　明 | 765.18 | 865.71 | 1169.93 | 1661.58 | 1575.06 |
| 西　安 | 1296.68 | 1481.49 | 1726.35 | 1872.82 | 1973.34 |
| 兰　州 | 164.60 | 170.87 | 279.22 | 428.25 | 416.63 |
| 西　宁 | 108.73 | 119.64 | 198.64 | 206.73 | 288.35 |
| 银　川 | 213.93 | 243.71 | 352.50 | 468.91 | 489.06 |
| 乌鲁木齐 | 254.57 | 298.58 | 331.43 | 426.91 | 421.75 |

数据来源：国家统计局。

表 4－7　　2014 年四十个重点城市月度累计房地产开发到位资金

单位：亿元

| 城　市 | 1－3 月 | 1－4 月 | 1－5 月 | 1－6 月 | 1－7 月 | 1－8 月 | 1－9 月 | 1－10 月 | 1－11 月 | 1－12 月 |
|---|---|---|---|---|---|---|---|---|---|---|
| 北　京 | 1572.04 | 2002.96 | 2384.20 | 3007.72 | 3616.26 | 4051.94 | 4656.41 | 5305.33 | 5648.88 | 6622.01 |
| 天　津 | 740.03 | 1063.53 | 1230.64 | 1500.64 | 1710.92 | 1922.75 | 2163.79 | 2335.09 | 2466.07 | 2823.48 |
| 石家庄 | 178.68 | 237.83 | 309.04 | 435.55 | 514.66 | 628.60 | 751.16 | 873.54 | 986.81 | 1080.41 |
| 太　原 | 69.82 | 98.50 | 135.42 | 184.70 | 220.18 | 257.81 | 336.52 | 390.79 | 450.15 | 535.43 |
| 呼和浩特 | 69.21 | 95.80 | 132.83 | 209.90 | 265.30 | 340.92 | 409.45 | 491.08 | 529.50 | 531.58 |
| 沈　阳 | 382.54 | 582.45 | 812.48 | 1219.54 | 1501.85 | 1717.93 | 1954.24 | 2106.53 | 2102.58 | 2136.88 |
| 大　连 | 441.62 | 538.98 | 715.23 | 960.88 | 1066.05 | 1180.60 | 1312.32 | 1452.14 | 1572.32 | 1659.37 |
| 长　春 | 28.10 | 99.78 | 163.99 | 247.09 | 331.09 | 396.01 | 509.10 | 596.09 | 636.36 | 683.33 |
| 哈尔滨 | 69.38 | 135.26 | 209.69 | 317.92 | 373.62 | 437.04 | 516.72 | 619.98 | 698.10 | 758.20 |
| 上　海 | 1347.22 | 1634.04 | 2032.77 | 2365.12 | 2742.66 | 3138.17 | 3506.88 | 4005.33 | 4614.61 | 5269.90 |
| 南　京 | 619.90 | 812.16 | 1006.20 | 1175.32 | 1327.27 | 1448.96 | 1644.73 | 1771.64 | 1967.42 | 2150.05 |
| 无　锡 | 570.31 | 627.94 | 676.72 | 836.04 | 950.91 | 1050.65 | 1154.49 | 1271.68 | 1374.85 | 1477.78 |
| 苏　州 | 784.24 | 977.83 | 1220.48 | 1515.46 | 1759.35 | 2040.58 | 2284.07 | 2508.43 | 2702.52 | 2975.04 |
| 杭　州 | 667.36 | 805.99 | 1029.17 | 1304.83 | 1600.01 | 1840.51 | 2114.57 | 2474.67 | 2722.35 | 3112.14 |
| 宁　波 | 363.75 | 474.11 | 573.64 | 706.59 | 815.03 | 954.07 | 1105.61 | 1216.50 | 1334.25 | 1472.25 |
| 温　州 | 145.05 | 202.35 | 269.44 | 331.24 | 398.96 | 522.99 | 613.65 | 696.14 | 785.96 | 872.64 |
| 合　肥 | 402.26 | 524.33 | 662.02 | 844.60 | 949.12 | 1054.10 | 1190.54 | 1298.28 | 1413.94 | 1585.99 |
| 福　州 | 369.07 | 483.54 | 663.24 | 850.34 | 1004.19 | 1171.41 | 1307.19 | 1463.09 | 1644.99 | 1843.01 |
| 厦　门 | 339.60 | 454.23 | 554.98 | 657.69 | 759.46 | 807.72 | 899.98 | 963.03 | 1026.84 | 1143.91 |
| 南　昌 | 159.16 | 191.34 | 241.62 | 312.03 | 358.30 | 438.82 | 479.30 | 515.13 | 595.30 | 664.01 |
| 济　南 | 321.70 | 414.15 | 530.73 | 667.52 | 749.70 | 822.87 | 902.56 | 993.18 | 1077.67 | 1162.07 |
| 青　岛 | 432.34 | 498.92 | 586.11 | 707.41 | 824.04 | 931.47 | 1080.53 | 1181.62 | 1290.51 | 1465.53 |
| 郑　州 | 337.95 | 480.34 | 661.24 | 865.27 | 1060.46 | 1193.85 | 1370.96 | 1538.35 | 1663.18 | 1860.41 |
| 武　汉 | 577.87 | 821.67 | 1010.18 | 1337.49 | 1552.08 | 1759.75 | 1868.87 | 2068.51 | 2266.07 | 2483.81 |
| 长　沙 | 468.56 | 553.02 | 669.80 | 811.61 | 937.37 | 1062.30 | 1231.63 | 1337.97 | 1490.65 | 1667.15 |
| 广　州 | 490.98 | 725.39 | 923.63 | 1178.45 | 1358.68 | 1513.02 | 1744.22 | 1963.53 | 2185.86 | 2434.80 |
| 深　圳 | 359.82 | 451.90 | 607.64 | 780.04 | 918.15 | 1024.74 | 1153.42 | 1275.56 | 1454.32 | 1631.90 |
| 南　宁 | 226.72 | 278.25 | 312.35 | 378.43 | 437.32 | 508.24 | 575.01 | 643.73 | 764.29 | 852.53 |
| 北　海 | 51.76 | 61.59 | 80.66 | 107.39 | 125.22 | 131.85 | 139.84 | 149.55 | 160.20 | 171.10 |
| 海　口 | 103.28 | 149.34 | 188.66 | 243.83 | 275.55 | 313.36 | 350.22 | 425.98 | 455.42 | 522.86 |
| 三　亚 | 112.63 | 136.48 | 176.21 | 215.41 | 254.71 | 317.12 | 354.50 | 410.32 | 446.93 | 486.29 |
| 重　庆 | 1242.96 | 1662.19 | 2047.44 | 2482.03 | 2977.61 | 3344.75 | 3868.08 | 4266.75 | 4683.77 | 5344.98 |
| 成　都 | 816.77 | 1047.95 | 1326.06 | 1650.97 | 1950.61 | 2317.90 | 2497.44 | 2799.64 | 3120.23 | 3378.25 |
| 贵　阳 | 220.89 | 303.40 | 392.19 | 496.14 | 574.39 | 653.52 | 766.94 | 854.80 | 960.59 | 1042.38 |
| 昆　明 | 411.51 | 518.73 | 646.10 | 820.27 | 946.93 | 1060.85 | 1175.91 | 1280.80 | 1377.60 | 1575.06 |
| 西　安 | 347.52 | 516.81 | 667.35 | 880.82 | 1015.97 | 1220.20 | 1414.31 | 1621.56 | 1788.14 | 1973.34 |
| 兰　州 | 68.39 | 102.09 | 139.90 | 188.07 | 230.52 | 258.32 | 321.98 | 364.09 | 394.96 | 416.63 |
| 西　宁 | 67.57 | 93.49 | 115.48 | 142.79 | 172.46 | 197.78 | 215.66 | 241.00 | 278.26 | 288.35 |
| 银　川 | 60.79 | 106.79 | 147.31 | 194.24 | 244.40 | 289.86 | 338.58 | 389.01 | 436.86 | 489.06 |
| 乌鲁木齐 | 51.34 | 83.76 | 111.75 | 155.27 | 214.89 | 254.82 | 300.38 | 349.73 | 381.88 | 421.75 |

数据来源：国家统计局。

表 4-8　　2010—2014 年四十个重点城市房地产开发国内贷款

单位：亿元

| 城　市 | 2010 年 | 2011 年 | 2012 年 | 2013 年 | 2014 年 |
|---|---|---|---|---|---|
| 北　京 | 1439.08 | 1167.95 | 1484.74 | 1836.95 | 2158.03 |
| 天　津 | 539.59 | 521.53 | 570.37 | 765.22 | 817.16 |
| 石家庄 | 52.83 | 87.67 | 72.34 | 95.82 | 96.36 |
| 太　原 | 49.70 | 40.13 | 24.28 | 33.07 | 81.22 |
| 呼和浩特 | 10.21 | 16.67 | 25.33 | 46.64 | 66.47 |
| 沈　阳 | 256.34 | 180.32 | 246.96 | 149.39 | 119.52 |
| 大　连 | 210.03 | 365.32 | 303.79 | 436.88 | 440.73 |
| 长　春 | 47.36 | 42.92 | 74.99 | 81.31 | 85.26 |
| 哈尔滨 | 35.23 | 46.47 | 75.31 | 82.36 | 70.17 |
| 上　海 | 819.57 | 741.18 | 975.78 | 1292.36 | 1638.84 |
| 南　京 | 287.31 | 355.10 | 416.68 | 536.98 | 533.01 |
| 无　锡 | 244.12 | 237.26 | 274.29 | 347.22 | 280.09 |
| 苏　州 | 528.54 | 450.02 | 560.75 | 645.18 | 594.82 |
| 杭　州 | 465.43 | 451.73 | 495.59 | 637.29 | 793.96 |
| 宁　波 | 157.19 | 177.08 | 219.08 | 314.88 | 355.61 |
| 温　州 | 38.59 | 65.16 | 51.64 | 111.12 | 130.67 |
| 合　肥 | 142.30 | 162.88 | 138.49 | 152.34 | 217.83 |
| 福　州 | 147.16 | 121.94 | 214.92 | 303.09 | 265.42 |
| 厦　门 | 146.43 | 127.28 | 139.51 | 189.73 | 161.75 |
| 南　昌 | 79.92 | 82.49 | 101.28 | 109.58 | 105.23 |
| 济　南 | 75.32 | 116.27 | 119.25 | 134.01 | 191.69 |
| 青　岛 | 321.76 | 323.61 | 244.32 | 445.00 | 363.23 |
| 郑　州 | 116.41 | 95.67 | 110.94 | 141.82 | 280.09 |
| 武　汉 | 292.88 | 312.85 | 366.46 | 548.03 | 505.15 |
| 长　沙 | 208.29 | 218.31 | 235.51 | 314.25 | 346.58 |
| 广　州 | 375.00 | 352.37 | 411.85 | 440.98 | 501.99 |
| 深　圳 | 199.89 | 220.02 | 302.88 | 441.09 | 538.02 |
| 南　宁 | 76.42 | 90.53 | 97.44 | 126.58 | 141.14 |
| 北　海 | 11.56 | 16.09 | 15.44 | 14.09 | 8.03 |
| 海　口 | 40.87 | 58.6 | 87.64 | 72.36 | 104.67 |
| 三　亚 | 53.86 | 44.28 | 88.77 | 124.52 | 167.82 |
| 重　庆 | 584.72 | 695.08 | 720.80 | 1112.29 | 1190.77 |
| 成　都 | 314.14 | 326.98 | 334.44 | 514.55 | 571.86 |
| 贵　阳 | 96.40 | 104.36 | 146.78 | 124.18 | 121.15 |
| 昆　明 | 103.69 | 77.07 | 158.38 | 304.44 | 291.32 |
| 西　安 | 189.22 | 189.17 | 222.44 | 250.48 | 315.59 |
| 兰　州 | 35.86 | 39.85 | 68.84 | 109.21 | 72.67 |
| 西　宁 | 26.81 | 16.41 | 36.36 | 41.87 | 45.28 |
| 银　川 | 42.12 | 32.55 | 36.60 | 71.21 | 90.15 |
| 乌鲁木齐 | 35.05 | 45.81 | 46.41 | 49.75 | 45.80 |

数据来源：国家统计局。

**表 4－9　　2014 年四十个重点城市月度累计房地产开发国内贷款**

单位：亿元

| 城　市 | 1－3 月 | 1－4 月 | 1－5 月 | 1－6 月 | 1－7 月 | 1－8 月 | 1－9 月 | 1－10 月 | 1－11 月 | 1－12 月 |
|---|---|---|---|---|---|---|---|---|---|---|
| 北　京 | 540.82 | 721.69 | 839.04 | 1032.68 | 1234.94 | 1297.72 | 1513.88 | 1695.18 | 1781.53 | 2158.03 |
| 天　津 | 207.39 | 335.39 | 327.15 | 414.88 | 500.52 | 557.40 | 607.06 | 651.88 | 685.74 | 817.16 |
| 石家庄 | 28.23 | 29.98 | 36.63 | 44.99 | 50.79 | 63.92 | 78.03 | 81.92 | 89.78 | 96.36 |
| 太　原 | 6.64 | 10.27 | 11.24 | 11.48 | 14.08 | 15.13 | 26.54 | 33.34 | 59.16 | 81.22 |
| 呼和浩特 | 13.41 | 16.62 | 26.67 | 38.85 | 49.49 | 58.75 | 61.21 | 66.00 | 66.52 | 66.47 |
| 沈　阳 | 37.37 | 53.74 | 61.22 | 78.91 | 92.04 | 100.65 | 109.09 | 114.53 | 116.91 | 119.52 |
| 大　连 | 149.58 | 175.50 | 229.51 | 285.25 | 304.26 | 322.90 | 337.22 | 381.00 | 429.96 | 440.73 |
| 长　春 | 11.62 | 13.62 | 21.30 | 32.81 | 35.13 | 36.94 | 66.68 | 77.40 | 78.51 | 85.26 |
| 哈尔滨 | 12.37 | 23.58 | 27.25 | 33.07 | 37.54 | 43.90 | 46.84 | 57.95 | 61.44 | 70.17 |
| 上　海 | 463.75 | 548.62 | 693.16 | 788.99 | 920.76 | 1048.96 | 1158.56 | 1280.85 | 1499.00 | 1638.84 |
| 南　京 | 195.12 | 230.17 | 281.77 | 314.42 | 340.24 | 362.16 | 415.55 | 439.06 | 492.75 | 533.01 |
| 无　锡 | 165.32 | 148.00 | 171.77 | 193.86 | 217.29 | 229.21 | 245.65 | 260.68 | 272.74 | 280.09 |
| 苏　州 | 184.92 | 230.53 | 282.86 | 343.63 | 393.87 | 452.86 | 497.31 | 540.27 | 566.46 | 594.82 |
| 杭　州 | 243.80 | 285.83 | 349.11 | 417.69 | 482.10 | 558.91 | 610.20 | 679.08 | 708.50 | 793.96 |
| 宁　波 | 107.94 | 140.71 | 175.90 | 201.13 | 232.14 | 254.84 | 278.06 | 308.09 | 326.87 | 355.61 |
| 温　州 | 20.36 | 30.10 | 32.88 | 41.08 | 49.96 | 89.42 | 95.65 | 106.76 | 116.28 | 130.67 |
| 合　肥 | 69.75 | 89.01 | 100.11 | 141.03 | 159.56 | 172.20 | 181.43 | 192.74 | 202.10 | 217.83 |
| 福　州 | 37.54 | 60.27 | 73.92 | 105.92 | 137.53 | 172.11 | 187.78 | 200.48 | 226.13 | 265.42 |
| 厦　门 | 62.83 | 82.99 | 97.66 | 102.52 | 107.89 | 110.25 | 126.28 | 133.50 | 143.09 | 161.75 |
| 南　昌 | 16.80 | 19.09 | 25.14 | 36.58 | 47.86 | 91.34 | 72.65 | 77.14 | 93.28 | 105.23 |
| 济　南 | 105.67 | 124.12 | 132.57 | 147.40 | 156.01 | 163.08 | 171.70 | 180.36 | 186.70 | 191.69 |
| 青　岛 | 146.29 | 127.82 | 149.11 | 192.79 | 228.18 | 254.75 | 274.30 | 285.34 | 309.74 | 363.23 |
| 郑　州 | 39.07 | 56.63 | 81.03 | 110.94 | 159.33 | 171.94 | 211.76 | 228.06 | 245.26 | 280.09 |
| 武　汉 | 150.75 | 193.05 | 270.01 | 327.26 | 386.92 | 447.88 | 405.03 | 441.28 | 473.45 | 505.15 |
| 长　沙 | 128.52 | 137.27 | 168.28 | 198.53 | 221.62 | 251.85 | 275.38 | 292.63 | 315.07 | 346.58 |
| 广　州 | 98.82 | 162.36 | 203.40 | 244.51 | 282.40 | 298.52 | 365.61 | 396.03 | 455.14 | 501.99 |
| 深　圳 | 150.39 | 192.21 | 256.83 | 299.69 | 320.91 | 351.17 | 392.19 | 424.71 | 468.99 | 538.02 |
| 南　宁 | 46.57 | 51.96 | 66.97 | 76.43 | 83.46 | 101.87 | 98.95 | 103.95 | 119.44 | 141.14 |
| 北　海 | 3.58 | 3.58 | 4.00 | 5.49 | 6.04 | 6.54 | 6.74 | 7.04 | 8.03 | 8.03 |
| 海　口 | 19.91 | 28.12 | 32.13 | 36.22 | 41.35 | 52.16 | 66.64 | 78.82 | 90.45 | 104.67 |
| 三　亚 | 26.22 | 31.60 | 46.50 | 69.74 | 82.03 | 107.50 | 112.50 | 148.74 | 158.96 | 167.82 |
| 重　庆 | 310.45 | 384.49 | 525.91 | 609.20 | 755.18 | 820.03 | 955.51 | 1009.94 | 1080.64 | 1190.77 |
| 成　都 | 157.12 | 215.78 | 243.38 | 275.15 | 341.58 | 388.91 | 422.98 | 466.28 | 552.25 | 571.86 |
| 贵　阳 | 37.57 | 46.72 | 51.45 | 60.47 | 69.04 | 77.50 | 95.20 | 108.09 | 118.71 | 121.15 |
| 昆　明 | 99.31 | 113.28 | 148.01 | 168.37 | 209.59 | 222.16 | 241.21 | 248.13 | 257.04 | 291.32 |
| 西　安 | 67.82 | 100.07 | 122.25 | 157.53 | 179.79 | 216.40 | 246.48 | 277.96 | 294.37 | 315.59 |
| 兰　州 | 15.45 | 23.87 | 30.11 | 34.30 | 36.49 | 41.05 | 53.93 | 67.03 | 70.17 | 72.67 |
| 西　宁 | 12.65 | 18.24 | 20.42 | 23.42 | 29.47 | 35.31 | 38.82 | 40.73 | 45.23 | 45.28 |
| 银　川 | 14.31 | 21.72 | 26.99 | 37.81 | 45.92 | 53.73 | 60.45 | 69.44 | 77.07 | 90.15 |
| 乌鲁木齐 | 4.88 | 6.14 | 12.49 | 15.64 | 26.90 | 31.36 | 35.29 | 38.53 | 43.80 | 45.80 |

数据来源：国家统计局。

表 4－10　　2010—2014 年四十个重点城市房地产开发利用外资

单位：亿元

| 城　市 | 2010 年 | 2011 年 | 2012 年 | 2013 年 | 2014 年 |
|---|---|---|---|---|---|
| 北　京 | 13.90 | 2.60 | 4.22 | 11.60 | 7.78 |
| 天　津 | 8.34 | 12.48 | 3.47 | 16.22 | 7.19 |
| 石家庄 | 2.50 | — | — | — | — |
| 太　原 | — | — | 0.03 | — | — |
| 呼和浩特 | — | — | — | — | — |
| 沈　阳 | 101.50 | 121.11 | 68.67 | 45.41 | 35.46 |
| 大　连 | 32.46 | 18.72 | 9.16 | 1.77 | 17.28 |
| 长　春 | 0.04 | 4.77 | 1.89 | 5.15 | — |
| 哈尔滨 | — | 2.70 | 0.02 | — | 2.70 |
| 上　海 | 96.05 | 43.55 | 26.12 | 38.14 | 69.61 |
| 南　京 | 19.62 | 15.66 | 5.51 | 1.27 | 12.35 |
| 无　锡 | 12.93 | 12.90 | 18.63 | 28.25 | 24.47 |
| 苏　州 | 25.08 | 12.75 | 13.70 | 4.36 | 19.13 |
| 杭　州 | 10.50 | 17.37 | 3.87 | 10.79 | 56.74 |
| 宁　波 | 3.85 | 9.25 | 3.44 | 26.99 | 2.67 |
| 温　州 | 0.43 | 3.67 | — | — | — |
| 合　肥 | 3.02 | 3.71 | 1.39 | 1.00 | 0.78 |
| 福　州 | 1.52 | 10.33 | 0.04 | 1.68 | 0.55 |
| 厦　门 | 8.79 | 0.84 | 3.99 | 14.65 | 21.43 |
| 南　昌 | — | 3.29 | 0.79 | 0.03 | — |
| 济　南 | 7.28 | 0.49 | 6.11 | 15.93 | 0.21 |
| 青　岛 | 7.63 | 18.97 | 1.46 | 4.19 | 5.05 |
| 郑　州 | — | 5.00 | — | 4.43 | — |
| 武　汉 | 96.75 | 42.80 | 1.27 | — | 16.97 |
| 长　沙 | 0.94 | 60.38 | 44.79 | 33.21 | 3.20 |
| 广　州 | 46.72 | 48.15 | 6.73 | 12.11 | 6.91 |
| 深　圳 | 10.33 | 2.06 | — | 0.12 | 20.46 |
| 南　宁 | 4.54 | 0.06 | — | — | — |
| 北　海 | — | 0.07 | — | — | — |
| 海　口 | — | — | — | — | — |
| 三　亚 | — | 3.16 | 6.47 | — | — |
| 重　庆 | 83.93 | 59.92 | 20.13 | 44.18 | 113.13 |
| 成　都 | 33.14 | 66.64 | 16.93 | 32.33 | 39.34 |
| 贵　阳 | 0.70 | 4.41 | 4.29 | — | 3.05 |
| 昆　明 | 0.50 | 0.14 | 2.40 | — | 15.11 |
| 西　安 | 5.56 | 0.00 | — | 7.44 | — |
| 兰　州 | — | — | — | — | — |
| 西　宁 | 2.32 | 1.53 | — | — | — |
| 银　川 | — | — | — | — | — |
| 乌鲁木齐 | — | 609.49 | — | — | — |

数据来源：国家统计局。

**表 4 - 11　　2014 年四十个重点城市月度累计房地产开发利用外资**

单位：亿元

| 城　市 | 1 - 3 月 | 1 - 4 月 | 1 - 5 月 | 1 - 6 月 | 1 - 7 月 | 1 - 8 月 | 1 - 9 月 | 1 - 10 月 | 1 - 11 月 | 1 - 12 月 |
|---|---|---|---|---|---|---|---|---|---|---|
| 北　京 | 0.83 | 0.83 | 0.83 | 1.30 | 2.82 | 3.61 | 6.54 | 6.54 | 6.97 | 7.78 |
| 天　津 | 1.36 | 1.37 | 1.53 | 1.89 | 2.27 | 2.27 | 5.93 | 6.60 | 6.93 | 7.19 |
| 石家庄 | — | — | — | — | — | — | — | — | — | — |
| 太　原 | — | — | — | — | — | — | — | — | — | — |
| 呼和浩特 | — | — | — | — | — | — | — | — | — | — |
| 沈　阳 | 8.06 | 10.70 | 15.52 | 24.36 | 29.12 | 31.03 | 33.46 | 35.46 | 35.46 | 35.46 |
| 大　连 | 0.40 | 0.47 | 0.55 | 0.66 | 5.71 | 9.21 | 15.26 | 15.26 | 17.28 | 17.28 |
| 长　春 | — | — | — | — | — | — | — | — | — | — |
| 哈尔滨 | — | — | — | — | — | — | — | 2.70 | 2.70 | 2.70 |
| 上　海 | 6.60 | 6.60 | 6.61 | 7.15 | 7.67 | 8.20 | 8.60 | 9.01 | 9.42 | 69.61 |
| 南　京 | 1.05 | 11.95 | 12.24 | 12.35 | 12.35 | 12.35 | 12.35 | 12.35 | 12.35 | 12.35 |
| 无　锡 | 1.56 | 1.57 | 1.57 | 4.20 | 7.69 | 8.71 | 8.71 | 22.10 | 21.40 | 24.47 |
| 苏　州 | 12.77 | 17.17 | 18.42 | 19.55 | 19.03 | 19.53 | 19.53 | 19.53 | 19.03 | 19.13 |
| 杭　州 | 9.13 | — | 0.25 | 0.25 | 28.83 | 47.94 | 47.94 | 56.74 | 56.74 | 56.74 |
| 宁　波 | — | — | — | — | — | — | — | 0.60 | 1.69 | 2.67 |
| 温　州 | — | — | — | — | — | — | — | — | — | — |
| 合　肥 | 1.00 | — | — | — | — | — | — | 0.78 | 0.78 | 0.78 |
| 福　州 | — | — | — | — | — | — | — | — | — | 0.55 |
| 厦　门 | — | — | 20.48 | 20.48 | 20.48 | 20.48 | 21.43 | 21.43 | 21.43 | 21.43 |
| 南　昌 | — | — | — | — | — | — | — | — | — | — |
| 济　南 | 0.03 | 0.09 | 0.10 | 0.10 | 0.11 | 0.12 | 0.13 | 0.14 | 0.18 | 0.21 |
| 青　岛 | 0.21 | 0.70 | 0.87 | 0.89 | 0.97 | 1.03 | 1.03 | 1.03 | 1.53 | 5.05 |
| 郑　州 | — | — | — | — | — | — | — | — | — | — |
| 武　汉 | — | 7.00 | 7.00 | 7.00 | 14.82 | 14.82 | 14.82 | 16.97 | 16.97 | 16.97 |
| 长　沙 | — | — | — | — | — | — | — | — | 3.20 | 3.20 |
| 广　州 | 2.96 | 3.12 | 3.41 | 4.30 | 4.66 | 4.87 | 5.22 | 5.47 | 6.47 | 6.91 |
| 深　圳 | — | — | — | 1.04 | 1.04 | 1.34 | 1.34 | 2.66 | 20.46 | 20.46 |
| 南　宁 | — | — | — | — | — | — | — | — | — | — |
| 北　海 | — | — | — | — | — | — | — | — | — | — |
| 海　口 | — | — | — | — | — | — | — | — | — | — |
| 三　亚 | — | — | — | — | — | — | — | — | — | — |
| 重　庆 | 7.18 | 18.08 | 18.20 | 20.40 | 13.77 | 23.86 | 79.66 | 81.44 | 87.51 | 113.13 |
| 成　都 | 0.72 | 0.22 | 0.22 | 6.14 | 7.70 | 24.18 | 24.30 | 32.37 | 32.86 | 39.34 |
| 贵　阳 | 3.05 | 3.05 | 3.05 | 3.05 | 3.05 | 3.05 | 3.05 | 3.05 | 3.05 | 3.05 |
| 昆　明 | 10.41 | 10.41 | 10.41 | 10.81 | 11.11 | 11.42 | 11.73 | 14.53 | 14.84 | 15.11 |
| 西　安 | — | — | — | — | — | — | — | — | — | — |
| 兰　州 | — | — | — | — | — | — | — | — | — | — |
| 西　宁 | — | — | — | — | — | — | — | — | — | — |
| 银　川 | — | — | — | — | — | — | — | — | — | — |
| 乌鲁木齐 | — | — | — | — | — | — | — | — | — | — |

数据来源：国家统计局。

表 4－12　　2010—2014 年四十个重点城市房地产开发自筹资金

单位：亿元

| 城　市 | 2010 年 | 2011 年 | 2012 年 | 2013 年 | 2014 年 |
|---|---|---|---|---|---|
| 北　京 | 1762.97 | 1746.18 | 1611.91 | 2138.23 | 1815.41 |
| 天　津 | 457.74 | 645.44 | 831.71 | 892.08 | 875.23 |
| 石家庄 | 371.62 | 466.64 | 674.82 | 680.37 | 778.87 |
| 太　原 | 98.22 | 159.21 | 157.30 | 227.76 | 213.70 |
| 呼和浩特 | 164.01 | 246.98 | 324.89 | 411.48 | 391.10 |
| 沈　阳 | 1091.31 | 1111.49 | 1121.43 | 1475.57 | 1417.31 |
| 大　连 | 506.37 | 472.51 | 761.49 | 967.71 | 709.25 |
| 长　春 | 261.45 | 287.86 | 350.13 | 285.46 | 254.43 |
| 哈尔滨 | 236.27 | 388.72 | 484.55 | 525.76 | 418.29 |
| 上　海 | 1070.88 | 1192.87 | 1385.96 | 1569.91 | 1560.83 |
| 南　京 | 294.33 | 313.77 | 428.14 | 499.69 | 580.21 |
| 无　锡 | 309.84 | 370.20 | 434.08 | 516.50 | 618.59 |
| 苏　州 | 591.21 | 503.32 | 578.79 | 764.70 | 894.23 |
| 杭　州 | 380.17 | 395.64 | 422.69 | 622.39 | 885.86 |
| 宁　波 | 147.42 | 380.90 | 393.84 | 546.88 | 665.69 |
| 温　州 | 47.64 | 149.72 | 359.90 | 350.52 | 313.38 |
| 合　肥 | 395.17 | 421.11 | 342.54 | 475.69 | 419.89 |
| 福　州 | 387.85 | 578.96 | 598.53 | 781.07 | 864.11 |
| 厦　门 | 201.18 | 268.49 | 202.22 | 262.49 | 380.83 |
| 南　昌 | 95.83 | 134.90 | 143.59 | 154.03 | 137.51 |
| 济　南 | 254.61 | 259.46 | 345.28 | 297.37 | 435.65 |
| 青　岛 | 260.59 | 402.81 | 429.93 | 497.60 | 504.74 |
| 郑　州 | 383.54 | 514.12 | 592.56 | 802.93 | 837.40 |
| 武　汉 | 490.32 | 764.04 | 857.24 | 879.28 | 1074.93 |
| 长　沙 | 297.75 | 357.71 | 365.74 | 401.44 | 539.74 |
| 广　州 | 314.42 | 335.77 | 477.41 | 563.54 | 753.86 |
| 深　圳 | 203.97 | 342.60 | 473.24 | 456.97 | 545.65 |
| 南　宁 | 134.13 | 168.95 | 216.63 | 179.21 | 241.83 |
| 北　海 | 39.96 | 61.93 | 104.71 | 111.90 | 92.37 |
| 海　口 | 30.38 | 42.24 | 218.00 | 181.86 | 170.05 |
| 三　亚 | 33.92 | 119.16 | 125.53 | 168.16 | 204.93 |
| 重　庆 | 685.00 | 853.72 | 1182.06 | 1263.70 | 1824.41 |
| 成　都 | 730.51 | 961.19 | 939.34 | 1110.66 | 1332.43 |
| 贵　阳 | 144.79 | 280.25 | 196.89 | 251.94 | 241.54 |
| 昆　明 | 271.98 | 458.87 | 518.52 | 915.40 | 808.56 |
| 西　安 | 431.10 | 487.21 | 807.64 | 811.25 | 886.75 |
| 兰　州 | 66.30 | 64.46 | 124.53 | 158.02 | 164.48 |
| 西　宁 | 43.21 | 60.11 | 94.63 | 81.50 | 104.05 |
| 银　川 | 41.13 | 67.95 | 132.50 | 145.78 | 144.23 |
| 乌鲁木齐 | 52.82 | 68.77 | 86.96 | 100.35 | 139.43 |

数据来源：国家统计局。

表 4－13　　2014 年四十个重点城市月度累计房地产开发自筹资金

单位：亿元

| 城市 | 1－3 月 | 1－4 月 | 1－5 月 | 1－6 月 | 1－7 月 | 1－8 月 | 1－9 月 | 1－10 月 | 1－11 月 | 1－12 月 |
|---|---|---|---|---|---|---|---|---|---|---|
| 北京 | 414.10 | 497.39 | 592.85 | 785.03 | 963.84 | 1138.86 | 1318.04 | 1579.64 | 1652.81 | 1815.41 |
| 天津 | 287.19 | 386.68 | 434.81 | 521.41 | 572.99 | 627.99 | 712.01 | 755.98 | 793.32 | 875.23 |
| 石家庄 | 110.08 | 157.35 | 213.51 | 306.06 | 362.58 | 448.72 | 537.16 | 634.06 | 714.49 | 778.87 |
| 太原 | 23.27 | 31.12 | 40.41 | 57.99 | 72.45 | 92.32 | 139.04 | 166.24 | 178.59 | 213.70 |
| 呼和浩特 | 46.78 | 66.59 | 87.81 | 139.61 | 176.42 | 235.07 | 288.12 | 356.06 | 390.82 | 391.10 |
| 沈阳 | 238.03 | 359.07 | 500.15 | 782.80 | 983.40 | 1147.51 | 1321.95 | 1436.43 | 1409.97 | 1417.31 |
| 大连 | 164.75 | 198.57 | 275.67 | 410.30 | 459.39 | 510.86 | 561.85 | 619.55 | 673.08 | 709.25 |
| 长春 | 3.33 | 18.36 | 42.58 | 71.25 | 109.88 | 142.67 | 183.03 | 224.26 | 241.05 | 254.43 |
| 哈尔滨 | 26.01 | 61.02 | 103.74 | 169.91 | 207.16 | 237.25 | 285.22 | 339.83 | 391.90 | 418.29 |
| 上海 | 405.75 | 478.29 | 598.14 | 696.53 | 795.84 | 884.71 | 997.92 | 1224.54 | 1405.66 | 1560.83 |
| 南京 | 176.54 | 234.89 | 300.50 | 358.08 | 391.12 | 418.10 | 491.26 | 518.08 | 565.58 | 580.21 |
| 无锡 | 245.90 | 295.26 | 277.43 | 362.33 | 414.95 | 466.31 | 515.31 | 551.41 | 592.42 | 618.59 |
| 苏州 | 255.22 | 301.14 | 383.22 | 479.40 | 554.56 | 671.92 | 736.31 | 784.91 | 828.53 | 894.23 |
| 杭州 | 134.27 | 164.65 | 221.83 | 317.75 | 413.30 | 453.59 | 560.98 | 695.31 | 779.07 | 885.86 |
| 宁波 | 163.34 | 216.28 | 252.68 | 329.23 | 378.82 | 449.63 | 529.27 | 571.28 | 622.16 | 665.69 |
| 温州 | 41.48 | 63.85 | 92.97 | 111.61 | 138.16 | 186.58 | 224.07 | 254.25 | 285.82 | 313.38 |
| 合肥 | 94.95 | 131.60 | 177.80 | 254.87 | 271.54 | 293.34 | 317.59 | 347.03 | 374.89 | 419.89 |
| 福州 | 157.21 | 194.80 | 299.20 | 391.33 | 451.90 | 535.37 | 618.26 | 699.29 | 774.87 | 864.11 |
| 厦门 | 114.64 | 149.16 | 172.86 | 216.78 | 257.05 | 267.09 | 296.21 | 320.53 | 339.31 | 380.83 |
| 南昌 | 24.62 | 30.69 | 45.13 | 64.61 | 77.33 | 82.75 | 101.25 | 107.33 | 121.11 | 137.51 |
| 济南 | 87.63 | 110.86 | 173.67 | 251.71 | 285.12 | 309.68 | 340.92 | 381.80 | 411.50 | 435.65 |
| 青岛 | 146.45 | 175.14 | 197.68 | 233.08 | 273.08 | 305.01 | 367.54 | 421.59 | 462.21 | 504.74 |
| 郑州 | 154.76 | 218.95 | 305.65 | 401.46 | 477.79 | 542.44 | 624.86 | 713.07 | 754.99 | 837.40 |
| 武汉 | 245.53 | 366.58 | 409.63 | 582.80 | 655.29 | 716.36 | 826.00 | 912.20 | 996.79 | 1074.93 |
| 长沙 | 124.12 | 149.08 | 182.69 | 233.19 | 270.13 | 306.61 | 362.75 | 392.54 | 471.51 | 539.74 |
| 广州 | 148.04 | 219.62 | 270.26 | 353.76 | 411.98 | 474.91 | 555.78 | 649.74 | 690.10 | 753.86 |
| 深圳 | 99.22 | 113.05 | 160.49 | 229.81 | 323.15 | 364.26 | 406.82 | 444.93 | 493.36 | 545.65 |
| 南宁 | 68.50 | 81.12 | 87.89 | 99.04 | 110.40 | 129.39 | 157.86 | 183.66 | 231.34 | 241.83 |
| 北海 | 31.63 | 36.19 | 47.49 | 62.10 | 71.49 | 74.29 | 77.43 | 80.40 | 86.92 | 92.37 |
| 海口 | 34.51 | 47.65 | 55.41 | 63.37 | 74.68 | 85.06 | 95.73 | 123.28 | 139.08 | 170.05 |
| 三亚 | 47.32 | 55.92 | 73.04 | 79.80 | 98.65 | 130.37 | 157.76 | 166.25 | 185.04 | 204.93 |
| 重庆 | 468.69 | 585.20 | 660.58 | 804.18 | 985.63 | 1106.96 | 1258.92 | 1416.58 | 1527.54 | 1824.41 |
| 成都 | 315.46 | 405.80 | 521.07 | 652.80 | 753.21 | 907.78 | 1012.35 | 1134.16 | 1240.32 | 1332.43 |
| 贵阳 | 51.52 | 68.87 | 91.28 | 118.62 | 133.22 | 149.79 | 177.65 | 196.15 | 219.71 | 241.54 |
| 昆明 | 207.44 | 267.36 | 330.69 | 438.75 | 488.51 | 551.99 | 606.45 | 665.64 | 717.32 | 808.56 |
| 西安 | 125.64 | 199.66 | 275.69 | 387.82 | 439.78 | 539.76 | 642.58 | 735.87 | 825.00 | 886.75 |
| 兰州 | 25.62 | 34.96 | 54.42 | 71.33 | 93.85 | 106.31 | 128.99 | 143.11 | 156.30 | 164.48 |
| 西宁 | 22.11 | 29.58 | 34.86 | 46.46 | 56.68 | 64.57 | 72.51 | 80.38 | 100.17 | 104.05 |
| 银川 | 14.30 | 32.01 | 46.80 | 58.30 | 75.07 | 90.69 | 105.98 | 120.16 | 131.37 | 144.23 |
| 乌鲁木齐 | 9.60 | 21.49 | 26.14 | 41.53 | 66.38 | 82.76 | 98.74 | 124.39 | 129.70 | 139.43 |

数据来源：国家统计局。

表 4-14　　2010—2014 年四十个重点城市房地产开发其他资金

单位：亿元

| 城　市 | 2010 年 | 2011 年 | 2012 年 | 2013 年 | 2014 年 |
|---|---|---|---|---|---|
| 北　京 | 2574.66 | 2441.36 | 2983.68 | 3313.40 | 2640.80 |
| 天　津 | 659.88 | 818.37 | 740.73 | 1087.95 | 1123.91 |
| 石家庄 | 176.53 | 255.47 | 250.22 | 247.81 | 205.19 |
| 太　原 | 211.11 | 180.43 | 202.38 | 261.30 | 240.51 |
| 呼和浩特 | 64.93 | 86.93 | 115.45 | 130.28 | 74.01 |
| 沈　阳 | 530.62 | 693.04 | 681.24 | 847.11 | 564.58 |
| 大　连 | 535.48 | 606.58 | 592.40 | 685.80 | 492.11 |
| 长　春 | 260.04 | 357.10 | 322.27 | 440.53 | 343.64 |
| 哈尔滨 | 194.87 | 275.54 | 359.40 | 436.09 | 267.04 |
| 上　海 | 1242.78 | 1229.32 | 1580.66 | 2192.26 | 2000.62 |
| 南　京 | 640.54 | 611.79 | 813.20 | 1177.50 | 1024.48 |
| 无　锡 | 555.04 | 450.57 | 601.12 | 648.65 | 554.63 |
| 苏　州 | 1260.46 | 1093.32 | 1307.55 | 1565.26 | 1466.86 |
| 杭　州 | 1262.30 | 1056.96 | 1245.37 | 1633.98 | 1375.57 |
| 宁　波 | 219.97 | 219.18 | 243.76 | 502.28 | 448.28 |
| 温　州 | 242.92 | 515.01 | 365.55 | 409.19 | 428.59 |
| 合　肥 | 528.22 | 479.13 | 670.55 | 922.40 | 947.49 |
| 福　州 | 371.82 | 535.55 | 708.13 | 996.42 | 712.92 |
| 厦　门 | 173.70 | 267.45 | 596.60 | 713.90 | 579.90 |
| 南　昌 | 189.41 | 190.83 | 381.82 | 474.22 | 421.28 |
| 济　南 | 275.40 | 311.33 | 373.88 | 517.47 | 534.52 |
| 青　岛 | 527.72 | 512.94 | 553.20 | 725.39 | 592.51 |
| 郑　州 | 475.43 | 402.65 | 613.09 | 724.16 | 742.92 |
| 武　汉 | 568.37 | 628.34 | 973.56 | 1001.55 | 886.75 |
| 长　沙 | 581.54 | 706.04 | 758.61 | 909.71 | 777.63 |
| 广　州 | 766.05 | 945.36 | 972.02 | 1270.28 | 1172.05 |
| 深　圳 | 358.90 | 326.17 | 414.84 | 788.73 | 527.77 |
| 南　宁 | 276.67 | 256.99 | 354.48 | 381.22 | 469.56 |
| 北　海 | 51.23 | 54.19 | 49.46 | 58.10 | 70.70 |
| 海　口 | 153.89 | 89.23 | 122.32 | 240.12 | 248.14 |
| 三　亚 | 161.87 | 103.90 | 124.85 | 165.68 | 113.54 |
| 重　庆 | 1505.89 | 1686.98 | 1946.55 | 2193.89 | 2216.67 |
| 成　都 | 895.92 | 1125.01 | 1249.38 | 1436.06 | 1434.61 |
| 贵　阳 | 321.81 | 321.55 | 398.73 | 677.36 | 676.63 |
| 昆　明 | 389.00 | 329.63 | 493.04 | 441.74 | 460.07 |
| 西　安 | 670.81 | 805.11 | 693.87 | 803.65 | 771.00 |
| 兰　州 | 62.44 | 66.57 | 85.86 | 161.03 | 179.48 |
| 西　宁 | 36.38 | 41.60 | 67.66 | 83.36 | 139.02 |
| 银　川 | 130.68 | 143.20 | 183.41 | 251.93 | 254.69 |
| 乌鲁木齐 | 166.70 | 183.99 | 198.06 | 276.82 | 236.52 |

数据来源：国家统计局。

表 4－15　　2014 年四十个重点城市月度累计房地产开发其他资金

单位：亿元

| 城　市 | 1－3 月 | 1－4 月 | 1－5 月 | 1－6 月 | 1－7 月 | 1－8 月 | 1－9 月 | 1－10 月 | 1－11 月 | 1－12 月 |
|---|---|---|---|---|---|---|---|---|---|---|
| 北　京 | 616.28 | 783.05 | 951.48 | 1188.71 | 1414.67 | 1611.75 | 1817.96 | 2023.96 | 2207.57 | 2640.80 |
| 天　津 | 244.10 | 340.08 | 467.15 | 562.46 | 635.15 | 735.09 | 838.80 | 920.63 | 980.07 | 1123.91 |
| 石家庄 | 40.37 | 50.50 | 58.90 | 84.50 | 101.28 | 115.96 | 135.96 | 157.55 | 182.54 | 205.19 |
| 太　原 | 39.91 | 57.11 | 83.77 | 115.24 | 133.64 | 150.37 | 170.94 | 191.21 | 212.40 | 240.51 |
| 呼和浩特 | 9.02 | 12.59 | 18.35 | 31.43 | 39.40 | 47.10 | 60.13 | 69.02 | 72.16 | 74.01 |
| 沈　阳 | 99.08 | 158.95 | 235.59 | 333.47 | 397.29 | 438.74 | 489.74 | 520.11 | 540.25 | 564.58 |
| 大　连 | 126.89 | 164.44 | 209.51 | 264.67 | 296.70 | 337.63 | 397.99 | 436.33 | 452.00 | 492.11 |
| 长　春 | 13.15 | 67.81 | 100.11 | 143.03 | 186.08 | 216.40 | 259.39 | 294.42 | 316.80 | 343.64 |
| 哈尔滨 | 31.01 | 50.65 | 78.70 | 114.94 | 128.92 | 155.89 | 184.66 | 219.49 | 242.05 | 267.04 |
| 上　海 | 471.12 | 600.53 | 734.86 | 872.46 | 1018.40 | 1196.31 | 1341.81 | 1490.92 | 1700.53 | 2000.62 |
| 南　京 | 247.19 | 335.15 | 411.69 | 490.47 | 583.55 | 656.34 | 725.58 | 802.15 | 896.74 | 1024.48 |
| 无　锡 | 157.53 | 183.10 | 225.95 | 275.66 | 310.98 | 346.42 | 384.82 | 437.49 | 488.30 | 554.63 |
| 苏　州 | 331.33 | 429.00 | 535.98 | 672.89 | 791.89 | 896.28 | 1030.93 | 1163.73 | 1288.50 | 1466.86 |
| 杭　州 | 280.16 | 355.51 | 457.98 | 569.14 | 675.78 | 780.07 | 895.45 | 1043.55 | 1178.05 | 1375.57 |
| 宁　波 | 92.47 | 117.12 | 145.06 | 176.23 | 204.07 | 249.60 | 298.27 | 336.53 | 383.54 | 448.28 |
| 温　州 | 83.21 | 108.40 | 143.59 | 178.56 | 210.83 | 246.99 | 293.92 | 335.13 | 383.86 | 428.59 |
| 合　肥 | 236.55 | 303.73 | 384.12 | 448.70 | 518.03 | 588.56 | 691.52 | 757.73 | 836.16 | 947.49 |
| 福　州 | 174.33 | 228.47 | 290.12 | 353.09 | 414.76 | 463.94 | 501.15 | 563.32 | 643.99 | 712.92 |
| 厦　门 | 162.13 | 222.09 | 263.98 | 317.92 | 374.03 | 409.90 | 456.06 | 487.57 | 523.01 | 579.90 |
| 南　昌 | 117.74 | 141.56 | 171.36 | 210.85 | 233.11 | 264.73 | 305.39 | 330.66 | 380.90 | 421.28 |
| 济　南 | 128.37 | 179.08 | 224.38 | 268.30 | 308.47 | 349.99 | 389.82 | 430.88 | 479.29 | 534.52 |
| 青　岛 | 139.38 | 195.26 | 238.45 | 280.66 | 321.80 | 370.68 | 437.66 | 473.67 | 517.03 | 592.51 |
| 郑　州 | 144.12 | 204.75 | 274.55 | 352.87 | 423.34 | 479.47 | 534.35 | 597.22 | 662.93 | 742.92 |
| 武　汉 | 181.60 | 255.05 | 323.54 | 420.43 | 495.05 | 580.69 | 623.02 | 698.06 | 778.86 | 886.75 |
| 长　沙 | 215.92 | 266.68 | 318.84 | 379.89 | 445.62 | 503.84 | 593.50 | 652.80 | 700.87 | 777.63 |
| 广　州 | 241.17 | 340.29 | 446.56 | 575.87 | 659.64 | 734.72 | 817.62 | 912.28 | 1034.15 | 1172.05 |
| 深　圳 | 110.21 | 146.65 | 190.31 | 249.49 | 273.05 | 307.97 | 353.07 | 403.27 | 471.52 | 527.77 |
| 南　宁 | 111.65 | 145.17 | 157.48 | 202.97 | 243.47 | 276.98 | 318.20 | 356.12 | 413.52 | 469.56 |
| 北　海 | 16.55 | 21.82 | 29.17 | 39.80 | 47.69 | 51.03 | 55.67 | 62.11 | 65.25 | 70.70 |
| 海　口 | 48.86 | 73.57 | 101.13 | 144.24 | 159.52 | 176.14 | 187.84 | 223.87 | 225.88 | 248.14 |
| 三　亚 | 39.09 | 48.96 | 56.67 | 65.87 | 74.03 | 79.26 | 84.24 | 95.33 | 102.93 | 113.54 |
| 重　庆 | 456.64 | 674.42 | 842.75 | 1048.26 | 1223.03 | 1393.90 | 1573.99 | 1758.78 | 1988.08 | 2216.67 |
| 成　都 | 343.48 | 426.15 | 561.39 | 716.87 | 848.11 | 997.02 | 1037.81 | 1166.82 | 1294.81 | 1434.61 |
| 贵　阳 | 128.75 | 184.76 | 246.41 | 313.99 | 369.08 | 423.18 | 491.04 | 547.51 | 619.12 | 676.63 |
| 昆　明 | 94.36 | 127.69 | 157.00 | 202.34 | 237.72 | 275.29 | 316.51 | 352.49 | 388.39 | 460.07 |
| 西　安 | 154.06 | 217.07 | 269.41 | 335.47 | 396.41 | 464.04 | 525.25 | 607.73 | 668.76 | 771.00 |
| 兰　州 | 27.32 | 43.25 | 55.37 | 82.45 | 100.18 | 110.96 | 139.06 | 153.95 | 168.49 | 179.48 |
| 西　宁 | 32.81 | 45.67 | 60.21 | 72.90 | 86.32 | 97.89 | 104.33 | 119.89 | 132.86 | 139.02 |
| 银　川 | 32.17 | 53.06 | 73.52 | 98.13 | 123.40 | 145.44 | 172.15 | 199.41 | 228.42 | 254.69 |
| 乌鲁木齐 | 36.87 | 56.13 | 73.12 | 98.10 | 121.62 | 140.70 | 166.36 | 186.82 | 208.38 | 236.52 |

数据来源：国家统计局。

## （四）四十个重点城市土地购置情况

表 4-16　　2010—2014 年四十个重点城市土地购置面积

单位：万平方米

| 城　市 | 2010 年 | 2011 年 | 2012 年 | 2013 年 | 2014 年 |
| --- | --- | --- | --- | --- | --- |
| 北　京 | 858.75 | 507.04 | 305.99 | 906.17 | 580.76 |
| 天　津 | 652.46 | 596.59 | 299.75 | 210.64 | 122.74 |
| 石家庄 | 657.36 | 448.60 | 274.23 | 83.07 | 74.77 |
| 太　原 | 193.67 | 143.85 | 88.34 | 180.63 | 66.04 |
| 呼和浩特 | 412.23 | 215.86 | 109.44 | 76.69 | 49.82 |
| 沈　阳 | 1314.00 | 755.89 | 810.35 | 860.04 | 305.24 |
| 大　连 | 624.31 | 588.51 | 509.69 | 336.26 | 342.53 |
| 长　春 | 499.55 | 722.13 | 749.73 | 456.29 | 532.10 |
| 哈尔滨 | 388.58 | 678.45 | 334.63 | 265.18 | 128.20 |
| 上　海 | 432.44 | 562.76 | 300.62 | 421.74 | 313.18 |
| 南　京 | 150.80 | 41.96 | 120.60 | 121.11 | 71.29 |
| 无　锡 | 192.23 | 240.46 | 248.30 | 487.15 | 612.84 |
| 苏　州 | 430.93 | 186.60 | 352.43 | 591.01 | 604.21 |
| 杭　州 | 435.90 | 226.57 | 112.39 | 227.65 | 128.17 |
| 宁　波 | 286.72 | 220.44 | 57.33 | 239.92 | 232.08 |
| 温　州 | 18.38 | 123.46 | 60.37 | 86.87 | 146.91 |
| 合　肥 | 325.54 | 449.69 | 476.41 | 658.62 | 631.87 |
| 福　州 | 332.39 | 286.14 | 214.32 | 390.44 | 212.40 |
| 厦　门 | 309.92 | 52.16 | 188.91 | 125.10 | 58.30 |
| 南　昌 | 164.45 | 208.93 | 129.45 | 257.13 | 254.51 |
| 济　南 | 531.98 | 193.81 | 272.72 | 217.71 | 273.89 |
| 青　岛 | 478.81 | 684.29 | 240.06 | 433.01 | 292.49 |
| 郑　州 | 717.95 | 216.40 | 349.86 | 461.97 | 398.57 |
| 武　汉 | 274.55 | 251.28 | 456.95 | 502.82 | 227.06 |
| 长　沙 | 288.48 | 341.95 | 311.15 | 458.99 | 279.50 |
| 广　州 | 156.90 | 338.85 | 142.97 | 182.18 | 318.69 |
| 深　圳 | 13.87 | 39.30 | 97.34 | 134.87 | 105.73 |
| 南　宁 | 189.58 | 161.52 | 101.34 | 80.22 | 245.72 |
| 北　海 | 61.73 | 169.57 | 63.49 | 55.54 | 6.19 |
| 海　口 | 53.91 | 18.94 | 34.90 | 14.23 | 113.89 |
| 三　亚 | 22.98 | 14.75 | 80.63 | 16.98 | 24.04 |
| 重　庆 | 1369.22 | 1676.12 | 2183.07 | 1896.65 | 1864.59 |
| 成　都 | 218.25 | 195.79 | 152.71 | 271.93 | 365.47 |
| 贵　阳 | 596.11 | 331.54 | 197.17 | 424.59 | 110.35 |
| 昆　明 | 325.72 | 350.65 | 466.95 | 782.36 | 324.16 |
| 西　安 | 395.18 | 230.54 | 168.66 | 335.16 | 335.96 |
| 兰　州 | 119.71 | 100.44 | 64.11 | 169.53 | 386.23 |
| 西　宁 | 87.91 | 99.74 | 162.31 | 31.85 | 82.58 |
| 银　川 | 106.85 | 162.36 | 179.55 | 174.99 | 160.98 |
| 乌鲁木齐 | 108.69 | 105.92 | 93.82 | 204.90 | 124.79 |

数据来源：国家统计局。

表 4－17　　2014 年四十个重点城市月度累计土地购置面积

单位：万平方米

| 城　市 | 1－3 月 | 1－4 月 | 1－5 月 | 1－6 月 | 1－7 月 | 1－8 月 | 1－9 月 | 1－10 月 | 1－11 月 | 1－12 月 |
|---|---|---|---|---|---|---|---|---|---|---|
| 北　京 | 143.64 | 160.09 | 211.37 | 243.04 | 295.96 | 306.07 | 421.57 | 504.14 | 513.98 | 580.76 |
| 天　津 | 27.61 | 32.33 | 45.63 | 79.17 | 81.21 | 87.66 | 112.37 | 113.27 | 113.77 | 122.74 |
| 石家庄 | 22.39 | 37.13 | 40.02 | 43.13 | 43.33 | 54.72 | 64.62 | 64.62 | 73.63 | 74.77 |
| 太　原 | 0.40 | 0.71 | 9.69 | 17.85 | 53.48 | 54.42 | 56.85 | 61.90 | 66.04 | 66.04 |
| 呼和浩特 | 13.17 | 29.35 | 31.30 | 32.71 | 39.88 | 47.40 | 47.41 | 47.41 | 49.69 | 49.82 |
| 沈　阳 | 58.95 | 166.30 | 191.46 | 251.17 | 265.57 | 287.37 | 304.70 | — | — | 305.24 |
| 大　连 | 97.59 | 118.04 | 183.69 | 228.85 | 258.79 | 276.93 | 299.93 | 325.71 | 341.40 | 342.53 |
| 长　春 | 12.70 | 12.70 | 50.24 | 81.11 | 160.50 | 252.66 | 339.64 | 387.32 | 502.91 | 532.10 |
| 哈尔滨 | 30.05 | 30.66 | 6.22 | 10.97 | 24.41 | 32.93 | 68.23 | 83.15 | 119.94 | 128.20 |
| 上　海 | 81.98 | 89.26 | 127.71 | 136.52 | 169.27 | 195.85 | 221.26 | 236.19 | 256.38 | 313.18 |
| 南　京 | 33.96 | 49.95 | 54.82 | 29.11 | 9.43 | 21.23 | 45.98 | 55.38 | 68.42 | 71.29 |
| 无　锡 | 66.04 | 113.27 | 180.64 | 333.00 | 413.74 | 478.33 | 503.40 | 524.41 | 560.96 | 612.84 |
| 苏　州 | 98.25 | 234.88 | 265.54 | 336.44 | 358.64 | 406.98 | 491.89 | 540.39 | 578.46 | 604.21 |
| 杭　州 | 11.97 | 9.54 | 14.27 | 20.20 | 42.87 | 64.90 | 73.08 | 74.13 | 112.77 | 128.17 |
| 宁　波 | 43.56 | 57.25 | 68.56 | 106.21 | 138.74 | 143.86 | 197.60 | 202.53 | 202.89 | 232.08 |
| 温　州 | 26.48 | 40.70 | 53.90 | 63.12 | 67.59 | 96.15 | 128.25 | 133.28 | 139.77 | 146.91 |
| 合　肥 | 102.09 | 168.77 | 229.66 | 250.29 | 296.55 | 322.62 | 372.23 | 416.84 | 464.24 | 631.87 |
| 福　州 | 7.68 | 18.40 | 82.91 | 92.19 | 106.97 | 117.29 | 115.14 | 146.43 | 186.95 | 212.40 |
| 厦　门 | 17.50 | 22.28 | 23.05 | 28.54 | 31.65 | 37.38 | 46.24 | 46.24 | 46.24 | 58.30 |
| 南　昌 | 9.02 | 28.79 | 21.96 | 41.42 | 42.33 | 44.64 | 66.79 | 81.59 | 249.37 | 254.51 |
| 济　南 | 79.52 | 93.27 | 160.93 | 218.78 | 222.12 | 228.00 | 232.83 | 262.51 | 272.99 | 273.89 |
| 青　岛 | 101.04 | 134.13 | 143.98 | 164.02 | 173.77 | 198.80 | 232.59 | 234.24 | 244.22 | 292.49 |
| 郑　州 | 125.26 | 147.67 | 167.54 | 199.20 | 209.69 | 238.46 | 311.70 | 330.96 | 340.51 | 398.57 |
| 武　汉 | 158.77 | 170.18 | 179.55 | 193.76 | 228.16 | 161.89 | 179.17 | 180.56 | 180.63 | 227.06 |
| 长　沙 | 59.61 | 82.47 | 116.47 | 121.95 | 148.62 | 180.10 | 221.41 | 216.70 | 240.92 | 279.50 |
| 广　州 | 18.11 | 37.07 | 86.16 | 117.01 | 109.66 | 123.32 | 170.05 | 193.99 | 222.31 | 318.69 |
| 深　圳 | 32.99 | 32.99 | 40.00 | 47.51 | 43.52 | 65.41 | 71.68 | 80.60 | 93.74 | 105.73 |
| 南　宁 | 41.60 | 52.58 | 82.96 | 83.48 | 47.52 | 102.45 | 176.31 | 274.57 | 227.60 | 245.72 |
| 北　海 | — | — | — | — | — | — | — | — | — | 6.19 |
| 海　口 | 5.85 | 6.43 | 11.23 | 18.13 | 18.13 | 18.56 | 18.56 | 18.56 | 51.40 | 113.89 |
| 三　亚 | 0.67 | 0.67 | 0.67 | 0.67 | 7.25 | 14.94 | 14.94 | — | 24.04 | 24.04 |
| 重　庆 | 382.04 | 572.51 | 647.23 | 833.20 | 998.83 | 1146.67 | 1294.58 | 1466.89 | 1598.95 | 1864.59 |
| 成　都 | 56.57 | 66.12 | 102.44 | 144.97 | 166.42 | 234.56 | 259.01 | 289.55 | 320.98 | 365.47 |
| 贵　阳 | 37.50 | 37.89 | 56.88 | 70.97 | 92.36 | 102.66 | 102.89 | 102.27 | 110.35 | 110.35 |
| 昆　明 | 64.61 | 101.27 | 131.00 | 176.03 | 209.12 | 219.45 | 220.09 | 272.57 | 282.76 | 324.16 |
| 西　安 | 0.38 | 12.18 | 29.08 | 57.15 | 62.03 | 114.03 | 189.88 | 235.64 | 291.60 | 335.96 |
| 兰　州 | 183.93 | 276.60 | 307.31 | 332.35 | 355.15 | 361.24 | 370.93 | 378.74 | 380.95 | 386.23 |
| 西　宁 | 31.94 | 33.38 | 33.72 | 33.72 | 74.07 | 74.07 | 74.07 | 74.07 | 82.58 | 82.58 |
| 银　川 | 27.40 | 28.40 | 69.33 | 69.33 | 95.08 | 95.08 | 144.39 | 155.46 | 155.46 | 160.98 |
| 乌鲁木齐 | 19.28 | 19.28 | 24.59 | 51.12 | 81.96 | 86.67 | 96.01 | 105.06 | 115.96 | 124.79 |

数据来源：国家统计局。

表 4－18　　2010—2014 年四十个重点城市土地购置费

单位：亿元

| 城　市 | 2010 年 | 2011 年 | 2012 年 | 2013 年 | 2014 年 |
|---|---|---|---|---|---|
| 北　京 | 1292.75 | 1301.23 | 1102.69 | 1159.47 | 1378.94 |
| 天　津 | 134.08 | 85.15 | 138.39 | 107.25 | 281.37 |
| 石家庄 | 71.89 | 74.30 | 73.59 | 76.93 | 173.13 |
| 太　原 | 40.51 | 48.44 | 35.05 | 31.47 | 87.83 |
| 呼和浩特 | 30.71 | 41.50 | 56.31 | 89.16 | 78.58 |
| 沈　阳 | 237.29 | 201.74 | 310.85 | 238.01 | 174.82 |
| 大　连 | 121.28 | 114.40 | 203.13 | 153.33 | 201.27 |
| 长　春 | 86.63 | 137.74 | 174.05 | 131.00 | 114.69 |
| 哈尔滨 | 54.10 | 99.25 | 85.94 | 83.20 | 126.92 |
| 上　海 | 449.27 | 418.10 | 390.53 | 588.84 | 873.61 |
| 南　京 | 220.19 | 212.21 | 205.24 | 163.98 | 345.83 |
| 无　锡 | 145.34 | 238.80 | 171.75 | 201.82 | 269.39 |
| 苏　州 | 223.57 | 324.10 | 257.85 | 304.57 | 501.74 |
| 杭　州 | 408.98 | 520.55 | 684.02 | 802.07 | 1097.03 |
| 宁　波 | 218.81 | 175.31 | 258.08 | 317.04 | 390.37 |
| 温　州 | 102.34 | 177.14 | 342.89 | 306.96 | 260.53 |
| 合　肥 | 199.71 | 178.33 | 138.16 | 215.94 | 285.91 |
| 福　州 | 292.42 | 389.53 | 229.70 | 292.48 | 335.33 |
| 厦　门 | 250.34 | 185.58 | 198.15 | 132.69 | 242.17 |
| 南　昌 | 46.00 | 59.92 | 33.92 | 33.38 | 46.07 |
| 济　南 | 159.84 | 108.35 | 162.02 | 113.41 | 235.68 |
| 青　岛 | 149.24 | 196.04 | 263.65 | 262.89 | 245.68 |
| 郑　州 | 140.10 | 97.25 | 114.05 | 150.26 | 152.50 |
| 武　汉 | 219.43 | 285.39 | 247.40 | 275.98 | 321.68 |
| 长　沙 | 102.35 | 160.39 | 141.91 | 132.43 | 184.18 |
| 广　州 | 154.31 | 204.83 | 159.10 | 258.89 | 461.67 |
| 深　圳 | 60.99 | 111.03 | 129.77 | 95.02 | 195.67 |
| 南　宁 | 42.46 | 73.32 | 55.52 | 70.06 | 99.72 |
| 北　海 | 20.91 | 36.27 | 44.10 | 29.57 | 23.08 |
| 海　口 | 4.89 | 4.99 | 5.62 | 12.66 | 44.50 |
| 三　亚 | 13.67 | 20.31 | 33.88 | 53.13 | 58.75 |
| 重　庆 | 371.44 | 374.76 | 384.16 | 519.65 | 649.64 |
| 成　都 | 231.26 | 244.41 | 320.45 | 405.83 | 565.18 |
| 贵　阳 | 32.35 | 28.18 | 65.24 | 102.64 | 54.70 |
| 昆　明 | 48.33 | 58.94 | 141.04 | 230.51 | 347.98 |
| 西　安 | 87.45 | 59.02 | 88.65 | 71.62 | 154.39 |
| 兰　州 | 16.26 | 22.16 | 23.09 | 31.91 | 20.60 |
| 西　宁 | 8.86 | 17.19 | 37.03 | 15.78 | 22.47 |
| 银　川 | 8.65 | 14.64 | 30.74 | 30.35 | 29.75 |
| 乌鲁木齐 | 10.10 | 11.96 | 9.06 | 16.52 | 29.51 |

数据来源：国家统计局。

表 4－19　　2014 年四十个重点城市月度累计土地购置费

单位：亿元

| 城　市 | 1－3 月 | 1－4 月 | 1－5 月 | 1－6 月 | 1－7 月 | 1－8 月 | 1－9 月 | 1－10 月 | 1－11 月 | 1－12 月 |
|---|---|---|---|---|---|---|---|---|---|---|
| 北　京 | 181.26 | 243.58 | 305.16 | 462.99 | 604.05 | 795.81 | 914.84 | 1015.72 | 1218.86 | 1378.94 |
| 天　津 | 18.34 | 45.11 | 101.26 | 164.26 | 196.39 | 218.20 | 245.68 | 250.98 | 265.70 | 281.37 |
| 石家庄 | 9.76 | 23.57 | 37.17 | 60.18 | 79.98 | 99.32 | 114.13 | 136.13 | 160.55 | 173.13 |
| 太　原 | 0.63 | 0.87 | 5.29 | 10.95 | 16.52 | 24.75 | 40.74 | 48.21 | 69.81 | 87.83 |
| 呼和浩特 | 0.30 | 1.79 | 9.39 | 16.64 | 24.52 | 42.09 | 54.71 | 67.24 | 78.48 | 78.58 |
| 沈　阳 | 11.01 | 25.40 | 45.85 | 91.74 | 117.58 | 138.88 | 154.86 | 173.71 | 174.65 | 174.82 |
| 大　连 | 12.02 | 27.79 | 46.75 | 97.18 | 113.19 | 140.02 | 158.49 | 175.75 | 194.33 | 201.27 |
| 长　春 | 0.27 | 0.27 | 3.22 | 11.20 | 31.04 | 42.53 | 61.14 | 77.17 | 99.18 | 114.69 |
| 哈尔滨 | 0.66 | 2.46 | 9.94 | 38.91 | 50.48 | 61.91 | 83.46 | 102.98 | 117.47 | 126.92 |
| 上　海 | 102.86 | 151.45 | 245.11 | 290.91 | 366.21 | 468.37 | 556.77 | 675.50 | 844.41 | 873.61 |
| 南　京 | 77.10 | 121.49 | 154.61 | 181.68 | 191.46 | 222.16 | 265.33 | 267.84 | 325.75 | 345.83 |
| 无　锡 | 30.07 | 51.56 | 92.59 | 122.97 | 154.36 | 185.60 | 216.99 | 234.09 | 257.72 | 269.39 |
| 苏　州 | 80.79 | 130.03 | 166.80 | 230.63 | 279.99 | 335.87 | 396.64 | 433.91 | 474.45 | 501.74 |
| 杭　州 | 145.24 | 232.32 | 344.95 | 494.65 | 585.09 | 681.18 | 804.13 | 881.60 | 1039.53 | 1097.03 |
| 宁　波 | 75.44 | 112.36 | 141.48 | 201.71 | 240.27 | 283.46 | 316.22 | 326.43 | 370.73 | 390.37 |
| 温　州 | 54.83 | 75.30 | 96.83 | 110.88 | 134.84 | 164.66 | 198.05 | 208.14 | 253.50 | 260.53 |
| 合　肥 | 54.13 | 71.08 | 110.58 | 147.26 | 176.33 | 199.66 | 229.51 | 255.05 | 278.20 | 285.91 |
| 福　州 | 43.37 | 57.54 | 87.97 | 138.21 | 175.38 | 206.77 | 235.52 | 265.27 | 305.71 | 335.33 |
| 厦　门 | 41.90 | 60.03 | 76.98 | 120.92 | 156.15 | 167.54 | 184.42 | 210.60 | 235.57 | 242.17 |
| 南　昌 | 4.75 | 6.31 | 8.15 | 14.07 | 18.02 | 21.79 | 27.88 | 30.05 | 41.60 | 46.07 |
| 济　南 | 38.15 | 55.98 | 79.01 | 113.24 | 136.11 | 156.70 | 183.46 | 196.56 | 225.87 | 235.68 |
| 青　岛 | 31.53 | 59.18 | 102.48 | 128.58 | 152.46 | 160.65 | 178.96 | 205.60 | 228.90 | 245.68 |
| 郑　州 | 13.58 | 22.00 | 32.19 | 68.00 | 73.61 | 86.81 | 99.41 | 109.98 | 119.86 | 152.50 |
| 武　汉 | 55.62 | 64.57 | 81.73 | 131.67 | 162.32 | 201.18 | 245.48 | 263.67 | 292.62 | 321.68 |
| 长　沙 | 10.52 | 21.28 | 38.11 | 69.05 | 91.53 | 114.37 | 138.40 | 159.62 | 183.40 | 184.18 |
| 广　州 | 50.10 | 75.65 | 113.04 | 154.03 | 191.37 | 235.36 | 293.49 | 349.94 | 408.14 | 461.67 |
| 深　圳 | 20.95 | 29.11 | 35.72 | 52.40 | 63.06 | 93.85 | 118.76 | 150.27 | 177.45 | 195.67 |
| 南　宁 | 9.52 | 13.69 | 17.07 | 25.64 | 35.92 | 43.20 | 53.53 | 64.67 | 87.44 | 99.72 |
| 北　海 | 5.32 | 5.72 | 9.75 | 13.92 | 18.60 | 18.77 | 19.16 | 19.57 | 21.51 | 23.08 |
| 海　口 | 5.08 | 7.11 | 10.82 | 11.19 | 12.63 | 15.84 | 19.65 | 22.00 | 31.50 | 44.50 |
| 三　亚 | 3.06 | 3.06 | 3.25 | 5.62 | 12.15 | 21.52 | 38.00 | 42.91 | 54.94 | 58.75 |
| 重　庆 | 57.86 | 116.63 | 169.67 | 239.28 | 288.80 | 348.70 | 440.44 | 480.09 | 573.90 | 649.64 |
| 成　都 | 82.00 | 130.09 | 183.63 | 261.86 | 313.05 | 355.23 | 407.82 | 448.89 | 510.12 | 565.18 |
| 贵　阳 | 11.43 | 18.95 | 26.23 | 33.54 | 35.78 | 40.52 | 44.44 | 50.51 | 53.24 | 54.70 |
| 昆　明 | 50.18 | 71.23 | 108.76 | 149.03 | 174.80 | 197.45 | 226.91 | 260.13 | 304.76 | 347.98 |
| 西　安 | 2.87 | 8.85 | 18.41 | 33.61 | 42.19 | 60.79 | 91.87 | 111.23 | 147.94 | 154.39 |
| 兰　州 | 0.42 | 1.69 | 3.31 | 6.52 | 9.33 | 11.94 | 14.19 | 17.06 | 19.48 | 20.60 |
| 西　宁 | 3.60 | 7.60 | 7.75 | 10.07 | 12.76 | 13.58 | 13.61 | 14.43 | 21.18 | 22.47 |
| 银　川 | 2.31 | 4.14 | 6.79 | 9.17 | 15.87 | 19.35 | 24.93 | 25.94 | 28.37 | 29.75 |
| 乌鲁木齐 | 0.45 | 0.68 | 0.83 | 7.25 | 11.50 | 20.94 | 24.18 | 25.96 | 26.61 | 29.51 |

数据来源：国家统计局。

（五）四十个重点城市房地产建设数据

表 4－20　　2010—2014 年四十个重点城市房屋施工面积

单位：万平方米

| 城　市 | 2010 年 | 2011 年 | 2012 年 | 2013 年 | 2014 年 |
|---|---|---|---|---|---|
| 北　京 | 10300. 86 | 12065. 38 | 13122. 49 | 13886. 87 | 13588. 08 |
| 天　津 | 7160. 74 | 9075. 39 | 9864. 22 | 10892. 17 | 10652. 37 |
| 石家庄 | 4237. 68 | 4967. 99 | 4677. 18 | 5200. 29 | 4967. 87 |
| 太　原 | 2366. 52 | 2859. 89 | 3651. 05 | 4184. 22 | 4636. 18 |
| 呼和浩特 | 2461. 13 | 3531. 92 | 4442. 06 | 5805. 39 | 5860. 47 |
| 沈　阳 | 8851. 45 | 10289. 91 | 11002. 63 | 11568. 29 | 11495. 78 |
| 大　连 | 5060. 54 | 6201. 04 | 6213. 43 | 6396. 17 | 6279. 66 |
| 长　春 | 3089. 42 | 4087. 87 | 5123. 72 | 5628. 42 | 6058. 49 |
| 哈尔滨 | 2911. 04 | 4528. 17 | 5577. 06 | 5947. 06 | 6086. 31 |
| 上　海 | 11295. 03 | 12983. 32 | 13249. 97 | 13516. 58 | 14690. 18 |
| 南　京 | 4517. 97 | 5644. 43 | 6050. 06 | 6156. 48 | 6540. 23 |
| 无　锡 | 4474. 59 | 5162. 64 | 5568. 89 | 6342. 78 | 6812. 33 |
| 苏　州 | 8019. 55 | 8218. 73 | 8403. 89 | 9297. 49 | 10908. 95 |
| 杭　州 | 6227. 05 | 7739. 69 | 8299. 84 | 9327. 52 | 10506. 53 |
| 宁　波 | 3820. 70 | 5295. 67 | 6080. 51 | 6833. 96 | 7422. 16 |
| 温　州 | 2507. 50 | 3226. 07 | 3745. 92 | 4219. 60 | 4670. 44 |
| 合　肥 | 5338. 63 | 5645. 79 | 6071. 64 | 7015. 32 | 6986. 81 |
| 福　州 | 3599. 46 | 4989. 92 | 5704. 68 | 6871. 04 | 7598. 91 |
| 厦　门 | 3088. 53 | 3592. 70 | 3579. 73 | 3785. 86 | 4219. 86 |
| 南　昌 | 2146. 18 | 2609. 87 | 3123. 29 | 3992. 51 | 4244. 74 |
| 济　南 | 2363. 53 | 3520. 89 | 3819. 44 | 4815. 08 | 5265. 66 |
| 青　岛 | 5058. 40 | 5690. 39 | 6497. 69 | 7072. 55 | 8170. 67 |
| 郑　州 | 6255. 49 | 7425. 82 | 8253. 94 | 9721. 23 | 10574. 15 |
| 武　汉 | 5068. 42 | 5961. 06 | 6862. 97 | 8545. 13 | 10238. 43 |
| 长　沙 | 6687. 29 | 7685. 55 | 7376. 26 | 8696. 54 | 9688. 60 |
| 广　州 | 6464. 12 | 7704. 34 | 7845. 62 | 8159. 31 | 9369. 93 |
| 深　圳 | 2939. 94 | 3082. 46 | 3216. 69 | 4003. 49 | 4492. 18 |
| 南　宁 | 3147. 52 | 3608. 46 | 3747. 04 | 3812. 35 | 4519. 36 |
| 北　海 | 841. 83 | 1304. 32 | 1397. 75 | 1432. 71 | 1551. 12 |
| 海　口 | 874. 24 | 1189. 42 | 1591. 47 | 1805. 89 | 2252. 04 |
| 三　亚 | 584. 95 | 636. 53 | 899. 52 | 1216. 62 | 1491. 69 |
| 重　庆 | 17138. 50 | 20397. 24 | 22009. 03 | 26251. 89 | 28623. 93 |
| 成　都 | 9778. 90 | 12664. 51 | 14150. 98 | 15239. 30 | 17202. 89 |
| 贵　阳 | 3982. 84 | 4794. 03 | 5664. 10 | 6467. 52 | 6815. 79 |
| 昆　明 | 3547. 50 | 4184. 81 | 5885. 00 | 7705. 66 | 8772. 72 |
| 西　安 | 6697. 39 | 8215. 57 | 9893. 11 | 10297. 63 | 12332. 19 |
| 兰　州 | 1467. 21 | 1686. 70 | 2342. 49 | 2622. 13 | 3284. 56 |
| 西　宁 | 1146. 00 | 1276. 21 | 1479. 95 | 1840. 40 | 1808. 27 |
| 银　川 | 1605. 26 | 2141. 05 | 2948. 53 | 3522. 66 | 4208. 92 |
| 乌鲁木齐 | 1499. 77 | 1710. 37 | 2390. 52 | 3351. 29 | 3859. 00 |

数据来源：国家统计局。

表 4－21　　2014 年四十个重点城市月度累计房屋施工面积

单位：万平方米

| 城　市 | 1－3 月 | 1－4 月 | 1－5 月 | 1－6 月 | 1－7 月 | 1－8 月 | 1－9 月 | 1－10 月 | 1－11 月 | 1－12 月 |
|---|---|---|---|---|---|---|---|---|---|---|
| 北　京 | 11522.14 | 11685.74 | 11970.42 | 12264.71 | 12523.59 | 12618.14 | 12825.95 | 13136.80 | 13232.91 | 13588.08 |
| 天　津 | 8448.26 | 8799.10 | 9032.07 | 9336.29 | 9434.78 | 9609.90 | 9808.83 | 10017.32 | 10290.34 | 10652.37 |
| 石家庄 | 3154.09 | 3234.16 | 3709.60 | 4037.14 | 4184.89 | 4335.83 | 4512.23 | 4612.68 | 4799.75 | 4967.87 |
| 太　原 | 3798.15 | 3799.30 | 3881.69 | 3921.49 | 4004.00 | 4140.58 | 4245.08 | 4339.46 | 4428.22 | 4636.18 |
| 呼和浩特 | 5168.42 | 5255.39 | 5303.16 | 5411.47 | 5470.53 | 5786.81 | 5862.45 | 5898.68 | 5988.69 | 5860.47 |
| 沈　阳 | 9370.94 | 9684.86 | 9829.29 | 10317.91 | 10503.22 | 10923.92 | 11294.37 | 11430.16 | 11494.38 | 11495.78 |
| 大　连 | 4849.08 | 5219.41 | 5324.77 | 5618.93 | 5771.11 | 5905.15 | 5993.02 | 6192.91 | 6301.57 | 6279.66 |
| 长　春 | 4641.30 | 4709.35 | 4790.23 | 4918.34 | 5135.77 | 5260.18 | 5519.16 | 5674.98 | 5953.80 | 6058.49 |
| 哈尔滨 | 4744.76 | 4848.65 | 5064.85 | 5267.01 | 5410.52 | 5533.19 | 5656.61 | 5759.86 | 6023.54 | 6086.31 |
| 上　海 | 11761.98 | 11909.99 | 12334.60 | 12561.50 | 12821.20 | 13089.47 | 13426.55 | 13867.86 | 14398.35 | 14690.18 |
| 南　京 | 5351.48 | 5525.55 | 5662.91 | 5858.38 | 6030.23 | 6095.00 | 6217.91 | 6343.97 | 6465.29 | 6540.23 |
| 无　锡 | 5497.94 | 5725.02 | 5965.88 | 6171.12 | 6319.14 | 6431.11 | 6616.07 | 6719.54 | 6834.94 | 6812.33 |
| 苏　州 | 8018.99 | 8449.80 | 8844.59 | 9082.39 | 9375.40 | 9736.37 | 10209.50 | 10444.05 | 10648.91 | 10908.95 |
| 杭　州 | 8189.38 | 8662.54 | 8904.11 | 9202.34 | 9403.71 | 9492.65 | 9792.47 | 10119.43 | 10343.78 | 10506.53 |
| 宁　波 | 6026.24 | 6330.38 | 6417.57 | 6611.35 | 6734.13 | 6933.53 | 7123.81 | 7183.01 | 7269.31 | 7422.16 |
| 温　州 | 3827.23 | 3814.40 | 3967.64 | 4034.17 | 4190.40 | 4321.40 | 4494.92 | 4557.88 | 4624.68 | 4670.44 |
| 合　肥 | 5250.81 | 5507.34 | 5706.70 | 5921.30 | 6082.18 | 6287.59 | 6498.31 | 6706.73 | 6806.05 | 6986.81 |
| 福　州 | 5759.84 | 5917.86 | 6264.17 | 6595.31 | 6669.10 | 6785.06 | 6884.51 | 7160.37 | 7507.44 | 7598.91 |
| 厦　门 | 3380.43 | 3488.07 | 3717.72 | 3831.69 | 3938.00 | 3954.43 | 3999.01 | 4044.41 | 4146.73 | 4219.86 |
| 南　昌 | 3301.07 | 3313.61 | 6656.30 | 3578.32 | 3709.84 | 3728.47 | 3955.21 | 3990.49 | 4149.52 | 4244.74 |
| 济　南 | 4189.57 | 4324.41 | 4503.09 | 4623.84 | 4744.38 | 4805.85 | 4939.01 | 5112.23 | 5173.94 | 5265.66 |
| 青　岛 | 6294.83 | 6422.14 | 6666.34 | 6793.87 | 6996.66 | 7084.92 | 7294.69 | 7720.31 | 7949.95 | 8170.67 |
| 郑　州 | 8079.23 | 8179.51 | 8222.12 | 8470.61 | 8939.33 | 9137.41 | 9558.55 | 9934.31 | 10156.94 | 10574.15 |
| 武　汉 | 7746.62 | 8068.08 | 8252.59 | 8757.91 | 9063.93 | 9288.62 | 9529.90 | 9813.62 | 10002.92 | 10238.43 |
| 长　沙 | 7462.75 | 7597.93 | 8109.70 | 8556.78 | 8776.41 | 8755.13 | 9147.69 | 9424.05 | 9660.24 | 9688.60 |
| 广　州 | 7225.34 | 7378.90 | 7689.98 | 7940.26 | 8214.71 | 8490.58 | 8743.29 | 8903.35 | 9048.63 | 9369.93 |
| 深　圳 | 3509.43 | 3548.55 | 3585.64 | 3682.13 | 3735.13 | 3843.46 | 3950.45 | 4008.52 | 4251.47 | 4492.18 |
| 南　宁 | 3339.28 | 3430.11 | 3502.04 | 3601.68 | 3768.81 | 4002.77 | 4129.13 | 4258.67 | 4473.65 | 4519.36 |
| 北　海 | 1233.15 | 1242.37 | 1295.39 | 1355.85 | 1494.96 | 1514.71 | 1539.32 | 1549.97 | 1563.95 | 1551.12 |
| 海　口 | 1614.47 | 1652.18 | 1694.91 | 1720.41 | 1750.26 | 1823.86 | 1854.80 | 2065.80 | 2185.89 | 2252.04 |
| 三　亚 | 1216.56 | 1216.57 | 1222.01 | 1263.14 | 1306.66 | 1430.28 | 1470.29 | 1475.80 | 1510.69 | 1491.69 |
| 重　庆 | 22163.56 | 23311.38 | 23897.58 | 24784.22 | 25501.83 | 26252.56 | 26839.25 | 27618.79 | 28116.82 | 28623.93 |
| 成　都 | 12501.77 | 12711.70 | 13492.91 | 14263.61 | 15037.11 | 15511.82 | 15814.37 | 16366.18 | 16960.51 | 17202.89 |
| 贵　阳 | 5889.07 | 5961.52 | 6097.28 | 6214.10 | 6302.92 | 6427.01 | 6548.67 | 6629.47 | 6728.06 | 6815.79 |
| 昆　明 | 6909.80 | 7166.09 | 7383.96 | 7677.17 | 7989.91 | 8324.51 | 8487.23 | 8613.15 | 8635.20 | 8772.72 |
| 西　安 | 9464.38 | 9653.10 | 9817.34 | 10206.60 | 10273.67 | 10894.65 | 11083.26 | 11349.85 | 11895.70 | 12332.19 |
| 兰　州 | 2299.12 | 2546.61 | 2724.34 | 2894.83 | 3024.80 | 3084.72 | 3208.49 | 3275.56 | 3290.04 | 3284.56 |
| 西　宁 | 1451.04 | 1486.64 | 1510.69 | 1589.42 | 1615.15 | 1641.87 | 1655.59 | 1664.08 | 1798.73 | 1808.27 |
| 银　川 | 2971.85 | 3182.49 | 3271.95 | 3387.36 | 3698.63 | 3770.27 | 3919.68 | 4036.53 | 4070.40 | 4208.92 |
| 乌鲁木齐 | 2903.04 | 2951.32 | 2975.58 | 3347.85 | 3567.09 | 3652.99 | 3740.38 | 3798.44 | 3858.18 | 3859.00 |

数据来源：国家统计局。

表 4-22　　2010—2014 年四十个重点城市住宅施工面积

单位：万平方米

| 城　市 | 2010 年 | 2011 年 | 2012 年 | 2013 年 | 2014 年 |
|---|---|---|---|---|---|
| 北　京 | 6167.02 | 7168.12 | 7510.36 | 7406.88 | 6977.99 |
| 天　津 | 5117.60 | 6435.79 | 6923.52 | 7562.48 | 7204.46 |
| 石家庄 | 3487.13 | 3889.87 | 3663.60 | 3999.75 | 3610.03 |
| 太　原 | 1922.21 | 2378.23 | 2854.11 | 3242.70 | 3481.25 |
| 呼和浩特 | 1901.16 | 2540.16 | 3127.18 | 4058.64 | 4054.42 |
| 沈　阳 | 6634.19 | 7705.61 | 8039.85 | 8482.49 | 8210.81 |
| 大　连 | 4010.24 | 4924.65 | 4833.42 | 4867.89 | 4640.67 |
| 长　春 | 2454.11 | 3145.87 | 3798.82 | 4054.96 | 4209.35 |
| 哈尔滨 | 2408.05 | 3525.34 | 4172.56 | 4314.21 | 4220.25 |
| 上　海 | 7313.85 | 8386.26 | 8315.68 | 8125.74 | 8525.85 |
| 南　京 | 3174.48 | 4035.64 | 4229.09 | 4131.71 | 4401.06 |
| 无　锡 | 3416.34 | 3677.40 | 3842.91 | 4406.83 | 4644.66 |
| 苏　州 | 5806.63 | 6028.90 | 6049.39 | 6729.22 | 7652.38 |
| 杭　州 | 4249.18 | 4924.07 | 5027.28 | 5509.11 | 5782.56 |
| 宁　波 | 2235.78 | 2961.69 | 3362.08 | 3627.94 | 3950.76 |
| 温　州 | 1789.09 | 2246.28 | 2555.28 | 2860.20 | 3099.65 |
| 合　肥 | 4005.80 | 4100.74 | 4235.88 | 4679.83 | 4485.64 |
| 福　州 | 2908.55 | 3853.62 | 4275.69 | 4961.57 | 5108.45 |
| 厦　门 | 1891.48 | 2154.92 | 2111.07 | 2201.66 | 2274.32 |
| 南　昌 | 1743.33 | 2100.18 | 2231.62 | 2762.71 | 2996.90 |
| 济　南 | 1868.37 | 2608.14 | 2696.72 | 3253.34 | 3507.45 |
| 青　岛 | 3602.77 | 4003.56 | 4481.82 | 4689.27 | 5333.51 |
| 郑　州 | 4582.79 | 5338.39 | 5603.64 | 6348.90 | 6988.92 |
| 武　汉 | 3811.68 | 4500.77 | 5068.97 | 6225.75 | 7305.43 |
| 长　沙 | 5445.71 | 6056.72 | 5330.98 | 6111.67 | 6562.78 |
| 广　州 | 3983.84 | 4848.07 | 4917.57 | 4990.72 | 5769.59 |
| 深　圳 | 2025.14 | 2089.87 | 2107.59 | 2608.29 | 2870.00 |
| 南　宁 | 2378.66 | 2661.53 | 2734.92 | 2767.50 | 3107.84 |
| 北　海 | 747.41 | 1124.19 | 1211.23 | 1218.99 | 1263.34 |
| 海　口 | 674.91 | 953.99 | 1279.36 | 1430.03 | 1590.83 |
| 三　亚 | 518.63 | 548.73 | 780.74 | 982.24 | 1181.04 |
| 重　庆 | 13744.78 | 15923.84 | 16997.85 | 19248.95 | 20294.49 |
| 成　都 | 7550.32 | 9390.52 | 9855.11 | 10106.90 | 10697.93 |
| 贵　阳 | 2967.72 | 3561.52 | 4031.54 | 4645.36 | 4732.79 |
| 昆　明 | 2835.63 | 2974.30 | 4228.62 | 5349.07 | 5525.42 |
| 西　安 | 5777.71 | 7074.47 | 8251.38 | 8332.44 | 9661.51 |
| 兰　州 | 1119.44 | 1320.25 | 1740.06 | 1995.31 | 2425.33 |
| 西　宁 | 934.01 | 1027.80 | 1167.72 | 1332.66 | 1157.15 |
| 银　川 | 1202.26 | 1590.45 | 2049.47 | 2255.84 | 2652.50 |
| 乌鲁木齐 | 1230.37 | 1408.35 | 1920.89 | 2581.34 | 2701.15 |

数据来源：国家统计局。

表 4－23　　2014 年四十个重点城市月度累计住宅施工面积

单位：万平方米

| 城市 | 1－3 月 | 1－4 月 | 1－5 月 | 1－6 月 | 1－7 月 | 1－8 月 | 1－9 月 | 1－10 月 | 1－11 月 | 1－12 月 |
|---|---|---|---|---|---|---|---|---|---|---|
| 北京 | 5826.60 | 5948.31 | 6104.40 | 6286.19 | 6440.29 | 6517.05 | 6598.61 | 6793.68 | 6845.13 | 6977.99 |
| 天津 | 5651.02 | 5912.05 | 6077.02 | 6349.53 | 6390.30 | 6517.66 | 6633.18 | 6821.27 | 6945.83 | 7204.46 |
| 石家庄 | 2402.48 | 2462.39 | 2702.81 | 2891.29 | 2966.25 | 3051.70 | 3198.67 | 3325.02 | 3478.04 | 3610.03 |
| 太原 | 2936.31 | 2938.83 | 3006.73 | 3035.33 | 3093.75 | 3217.91 | 3279.87 | 3363.58 | 3388.89 | 3481.25 |
| 呼和浩特 | 3589.21 | 3643.64 | 3666.62 | 3732.51 | 3778.29 | 4049.80 | — | — | — | 4054.42 |
| 沈阳 | 6622.99 | 6869.71 | 6978.43 | 7370.52 | 7521.73 | 7822.70 | 8053.95 | 8156.02 | 8209.55 | 8210.81 |
| 大连 | 3541.32 | 3845.22 | 3929.61 | 4145.72 | 4278.32 | 4375.00 | 4446.28 | 4582.88 | — | 4640.67 |
| 长春 | 3304.85 | 3355.24 | 3408.16 | 3504.40 | 3650.45 | 3740.23 | 3885.83 | 3950.79 | 4149.64 | 4209.35 |
| 哈尔滨 | 3353.47 | 3421.69 | 3543.57 | 3695.45 | 3768.94 | 3838.04 | 3917.75 | 3993.86 | 4181.29 | 4220.25 |
| 上海 | 6976.30 | 7066.49 | 7241.28 | 7368.19 | 7496.94 | 7651.90 | 7854.16 | 8066.23 | 8351.52 | 8525.85 |
| 南京 | 3525.09 | 3673.00 | 3776.08 | 3895.94 | 4011.63 | 4041.57 | 4110.27 | 4208.06 | 4318.90 | 4401.06 |
| 无锡 | 3783.04 | 3898.04 | 4054.97 | 4180.24 | 4293.70 | 4362.57 | 4508.16 | 4580.27 | — | 4644.66 |
| 苏州 | 5612.13 | 5866.61 | 6170.99 | 6347.14 | 6583.08 | 6768.08 | 7115.76 | 7317.92 | 7456.07 | 7652.38 |
| 杭州 | 4724.84 | 4973.55 | 5066.70 | 5200.86 | 5257.51 | 5303.39 | 5434.74 | 5618.28 | 5727.06 | 5782.56 |
| 宁波 | 3192.89 | 3411.73 | 3409.20 | 3506.57 | 3572.56 | 3702.10 | 3813.03 | 3853.54 | 3898.18 | 3950.76 |
| 温州 | 2631.39 | 2621.46 | 2707.60 | 2753.89 | 2815.49 | 2904.18 | 2966.81 | 3015.96 | 3061.16 | 3099.65 |
| 合肥 | 3435.41 | 3587.09 | 3713.14 | 3852.09 | 3951.20 | 4112.34 | 4248.88 | 4351.71 | 4409.88 | 4485.64 |
| 福州 | 4113.15 | 4163.82 | 4396.63 | 4591.34 | 4651.09 | 4719.68 | 4792.89 | 4864.53 | 5048.94 | 5108.45 |
| 厦门 | 1982.21 | 2054.15 | 2101.09 | 2126.50 | 2174.18 | 2179.34 | 2191.56 | 2215.78 | 2258.13 | 2274.32 |
| 南昌 | 2286.92 | 2275.97 | 2309.09 | 2473.80 | 2573.71 | 2591.07 | 2778.37 | 2800.93 | 2935.66 | 2996.90 |
| 济南 | 2734.06 | 2802.21 | 2924.89 | 3028.78 | 3111.40 | 3164.63 | 3268.30 | 3394.83 | 3437.70 | 3507.45 |
| 青岛 | 4141.86 | 4234.99 | 4374.94 | 4460.00 | 4597.10 | 4650.28 | 4751.44 | 5032.61 | 5179.19 | 5333.51 |
| 郑州 | 5335.73 | 5401.97 | 5420.63 | 5571.73 | 5906.03 | 6009.45 | 6265.77 | 6517.64 | 6708.31 | 6988.92 |
| 武汉 | 5534.87 | 5763.26 | 5903.99 | 6270.22 | 6451.28 | 6597.52 | 6772.73 | 6984.62 | 7143.44 | 7305.43 |
| 长沙 | 5217.18 | 5293.26 | 5670.29 | 5896.15 | 6054.02 | 5965.38 | 6221.99 | 6424.79 | 6568.57 | 6562.78 |
| 广州 | 4472.05 | 4552.09 | 4711.99 | 4885.88 | 5066.51 | 5257.06 | 5376.16 | 5474.66 | 5592.33 | 5769.59 |
| 深圳 | 2352.55 | 2373.68 | 2399.26 | 2466.65 | 2498.63 | 2567.48 | 2632.23 | 2648.42 | 2732.04 | 2870.00 |
| 南宁 | 2387.32 | 2444.60 | 2478.21 | 2541.65 | 2609.94 | 2738.91 | 2831.70 | 2913.09 | 3073.55 | 3107.84 |
| 北海 | 1037.59 | 1050.00 | 1069.24 | 1124.63 | 1236.65 | 1253.98 | — | — | — | 1263.34 |
| 海口 | 1276.01 | 1303.35 | 1323.69 | 1343.09 | 1363.00 | 1414.43 | 1442.72 | 1509.27 | 1539.85 | 1590.83 |
| 三亚 | 1000.12 | 1000.13 | 1003.08 | 1024.75 | 1062.67 | 1168.90 | — | — | — | 1181.04 |
| 重庆 | 16132.60 | 16853.21 | 17298.02 | 17889.49 | 18352.61 | 18816.56 | 19198.39 | 19672.22 | 19966.04 | 20294.49 |
| 成都 | 7987.25 | 8110.13 | 8544.35 | 9018.06 | 9463.04 | 9715.86 | 9892.27 | 10194.59 | 10572.86 | 10697.93 |
| 贵阳 | 4240.57 | 4266.04 | 4364.77 | 4388.31 | 4404.75 | 4494.68 | 4569.58 | 4610.32 | 4681.73 | 4732.79 |
| 昆明 | 4573.03 | 4694.43 | 4845.27 | 4962.17 | 5143.02 | 5313.83 | 5395.15 | 5494.62 | 5506.19 | 5525.42 |
| 西安 | 7629.20 | 7778.12 | 7870.79 | 8123.55 | 8190.36 | 8673.65 | 8808.33 | 8965.94 | 9334.35 | 9661.51 |
| 兰州 | 1753.63 | 1988.48 | 2106.68 | 2199.44 | 2275.17 | 2312.82 | 2394.50 | 2421.21 | — | 2425.33 |
| 西宁 | 960.20 | 975.44 | 996.71 | 1035.38 | 1042.58 | 1050.95 | 1053.55 | — | — | 1157.15 |
| 银川 | 1830.57 | 1969.34 | 2043.21 | 2139.75 | 2363.74 | 2411.16 | 2484.65 | 2536.70 | 2554.11 | 2652.50 |
| 乌鲁木齐 | 2233.14 | 2250.58 | 2269.66 | 2472.34 | 2535.79 | 2576.50 | 2642.85 | 2681.01 | — | 2701.15 |

数据来源：国家统计局。

表 4-24　　2010—2014 年四十个重点城市办公楼施工面积

单位：万平方米

| 城市 | 2010 年 | 2011 年 | 2012 年 | 2013 年 | 2014 年 |
|---|---|---|---|---|---|
| 北京 | 1054.84 | 1422.66 | 1711.86 | 2114.13 | 2253.98 |
| 天津 | 396.61 | 687.88 | 792.40 | 841.00 | 864.64 |
| 石家庄 | 129.34 | 202.93 | 191.65 | 253.92 | 274.74 |
| 太原 | 87.15 | 73.12 | 94.56 | 160.05 | 261.03 |
| 呼和浩特 | 99.24 | 158.14 | 170.21 | 224.22 | 205.69 |
| 沈阳 | 329.22 | 321.23 | 376.55 | 339.67 | 393.19 |
| 大连 | 106.52 | 120.31 | 133.21 | 170.27 | 194.25 |
| 长春 | 83.42 | 123.44 | 183.33 | 263.18 | 316.01 |
| 哈尔滨 | 28.37 | 77.94 | 131.42 | 158.26 | 195.79 |
| 上海 | 1103.18 | 1158.34 | 1284.68 | 1431.73 | 1779.04 |
| 南京 | 191.54 | 263.92 | 313.28 | 369.79 | 390.45 |
| 无锡 | 142.08 | 248.66 | 326.71 | 371.95 | 404.06 |
| 苏州 | 378.37 | 304.82 | 295.32 | 352.05 | 461.36 |
| 杭州 | 563.63 | 788.54 | 831.98 | 1006.58 | 1284.85 |
| 宁波 | 334.39 | 473.36 | 512.54 | 601.47 | 599.08 |
| 温州 | 72.65 | 96.34 | 89.88 | 98.24 | 113.53 |
| 合肥 | 365.81 | 315.99 | 412.73 | 446.75 | 421.27 |
| 福州 | 95.48 | 191.15 | 323.86 | 393.09 | 490.87 |
| 厦门 | 262.60 | 340.84 | 349.58 | 390.38 | 556.79 |
| 南昌 | 80.40 | 99.82 | 222.43 | 315.94 | 337.92 |
| 济南 | 72.33 | 200.00 | 215.71 | 373.42 | 440.52 |
| 青岛 | 166.93 | 186.13 | 285.67 | 381.44 | 540.76 |
| 郑州 | 409.45 | 518.05 | 649.93 | 866.41 | 920.71 |
| 武汉 | 170.29 | 254.70 | 450.74 | 396.06 | 550.19 |
| 长沙 | 93.64 | 146.88 | 272.15 | 409.04 | 502.57 |
| 广州 | 525.10 | 658.65 | 665.27 | 769.08 | 860.34 |
| 深圳 | 182.36 | 194.57 | 156.93 | 261.51 | 337.32 |
| 南宁 | 75.54 | 91.77 | 128.28 | 127.88 | 241.47 |
| 北海 | 3.88 | 3.56 | 5.72 | 7.29 | 6.69 |
| 海口 | 29.67 | 33.30 | 22.18 | 35.40 | 107.91 |
| 三亚 | 1.35 | 3.78 | 5.65 | 6.83 | 14.49 |
| 重庆 | 247.56 | 386.84 | 499.85 | 781.98 | 1072.22 |
| 成都 | 370.29 | 539.05 | 763.48 | 791.57 | 1046.76 |
| 贵阳 | 97.81 | 115.79 | 219.57 | 358.20 | 463.79 |
| 昆明 | 117.72 | 251.18 | 338.56 | 442.06 | 613.63 |
| 西安 | 205.42 | 205.68 | 277.85 | 415.97 | 567.98 |
| 兰州 | 40.25 | 47.14 | 73.87 | 73.72 | 129.62 |
| 西宁 | 23.61 | 24.16 | 24.45 | 68.35 | 112.52 |
| 银川 | 62.48 | 69.77 | 93.84 | 142.00 | 209.39 |
| 乌鲁木齐 | 53.75 | 47.71 | 62.99 | 104.62 | 250.55 |

数据来源：国家统计局。

表 4 - 25　　2014 年四十个重点城市月度累计办公楼施工面积

单位：万平方米

| 城市 | 1－3 月 | 1－4 月 | 1－5 月 | 1－6 月 | 1－7 月 | 1－8 月 | 1－9 月 | 1－10 月 | 1－11 月 | 1－12 月 |
|---|---|---|---|---|---|---|---|---|---|---|
| 北　京 | 1959. 54 | 1961. 14 | 2013. 50 | 2045. 92 | 2081. 63 | 2076. 95 | 2131. 54 | 2162. 45 | 2154. 62 | 2253. 98 |
| 天　津 | 675. 05 | 735. 21 | 742. 08 | 743. 98 | 755. 97 | 753. 95 | 789. 39 | 791. 22 | 862. 03 | 864. 64 |
| 石家庄 | 129. 60 | 132. 27 | 177. 03 | 202. 81 | 227. 23 | 262. 13 | 267. 05 | 265. 89 | 272. 50 | 274. 74 |
| 太　原 | 133. 20 | 133. 20 | 135. 59 | 136. 38 | 136. 38 | 138. 55 | 152. 56 | 156. 38 | 185. 96 | 261. 03 |
| 呼和浩特 | 187. 96 | 189. 18 | 191. 90 | 199. 04 | 199. 59 | 199. 93 | 203. 19 | 203. 19 | — | 205. 69 |
| 沈　阳 | 333. 81 | 333. 96 | 337. 00 | 339. 15 | 344. 37 | 374. 28 | 392. 29 | 392. 40 | 393. 19 | 393. 19 |
| 大　连 | 144. 84 | 163. 41 | 165. 52 | 177. 00 | 177. 00 | 184. 41 | 186. 51 | 188. 91 | 192. 39 | 194. 25 |
| 长　春 | 247. 95 | 247. 95 | 254. 23 | 255. 39 | 272. 39 | 275. 87 | 291. 27 | 313. 07 | 316. 01 | 316. 01 |
| 哈尔滨 | 135. 35 | 139. 15 | 170. 82 | 176. 69 | 179. 75 | 192. 06 | 192. 06 | 193. 57 | 194. 10 | 195. 79 |
| 上　海 | 1324. 56 | 1336. 77 | 1398. 10 | 1424. 32 | 1459. 81 | 1491. 38 | 1528. 44 | 1631. 68 | 1706. 66 | 1779. 04 |
| 南　京 | 342. 16 | 345. 88 | 345. 88 | 348. 34 | 351. 39 | 375. 26 | 385. 54 | — | — | 390. 45 |
| 无　锡 | 305. 99 | 342. 35 | 353. 48 | 362. 00 | 366. 86 | 368. 54 | 369. 69 | 377. 50 | 375. 78 | 404. 06 |
| 苏　州 | 340. 68 | 352. 74 | 370. 84 | 375. 55 | 381. 61 | 426. 99 | 439. 31 | 446. 08 | 452. 85 | 461. 36 |
| 杭　州 | 928. 72 | 987. 90 | 1015. 53 | 1085. 41 | 1101. 25 | 1106. 55 | 1158. 46 | 1206. 73 | 1239. 71 | 1284. 85 |
| 宁　波 | 508. 40 | 528. 87 | 537. 53 | 545. 44 | 557. 99 | 563. 58 | 569. 59 | 569. 60 | 571. 91 | 599. 08 |
| 温　州 | 80. 75 | 80. 75 | 84. 76 | 84. 79 | 102. 63 | 103. 44 | 108. 63 | 109. 28 | 112. 79 | 113. 53 |
| 合　肥 | 335. 69 | 351. 71 | 361. 53 | 361. 70 | 378. 21 | 389. 46 | 394. 58 | 417. 07 | 421. 18 | 421. 27 |
| 福　州 | 357. 25 | 408. 63 | 414. 25 | 450. 22 | 451. 69 | 465. 31 | 467. 89 | 484. 91 | 488. 86 | 490. 87 |
| 厦　门 | 342. 61 | 345. 60 | 418. 23 | 449. 40 | 463. 28 | 464. 75 | 479. 50 | 487. 03 | 522. 00 | 556. 79 |
| 南　昌 | 282. 70 | 295. 04 | 295. 11 | 309. 38 | 317. 00 | 319. 06 | 323. 44 | 330. 91 | 333. 98 | 337. 92 |
| 济　南 | 377. 63 | 397. 76 | 417. 19 | 418. 19 | 423. 92 | 425. 72 | 425. 72 | 440. 01 | 440. 10 | 440. 52 |
| 青　岛 | 382. 33 | 388. 80 | 405. 20 | 418. 91 | 439. 26 | 442. 43 | 455. 91 | 492. 71 | 536. 38 | 540. 76 |
| 郑　州 | 718. 11 | 727. 58 | 739. 10 | 744. 05 | 775. 67 | 787. 04 | 881. 85 | 897. 29 | 900. 71 | 920. 71 |
| 武　汉 | 355. 66 | 361. 97 | 376. 42 | 408. 84 | 444. 09 | 481. 18 | 505. 65 | 525. 27 | 530. 08 | 550. 19 |
| 长　沙 | 362. 21 | 377. 96 | 388. 93 | 439. 52 | 449. 83 | 463. 69 | 476. 62 | 487. 29 | 496. 53 | 502. 57 |
| 广　州 | 626. 19 | 663. 24 | 705. 91 | 717. 69 | 748. 92 | 788. 48 | 817. 64 | 826. 32 | 827. 98 | 860. 34 |
| 深　圳 | 226. 08 | 229. 26 | 232. 07 | 237. 69 | 243. 99 | 244. 50 | 266. 21 | 276. 88 | 309. 40 | 337. 32 |
| 南　宁 | 138. 64 | 143. 90 | 154. 85 | 154. 85 | 201. 57 | 230. 03 | 233. 55 | 233. 63 | — | 241. 47 |
| 北　海 | — | 6. 35 | 6. 35 | 6. 35 | 6. 35 | 6. 69 | 6. 69 | 6. 69 | 6. 69 | 6. 69 |
| 海　口 | 34. 76 | 34. 76 | 39. 41 | 39. 41 | 39. 41 | 45. 94 | 45. 94 | 105. 51 | 105. 51 | 107. 91 |
| 三　亚 | 6. 99 | 6. 99 | 7. 64 | 9. 85 | 9. 85 | 9. 85 | 10. 90 | 10. 90 | 10. 90 | 14. 49 |
| 重　庆 | 713. 53 | 832. 94 | 854. 32 | 865. 40 | 916. 89 | 962. 52 | 976. 61 | 1040. 65 | 1066. 29 | 1072. 22 |
| 成　都 | 703. 94 | 705. 37 | 749. 39 | 801. 08 | 865. 10 | 889. 34 | 919. 59 | 994. 40 | 1040. 30 | 1046. 76 |
| 贵　阳 | 373. 53 | 389. 06 | 400. 58 | 412. 73 | 433. 19 | 443. 31 | 443. 46 | 456. 96 | 462. 58 | 463. 79 |
| 昆　明 | 475. 85 | 501. 31 | 502. 72 | 517. 83 | 529. 77 | 541. 73 | 542. 70 | 552. 88 | 576. 71 | 613. 63 |
| 西　安 | 386. 25 | 402. 79 | 416. 77 | 442. 23 | 444. 16 | 472. 93 | 487. 41 | 509. 94 | 533. 02 | 567. 98 |
| 兰　州 | 56. 32 | 56. 85 | 79. 18 | 98. 21 | 115. 97 | 115. 97 | 124. 98 | 129. 28 | 129. 60 | 129. 62 |
| 西　宁 | 73. 89 | 83. 77 | 83. 77 | 96. 03 | 100. 79 | 104. 29 | 104. 40 | 104. 52 | 111. 81 | 112. 52 |
| 银　川 | 131. 43 | 149. 95 | 151. 22 | 151. 78 | 159. 50 | 167. 71 | 185. 32 | 188. 78 | 191. 49 | 209. 39 |
| 乌鲁木齐 | 100. 14 | 101. 10 | 101. 31 | 168. 73 | 219. 33 | 221. 05 | 224. 81 | 232. 61 | — | 250. 55 |

数据来源：国家统计局。

表 4－26　　2010—2014 年四十个重点城市商业营业用房施工面积

单位：万平方米

| 城　市 | 2010 年 | 2011 年 | 2012 年 | 2013 年 | 2014 年 |
|---|---|---|---|---|---|
| 北　京 | 1229.33 | 1187.48 | 1236.89 | 1233.37 | 1278.52 |
| 天　津 | 1004.27 | 1031.65 | 1045.23 | 1158.61 | 1217.15 |
| 石家庄 | 459.24 | 599.41 | 533.88 | 618.19 | 723.31 |
| 太　原 | 208.66 | 202.17 | 336.72 | 373.23 | 430.86 |
| 呼和浩特 | 335.33 | 558.24 | 756.98 | 1025.35 | 1032.33 |
| 沈　阳 | 256.09 | 1715.92 | 1843.56 | 1922.00 | 1985.39 |
| 大　连 | 525.82 | 643.56 | 707.40 | 755.47 | 792.85 |
| 长　春 | 330.30 | 501.05 | 685.88 | 739.81 | 852.47 |
| 哈尔滨 | 256.09 | 462.21 | 638.57 | 842.01 | 922.30 |
| 上　海 | 1292.96 | 1365.89 | 1449.91 | 1500.72 | 1751.99 |
| 南　京 | 546.72 | 568.18 | 590.22 | 669.60 | 719.69 |
| 无　锡 | 644.92 | 899.58 | 976.42 | 1094.51 | 1224.93 |
| 苏　州 | 1142.88 | 1147.58 | 1162.84 | 1128.17 | 1436.67 |
| 杭　州 | 464.58 | 604.40 | 686.11 | 846.90 | 1107.99 |
| 宁　波 | 417.64 | 624.80 | 738.74 | 912.34 | 1047.16 |
| 温　州 | 206.14 | 263.09 | 345.93 | 376.15 | 476.46 |
| 合　肥 | 578.48 | 707.68 | 817.04 | 1022.90 | 1141.76 |
| 福　州 | 227.64 | 353.31 | 392.11 | 505.22 | 807.08 |
| 厦　门 | 208.83 | 250.87 | 275.68 | 347.88 | 375.78 |
| 南　昌 | 205.00 | 245.31 | 372.69 | 454.69 | 447.62 |
| 济　南 | 268.66 | 343.88 | 379.75 | 517.74 | 622.29 |
| 青　岛 | 661.63 | 752.99 | 813.92 | 915.11 | 1018.84 |
| 郑　州 | 658.33 | 782.09 | 877.45 | 1079.14 | 1096.08 |
| 武　汉 | 466.58 | 681.76 | 608.49 | 926.79 | 1188.48 |
| 长　沙 | 389.49 | 529.83 | 686.77 | 870.97 | 1121.97 |
| 广　州 | 866.20 | 858.73 | 881.92 | 961.25 | 1134.01 |
| 深　圳 | 298.62 | 325.14 | 339.25 | 383.62 | 481.78 |
| 南　宁 | 290.77 | 331.11 | 354.64 | 330.00 | 402.96 |
| 北　海 | 45.31 | 76.08 | 74.31 | 86.15 | 144.07 |
| 海　口 | 64.25 | 75.95 | 99.79 | 89.36 | 189.16 |
| 三　亚 | 35.06 | 35.42 | 60.93 | 104.04 | 123.63 |
| 重　庆 | 1549.77 | 1956.25 | 2028.90 | 2965.72 | 3316.67 |
| 成　都 | 634.98 | 1008.18 | 1474.53 | 1775.55 | 2210.79 |
| 贵　阳 | 318.10 | 437.98 | 585.29 | 631.76 | 657.55 |
| 昆　明 | 280.41 | 428.26 | 529.51 | 828.59 | 1195.87 |
| 西　安 | 427.23 | 542.12 | 742.67 | 854.62 | 1196.41 |
| 兰　州 | 157.17 | 158.15 | 228.94 | 247.00 | 355.20 |
| 西　宁 | 112.70 | 120.90 | 160.84 | 221.26 | 296.08 |
| 银　川 | 180.12 | 230.32 | 454.39 | 659.49 | 737.59 |
| 乌鲁木齐 | 116.12 | 105.39 | 147.88 | 280.62 | 397.87 |

数据来源：国家统计局。

表 4－27　　2014 年四十个重点城市月度累计商业营业用房施工面积

单位：万平方米

| 城市 | 1－3 月 | 1－4 月 | 1－5 月 | 1－6 月 | 1－7 月 | 1－8 月 | 1－9 月 | 1－10 月 | 1－11 月 | 1－12 月 |
|---|---|---|---|---|---|---|---|---|---|---|
| 北京 | 1094.49 | 1108.70 | 1131.35 | 1154.95 | 1175.76 | 1179.61 | 1195.75 | 1214.18 | 1249.12 | 1278.52 |
| 天津 | 981.01 | 1004.42 | 1055.96 | 1075.75 | 1096.59 | 1121.73 | 1141.13 | 1146.62 | 1174.24 | 1217.15 |
| 石家庄 | 388.55 | 396.33 | 546.59 | 588.14 | 634.37 | 653.02 | 675.34 | 684.40 | 698.07 | 723.31 |
| 太原 | 340.60 | 339.01 | 346.66 | 350.46 | 368.86 | 381.41 | 401.73 | 405.98 | 412.17 | 430.86 |
| 呼和浩特 | 951.65 | 980.24 | 987.51 | 1000.76 | 1002.88 | 1025.67 | — | — | — | 1032.33 |
| 沈阳 | 1652.61 | 1707.79 | 1737.45 | 1802.23 | 1820.78 | 1888.96 | 1952.98 | 1979.99 | 1985.22 | 1985.39 |
| 大连 | 628.10 | 652.91 | 666.11 | 710.17 | 719.89 | 738.91 | 753.31 | 791.91 | — | 792.85 |
| 长春 | 600.74 | 604.50 | 625.17 | 645.80 | 671.95 | 694.23 | 751.63 | 790.69 | 818.50 | 852.47 |
| 哈尔滨 | 737.89 | 751.22 | 763.10 | 786.19 | 821.73 | 849.80 | 861.64 | 876.34 | 918.95 | 922.30 |
| 上海 | 1291.34 | 1314.30 | 1405.93 | 1451.65 | 1491.14 | 1559.18 | 1613.25 | 1676.22 | 1749.80 | 1751.99 |
| 南京 | 612.89 | 617.65 | 623.12 | 664.52 | 689.67 | 691.54 | 703.85 | 707.61 | 713.35 | 719.69 |
| 无锡 | 1001.29 | 1050.65 | 1083.50 | 1139.07 | 1153.76 | 1174.44 | 1206.08 | — | — | 1224.93 |
| 苏州 | 1116.71 | 1208.01 | 1240.22 | 1266.51 | 1282.75 | 1339.80 | 1400.18 | 1402.50 | 1435.38 | 1436.67 |
| 杭州 | 779.49 | 831.70 | 890.67 | 933.17 | 990.28 | 996.72 | 1032.39 | 1065.36 | 1090.45 | 1107.99 |
| 宁波 | 830.88 | 854.24 | 863.81 | 901.57 | 913.32 | 947.47 | 989.29 | 991.18 | 1003.35 | 1047.16 |
| 温州 | 311.65 | 311.21 | 339.27 | 355.55 | 382.54 | 396.30 | 467.44 | 474.54 | 477.86 | 476.46 |
| 合肥 | 817.33 | 859.37 | 888.29 | 927.27 | 961.07 | 962.68 | 989.13 | 1040.21 | 1059.16 | 1141.76 |
| 福州 | 447.21 | 472.43 | 509.62 | 559.65 | 560.61 | 573.53 | 575.89 | 698.99 | 798.41 | 807.08 |
| 厦门 | 303.46 | 310.29 | 351.09 | 361.26 | 358.08 | 353.50 | 361.45 | 362.76 | 366.13 | 375.78 |
| 南昌 | 350.07 | 359.05 | 366.53 | 391.19 | 403.79 | 398.77 | 415.98 | 418.60 | 437.41 | 447.62 |
| 济南 | 548.36 | 555.38 | 567.84 | 571.41 | 585.68 | 588.09 | 595.77 | 601.26 | 610.91 | 622.29 |
| 青岛 | 812.11 | 817.30 | 866.47 | 888.32 | 892.39 | 900.90 | 960.14 | 979.80 | 990.95 | 1018.84 |
| 郑州 | 827.51 | 834.13 | 835.86 | 869.11 | 893.40 | 950.71 | 966.73 | 998.19 | 1019.10 | 1096.08 |
| 武汉 | 952.49 | 986.79 | 1002.88 | 1053.31 | 1124.17 | 1145.85 | 1157.30 | 1182.08 | 1182.87 | 1188.48 |
| 长沙 | 826.17 | 840.34 | 883.24 | 914.51 | 940.53 | 983.53 | 1047.51 | 1076.90 | 1106.85 | 1121.97 |
| 广州 | 918.85 | 933.94 | 948.99 | 970.67 | 985.47 | 985.75 | 1032.22 | 1060.56 | 1068.57 | 1134.01 |
| 深圳 | 332.17 | 338.38 | 342.73 | 351.74 | 355.87 | 370.52 | 381.22 | 402.99 | 432.97 | 481.78 |
| 南宁 | 267.00 | 287.53 | 270.04 | 289.92 | 309.58 | 345.67 | 354.77 | 381.14 | 399.05 | 402.96 |
| 北海 | 87.33 | 86.34 | 113.33 | 115.67 | 127.27 | 127.85 | 134.22 | 136.49 | 143.55 | 144.07 |
| 海口 | 77.81 | 80.86 | 97.88 | 100.89 | 101.44 | 105.91 | 106.45 | 107.85 | 186.39 | 189.16 |
| 三亚 | 96.36 | 96.36 | 96.70 | 101.23 | 101.02 | 104.46 | 106.77 | 107.33 | 116.03 | 123.63 |
| 重庆 | 2497.43 | 2631.37 | 2675.00 | 2785.93 | 2875.16 | 2995.37 | 3076.64 | 3203.94 | 3255.17 | 3316.67 |
| 成都 | 1550.73 | 1583.14 | 1711.41 | 1823.44 | 1931.06 | 1998.41 | 2027.55 | 2098.90 | 2178.14 | 2210.79 |
| 贵阳 | 575.48 | 587.35 | 601.05 | 603.82 | 605.63 | 614.35 | 644.74 | 650.67 | 656.73 | 657.55 |
| 昆明 | 835.81 | 891.62 | 927.13 | 990.44 | 1057.72 | 1089.98 | 1120.23 | 1132.09 | 1135.83 | 1195.87 |
| 西安 | 796.14 | 805.05 | 848.82 | 916.84 | 915.25 | 981.89 | 1008.97 | 1066.12 | 1160.62 | 1196.41 |
| 兰州 | 210.26 | 220.91 | 241.63 | 272.42 | 285.08 | 302.78 | 319.39 | 349.59 | 352.72 | 355.20 |
| 西宁 | 234.51 | 241.50 | 243.29 | 260.67 | 266.31 | 275.12 | 286.07 | 288.38 | 294.53 | 296.08 |
| 银川 | 593.92 | 596.74 | 600.35 | 606.03 | 644.38 | 649.20 | 672.32 | 720.01 | 724.47 | 737.59 |
| 乌鲁木齐 | 241.24 | 255.81 | 259.33 | 313.58 | 348.30 | 378.76 | 384.86 | 384.44 | 391.85 | 397.87 |

数据来源：国家统计局。

表 4－28　　2010—2014 年四十个重点城市房屋新开工面积

单位：万平方米

| 城　市 | 2010 年 | 2011 年 | 2012 年 | 2013 年 | 2014 年 |
|---|---|---|---|---|---|
| 北　京 | 2974.24 | 4246.05 | 3224.21 | 3577.52 | 2449.39 |
| 天　津 | 2911.66 | 3484.21 | 2565.19 | 2672.93 | 2815.27 |
| 石家庄 | 1290.15 | 1821.97 | 1138.86 | 1030.26 | 1388.01 |
| 太　原 | 687.02 | 704.23 | 821.80 | 681.06 | 730.79 |
| 呼和浩特 | 1263.00 | 1837.73 | 1345.10 | 1753.62 | 708.44 |
| 沈　阳 | 3655.44 | 2951.48 | 3822.17 | 3619.10 | 2316.55 |
| 大　连 | 1837.30 | 1464.64 | 1615.12 | 2004.34 | 1222.18 |
| 长　春 | 1283.89 | 1980.83 | 1539.10 | 1409.27 | 1395.98 |
| 哈尔滨 | 1589.49 | 2466.68 | 1827.90 | 1553.96 | 1069.43 |
| 上　海 | 3030.59 | 3644.06 | 2724.05 | 2705.95 | 2782.02 |
| 南　京 | 1702.26 | 2082.05 | 1462.31 | 1745.07 | 1217.34 |
| 无　锡 | 1927.76 | 1927.76 | 1680.85 | 1556.18 | 1575.91 |
| 苏　州 | 2120.08 | 2120.08 | 2060.51 | 2815.79 | 3139.60 |
| 杭　州 | 1929.08 | 2490.57 | 1816.03 | 2039.06 | 2411.72 |
| 宁　波 | 1406.02 | 1886.78 | 1470.51 | 1837.20 | 1468.21 |
| 温　州 | 1021.05 | 1021.05 | 945.84 | 827.77 | 808.29 |
| 合　肥 | 1750.70 | 1893.40 | 1488.75 | 2211.02 | 2050.78 |
| 福　州 | 1451.48 | 1630.50 | 1509.05 | 1760.15 | 1746.33 |
| 厦　门 | 722.45 | 1073.07 | 817.57 | 689.50 | 739.58 |
| 南　昌 | 509.10 | 862.96 | 1015.5 | 1118.55 | 636.93 |
| 济　南 | 971.81 | 1220.82 | 1243.38 | 1386.65 | 1294.94 |
| 青　岛 | 1712.39 | 1813.09 | 1763.15 | 1849.50 | 2044.24 |
| 郑　州 | 1811.77 | 1790.67 | 2169.34 | 2814.36 | 2749.32 |
| 武　汉 | 2626.27 | 2097.84 | 2123.27 | 2791.80 | 2318.66 |
| 长　沙 | 2302.41 | 2328.38 | 1824.23 | 2794.97 | 2603.32 |
| 广　州 | 1955.49 | 2143.32 | 1554.34 | 2144.76 | 2407.67 |
| 深　圳 | 470.96 | 628.47 | 905.24 | 1366.40 | 932.68 |
| 南　宁 | 967.56 | 857.62 | 693.21 | 721.05 | 1051.03 |
| 北　海 | 495.41 | 495.41 | 441.06 | 331.57 | 360.66 |
| 海　口 | 240.68 | 433.77 | 261.97 | 276.34 | 359.14 |
| 三　亚 | 209.96 | 206.96 | 297.44 | 373.93 | 233.37 |
| 重　庆 | 6312.64 | 6824.36 | 5813.48 | 7641.63 | 6254.04 |
| 成　都 | 2698.23 | 3188.42 | 3568.87 | 4051.46 | 4609.67 |
| 贵　阳 | 1350.31 | 1079.28 | 1615.88 | 1897.65 | 1149.62 |
| 昆　明 | 1300.62 | 1914.67 | 2453.07 | 2684.12 | 2064.74 |
| 西　安 | 2043.82 | 2280.07 | 2796.83 | 2524.92 | 2438.30 |
| 兰　州 | 406.19 | 385.21 | 656.05 | 575.16 | 624.36 |
| 西　宁 | 552.06 | 347.44 | 637.09 | 646.85 | 461.21 |
| 银　川 | 959.43 | 949.78 | 1002.13 | 1258.58 | 1206.23 |
| 乌鲁木齐 | 719.71 | 546.95 | 650.04 | 920.58 | 887.29 |

数据来源：国家统计局。

表 4-29　　2014 年四十个重点城市月度累计房屋新开工面积

单位：万平方米

| 城市 | 1-3月 | 1-4月 | 1-5月 | 1-6月 | 1-7月 | 1-8月 | 1-9月 | 1-10月 | 1-11月 | 1-12月 |
|---|---|---|---|---|---|---|---|---|---|---|
| 北京 | 525.48 | 638.26 | 788.39 | 1053.96 | 1336.22 | 1442.45 | 1627.43 | 1945.77 | 2065.48 | 2449.39 |
| 天津 | 281.23 | 410.83 | 566.37 | 731.83 | 877.39 | 1099.41 | 1269.68 | 1502.97 | 1727.56 | 2815.27 |
| 石家庄 | 159.75 | 212.92 | 330.80 | 508.64 | 661.21 | 763.98 | 916.82 | 1034.68 | 1197.52 | 1388.01 |
| 太原 | 38.41 | 41.09 | 110.18 | 145.70 | 221.46 | 311.51 | 445.65 | 484.04 | 556.06 | 730.79 |
| 呼和浩特 | 65.33 | 107.34 | 172.10 | 264.90 | 320.85 | 511.17 | 581.46 | 623.98 | 708.44 | 708.44 |
| 沈阳 | 416.77 | 676.72 | 825.62 | 1120.59 | 1298.79 | 1710.85 | 2110.30 | 2250.93 | 2315.15 | 2316.55 |
| 大连 | 175.28 | 355.34 | 441.47 | 663.74 | 782.17 | 904.03 | 976.80 | 1135.06 | 1214.08 | 1222.18 |
| 长春 | — | 80.63 | 163.21 | 254.68 | 490.81 | 606.84 | 857.59 | 1006.97 | 1291.29 | 1395.98 |
| 哈尔滨 | 27.09 | 68.46 | 261.13 | 401.03 | 528.64 | 630.91 | 738.05 | 809.20 | 1002.23 | 1069.43 |
| 上海 | 570.04 | 743.27 | 899.29 | 1115.40 | 1323.48 | 1479.13 | 1783.51 | 2137.82 | 2580.40 | 2782.02 |
| 南京 | 191.27 | 321.51 | 439.98 | 610.38 | 767.03 | 832.23 | 943.38 | 1042.98 | 1162.27 | 1217.34 |
| 无锡 | 326.76 | 510.84 | 734.48 | 904.63 | 1036.05 | 1105.04 | 1270.85 | 1369.16 | 1517.18 | 1575.91 |
| 苏州 | 576.05 | 862.53 | 1215.58 | 1457.18 | 1698.59 | 2061.86 | 2421.51 | 2703.91 | 2899.38 | 3139.60 |
| 杭州 | 209.30 | 596.76 | 848.65 | 1118.05 | 1318.29 | 1453.91 | 1729.13 | 2066.41 | 2276.78 | 2411.72 |
| 宁波 | 259.63 | 542.42 | 607.77 | 727.46 | 834.90 | 1033.06 | 1184.83 | 1225.93 | 1306.07 | 1468.21 |
| 温州 | 97.28 | 114.63 | 259.41 | 274.64 | 417.77 | 528.81 | 644.88 | 688.44 | 733.58 | 808.29 |
| 合肥 | 461.24 | 696.99 | 861.69 | 1043.21 | 1203.17 | 1410.24 | 1527.13 | 1728.93 | 1828.25 | 2050.78 |
| 福州 | 276.86 | 401.98 | 590.29 | 875.72 | 968.08 | 1058.86 | 1155.21 | 1353.77 | 1647.91 | 1746.33 |
| 厦门 | 95.02 | 170.40 | 362.35 | 427.07 | 466.65 | 511.08 | 560.55 | 596.65 | 693.27 | 739.58 |
| 南昌 | 46.33 | 99.42 | 117.12 | 246.48 | 352.30 | 372.10 | 452.91 | 465.99 | 562.28 | 636.93 |
| 济南 | 248.53 | 418.42 | 575.22 | 696.58 | 818.22 | 879.69 | 999.71 | 1156.33 | 1211.24 | 1294.94 |
| 青岛 | 305.56 | 431.08 | 671.79 | 777.97 | 970.72 | 1048.46 | 1202.48 | 1639.63 | 1863.69 | 2044.24 |
| 郑州 | 352.70 | 390.60 | 486.17 | 853.20 | 1320.37 | 1515.11 | 1855.05 | 2243.98 | 2453.97 | 2749.32 |
| 武汉 | 420.76 | 655.43 | 847.76 | 1263.01 | 1475.76 | 1591.75 | 1751.61 | 1947.79 | 2140.03 | 2318.66 |
| 长沙 | 454.65 | 543.38 | 817.03 | 1186.42 | 1385.58 | 1594.28 | 1988.18 | 2274.21 | 2475.62 | 2603.32 |
| 广州 | 369.91 | 506.43 | 825.16 | 1027.04 | 1191.11 | 1498.96 | 1811.63 | 1955.43 | 2125.16 | 2407.67 |
| 深圳 | 89.49 | 132.67 | 174.65 | 248.61 | 316.76 | 384.10 | 472.50 | 559.44 | 800.67 | 932.68 |
| 南宁 | 300.40 | 316.19 | 361.11 | 417.31 | 548.24 | 694.91 | 764.85 | 830.39 | 1010.38 | 1051.03 |
| 北海 | 15.47 | 28.94 | 80.39 | 140.30 | 269.41 | 287.95 | 324.86 | 345.49 | 352.84 | 360.66 |
| 海口 | 18.59 | 45.13 | 60.88 | 68.52 | 97.51 | 122.00 | 147.78 | 167.54 | 287.77 | 359.14 |
| 三亚 | 50.72 | 50.74 | 51.20 | 51.57 | 94.13 | 149.62 | 180.54 | 189.04 | 213.03 | 233.37 |
| 重庆 | 953.71 | 1613.70 | 2055.62 | 2958.29 | 3632.03 | 4121.93 | 4668.72 | 5315.16 | 5688.55 | 6254.04 |
| 成都 | 797.74 | 1014.53 | 1692.75 | 2171.91 | 2620.41 | 3121.43 | 3324.70 | 3821.60 | 4250.80 | 4609.67 |
| 贵阳 | 362.97 | 425.63 | 542.02 | 652.29 | 732.73 | 793.23 | 892.18 | 959.49 | 1049.93 | 1149.62 |
| 昆明 | 560.91 | 740.15 | 919.51 | 1191.38 | 1388.59 | 1496.18 | 1662.21 | 1744.10 | 1951.60 | 2064.74 |
| 西安 | 470.09 | 673.97 | 804.95 | 1091.32 | 1193.78 | 1522.08 | 1654.77 | 1856.02 | 2217.23 | 2438.30 |
| 兰州 | 69.11 | 235.61 | 312.88 | 429.22 | 474.99 | 506.62 | 556.49 | 607.38 | 614.96 | 624.36 |
| 西宁 | 175.68 | 228.28 | 238.52 | 297.11 | 320.66 | 323.81 | 324.91 | 327.24 | 455.39 | 461.21 |
| 银川 | 199.65 | 396.05 | 477.12 | 567.22 | 827.54 | 856.06 | 1015.50 | 1102.71 | 1130.07 | 1206.23 |
| 乌鲁木齐 | 6.91 | 53.08 | 75.80 | 383.57 | 595.42 | 641.24 | 731.11 | 799.31 | 848.57 | 887.29 |

数据来源：国家统计局。

表 4 - 30　　2010—2014 年四十个重点城市住宅新开工面积

单位：万平方米

| 城　市 | 2010 年 | 2011 年 | 2012 年 | 2013 年 | 2014 年 |
|---|---|---|---|---|---|
| 北　京 | 2063.40 | 2596.45 | 1627.50 | 1736.54 | 1282.28 |
| 天　津 | 2026.89 | 2374.29 | 1764.76 | 1744.85 | 1986.56 |
| 石家庄 | 1047.59 | 1394.79 | 886.91 | 760.22 | 1077.67 |
| 太　原 | 555.61 | 610.14 | 576.41 | 557.77 | 451.87 |
| 呼和浩特 | 1901.16 | 1295.43 | 904.12 | 1306.34 | 510.68 |
| 沈　阳 | 2916.66 | 2293.46 | 2890.08 | 2720.60 | 1665.01 |
| 大　连 | 1416.46 | 1175.16 | 1190.40 | 1505.54 | 939.24 |
| 长　春 | 1059.36 | 1508.65 | 1050.75 | 1014.49 | 886.94 |
| 哈尔滨 | 1299.20 | 1872.34 | 1284.42 | 1059.55 | 708.43 |
| 上　海 | 2111.11 | 2473.60 | 1563.39 | 1643.09 | 1547.29 |
| 南　京 | 1236.75 | 1530.23 | 996.97 | 1287.07 | 906.42 |
| 无　锡 | 1430.25 | 1334.50 | 1092.55 | 1108.89 | 1075.53 |
| 苏　州 | 2118.72 | 1617.10 | 1396.84 | 2055.71 | 2210.45 |
| 杭　州 | 1267.43 | 1451.95 | 1027.89 | 1143.75 | 1225.67 |
| 宁　波 | 776.99 | 1058.91 | 830.32 | 1003.10 | 795.74 |
| 温　州 | 384.94 | 699.80 | 598.61 | 571.31 | 470.49 |
| 合　肥 | 1327.34 | 1383.19 | 958.01 | 1478.65 | 1231.06 |
| 福　州 | 1119.54 | 1173.18 | 1097.75 | 1257.24 | 1030.24 |
| 厦　门 | 421.56 | 658.71 | 437.00 | 382.73 | 304.26 |
| 南　昌 | 416.69 | 662.76 | 664.31 | 734.76 | 503.36 |
| 济　南 | 758.87 | 829.94 | 850.52 | 838.74 | 918.30 |
| 青　岛 | 1319.03 | 1316.01 | 1234.22 | 1172.71 | 1333.69 |
| 郑　州 | 1315.10 | 1300.12 | 1363.51 | 1976.52 | 1954.73 |
| 武　汉 | 1931.53 | 1583.01 | 1598.66 | 2057.15 | 1678.98 |
| 长　沙 | 1899.02 | 1777.03 | 1158.80 | 1984.49 | 1651.89 |
| 广　州 | 1313.76 | 1477.10 | 980.36 | 1341.51 | 1466.33 |
| 深　圳 | 355.17 | 417.49 | 561.89 | 910.13 | 549.50 |
| 南　宁 | 767.78 | 614.43 | 484.82 | 544.78 | 669.12 |
| 北　海 | 367.89 | 414.75 | 381.58 | 254.38 | 267.95 |
| 海　口 | 167.43 | 355.68 | 199.06 | 189.64 | 208.83 |
| 三　亚 | 171.73 | 171.93 | 267.44 | 311.77 | 182.77 |
| 重　庆 | 5268.76 | 5214.42 | 4345.14 | 5387.60 | 4275.96 |
| 成　都 | 1980.06 | 2259.54 | 2241.19 | 2551.35 | 2685.65 |
| 贵　阳 | 1106.11 | 821.73 | 1014.57 | 1439.42 | 629.73 |
| 昆　明 | 1016.51 | 1203.81 | 1644.64 | 1835.64 | 1233.11 |
| 西　安 | 1771.33 | 2004.25 | 2271.07 | 1895.47 | 1794.35 |
| 兰　州 | 318.38 | 292.28 | 491.14 | 424.19 | 470.78 |
| 西　宁 | 441.26 | 285.50 | 494.65 | 448.25 | 241.69 |
| 银　川 | 743.33 | 702.89 | 630.24 | 780.43 | 774.66 |
| 乌鲁木齐 | 617.69 | 454.89 | 493.91 | 626.11 | 468.38 |

数据来源：国家统计局。

**表 4 - 31　　　　2014 年四十个重点城市月度累计住宅新开工面积**

单位：万平方米

| 城市 | 1-3 月 | 1-4 月 | 1-5 月 | 1-6 月 | 1-7 月 | 1-8 月 | 1-9 月 | 1-10 月 | 1-11 月 | 1-12 月 |
|---|---|---|---|---|---|---|---|---|---|---|
| 北京 | 296.01 | 363.37 | 461.90 | 618.27 | 795.16 | 827.32 | 891.12 | 1074.21 | 1118.59 | 1282.28 |
| 天津 | 162.90 | 259.93 | 346.46 | 487.21 | 595.06 | 780.94 | 883.62 | 1090.20 | 1235.01 | 1986.56 |
| 石家庄 | 128.24 | 158.30 | 261.49 | 401.20 | 496.71 | 565.60 | 692.42 | 792.06 | 919.26 | 1077.67 |
| 太原 | 35.72 | 38.10 | 96.20 | 122.60 | 175.19 | 252.07 | 343.74 | 371.52 | 389.47 | 451.87 |
| 呼和浩特 | 56.09 | 94.87 | 136.92 | 201.98 | 246.08 | 408.84 | 423.42 | 454.61 | 510.68 | 510.68 |
| 沈阳 | 248.12 | 447.53 | 559.13 | 806.16 | 957.37 | 1257.61 | 1509.08 | 1610.23 | 1663.77 | 1665.01 |
| 大连 | 108.62 | 255.76 | 328.08 | 503.97 | 604.68 | 692.62 | 749.08 | 875.01 | 933.66 | 939.24 |
| 长春 | — | 59.90 | 114.53 | 180.26 | 341.55 | 420.28 | 567.50 | 628.38 | 827.23 | 886.94 |
| 哈尔滨 | 23.96 | 61.39 | 160.06 | 264.85 | 328.79 | 383.09 | 467.57 | 524.83 | 659.11 | 708.43 |
| 上海 | 374.97 | 470.45 | 540.00 | 629.17 | 735.79 | 787.83 | 974.82 | 1159.36 | 1408.25 | 1547.29 |
| 南京 | 159.05 | 271.50 | 354.40 | 453.53 | 558.51 | 594.82 | 665.54 | 748.89 | 857.70 | 906.42 |
| 无锡 | 227.16 | 325.92 | 485.76 | 586.27 | 684.05 | 727.66 | 854.27 | 921.96 | 1030.83 | 1075.53 |
| 苏州 | 371.74 | 544.81 | 837.17 | 1022.99 | 1211.58 | 1412.40 | 1663.50 | 1908.31 | 2047.87 | 2210.45 |
| 杭州 | 121.62 | 314.09 | 411.74 | 535.06 | 649.70 | 732.15 | 881.60 | 1071.70 | 1173.63 | 1225.67 |
| 宁波 | 149.41 | 361.16 | 337.49 | 396.15 | 457.08 | 586.94 | 664.75 | 693.00 | 741.21 | 795.74 |
| 温州 | 68.39 | 84.89 | 170.86 | 182.14 | 243.14 | 314.88 | 358.06 | 388.23 | 414.86 | 470.49 |
| 合肥 | 313.25 | 442.98 | 542.64 | 648.28 | 742.54 | 892.14 | 982.58 | 1079.79 | 1138.91 | 1231.06 |
| 福州 | 204.64 | 256.86 | 325.86 | 509.79 | 591.91 | 645.01 | 713.57 | 785.09 | 961.62 | 1030.24 |
| 厦门 | 52.50 | 110.83 | 146.83 | 165.99 | 183.16 | 195.47 | 208.43 | 228.66 | 282.52 | 304.26 |
| 南昌 | 38.54 | 83.82 | 97.60 | 198.26 | 284.41 | 297.57 | 367.40 | 377.57 | 454.19 | 503.36 |
| 济南 | 163.46 | 271.43 | 371.96 | 476.22 | 558.83 | 612.06 | 705.31 | 812.07 | 850.83 | 918.30 |
| 青岛 | 226.65 | 323.50 | 465.66 | 533.84 | 662.47 | 708.49 | 767.24 | 1066.05 | 1209.11 | 1333.69 |
| 郑州 | 262.47 | 281.32 | 348.28 | 661.96 | 996.69 | 1096.66 | 1296.29 | 1548.08 | 1728.66 | 1954.73 |
| 武汉 | 288.89 | 458.17 | 599.35 | 902.64 | 1027.75 | 1116.04 | 1212.54 | 1365.93 | 1515.60 | 1678.98 |
| 长沙 | 313.42 | 377.03 | 544.49 | 713.63 | 858.10 | 980.04 | 1245.26 | 1450.28 | 1573.83 | 1651.89 |
| 广州 | 252.76 | 317.15 | 485.20 | 612.61 | 696.77 | 938.28 | 1095.09 | 1188.18 | 1319.69 | 1466.33 |
| 深圳 | 58.00 | 81.58 | 113.49 | 172.76 | 212.53 | 261.27 | 321.85 | 375.82 | 464.50 | 549.50 |
| 南宁 | 204.36 | 219.61 | 239.24 | 271.36 | 305.74 | 391.11 | 438.13 | 495.20 | 634.90 | 669.12 |
| 北海 | 14.13 | 23.85 | 36.46 | 90.50 | 192.89 | 209.02 | 238.88 | 255.97 | 260.29 | 267.95 |
| 海口 | 14.51 | 34.82 | 36.28 | 40.72 | 62.98 | 81.89 | 107.36 | 121.91 | 152.50 | 208.83 |
| 三亚 | 50.54 | 50.56 | 50.77 | 50.77 | 88.69 | 133.83 | 158.01 | 164.68 | 180.51 | 182.77 |
| 重庆 | 724.96 | 1164.23 | 1496.93 | 2086.72 | 2520.52 | 2874.57 | 3264.85 | 3657.21 | 3921.18 | 4275.96 |
| 成都 | 493.31 | 602.79 | 961.26 | 1259.43 | 1492.54 | 1813.43 | 1918.07 | 2167.60 | 2439.15 | 2685.65 |
| 贵阳 | 238.49 | 261.49 | 345.20 | 365.19 | 382.64 | 402.98 | 461.32 | 494.64 | 562.86 | 629.73 |
| 昆明 | 306.91 | 441.60 | 583.76 | 742.78 | 843.12 | 908.41 | 992.30 | 1042.53 | 1169.69 | 1233.11 |
| 西安 | 368.13 | 531.90 | 623.66 | 812.12 | 914.18 | 1156.40 | 1261.19 | 1396.56 | 1614.77 | 1794.35 |
| 兰州 | 51.64 | 210.23 | 262.90 | 330.54 | 371.94 | 395.97 | 435.58 | 459.08 | 465.79 | 470.78 |
| 西宁 | 79.33 | 110.72 | 119.04 | 160.76 | 166.69 | 157.97 | 148.26 | 152.17 | 239.62 | 241.69 |
| 银川 | 137.06 | 261.83 | 331.34 | 405.44 | 588.85 | 602.88 | 683.66 | 719.13 | 732.12 | 774.66 |
| 乌鲁木齐 | 6.35 | 33.91 | 54.16 | 213.21 | 273.95 | 300.42 | 368.85 | 409.01 | 430.33 | 468.38 |

数据来源：国家统计局。

表 4－32　　2010—2014 年四十个重点城市办公楼新开工面积

单位：万平方米

| 城　市 | 2010 年 | 2011 年 | 2012 年 | 2013 年 | 2014 年 |
|---|---|---|---|---|---|
| 北　京 | 203. 29 | 489. 40 | 536. 82 | 671. 40 | 421. 37 |
| 天　津 | 206. 73 | 278. 26 | 231. 02 | 173. 84 | 132. 38 |
| 石家庄 | 26. 22 | 102. 87 | 36. 97 | 85. 99 | 46. 43 |
| 太　原 | 29. 79 | 4. 37 | 28. 38 | 29. 63 | 119. 45 |
| 呼和浩特 | 60. 71 | 90. 75 | 57. 93 | 32. 26 | 18. 91 |
| 沈　阳 | 97. 50 | 54. 63 | 85. 85 | 69. 97 | 69. 14 |
| 大　连 | 31. 91 | 6. 56 | 37. 42 | 66. 99 | 26. 96 |
| 长　春 | 11. 02 | 41. 67 | 73. 99 | 74. 61 | 73. 63 |
| 哈尔滨 | 18. 36 | 58. 71 | 65. 11 | 17. 55 | 52. 76 |
| 上　海 | 147. 39 | 225. 72 | 303. 91 | 264. 06 | 365. 25 |
| 南　京 | 66. 72 | 108. 63 | 70. 58 | 54. 05 | 49. 33 |
| 无　锡 | 31. 61 | 81. 29 | 105. 65 | 82. 96 | 55. 28 |
| 苏　州 | 114. 05 | 85. 46 | 48. 48 | 93. 24 | 156. 42 |
| 杭　州 | 152. 07 | 269. 55 | 156. 59 | 246. 97 | 356. 08 |
| 宁　波 | 165. 29 | 122. 09 | 90. 38 | 122. 68 | 99. 17 |
| 温　州 | 8. 05 | 25. 28 | 14. 33 | 14. 91 | 32. 56 |
| 合　肥 | 102. 00 | 80. 36 | 109. 85 | 81. 42 | 89. 70 |
| 福　州 | 54. 35 | 92. 01 | 80. 51 | 80. 20 | 150. 01 |
| 厦　门 | 94. 51 | 84. 56 | 79. 75 | 63. 46 | 149. 62 |
| 南　昌 | 31. 58 | 47. 66 | 104. 13 | 120. 14 | 32. 98 |
| 济　南 | 29. 20 | 126. 90 | 62. 57 | 193. 30 | 75. 22 |
| 青　岛 | 19. 43 | 57. 62 | 88. 07 | 94. 84 | 159. 45 |
| 郑　州 | 144. 93 | 120. 32 | 248. 78 | 208. 69 | 178. 08 |
| 武　汉 | 60. 76 | 70. 47 | 138. 61 | 135. 58 | 127. 35 |
| 长　沙 | 28. 06 | 59. 61 | 130. 74 | 105. 93 | 157. 25 |
| 广　州 | 89. 11 | 163. 83 | 128. 79 | 221. 39 | 214. 83 |
| 深　圳 | 15. 26 | 25. 89 | 50. 69 | 114. 88 | 91. 30 |
| 南　宁 | 5. 93 | 29. 49 | 55. 60 | 13. 25 | 116. 95 |
| 北　海 | 1. 94 | 0. 04 | 1. 55 | 4. 12 | 0. 34 |
| 海　口 | 10. 21 | 14. 79 | 8. 98 | 13. 20 | 2. 48 |
| 三　亚 | 0. 47 | 3. 34 | 2. 30 | 0. 66 | 4. 98 |
| 重　庆 | 57. 20 | 154. 44 | 160. 64 | 241. 15 | 264. 17 |
| 成　都 | 119. 57 | 122. 14 | 286. 88 | 178. 57 | 335. 34 |
| 贵　阳 | 15. 37 | 9. 56 | 150. 95 | 119. 42 | 128. 80 |
| 昆　明 | 42. 68 | 149. 92 | 178. 00 | 119. 42 | 144. 78 |
| 西　安 | 32. 90 | 52. 54 | 78. 80 | 151. 28 | 158. 42 |
| 兰　州 | 5. 61 | 12. 88 | 10. 88 | 16. 78 | 34. 86 |
| 西　宁 | 17. 22 | 4. 42 | 5. 43 | 41. 42 | 49. 22 |
| 银　川 | 16. 62 | 25. 56 | 26. 25 | 51. 47 | 72. 21 |
| 乌鲁木齐 | 10. 25 | 8. 85 | 17. 85 | 59. 99 | 132. 12 |

数据来源：国家统计局。

表 4－33　　2014 年四十个重点城市月度累计办公楼新开工面积

单位：万平方米

| 城　市 | 1－3 月 | 1－4 月 | 1－5 月 | 1－6 月 | 1－7 月 | 1－8 月 | 1－9 月 | 1－10 月 | 1－11 月 | 1－12 月 |
|---|---|---|---|---|---|---|---|---|---|---|
| 北　京 | 101.68 | 111.14 | 132.39 | 165.32 | 196.41 | 216.87 | 259.74 | 291.01 | 307.87 | 421.37 |
| 天　津 | 5.51 | 12.10 | 19.82 | 21.71 | 32.65 | 32.65 | 54.84 | 56.70 | 72.11 | 132.38 |
| 石家庄 | 1.76 | 3.46 | 6.42 | 13.44 | 24.04 | 35.34 | 37.59 | 37.59 | 44.18 | 46.43 |
| 太　原 | 0.05 | 0.05 | 2.43 | 3.23 | 3.23 | 3.23 | 17.24 | 21.06 | 45.21 | 119.45 |
| 呼和浩特 | 1.01 | 2.23 | 3.48 | 14.15 | 15.29 | 15.74 | 15.74 | 15.84 | 18.91 | 18.91 |
| 沈　阳 | 11.50 | 11.75 | 13.39 | 15.10 | 16.48 | 46.39 | 64.40 | 68.35 | 69.14 | 69.14 |
| 大　连 | 0.79 | 12.25 | 12.29 | 15.55 | 15.55 | 21.88 | 22.90 | 24.40 | 26.58 | 26.96 |
| 长　春 | — | — | 6.28 | 7.45 | 24.44 | 32.56 | 47.96 | 69.75 | 73.63 | 73.63 |
| 哈尔滨 | 0.19 | 0.19 | 30.26 | 33.10 | 35.65 | 50.00 | 50.00 | 50.93 | 52.76 | 52.76 |
| 上　海 | 49.10 | 71.70 | 92.74 | 122.99 | 143.96 | 171.78 | 199.98 | 263.08 | 330.58 | 365.25 |
| 南　京 | 5.27 | 8.99 | 8.99 | 8.99 | 12.03 | 32.98 | 43.26 | 49.09 | 49.09 | 49.33 |
| 无　锡 | 4.24 | 23.69 | 34.60 | 42.80 | 47.33 | 49.00 | 50.16 | 51.30 | 55.05 | 55.28 |
| 苏　州 | 45.60 | 55.33 | 65.80 | 71.00 | 77.53 | 121.92 | 133.81 | 140.58 | 146.59 | 156.42 |
| 杭　州 | 22.19 | 77.94 | 106.05 | 170.69 | 185.91 | 198.71 | 236.57 | 284.93 | 319.32 | 356.08 |
| 宁　波 | 12.32 | 32.76 | 41.40 | 48.86 | 61.42 | 66.04 | 72.32 | 72.33 | 74.21 | 99.17 |
| 温　州 | 0.32 | 0.33 | 3.82 | 3.84 | 21.71 | 22.49 | 27.68 | 28.33 | 31.83 | 32.56 |
| 合　肥 | 9.27 | 27.42 | 35.74 | 35.91 | 50.93 | 57.63 | 57.63 | 79.92 | 84.03 | 89.70 |
| 福　州 | 14.82 | 61.86 | 78.48 | 114.52 | 115.99 | 129.61 | 129.99 | 146.97 | 147.22 | 150.01 |
| 厦　门 | 5.32 | 8.45 | 66.07 | 89.20 | 93.77 | 98.87 | 116.31 | 124.11 | 141.99 | 149.62 |
| 南　昌 | 0.44 | 1.91 | 1.99 | 16.12 | 23.73 | 25.79 | 30.17 | 30.32 | 30.54 | 32.98 |
| 济　南 | 21.66 | 35.16 | 54.63 | 55.63 | 62.36 | 64.16 | 64.16 | 74.72 | 74.80 | 75.22 |
| 青　岛 | 13.45 | 19.90 | 36.31 | 50.03 | 70.15 | 70.15 | 81.88 | 111.41 | 155.07 | 159.45 |
| 郑　州 | 4.96 | 12.54 | 21.61 | 27.21 | 49.75 | 65.54 | 153.85 | 169.18 | 172.61 | 178.08 |
| 武　汉 | 13.93 | 19.83 | 35.07 | 49.31 | 77.82 | 86.38 | 111.20 | 122.11 | 126.98 | 127.35 |
| 长　沙 | 7.33 | 10.86 | 20.27 | 81.65 | 91.58 | 107.32 | 119.45 | 139.22 | 146.75 | 157.25 |
| 广　州 | 14.00 | 50.99 | 82.25 | 97.88 | 113.20 | 133.93 | 179.46 | 190.38 | 192.04 | 214.83 |
| 深　圳 | 5.48 | 9.06 | 13.10 | 13.18 | 21.31 | 22.12 | 34.58 | 46.86 | 76.15 | 91.30 |
| 南　宁 | 29.03 | 29.03 | 39.94 | 39.94 | 86.71 | 110.04 | 113.82 | 113.85 | 116.65 | 116.95 |
| 北　海 | 0.01 | 0.01 | 0.01 | 0.01 | 0.01 | 0.34 | 0.34 | 0.34 | 0.34 | 0.34 |
| 海　口 | — | — | 2.45 | 2.45 | 2.45 | 2.45 | 2.45 | 2.45 | 2.45 | 2.48 |
| 三　亚 | 0.07 | 0.07 | 0.07 | 0.33 | 0.33 | 0.33 | 1.39 | 1.39 | 1.39 | 4.98 |
| 重　庆 | 19.38 | 40.87 | 47.44 | 95.92 | 142.77 | 169.09 | 180.57 | 232.90 | 247.48 | 264.17 |
| 成　都 | 41.68 | 44.25 | 99.64 | 133.50 | 179.22 | 200.57 | 218.14 | 292.94 | 330.03 | 335.34 |
| 贵　阳 | 44.45 | 59.99 | 71.89 | 84.04 | 98.13 | 108.25 | 108.40 | 121.88 | 127.51 | 128.80 |
| 昆　明 | 68.63 | 85.99 | 87.40 | 96.48 | 107.97 | 109.31 | 110.28 | 120.13 | 137.90 | 144.78 |
| 西　安 | 31.44 | 47.98 | 57.63 | 82.11 | 84.04 | 112.81 | 113.15 | 125.32 | 146.76 | 158.42 |
| 兰　州 | 3.80 | 3.80 | 18.91 | 28.87 | 33.11 | 33.11 | 33.11 | 34.53 | 34.86 | 34.86 |
| 西　宁 | 13.49 | 23.69 | 23.69 | 30.11 | 38.15 | 41.11 | 41.11 | 41.11 | 48.51 | 49.22 |
| 银　川 | 4.37 | 22.89 | 22.56 | 23.12 | 30.84 | 33.19 | 51.72 | 51.20 | 53.92 | 72.21 |
| 乌鲁木齐 | 0.21 | 1.44 | 1.54 | 63.07 | 111.72 | 111.68 | 115.49 | 122.89 | 141.21 | 132.12 |

数据来源：国家统计局。

表 4 – 34　　2010—2014 年四十个重点城市商业营业用房新开工面积

单位：万平方米

| 城　市 | 2010 年 | 2011 年 | 2012 年 | 2013 年 | 2014 年 |
|---|---|---|---|---|---|
| 北　京 | 242.42 | 306.43 | 160.89 | 351.01 | 208.17 |
| 天　津 | 407.83 | 436.57 | 80.69 | 370.11 | 275.08 |
| 石家庄 | 157.60 | 217.29 | 98.19 | 145.27 | 197.36 |
| 太　原 | 60.23 | 28.84 | 71.11 | 36.26 | 80.10 |
| 呼和浩特 | 182.14 | 322.94 | 186.21 | 289.98 | 73.56 |
| 沈　阳 | 495.94 | 462.44 | 463.33 | 552.42 | 418.45 |
| 大　连 | 204.99 | 154.66 | 140.38 | 205.02 | 120.31 |
| 长　春 | 125.37 | 275.90 | 126.02 | 163.53 | 246.23 |
| 哈尔滨 | 148.53 | 273.75 | 114.07 | 332.08 | 148.57 |
| 上　海 | 298.10 | 240.00 | 268.36 | 274.96 | 388.03 |
| 南　京 | 147.47 | 170.82 | 103.69 | 168.13 | 104.60 |
| 无　锡 | 206.43 | 385.94 | 281.70 | 247.71 | 313.77 |
| 苏　州 | 308.39 | 233.68 | 305.06 | 302.25 | 399.61 |
| 杭　州 | 161.73 | 234.21 | 105.73 | 224.46 | 315.18 |
| 宁　波 | 135.06 | 224.23 | 93.95 | 294.35 | 200.46 |
| 温　州 | 38.29 | 85.55 | 95.19 | 47.15 | 134.22 |
| 合　肥 | 177.00 | 241.04 | 169.49 | 348.90 | 442.99 |
| 福　州 | 91.42 | 155.35 | 55.59 | 133.46 | 232.69 |
| 厦　门 | 44.98 | 63.58 | 54.65 | 116.46 | 87.37 |
| 南　昌 | 38.73 | 99.17 | 113.89 | 99.94 | 53.31 |
| 济　南 | 125.99 | 59.69 | 98.53 | 152.30 | 125.37 |
| 青　岛 | 172.31 | 215.40 | 154.70 | 221.01 | 216.34 |
| 郑　州 | 157.59 | 161.62 | 126.64 | 267.47 | 243.20 |
| 武　汉 | 274.66 | 310.46 | 126.79 | 270.91 | 225.30 |
| 长　沙 | 130.43 | 199.86 | 165.93 | 275.55 | 361.56 |
| 广　州 | 192.38 | 141.66 | 143.10 | 243.05 | 290.48 |
| 深　圳 | 38.69 | 64.46 | 74.44 | 120.68 | 118.00 |
| 南　宁 | 59.60 | 75.02 | 22.31 | 54.25 | 107.74 |
| 北　海 | 19.32 | 27.83 | 23.17 | 31.59 | 53.08 |
| 海　口 | 10.39 | 26.93 | 16.23 | 20.41 | 106.89 |
| 三　亚 | 9.33 | 6.59 | 13.71 | 35.46 | 12.59 |
| 重　庆 | 433.68 | 708.12 | 350.90 | 1001.32 | 774.73 |
| 成　都 | 214.80 | 281.39 | 256.35 | 561.41 | 641.48 |
| 贵　阳 | 78.02 | 142.22 | 130.66 | 131.45 | 124.83 |
| 昆　明 | 106.29 | 221.89 | 201.42 | 334.73 | 314.88 |
| 西　安 | 148.60 | 114.10 | 211.31 | 273.73 | 292.44 |
| 兰　州 | 48.87 | 39.54 | 60.07 | 68.55 | 69.41 |
| 西　宁 | 49.13 | 25.30 | 32.13 | 71.74 | 100.68 |
| 银　川 | 107.50 | 98.03 | 63.40 | 254.53 | 159.20 |
| 乌鲁木齐 | 50.87 | 22.61 | 26.42 | 126.91 | 137.16 |

数据来源：国家统计局。

表 4－35　　2014 年四十个重点城市月度累计商业营业用房新开工面积

单位：万平方米

| 城市 | 1－3 月 | 1－4 月 | 1－5 月 | 1－6 月 | 1－7 月 | 1－8 月 | 1－9 月 | 1－10 月 | 1－11 月 | 1－12 月 |
|---|---|---|---|---|---|---|---|---|---|---|
| 北京 | 30.41 | 37.24 | 42.74 | 64.43 | 83.83 | 111.54 | 129.61 | 146.57 | 182.36 | 208.17 |
| 天津 | 19.80 | 37.69 | 69.68 | 83.83 | 101.06 | 121.85 | 144.95 | 160.84 | 167.35 | 275.08 |
| 石家庄 | 22.03 | 33.70 | 45.25 | 66.08 | 110.48 | 123.77 | 144.30 | 158.79 | 174.66 | 197.36 |
| 太原 | 0.98 | 1.29 | 5.52 | 9.15 | 26.89 | 34.19 | 54.45 | 57.75 | 62.89 | 80.10 |
| 呼和浩特 | 6.83 | 8.17 | 15.28 | 22.35 | 29.86 | 37.17 | 59.94 | 66.25 | 73.56 | 73.56 |
| 沈阳 | 127.77 | 177.25 | 205.47 | 239.23 | 255.45 | 315.72 | 385.53 | 413.09 | 418.31 | 418.45 |
| 大连 | 12.18 | 27.98 | 33.31 | 56.58 | 66.55 | 83.92 | 92.00 | 114.56 | 119.79 | 120.31 |
| 长春 | — | 4.49 | 25.16 | 43.67 | 69.97 | 92.26 | 146.01 | 183.92 | 212.25 | 246.23 |
| 哈尔滨 | 1.05 | 3.27 | 15.07 | 35.62 | 69.81 | 89.04 | 101.14 | 107.68 | 145.83 | 148.57 |
| 上海 | 65.06 | 80.51 | 113.78 | 162.07 | 198.01 | 257.48 | 294.58 | 340.74 | — | 388.03 |
| 南京 | 9.18 | 13.73 | 20.64 | 60.55 | 80.40 | 81.38 | 93.75 | 96.86 | 102.60 | 104.60 |
| 无锡 | 82.38 | 127.40 | 152.61 | 198.37 | 212.34 | 225.72 | 257.78 | 283.73 | 304.31 | 313.77 |
| 苏州 | 110.08 | 170.92 | 186.84 | 211.25 | 223.29 | 281.63 | 336.99 | 339.33 | 369.27 | 399.61 |
| 杭州 | 25.77 | 69.05 | 129.02 | 170.71 | 199.28 | 215.51 | 244.33 | 277.14 | 301.36 | 315.18 |
| 宁波 | 23.40 | 40.47 | 48.45 | 69.20 | 77.37 | 111.08 | 153.30 | 154.68 | 162.36 | 200.46 |
| 温州 | 14.25 | 14.43 | 37.28 | 38.38 | 65.45 | 76.58 | 119.53 | 125.19 | 128.11 | 134.22 |
| 合肥 | 88.17 | 130.42 | 158.57 | 202.96 | 237.27 | 268.59 | 272.66 | 323.24 | 342.18 | 442.99 |
| 福州 | 18.59 | 24.39 | 69.67 | 97.40 | 98.13 | 105.57 | 109.09 | 169.91 | 224.00 | 232.69 |
| 厦门 | 7.65 | 9.32 | 50.25 | 57.90 | 63.25 | 68.56 | 75.91 | 77.39 | 80.10 | 87.37 |
| 南昌 | 2.76 | 9.09 | 11.27 | 18.67 | 20.72 | 21.08 | 27.52 | 29.43 | 46.45 | 53.31 |
| 济南 | 51.71 | 60.38 | 72.84 | 75.86 | 90.24 | 92.65 | 100.20 | 111.17 | 118.12 | 125.37 |
| 青岛 | 26.52 | 29.53 | 71.17 | 91.68 | 95.98 | 103.60 | 161.91 | 181.30 | 192.45 | 216.34 |
| 郑州 | 19.50 | 24.10 | 27.56 | 55.01 | 79.12 | 132.87 | 146.19 | 189.62 | 206.39 | 243.20 |
| 武汉 | 46.99 | 71.43 | 93.65 | 134.46 | 174.64 | 182.56 | 196.59 | 205.91 | 219.66 | 225.30 |
| 长沙 | 76.53 | 84.76 | 124.35 | 173.94 | 197.06 | 239.69 | 300.41 | 329.84 | 350.68 | 361.56 |
| 广州 | 56.44 | 71.54 | 95.54 | 114.89 | 139.84 | 147.46 | 186.65 | 209.83 | 218.11 | 290.48 |
| 深圳 | 4.85 | 11.92 | 15.54 | 21.86 | 35.98 | 44.59 | 50.74 | 67.81 | 98.84 | 118.00 |
| 南宁 | 12.40 | 12.93 | 13.91 | 32.88 | 50.95 | 77.59 | 81.84 | 89.70 | 104.38 | 107.74 |
| 北海 | 0.07 | 2.02 | 28.42 | 30.77 | 42.20 | 42.78 | 49.16 | 51.43 | 52.95 | 53.08 |
| 海口 | 3.09 | 5.69 | 17.53 | 19.76 | 20.81 | 21.79 | 21.53 | 23.85 | 102.53 | 106.89 |
| 三亚 | 0.08 | 0.08 | 0.33 | 0.44 | 0.67 | 4.11 | 6.42 | 6.98 | 7.46 | 12.59 |
| 重庆 | 91.46 | 193.73 | 229.29 | 332.86 | 417.89 | 468.07 | 548.72 | 640.82 | 681.28 | 774.73 |
| 成都 | 93.10 | 139.92 | 248.01 | 320.78 | 385.73 | 451.27 | 484.84 | 566.79 | 619.26 | 641.48 |
| 贵阳 | 44.90 | 49.65 | 61.69 | 64.46 | 65.85 | 80.56 | 109.36 | 114.37 | 122.69 | 124.83 |
| 昆明 | 76.60 | 85.36 | 105.44 | 146.66 | 204.43 | 220.57 | 251.05 | 262.15 | 284.34 | 314.88 |
| 西安 | 43.08 | 52.15 | 75.47 | 114.28 | 112.44 | 136.02 | 158.35 | 191.22 | 288.19 | 292.44 |
| 兰州 | 3.76 | 11.39 | 17.92 | 31.60 | 35.71 | 39.64 | 44.35 | 68.84 | 69.02 | 69.41 |
| 西宁 | 61.38 | 66.20 | 67.13 | 70.11 | 74.58 | 82.53 | 93.34 | 89.53 | 99.98 | 100.68 |
| 银川 | 31.24 | 38.63 | 41.56 | 46.97 | 79.36 | 82.31 | 105.99 | 146.36 | 150.04 | 159.20 |
| 乌鲁木齐 | 0.21 | 12.86 | 14.29 | 63.40 | 97.66 | 111.01 | 117.33 | 125.44 | 131.10 | 137.16 |

数据来源：国家统计局。

表 4－36　　2010—2014 年四十个重点城市商品房竣工面积

单位：万平方米

| 城　市 | 2010 年 | 2011 年 | 2012 年 | 2013 年 | 2014 年 |
|---|---|---|---|---|---|
| 北　京 | 2386.71 | 2245.24 | 2390.86 | 2666.35 | 3054.12 |
| 天　津 | 2098.55 | 2105.32 | 2542.75 | 2805.37 | 2924.82 |
| 石家庄 | 499.05 | 1088.11 | 870.93 | 865.93 | 589.57 |
| 太　原 | 129.58 | 226.37 | 230.94 | 248.39 | 585.79 |
| 呼和浩特 | 462.78 | 404.98 | 357.98 | 400.05 | 461.87 |
| 沈　阳 | 1393.22 | 2017.68 | 2066.37 | 1459.80 | 1225.87 |
| 大　连 | 570.97 | 949.38 | 750.00 | 1046.57 | 726.32 |
| 长　春 | 963.73 | 748.06 | 913.87 | 1008.12 | 772.58 |
| 哈尔滨 | 500.78 | 526.75 | 1095.82 | 1056.95 | 1369.83 |
| 上　海 | 1941.25 | 2240.62 | 2305.06 | 2254.44 | 2313.29 |
| 南　京 | 1039.57 | 1169.09 | 1699.73 | 1039.39 | 967.40 |
| 无　锡 | 1001.65 | 813.33 | 814.05 | 1139.80 | 950.83 |
| 苏　州 | 1594.70 | 1280.55 | 1827.56 | 1692.51 | 1527.19 |
| 杭　州 | 1100.18 | 1135.00 | 1055.09 | 1172.24 | 1501.64 |
| 宁　波 | 642.47 | 881.10 | 839.91 | 867.48 | 1271.09 |
| 温　州 | 306.32 | 417.58 | 348.36 | 360.89 | 539.99 |
| 合　肥 | 794.61 | 654.89 | 921.02 | 1435.33 | 1055.13 |
| 福　州 | 345.81 | 588.93 | 534.33 | 832.55 | 833.86 |
| 厦　门 | 680.41 | 605.41 | 422.41 | 343.79 | 585.48 |
| 南　昌 | 399.12 | 440.23 | 417.92 | 373.75 | 510.97 |
| 济　南 | 245.75 | 594.54 | 492.25 | 805.02 | 516.76 |
| 青　岛 | 1020.51 | 905.86 | 1211.57 | 957.34 | 1135.74 |
| 郑　州 | 944.62 | 1485.98 | 1449.83 | 1137.47 | 1889.36 |
| 武　汉 | 919.40 | 1064.06 | 1054.45 | 679.31 | 765.42 |
| 长　沙 | 1392.55 | 1452.40 | 1402.27 | 1401.84 | 1412.05 |
| 广　州 | 1094.59 | 1263.20 | 1290.79 | 1141.30 | 1919.46 |
| 深　圳 | 344.43 | 343.36 | 425.75 | 353.55 | 425.31 |
| 南　宁 | 519.41 | 512.45 | 664.53 | 325.58 | 465.43 |
| 北　海 | 9.03 | 95.65 | 251.49 | 108.03 | 169.62 |
| 海　口 | 111.40 | 33.17 | 307.42 | 195.01 | 393.66 |
| 三　亚 | 130.03 | 86.85 | 161.73 | 50.28 | 318.08 |
| 重　庆 | 2626.59 | 3424.33 | 3990.63 | 3804.36 | 3717.78 |
| 成　都 | 1577.86 | 1573.20 | 2107.73 | 1879.65 | 2119.26 |
| 贵　阳 | 532.60 | 621.72 | 584.50 | 711.69 | 1073.69 |
| 昆　明 | 590.78 | 515.46 | 629.63 | 602.68 | 630.54 |
| 西　安 | 463.65 | 633.97 | 1063.70 | 795.35 | 1514.14 |
| 兰　州 | 206.97 | 175.97 | 168.28 | 158.49 | 118.52 |
| 西　宁 | 195.75 | 417.57 | 361.04 | 524.40 | 490.96 |
| 银　川 | 458.18 | 525.27 | 744.38 | 643.23 | 727.23 |
| 乌鲁木齐 | 253.90 | 303.90 | 650.78 | 418.60 | 681.35 |

数据来源：国家统计局。

表 4 - 37　　2014 年四十个重点城市月度累计商品房竣工面积

单位：万平方米

| 城市 | 1-3月 | 1-4月 | 1-5月 | 1-6月 | 1-7月 | 1-8月 | 1-9月 | 1-10月 | 1-11月 | 1-12月 |
|---|---|---|---|---|---|---|---|---|---|---|
| 北　京 | 362.13 | 420.57 | 581.28 | 670.87 | 783.50 | 872.37 | 1036.48 | 1251.72 | 1646.87 | 3054.12 |
| 天　津 | 281.13 | 357.59 | 416.14 | 530.27 | 582.84 | 644.45 | 678.43 | 719.94 | 856.64 | 2924.82 |
| 石家庄 | 36.29 | 97.51 | 117.66 | 171.56 | 179.90 | 219.94 | 288.38 | 336.00 | 374.58 | 589.57 |
| 太　原 | 7.74 | 14.74 | 94.57 | 129.60 | 145.04 | 147.46 | 159.43 | 236.35 | 308.84 | 585.79 |
| 呼和浩特 | 17.14 | 26.13 | 27.94 | 116.47 | 184.21 | 188.93 | 283.16 | 327.73 | 422.10 | 461.87 |
| 沈　阳 | 87.36 | 187.72 | 277.29 | 604.39 | 667.12 | 911.94 | 960.88 | 1084.67 | 1141.48 | 1225.87 |
| 大　连 | 155.34 | 188.71 | 230.06 | 394.05 | 429.29 | 471.41 | 522.64 | 592.20 | 649.31 | 726.32 |
| 长　春 | 11.73 | 13.55 | 51.04 | 222.36 | 303.54 | 340.86 | 530.83 | 540.07 | 620.96 | 772.58 |
| 哈尔滨 | 183.47 | 220.16 | 448.30 | 513.19 | 510.13 | 548.68 | 625.74 | 654.55 | 798.47 | 1369.83 |
| 上　海 | 489.62 | 573.40 | 743.64 | 879.52 | 1089.35 | 1211.24 | 1328.33 | 1467.03 | 1757.04 | 2313.29 |
| 南　京 | 161.66 | 189.46 | 277.43 | 337.90 | 394.31 | 474.07 | 513.28 | 553.73 | 677.38 | 967.40 |
| 无　锡 | 250.57 | 342.61 | 362.35 | 445.93 | 494.08 | 523.74 | 552.53 | 585.04 | 695.59 | 950.83 |
| 苏　州 | 318.92 | 417.59 | 507.86 | 660.61 | 715.28 | 779.21 | 849.98 | 948.78 | 1062.38 | 1527.19 |
| 杭　州 | 214.18 | 280.89 | 333.87 | 407.68 | 596.04 | 642.91 | 766.51 | 838.06 | 1005.93 | 1501.64 |
| 宁　波 | 353.11 | 398.18 | 437.23 | 506.54 | 569.68 | 708.62 | 786.50 | 927.73 | 985.71 | 1271.09 |
| 温　州 | 87.19 | 108.92 | 152.07 | 175.71 | 201.43 | 221.01 | 257.13 | 270.76 | 308.88 | 539.99 |
| 合　肥 | 192.65 | 290.17 | 300.29 | 400.88 | 551.83 | 622.92 | 700.99 | 721.17 | 798.18 | 1055.13 |
| 福　州 | 103.99 | 107.50 | 112.53 | 183.47 | 225.28 | 331.80 | 396.14 | 440.67 | 586.60 | 833.86 |
| 厦　门 | 100.65 | 119.83 | 158.46 | 216.63 | 228.14 | 255.62 | 270.53 | 322.96 | 387.88 | 585.48 |
| 南　昌 | 41.32 | 117.60 | 217.77 | 260.20 | 281.98 | 290.56 | 348.23 | 374.98 | 396.37 | 510.97 |
| 济　南 | 82.42 | 96.81 | 103.22 | 118.33 | 140.84 | 152.29 | 173.37 | 240.27 | 339.36 | 516.76 |
| 青　岛 | 290.95 | 333.86 | 347.28 | 420.20 | 456.53 | 499.19 | 549.71 | 621.75 | 770.13 | 1135.74 |
| 郑　州 | 130.84 | 171.79 | 260.44 | 524.59 | 564.82 | 589.27 | 643.20 | 658.42 | 775.49 | 1889.36 |
| 武　汉 | 207.92 | 250.67 | 314.29 | 359.94 | 404.09 | 407.14 | 433.97 | 454.76 | 478.98 | 765.42 |
| 长　沙 | 382.41 | 454.68 | 520.15 | 594.46 | 673.10 | 789.70 | 869.10 | 994.81 | 1094.73 | 1412.05 |
| 广　州 | 159.04 | 213.71 | 355.34 | 375.94 | 400.55 | 422.73 | 471.42 | 548.02 | 637.95 | 1919.46 |
| 深　圳 | 72.55 | 117.34 | 115.88 | 134.42 | 146.06 | 193.43 | 247.25 | 295.87 | 344.05 | 425.31 |
| 南　宁 | 160.44 | 198.64 | 212.55 | 230.02 | 231.55 | 248.04 | 284.61 | 331.10 | 379.62 | 465.43 |
| 北　海 | 37.77 | 39.55 | 51.30 | 54.33 | 66.05 | 72.54 | 81.87 | 83.53 | 114.73 | 169.62 |
| 海　口 | 82.01 | 97.17 | 97.31 | 106.43 | 106.51 | 313.50 | 320.24 | 331.93 | 331.93 | 393.66 |
| 三　亚 | 15.08 | 17.80 | 19.21 | 19.21 | 19.21 | 187.26 | 248.80 | 248.80 | 251.37 | 318.08 |
| 重　庆 | 957.72 | 1066.06 | 1176.06 | 1525.02 | 1787.21 | 1916.13 | 2110.22 | 2346.63 | 2770.52 | 3717.78 |
| 成　都 | 606.51 | 702.33 | 839.80 | 1020.97 | 1118.03 | 1176.65 | 1260.73 | 1374.89 | 1513.07 | 2119.26 |
| 贵　阳 | 220.08 | 230.42 | 639.25 | 650.79 | 671.35 | 677.35 | 682.08 | 764.84 | 786.89 | 1073.69 |
| 昆　明 | 246.63 | 306.91 | 328.46 | 420.49 | 441.58 | 411.26 | 433.00 | 508.77 | 540.32 | 630.54 |
| 西　安 | 154.60 | 226.85 | 386.79 | 470.06 | 530.81 | 544.17 | 563.16 | 651.97 | 930.84 | 1514.14 |
| 兰　州 | 20.71 | 20.24 | 24.75 | 26.50 | 26.50 | 56.67 | 58.94 | 65.40 | 67.98 | 118.52 |
| 西　宁 | 17.76 | 31.65 | 44.34 | 55.64 | 57.27 | 59.01 | 73.08 | 119.90 | 324.90 | 490.96 |
| 银　川 | 65.30 | 112.31 | 140.53 | 162.35 | 169.37 | 246.27 | 283.05 | 351.00 | 488.38 | 727.23 |
| 乌鲁木齐 | — | 9.62 | 60.53 | 92.86 | 146.28 | 178.12 | 226.42 | 311.51 | 507.38 | 681.35 |

数据来源：国家统计局。

表 4 - 38　　2010—2014 年四十个重点城市住宅竣工面积

单位：万平方米

| 城　市 | 2010 年 | 2011 年 | 2012 年 | 2013 年 | 2014 年 |
|---|---|---|---|---|---|
| 北　京 | 1498. 48 | 1316. 13 | 1522. 72 | 1692. 04 | 1804. 34 |
| 天　津 | 1603. 65 | 1641. 68 | 1913. 97 | 2117. 66 | 2130. 25 |
| 石家庄 | 429. 00 | 882. 51 | 681. 64 | 631. 35 | 442. 38 |
| 太　原 | 99. 39 | 205. 15 | 201. 30 | 211. 17 | 491. 04 |
| 呼和浩特 | 349. 09 | 334. 03 | 290. 80 | 308. 77 | 345. 11 |
| 沈　阳 | 1107. 70 | 1637. 41 | 1644. 76 | 1230. 34 | 993. 88 |
| 大　连 | 461. 29 | 803. 77 | 588. 14 | 850. 66 | 577. 18 |
| 长　春 | 798. 54 | 622. 90 | 736. 29 | 768. 85 | 634. 43 |
| 哈尔滨 | 421. 31 | 450. 99 | 898. 97 | 845. 72 | 1007. 90 |
| 上　海 | 1396. 05 | 1549. 66 | 1609. 13 | 1417. 41 | 1535. 55 |
| 南　京 | 737. 43 | 864. 15 | 1362. 23 | 754. 04 | 722. 29 |
| 无　锡 | 789. 53 | 601. 09 | 560. 83 | 851. 02 | 622. 75 |
| 苏　州 | 1117. 16 | 923. 61 | 1386. 17 | 1227. 53 | 1129. 36 |
| 杭　州 | 802. 29 | 770. 09 | 674. 01 | 845. 12 | 928. 01 |
| 宁　波 | 371. 09 | 512. 50 | 530. 61 | 462. 51 | 712. 21 |
| 温　州 | 225. 22 | 297. 92 | 252. 27 | 249. 20 | 393. 85 |
| 合　肥 | 579. 38 | 479. 47 | 725. 28 | 1072. 32 | 700. 68 |
| 福　州 | 294. 57 | 505. 87 | 402. 46 | 605. 83 | 600. 12 |
| 厦　门 | 433. 63 | 370. 92 | 215. 55 | 214. 11 | 349. 68 |
| 南　昌 | 314. 04 | 381. 43 | 325. 42 | 305. 47 | 426. 81 |
| 济　南 | 204. 10 | 451. 34 | 365. 65 | 613. 53 | 384. 53 |
| 青　岛 | 732. 72 | 658. 71 | 928. 85 | 674. 86 | 809. 86 |
| 郑　州 | 751. 86 | 1237. 84 | 1043. 20 | 760. 56 | 1122. 87 |
| 武　汉 | 733. 48 | 921. 98 | 900. 90 | 529. 70 | 645. 98 |
| 长　沙 | 1160. 47 | 1196. 57 | 1131. 00 | 1067. 56 | 1042. 34 |
| 广　州 | 774. 69 | 831. 68 | 800. 86 | 709. 60 | 1220. 51 |
| 深　圳 | 251. 11 | 247. 29 | 289. 40 | 196. 33 | 269. 26 |
| 南　宁 | 433. 34 | 408. 49 | 521. 10 | 234. 47 | 329. 78 |
| 北　海 | 8. 06 | 82. 22 | 221. 80 | 93. 11 | 139. 28 |
| 海　口 | 79. 71 | 28. 13 | 228. 44 | 147. 61 | 326. 11 |
| 三　亚 | 110. 67 | 74. 66 | 142. 26 | 34. 81 | 280. 05 |
| 重　庆 | 2179. 81 | 2826. 78 | 3386. 35 | 2867. 45 | 2771. 55 |
| 成　都 | 1301. 21 | 1194. 15 | 1590. 23 | 1353. 09 | 1384. 25 |
| 贵　阳 | 410. 89 | 457. 07 | 443. 89 | 536. 47 | 795. 36 |
| 昆　明 | 455. 19 | 416. 28 | 519. 25 | 499. 36 | 387. 78 |
| 西　安 | 412. 44 | 558. 55 | 903. 82 | 663. 20 | 1288. 67 |
| 兰　州 | 155. 90 | 143. 06 | 128. 91 | 128. 31 | 89. 88 |
| 西　宁 | 172. 99 | 355. 10 | 322. 71 | 421. 14 | 391. 04 |
| 银　川 | 338. 64 | 403. 77 | 594. 86 | 491. 52 | 502. 21 |
| 乌鲁木齐 | 195. 88 | 259. 38 | 536. 72 | 345. 01 | 546. 74 |

数据来源：国家统计局。

表 4－39　　2014 年四十个重点城市月度累计住宅竣工面积

单位：万平方米

| 城　市 | 1－3 月 | 1－4 月 | 1－5 月 | 1－6 月 | 1－7 月 | 1－8 月 | 1－9 月 | 1－10 月 | 1－11 月 | 1－12 月 |
|---|---|---|---|---|---|---|---|---|---|---|
| 北　京 | 177. 29 | 216. 94 | 306. 58 | 352. 81 | 430. 26 | 480. 87 | 580. 21 | 714. 64 | 953. 36 | 1804. 34 |
| 天　津 | 230. 48 | 292. 22 | 344. 72 | 409. 99 | 453. 05 | 509. 61 | 535. 55 | 568. 42 | 702. 89 | 2130. 25 |
| 石家庄 | 30. 00 | 76. 85 | 86. 85 | 116. 52 | 124. 15 | 142. 65 | 189. 13 | 216. 88 | 254. 47 | 442. 38 |
| 太　原 | 4. 65 | 11. 65 | 79. 79 | 106. 35 | 120. 41 | 122. 55 | 132. 43 | 202. 14 | 265. 10 | 491. 04 |
| 呼和浩特 | 15. 01 | 22. 12 | 23. 05 | 84. 08 | 130. 54 | 134. 80 | 215. 07 | 238. 82 | 315. 59 | 345. 11 |
| 沈　阳 | 79. 40 | 172. 43 | 248. 43 | 510. 39 | 563. 31 | 736. 17 | 773. 07 | 883. 64 | 926. 86 | 993. 88 |
| 大　连 | 113. 75 | 142. 87 | 177. 73 | 316. 41 | 346. 20 | 381. 28 | 427. 56 | 475. 89 | 518. 46 | 577. 18 |
| 长　春 | 3. 24 | 4. 93 | 35. 69 | 166. 87 | 235. 13 | 260. 98 | 434. 95 | 442. 31 | 507. 62 | 634. 43 |
| 哈尔滨 | 137. 60 | 169. 11 | 342. 79 | 384. 75 | 379. 99 | 404. 31 | 471. 78 | 490. 11 | 593. 05 | 1007. 90 |
| 上　海 | 304. 50 | 357. 43 | 488. 31 | 587. 12 | 751. 20 | 834. 48 | 933. 48 | 1022. 85 | 1191. 60 | 1535. 55 |
| 南　京 | 115. 28 | 133. 68 | 204. 74 | 252. 40 | 280. 93 | 344. 11 | 372. 40 | 401. 05 | 506. 07 | 722. 29 |
| 无　锡 | 186. 22 | 227. 35 | 239. 88 | 305. 82 | 337. 70 | 366. 70 | 389. 31 | 394. 90 | 463. 18 | 622. 75 |
| 苏　州 | 217. 12 | 279. 40 | 327. 43 | 454. 23 | 498. 24 | 535. 29 | 599. 57 | 665. 50 | 754. 79 | 1129. 36 |
| 杭　州 | 161. 50 | 194. 61 | 230. 31 | 265. 60 | 375. 30 | 384. 02 | 474. 43 | 525. 23 | 635. 04 | 928. 01 |
| 宁　波 | 225. 60 | 243. 91 | 262. 41 | 304. 34 | 336. 29 | 414. 57 | 449. 46 | 523. 37 | 553. 75 | 712. 21 |
| 温　州 | 62. 58 | 77. 14 | 109. 29 | 128. 54 | 152. 09 | 161. 43 | 186. 95 | 196. 94 | 225. 97 | 393. 85 |
| 合　肥 | 113. 21 | 165. 77 | 175. 82 | 252. 63 | 350. 71 | 394. 75 | 450. 85 | 467. 30 | 523. 28 | 700. 68 |
| 福　州 | 57. 55 | 60. 59 | 63. 99 | 116. 58 | 150. 95 | 236. 85 | 285. 69 | 314. 28 | 435. 23 | 600. 12 |
| 厦　门 | 69. 79 | 79. 89 | 107. 08 | 128. 18 | 143. 51 | 164. 44 | 173. 93 | 212. 99 | 236. 77 | 349. 68 |
| 南　昌 | 34. 07 | 103. 27 | 192. 29 | 217. 53 | 239. 32 | 247. 09 | 303. 23 | 327. 93 | 340. 10 | 426. 81 |
| 济　南 | 74. 21 | 78. 91 | 84. 93 | 98. 54 | 111. 97 | 120. 28 | 139. 34 | 181. 91 | 261. 64 | 384. 53 |
| 青　岛 | 222. 06 | 255. 51 | 262. 26 | 327. 01 | 341. 32 | 365. 48 | 400. 38 | 430. 48 | 538. 69 | 809. 86 |
| 郑　州 | 85. 59 | 113. 81 | 184. 17 | 387. 98 | 409. 90 | 423. 93 | 461. 47 | 465. 54 | 549. 37 | 1122. 87 |
| 武　汉 | 165. 29 | 202. 30 | 256. 40 | 294. 70 | 328. 03 | 331. 08 | 357. 92 | 372. 20 | 387. 82 | 645. 98 |
| 长　沙 | 311. 41 | 365. 31 | 402. 70 | 453. 98 | 511. 25 | 591. 91 | 651. 80 | 734. 04 | 789. 87 | 1042. 34 |
| 广　州 | 116. 43 | 158. 91 | 260. 72 | 277. 28 | 299. 66 | 317. 29 | 343. 12 | 368. 40 | 429. 60 | 1220. 51 |
| 深　圳 | 39. 41 | 67. 35 | 67. 20 | 85. 18 | 96. 24 | 117. 64 | 145. 21 | 174. 49 | 209. 00 | 269. 26 |
| 南　宁 | 100. 52 | 121. 22 | 127. 42 | 143. 24 | 144. 76 | 158. 36 | 183. 50 | 223. 43 | 262. 75 | 329. 78 |
| 北　海 | 35. 14 | 36. 63 | 47. 43 | 49. 93 | 60. 00 | 66. 49 | 73. 80 | 75. 47 | 99. 47 | 139. 28 |
| 海　口 | 66. 29 | 79. 60 | 79. 73 | 86. 85 | 86. 93 | 260. 30 | 261. 69 | 273. 38 | 273. 38 | 326. 11 |
| 三　亚 | 8. 67 | 10. 60 | 12. 01 | 12. 01 | 12. 01 | 167. 97 | 220. 20 | 220. 20 | 222. 77 | 280. 05 |
| 重　庆 | 710. 12 | 798. 23 | 869. 12 | 1130. 08 | 1348. 91 | 1455. 24 | 1615. 07 | 1794. 69 | 2064. 22 | 2771. 55 |
| 成　都 | 411. 83 | 487. 08 | 581. 01 | 732. 44 | 797. 62 | 839. 13 | 897. 77 | 952. 54 | 1044. 38 | 1384. 25 |
| 贵　阳 | 157. 44 | 166. 77 | 501. 00 | 509. 47 | 529. 26 | 535. 26 | 538. 16 | 596. 05 | 611. 86 | 795. 36 |
| 昆　明 | 146. 01 | 187. 61 | 203. 46 | 255. 28 | 270. 82 | 243. 57 | 263. 69 | 321. 48 | 342. 14 | 387. 78 |
| 西　安 | 135. 48 | 188. 45 | 331. 85 | 395. 85 | 454. 35 | 466. 01 | 478. 69 | 558. 44 | 802. 55 | 1288. 67 |
| 兰　州 | 11. 65 | 14. 07 | 17. 25 | 19. 00 | 19. 00 | 43. 65 | 45. 37 | 51. 26 | 53. 60 | 89. 88 |
| 西　宁 | 16. 98 | 27. 57 | 36. 97 | 40. 49 | 41. 74 | 43. 49 | 55. 53 | 87. 49 | 263. 81 | 391. 04 |
| 银　川 | 31. 94 | 67. 82 | 90. 89 | 111. 04 | 115. 06 | 170. 11 | 187. 56 | 240. 80 | 335. 93 | 502. 21 |
| 乌鲁木齐 | — | 8. 29 | 54. 12 | 81. 96 | 125. 55 | 150. 15 | 191. 60 | 260. 68 | 405. 52 | 546. 74 |

数据来源：国家统计局。

表 4-40　　2010—2014 年四十个重点城市办公楼竣工面积

单位：万平方米

| 城　市 | 2010 年 | 2011 年 | 2012 年 | 2013 年 | 2014 年 |
|---|---|---|---|---|---|
| 北　京 | 198.42 | 245.17 | 226.79 | 273.05 | 387.45 |
| 天　津 | 102.42 | 146.72 | 166.80 | 188.59 | 117.15 |
| 石家庄 | 12.04 | 23.09 | 25.13 | 83.35 | 17.34 |
| 太　原 | 5.30 | 1.00 | 3.02 | 11.07 | 9.30 |
| 呼和浩特 | 16.58 | 9.21 | 9.21 | 7.73 | 18.61 |
| 沈　阳 | 21.12 | 25.54 | 55.66 | 8.54 | 20.89 |
| 大　连 | 23.25 | 28.93 | 18.52 | 23.44 | 2.47 |
| 长　春 | 7.63 | 8.79 | 12.91 | 15.23 | 7.08 |
| 哈尔滨 | 4.60 | 3.88 | 7.09 | 24.06 | 49.86 |
| 上　海 | 1150.69 | 174.33 | 206.87 | 176.01 | 165.03 |
| 南　京 | 54.36 | 51.64 | 37.97 | 53.66 | 25.04 |
| 无　锡 | 21.49 | 34.90 | 57.07 | 89.27 | 88.61 |
| 苏　州 | 85.64 | 37.01 | 40.82 | 63.50 | 27.81 |
| 杭　州 | 61.34 | 103.92 | 95.00 | 68.31 | 109.76 |
| 宁　波 | 61.28 | 80.19 | 45.22 | 86.38 | 121.27 |
| 温　州 | 2.64 | 14.46 | 6.74 | 6.08 | 10.64 |
| 合　肥 | 35.35 | 35.99 | 18.09 | 60.42 | 57.08 |
| 福　州 | 1.38 | 3.60 | 26.14 | 20.02 | 45.65 |
| 厦　门 | 25.14 | 44.70 | 73.59 | 17.43 | 58.50 |
| 南　昌 | 15.53 | 3.91 | 28.42 | 16.46 | 20.75 |
| 济　南 | 4.21 | 45.89 | 35.91 | 25.08 | 10.42 |
| 青　岛 | 36.41 | 21.31 | 32.16 | 25.72 | 62.17 |
| 郑　州 | 35.89 | 45.74 | 58.42 | 85.08 | 162.11 |
| 武　汉 | 32.39 | 24.05 | 17.07 | 33.42 | 16.81 |
| 长　沙 | 17.59 | 18.12 | 9.49 | 35.62 | 53.25 |
| 广　州 | 64.83 | 122.21 | 118.40 | 147.36 | 135.59 |
| 深　圳 | 32.05 | 20.97 | 12.30 | 30.84 | 10.97 |
| 南　宁 | 10.07 | 3.05 | 17.94 | 9.67 | 22.88 |
| 北　海 | — | — | 1.57 | 0.14 | 0.65 |
| 海　口 | 10.90 | — | 3.85 | — | 1.24 |
| 三　亚 | 0.68 | 0.13 | 0.01 | 0.03 | — |
| 重　庆 | 30.03 | 44.77 | 30.37 | 75.76 | 115.03 |
| 成　都 | 26.10 | 48.15 | 108.41 | 86.70 | 124.80 |
| 贵　阳 | 8.89 | 26.80 | 9.45 | 19.00 | 47.06 |
| 昆　明 | 8.85 | 24.62 | 14.52 | 21.68 | 30.84 |
| 西　安 | 7.63 | 11.34 | 17.71 | 30.34 | 17.99 |
| 兰　州 | 4.07 | 7.08 | 7.14 | 0.95 | 6.41 |
| 西　宁 | 3.86 | 4.21 | 1.89 | 7.94 | 11.97 |
| 银　川 | 15.27 | 21.14 | 9.29 | 7.96 | 24.47 |
| 乌鲁木齐 | 10.63 | 6.16 | 21.96 | 3.09 | 28.39 |

数据来源：国家统计局。

**表 4-41　　2014 年四十个重点城市月度累计办公楼竣工面积**

单位：万平方米

| 城　市 | 1-3月 | 1-4月 | 1-5月 | 1-6月 | 1-7月 | 1-8月 | 1-9月 | 1-10月 | 1-11月 | 1-12月 |
|---|---|---|---|---|---|---|---|---|---|---|
| 北　京 | 83.83 | 97.89 | 130.68 | 143.17 | 157.98 | 166.46 | 193.87 | 217.20 | 274.58 | 387.45 |
| 天　津 | 8.08 | 8.08 | 8.08 | 12.11 | 12.11 | 12.12 | 12.12 | 12.12 | 12.12 | 117.15 |
| 石家庄 | 0.41 | 0.41 | 0.41 | 5.61 | 5.61 | 5.61 | 10.96 | 14.70 | 14.70 | 17.34 |
| 太　原 | 2.65 | 2.65 | 4.15 | 5.45 | 5.45 | 5.45 | 5.45 | 7.69 | 7.69 | 9.30 |
| 呼和浩特 | 0.31 | 0.31 | 0.31 | 3.44 | 10.74 | 10.74 | 10.20 | 15.92 | 18.32 | 18.61 |
| 沈　阳 | — | — | — | 0.10 | 0.10 | 12.53 | 17.68 | 18.30 | 19.71 | 20.89 |
| 大　连 | — | 0.78 | 0.78 | 0.78 | 0.78 | 0.78 | 0.78 | 0.78 | 0.78 | 2.47 |
| 长　春 | 0.57 | 0.57 | 0.57 | 0.81 | 1.09 | 1.09 | 4.98 | 4.98 | 4.98 | 7.08 |
| 哈尔滨 | 20.62 | 20.62 | 20.62 | 31.99 | 31.99 | 33.16 | 33.30 | 33.30 | 34.19 | 49.86 |
| 上　海 | 48.59 | 52.85 | 53.88 | 66.44 | 72.18 | 73.95 | 73.95 | 84.42 | 119.88 | 165.03 |
| 南　京 | 5.16 | 5.16 | 5.16 | 5.16 | 14.39 | 17.69 | 17.69 | 17.69 | 17.71 | 25.04 |
| 无　锡 | 2.86 | 20.98 | 22.28 | 23.96 | 24.12 | 24.12 | 24.68 | 31.94 | 49.98 | 88.61 |
| 苏　州 | 8.26 | 10.69 | 11.67 | 11.67 | 11.82 | 15.11 | 15.11 | 17.25 | 22.05 | 27.81 |
| 杭　州 | 8.31 | 15.81 | 15.81 | 33.49 | 43.95 | 55.83 | 52.97 | 52.97 | 58.77 | 109.76 |
| 宁　波 | 32.05 | 34.18 | 42.88 | 46.24 | 57.77 | 59.97 | 70.48 | 100.83 | 103.17 | 121.27 |
| 温　州 | 1.03 | 1.03 | 1.09 | 1.09 | 1.09 | 5.62 | 5.67 | 5.67 | 5.67 | 10.64 |
| 合　肥 | 1.82 | 16.06 | 16.06 | 16.06 | 33.06 | 30.32 | 30.32 | 30.43 | 42.41 | 57.08 |
| 福　州 | 10.45 | 10.45 | 10.45 | 10.45 | 10.45 | 10.45 | 10.45 | 16.22 | 16.22 | 45.65 |
| 厦　门 | — | 3.52 | 5.31 | 19.78 | 19.78 | 19.78 | 19.78 | 19.99 | 32.60 | 58.50 |
| 南　昌 | 0.50 | 0.50 | 0.50 | 12.28 | 12.28 | 12.28 | 12.28 | 12.28 | 14.64 | 20.75 |
| 济　南 | 0.54 | 0.54 | 0.54 | 0.54 | 0.54 | 0.54 | 0.54 | 0.54 | 0.98 | 10.42 |
| 青　岛 | 1.68 | 1.68 | 1.73 | 1.82 | 11.10 | 19.76 | 23.49 | 42.79 | 49.61 | 62.17 |
| 郑　州 | 0.25 | 0.31 | 1.45 | 1.45 | 1.45 | 1.68 | 7.96 | 16.93 | 18.35 | 162.11 |
| 武　汉 | 0.26 | 2.61 | 2.61 | 2.62 | 2.62 | 2.62 | 2.62 | 6.42 | 11.52 | 16.81 |
| 长　沙 | 6.53 | 6.53 | 14.05 | 14.24 | 18.04 | 18.04 | 20.02 | 24.49 | 47.09 | 53.25 |
| 广　州 | 7.81 | 8.18 | 13.39 | 12.13 | 12.13 | 12.13 | 17.36 | 25.29 | 35.07 | 135.59 |
| 深　圳 | 3.96 | 3.96 | 2.99 | 2.99 | 2.99 | 4.71 | 8.89 | 9.02 | 9.02 | 10.97 |
| 南　宁 | 16.45 | 21.66 | 21.58 | 21.58 | 21.58 | 21.58 | 21.61 | 21.66 | 21.66 | 22.88 |
| 北　海 | — | — | — | — | — | — | — | — | — | 0.65 |
| 海　口 | 0.10 | 0.10 | 0.10 | 0.10 | 0.10 | 0.17 | 1.24 | 1.24 | 1.24 | 1.24 |
| 三　亚 | — | — | — | — | — | — | — | — | — | — |
| 重　庆 | 32.44 | 33.93 | 40.07 | 46.45 | 46.88 | 47.49 | 47.50 | 71.74 | 93.21 | 115.03 |
| 成　都 | 43.21 | 43.21 | 52.13 | 52.22 | 56.29 | 56.38 | 63.06 | 74.00 | 83.02 | 124.80 |
| 贵　阳 | 6.31 | 6.31 | 22.31 | 22.31 | 22.31 | 22.31 | 22.31 | 22.31 | 22.31 | 47.06 |
| 昆　明 | 17.29 | 17.29 | 17.29 | 28.43 | 28.43 | 28.43 | 28.73 | 29.61 | 30.84 | 30.84 |
| 西　安 | 0.63 | 1.28 | 1.28 | 3.28 | 3.28 | 3.28 | 3.28 | 3.28 | 17.41 | 17.99 |
| 兰　州 | 3.53 | 3.53 | 3.94 | 3.94 | 3.94 | 5.74 | 5.74 | 5.74 | 5.74 | 6.41 |
| 西　宁 | — | — | — | 2.57 | 2.57 | 2.57 | 2.57 | 5.34 | 8.85 | 11.97 |
| 银　川 | 4.49 | 4.49 | 4.49 | 5.09 | 5.09 | 9.40 | 15.32 | 18.41 | 18.41 | 24.47 |
| 乌鲁木齐 | — | — | — | 0.05 | 0.30 | 5.26 | 5.26 | 13.06 | 24.73 | 28.39 |

数据来源：国家统计局。

表 4－42　　2010—2014 年四十个重点城市商业营业用房竣工面积

单位：万平方米

| 城　市 | 2010 年 | 2011 年 | 2012 年 | 2013 年 | 2014 年 |
|---|---|---|---|---|---|
| 北　京 | 271.92 | 232.43 | 240.06 | 178.36 | 216.24 |
| 天　津 | 235.29 | 154.27 | 301.42 | 187.80 | 267.75 |
| 石家庄 | 39.29 | 115.77 | 109.74 | 107.60 | 93.00 |
| 太　原 | 19.14 | 12.85 | 8.20 | 14.47 | 38.37 |
| 呼和浩特 | 72.84 | 44.80 | 41.05 | 51.06 | 47.29 |
| 沈　阳 | 202.86 | 261.89 | 246.71 | 178.60 | 156.11 |
| 大　连 | 55.31 | 72.11 | 62.01 | 96.45 | 79.57 |
| 长　春 | 99.43 | 61.09 | 121.93 | 139.11 | 85.94 |
| 哈尔滨 | 48.61 | 37.63 | 83.25 | 84.45 | 147.89 |
| 上　海 | 176.41 | 231.80 | 177.65 | 253.45 | 208.36 |
| 南　京 | 116.20 | 105.95 | 111.94 | 78.92 | 63.66 |
| 无　锡 | 125.25 | 118.33 | 134.80 | 140.01 | 159.63 |
| 苏　州 | 249.88 | 180.34 | 221.56 | 205.82 | 179.85 |
| 杭　州 | 96.59 | 89.27 | 72.30 | 78.67 | 114.04 |
| 宁　波 | 73.19 | 82.41 | 95.64 | 102.55 | 138.42 |
| 温　州 | 26.75 | 40.61 | 25.38 | 36.27 | 28.02 |
| 合　肥 | 120.77 | 92.16 | 98.82 | 128.16 | 113.81 |
| 福　州 | 23.37 | 31.28 | 41.52 | 50.81 | 35.26 |
| 厦　门 | 31.88 | 59.83 | 45.12 | 24.20 | 37.55 |
| 南　昌 | 51.43 | 41.47 | 50.26 | 46.75 | 34.62 |
| 济　南 | 17.98 | 41.10 | 16.64 | 46.25 | 38.82 |
| 青　岛 | 154.50 | 120.01 | 105.18 | 117.80 | 90.44 |
| 郑　州 | 79.20 | 123.84 | 168.01 | 135.01 | 175.46 |
| 武　汉 | 96.44 | 69.34 | 86.25 | 63.77 | 53.09 |
| 长　沙 | 68.21 | 85.93 | 121.37 | 114.04 | 146.02 |
| 广　州 | 131.46 | 110.86 | 151.09 | 82.71 | 258.50 |
| 深　圳 | 25.27 | 36.39 | 39.75 | 53.35 | 39.22 |
| 南　宁 | 25.93 | 51.80 | 78.29 | 45.95 | 50.33 |
| 北　海 | 0.97 | 8.80 | 12.26 | 8.36 | 13.40 |
| 海　口 | 10.53 | 1.78 | 35.67 | 16.73 | 15.10 |
| 三　亚 | 8.89 | 8.64 | 12.19 | 6.89 | 21.30 |
| 重　庆 | 229.44 | 298.79 | 282.23 | 456.08 | 340.59 |
| 成　都 | 80.84 | 109.59 | 145.79 | 153.40 | 231.86 |
| 贵　阳 | 58.20 | 64.59 | 58.99 | 66.88 | 59.60 |
| 昆　明 | 55.69 | 36.94 | 43.97 | 35.48 | 100.87 |
| 西　安 | 23.82 | 44.74 | 85.77 | 45.01 | 123.17 |
| 兰　州 | 31.37 | 17.56 | 17.08 | 16.22 | 13.04 |
| 西　宁 | 15.32 | 34.11 | 19.54 | 41.46 | 56.55 |
| 银　川 | 65.88 | 66.59 | 71.25 | 69.26 | 96.27 |
| 乌鲁木齐 | 28.48 | 17.37 | 35.25 | 24.24 | 35.82 |

数据来源：国家统计局。

**表 4 – 43　　2014 年四十个重点城市月度累计商业营业用房竣工面积**

单位：万平方米

| 城　市 | 1－3 月 | 1－4 月 | 1－5 月 | 1－6 月 | 1－7 月 | 1－8 月 | 1－9 月 | 1－10 月 | 1－11 月 | 1－12 月 |
|---|---|---|---|---|---|---|---|---|---|---|
| 北　京 | 36.57 | 38.77 | 46.93 | 56.01 | 59.10 | 67.00 | 73.45 | 92.77 | 116.42 | 216.24 |
| 天　津 | 18.63 | 13.24 | 14.85 | 29.02 | 33.59 | 33.61 | 33.75 | 40.29 | 40.13 | 267.75 |
| 石家庄 | 5.07 | 7.45 | 17.61 | 31.19 | 31.38 | 52.93 | 65.99 | 71.74 | 72.62 | 93.00 |
| 太　原 | 0.44 | 0.44 | 8.62 | 15.19 | 15.76 | 15.76 | 15.76 | 19.75 | 22.86 | 38.37 |
| 呼和浩特 | 1.47 | 3.35 | 4.13 | 25.22 | 28.13 | 28.53 | 31.87 | 37.91 | 41.44 | 47.29 |
| 沈　阳 | 1.40 | 5.03 | 16.36 | 61.80 | 71.07 | 116.31 | 125.38 | 132.24 | 144.42 | 156.11 |
| 大　连 | 22.79 | 24.61 | 27.82 | 37.98 | 40.01 | 47.06 | 47.71 | 62.51 | 69.94 | 79.57 |
| 长　春 | 6.79 | 6.92 | 11.39 | 39.97 | 46.91 | 56.15 | 60.38 | 61.23 | 72.73 | 85.94 |
| 哈尔滨 | 9.83 | 12.79 | 25.00 | 29.36 | 30.77 | 38.84 | 41.34 | 48.64 | 68.95 | 147.89 |
| 上　海 | 64.03 | 76.74 | 94.50 | 97.98 | 102.90 | 117.31 | 126.40 | 143.16 | 167.97 | 208.36 |
| 南　京 | 11.77 | 12.50 | 14.15 | 19.78 | 29.86 | 33.45 | 39.05 | 42.29 | 45.02 | 63.66 |
| 无　锡 | 46.20 | 63.49 | 68.67 | 79.70 | 89.10 | 90.15 | 92.10 | 103.43 | 122.35 | 159.63 |
| 苏　州 | 57.54 | 81.72 | 102.95 | 114.21 | 120.03 | 133.57 | 135.54 | 141.17 | 148.06 | 179.85 |
| 杭　州 | 11.30 | 15.69 | 16.56 | 21.06 | 48.14 | 52.05 | 54.80 | 58.65 | 71.87 | 114.04 |
| 宁　波 | 20.70 | 29.56 | 31.89 | 34.68 | 38.61 | 69.59 | 82.90 | 86.59 | 100.70 | 138.42 |
| 温　州 | 6.56 | 10.27 | 11.93 | 12.96 | 14.38 | 16.21 | 18.63 | 19.04 | 21.17 | 28.02 |
| 合　肥 | 17.21 | 36.71 | 36.77 | 50.23 | 68.48 | 83.91 | 86.60 | 87.83 | 91.51 | 113.81 |
| 福　州 | 10.95 | 11.08 | 11.16 | 12.74 | 15.05 | 24.89 | 25.22 | 25.59 | 27.53 | 35.26 |
| 厦　门 | 14.96 | 16.52 | 18.12 | 24.02 | 16.52 | 17.50 | 18.33 | 19.41 | 26.86 | 37.55 |
| 南　昌 | 2.71 | 8.55 | 15.13 | 17.01 | 17.01 | 17.80 | 19.31 | 21.36 | 24.51 | 34.62 |
| 济　南 | 3.74 | 6.25 | 6.25 | 6.75 | 13.29 | 14.37 | 14.37 | 23.80 | 27.82 | 38.82 |
| 青　岛 | 19.66 | 24.00 | 29.42 | 32.41 | 39.11 | 41.90 | 44.87 | 45.83 | 54.26 | 90.44 |
| 郑　州 | 17.05 | 20.14 | 25.43 | 53.32 | 54.63 | 56.70 | 58.13 | 59.07 | 65.97 | 175.46 |
| 武　汉 | 35.57 | 38.41 | 41.37 | 45.27 | 46.88 | 46.88 | 46.78 | 46.97 | 47.51 | 53.09 |
| 长　沙 | 27.13 | 32.57 | 40.11 | 45.22 | 51.61 | 72.49 | 80.05 | 109.17 | 115.75 | 146.02 |
| 广　州 | 10.79 | 12.54 | 20.79 | 23.20 | 24.31 | 24.96 | 28.35 | 49.75 | 57.24 | 258.50 |
| 深　圳 | 9.40 | 12.23 | 11.89 | 12.44 | 12.64 | 20.58 | 26.04 | 31.03 | 35.05 | 39.22 |
| 南　宁 | 20.73 | 32.86 | 32.49 | 33.00 | 33.00 | 35.45 | 38.34 | 40.17 | 44.85 | 50.33 |
| 北　海 | 0.81 | 0.95 | 1.01 | 1.01 | 1.31 | 1.31 | 2.58 | 2.58 | 3.11 | 13.40 |
| 海　口 | 1.92 | 2.26 | 2.26 | 2.26 | 2.26 | 7.24 | 11.46 | 11.46 | 11.46 | 15.10 |
| 三　亚 | 6.41 | 6.49 | 6.49 | 6.49 | 6.49 | 14.79 | 16.10 | 16.10 | 16.10 | 21.30 |
| 重　庆 | 95.04 | 98.12 | 115.54 | 132.05 | 149.95 | 159.44 | 177.90 | 193.99 | 241.78 | 340.59 |
| 成　都 | 68.71 | 71.00 | 80.11 | 93.40 | 100.20 | 106.01 | 109.46 | 131.83 | 141.70 | 231.86 |
| 贵　阳 | 15.74 | 15.99 | 33.69 | 36.61 | 37.06 | 37.06 | 38.42 | 42.27 | 43.18 | 59.60 |
| 昆　明 | 44.69 | 45.06 | 45.85 | 61.85 | 62.74 | 55.46 | 54.85 | 58.29 | 67.16 | 100.87 |
| 西　安 | 11.54 | 22.41 | 28.23 | 33.94 | 35.29 | 36.43 | 38.90 | 41.75 | 60.92 | 123.17 |
| 兰　州 | 2.12 | 1.22 | 1.93 | 1.93 | 1.93 | 3.03 | 3.25 | 3.50 | 3.54 | 13.04 |
| 西　宁 | 0.46 | 2.23 | 3.88 | 9.04 | 9.04 | 9.04 | 9.16 | 18.36 | 40.05 | 56.55 |
| 银　川 | 18.14 | 24.69 | 29.28 | 30.26 | 33.26 | 40.20 | 46.50 | 49.32 | 67.75 | 96.27 |
| 乌鲁木齐 | — | 0.82 | 2.58 | 4.09 | 7.05 | 7.89 | 8.51 | 13.35 | 29.78 | 35.82 |

数据来源：国家统计局。

（六）四十个重点城市房地产销售数据

表 4 - 44　　2010—2014 年四十个重点城市商品房销售面积

单位：万平方米

| 城　市 | 2010 年 | 2011 年 | 2012 年 | 2013 年 | 2014 年 |
|---|---|---|---|---|---|
| 北　京 | 1639.53 | 1440.04 | 1943.74 | 1903.11 | 1454.19 |
| 天　津 | 1564.52 | 1643.11 | 1661.69 | 1847.11 | 1612.98 |
| 石家庄 | 469.31 | 900.27 | 768.73 | 951.21 | 888.26 |
| 太　原 | 258.82 | 206.16 | 324.81 | 423.31 | 419.21 |
| 呼和浩特 | 471.60 | 576.37 | 478.18 | 420.45 | 363.91 |
| 沈　阳 | 1746.52 | 2178.15 | 2469.65 | 2262.33 | 1498.40 |
| 大　连 | 1215.33 | 910.24 | 1076.36 | 1222.13 | 746.40 |
| 长　春 | 863.08 | 880.95 | 908.00 | 847.06 | 758.84 |
| 哈尔滨 | 881.75 | 953.10 | 1195.28 | 1370.48 | 1041.05 |
| 上　海 | 2055.53 | 1771.30 | 1898.46 | 2382.20 | 2084.66 |
| 南　京 | 823.17 | 767.70 | 950.87 | 1222.01 | 1207.58 |
| 无　锡 | 1008.23 | 654.41 | 923.73 | 906.38 | 837.07 |
| 苏　州 | 1453.54 | 1155.92 | 1466.29 | 1875.05 | 1599.16 |
| 杭　州 | 988.34 | 829.81 | 1092.50 | 1139.13 | 1122.91 |
| 宁　波 | 688.34 | 641.25 | 590.22 | 730.09 | 726.44 |
| 温　州 | 228.46 | 135.51 | 202.86 | 349.73 | 418.28 |
| 合　肥 | 1004.91 | 1246.60 | 1242.48 | 1628.09 | 1594.79 |
| 福　州 | 597.83 | 622.18 | 841.50 | 1256.49 | 965.60 |
| 厦　门 | 426.77 | 438.26 | 615.34 | 786.71 | 790.21 |
| 南　昌 | 520.84 | 498.80 | 689.86 | 841.49 | 824.66 |
| 济　南 | 531.49 | 594.06 | 659.56 | 822.63 | 865.35 |
| 青　岛 | 1360.69 | 1027.95 | 950.92 | 1160.16 | 1163.53 |
| 郑　州 | 1558.72 | 1556.71 | 1441.87 | 1621.89 | 1591.91 |
| 武　汉 | 1207.97 | 1323.51 | 1576.11 | 1995.36 | 2273.16 |
| 长　沙 | 1680.21 | 1500.17 | 1526.93 | 1861.56 | 1518.47 |
| 广　州 | 1405.13 | 1251.48 | 1333.13 | 1699.98 | 1540.02 |
| 深　圳 | 465.59 | 512.15 | 525.83 | 588.58 | 532.57 |
| 南　宁 | 666.48 | 696.48 | 629.01 | 702.60 | 802.57 |
| 北　海 | 179.63 | 161.52 | 133.76 | 178.44 | 207.65 |
| 海　口 | 209.76 | 225.55 | 266.95 | 338.19 | 337.66 |
| 三　亚 | 140.83 | 163.69 | 180.03 | 182.88 | 100.99 |
| 重　庆 | 4314.39 | 4533.50 | 4522.40 | 4817.56 | 5100.39 |
| 成　都 | 2559.28 | 2713.45 | 2844.09 | 2950.13 | 2951.30 |
| 贵　阳 | 801.56 | 828.29 | 1023.84 | 1282.01 | 935.55 |
| 昆　明 | 1242.48 | 1114.92 | 1051.35 | 1211.20 | 1289.37 |
| 西　安 | 1587.81 | 1796.03 | 1532.90 | 1632.85 | 1696.39 |
| 兰　州 | 228.21 | 184.61 | 190.35 | 253.46 | 480.36 |
| 西　宁 | 216.70 | 260.12 | 177.04 | 277.80 | 305.71 |
| 银　川 | 1639.53 | 1440.04 | 450.26 | 612.11 | 724.59 |
| 乌鲁木齐 | 1564.52 | 1643.11 | 371.61 | 535.67 | 461.79 |

数据来源：国家统计局。

表 4－45　　2014 年四十个重点城市月度累计商品房销售面积

单位：万平方米

| 城　市 | 1－3 月 | 1－4 月 | 1－5 月 | 1－6 月 | 1－7 月 | 1－8 月 | 1－9 月 | 1－10 月 | 1－11 月 | 1－12 月 |
|---|---|---|---|---|---|---|---|---|---|---|
| 北　京 | 260.52 | 357.23 | 454.35 | 531.92 | 677.43 | 774.36 | 895.89 | 1025.57 | 1173.50 | 1454.19 |
| 天　津 | 377.90 | 461.32 | 620.52 | 722.81 | 763.00 | 859.95 | 1015.06 | 1151.39 | 1274.70 | 1612.98 |
| 石家庄 | 105.70 | 147.83 | 204.59 | 295.69 | 340.21 | 376.36 | 535.99 | 602.09 | 671.50 | 888.26 |
| 太　原 | 52.82 | 76.38 | 104.21 | 164.94 | 188.73 | 217.47 | 265.24 | 299.71 | 344.42 | 419.21 |
| 呼和浩特 | 32.39 | 40.40 | 47.83 | 90.24 | 108.16 | 116.65 | 207.99 | 263.91 | 317.89 | 363.91 |
| 沈　阳 | 245.38 | 370.83 | 503.95 | 744.61 | 870.37 | 989.77 | 1172.14 | 1306.56 | 1415.03 | 1498.40 |
| 大　连 | 120.30 | 188.55 | 247.38 | 363.27 | 423.15 | 491.55 | 550.46 | 633.80 | 688.41 | 746.40 |
| 长　春 | 49.30 | 99.13 | 168.79 | 283.83 | 356.93 | 415.54 | 504.39 | 567.38 | 645.95 | 758.84 |
| 哈尔滨 | 71.58 | 127.57 | 181.23 | 341.99 | 397.60 | 448.23 | 610.68 | 702.53 | 817.94 | 1041.05 |
| 上　海 | 467.18 | 602.27 | 707.49 | 900.90 | 1049.32 | 1166.96 | 1315.71 | 1486.66 | 1747.99 | 2084.66 |
| 南　京 | 177.31 | 273.91 | 348.59 | 459.04 | 518.31 | 603.38 | 689.14 | 782.36 | 877.91 | 1207.58 |
| 无　锡 | 154.71 | 225.84 | 298.48 | 368.02 | 421.95 | 483.33 | 545.82 | 644.51 | 744.48 | 837.07 |
| 苏　州 | 279.28 | 389.02 | 507.26 | 659.85 | 775.12 | 908.68 | 1055.08 | 1249.13 | 1401.67 | 1599.16 |
| 杭　州 | 179.08 | 264.32 | 341.01 | 427.06 | 519.88 | 611.35 | 713.76 | 841.44 | 960.75 | 1122.91 |
| 宁　波 | 94.36 | 117.68 | 160.65 | 223.86 | 266.54 | 359.54 | 455.04 | 547.11 | 628.95 | 726.44 |
| 温　州 | 68.68 | 80.81 | 117.22 | 154.04 | 178.74 | 207.99 | 263.68 | 300.97 | 346.19 | 418.28 |
| 合　肥 | 387.78 | 544.40 | 675.43 | 825.87 | 933.35 | 1076.35 | 1186.81 | 1303.51 | 1427.72 | 1594.79 |
| 福　州 | 186.10 | 268.14 | 341.53 | 438.06 | 482.18 | 534.69 | 599.09 | 716.50 | 798.18 | 965.60 |
| 厦　门 | 211.67 | 329.28 | 368.69 | 441.91 | 507.17 | 548.77 | 616.62 | 666.28 | 723.85 | 790.21 |
| 南　昌 | 187.84 | 235.83 | 271.54 | 338.86 | 379.01 | 421.94 | 535.77 | 598.60 | 682.06 | 824.66 |
| 济　南 | 164.90 | 230.63 | 295.45 | 365.62 | 438.46 | 508.97 | 575.99 | 664.02 | 739.31 | 865.35 |
| 青　岛 | 136.83 | 196.32 | 252.56 | 338.47 | 404.21 | 581.05 | 745.21 | 847.97 | 958.30 | 1163.53 |
| 郑　州 | 279.66 | 369.96 | 475.45 | 627.72 | 749.16 | 864.65 | 1034.58 | 1168.05 | 1278.86 | 1591.91 |
| 武　汉 | 333.25 | 490.73 | 652.19 | 946.10 | 1096.67 | 1217.16 | 1435.84 | 1661.11 | 1879.64 | 2273.16 |
| 长　沙 | 278.97 | 367.23 | 477.49 | 595.94 | 704.92 | 818.21 | 947.96 | 1092.04 | 1274.94 | 1518.47 |
| 广　州 | 286.46 | 373.38 | 503.29 | 662.54 | 763.86 | 866.98 | 1025.79 | 1165.77 | 1314.25 | 1540.02 |
| 深　圳 | 93.57 | 132.84 | 158.42 | 196.89 | 229.79 | 259.19 | 316.40 | 365.97 | 462.34 | 532.57 |
| 南　宁 | 127.31 | 180.90 | 226.52 | 313.62 | 377.35 | 428.25 | 483.62 | 580.96 | 662.98 | 802.57 |
| 北　海 | 29.72 | 45.70 | 73.79 | 92.22 | 104.32 | 113.22 | 127.62 | 152.76 | 168.09 | 207.65 |
| 海　口 | 50.03 | 63.37 | 90.53 | 119.23 | 135.76 | 171.80 | 187.04 | 207.00 | 283.87 | 337.66 |
| 三　亚 | 25.85 | 31.77 | 36.28 | 44.50 | 54.54 | 62.61 | 73.99 | 81.33 | 92.19 | 100.99 |
| 重　庆 | 1013.17 | 1351.41 | 1714.96 | 2178.98 | 2495.08 | 2855.64 | 3292.81 | 3732.36 | 4328.71 | 5100.39 |
| 成　都 | 518.46 | 702.29 | 1005.62 | 1354.70 | 1581.40 | 1797.17 | 2021.69 | 2298.83 | 2624.29 | 2951.30 |
| 贵　阳 | 228.01 | 298.94 | 358.58 | 440.11 | 489.36 | 556.59 | 669.27 | 745.31 | 833.05 | 935.55 |
| 昆　明 | 243.06 | 331.56 | 413.60 | 579.25 | 646.68 | 714.36 | 870.71 | 945.02 | 1026.47 | 1289.37 |
| 西　安 | 239.69 | 358.83 | 485.23 | 737.62 | 838.80 | 972.86 | 1150.98 | 1306.91 | 1470.82 | 1696.39 |
| 兰　州 | 62.18 | 89.19 | 111.29 | 176.40 | 225.77 | 267.55 | 336.30 | 377.71 | 436.66 | 480.36 |
| 西　宁 | 48.85 | 61.31 | 74.12 | 85.20 | 112.29 | 125.09 | 170.58 | 225.33 | 266.20 | 305.71 |
| 银　川 | 72.07 | 136.16 | 201.35 | 272.92 | 327.16 | 399.31 | 464.34 | 545.06 | 632.96 | 724.59 |
| 乌鲁木齐 | 54.19 | 76.44 | 119.66 | 126.64 | 150.77 | 207.42 | 242.21 | 317.79 | 390.26 | 461.79 |

数据来源：国家统计局。

表 4-46　　2010—2014 年四十个重点城市住宅销售面积

单位：万平方米

| 城市 | 2010 年 | 2011 年 | 2012 年 | 2013 年 | 2014 年 |
|---|---|---|---|---|---|
| 北京 | 1201.39 | 1034.96 | 1483.37 | 1363.67 | 1136.53 |
| 天津 | 1352.61 | 1454.84 | 1511.40 | 1720.34 | 1477.63 |
| 石家庄 | 446.43 | 769.38 | 697.08 | 782.73 | 725.68 |
| 太原 | 235.49 | 181.19 | 308.13 | 401.15 | 394.09 |
| 呼和浩特 | 394.46 | 511.14 | 414.31 | 339.96 | 306.92 |
| 沈阳 | 1516.06 | 1952.14 | 2201.45 | 2017.37 | 1342.38 |
| 大连 | 1126.68 | 833.42 | 966.89 | 1104.02 | 670.73 |
| 长春 | 786.19 | 786.62 | 775.19 | 762.50 | 663.35 |
| 哈尔滨 | 809.89 | 881.62 | 1031.61 | 1227.00 | 919.81 |
| 上海 | 1685.35 | 1473.72 | 1592.63 | 2015.81 | 1780.91 |
| 南京 | 754.82 | 680.89 | 876.25 | 1143.15 | 1124.73 |
| 无锡 | 1008.23 | 529.07 | 782.59 | 778.24 | 736.44 |
| 苏州 | 1453.54 | 941.19 | 1263.11 | 1633.41 | 1446.07 |
| 杭州 | 797.59 | 682.43 | 922.24 | 968.78 | 952.51 |
| 宁波 | 492.59 | 444.34 | 458.74 | 581.95 | 595.20 |
| 温州 | 228.46 | 113.38 | 180.58 | 317.41 | 381.58 |
| 合肥 | 863.86 | 1066.31 | 1117.33 | 1451.69 | 1326.22 |
| 福州 | 531.10 | 536.87 | 733.96 | 1105.48 | 816.65 |
| 厦门 | 238.68 | 263.77 | 480.27 | 581.52 | 510.37 |
| 南昌 | 489.30 | 435.69 | 595.33 | 751.87 | 751.48 |
| 济南 | 477.31 | 536.79 | 559.92 | 705.31 | 723.92 |
| 青岛 | 1209.87 | 917.54 | 842.50 | 1050.61 | 1022.28 |
| 郑州 | 1428.61 | 1300.67 | 1226.18 | 1313.48 | 1293.28 |
| 武汉 | 1091.49 | 1169.26 | 1390.47 | 1750.43 | 1978.96 |
| 长沙 | 1624.04 | 1385.56 | 1385.33 | 1659.53 | 1331.36 |
| 广州 | 1111.66 | 1027.31 | 1128.51 | 1398.47 | 1196.23 |
| 深圳 | 413.80 | 482.85 | 488.44 | 527.16 | 474.81 |
| 南宁 | 601.83 | 598.85 | 575.52 | 633.14 | 720.95 |
| 北海 | 179.63 | 157.49 | 131.04 | 175.69 | 199.98 |
| 海口 | 199.70 | 196.83 | 251.49 | 319.04 | 297.58 |
| 三亚 | 140.83 | 162.35 | 178.02 | 180.57 | 99.13 |
| 重庆 | 3986.31 | 4063.42 | 4105.11 | 4359.19 | 4423.68 |
| 成都 | 2289.92 | 2320.29 | 2424.61 | 2555.81 | 2476.25 |
| 贵阳 | 733.55 | 733.72 | 948.47 | 1145.71 | 789.95 |
| 昆明 | 1097.42 | 928.33 | 917.73 | 1041.35 | 978.23 |
| 西安 | 1523.24 | 1687.08 | 1379.13 | 1496.34 | 1514.15 |
| 兰州 | 206.81 | 164.22 | 176.75 | 237.35 | 439.43 |
| 西宁 | 206.78 | 250.27 | 165.85 | 272.04 | 264.38 |
| 银川 | 404.32 | 318.36 | 388.33 | 543.09 | 614.01 |
| 乌鲁木齐 | 394.89 | 396.91 | 337.30 | 488.54 | 401.75 |

数据来源：国家统计局。

**表 4－47　　2014 年四十个重点城市月度累计住宅销售面积**

单位：万平方米

| 城　市 | 1－3 月 | 1－4 月 | 1－5 月 | 1－6 月 | 1－7 月 | 1－8 月 | 1－9 月 | 1－10 月 | 1－11 月 | 1－12 月 |
|---|---|---|---|---|---|---|---|---|---|---|
| 北　京 | 170.78 | 249.41 | 328.78 | 385.38 | 505.07 | 578.63 | 685.34 | 797.09 | 921.82 | 1136.53 |
| 天　津 | 348.65 | 423.27 | 570.12 | 662.77 | 701.72 | 783.53 | 919.54 | 1049.02 | 1158.50 | 1477.63 |
| 石家庄 | 87.91 | 128.11 | 176.90 | 246.48 | 288.62 | 320.67 | 450.61 | 506.63 | 560.30 | 725.68 |
| 太　原 | 49.19 | 70.27 | 95.31 | 152.73 | 174.49 | 200.40 | 245.55 | 278.19 | 320.75 | 394.09 |
| 呼和浩特 | 21.30 | 27.41 | 33.24 | 71.10 | 88.62 | 96.85 | 177.52 | 222.41 | 267.27 | 306.92 |
| 沈　阳 | 230.06 | 344.72 | 463.16 | 687.90 | 801.11 | 910.30 | 1072.18 | 1190.37 | 1281.45 | 1342.38 |
| 大　连 | 108.80 | 172.79 | 227.74 | 326.24 | 383.11 | 440.21 | 492.37 | 568.08 | 617.52 | 670.73 |
| 长　春 | 39.73 | 84.85 | 148.58 | 240.64 | 304.59 | 357.04 | 435.97 | 490.83 | 561.14 | 663.35 |
| 哈尔滨 | 62.15 | 114.83 | 162.94 | 308.91 | 359.81 | 407.84 | 558.55 | 617.32 | 717.54 | 919.81 |
| 上　海 | 418.50 | 531.78 | 618.31 | 789.33 | 912.38 | 1010.39 | 1133.66 | 1274.64 | 1503.66 | 1780.91 |
| 南　京 | 167.55 | 255.81 | 322.37 | 424.10 | 476.20 | 553.89 | 630.49 | 718.09 | 808.31 | 1124.73 |
| 无　锡 | 131.24 | 193.52 | 258.49 | 316.66 | 364.71 | 419.57 | 475.01 | 565.75 | 657.14 | 736.44 |
| 苏　州 | 246.21 | 350.37 | 454.88 | 591.88 | 697.39 | 818.65 | 954.00 | 1134.46 | 1274.64 | 1446.07 |
| 杭　州 | 135.05 | 212.22 | 276.08 | 336.86 | 416.78 | 496.89 | 588.42 | 704.86 | 810.90 | 952.51 |
| 宁　波 | 69.38 | 85.38 | 119.59 | 170.14 | 206.17 | 287.39 | 373.78 | 451.30 | 518.69 | 595.20 |
| 温　州 | 66.05 | 76.54 | 111.31 | 144.03 | 168.05 | 195.85 | 247.45 | 276.07 | 317.88 | 381.58 |
| 合　肥 | 348.73 | 465.81 | 575.90 | 688.34 | 768.16 | 902.87 | 1005.61 | 1105.10 | 1212.90 | 1326.22 |
| 福　州 | 166.63 | 230.89 | 295.05 | 374.28 | 412.52 | 460.02 | 517.03 | 621.62 | 678.57 | 816.65 |
| 厦　门 | 142.72 | 207.78 | 232.42 | 269.42 | 316.50 | 347.97 | 391.20 | 425.85 | 466.98 | 510.37 |
| 南　昌 | 169.39 | 214.22 | 245.80 | 304.85 | 339.08 | 378.60 | 483.95 | 542.05 | 620.22 | 751.48 |
| 济　南 | 146.21 | 203.30 | 258.04 | 316.68 | 378.66 | 439.99 | 494.83 | 562.94 | 619.65 | 723.92 |
| 青　岛 | 128.15 | 181.01 | 224.14 | 301.04 | 355.68 | 522.71 | 659.74 | 747.24 | 842.60 | 1022.28 |
| 郑　州 | 209.47 | 286.72 | 376.23 | 515.42 | 614.50 | 707.66 | 849.25 | 966.11 | 1059.94 | 1293.28 |
| 武　汉 | 286.37 | 416.01 | 565.42 | 822.11 | 958.66 | 1070.83 | 1268.56 | 1459.82 | 1647.22 | 1978.96 |
| 长　沙 | 252.03 | 331.16 | 429.21 | 523.72 | 624.10 | 713.83 | 824.73 | 958.35 | 1117.76 | 1331.36 |
| 广　州 | 225.09 | 292.93 | 395.50 | 524.81 | 601.09 | 681.76 | 797.82 | 905.75 | 1030.52 | 1196.23 |
| 深　圳 | 79.68 | 114.18 | 137.83 | 171.02 | 198.76 | 225.29 | 275.30 | 320.42 | 412.12 | 474.81 |
| 南　宁 | 117.95 | 166.02 | 206.16 | 282.28 | 342.77 | 383.60 | 434.84 | 521.21 | 593.03 | 720.95 |
| 北　海 | 29.55 | 45.26 | 73.16 | 90.45 | 102.29 | 111.03 | 125.37 | 150.13 | 164.68 | 199.98 |
| 海　口 | 47.48 | 60.10 | 83.18 | 109.56 | 125.33 | 160.63 | 175.26 | 190.82 | 261.13 | 297.58 |
| 三　亚 | 25.48 | 31.37 | 35.83 | 43.66 | 53.58 | 61.65 | 72.92 | 79.84 | 90.60 | 99.13 |
| 重　庆 | 925.84 | 1225.19 | 1562.83 | 1940.81 | 2214.59 | 2530.92 | 2924.12 | 3321.74 | 3813.93 | 4423.68 |
| 成　都 | 453.21 | 612.97 | 866.23 | 1140.26 | 1337.05 | 1519.88 | 1706.50 | 1936.14 | 2212.41 | 2476.25 |
| 贵　阳 | 187.83 | 249.96 | 301.61 | 369.78 | 409.58 | 469.59 | 571.99 | 640.18 | 714.56 | 789.95 |
| 昆　明 | 202.94 | 275.75 | 346.19 | 455.50 | 505.84 | 548.19 | 667.37 | 723.68 | 788.72 | 978.23 |
| 西　安 | 210.88 | 320.67 | 433.07 | 647.15 | 737.48 | 857.07 | 1026.32 | 1166.24 | 1311.84 | 1514.15 |
| 兰　州 | 60.51 | 86.79 | 107.73 | 162.44 | 204.84 | 242.00 | 304.76 | 343.96 | 399.38 | 439.43 |
| 西　宁 | 41.77 | 53.23 | 64.92 | 75.44 | 86.36 | 96.96 | 140.00 | 192.00 | 228.14 | 264.38 |
| 银　川 | 60.86 | 107.20 | 164.98 | 230.62 | 272.29 | 337.63 | 390.91 | 463.27 | 535.37 | 614.01 |
| 乌鲁木齐 | 49.09 | 69.38 | 108.13 | 112.42 | 133.41 | 184.07 | 214.54 | 281.79 | 342.88 | 401.75 |

数据来源：国家统计局。

表 4－48　　2010—2014 年四十个重点城市办公楼销售面积

单位：万平方米

| 城　市 | 2010 年 | 2011 年 | 2012 年 | 2013 年 | 2014 年 |
|---|---|---|---|---|---|
| 北　京 | 208.15 | 211.42 | 253.50 | 317.93 | 136.80 |
| 天　津 | 35.29 | 42.80 | 28.17 | 23.49 | 13.53 |
| 石家庄 | 8.15 | 12.10 | 17.46 | 36.95 | 30.94 |
| 太　原 | 4.04 | 7.44 | 5.02 | 8.00 | 14.15 |
| 呼和浩特 | 8.76 | 14.64 | 14.05 | 16.83 | 7.81 |
| 沈　阳 | 25.07 | 12.19 | 21.82 | 17.45 | 14.02 |
| 大　连 | 19.96 | 5.70 | 24.58 | 6.38 | 6.67 |
| 长　春 | 4.04 | 7.88 | 12.90 | 15.84 | 9.73 |
| 哈尔滨 | 2.54 | 2.26 | 10.57 | 19.57 | 12.42 |
| 上　海 | 162.89 | 147.40 | 111.73 | 161.22 | 120.28 |
| 南　京 | 14.78 | 38.28 | 32.93 | 24.53 | 24.68 |
| 无　锡 | 29.18 | 29.14 | 45.55 | 41.69 | 27.97 |
| 苏　州 | 66.51 | 38.42 | 34.35 | 52.42 | 28.25 |
| 杭　州 | 102.33 | 70.36 | 86.04 | 94.63 | 73.04 |
| 宁　波 | 67.39 | 66.91 | 45.53 | 49.59 | 50.90 |
| 温　州 | 6.67 | 5.24 | 3.97 | 7.67 | 2.45 |
| 合　肥 | 65.30 | 52.49 | 33.51 | 58.06 | 52.73 |
| 福　州 | 18.00 | 30.23 | 49.64 | 65.23 | 44.86 |
| 厦　门 | 54.75 | 50.24 | 36.25 | 67.14 | 87.15 |
| 南　昌 | 12.57 | 16.36 | 42.42 | 40.27 | 27.86 |
| 济　南 | 23.38 | 16.05 | 29.36 | 32.56 | 45.49 |
| 青　岛 | 27.80 | 15.82 | 42.22 | 46.43 | 42.57 |
| 郑　州 | 50.94 | 130.46 | 110.11 | 176.74 | 133.61 |
| 武　汉 | 20.88 | 25.10 | 58.95 | 71.44 | 57.83 |
| 长　沙 | 11.39 | 37.93 | 42.34 | 64.26 | 37.60 |
| 广　州 | 112.28 | 115.76 | 103.10 | 160.85 | 142.76 |
| 深　圳 | 15.00 | 9.90 | 5.98 | 21.31 | 23.17 |
| 南　宁 | 11.06 | 10.87 | 7.21 | 21.89 | 14.43 |
| 北　海 | — | 0.08 | 0.09 | — | 0.63 |
| 海　口 | 5.44 | 1.81 | 0.23 | 0.51 | 4.47 |
| 三　亚 | — | — | — | 1.33 | 0.21 |
| 重　庆 | 62.60 | 43.88 | 62.30 | 68.67 | 98.15 |
| 成　都 | 77.90 | 79.89 | 148.14 | 106.03 | 122.30 |
| 贵　阳 | 23.05 | 22.70 | 12.17 | 87.53 | 61.18 |
| 昆　明 | 18.31 | 39.82 | 72.40 | 40.74 | 58.31 |
| 西　安 | 35.46 | 31.58 | 56.92 | 33.36 | 45.83 |
| 兰　州 | 3.71 | 7.28 | 2.18 | 2.95 | 11.36 |
| 西　宁 | 1.00 | 0.38 | 0.16 | 0.32 | 7.87 |
| 银　川 | 13.73 | 8.81 | 6.26 | 5.00 | 7.15 |
| 乌鲁木齐 | 11.31 | 11.02 | 12.70 | 8.07 | 19.25 |

数据来源：国家统计局。

**表 4－49　　2014 年四十个重点城市月度累计办公楼销售面积**

单位：万平方米

| 城　市 | 1－3 月 | 1－4 月 | 1－5 月 | 1－6 月 | 1－7 月 | 1－8 月 | 1－9 月 | 1－10 月 | 1－11 月 | 1－12 月 |
|---|---|---|---|---|---|---|---|---|---|---|
| 北京 | 50.39 | 59.61 | 67.36 | 75.76 | 86.76 | 91.00 | 97.44 | 102.83 | 114.15 | 136.80 |
| 天　津 | 2.47 | 3.04 | 3.52 | 3.91 | 4.48 | 5.85 | 7.34 | 9.99 | 10.84 | 13.53 |
| 石家庄 | 1.08 | 1.20 | 1.65 | 7.30 | 7.58 | 7.82 | 12.82 | 15.70 | 20.42 | 30.94 |
| 太　原 | 2.53 | 4.11 | 6.13 | 7.74 | 8.98 | 9.83 | 11.52 | 12.97 | 13.85 | 14.15 |
| 呼和浩特 | 0.42 | 0.65 | 1.80 | 3.17 | 3.32 | 3.43 | 4.83 | 4.90 | 7.28 | 7.81 |
| 沈　阳 | 0.38 | 1.19 | 4.77 | 5.56 | 5.83 | 6.43 | 7.48 | 8.42 | 13.29 | 14.02 |
| 大　连 | 0.78 | 1.94 | 2.00 | 5.66 | 5.78 | 5.80 | 5.80 | 6.03 | 6.23 | 6.67 |
| 长　春 | 2.32 | 2.80 | 3.34 | 4.76 | 5.21 | 5.78 | 6.85 | 7.33 | 9.00 | 9.73 |
| 哈尔滨 | 3.03 | 3.35 | 4.20 | 4.77 | 5.91 | 6.07 | 6.94 | 8.22 | 10.78 | 12.42 |
| 上　海 | 15.90 | 26.20 | 37.16 | 44.91 | 59.81 | 66.95 | 75.36 | 88.19 | 102.41 | 120.28 |
| 南　京 | 5.28 | 7.58 | 9.20 | 12.08 | 13.49 | 15.30 | 18.81 | 19.01 | 21.39 | 24.68 |
| 无　锡 | 4.91 | 6.86 | 9.23 | 15.01 | 15.96 | 17.11 | 20.67 | 22.63 | 24.18 | 27.97 |
| 苏　州 | 9.28 | 6.10 | 7.16 | 11.69 | 13.56 | 16.08 | 18.23 | 20.06 | 22.65 | 28.25 |
| 杭　州 | 19.32 | 21.46 | 24.28 | 37.35 | 42.89 | 47.34 | 52.11 | 56.91 | 63.71 | 73.04 |
| 宁　波 | 11.92 | 13.94 | 18.06 | 23.08 | 25.71 | 29.48 | 33.59 | 40.00 | 43.10 | 50.90 |
| 温　州 | 0.62 | 0.63 | 0.63 | 0.78 | 0.83 | 0.83 | 0.87 | 0.87 | 1.59 | 2.45 |
| 合　肥 | 8.50 | 15.04 | 16.71 | 28.07 | 35.46 | 37.38 | 39.49 | 40.41 | 46.66 | 52.73 |
| 福　州 | 4.86 | 10.23 | 11.65 | 17.95 | 19.86 | 20.72 | 24.30 | 28.90 | 37.26 | 44.86 |
| 厦　门 | 27.59 | 36.31 | 38.58 | 54.22 | 63.42 | 64.34 | 65.89 | 70.83 | 80.70 | 87.15 |
| 南　昌 | 10.77 | 12.11 | 13.77 | 15.12 | 16.06 | 17.79 | 23.46 | 24.35 | 25.52 | 27.86 |
| 济　南 | 7.07 | 9.27 | 11.59 | 13.26 | 15.28 | 18.08 | 21.60 | 30.35 | 36.96 | 45.49 |
| 青　岛 | 3.61 | 5.00 | 5.73 | 6.72 | 13.86 | 16.43 | 28.93 | 33.41 | 40.07 | 42.57 |
| 郑　州 | 36.50 | 43.42 | 53.17 | 60.39 | 69.96 | 81.73 | 96.44 | 101.18 | 108.99 | 133.61 |
| 武　汉 | 10.90 | 18.14 | 20.48 | 26.88 | 29.41 | 31.05 | 33.75 | 38.02 | 38.93 | 57.83 |
| 长　沙 | 5.45 | 7.63 | 12.70 | 15.81 | 18.44 | 21.31 | 29.84 | 31.72 | 33.75 | 37.60 |
| 广　州 | 26.91 | 34.09 | 50.13 | 66.24 | 78.37 | 86.27 | 102.91 | 120.06 | 127.15 | 142.76 |
| 深　圳 | 3.86 | 4.87 | 5.60 | 7.30 | 10.08 | 11.26 | 15.72 | 16.75 | 18.17 | 23.17 |
| 南　宁 | 1.57 | 5.14 | 8.09 | 8.82 | 9.31 | 11.44 | 11.51 | 12.85 | 13.57 | 14.43 |
| 北　海 | — | — | — | — | — | — | — | — | — | 0.63 |
| 海　口 | 1.04 | 1.08 | 1.08 | 1.22 | 1.22 | 1.22 | 1.22 | 4.47 | 4.47 | 4.47 |
| 三　亚 | — | — | — | — | — | — | — | 0.16 | 0.19 | 0.21 |
| 重　庆 | 7.27 | 23.04 | 26.38 | 50.41 | 59.09 | 64.29 | 68.29 | 71.23 | 82.68 | 98.15 |
| 成　都 | 15.77 | 22.45 | 32.80 | 50.13 | 58.27 | 64.38 | 76.31 | 95.90 | 109.15 | 122.30 |
| 贵　阳 | 27.86 | 32.21 | 34.96 | 39.19 | 41.49 | 43.26 | 46.41 | 48.04 | 49.46 | 61.18 |
| 昆　明 | 12.95 | 15.61 | 16.17 | 20.99 | 22.01 | 22.88 | 29.82 | 36.68 | 39.45 | 58.31 |
| 西　安 | 11.42 | 15.01 | 18.32 | 20.95 | 25.41 | 31.72 | 32.74 | 34.81 | 40.29 | 45.83 |
| 兰　州 | 0.33 | 0.72 | 1.00 | 4.87 | 8.45 | 9.19 | 9.27 | 9.46 | 11.16 | 11.36 |
| 西　宁 | 1.73 | 1.73 | 1.85 | 1.98 | 2.05 | 2.89 | 3.66 | 4.61 | 6.76 | 7.87 |
| 银　川 | 1.22 | 1.68 | 2.02 | 2.46 | 2.98 | 3.29 | 3.70 | 4.68 | 5.93 | 7.15 |
| 乌鲁木齐 | 1.61 | 1.90 | 2.31 | 3.10 | 4.57 | 6.69 | 7.57 | 11.21 | 14.70 | 19.25 |

数据来源：国家统计局。

表 4-50　　2010—2014 年四十个重点城市商业营业用房销售面积

单位：万平方米

| 城　市 | 2010 年 | 2011 年 | 2012 年 | 2013 年 | 2014 年 |
|---|---|---|---|---|---|
| 北　京 | 142.07 | 108.69 | 113.97 | 102.52 | 79.50 |
| 天　津 | 103.64 | 104.50 | 72.17 | 51.60 | 65.56 |
| 石家庄 | 7.64 | 88.54 | 36.72 | 78.12 | 102.36 |
| 太　原 | 14.65 | 15.74 | 8.69 | 14.13 | 8.04 |
| 呼和浩特 | 51.80 | 35.33 | 44.78 | 40.61 | 29.75 |
| 沈　阳 | 167.31 | 171.50 | 191.81 | 201.96 | 122.98 |
| 大　连 | 50.65 | 47.74 | 58.87 | 88.76 | 49.48 |
| 长　春 | 59.55 | 66.87 | 99.14 | 43.95 | 57.26 |
| 哈尔滨 | 49.41 | 49.02 | 102.57 | 83.83 | 90.57 |
| 上　海 | 125.56 | 95.57 | 120.01 | 116.47 | 102.86 |
| 南　京 | 43.42 | 35.02 | 29.23 | 43.68 | 42.35 |
| 无　锡 | 122.04 | 93.87 | 91.37 | 80.11 | 69.65 |
| 苏　州 | 211.57 | 158.87 | 149.90 | 165.25 | 100.41 |
| 杭　州 | 70.19 | 56.39 | 66.57 | 52.92 | 55.78 |
| 宁　波 | 73.07 | 89.75 | 55.31 | 55.71 | 50.56 |
| 温　州 | 20.41 | 13.67 | 14.57 | 22.45 | 28.12 |
| 合　肥 | 63.28 | 113.86 | 67.19 | 82.72 | 187.59 |
| 福　州 | 28.38 | 20.23 | 38.55 | 39.56 | 57.19 |
| 厦　门 | 18.91 | 15.67 | 22.08 | 21.42 | 30.33 |
| 南　昌 | 16.23 | 45.03 | 46.38 | 40.61 | 38.19 |
| 济　南 | 13.73 | 14.11 | 22.08 | 26.40 | 39.79 |
| 青　岛 | 89.56 | 67.60 | 50.56 | 42.01 | 72.29 |
| 郑　州 | 59.70 | 97.40 | 65.77 | 88.27 | 126.73 |
| 武　汉 | 50.37 | 86.45 | 73.80 | 124.00 | 162.26 |
| 长　沙 | 32.66 | 51.25 | 73.50 | 92.75 | 120.93 |
| 广　州 | 119.33 | 67.46 | 75.20 | 95.80 | 133.25 |
| 深　圳 | 21.89 | 18.79 | 21.00 | 19.05 | 23.59 |
| 南　宁 | 17.40 | 37.41 | 26.81 | 23.72 | 26.51 |
| 北　海 | 4.11 | 2.68 | 2.41 | 2.17 | 5.14 |
| 海　口 | 3.93 | 13.23 | 9.24 | 12.50 | 30.03 |
| 三　亚 | 0.03 | 0.75 | 1.43 | 0.92 | 0.67 |
| 重　庆 | 194.25 | 266.32 | 221.89 | 244.04 | 348.49 |
| 成　都 | 71.77 | 161.50 | 172.82 | 174.16 | 210.21 |
| 贵　阳 | 28.17 | 54.51 | 54.72 | 39.33 | 69.86 |
| 昆　明 | 53.60 | 87.33 | 33.39 | 70.48 | 117.07 |
| 西　安 | 22.80 | 57.69 | 69.47 | 61.43 | 82.61 |
| 兰　州 | 16.72 | 12.71 | 11.40 | 12.82 | 25.81 |
| 西　宁 | 8.92 | 9.47 | 10.95 | 5.17 | 29.45 |
| 银　川 | 37.51 | 53.35 | 50.36 | 54.78 | 59.96 |
| 乌鲁木齐 | 20.29 | 19.13 | 12.12 | 17.11 | 25.24 |

数据来源：国家统计局。

**表 4－51　　2014 年四十个重点城市月度累计商业营业用房销售面积**

单位：万平方米

| 城市 | 1－3 月 | 1－4 月 | 1－5 月 | 1－6 月 | 1－7 月 | 1－8 月 | 1－9 月 | 1－10 月 | 1－11 月 | 1－12 月 |
|---|---|---|---|---|---|---|---|---|---|---|
| 北京 | 16.66 | 21.59 | 25.65 | 32.04 | 37.58 | 45.44 | 48.99 | 58.62 | 64.64 | 79.50 |
| 天津 | 16.15 | 18.24 | 26.03 | 33.80 | 31.99 | 35.27 | 46.45 | 49.63 | 53.58 | 65.56 |
| 石家庄 | 6.53 | 7.68 | 15.01 | 29.54 | 30.28 | 34.09 | 54.33 | 58.68 | 64.93 | 102.36 |
| 太原 | 1.09 | 1.60 | 2.07 | 3.74 | 3.99 | 5.80 | 6.46 | 6.82 | 7.31 | 8.04 |
| 呼和浩特 | 6.58 | 8.25 | 8.71 | 11.89 | 12.14 | 12.28 | 15.24 | 20.98 | 25.07 | 29.75 |
| 沈阳 | 12.60 | 21.10 | 31.41 | 45.40 | 55.75 | 63.77 | 80.13 | 92.58 | 104.13 | 122.98 |
| 大连 | 7.68 | 10.39 | 13.32 | 22.19 | 23.42 | 33.16 | 38.72 | 45.67 | 48.23 | 49.48 |
| 长春 | 3.81 | 6.79 | 11.38 | 22.28 | 28.98 | 32.28 | 38.65 | 44.14 | 49.28 | 57.26 |
| 哈尔滨 | 5.41 | 8.06 | 10.66 | 21.11 | 23.32 | 26.54 | 32.65 | 63.07 | 74.84 | 90.57 |
| 上海 | 15.34 | 20.58 | 25.87 | 36.06 | 43.09 | 51.35 | 62.24 | 72.64 | 80.56 | 102.86 |
| 南京 | 3.09 | 7.72 | 9.69 | 13.34 | 21.34 | 24.41 | 28.20 | 32.52 | 34.88 | 42.35 |
| 无锡 | 18.28 | 25.15 | 30.15 | 35.42 | 40.15 | 45.40 | 48.74 | 54.69 | 61.45 | 69.65 |
| 苏州 | 21.00 | 28.87 | 40.37 | 48.35 | 55.19 | 61.10 | 68.76 | 77.21 | 84.98 | 100.41 |
| 杭州 | 8.86 | 11.67 | 19.00 | 28.39 | 33.70 | 37.90 | 41.19 | 45.72 | 50.26 | 55.78 |
| 宁波 | 9.00 | 13.19 | 14.92 | 19.75 | 21.31 | 25.68 | 28.30 | 33.17 | 41.95 | 50.56 |
| 温州 | 1.44 | 2.60 | 4.07 | 7.87 | 8.33 | 9.58 | 13.20 | 20.40 | 22.84 | 28.12 |
| 合肥 | 24.20 | 55.13 | 72.06 | 94.96 | 113.19 | 117.65 | 121.40 | 136.62 | 145.83 | 187.59 |
| 福州 | 4.17 | 13.02 | 18.03 | 22.82 | 24.05 | 26.81 | 28.27 | 31.57 | 42.94 | 57.19 |
| 厦门 | 7.78 | 12.16 | 12.80 | 14.66 | 15.94 | 16.70 | 20.22 | 22.90 | 24.12 | 30.33 |
| 南昌 | 6.20 | 7.93 | 10.36 | 16.24 | 20.78 | 22.21 | 24.53 | 28.29 | 32.27 | 38.19 |
| 济南 | 4.15 | 7.23 | 9.71 | 13.09 | 16.77 | 18.83 | 22.81 | 27.78 | 34.00 | 39.79 |
| 青岛 | 3.29 | 5.76 | 17.51 | 22.27 | 25.29 | 29.55 | 40.54 | 48.12 | 53.62 | 72.29 |
| 郑州 | 14.38 | 20.01 | 24.87 | 30.07 | 41.86 | 48.58 | 61.34 | 67.80 | 75.92 | 126.73 |
| 武汉 | 27.95 | 45.79 | 51.85 | 79.96 | 86.07 | 91.99 | 101.38 | 115.12 | 132.54 | 162.26 |
| 长沙 | 15.95 | 21.48 | 27.26 | 45.02 | 50.09 | 68.36 | 75.26 | 82.06 | 99.37 | 120.93 |
| 广州 | 19.68 | 28.83 | 36.74 | 42.76 | 52.76 | 64.67 | 79.59 | 89.29 | 101.79 | 133.25 |
| 深圳 | 7.00 | 8.44 | 9.53 | 13.03 | 13.82 | 14.74 | 16.81 | 19.63 | 22.42 | 23.59 |
| 南宁 | 3.70 | 4.55 | 5.66 | 7.86 | 8.87 | 14.75 | 16.18 | 17.82 | 20.37 | 26.51 |
| 北海 | 0.12 | 0.39 | 0.58 | 1.55 | 1.80 | 1.96 | 2.01 | 2.20 | 2.90 | 5.14 |
| 海口 | 0.54 | 0.72 | 4.33 | 5.22 | 5.81 | 6.12 | 6.36 | 7.33 | 13.18 | 30.03 |
| 三亚 | 0.30 | 0.33 | 0.38 | 0.38 | 0.46 | 0.46 | 0.55 | 0.55 | 0.55 | 0.67 |
| 重庆 | 57.88 | 73.05 | 89.75 | 129.80 | 153.74 | 173.74 | 195.34 | 219.81 | 269.99 | 348.49 |
| 成都 | 29.07 | 39.99 | 66.41 | 104.51 | 118.03 | 129.54 | 142.06 | 155.02 | 179.54 | 210.21 |
| 贵阳 | 9.44 | 13.43 | 16.75 | 21.61 | 28.31 | 32.95 | 39.22 | 44.72 | 55.36 | 69.86 |
| 昆明 | 10.57 | 18.25 | 27.86 | 46.86 | 53.22 | 59.94 | 68.11 | 71.36 | 76.34 | 117.07 |
| 西安 | 11.96 | 15.29 | 19.28 | 39.82 | 43.39 | 50.70 | 57.07 | 64.98 | 73.99 | 82.61 |
| 兰州 | 1.34 | 1.67 | 2.56 | 8.87 | 12.27 | 14.43 | 19.54 | 21.05 | 22.55 | 25.81 |
| 西宁 | 4.28 | 4.96 | 5.66 | 6.09 | 22.18 | 23.56 | 25.23 | 27.03 | 27.29 | 29.45 |
| 银川 | 7.34 | 9.72 | 11.82 | 15.52 | 25.77 | 30.69 | 38.33 | 43.21 | 52.44 | 59.96 |
| 乌鲁木齐 | 1.27 | 2.14 | 3.63 | 4.73 | 5.27 | 8.13 | 11.00 | 14.82 | 19.50 | 25.24 |

数据来源：国家统计局。

表 4－52　　2010—2014 年四十个重点城市商品房销售额

单位：亿元

| 城　市 | 2010 年 | 2011 年 | 2012 年 | 2013 年 | 2014 年 |
|---|---|---|---|---|---|
| 北　京 | 2915. 36 | 2425. 80 | 3308. 56 | 3530. 82 | 2738. 74 |
| 天　津 | 1281. 91 | 1473. 11 | 1365. 53 | 1615. 47 | 1486. 94 |
| 石家庄 | 182. 34 | 433. 09 | 379. 06 | 523. 48 | 509. 59 |
| 太　原 | 186. 37 | 146. 51 | 221. 05 | 303. 01 | 320. 75 |
| 呼和浩特 | 193. 51 | 240. 20 | 260. 38 | 220. 01 | 199. 19 |
| 沈　阳 | 945. 05 | 1281. 93 | 1561. 13 | 1436. 05 | 931. 58 |
| 大　连 | 856. 04 | 732. 85 | 861. 47 | 1009. 87 | 687. 87 |
| 长　春 | 446. 91 | 540. 16 | 503. 05 | 510. 43 | 475. 11 |
| 哈尔滨 | 468. 26 | 529. 31 | 659. 51 | 848. 84 | 643. 55 |
| 上　海 | 2959. 94 | 2568. 88 | 2669. 49 | 3911. 57 | 3499. 53 |
| 南　京 | 787. 38 | 714. 72 | 960. 98 | 1404. 75 | 1352. 20 |
| 无　锡 | 775. 31 | 567. 92 | 775. 10 | 713. 82 | 640. 63 |
| 苏　州 | 1184. 35 | 1049. 19 | 1336. 43 | 1803. 86 | 1547. 01 |
| 杭　州 | 1396. 77 | 1083. 92 | 1469. 27 | 1711. 20 | 1560. 35 |
| 宁　波 | 775. 39 | 678. 91 | 663. 39 | 810. 40 | 780. 54 |
| 温　州 | 307. 31 | 229. 09 | 354. 52 | 575. 93 | 587. 86 |
| 合　肥 | 593. 34 | 788. 75 | 764. 86 | 1023. 01 | 1141. 36 |
| 福　州 | 502. 96 | 627. 81 | 941. 49 | 1411. 79 | 1035. 01 |
| 厦　门 | 379. 12 | 448. 10 | 755. 67 | 1071. 85 | 1215. 19 |
| 南　昌 | 237. 80 | 294. 45 | 442. 82 | 597. 50 | 543. 34 |
| 济　南 | 332. 64 | 398. 59 | 450. 64 | 588. 38 | 637. 64 |
| 青　岛 | 895. 29 | 771. 04 | 766. 07 | 978. 62 | 970. 90 |
| 郑　州 | 772. 70 | 887. 96 | 901. 62 | 1161. 65 | 1205. 17 |
| 武　汉 | 694. 73 | 955. 86 | 1157. 51 | 1539. 90 | 1807. 46 |
| 长　沙 | 742. 33 | 882. 07 | 931. 56 | 1171. 35 | 928. 68 |
| 广　州 | 1674. 99 | 1583. 19 | 1754. 75 | 2606. 00 | 2420. 70 |
| 深　圳 | 892. 55 | 1084. 97 | 1030. 10 | 1436. 25 | 1316. 69 |
| 南　宁 | 342. 84 | 370. 63 | 377. 59 | 488. 97 | 531. 87 |
| 北　海 | 75. 94 | 72. 91 | 58. 84 | 80. 69 | 94. 18 |
| 海　口 | 168. 12 | 150. 08 | 182. 09 | 251. 04 | 266. 87 |
| 三　亚 | 243. 88 | 209. 25 | 209. 24 | 264. 70 | 197. 07 |
| 重　庆 | 1846. 94 | 2146. 09 | 2297. 35 | 2682. 76 | 2814. 99 |
| 成　都 | 1519. 33 | 1811. 32 | 2072. 84 | 2123. 12 | 2075. 28 |
| 贵　阳 | 353. 46 | 417. 18 | 496. 17 | 644. 18 | 524. 69 |
| 昆　明 | 455. 06 | 525. 84 | 603. 97 | 701. 94 | 823. 16 |
| 西　安 | 707. 00 | 1100. 60 | 1016. 97 | 1096. 63 | 1096. 65 |
| 兰　州 | 96. 51 | 82. 37 | 108. 45 | 148. 73 | 310. 31 |
| 西　宁 | 72. 25 | 95. 18 | 83. 53 | 128. 57 | 175. 89 |
| 银　川 | 186. 45 | 176. 63 | 205. 97 | 297. 24 | 322. 52 |
| 乌鲁木齐 | 196. 37 | 229. 79 | 209. 56 | 327. 33 | 296. 91 |

数据来源：国家统计局。

表 4－53　　2014 年四十个重点城市月度累计商品房销售额

单位：亿元

| 城　市 | 1－3 月 | 1－4 月 | 1－5 月 | 1－6 月 | 1－7 月 | 1－8 月 | 1－9 月 | 1－10 月 | 1－11 月 | 1－12 月 |
|---|---|---|---|---|---|---|---|---|---|---|
| 北　京 | 562.21 | 744.06 | 904.08 | 1068.84 | 1277.88 | 1446.75 | 1700.99 | 1919.52 | 2244.31 | 2738.74 |
| 天　津 | 363.76 | 425.86 | 566.03 | 643.98 | 695.98 | 799.03 | 930.72 | 1065.44 | 1183.65 | 1486.94 |
| 石家庄 | 50.88 | 67.85 | 99.30 | 158.45 | 190.48 | 207.80 | 291.19 | 321.91 | 354.09 | 509.59 |
| 太　原 | 38.44 | 57.42 | 79.05 | 116.09 | 136.16 | 165.47 | 200.20 | 225.82 | 258.12 | 320.75 |
| 呼和浩特 | 18.79 | 23.45 | 28.87 | 52.77 | 61.27 | 66.13 | 114.85 | 146.10 | 176.92 | 199.19 |
| 沈　阳 | 148.74 | 233.64 | 319.52 | 453.85 | 534.12 | 609.54 | 715.48 | 805.32 | 880.42 | 931.58 |
| 大　连 | 119.79 | 191.77 | 251.52 | 358.14 | 406.90 | 462.64 | 514.91 | 580.94 | 627.84 | 687.87 |
| 长　春 | 33.11 | 65.37 | 109.55 | 175.87 | 227.50 | 263.12 | 317.19 | 357.46 | 401.38 | 475.11 |
| 哈尔滨 | 49.43 | 85.39 | 122.73 | 224.50 | 263.45 | 299.42 | 388.13 | 443.78 | 530.12 | 643.55 |
| 上　海 | 660.22 | 882.71 | 1113.25 | 1399.61 | 1633.72 | 1847.31 | 2118.30 | 2465.81 | 2879.92 | 3499.53 |
| 南　京 | 202.93 | 323.60 | 410.72 | 556.60 | 624.98 | 693.54 | 809.39 | 928.82 | 1055.18 | 1352.20 |
| 无　锡 | 119.44 | 172.18 | 228.03 | 286.62 | 325.87 | 373.65 | 421.53 | 494.12 | 563.43 | 640.63 |
| 苏　州 | 270.71 | 385.54 | 502.68 | 645.92 | 758.51 | 888.98 | 1025.40 | 1205.52 | 1354.61 | 1547.01 |
| 杭　州 | 231.56 | 338.39 | 442.65 | 557.65 | 673.70 | 813.61 | 964.18 | 1146.82 | 1330.22 | 1560.35 |
| 宁　波 | 109.39 | 134.92 | 183.07 | 247.45 | 285.49 | 381.48 | 469.22 | 573.34 | 668.48 | 780.54 |
| 温　州 | 107.96 | 129.36 | 189.08 | 240.55 | 262.78 | 303.48 | 370.51 | 423.49 | 500.95 | 587.86 |
| 合　肥 | 251.04 | 361.27 | 448.85 | 564.55 | 648.22 | 764.97 | 850.04 | 934.94 | 1030.08 | 1141.36 |
| 福　州 | 200.66 | 291.40 | 366.24 | 469.95 | 527.47 | 582.01 | 653.30 | 763.12 | 871.33 | 1035.01 |
| 厦　门 | 304.75 | 461.65 | 534.45 | 612.58 | 713.65 | 776.40 | 896.92 | 1035.34 | 1117.83 | 1215.19 |
| 南　昌 | 119.30 | 152.34 | 174.57 | 221.37 | 244.38 | 271.29 | 337.05 | 382.80 | 442.42 | 543.34 |
| 济　南 | 123.66 | 171.17 | 217.35 | 268.45 | 322.66 | 372.40 | 424.40 | 495.00 | 552.28 | 637.64 |
| 青　岛 | 113.53 | 157.21 | 202.25 | 271.23 | 339.75 | 480.48 | 628.82 | 710.08 | 804.17 | 970.90 |
| 郑　州 | 243.23 | 311.87 | 398.69 | 505.18 | 596.35 | 678.39 | 807.16 | 884.27 | 967.27 | 1205.17 |
| 武　汉 | 265.67 | 395.17 | 517.74 | 748.86 | 860.79 | 944.46 | 1127.31 | 1301.94 | 1460.20 | 1807.46 |
| 长　沙 | 163.90 | 224.00 | 299.74 | 375.37 | 443.96 | 509.34 | 594.11 | 682.40 | 787.34 | 928.68 |
| 广　州 | 440.69 | 588.77 | 788.95 | 1041.64 | 1191.26 | 1364.56 | 1655.47 | 1878.23 | 2095.49 | 2420.70 |
| 深　圳 | 247.26 | 348.62 | 411.44 | 488.54 | 581.19 | 650.37 | 771.06 | 883.22 | 1131.41 | 1316.69 |
| 南　宁 | 82.32 | 123.33 | 154.62 | 210.22 | 246.97 | 288.79 | 320.17 | 386.77 | 441.90 | 531.87 |
| 北　海 | 14.08 | 21.56 | 35.49 | 43.61 | 49.11 | 53.11 | 59.46 | 69.18 | 75.42 | 94.18 |
| 海　口 | 48.44 | 60.02 | 87.65 | 112.00 | 126.03 | 142.26 | 154.90 | 178.89 | 227.38 | 266.87 |
| 三　亚 | 60.85 | 73.40 | 83.00 | 100.44 | 112.19 | 123.47 | 147.31 | 158.22 | 180.35 | 197.07 |
| 重　庆 | 564.69 | 789.88 | 977.40 | 1244.18 | 1426.28 | 1620.82 | 1845.92 | 2078.85 | 2389.59 | 2814.99 |
| 成　都 | 372.19 | 509.01 | 710.09 | 952.45 | 1112.98 | 1268.23 | 1430.29 | 1629.08 | 1855.73 | 2075.28 |
| 贵　阳 | 128.59 | 168.22 | 201.41 | 246.59 | 276.82 | 314.33 | 369.54 | 412.57 | 463.25 | 524.69 |
| 昆　明 | 146.54 | 206.91 | 255.55 | 370.49 | 410.02 | 443.41 | 517.14 | 574.96 | 637.40 | 823.16 |
| 西　安 | 164.63 | 245.81 | 325.57 | 482.91 | 545.61 | 639.40 | 750.40 | 852.73 | 954.53 | 1096.65 |
| 兰　州 | 40.53 | 56.23 | 70.58 | 109.74 | 150.51 | 174.21 | 218.73 | 244.41 | 283.71 | 310.31 |
| 西　宁 | 31.19 | 38.16 | 44.95 | 51.18 | 78.64 | 88.59 | 111.01 | 136.08 | 155.13 | 175.89 |
| 银　川 | 38.41 | 62.20 | 89.66 | 121.28 | 147.18 | 178.91 | 209.72 | 243.59 | 280.34 | 322.52 |
| 乌鲁木齐 | 36.58 | 52.43 | 79.35 | 84.52 | 100.94 | 141.22 | 166.44 | 212.67 | 253.03 | 296.91 |

数据来源：国家统计局。

表 4－54　　2010—2014 年四十个重点城市住宅销售额

单位：亿元

| 城　市 | 2010 年 | 2011 年 | 2012 年 | 2013 年 | 2014 年 |
|---|---|---|---|---|---|
| 北　京 | 2060.52 | 1606.04 | 2455.50 | 2434.71 | 2102.46 |
| 天　津 | 1069.75 | 1242.27 | 1210.57 | 1443.34 | 1294.33 |
| 石家庄 | 169.78 | 338.55 | 328.57 | 386.88 | 403.65 |
| 太　原 | 165.93 | 121.83 | 197.35 | 267.48 | 281.97 |
| 呼和浩特 | 143.88 | 199.78 | 198.79 | 157.45 | 158.15 |
| 沈　阳 | 774.55 | 1095.96 | 1318.55 | 1225.29 | 787.33 |
| 大　连 | 761.55 | 660.82 | 733.29 | 867.67 | 598.37 |
| 长　春 | 400.72 | 469.50 | 408.79 | 436.81 | 387.84 |
| 哈尔滨 | 419.07 | 471.38 | 527.45 | 721.97 | 528.96 |
| 上　海 | 2395.35 | 1981.91 | 2208.96 | 3264.03 | 2923.44 |
| 南　京 | 696.45 | 572.95 | 847.76 | 1266.41 | 1233.20 |
| 无　锡 | 627.99 | 427.75 | 606.15 | 579.88 | 537.86 |
| 苏　州 | 923.51 | 852.74 | 1134.28 | 1548.36 | 1393.93 |
| 杭　州 | 1137.29 | 860.74 | 1225.97 | 1422.03 | 1336.87 |
| 宁　波 | 577.83 | 473.17 | 522.29 | 663.74 | 648.15 |
| 温　州 | 266.00 | 191.61 | 318.00 | 506.03 | 528.82 |
| 合　肥 | 475.17 | 600.42 | 642.94 | 883.18 | 917.39 |
| 福　州 | 418.17 | 511.62 | 781.26 | 1122.66 | 825.25 |
| 厦　门 | 276.63 | 341.22 | 622.11 | 846.18 | 907.32 |
| 南　昌 | 211.90 | 230.08 | 350.06 | 499.19 | 467.76 |
| 济　南 | 291.14 | 358.37 | 372.38 | 494.65 | 518.15 |
| 青　岛 | 776.81 | 658.00 | 638.90 | 839.09 | 803.02 |
| 郑　州 | 656.55 | 610.16 | 691.94 | 865.17 | 850.87 |
| 武　汉 | 606.01 | 791.38 | 958.78 | 1266.95 | 1464.16 |
| 长　沙 | 701.91 | 759.87 | 776.13 | 955.66 | 726.61 |
| 广　州 | 1180.03 | 1169.38 | 1354.31 | 1951.45 | 1763.07 |
| 深　圳 | 784.30 | 1007.28 | 927.84 | 1235.00 | 1141.45 |
| 南　宁 | 298.01 | 307.38 | 323.37 | 389.67 | 440.03 |
| 北　海 | 73.17 | 70.28 | 56.05 | 78.47 | 88.70 |
| 海　口 | 161.14 | 131.17 | 163.77 | 234.23 | 222.38 |
| 三　亚 | 243.82 | 206.63 | 203.49 | 258.19 | 194.05 |
| 重　庆 | 1610.64 | 1825.41 | 1972.42 | 2283.57 | 2253.28 |
| 成　都 | 1334.38 | 1464.24 | 1619.26 | 1714.32 | 1618.47 |
| 贵　阳 | 310.48 | 334.07 | 424.22 | 514.17 | 387.39 |
| 昆　明 | 373.99 | 422.66 | 496.02 | 584.73 | 593.51 |
| 西　安 | 661.27 | 977.30 | 858.37 | 962.89 | 924.39 |
| 兰　州 | 84.04 | 66.52 | 95.81 | 131.03 | 257.50 |
| 西　宁 | 66.10 | 86.03 | 71.39 | 119.16 | 127.07 |
| 银　川 | 153.70 | 127.98 | 162.61 | 245.67 | 252.44 |
| 乌鲁木齐 | 169.00 | 195.66 | 177.25 | 286.21 | 231.32 |

数据来源：国家统计局。

表 4－55　　**2014 年四十个重点城市月度累计住宅销售额**

单位：亿元

| 城　市 | 1－3 月 | 1－4 月 | 1－5 月 | 1－6 月 | 1－7 月 | 1－8 月 | 1－9 月 | 1－10 月 | 1－11 月 | 1－12 月 |
|---|---|---|---|---|---|---|---|---|---|---|
| 北　京 | 369.51 | 512.61 | 638.52 | 764.51 | 933.81 | 1067.13 | 1288.11 | 1474.04 | 1748.91 | 2102.46 |
| 天　津 | 317.35 | 372.22 | 495.11 | 558.80 | 612.22 | 688.35 | 802.29 | 924.24 | 1027.71 | 1294.33 |
| 石家庄 | 40.56 | 56.15 | 82.88 | 123.61 | 153.29 | 167.99 | 240.91 | 264.67 | 286.33 | 403.65 |
| 太　原 | 34.64 | 48.38 | 64.80 | 96.21 | 112.52 | 139.13 | 169.79 | 192.23 | 221.97 | 281.97 |
| 呼和浩特 | 9.96 | 13.02 | 15.94 | 35.66 | 43.77 | 48.18 | 90.34 | 115.36 | 139.19 | 158.15 |
| 沈　阳 | 134.06 | 207.31 | 274.96 | 393.59 | 462.58 | 529.16 | 619.12 | 692.90 | 749.85 | 787.33 |
| 大　连 | 103.18 | 170.69 | 225.32 | 311.22 | 356.29 | 399.98 | 443.97 | 502.08 | 543.25 | 598.37 |
| 长　春 | 27.52 | 55.03 | 93.05 | 142.07 | 183.66 | 213.26 | 257.02 | 288.01 | 324.78 | 387.84 |
| 哈尔滨 | 39.06 | 71.16 | 101.01 | 185.13 | 218.41 | 251.56 | 330.74 | 364.10 | 434.54 | 528.96 |
| 上　海 | 591.76 | 772.05 | 946.58 | 1193.95 | 1379.31 | 1566.00 | 1786.59 | 2072.86 | 2442.03 | 2923.44 |
| 南　京 | 185.60 | 295.88 | 372.72 | 505.80 | 564.24 | 624.11 | 728.55 | 840.07 | 957.16 | 1233.20 |
| 无　锡 | 95.53 | 140.12 | 185.93 | 231.34 | 265.53 | 306.88 | 348.05 | 412.52 | 475.20 | 537.86 |
| 苏　州 | 233.85 | 342.02 | 445.83 | 573.79 | 676.97 | 795.92 | 920.25 | 1089.75 | 1227.54 | 1393.93 |
| 杭　州 | 185.53 | 282.70 | 371.58 | 449.96 | 545.54 | 669.95 | 804.89 | 972.37 | 1136.04 | 1336.87 |
| 宁　波 | 82.70 | 101.87 | 141.44 | 186.57 | 225.71 | 309.78 | 390.72 | 480.72 | 562.19 | 648.15 |
| 温　州 | 103.18 | 121.86 | 179.86 | 220.17 | 241.34 | 280.24 | 341.45 | 381.33 | 452.31 | 528.82 |
| 合　肥 | 220.49 | 300.83 | 373.86 | 455.92 | 511.98 | 618.65 | 696.81 | 762.96 | 840.74 | 917.39 |
| 福　州 | 176.63 | 247.37 | 309.22 | 388.74 | 436.07 | 482.85 | 543.07 | 639.47 | 697.82 | 825.25 |
| 厦　门 | 243.12 | 359.80 | 416.67 | 465.70 | 550.86 | 604.64 | 700.32 | 773.69 | 834.64 | 907.32 |
| 南　昌 | 101.04 | 131.20 | 148.85 | 188.27 | 207.68 | 231.12 | 287.08 | 328.35 | 379.28 | 467.76 |
| 济　南 | 109.23 | 150.36 | 189.09 | 232.49 | 276.77 | 319.17 | 360.16 | 410.33 | 450.55 | 518.15 |
| 青　岛 | 104.13 | 140.96 | 177.01 | 239.58 | 288.53 | 418.46 | 528.83 | 594.80 | 669.45 | 803.02 |
| 郑　州 | 142.83 | 193.28 | 260.57 | 350.41 | 418.65 | 480.94 | 574.97 | 640.23 | 702.88 | 850.87 |
| 武　汉 | 213.97 | 310.30 | 418.45 | 606.03 | 704.19 | 776.50 | 918.07 | 1057.82 | 1201.45 | 1464.16 |
| 长　沙 | 139.25 | 186.37 | 241.49 | 294.75 | 351.92 | 400.89 | 461.57 | 537.35 | 620.71 | 726.61 |
| 广　州 | 320.46 | 424.62 | 568.02 | 753.45 | 854.60 | 972.67 | 1174.17 | 1339.79 | 1522.60 | 1763.07 |
| 深　圳 | 199.98 | 284.83 | 341.81 | 403.76 | 479.50 | 539.93 | 645.45 | 749.22 | 984.49 | 1141.45 |
| 南　宁 | 70.12 | 103.34 | 128.52 | 172.74 | 204.03 | 228.37 | 255.78 | 314.92 | 361.29 | 440.03 |
| 北　海 | 13.93 | 21.10 | 34.88 | 42.13 | 47.34 | 51.14 | 57.44 | 66.94 | 72.63 | 88.70 |
| 海　口 | 44.87 | 55.90 | 78.28 | 100.02 | 113.29 | 128.77 | 140.79 | 154.05 | 197.94 | 222.38 |
| 三　亚 | 59.91 | 72.39 | 81.88 | 99.05 | 110.54 | 121.81 | 145.50 | 155.67 | 177.67 | 194.05 |
| 重　庆 | 493.16 | 672.20 | 831.59 | 1026.79 | 1167.70 | 1325.07 | 1519.52 | 1717.99 | 1940.55 | 2253.28 |
| 成　都 | 305.59 | 416.77 | 574.34 | 744.63 | 876.58 | 1000.36 | 1124.29 | 1281.15 | 1453.13 | 1618.47 |
| 贵　阳 | 95.34 | 126.51 | 152.92 | 186.37 | 205.98 | 234.26 | 279.43 | 313.14 | 348.96 | 387.39 |
| 昆　明 | 112.01 | 156.59 | 196.18 | 275.57 | 305.29 | 328.53 | 385.67 | 430.17 | 481.84 | 593.51 |
| 西　安 | 132.16 | 204.15 | 271.14 | 397.91 | 451.25 | 528.07 | 629.38 | 718.65 | 803.33 | 924.39 |
| 兰　州 | 38.40 | 53.35 | 66.52 | 97.37 | 123.63 | 142.50 | 178.04 | 201.19 | 235.62 | 257.50 |
| 西　宁 | 22.71 | 28.72 | 34.64 | 40.05 | 46.59 | 51.54 | 70.49 | 92.47 | 109.47 | 127.07 |
| 银　川 | 27.82 | 46.71 | 69.62 | 95.88 | 113.80 | 139.18 | 162.95 | 191.15 | 218.64 | 252.44 |
| 乌鲁木齐 | 31.63 | 45.61 | 68.63 | 71.75 | 85.05 | 114.97 | 134.90 | 170.88 | 201.37 | 231.32 |

数据来源：国家统计局。

表 4－56　　2010—2014 年四十个重点城市办公楼销售额

单位：亿元

| 城　市 | 2010 年 | 2011 年 | 2012 年 | 2013 年 | 2014 年 |
|---|---|---|---|---|---|
| 北　京 | 487.32 | 500.96 | 560.59 | 744.78 | 359.32 |
| 天　津 | 48.90 | 53.55 | 37.61 | 26.88 | 17.11 |
| 石家庄 | 4.03 | 11.44 | 14.64 | 32.87 | 20.36 |
| 太　原 | 2.79 | 7.28 | 5.26 | 11.01 | 21.04 |
| 呼和浩特 | 5.06 | 7.08 | 10.21 | 13.79 | 8.15 |
| 沈　阳 | 17.39 | 9.17 | 24.63 | 18.62 | 19.89 |
| 大　连 | 28.42 | 7.42 | 38.01 | 4.14 | 5.81 |
| 长　春 | 1.84 | 7.73 | 11.19 | 10.82 | 7.24 |
| 哈尔滨 | 1.65 | 1.55 | 8.71 | 15.45 | 10.38 |
| 上　海 | 307.67 | 371.81 | 234.62 | 380.85 | 300.43 |
| 南　京 | 19.02 | 74.01 | 54.30 | 44.00 | 37.40 |
| 无　锡 | 25.88 | 25.99 | 38.97 | 39.08 | 25.73 |
| 苏　州 | 53.77 | 32.47 | 27.90 | 46.57 | 25.83 |
| 杭　州 | 154.91 | 117.11 | 148.38 | 182.93 | 111.06 |
| 宁　波 | 74.38 | 72.86 | 42.97 | 48.35 | 45.33 |
| 温　州 | 10.88 | 13.02 | 8.09 | 16.51 | 3.15 |
| 合　肥 | 44.59 | 41.52 | 28.58 | 47.13 | 43.10 |
| 福　州 | 29.63 | 49.65 | 81.85 | 129.36 | 68.62 |
| 厦　门 | 38.00 | 41.51 | 49.88 | 97.96 | 92.68 |
| 南　昌 | 12.13 | 15.76 | 47.40 | 40.11 | 26.76 |
| 济　南 | 17.43 | 13.93 | 29.62 | 33.65 | 40.75 |
| 青　岛 | 23.57 | 18.65 | 49.40 | 68.56 | 65.12 |
| 郑　州 | 47.53 | 131.43 | 104.12 | 172.26 | 141.02 |
| 武　汉 | 11.98 | 24.79 | 79.02 | 66.95 | 65.78 |
| 长　沙 | 5.13 | 37.47 | 51.84 | 78.06 | 42.48 |
| 广　州 | 189.55 | 221.14 | 234.41 | 368.56 | 296.92 |
| 深　圳 | 34.28 | 25.03 | 24.98 | 83.41 | 74.28 |
| 南　宁 | 9.09 | 9.26 | 14.04 | 36.50 | 18.70 |
| 北　海 | — | 0.06 | 0.11 | — | 0.38 |
| 海　口 | 3.52 | 4.47 | 0.71 | 0.77 | 11.59 |
| 三　亚 | — | — | — | 3.99 | 0.58 |
| 重　庆 | 59.70 | 51.28 | 71.61 | 78.08 | 109.41 |
| 成　都 | 72.29 | 80.45 | 136.40 | 107.04 | 96.54 |
| 贵　阳 | 12.52 | 14.77 | 11.47 | 66.45 | 46.97 |
| 昆　明 | 13.86 | 21.48 | 61.15 | 40.94 | 75.91 |
| 西　安 | 21.29 | 30.82 | 48.79 | 29.90 | 42.84 |
| 兰　州 | 1.67 | 5.99 | 1.79 | 3.21 | 10.60 |
| 西　宁 | 0.22 | 0.07 | 0.13 | 0.26 | 6.55 |
| 银　川 | 7.72 | 6.65 | 2.99 | 4.00 | 5.40 |
| 乌鲁木齐 | 10.69 | 9.74 | 15.00 | 9.60 | 20.85 |

数据来源：国家统计局。

表 4－57　　2014 年四十个重点城市月度累计办公楼销售额

单位：亿元

| 城市 | 1－3 月 | 1－4 月 | 1－5 月 | 1－6 月 | 1－7 月 | 1－8 月 | 1－9 月 | 1－10 月 | 1－11 月 | 1－12 月 |
|---|---|---|---|---|---|---|---|---|---|---|
| 北京 | 128.64 | 155.35 | 176.30 | 197.19 | 217.14 | 225.60 | 247.16 | 259.28 | 288.66 | 359.32 |
| 天津 | 2.85 | 3.60 | 4.21 | 4.57 | 5.24 | 6.65 | 8.00 | 13.27 | 14.12 | 17.11 |
| 石家庄 | 0.73 | 0.88 | 1.14 | 6.15 | 6.42 | 6.57 | 6.89 | 8.96 | 12.44 | 20.36 |
| 太原 | 1.86 | 4.72 | 8.46 | 11.88 | 14.41 | 14.60 | 16.75 | 19.15 | 20.45 | 21.04 |
| 呼和浩特 | 0.58 | 0.85 | 2.57 | 4.51 | 4.64 | 4.73 | 5.88 | 5.94 | 7.79 | 8.15 |
| 沈阳 | 0.68 | 2.37 | 8.15 | 9.20 | 9.65 | 10.67 | 11.54 | 12.74 | 19.07 | 19.89 |
| 大连 | 0.77 | 1.38 | 1.50 | 4.64 | 4.76 | 4.78 | 4.78 | 5.01 | 5.28 | 5.81 |
| 长春 | 0.98 | 1.29 | 1.73 | 2.90 | 3.26 | 3.74 | 4.62 | 5.04 | 6.27 | 7.24 |
| 哈尔滨 | 1.66 | 1.98 | 2.78 | 3.25 | 4.10 | 4.20 | 5.10 | 6.06 | 9.26 | 10.38 |
| 上海 | 33.86 | 57.32 | 101.69 | 120.65 | 156.02 | 167.01 | 193.48 | 233.41 | 259.85 | 300.43 |
| 南京 | 9.34 | 10.72 | 13.31 | 19.04 | 21.08 | 23.97 | 28.97 | 28.14 | 32.36 | 37.40 |
| 无锡 | 4.92 | 6.81 | 8.81 | 14.79 | 15.71 | 16.62 | 19.34 | 20.77 | 21.82 | 25.73 |
| 苏州 | 8.61 | 5.92 | 7.08 | 11.34 | 12.91 | 15.54 | 16.93 | 18.35 | 20.68 | 25.83 |
| 杭州 | 27.76 | 30.96 | 35.46 | 51.68 | 63.93 | 70.92 | 80.36 | 86.91 | 96.98 | 111.06 |
| 宁波 | 10.83 | 12.73 | 16.94 | 29.30 | 24.71 | 27.64 | 30.54 | 35.04 | 37.65 | 45.33 |
| 温州 | 1.07 | 1.08 | 1.08 | 1.35 | 1.36 | 1.42 | 1.48 | 1.49 | 2.09 | 3.15 |
| 合肥 | 7.10 | 14.90 | 16.77 | 23.21 | 29.01 | 30.61 | 32.64 | 33.04 | 37.88 | 43.10 |
| 福州 | 7.69 | 14.82 | 17.30 | 26.68 | 30.07 | 31.24 | 37.15 | 40.05 | 61.05 | 68.62 |
| 厦门 | 23.88 | 36.63 | 39.72 | 51.56 | 59.18 | 59.84 | 62.80 | 70.84 | 85.17 | 92.68 |
| 南昌 | 9.58 | 11.00 | 13.05 | 15.00 | 15.91 | 17.76 | 22.85 | 23.62 | 24.80 | 26.76 |
| 济南 | 6.48 | 8.48 | 11.03 | 12.57 | 14.57 | 17.40 | 20.96 | 28.91 | 34.44 | 40.75 |
| 青岛 | 4.19 | 5.78 | 6.72 | 7.62 | 21.65 | 25.50 | 47.75 | 52.90 | 62.21 | 65.12 |
| 郑州 | 36.13 | 45.25 | 57.07 | 66.03 | 77.93 | 88.75 | 104.18 | 108.55 | 117.54 | 141.02 |
| 武汉 | 12.21 | 20.20 | 23.32 | 29.86 | 31.81 | 33.87 | 55.98 | 59.51 | 40.93 | 65.78 |
| 长沙 | 5.37 | 8.69 | 15.84 | 19.97 | 22.68 | 25.19 | 33.54 | 35.69 | 37.66 | 42.48 |
| 广州 | 52.42 | 77.92 | 117.25 | 161.73 | 187.42 | 202.83 | 233.84 | 262.87 | 274.81 | 296.92 |
| 深圳 | 14.10 | 17.94 | 20.12 | 26.83 | 35.12 | 38.85 | 47.34 | 50.80 | 54.59 | 74.28 |
| 南宁 | 2.06 | 8.05 | 10.50 | 10.97 | 12.04 | 15.52 | 15.85 | 16.96 | 17.56 | 18.70 |
| 北海 | — | — | — | — | — | — | — | — | — | 0.38 |
| 海口 | 2.37 | 2.47 | 2.47 | 2.79 | 2.79 | 2.79 | 2.79 | 11.59 | 11.59 | 11.59 |
| 三亚 | — | — | — | — | — | — | — | 0.44 | 0.51 | 0.58 |
| 重庆 | 9.17 | 28.27 | 32.49 | 60.34 | 71.22 | 75.84 | 78.87 | 82.57 | 92.09 | 109.41 |
| 成都 | 11.31 | 16.06 | 24.84 | 38.07 | 44.52 | 50.39 | 59.79 | 76.25 | 86.23 | 96.54 |
| 贵阳 | 20.85 | 24.70 | 26.95 | 29.91 | 31.75 | 33.27 | 35.89 | 37.23 | 38.42 | 46.97 |
| 昆明 | 13.63 | 17.51 | 17.97 | 24.11 | 25.08 | 25.87 | 28.58 | 35.64 | 38.24 | 75.91 |
| 西安 | 11.25 | 14.81 | 17.54 | 19.75 | 23.67 | 30.07 | 31.06 | 32.42 | 37.41 | 42.84 |
| 兰州 | 0.27 | 0.62 | 0.88 | 1.39 | 6.26 | 7.01 | 7.10 | 7.40 | 10.39 | 10.60 |
| 西宁 | 1.46 | 1.46 | 1.56 | 1.66 | 1.72 | 2.61 | 3.64 | 4.47 | 5.49 | 6.55 |
| 银川 | 1.01 | 1.37 | 1.69 | 2.12 | 2.56 | 2.85 | 3.23 | 3.90 | 4.62 | 5.40 |
| 乌鲁木齐 | 1.91 | 2.61 | 3.07 | 3.74 | 5.42 | 8.97 | 9.93 | 13.54 | 16.47 | 20.85 |

数据来源：国家统计局。

表 4－58　　2010—2014 年四十个重点城市商业营业用房销售额

单位：亿元

| 城　市 | 2010 年 | 2011 年 | 2012 年 | 2013 年 | 2014 年 |
|---|---|---|---|---|---|
| 北　京 | 318.99 | 270.85 | 233.36 | 270.71 | 202.03 |
| 天　津 | 109.31 | 138.58 | 93.87 | 85.40 | 101.23 |
| 石家庄 | 5.58 | 71.76 | 26.58 | 67.93 | 72.33 |
| 太　原 | 16.30 | 15.68 | 17.45 | 24.50 | 14.34 |
| 呼和浩特 | 37.00 | 27.13 | 48.77 | 38.37 | 24.21 |
| 沈　阳 | 130.30 | 151.72 | 186.29 | 176.00 | 116.15 |
| 大　连 | 50.45 | 52.54 | 74.51 | 123.53 | 68.31 |
| 长　春 | 38.71 | 53.78 | 72.61 | 44.23 | 61.12 |
| 哈尔滨 | 36.04 | 46.70 | 97.48 | 84.04 | 94.18 |
| 上　海 | 197.57 | 181.66 | 194.62 | 224.71 | 226.44 |
| 南　京 | 65.64 | 58.43 | 52.16 | 86.10 | 71.20 |
| 无　锡 | 119.84 | 111.96 | 127.45 | 91.91 | 74.88 |
| 苏　州 | 187.94 | 157.67 | 166.39 | 199.14 | 115.57 |
| 杭　州 | 94.20 | 93.48 | 83.54 | 92.67 | 96.18 |
| 宁　波 | 91.93 | 111.96 | 83.84 | 76.49 | 65.64 |
| 温　州 | 26.40 | 22.83 | 26.46 | 52.65 | 52.93 |
| 合　肥 | 69.38 | 142.39 | 82.56 | 83.07 | 171.19 |
| 福　州 | 43.45 | 44.47 | 64.68 | 122.61 | 102.17 |
| 厦　门 | 33.04 | 32.41 | 45.14 | 56.95 | 66.24 |
| 南　昌 | 12.33 | 47.34 | 41.90 | 50.06 | 42.98 |
| 济　南 | 18.33 | 16.26 | 27.70 | 33.15 | 52.28 |
| 青　岛 | 82.32 | 80.05 | 71.74 | 58.82 | 84.68 |
| 郑　州 | 59.88 | 135.46 | 89.99 | 105.86 | 150.61 |
| 武　汉 | 58.54 | 114.95 | 97.08 | 172.40 | 233.82 |
| 长　沙 | 31.25 | 73.72 | 96.04 | 118.96 | 142.49 |
| 广　州 | 235.76 | 138.85 | 135.79 | 225.85 | 272.43 |
| 深　圳 | 55.08 | 51.74 | 52.02 | 66.06 | 63.67 |
| 南　宁 | 19.04 | 37.96 | 33.52 | 53.36 | 51.97 |
| 北　海 | 2.28 | 2.41 | 2.56 | 2.01 | 4.30 |
| 海　口 | 3.20 | 9.25 | 15.72 | 13.12 | 30.44 |
| 三　亚 | 0.06 | 1.77 | 4.24 | 2.39 | 1.44 |
| 重　庆 | 155.46 | 216.58 | 212.47 | 263.08 | 373.75 |
| 成　都 | 66.70 | 201.81 | 281.41 | 257.43 | 302.70 |
| 贵　阳 | 25.15 | 58.83 | 57.16 | 58.47 | 83.38 |
| 昆　明 | 41.94 | 62.51 | 35.16 | 55.87 | 106.83 |
| 西　安 | 21.46 | 80.56 | 94.28 | 71.75 | 102.93 |
| 兰　州 | 10.61 | 9.69 | 10.83 | 14.35 | 39.20 |
| 西　宁 | 5.81 | 8.80 | 11.99 | 9.02 | 40.63 |
| 银　川 | 22.38 | 38.71 | 38.19 | 43.25 | 48.94 |
| 乌鲁木齐 | 14.69 | 20.41 | 12.99 | 21.83 | 37.37 |

数据来源：国家统计局。

表 4－59　　2014 年四十个重点城市月度累计商业营业用房销售额

单位：亿元

| 城　市 | 1－3月 | 1－4月 | 1－5月 | 1－6月 | 1－7月 | 1－8月 | 1－9月 | 1－10月 | 1－11月 | 1－12月 |
|---|---|---|---|---|---|---|---|---|---|---|
| 北　京 | 45.02 | 56.24 | 63.80 | 78.08 | 89.89 | 108.51 | 117.49 | 136.35 | 154.61 | 202.03 |
| 天　津 | 27.94 | 29.94 | 41.91 | 53.90 | 48.62 | 53.85 | 63.62 | 70.00 | 76.68 | 101.23 |
| 石家庄 | 4.40 | 5.25 | 9.65 | 22.48 | 23.16 | 25.62 | 34.85 | 39.06 | 43.90 | 72.33 |
| 太　原 | 1.95 | 3.62 | 4.92 | 7.06 | 7.52 | 9.84 | 11.12 | 11.87 | 12.90 | 14.34 |
| 呼和浩特 | 6.94 | 8.27 | 9.04 | 11.29 | 11.55 | 11.92 | 15.42 | 18.47 | 21.63 | 24.21 |
| 沈　阳 | 12.87 | 22.21 | 34.37 | 48.63 | 58.18 | 65.46 | 79.47 | 92.87 | 104.29 | 116.15 |
| 大　连 | 12.88 | 16.33 | 20.77 | 34.71 | 36.70 | 48.01 | 54.68 | 61.94 | 66.01 | 68.31 |
| 长　春 | 3.30 | 6.84 | 11.75 | 23.08 | 30.17 | 33.17 | 40.37 | 47.40 | 52.40 | 61.12 |
| 哈尔滨 | 8.17 | 11.45 | 15.58 | 28.99 | 32.81 | 38.60 | 44.76 | 65.44 | 77.71 | 94.18 |
| 上　海 | 25.43 | 38.01 | 49.56 | 67.29 | 77.73 | 91.05 | 111.05 | 127.22 | 140.94 | 226.44 |
| 南　京 | 7.01 | 15.43 | 19.57 | 25.70 | 35.61 | 40.61 | 44.80 | 52.84 | 57.55 | 71.20 |
| 无　锡 | 18.87 | 25.09 | 32.67 | 39.48 | 43.38 | 48.83 | 52.73 | 59.39 | 64.82 | 74.88 |
| 苏　州 | 26.99 | 35.92 | 47.64 | 56.54 | 63.78 | 71.33 | 81.40 | 89.61 | 97.64 | 115.57 |
| 杭　州 | 12.24 | 17.13 | 26.85 | 45.36 | 54.78 | 62.35 | 67.62 | 75.33 | 83.93 | 96.18 |
| 宁　波 | 13.21 | 17.00 | 19.99 | 25.55 | 27.37 | 34.47 | 37.30 | 44.39 | 54.09 | 65.64 |
| 温　州 | 3.49 | 5.69 | 7.29 | 18.06 | 19.02 | 20.62 | 26.02 | 38.65 | 44.37 | 52.93 |
| 合　肥 | 21.48 | 43.26 | 54.99 | 80.83 | 101.78 | 109.63 | 113.76 | 131.76 | 143.66 | 171.19 |
| 福　州 | 8.03 | 17.52 | 25.64 | 34.80 | 39.62 | 44.95 | 47.95 | 54.70 | 77.06 | 102.17 |
| 厦　门 | 17.51 | 26.72 | 28.66 | 33.45 | 36.26 | 38.64 | 47.75 | 54.86 | 57.94 | 66.24 |
| 南　昌 | 7.27 | 8.63 | 11.09 | 15.44 | 17.67 | 19.13 | 23.50 | 27.10 | 34.50 | 42.98 |
| 济　南 | 4.59 | 7.57 | 9.95 | 12.82 | 17.96 | 20.15 | 25.03 | 35.42 | 44.91 | 52.28 |
| 青　岛 | 3.90 | 7.10 | 14.69 | 19.90 | 24.95 | 30.18 | 43.07 | 50.53 | 58.61 | 84.68 |
| 郑　州 | 16.10 | 24.13 | 30.54 | 37.12 | 46.70 | 52.75 | 71.41 | 78.43 | 89.04 | 150.61 |
| 武　汉 | 36.11 | 59.77 | 69.67 | 105.76 | 115.23 | 124.17 | 137.53 | 156.33 | 181.46 | 233.82 |
| 长　沙 | 16.39 | 25.69 | 38.51 | 55.64 | 63.97 | 76.79 | 86.11 | 95.88 | 113.78 | 142.49 |
| 广　州 | 51.71 | 67.18 | 81.01 | 95.19 | 114.77 | 151.83 | 196.00 | 217.10 | 235.40 | 272.43 |
| 深　圳 | 21.53 | 26.84 | 30.07 | 38.20 | 41.02 | 43.80 | 49.33 | 52.23 | 59.69 | 63.67 |
| 南　宁 | 8.71 | 10.10 | 13.15 | 17.43 | 20.85 | 33.74 | 36.39 | 39.25 | 44.13 | 51.97 |
| 北　海 | 0.12 | 0.44 | 0.59 | 1.35 | 1.64 | 1.83 | 1.88 | 2.06 | 2.58 | 4.30 |
| 海　口 | 0.82 | 1.03 | 6.04 | 8.00 | 8.69 | 9.30 | 9.72 | 11.59 | 15.92 | 30.44 |
| 三　亚 | 0.82 | 0.86 | 0.97 | 0.97 | 1.23 | 1.23 | 1.38 | 1.38 | 1.38 | 1.44 |
| 重　庆 | 55.10 | 79.02 | 100.86 | 136.40 | 162.70 | 186.98 | 209.45 | 235.25 | 297.45 | 373.75 |
| 成　都 | 45.44 | 62.78 | 94.38 | 145.95 | 165.30 | 184.39 | 207.10 | 226.90 | 265.56 | 302.70 |
| 贵　阳 | 10.89 | 15.31 | 18.85 | 25.59 | 34.11 | 41.36 | 48.39 | 56.12 | 69.27 | 83.38 |
| 昆　明 | 13.71 | 23.44 | 31.51 | 50.01 | 56.24 | 61.55 | 68.41 | 71.38 | 75.93 | 106.83 |
| 西　安 | 15.87 | 20.04 | 25.73 | 49.25 | 52.83 | 62.80 | 70.77 | 79.94 | 90.85 | 102.93 |
| 兰　州 | 1.86 | 2.26 | 3.18 | 10.79 | 20.43 | 23.15 | 31.06 | 33.06 | 34.78 | 39.20 |
| 西　宁 | 6.23 | 7.05 | 7.69 | 8.41 | 29.27 | 33.38 | 35.81 | 38.09 | 38.55 | 40.63 |
| 银　川 | 8.38 | 10.50 | 12.66 | 16.74 | 23.19 | 27.62 | 33.24 | 37.32 | 42.83 | 48.94 |
| 乌鲁木齐 | 1.84 | 2.82 | 5.30 | 6.34 | 7.34 | 13.67 | 17.52 | 23.59 | 29.21 | 37.37 |

数据来源：国家统计局。

## （七）四十个重点城市商品房销售均价

表 4－60　　2010—2014 年四十个重点城市商品房销售均价

单位：元/平方米

| 城　市 | 2010 年 | 2011 年 | 2012 年 | 2013 年 | 2014 年 |
|---|---|---|---|---|---|
| 北　京 | 17782 | 16845 | 17022 | 18553 | 18833 |
| 天　津 | 8194 | 8965 | 8218 | 8746 | 9219 |
| 石家庄 | 3885 | 4811 | 4931 | 5503 | 5737 |
| 太　原 | 7201 | 7107 | 6806 | 7158 | 7651 |
| 呼和浩特 | 4103 | 4167 | 5445 | 5233 | 5474 |
| 沈　阳 | 5411 | 5885 | 6321 | 6348 | 6217 |
| 大　连 | 7044 | 8051 | 8004 | 8263 | 9216 |
| 长　春 | 5178 | 6132 | 5540 | 6026 | 6261 |
| 哈尔滨 | 5311 | 5554 | 5518 | 6194 | 6182 |
| 上　海 | 14400 | 14503 | 14061 | 16420 | 16787 |
| 南　京 | 9565 | 9310 | 10106 | 11495 | 11198 |
| 无　锡 | 7690 | 8678 | 8391 | 7875 | 7653 |
| 苏　州 | 8148 | 9077 | 9114 | 9620 | 9674 |
| 杭　州 | 14132 | 13062 | 13449 | 15022 | 13896 |
| 宁　波 | 11265 | 10587 | 11240 | 11100 | 10745 |
| 温　州 | 13451 | 16906 | 17476 | 16468 | 14054 |
| 合　肥 | 5904 | 6327 | 6156 | 6283 | 7157 |
| 福　州 | 8413 | 10090 | 11188 | 11236 | 10719 |
| 厦　门 | 8883 | 10225 | 12281 | 13625 | 15378 |
| 南　昌 | 4566 | 5903 | 6419 | 7101 | 6589 |
| 济　南 | 6259 | 6710 | 6832 | 7152 | 7369 |
| 青　岛 | 6580 | 7501 | 8056 | 8435 | 8344 |
| 郑　州 | 4957 | 5704 | 6253 | 7162 | 7571 |
| 武　汉 | 5751 | 7222 | 7344 | 7717 | 7951 |
| 长　沙 | 4418 | 5880 | 6101 | 6292 | 6116 |
| 广　州 | 11921 | 12651 | 13163 | 15330 | 15719 |
| 深　圳 | 19170 | 21185 | 19590 | 24402 | 24723 |
| 南　宁 | 5144 | 5321 | 6003 | 6959 | 6627 |
| 北　海 | 4228 | 4514 | 4399 | 4522 | 4536 |
| 海　口 | 8015 | 6654 | 6821 | 7423 | 7903 |
| 三　亚 | 17317 | 12783 | 11623 | 14474 | 19513 |
| 重　庆 | 4281 | 4734 | 5080 | 5569 | 5519 |
| 成　都 | 5937 | 6675 | 7288 | 7197 | 7032 |
| 贵　阳 | 4410 | 5037 | 4846 | 5025 | 5608 |
| 昆　明 | 3663 | 4716 | 5745 | 5795 | 6384 |
| 西　安 | 4453 | 6128 | 6634 | 6716 | 6465 |
| 兰　州 | 4229 | 4462 | 5697 | 5868 | 6460 |
| 西　宁 | 3328 | 3649 | 4718 | 4628 | 5753 |
| 银　川 | 4010 | 4525 | 4574 | 4856 | 4451 |
| 乌鲁木齐 | 4548 | 5225 | 5639 | 6111 | 6429 |

数据来源：根据国家统计局数据整理。

表 4 – 61　　2014 年四十个重点城市月度累计商品房销售均价

单位：元/平方米

| 城 市 | 1 – 3 月 | 1 – 4 月 | 1 – 5 月 | 1 – 6 月 | 1 – 7 月 | 1 – 8 月 | 1 – 9 月 | 1 – 10 月 | 1 – 11 月 | 1 – 12 月 |
|---|---|---|---|---|---|---|---|---|---|---|
| 北 京 | 21580 | 20829 | 19898 | 20094 | 18864 | 18683 | 18987 | 18717 | 19125 | 18833 |
| 天 津 | 9626 | 9231 | 9122 | 8909 | 9122 | 9292 | 9169 | 9254 | 9286 | 9219 |
| 石家庄 | 4814 | 4590 | 4854 | 5359 | 5599 | 5521 | 5433 | 5347 | 5273 | 5737 |
| 太 原 | 7278 | 7518 | 7586 | 7038 | 7215 | 7609 | 7548 | 7534 | 7494 | 7651 |
| 呼和浩特 | 5801 | 5804 | 6036 | 5848 | 5665 | 5669 | 5522 | 5536 | 5566 | 5474 |
| 沈 阳 | 6062 | 6300 | 6340 | 6095 | 6137 | 6158 | 6104 | 6164 | 6222 | 6217 |
| 大 连 | 9958 | 10171 | 10167 | 9859 | 9616 | 9412 | 9354 | 9166 | 9120 | 9216 |
| 长 春 | 6716 | 6594 | 6490 | 6196 | 6374 | 6332 | 6289 | 6300 | 6214 | 6261 |
| 哈尔滨 | 6906 | 6694 | 6772 | 6565 | 6626 | 6680 | 6356 | 6317 | 6481 | 6182 |
| 上 海 | 14132 | 14656 | 15735 | 15536 | 15569 | 15830 | 16100 | 16586 | 16476 | 16787 |
| 南 京 | 11445 | 11814 | 11782 | 12125 | 12058 | 11494 | 11745 | 11872 | 12019 | 11198 |
| 无 锡 | 7720 | 7624 | 7640 | 7788 | 7723 | 7731 | 7723 | 7667 | 7568 | 7653 |
| 苏 州 | 9693 | 9911 | 9910 | 9789 | 9786 | 9783 | 9719 | 9651 | 9664 | 9674 |
| 杭 州 | 12931 | 12802 | 12981 | 13058 | 12959 | 13308 | 13508 | 13629 | 13846 | 13896 |
| 宁 波 | 11593 | 11465 | 11396 | 11054 | 10711 | 10610 | 10312 | 10479 | 10629 | 10745 |
| 温 州 | 15719 | 16008 | 16130 | 15616 | 14702 | 14591 | 14051 | 14071 | 14470 | 14054 |
| 合 肥 | 6474 | 6636 | 6645 | 6836 | 6945 | 7107 | 7162 | 7172 | 7215 | 7157 |
| 福 州 | 10782 | 10867 | 10724 | 10728 | 10939 | 10885 | 10905 | 10651 | 10916 | 10719 |
| 厦 门 | 14397 | 14020 | 14496 | 13862 | 14071 | 14148 | 14546 | 15539 | 15443 | 15378 |
| 南 昌 | 6351 | 6460 | 6429 | 6533 | 6448 | 6429 | 6291 | 6395 | 6487 | 6589 |
| 济 南 | 7499 | 7422 | 7357 | 7342 | 7359 | 7317 | 7368 | 7455 | 7470 | 7369 |
| 青 岛 | 8297 | 8008 | 8008 | 8013 | 8405 | 8269 | 8438 | 8374 | 8392 | 8344 |
| 郑 州 | 8697 | 8430 | 8386 | 8048 | 7960 | 7846 | 7802 | 7570 | 7564 | 7571 |
| 武 汉 | 7972 | 8053 | 7938 | 7915 | 7849 | 7760 | 7851 | 7838 | 7769 | 7951 |
| 长 沙 | 5875 | 6100 | 6277 | 6299 | 6298 | 6225 | 6267 | 6249 | 6176 | 6116 |
| 广 州 | 15384 | 15769 | 15676 | 15722 | 15595 | 15739 | 16138 | 16111 | 15944 | 15719 |
| 深 圳 | 26425 | 26244 | 25971 | 24813 | 25292 | 25092 | 24370 | 24133 | 24471 | 24723 |
| 南 宁 | 6466 | 6818 | 6826 | 6703 | 6545 | 6743 | 6620 | 6657 | 6665 | 6627 |
| 北 海 | 4738 | 4718 | 4810 | 4729 | 4708 | 4691 | 4659 | 4528 | 4487 | 4536 |
| 海 口 | 9682 | 9471 | 9682 | 9394 | 9283 | 8281 | 8281 | 8642 | 8010 | 7903 |
| 三 亚 | 23540 | 23104 | 22878 | 22571 | 20570 | 19720 | 19911 | 19455 | 19562 | 19513 |
| 重 庆 | 5573 | 5845 | 5699 | 5710 | 5716 | 5676 | 5606 | 5570 | 5520 | 5519 |
| 成 都 | 7179 | 7248 | 7061 | 7031 | 7038 | 7057 | 7075 | 7087 | 7071 | 7032 |
| 贵 阳 | 5640 | 5627 | 5617 | 5603 | 5657 | 5647 | 5522 | 5535 | 5561 | 5608 |
| 昆 明 | 6029 | 6240 | 6179 | 6396 | 6340 | 6207 | 5939 | 6084 | 6210 | 6384 |
| 西 安 | 6868 | 6850 | 6710 | 6547 | 6505 | 6572 | 6520 | 6525 | 6490 | 6465 |
| 兰 州 | 6518 | 6305 | 6342 | 6221 | 6667 | 6511 | 6504 | 6471 | 6497 | 6460 |
| 西 宁 | 6385 | 6224 | 6064 | 6007 | 7003 | 7082 | 6508 | 6039 | 5828 | 5753 |
| 银 川 | 5330 | 4568 | 4453 | 4444 | 4499 | 4481 | 4517 | 4469 | 4429 | 4451 |
| 乌鲁木齐 | 6750 | 6859 | 6631 | 6674 | 6695 | 6808 | 6872 | 6692 | 6484 | 6429 |

数据来源：根据国家统计局数据整理。

表 4－62　　2010—2014 年四十个重点城市住宅销售均价

单位：元/平方米

| 城　市 | 2010 年 | 2011 年 | 2012 年 | 2013 年 | 2014 年 |
|---|---|---|---|---|---|
| 北　京 | 17151 | 15518 | 16554 | 17854 | 18499 |
| 天　津 | 7909 | 8539 | 8010 | 8390 | 8760 |
| 石家庄 | 3803 | 4400 | 4714 | 4943 | 5562 |
| 太　原 | 7046 | 6724 | 6405 | 6668 | 7155 |
| 呼和浩特 | 3648 | 3909 | 4798 | 4631 | 5153 |
| 沈　阳 | 5109 | 5614 | 5989 | 6074 | 5865 |
| 大　连 | 6759 | 7929 | 7584 | 7859 | 8921 |
| 长　春 | 5097 | 5969 | 5273 | 5729 | 5847 |
| 哈尔滨 | 5174 | 5347 | 5113 | 5884 | 5751 |
| 上　海 | 14213 | 13448 | 13870 | 16192 | 16415 |
| 南　京 | 9227 | 8415 | 9675 | 11078 | 10964 |
| 无　锡 | 6229 | 8085 | 7745 | 7451 | 7304 |
| 苏　州 | 6354 | 9060 | 8980 | 9479 | 9639 |
| 杭　州 | 14259 | 12613 | 13293 | 14679 | 14035 |
| 宁　波 | 11730 | 10649 | 11385 | 11405 | 10890 |
| 温　州 | 11643 | 16900 | 17610 | 15943 | 13859 |
| 合　肥 | 5501 | 5631 | 5754 | 6084 | 6917 |
| 福　州 | 7874 | 9530 | 10644 | 10155 | 10105 |
| 厦　门 | 11590 | 12936 | 12953 | 14551 | 17778 |
| 南　昌 | 4331 | 5281 | 5880 | 6639 | 6225 |
| 济　南 | 6100 | 6676 | 6651 | 7013 | 7158 |
| 青　岛 | 6421 | 7171 | 7583 | 7987 | 7855 |
| 郑　州 | 4596 | 4691 | 5643 | 6587 | 6579 |
| 武　汉 | 5552 | 6768 | 6895 | 7238 | 7399 |
| 长　沙 | 4322 | 5484 | 5602 | 5759 | 5458 |
| 广　州 | 10615 | 11383 | 12001 | 13954 | 14739 |
| 深　圳 | 18954 | 20861 | 18996 | 23427 | 24040 |
| 南　宁 | 4952 | 5133 | 5619 | 6155 | 6103 |
| 北　海 | 4073 | 4463 | 4277 | 4467 | 4435 |
| 海　口 | 8069 | 6664 | 6512 | 7342 | 7473 |
| 三　亚 | 17313 | 12727 | 11431 | 14299 | 19576 |
| 重　庆 | 4040 | 4492 | 4805 | 5239 | 5094 |
| 成　都 | 5827 | 6311 | 6678 | 6708 | 6536 |
| 贵　阳 | 4233 | 4553 | 4473 | 4488 | 4904 |
| 昆　明 | 3408 | 4553 | 5405 | 5615 | 6067 |
| 西　安 | 4341 | 5793 | 6224 | 6435 | 6105 |
| 兰　州 | 4064 | 4051 | 5421 | 5520 | 5860 |
| 西　宁 | 3197 | 3437 | 4304 | 4380 | 4807 |
| 银　川 | 3801 | 4020 | 4187 | 4524 | 4111 |
| 乌鲁木齐 | 4280 | 4930 | 5255 | 5858 | 5758 |

数据来源：根据国家统计局数据整理。

表 4 -63　　**2014 年四十个重点城市月度累计住宅销售均价**

单位：元/平方米

| 城市 | 1－3 月 | 1－4 月 | 1－5 月 | 1－6 月 | 1－7 月 | 1－8 月 | 1－9 月 | 1－10 月 | 1－11 月 | 1－12 月 |
|---|---|---|---|---|---|---|---|---|---|---|
| 北京 | 21637 | 20553 | 19421 | 19838 | 18489 | 18442 | 18795 | 18493 | 18972 | 18499 |
| 天津 | 9102 | 8794 | 8684 | 8431 | 8725 | 8785 | 8725 | 8811 | 8871 | 8760 |
| 石家庄 | 4614 | 4383 | 4685 | 5015 | 5311 | 5239 | 5346 | 5224 | 5110 | 5562 |
| 太原 | 7042 | 6885 | 6799 | 6299 | 6449 | 6942 | 6914 | 6910 | 6920 | 7155 |
| 呼和浩特 | 4676 | 4750 | 4795 | 5015 | 4939 | 4974 | 5089 | 5187 | 5208 | 5153 |
| 沈阳 | 5827 | 6014 | 5937 | 5722 | 5774 | 5813 | 5774 | 5821 | 5852 | 5865 |
| 大连 | 9483 | 9878 | 9894 | 9540 | 9300 | 9086 | 9017 | 8838 | 8797 | 8921 |
| 长春 | 6927 | 6486 | 6263 | 5904 | 6030 | 5973 | 5895 | 5868 | 5788 | 5847 |
| 哈尔滨 | 6285 | 6197 | 6199 | 5993 | 6070 | 6168 | 5921 | 5898 | 6056 | 5751 |
| 上海 | 14140 | 14518 | 15309 | 15126 | 15118 | 15499 | 15759 | 16262 | 16241 | 16415 |
| 南京 | 11077 | 11566 | 11562 | 11926 | 11849 | 11268 | 11555 | 11699 | 11842 | 10964 |
| 无锡 | 7279 | 7241 | 7193 | 7306 | 7281 | 7314 | 7327 | 7292 | 7231 | 7304 |
| 苏州 | 9498 | 9762 | 9801 | 9694 | 9707 | 9722 | 9646 | 9606 | 9630 | 9639 |
| 杭州 | 13738 | 13321 | 13459 | 13357 | 13089 | 13483 | 13679 | 13795 | 14010 | 14035 |
| 宁波 | 11920 | 11931 | 11827 | 10966 | 10948 | 10779 | 10453 | 10652 | 10839 | 10890 |
| 温州 | 15621 | 15921 | 16158 | 15286 | 14361 | 14309 | 13799 | 13813 | 14229 | 13859 |
| 合肥 | 6323 | 6458 | 6492 | 6623 | 6665 | 6852 | 6929 | 6904 | 6932 | 6917 |
| 福州 | 10600 | 10714 | 10480 | 10386 | 10571 | 10496 | 10504 | 10287 | 10284 | 10105 |
| 厦门 | 17035 | 17316 | 17927 | 17285 | 17405 | 17376 | 17902 | 18168 | 17873 | 17778 |
| 南昌 | 5965 | 6125 | 6056 | 6176 | 6125 | 6104 | 5932 | 6058 | 6115 | 6225 |
| 济南 | 7471 | 7396 | 7328 | 7341 | 7309 | 7254 | 7278 | 7289 | 7271 | 7158 |
| 青岛 | 8126 | 7787 | 7897 | 7958 | 8112 | 8006 | 8016 | 7960 | 7945 | 7855 |
| 郑州 | 6819 | 6741 | 6926 | 6799 | 6813 | 6796 | 6770 | 6627 | 6631 | 6579 |
| 武汉 | 7472 | 7459 | 7401 | 7372 | 7346 | 7251 | 7237 | 7246 | 7294 | 7399 |
| 长沙 | 5525 | 5628 | 5626 | 5628 | 5639 | 5616 | 5597 | 5607 | 5553 | 5458 |
| 广州 | 14237 | 14496 | 14362 | 14357 | 14218 | 14267 | 14717 | 14792 | 14775 | 14739 |
| 深圳 | 25098 | 24946 | 24799 | 23609 | 24125 | 23966 | 23446 | 23382 | 23889 | 24040 |
| 南宁 | 5945 | 6225 | 6234 | 6119 | 5952 | 5953 | 5882 | 6042 | 6092 | 6103 |
| 北海 | 4714 | 4662 | 4768 | 4658 | 4628 | 4606 | 4582 | 4459 | 4410 | 4435 |
| 海口 | 9450 | 9301 | 9411 | 9129 | 9039 | 8017 | 8033 | 8073 | 7580 | 7473 |
| 三亚 | 23513 | 23076 | 22852 | 22687 | 20631 | 19759 | 19954 | 19497 | 19610 | 19576 |
| 重庆 | 5327 | 5486 | 5321 | 5291 | 5273 | 5236 | 5196 | 5172 | 5088 | 5094 |
| 成都 | 6743 | 6799 | 6630 | 6530 | 6556 | 6582 | 6588 | 6617 | 6568 | 6536 |
| 贵阳 | 5076 | 5061 | 5070 | 5040 | 5029 | 4989 | 4885 | 4891 | 4884 | 4904 |
| 昆明 | 5519 | 5679 | 5667 | 6050 | 6035 | 5993 | 5779 | 5944 | 6109 | 6067 |
| 西安 | 6267 | 6366 | 6261 | 6149 | 6119 | 6161 | 6132 | 6162 | 6124 | 6105 |
| 兰州 | 6346 | 6147 | 6175 | 5994 | 6035 | 5889 | 5842 | 5849 | 5900 | 5860 |
| 西宁 | 5437 | 5395 | 5336 | 5309 | 5395 | 5315 | 5035 | 4816 | 4799 | 4807 |
| 银川 | 4571 | 4357 | 4220 | 4157 | 4179 | 4122 | 4168 | 4126 | 4084 | 4111 |
| 乌鲁木齐 | 6443 | 6574 | 6347 | 6382 | 6375 | 6246 | 6288 | 6064 | 5873 | 5758 |

数据来源：根据国家统计局数据整理。

表 4－64　　2010—2014 年四十个重点城市办公楼销售均价

单位：元/平方米

| 城　市 | 2010 年 | 2011 年 | 2012 年 | 2013 年 | 2014 年 |
|---|---|---|---|---|---|
| 北　京 | 23412 | 23695 | 22114 | 23426 | 26266 |
| 天　津 | 13857 | 12512 | 13351 | 11441 | 12650 |
| 石家庄 | 4945 | 9455 | 8385 | 8896 | 6582 |
| 太　原 | 6906 | 9785 | 10478 | 13758 | 14866 |
| 呼和浩特 | 5776 | 4836 | 7267 | 8193 | 10441 |
| 沈　阳 | 6937 | 7523 | 11288 | 10671 | 14190 |
| 大　连 | 14238 | 13018 | 15464 | 6489 | 8713 |
| 长　春 | 4554 | 9810 | 8674 | 6831 | 7441 |
| 哈尔滨 | 6496 | 6858 | 8240 | 7895 | 8352 |
| 上　海 | 18888 | 25225 | 20999 | 23623 | 24978 |
| 南　京 | 12869 | 19334 | 16490 | 17939 | 15156 |
| 无　锡 | 8869 | 8919 | 8555 | 9373 | 9199 |
| 苏　州 | 8084 | 8451 | 8122 | 8884 | 9144 |
| 杭　州 | 15138 | 16644 | 17245 | 19331 | 15206 |
| 宁　波 | 11037 | 10889 | 9438 | 9751 | 8906 |
| 温　州 | 16312 | 24847 | 20378 | 21526 | 12869 |
| 合　肥 | 6828 | 7910 | 8529 | 8117 | 8175 |
| 福　州 | 16461 | 16424 | 16489 | 19832 | 15296 |
| 厦　门 | 6941 | 8262 | 13760 | 14590 | 10635 |
| 南　昌 | 9650 | 9633 | 11174 | 9960 | 9603 |
| 济　南 | 7455 | 8679 | 10089 | 10335 | 8959 |
| 青　岛 | 8478 | 11789 | 11701 | 14767 | 15295 |
| 郑　州 | 9331 | 10074 | 9456 | 9747 | 10554 |
| 武　汉 | 5738 | 9876 | 13405 | 9372 | 11374 |
| 长　沙 | 4504 | 9879 | 12244 | 12148 | 11300 |
| 广　州 | 16882 | 19103 | 22736 | 22914 | 20798 |
| 深　圳 | 22853 | 25283 | 41773 | 39132 | 32055 |
| 南　宁 | 8219 | 8519 | 19473 | 16677 | 12960 |
| 北　海 | — | 7500 | 12222 | — | 6000 |
| 海　口 | 6471 | 24696 | 30870 | 15278 | 25924 |
| 三　亚 | — | — | — | 30084 | 27637 |
| 重　庆 | 9537 | 11686 | 11494 | 11370 | 11147 |
| 成　都 | 9280 | 10070 | 9208 | 10095 | 7894 |
| 贵　阳 | 5432 | 6507 | 9425 | 7591 | 7678 |
| 昆　明 | 7570 | 5394 | 8446 | 10049 | 13017 |
| 西　安 | 6004 | 9759 | 8572 | 8964 | 9347 |
| 兰　州 | 4501 | 8228 | 8211 | 10896 | 9333 |
| 西　宁 | 2200 | 1842 | 8125 | 8168 | 8323 |
| 银　川 | 5623 | 7548 | 4776 | 7992 | 7547 |
| 乌鲁木齐 | 9452 | 8838 | 11811 | 11891 | 10835 |

数据来源：根据国家统计局数据整理。

**表 4－65　　2014 年四十个重点城市月度累计办公楼销售均价**

单位：元/平方米

| 城　市 | 1－3 月 | 1－4 月 | 1－5 月 | 1－6 月 | 1－7 月 | 1－8 月 | 1－9 月 | 1－10 月 | 1－11 月 | 1－12 月 |
|---|---|---|---|---|---|---|---|---|---|---|
| 北　京 | 25529 | 26061 | 26173 | 26028 | 25028 | 24791 | 25365 | 25214 | 25289 | 26266 |
| 天　津 | 11538 | 11842 | 11960 | 11688 | 11696 | 11368 | 10903 | 13272 | 13026 | 12650 |
| 石家庄 | 6759 | 7333 | 6909 | 8425 | 8470 | 8396 | 5378 | 5708 | 6092 | 6582 |
| 太　原 | 7352 | 11484 | 13801 | 15349 | 16047 | 14841 | 14547 | 14770 | 14766 | 14866 |
| 呼和浩特 | 13810 | 13077 | 14278 | 14227 | 13976 | 13801 | 12169 | 12130 | 10710 | 10441 |
| 沈　阳 | 17895 | 19916 | 17086 | 16547 | 16552 | 16589 | 15424 | 15130 | 14345 | 14190 |
| 大　连 | 9872 | 7113 | 7500 | 8198 | 8235 | 8232 | 8232 | 8314 | 8480 | 8713 |
| 长　春 | 4224 | 4607 | 5180 | 6092 | 6257 | 6471 | 6738 | 6880 | 6966 | 7441 |
| 哈尔滨 | 5479 | 5910 | 6619 | 6813 | 6937 | 6931 | 7349 | 7372 | 8593 | 8352 |
| 上　海 | 21296 | 21878 | 27365 | 26865 | 26086 | 24945 | 25672 | 26468 | 25373 | 24978 |
| 南　京 | 17689 | 14142 | 14467 | 15762 | 15626 | 15671 | 15401 | 14802 | 15130 | 15156 |
| 无　锡 | 10020 | 9927 | 9545 | 9853 | 9843 | 9715 | 9357 | 9177 | 9023 | 9199 |
| 苏　州 | 9278 | 9705 | 9888 | 9701 | 9521 | 9663 | 9292 | 9148 | 9130 | 9144 |
| 杭　州 | 14369 | 14427 | 14605 | 13837 | 14906 | 14983 | 15419 | 15273 | 15222 | 15206 |
| 宁　波 | 9086 | 9132 | 9380 | 12695 | 9611 | 9377 | 9092 | 8760 | 8736 | 8906 |
| 温　州 | 17258 | 17143 | 17143 | 17308 | 16386 | 17079 | 17115 | 17071 | 13097 | 12869 |
| 合　肥 | 8353 | 9907 | 10036 | 8269 | 8181 | 8188 | 8265 | 8177 | 8117 | 8175 |
| 福　州 | 15823 | 14487 | 14850 | 14864 | 15141 | 15074 | 15291 | 13858 | 16386 | 15296 |
| 厦　门 | 8655 | 10088 | 10295 | 9509 | 9331 | 9300 | 9531 | 10002 | 10553 | 10635 |
| 南　昌 | 8895 | 9083 | 9477 | 9921 | 9907 | 9983 | 9740 | 9701 | 9716 | 9603 |
| 济　南 | 9165 | 9148 | 9517 | 9480 | 9535 | 9622 | 9701 | 9523 | 9316 | 8959 |
| 青　岛 | 11607 | 11560 | 11728 | 11339 | 15620 | 15524 | 16507 | 15833 | 15526 | 15295 |
| 郑　州 | 9899 | 10421 | 10733 | 10934 | 11139 | 10859 | 10803 | 10729 | 10785 | 10554 |
| 武　汉 | 11202 | 11136 | 11387 | 11109 | 10816 | 10910 | 16587 | 15651 | 10512 | 11374 |
| 长　沙 | 9853 | 11389 | 12472 | 12631 | 12299 | 11822 | 11240 | 11249 | 11159 | 11300 |
| 广　州 | 19480 | 22857 | 23389 | 24416 | 23915 | 23512 | 22723 | 21895 | 21613 | 20798 |
| 深　圳 | 36528 | 36838 | 35929 | 36753 | 34841 | 34497 | 30116 | 30336 | 30054 | 32055 |
| 南　宁 | 13121 | 15661 | 12979 | 12438 | 12932 | 13565 | 13770 | 13198 | 12939 | 12960 |
| 北　海 | — | — | — | — | — | — | — | — | — | 6000 |
| 海　口 | 22788 | 22870 | 22870 | 22869 | 22869 | 22911 | 22911 | 25924 | 25924 | 25924 |
| 三　亚 | — | — | — | — | — | — | — | 27500 | 27593 | 27637 |
| 重　庆 | 12613 | 12270 | 12316 | 11970 | 12053 | 11796 | 11550 | 11592 | 11138 | 11147 |
| 成　都 | 7172 | 7154 | 7573 | 7594 | 7640 | 7827 | 7834 | 7952 | 7900 | 7894 |
| 贵　阳 | 7484 | 7668 | 7709 | 7632 | 7652 | 7690 | 7734 | 7749 | 7768 | 7678 |
| 昆　明 | 10525 | 11217 | 11113 | 11486 | 11395 | 11310 | 9583 | 9716 | 9691 | 13017 |
| 西　安 | 9851 | 9867 | 9574 | 9427 | 9315 | 9480 | 9486 | 9314 | 9285 | 9347 |
| 兰　州 | 8182 | 8611 | 8800 | 2854 | 7408 | 7631 | 7656 | 7824 | 9309 | 9333 |
| 西　宁 | 8439 | 8439 | 8432 | 8384 | 8390 | 9043 | 9966 | 9690 | 8115 | 8323 |
| 银　川 | 8279 | 8155 | 8366 | 8618 | 8591 | 8670 | 8726 | 8325 | 7783 | 7547 |
| 乌鲁木齐 | 11863 | 13737 | 13290 | 12065 | 11860 | 13419 | 13118 | 12072 | 11207 | 10835 |

数据来源：根据国家统计局数据整理。

表 4 - 66　　2010—2014 年四十个重点城市商业营业用房销售均价

单位：元/平方米

| 城　市 | 2010 年 | 2011 年 | 2012 年 | 2013 年 | 2014 年 |
|---|---|---|---|---|---|
| 北　京 | 22453 | 24919 | 20476 | 26405 | 25414 |
| 天　津 | 10547 | 13261 | 13007 | 16550 | 15440 |
| 石家庄 | 7304 | 8105 | 7239 | 8695 | 7067 |
| 太　原 | 11126 | 9962 | 20081 | 17336 | 17828 |
| 呼和浩特 | 7143 | 7679 | 10891 | 9449 | 8139 |
| 沈　阳 | 7788 | 8847 | 9712 | 8715 | 9444 |
| 大　连 | 9961 | 11005 | 12657 | 13917 | 13805 |
| 长　春 | 6500 | 8042 | 7324 | 10064 | 10673 |
| 哈尔滨 | 7294 | 9527 | 9504 | 10024 | 10398 |
| 上　海 | 15735 | 19008 | 16217 | 19294 | 22014 |
| 南　京 | 15117 | 16685 | 17845 | 19714 | 16813 |
| 无　锡 | 9820 | 11927 | 13949 | 11473 | 10750 |
| 苏　州 | 8883 | 9924 | 11100 | 12051 | 11509 |
| 杭　州 | 13421 | 16577 | 12549 | 17511 | 17242 |
| 宁　波 | 12581 | 12475 | 15158 | 13732 | 12982 |
| 温　州 | 12935 | 16701 | 18161 | 23451 | 18822 |
| 合　肥 | 10964 | 12506 | 12288 | 10043 | 9125 |
| 福　州 | 15310 | 21982 | 16778 | 30992 | 17865 |
| 厦　门 | 17472 | 20683 | 20444 | 26589 | 21841 |
| 南　昌 | 7597 | 10513 | 9034 | 12328 | 11256 |
| 济　南 | 13350 | 11524 | 12545 | 12557 | 13139 |
| 青　岛 | 9192 | 11842 | 14189 | 14000 | 11714 |
| 郑　州 | 10030 | 13908 | 13683 | 11994 | 11885 |
| 武　汉 | 11622 | 13297 | 13154 | 13903 | 14410 |
| 长　沙 | 9568 | 14384 | 13067 | 12826 | 11783 |
| 广　州 | 19757 | 20583 | 18057 | 23575 | 20445 |
| 深　圳 | 25162 | 27536 | 24771 | 34686 | 26992 |
| 南　宁 | 10943 | 10147 | 12503 | 22496 | 19603 |
| 北　海 | 5547 | 8993 | 10622 | 9272 | 8373 |
| 海　口 | 8142 | 6992 | 17013 | 10496 | 10137 |
| 三　亚 | 20000 | 23600 | 29650 | 26043 | 21483 |
| 重　庆 | 8003 | 8132 | 9575 | 10780 | 10725 |
| 成　都 | 9294 | 12496 | 16283 | 14781 | 14400 |
| 贵　阳 | 8928 | 10793 | 10446 | 14867 | 11936 |
| 昆　明 | 7825 | 7158 | 10530 | 7927 | 9126 |
| 西　安 | 9412 | 13964 | 13571 | 11679 | 12459 |
| 兰　州 | 6346 | 7624 | 9500 | 11190 | 15189 |
| 西　宁 | 6513 | 9293 | 10950 | 17451 | 13798 |
| 银　川 | 5966 | 7256 | 7583 | 7895 | 8162 |
| 乌鲁木齐 | 7240 | 10669 | 10718 | 12763 | 14802 |

数据来源：根据国家统计局数据整理。

表 4－67　　2014 年四十个重点城市月度累计商业营业用房销售均价

单位：元/平方米

| 城 市 | 1－3 月 | 1－4 月 | 1－5 月 | 1－6 月 | 1－7 月 | 1－8 月 | 1－9 月 | 1－10 月 | 1－11 月 | 1－12 月 |
|---|---|---|---|---|---|---|---|---|---|---|
| 北 京 | 27023 | 26049 | 24873 | 24370 | 23920 | 23879 | 23981 | 23260 | 23919 | 25414 |
| 天 津 | 17300 | 16414 | 16101 | 15947 | 15198 | 15266 | 13695 | 14104 | 14312 | 15440 |
| 石家庄 | 6738 | 6836 | 6429 | 7610 | 7649 | 7515 | 6415 | 6656 | 6761 | 7067 |
| 太 原 | 17890 | 22625 | 23768 | 18877 | 18847 | 16951 | 17229 | 17393 | 17640 | 17828 |
| 呼和浩特 | 10547 | 10024 | 10379 | 9495 | 9514 | 9706 | 10121 | 8802 | 8629 | 8139 |
| 沈 阳 | 10214 | 10526 | 10942 | 10711 | 10436 | 10264 | 9918 | 10032 | 10015 | 9444 |
| 大 连 | 16771 | 15717 | 15593 | 15642 | 15670 | 14475 | 14122 | 13562 | 13685 | 13805 |
| 长 春 | 8661 | 10074 | 10325 | 10359 | 10411 | 10278 | 10445 | 10738 | 10632 | 10673 |
| 哈尔滨 | 15102 | 14206 | 14615 | 13733 | 14069 | 14542 | 13710 | 10375 | 10383 | 10398 |
| 上 海 | 16578 | 18469 | 19157 | 18661 | 18039 | 17731 | 17843 | 17515 | 17495 | 22014 |
| 南 京 | 22686 | 19987 | 20196 | 19265 | 16687 | 16637 | 15889 | 16246 | 16500 | 16813 |
| 无 锡 | 10323 | 9976 | 10836 | 11146 | 10804 | 10754 | 10818 | 10861 | 10548 | 10750 |
| 苏 州 | 12852 | 12442 | 11801 | 11694 | 11556 | 11673 | 11838 | 11606 | 11490 | 11509 |
| 杭 州 | 13815 | 14679 | 14132 | 15977 | 16255 | 16449 | 16415 | 16478 | 16701 | 17242 |
| 宁 波 | 14678 | 12889 | 13398 | 12937 | 12844 | 13422 | 13179 | 13383 | 12894 | 12982 |
| 温 州 | 24236 | 21885 | 17912 | 22948 | 22833 | 21527 | 19717 | 18944 | 19431 | 18822 |
| 合 肥 | 8876 | 7847 | 7631 | 8512 | 8992 | 9319 | 9371 | 9645 | 9851 | 9125 |
| 福 州 | 19257 | 13456 | 14221 | 15250 | 16474 | 16767 | 16959 | 17324 | 17947 | 17865 |
| 厦 门 | 22506 | 21974 | 22391 | 22817 | 22748 | 23139 | 23616 | 23954 | 24023 | 21841 |
| 南 昌 | 11726 | 10883 | 10705 | 9507 | 8503 | 8614 | 9580 | 9579 | 10689 | 11256 |
| 济 南 | 11060 | 10470 | 10247 | 9794 | 10710 | 10701 | 10974 | 12752 | 13207 | 13139 |
| 青 岛 | 11854 | 12326 | 8389 | 8936 | 9866 | 10214 | 10623 | 10502 | 10929 | 11714 |
| 郑 州 | 11196 | 12059 | 12280 | 12345 | 11156 | 10858 | 11640 | 11568 | 11728 | 11885 |
| 武 汉 | 12919 | 13053 | 13437 | 13227 | 13388 | 13498 | 13567 | 13580 | 13691 | 14410 |
| 长 沙 | 10276 | 11960 | 14127 | 12359 | 12771 | 11233 | 11442 | 11684 | 11450 | 11783 |
| 广 州 | 26275 | 23302 | 22050 | 22261 | 21753 | 23477 | 24626 | 24315 | 23127 | 20445 |
| 深 圳 | 30757 | 31801 | 31553 | 29317 | 29682 | 29708 | 29342 | 26599 | 26626 | 26992 |
| 南 宁 | 23541 | 22198 | 23233 | 22176 | 23506 | 22873 | 22486 | 22024 | 21662 | 19603 |
| 北 海 | 10000 | 11282 | 10172 | 8710 | 9111 | 9340 | 9346 | 9370 | 8900 | 8373 |
| 海 口 | 15185 | 14306 | 13949 | 15326 | 14957 | 15214 | 15281 | 15818 | 12084 | 10137 |
| 三 亚 | 27333 | 26061 | 25526 | 25526 | 26739 | 26709 | 25090 | 25090 | 25090 | 21483 |
| 重 庆 | 9520 | 10817 | 11238 | 10508 | 10583 | 10762 | 10723 | 10703 | 11017 | 10725 |
| 成 都 | 15631 | 15699 | 14212 | 13965 | 14005 | 14234 | 14578 | 14637 | 14791 | 14400 |
| 贵 阳 | 11536 | 11400 | 11254 | 11842 | 12049 | 12553 | 12337 | 12550 | 12512 | 11936 |
| 昆 明 | 12971 | 12844 | 11310 | 10672 | 10567 | 10269 | 10043 | 10002 | 9946 | 9126 |
| 西 安 | 13269 | 13107 | 13345 | 12368 | 12176 | 12386 | 12402 | 12302 | 12278 | 12459 |
| 兰 州 | 13881 | 13533 | 12422 | 12165 | 16650 | 16042 | 15897 | 15706 | 15423 | 15189 |
| 西 宁 | 14556 | 14214 | 13587 | 13810 | 13197 | 14173 | 14194 | 14091 | 14126 | 13798 |
| 银 川 | 11417 | 10802 | 10711 | 10786 | 8999 | 8999 | 8671 | 8637 | 8166 | 8162 |
| 乌鲁木齐 | 14488 | 13178 | 14601 | 13404 | 13928 | 16818 | 15937 | 15919 | 14983 | 14802 |

数据来源：根据国家统计局数据整理。

## （八）四十个城市经营性土地①成交列表

表 4－68　　2014 年北京市经营性用地成交总价前二十明细表

单位：平方米，万元

| 序号 | 公告号/宗地编号 | 区域 | 土地属性 | 占地面积 | 容积率 | 出让底价 | 成交价格 | 受让方 |
|---|---|---|---|---|---|---|---|---|
| 1 | 京土整储挂（西）〔2014〕050 号 | 西城区 | 住宅；商服 | 20664 | 5.7 | 355000 | 746000 | 北京金嘉房地产开发有限公司 |
| 2 | 京土整储挂（石）〔2014〕073 号 | 石景山区 | 住宅；商服；公建配套和其他 | 106574 | 3.1 | 460000 | 590000 | 北京中海金石房地产开发有限公司 |
| 3 | 京土整储挂（怀）〔2014〕057 号 | 怀柔区 | 商服；公建配套和其他 | 1080820 | 0.4 | 568000 | 568000 | 北京北控国际会都房地产开发有限责任公司 |
| 4 | 京土整储挂（丰）〔2014〕002 号 | 丰台区 | 住宅；商服 | 96390 | 2.9 | 335000 | 495800 | 福州泰禾房地产开发有限公司 |
| 5 | 京土整储挂（石）〔2014〕061 号 | 石景山区 | 住宅；商服 | 116646 | 1.3 | 330000 | 491700 | 北京德俊置业有限公司和北京奥宸置业有限公司联合体 |
| 6 | 京土整储招（昌）〔2014〕007 号 | 昌平区 | 住宅；商服；办公 | 430509 | 2.2 | — | 488180 | 北京龙冠房产开发有限责任公司 |
| 7 | 京土整储招（朝）〔2013〕146 号 | 朝阳区 | 住宅；商服 | 146827 | 2.6 | — | 433500 | 北京金隅嘉业房地产开发有限公司 |
| 8 | 京土整储挂（丰）〔2013〕136 号 | 丰台区 | 住宅；商服；公建配套和其他 | 121320 | 3.3 | 283000 | 424000 | 北京顺义新城建设开发有限公司 |
| 9 | 京土整储挂（丰）〔2014〕058 号 | 丰台区 | 住宅；商服；办公 | 99599 | 2.5 | 333500 | 422000 | 北京天恒房地产股份有限公司和金融街长安（北京）置业有限公司联合体 |
| 10 | 京土整储挂（门）〔2014〕068 号 | 门头沟区 | 住宅；商服；办公公建配套和其他 | 406622 | 1.2 | 420000 | 420000 | 北京京投置地房地产有限公司和北京市基础设施投资有限公司联合体 |
| 11 | 京土整储挂（兴）〔2014〕030 号 | 大兴区 | 住宅；商服；办公 | 86388 | 3.8 | 148600 | 416000 | 北京正浩置业有限公司 |
| 12 | 京土整储挂（门）〔2013〕141 号 | 门头沟区 | 商服；办公 | 136019 | 3.8 | 219000 | 382000 | 北京远坤房地产开发有限公司 |
| 13 | 京土整储招（昌）〔2013〕148 号 | 昌平区 | 住宅；商服；办公 | 68944 | 2.9 | — | 360770 | 北京万科企业有限公司和北京祥业房地产有限公司联合体 |
| 14 | 京土整储挂（丰）〔2013〕151 号 | 丰台区 | 住宅；商服；公建配套和其他 | 108971 | 3.1 | 241000 | 357000 | 北京龙湖中佰置业有限公司和北京盟科置业有限公司联合体 |

① 本章含 37 个重点城市经营性用地成交总价前二十排行榜，土地已剔除纯工业用地。另，呼和浩特、温州、银川数据缺失。

续表

| 序号 | 公告号/宗地编号 | 区域 | 土地属性 | 占地面积 | 容积率 | 出让底价 | 成交价格 | 受让方 |
|---|---|---|---|---|---|---|---|---|
| 15 | 京土整储挂（门）〔2014〕027号 | 门头沟区 | 住宅；商服；办公 | 138077 | 2.0 | 255000 | 357000 | 中国水电建设集团房地产有限公司和宁波益方投资合伙企业（有限合伙）联合体 |
| 16 | 京土整储挂（兴）〔2014〕020号 | 大兴区 | 商服；办公 | 82017 | 3.7 | 141000 | 346000 | 福州泰禾房地产开发有限公司 |
| 17 | 京土整储挂（门）〔2014〕066号 | 门头沟区 | 住宅；商服；公建配套和其他 | 188841 | 2.4 | 250000 | 338000 | 北京保利兴房地产开发有限公司和北京首都开发股份有限公司联合体 |
| 18 | 京土整储挂（开）〔2014〕004号 | 大兴区 | 住宅；商服 | 77381 | 2.5 | 310000 | 310000 | 上海拓赢实业有限公司北京融创恒基地产有限公司 |
| 19 | 京土整储挂（顺）〔2013〕130号 | 顺义区 | 住宅；商服；办公 | 288601 | 1.3 | 207500 | 307100 | 北京财懋房地产开发有限公司 |
| 20 | 京土整储招（朝）〔2013〕153号 | 朝阳区 | 住宅；商服；公建配套和其他 | 92555 | 2.9 | — | 300088 | 北京东洲房地产开发有限公司 |

资料来源：中国房地产决策咨询系统（CRIC）。

表4-69　　2014年天津市经营性用地成交总价前二十明细表

单位：平方米，万元

| 序号 | 公告号/宗地编号 | 区域 | 土地属性 | 占地面积 | 容积率 | 出让底价 | 成交价格 | 受让方 |
|---|---|---|---|---|---|---|---|---|
| 1 | 津西黑（挂）2014-059号 | 河西区 | 住宅；商服 | 78346 | 4.4 | 504000 | 504000 | 中海地产集团有限公司 |
| 2 | 津西大（挂）2014-057号 | 河西区 | 住宅；商服 | 86836 | 4.1 | 494900 | 494900 | 中冶置业集团有限公司 |
| 3 | 津西黑（挂）2014-078号 | 河西区 | 住宅；商服 | 78554 | 4.7 | 457500 | 457500 | 天津房地产集团有限公司 |
| 4 | 津西黑（挂）2014-069号 | 河西区 | 住宅；商服 | 69084 | 4.6 | 397300 | 397300 | 天津博雅置业有限公司 |
| 5 | 津西黑（挂）2014-079号 | 河西区 | 住宅；商服 | 82723 | 3.7 | 393000 | 393000 | 天津中海海盛地产有限公司 |
| 6 | 津西解放（挂）2014-146号 | 河西区 | 住宅；商服 | 181843 | 2.2 | 320050 | 373000 | 绿城房地产集团有限公司 |
| 7 | 津北辰北（挂）2014-049号 | 北辰区 | 住宅；商服 | 232250 | 1.9 | 290400 | 330500 | 天津市房地产发展（集团）股份有限公司 |
| 8 | 津西黑（挂）2014-073号 | 河西区 | 住宅；商服 | 59604 | 3.6 | 307900 | 307900 | 天津渤海国有资产经营管理有限公司 |
| 9 | 津西解放（挂）2013-090号 | 河西区 | 住宅；商服 | 135293 | 2.4 | 287970 | 287970 | 天津市农垦集团房地产开发建设有限公司 |

续表

| 序号 | 公告号/宗地编号 | 区域 | 土地属性 | 占地面积 | 容积率 | 出让底价 | 成交价格 | 受让方 |
|---|---|---|---|---|---|---|---|---|
| 10 | 津西解放（挂）2014－147 号 | 河西区 | 住宅；商服 | 139575 | 2.2 | 245660 | 282000 | 绿城房地产集团有限公司 |
| 11 | 津北富（挂）2014－052 号 | 河北区 | 住宅；商服 | 62817 | 3.7 | 208700 | 208700 | 首创（天津）置业管理有限公司 |
| 12 | 津南天拖北（挂）2013－169 号 | 南开区 | 住宅；商服 | 56791 | 4.1 | 208600 | 208600 | 天津天房融创置业有限公司 |
| 13 | 津西青（挂）2013－005 号 | 西青区 | 住　宅 | 127697 | 1.8 | 95800 | 155500 | 正荣集团有限公司 |
| 14 | 津北辰高（挂）2014－133 号 | 北辰区 | 住宅；商服 | 139378 | 1.7 | 145000 | 145000 | 天津金侨城投资有限公司 |
| 15 | 津北南（挂）2014－070 号 | 河北区 | 住宅；商服 | 84624 | 2.3 | 141120 | 141120 | 财富嘉苑（天津）置业有限公司 |
| 16 | 津辰双（挂）2014－004 号 | 北辰区 | 住宅；商服 | 198769 | 1.9 | 92450 | 92450 | 天津双街盛兴经济建设开发有限公司 |
| 17 | 津高新（挂）2013－002 号 | 西青区 | 住宅；商服 | 45884 | 2.0 | 36710 | 88400 | 天津恒通华创置业有限公司 |
| 18 | 津西正（招）2014－102 号 | 河西区 | 住宅；商服 | 76858 | 2.2 | — | 75800 | 天津市河西区宜居安居建设有限公司 |
| 19 | 津南（挂）2013－036 号 | 津南区 | 住宅；商服 | 161225 | 1.8 | 72528 | 72528 | 天津市江宇海汇房地产有限责任公司 |
| 20 | 津西青（挂）2014－001 号 | 西青区 | 住　宅 | 137816 | 1.5 | 70300 | 70300 | 天津天富融盛投资有限公司 |

资料来源：中国房地产决策咨询系统（CRIC）。

**表 4－70　　2014 年石家庄市经营性用地成交总价前十八明细表**

单位：平方米，万元

| 序号 | 公告号/宗地编号 | 区域 | 土地属性 | 占地面积 | 容积率 | 出让底价 | 成交价格 | 受让方 |
|---|---|---|---|---|---|---|---|---|
| 1 | 石国土资〔2014〕69 号/〔2014〕043 号 | 桥东区 | 商　服 | 50905 | 4.5 | 102600 | 102600 | 河北省浙商房地产开发有限公司 |
| 2 | 石国土资〔2014〕69 号/〔2014〕027 号 | 裕华区 | 商服；住宅 | 89800 | 3.1 | 79700 | 79700 | 石家庄市盛邦伟业房地产开发有限公司 |
| 3 | 石国土资〔2014〕69 号/〔2014〕044 号 | 桥西区 | 商　服 | 99814 | 4.5 | 71800 | 71800 | 河北东丽房地产开发有限公司 |
| 4 | 正新国土资告〔2014〕07 号/〔2014〕008 号 | 正定县 | 住　宅 | 30885 | 2.0 | 12600 | 60500 | 石家庄市中恒宏誉房地产开发有限公司 |
| 5 | 正新国土资告〔2014〕06 号/〔2014〕006 号 | 正定县 | 住　宅 | 30885 | 2.0 | 12500 | 45400 | 河北祈福乾悦房地产开发有限公司 |
| 6 | 石国土资〔2014〕69 号/〔2014〕025 号 | 裕华区 | 商　服 | 45181 | 4.5 | 37500 | 37500 | 石家庄科旭房地产开发有限公司 |

续表

| 序号 | 公告号/宗地编号 | 区域 | 土地属性 | 占地面积 | 容积率 | 出让底价 | 成交价格 | 受让方 |
|---|---|---|---|---|---|---|---|---|
| 7 | 正新国土资告〔2014〕03 号/〔2014〕003 号 | 正定县 | 住　宅 | 57232 | 2.0 | 19000 | 31200 | 河北福安房地产开发有限公司 |
| 8 | 正新国土资告〔2014〕05 号/〔2014〕005 号 | 正定县 | 住　宅 | 56779 | 2.0 | 23000 | 29800 | 河北天地九顺投资股份有限公司；河北祈福乾悦房地产开发有限公司 |
| 9 | 石国土资〔2014〕69 号/〔2014〕042 号 | 桥东区 | 商　服 | 16236 | 6.0 | 29100 | 29100 | 河北新巨基房地产开发有限公司 |
| 10 | 石国土资〔2014〕69 号/〔2014〕041 号 | 桥东区 | 商　服 | 9805 | 6.5 | 24000 | 24000 | 河北滨江房地产开发有限公司 |
| 11 | 石国土资〔2014〕04 号/〔2014〕007 号 | 裕华县 | 住宅；商服 | 15544 | 5.6 | 12700 | 12700 | 永昌地产集团有限公司 |
| 12 | 石国土资〔2014〕69 号/〔2014〕029 号 | 桥西区 | 商服；住宅 | 11667 | 7.7 | 12400 | 12400 | 秦皇岛市金田房地产开发有限公司石家庄分公司 |
| 13 | 正新国土资告〔2014〕03 号/〔2014〕004 号 | 正定县 | 商服；公建配套和其他 | 37020 | 2.5 | 11000 | 11900 | 河北鸿鹄房地产开发有限公司 |
| 14 | 石国土资〔2014〕69 号/〔2014〕040 号 | 长安区 | 商　服 | 13843 | 4.5 | 10900 | 11000 | 河北尚信房地产开发有限公司 |
| 15 | 石国土资〔2014〕69 号/〔2014〕028 号 | 裕华区 | 商服；住宅 | 10482 | 3.5 | 9300 | 9300 | 石家庄市盛邦伟业房地产开发有限公司 |
| 16 | 石国土资〔2014〕69 号/〔2014〕026 号 | 裕华区 | 住　宅 | 4879 | 2.8 | 3800 | 3800 | 石家庄科旭房地产开发有限公司 |
| 17 | 石国土资〔2014〕035 号/〔2014〕038 号 | 井陉矿区 | 住　宅 | 6667 | 1.7 | 370 | 370 | 石家庄明昊房地产开发有限公司 |
| 18 | 石国土资〔2014〕035 号/〔2014〕035 号 | 井陉矿区 | 商　服 | 1068 | 1.6 | 100 | 100 | 石家庄三联投资有限公司 |

资料来源：中国房地产决策咨询系统（CRIC）。

**表 4－71　　2014 年太原市经营性用地成交总价前二十明细表**

单位：平方米，万元

| 序号 | 公告号/宗地编号 | 区域 | 土地属性 | 占地面积 | 容积率 | 出让底价 | 成交价格 | 受让方 |
|---|---|---|---|---|---|---|---|---|
| 1 | 并国土公出告字〔2014〕02 号 | 迎泽区 | 住宅；商服；公建配套和其他 | 214028 | 3.5 | 91280 | 91780 | 太原市龙城发展投资有限公司 |
| 2 | 并国土公出告字〔2013〕67 号 | 万柏林区 | 商　服 | 33437 | 9.4 | 50160 | 90500 | 绿地集团太原置业有限公司 |
| 3 | 并国土公出告字〔2014〕25 号 | 小店区 | 住宅；商服；公建配套和其他 | 127255 | 3.5 | 85360 | 86360 | 山西莱钢绿建置业有限公司 |

续表

| 序号 | 公告号/宗地编号 | 区域 | 土地属性 | 占地面积 | 容积率 | 出让底价 | 成交价格 | 受让方 |
|---|---|---|---|---|---|---|---|---|
| 4 | 并国土公出告字〔2014〕47 号 | 晋源区 | 住宅；商服 | 102200 | 2.5 | 53660 | 55760 | 太原市龙城南部置业有限公司 |
| 5 | 并国土公出告字〔2013〕82 号 | 尖草坪区 | 住宅；商服 | 112037 | 3.5 | 51260 | 52262 | 恒大地产集团有限公司 |
| 6 | 并国土公出告字〔2014〕34 号 | 晋源区 | 住宅；商服 | 45739 | 4.0 | 45290 | 50290 | 太原市新大地房地产开发有限公司 |
| 7 | 并国土公出告字〔2014〕21 号 | 晋源区 | 住宅；商服；公建配套和其他 | 41093 | 4.5 | 32770 | 41270 | 太原化学工业集团房地产开发有限公司 |
| 8 | 并国土公出告字〔2013〕79 号 | 尖草坪区 | 住宅；商服 | 81436 | 3.5 | 37460 | 37961 | 恒大地产集团有限公司 |
| 9 | 并国土公出告字〔2014〕01 号 | 小店区 | 住宅；商服 | 44575 | 3.0 | 32830 | 33850 | 山西亿成房地产开发有限公司 |
| 10 | 并国土公出告字〔2013〕62 号 | 万柏林区 | 商　服 | 20316 | 3.5 | 22860 | 33600 | 山西普润房地产开发有限公司 |
| 11 | 并国土公出告字〔2013〕70 号 | 尖草坪区 | 住宅；商服；公建配套和其他 | 274830 | 1.1 | 32420 | 32920 | 山西国信文化旅游投资发展有限公司 |
| 12 | 并国土公出告字〔2013〕81 号 | 尖草坪区 | 住宅；商服 | 62576 | 3.5 | 28870 | 29872 | 恒大地产集团有限公司 |
| 13 | 并国土公出告字〔2014〕33 号 | 杏花岭区 | 住宅；商服 | 31230 | 4.9 | 24660 | 28160 | 山西顺华置地房地产开发有限公司、山西顺康房地产开发有限公司 |
| 14 | 并国土公出告字〔2014〕32 号 | 杏花岭区 | 住宅；商服 | 59928 | 3.0 | 25660 | 26660 | 太原市龙城北部置业有限公司 |
| 15 | 并国土公出告字〔2013〕78 号 | 尖草坪区 | 住宅；商服 | 55798 | 3.5 | 25530 | 26031 | 恒大地产集团有限公司 |
| 16 | 并国土公出告字〔2014〕18 号 | 杏花岭区 | 住宅；商服 | 35431 | 4.0 | 25240 | 25740 | 太原市龙城北部置业有限公司 |
| 17 | 并国土公出告字〔2014〕38 号 | 迎泽区 | 住宅；商服 | 57158 | 2.8 | 23420 | 24420 | 太原市龙城南部置业有限公司 |
| 18 | 并国土公出告字〔2013〕77 号 | 晋源区 | 住宅；商服 | 206980 | 1.1 | 21860 | 22360 | 山西蒙山佛光旅游项目开发有限公司 |
| 19 | 并国土公出告字〔2013〕66 号 | 杏花岭区 | 住宅；商服 | 32123 | 4.0 | 20000 | 20000 | 太原市龙城北部置业有限公司 |
| 20 | 并国土公出告字〔2014〕37 号 | 迎泽区 | 住宅；商服 | 45724 | 2.8 | 18660 | 19660 | 太原市龙城南部置业有限公司 |

资料来源：中国房地产决策咨询系统（CRIC）。

**表 4－72　　2014 年沈阳市经营性用地成交总价前二十明细表**

单位：平方米，万元

| 序号 | 公告号/宗地编号 | 区域 | 土地属性 | 占地面积 | 容积率 | 出让底价 | 成交价格 | 受让方 |
|---|---|---|---|---|---|---|---|---|
| 1 | CB2014－2 | 和平区 | 住宅；商服 | 183749 | 4.0 | 220499 | 225644 | 沈阳航远置业有限公司 |
| 2 | TX2014－01 | 铁西区 | 住宅；商服 | 108183 | 4.5 | 141179 | 141179 | 沈阳圣丰御景房地产开发有限公司 |
| 3 | 2013－058 | 皇姑区 | 住宅；商服 | 160375 | 2.6 | 123091 | 123424 | 沈阳华润置地紫云府房地产有限公司 |
| 4 | 2014－002 | 皇姑区 | 住宅；商服 | 145070 | 2.7 | 107832 | 108459 | 沈阳信和嘉业房地产开发有限公司 |
| 5 | JK2014－25 | 铁西区 | 住宅；商服 | 184528 | 2.4 | 92205 | 92515 | 沈阳合盛房地产有限公司 |
| 6 | 2014－025 | 皇姑区 | 住宅；商服 | 67720 | 3.0 | 61538 | 61659 | 沈阳万科紫台置地有限公司 |
| 7 | 2014－014 | 大东区 | 住宅；商服 | 104376 | 2.5 | 59833 | 60016 | 大连博安置业有限公司 |
| 8 | CB2014－1 | 和平区 | 住宅；商服 | 64426 | 2.8 | 55922 | 58087 | 沈阳航远置业有限公司 |
| 9 | TX2013－19 | 铁西区 | 住宅；商服 | 51832 | 3.0 | 54424 | 54533 | 抚顺万科房地产开发有限公司 |
| 10 | TX2013－30 | 铁西区 | 住宅；商服 | 36055 | 3.5 | 52495 | 52584 | 辽宁报业世鸿置业有限公司 |
| 11 | TX2014－02 | 铁西区 | 住宅；商服 | 64370 | 2.1 | 47312 | 47406 | 沈阳其仕房地产有限公司、辽宁报业传媒户外广告有限公司 |
| 12 | 2014－019 | 和平区 | 住宅；商服 | 14149 | 8.0 | 46942 | 47021 | 沈阳和荣房地产开发有限公司 |
| 13 | 2014－013 | 于洪区 | 住宅；商服 | 76890 | 2.8 | 46675 | 46826 | 沈阳明鸿地产有限公司 |
| 14 | 2014－022 | 皇姑区 | 住宅；商服 | 67393 | 2.0 | 43751 | 43751 | 沈阳首府房地产开发有限公司 |
| 15 | 2014－003 | 大东区 | 商　服 | 32396 | 6.0 | 42666 | 42822 | 辽宁立达财富置业有限公司 |
| 16 | DL－14016 | 东陵区 | 住宅；商服 | 88951 | 2.8 | 34769 | 34819 | 沈阳港丰巨宝房产有限公司 |
| 17 | 2014－009 | 大东区 | 商　服 | 35515 | 3.7 | 32851 | 33154 | 沈阳陶瓷大都汇置业有限公司、沈阳东陶兴晟物业管理有限公司 |
| 18 | DL－14041 | 东陵区 | 住宅；商服 | 156955 | 1.2 | 32904 | 32942 | 沈阳万润新城置业有限公司 |
| 19 | 2014－023 | 皇姑区 | 住宅；商服 | 53985 | 2.6 | 28213 | 28213 | 沈阳首府房地产开发有限公司 |
| 20 | YHKF2014－036 | 于洪区 | 住宅；商服 | 54600 | 3.0 | 26978 | 26978 | 沈阳冠隆置业发展有限公司 |

资料来源：中国房地产决策咨询系统（CRIC）。

表 4－73　　2014 年大连市经营性用地成交总价前二十明细表

单位：平方米，万元

| 序号 | 公告号/宗地编号 | 区域 | 土地属性 | 占地面积 | 容积率 | 出让底价 | 成交价格 | 受让方 |
|---|---|---|---|---|---|---|---|---|
| 1 | 2014 年第 17 号 | 沙河口区 | 住宅；公建配套和其他 | 152704 | 1.5 | 75000 | 170750 | 恒大地产集团大连有限公司 |
| 2 | 2014 年第 71 号/大城〔2014〕－15 号 | 甘井子区 | 商服 | 153886 | 1.9 | 116289 | 116289 | 大连弘润置业有限公司 |
| 3 | 2014 年第 15 号 | 甘井子区 | 住宅；商服 | 91675 | 3.2 | 97965 | 97965 | 大连新东昌置地有限公司 |
| 4 | 2014 年第 15 号 | 甘井子区 | 住宅；公建配套和其他 | 79716 | 2.7 | 81650 | 81650 | 大连新东昌置地有限公司 |
| 5 | 2013 年第 102 号/大城〔2013〕－24 号 | 甘井子区 | 住宅；商服 | 111507 | 2.1 | 70245 | 70245 | 大连航华投资发展有限公司 |
| 6 | 2014 年第 83 号大城/〔2014〕－17 号 | 沙河口区 | 住宅；商服 | 24735 | 4.7 | 69322 | 69322 | 大连乐特投资有限公司 |
| 7 | 2013 年第 136 号 | 甘井子区 | 住宅；公建配套和其他 | 39000 | 3.0 | 49000 | 49020 | 大连东阳房地产开发有限公司 |
| 8 | 2014 年第 11 号 | 西岗区 | 住宅；公建配套和其他 | 23000 | 3.0 | 38610 | 45600 | 北京中盈万泰投资管理有限公司 |
| 9 | 2014 年第 64 号/大城〔2014〕－14 号 | 甘井子区 | 住宅；商服 | 130140 | 2.0 | 44257 | 44257 | 大连市建设控股有限公司 |
| 10 | 2014 年第 15 号 | 甘井子区 | 商服 | 60370 | 3.2 | 38536 | 38536 | 大连新东昌置地有限公司 |
| 11 | 2013 年第 135 号 | 甘井子区 | 住宅；公建配套和其他 | 68483 | 1.9 | 29839 | 29839 | 大连中海地产有限公司 |
| 12 | 2013 年第 121 号/大金〔2013〕－131 号 | 金州区 | 住宅 | 81762 | 2.0 | 27350 | 27350 | 大连芳杜洲发展有限公司 |
| 13 | 2013 年第 138 号/大金〔2013〕－184 号 | 金州区 | 商服 | 15183 | 7.3 | 22150 | 22150 | 大连银帆宾馆有限公司 |
| 14 | 2013 年第 135 号 | 甘井子区 | 住宅；公建配套和其他 | 50035 | 1.9 | 21257 | 21257 | 东豊发展有限公司 |
| 15 | 2014 年第 45 号/大旅〔2014〕－8 号 | 旅顺口区 | 商服 | 24919 | 4.3 | 17655 | 17655 | 中恒永泰（大连）房地产开发有限公司 |
| 16 | 2013 年第 135 号 | 甘井子区 | 住宅；公建配套和其他 | 45496 | 1.6 | 16595 | 16595 | 东豊发展有限公司 |
| 17 | 2013 年第 121 号/大金〔2013〕－130 号 | 金州区 | 住宅 | 48857 | 2.0 | 16350 | 16350 | 大连芳杜洲发展有限公司 |
| 18 | 2013 年第 118 号/大金〔2013〕－124 号 | 金州区 | 住宅 | 40667 | 2.3 | — | 16100 | 德润发展有限公司 |
| 19 | 2013 年第 118 号/大金〔2013〕－125 号 | 金州区 | 住宅 | 32476 | 2.3 | — | 14250 | 德润发展有限公司 |
| 20 | 2013 年第 118 号/大金〔2013〕－126 号 | 金州区 | 住宅 | 24334 | 3.5 | — | 13800 | 世展国际控股有限公司 |

资料来源：中国房地产决策咨询系统（CRIC）。

**表 4－74　　2014 年长春市经营性用地成交总价前二十明细表**

单位：平方米，万元

| 序号 | 公告号/宗地编号 | 区域 | 土地属性 | 占地面积 | 容积率 | 出让底价 | 成交价格 | 受让方 |
|---|---|---|---|---|---|---|---|---|
| 1 | 220106007226 GB00020 号 | 汽贸区 | 住宅；商服 | 188431 | 2.2 | 94434 | 133402 | 吉林省远创房地产开发有限公司 |
| 2 | 220105011574 GB00053、56 号 | 经开区 | 住宅；商服 | 199970 | 2.0 | 96506 | 96506 | 长春泽涛房地产开发有限公司 |
| 3 | 220106001018 GB00031、32 号 | 绿园区 | 住宅；商服 | 108933 | 4.0 | 88977 | 89977 | 香港益盛发展有限公司 |
| 4 | 220105011574 GB00055 号 | 经开区 | 住宅；商服 | 173319 | 2.5 | 88479 | 88479 | 吉林省道森实业发展有限公司 |
| 5 | 220105011574 GB00054 号 | 经开区 | 住宅；商服 | 161915 | 2.5 | 82658 | 82658 | 吉林省天旗房地产开发有限公司 |
| 6 | 220106007225 GB00024、25 号 | 汽贸区 | 住宅；商服 | 178974 | 4.4 | 75599 | 76099 | 大连万达商业地产股份有限公司 |
| 7 | 220102010012GB00015、16、18、19 号 | 南关区 | 住宅；商服 | 87696 | 3.5 | 60109 | 60109 | 长春新星宇房地产开发有限责任公司 |
| 8 | 220102010011GB00029、30、31、32、33 号 | 南关区 | 住宅；商服 | 86561 | 4.0 | 53296 | 53296 | 吉林国涛房地产开发有限公司、保利（长春）恒富房地产开发有限公司 |
| 9 | 220105010585 GB00059 号 | 经开区 | 商　服 | 267459 | 1.3 | 43222 | 43222 | 长春际华投资建设有限公司 |
| 10 | 220103014001 GB00055 号 | 宽城区 | 住宅；商服 | 131760 | 2.5 | 32841 | 32841 | 长春市胜赢房地产开发有限公司 |
| 11 | 220106008001 GB00050、51 号 | 绿园区 | 住宅；商服 | 111840 | 2.1 | 29943 | 29943 | 吉林省鑫淦房地产开发有限公司 |
| 12 | 220102011309 GB00028、29 号 | 净月区 | 住宅；商服 | 49002 | 5.3 | 27486 | 27486 | 吉林省鼎极房地产开发有限公司 |
| 13 | 220102013009 GB00058 号 | 南关区 | 住宅；商服 | 54280 | 2.3 | 27179 | 27428 | 长春大众置业有限公司 |
| 14 | 220102013014 GB00047 号 | 南关区 | 住宅；商服 | 53045 | 2.4 | 27041 | 27291 | 长春活力城开发建设有限公司 |
| 15 | 220104011189 GB00020、22 号 | 高新南区 | 住宅；商服 | 74283 | 1.7 | 26882 | 26882 | 长春滨湖房地产开发有限公司 |
| 16 | 220103013001 GB000174 号 | 宽城区 | 住宅；商服 | 135610 | 2.0 | 26417 | 26417 | 上海大世界（集团）长春房地产开发有限公司 |
| 17 | 220104011189 GB00023 号 | 高新南区 | 住宅；商服 | 68832 | 1.8 | 25796 | 25796 | 长春滨湖房地产开发有限公司 |
| 18 | 220102016397 GB00003 号 | 净月区 | 住宅；商服 | 82754 | 1.5 | 24640 | 24640 | 吉林鑫城房地产综合开发有限责任公司 |
| 19 | 220104011189 GB00025 号 | 高新南区 | 住宅；商服 | 69202 | 1.1 | 23971 | 23971 | 长春滨湖房地产开发有限公司 |
| 20 | 220102013014 GB00059 号 | 南关区 | 住宅；商服 | 46114 | 2.2 | 23090 | 23090 | 长春中金华安房地产开发有限公司 |

资料来源：中国房地产决策咨询系统（CRIC）。

表 4 – 75　　2014 年哈尔滨市经营性用地成交总价前二十明细表

单位：平方米，万元

| 序号 | 公告号/宗地编号 | 区域 | 土地属性 | 占地面积 | 容积率 | 出让底价 | 成交价格 | 受让方 |
|---|---|---|---|---|---|---|---|---|
| 1 | NO. 2014HTQ001 | 道里区 | 住宅；商服 | 183094 | 2.6 | 126000 | 126000 | 广州瑾熙房地产投资咨询有限公司哈尔滨中海房地产开发有限公司 |
| 2 | NO. 2014HTH004 | 南岗区 | 住宅；商服 | 141282 | 2.5 | 88616 | 88616 | 黑龙江辰能盛源房地产开发有限公司（联合） |
| 3 | NO. 2013HTH005 | 南岗区 | 住宅；商服 | 89238 | 3.1 | 63243 | 63243 | 华润（大连）房地产有限公司 |
| 4 | NO. 2011HTQZ008 | 道里区 | 商　服 | 24942 | 1.2 | 53874 | 53874 | 上海星译投资管理有限公司 |
| 5 | NO. 2011HTQZ002 | 道里区 | 商　服 | 28445 | 1.3 | 47264 | 47264 | 上海星译投资管理有限公司 |
| 6 | NO. 2014HT005 | 香坊区 | 住宅；商服 | 109419 | 2.4 | 43550 | 43550 | 黑龙江省置信房地产开发有限公司 |
| 7 | NO. 2011HTQZ004 | 道里区 | 住宅；商服 | 44557 | 5.0 | 40101 | 40101 | 上海星译投资管理有限公司 |
| 8 | NO. 2014HTS（G）002 | 松北区 | 住宅；商服 | 198558 | 1.2 | 30185 | 38185 | 哈尔滨高新技术产业开发区基础设施开发建设有限公司 |
| 9 | NO. 2014HT012 | 香坊区 | 住宅；商服 | 76343 | 1.4 | 34934 | 34934 | 哈尔滨市铭信投资管理有限公司 |
| 10 | NO. 2014HTH001 | 南岗区 | 住宅；商服 | 61522 | 2.5 | 34315 | 34315 | 哈尔滨汇欣龙房地产开发有限责任公司 |
| 11 | NO. 2011HTQZ003 | 道里区 | 住宅；商服 | 53392 | 3.5 | — | 33253 | 上海星译投资管理有限公司 |
| 12 | NO. 2011HTQZ007 | 道里区 | 住宅；商服 | 48305 | 3.5 | 30432 | 30432 | 上海星译投资管理有限公司 |
| 13 | NO. 2014HTH003 | 南岗区 | 商　服 | 48828 | 2.0 | 29295 | 29295 | 宜家（中国）投资有限公司 |
| 14 | NO. 2013HTG030 | 平房区 | 住宅；商服 | 169717 | 1.1 | 26380 | 26380 | 哈尔滨哈南万达广场投资有限公司 |
| 15 | NO. 2013HTG034 | 平房区 | 住宅；商服 | 183314 | 1.5 | 26320 | 26320 | 哈尔滨哈南万达广场投资有限公司 |
| 16 | NO. 2014HT001 | 平房区 | 住宅；商服 | 117805 | 2.3 | 23880 | 23880 | 南天置富地产有限公司（联合） |

续表

| 序号 | 公告号/宗地编号 | 区域 | 土地属性 | 占地面积 | 容积率 | 出让底价 | 成交价格 | 受让方 |
|---|---|---|---|---|---|---|---|---|
| 17 | NO. 2013HTG035 | 平房区 | 住宅；商服 | 146711 | 1.1 | 21270 | 21270 | 哈尔滨哈南国际开发开放总部投资有限公司 |
| 18 | NO. 2014HT021 | 南岗区 | 住宅；商服 | 45463 | 3.0 | 21010 | 21010 | 黑龙江世纪鑫和房地产开发有限公司 |
| 19 | NO. 2014HT015 | 香坊区 | 住宅；商服 | 153078 | 2.3 | 20032 | 20032 | 黑龙江省新合作置业有限公司 |
| 20 | NO. 2014HT019 | 香坊区 | 住宅；商服 | 40292 | 5.4 | 19720 | 19720 | 黑龙江省远创房地产开发有限公司 |

资料来源：中国房地产决策咨询系统（CRIC）。

**表 4－76　　2014 年上海市经营性用地成交总价前二十明细表**

单位：平方米，万元

| 序号 | 公告号/宗地编号 | 区域 | 土地属性 | 占地面积 | 容积率 | 出让底价 | 成交价格 | 受让方 |
|---|---|---|---|---|---|---|---|---|
| 1 | 2014 年 137 号公告 | 黄浦区 | 住宅；商服；办公 | 175143 | 5.5 | 2480000 | 2485000 | 上海外滩投资开发（集团）有限公司、上海佳渡置业有限公司、中国民生投资股份有限公司 |
| 2 | 2013 年 262 号公告 | 闸北区 | 住　宅 | 138479 | 2.2 | 477330 | 1010000 | 上海拓平置业有限公司、友昇置业有限公司 |
| 3 | 2014 年 112 号公告 | 浦东区 | 住宅；商服；办公 | 87180 | 2.6 | 348840 | 417500 | 上海永磐实业有限公司 |
| 4 | 2014 年 58 号公告 | 杨浦区 | 住宅 | 34710 | 2.5 | 236827 | 324000 | 上海隆威投资有限公司 |
| 5 | 2014 年 77 号公告 | 普陀区 | 商服；办公 | 67239 | 3.8 | 286800 | 286800 | 天安财产保险股份有限公司、显颖投资有限公司 |
| 6 | 2014 年 151 号公告 | 虹口区 | 住　宅 | 72661 | 2.8 | 283768 | 283768 | 彩虹湾置业（上海）有限公司 |
| 7 | 2014 年 150 号公告 | 宝山区 | 住　宅 | 129336 | 1.5 | 176540 | 268000 | 深圳联新投资管理有限公司、金地集团上海房地产发展有限公司、上海朗润房地产开发有限公司 |
| 8 | 2014 年 71 号公告 | 嘉定区 | 住　宅 | 112283 | 2.3 | 180776 | 268000 | 北京金隅大成开发有限公司 |
| 9 | 2013 年 264 号公告 | 青浦区 | 商服；办公 | 149359 | 2.5 | 262248 | 262248 | 北京奥林匹克置业投资有限公司、上海澜盛实业发展有限公司、北京坚沣行投资有限公司 |
| 10 | 2014 年 150 号公告 | 宝山区 | 住宅；商服；办公 | 90461 | 2.5 | 169600 | 261000 | 上海招商置业有限公司 |
| 11 | 2014 年 5 号公告 | 青浦区 | 住宅；商服 | 83671 | 2.5 | 160606 | 256000 | 正荣集团有限公司 |
| 12 | 2014 年 25 号公告 | 宝山区 | 住　宅 | 66170 | 1.8 | 131016 | 240000 | 上海融创绿城投资控股有限公司 |

续表

| 序号 | 公告号/宗地编号 | 区域 | 土地属性 | 占地面积 | 容积率 | 出让底价 | 成交价格 | 受让方 |
|---|---|---|---|---|---|---|---|---|
| 13 | 2014 年 103 号公告 | 浦东区 | 住　宅 | 45992 | 2.0 | 124785 | 237000 | 上海铧发创盛置业有限公司 |
| 14 | 2014 年 161 号公告 | 南汇区 | 住　宅 | 123064 | 2.0 | 175000 | 215000 | 新利创富有限公司 |
| 15 | 2014 年 149 号公告 | 杨浦区 | 住　宅 | 27430 | 2.5 | 130600 | 210800 | 上海福利腾房地产开发有限公司 |
| 16 | 2013 年 247 号公告 | 青浦区 | 住宅；商服；办公 | 123235 | 1.6 | 85083 | 210000 | 中国葛洲坝集团房地产开发有限公司 |
| 17 | 2014 年 106 号公告 | 南汇区 | 住　宅 | 58767 | 1.8 | 115619 | 201000 | 厦门泰连贸易有限公司、悦泰发展有限公司 |
| 18 | 2013 年 270 号公告 | 青浦区 | 住宅；商服；办公 | 150240 | 2.5 | 191415 | 191615 | 中国建筑第八工程局有限公司、力诺集团股份有限公司 |
| 19 | 2014 年 178 号公告 | 浦东区 | 住　宅 | 13965 | 2.0 | 87060 | 186100 | 上海三湘海农资产管理有限公司、上海三湘祥腾湘麒投资有限公司、康晟发展有限公司 |
| 20 | 2014 年 178 号公告 | 浦东区 | 住　宅 | 12258 | 2.0 | 71099 | 161400 | 格力地产股份有限公司、珠海格力房产有限公司、上海弘翌投资合伙企业（有限合伙） |

资料来源：中国房地产决策咨询系统（CRIC）。

**表 4－77　　2014 年南京市经营性用地成交总价前二十明细表**

单位：平方米，万元

| 序号 | 公告号/宗地编号 | 区域 | 土地属性 | 占地面积 | 容积率 | 出让底价 | 成交价格 | 受让方 |
|---|---|---|---|---|---|---|---|---|
| 1 | 2014 年第 19 号/NO. 2014G89 | 栖霞区 | 住宅；商服；办公 | 284828 | 3.8 | 360000 | 360000 | 大连万达商业地产股份有限公司 |
| 2 | 2014 年第 09 号/NO. 2014G39 | 浦口区 | 住宅；商服；办公 | 279216 | 3.3 | 348000 | 348000 | 华润置地（苏州）有限公司 |
| 3 | 2014 年第 13 号/NO. 2014G52 | 建邺区 | 住　宅 | 90972 | 2.8 | 258000 | 310000 | 上海建工 |
| 4 | 2014 年第 03 号/NO. 2014G07 | 栖霞区 | 住　宅 | 154521 | 2.5 | 240000 | 300000 | 南京新城万嘉房地产有限公司 |
| 5 | 2014 年第 18 号/NO. 2014G83 | 江宁区 | 住　宅 | 94624 | 2.8 | 192900 | 270000 | 南京金域蓝湾置业有限公司 |
| 6 | 2014 年第 04 号/NO. 2014G12 | 栖霞区 | 住宅；商服；办公 | 144860 | 2.8 | 176000 | 257000 | 江苏中南建设 |
| 7 | 2014 年第 13 号/NO. 2014G53 | 玄武区 | 住　宅 | 135200 | 1.5 | 150000 | 200000 | 五矿建设有限公司 |
| 8 | 2014 年第 09 号/NO. 2014G34 | 鼓楼区 | 住宅；商服；办公 | 144417 | 4.3 | 196000 | 196000 | 南京宁华世纪置业有限公司 |

续表

| 序号 | 公告号/宗地编号 | 区域 | 土地属性 | 占地面积 | 容积率 | 出让底价 | 成交价格 | 受让方 |
|---|---|---|---|---|---|---|---|---|
| 9 | 2014 年第 19 号/NO. 2014G87 | 栖霞区 | 住　宅 | 119281 | 3.0 | 190000 | 190000 | 保利江苏房地产发展有限公司 |
| 10 | 2014 年第 03 号/NO. 2014G08 | 栖霞区 | 住宅；商服 | 139573 | 3.2 | 189600 | 189600 | 南京中水电星湖湾房地产有限公司 |
| 11 | 2014 年第 14 号/NO. 2014G55 | 雨花台区 | 住宅；商服；公建配套和其他 | 61081 | 2.7 | 126500 | 188000 | 厦门润港投资置业有限公司枫洋国际有限公司 |
| 12 | 2014 年第 11 号/NO. 2014G47 | 浦口区 | 住　宅 | 104542 | 3.2 | 151000 | 176000 | 保利江苏房地产发展有限公司 |
| 13 | 2014 年第 08 号/NO. 2014G30 | 玄武区 | 住　宅 | 124934 | 1.8 | 152200 | 166000 | 宁波奥克斯置业有限公司 |
| 14 | 2014 年第 17 号/NO. 2014G77 | 浦口区 | 住　宅 | 173870 | 1.9 | 120000 | 164000 | 明发集团南京浦口房地产开发有限公司 |
| 15 | 2014 年第 12 号/NO. 2014G51 | 雨花台区 | 住宅；商服；办公 | 75577 | 2.6 | 117000 | 150000 | 南京金域蓝湾置业有限公司 |
| 16 | 2014 年第 08 号/NO. 2014G31 | 浦口区 | 住　宅 | 149886 | 1.8 | 134000 | 134000 | 中交投资有限公司 |
| 17 | 2014 年第 10 号/NO. 2014G40 | 栖霞区 | 住宅；商服；办公 | 128349 | 3.4 | 80000 | 131000 | 中青江苏置业有限公司中银地产有限公司 |
| 18 | 2014 年第 19 号/NO. 2014G88 | 栖霞区 | 住宅；商服 | 49220 | 3.2 | 83000 | 120000 | 南京金浦东部房地产开发有限公司 |
| 19 | 2014 年第 15 号/NO. 2014G61 | 栖霞区 | 住　宅 | 61141 | 2.8 | 89000 | 120000 | 华润置地（苏州）有限公司 |
| 20 | 2014 年第 05 号/NO. 2014G16 | 栖霞区 | 住宅；商服 | 65998 | 4.2 | 118900 | 118900 | 光鸿投资有限公司 |

资料来源：中国房地产决策咨询系统（CRIC）。

**表 4－78　　2014 年无锡市经营性用地成交总价前二十明细表**

单位：平方米，万元

| 序号 | 公告号/宗地编号 | 区域 | 土地属性 | 占地面积 | 容积率 | 出让底价 | 成交价格 | 受让方 |
|---|---|---|---|---|---|---|---|---|
| 1 | 锡国土（经）2013－66 | 滨湖区 | 商　服 | 291152 | 1.5 | 60793 | 60793 | 大连万达商业地产股份有限公司 |
| 2 | 锡国土（经）2013－74 | 锡山区 | 住宅；商服 | 74810 | 3.2 | 56500 | 56500 | 四川蓝光和骏实业股份有限公司 |
| 3 | 锡国土（经）2014－29 | 滨湖区 | 商服；办公 | 36577 | 6.5 | 49000 | 49000 | 无锡市建融实业有限公司 |
| 4 | 锡国土（经）2014－3 | 南长区 | 住宅；商服 | 48735 | 3.2 | 47659 | 47659 | 无锡幸福基业房地产开发有限公司 |
| 5 | 锡国土（经）2014－27 | 滨湖区 | 商　服 | 329721 | 0.3 | 43193 | 43193 | 大连万达商业地产股份有限公司 |
| 6 | 锡国土（经）2014－16 | 新区区 | 住　宅 | 133527 | 2.2 | 42730 | 42730 | 正大凯悦有限公司 |

续表

| 序号 | 公告号/宗地编号 | 区域 | 土地属性 | 占地面积 | 容积率 | 出让底价 | 成交价格 | 受让方 |
|---|---|---|---|---|---|---|---|---|
| 7 | 锡国土（经）2013－75 | 锡山区 | 住　宅 | 103439 | 2.0 | 39140 | 39140 | 上海景瑞投资有限公司 |
| 8 | 锡国土（经）2013－77 | 滨湖区 | 住宅；商服 | 26286 | 4.0 | 38188 | 38188 | 常州宏骏房地产开发有限公司 |
| 9 | 锡国土（经）2013－67 | 滨湖区 | 住　宅 | 100358 | 2.3 | 36470 | 36470 | 大连万达商业地产股份有限公司 |
| 10 | 锡国土（经）2014－20 | 新区区 | 住　宅 | 53178 | 2.8 | 27919 | 27919 | 无锡极富房地产开发有限公司 |
| 11 | 锡国土（经）2013－68 | 滨湖区 | 住　宅 | 61794 | 2.6 | 27079 | 27079 | 大连万达商业地产股份有限公司 |
| 12 | 锡国土（经）2014－28 | 滨湖区 | 商　服 | 128857 | 0.6 | 21880 | 21880 | 无锡市太湖新城发展集团有限公司 |
| 13 | 锡国土（经）2014－25 | 滨湖区 | 住　宅 | 58581 | 2.2 | 21821 | 21821 | 大连万达商业地产股份有限公司 |
| 14 | 锡国土（经）2014－11 | 滨湖区 | 商　服 | 103410 | 1.5 | 21810 | 21810 | 上海思凯道翔能股权投资合伙企业（有限合伙） |
| 15 | 锡国土（经）2013－70 | 新区区 | 住宅；商服 | 31981 | 2.2 | 18550 | 21550 | 金轮国际创绩有限公司 |
| 16 | 锡国土（经）2014－26 | 滨湖区 | 住　宅 | 52901 | 2.4 | 21071 | 21071 | 大连万达商业地产股份有限公司 |
| 17 | 锡国土（经）2013－76 | 锡山区 | 住宅；商服 | 85405 | 1.8 | 19217 | 19217 | 祥乐发展有限公司 |
| 18 | 锡国土（经）2013－73 | 滨湖区 | 商服；办公 | 47968 | 1.5 | 17500 | 17500 | 无锡天奇投资控股有限公司 |
| 19 | 锡国土（经）2014－19 | 新区区 | 住宅；商服 | 67575 | 1.9 | 17319 | 17319 | 南京朗铭房地产开发有限公司 |
| 20 | 锡国土（经）2014－12 | 新区区 | 住宅；商服；办公 | 54214 | 1.4 | 17000 | 17000 | 无锡泓宇投资有限公司 |

资料来源：中国房地产决策咨询系统（CRIC）。

**表 4－79　　2014 年苏州市经营性用地成交总价前二十明细表**

单位：平方米，万元

| 序号 | 公告号/宗地编号 | 区域 | 土地属性 | 占地面积 | 容积率 | 出让底价 | 成交价格 | 受让方 |
|---|---|---|---|---|---|---|---|---|
| 1 | 苏地 2014－G－60 号 | 新区 | 住　宅 | 74781 | 2.2 | 124510 | 169000 | 招商局地产（苏州）有限公司 |
| 2 | 苏地 2013－G－122 号 | 吴中区 | 住　宅 | 84678 | 3.0 | 87642 | 168000 | 正荣集团有限公司 |
| 3 | 苏地 2014－G－34 号 | 新区 | 住　宅 | 157327 | 1.1 | 141594 | 160000 | 一科科技发展有限公司苏州高新金屋工程建设发展有限公司 |
| 4 | 苏地 2013－G－120 号 | 吴中区 | 住宅；商服 | 70947 | 3.0 | 83717 | 156000 | 正荣集团有限公司 |
| 5 | 苏地 2014－G－77 号 | 新区 | 住　宅 | 171334 | 2.3 | 123361 | 140000 | 恒中江苏发展有限公司新城万科 |

续表

| 序号 | 公告号/宗地编号 | 区域 | 土地属性 | 占地面积 | 容积率 | 出让底价 | 成交价格 | 受让方 |
|---|---|---|---|---|---|---|---|---|
| 6 | 苏地 2014－G－4 号 | 吴中区 | 住　宅 | 173640 | 2.8 | 83347 | 138000 | 苏州南山新展房地产开发有限公司 |
| 7 | 苏地 2014－G－8 号 | 新区 | 住　宅 | 77821 | 2.2 | 102723 | 135000 | 苏州中辉房地产开发有限公司 |
| 8 | 苏地 2014－G－58 号 | 新区 | 住　宅 | 104401 | 1.1 | 91873 | 128000 | 上海融创绿城投资控股有限公司 |
| 9 | 苏园土挂〔2014〕15 号 | 园区 | 住　宅 | 67931 | 1.6 | 76083 | 119000 | 旭辉 |
| 10 | 苏园土挂〔2014〕07 号 | 园区 | 商服；公建配套和其他 | 400602 | 0.7 | 102154 | 102154 | 苏州工业园区体育发展有限公司 |
| 11 | 苏园土挂〔2014〕10 号 | 园区 | 住　宅 | 94807 | 1.1 | 99548 | 99548 | 苏州工业园区建屋发展集团有限公司 |
| 12 | 苏地 2014－G－3 号 | 吴中区 | 住　宅 | 102001 | 2.5 | 48960 | 85000 | 江苏中昂置业有限公司 |
| 13 | 苏地 2014－G－70 号 | 新区 | 住宅；商服 | 93475 | 5.4 | 83922 | 83922 | 苏州安和广悦置业有限公司 |
| 14 | 苏地 2014－G－24 号 | 吴中区 | 住　宅 | 73960 | 3.6 | 66564 | 82000 | 苏州新城创佳置业有限公司 |
| 15 | 苏地 2014－G－49 号 | 吴中区 | 住　宅 | 69665 | 2.5 | 66878 | 81000 | 苏州天地源房地产开发有限公司 |
| 16 | 苏地 2013－G－112 号 | 新区 | 住　宅 | 46433 | 1.8 | 37611 | 77000 | 苏州隽御地产有限公司 |
| 17 | 苏地 2013－G－110 号 | 新区 | 住宅；商服 | 33234 | 2.8 | 36557 | 74000 | 上海新湾投资发展有限公司 |
| 18 | 苏园土挂〔2014〕09 号 | 园区 | 住　宅 | 52130 | 1.6 | 54216 | 67300 | 中南地产 |
| 19 | 苏地 2014－G－13 号 | 新区 | 住宅；商服 | 133750 | 1.6 | 66385 | 67000 | 苏州金辉居业有限公司 |
| 20 | 苏地 2014－G－23 号 | 吴中区 | 住　宅 | 62086 | 2.5 | 55878 | 64000 | 苏州工业园区建屋发展集团有限公司 |

资料来源：中国房地产决策咨询系统（CRIC）。

**表 4－80　　2014 年杭州市经营性用地成交总价前二十明细表**

单位：平方米，万元

| 序号 | 公告号/宗地编号 | 区域 | 土地属性 | 占地面积 | 容积率 | 出让底价 | 成交价格 | 受让方 |
|---|---|---|---|---|---|---|---|---|
| 1 | 杭政储出〔2014〕27 号 | 江干区 | 住宅；公建配套和其他 | 293354 | 1.8 | 443757 | 444058 | 杭州市地铁置业有限公司 |
| 2 | 杭政储出〔2013〕99 号 | 江干区 | 商　服 | 52873 | 7.9 | 442801 | 442901 | 杭州金融城建设发展有限公司 |
| 3 | 杭政储出〔2013〕117 号 | 滨江区 | 住宅；商服 | 128383 | 3.2 | 330208 | 420000 | 北京锦荣欣兴置业有限公司 |
| 4 | 杭政储出〔2013〕109 号 | 江干区 | 商　服 | 53646 | 7.3 | 418090 | 418190 | 杭州金融城建设发展有限公司 |

续表

| 序号 | 公告号/宗地编号 | 区域 | 土地属性 | 占地面积 | 容积率 | 出让底价 | 成交价格 | 受让方 |
|---|---|---|---|---|---|---|---|---|
| 5 | 杭政储出〔2013〕118 号 | 西湖区 | 住宅 | 45574 | 2.9 | 250694 | 338437 | 融信（福建）投资集团有限公司 |
| 6 | 杭政储出〔2014〕37 号 | 江干区 | 住宅；商服 | 44103 | 4.3 | 269730 | 269930 | 平安 |
| 7 | 杭政储出〔2013〕110 号 | 拱墅区 | 住　宅 | 61160 | 2.8 | 214334 | 237000 | 方兴 |
| 8 | 萧政储出〔2014〕7 号 | 萧山区 | 住宅；商服 | 101800 | 2.8 | 228032 | 228532 | 中国铁建 |
| 9 | 杭政储出〔2013〕115 号 | 拱墅区 | 商　服 | 65902 | 4.3 | 226958 | 227058 | 河北天成 |
| 10 | 杭政储出〔2014〕3 号 | 西湖区 | 住　宅 | 80587 | 2.4 | 184687 | 212000 | 天津融创奥城投资有限公司 |
| 11 | 杭政储出〔2014〕1 号 | 江干区 | 住　宅 | 83058 | 2.3 | 191550 | 202000 | 杭州新天地集团有限公司 |
| 12 | 萧政储出〔2014〕45 号 | 萧山区 | 住宅；商服 | 123505 | 2.0 | 195138 | 195338 | 浙江大家置业有限公司志协有限公司（联合体） |
| 13 | 杭政储出〔2014〕2 号 | 江干区 | 住　宅 | 61088 | 2.3 | 174687 | 174787 | 浙江德信置业有限公司 |
| 14 | 杭政储出〔2014〕18 号 | 拱墅区 | 商　服 | 89041 | 3.2 | 167882 | 167982 | 浙江万融置业有限公司 |
| 15 | 杭政储出〔2014〕21 号 | 拱墅区 | 住宅；商服 | 43810 | 2.7 | 140620 | 157500 | 海星金融有限公司北京英蓝和达投资有限公司 |
| 16 | 杭政储出〔2014〕9 号 | 滨江区 | 商　服 | 33857 | 8.0 | 148700 | 148800 | 远骅有限公司 |
| 17 | 杭政储出〔2014〕8 号 | 滨江区 | 住　宅 | 92382 | 2.0 | 111727 | 134100 | 浙江中南置业集团有限公司 |
| 18 | 杭政储出〔2014〕22 号 | 江干区 | 住宅；公建配套和其他 | 52064 | 2.3 | 126968 | 127168 | 德信地产集团有限公司 |
| 19 | 杭政储出〔2013〕108 号 | 江干区 | 住　宅 | 55331 | 2.5 | 95280 | 113000 | 福建阳光房地产开发有限公司 |
| 20 | 杭政储出〔2013〕105 号 | 拱墅区 | 住　宅 | 30148 | 2.3 | 100489 | 110500 | 利致国际有限公司 |

资料来源：中国房地产决策咨询系统（CRIC）。

表 4－81　　2014 年宁波市经营性用地成交总价前二十明细表

单位：平方米，万元

| 序号 | 公告号/宗地编号 | 区域 | 土地属性 | 占地面积 | 容积率 | 出让底价 | 成交价格 | 受让方 |
|---|---|---|---|---|---|---|---|---|
| 1 | 甬土资告〔2014〕4 号 | 江东区 | 住宅；商服 | 129899 | 1.8 | 235529 | 235529 | 宁波市镇海保宇贸易有限公司 |
| 2 | 甬土资告〔2014〕12 号 | 海曙区 | 住宅；商服 | 39769 | 5.0 | 188465 | 188465 | 上海星馨投资管理有限公司 |
| 3 | 甬鄞土告字〔2013〕56 号 | 鄞州区 | 住　宅 | 90136 | 2.2 | 115014 | 115014 | 宁波投创荣安置业有限公司 |
| 4 | 甬北土公〔2013〕第 13 号 | 江北区 | 住　宅 | 57369 | 2.2 | 111798 | 111798 | CLCINVESTMENTTHR-EEPTE. LTD |

续表

| 序号 | 公告号/宗地编号 | 区域 | 土地属性 | 占地面积 | 容积率 | 出让底价 | 成交价格 | 受让方 |
|---|---|---|---|---|---|---|---|---|
| 5 | 甬土资告〔2014〕第05001号 | 江北区 | 住宅；商服；办公 | 84818 | 2.5 | 103902 | 104318 | AnglesZhejiangAssets Pte. Ltd |
| 6 | 甬土资告〔2014〕7号 | 江北区 | 住宅 | 48044 | 2.4 | 103775 | 103775 | 宁波超智房地产开发有限公司 |
| 7 | 甬鄞土告字〔2014〕21号 | 鄞州区 | 住宅 | 54982 | 2.0 | 87971 | 96768 | 宁波波威投资管理有限公司 |
| 8 | 甬鄞土告字〔2014〕01号 | 鄞州区 | 住宅 | 94422 | 1.8 | 66114 | 66114 | 宁波雅星置业有限公司 |
| 9 | 甬鄞土告字〔2014〕03号 | 鄞州区 | 住宅 | 78523 | 2.2 | 57871 | 57871 | 宁波信达中建置业有限公司 |
| 10 | 甬土资告〔2014〕6号 | 科技园区 | 商服 | 111508 | 3.0 | 50179 | 50179 | 宁波新材料科技城开发投资有限公司 |
| 11 | 甬土资告〔2014〕7号 | 江北区 | 商服 | 84217 | 2.0 | 42109 | 42109 | 宁波超智房地产开发有限公司 |
| 12 | 甬鄞土告字〔2013〕56号 | 鄞州区 | 住宅 | 31278 | 2.3 | 41725 | 41725 | 宁波投创荣安置业有限公司 |
| 13 | 甬鄞土告字〔2014〕33号 | 鄞州区 | 住宅；商服 | 71209 | 2.4 | 40504 | 40504 | 宁波恒舒投资（香港）有限公司 |
| 14 | 甬鄞土告字〔2013〕57号 | 鄞州区 | 住宅 | 30660 | 2.0 | 38018 | 38018 | 宁波龙湖置业发展有限公司 |
| 15 | 甬土资告〔2014〕第05004号 | 江北区 | 商服；办公 | 154381 | 1.2 | 37922 | 37922 | 宁波奥体中心投资发展有限公司 |
| 16 | 余国土告字〔2014〕21号 | 余姚区 | 住宅；商服 | 43374 | 2.0 | 35783 | 35849 | 余姚星律房地产发展有限公司 |
| 17 | 甬镇土告字〔2014〕1号 | 镇海区 | 商服 | 121655 | 1.7 | 33773 | 33773 | 宁波安瑞置业有限公司 |
| 18 | 甬镇土告字〔2014〕3号 | 镇海区 | 住宅；商服 | 73328 | 4.0 | 32998 | 32998 | 上海红星美凯龙置业有限公司 |
| 19 | 象公告〔2014〕15号 | 象山区 | 住宅 | 64926 | 1.8 | 31600 | 31700 | 宁波天蓝置业有限公司 |
| 20 | 象公告〔2014〕15号 | 象山区 | 住宅 | 48730 | 2.3 | 29970 | 30070 | 宁波天蓝置业有限公司 |

资料来源：中国房地产决策咨询系统（CRIC）。

**表4-82　　2014年合肥市经营性用地成交总价前二十明细表**

单位：平方米，万元

| 序号 | 公告号/宗地编号 | 区域 | 土地属性 | 占地面积 | 容积率 | 出让底价 | 成交价格 | 受让方 |
|---|---|---|---|---|---|---|---|---|
| 1 | 合国土资公告〔2014〕17号 | 包河区 | 住宅；商服 | 297468 | 4.0 | 200790 | 361422 | 宁波信达中建置业有限公司、安徽信达房地产开发有限公司联合竞得 |
| 2 | 合国土资公告〔2014〕37号 | 庐阳区 | 住宅；商服 | 151514 | 2.8 | 104544 | 254542 | 合肥万科置业有限公司、上海万科房地产有限公司 |

续表

| 序号 | 公告号/宗地编号 | 区域 | 土地属性 | 占地面积 | 容积率 | 出让底价 | 成交价格 | 受让方 |
|---|---|---|---|---|---|---|---|---|
| 3 | 合国土资公告〔2014〕26 号 | 滨湖区 | 住宅；商服 | 412915 | 4.9 | 110867 | 240316 | 合肥市宝能投资有限公司 |
| 4 | 合国土资公告〔2014〕29 号 | 经济区 | 住 宅 | 184068 | 2.3 | 110440 | 154616 | 上海世盈投资管理有限公司 |
| 5 | 合国土资公告〔2014〕47 号 | 新站区 | 住宅；商服 | 97467 | 3.5 | 76024 | 146200 | 禹洲地产（泉州）有限公司、厦门沃港投资置业有限公司联合竞得 |
| 6 | 合国土资公告〔2014〕4 号 | 肥西县 | 住 宅 | 149651 | 2.8 | 85301 | 118972 | 蚌埠信地置业有限公司 |
| 7 | 合国土资公告〔2014〕17 号 | 高新区 | 住宅；公建配套和其他 | 199208 | 1.1 | 95619 | 116536 | 旭辉集团股份有限公司 |
| 8 | 合国土资公告〔2014〕12 号 | 滨湖区 | 住宅；商服 | 376122 | 4.9 | 102117 | 113964 | 合肥市宝能投资有限公司 |
| 9 | 合国土资公告〔2014〕55 号 | 蜀山区 | 住 宅 | 120441 | 2.5 | 68651 | 99724 | 华润置地（合肥）实业有限公司 |
| 10 | 合国土资公告〔2014〕6 号 | 滨湖区 | 住宅；商服；公建配套和其他 | 554423 | 3.8 | 91562 | 91562 | 合肥万达城投资有限公司 |
| 11 | 合国土资公告〔2014〕4 号 | 肥西县 | 住 宅 | 110134 | 2.8 | 62776 | 91025 | 安徽瑞泰置业有限公司 |
| 12 | 合国土资公告〔2014〕28 号 | 政务区 | 住 宅 | 56234 | 2.5 | 42175 | 83507 | 当代节能置业股份有限公司、淮南市信谊房地产开发有限责任公司 |
| 13 | 合国土资公告〔2014〕55 号 | 庐阳区 | 住 宅 | 112121 | 2.3 | 52136 | 83249 | 安徽华地置业有限公司、安徽新华阳光控股集团有限公司、安徽新安资产管理有限公司 |
| 14 | 合国土资公告〔2014〕22 号 | 蜀山区 | 住 宅 | 80834 | 2.5 | 50925 | 78813 | 合肥华邦集团有限公司 |
| 15 | 合国土资公告〔2014〕56 号 | 新站区 | 住宅；商服 | 86707 | 3.0 | 46822 | 76735 | 合肥家天下置业有限公司 |
| 16 | 合国土资公告〔2014〕26 号 | 瑶海区 | 住宅；商服 | 149887 | 3.5 | 75318 | 75318 | 大连万达商业地产股份有限公司 |
| 17 | 合国土资公告〔2014〕5 号 | 庐阳区 | 住宅；商服 | 76187 | 2.5 | 45712 | 73711 | 安徽瑞泰置业有限公司 |
| 18 | 合国土资公告〔2014〕17 号 | 包河区 | 住宅；商服 | 66334 | 3.5 | 44775 | 73133 | 合肥天同地产有限公司 |
| 19 | 合国土资公告〔2013〕61 号 | 肥东县 | 住 宅 | 122347 | 2.5 | 40374 | 69738 | 安徽文德置业有限公司 |
| 20 | 合国土资公告〔2014〕33 号 | 新站区 | 住 宅 | 88027 | 2.8 | 52816 | 68133 | 烟台力高置业有限公司 |

资料来源：中国房地产决策咨询系统（CRIC）。

表 4－83　　2014 年福州市经营性用地成交总价前十三明细表

单位：平方米，万元

| 序号 | 公告号/宗地编号 | 区域 | 土地属性 | 占地面积 | 容积率 | 出让底价 | 成交价格 | 受让方 |
|---|---|---|---|---|---|---|---|---|
| 1 | 宗地 2013－41 号 | 台江区 | 住宅；商服 | 259519 | 3.6 | 562000 | 562000 | 融信（福建）投资集团有限公司 |
| 2 | 宗地 2014－08 号 | 鼓楼区 | 商服；办公 | 90815 | 5.1 | 291400 | 291400 | 华润置地（福州）发展有限公司 |
| 3 | 宗地 2014－02 号 | 晋安区 | 商服；办公 | 73839 | 3.7 | 158900 | 242000 | 正荣集团有限公司 |
| 4 | 宗地 2014－01 号 | 鼓楼区 | 住宅；商服；办公公建配套和其他 | 64808 | 4.6 | 178000 | 178000 | 保利（福建）房地产有限公司 |
| 5 | 宗地 2014－12 号 | 仓山区 | 住宅；商服 | 80014 | 5.2 | 73600 | 95000 | 福州市万榕房地产开发有限公司 |
| 6 | 宗地 2014－09 号 | 鼓楼区 | 住宅；商服；办公 | 45038 | 5.0 | 92000 | 92000 | 华润置地（福州）发展有限公司 |
| 7 | 宗地 2014－03 号 | 仓山区 | 商　服 | 51215 | 1.4 | 61500 | 61500 | 福州市建设发展有限公司 |
| 8 | 宗地 2014－14 号 | 鼓楼区 | 商　服 | 18523 | 4.0 | 60200 | 60200 | 首开中庚（福州）房地产开发有限公司 |
| 9 | 宗地 2014－15 号 | 晋安区 | 商　服 | 19059 | 4.5 | 46700 | 47300 | 中庚集团 |
| 10 | 宗地 2014－10 号 | 鼓楼区 | 商服；办公 | 13930 | 5.0 | 42750 | 42750 | 福建省投资开发集团有限责任公司 |
| 11 | 宗地 2014－07 号 | 晋安区 | 商　服 | 9512 | 3.5 | 17400 | 17400 | 昌吉州鑫实投资发展有限公司 |
| 12 | 宗地 2014－11 号 | 仓山区 | 商服；办公公建配套和其他 | 7287 | 3.0 | 7670 | 7670 | 福州市城乡建设发展总公司 |
| 13 | 宗地 2014－05 号 | 仓山区 | 商服；公建配套和其他 | 20875 | 2.8 | 2940 | 2940 | 利嘉（福建）国际商贸有限公司 |

资料来源：中国房地产决策咨询系统（CRIC）。

表 4－84　　2014 年厦门市经营性用地成交总价前二十明细表

单位：平方米，万元

| 序号 | 公告号/宗地编号 | 区域 | 土地属性 | 占地面积 | 容积率 | 出让底价 | 成交价格 | 受让方 |
|---|---|---|---|---|---|---|---|---|
| 1 | 2014 第 064 号/2014TP04 | 同安区 | 住宅；商服 | 152919 | 2.1 | 257800 | 338800 | 保利（福建）房地产投资有限公司恒利（香港）置业有限公司 |
| 2 | 2014 第 029 号/J2014P01 | 集美区 | 住宅；商服 | 74360 | 3.3 | 194400 | 319600 | 厦门国贸天地房地产有限公司 |
| 3 | 2014 第 113 号/H2014P05 | 海沧区 | 住宅；商服 | 58651 | 2.6 | 127000 | 228000 | 厦门绿苑商城房地产有限公司、厦门海智房地产开发有限公司 |
| 4 | 2014 第 070 号/X2014P01 | 翔安区 | 住宅；商服 | 90981 | 2.5 | 179900 | 200000 | 福建世茂置业有限公司 |
| 5 | 2014 第 112 号/H2014P04 | 海沧区 | 住宅；商服 | 50344 | 2.8 | 119000 | 197600 | 融侨集团股份有限公司 |

续表

| 序号 | 公告号/宗地编号 | 区域 | 土地属性 | 占地面积 | 容积率 | 出让底价 | 成交价格 | 受让方 |
|---|---|---|---|---|---|---|---|---|
| 6 | 2013 第 136 号/ T2011P03 | 同安区 | 住宅；商服 | 28143 | 2.8 | 48000 | 79600 | 上海兆瑞投资发展有限公司 |
| 7 | 2014 第 023 号/ H2014P03 | 海沧区 | 住宅；商服 | 30106 | 2.2 | 53000 | 68000 | 厦门海投房地产有限公司 |
| 8 | 2014 第 023 号/ 2014XP01 | 翔安区 | 住宅；商服 | 20680 | 2.2 | 36400 | 54600 | 厦门国贸控股建设开发有限公司 |
| 9 | 2014 第 078 号/ 2014XP04 | 翔安区 | 住　宅 | 17056 | 2.4 | 32800 | 51800 | 厦门海晟房地产开发有限公司 |
| 10 | 2014 第 029 号/ J2013P01 | 集美区 | 住宅；商服 | 33298 | 1.7 | 33700 | 45700 | 集美建设发展有限公司 |
| 11 | 2013 第 138 号/ 2013P02 | 湖里区 | 商服；办公 | 17123 | 4.7 | 29945 | 29945 | HK GREAT EAST NATURAL RESOURCES INVESTMENT PTE LIMITED |
| 12 | 2014 第 076 号/ X2014G04 | 翔安区 | 商服；办公 | 66615 | 1.9 | 27400 | 27400 | 厦门坤煌房地产开发有限公司 |
| 13 | 2014 第 063 号/ H2014G03 | 海沧区 | 商服；办公 | 9927 | 4.8 | 13800 | 13800 | 厦门海沧投资集团有限公司 |
| 14 | 2014 第 084 号/ 2014G01 | 湖里区 | 商服；公建配套和其他 | 115078 | 1.0 | 11300 | 11300 | 福建兆翔临港置业有限公司 |
| 15 | 2014 第 062 号/ 2014JP03 | 集美区 | 商　服 | 99871 | 0.7 | 10000 | 10000 | 山东华夏文化旅游集团有限公司 |
| 16 | 2014 第 064 号/ J2014P02 | 集美区 | 商　服 | 5157 | 2.2 | 6600 | 6600 | 厦门杏林建设开发公司 |
| 17 | 2014 第 135 号/ 2014HG01 | 海沧区 | 商服；办公 | 37218 | 2.6 | 5400 | 5400 | 厦门公交集团有限公司 |
| 18 | 2014 第 104 号/ 2014TG01 | 同安区 | 商　服 | 33244 | 0.5 | 4400 | 4400 | 厦门市同安区市场建设管理有限公司 |
| 19 | 2014 第 092 号/ H2014P01 | 海沧区 | 商服；办公 | 8872 | 1.5 | 3900 | 3900 | 漳州盛元丰田汽车销售服务有限公司 |
| 20 | 2014 第 025 号/ H2014P02 | 海沧区 | 商服；办公 | 6298 | 2.0 | 3200 | 3200 | 泉州市奔腾汽车销售有限公司 |

资料来源：中国房地产决策咨询系统（CRIC）。

**表 4－85　　2014 年南昌市经营性用地成交总价前二十明细表**

单位：平方米，万元

| 序号 | 公告号/宗地编号 | 区域 | 土地属性 | 占地面积 | 容积率 | 出让底价 | 成交价格 | 受让方 |
|---|---|---|---|---|---|---|---|---|
| 1 | 〔2014〕AA056 号/ DABJ2014075 | 西湖区 | 住宅；商服 | 106722 | 3.3 | 216592 | 216592 | 南昌绿地申飞置业有限公司 |
| 2 | 〔2014〕AA051 号/ DADJ2014066 | 青云谱区 | 住宅；商服 | 50839 | 6.2 | 116219 | 116219 | 江西正盛时代置业有限公司 |

续表

| 序号 | 公告号/宗地编号 | 区域 | 土地属性 | 占地面积 | 容积率 | 出让底价 | 成交价格 | 受让方 |
|---|---|---|---|---|---|---|---|---|
| 3 | 〔2014〕AA006 号/DAFJ2014003 | 高新技术产业开发区 | 住宅；商服 | 88492 | 2.0 | 93005 | 103005 | 南昌中电投高新置业有限公司 |
| 4 | 〔2014〕AA049 号/DAGJ2014064 | 经济技术开发区 | 住宅；公建配套和其他 | 170079 | 2.0 | 85720 | 85720 | 中铁十六局集团置业投资有限公司 |
| 5 | 〔2014〕AA041 号/DABJ2014048 | 西湖区 | 住　宅 | 45820 | 3.5 | 63025 | 63025 | 联发集团南昌联宏房地产开发有限公司 |
| 6 | 〔2013〕AA0081 号/DAIJ2013085 | 湾里区 | 住宅；商服 | 94136 | 2.5 | 49421 | 62412 | 新余市鑫瑞投资有限公司 |
| 7 | 〔2014〕AA039 号/DAFJ2014046 | 高新技术产业开发区 | 住宅；商服；办公 | 102842 | 4.3 | 61705 | 61705 | 香港卓盛发展有限公司 |
| 8 | 〔2014〕AA051/DADJ2014065 | 青云谱区 | 商　服 | 23408 | 5.7 | 51439 | 51439 | 江西正盛时代置业有限公司 |
| 9 | 〔2014〕AA028 号/DAFJ2014031 | 高新技术产业开发区 | 住宅；商服 | 57679 | 2.5 | 47585 | 47585 | 南昌荣旺房地产开发有限公司 |
| 10 | 〔2014〕AA004 号/DAEJ2014007 | 红谷滩区 | 住宅；商服 | 184600 | 2.0 | 42089 | 42089 | 南昌绿地申飞置业有限公司 |
| 11 | 〔2013〕AA0078 号/DABJ2013081 | 西湖区 | 住宅；商服 | 31271 | 2.2 | 28144 | 41699 | 江西海亮房地产有限公司 |
| 12 | 〔2014〕AA022 号/DADJ2014024 | 青云谱区 | 住宅；商服 | 27879 | 3.4 | 38097 | 38097 | 江西中航国际洪都投资有限公司江西万科益达置业投资有限公司 |
| 13 | 〔2014〕AA036 号/DAEJ2014037 | 红谷滩区 | 住宅；商服 | 63845 | 1.7 | 34956 | 34956 | 江西名门世家置业有限公司 |
| 14 | 〔2014〕AA035 号/DAEJ2014036 | 红谷滩区 | 住宅；商服 | 32270 | 3.0 | 34949 | 34949 | 吴来荣 |
| 15 | 〔2014〕AA038 号/DAEJ2014042 | 红谷滩区 | 商　服 | 55965 | 3.5 | 33579 | 33579 | 恒天地产有限公司，北京中地华夏投资有限公司，江西省昌吉恒中投资有限公司 |
| 16 | 〔2014〕AA045/DAEJ2014055 | 红谷滩区 | 住宅；商服 | 52558 | 2.5 | 33269 | 33269 | 江西恒锦地产开发有限公司 |
| 17 | 〔2014〕AA046 号/DAFJ2014058 | 高新技术产业开发区 | 住宅；商服 | 87643 | 2.3 | 32866 | 32866 | 江西浙大中福科技园发展有限公司 |
| 18 | 〔2014〕AA004 号/DAEJ2014008 | 红谷滩区 | 住宅；商服 | 311665 | 2.5 | 32351 | 32351 | 南昌绿地申飞置业有限公司 |
| 19 | 〔2014〕AA017 号/DABJ2014014 | 西湖区 | 商　服 | 13456 | 4.0 | 30270 | 30270 | 江西平安房地产开发有限公司 |
| 20 | 〔2014〕AA043 号/DAEJ2014050 | 红谷滩区 | 商　服 | 80578 | 3.0 | 29008 | 29008 | 南昌绿地申飞置业有限公司 |

资料来源：中国房地产决策咨询系统（CRIC）。

表 4－86　　　2014 年济南市经营性用地成交总价前二十明细表

单位：平方米，万元

| 序号 | 公告号/宗地编号 | 区域 | 土地属性 | 占地面积 | 容积率 | 成交价格 | 受让方 |
|---|---|---|---|---|---|---|---|
| 1 | 2014－G067 | 历下区 | 住　宅 | 199751 | 1.3 | 178289 | 济南东进龙鼎置业有限公司 |
| 2 | 2013－G214 | 天桥区 | 住　宅 | 119013 | 6.5 | 135557 | 济南世茂天城置业有限公司，济南旧城开发投资集团有限公司联合摘得 |
| 3 | 2013－G207 | 槐荫区 | 住　宅 | 199378 | 2.2 | 134580 | 山东正信投资有限公司 |
| 4 | 2013－G189 | 市中区 | 住　宅 | 186386 | 2.8 | 134115 | 山东鲁能亘富开发有限公司 |
| 5 | 2013－G206 | 槐荫区 | 住　宅 | 195590 | 1.8 | 120903 | 山东正信投资有限公司 |
| 6 | 2013－G208 | 槐荫区 | 住　宅 | 163240 | 3.7 | 117533 | 山东正信投资有限公司 |
| 7 | 2013－G227 | 历城区 | 住　宅 | 166787 | 3.2 | 92020 | 中海地产集团（济南）有限公司 |
| 8 | 2013－G228 | 历城区 | 住　宅 | 123644 | 3.5 | 83562 | 中海地产集团（济南）有限公司 |
| 9 | 2013－G201 | 槐荫区 | 商　服 | 127226 | 2.1 | 80152 | 济南西城世中置业有限公司 |
| 10 | 2013－G226 | 历城区 | 住　宅 | 175382 | 2.4 | 71885 | 中海地产集团（济南）有限公司 |
| 11 | 2013－G225 | 历城区 | 住　宅 | 133693 | 3.5 | 68825 | 中海地产集团（济南）有限公司 |
| 12 | 2014－G030 | 历城区 | 住　宅 | 185751 | 3.5 | 64085 | 绿地地产济南东城置业有限公司 |
| 13 | 2014－G077 | 历城区 | 住　宅 | 193551 | 3.5 | 62422 | 永嘉万新精越有限公司 |
| 14 | 2014－G001 | 历下区 | 住　宅 | 172786 | 1.8 | 58316 | 济南城市建设投资有限公司 |
| 15 | 2014－G004 | 高新区 | 商　服 | 59519 | 6.8 | 53570 | 济南万达商业广场置业有限公司 |
| 16 | 2014－G054 | 历下区 | 住　宅 | 53723 | 4.7 | 51997 | 山东中投建邦置业有限公司 |
| 17 | 2014－G006 | 高新区 | 住宅；商服 | 62221 | 5.5 | 48535 | 济南万达商业广场置业有限公司 |
| 18 | 2013－G212 | 历城区 | 住　宅 | 183343 | 1.2 | 45380 | 山东鲁信龙山置业有限公司 |
| 19 | 2014－G064 | 天桥区 | 住　宅 | 135784 | 2.7 | 45150 | 济南益康置业发展有限公司 |
| 20 | 2014－G036 | 槐荫区 | 住　宅 | 47330 | 5.6 | 44235 | 济南旧城开发投资集团有限公司 |

资料来源：中国房地产决策咨询系统（CRIC）。

**表 4－87　　2014 年青岛市经营性用地成交总价前二十明细表**

单位：平方米，万元

| 序号 | 公告号/宗地编号 | 区域 | 土地属性 | 占地面积 | 容积率 | 出让底价 | 成交价格 | 受让方 |
|---|---|---|---|---|---|---|---|---|
| 1 | 青土资房告字〔2014〕105 号 | 崂山区 | 商　服 | 24827 | 9.7 | 156408 | 156648 | 青岛金恒力置业有限公司 |
| 2 | 青土资房告字〔2014〕13 号 | 市北区 | 住宅；商服；公建配套和其他 | 54008 | 3.8 | 149385 | 149385 | 北京金隅嘉业房地产开发有限公司 |
| 3 | 青土资房告字〔2014〕03 号 | 四方区 | 住宅；商服；公建配套和其他 | 70966 | 3.0 | 94935 | 126873 | 青岛康润房地产开发有限公司 |
| 4 | 青土资房告字〔2014〕3016 号 | 胶南市 | 住　宅 | 150542 | 3.8 | 72204 | 72204 | 青岛万达东方影都投资有限公司 |
| 5 | 青土资房告字〔2014〕14 号 | 李沧区 | 住宅；商服 | 180775 | 1.1 | 71686 | 71686 | 青岛和达置业有限公司 |
| 6 | 青土资房告字〔2014〕3016 号 | 胶南市 | 住　宅 | 137704 | 3.8 | 66304 | 66304 | 青岛万达东方影都投资有限公司 |
| 7 | 青土资房告字〔2014〕14 号 | 李沧区 | 住宅；商服 | 63717 | 2.9 | 59088 | 59088 | 青岛卓越新城置业有限公司 |
| 8 | 青土资房告字〔2014〕07 号 | 李沧区 | 住宅；商服 | 40828 | 3.1 | 44415 | 58501 | 北京城建兴华地产有限公司 |
| 9 | 青土资房告字〔2014〕13 号 | 市北区 | 住宅；商服 | 21239 | 5.0 | 53311 | 53311 | 中铁置业集团有限公司 |
| 10 | 青土资房告字〔2014〕08 号 | 李沧区 | 住宅；商服 | 46540 | 3.4 | 52855 | 52855 | 青岛万科企业有限公司 |
| 11 | 青土资房告字〔2014〕12 号 | 李沧区 | 住宅；商服；公建配套和其他 | 62432 | 3.0 | 51890 | 51890 | 保利（青岛）实业有限公司 |
| 12 | 青土资房告字〔2014〕14 号 | 李沧区 | 住宅；商服 | 56373 | 3.0 | 50482 | 50482 | 青岛卓越新城置业有限公司 |
| 13 | 青土资房告字〔2014〕03 号 | 市北区 | 住宅；公建配套和其他 | 28063 | 3.6 | 37818 | 48256 | 华融纺联（青岛）投资有限责任公司 |
| 14 | 青土资房告字〔2014〕3016 号 | 胶南市 | 住　宅 | 95931 | 3.9 | 47275 | 47275 | 青岛万达东方影都投资有限公司 |
| 15 | 青土资房告字〔2014〕14 号 | 李沧区 | 住宅；商服 | 52418 | 3.0 | 46940 | 46940 | 青岛卓越新城置业有限公司 |
| 16 | 青土资房告字〔2014〕12 号 | 李沧区 | 住宅；商服；公建配套和其他 | 42665 | 3.5 | 46087 | 46087 | 恒利（香港）置业有限公司 |
| 17 | 青土资房告字〔2014〕07 号 | 四方区 | 住宅；商服；公建配套和其他 | 48543 | 2.5 | 45910 | 45910 | 青岛博莱置业有限公司 |
| 18 | 青土资房告字〔2014〕3016 号 | 胶南市 | 商　服 | 344745 | 0.9 | 44865 | 44865 | 青岛万达东方影都投资有限公司 |
| 19 | 青土资房告字〔2014〕3016 号 | 胶南市 | 住　宅 | 147313 | 1.4 | 42959 | 42959 | 青岛万达东方影都投资有限公司 |
| 20 | 青土资房告字〔2014〕3016 号 | 胶南市 | 住　宅 | 163633 | 1.1 | 40967 | 40967 | 青岛万达东方影都投资有限公司 |

资料来源：中国房地产决策咨询系统（CRIC）。

表 4－88　　2014 年郑州市经营性用地成交总价前二十明细表

单位：平方米，万元

| 序号 | 公告号/宗地编号 | 区域 | 土地属性 | 占地面积 | 容积率 | 出让底价 | 成交价格 | 受让方 |
|---|---|---|---|---|---|---|---|---|
| 1 | 郑政东出〔2014〕8 号（网） | 郑东新区 | 住　宅 | 63738 | 1.7 | 77430 | 144430 | 河南建业住宅建设有限公司 |
| 2 | 郑政出〔2014〕17 号 | 金水区 | 住　宅 | 66121 | 3.0 | 46170 | 121170 | 长春智信咨询服务有限公司 |
| 3 | 郑政出〔2014〕58 号 | 中原区 | 住　宅 | 105641 | 3.5 | 80462 | 120662 | 河南正商置业有限公司 |
| 4 | 郑政东出〔2014〕7 号（网） | 郑东新区 | 住　宅 | 45154 | 1.5 | 50420 | 115420 | 河南省豫农置业有限公司 |
| 5 | 郑政出〔2014〕18 号 | 金水区 | 住　宅 | 34224 | 3.0 | 23393 | 79593 | 河南天邦置业有限公司 |
| 6 | 中原区郑政出〔2014〕99 号（网） | 中原区 | 住　宅 | 46885 | 3.5 | 33229 | 64229 | 河南领创置业有限公司 |
| 7 | 郑政东出〔2014〕16 号（网） | 郑东新区 | 住　宅 | 31714 | 1.5 | 35660 | 64160 | 郑州众之和置业有限公司 |
| 8 | 郑政出〔2014〕124 号 | 中原区 | 住　宅 | 93478 | 4.5 | 63072 | 63072 | 河南运昌置业有限公司 |
| 9 | 郑政出〔2014〕35 号 | 惠济区 | 住宅；商服 | 96540 | 4.0 | 60217 | 60217 | 河南广海房地产开发有限公司 |
| 10 | 郑政东出〔2014〕6 号（网） | 郑东新区 | 住　宅 | 21652 | 1.5 | 22930 | 52430 | 郑州国投置业有限公司 |
| 11 | 郑政出〔2014〕127 号 | 中原区 | 住　宅 | 69769 | 4.5 | 50660 | 50660 | 河南运昌置业有限公司 |
| 12 | 郑政东出〔2014〕11 号 | 郑东新区 | 商　服 | 49316 | 4.6 | 49384 | 49384 | 中交（郑州）投资发展有限公司 |
| 13 | 郑政东出〔2014〕12 号 | 郑东新区 | 商　服 | 46461 | 4.6 | 46524 | 46524 | 中交（郑州）投资发展有限公司 |
| 14 | 郑政出〔2014〕61 号（网） | 管城回族自治区 | 住　宅 | 40475 | 3.5 | 26096 | 44096 | 河南高速房地产开发有限公司 |
| 15 | 郑政出〔2014〕130 号 | 二七区 | 住　宅 | 82933 | 3.5 | 40878 | 40878 | 河南正商中州置业有限公司 |
| 16 | 郑政出〔2014〕59 号 | 中原区 | 住　宅 | 32819 | 3.5 | 24773 | 38573 | 郑州地产集团有限公司 |
| 17 | 郑政出〔2014〕57 号 | 惠济区 | 住　宅 | 72845 | 3.0 | 36736 | 36736 | 河南碧源控股集团有限公司 |
| 18 | 郑政出〔2014〕80 号 | 二七区 | 住宅；商服 | 93652 | 5.0 | 36333 | 36333 | 河南亚星置业集团有限公司 |
| 19 | 郑政出〔2014〕100 号 | 二七区 | 商　服 | 18027 | 8.5 | 33423 | 33423 | 郑州绿都不动产有限公司 |
| 20 | 郑政出〔2014〕146 号（网） | 高新技术开发区 | 商　服 | 52293 | 5.0 | 32867 | 32867 | 河南正弘高新实业有限公司 |

资料来源：中国房地产决策咨询系统（CRIC）。

表 4－89　　2014 年武汉市经营性用地成交总价前二十明细表

单位：平方米，万元

| 序号 | 公告号/宗地编号 | 区域 | 土地属性 | 占地面积 | 容积率 | 出让底价 | 成交价格 | 受让方 |
|---|---|---|---|---|---|---|---|---|
| 1 | P〔2014〕109 号 | 硚口区 | 住宅；商服；公建配套和其他 | 133562 | 3.7 | 332000 | 332000 | 丰达国际有限公司 |
| 2 | P〔2014〕046 号 | 汉阳区 | 住宅；商服 | 274605 | 6.5 | 228420 | 228420 | 武汉 2049 投资有限公司 |
| 3 | P〔2014〕117 号 | 江汉区 | 住宅；商服 | 41267 | 6.7 | — | 213430 | 武汉昱玺置业发展有限公司 |
| 4 | P〔2014〕111 号 | 硚口区 | 住宅；商服 | 81953 | 4.1 | 208400 | 209400 | 中建三局房地产开发有限公司 |
| 5 | P〔2014〕110 号 | 硚口区 | 住宅；商服 | 74898 | 4.0 | 186000 | 187000 | 武汉中建三局房地产开发有限公司 |
| 6 | P〔2014〕044 号 | 汉阳区 | 住宅；商服 | 213001 | 3.8 | 175480 | 175480 | 武汉 2049 投资有限公司 |
| 7 | P〔2014〕016 号 | 硚口区 | 住宅；商服 | 156114 | 4.4 | 160090 | 160090 | 名流置业武汉江北有限公司 |
| 8 | P〔2014〕014 号 | 硚口区 | 住宅；商服 | 137835 | 5.6 | 159270 | 159270 | 武汉园博园置业有限公司 |
| 9 | P〔2014〕070 号 | 经济技术开发区 | 住宅；商服；公建配套和其他 | 145356 | 5.0 | 148790 | 148790 | 武汉广电房地产开发有限公司 |
| 10 | P〔2013〕235 号 | 青山区 | 住　宅 | 185467 | 3.1 | 108630 | 147130 | 武汉申智成置业有限公司 |
| 11 | P〔2014〕148 号 | 汉阳区 | 住宅；商服 | 159539 | 2.0 | 144000 | 144000 | 上海汇业实业有限公司 |
| 12 | P〔2014〕045 号 | 汉阳区 | 住宅；商服 | 223577 | 3.5 | 143330 | 143330 | 武汉 2049 投资有限公司 |
| 13 | P〔2014〕095 号 | 江岸区 | 住宅；商服；公建配套和其他 | 116216 | 3.3 | 127380 | 127380 | 武汉聚冠实业有限公司 |
| 14 | P〔2014〕097 号 | 青山区 | 住宅；商服 | 109800 | 3.0 | 90600 | 116100 | 中铁四院集团房地产开发有限公司 |
| 15 | P〔2014〕120 号 | 江岸区 | 住宅；商服 | 141244 | 3.6 | 115720 | 115720 | 武汉山岭投资管理有限公司 |
| 16 | P〔2014〕106 号 | 东西湖区 | 住宅；商服 | 171942 | 3.1 | 114200 | 114200 | 武汉地铁地产联合置业有限公司 |
| 17 | P〔2014〕002 号 | 汉阳区 | 住宅；商服；公建配套和其他 | 173140 | 3.2 | 109100 | 109100 | 中铁大桥局集团有限公司 |
| 18 | P〔2014〕123 号 | 东湖高新区 | 住宅；商服 | 405476 | 2.6 | 94950 | 94950 | 中国建筑第三工程局有限公司 |
| 19 | P〔2014〕017 号 | 硚口区 | 住宅；商服 | 74781 | 4.6 | 77550 | 77550 | 武汉美好锦程置业有限公司 |
| 20 | P〔2014〕118 号 | 武昌区 | 商　服 | 35680 | 7.5 | 75720 | 75720 | 湖北华滨投资有限公司 |

资料来源：中国房地产决策咨询系统（CRIC）。

表 4－90　　**2014 年长沙市经营性用地成交总价前二十明细表**

单位：平方米，万元

| 序号 | 公告号/宗地编号 | 区域 | 土地属性 | 占地面积 | 容积率 | 出让底价 | 成交价格 | 受让方 |
|---|---|---|---|---|---|---|---|---|
| 1 | 〔2014〕长土网013号 | 岳麓区 | 住宅；商服 | 110186 | 3.7 | 281657 | 281657 | 绿地地产集团长沙置业有限公司 |
| 2 | 〔2014〕长土网100号 | 岳麓区 | 住宅；商服 | 119862 | 4.2 | 139610 | 139610 | 长沙兴茂投资有限公司 |
| 3 | 〔2014〕长土网009号 | 岳麓区 | 住宅；商服 | 95468 | 4.0 | 121768 | 126568 | 卓越置业集团有限公司 |
| 4 | 〔2013〕长土网040号 | 芙蓉区 | 住宅；商服 | 99945 | 3.0 | 68392 | 117352 | 长沙市鹏跃房地产开发有限公司 |
| 5 | 〔2014〕长土网097号 | 岳麓区 | 住宅；商服 | 198343 | 3.0 | 107106 | 107106 | 长沙成城银山房地产开发有限公司、长沙先导恒创投资有限公司等2人 |
| 6 | 〔2014〕长土网098号 | 岳麓区 | 商　服 | 60835 | 5.2 | 101450 | 101450 | 长沙先导恒鼎投资有限公司 |
| 7 | 〔2013〕长土网042号 | 雨花区 | 住宅；商服 | 137132 | 3.7 | 73450 | 73450 | 长沙星辉房地产开发有限公司 |
| 8 | 〔2014〕长土网032号 | 岳麓区 | 住　宅 | 71310 | 2.5 | 54374 | 71654 | 湖南珠江实业投资有限公司 |
| 9 | 〔2014〕长土网006号 | 岳麓区 | 住宅；商服 | 48241 | 3.8 | 56828 | 70508 | 当代置业（香港）有限公司 |
| 10 | 〔2014〕长土网010号 | 岳麓区 | 住宅；商服 | 89460 | 3.0 | 64412 | 68252 | 鑫苑（中国）置业有限公司 |
| 11 | 〔2014〕长土网044号 | 开福区 | 商　服 | 278004 | 2.5 | 55878 | 55878 | 长沙香江商贸物流城开发有限公司 |
| 12 | 〔2013〕长土网041号 | 芙蓉区 | 住　宅 | 56340 | 2.8 | 36425 | 51905 | 长沙市鹏跃房地产开发有限公司 |
| 13 | 〔2014〕长土网033号 | 雨花区 | 住宅；商服 | 47196 | 4.5 | 50972 | 50972 | 长沙同玺置业有限公司 |
| 14 | 网挂〔2014〕53号 | 望城区 | 住宅；商服 | 135077 | 3.0 | 48394 | 48394 | 长沙市望城区城市建设投资集团有限公司 |
| 15 | 〔2014〕长土网008号 | 雨花区 | 住宅；商服 | 106994 | 3.0 | 48129 | 48129 | 绿地地产集团长沙置业有限公司 |
| 16 | 〔2014〕长土网072号 | 岳麓区 | 商　服 | 157280 | 1.5 | 47180 | 47180 | 湖南湘江新区投资集团有限公司 |
| 17 | 〔2014〕长土网012号 | 天心区 | 住宅；商服 | 38718 | 4.5 | 44440 | 47140 | 湖南荣盛房地产开发有限公司 |
| 18 | 〔2014〕长土网051号 | 雨花区 | 住宅；商服 | 56740 | 5.3 | 45033 | 45033 | 湖南江坤置业有限公司 |
| 19 | 网挂〔2013〕70号 | 望城区 | 住宅；商服 | 120929 | 2.5 | 43180 | 43180 | 湖南新华联房地产开发有限公司 |
| 20 | 〔2014〕长土网049号 | 雨花区 | 住　宅 | 63610 | 3.0 | 40074 | 40074 | 中建信和地产 |

资料来源：中国房地产决策咨询系统（CRIC）。

**表 4－91　　2014 年广州市经营性用地成交总价前二十明细表**

单位：平方米，万元

| 序号 | 公告号/宗地编号 | 区域 | 土地属性 | 占地面积 | 容积率 | 出让底价 | 成交价格 | 受让方 |
|---|---|---|---|---|---|---|---|---|
| 1 | 2014 挂－1025 | 白云区 | 住宅；公建配套和其他 | 168751 | 3.2 | 645071 | 645071 | 栢盈国际集团有限公司 |
| 2 | 2014 挂－0322 | 天河区 | 住宅；公建配套和其他 | 295885 | 3.2 | 606463 | 615000 | 广州市城实投资有限公司 |
| 3 | 2014 挂－1010 | 天河区 | 住宅；公建配套和其他 | 123304 | 4.1 | 445675 | 445675 | 广州佳郡置业有限公司 |
| 4 | 2014 挂－0113 | 荔湾区 | 住宅；商服 | 54678 | 7.0 | 394976 | 394976 | 中国海外兴业有限公司 |
| 5 | 2014 挂－0113 | 荔湾区 | 住宅；商服；公建配套和其他 | 58854 | 7.5 | 393842 | 393842 | 中国海外兴业有限公司 |
| 6 | 2014 挂－0830 | 荔湾区 | 住　宅 | 47367 | 4.8 | 318306 | 324306 | 金融街控股股份有限公司广州方荣房地产有限公司 |
| 7 | 2014 挂－0113 | 荔湾区 | 住　宅 | 60847 | 4.8 | 299434 | 299434 | 金融街控股股份有限公司 |
| 8 | 2014 挂－0113 | 荔湾区 | 住宅；公建配套和其他 | 62297 | 3.8 | 291570 | 291570 | 广州华枫投资有限公司 |
| 9 | 2014 挂－0430 | 黄埔区 | 住　宅 | 170861 | 2.8 | 286090 | 286090 | 广州保利城改投资有限公司和广州市凯胜投资有限公司联合体 |
| 10 | 2014 挂－0830 | 天河区 | 商　服 | 120725 | 4.0 | 178717 | 267000 | 广州市万科穗东房地产有限公司 |
| 11 | 2014 挂－1010 | 天河区 | 住　宅 | 113287 | 2.1 | 157952 | 222000 | 广州市铭岳城房地产有限公司 |
| 12 | 2014 挂－0830 | 荔湾区 | 住　宅 | 32691 | 3.9 | 178492 | 210000 | 保利房地产（集团）股份有限公司（广州市海合房地产开发有限公司，恒利（香港）置业有限公司） |
| 13 | 2014 挂－1010 | 天河区 | 住宅；公建配套和其他 | 75755 | 1.8 | 150916 | 208000 | 华润置地一二三四（深圳）商业运营管理有限公司 |
| 14 | 2014 挂－0830 | 荔湾区 | 住　宅 | 28514 | 3.9 | 155686 | 203000 | 深圳市振业房地产开发有限公司 |
| 15 | 2014 挂－1010 | 天河区 | 住　宅 | 65017 | 3.0 | 161529 | 202000 | 金地（集团）股份有限公司 |
| 16 | 2014 挂－0830 | 荔湾区 | 住宅；商服 | 36366 | 3.8 | 191112 | 191112 | 中国海外兴业有限公司 |
| 17 | 2014 挂－0516 | 南沙区 | 住宅；商服；公建配套和其他 | 175334 | 3.3 | 177490 | 177490 | 广州方圆辉晟房地产发展有限公司 |
| 18 | 2014 挂－0113 | 荔湾区 | 住宅；商服；公建配套和其他 | 26383 | 7.5 | 171117 | 171117 | 中国海外兴业有限公司 |
| 19 | 2013 挂－1228 | 黄埔区 | 住　宅 | 49381 | 3.2 | 114886 | 166585 | 广东保利房地产开发有限公司 |
| 20 | 2014 挂－1010 | 天河区 | 住宅；公建配套和其他 | 53156 | 2.3 | 134248 | 156000 | 广州市铭岳城房地产有限公司 |

资料来源：中国房地产决策咨询系统（CRIC）。

表 4－92　　2014 年深圳市经营性用地成交总价前二十明细表

单位：平方米，万元

| 序号 | 公告号/宗地编号 | 区域 | 土地属性 | 占地面积 | 容积率 | 出让底价 | 成交价格 | 受让方 |
|---|---|---|---|---|---|---|---|---|
| 1 | 深土交告〔2013〕23 号/T201－0080 | 南山区 | 住宅；商服；办公公建配套和其他 | 51416 | 9.3 | — | 1340999 | 兆华斯坦开发公司深圳市前海国际能源金融中心 |
| 2 | 深土交告〔2014〕4 号/G16301－0701 | 龙岗区 | 住宅；商服；公建配套和其他 | 869838 | 0.5 | 340000 | 540000 | 佳兆业集团（深圳）有限公司生命人寿保险股份有限公司 |
| 3 | 深土交告〔2013〕16 号/A002－0046 | 宝安区 | 商　服 | 20723 | 8.1 | 213500 | 483000 | 深圳金利通投资有限公司 |
| 4 | 深土交告〔2014〕20 号/A802－0305 | 宝安区 | 住　宅 | 46647 | 4.0 | 252500 | 468000 | 深圳市金骏房地产有限公司 |
| 5 | 深土交告〔2013〕24 号/T207－0049 | 南山区 | 商服；公建配套和其他 | 31464 | 8.3 | 354900 | 354900 | 中信证券股份有限公司金石泽信投资管理有限公司 |
| 6 | 深土交告〔2013〕16 号/A004－0154 | 宝安区 | 商　服 | 22725 | 6.0 | 175900 | 331900 | 深圳市卓越宝中房地产开发有限公司 |
| 7 | 深土交告〔2014〕24 号/A818－0462 | 宝安区 | 商　服 | 109864 | 1.6 | 257700 | 304000 | 深圳招商房地产有限公司深圳华侨城房地产有限公司 |
| 8 | 深土交告〔2014〕11 号/T102－0253 | 南山区 | 办　公 | 9985 | 20.2 | 195044 | 195088 | 深圳市前海恒昌科技开发有限公司 |
| 9 | 深土交告〔2014〕3 号/G01003－0024 | 龙岗区 | 商服；办公公建配套和其他 | 66644 | 3.8 | 176600 | 176600 | 深圳市万科房地产有限公司 |
| 10 | 深土交告〔2014〕11 号/T201－0083 | 南山区 | 办　公 | 24317 | 8.6 | 157401 | 157401 | 民生电子商务有限责任公司 |
| 11 | 深土交告〔2014〕11 号/T201－0081 | 南山区 | 办　公 | 24948 | 8.2 | 154627 | 154627 | 腾讯控股有限公司 |
| 12 | 深土交告〔2014〕10 号/G11314－0090 | 龙岗区 | 办　公 | 80083 | 4.5 | 145900 | 145900 | 深圳华谊兄弟文化创意产业有限公司 |
| 13 | 深土交告〔2014〕16 号 T102－0250 | 南山区 | 办　公 | 6119 | 12.4 | 121100 | 132000 | 深圳市顺丰供应链有限公司 |
| 14 | 深土交告〔2014〕16 号 T102－0249 | 南山区 | 办　公 | 5278 | 10.2 | 87700 | 106000 | 深圳市信利康电商科技有限公司 |
| 15 | 深土交告〔2014〕16 号 T102－0248 | 南山区 | 办　公 | 5777 | 6.1 | 57800 | 71000 | 深圳市金立科技有限公司 |
| 16 | 深土交告〔2014〕2 号/B401－0027 | 福田区 | 办公；工业和物流仓储 | 18087 | 7.0 | 71000 | 71000 | 深圳市安托山投资发展有限公司 |
| 17 | 深土交告〔2014〕16 号 T102－0247 | 南山区 | 办　公 | 6267 | 5.6 | 58500 | 70000 | 深圳市前海香融中盛供应链管理有限公司 |
| 18 | 深土交告〔2014〕11 号/T201－0082 | 南山区 | 办　公 | 15063 | 7.6 | 64613 | 64613 | HONYCAPITALMANAGEMENTLIMITED 弘毅投资管理有限公司 |
| 19 | 华润银湖三九片区城市更新项目土地 | 罗湖区 | 商　服 | 4300 | 6.8 | 20539 | 20539 | 华润（深圳）地产发展有限公司 |
| 20 | 深土交告〔2014〕13 号/G11340－8018 | 龙岗区 | 办　公 | 5001 | 6.2 | 12500 | 14500 | 深圳市中天美景地产投资有限公司 |

资料来源：中国房地产决策咨询系统（CRIC）。

表 4－93　　2014 年南宁市经营性用地成交总价前二十明细表

单位：平方米，万元

| 序号 | 公告号/宗地编号 | 区域 | 土地属性 | 占地面积 | 容积率 | 出让底价 | 成交价格 | 受让方 |
|---|---|---|---|---|---|---|---|---|
| 1 | GC2013－134 号 | 良庆区 | 住宅；商服 | 187620 | 4.0 | 96812 | 96812 | 南宁天誉巨成置业有限公司 |
| 2 | GC2014－101 号 | 西乡塘区 | 住宅；商服 | 91373 | 5.9 | 82646 | 82647 | 广西华珏投资发展有限公司 |
| 3 | GC2014－015 号 | 兴宁区 | 住宅；商服 | 140261 | 2.8 | 73847 | 73847 | 中国海外宏洋集团有限公司 |
| 4 | GC2014－035 号 | 良庆区 | 住宅；商服；办公 | 144765 | 4.0 | 70573 | 70573 | 广西联合佳成置业有限公司 |
| 5 | GC2014－033 号 | 良庆区 | 住宅；商服；办公 | 127601 | 4.0 | 62205 | 62205 | 广西宝能城市建设有限公司 |
| 6 | GC2014－014 号 | 兴宁区 | 住宅；商服 | 94617 | 3.9 | 61595 | 61596 | 中国海外宏洋集团有限公司 |
| 7 | GC2014－082 号 | 良庆区 | 住宅；商服 | 105835 | 3.9 | 55722 | 55722 | 广西盛禾房地产开发有限公司 |
| 8 | GC2014－013 号 | 兴宁区 | 住宅；商服 | 101731 | 2.8 | 54324 | 54324 | 中国海外宏洋集团有限公司 |
| 9 | GC2014－036 号 | 邕宁区 | 住宅；商服 | 127279 | 3.0 | 51357 | 51357 | 广西合景盛誉房地产开发有限公司 |
| 10 | GC2014－016 号 | 兴宁区 | 住宅；商服 | 77644 | 3.7 | 49614 | 49614 | 中国海外宏洋集团有限公司 |
| 11 | GC2014－034 号 | 良庆区 | 住宅；商服 | 98629 | 3.5 | 45862 | 45862 | 怡茂控股有限公司 |
| 12 | GC2014－032 号 | 良庆区 | 住宅；商服 | 104174 | 3.2 | 44847 | 44847 | 南宁市万科房地产有限公司 |
| 13 | GC2014－026 号 | 良庆区 | 住宅；商服；办公 | 127204 | 2.0 | 42168 | 42168 | 广西城建投资集团有限公司 |
| 14 | GC2014－025 号 | 良庆区 | 住宅；商服；办公 | 126051 | 2.0 | 41975 | 41975 | 广西城建投资集团有限公司 |
| 15 | GC2013－133 号 | 良庆区 | 商服；办公 | 126780 | 2.0 | 41267 | 41267 | 广西城建投资集团有限公司 |
| 16 | GC2013－117 号 | 江南区 | 住宅；商服 | 35716 | 4.0 | 21912 | 39645 | 广西瀚林地产开发有限公司 |
| 17 | GC2014－095 号 | 良庆区 | 住宅；商服 | 42993 | 4.2 | 37468 | 37469 | 广西吉丽嘉益投资有限公司 |
| 18 | GC2014－094 号 | 良庆区 | 住宅；商服 | 45016 | 4.0 | 36530 | 36530 | 广西吉丽嘉益投资有限公司 |
| 19 | GC2014－012 号 | 兴宁区 | 住宅；商服；公建配套和其他 | 147018 | 2.5 | 35725 | 35725 | 广西国悦企业投资集团有限公司 |
| 20 | GC2014－060 号 | 邕宁区 | 商服；公建配套和其他 | 212032 | 1.3 | 35621 | 35621 | 大连万达商业地产股份有限公司 |

资料来源：中国房地产决策咨询系统（CRIC）。

表 4 - 94　　2014 年北海市经营性用地成交总价前十明细表

单位：平方米，万元

| 序号 | 公告号/宗地编号 | 区域 | 土地属性 | 占地面积 | 容积率 | 出让底价 | 成交价格 | 受让方 |
|---|---|---|---|---|---|---|---|---|
| 1 | 北告字〔2014〕07 号 | 铁山港 | 住宅；工业和物流仓储 | 447422 | 1.8 | 16375 | 38560 | 斯道拉恩索（广西）浆纸有限公司 |
| 2 | 北告字〔2014〕6 号 | 铁山港 | 住宅；工业和物流仓储 | 447422 | 1.8 | 16375 | 16375 | 斯道拉恩索（广西）浆纸有限公司 |
| 3 | 北告字〔2014〕07 号 | 铁山港 | 住宅；工业和物流仓储 | 221976 | 1.8 | 8080 | 8080 | 斯道拉恩索（广西）浆纸有限公司 |
| 4 | 北告字〔2014〕6 号 | 铁山港 | 住宅；工业和物流仓储 | 221976 | 1.8 | 8080 | 8080 | 斯道拉恩索（广西）浆纸有限公司 |
| 5 | 合国土资挂告字〔2014〕9 号 | 合浦县 | 住宅；商服 | 34837 | 4.5 | 2610 | 2610 | 广西合浦合鑫房地产开发有限公司 |
| 6 | 北告字〔2014〕6 号 | 海城 | 商　服 | 4003 | 2.5 | 1110 | 2110 | 北海太合经贸有限责任公司 |
| 7 | 合国土资挂告字〔2014〕3 号 | 合浦县 | 商　服 | 13333 | 4.5 | 1400 | 1400 | 合浦县农村信用合作联社 |
| 8 | 2014GC02004 号地块 | 银海 | 住　宅 | 3288 | 3.5 | 1035 | 1035 | 北海智弘投资有限公司 |
| 9 | 北告字〔2014〕05 号 | 铁山港 | 住宅；工业和物流仓储 | 18668 | 1.8 | 700 | 700 | 北海圣迪建材科技有限公司 |
| 10 | 廉州镇东山路东侧 1 号块地 | 合浦县 | 住　宅 | 5628 | 3.8 | 551 | 669 | 吴卫国、余起远、余起雄、邓厚君、蔡正威 |

资料来源：中国房地产决策咨询系统（CRIC）。

表 4 - 95　　2014 年海口市经营性用地成交总价前二十明细表

单位：平方米，万元

| 序号 | 公告号/宗地编号 | 区域 | 土地属性 | 占地面积 | 容积率 | 出让底价 | 成交价格 | 受让方 |
|---|---|---|---|---|---|---|---|---|
| 1 | 23〔2014〕23 号/A0303 号 | 秀英区 | 住　宅 | 65504 | 3.0 | 63880 | 63891 | 保利（三亚）房地产开发有限公司 |
| 2 | 28〔2014〕28 号 | 琼山区 | 商　服 | 145517 | 2.5 | 51586 | 51600 | 新城万博置业有限公司 |
| 3 | 25〔2014〕25 号/C1101 - 05 号 | 秀英区 | 住　宅 | 84002 | 2.7 | 49466 | 49516 | 海口绿地五源置业有限公司 |
| 4 | 25〔2014〕25 号/C1101 - 02 号 | 秀英区 | 住　宅 | 77459 | 2.9 | 47484 | 47534 | 海口绿地五源置业有限公司 |
| 5 | 23〔2014〕23 号/A0202 号 | 秀英区 | 商　服 | 50666 | 2.2 | 46289 | 46296 | 保利（三亚）房地产开发有限公司 |
| 6 | 32〔2014〕32 号/E0602 - Z - 04 号 | 秀英区 | 住　宅 | 177357 | 2.4 | 41289 | 41309 | 长影福达（海南）房地产开发有限公司 |
| 7 | 9〔2014〕9 号/9 - 1（D0501）号 | 秀英区 | 商　服 | 50994 | 3.0 | 31132 | 31285 | 北京精诚众和投资有限公司 |
| 8 | 13〔2014〕13 号 | 秀英区 | 住　宅 | 56501 | 2.0 | 30171 | 30177 | 海南龙光房地产开发有限公司 |

续表

| 序号 | 公告号/宗地编号 | 区域 | 土地属性 | 占地面积 | 容积率 | 出让底价 | 成交价格 | 受让方 |
|---|---|---|---|---|---|---|---|---|
| 9 | 32〔2014〕32 号/E0602-Z-02 号 | 秀英区 | 住　宅 | 82116 | 2.8 | 27553 | 27573 | 长影椰海（海南）房地产开发有限公司 |
| 10 | 32〔2014〕32 号/E0602-Z-03 号 | 秀英区 | 住　宅 | 67070 | 2.8 | 22495 | 22515 | 长影粤海（海南）房地产开发有限公司 |
| 11 | 32〔2014〕32 号/E0602-S-02 号 | 秀英区 | 商　服 | 142060 | 1.0 | 21281 | 21301 | 长影利达（海南）房地产开发有限公司 |
| 12 | 24〔2014〕24 号/A-05 号 | 美兰区 | 住　宅 | 60397 | 2.5 | 18971 | 18991 | 海口绿地鸿翔置业有限公司 |
| 13 | 32〔2014〕32 号/E0602-S-01 号 | 秀英区 | 商　服 | 60706 | 1.1 | 15601 | 15621 | 长影兴达（海南）房地产开发有限公司 |
| 14 | 24〔2014〕24 号/A-08 号 | 美兰区 | 住　宅 | 42653 | 2.5 | 13143 | 13163 | 海口绿地鸿翔置业有限公司 |
| 15 | 32〔2014〕32 号/E0602-Z-06 号 | 秀英区 | 住　宅 | 38812 | 2.8 | 13031 | 13051 | 长影长流（海南）房地产开发有限公司 |
| 16 | 30〔2014〕30 号/A0222 号 | 秀英区 | 住　宅 | 59122 | 1.5 | 9001 | 9008 | 海口新海物流园开发有限公司、海口美安物流有限公司、海口美之安房地产开发有限公司、文昌合华置业有限公司、文昌合太房地产开发有限公司等五单位联合体 |
| 17 | 30〔2014〕30 号/A0220 号 | 秀英区 | 住　宅 | 36716 | 1.5 | 6316 | 6321 | 海口新海物流园开发有限公司、海口美安物流有限公司、海口美之安房地产开发有限公司、文昌合华置业有限公司、文昌合太房地产开发有限公司等五单位联合体 |
| 18 | 30〔2014〕30 号/A0226 号 | 秀英区 | 住　宅 | 71623 | 1.5 | 6185 | 6189 | 海口新海物流园开发有限公司、海口美安物流有限公司、海口美之安房地产开发有限公司、文昌合华置业有限公司、文昌合太房地产开发有限公司等五单位联合体 |
| 19 | 30〔2014〕30 号/A0232 号 | 秀英区 | 商　服 | 35502 | 1.5 | 6107 | 6112 | 海口新海物流园开发有限公司、海口美安物流有限公司、海口美之安房地产开发有限公司、文昌合华置业有限公司、文昌合太房地产开发有限公司等五单位联合体 |
| 20 | 仙桥路地块 | 美兰区 | 住　宅 | 15459 | 1.0 |  | 5507 | 海口市木器厂、海口市纸盒印刷厂 |

资料来源：中国房地产决策咨询系统（CRIC）。

表 4－96　　2014 年三亚市经营性用地成交总价前二十明细表

单位：平方米，万元

| 序号 | 公告号/宗地编号 | 区域 | 土地属性 | 占地面积 | 容积率 | 出让底价 | 成交价格 | 受让方 |
|---|---|---|---|---|---|---|---|---|
| 1 | 三土环资告字〔2014〕2 号/SY2014－02 号 | 田独镇 | 住　宅 | 65457 | 2.0 | 43987 | 106367 | 上海绿地（集团）有限公司 |
| 2 | 三土环资告字〔2014〕2 号/SY2014－02 号 | 田独镇 | 住　宅 | 57720 | 2.0 | 39359 | 93795 | 上海绿地（集团）有限公司 |
| 3 | 三土环资告字〔2014〕12 号/SY2014－12 号 | 天涯镇 | 住　宅 | 92702 | 1.1 | — | 54323 | 北京城建（海南）地产有限公司 |
| 4 | 三土环资告字〔2014〕17 号/SY2014－17 号 | 海棠湾镇 | 商　服 | 101766 | 0.4 | — | 43000 | 保利（三亚）房地产开发有限公司 |
| 5 | 三土环资告字〔2014〕11 号/SY2014－11 号 C－06 | 天涯镇 | 住　宅 | 73510 | 1.1 | 37373 | 41870 | 三亚悦晟开发建设有限公司 |
| 6 | 三土环资告字〔2014〕7 号/SY2014－07 号 | 田独镇 | 住　宅 | 78425 | 2.5 | — | 36868 | 三亚东锣岛地产有限公司 |
| 7 | 三土环资告字〔2014〕11 号/SY2014－11 号 D－01（01） | 天涯镇 | 住　宅 | 47818 | 1.1 | 25157 | 28185 | 三亚悦晟开发建设有限公司 |
| 8 | 三土环资告字〔2014〕4 号/SY2014－04 号 | 崖城镇 | 商　服 | 105586 | 0.8 | — | 24145 | 三亚三力置业投资有限公司 |
| 9 | 三土环资告字〔2013〕33 号/SY2013－33（2）号 | 田独镇 | 商　服 | 58249 | 0.4 | — | 21292 | 三亚沈煤森诺房地产开发有限公司 |
| 10 | 三土环资告字〔2013〕33 号/SY2013－33（3）号 | 田独镇 | 商　服 | 55616 | 0.4 | — | 20330 | 三亚沈煤森诺房地产开发有限公司 |
| 11 | 三土环资告字〔2013〕33 号/SY2013－33（1）号 | 田独镇 | 商　服 | 49427 | 0.4 | — | 18068 | 三亚沈煤森诺房地产开发有限公司 |
| 12 | 三土环资告字〔2014〕2 号/SY2014－02 号 | 田独镇 | 商　服 | 9928 | 1.2 | 6113 | 16133 | 上海绿地（集团）有限公司 |
| 13 | 三土环资告字〔2014〕2 号/SY2014－02 号 | 田独镇 | 商　服 | 9083 | 1.2 | 5812 | 14760 | 上海绿地（集团）有限公司 |
| 14 | 三土环资告字〔2014〕11 号/SY2014－11 号 D－01（02） | 天涯镇 | 商　服 | 20493 | 1.1 | 11892 | 13324 | 三亚悦晟开发建设有限公司 |
| 15 | 三土环资告字〔2013〕32 号/SY2013－32 号 | 崖城镇 | 住　宅 | 15268 | 2.0 | — | 5860 | 三亚嘉鹏科技发展有限公司 |
| 16 | 三土环资告字〔2014〕3 号/SY2014－03 号 | 凤凰镇 | 住　宅 | 13221 | 1.5 | — | 3781 | 海南中港诚实业有限公司 |
| 17 | 三土环资告字〔2014〕10 号/LZG5－2－8（2）号 | 田独镇 | 住　宅 | 1794 | 2.2 | 1127 | 2839 | 三亚富斯实业有限公司 |
| 18 | 三土环资告字〔2014〕5 号/SY2014－05 号 | 海棠湾镇 | 商　服 | 4185 | 0.3 | — | 1265 | 中国石油化工股份有限公司海南石油分公司 |
| 19 | 三土环资告字〔2014〕1 号/SY2014－01 号 | 河西区 | 商　服 | 1606 | 4.2 | — | 1147 | 三亚碧城房地产开发有限公司 |
| 20 | 三土环资告字〔2014〕11 号/SY2014－11 号 C－07 | 天涯镇 | 住　宅 | 7964 | 1.1 | 982 | 1100 | 三亚悦晟开发建设有限公司 |

资料来源：中国房地产决策咨询系统（CRIC）。

表 4－97　　2014 年重庆市经营性用地成交总价前二十明细表

单位：平方米，万元

| 序号 | 公告号/宗地编号 | 区域 | 土地属性 | 占地面积 | 容积率 | 出让底价 | 成交价格 | 受让方 |
|---|---|---|---|---|---|---|---|---|
| 1 | 渝国土房管告字〔2014〕24 号/201414067 | 大渡口区 | 商服；办公 | 168214 | 4.5 | 265640 | 265640 | 渝富 |
| 2 | 渝国土房管告字〔2014〕48 号/201414123 | 江北区 | 住宅；商服；办公 | 216335 | 2.3 | 245482 | 245482 | 新鸥鹏 |
| 3 | 渝国土房管告字〔2014〕37 号/201414093 | 渝北区 | 商服；办公 | 466845 | 2.0 | 230465 | 230465 | 重庆仙桃数据谷投资管理有限公司 |
| 4 | 渝国土房管告字〔2014〕18 号/201414042 | 渝北区 | 住宅；商服；办公 | 284088 | 2.9 | 219885 | 219885 | 中航实业有限公司 |
| 5 | 渝国土房管告字〔2014〕44 号/201414107 | 渝北区 | 住宅；商服；办公 | 217221 | 2.8 | 213456 | 213456 | 方兴地产与鼎信长城基金联合 |
| 6 | 渝国土房管告字〔2014〕24 号/201414066 | 大渡口区 | 商服；办公 | 141202 | 3.6 | 178791 | 178791 | 重庆渝富资产经营管理有限公司 |
| 7 | 渝国土房管告字〔2014〕23 号/201414062 | 大渡口区 | 住宅；商服；办公 | 199722 | 3.3 | 165521 | 165521 | 重庆渝富资产经营管理有限公司 |
| 8 | 渝国土房管告字〔2014〕23 号/201414061 | 大渡口区 | 住宅；商服；办公 | 145912 | 4.4 | 160645 | 160645 | 重庆渝富资产经营管理有限公司 |
| 9 | 渝国土房管告字〔2014〕10 号/201414019 | 南岸区 | 住宅；商服；办公 | 198299 | 1.8 | 151512 | 151512 | 重庆市广阳岛开发投资有限公司 |
| 10 | 渝国土房管告字〔2014〕37 号/201414091 | 九龙坡区 | 住宅；商服；办公 | 117402 | 3.9 | 127460 | 149000 | 奥园地产 |
| 11 | 渝国土房管告字〔2014〕17 号/201414034 | 渝北区 | 住　宅 | 182390 | 2.5 | 137705 | 137705 | 重庆永利置业有限公司 |
| 12 | 渝国土房管告字〔2014〕33 号/201414086 | 渝北区 | 住宅；商服 | 261525 | 1.4 | 135563 | 135563 | 融创中国 |
| 13 | 渝国土房管告字〔2014〕2 号/201414004 | 沙坪坝区 | 商　服 | 338802 | 2.5 | 130439 | 130439 | 重庆西部现代物流产业园区 |
| 14 | 渝国土房管告字〔2014〕59 号/201414167 | 渝中区 | 住宅；商服；办公 | 48454 | 3.5 | 126394 | 126394 | 中航地产 |
| 15 | 渝国土房管告字〔2014〕33 号/201414085 | 渝北区 | 住宅；商服；办公 | 181378 | 2.3 | 116249 | 116249 | 融创中国 |
| 16 | 渝国土房管告字〔2014〕42 号/201414097 | 渝中区 | 住宅；商服；办公 | 48694 | 5.4 | 113950 | 113950 | 和泓地产 |
| 17 | 渝国土房管告字〔2014〕56 号/201414149 | 巴南区 | 住　宅 | 199659 | 2.4 | 108398 | 108398 | 重庆中交置业有限公司 |
| 18 | 渝国土房管告字〔2014〕17 号/201414038 | 渝北区 | 住　宅 | 138734 | 2.5 | 104607 | 108000 | 重庆康田置业有限公司 |
| 19 | 渝国土房管告字〔2014〕9 号/201414016 | 巴南区 | 住　宅 | 181090 | 2.5 | 90545 | 108000 | 协信地产 |
| 20 | 渝国土房管告字〔2014〕19 号/201414043 | 渝北区 | 住宅；商服 | 217948 | 2.5 | 106000 | 106000 | 重庆华侨城商贸有限公司 |

资料来源：中国房地产决策咨询系统（CRIC）。

表 4－98　　2014 年成都市经营性用地成交总价前二十明细表

单位：平方米，万元

| 序号 | 公告号/宗地编号 | 区域 | 土地属性 | 占地面积 | 容积率 | 出让底价 | 成交价格 | 受让方 |
|---|---|---|---|---|---|---|---|---|
| 1 | CH08（252/21）：2014－021 | 城东区 | 住宅；商服 | 93854 | 3.0 | 140781 | 258606 | 成都鲁能实业有限公司 |
| 2 | CH39（21/252）：2014－120 | 城东区 | 住宅；商服 | 81153 | 5.2 | 181374 | 181374 | 成都招商北湖置地有限公司博时资本管理有限公司 |
| 3 | JN04（21/252）：2014－033 | 城北区 | 住宅；商服 | 111786 | 6.5 | 179961 | 179961 | 林芝恒大旅游发展有限公司 |
| 4 | CH35（21/252）：2014－115 | 城北区 | 住宅；商服 | 74042 | 4.9 | 137827 | 137827 | 成都泛悦北城房地产开发有限公司 |
| 5 | JJ10（252）：2014－069 | 城东区 | 住宅；商服 | 64314 | 3.0 | 106118 | 131586 | 中粮地产成都有限公司 |
| 6 | CH07（252）：2014－020 | 城北区 | 住宅；商服 | 77020 | 2.8 | 64906 | 122240 | 成都金牛蓝光和骏置业有限公司 |
| 7 | CH15（252）：2014－045 | 城北区 | 住宅；商服 | 87312 | 2.9 | 106477 | 121102 | 首创置业成都有限公司 |
| 8 | QY01（252）：2014－022 | 城西区 | 住宅；商服 | 45924 | 3.6 | 90930 | 111431 | 恒大地产集团（成都）有限公司 |
| 9 | JJ13（211/252）：2013－339 | 城东区 | 住宅；商服 | 168791 | 4.6 | 101304 | 101304 | 四川华熙龙禧投资有限公司 |
| 10 | WH03（211/252/244）：2014－006 | 城西区 | 住宅；商服；公建配套和其他 | 70217 | 3.1 | 65140 | 97817 | 成都金隅大成房地产开发有限公司 |
| 11 | TF02（252/211）：2014－003 | 双流区 | 住宅；商服 | 75008 | 3.0 | 62106 | 93385 | 鑫苑置业（成都）有限公司 |
| 12 | JJ06（252）：2014－038 | 城东区 | 住宅；商服 | 41910 | 4.0 | 50292 | 91364 | 成都新欧鹏恒基置业有限公司 |
| 13 | TF12（08）：2014－052 | 双流区 | 商服；办公 | 600785 | 2.0 | 90117 | 90117 | 成都天府新区投资集团有限公司 |
| 14 | JN07（21/252）：2014－056 | 城西区 | 住宅；商服 | 137062 | 1.0 | 82229 | 82229 | 成都保鑫投资有限公司 |
| 15 | TF19（21/251）：2014－066 | 双流区 | 住宅；商服 | 182000 | 4.8 | 75621 | 75621 | 成都花园城蔚蓝卡地亚置业有限公司 |
| 16 | JJ01（211/252）：2014－014 | 城东区 | 住宅；商服 | 34492 | 3.8 | 67264 | 67264 | 成都盛世瑞城置业有限公司 |
| 17 | CH11（21/252）：2014－031 | 城东区 | 住宅；商服 | 40107 | 4.0 | 66371 | 66371 | 成都泰博置业有限公司 |
| 18 | QY03（21/244）：2014－084 | 城中区 | 商服；办公 | 10242 | 16.0 | 63471 | 63471 | 成都东和房地产有限责任公司 |
| 19 | JN05（21/252）：2014－047 | 城北区 | 住宅；商服 | 30882 | 7.5 | 62494 | 62494 | 四川瀚鳌房地产开发有限公司 |
| 20 | WJ03（252/211）：2014－020 | 温江区 | 住宅；商服 | 111407 | 3.5 | 52807 | 60995 | 四川中投信置业有限公司 |

资料来源：中国房地产决策咨询系统（CRIC）。

表 4－99　　2014 年贵阳市经营性用地成交总价前二十明细表

单位：平方米，万元

| 序号 | 公告号/宗地编号 | 区域 | 土地属性 | 占地面积 | 容积率 | 出让底价 | 成交价格 | 受让方 |
|---|---|---|---|---|---|---|---|---|
| 1 | 黔筑高新土招告字〔2013〕18 号 | 金阳新区 | 住宅；商服 | 186080 | 3.1 | 73900 | 73900 | 海南华润石梅湾旅游开发有限公司 |
| 2 | 黔筑白经国土挂告字〔2014〕17 号 | 白云区 | 商　服 | 77652 | 6.5 | 50500 | 50500 | 中天城投集团贵阳国际金融中心有限责任公司 |
| 3 | 黔筑白经国土挂告字〔2014〕17 号 | 白云区 | 商　服 | 84669 | 6.5 | 50500 | 50500 | 中天城投集团贵阳国际金融中心有限责任公司 |
| 4 | 筑经开分告字〔2013〕014 号 | 小河区 | 住宅；商服 | 54785 | 4.8 | 38700 | 38700 | 贵州立能洋房地产开发有限公司 |
| 5 | 筑公资告〔2013〕地字第 64 号 | 南明区 | 住宅；商服 | 21246 | 10.0 | 29885 | 30320 | 贵州恒丰伟业房地产开发有限公司 |
| 6 | 筑公资告〔2013〕地字第 67 号 | 南明区 | 住宅；商服；公建配套和其他 | 91970 | 6.1 | 27945 | 27945 | 贵州恒鹏置业发展有限公司 |
| 7 | 筑公资告〔2013〕地字第 64 号 | 南明区 | 商　服 | 14446 | 10.0 | 26300 | 26700 | 贵州恒丰伟业房地产开发有限公司 |
| 8 | 筑公资告〔2014〕010 号 | 南明区 | 商　服 | 53463 | 3.0 | 24780 | 24780 | 贵阳砂之船商业管理有限公司 |
| 9 | 筑公资告〔2014〕地字第 012 号 | 花溪区 | 住宅；商服 | 113960 | 2.0 | 23705 | 24075 | 贵州大地华融城置业有限公司 |
| 10 | 黔筑高新土招告字〔2013〕16 号 | 金阳新区 | 商　服 | 218213 | 3.5 | 9850 | 22800 | 贵阳西南国际商贸城有限公司 |
| 11 | 筑公资告〔2014〕地字第 029 号 | 南明区 | 商　服 | 37687 | 5.0 | 21760 | 22115 | 贵州太升房地产开发有限公司 |
| 12 | 筑公资告〔2013〕地字第 55 号 | 云岩区 | 商　服 | 19708 | 10.0 | 20935 | 21280 | 贵阳融华置业有限责任公司 |
| 13 | 筑公资告〔2013〕地字第 60 号 | 云岩区 | 住宅；商服 | 134398 | 4.1 | 20270 | 20610 | 贵州九州山南房地产开发有限公司 |
| 14 | 筑公资告〔2013〕地字第 51 号 | 南明区 | 住宅；商服；办公 | 31282 | 8.7 | 19540 | 19870 | 贵阳保利郦城房地产开发有限公司 |
| 15 | 筑公资告〔2014〕地字第 002 号 | 花溪区 | 商　服 | 85177 | 1.0 | 19345 | 19675 | 贵州创景旅游开发股份有限公司 |
| 16 | 黔筑白经国土挂告字〔2014〕17 号 | 白云区 | 住宅；商服 | 61336 | 5.5 | 19300 | 19400 | 贵阳大川房地产开发有限公司 |
| 17 | 黔筑白经国土挂告字〔2014〕18 号 | 白云区 | 住　宅 | 89320 | 3.0 | 18760 | 18760 | 贵阳白云工业发展投资有限公司 |
| 18 | 筑公资告〔2014〕地字第 020 号 | 云岩区 | 商　服 | 3928 | 9.0 | 18348 | 18666 | 贵州融通小微企业金融超市管理有限公司 |
| 19 | 筑公资告〔2013〕地字第 54 号 | 花溪区 | 住　宅 | 76895 | 2.4 | 17850 | 18165 | 贵州亨特翰林房地产开发有限公司 |
| 20 | 筑公资告〔2013〕地字第 67 号 | 云岩区 | 商　服 | 11764 | 9.0 | 16440 | 16740 | 段道宽 |

资料来源：中国房地产决策咨询系统（CRIC）。

表 4－100　　2014 年昆明市经营性用地成交总价前二十明细表

单位：平方米，万元

| 序号 | 公告号/宗地编号 | 区域 | 土地属性 | 占地面积 | 容积率 | 出让底价 | 成交价格 | 受让方 |
|---|---|---|---|---|---|---|---|---|
| 1 | J2012－014－2、3、4、5、6、7、9、10、12 | 官渡区 | 住宅；商服 | 379645 | 3.9 | 179625 | 179625 | 云南中望置业有限责任公司 |
| 2 | J2014－006－1、J2014－006－2、J2014－006－3、J2014－006－4、J2014－006－5－1 | 西山区 | 住宅；商服 | 233058 | 2.4 | 98092 | 98092 | 云南甬商置业有限责任公司 |
| 3 | J2013－005－01、02、12 | 五华区 | 住宅；商服 | 144768 | 2.2 | 95942 | 95942 | 昆明红凯房地产开发有限公司 |
| 4 | KCGD2014－5－A2 | 官渡区 | 住宅；商服 | 39718 | 6.0 | 90562 | 90926 | 昆明百尚置业投资有限公司 |
| 5 | KC2010－65 | 五华区 | 住　宅 | 54511 | 4.0 | 68687 | 68687 | 昆明中海房地产开发有限公司 |
| 6 | KCGD2012－23－A14－A2 | 官渡区 | 住　宅 | 141584 | 1.1 | 63714 | 63714 | 云南城投置地有限公司 |
| 7 | KCXS2013－11－1、2、3、4、5、6、7 | 西山区 | 住宅；商服 | 99975 | 5.2 | 62983 | 62983 | 云南华海中逸房地产开发有限公司 |
| 8 | KCPL2012－30 | 盘龙区 | 住　宅 | 62250 | 2.5 | 38749 | 56700 | 海南华润石梅湾旅游开发有限公司 |
| 9 | KCC2013－48－A1、A3、A4 | 呈贡区 | 住　宅 | 282622 | 1.6 | 50024 | 50024 | 昆明市保障性住房建设开发有限公司 |
| 10 | KCGD2014－4－A3 | 官渡区 | 住　宅 | 118115 | 3.2 | 44470 | 44470 | 昆明航汇投资有限公司 |
| 11 | KC2010－54 | 五华区 | 住　宅 | 36122 | 4.0 | 43344 | 43344 | 泰运集团有限公司 |
| 12 | KCGD2014－4－A1 | 官渡区 | 住　宅 | 98810 | 3.2 | 37201 | 37201 | 昆明航汇投资有限公司 |
| 13 | KCWH2014－1 | 五华区 | 住　宅 | 87317 | 2.5 | 29209 | 29209 | 昆明西翥投资有限公司 |
| 14 | J2013－004－A1－1、A2－2 | 西山区 | 住宅；商服 | 42221 | 3.8 | 28561 | 28561 | 昆明香缇玫瑰湾房地产开发有限公司 |
| 15 | KCG2013－22 | 五华区 | 商　服 | 28390 | 4.0 | 27684 | 27684 | 昆明海典房地产开发有限公司 |
| 16 | KCGD2014－3 | 官渡区 | 住　宅 | 92805 | 4.5 | 26311 | 26311 | 昆明市鑫海汇投资发展有限公司 |
| 17 | KCD2012－25 | 西山区 | 住　宅 | 31051 | 2.0 | 20961 | 20961 | 昆明滇池国家旅游度假区国有资产投资经营管理有限责任公司 |
| 18 | JN2013－111 | 晋宁县 | 商　服 | 450216 | 0.1 | 20620 | 20620 | 昆明七彩云南古滇王国投资发展有限公司 |
| 19 | 呈政储［2009］001 号 | 呈贡区 | 住　宅 | 113149 | 2.8 | 20237 | 20237 | 昆明市保障性住房建设开发有限公司 |
| 20 | AN－J2013T001 | 安宁市 | 商　服 | 251915 | 2.0 | 19045 | 19045 | 云南华楚投资开发有限公司 |

资料来源：中国房地产决策咨询系统（CRIC）。

**表 4－101　　2014 年西安市经营性用地成交总价前二十明细表**

单位：平方米，万元

| 序号 | 公告号/宗地编号 | 区域 | 土地属性 | 占地面积 | 容积率 | 出让底价 | 成交价格 | 受让方 |
|---|---|---|---|---|---|---|---|---|
| 1 | 西土出告字〔2014〕26 号 | 城南区 | 住宅；商服 | 114745 | 4.2 | 95000 | 95000 | 陕西佳鑫伟业房地产开发有限公司 |
| 2 | 西土出告字〔2014〕143 号 | 城东区 | 商　服 | 379180 | 1.0 | 91400 | 91400 | 西安世园置业有限公司 |
| 3 | 西土出告字〔2014〕72 号 | 城北区 | 住宅；商服 | 100833 | 5.0 | 72345 | 72345 | 陕西创鑫房地产开发有限公司 |
| 4 | 西土出告字〔2014〕46 号 | 高新区 | 住宅；商服；公建配套和其他 | 78579 | 5.6 | 60350 | 60350 | 陕西宝天房地产开发有限公司 |
| 5 | 西土出告字〔2014〕103 号 | 城西区 | 住宅；商服 | 85118 | 4.3 | 57959 | 57959 | 陕西中茂经济发展有限公司 |
| 6 | 西土出告字〔2014〕110 号 | 城北区 | 住宅；商服 | 68301 | 5.1 | 52740 | 52740 | 西安海荣房地产集团有限公司 |
| 7 | 西土出告字〔2013〕113 号 | 城南区 | 住宅；商服 | 197052 | 4.1 | 52127 | 52127 | 西安天浩置业有限公司 |
| 8 | 西土出告字〔2014〕124 号 | 城北区 | 住宅；商服 | 72312 | 5.0 | 52020 | 52020 | 陕西开元置业有限公司 |
| 9 | 西土出告字〔2013〕130 号 | 城南区 | 住宅；商服 | 74900 | 5.5 | 51705 | 51705 | 立丰（西安）房地产开发有限公司 |
| 10 | 西土出告字〔2014〕65 号 | 高新区 | 住宅；商服 | 63991 | 4.0 | 50700 | 50700 | 陕西宝天房地产开发有限公司 |
| 11 | 西土出告字〔2014〕33 号 | 城内区 | 商　服 | 14514 | 5.1 | 50500 | 50500 | 悦荟商业房地产开发（西安）有限公司 |
| 12 | 西土出告字〔2014〕17 号 | 城南区 | 住宅；商服 | 91048 | 2.7 | 48592 | 48592 | 西安渊垣实业有限公司 |
| 13 | 西土出告字〔2014〕41 号 | 城北区 | 住宅；商服 | 71925 | 4.6 | 46122 | 46122 | 陕西省路易实业有限公司 |
| 14 | 西土出告字〔2014〕65 号 | 高新区 | 住宅；商服 | 56882 | 4.0 | 45750 | 45750 | 陕西宝天房地产开发有限公司 |
| 15 | 西土出告字〔2014〕73 号 | 城东区 | 住宅；商服 | 99898 | 3.7 | 45580 | 45580 | 陕西益秦置业有限责任公司 |
| 16 | 西土出告字〔2014〕106 号 | 城北区 | 住宅；商服 | 58119 | 4.8 | 44556 | 44556 | 西安海荣房地产集团有限公司 |
| 17 | 西土出告字〔2014〕55 号 | 西咸新区 | 住宅；商服 | 124965 | 2.8 | 44070 | 44070 | 西安和平投资股份有限公司 |
| 18 | 西土出告字〔2014〕34 号 | 城南区 | 住宅；商服 | 70327 | 3.0 | 44000 | 44000 | 茂安投资有限公司 |
| 19 | 西土出告字〔2014〕125 号 | 城东区 | 住宅；商服 | 99673 | 2.0 | 43300 | 43300 | 西安龙湖众鑫置业有限公司 |
| 20 | 西土出告字〔2013〕112 号 | 城北区 | 住宅；商服 | 45761 | 3.5 | 35000 | 39820 | 嘉智控股有限公司 |

资料来源：中国房地产决策咨询系统（CRIC）。

表 4－102　　2014 年兰州市经营性用地成交总价前二十明细表

单位：平方米，万元

| 序号 | 公告号/宗地编号 | 区域 | 土地属性 | 占地面积 | 容积率 | 出让底价 | 成交价格 | 受让方 |
|---|---|---|---|---|---|---|---|---|
| 1 | 2014 年 10 号公告/G1411 号 | 七里河区 | 住宅；商服 | 70277 | 3.0 | 43780 | 63000 | 兰州天坤房地产开发有限公司 |
| 2 | 2014 年 11 号公告/G1312 号 | 城关区 | 商　服 | 57522 | 5.0 | 23048 | 23148 | 兰州海鸿房地产有限公司 |
| 3 | 2014 年 22 号公告/GG1401 号 | 城关区 | 住　宅 | 7321 | 8.0 | 11661 | 11761 | 甘肃新厦房地产开发有限责任公司 |
| 4 | 2014 年 14 号公告/G1341 号 | 安宁区 | 住宅；商服 | 13792 | 3.5 | 8780 | 11600 | 甘肃中集房地产开发有限公司 |
| 5 | 2014 年 4 号公告/LXQ2013106C 号 | 兰州新区 | 商　服 | 133397 | 3.0 | 10657 | 10657 | 兰州科天投资股份有限公司 |
| 6 | 2014 年 28 号公告/G1316 号 | 城关区 | 住宅；商服 | 14820 | 12.0 | 10343 | 10343 | 甘肃省易大房地产开发有限公司 |
| 7 | 2014 年 2 号公告/GG1346 号 | 城关区 | 住宅；商服 | 129535 | 2.8 | 9060 | 9110 | 上海大名城企业股份有限公司 |
| 8 | 2014 年 2 号公告/GG1320 号 | 城关区 | 住宅；商服 | 105246 | 3.0 | 7881 | 7931 | 上海大名城企业股份有限公司 |
| 9 | 2014 年 2 号公告/GG1340 号 | 城关区 | 住　宅 | 133554 | 1.5 | 7691 | 7741 | 上海大名城企业股份有限公司 |
| 10 | 2014 年 2 号公告/GG1341 号 | 城关区 | 住　宅 | 132206 | 1.5 | 7595 | 7645 | 上海大名城企业股份有限公司 |
| 11 | 2014 年 2 号公告/GG1345 号 | 城关区 | 住宅；商服 | 102345 | 2.8 | 7160 | 7210 | 甘肃名城房地产开发有限公司 |
| 12 | 2014 年 2 号公告/GG1339 号 | 城关区 | 住　宅 | 122651 | 1.5 | 7081 | 7131 | 上海大名城企业股份有限公司 |
| 13 | 2014 年 2 号公告/GG1323 号 | 城关区 | 住宅；商服 | 93177 | 2.8 | 6880 | 6930 | 上海大名城企业股份有限公司 |
| 14 | 2014 年 2 号公告/GG1332 号 | 城关区 | 住宅；商服 | 94804 | 2.8 | 6880 | 6930 | 上海大名城企业股份有限公司 |
| 15 | 2014 年 1 号公告/LXQ2013109C－2 号 | 兰州新区 | 住　宅 | 71042 | 2.0 | 6534 | 6870 | 兰州碧桂园房地产开发有限公司 |
| 16 | 2014 年 12 号公告/LXQ2014018C 号 | 兰州新区 | 商　服 | 294813 | 1.5 | 7097 | 6793 | 兰州万嘉和房地产开发有限公司 |
| 17 | 2014 年 12 号公告/LXQ2014032C－1 号 | 兰州新区 | 住　宅 | 74542 | 2.5 | 6698 | 6698 | 兰州兰石房地产开发有限公司 |
| 18 | 2014 年 2 号公告/GG1321 号 | 城关区 | 住宅；商服 | 86170 | 3.0 | 6630 | 6680 | 上海大名城企业股份有限公司 |
| 19 | 2014 年 31 号公告/LXQ2014046C 号 | 兰州新区 | 住宅；商服 | 68559 | 2.1 | 6485 | 6500 | 甘肃经纬房地产开发有限公司 |
| 20 | 2014 年 12 号公告/LXQ2014032C－2 号 | 兰州新区 | 住　宅 | 73253 | 2.5 | 6452 | 6452 | 兰州兰石房地产开发有限公司 |

资料来源：中国房地产决策咨询系统（CRIC）。

**表 4－103　　2014 年西宁市经营性用地成交总价前二十明细表**

单位：平方米，万元

| 序号 | 公告号/宗地编号 | 区域 | 土地属性 | 占地面积 | 容积率 | 出让底价 | 成交价格 | 受让方 |
|---|---|---|---|---|---|---|---|---|
| 1 | 2013 年 13 号公告/2013HC－11 号 | 海湖新区 | 住宅；商服 | 185332 | 3.0 | 68722 | 68722 | 五矿地产湖南开发有限公司 |
| 2 | 2014 年 10 号公告/2014NC－1 号 | 城西区 | 商　服 | 19627 | 12.0 | 58890 | 58890 | 西宁正华建设投资控股有限公司 |
| 3 | 2014 年 2 号公告/2014HC－4 号 | 海湖新区 | 住宅；商服 | 132430 | 3.5 | 40398 | 56000 | 青海九州富强房地产开发有限公司 |
| 4 | 2014 年 2 号公告/2014HC－5 号 | 海湖新区 | 住　宅 | 97407 | 2.6 | 7000 | 40400 | 青海九州富强房地产开发有限公司 |
| 5 | 2013 年 13 号公告/2013HC－12 号 | 海湖新区 | 商　服 | 72977 | 4.3 | 26272 | 26272 | 重庆申基实业（集团）有限公司 |
| 6 | 2014 年 1 号公告/2014HC－1 号 | 海湖新区 | 商　服 | 62445 | 9.0 | 24354 | 24354 | 绿地集团西宁置业有限公司 |
| 7 | 2014 年 1 号公告/2014HC－3 号 | 海湖新区 | 住宅；商服 | 73025 | 2.2 | 18622 | 18622 | 绿地集团西宁置业有限公司 |
| 8 | 2014 年 1 号公告/2014HC－2 号 | 海湖新区 | 住宅；商服 | 65892 | 2.0 | 16802 | 16802 | 绿地集团西宁置业有限公司 |
| 9 | 2013 年 12 号公告/2013C－16 号 | 城东区 | 住宅；商服 | 33992 | 3.0 | 8815 | 8865 | 青海聚力源房地产开发有限公司青海三新房地产开发有限公司 |
| 10 | 2014 年 12 号公告/2014C－3 号 | 城北区 | 住宅；商服 | 3467 | 7.7 | 8370 | 8370 | 西宁城和房地产开发有限公司 |
| 11 | 2014 年 15 号公告/2014C－5 号 | 城北区 | 商　服 | 7900 | 4.5 | 5760 | 5760 | 青海曾氏置业投资有限公司 |
| 12 | 2014 年 8 号公告/630102102006 GB00270 号 | 城东区 | 住　宅 | 27616 | 2.6 | — | 5663 | 西宁经济技术开发区发展集团有限公司 |
| 13 | 2014 年 2 号公告/2014HC－6 号 | 海湖新区 | 住宅；商服 | 40203 | 3.0 | 4595 | 4595 | 西宁华盛房地产开发有限公司 |
| 14 | 2014 年 3 号公告/2014－G15 号 | 湟中县 | 商　服 | 36076 | 1.2 | 4300 | 4300 | 青海塔尔寺文化旅游资源开发有限公司 |
| 15 | 2013 年 13 号公告/2013HC－1 号 | 海湖新区 | 住宅；商服 | 38918 | 3.5 | 3067 | 3067 | 青海一恒置业有限公司 |
| 16 | 2013 年 13 号公告/2013HC－13 号 | 海湖新区 | 住宅；商服 | 31164 | 2.8 | 2709 | 2709 | 青海地矿房地产开发有限公司 |
| 17 | 2014 年 3 号公告/58－70－Ⅰ－Ⅱ－1 号 | 城北区 | 商　服 | 18353 | 4.0 | 1790 | 1790 | 青海重邦置业有限公司 |
| 18 | 2013 年 12 号公告/2013C－17 号 | 城东区 | 住宅；商服 | 8071 | 5.0 | 1685 | 1685 | 青海泰阳房地产开发有限公司 |
| 19 | 2014 年 7 号公告/58－70－Ⅰ－Ⅱ－2 号 | 城北区 | 商　服 | 15861 | 4.5 | 1547 | 1547 | 青海齐鑫地质矿产勘查股份有限公司 |
| 20 | 2014 年 14 号公告/43.60－62.50 号 | 城南新区 | 商　服 | 18667 | 3.0 | 1406 | 1406 | 青海劲海瑞诚汽车销售服务有限公司 |

资料来源：中国房地产决策咨询系统（CRIC）。

表 4－104　　2014 年乌鲁木齐市经营性用地成交总价前二十明细表

单位：平方米，万元

| 序号 | 公告号/宗地编号 | 区域 | 土地属性 | 占地面积 | 容积率 | 出让底价 | 成交价格 | 受让方 |
|---|---|---|---|---|---|---|---|---|
| 1 | 市国土挂告字〔2013〕12 号/2012－C－101 | 新市区 | 商　服 | 20151 | 4.0 | 12415 | 18015 | 新疆恒地房地产开发有限公司 |
| 2 | 市国土挂告字〔2014〕13 号/2013－C－049 | 新市区 | 住宅；商服 | 188748 | 3.0 | 15465 | 15505 | 新疆浩华房地产开发有限公司 |
| 3 | 市国土挂告字〔2014〕22 号/2014－C－068 | 头屯河区 | 商　服 | 24377 | 4.0 | 14505 | 14545 | 新疆旅游投资管理有限公司 |
| 4 | 市国土挂告字〔2014〕25 号/2013－C－056－D | 新市区 | 住宅；商服 | 133028 | 3.0 | 14035 | 14075 | 新疆昌和永信房地产开发有限公司 |
| 5 | 市国土挂告字〔2014〕25 号/2013－C－056－C | 新市区 | 住宅；商服 | 128195 | 3.0 | 13525 | 13565 | 新疆和兴房地产开发有限公司 |
| 6 | 市国土挂告字〔2014〕25 号/2013－C－056－B | 新市区 | 住　宅 | 147942 | 3.0 | 13355 | 13395 | 新疆亿峰鸿瑞翔房地产开发有限公司 |
| 7 | 市国土挂告字〔2014〕25 号/2013－C－056－A | 新市区 | 住　宅 | 130877 | 3.0 | 11815 | 11855 | 乌鲁木齐市金亿源房地产开发有限公司 |
| 8 | 市国土挂告字〔2014〕10 号/2012 挂－C－247 | 米东区 | 住宅；商服 | 23747 | 2.0 | 7000 | 10400 | 新疆东方金盛房地产开发有限公司 |
| 9 | 市国土挂告字〔2014〕2 号/2013－C－185－A | 天山区 | 住宅；商服 | 74568 | 3.4 | 9375 | 9415 | 新疆广汇信邦房地产开发有限公司 |
| 10 | 市国土挂告字〔2014〕4 号/2013－C－211－A | 沙依巴克区 | 住宅；商服 | 142133 | 2.5 | 9245 | 9285 | 新疆天山建材（集团）房地产开发有限公司 |
| 11 | 市国土挂告字〔2014〕23 号/2014－C－065 | 头屯河区 | 商　服 | 17172 | 5.2 | 9125 | 9165 | 乌鲁木齐高铁枢纽综合开发建设投资有限公司 |
| 12 | 市国土挂告字〔2014〕4 号/2013－C－209 | 沙依巴克区 | 住宅；商服 | 129977 | 2.5 | 8245 | 8285 | 新疆天山建材（集团）房地产开发有限公司 |
| 13 | 市国土挂告字〔2014〕14 号/2013－C－266 | 新市区 | 商　服 | 18497 | 4.0 | 8215 | 8255 | 新疆瑞中房地产开发有限公司 |
| 14 | 市国土挂告字〔2014〕27 号/2014－C－075－B | 新市区 | 商　服 | 22464 | 4.5 | 7970 | 8010 | 新疆新宜瑞房地产开发有限公司 |
| 15 | 市国土挂告字〔2014〕4 号/2013－C－211－B | 沙依巴克区 | 住宅；商服 | 123319 | 2.5 | 7835 | 7875 | 新疆天山建材（集团）房地产开发有限公司 |
| 16 | 市国土挂告字〔2014〕28 号/2013－C－279－A3 | 水磨沟区 | 住宅；商服 | 67316 | 3.8 | 7695 | 7735 | 新疆呈信丽景房地产开发有限公司 |
| 17 | 市国土挂告字〔2014〕6 号/2010－C－198 | 天山区 | 住宅；商服 | 47198 | 3.5 | 6230 | 6270 | 新疆金白玉房地产开发有限公司 |
| 18 | 市国土挂告字〔2014〕27 号/2014－C－075－A | 新市区 | 商　服 | 21976 | 4.5 | 5635 | 5675 | 新疆新宜瑞房地产开发有限公司 |
| 19 | 市国土挂告字〔2014〕17 号/2014－C－059 | 新市区 | 商　服 | 11815 | 3.7 | 5250 | 5290 | 新疆雪峰科技（集团）股份有限公司 |
| 20 | 市国土挂告字〔2014〕23 号/2014－C－125 | 新市区 | 商　服 | 15517 | 3.5 | 5065 | 5105 | 新疆万财投资有限公司 |

资料来源：中国房地产决策咨询系统（CRIC）。

## （九）四十个城市①商品房预售证列表

**表 4-105　2014 年北京市供应面积前二十商品房预售许可证列表**

单位：套，平方米

| 序号 | 预售证号 | 项目名称 | 区域 | 用途 | 时间 | 套数 | 面积 |
|---|---|---|---|---|---|---|---|
| 1 | 京房售证字（2014）190 号 | 富力惠兰美居 | 通州区 | 普通住宅 | 09/03 | 3317 | 293833 |
| 2 | 京房售证字（2014）153 号 | 朝新嘉园西里二区三区四区 | 朝阳区 | 普通住宅 | 07/12 | 3300 | 279143 |
| 3 | 京房售证字（2014）91 号 | 恒大幸福家园 | 昌平区 | 普通住宅 | 05/08 | 2408 | 228267 |
| 4 | 京房售证字（2014）276 号 | 月坛金融街中心 | 西城区 | 办　公 | 12/13 | 87 | 185788 |
| 5 | 京房售证字（2014）136 号 | 金隅嘉秀苑 | 朝阳区 | 普通住宅 | 06/20 | 1882 | 150302 |
| 6 | 京房售证字（2014）156 号 | 满庭春苑 | 大兴区 | 普通住宅 | 07/19 | 1482 | 145257 |
| 7 | 京房售证字（2014）264 号 | 悦泇汇小区 | 平谷区 | 普通住宅 | 12/04 | 1600 | 133524 |
| 8 | 京房售证字（2014）236 号 | 紫贵佳苑 | 平谷区 | 普通住宅 | 11/02 | 1385 | 128000 |
| 9 | 京房售证字（2014）开 4 号 | 国锐广场 | 大兴区 | 酒店式公寓 | 04/30 | 868 | 127318 |
| 10 | 京房售证字（2014）92 号 | 东方玫瑰家园 | 通州区 | 普通住宅 | 05/10 | 1281 | 124700 |
| 11 | 京房售证字（2014）191 号 | 满庭芳嘉园 | 顺义区 | 普通住宅 | 09/03 | 1168 | 117779 |
| 12 | 京房售证字（2014）279 号 | 颐景沁园 | 顺义区 | 别　墅 | 12/13 | 314 | 107790 |
| 13 | 京房售证字（2014）231 号 | 宏邦发展大厦 | 朝阳区 | 办　公 | 10/31 | 184 | 102756 |
| 14 | 京房售证字（2014）294 号 | 上庄馨怡嘉园 | 海淀区 | 普通住宅 | 12/21 | 1055 | 91351 |
| 15 | 京房售证字（2014）268 号 | 华远和煦里 | 大兴区 | 普通住宅 | 12/06 | 853 | 90748 |
| 16 | 京房售证字（2014）275 号 | 由山嘉园 | 平谷区 | 普通住宅 | 12/10 | 860 | 88753 |
| 17 | 京房售证字（2014）295 号 | 上庄馨怡嘉园 | 海淀区 | 普通住宅 | 12/21 | 1015 | 88018 |
| 18 | 京房售证字（2014）183 号 | 金帅府家园 | 通州区 | 普通住宅 | 08/23 | 785 | 86903 |
| 19 | 京房售证字（2014）195 号 | 紫石时代中心 | 通州区 | 酒店式公寓 | 09/06 | 1463 | 86336 |
| 20 | 京房售证字（2014）245 号 | 誉皇殿 | 顺义区 | 别　墅 | 11/08 | 202 | 84326 |

资料来源：中国房地产决策咨询系统（CRIC）。

**表 4-106　2014 年太原市供应面积前二十商品房预售许可证列表**

单位：套，平方米

| 序号 | 预售证号 | 项目名称 | 区域 | 用途 | 时间 | 套数 | 面积 |
|---|---|---|---|---|---|---|---|
| 1 | （2014）并商房预售字第 0004 号 | 富力城五期 | 杏花岭区 | 普通住宅 | 01/09 | 1254 | 150796 |
| 2 | （2014）并商房预售（更）字第 0004 号 | 万达广场 | 杏花岭区 | 办　公 | 12/05 | 1120 | 150507 |
| 3 | （2014）并商房预售字第 0012 号 | 山西国际金融中心 | 小店区 | 办　公 | 01/24 | 576 | 149305 |
| 4 | （2014）并商房预售字第 0057 号 | 佳星园 | 小店区 | 普通住宅 | 07/18 | 1015 | 135912 |

① 石家庄、呼和浩特、银川、乌鲁木齐数据缺失。

续表

| 序号 | 预售证号 | 项目名称 | 区域 | 用途 | 时间 | 套数 | 面积 |
|---|---|---|---|---|---|---|---|
| 5 | (2014) 并商房预售字第 0097 号 | 幸福里 | 万柏林区 | 普通住宅 | 10/21 | 897 | 133107 |
| 6 | (2014) 并商房预售字第 0017 号 | 荣兴天顺 | 尖草坪区 | 普通住宅 | 02/21 | 1052 | 105754 |
| 7 | (2014) 并商房预售字第 0091 号 | 海棠家园 | 小店区 | 普通住宅 | 09/26 | 976 | 103789 |
| 8 | (2014) 并商房预售字第 0079 号 | 拉菲香榭 | 小店区 | 普通住宅 | 08/27 | 698 | 95360 |
| 9 | (2014) 并商房预售字第 0063 号 | 十二院城二期 | 万柏林区 | 普通住宅 | 08/12 | 683 | 87107 |
| 10 | (2014) 并商房销售字第 0006 号 | 滨西花园 | 尖草坪区 | 普通住宅 | 06/05 | 678 | 83605 |
| 11 | (2014) 并商房预售字第 0070 号 | 龙湾写意 | 尖草坪区 | 普通住宅 | 08/15 | 594 | 83267 |
| 12 | (2014) 并商房预售字第 0046 号 | 怡和中馨城 | 迎泽区 | 普通住宅 | 06/17 | 682 | 82811 |
| 13 | (2014) 并商房预售字第 0023 号 | 浦东雅典 | 小店区 | 普通住宅 | 03/28 | 831 | 81896 |
| 14 | (2014) 并商房预售字第 0009 号 | 坤泽翰林院 | 小店区 | 普通住宅 | 01/21 | 922 | 77710 |
| 15 | (2014) 并商房预售字第 0064 号 | 保利香槟国际 | 小店区 | 普通住宅 | 08/13 | 680 | 76166 |
| 16 | (2014) 并商房预售字第 0049 号 | 亲海国际 | 迎泽区 | 商　业 | 07/09 | 1145 | 75034 |
| 17 | (2014) 并商房预售字第 0013 号 | 恒大山水城 | 迎泽区 | 普通住宅 | 01/26 | 512 | 70283 |
| 18 | (2014) 并商房预售字第 0024 号 | 晋煤悦城 | 万柏林区 | 普通住宅 | 04/02 | 654 | 69148 |
| 19 | (2014) 并商房预售字第 0099 号 | 五龙湾山水庭院二期 | 杏花岭区 | 普通住宅 | 10/24 | 439 | 64546 |
| 20 | (2014) 并商房预售字第 0053 号 | 万科蓝山 | 万柏林区 | 普通住宅 | 07/16 | 511 | 58747 |

资料来源：中国房地产决策咨询系统（CRIC）。

**表 4－107　　2014 年呼和浩特市供应面积前二十商品房预售许可证列表**

单位：套，平方米

| 序号 | 预售证号 | 项目名称 | 区域 | 用途 | 时间 | 套数 | 面积 |
|---|---|---|---|---|---|---|---|
| 1 | 呼房售字第 20130109 号 | 呼和浩特金游城 | 赛罕区 | 商　业 | 01/03 | 8853 | 376990 |
| 2 | 呼房售字第 20140082 号 | 东达安苑 | 赛罕区 | 普通住宅 | 12/11 | 2065 | 281254 |
| 3 | 呼房售字第 20140049 号 | 内蒙古高职园区商业服务区 | 赛罕区 | 商　业 | 09/04 | 2000 | 203292 |
| 4 | 呼房售字第 20140077 号 | 旺第嘉华 | 赛罕区 | 普通住宅 | 11/27 | 1498 | 173118 |
| 5 | 呼房售字第 20140043 号 | 万豪美墅城 | 赛罕区 | 普通住宅 | 08/14 | 1498 | 130299 |
| 6 | 呼房售字第 20140016 号 | 华渊春晓住宅小区 | 赛罕区 | 普通住宅 | 05/08 | 1176 | 125161 |
| 7 | 呼房售字第 20140019 号 | 绿地中央广场 | 赛罕区 | 普通住宅 | 05/28 | 1140 | 122996 |
| 8 | 呼房售字第 20140018 号 | 万正尚都 | 赛罕区 | 商　业 | 05/27 | 64 | 120595 |
| 9 | 呼房售字第 20140022 号 | 亲亲尚城 | 新城区 | 普通住宅 | 06/10 | 716 | 107120 |
| 10 | 呼房售字第 20140065 号 | 亲亲尚城 | 新城区 | 普通住宅 | 10/30 | 674 | 102986 |
| 11 | 呼房售字第 20140026 号 | 恒大华府 | 赛罕区 | 普通住宅 | 06/20 | 576 | 101661 |
| 12 | 呼房售字第 20140014 号 | 锦绣福源 B 区 | 赛罕区 | 普通住宅 | 04/03 | 567 | 91531 |
| 13 | 呼房售字第 20140077 号 | 旺第嘉华 | 赛罕区 | 商　业 | 11/27 | 408 | 87310 |
| 14 | 呼房售字第 20140066 号 | 金城百合商住小区 | 回民区 | 普通住宅 | 10/31 | 794 | 85332 |

续表

| 序号 | 预售证号 | 项目名称 | 区域 | 用途 | 时间 | 套数 | 面积 |
|---|---|---|---|---|---|---|---|
| 15 | 呼房售字第 20140083 号 | 巴比伦花园二期 | 赛罕区 | 普通住宅 | 12/12 | 753 | 82613 |
| 16 | 呼房售字第 20140057 号 | 弘叶佳园 | 赛罕区 | 普通住宅 | 10/11 | 486 | 77380 |
| 17 | 呼房售字第 20140035 号 | 金宇新天地 | 玉泉区 | 普通住宅 | 07/10 | 1391 | 76212 |
| 18 | 呼房售字第 20140065 号 | 亲亲尚城 | 新城区 | 商　业 | 10/30 | 242 | 72917 |
| 19 | 呼房售字第 20140030 号 | 松江城东河 7 号地 | 新城区 | 普通住宅 | 07/03 | 574 | 71709 |
| 20 | 呼房售字第 20140035 号 | 亲亲尚城 | 玉泉区 | 商　业 | 07/10 | 8 | 65481 |

资料来源：中国房地产决策咨询系统（CRIC）。

**表 4－108　　2014 年沈阳市供应面积前二十商品房预售许可证列表**

单位：套，平方米

| 序号 | 预售证号 | 项目名称 | 区域 | 用途 | 时间 | 套数 | 面积 |
|---|---|---|---|---|---|---|---|
| 1 | 14256 | 沈阳星河湾 | 东陵区 | 普通住宅 | 06/26 | 609 | 195485 |
| 2 | 14250 | 正大桃花源 | 浑南新区 | 普通住宅 | 06/25 | 1512 | 183221 |
| 3 | 14085/14086 | 东北总部基地 | 沈北新区 | 办　公 | 03/27 | 266 | 180937 |
| 4 | 14575 | 首创光和城 | 东陵区 | 普通住宅 | 11/21 | 1967 | 157882 |
| 5 | 14221 | 华发首府 | 浑南新区 | 普通住宅 | 06/17 | 1326 | 139014 |
| 6 | 14023 | 宏发英树公馆 | 于洪区 | 普通住宅 | 01/27 | 1596 | 134279 |
| 7 | 14555 | 东北总部基地 | 沈北新区 | 办　公 | 11/14 | 189 | 131672 |
| 8 | 14628 | 万锦香樟树 | 浑南新区 | 普通住宅 | 12/31 | 1564 | 129128 |
| 9 | 14425 | 碧桂园太阳城 | 沈北新区 | 普通住宅 | 09/12 | 1588 | 127051 |
| 10 | 14581 | 沈阳宝能环球金融中心 | 沈河区 | 商　业 | 11/27 | 78 | 124947 |
| 11 | 14460 | 中海和平之门 | 和平区 | 普通住宅 | 9/26 | 1396 | 121526 |
| 12 | 14263 | 华强城二期 | 沈北新区 | 普通住宅 | 07/01 | 1322 | 118822 |
| 13 | 14312 | 越秀·星汇云锦花园 | 沈河区 | 普通住宅 | 07/24 | 750 | 113662 |
| 14 | 14547 | 格林阳光城 | 浑南新区 | 普通住宅 | 11/11 | 1380 | 109737 |
| 15 | 14483 | 浑河湾一期 | 浑南新区 | 普通住宅 | 10/11 | 1303 | 109103 |
| 16 | 14614 | 融城 7 英里 | 东陵区 | 普通住宅 | 12/18 | 1325 | 108715 |
| 17 | 14166 | 尚盈丽景 | 东陵区 | 普通住宅 | 05/22 | 1322 | 105176 |
| 18 | 14194 | 碧桂园银河城 | 于洪区 | 普通住宅 | 05/30 | 1332 | 104188 |
| 19 | 14090 | 富邦壹品天城 | 东陵区 | 普通住宅 | 03/31 | 1076 | 103951 |
| 20 | 14168 | 尚盈丽景 | 东陵区 | 普通住宅 | 05/22 | 1258 | 103395 |

资料来源：中国房地产决策咨询系统（CRIC）。

**表 4-109　　2014 年大连市供应面积前二十商品房预售许可证列表**

单位：套，平方米

| 序号 | 预售证号 | 项目名称 | 区域 | 用途 | 时间 | 套数 | 面积 |
|---|---|---|---|---|---|---|---|
| 1 | 大房预许字第 20140002 号 | 星海莲花湾 | 沙河口区 | 普通住宅 | 03/16 | 2554 | 242253 |
| 2 | 大房预许字第 20140045 号 | 大连经开万达广场 | 开发区 | 酒店式公寓 | 07/27 | 3584 | 187613 |
| 3 | 大房预许字第 20140007 号 | 大华锦绣华城七期 | 甘井子区 | 普通住宅 | 06/09 | 1135 | 104106 |
| 4 | 大房预许字第 20140004 号 | 中庚香海金鼎 04 地块 | 旅顺口区 | 普通住宅 | 03/28 | 1240 | 97822 |
| 5 | 大房预许字第 20140007 号 | 欧尚广场 | 甘井子区 | 普通住宅 | 03/09 | 1214 | 97678 |
| 6 | 大房预许字第 20130111 号 | 星海凯泰铭座 | 沙河口区 | 酒店式公寓 | 01/02 | 1694 | 97434 |
| 7 | 大房预许字第 20140049 号 | 中交金海湾 | 金州区 | 普通住宅 | 07/01 | 1434 | 93426 |
| 8 | 大房预许字第 20140072 号 | 大连经开万达广场 | 开发区 | 酒店式公寓 | 09/27 | 1312 | 92964 |
| 9 | 大房预许字第 20140019 号 | 新希望家园 A 区一期（乐城） | 金州区 | 普通住宅 | 04/30 | 1250 | 92587 |
| 10 | 大房预许字第 20130087 号 | 星海莲花湾 | 沙河口区 | 普通住宅 | 04/15 | 1042 | 87879 |
| 11 | 大房预许字第 20140117 号 | 恒大帝景 | 沙河口区 | 普通住宅 | 12/31 | 752 | 85148 |
| 12 | 大房预许字第 20140103 号 | 考拉住区 | 甘井子区 | 普通住宅 | 12/29 | 1046 | 84859 |
| 13 | 大房预许字第 20140023 号 | 自然天城 | 金州区 | 普通住宅 | 05/20 | 1137 | 82990 |
| 14 | — | 中海天赋山预估 | 沙河口区 | 普通住宅 | 09/27 | 644 | 78588 |
| 15 | 大房预许字第 20140048 号 | 星海莲花湾 | 沙河口区 | 普通住宅 | 07/28 | 741 | 77816 |
| 16 | 大房预许字第 20140074 号 | 金湾山城（B 区）三期 | 开发区 | 普通住宅 | 10/23 | 1073 | 76916 |
| 17 | 大房预许字第 20130041 号 | 富丽华国际公寓 | 中山区 | 酒店式公寓 | 02/28 | 1253 | 76890 |
| 18 | 大房预许字第 20130098 号 | 华润置地广场四期 | 甘井子区 | 普通住宅 | 02/21 | 693 | 68542 |
| 19 | 大房预许字第 20140089 号 | 远洋荣域 A4 地块一期 | 甘井子区 | 普通住宅 | 10/30 | 734 | 68239 |
| 20 | 大房预许字第 20140075 号 | 远洋荣域 | 甘井子区 | 普通住宅 | 06/14 | 693 | 67353 |

资料来源：中国房地产决策咨询系统（CRIC）。

**表 4-110　　2014 年长春市供应面积前二十商品房预售许可证列表**

单位：套，平方米

| 序号 | 预售证号 | 项目名称 | 区域 | 用途 | 时间 | 套数 | 面积 |
|---|---|---|---|---|---|---|---|
| 1 | 长房售证（2014）第 150 号 | 力旺康城 | 二道区 | 普通住宅 | 07/15 | 1292 | 150180 |
| 2 | 长房售证（2014）第 301 号 | 中铁城 | 汽贸区 | 普通住宅 | 10/17 | 1404 | 137124 |
| 3 | 长房售证（2014）第 324 号 | 圣世金鼎城 | 南关区 | 普通住宅 | 10/30 | 1276 | 133865 |
| 4 | 长房售证（2014）第 206 号 | 东安瑞凯国际 | 南关区 | 普通住宅 | 08/15 | 1259 | 120712 |
| 5 | 长房售证（2014）第 040 号 | 中海・蘭庭 | 高新南区 | 普通住宅 | 04/03 | 1042 | 115867 |
| 6 | 长房售证（2014）第 149 号 | 保利中央公园 | 汽贸区 | 普通住宅 | 07/14 | 768 | 112105 |
| 7 | 长房售证（2014）第 068 号 | 隆都翡翠湾 | 绿园区 | 普通住宅 | 04/30 | 1220 | 105993 |
| 8 | 长房售证（2014）第 104 号 | 豪邦四季经典 | 宽城区 | 普通住宅 | 06/10 | 1232 | 105850 |

续表

| 序号 | 预售证号 | 项目名称 | 区域 | 用途 | 时间 | 套数 | 面积 |
|---|---|---|---|---|---|---|---|
| 9 | 长房售证（2014）第 143 号 | 钜城臻品 | 南关区 | 普通住宅 | 07/11 | 376 | 105013 |
| 10 | 长房售证（2014）第 319 号 | 恒丰国际 | 净月区 | 办 公 | 10/30 | 568 | 104694 |
| 11 | 长房售证（2014）第 077 号 | 力旺康城 | 二道区 | 普通住宅 | 05/16 | 1174 | 104257 |
| 12 | 长房售证（2014）第 317 号 | 富锋清华园 | 朝阳区 | 普通住宅 | 10/28 | 1887 | 99549 |
| 13 | 长房售证（2014）第 175 号 | 保利蔷薇花园 | 净月区 | 普通住宅 | 07/24 | 840 | 97126 |
| 14 | 长房售证（2014）第 188 号 | 恒大雅苑 | 高新南区 | 普通住宅 | 07/31 | 868 | 96300 |
| 15 | 长房售证（2014）第 336 号 | 中海寰宇天下 | 经开北区 | 普通住宅 | 11/10 | 1036 | 94534 |
| 16 | 长房售证（2014）第 252 号 | 保利拉菲公馆 | 汽贸区 | 普通住宅 | 09/12 | 836 | 89261 |
| 17 | 长房售证（2014）第 105 号 | 证大立方大厦 | 净月区 | 办 公 | 06/11 | 541 | 87260 |
| 18 | 长房售证（2014）第 384 号 | 圣海至尊家园 | 朝阳区 | 普通住宅 | 12/31 | 813 | 86204 |
| 19 | 长房售证（2014）第 144 号 | 华润凯旋门 | 高新南区 | 普通住宅 | 07/11 | 824 | 84098 |
| 20 | 长房售证（2014）第 180 号 | 首地首城 | 经开区 | 普通住宅 | 07/28 | 546 | 83408 |

资料来源：中国房地产决策咨询系统（CRIC）。

**表 4－111　　2014 年哈尔滨市供应面积前二十商品房预售许可证列表**

单位：套，平方米

| 序号 | 预售证号 | 项目名称 | 区域 | 用途 | 时间 | 套数 | 面积 |
|---|---|---|---|---|---|---|---|
| 1 | 1013 | 鲁商松江新城 | 南岗区 | 普通住宅 | 06/10 | 19034 | 3259596 |
| 2 | 1002 | 翠湖天地翠园（一期） | 道里区 | 普通住宅 | 04/30 | 8729 | 1354030 |
| 3 | 1043 | 三松世家 | 道里区 | 普通住宅 | 09/23 | 4368 | 425391 |
| 4 | 639 | 恒祥城一期 | 道里区 | 普通住宅 | 05/21 | 3641 | 375677 |
| 5 | 638 | 理工临江小区 | 道里区 | 普通住宅 | 07/02 | 4055 | 350728 |
| 6 | 2013010/2013011 | 哈尔滨万达文化旅游城 | 松北区 | 普通住宅 | 07/18 | 2912 | 316735 |
| 7 | 799 | 松浦观江国际 | 松北区 | 普通住宅 | 04/05 | 2851 | 313070 |
| 8 | 1021 | 碧水湾居住区 | 平房区 | 普通住宅 | 07/09 | 4340 | 293752 |
| 9 | 1001 | 锦绣华城 | 南岗区 | 普通住宅 | 04/20 | 5053 | 277043 |
| 10 | 769 | 四季上东二期 | 香坊区 | 普通住宅 | 04/30 | 1724 | 265297 |
| 11 | 283 | 世茂滨江新城一期 | 松北区 | 普通住宅 | 04/02 | 1499 | 239989 |
| 12 | 992 | 恒祥中山 | 香坊区 | 普通住宅 | 01/25 | 2271 | 194769 |
| 13 | 849 | 春江新城 | 香坊区 | 普通住宅 | 10/09 | 1891 | 189841 |
| 14 | 999 | 恒大御景湾 | 香坊区 | 普通住宅 | 04/20 | 1458 | 180764 |
| 15 | 806 | 汇龙湾公馆 | 道里区 | 普通住宅 | 07/05 | 1455 | 149177 |
| 16 | 1020 | 玫瑰湾二期 | 道里区 | 普通住宅 | 07/04 | 1162 | 136120 |
| 17 | 1017 | 星光耀广场 | 道里区 | 普通住宅 | 06/26 | 911 | 132355 |
| 18 | 980 | 华南城 | 道外区 | 商 业 | 09/25 | 8 | 117341 |
| 19 | 117 | 北兴教育园 | 道外区 | 普通住宅 | 04/02 | 849 | 117311 |
| 20 | 1050 | 招商贝肯山（一期 | 道里区 | 普通住宅 | 09/24 | 906 | 116222 |

资料来源：中国房地产决策咨询系统（CRIC）。

表 4－112　　2014 年上海市供应面积前二十商品房预售许可证列表

单位：套，平方米

| 序号 | 预售证号 | 项目名称 | 区域 | 用途 | 时间 | 套数 | 面积 |
|---|---|---|---|---|---|---|---|
| 1 | 闵行房管（2014）预字 0000446 号 | 虹桥天地广场 | 闵行区 | 商　业 | 09/04 | 18 | 143215 |
| 2 | 沪房地嘉字 2013 第 043863 号 | 江桥新镇 H1、F2 地块 | 嘉定区 | 普通住宅 | 01/25 | 1199 | 114620 |
| 3 | 浦东新区房管（2014）预字 0000722 号 | 宜浩绿园 | 南汇区 | 普通住宅 | 12/05 | 1440 | 113245 |
| 4 | 宝山房管（2014）预字 000091 号 | 中怡家园 | 宝山区 | 普通住宅 | 04/11 | 1198 | 95837 |
| 5 | 闵行房管（2014）预字 0000298 号 | 新浦江城 | 闵行区 | 普通住宅 | 07/09 | 522 | 78649 |
| 6 | 浦东新区房管（2014）预字 0000435 号 | 惠南禹洲商业大厦 | 南汇区 | 商　业 | 08/31 | 821 | 74085 |
| 7 | 浦东新区房管（2014）预字 0000582 号 | 中邦城市园 | 南汇区 | 普通住宅 | 10/26 | 670 | 74019 |
| 8 | 浦东新区房管（2014）预字 0000728 号 | 宜浩绿园 | 南汇区 | 普通住宅 | 12/05 | 889 | 70768 |
| 9 | 嘉定房管（2014）预字 0000177 号 | 保利家园 C12 地块商业项目 | 嘉定区 | 商　业 | 05/28 | 87 | 70457 |
| 10 | 浦东新区房管（2014）预字 000054 号 | 陆家嘴梧桐公寓 | 浦东区 | 普通住宅 | 02/24 | 567 | 68139 |
| 11 | 徐汇房管（2014）预字 0000471 号 | 漕河泾开发区商业办公楼二期 | 徐汇区 | 办　公 | 09/15 | 43 | 67065 |
| 12 | 闸北房管（2014）预字 0000617 号 | 创富中心 | 闸北区 | 办　公 | 11/08 | 63 | 66366 |
| 13 | 徐汇房管（2014）预字 0000447 号 | 尚汇豪庭一期 | 徐汇区 | 普通住宅 | 09/09 | 414 | 65267 |
| 14 | 青浦房管（2014）预字 0000461 号 | 仁恒西郊雅苑 | 青浦区 | 普通住宅 | 09/13 | 428 | 65129 |
| 15 | 嘉定房管（2014）预字 0000324 号 | 曹安景林苑 | 嘉定区 | 普通住宅 | 07/12 | 694 | 64091 |
| 16 | 嘉定房管（2014）预字 000125 号 | 南翔秀城溪岸澜庭三期 | 嘉定区 | 普通住宅 | 03/26 | 640 | 62409 |
| 17 | 浦东新区房管（2014）预字 0000662 号 | 东方鸿璟园 | 南汇区 | 普通住宅 | 11/28 | 394 | 62034 |
| 18 | 宝山房管（2014）预字 0000594 号 | 经纬城市绿洲家园 | 宝山区 | 普通住宅 | 10/28 | 644 | 61844 |
| 19 | 杨浦房管（2014）预字 0000322 号 | 尚浦公寓 | 杨浦区 | 普通住宅 | 07/06 | 278 | 60114 |
| 20 | 浦东新区房管（2014）预字 000050 号 | 宜浩绿园 | 南汇区 | 普通住宅 | 02/22 | 730 | 59952 |

资料来源：中国房地产决策咨询系统（CRIC）。

**表 4－113　　2014 年南京市供应面积前二十商品房预售许可证列表**

单位：套，平方米

| 序号 | 预售证号 | 项目名称 | 区域 | 用途 | 时间 | 套数 | 面积 |
|---|---|---|---|---|---|---|---|
| 1 | 2014100070W | 苏宁慧谷中心 | 鼓楼区 | 办　公 | 06/28 | 426 | 145093 |
| 2 | 2014300074 | 天润城第十六街区 | 浦口区 | 普通住宅 | 07/25 | 1136 | 110454 |
| 3 | 2014100031 | 涟　城 | 建邺区 | 普通住宅 | 03/23 | 606 | 100954 |
| 4 | 2014100104 | 荣境品苑 | 栖霞区 | 普通住宅 | 08/07 | 660 | 93759 |
| 5 | 2014100026 | 世茂外滩新城 | 鼓楼区 | 普通住宅 | 03/29 | 668 | 91301 |
| 6 | 2014100032 | 楚翘城 | 雨花台区 | 办　公 | 04/11 | 389 | 90396 |
| 7 | 2014100082 | 世茂外滩新城 | 鼓楼区 | 普通住宅 | 06/27 | 672 | 89928 |
| 8 | 2014100170 | 世茂外滩新城二期 | 鼓楼区 | 普通住宅 | 12/06 | 672 | 89880 |
| 9 | 2014600014 | 高淳雅居乐花园 | 高淳区 | 普通住宅 | 04/26 | 750 | 89181 |
| 10 | 2014300126 | 明发新城中心 | 浦口区 | 办　公 | 11/21 | 1868 | 82068 |
| 11 | 现售 20141027 | 金阜雅苑 | 鼓楼区 | 普通住宅 | 09/25 | 954 | 80117 |
| 12 | 2014300099 | 北外滩水城第十二街区 | 浦口区 | 普通住宅 | 09/27 | 792 | 78456 |
| 13 | 2014300079 | 北外滩水城第十二街区 | 浦口区 | 普通住宅 | 08/07 | 744 | 74053 |
| 14 | 2014400047 | 龙湖半岛花园 | 六合区 | 普通住宅 | 10/25 | 810 | 74050 |
| 15 | 2014100172 | 海峡城第三街区 | 建邺区 | 普通住宅 | 11/29 | 575 | 73270 |
| 16 | 2014100143W | 苏宁慧谷中心 | 鼓楼区 | 办　公 | 10/24 | 220 | 72454 |
| 17 | 2014200092 | 东郊小镇 | 江宁区 | 普通住宅 | 09/16 | 644 | 69363 |
| 18 | 2014400041 | 龙湖半岛花园 | 六合区 | 普通住宅 | 09/06 | 728 | 67437 |
| 19 | 2014100100W | 尚悦居 | 雨花台区 | 普通住宅 | 08/19 | 627 | 66256 |
| 20 | 2014400014 | 石林城 | 六合区 | 普通住宅 | 04/11 | 742 | 66101 |

资料来源：中国房地产决策咨询系统（CRIC）。

**表 4－114　　2014 年无锡市供应面积前二十商品房预售许可证列表**

单位：套，平方米

| 序号 | 预售证号 | 项目名称 | 区域 | 用途 | 时间 | 套数 | 面积 |
|---|---|---|---|---|---|---|---|
| 1 | （2014）预销准字第 056 号 | 长江国际泓园 | 新区 | 普通住宅 | 06/18 | 900 | 100877 |
| 2 | （2014）锡山预销准字第 8 号 | 新都丽苑 | 锡山区 | 普通住宅 | 03/27 | 845 | 93668 |
| 3 | （2014）惠预销准字第 6 号 | 百乐商业广场 | 惠山区 | 商　业 | 04/04 | 254 | 87793 |
| 4 | （2014）预销准字第 091 号 | 誉品华府 | 滨湖区 | 普通住宅 | 09/28 | 876 | 81128 |
| 5 | （2014）预销准字第 071 号 | 溪湾雅苑 | 滨湖区 | 普通住宅 | 08/20 | 777 | 77964 |
| 6 | （2014）预销准字第 113 号 | 河滨花园 | 滨湖区 | 普通住宅 | 11/10 | 494 | 75177 |
| 7 | （2014）锡山预销准字第 35 号 | 东望商务广场 | 锡山区 | 办　公 | 09/25 | 1356 | 74588 |
| 8 | （2014）预销准字第 064 号 | 五洲国际工业博览城 | 新区 | 商　业 | 07/16 | 520 | 69833 |

续表

| 序号 | 预售证号 | 项目名称 | 区域 | 用途 | 时间 | 套数 | 面积 |
|---|---|---|---|---|---|---|---|
| 9 | (2014) 锡山预销准字第 44 号 | 东方天郡花园 | 锡山区 | 普通住宅 | 11/21 | 432 | 68888 |
| 10 | (2014) 锡山预销准字第 41 号 | 五彩华庭 | 锡山区 | 普通住宅 | 10/21 | 740 | 67937 |
| 11 | (2014) 预销准字第 088 号 | 溪岸景园 | 滨湖区 | 普通住宅 | 09/23 | 667 | 66960 |
| 12 | (2014) 预销准字第 119 号 | 观山名筑 | 滨湖区 | 普通住宅 | 11/24 | 636 | 65254 |
| 13 | (2014) 预销准字第 053 号 | 溪湾雅苑 | 滨湖区 | 普通住宅 | 6/13 | 601 | 62397 |
| 14 | (2014) 预销准字第 139 号 | 时代雅居 | 滨湖区 | 普通住宅 | 12/10 | 300 | 57351 |
| 15 | (2014) 预销准字第 061 号 | 无锡商会大厦 | 滨湖区 | 办　公 | 07/09 | 245 | 56620 |
| 16 | (2014) 锡山预销准字第 49 号 | 泉山商业中心 | 锡山区 | 普通住宅 | 11/24 | 516 | 56311 |
| 17 | (2014) 预销准字第 084 号 | 凤凰璟园 | 滨湖区 | 普通住宅 | 09/15 | 524 | 54349 |
| 18 | (2013) 惠预销准字第 41 号 | 明湖苑 | 惠山区 | 普通住宅 | 11/04 | 436 | 52505 |
| 19 | (2014) 预销准字第 028 号 | 太湖绿珺花园 | 滨湖区 | 普通住宅 | 04/30 | 624 | 52106 |
| 20 | (2014) 预销准字第 010 号 | 北翔商业广场 | 北塘区 | 商　业 | 04/10 | 84 | 51536 |

资料来源：中国房地产决策咨询系统（CRIC）。

**表 4－115　　2014 年苏州市供应面积前二十商品房预售许可证列表**

单位：套，平方米

| 序号 | 预售证号 | 项目名称 | 区域 | 用途 | 时间 | 套数 | 面积 |
|---|---|---|---|---|---|---|---|
| 1 | 苏房预吴 2014288 号 | 保利悦玺 | 吴中区 | 普通住宅 | 11/26 | 1558 | 164969 |
| 2 | 苏房预吴 2014129 号 | 首开常青藤 | 吴中区 | 普通住宅 | 06/12 | 1080 | 107760 |
| 3 | 苏房预相 2014118 号 | 水韵花都 | 相城区 | 普通住宅 | 05/27 | 953 | 102473 |
| 4 | 苏房预吴 2014192 号 | 保利独墅西岸 | 吴中区 | 普通住宅 | 08/22 | 846 | 95653 |
| 5 | 苏房预相 2014098 号 | 姑苏·裕沁庭 | 相城区 | 普通住宅 | 05/08 | 520 | 86928 |
| 6 | 苏房预吴 2014028 号 | 山湖一号 | 吴中区 | 普通住宅 | 03/14 | 776 | 82883 |
| 7 | 苏房预新 2014125 号 | 秦馀山庄 | 新　区 | 别　墅 | 06/06 | 243 | 80991 |
| 8 | 苏房预新 2014080 号 | 龙湖时代天街 | 新　区 | 普通住宅 | 04/24 | 624 | 80794 |
| 9 | 苏房预新 2014274 号 | 招商依山郡 | 新　区 | 普通住宅 | 11/07 | 899 | 79874 |
| 10 | 苏房预相 2014225 号 | 星湖花海 | 相城区 | 普通住宅 | 09/26 | 800 | 79310 |
| 11 | 苏房预园 2014208 号 | 丰隆城市中心 | 园　区 | 酒店式公寓 | 09/02 | 899 | 79285 |
| 12 | 苏房预园 2014037 号 | 路劲主场森邻公馆 | 园　区 | 普通住宅 | 03/21 | 692 | 77601 |
| 13 | 苏房预新 2014317 号 | 丽丰时代商业广场商业 | 新　区 | 商　业 | 12/19 | 3496 | 76230 |
| 14 | 苏房预吴 2014176 号 | 招商小石城八期 | 吴中区 | 普通住宅 | 08/07 | 732 | 75474 |
| 15 | 苏房预吴 2014269 号 | 景瑞御江山 | 吴中区 | 普通住宅 | 10/31 | 640 | 73246 |
| 16 | 苏房预姑苏 2014073 号 | 中海凤凰熙岸 | 沧浪区 | 普通住宅 | 04/22 | 651 | 71012 |
| 17 | 苏房预园 2014235 号 | 星湖国际广场 | 园　区 | 酒店式公寓 | 10/08 | 692 | 63493 |
| 18 | 苏房预新 2014141 号 | 山湖湾 | 新　区 | 普通住宅 | 06/20 | 572 | 63168 |
| 19 | 苏房预吴 2014004 号 | 尼盛滨江城 | 吴中区 | 普通住宅 | 01/10 | 712 | 62016 |
| 20 | 苏房预园 2014121 号 | 雅戈尔太阳城缘邑 | 园　区 | 普通住宅 | 05/29 | 586 | 61973 |

资料来源：中国房地产决策咨询系统（CRIC）。

**表 4－116　　2014 年杭州市供应面积前二十商品房预售许可证列表**

单位：套，平方米

| 序号 | 预售证号 | 项目名称 | 区域 | 用途 | 时间 | 套数 | 面积 |
|---|---|---|---|---|---|---|---|
| 1 | 2014018 | 新世界琅琴湾 | 萧山区 | 普通住宅 | 05/16 | 1922 | 185723 |
| 2 | 2014000141 | 来福士中心 | 江干区 | 办　公 | 11/27 | 533 | 131523 |
| 3 | 2014000061 | 世包国际中心 | 江干区 | 办　公 | 06/02 | 850 | 125065 |
| 4 | 2014000141 | 来福士中心 | 江干区 | 商　业 | 11/27 | 1 | 103927 |
| 5 | 2014004023 | 银杏汇 | 滨江区 | 普通住宅 | 09/29 | 354 | 99585 |
| 6 | 2014004020 | 融创・杭州印 | 滨江区 | 酒店式公寓 | 09/08 | 1209 | 99371 |
| 7 | 2014073 | 华瑞晴庐 | 萧山区 | 普通住宅 | 12/02 | 931 | 99285 |
| 8 | 201400194 | 理想银泰城 | 余杭区 | 普通住宅 | 09/22 | 900 | 91692 |
| 9 | 2014000007 | 蓝钻天成 | 拱墅区 | 酒店式公寓 | 01/13 | 1657 | 91608 |
| 10 | 201400057 | 西溪华东园 | 余杭区 | 普通住宅 | 04/21 | 479 | 85137 |
| 11 | 2014000085 | 迪凯金座 | 江干区 | 办　公 | 08/09 | 423 | 76585 |
| 12 | 201400295 | 美致生活广场 | 余杭区 | 酒店式公寓 | 12/14 | 1836 | 72698 |
| 13 | 2014031 | 金色江南 | 萧山区 | 普通住宅 | 07/15 | 746 | 71702 |
| 14 | 2014082 | 萧山宝龙城市广场 | 萧山区 | 商　业 | 12/26 | 191 | 68687 |
| 15 | 2014004028 | 绿地旭辉城 | 滨江区 | 普通住宅 | 10/25 | 623 | 68452 |
| 16 | 2014004001 | 世茂・之西湖 | 滨江区 | 普通住宅 | 01/10 | 636 | 68153 |
| 17 | 2014005001 | 昊元・之江时代中心 | 之江开发区 | 酒店式公寓 | 03/22 | 1208 | 67429 |
| 18 | 201400163 | 佳兆业・君汇上品 | 余杭区 | 普通住宅 | 08/30 | 745 | 66717 |
| 19 | 2014000055 | 杭州万达广场 | 拱墅区 | 办　公 | 05/24 | 912 | 66099 |
| 20 | 2014025 | 绿都御景蓝湾 | 萧山区 | 普通住宅 | 06/24 | 625 | 65089 |

资料来源：中国房地产决策咨询系统（CRIC）。

**表 4－117　　2014 年宁波市供应面积前二十商品房预售许可证列表**

单位：套，平方米

| 序号 | 预售证号 | 项目名称 | 区域 | 用途 | 时间 | 套数 | 面积 |
|---|---|---|---|---|---|---|---|
| 1 | 鄞房预许字（2014）第 042 号 | 罗蒙环球城购物中心 | 鄞州区 | 商　业 | 11/20 | 1 | 174765 |
| 2 | 2014001 | 姚景花园（二期） | 江北区 | 普通住宅 | 03/31 | 1147 | 135178 |
| 3 | 鄞房预许字（2014）第 023 号 | 格兰晴天小区 | 鄞州区 | 普通住宅 | 06/06 | 1156 | 110086 |
| 4 | 镇房预许字（2014）第 003 号 | 保利城 | 镇海区 | 普通住宅 | 06/30 | 896 | 107088 |
| 5 | 鄞房预许字（2014）第 039 号 | 海创家园 E 地块高层住宅 | 鄞州区 | 普通住宅 | 09/19 | 905 | 102704 |
| 6 | 甬东旅房预许字（2014）第 001 号 | 阳光玫瑰苑 | 鄞州区 | 普通住宅 | 11/03 | 744 | 101639 |
| 7 | 鄞房预许字（2014）第 045 号 | 锦悦湾花苑西区 | 鄞州区 | 普通住宅 | 09/26 | 694 | 101357 |
| 8 | 鄞房预许字（2014）第 018 号 | 观江园 | 鄞州区 | 普通住宅 | 06/05 | 710 | 98906 |

续表

| 序号 | 预售证号 | 项目名称 | 区域 | 用途 | 时间 | 套数 | 面积 |
|---|---|---|---|---|---|---|---|
| 9 | 鄞房预许字（2014）第025号 | 宜家华府名苑 | 鄞州区 | 普通住宅 | 06/20 | 868 | 96570 |
| 10 | 甬房预许字（2014）第2号 | 航运广场 | 江东区 | 办　公 | 04/12 | 203 | 96194 |
| 11 | 甬房预许字（2014）第1号 | 维科城东院 | 江东区 | 普通住宅 | 02/27 | 672 | 86513 |
| 12 | 鄞房预许字（2014）第017号 | 澜悦花苑 | 鄞州区 | 普通住宅 | 06/13 | 752 | 84582 |
| 13 | 甬房预许字（2014）第3号 | 江北包家漕3号地块 | 江北区 | 普通住宅 | 04/22 | 561 | 81105 |
| 14 | 鄞房预许字（2014）第053号 | 香园－1 | 鄞州区 | 普通住宅 | 11/11 | 751 | 80597 |
| 15 | 鄞房预许字（2014）第005号 | 海创家园C－2及D商业 | 鄞州区 | 普通住宅 | 04/03 | 723 | 79301 |
| 16 | 鄞房预许字（2014）第011号 | 水岸枫情（二期） | 鄞州区 | 普通住宅 | 06/06 | 652 | 77015 |
| 17 | （2014）004 | 君御湾 | 江北区 | 普通住宅 | 06/18 | 514 | 75770 |
| 18 | 鄞房预许字（2014）第016号 | 锦悦湾花苑 | 鄞州区 | 普通住宅 | 05/17 | 566 | 75613 |
| 19 | 仑房预许字（2014）第08号 | 龙湖·滟澜海岸3号地块二期 | 北仑区 | 普通住宅 | 09/12 | 486 | 72983 |
| 20 | 仑房预许字（2014）第04号 | 花样年花郡二期 | 北仑区 | 普通住宅 | 05/23 | 676 | 69530 |

资料来源：中国房地产决策咨询系统（CRIC）。

**表4－118　　2014年温州市供应面积前二十商品房预售许可证列表**

单位：套，平方米

| 序号 | 预售证号 | 项目名称 | 区域 | 用途 | 时间 | 套数 | 面积 |
|---|---|---|---|---|---|---|---|
| 1 | 乐清201324 | 总部经济园一期 | 乐清市 | 办　公 | 01/03 | 221 | 226479 |
| 2 | 瓯房售许字（2014）第018号 | 宁波路2889号 | 瓯海区 | 商　业 | 09/19 | 3729 | 141953 |
| 3 | 瓯房售许字（2014）第017号 | 宁波路2888号、2890号 | 瓯海区 | 商　业 | 09/19 | 5016 | 129290 |
| 4 | 苍南2014011 | 泰悦府（住宅） | 苍南县 | 普通住宅 | 07/09 | 921 | 117904 |
| 5 | 永嘉2014010 | 江景花园（二期） | 永嘉县 | 普通住宅 | 08/25 | 942 | 105841 |
| 6 | 瓯房售许字（2014）002号 | 金铭佳苑 | 瓯海区 | 普通住宅 | 01/20 | 872 | 101818 |
| 7 | 2014007 | 九里锦园 | 鹿城区 | 普通住宅 | 09/05 | 765 | 98359 |
| 8 | 售许字（平鳌）第2014－011号 | 中塑商业广场（商业一期） | 平阳县 | 商　业 | 12/27 | 1431 | 90428 |
| 9 | 苍南2014019 | 银泰购物中心（二期） | 苍南县 | 商　业 | 12/12 | 101 | 89762 |
| 10 | 万达商业广场（现） | 万达商业广场（现） | 龙湾区 | 办　公 | 02/28 | 1537 | 87000 |
| 11 | （现）锦东家园剩余42套 | 锦东家园 | 鹿城区 | 普通住宅 | 12/17 | 552 | 82614 |
| 12 | 名人花园（现） | 名人花园7幢及商业部分（现） | 龙湾区 | 普通住宅 | 10/16 | 599 | 81513 |
| 13 | 永嘉2014007 | 江景花园（一期） | 永嘉县 | 普通住宅 | 05/23 | 752 | 81352 |
| 14 | 永嘉2014008 | 中楠时代花园（四期） | 永嘉县 | 普通住宅 | 06/08 | 640 | 80374 |
| 15 | 苍南2014015 | 银泰购物中心、泰悦府（商业） | 苍南县 | 普通住宅 | 09/17 | 652 | 80143 |
| 16 | 永嘉2014012 | 三江立体城凌江庭（一期） | 永嘉县 | 普通住宅 | 11/15 | 586 | 79079 |
| 17 | 售许字（平鳌）第2014－009号 | 车站大道1188号（二期） | 平阳县 | 商　业 | 12/14 | 185 | 76697 |
| 18 | 泰售许字〔2014〕第03号 | 华鸿中心广场二期 | 泰顺县 | 普通住宅 | 06/24 | 684 | 73949 |
| 19 | 乐清201424 | 水深紫金园二期 | 乐清市 | 普通住宅 | 12/12 | 444 | 72696 |
| 20 | 平水房售许字（2014）第005号 | 财富城市广场（一期） | 平阳县 | 普通住宅 | 11/29 | 570 | 71877 |

资料来源：中国房地产决策咨询系统（CRIC）。

**表 4－119　　2014 年合肥市供应面积前二十商品房预售许可证列表**

单位：套，平方米

| 序号 | 预售证号 | 项目名称 | 区域 | 用途 | 时间 | 套数 | 面积 |
|---|---|---|---|---|---|---|---|
| 1 | 20140289 | 京商商贸城 | 新站区 | 商　业 | 04/29 | 7687 | 411600 |
| 2 | 20140290 | 京商商贸城 | 新站区 | 商　业 | 04/29 | 5856 | 316427 |
| 3 | 20140729 | 华润中心 | 政务区 | 商　业 | 09/24 | 37 | 265577 |
| 4 | 20140019 | 京商商贸城 | 新站区 | 商　业 | 01/15 | 4558 | 255226 |
| 5 | 20140020 | 京商商贸城 | 新站区 | 商　业 | 01/15 | 4595 | 250453 |
| 6 | 20140729 | 华润中心 | 政务区 | 办　公 | 09/24 | 541 | 143687 |
| 7 | 20140145 | 安粮城市广场 | 蜀山区 | 商　业 | 04/01 | 1 | 137234 |
| 8 | 20141081 | 京商商贸城 | 新站区 | 办　公 | 12/30 | 1569 | 85908 |
| 9 | 20141079 | 京商商贸城 | 新站区 | 办　公 | 12/30 | 1567 | 85782 |
| 10 | 20140145 | 安粮城市广场 | 蜀山区 | 办　公 | 04/01 | 321 | 81427 |
| 11 | 20140922 | 万达茂中心 | 滨湖区 | 办　公 | 11/07 | 1384 | 74927 |
| 12 | 20140921 | 万达茂中心 | 滨湖区 | 办　公 | 11/07 | 1384 | 74571 |
| 13 | 20140749 | 投资创新中心 | 高新区 | 办　公 | 09/30 | 831 | 68099 |
| 14 | 20147214 | 北城世纪城康徽苑 | 长丰县 | 普通住宅 | 08/26 | 204 | 65559 |
| 15 | 20140872 | 蓝鼎商务中心 | 滨湖区 | 办　公 | 11/04 | 972 | 65342 |
| 16 | 20140836 | 万达茂中心 | 滨湖区 | 办　公 | 10/23 | 1200 | 64137 |
| 17 | 20140611 | 万达茂中心 | 滨湖区 | 办　公 | 08/12 | 1200 | 63781 |
| 18 | 20141021 | 京商商贸城 | 新站区 | 办　公 | 12/10 | 1152 | 63295 |
| 19 | 20140543 | 时代城 | 滨湖区 | 办　公 | 07/10 | 346 | 62018 |
| 20 | 20140969 | 合肥汽配城 | 瑶海区 | 商　业 | 11/24 | 406 | 61401 |

资料来源：中国房地产决策咨询系统（CRIC）。

**表 4－120　　2014 年福州市供应面积前二十商品房预售许可证列表**

单位：套，平方米

| 序号 | 预售证号 | 项目名称 | 区域 | 用途 | 时间 | 套数 | 面积 |
|---|---|---|---|---|---|---|---|
| 1 | FZ 许 20140218 | 利嘉海峡国际商贸城 | 仓山区 | 商　业 | 12/02 | 4536 | 308951 |
| 2 | FZ 许 20140180 | 利嘉海峡国际商贸城 | 仓山区 | 商　业 | 08/22 | 2704 | 166453 |
| 3 | FZ 许 20140147 | 闽江世纪城 | 仓山区 | 普通住宅 | 07/10 | 1385 | 165809 |
| 4 | FZ 许 20140190 | 利嘉海峡国际商贸城 | 仓山区 | 商　业 | 10/07 | 2374 | 151921 |
| 5 | 20143777 | 融侨外滩四期 | 仓山区 | 普通住宅 | 05/23 | 386 | 91922 |
| 6 | FZ 许 20140149 | 闽江世纪城 | 仓山区 | 普通住宅 | 07/10 | 610 | 80098 |
| 7 | FZ 许 20140228 | 东二环泰禾城市广场二期 | 晋安区 | 办　公 | 12/02 | 1541 | 74819 |
| 8 | FZ 许 20140122 | 金辉淮安半岛泊宫 | 仓山区 | 普通住宅 | 05/08 | 626 | 68968 |

续表

| 序号 | 预售证号 | 项目名称 | 区域 | 用途 | 时间 | 套数 | 面积 |
|---|---|---|---|---|---|---|---|
| 9 | FZ 许 20140196 | 名城国际 | 马尾区 | 普通住宅 | 10/09 | 592 | 65394 |
| 10 | 2014122 | 东南国际建材城 | 闽侯县 | 商　业 | 12/31 | 210 | 64311 |
| 11 | FZ 许 20140256 | 东方名城禾郡 | 马尾区 | 普通住宅 | 12/30 | 848 | 63527 |
| 12 | FZ 许 20140244 | 金辉淮安半岛泊宫 | 仓山区 | 普通住宅 | 12/30 | 616 | 62699 |
| 13 | FZ 许 20140227 | 南台十六府 | 仓山区 | 普通住宅 | 12/02 | 667 | 62678 |
| 14 | FZ 许 20140202 | 升龙环球中心 | 台江区 | 办　公 | 10/18 | 271 | 60977 |
| 15 | FZ 许 20140146 | 福晟钱隆广场 | 台江区 | 办　公 | 07/07 | 31 | 60451 |
| 16 | FZ 许 20140148 | 闽江世纪城 | 仓山区 | 普通住宅 | 07/10 | 474 | 58604 |
| 17 | 2014034 | 中建华府 | 闽侯县 | 普通住宅 | 05/15 | 507 | 58308 |
| 18 | 2014006 | 世茂御龙湾 | 闽侯县 | 普通住宅 | 02/14 | 536 | 55224 |
| 19 | 2014016 | 世茂御龙湾 | 闽侯县 | 普通住宅 | 03/28 | 532 | 54798 |
| 20 | FZ 许 20140178 | 富力中心 | 台江区 | 办　公 | 08/20 | 365 | 53637 |

资料来源：中国房地产决策咨询系统（CRIC）。

**表 4－121　　2014 年厦门市供应面积前二十商品房预售许可证列表**

单位：套，平方米

| 序号 | 预售证号 | 项目名称 | 区域 | 用途 | 时间 | 套数 | 面积 |
|---|---|---|---|---|---|---|---|
| 1 | 20140027 | 海投天湖城天源 | 海沧区 | 普通住宅 | 04/24 | 1069 | 155860 |
| 2 | 20140012 | 海投青春海岸 | 海沧区 | 普通住宅 | 02/13 | 1458 | 134015 |
| 3 | 20140021 | 禹洲中央海岸 | 集美区 | 普通住宅 | 08/26 | 756 | 86489 |
| 4 | 20140008 | 特房黎安小镇 | 翔安区 | 普通住宅 | 01/22 | 784 | 76340 |
| 5 | 20140010 | 五缘 YOHO | 湖里区 | 办　公 | 01/29 | 1725 | 75281 |
| 6 | 20140042 | 金都海尚国际 | 同安区 | 普通住宅 | 07/04 | 492 | 73876 |
| 7 | 20140077 | 帝景苑 | 思明区 | 普通住宅 | 12/25 | 158 | 69181 |
| 8 | 20140011 | 软件园三期 | 集美区 | 办　公 | 01/30 | 120 | 67019 |
| 9 | 20140046 | 水晶湖郡 | 集美区 | 普通住宅 | 07/18 | 496 | 64718 |
| 10 | 20140033 | 橡树湾 | 集美区 | 普通住宅 | 08/19 | 656 | 63651 |
| 11 | 20140071 | 建发中央天成 | 湖里区 | 普通住宅 | 11/14 | 470 | 62631 |
| 12 | 20140051 | 云　玺 | 湖里区 | 办　公 | 08/29 | 666 | 58460 |
| 13 | 20130072 | 融信海上城 | 海沧区 | 办　公 | 08/08 | 996 | 58192 |
| 14 | 20140026 | 国贸新天地 | 湖里区 | 普通住宅 | 04/24 | 394 | 55422 |
| 15 | 20130052 | 鑫塔水尚 | 思明区 | 普通住宅 | 02/17 | 355 | 53667 |
| 16 | 20130073 | 中央公园城 | 集美区 | 普通住宅 | 06/12 | 476 | 53569 |
| 17 | 20130092 | 厦门万科广场 | 集美区 | 普通住宅 | 09/16 | 480 | 52506 |
| 18 | 20140021 | 禹洲中央海岸 | 集美区 | 普通住宅 | 05/20 | 463 | 50454 |
| 19 | 20140038 | 中航城国际社区 | 集美区 | 普通住宅 | 06/11 | 384 | 48686 |
| 20 | 20140009 | 海上五月花 | 集美区 | 普通住宅 | 05/30 | 455 | 48442 |

资料来源：中国房地产决策咨询系统（CRIC）。

表 4－122　　2014 年南昌市供应面积前二十商品房预售许可证列表

单位：套，平方米

| 序号 | 预售证号 | 项目名称 | 区域 | 用途 | 时间 | 套数 | 面积 |
|---|---|---|---|---|---|---|---|
| 1 | 〔2014〕24295 | 云中城 | 高新技术产业开发区 | 办　公 | 07/11 | 449 | 100895 |
| 2 | 〔2014〕25010 | 天使金融广场 | 红谷滩区 | 商　业 | 11/21 | 141 | 67645 |
| 3 | 〔2014〕23874 | 滨江一号 | 西湖区 | 商　业 | 05/09 | 38 | 65993 |
| 4 | 〔2014〕25010 | 天使金融广场 | 红谷滩区 | 办　公 | 11/21 | 803 | 57597 |
| 5 | 〔2014〕24496 | 金涛大厦 | 红谷滩区 | 办　公 | 08/15 | 474 | 48006 |
| 6 | 〔2014〕24843 | 英伦联邦 | 经济技术开发区 | 商　业 | 10/24 | 48 | 45026 |
| 7 | 〔2014〕23217 | 紫金城 | 东湖区 | 普通住宅 | 01/06 | 389 | 38561 |
| 8 | 〔2014〕24344 | 绿地外滩公馆 | 红谷滩区 | 办　公 | 07/25 | 804 | 36783 |
| 9 | 〔2014〕23539 | 恒大名都 | 高新技术产业开发区 | 办　公 | 03/07 | 717 | 34768 |
| 10 | 〔2014〕24979 | 世贸元亨大厦 | 红谷滩区 | 办　公 | 11/14 | 194 | 33595 |
| 11 | 〔2014〕24345 | 绿地外滩公馆 | 红谷滩区 | 办　公 | 07/25 | 280 | 32819 |
| 12 | 〔2014〕23383 | 远帆大厦 | 红谷滩区 | 办　公 | 01/24 | 175 | 32329 |
| 13 | 〔2014〕24821 | 南昌万达城 | 红谷滩区 | 普通住宅 | 10/17 | 262 | 28631 |
| 14 | 〔2014〕24800 | 南昌万达城 | 红谷滩区 | 普通住宅 | 10/11 | 262 | 28052 |
| 15 | 〔2014〕25051 | 绿地国际博览城 | 红谷滩区 | 普通住宅 | 11/28 | 248 | 27270 |
| 16 | 〔2014〕23374 | 正荣御品小区 | 西湖区 | 普通住宅 | 01/24 | 244 | 26823 |
| 17 | 〔2014〕24614 | 路通沁园小区 | 高新技术产业开发区 | 普通住宅 | 09/12 | 260 | 26397 |
| 18 | 〔2014〕24632 | 绿地玫瑰城 | 高新技术产业开发区 | 普通住宅 | 09/19 | 248 | 26348 |
| 19 | 〔2014〕24312 | 绿地玫瑰城 | 高新技术产业开发区 | 普通住宅 | 07/18 | 248 | 26348 |
| 20 | 〔2014〕24801 | 南昌万达城 | 红谷滩区 | 普通住宅 | 10/11 | 198 | 26297 |

资料来源：中国房地产决策咨询系统（CRIC）。

表 4－123　　2014 年济南市供应面积前二十商品房预售许可证列表

单位：套，平方米

| 序号 | 预售证号 | 项目名称 | 区域 | 用途 | 时间 | 套数 | 面积 |
|---|---|---|---|---|---|---|---|
| 1 | 济建现备 2014058 号 | 山东重汽配件物流中心 | 天桥区 | 商　业 | 10/15 | 372 | 81770 |
| 2 | 济建预许 2014207 号 | 华创观礼中心 | 历下区 | 办　公 | 05/23 | 126 | 58869 |
| 3 | 济建预许 2013409 号 | 鲁商国奥城 | 历下区 | 办　公 | 03/06 | 306 | 58281 |
| 4 | 济建预许 2014074 号 | 名泉春晓 E 地块公建 | 天桥区 | 酒店式公寓 | 04/10 | 936 | 48751 |
| 5 | 济建预许 2014515 号 | 天业中心 | 历下区 | 办　公 | 10/15 | 341 | 46925 |
| 6 | 济建预许 2014575 号 | 绿地普利中心 | 市中区 | 办　公 | 11/12 | 198 | 43544 |
| 7 | 济建现备 2014059 号 | 山东重汽配件物流中心 | 天桥区 | 商　业 | 10/15 | 201 | 42853 |
| 8 | 济建预许 2014556 号 | 化纤厂 B－1 地块 | 历下区 | 普通住宅 | 10/28 | 372 | 41326 |

续表

| 序号 | 预售证号 | 项目名称 | 区域 | 用途 | 时间 | 套数 | 面积 |
|---|---|---|---|---|---|---|---|
| 9 | 济建预许 2014066 号 | 鲁商凤凰城 | 历城区 | 普通住宅 | 03/24 | 372 | 40465 |
| 10 | 济建预许 2014137 号 | 金科世界城 D 地块二期 | 槐荫区 | 普通住宅 | 04/19 | 378 | 39619 |
| 11 | 济建预许 2014307 号 | 高新万达广场项目 4－2 号地块 | 高新区 | 普通住宅 | 10/24 | 340 | 37531 |
| 12 | 济建预许 2014192 号 | 济南恒大翡翠华庭项目 A 地块 | 槐荫区 | 普通住宅 | 05/10 | 180 | 37190 |
| 13 | 济建预许 2014374 号 | 高新区舜风路 A 地块 | 高新区 | 普通住宅 | 08/04 | 368 | 36599 |
| 14 | 济建预许 2014068 号 | 高新区舜风路 A 地块 | 高新区 | 普通住宅 | 04/04 | 368 | 36591 |
| 15 | 济建开预许字第（2014）C005 号 | 恒大绿洲 C 地块 | 长清区 | 普通住宅 | 06/07 | 372 | 36466 |
| 16 | 济建预许 2014305 号 | 高新万达广场项目 4－2 号地块 | 高新区 | 普通住宅 | 09/24 | 300 | 36428 |
| 17 | 济建预许 2014145 号 | 龙奥 9 号 | 历下区 | 办　公 | 04/29 | 216 | 34732 |
| 18 | 济建预许 2014478 号 | 济南恒大华府 A9 地块 | 槐荫区 | 普通住宅 | 09/25 | 174 | 33364 |
| 19 | 济建预许 2014267 号 | 东都尚城 | 历城区 | 普通住宅 | 06/21 | 336 | 32889 |
| 20 | 济建预许 2014363 号 | 国大·太阳都市花园 | 槐荫区 | 普通住宅 | 08/05 | 296 | 32455 |

资料来源：中国房地产决策咨询系统（CRIC）。

**表 4－124　　2014 年青岛市供应面积前二十商品房预售许可证列表**

单位：套，平方米

| 序号 | 预售证号 | 项目名称 | 区域 | 用途 | 时间 | 套数 | 面积 |
|---|---|---|---|---|---|---|---|
| 1 | 青房注字（城 14）第 02 | 青岛总部基地·国际港 | 城阳区 | 办　公 | 03/28 | 82 | 123827 |
| 2 | 青房注资（2014）第 009 号 | 中海国际社区御城（9 号地）南区 | 李沧区 | 普通住宅 | 03/21 | 1275 | 121903 |
| 3 | 青房注字（城 14）第 68 号 | 青岛碧桂园地块一 | 高新区 | 普通住宅 | 09/12 | 1114 | 113566 |
| 4 | 青房注字（2014）第 042 号 | 和黄·小港湾改造项目 6 号地块 2 标段 | 市北区 | 普通住宅 | 06/27 | 678 | 106124 |
| 5 | 青房注字（2014）第 046 号 | 越秀·星汇蓝湾南区二期 | 李沧区 | 普通住宅 | 07/21 | 1092 | 105512 |
| 6 | 即房（2011）注字 011 | 永合鼎泰丰 | 即墨市 | 普通住宅 | 04/22 | 926 | 102485 |
| 7 | 青房注字青开（2014）第 037 | 万达游艇产业园 C－1－8 地块 | 黄岛区 | 普通住宅 | 08/29 | 1059 | 100442 |
| 8 | 青房注字（2014）第 016 号 | 市北区徐家村改造项目 | 市北区 | 普通住宅 | 04/27 | 919 | 96725 |
| 9 | 青房注字（崂）2014 第 011 号 | 青岛国际啤酒城改造项目 | 崂山区 | 商　业 | 12/24 | 1 | 95511 |
| 10 | 青房注字青开（2014）第 017 | 太平洋梦时代广场 B 地块 | 胶南市 | 商　业 | 09/29 | 112 | 91783 |
| 11 | 青房注字青开（2014）第 071 | 青岛万达游艇产业园 C－1－9 地块 | 黄岛区 | 普通住宅 | 12/01 | 881 | 90583 |
| 12 | 青房注字（2014）第 053 号 | 青岛华润中心悦府二期 | 市南区 | 普通住宅 | 08/06 | 543 | 89391 |

续表

| 序号 | 预售证号 | 项目名称 | 区域 | 用途 | 时间 | 套数 | 面积 |
|---|---|---|---|---|---|---|---|
| 13 | 即房（2014）注字027 | 德馨·珑湖二期 | 即墨市 | 普通住宅 | 07/22 | 942 | 88564 |
| 14 | 青房注字（胶州）第2014055号 | 华东·京都名苑小区 | 胶州市 | 普通住宅 | 07/28 | 944 | 87591 |
| 15 | 青房注字（2014）第044号 | "绿城·理想之城"诚园西区 | 李沧区 | 普通住宅 | 07/16 | 829 | 87190 |
| 16 | 青房注字青开（2014）第077 | 万达游艇产业园C－1－9地块 | 黄岛区 | 普通住宅 | 12/31 | 847 | 85382 |
| 17 | 青房注字（胶州）第2014007 | 蔚蓝半岛北区小区 | 胶州市 | 普通住宅 | 03/14 | 669 | 83685 |
| 18 | 青房注字（2014）第093号 | 青岛国际航运中心 | 市北区 | 办　公 | 11/21 | 392 | 83538 |
| 19 | 青房注字青开（2014）第026 | 世茂诺沙湾C区 | 胶南市 | 普通住宅 | 08/04 | 724 | 79279 |
| 20 | 青房注字（2014）第030号 | 保利·叶公馆 | 市北区 | 普通住宅 | 05/23 | 752 | 78370 |

资料来源：中国房地产决策咨询系统（CRIC）。

**表4－125　　2014年郑州市供应面积前二十商品房预售许可证列表**

单位：套，平方米

| 序号 | 预售证号 | 项目名称 | 区域 | 用途 | 时间 | 套数 | 面积 |
|---|---|---|---|---|---|---|---|
| 1 | 〔2014〕郑房预售字（3446/3447）号 | 绿都紫荆华庭 | 管城回族自治区 | 普通住宅 | 12/13 | 1400 | 133231 |
| 2 | 〔2014〕郑房管预字第GX2014022号 | 祝福红城 | 高新技术开发区 | 普通住宅 | 05/27 | 1151 | 106196 |
| 3 | 〔2014〕郑房预售字（3401）号 | 正商城裕园2号院 | 二七区 | 普通住宅 | 09/24 | 804 | 103364 |
| 4 | 〔2014〕郑房预售字（3332）号 | 瀚宇天悦 | 金水区 | 普通住宅 | 06/20 | 771 | 96987 |
| 5 | 〔2014〕郑房预售字（3455）号 | 瀚宇天悦二期 | 金水区 | 普通住宅 | 12/24 | 633 | 93974 |
| 6 | 〔2014〕郑房预售字（D0524）号 | 正商祥钻 | 郑东新区 | 普通住宅 | 06/10 | 630 | 85968 |
| 7 | 〔2014〕郑房预售字（3282）号 | 泰宏建业国际城12号院 | 二七区 | 普通住宅 | 03/20 | 802 | 82152 |
| 8 | 〔2014〕郑房预售字（3424）号 | 绿地滨湖国际城 | 二七区 | 办　公 | 12/08 | 760 | 89786 |
| 9 | 〔2014〕郑房预售字（3438）号 | 正商金域世家 | 中原区 | 普通住宅 | 11/28 | 792 | 78105 |
| 10 | 〔2014〕郑房预售字（3342）号 | 裕华富邦广场 | 惠济区 | 普通住宅 | 06/30 | 677 | 76884 |
| 11 | 〔2014〕郑房预售字（3440）号 | 升龙城2号院 | 二七区 | 普通住宅 | 11/28 | 734 | 74451 |
| 12 | 〔2014〕郑房预售字（3431）号 | 阳光城8号院 | 管城回族自治区 | 普通住宅 | 11/24 | 713 | 70816 |

续表

| 序号 | 预售证号 | 项目名称 | 区域 | 用途 | 时间 | 套数 | 面积 |
|---|---|---|---|---|---|---|---|
| 13 | 〔2014〕郑房预售字（3354）号 | 阳光城 9 号院 | 管城回族自治区 | 普通住宅 | 07/14 | 768 | 70496 |
| 14 | 〔2014〕郑房管预字第 GX2014047 号 | 公园道 1 号 | 高新技术开发区 | 普通住宅 | 11/25 | 659 | 70422 |
| 15 | 〔2014〕郑房预售字（3434）号 | 亚星盛世星苑 | 二七区 | 普通住宅 | 11/25 | 724 | 65395 |
| 16 | 〔2014〕郑房预售字（3422）号 | 千鹿山 | 惠济区 | 普通住宅 | 10/30 | 646 | 63852 |
| 17 | 〔2014〕郑房预售字（3269）号 | 长江一号院三区 | 二七区 | 普通住宅 | 01/08 | 601 | 63686 |
| 18 | 〔2014〕郑房管预字第 GX2014043 号 | 谦祥万和城 | 高新技术开发区 | 普通住宅 | 11/07 | 690 | 62484 |
| 19 | 〔2014〕郑房预售字（3357）号 | 和昌悦澜湾北苑 | 金水区 | 普通住宅 | 07/18 | 648 | 61806 |
| 20 | 〔2014〕郑房预售字（3353）号 | 栖湖怡家 | 中原区 | 普通住宅 | 07/07 | 748 | 61029 |

资料来源：中国房地产决策咨询系统（CRIC）。

**表 4－126　　2014 年武汉市供应面积前二十商品房预售许可证列表**

单位：套，平方米

| 序号 | 预售证号 | 项目名称 | 区域 | 用途 | 时间 | 套数 | 面积 |
|---|---|---|---|---|---|---|---|
| 1 | 武房开预售〔2014〕161 号 | 紫云府 | 洪山区 | 普通住宅 | 04/30 | 3376 | 321484 |
| 2 | 武房开预售〔2014〕416 号 | 坐标城九期 | 东湖高新区 | 普通住宅 | 08/31 | 1396 | 134001 |
| 3 | 武房开预售〔2014〕155 号 | 名流・人和天地风和园 | 黄陂区 | 普通住宅 | 04/30 | 1237 | 107366 |
| 4 | 武房开预售〔2014〕244 号 | 保利公园九里 | 洪山区 | 普通住宅 | 05/31 | 918 | 85646 |
| 5 | 武房开预售〔2014〕038 号 | 保利城 | 洪山区 | 普通住宅 | 01/31 | 762 | 82728 |
| 6 | 武房开预售〔2013〕601 号 | 万达御湖世家 | 武昌区 | 普通住宅 | 01/31 | 300 | 81700 |
| 7 | 武房开预售〔2014〕449 号 | 阳光 100 大湖第 | 江夏区 | 普通住宅 | 09/30 | 774 | 81187 |
| 8 | 武房开预售〔2014〕064 号 | 恒大御景湾 | 汉阳区 | 普通住宅 | 04/30 | 808 | 79680 |
| 9 | 武房开预售〔2013〕562 号 | 龙阳 1 号 | 汉阳区 | 普通住宅 | 04/30 | 781 | 76443 |
| 10 | 武房开预售〔2014〕347 号 | 大华・铂金骊府 | 青山区 | 普通住宅 | 07/31 | 701 | 76320 |
| 11 | 武房开预售〔2014〕511 号 | 中海琴台华府 | 汉阳区 | 普通住宅 | 09/30 | 672 | 76314 |
| 12 | 武房开预售〔2014〕456 号 | 顶琇国际城 | 江汉区 | 普通住宅 | 09/30 | 846 | 75060 |
| 13 | 武房开预售〔2014〕021 号 | 清能清江锦城 | 洪山区 | 普通住宅 | 01/31 | 686 | 74114 |
| 14 | 武房开预售〔2014〕166 号 | 三元・中央公园 | 江岸区 | 普通住宅 | 04/30 | 855 | 74065 |
| 15 | 武房开预售〔2014〕269 号 | 盛世江城 | 江汉区 | 普通住宅 | 06/30 | 740 | 73194 |
| 16 | 武房开预售〔2014〕442 号 | 卧龙墨水湖边 | 汉阳区 | 普通住宅 | 09/30 | 742 | 71959 |
| 17 | 武房开预售〔2014〕192 号 | 保利心语 | 洪山区 | 普通住宅 | 05/31 | 734 | 71188 |
| 18 | 武房开预售〔2014〕238 号 | 龙阳 1 号 | 汉阳区 | 普通住宅 | 05/31 | 726 | 70884 |
| 19 | 武房开预售〔2014〕312 号 | 天伦万金国际广场 | 武昌区 | 酒店式公寓 | 06/30 | 1400 | 70814 |
| 20 | 武房开预售〔2014〕271 号 | 金地自在城 | 洪山区 | 普通住宅 | 06/30 | 772 | 70476 |

资料来源：中国房地产决策咨询系统（CRIC）。

表 4－127　　2014 年长沙市供应面积前二十商品房预售许可证列表

单位：套，平方米

| 序号 | 预售证号 | 项目名称 | 区域 | 用途 | 时间 | 套数 | 面积 |
|---|---|---|---|---|---|---|---|
| 1 | 2014－0264 | 华远华中心 | 天心区 | 商　业 | 08/02 | 39 | 262288 |
| 2 | 2014－0187 | 湾田国际 | 望城区 | 商　业 | 08/30 | 1261 | 106697 |
| 3 | 2014－0422 | 高岭国际商贸城 | 开福区 | 商　业 | 09/25 | 1743 | 104473 |
| 4 | 2014－0086 | 北辰三角洲 | 开福区 | 商　业 | 02/19 | 106 | 98207 |
| 5 | 2014－0339 | 黄兴路凤凰天街 | 开福区 | 酒店式公寓 | 08/12 | 1080 | 97775 |
| 6 | 2014－0264 | 华远华中心 | 天心区 | 办　公 | 08/02 | 536 | 90718 |
| 7 | 2014－0065 | 弘德·好莱城 | 岳麓区 | 普通住宅 | 07/25 | 942 | 90339 |
| 8 | 2014－0608 | 万坤图·财富广场 | 雨花区 | 酒店式公寓 | 12/09 | 1197 | 86591 |
| 9 | 2014－0451 | 北辰凤凰公元 B2E2 区 | 开福区 | 普通住宅 | 10/02 | 680 | 85462 |
| 10 | 2014－0465 | 华远华中心 | 天心区 | 普通住宅 | 11/13 | 289 | 82444 |
| 11 | 2014－0532 | 嘉熙中心 | 雨花区 | 办　公 | 11/17 | 263 | 81469 |
| 12 | 2014－0343 | 长沙华创国际广场 | 开福区 | 办　公 | 10/30 | 440 | 78161 |
| 13 | 2014－0143 | 创意·君悦城 | 浏阳市 | 商　业 | 11/10 | 61 | 77859 |
| 14 | 2014－0009 | 鸿宇城 | 浏阳市 | 商　业 | 01/12 | 88 | 76625 |
| 15 | 2014－0009 | 鸿宇城 | 浏阳市 | 普通住宅 | 01/12 | 482 | 66939 |
| 16 | 2014－0532 | 嘉熙中心 | 雨花区 | 普通住宅 | 11/17 | 346 | 63687 |
| 17 | 2014－0341 | 金桥国际市场集群 | 望城区 | 商　业 | 12/22 | 1289 | 61415 |
| 18 | 2014－0340 | 金桥国际市场集群 | 望城区 | 商　业 | 12/22 | 1289 | 61413 |
| 19 | 2014－0121 | 华远华中心 | 天心区 | 酒店式公寓 | 04/09 | 912 | 61296 |
| 20 | 2014－0138 | 开源·鑫贸大楼 | 长沙县 | 办　公 | 06/19 | 184 | 60851 |

资料来源：中国房地产决策咨询系统（CRIC）。

表 4－128　　2014 年广州市供应面积前二十商品房预售许可证列表

单位：套，平方米

| 序号 | 预售证号 | 项目名称 | 区域 | 用途 | 时间 | 套数 | 面积 |
|---|---|---|---|---|---|---|---|
| 1 | 20140954 | 亚运城 | 番禺区 | 普通住宅 | 11/18 | 1939 | 254657 |
| 2 | 20130533 | 祈福天龙苑 | 花都区 | 普通住宅 | 09/05 | 1874 | 158645 |
| 3 | 20140640 | 南沙星河山海湾一期 | 南沙区 | 普通住宅 | 08/19 | 1104 | 115445 |
| 4 | 20140820 | 珠江嘉园（二期） | 黄埔区 | 普通住宅 | 09/30 | 1128 | 110584 |
| 5 | 20140824 | 君和名成花园 | 黄埔区 | 普通住宅 | 09/30 | 1152 | 108365 |
| 6 | 20140115 | 富力盈耀大厦办公 | 天河区 | 办　公 | 02/28 | 529 | 100333 |
| 7 | 20140264 | 侨鑫国际金融中心办公 | 天河区 | 办　公 | 04/24 | 37 | 91091 |
| 8 | 20140039 | 富力新天地花园 | 越秀区 | 办　公 | 01/27 | 408 | 86136 |

续表

| 序号 | 预售证号 | 项目名称 | 区域 | 用途 | 时间 | 套数 | 面积 |
|---|---|---|---|---|---|---|---|
| 9 | 20120861 | 绿地金融中心（二期） | 白云区 | 商　业 | 01/28 | 423 | 83366 |
| 10 | 20140609 | 华标峰湖御园 | 黄埔区 | 别　墅 | 10/17 | 241 | 83298 |
| 11 | 20140082 | 东湖洲花园 2 区 | 番禺区 | 普通住宅 | 03/04 | 270 | 78868 |
| 12 | 20140285 | 珠江嘉园（一期） | 黄埔区 | 普通住宅 | 05/29 | 836 | 78041 |
| 13 | 20140268 | 保利云禧花园 | 白云区 | 普通住宅 | 05/13 | 301 | 77479 |
| 14 | 20090465 | 祈福辉煌台 | 花都区 | 普通住宅 | 03/27 | 642 | 75292 |
| 15 | 20140934 | 珊瑚湾畔 | 番禺区 | 普通住宅 | 11/14 | 430 | 74459 |
| 16 | 20140496 | 大壮国际广场 | 黄埔区 | 酒店式公寓 | 06/27 | 1526 | 73438 |
| 17 | 20130912 | 雅居乐汇通广场 | 花都区 | 商　业 | 11/04 | 188 | 69740 |
| 18 | 20130349 | 颐和盛世花园 | 花都区 | 普通住宅 | 05/29 | 561 | 68657 |
| 19 | 20140138 | 岭南雅筑 | 黄埔区 | 普通住宅 | 03/20 | 680 | 68292 |
| 20 | 20140979 | 天荟公馆 A、B、C、D 栋 | 天河区 | 普通住宅 | 11/26 | 481 | 67301 |

资料来源：中国房地产决策咨询系统（CRIC）。

**表 4－129　　2014 年深圳市供应面积前二十商品房预售许可证列表**

单位：套，平方米

| 序号 | 预售证号 | 项目名称 | 区域 | 用途 | 时间 | 套数 | 面积 |
|---|---|---|---|---|---|---|---|
| 1 | 深房许字（2014）龙岗 036 号 | 星河 WORLD·银湖谷 | 龙岗区 | 普通住宅 | 11/19 | 1675 | 173118 |
| 2 | 深房许字（2014）龙岗 038 号 | 天安云谷产业园一期 | 龙岗区 | 办　公 | 11/25 | 306 | 142421 |
| 3 | 深房许字（2014）龙岗 003 号 | 振业峦山谷花园二期 | 龙岗区 | 普通住宅 | 03/18 | 1317 | 117059 |
| 4 | 深房许字（2014）龙岗 022 号 | 佳兆业城市广场三期 | 龙岗区 | 普通住宅 | 09/09 | 1184 | 113950 |
| 5 | 深房许字（2014）福田 011 号 | 绿景虹湾 | 福田区 | 普通住宅 | 10/31 | 1211 | 113895 |
| 6 | 深房许字（2014）龙华 003 号 | 华业玫瑰四季 | 宝安区 | 普通住宅 | 08/11 | 1316 | 113817 |
| 7 | 深房许字（2014）龙华 007 号 | 星河传奇 | 宝安区 | 普通住宅 | 12/04 | 1061 | 107350 |
| 8 | 深房许字（2014）南山 012 号 | 华晖云门 | 南山区 | 普通住宅 | 10/13 | 1104 | 106371 |
| 9 | 深房许字（2014）宝安 016 号 | 华盛西荟城三期 | 宝安区 | 普通住宅 | 09/28 | 1061 | 104866 |
| 10 | 深房许字（2014）宝安 010 号 | 联投东方华府 | 宝安区 | 普通住宅 | 07/24 | 1261 | 103309 |
| 11 | 深房许字（2014）龙华 006 号 | 金地鹭湖 1 号 | 宝安区 | 普通住宅 | 11/17 | 1035 | 103101 |
| 12 | 深房许字（2014）宝安 022 号 | 怀德公元 | 宝安区 | 普通住宅 | 12/11 | 1007 | 96570 |
| 13 | 深房许字（2014）龙岗 033 号 | 珑　禧 | 龙岗区 | 普通住宅 | 11/13 | 982 | 95623 |
| 14 | 深房许字（2014）福田 004 号 | 卓越梅林中心广场 | 福田区 | 办　公 | 06/18 | 428 | 95091 |
| 15 | 深房许字（2014）龙岗 028 号 | 信义嘉御山三期 | 龙岗区 | 普通住宅 | 09/29 | 1123 | 94568 |
| 16 | 深房许字（2014）龙华 005 号 | 特发和平里二期 | 宝安区 | 普通住宅 | 11/18 | 856 | 94451 |
| 17 | 深房许字（2014）罗湖 008 号 | 华润银湖蓝山 | 罗湖区 | 普通住宅 | 11/05 | 486 | 94097 |
| 18 | 深房许字（2014）福田 008 号 | 长富金茂大厦 | 福田区 | 办　公 | 09/04 | 247 | 92712 |
| 19 | 深房许字（2014）宝安 009 号 | 领翔华府 | 宝安区 | 普通住宅 | 07/07 | 753 | 89641 |
| 20 | 深房许字（2014）宝安 015 号 | 中海九号公馆 | 宝安区 | 普通住宅 | 09/26 | 528 | 88695 |

资料来源：中国房地产决策咨询系统（CRIC）。

**表 4-130　　2014 年南宁市供应面积前二十商品房预售许可证列表**

单位：套，平方米

| 序号 | 预售证号 | 项目名称 | 区域 | 用途 | 时间 | 套数 | 面积 |
|---|---|---|---|---|---|---|---|
| 1 | 南房预字（2014）第 162 号 | 南宁五象新区前海人寿总部基地项目 | 良庆区 | 办　公 | 10/17 | 1043 | 194519 |
| 2 | 南房预字（2014）第 140 号 | 中海·国际社区 | 兴宁区 | 普通住宅 | 09/25 | 1691 | 163504 |
| 3 | 南房预字（2014）第 165 号 | 嘉和城温莎小镇二区 | 兴宁区 | 普通住宅 | 10/21 | 1387 | 122151 |
| 4 | 南房预字（2014）第 133 号 | 恒大绿洲 | 良庆区 | 普通住宅 | 09/18 | 1158 | 116477 |
| 5 | 南房预字（2014）第 155 号 | 盛科城 | 良庆区 | 普通住宅 | 10/17 | 847 | 107451 |
| 6 | 南房预字（2014）第 032 号 | 海尔·青啤东盟联合广场 | 良庆区 | 办　公 | 03/28 | 655 | 99418 |
| 7 | 南房预字（2014）第 127 号 | 传媒星城 | 兴宁区 | 普通住宅 | 09/10 | 864 | 95130 |
| 8 | 南房预字（2014）第 003 号 | 万达公馆 | 青秀区 | 普通住宅 | 01/07 | 348 | 92699 |
| 9 | 南房预字（2014）第 066 号 | 凤祥名居 | 青秀区 | 普通住宅 | 05/27 | 656 | 89311 |
| 10 | 南高房预字（2014）第 9 号 | 童乐嘉园 | 西乡塘区 | 普通住宅 | 07/01 | 821 | 78375 |
| 11 | 南房预字（2014）第 192 号 | 龙光世纪 | 青秀区 | 办　公 | 11/17 | 1170 | 77974 |
| 12 | 南高房预字（2014）第 34 号 | 华发·四季 | 西乡塘区 | 普通住宅 | 12/31 | 752 | 76097 |
| 13 | 南房预字（2014）第 200 号 | 南宁万达茂 | 邕宁区 | 普通住宅 | 11/20 | 671 | 70372 |
| 14 | 南房预字（2014）第 221 号 | 港保苑 | 良庆区 | 普通住宅 | 12/18 | 519 | 69071 |
| 15 | 南房预字（2014）第 004 号 | 金源一品 | 良庆区 | 普通住宅 | 01/08 | 656 | 69058 |
| 16 | 南房预字（2014）第 123 号 | 金源一品 | 良庆区 | 办　公 | 08/29 | 1036 | 67912 |
| 17 | 南房预字（2014）第 123 号 | 南宁青秀万达广场 | 青秀区 | 办　公 | 08/29 | 1036 | 67912 |
| 18 | 南房预字（2014）第 161 号 | 颐源居 | 青秀区 | 普通住宅 | 10/17 | 574 | 67843 |
| 19 | 南房预字（2014）第 131 号 | 嘉和城 | 兴宁区 | 普通住宅 | 09/18 | 331 | 62939 |
| 20 | 南房预字（2014）第 131 号 | 嘉和城五期 | 兴宁区 | 普通住宅 | 09/18 | 331 | 62939 |

资料来源：中国房地产决策咨询系统（CRIC）。

**表 4-131　　2014 年北海市供应面积前二十商品房预售许可证列表**

单位：套，平方米

| 序号 | 预售证号 | 项目名称 | 区域 | 用途 | 时间 | 套数 | 面积 |
|---|---|---|---|---|---|---|---|
| 1 | 北建房预字第 2014026 号 | 蓝山上湾小区 | 银海区 | 普通住宅 | 05/29 | 1250 | 124801 |
| 2 | 北建房预字第 2014090 号 | 大都金沙湾 | 银海区 | 普通住宅 | 12/31 | 1045 | 102115 |
| 3 | 北建房预字第 2014079 号 | 世纪城 | 海城区 | 普通住宅 | 11/19 | 892 | 93516 |
| 4 | 北建房预字第 2014030 号 | 世纪城 | 海城区 | 普通住宅 | 06/17 | 1098 | 87672 |
| 5 | 北建房预字第 2014067 号 | 润和花园 | 海城区 | 普通住宅 | 09/29 | 1034 | 86770 |
| 6 | 北建房预字第 2014004 号 | 嘉盛名都 | 银海区 | 普通住宅 | 01/20 | 1004 | 85540 |
| 7 | 北建房预字第 2014056 号 | 海悦华府 | 银海区 | 普通住宅 | 08/27 | 973 | 85284 |
| 8 | 北建房预字第 2014073 号 | 星海名城 | 海城区 | 普通住宅 | 11/06 | 957 | 85169 |

续表

| 序号 | 预售证号 | 项目名称 | 区域 | 用途 | 时间 | 套数 | 面积 |
|---|---|---|---|---|---|---|---|
| 9 | 北建房预字第 2014072 号 | 富丽华海御 | 海城区 | 普通住宅 | 10/20 | 616 | 83667 |
| 10 | 北建房预字第 2014064 号 | 桐洋新城 | 海城区 | 普通住宅 | 09/26 | 811 | 81702 |
| 11 | 北建房预字第 2014022 号 | 森海豪庭 | 银海区 | 普通住宅 | 04/30 | 961 | 81218 |
| 12 | 北建房预字第 2014011 号 | 桐洋新城 | 海城区 | 普通住宅 | 03/07 | 766 | 76862 |
| 13 | 北建房预字第 2014085 号 | 圣景龙湾 | 银海区 | 普通住宅 | 12/16 | 726 | 65694 |
| 14 | 北建房预字第 2014028 号 | 华一红树林 | 银海区 | 普通住宅 | 06/05 | 595 | 62898 |
| 15 | 北建房预字第 2014003 号 | 桐洋新城 | 海城区 | 普通住宅 | 01/15 | 560 | 52751 |
| 16 | 北建房预字第 2014071 号 | 北海东盟国际商贸城 | 海城区 | 商　业 | 10/20 | 1526 | 50822 |
| 17 | 北建房预字第 2014034 号 | 嘉顺金城华府 | 海城区 | 普通住宅 | 06/25 | 564 | 50771 |
| 18 | 北建房预字第 2014017 号 | 海江南花园 | 海城区 | 普通住宅 | 04/08 | 497 | 45085 |
| 19 | 北建房预字第 2014055 号 | 耀海明都 | 银海区 | 普通住宅 | 08/26 | 504 | 43087 |
| 20 | 北建房预字第 2014038 号 | 园辉新都 | 银海区 | 普通住宅 | 07/11 | 402 | 42859 |

资料来源：中国房地产决策咨询系统（CRIC）。

表 4－132　　2014 年海口市供应面积前二十商品房预售许可证列表

单位：套，平方米

| 序号 | 预售证号 | 项目名称 | 区域 | 用途 | 时间 | 套数 | 面积 |
|---|---|---|---|---|---|---|---|
| 1 | 20140101 | 海口国际金融中心 | 美兰区 | 办　公 | 11/28 | 413 | 152276 |
| 2 | 20140097 | 恒大·海口文化旅游城三期 | 龙华区 | 普通住宅 | 11/28 | 1425 | 141631 |
| 3 | 20140099 | 恒大·海口文化旅游城六期 | 龙华区 | 普通住宅 | 11/28 | 1246 | 125710 |
| 4 | 20140096 | 恒大·海口文化旅游城二期 | 龙华区 | 普通住宅 | 11/28 | 1243 | 120547 |
| 5 | 20140105 | 五源河片区棚户区（城中村）改造项目 C1101－02 地块 | 秀英区 | 普通住宅 | 12/09 | 1177 | 110822 |
| 6 | 20140109 | 恒大外滩首期（一标段） | 龙华区 | 普通住宅 | 12/12 | 996 | 109618 |
| 7 | 20140058 | 海阔天空国兴城二期 A14 地块 | 美兰区 | 普通住宅 | 08/14 | 748 | 103795 |
| 8 | 20140080 | 恒大·海口文化旅游城首期 | 龙华区 | 普通住宅 | 09/29 | 886 | 99588 |
| 9 | 20140061 | 滨海国际 2602 地块 | 美兰区 | 普通住宅 | 08/20 | 952 | 93496 |
| 10 | 20140076 | 大华·锦绣海岸（一期） | 秀英区 | 普通住宅 | 09/15 | 970 | 88112 |
| 11 | 20140100 | 恒大·海口文化旅游城八期 | 龙华区 | 普通住宅 | 11/28 | 624 | 81076 |
| 12 | 20140019 | 海南之心三期悦海湾 A 区 | 美兰区 | 普通住宅 | 04/28 | 731 | 75829 |
| 13 | 20140071 | 香榭花园 | 琼山区 | 普通住宅 | 09/05 | 676 | 69908 |
| 14 | 20140003 | 晨晖·西海岸广场一期晨晖·帝景 | 秀英区 | 普通住宅 | 01/10 | 715 | 68835 |
| 15 | 20140011 | 昌茂·水木清华 | 秀英区 | 普通住宅 | 01/28 | 704 | 68314 |
| 16 | 20140089 | 枫林雅郡 | 龙华区 | 普通住宅 | 11/11 | 788 | 68168 |
| 17 | 20140008 | 首丹雅苑 | 琼山区 | 普通住宅 | 01/20 | 521 | 66465 |
| 18 | 20140018 | 南国威尼斯城Ⅲ期米兰园（二期） | 琼山区 | 普通住宅 | 04/24 | 960 | 65727 |
| 19 | 20140045 | 置地·御海公馆 | 秀英区 | 普通住宅 | 07/08 | 769 | 62393 |
| 20 | 20140030 | 华盛中央公园一期 | 秀英区 | 普通住宅 | 06/06 | 770 | 61218 |

资料来源：中国房地产决策咨询系统（CRIC）。

表 4 - 133　　2014 年三亚市供应面积前二十商品房预售许可证列表

单位：套，平方米

| 序号 | 预售证号 | 项目名称 | 区域 | 用途 | 时间 | 套数 | 面积 |
|---|---|---|---|---|---|---|---|
| 1 | 三房预许字〔2014〕15 号 | 卓达东方巴哈马自由港湾三期 | 河东区 | 普通住宅 | 02/15 | 1390 | 115246 |
| 2 | 三房预许字〔2014〕24 号 | 水居巷 B - 3 地块 | 河东区 | 普通住宅 | 07/29 | 942 | 102020 |
| 3 | 三房预许字〔2014〕32 号 | 君和君泰 | 田独镇 | 普通住宅 | 07/30 | 1537 | 99737 |
| 4 | 三房预许字〔2014〕44 号 | 香醍 25 度 | 河东区 | 商　业 | 10/10 | 10 | 84310 |
| 5 | 三房预许字〔2014〕55 号 | 崖州湾壹号 | 崖城镇 | 普通住宅 | 11/18 | 1052 | 76585 |
| 6 | 三房预许字〔2014〕53 号 | 三亚东岸外语培训中心 | 河东区 | 酒店式公寓 | 12/06 | 1309 | 68047 |
| 7 | 三房预许字〔2014〕8 号 | 新佳高尔夫海景酒店公寓 | 河东区 | 普通住宅 | 01/28 | 413 | 61984 |
| 8 | 三房预许字〔2014〕38 号 | 三亚棕榈滩 G1 - 1、H2 - 1 地块项目一期、二期 | 田独镇 | 普通住宅 | 09/29 | 589 | 61732 |
| 9 | 三房预许字〔2014〕52 号 | 瑞都水郡 | 河东区 | 普通住宅 | 11/13 | 747 | 59254 |
| 10 | 三房预许字〔2014〕058 号 | 南航三亚总部基地综合楼 | 田独镇 | 办　公 | 12/13 | 601 | 43753 |
| 11 | 三房预许字〔2014〕44 号 | 香醍 25 度 | 河东区 | 普通住宅 | 10/10 | 624 | 42672 |
| 12 | 三房预许字〔2014〕36 号 | 鲁能三亚湾高 2 区 | 凤凰镇 | 别　墅 | 09/16 | 193 | 41038 |
| 13 | 三房预许字〔2014〕50 号 | 亚龙湾龙溪悦墅 | 田独镇 | 普通住宅 | 11/27 | 456 | 40440 |
| 14 | 三房预许字〔2014〕4 号 | 力合国际中心酒店 | 凤凰镇 | 酒店式公寓 | 01/16 | 550 | 39930 |
| 15 | 三房预许字〔2014〕48 号 | 国际康体养生中心四期 | 田独镇 | 别　墅 | 10/31 | 480 | 38472 |
| 16 | 三房预许字〔2014〕3 号 | 瑞都水郡 | 河东区 | 普通住宅 | 01/23 | 523 | 37524 |
| 17 | 三房预许字〔2014〕59 号 | 三亚金水湾 | 河西区 | 普通住宅 | 12/13 | 458 | 37040 |
| 18 | 三房预许字〔2014〕49 号 | 鸿坤 - 山海墅三期 | 河东区 | 普通住宅 | 11/04 | 575 | 36970 |
| 19 | 三房预许字〔2014〕33 号 | 陶然湾（二期） | 海棠湾镇 | 普通住宅 | 08/07 | 374 | 36900 |
| 20 | 三房预许字〔2014〕29 号 | 森林半岛 | 河东区 | 普通住宅 | 06/25 | 632 | 36440 |

资料来源：中国房地产决策咨询系统（CRIC）。

表 4 - 134　　2014 年重庆市供应面积前二十商品房预售许可证列表

单位：套，平方米

| 序号 | 预售证号 | 项目名称 | 区域 | 用途 | 时间 | 套数 | 面积 |
|---|---|---|---|---|---|---|---|
| 1 | 渝国土房管（2014）预字第（246）号 | 金凤苑 | 九龙坡区 | 普通住宅 | 04/25 | 1101 | 115748 |
| 2 | 渝国土房管（2014）预字第（184）号 | 首钢美利山 | 渝北区 | 普通住宅 | 03/07 | 1024 | 101877 |
| 3 | 渝国土房管（2014）预字第（247）号 | 锦馨苑 | 北碚区 | 普通住宅 | 04/16 | 1232 | 100647 |
| 4 | 渝国土房管（2014）预字第（210）号 | 约克郡 | 渝北区 | 普通住宅 | 03/25 | 796 | 81453 |
| 5 | 渝国土房管（2014）预字第（104）号 | 盛美居 | 九龙坡区 | 普通住宅 | 03/10 | 778 | 63830 |
| 6 | 渝国土房管（2014）预字第（179）号 | 金辉融侨城 | 南岸区 | 普通住宅 | 03/20 | 585 | 59676 |
| 7 | 渝国土房管（2014）预字第（179）号 | 金辉融侨城 | 南岸区 | 普通住宅 | 04/06 | 584 | 59596 |
| 8 | 渝国土房管（2014）预字第（061）号 | 华璞城 | 九龙坡区 | 商　业 | 01/20 | 283 | 58692 |

续表

| 序号 | 预售证号 | 项目名称 | 区域 | 用途 | 时间 | 套数 | 面积 |
|---|---|---|---|---|---|---|---|
| 9 | 渝国土房管（2014）预字第（089）号 | 恒鑫名城 | 九龙坡区 | 普通住宅 | 02/18 | 639 | 55235 |
| 10 | 渝国土房管（2014）预字第（265）号 | 恒大照母山 | 渝北区 | 普通住宅 | 04/12 | 520 | 54865 |
| 11 | 渝国土房管（2014）预字第（299）号 | 约克郡 | 渝北区 | 普通住宅 | 04/23 | 524 | 53234 |
| 12 | 渝国土房管（2014）预字第（155）号 | 金科中央御院 | 南岸区 | 普通住宅 | 03/05 | 685 | 52399 |
| 13 | 渝国土房管（2014）预字第（284）号 | 巨龙江山国际 | 江北区 | 普通住宅 | 04/30 | 649 | 51019 |
| 14 | 渝国土房管（2014）预字第（057）号 | 桃香苑 | 渝北区 | 普通住宅 | 01/22 | 403 | 50250 |
| 15 | 渝国土房管（2014）预字第（271）号 | 晋愉 V 时代 | 九龙坡区 | 普通住宅 | 04/11 | 569 | 49562 |
| 16 | 渝国土房管（2014）预字第（128）号 | 幸福时光里 | 南岸区 | 普通住宅 | 03/07 | 519 | 48136 |
| 17 | 渝国土房管（2014）预字第（111）号 | 蓝光 COCO 时代 | 南岸区 | 普通住宅 | 02/25 | 674 | 47160 |
| 18 | 渝国土房管（2014）预字第（245）号 | 金凤苑 | 九龙坡区 | 普通住宅 | 04/25 | 444 | 46370 |
| 19 | 渝国土房管（2014）预字第（036）号 | 两岸首座 | 江北区 | 办　公 | 01/16 | 239 | 46146 |
| 20 | 渝国土房管（2014）预字第（235）号 | 熙城熙街 | 九龙坡区 | 普通住宅 | 04/11 | 934 | 46114 |

资料来源：中国房地产决策咨询系统（CRIC）。

表 4－135　　2014 年成都市供应面积前二十商品房预售许可证列表

单位：套，平方米

| 序号 | 预售证号 | 项目名称 | 区域 | 用途 | 时间 | 套数 | 面积 |
|---|---|---|---|---|---|---|---|
| 1 | 10172 | 中海九号公馆 | 城南 | 普通住宅 | 03/12 | 1197 | 210410 |
| 2 | 1867 | 西部（医药）贸易中心 | 新都 | 商　业 | 11/28 | 2780 | 204781 |
| 3 | 10344 | 领地环球金融中心 | 城南 | 办　公 | 07/01 | 582 | 165949 |
| 4 | 1200 | 成都八益国际家居博览城 | 温江 | 商　业 | 05/05 | 2447 | 140196 |
| 5 | 1184 | 洲际亚洲湾 | 温江 | 普通住宅 | 04/02 | 1289 | 136591 |
| 6 | 1150 | 明信仕林府 | 温江 | 普通住宅 | 07/04 | 1032 | 122699 |
| 7 | 10135 | 绿地之窗 | 城南 | 办　公 | 01/17 | 56 | 98951 |
| 8 | 10132 | OCG 国际中心 | 城南 | 办　公 | 01/16 | 535 | 96254 |
| 9 | 10613 | 世纪金融中心 | 城南 | 办　公 | 12/15 | 170 | 95078 |
| 10 | 23504 | 远大中央公园 | 双流 | 普通住宅 | 10/21 | 809 | 93140 |
| 11 | 10450 | 中洲中央城邦 | 城东 | 普通住宅 | 09/18 | 573 | 88626 |
| 12 | 448 | 恒大御景半岛 | 金堂 | 普通住宅 | 07/18 | 744 | 86408 |
| 13 | 343 | 蜀涛英伦半岛 | 邛崃 | 普通住宅 | 09/25 | 789 | 84044 |
| 14 | 10503 | 成都银泰中心 | 城南 | 办　公 | 10/14 | 247 | 83797 |
| 15 | 10497 | 成都银泰中心 | 城南 | 办　公 | 10/10 | 242 | 83071 |
| 16 | 1224 | 蜀都万达广场 | 郫县 | 普通住宅 | 07/16 | 900 | 77119 |
| 17 | 10121 | 两江国际 | 城南 | 办　公 | 01/06 | 155 | 72808 |
| 18 | 10383 | 华侨城 | 城北 | 普通住宅 | 07/30 | 612 | 70227 |
| 19 | 10640 | 东方天地 | 城东 | 办　公 | 12/26 | 220 | 69335 |
| 20 | 10354 | 金地新城市花园 | 城西 | 普通住宅 | 07/15 | 621 | 68999 |

资料来源：中国房地产决策咨询系统（CRIC）。

**表 4－136　　2014 年贵阳市供应面积前二十商品房预售许可证列表**

单位：套，平方米

| 序号 | 预售证号 | 项目名称 | 区域 | 用途 | 时间 | 套数 | 面积 |
|---|---|---|---|---|---|---|---|
| 1 | 2014134 | 中铁阅山湖项目 A 组团一、二期 | 金阳新区 | 普通住宅 | 11/10 | 3152 | 367260 |
| 2 | 2012054 | 花果园项目 U2 区 | 南明区 | 普通住宅 | 11/11 | 3960 | 322356 |
| 3 | 2010018 | 山水黔城一组团 | 南明区 | 普通住宅 | 06/30 | 2206 | 244871 |
| 4 | 2012019 | 中大国际广场 A 栋 | 云岩区 | 普通住宅 | 07/01 | 2208 | 208173 |
| 5 | 2014142 | 中铁·逸都国际 D 组团 | 金阳新区 | 普通住宅 | 11/20 | 1444 | 191981 |
| 6 | 2014038 | 金阳新世界碧潭园 2A，2C－5～2A，2C－11 | 金阳新区 | 普通住宅 | 05/29 | 1752 | 184184 |
| 7 | 2013026 | 优品新城一期 | 白云区 | 普通住宅 | 05/06 | 1950 | 173477 |
| 8 | 2013168 | 联合广场 | 金阳新区 | 办　公 | 01/07 | 1242 | 156420 |
| 9 | 2014015 | 圣泉流云·林城国际二组团 | 云岩区 | 普通住宅 | 03/06 | 1458 | 150141 |
| 10 | 2014135 | 中铁阅山湖项目 A 组团 | 金阳新区 | 普通住宅 | 11/17 | 1008 | 128823 |
| 11 | 2014092 | 未来方舟 C10 组团一期 | 云岩区 | 普通住宅 | 09/16 | 1302 | 127570 |
| 12 | 2014093 | 中天·铭廷 | 金阳新区 | 普通住宅 | 09/04 | 957 | 126575 |
| 13 | 2014139 | 一鸣宽城国际 | 小河区 | 普通住宅 | 11/20 | 1254 | 116735 |
| 14 | 2014130 | 大川白金城 A1－1 组团 | 白云区 | 普通住宅 | 11/21 | 1320 | 115710 |
| 15 | 2013165 | 星河国际城 | 小河区 | 普通住宅 | 01/08 | 1186 | 113720 |
| 16 | 2014053 | 贵阳天誉城 | 云岩区 | 普通住宅 | 07/07 | 1020 | 106318 |
| 17 | 2012108 | 汇金国际广场 | 云岩区 | 办　公 | 03/24 | 461 | 105944 |
| 18 | 2013166 | 绿地·新都会 | 白云区 | 办　公 | 04/28 | 2640 | 104697 |
| 19 | 2014065 | 未来方舟 D16 组团 | 云岩区 | 普通住宅 | 08/04 | 944 | 101262 |
| 20 | 2014123 | 优品新城三期 | 白云区 | 普通住宅 | 10/11 | 946 | 100729 |

资料来源：中国房地产决策咨询系统（CRIC）。

**表 4－137　　2014 年昆明市供应面积前二十商品房预售许可证列表**

单位：套，平方米

| 序号 | 预售证号 | 项目名称 | 区域 | 用途 | 时间 | 套数 | 面积 |
|---|---|---|---|---|---|---|---|
| 1 | 预许昆字 2014057 号 | 惠景园Ⅰ | 呈贡区 | 普通住宅 | 04/18 | 2560 | 363618 |
| 2 | 预许昆字 2014226 号 | 星辰园 | 官渡区 | 普通住宅 | 12/19 | 3120 | 337980 |
| 3 | 预许昆字 2014099 号 | 江东逸庭园 | 官渡区 | 普通住宅 | 06/20 | 2204 | 241769 |
| 4 | 预许呈房字 2014010 号 | 东盟森林Ⅲ | 呈贡区 | 普通住宅 | 08/19 | 1677 | 189226 |
| 5 | 预许昆字 2014230 号 | 城投湖畔四季城 | 盘龙区 | 普通住宅 | 12/26 | 1401 | 187638 |
| 6 | 预许昆字 2014182 号 | 中洲阳光小区 | 盘龙区 | 普通住宅 | 10/31 | 888 | 182819 |
| 7 | 预许昆字 2014154 号 | 春城时光花园Ⅰ | 官渡区 | 普通住宅 | 09/19 | 1366 | 168927 |
| 8 | 预许昆字 2014013 号 | 东鸣佳苑 | 盘龙区 | 别　墅 | 01/24 | 515 | 158310 |

续表

| 序号 | 预售证号 | 项目名称 | 区域 | 用途 | 时间 | 套数 | 面积 |
|---|---|---|---|---|---|---|---|
| 9 | 预许昆字 2014105 号 | 春城慧谷小区二期Ⅰ | 五华区 | 普通住宅 | 06/27 | 1579 | 153612 |
| 10 | 预许昆字 2014076 号 | 别样幸福城 4 号地块Ⅰ | 官渡区 | 普通住宅 | 05/16 | 1390 | 145697 |
| 11 | 预许昆字 2014043 号 | 红星宜居广场Ⅱ | 西山区 | 商　业 | 03/28 | 368 | 142761 |
| 12 | 预许昆字 2014074 号 | 绿色轩雨庭小区 | 官渡区 | 普通住宅 | 05/14 | 1372 | 138147 |
| 13 | 预许昆字 2014060 号 | 鼎杰兴都汇商务中心 | 官渡区 | 商　业 | 04/25 | 944 | 136904 |
| 14 | 预许昆字 2014121 号 | 昆铁盛和家苑 | 官渡区 | 普通住宅 | 08/01 | 1432 | 131906 |
| 15 | 预许昆字 2014024 号 | 长水航城 | 官渡区 | 普通住宅 | 02/27 | 1200 | 128818 |
| 16 | 预许昆字 2014097 号 | 国福现代城茉莉苑 | 五华区 | 普通住宅 | 06/13 | 1172 | 128309 |
| 17 | 预许昆字 2014209 号 | 德润春城花园·润地商务中心（二期） | 五华区 | 办　公 | 11/28 | 1716 | 126816 |
| 18 | 预许昆字 2014006 号 | 斗南国际花卉中心Ⅰ | 呈贡区 | 商　业 | 01/09 | 2135 | 126616 |
| 19 | 预许昆字 2014102 号 | 誉峰峰景花园 A 区 | 盘龙区 | 办　公 | 06/26 | 1602 | 126085 |
| 20 | 预许昆字 2014112 号 | 银海白沙郡花园Ⅱ | 盘龙区 | 普通住宅 | 07/18 | 944 | 124574 |

资料来源：中国房地产决策咨询系统（CRIC）。

**表 4－138　　2014 年西安市供应面积前二十商品房预售许可证列表**

单位：套，平方米

| 序号 | 预售证号 | 项目名称 | 区域 | 用途 | 时间 | 套数 | 面积 |
|---|---|---|---|---|---|---|---|
| 1 | 2014422 | 禾盛京广中心 | 高新区 | 办　公 | 11/21 | 687 | 189252 |
| 2 | 2014508 | 珠江新城二期 | 城北区 | 普通住宅 | 12/31 | 2149 | 162345 |
| 3 | 2014470 | 西安盛龙广场 | 城北区 | 商　业 | 12/19 | 200 | 160203 |
| 4 | 2014318 | 高新大都荟 | 高新区 | 普通住宅 | 09/29 | 1786 | 152340 |
| 5 | 2014452 | 国宾中央区 | 高新区 | 普通住宅 | 12/10 | 1571 | 146459 |
| 6 | 2014034 | 泰华·金贸国际 | 高新区 | 办　公 | 02/03 | 305 | 141213 |
| 7 | 2014343 | 旺座曲江 | 城南区 | 办　公 | 10/14 | 784 | 137650 |
| 8 | 2014470 | 西安盛龙广场 | 城北区 | 普通住宅 | 12/19 | 1524 | 131823 |
| 9 | 2013287 | 西安爱家朝阳门广场 | 城东区 | 商　业 | 10/28 | 12 | 131029 |
| 10 | 2014363 | 国金华府 | 城北区 | 普通住宅 | 10/24 | 702 | 125590 |
| 11 | 2014037 | 兰蒂斯城三区（二期） | 城东区 | 普通住宅 | 02/19 | 1369 | 123368 |
| 12 | 2014342 | 曲江·万众国际 | 城南区 | 商　业 | 10/13 | 17 | 122290 |
| 13 | 2014342 | 曲江·万众国际 | 城南区 | 办　公 | 10/13 | 65 | 119737 |
| 14 | 2014287 | 正尚国际金融广场 | 城北区 | 商　业 | 09/09 | 18 | 119551 |
| 15 | 2014391 | 丰硕佳园 | 城南区 | 普通住宅 | 11/10 | 1455 | 108059 |
| 16 | 2014471 | 宏信国际花园 | 城南区 | 普通住宅 | 12/19 | 918 | 105275 |
| 17 | 2014425 | 利君未来城 | 城北区 | 普通住宅 | 11/25 | 1036 | 102792 |
| 18 | 2014128 | 香王城改易合坊 | 城东区 | 普通住宅 | 12/29 | 935 | 101844 |
| 19 | 2014020 | 长和上尚郡 | 城北区 | 普通住宅 | 01/30 | 733 | 98995 |
| 20 | 2014491 | 海悦广场 | 城北区 | 办　公 | 12/26 | 408 | 98931 |

资料来源：中国房地产决策咨询系统（CRIC）。

**表 4－139　　2014 年兰州市供应面积前二十商品房预售许可证列表**

单位：套，平方米

| 序号 | 预售证号 | 项目名称 | 区域 | 用途 | 时间 | 套数 | 面积 |
|---|---|---|---|---|---|---|---|
| 1 | 兰房商预字（2014）第 017－2 号 | 东部科技新城·大名城 B 区 | 城关区 | 普通住宅 | 06/29 | 1446 | 156076 |
| 2 | 榆房商预字（2014）第 03 号 | 恒大山水城一期 | 城关区 | 普通住宅 | 06/29 | 1380 | 139594 |
| 3 | 兰房商预字（2014）第 018－2 号 | 东部科技新城·大名城 A 区 | 城关区 | 普通住宅 | 06/29 | 1247 | 133727 |
| 4 | 兰房商预字（2014）第 017－1 号 | 东部科技新城·大名城 B 区 | 城关区 | 普通住宅 | 06/29 | 1245 | 133466 |
| 5 | 兰房商预字（2014）第 018－1 号 | 东部科技新城·大名城 A 区 | 城关区 | 普通住宅 | 06/29 | 1247 | 131828 |
| 6 | 兰房商预字（2014）第 030 号 | 中广宜景湾·尚城 | 城关区 | 普通住宅 | 08/09 | 744 | 116299 |
| 7 | 兰房商预字（2014）第 033 号 | 中海·河山郡 | 安宁区 | 普通住宅 | 07/10 | 1048 | 115432 |
| 8 | 兰房商预字（2014）第 018－3 号 | 东部科技新城·大名城 A 区 | 城关区 | 普通住宅 | 08/25 | 984 | 105059 |
| 9 | 兰房商预字（2014）第 017－3 号 | 东部科技新城·大名城 B 区 | 城关区 | 普通住宅 | 06/29 | 908 | 97454 |
| 10 | 兰房商预字（2013）第 057－1 号 | 碧桂园 | 城关区 | 普通住宅 | 01/08 | 652 | 92447 |
| 11 | 兰房商预字（2010）第 031－1 号 | 明珠家园 | 七里河区 | 普通住宅 | 01/24 | 942 | 80064 |
| 12 | 兰房商预字（2014）第 056－1 号 | 中海·河山郡 | 安宁区 | 普通住宅 | 09/27 | 690 | 77112 |
| 13 | 兰房商预字（2014）第 020－4 号 | 东部科技新城·大名城 D 区 | 城关区 | 普通住宅 | 06/29 | 719 | 75309 |
| 14 | 兰房商预字（2014）第 020－2 号 | 东部科技新城·大名城 D 区 | 城关区 | 普通住宅 | 06/29 | 682 | 74403 |
| 15 | 兰房商预字（2014）第 056－3 号 | 中海·河山郡 | 安宁区 | 普通住宅 | 09/27 | 737 | 73115 |
| 16 | 兰房商预字（2014）第 046－1 号 | 聚金雅园住宅小区 | 城关区 | 普通住宅 | 09/06 | 574 | 69245 |
| 17 | 兰新房商预字（2014）第 006－3 号 | 祥和景苑 | 兰州新区 | 普通住宅 | 12/01 | 621 | 66633 |
| 18 | 兰房商预字（2014）第 020－1 号 | 东部科技新城·大名城 D 区 | 城关区 | 普通住宅 | 06/29 | 616 | 66617 |
| 19 | 兰新房商预字（2014）第 006－5 号 | 祥和景苑 | 兰州新区 | 普通住宅 | 12/01 | 574 | 64193 |
| 20 | 兰房商预字（2014）第 020－3 号 | 东部科技新城·大名城 D 区 | 城关区 | 普通住宅 | 08/25 | 524 | 61318 |

资料来源：中国房地产决策咨询系统（CRIC）。

**表 4－140　　2014 年西宁市供应面积前二十商品房预售许可证列表**

单位：套，平方米

| 序号 | 预售证号 | 项目名称 | 区域 | 用途 | 时间 | 套数 | 面积 |
|---|---|---|---|---|---|---|---|
| 1 | 2014 房预售证第 085 号 | 新华联家园办公 | 海湖新区 | 办　公 | 05/30 | 94 | 71176 |
| 2 | 2014 宁房拆备字房预售证第 23 号 | 西城·御景名邸 | 城西区 | 普通住宅 | 09/17 | 477 | 63760 |
| 3 | 2014 房预售证第 292 号 | 青海时代广场商业 | 城东区 | 商　业 | 12/31 | 8 | 63030 |
| 4 | 2014 房预售证第 288 号 | 三榆·西城天街办公 | 城西区 | 办　公 | 12/31 | 792 | 62279 |
| 5 | 2014 房预售证第 042 号 | 朝阳民惠城 | 城北区 | 普通住宅 | 03/29 | 788 | 58458 |
| 6 | 2014 房预售证第 206 号 | 宝光·明珠翡翠城 | 城东区 | 普通住宅 | 09/28 | 792 | 57924 |
| 7 | 2014 房预售证第 263 号 | 金座美伦城市广场办公 | 城西区 | 办　公 | 11/27 | 149 | 44591 |
| 8 | 2014 房预售证第－016 号 | 财富广场 | 海湖新区 | 办　公 | 04/09 | 175 | 44104 |

续表

| 序号 | 预售证号 | 项目名称 | 区域 | 用途 | 时间 | 套数 | 面积 |
|---|---|---|---|---|---|---|---|
| 9 | 2014 房预售证第 016 号 | 财富广场 | 城西区 | 办　公 | 01/23 | 175 | 44104 |
| 10 | 2014 房预售证第 140 号 | 金阳光大厦 | 城西区 | 办　公 | 08/07 | 64 | 42765 |
| 11 | 2014 房预售证第 243 号 | 金座雅园二期 | 城北区 | 普通住宅 | 11/11 | 408 | 42448 |
| 12 | 2014 房预售证第 242 号 | 金座雅园二期 | 城北区 | 普通住宅 | 11/11 | 408 | 42448 |
| 13 | 2014 宁房拆备字房预售证第 018 号 | 天桥相府 | 城中区 | 普通住宅 | 08/12 | 513 | 39158 |
| 14 | 2014 房预售证第 244 号 | 金座雅园二期 | 城北区 | 普通住宅 | 11/11 | 364 | 38038 |
| 15 | 2013 房预售证第 265 号 | 泛泰依山郡二期 | 城东区 | 普通住宅 | 01/17 | 348 | 37446 |
| 16 | 2014 房预售证第 288 号 | 三榆·西城天街商业 | 城西区 | 商　业 | 12/31 | 12 | 36498 |
| 17 | 2014 房预售证第 .093 号 | 海亮大都汇 | 城东区 | 普通住宅 | 06/28 | 381 | 36020 |
| 18 | 2014 房预售证第 016 号 | 财富广场 | 城西区 | 商　业 | 01/23 | 293 | 35157 |
| 19 | 2014 房预售证第 -016 号 | 财富广场 | 海湖新区 | 商　业 | 04/09 | 293 | 35157 |
| 20 | 2013 房预售证第 244 号 | 黄河源国际城 | 城东区 | 普通住宅 | 01/02 | 312 | 35060 |

资料来源：中国房地产决策咨询系统（CRIC）。

**表 4-141　　2014 年乌鲁木齐市供应面积前二十商品房预售许可证列表**

单位：套，平方米

| 序号 | 预售证号 | 项目名称 | 区域 | 用途 | 时间 | 套数 | 面积 |
|---|---|---|---|---|---|---|---|
| 1 | 新建房许字 2014000313 号 | 万达广场 | 头屯河区 | 商　业 | 10/01 | 9 | 123819 |
| 2 | 新建房许字 2014000313 号 | 万达广场 | 头屯河区 | 酒店式公寓 | 10/01 | 1560 | 84188 |
| 3 | 新建房许字 2014000449 号 | 宝能城 | 头屯河区 | 酒店式公寓 | 12/22 | 1680 | 82175 |
| 4 | 新建房许字 2014000173 号 | 绿城广场 | 水磨沟区 | 办　公 | 08/11 | 136 | 71117 |
| 5 | 新建房许字 2014000320 号 | 火车头德汇新天地 | 沙依巴克区 | 商　业 | 10/29 | 6 | 71084 |
| 6 | 新建房许字 2014000320 号 | 火车头德汇新天地 | 沙依巴克区 | 酒店式公寓 | 10/29 | 1224 | 66729 |
| 7 | 新建房许字 2014000488 号 | 一品九点阳光 | 新市 | 商　业 | 12/22 | 380 | 62289 |
| 8 | 新建房许字 2014000012 号 | 南湖小区 A 区 | 水磨沟区 | 普通住宅 | 01/31 | 552 | 51384 |
| 9 | 新建房许字 2014000403 号 | 乌鲁木齐绿地中心 | 水磨沟区 | 办　公 | 11/05 | 208 | 45485 |
| 10 | 新建房许字 2014000446 号 | 宝能城 | 头屯河区 | 普通住宅 | 12/06 | 348 | 37341 |
| 11 | 新建房许字 2014000143 号 | 宝能城 | 头屯河区 | 普通住宅 | 08/11 | 347 | 37115 |
| 12 | 新建房许字 2014000066 号 | 万达广场 | 头屯河区 | 普通住宅 | 05/28 | 348 | 36450 |
| 13 | 新建房许字 2014000065 号 | 万达广场 | 头屯河区 | 普通住宅 | 05/28 | 300 | 35613 |
| 14 | 新建房许字 2014000242 号 | 宝能城 | 头屯河区 | 普通住宅 | 09/12 | 348 | 34594 |
| 15 | 新建房许字 2014000401 号 | 绿地中心 | 水磨沟区 | 办　公 | 11/05 | 220 | 33478 |
| 16 | 新建房许字 2014000402 号 | 绿地中心 | 水磨沟区 | 办　公 | 11/05 | 220 | 33322 |
| 17 | 新建房许字 2014000137 号 | 南湖小区 A 区 | 水磨沟区 | 普通住宅 | 07/30 | 328 | 32579 |
| 18 | 新建房许字 2014000412 号 | 一品九点阳光 | 头屯河区 | 普通住宅 | 11/14 | 312 | 31952 |
| 19 | 新建房许字 2014000307 号 | 华源贝域佳府 | 沙依巴克区 | 普通住宅 | 09/30 | 406 | 31369 |
| 20 | 新建房许字 2014000378 号 | 锦城丽苑 | 新市 | 普通住宅 | 10/29 | 285 | 29669 |

资料来源：中国房地产决策咨询系统（CRIC）。

## 二、四十个重点城市房地产市场情况

### （一）北京市

**1. 综述：四季度市场成交回升，但全年同比大幅下滑**

2014 年上半年，房地产市场成交量处于低位，下半年“限贷”松绑、降息、公积金额度上调、普通商品房标准调整等政策激励，商品房成交面积在四季度明显回升，全年成交面积同比仍有较大幅度下滑。

**2. 投资建设：投资增速回升，新开工大幅下滑**

2014 年全市完成房地产开发投资 3911.3 亿元，同比增长 12.3%，增速较 2013 年有所提升。其中，住宅完成投资 1962 亿元，同比增长 13.8%（见图 4－1）。商品房施工面积为 13641.5 万平方米，同比下降 1.8%。受市场持续低迷影响，商品房新开工面积 2502.8 万平方米，同比下降 30%。商品房竣工面积为 3054.10 万平方米，同比上涨 14.5%。

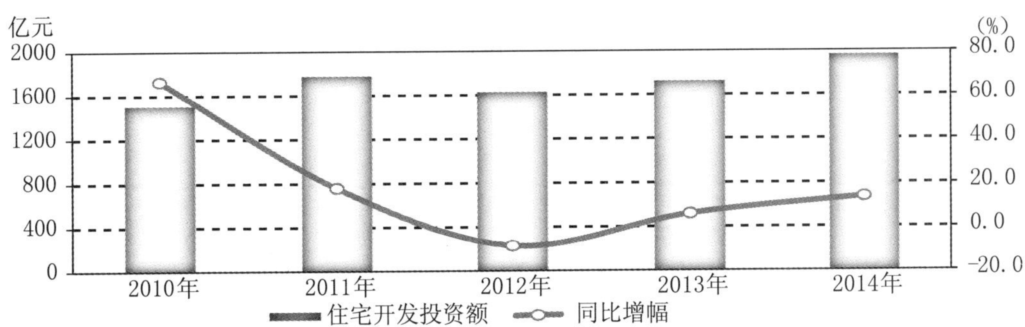


**图 4－1　2010—2014 年北京市住宅开发投资额年度走势及同比增幅图**

数据来源：北京市统计局。

**3. 市场表现：商品住宅成交面积同比锐减 31%，成交均价略有下滑**

全年商品住宅成交面积仅 825.84 万平方米，同比锐减 30.76%。整体上，商品住宅市场成交呈现先抑后扬的走势：上半年，受 2013 年需求提前消耗及供求结构失衡的影响，商品住宅成交面积相对低迷；三季度在自住房集中成交的拉动下，成交面积有所上升；四季度则在一系列政策作用下，成交量继续上涨。2014 年，本市商品住宅成交均价为 25636.45 元/平方米，同比增长 9.08%，全面表现为整体小幅下滑走势（见图 4－2）。

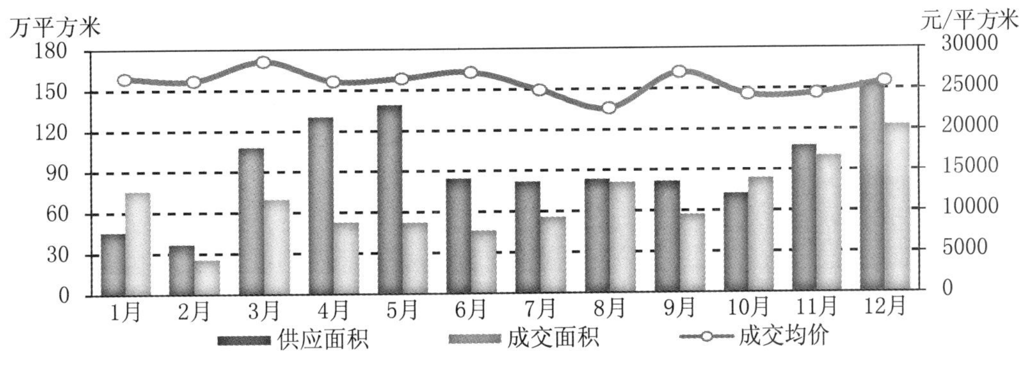


**图 4－2　2014 年 1—12 月北京市商品住宅供求及均价走势图**

数据来源：中国房地产决策咨询系统（CRIC）。

（二）天津市

**1. 综述：政策接连出台，成交有较大波动**

2014 年上半年，受“蓝印户口”停办影响，商品住宅集中成交；而下半年，受 9 月底的“9·30”政策出台、10 月限购取消、11 月降息等影响，成交面积小幅上升，全年成交面积波动较大。

**2. 投资建设：房地产开发投资增速回升**

2014 年全市完成房地产开发投资 1699.65 亿元，同比增长 14.78%，增速较 2013 年有所提升。其中，住宅完成投资 1122.26 亿元，同比增长 13.8%（见图 4-3）。商品房施工面积为 10652.37 万平方米，同比微幅下调 2.20%。受下半年市场回暖因素利好，商品房新开工面积 2815.27 万平方米，同比增长 5.33%。商品房竣工面积为 2924.82 万平方米，同比上涨 4.26%。

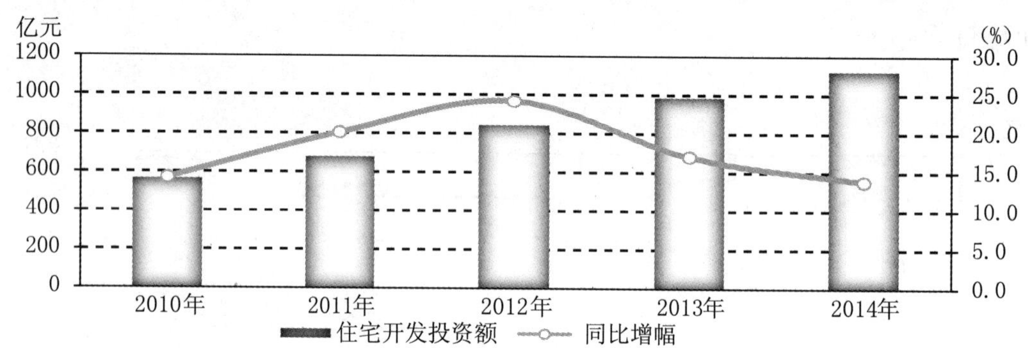


**图 4-3　2010—2014 年天津市住宅开发投资额年度走势及同比增幅图**

数据来源：天津市统计局。

**3. 市场表现：全年成交面积同比大幅下滑，下半年成交均价略有上涨**

全年天津市商品住宅成交面积达到 1083.62 万平方米，同比下滑 18.91%；成交均价为 10866.93 元/平方米，同比上涨 6.35%。

二季度受蓝印户口政策取消影响，商品住宅集中成交，成交面积相比一季度有较大幅度上升；但三季度成交面积有所回落；四季度，在“津十六条”、“9·30”新政、央行降息等政策的影响下，市场成交量稳步上涨。随着下半年房地产市场成交面积上涨，成交价格有所上涨，11 月成交均价达到 12100.32 元/平方米（见图 4-4）。

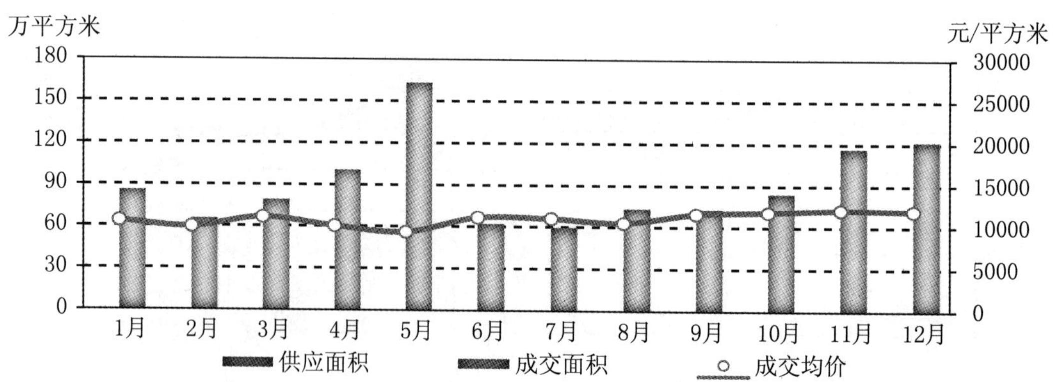


**图 4-4　2014 年 1—12 月天津市商品住宅供求及均价走势图**

数据来源：中国房地产决策咨询系统（CRIC）。

（三）石家庄市

**1. 综述：政策环境较为宽松，市场成交逐月上升**

2014 年石家庄市房地产行业环境较为宽松，市场成交量稳步上升，全年成交面积为 443.7 万平方米，同比上涨 52.2%。

**2. 投资建设：住宅开发投资增速触底回升，新开工面积激增 35%**

2014 年全市完成房地产开发投资 1025.33 亿元，同比增长 10.47%。其中，住宅完成投资 685.33 亿元，同比增长 11.31%（见图 4－5）。商品房施工面积为 4967.87 万平方米，同比下滑 4.47%。商品房新开工面积为 1388.01 万平方米，同比增长 34.72%。但商品房竣工面积有所下滑，完成 589.57 万平方米，同比下滑 31.92%。

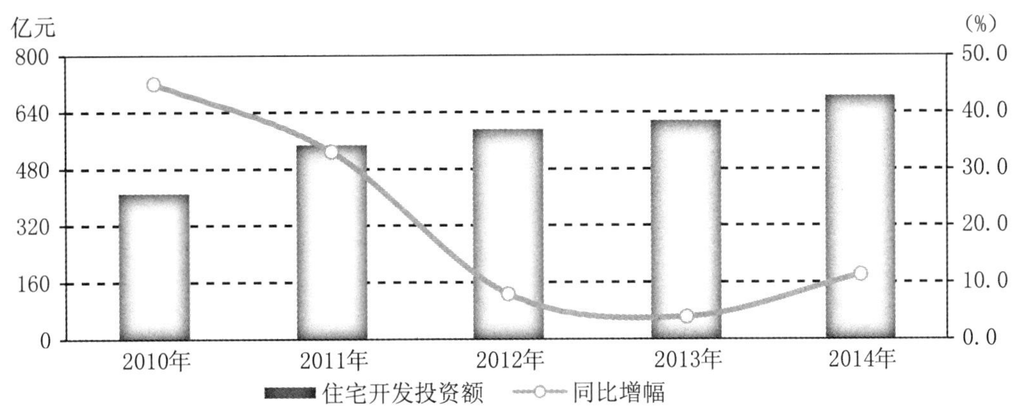


**图 4－5　2010—2014 年石家庄市住宅开发投资额年度走势及同比增幅图**

数据来源：石家庄市统计局。

**3. 市场表现：商品住宅成交面积逐月增加，全年同比增 52%**

全年石家庄市商品住宅成交面积为 443.7 万平方米，同比上涨 52.2%。从年度走势看，商品住宅成交面积呈上升走势，二季度相比一季度略微上升，待到“限购”取消、“限购”松绑、降息等政策出台，成交面积逐月快速上升（见图 4－6）。

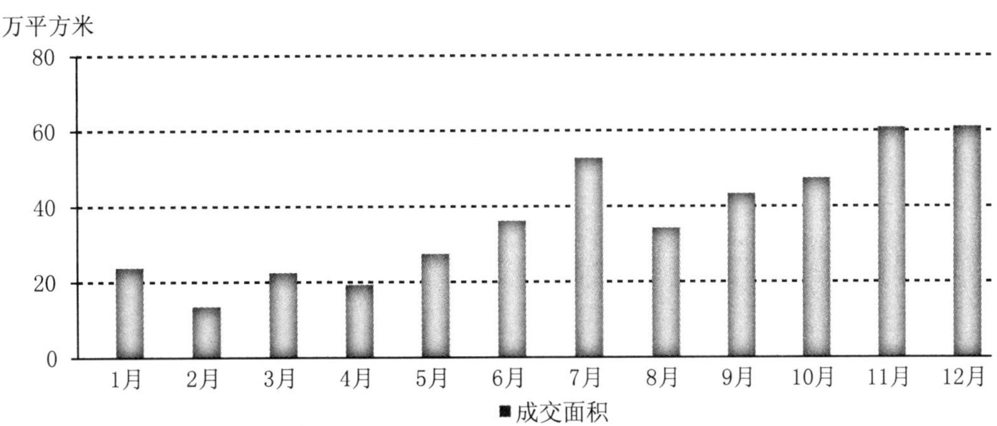


**图 4－6　2014 年 1—12 月石家庄市商品住宅成交面积走势图**

数据来源：中国房地产决策咨询系统（CRIC）。

（四）太原市

**1. 综述：城市建设速度加快，商品住宅成交面积同比上升**

2014 年上半年，受到限购限贷、银根持续紧缩的影响，楼市成交面积、成交金额连续下滑。但在城市建设、棚户区更新等因素推动下，众多项目陆续上市，太原市房地产市场成交规模出现上扬。

**2. 投资建设：投资增速再度下探，竣工面积同比上涨 159%**

2014 年全市完成房地产开发投资 469.68 亿元，同比增长 9.25%，增速较 2013 年有所放缓。其中，住宅完成投资 341.08 亿元，同比增长 10.4%（见图 4-7）。商品房施工面积为 4636.18 万平方米，同比增长 7.82%。商品房新开工面积 730.79 万平方米，同比增长 1.84%。2014 年商品房竣工面积显著上升，较 2013 年上涨 159%。

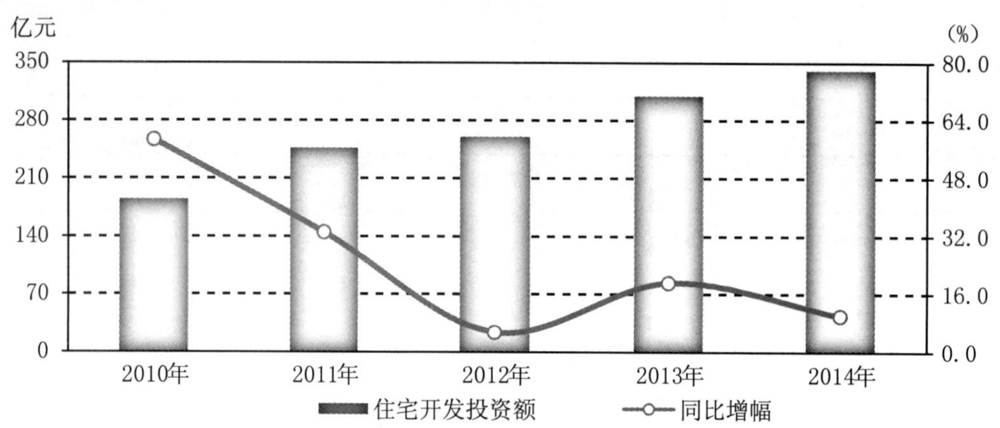


**图 4-7 2010—2014 年太原市住宅开发投资额年度走势及同比增幅图**

数据来源：太原市统计局。

**3. 市场表现：商品住宅成交面积上升，成交均价震荡上涨**

在行业整体规模下降的大势下，太原市全年商品住宅成交面积 537.03 万平方米，较 2013 年同比上升 87.6%。从成交价格看，2014 年太原市商品住宅销售价格快速上扬，成交均价为 9030 元/平方米，达到 2008 年以来最高值，较上年增长 8.9%（见图 4-8）。

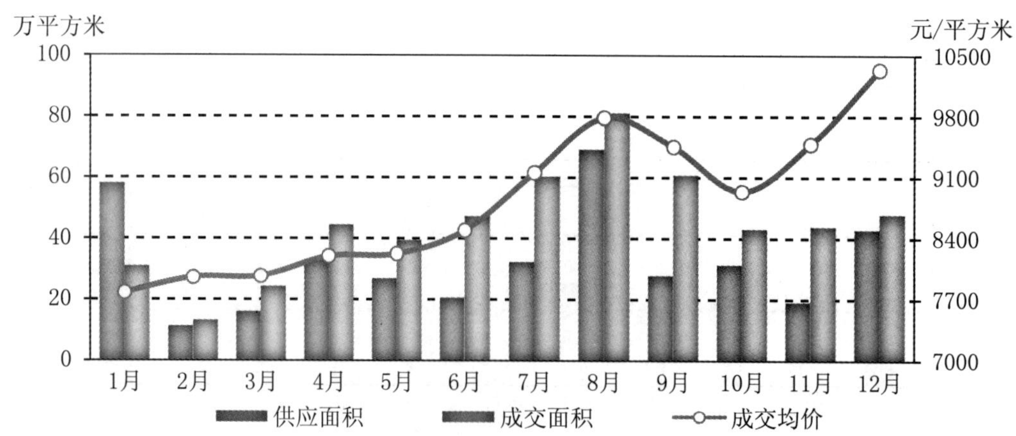


**图 4-8 2014 年 1—12 月太原市商品住宅供求及均价走势图**

数据来源：中国房地产决策咨询系统（CRIC）。

（五）呼和浩特市

**1. 综述：市场成交走势平稳，成交价格保持稳定**

呼和浩特市是2014年国内首个明文提出限购解禁的城市，全年成交面积同比上升2.4%；在城市建设不断扩张的因素推动下，随着核心区住宅成交占比的逐步回落，郊区低价项目成交占比的逐步攀升，商品住宅成交价格持续保持稳定。

**2. 投资建设：投资增速显著下行，新开工面积锐减60%**

2014年全市完成房地产开发投资563.13亿元，同比下滑3.19%。其中，住宅完成投资410.07亿元，同比增长4.6%（见图4-9）。商品房施工面积为5860.47万平方米，同比增长0.93%。商品房新开工面积708.44万平方米，同比锐减59.60%。商品房竣工面积461.87，较2013年上涨15.45%。

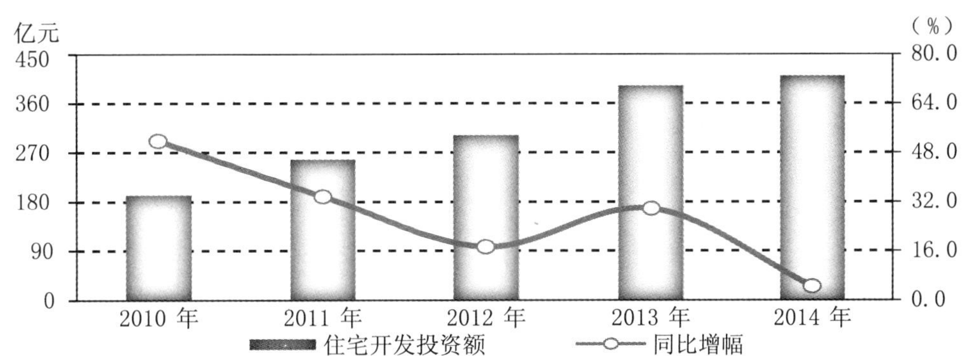


**图4-9 2010—2014年呼和浩特市住宅开发投资额年度走势及同比增幅图**

数据来源：呼和浩特市统计局。

**3. 市场表现：商品住宅成交面积走势平稳，成交均价略有提升**

呼和浩特市全年商品住宅成交面积达到了153.43万平方米，同比上升0.5%。从全年成交走势看，上半年，受行业大环境低迷影响，房地产成交规模逐月回落；但在6月20日政府发布《关于切实做好住房保障工作促进全市房地产市场健康稳定发展的实施意见》后，下半年市场成交面积逐步上升。2014年商品住宅成交均价为5768元/平方米，较2013年上升2.4%。除高单价产品成交占比较高的8月份外，成交价格都保持在6000元/平方米以下，销售价格走势相对平稳（见图4-10）。

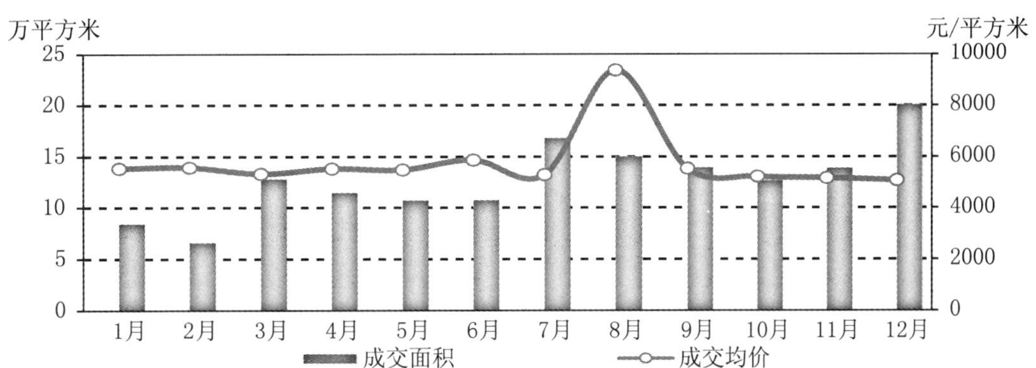


**图4-10 2014年1—12月呼和浩特市商品住宅供求及均价走势图**

数据来源：中国房地产决策咨询系统（CRIC）。

（六）沈阳市

**1. 综述：库存激增，市场成交处于低位**

经过大规模快速开发和需求集中释放，市场库存激增，2014 年沈阳市房地产市场成交面积较 2013 年有所下滑，土地市场热度亦出现下降。在下半年政策环境保持宽松、项目积极营销，才使得成交面积逐月回升，库存水平降低。

**2. 投资建设：住宅投资增速下滑至负区间**

2014 年全市完成房地产开发投资 1975.82 亿元，同比减少 9.5%。其中，住宅完成投资 1416.34 亿元，同比下降 10%（见图 4－11）。商品房施工面积为 11495.78 万平方米，同比下滑 0.63%。商品房新开工面积 2316.5 万平方米，同比下降 36.04%。商品房竣工面积 1225.87 万平方米，较 2013 年下滑 16.01%。

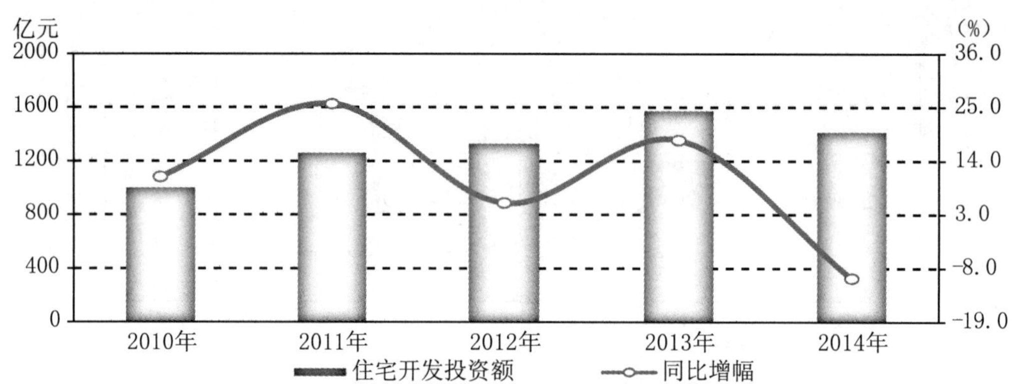


**图 4－11　2010—2014 年沈阳市住宅开发投资额年度走势及同比增幅图**

数据来源：沈阳市统计局。

**3. 市场表现：商品住宅成交面积同比下降 21.98%**

沈阳市全年商品住宅供应面积为 1519.14 万平方米，同比减少 17.98%；成交面积为 1110.41 万平方米，同比下降 21.98%。商品住宅成交均价为 7003 元/平方米，同比下跌 2.6%。

2014 年商品住宅市场需求持续不振，以价换量成为项目主基调。下半年，沈阳市公积金贷款额度调整、外地人购房限制条件放宽、“限购”取消、“限贷”放松等诸多政策激励，使得沈阳市商品住宅成交面积从 7 月开始逐步回升（见图 4－12）。

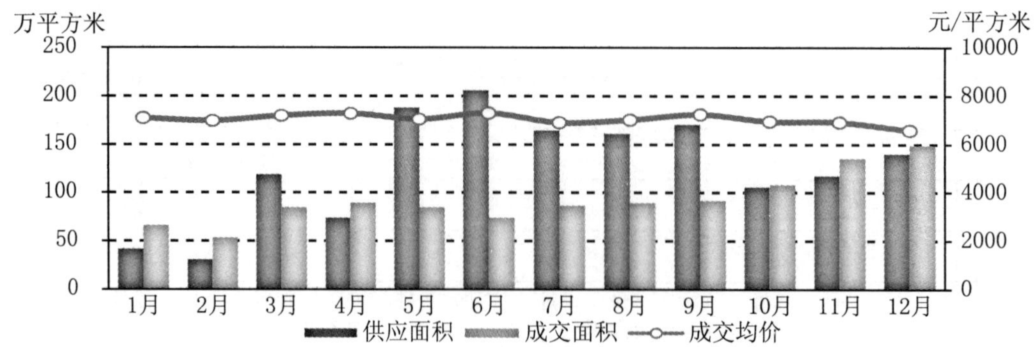


**图 4－12　2014 年 1—12 月沈阳市商品住宅供求及均价走势图**

数据来源：中国房地产决策咨询系统（CRIC）。

（七）大连市

**1. 综述：全年市场供略大于求，投资增速持续下滑**

2014 年四季度大连房地产市场才有所起色，但全年供应仍大于成交。受房地产市场成交不振及待售面积较高的影响，企业拿地热情不高，导致土地成交量减少，多数土地以底价成交，撤牌、流拍地块增多。

**2. 投资建设：各项投资增速下滑，新开工面积锐减 40%**

2014 年全市完成房地产开发投资 1429.34 亿元，同比减少 16.4%。其中，住宅完成投资 1064.7 亿元，同比下降 15.4%（见图 4-13）。商品房施工面积为 6279.66 万平方米，同比下降 1.82%。商品房新开工面积 1222.18 万平方米，同比锐减 39.02%。商品房竣工面积 726.32 万平方米，较 2013 年减少 30.6%。

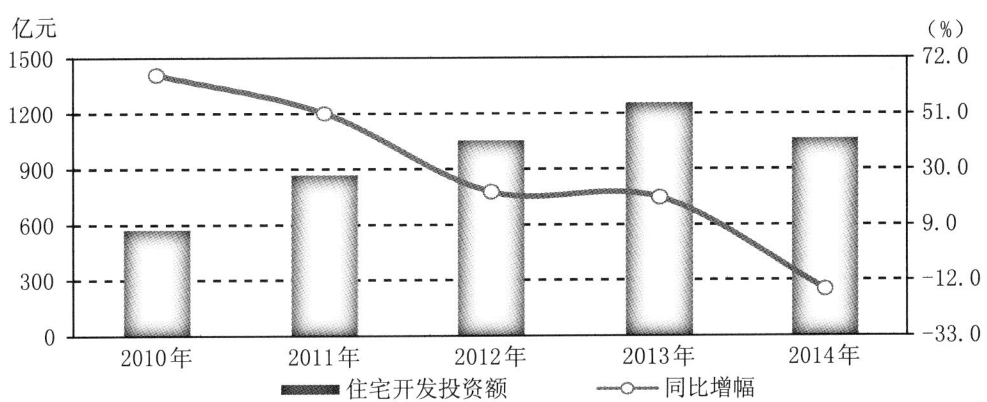


**图 4-13 2010—2014 年大连市住宅开发投资额年度走势及同比增幅图**

数据来源：大连市统计局。

**3. 市场表现：商品住宅供求波动较大，成交均价总体保持稳定**

大连市全年商品住宅市场新增供应面积为 664.82 万平方米，商品住宅成交面积为 481.05 万平方米，同比下滑 23.93%（见图 4-14）。从全年月度成交走势看，3-5 月份和四季度形成两个成交高峰，其中 12 月成交面积达 53.97 万平方米，为全年最高值。商品住宅成交价格一直保持较平稳状态，一直位于 1 万～1.1 万元/平方米的水平。

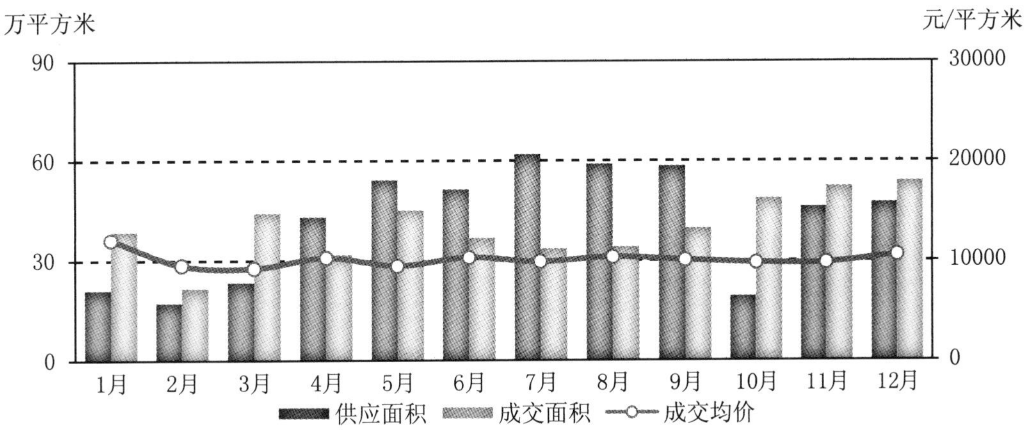


**图 4-14 2014 年 1—12 月大连市商品住宅供求及均价走势图**

数据来源：中国房地产决策咨询系统（CRIC）。

### （八）长春市

**1. 综述：政策环境宽松，商品住宅供过于求**

2014 年长春市房地产行业政策环境较为宽松，商品住宅供应同比有所增长，但成交同比有所下滑，整体表现为供过于求，但价格表现相对平稳。

**2. 投资建设：住宅开发投资连续 3 年下滑**

2014 年全市完成房地产开发投资 534.40 亿元，同比增长 12.9%。其中，住宅完成投资 359.21 亿元，同比下滑 17.52%（见图 4－15），这是自 2012 年以来连续 3 年下滑。商品房施工面积为 6058.49 万平方米，同比增长 7.64%；商品房新开工面积 1395.98 万平方米，同比下降 0.94%。商品房竣工面积为 772.58 万平方米，同比下降 23.36%。

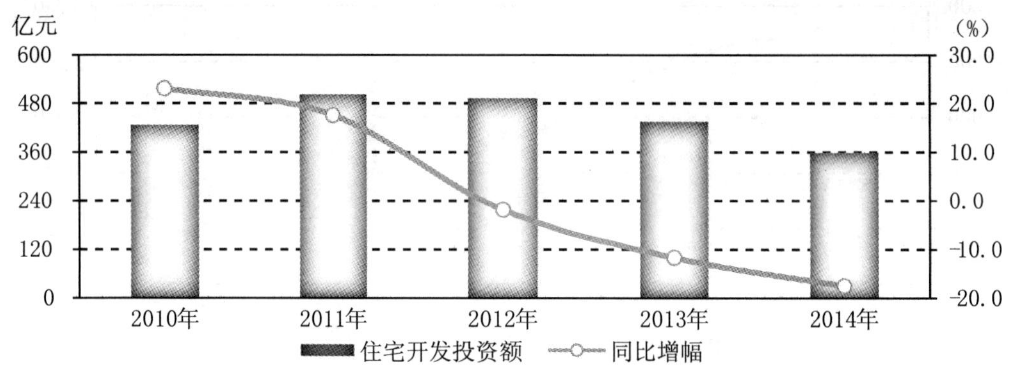


**图 4－15　2010—2014 年长春市住宅开发投资额年度走势及同比增幅图**

数据来源：长春市统计局。

**3. 市场表现：商品住宅供过于求，成交均价微幅下跌**

长春市全年商品住宅供应面积为 853.47 万平方米，同比上涨 3.31%；商品住宅成交面积为 719.29 万平方米，同比下降 6.40%（见图 4－16）。三季度，随着限购取消，企业信心有所提升，供应量相比一、二季度有所上涨。但全年成交表现相对平稳，月成交面积基本在 55～70 万平方米。总体来看，2014 年长春市商品住宅市场处于供大于求的状态，全年供求比为 1.19∶1。受库存高企和供过于求的影响，商品住宅价格则表现为微幅下跌。

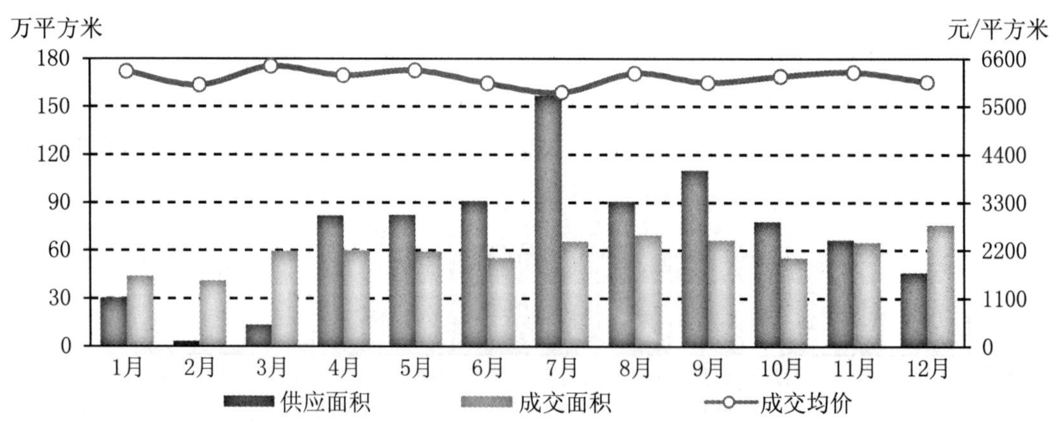


**图 4－16　2014 年 1—12 月长春市商品住宅供求及均价走势图**

数据来源：中国房地产决策咨询系统（CRIC）。

（九）哈尔滨市

**1. 综述：整体供过于求，成交均价呈上涨态势**

2014 年哈尔滨市房地产市场供应面积和成交面积均有较快增长，且总体来看，供应高于需求，而成交均价呈现上行趋势。

**2. 投资建设：房地产开发投资下滑，商品房竣工面积增 30%**

2014 年全市完成房地产开发投资 686.66 亿元，同比下降 19.96%。其中，住宅开发投资额完成 493.81 亿元，同比下降 15.42%（见图 4－17）。商品房施工面积为 6086.31 万平方米，同比增长 2.34%。商品房新开工面积为 1069.43 万平方米，同比下降 31.18%。商品房竣工面积达 1369.83 万平方米，上涨 29.60%。

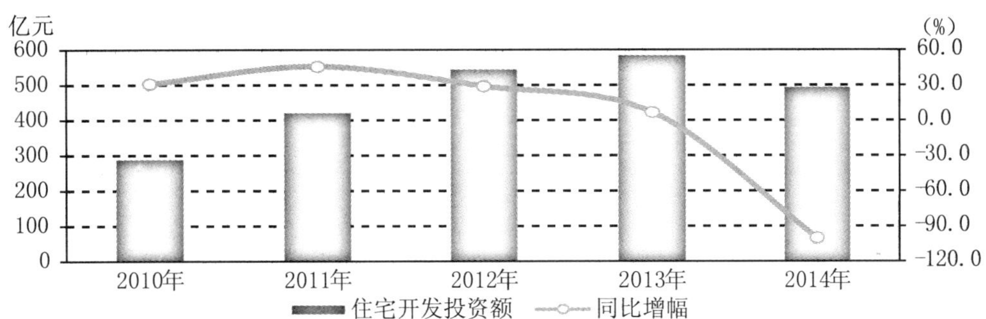


**图 4－17　2010—2014 年哈尔滨市住宅开发投资额年度走势及同比增幅图**

数据来源：哈尔滨市统计局。

（十）上海市

**1. 综述："限购"继续执行，无碍市场供需平衡**

2014 年国内多数城市限购解禁，没有波及上海市，主要有以下两点原因：①从供求关系来看，上海市楼市供求平衡，无需"限购"解禁来释放需求；②从市场规模来看，作为华东区域首屈一指的经济文化中心，上海市吸引了大量外来人口，人口集聚带来了大量住房需求。

**2. 投资建设：投资增速回落，各项指标增速均处于低位**

2014 年受行业景气整体回落影响，各项主要指标增速均同比回落。全市完成房地产开发投资 3206.48 亿元，同比增长 13.72%，增速较 2013 年显著下滑。其中，住宅完成投资 1724.65 亿元，同比增长 6.8%，亦较 2013 年有所回落（见图 4－18）。商品房施工面积为 14690.18 万平方米，同比增长 8.68%。

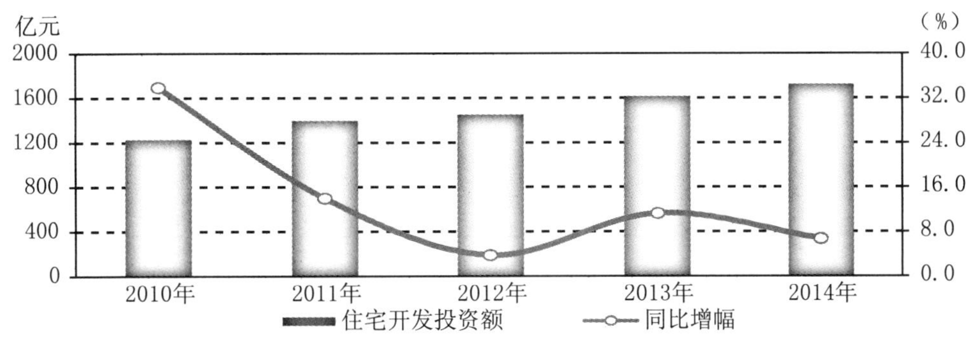


**图 4－18　2010—2014 年上海市住宅开发投资额年度走势及同比增幅图**

数据来源：上海市统计局。

**3. 市场表现：商品住宅成交年末大幅上升，成交均价持续上涨**

借由一系列的政策作用，四季度上海市商品住宅成交面积大幅上升。供求关系方面，2014 年全年上海市供应量略大于成交量，住宅库存不断积压；成交价格方面，2014 年上海市商品住宅成交均价为 27212 元/平方米，较 2013 年上升 12.8%，从月度走势来看，前 11 月成交均价均在 2.8 万元/平方米以下，高端项目成交占比上升带来的结构性变化导致 12 月份均价出现大幅上涨（见图 4－19）。

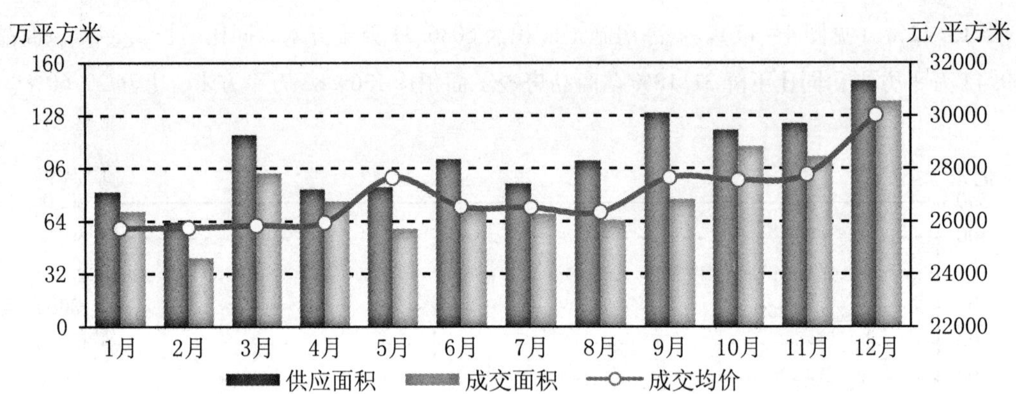


**图 4－19　2014 年 1—12 月上海市商品住宅供求及均价走势图**

数据来源：中国房地产决策咨询系统（CRIC）。

（十一）南京市

**1. 综述：前三季度市场供大于求，四季度成交面积快速上升**

2014 年前三季度，南京市楼市成交面积为 556 万平方米，较 2013 年同期略有回落。至 9 月末，在取消"限购"、松绑"限贷"以及降息、公积金门槛下调等一系列政策出台之后，四季度市场成交量迅速回升。

**2. 投资建设：住宅投资总额微幅增长，新开工面积同比锐减 39%**

2014 年全市完成房地产开发投资 1125.49 亿元，同比增长 0.47%，其中，住宅完成投资 796.27 亿元，同比增长 2.88%（见图 4－20）。商品房施工面积为 6540.23 万平方米，同比增长 2.08%。受市场投资景气回落影响，商品房新开工面积 1217.34 万平方米，同比下滑 38.78%。商品房竣工面积 967.4 万平方米，较 2013 年下滑 6.93%。

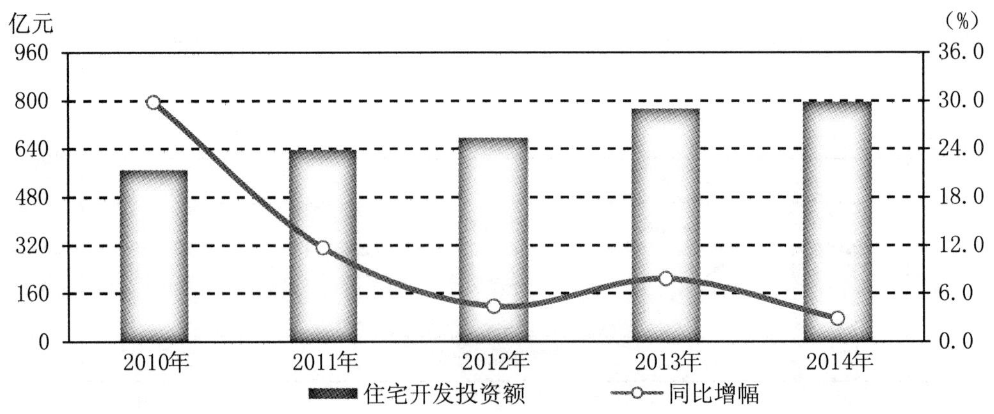


**图 4－20　2010—2014 年南京市住宅开发投资额年度走势及同比增幅图**

数据来源：南京市统计局。

**3. 市场表现：年末商品住宅成交面积快速上升，成交均价持续上涨**

“限购”在9月解绑后，南京楼市四季度成交面积快速上升，12月全市成交面积达到114.49万平方米，创下年内高点。与此同时，随着秦淮、建邺、鼓楼等中心城区的成交占比上升，全市商品住宅成交均价也快速上升（见图4－21）。

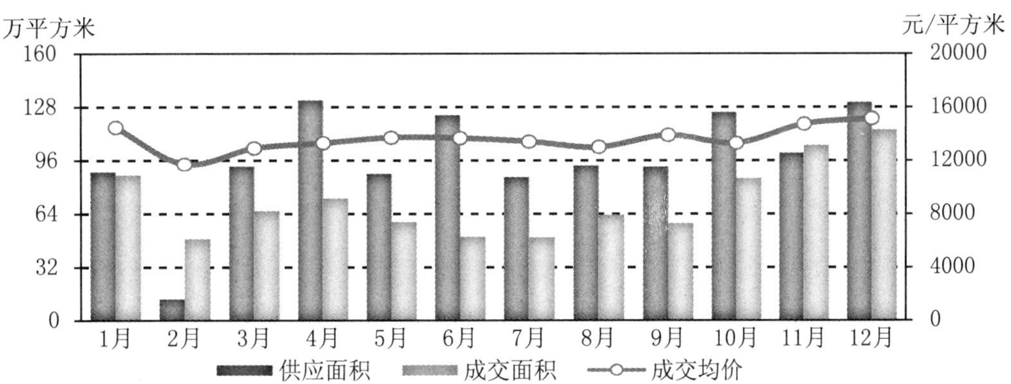


**图4－21 2014年1—12月南京市商品住宅供求及均价走势图**

数据来源：中国房地产决策咨询系统（CRIC）。

（十二）无锡市

**1. 综述：地方政策频出，四季度成交面积上升**

无锡市在4月份即发布了年内首个地方政策，放宽购房落户标准，但由于符合条件购房者较少且房贷额度紧张的矛盾没有缓解，故市场反响平平。7月“限购”取消后市场成交稍见抬头，直至“限贷”松绑及公积金政策出台，四季度成交面积才迎来真正放量回升。

**2. 投资建设：投资指标增速均呈回落态势**

2014年全市完成房地产开发投资1269.48亿元，同比增长12.45%，增速较2013年回落3.4个百分点，其中，住宅完成投资844.13亿元，同比增长15.02%（见图4－22）。商品房施工面积为6827.82万平方米，同比增长7.2%。商品房新开工面积1575.91万平方米，同比上涨1.27%。商品房竣工面积958.21万平方米，较2013年回落16.7%。

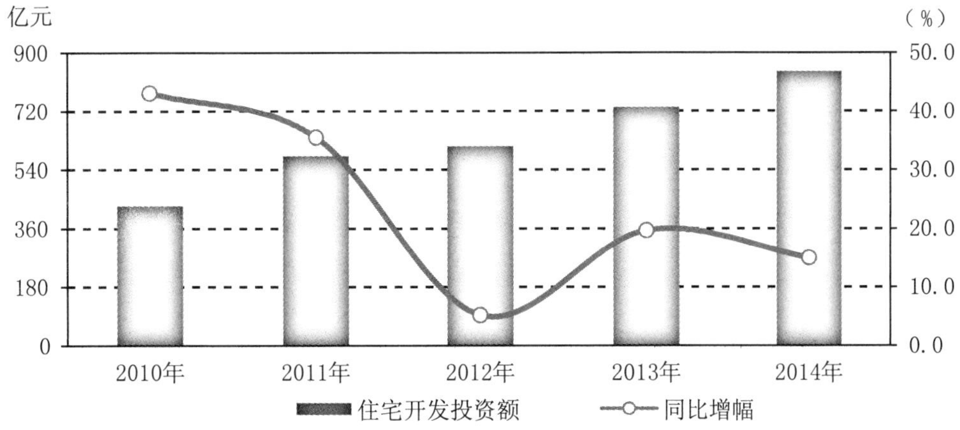


**图4－22 2010—2014年无锡市住宅开发投资额年度走势及同比增幅图**

数据来源：无锡市统计局。

**3. 市场表现：全年供过于求，价格同比下滑**

2014 年无锡市商品住宅供应量为 662.12 万平方米，处于相对高位。商品住宅成交量为 541.31 万平方米，同比上涨 5.87%，供求比为 1.22：1，整体市场供过于求，库存压力比 2013 年有所上升。商品住宅成交均价为 7853 元/平方米，比 2013 年下跌 2.53%。惠山、锡山等远郊区域房价仍能保持相对稳定，而北塘、崇安、南长中心三区库存高企，市场竞争激烈，价格下滑。（见图 4－23）。

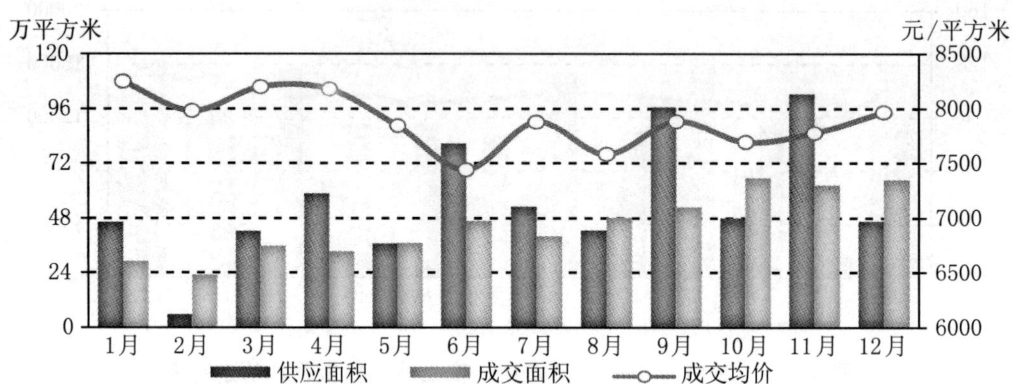


**图 4－23　2014 年 1—12 月无锡市商品住宅供求及均价走势图**

数据来源：中国房地产决策咨询系统（CRIC）。

（十三）苏州市

**1. 综述：下半年楼市成交显著回升，开发投资高速增长**

2014 年上半年苏州市楼市成交低迷，下半年一系列政策相继出台，成交面积开始显著回升，但成交均价仍处于相对低位。同时，房企拿地信心恢复，改善型住宅用地受到追捧，土地成交溢价率有所上涨，房地产开发投资维持高速增长。

**2. 投资建设：投资增速持续保持高位增长**

2014 年全市完成房地产开发投资 1764.4 亿元，同比增长 19.6%，增速较 2013 年提升 2.8 个百分点。其中，住宅完成投资 1304 亿元，同比上升 27.7%（见图 4－24），增速较 2013 年提升 7.9 个百分点。商品房施工面积为 10909 万平方米，同比增长 13.7%。商品房新开工面积 3139.6 万平方米，同比增长 1.4%，增速比 2013 年降低 48.9 个百分点。商品房竣工面积较 2013 年下降 9.8%。

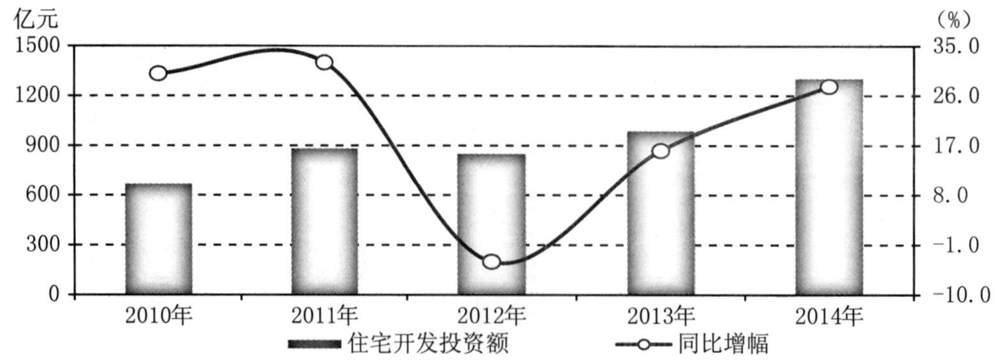


**图 4－24　2010—2014 年苏州市住宅开发投资额年度走势及同比增幅图**

数据来源：苏州市统计局。

**3. 市场表现：商品住宅成交面积小幅下降，成交均价继续上涨**

苏州市全年商品住宅供应面积为897.40万平方米，同比微涨0.11%，为近三年来最高。商品住宅成交面积为787.20万平方米，同比下滑2.68%；成交均价达12292元/平方米，同比上涨3.4%（见图4－25）。

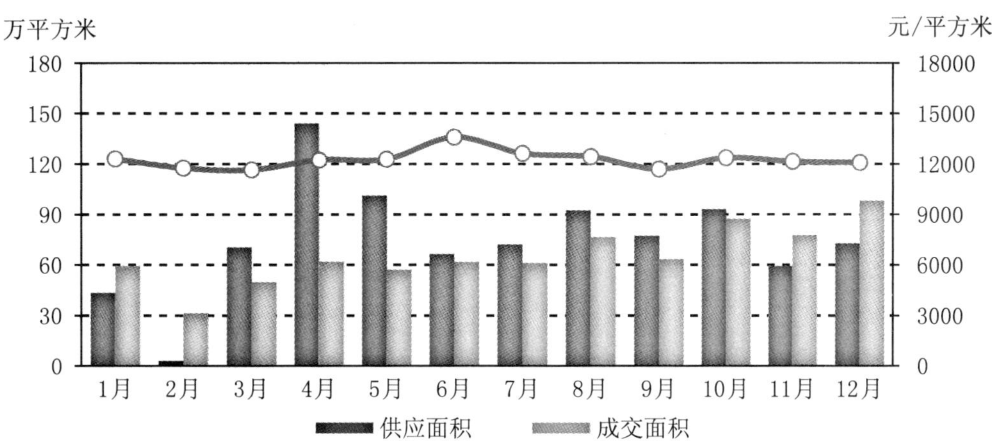


**图4－25　2014年1—12月苏州市商品住宅供求及均价走势图**

数据来源：中国房地产决策咨询系统（CRIC）。

（十四）杭州市

**1. 综述：政策利好促成交，库存维持高位**

2014年上半年杭州市楼市供求失衡的矛盾加重，从7月份杭州市取消限购到"9·30"新政放松限贷，再到11月新一轮降息周期开启，众多利好政策接连出台，市场成交面积亦持续上涨。至2014年年底，杭州市商品住宅库存量仍处于1200万平方米的高位，去化周期9.6个月。

**2. 投资建设：投资增速稳步增长**

2014年杭州市房地产开发投资额首次突破2000亿元，达2301.08亿元，同比增长24.2%，增速较2013年提高8.2个百分点；住宅完成投资1337.02亿元，同比增长14.3%（见图4－26），增速较2013年回落2.5个百分点。商品房施工面积为10504.80万万平方米，同比增长12.6%。商品房新开工面积2411.72万平方米，同比增长18.28%。商品房竣工面积1501.64万平方米，较2013年增长28.1%。

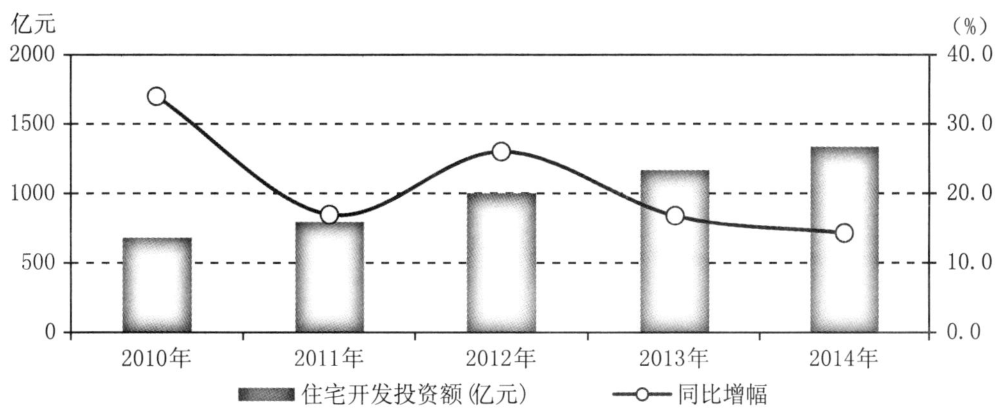


**图4－26　2010—2014年杭州市住宅开发投资额年度走势及同比增幅图**

数据来源：杭州市统计局。

**3. 市场表现：商品住宅供应达顶峰，成交小幅上涨**

杭州市全年商品住宅供应面积为 1191.99 万平方米，同比微涨 1.67%，为近年来商品住宅供应面积最高值；成交面积达 887.88 万平方米，同比增长 3.42%。分季度来看杭州市成交走势，可以明显看出呈现一路攀升的态势（见图 4－27）。2014 年年初购房者观望情绪浓厚，一季度成交大幅下跌；二季度随着部分楼盘以价换量，成交量小幅回升；三季度随着杭州市解除限购和公积金二套首付降低等措施出台，成交面积显著高于 2013 年的各季度成交面积；四季度的“9·30 政策”、降息等全国利好政策发布，促使杭州市商品住宅成交量达到历年最高点。2014 年杭州市商品住宅成交均价 15460 元/平，环比下跌 6.84%。

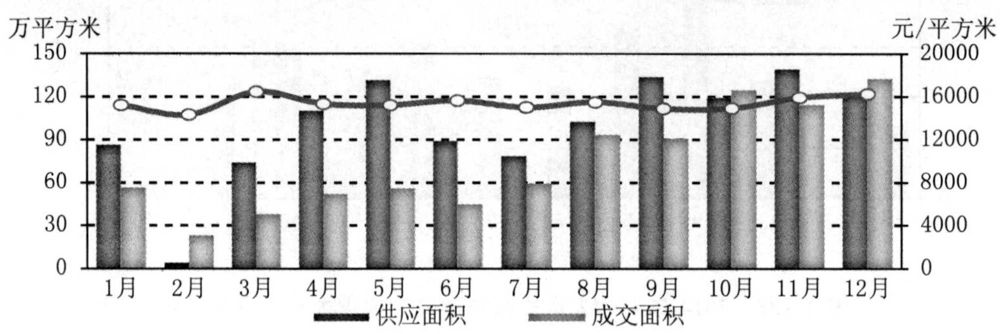


**图 4－27　2014 年 1—12 月杭州市商品住宅供求及均价走势图**

数据来源：中国房地产决策咨询系统（CRIC）。

（十五）宁波市

**1. 综述：利好政策频出，商品住宅库存压力加大**

宁波市在采用限购取消、限贷放松和公积金调整等政策刺激市场的同时，于 10 月出台的高校毕业生购房优惠政策，在一定程度上也降低了毕业生的购房成本。政策的刺激虽促进成交，但市场待售面积仍居高不下。2014 年宁波商品住宅供求面积差高达 108 万平方米，截至年底，宁波市商品住宅待售面积已高达 613 万平方米，消化周期达 12 个月。

**2. 投资建设：房地产开发投资增速小幅下滑**

2014 年全市完成房地产开发投资 1328.1 亿元，同比增长 18.3%，增速较 2013 年有所下降。其中，住宅完成投资 773.3 亿元，同比增长 20.4%（见图 4－28）。商品房施工面积为 7422.16 万平方米，同比增长 8.61%。受年内市场低迷影响，商品房新开工面积 1468.2 万平方米，同比下跌 20.08%。商品房竣工面积 1271.09 万平方米，较 2013 年上涨 46.53%。

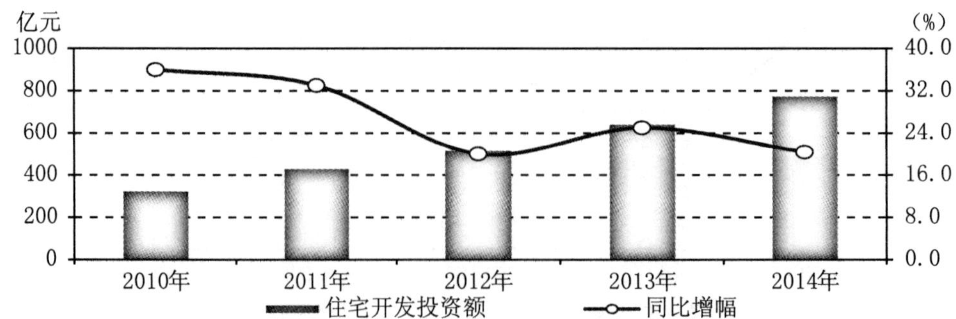


**图 4－28　2010—2014 年宁波市住宅开发投资额年度走势及同比增幅图**

数据来源：宁波市统计局。

**3. 市场表现：商品住宅供、求量同比皆增二成，成交均价同比跌5%**

2014年宁波市商品住宅供应面积为510.33万平方米，同比上涨19.43%，成交面积为391.73万平方米，同比上涨20.50%。从全年表现来看，一季度市场成交低迷，购房者观望情绪浓郁；二季度项目集中以价换量，成交面积逐步上涨；三季度取消限购后，购房信心恢复，需求缓慢释放；四季度市场成交面积迅速提升。全年宁波市商品住宅成交均价12890元/平方米，同比下跌5.04%（见图4－29）。

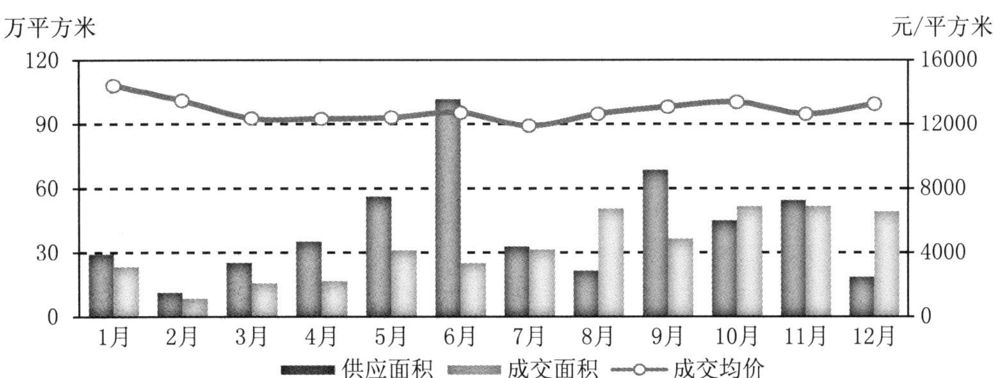


**图4－29　2014年1—12月宁波市商品住宅供求及均价走势图**

数据来源：中国房地产决策咨询系统（CRIC）。

（十六）温州市

**1. 综述：成交量先降后升，土地供应量继续增加**

温州市2014年上半年房地产市场供需相对低迷，下半年随着“分类调控”的指导思想公布，温州市于7月底宣布取消限购，开发商亦加快推盘低价入市，成交面积放量回升。另外，2014年政府推出了大量经济开发区和未开垦山林区域的地块，推进建成区规模扩张，房地产开发土地供应量继续增加。

**2. 投资建设：住宅投资增速趋缓，商品房竣工面积同比增47%**

2014年全市完成房地产开发投资808.9亿元，同比增长10.1%，增速较2013年有所提升。其中，住宅完成投资550.6亿元，同比增长5.5%（见图4－30），增速持续三年下滑。商品房施工面积为4672.9万平方米，同比上升10.2%。受年内市场低迷影响，商品房新开工面积808.3万平方米，同比下跌2.4%。商品房竣工面积较2013年上涨47.1%。

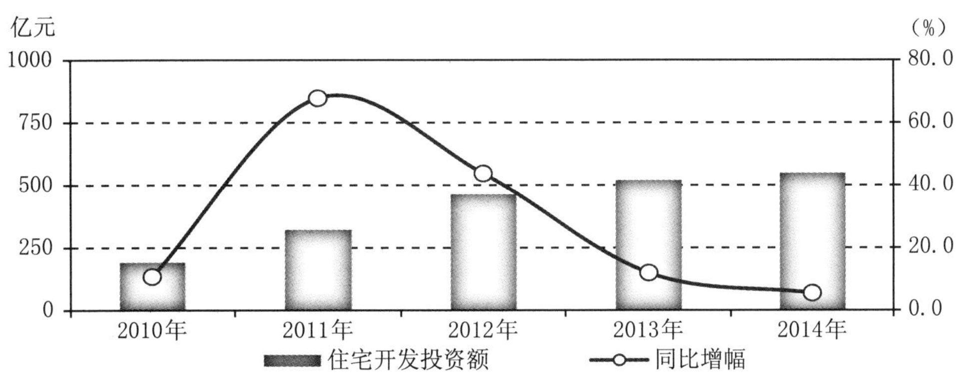


**图4－30　2010—2014年温州市住宅开发投资额年度走势及同比增幅图**

数据来源：温州市统计局。

（十七）合肥市

**1. 综述：受政策影响小，整体市场表现良好**

2014 年合肥市房地产市场表现稳定，成交量虽不及 2013 年，但全年供求较为平衡。因而，地方政策并无太多动作，8 月取消“限购”，也未助推成交面积明显上升，即便随后放松“限贷”、降息等一系列政策出台，市场表现依旧相对稳定。

**2. 投资建设：住宅投资增速放缓，新开工面积同比降 7%**

2014 年全市完成房地产开发投资 1127.4 亿元，同比增长 2.0%，增速较 2013 年大幅下降。其中，住宅完成投资 715.04 亿元，同比增长 6.0%（见图 4－31）。商品房施工面积为 6986.8 万平方米，同比下跌 0.4%。受年内市场低迷影响，商品房新开工面积 2050.8 万平方米，同比减少 7.3%。商品房竣工面积较 2013 年下跌 26.5%。

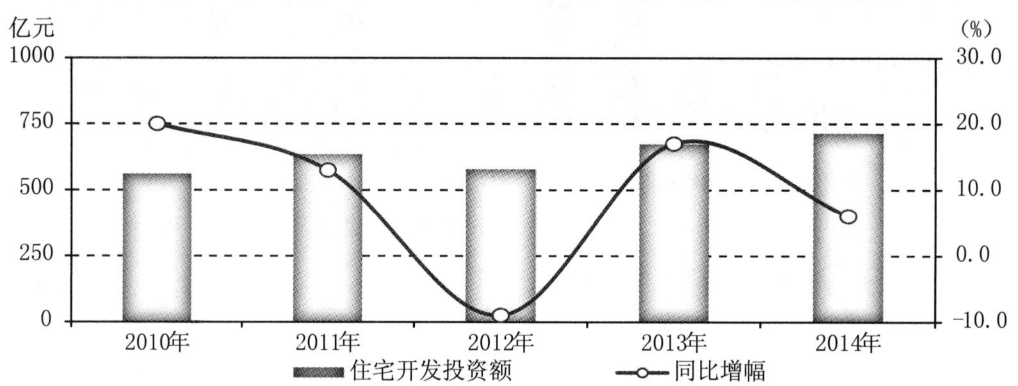


**图 4－31　2010—2014 年合肥市住宅开发投资额年度走势及同比增幅图**

数据来源：合肥市统计局。

**3. 市场表现：待售面积和消化周期较低，市场供不应求**

合肥市全年商品住宅供应面积为 940.88 万平方米，同比下降 16.28%，成交面积达 923.98 万平方米，同比下降 25%，市场供求基本平衡。至 2014 年年底，合肥市商品住宅待售面积为 430 万平方米，维持相对低位，供不应求的局面没有改变。在这样的情况下，商品住宅成交均价稳步上涨，全年商品住宅成交均价为 7672 元/平方米，同比上涨 14.13%（见图 4－32）。

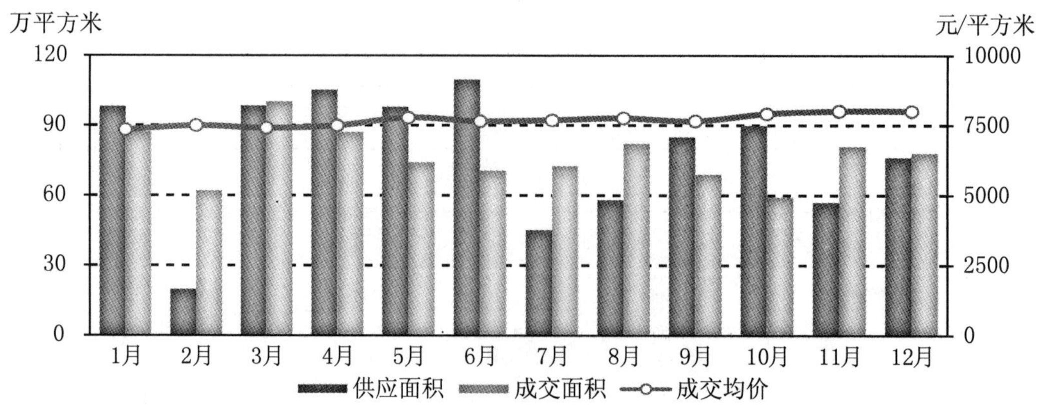


**图 4－32　2014 年 1—12 月合肥市商品住宅供求及均价走势图**

数据来源：中国房地产决策咨询系统（CRIC）。

（十八）福州市

**1. 综述：开发规模上升，行业库存压力增加**

2014 年上半年福州房地产市场成交量萎缩，待到下半年地方政策陆续出台：6 月取消“限购”、8 月“闽八条”出台、11 月福州市公积金调整，接着央行降息。加之开发企业纷纷降价促销或低价走量，市场成交量逐渐回升，但行业库存压力有增无减。

**2. 投资建设：住宅开发投资规模继续上升**

2014 年全市完成房地产开发投资 1455.1 亿元，同比增长 15.0%，增速较 2013 年大幅下降。其中，住宅完成投资 926.6 亿元，同比增长 7.1%，增幅较 2013 年大幅收窄（见图 4－33）。商品房施工面积 7598.9 万平方米，同比上升 10.6%。商品房新开工面积 1746.3 万平方米，同比增长 0.8%。商品房竣工面积较 2013 年微涨 0.2%。

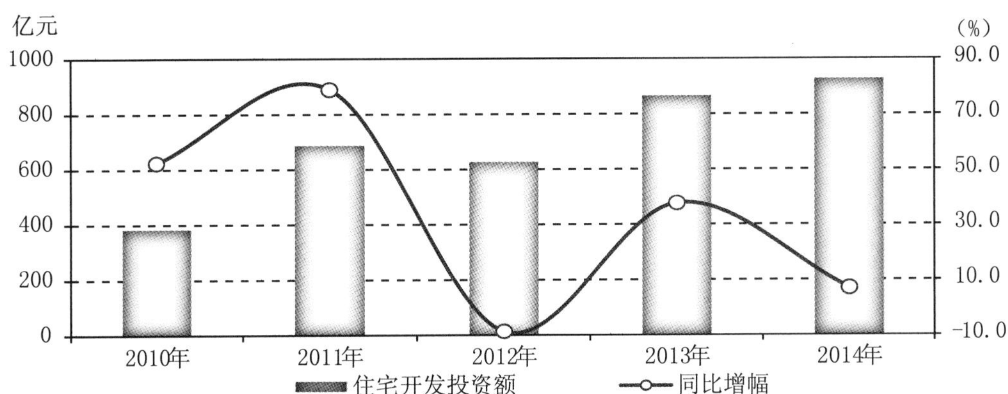


**图 4－33　2010—2014 年福州市住宅开发投资额年度走势及同比增幅图**

数据来源：福州市统计局。

**3. 市场表现：市场成交不济，待售面积高企**

福州市全年商品住宅供应面积 322.61 万平方米，同比上涨 3.21%，为历年来最高。成交面积达 241.03 平方米，同比下跌 12.8%。至 2014 年年底，福州市商品住宅待售面积高达 326 万平方米，去化压力较大。而同期商品住宅成交均价达 16552 元/平方米，同比上涨 1.1%（见图 4－34）。

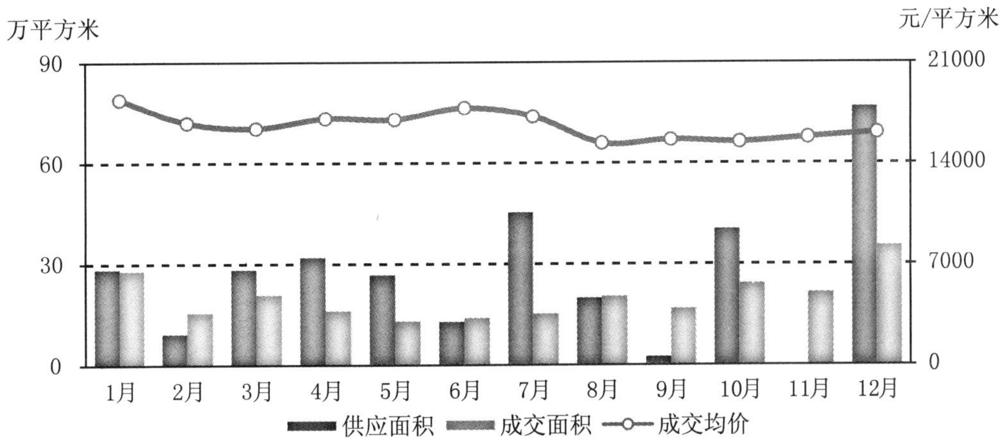


**图 4－34　2014 年 1—12 月福州市商品住宅供求及均价走势图**

数据来源：中国房地产决策咨询系统（CRIC）。

（十九）厦门市

**1. 综述：政策刺激乏力，市场成交持续低迷**

2014 年厦门市楼市成交持续低迷，即使有多条地方政策出台，但商品住宅成交面积仍一直处低位。供应面积高于成交面积使得厦门房地产市场首次出现供大于求。

**2. 投资建设：住宅开发投资增速大幅上涨，新开工面积上涨 7%**

2014 年全市完成房地产开发投资 704.06 亿元，同比增长 32.4%，增速较 2013 年大幅提升。其中，住宅完成投资 384.6 亿元，同比增长 26.4%，增速提高了 21 个百分点（见图 4－35）。商品房施工面积为 4219.9 万平方米，同比增长 11.5%。在连续两年的负增长后，商品房新开工面积和竣工面积 2014 年均有所回升，新开工面积 739.58 万平方米，同比增长 7.3%，竣工面积 585.48 万平方米，较上一年大涨 70.3%。

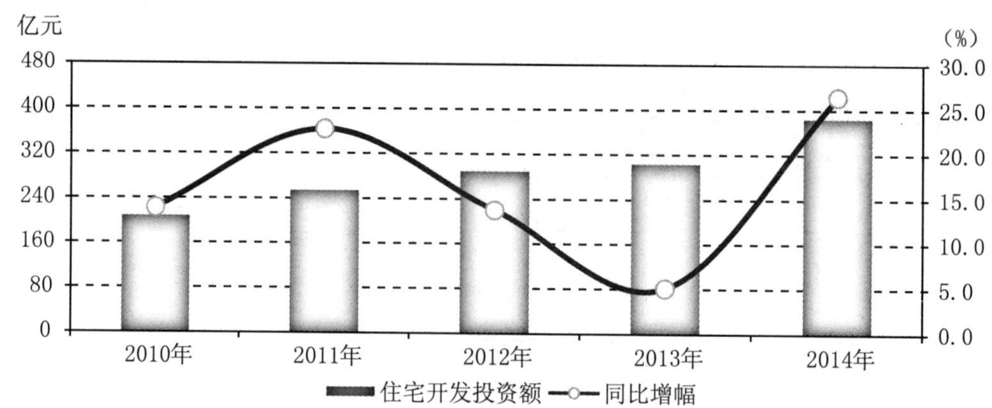


**图 4－35　2010—2014 年厦门市住宅开发投资额年度走势及同比增幅图**

数据来源：厦门市统计局。

**3. 市场表现：商品住宅成交面积维持低位，成交均价稳步上涨**

厦门市商品住宅市场表现稳定，除 1 月成交面积较高之外，其他月份成交保持在低位，全年共成交面积为 304.72 万平方米，同比下跌近 30%。成交均价则稳步上涨，全年均价达 19848 元/平方米，较上一年增长 26.42%（见图 4－36）。

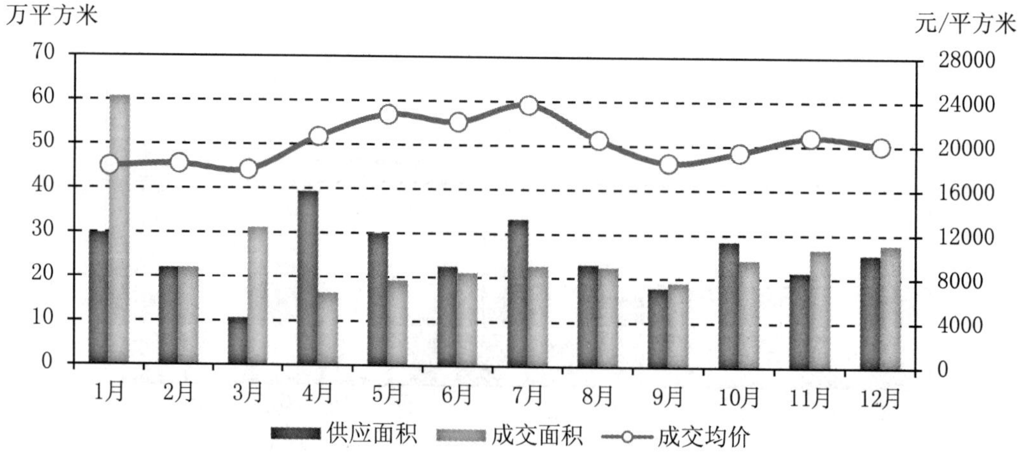


**图 4－36　2014 年 1—12 月厦门市商品住宅供求及均价走势图**

数据来源：中国房地产决策咨询系统（CRIC）。

（二十）南昌市

**1. 综述：地方多举措并举，全年成交面积同比增加10%**

2014年房地产市场遇冷，除紧跟国家政策形势外，南昌市也积极推出各类政策，如取消“限购”、落实首套房贷款利率优惠、降低二套房首付比例、调整城区存量住房交易计税价格评估值下浮比例等。基于种种措施综合作用，下半年市场情况开始好转。

**2. 投资建设：住宅开发投资稳步上涨，新开工面积大降43%**

2014年全市完成房地产开发投资414.1亿元，同比增长2.0%，增速较2013年大幅下滑。其中，住宅完成投资304.7亿元，同比增长26.3%，连续两年保持增长（见图4－37）。商品房施工面积为4244.8万平方米，同比增长6.3%。受年内前三季度市场不振的影响，商品房新开工面积636.9万平方米，同比下降43.1%。商品房竣工面积511万平方米，同比上涨36.7%。

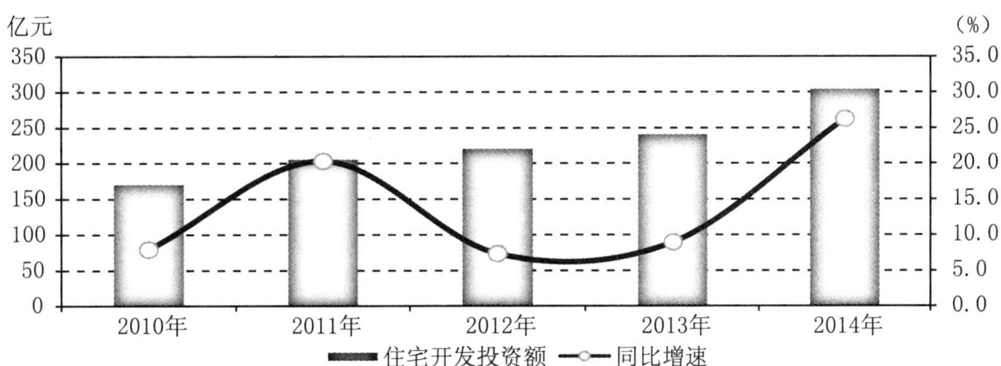


**图4－37　2010—2014年南昌市住宅开发投资额年度走势及同比增幅图**

数据来源：南昌市统计局。

**3. 市场表现：商品住宅成交面积增10%，全年均价仍涨14%**

南昌市全年商品住宅供应面积396万平方米，较2013年下降12.68%，成交面积513万平方米，同比上涨10.53%，全年成交均价突破9000元/平方米，同比增幅13.51%。2014年供求比仅0.77∶1，市场供不应求，去化压力较小（见图4－38）。

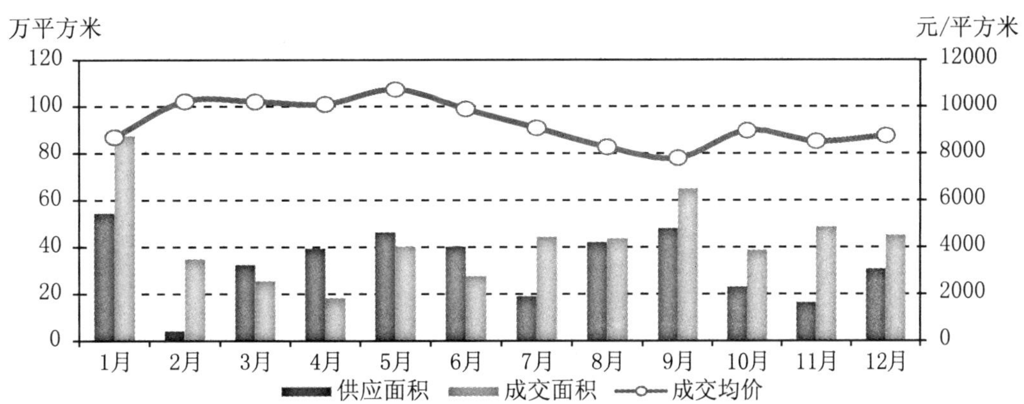


**图4－38　2014年1—12月南昌市商品住宅供求及均价走势图**

数据来源：中国房地产决策咨询系统（CRIC）。

## （二十一）济南市

### 1. 综述：市场总体供求平衡，全年成交面积创新高

2014 年济南市商品住宅市场供大于求，供应面积和成交面积均表现为年初低位，下半年放量增长。供求比在上半年波动较大，下半年呈现下降趋势。下半年，在“限购”取消驱动下，成交面积大幅上涨，推动全年成交面积创新高。

### 2. 投资建设：住宅开发投资稳步提升，新开工面积同比降 7%

2014 年全市完成房地产开发投资 917.4 亿元，同比增长 27.2%，增速较 2013 年提升 18.5 个百分点。其中，住宅完成投资 613.9 亿元，同比增长 19.4%（见图 4－39）。商品房施工面积为 5265.7 万平方米，同比增长 9.4%。受年内市场低迷的影响，商品房新开工面积 1294.9 万平方米，同比下降 6.6%。商品房竣工面积 516.8 万平方米，较 2013 年下跌 35.8%。

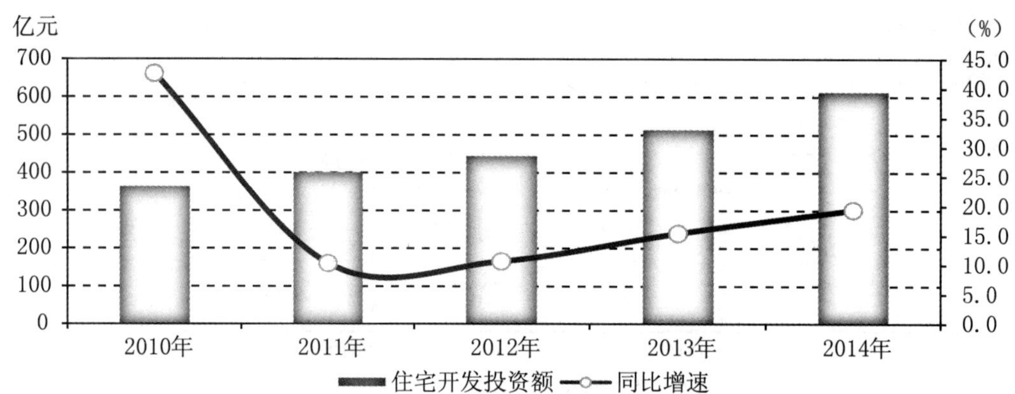


**图 4－39　2010—2014 年济南市住宅开发投资额年度走势及同比增幅图**

数据来源：济南市统计局。

### 3. 市场表现：商品住宅成交面积增 10%，成交均价波动下降

济南市全年商品住宅供应面积 844.31 万平方米，同比增长 4.33%，成交面积 731.94 万平方米，同比增长 9.89%，供求基本平衡。从月度趋势来看（见图 4－40），2014 年商品住宅供应面积上半年起伏明显，下半年维持高位。上半年成交面积处于低位，7 月份全面取消“限购”后，下半年成交面积逐月上涨。而全年商品住宅成交均价则表现为波动下降。

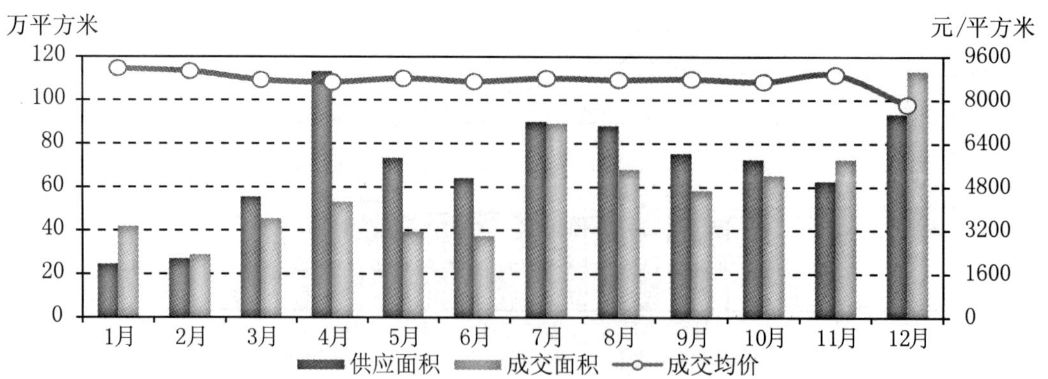


**图 4－40　2014 年 1—12 月济南市商品住宅供求及均价走势图**

数据来源：中国房地产决策咨询系统（CRIC）。

（二十二）青岛市

**1. 综述：政策难解库存难题，市场供过于求**

2014 年青岛市房地产政策方向与中央保持一致，整体经历了“先紧后松”的过程——上半年延续 2013 年抑制需求、控制房价的基调，下半年松绑限贷、限购解除，以刺激市场需求释放。但待售面积持续高企，全市商品住宅市场供求比在 1.42∶1，市场供过于求，销售压力并未明显减轻。

**2. 投资建设：住宅开发投资规模稳步上升，新开工面积同比增 11%**

2014 年全市完成房地产开发投资 1117.7 亿元，同比增长 6.6%，增速较 2013 年略有回落。其中，住宅完成投资 731.1 亿元，同比增长 9.4%（见图 4－41）。商品房施工面积为 8170.7 万平方米，同比增长 15.5%。受全年市场低迷影响，商品房新开工面积 2044.2 万平方米，同比增长 10.5%，增速明显放缓。商品房竣工面积较 2013 年上涨 18.6%。

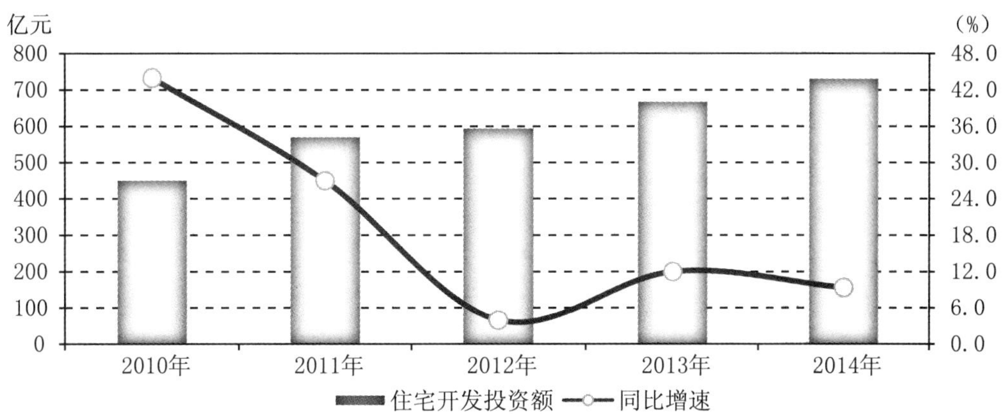


**图 4－41　2010—2014 年青岛市住宅开发投资额年度走势及同比增幅图**

数据来源：青岛市统计局。

**3. 市场表现：商品住宅成交面积同比下跌 25%，全年供过于求**

青岛市商品住宅市场成交面积呈现“前低后高”态势，全年累计成交面积为 867 万平方米，同比下跌 24.6%。全市商品住宅市场供求比在 1.42∶1，市场供过于求；商品住宅价格 8444 元/平方米，与上年基本持平（见图 4－42）。

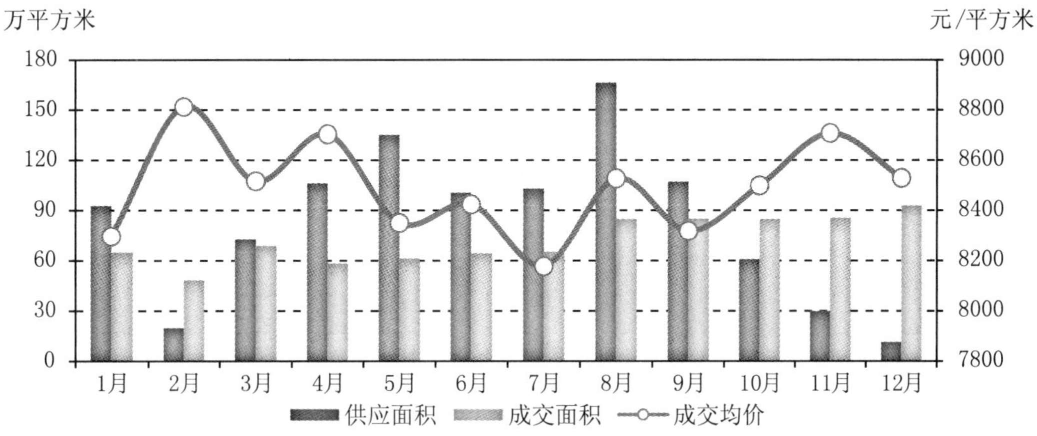


**图 4－42　2014 年 1—12 月青岛市商品住宅供求及均价走势图**

数据来源：中国房地产决策咨询系统（CRIC）。

（二十三）郑州市

**1. 综述：市场供不应求，房价稳增**

2014 年郑州市地方政策陆续出台，5 月“组合贷”政策出台，8 月“限购”取消。房地产市场保持供需两旺，且整体呈现供不应求状态，房价稳步上升。

**2. 投资建设：住宅开发投资增速回落，新开工面积同比基本持平**

2014 年全市完成房地产开发投资 1743.5 亿元，同比增长 20.6%，增速较 2013 年有所下降。其中，住宅完成投资 1176.9 亿元，同比增长 29.3%（见图 4－43）。商品房施工面积为 10574.2 万平方米，同比增长 8.8%。受年内市场低迷影响，商品房新开工面积 2749.3 万平方米，同比下降 2.3%。商品房竣工面积 1889.4 万平方米，较 2013 年大涨 66.1%。

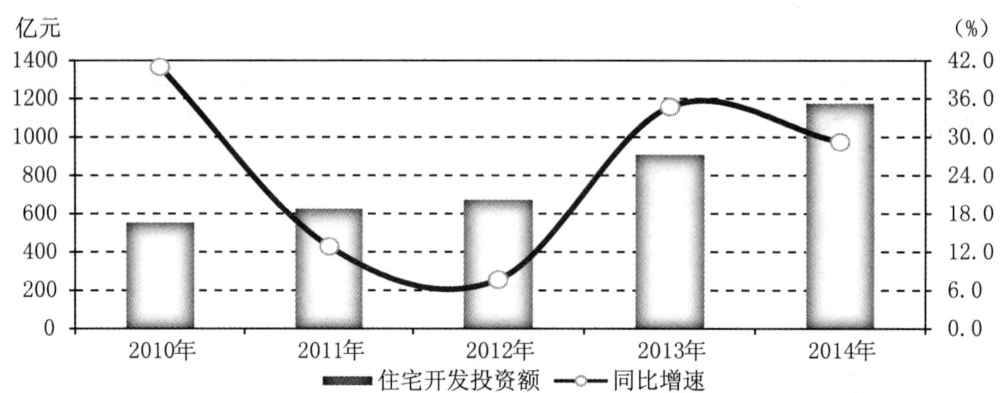


**图 4－43 2010—2014 年郑州市住宅开发投资额年度走势及同比增幅图**

数据来源：郑州市统计局。

**3. 市场表现：商品住宅供应不足，房价稳步上涨**

庞大的人口基数以及中部中心的城市地位使得郑州市房地产市场需求支撑力十足，而城市供应却一直处于低位，供不应求的压力一直存在，极大地制约了成交规模。2014 年郑州市楼市仍表现为供不应求，全年供求比仅 0.76∶1（见图 4－44）。成交均价稳步上升，总体较 2013 年上涨 5.29%。

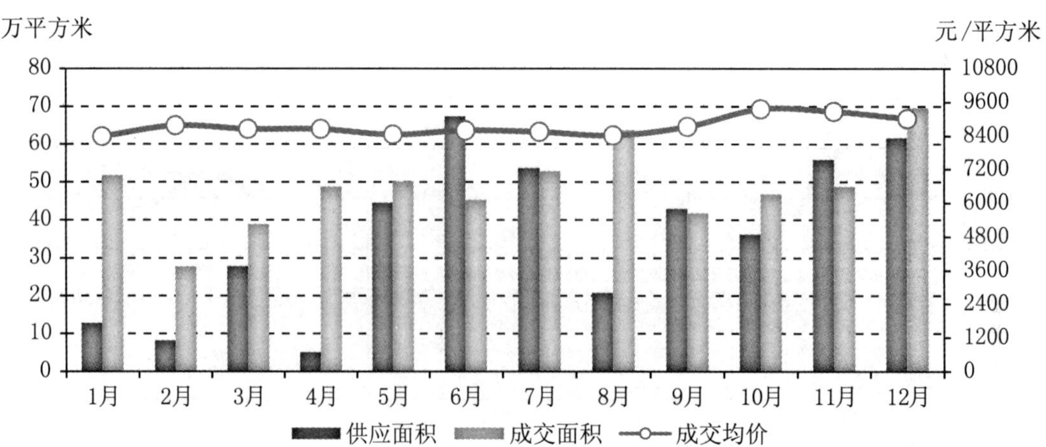


**图 4－44 2014 年 1—12 月郑州市商品住宅供求及均价走势图**

数据来源：中国房地产决策咨询系统（CRIC）。

## （二十四）武汉市

### 1. 综述：市场供求保持平衡，库存压力较小

2014 年在中央确定“分类调控”后，武汉市一方面控制土地供应节奏，另一方面及时调整地方政策，6 月中旬放宽落户限制，7 月取消“限购”，10 月调整公积金政策。四季度，武汉市新建商品住宅供求逐渐趋于平衡，持续高位的待售面积逐渐下降。

### 2. 投资建设：住宅开发投资同比增 25%，新开工面积直降 17%

2014 年全市完成房地产开发投资 2353.6 亿元，同比增长 23.5%，增速较 2013 年有所提升。其中，住宅完成投资 1560.6 亿元，同比增长 24.8%（见图 4-45）。商品房施工面积为 10238.4 万平方米，同比增长 19.8%。受年内市场低迷影响，商品房新开工面积 2318.7 万平方米，同比下降 17.0%。商品房竣工面积 765.4 万平方米，较 2013 年上涨 12.7%。

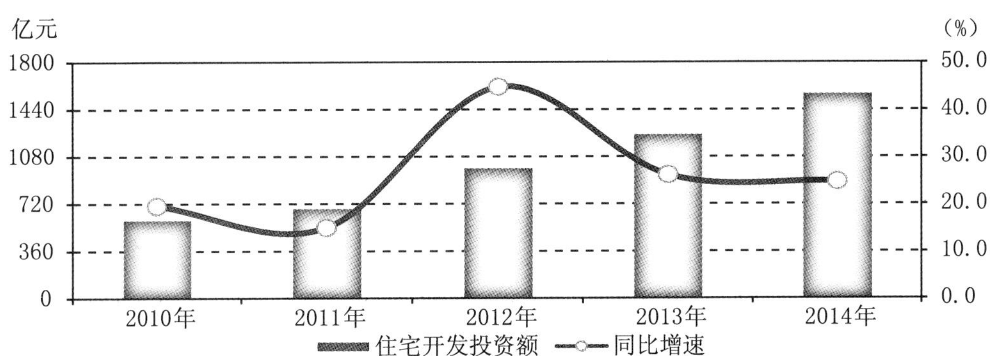


**图 4-45　2010—2014 年武汉市住宅开发投资额年度走势及同比增幅图**

数据来源：武汉市统计局。

### 3. 市场表现：商品住宅供求均衡，库存压力相对较小

武汉市房地产市场表现良好，全年商品住宅供应面积为 1610 万平方米，成交面积达到 1625 万平方米，同比分别增长 42.03% 和 9.77%；成交均价约 7796 元/平方米，同比增长 9.91%（见图 4-46）。基本平衡的供求关系使得全市待售面积保持低位，去化压力在二线城市中属于较低水平。

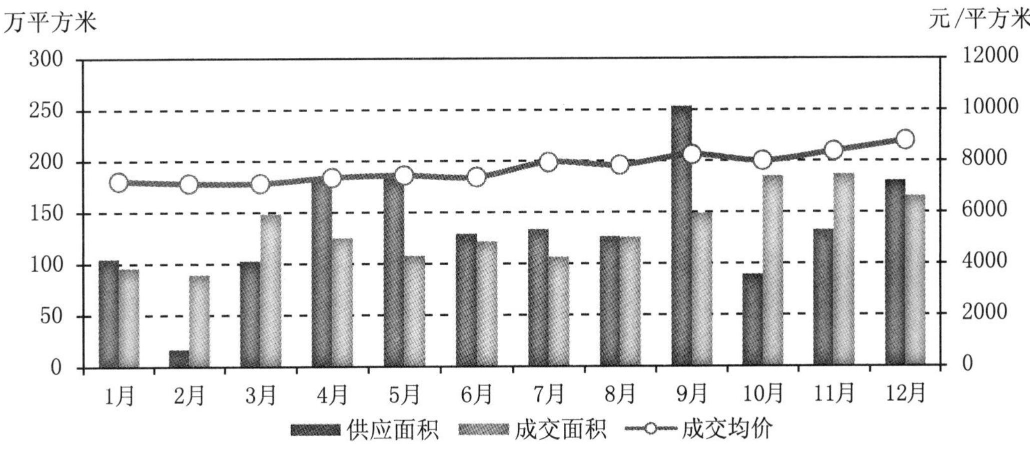


**图 4-46　2014 年 1—12 月武汉市商品住宅供求及均价走势图**

数据来源：中国房地产决策咨询系统（CRIC）。

（二十五）长沙市

**1. 综述：库存压力上升，年末成交面积上涨**

长沙市在8月正式取消“限购”，但因其限购令只涉及90平方米以下住房，政策本身宽松，解除“限购”没有对市场成交产生明显推动。直到“限贷”松绑、公积金新政、降息等政策出台，长沙市楼市成交量才开始回升，尤其是年末，房企促销力度加大，成交面积明显上涨。但前3季度的成交下滑使得商品房待售面积不断升高，库存消化压力较大。

**2. 投资建设：住宅开发投资增速低位回升，新开工面积下降8%**

2014年全市完成房地产开发投资1313.62亿元，同比增长13.47%，增速较2013年有所加快。其中，住宅完成投资858.26亿元，同比增长11.5%（见图4－47），投资增速保持上涨势头。商品房施工面积为9647.14万平方米，同比增长11.3%，商品房新开工面积2582.9万平方米，同比下降7.2%。商品房竣工面积较2013年上涨2.7%。

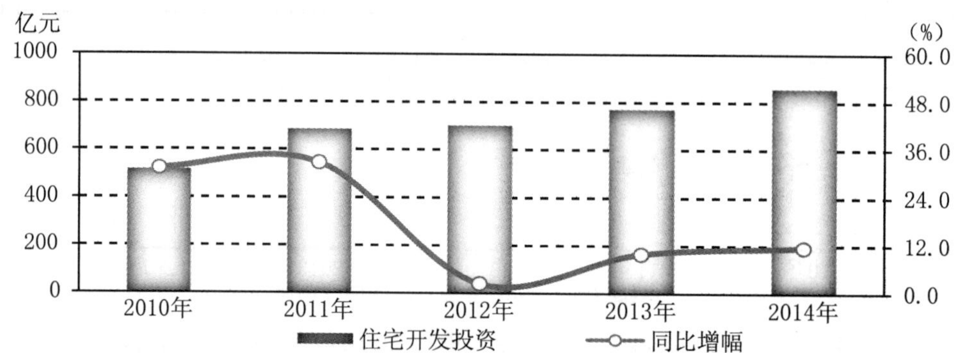


**图4－47　2010—2014年长沙市住宅开发投资额年度走势及同比增幅图**

数据来源：长沙市统计局。

**3. 市场表现：商品住宅成交面积下降17%，仍高于1200万平方米**

长沙市全年商品住宅成交面积1265万平方米，同比下降17%，而商品住宅供应面积维持高位，全年有8个月单月供应面积突破140万平方米，全年供应面积近1800万平方米，市场供大于求。全年商品住宅成交均价6065元/平方米，同比下降2.7%（见图4－48）。

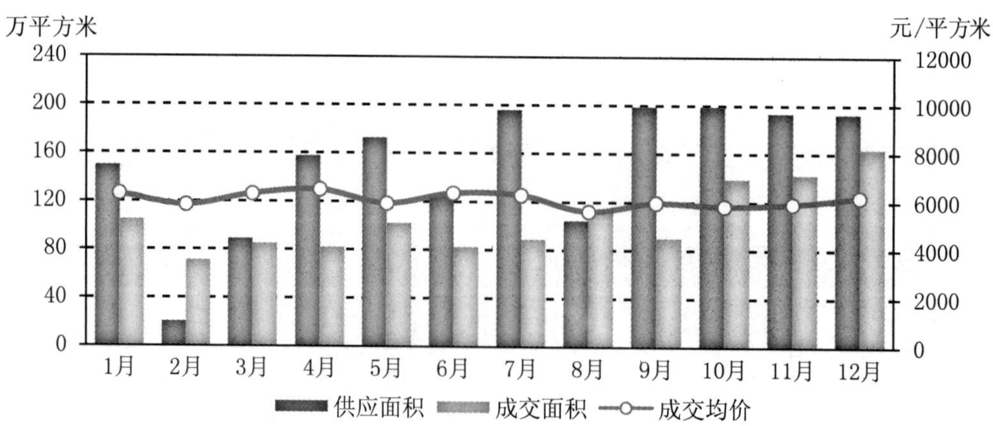


**图4－48　2014年1—12月长沙市商品住宅供求及均价走势图**

数据来源：中国房地产决策咨询系统（CRIC）。

（二十六）广州市

**1. 综述：地方政策多方调整，商品住宅成交面积仍降两成**

2014 年广州市多次进行政策调整，如放宽公积金申请条件、加强增城从化等新区一体化进程等，开发企业积极营销、降价打折，成交面积持续低位，四季度成交面积才显著回升，全年商品住宅成交面积仍同比下降 18.3%。

**2. 投资建设：房地产开发投资规模稳步上升，新开工面积同比增 12%**

2014 年全市完成房地产开发投资 1816.15 亿元，同比增长 15.5%，增速与 2013 年基本持平。其中，住宅完成投资 994.9 亿元，同比增长 4.7%（见图 4－49）。商品房施工面积为 9369.93 万平方米，同比增长 14.8%，商品房新开工面积 2407.67 万平方米，同比增长 12.26%，商品房竣工面积较 2013 年大幅上涨 68.2%。

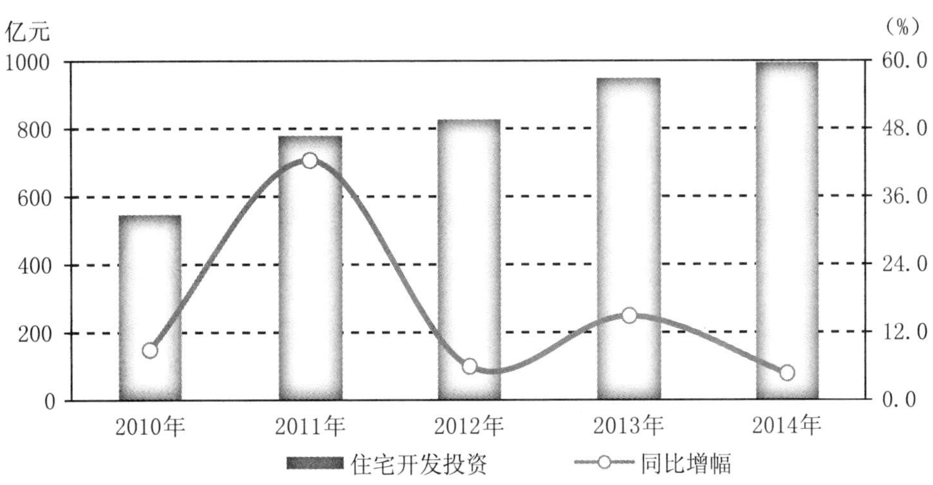


**图 4－49　2010—2014 年广州市住宅开发投资额年度走势及同比增幅图**

数据来源：广州市统计局。

**3. 市场表现：供应面积维持高位，成交面积下降 18.3%**

广州市全年商品住宅供应面积 1354.04 万平方米，同比上涨 16.87%，成交面积为 944 万平方米，同比下降 18.3%。从 2014 年 1—12 月商品住宅供应成交走势来看，前三季度月均成交面积在 70 万平方米上下波动，四季度稳步上升。全年商品住宅销售均价 14582 元/平方米，较 2013 年上涨 9.8%（见图 4－50）。

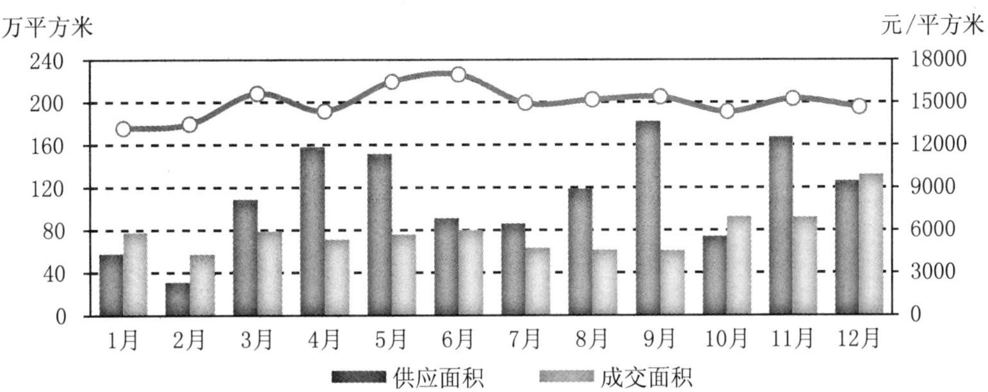


**图 4－50　2014 年 1—12 月广州市商品住宅供求及均价走势图**

数据来源：中国房地产决策咨询系统（CRIC）。

## （二十七）深圳市

### 1. 综述：成交面积保持平稳，土地购置面积大幅下降

2014 年深圳市楼市供应面积小幅上涨，成交面积保持平稳，成交均价继续上扬。从全年趋势来看，前 3 季度市场下滑明显，而第 4 季度大幅回升。土地市场来看，2014 年深圳市土地购置面积同比大幅下降 21.61%，土地市场冷清。

### 2. 投资建设：住宅开发投资同比增 24%，新开工面积锐减 32%

2014 年全市完成房地产开发投资 1069.45 亿元，同比增长 22%，增速较 2013 年有所回升。其中，住宅完成投资 730.28 亿元，同比增长 23.7%（见图 4－51）。商品房施工面积为 4492.13 万平方米，同比增长 12.21%。商品房新开工面积 932.68 万平方米，同比大幅下降 31.74%。商品房竣工面积较 2013 年上涨 20.3%。

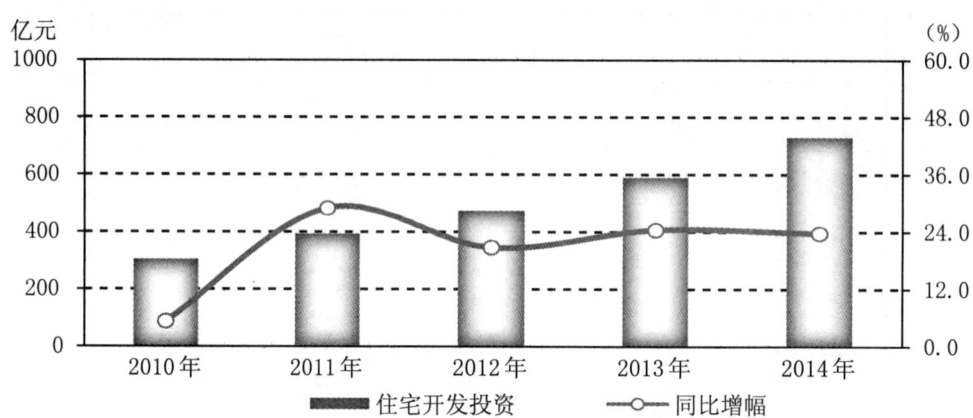


**图 4－51　2010—2014 年深圳市住宅开发投资额年度走势及同比增幅图**

数据来源：深圳市统计局。

### 3. 市场表现：商品住宅供应面积上涨，成交均价上涨 9.3%

全年商品住宅成交面积为 442.48 万平方米，同比下降 5.22%，供应面积 592.46 万平方米，较 2013 年上涨 8.2%。从全年走势来看，供应方面，上半年一直处于低位，下半年供应面积回升，但波动较大。成交方面，上半年每月成交面积在 20 万～30 万平方米，7 月开始逐步回升。从商品住宅成交均价走势来看，1 季度均价小幅上涨，2、3 季度回落，4 季度再次上升，全年成交均价 25781.24 元/平方米，同比上涨 9.3%（见图 4－52）。

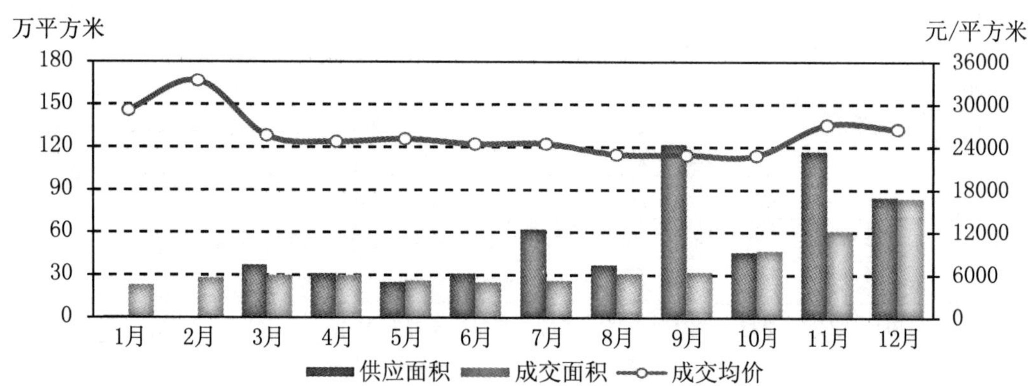


**图 4－52　2014 年 1—12 月深圳市商品住宅供求及均价走势图**

数据来源：中国房地产决策咨询系统（CRIC）。

### （二十八）南宁市

**1. 综述：地方政策推动成交量上升，去化压力下降**

2014年年初，南宁市房地产市场延续了2013年的热度，随后受全国成交量下降影响，成交面积下滑。4月开始出台系列政策，开发企业也开始了降价自救行动，低价、低首付等营销手段不断出现，成交量开始回升，全年成交面积同比上涨8%，在二线城市中排名居前。在成交量回升带动下，待售面积也逐月减少，库存去化压力下降。

**2. 投资建设：房地产开发投资大幅上涨，新开工面积同比增46%**

2014年全市完成房地产开发投资551.82亿元，同比大幅增长32.53%。其中，住宅完成投资368.23亿元，同比增长21.8%（见图4-53）。商品房施工面积为4519.35万平方米，同比增长18.55%。商品房新开工面积1051.03万平方米，同比大幅增长45.76%，商品房竣工面积较2013年也大幅上涨42.95%。

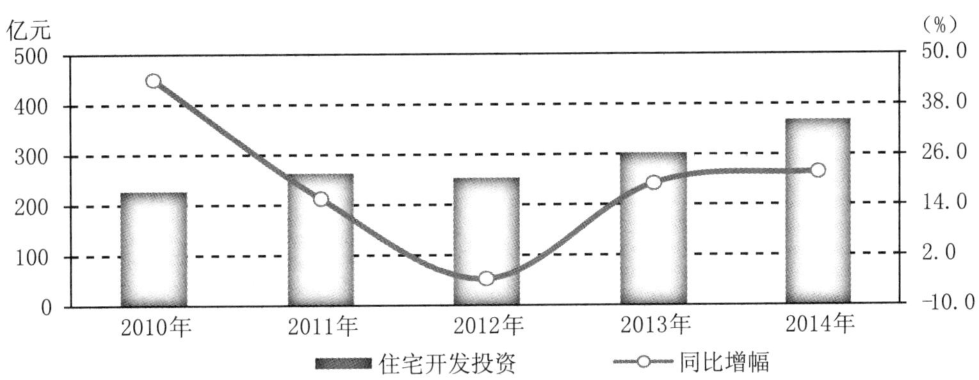


**图4-53　2010—2014年南宁市住宅开发投资额年度走势及同比增幅图**

数据来源：南宁市统计局。

**3. 市场表现：商品住宅成交面积同比增8%，均价同比涨2%**

2014年南宁市商品住宅月均供应面积在55万平方米左右。成交方面，前8月商品住宅月均成交面积都在60万平方米以下，9月开始进入上升通道，全年商品住宅成交面积639万平方米，同比上涨8%。全年成交均价为7608元/平方米，较2013年小幅上涨2%（见图4-54）。

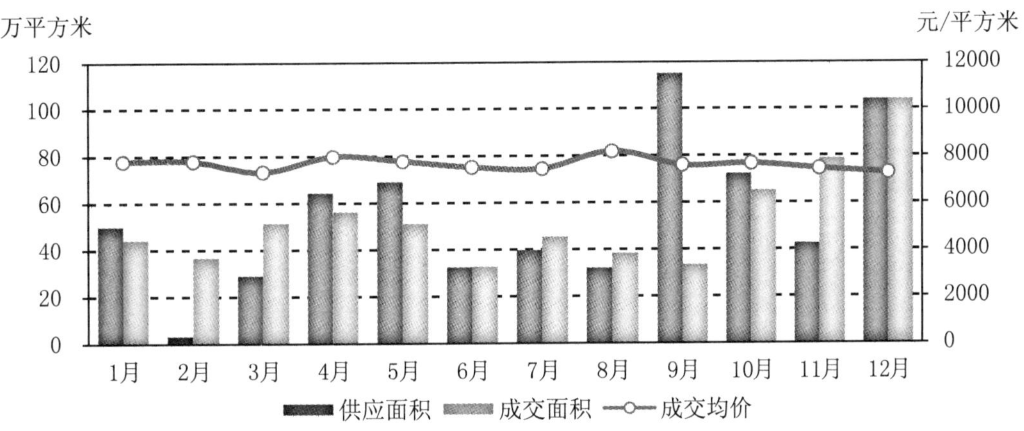


**图4-54　2014年1—12月南宁市商品住宅供求及均价走势图**

数据来源：中国房地产决策咨询系统（CRIC）。

（二十九）北海市

**1. 综述：楼市成交量跌价涨，房地产开发投资下降**

2014 年一季度，北海市房地产市场成交面积保持高位运行。4 月开始成交面积不断下降，三季度开始大批二、三线城市取消“限购”，购房信心得到提升，市场逐步趋稳，成交面积开始回升，但全年仍同比下跌16%。土地成交面积也降到低点，同比下滑 95%，使得房地产开发投资额继续下降，同比下滑 7%。

**2. 投资建设：房地产开发投资继续下降，新开工面积同比增 9%**

2014 年全市完成房地产开发投资 157.49 亿元，同比下降 7.36%，跌幅较 2013 年进一步扩大。其中，住宅完成投资 126.32 亿元，同比增长 5.5%（见图 4－55）。商品房施工面积为 1551.12 万平方米，同比增长 8.31%，商品房新开工面积 360.66 万平方米，同比增长 8.77%。商品房竣工面积较 2013 年大幅上涨 57.01%。

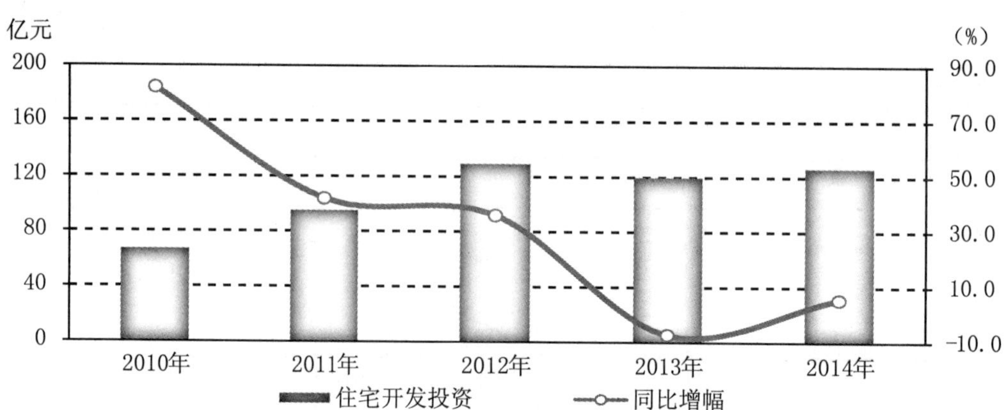


**图 4－55　2010—2014 年北海市住宅开发投资额年度走势及同比增幅图**

数据来源：北海市统计局。

**3. 市场表现：商品住宅成交面积同比降 16%，成交均价平稳上升**

北海市全年商品住宅供应面积同比上升 3.13%，成交面积 195.04 万平方米，同比下降 15.63%。具体来看，北海市 2014 年房地产市场主要分为三个阶段：1 季度商品住宅供销基本延续 2013 年市场态势，供应面积维持平稳，成交面积处于高位；4 月开始商品住宅成交面积进入下行通道；9 月开始供应面积增加，成交面积回升，接近年初水平。商品住宅成交均价保持平稳上升，全年成交均价 6297 元/平方米，同比上涨 5.27%（见图 4－56）。

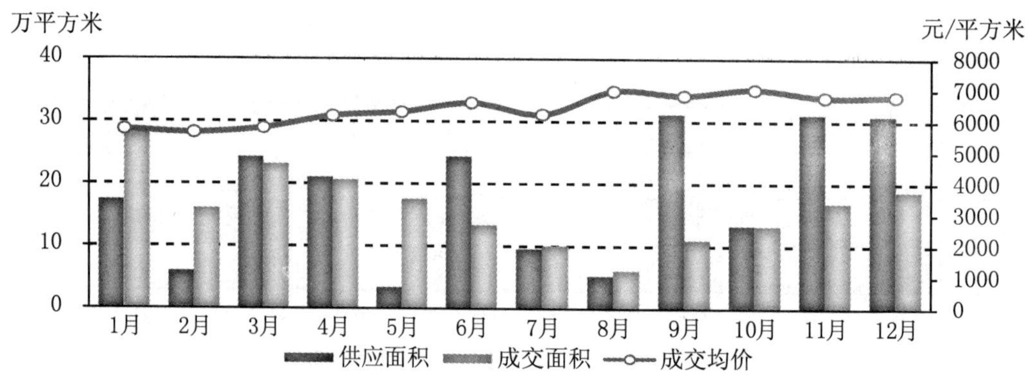


**图 4－56　2014 年 1—12 月北海市商品住宅供求及均价走势图**

数据来源：中国房地产决策咨询系统（CRIC）。

（三十）海口市

**1. 综述：成交面积同比下滑，旅游地产比重下降**

2014 年海口市商品住宅成交面积同比大幅下滑，但还是高于 2012 年水平。因为同时拥有岛外度假客群和本地置业人群的双重支撑，需求来源稳定性相对高于岛内其他市县，2014 年全年月度成交面积基本稳定，未出现明显的淡旺季之分，居住项目占据绝对主力位置，而旅游地产项目成交面积继续下降。

**2. 投资建设：住宅投资增速大幅回落，商品房竣工增长 101.9%**

2014 年全市完成房地产开发投资 298.97 亿元，同比增长 16.60%，增速较 2013 年明显回落。其中，住宅完成投资 207.9 亿元，同比增长 1.05%（见图 4－57）。商品房施工面积为 2248.44 万平方米，同比增长 24.5%，增幅较 2013 年继续上升，商品房新开工面积 359.14 万平方米，同比增长 30%。商品房竣工面积 393.66 万平方米，较 2013 年大幅上涨 101.9%。

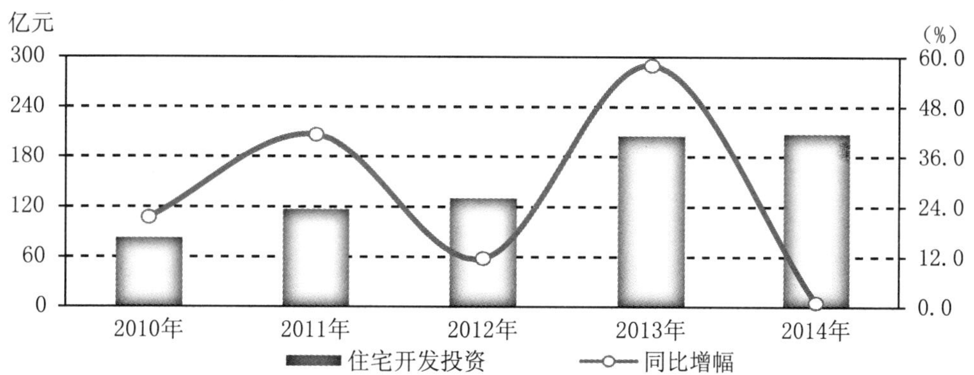


**图 4－57　2010—2014 年海口市住宅开发投资额年度走势及同比增幅图**

数据来源：海口市统计局。

**3. 市场表现：商品住宅供应面积同比增 34%，供过于求压力巨大**

海口市全年商品住宅供应面积 381.71 万平方米，同比大幅上涨 34.10%；成交面积为 205.06 万平方米，同比大幅下降 28.41%，全年供求比为 1.9:1，处于严重供大于求状态。全年商品住宅成交均价 8999 元/平方米，同比继续上涨（见图 4－58）。

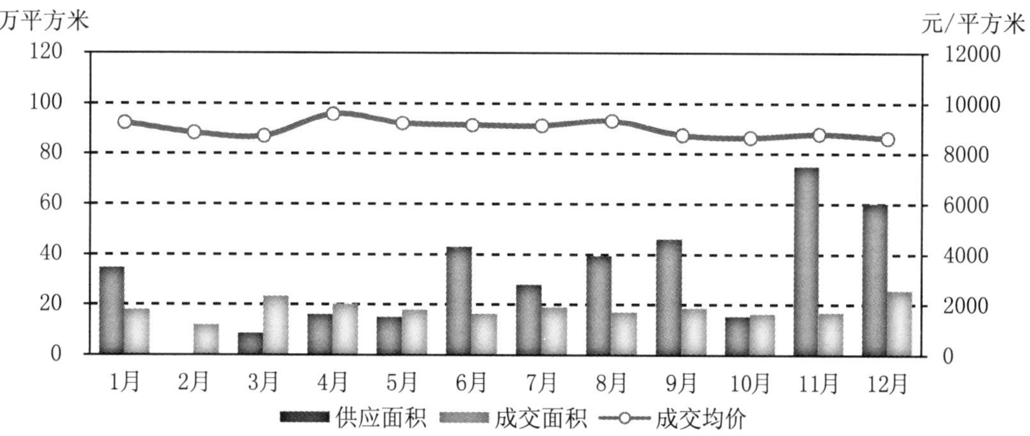


**图 4－58　2014 年 1—12 月海口市商品住宅供求及均价走势图**

数据来源：中国房地产决策咨询系统（CRIC）。

(三十一) 三亚市

**1. 综述:“限购”继续执行,供过于求的市场压力凸显**

2014 年三亚市继续执行限购政策,同样“80 新政”和撤镇设区等措施稳步推进,城市转型变革进程加快。但总体而言,三亚市房地产市场较为低迷,全年供求比达到 1.7:1,处于严重的供大于求状态,库存去化压力较大。

**2. 投资建设:房地产开发投资平稳增长,商品房竣工面积大幅增加**

2014 年全市完成房地产开发投资 380.02 亿元,同比增长 25.54%。其中,住宅完成投资 272.51 亿元,同比增长 18.9%(见图 4-59)。商品房施工面积为 1491.69 万平方米,同比增长 22.61%。商品房新开工面积 233.37 万平方米,同比下跌 37.58%。商品房竣工面积 318.08 万平方米,达 2013 年的 6 倍之多。

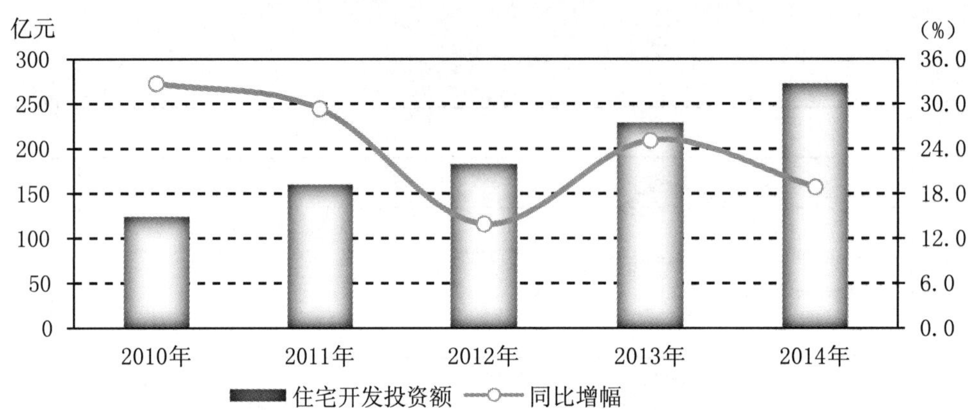


**图 4-59 2010—2014 年三亚市住宅开发投资额年度走势及同比增幅图**

数据来源:三亚市统计局。

**3. 市场表现:商品住宅成交面积同比减少 23%,成交均价呈下跌态势**

2014 年三亚住宅市场量价齐跌,累计成交面积为 102 万平方米,同比下降 23%,而新增供应量则上涨 50%左右,全年达到 172 万平方米,待售面积大幅增加。从月度走势来看,年初和年底分别为供应、成交的高峰,这也是三亚特有的反季销售特点所决定(见图 4-60)。

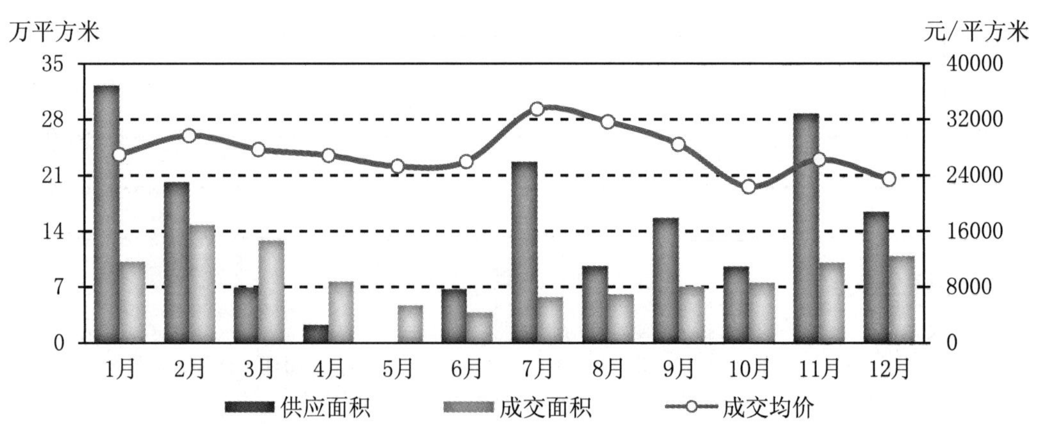


**图 4-60 2014 年 1—12 月三亚商品住宅供求及均价走势图**

数据来源:中国房地产决策咨询系统(CRIC)。

（三十二）重庆市

**1. 综述：全年土地供应充裕，市场成交相对平稳**

2014 年重庆市土地供应充裕，但房企却谨慎拿地，多数地块以底价成交，整体溢价率大幅下降。全年重庆商品房市场供应面积仍处高位，但成交面积同比上年基本持平，其中主城区房价相对稳定。

**2. 投资建设：房地产开发投资继续平稳增长**

2014 年全市完成房地产开发投资 3630.23 亿元，同比增长 20.5%，增速与 2013 年基本持平。其中，住宅完成投资 2451.37 亿元，同比增长 19.91%（见图 4－61）。商品房施工面积为 28623.93 万平方米，同比增长 9.0%。受年初以来市场遇冷因素，商品房新开工面积 6254.04 万平方米，同比下跌 18.2%，商品房竣工面积 3717.78 万平方米，较 2013 年下跌 2.3%。

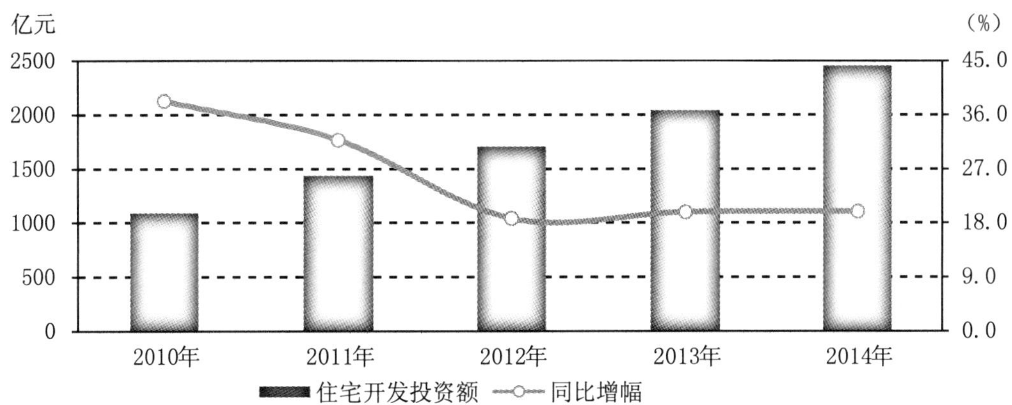


**图 4－61　2010—2014 年重庆市房地产开发投资额年度走势及同比增幅图**

数据来源：重庆市统计局。

**3. 市场表现：商品房成交面积与上年持平，成交均价同比下滑**

2014 年重庆市商品房新增供应 2666 万平方米，连续六年保持增长态势，最终全年成交面积与 2013 年持平，达到 2354.70 万平方米。全年商品房成交均价为 7112 元/平方米，多数开发企业选择“以价换量”使得全年均价较 2013 年小幅下滑，而均价又随年底市场回暖小幅上升（见图 4－62）。

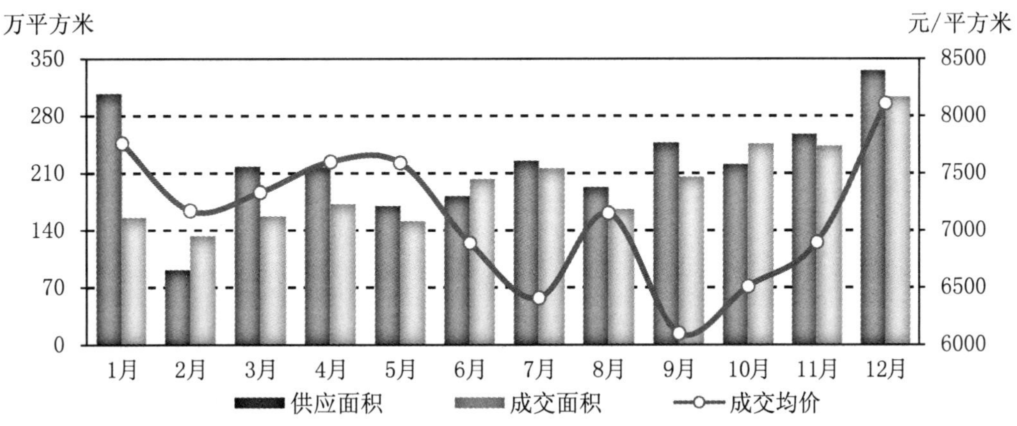


**图 4－62　2014 年 1—12 月重庆市商品住宅供求及均价走势图**

数据来源：中国房地产决策咨询系统（CRIC）。

（三十三）成都市

**1. 综述：政策面宽松提振信心，待售面积维持高位**

在 2014 年成都市购房落户调整、公积金新政等一系列政策共同作用下，开发企业和购房者对市场信心逐步恢复。全年商品住宅供应面积和成交面积双双同比下滑，且整体市场主要以消化库存为主，价格趋于平稳，但待售面积依然维持高位，消化周期进一步拉长。

**2. 投资建设：住宅开发投资增速持续下降，新开工面积同比增 14%**

2014 年全市完成房地产开发投资 2220.8 亿元，同比增长 5.2%，增速较 2013 年有所放缓。其中，住宅完成投资 1349.41 亿元，同比增长 4.57%（见图 4－63）。商品房施工面积为 17202.89 万平方米，同比增长 12.9%。受前几年土地购置热潮影响，商品房新开工面积达 4609.67 万平方米，同比增长 13.8%。商品房竣工面积为 2219.26 万平方米，同比增长 18.1%。

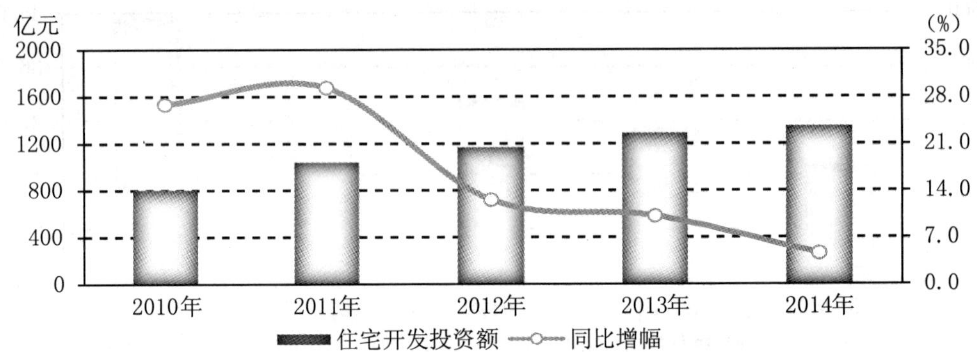


**图 4－63　2010—2014 年成都市住宅开发投资额年度走势及同比增幅图**

数据来源：成都市统计局。

**3. 市场表现：商品住宅成交面积同比降 15%，成交均价趋于平稳**

2014 年成都市商品住宅市场整体呈现量价齐跌的局面，商品住宅成交面积为 1908.51 万平方米，同比下滑 15.09%。整体成交均价为 7188 元/平方米，同比下跌 0.5%。就整体趋势而言，市场一直处于供过于求的状态，开发商纷纷推出了各种优惠活动，成交价格有涨有跌，但始终是在 7300 元/平方米上下浮动，带动市场中积累的需求集中释放（见图 4－64）。

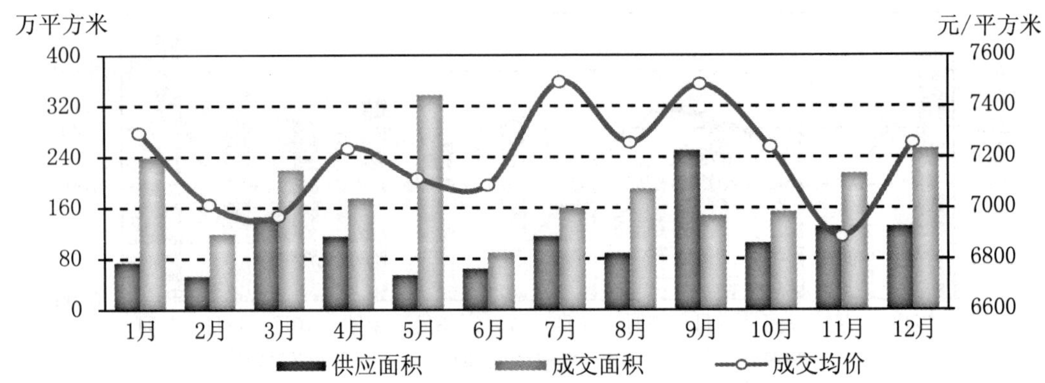


**图 4－64　2014 年 1—12 月成都市商品住宅供求及均价走势图**

数据来源：中国房地产决策咨询系统（CRIC）。

（三十四）贵阳市

**1. 综述：全年住宅市场表现低迷，去库存压力大**

2014 年贵阳市房地产市场表现尤其低迷，供应面积和成交面积同比均出现大幅下跌。以 8 月份为分水岭，随着一系列政策出台，贵阳市商品住宅市场才逐渐企稳，住宅存量去化速度也有所提升。全年市场供求形势相对严峻，商品房待售面积维持高位。

**2. 投资建设：房地产开发投资平稳增长，新开工面积同比跌 39%**

2014 年全市完成房地产开发投资 1017.60 亿元，同比增长 3.5%，增速与 2013 年基本持平。其中，住宅完成投资 627.19 亿元，同比下跌 0.1%（见图 4－65）。商品房施工面积为 6815.79 万平方米，同比增长 5.38%。受年初以来市场遇冷因素，商品房新开工面积 1149.62 万平方米，同比下跌 39.4%，商品房竣工面积 1073.69 万平方米，较 2013 年上涨 50.9%。

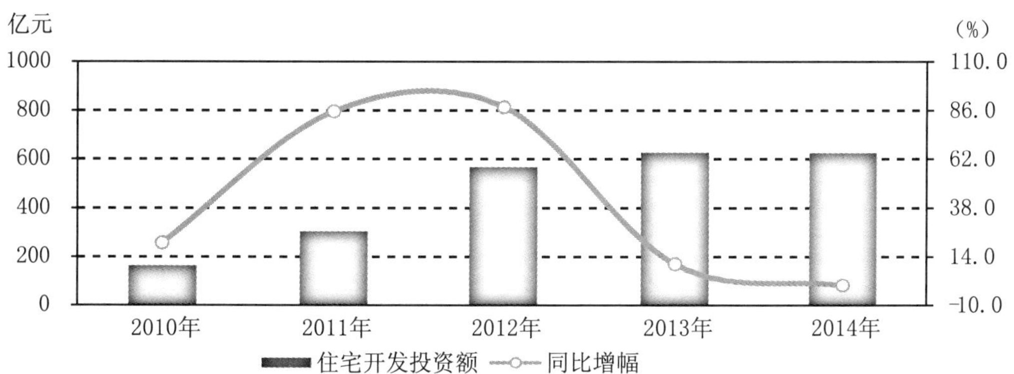


**图 4－65　2010—2014 年贵阳市房地产开发投资额年度走势及同比增幅图**

数据来源：贵阳市统计局。

**3. 市场表现：商品住宅供应、成交齐回落，成交均价小幅上涨**

贵阳市全年商品住宅供应面积为 604.89 万平方米，同比大幅回落，同时成交面积回落至 614.09 万平方米。成交均价总体保持平稳，尤其是在地方政策环境的逐步宽松后，贵阳市场从第三季度起成交面积开始小幅上涨，成交价格逐步攀升，总体维持在 5000 元/平方米以上（见图 4－66）。

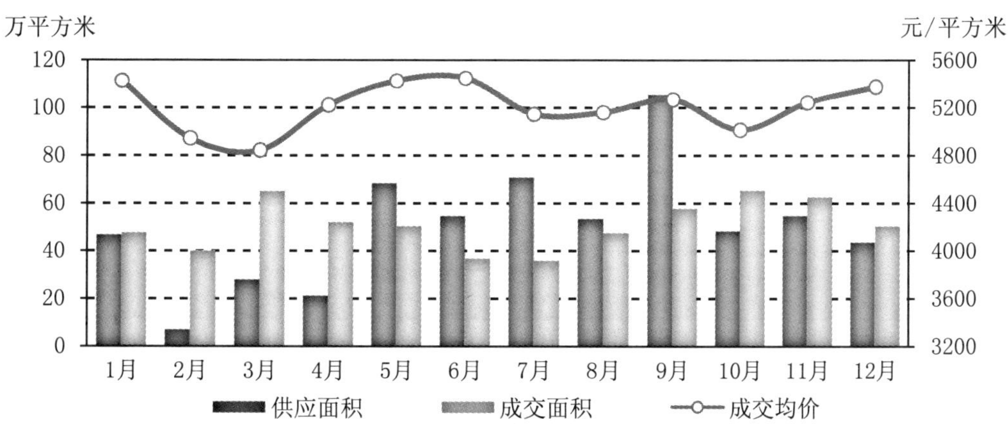


**图 4－66　2014 年 1—12 月贵阳市商品住宅供求及均价走势图**

数据来源：中国房地产决策咨询系统（CRIC）。

（三十五）昆明市

**1. 综述：全年供不应求，新开工面积同比增幅超两成**

随着城中村改造步入后期，昆明市土地市场供应量及成交量相比2013年呈双降态势，使得2014年商品房市场表现为供不应求。另一方面，商品房新开工面积又有较快速增长，市场供求将逐渐趋于平衡。

**2. 投资建设：住宅开发投资规模继续增加，新开工面积同比增23%**

2014年全市完成房地产开发投资1492.62亿元，同比增长15.6%，增速较2013年大幅放缓。其中，住宅完成投资934.93亿元，同比增长7.59%（见图4-67）。商品房施工面积为8772.72万平方米，同比增长13.85%。商品房新开工面积2064.74万平方米，同比增长23.08%。商品房竣工面积较2013年上涨4.62%。

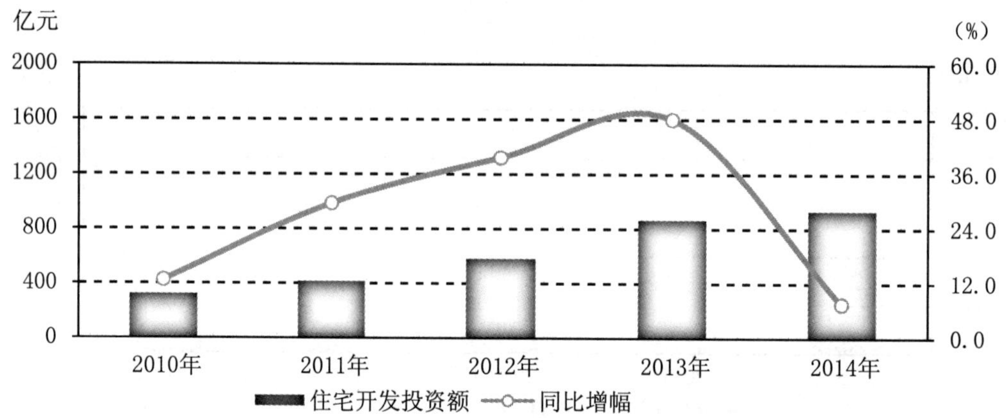


**图4-67　2010—2014年昆明市住宅开发投资额年度走势及同比增幅图**

数据来源：昆明市统计局。

**3. 市场表现：全年呈供不应求态势，成交均价逐月上涨走势显著**

昆明市全年商品住宅供应达841.34万平方米，成交面积达738.03万平方米，同比上升3.83%，整体供求比为1.14∶1，呈现供过于求状态。整年市场成交均价相对平稳，没有明显波动，达到7420元/平方米（见图4-68）。

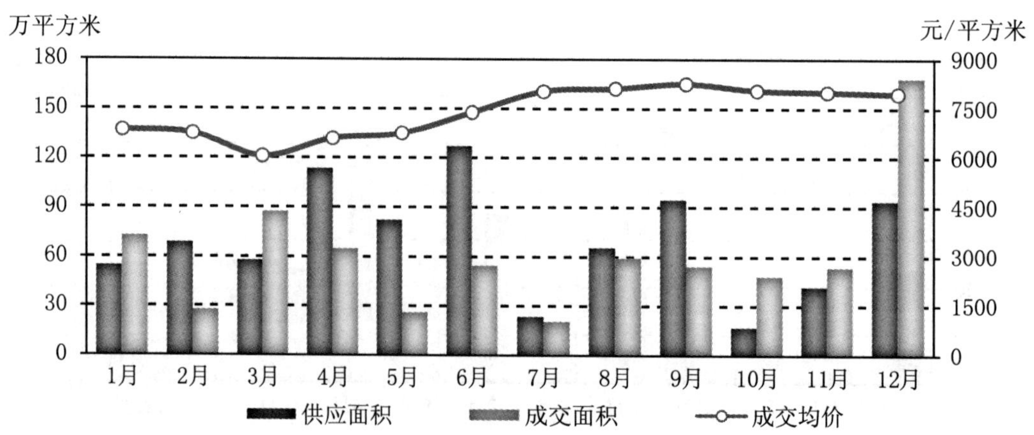


**图4-68　2014年1—12月昆明市商品住宅供求及均价走势图**

数据来源：中国房地产决策咨询系统（CRIC）。

（三十六）西安市

**1. 综述：市场规模扩大，待售面积破千万平方米**

2014 年西安市房地产市场供应面积和成交面积均破 1000 万平方米大关，市场规模有所扩大，但整体供大于求的状况没有改善，待售面积达到千万平方米，市场库存去化压力较大。

**2. 投资建设：房地产开发投资增速放缓，新开工面积同比下跌 3.43%**

2014 年全市完成房地产开发投资 1761.88 亿元，同比增长 10.4%，增速较 2013 年大幅放缓。其中，住宅完成投资 1321.91 亿元，同比增长 7.79%（见图 4－69）。商品房施工面积为 12332.19 万平方米，同比增长 19.76%。商品房新开工面积 2438.30 万平方米，同比下跌 3.43%。商品房竣工面积 1514.14 万平方米，较 2013 年上涨 90.37%。

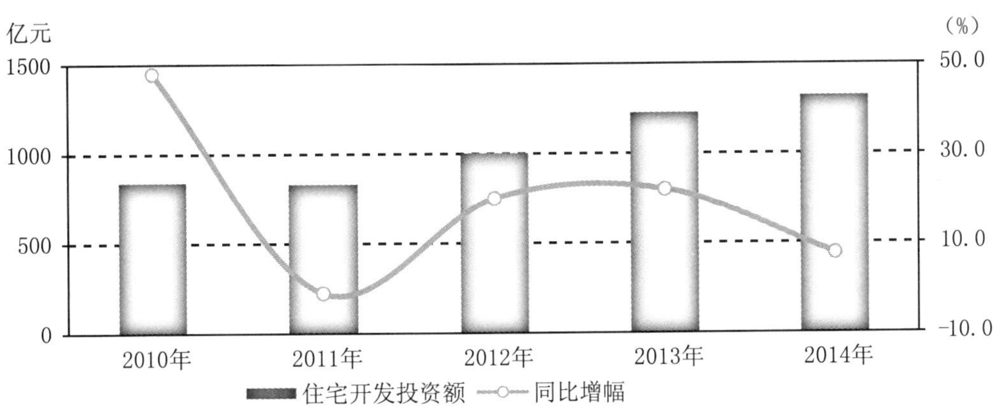


**图 4－69　2010—2014 年西安市住宅开发投资额年度走势及同比增幅图**

数据来源：西安市统计局。

**3. 市场表现：住宅供应量增加而需求不足，供过于求致价格下跌**

西安市全年商品住宅供应面积 1667 万平方米，同比上涨 17%，成交面积 1316 万平方米，同比上涨 7%，整体供求比达到了 1.27∶1，短期的供过于求加上高企的待售面积，使得购房信心不振，项目竞争加剧，全年商品住宅成交均价为 6588 元/平方米，同比下降 4.4%（见图 4－70）。

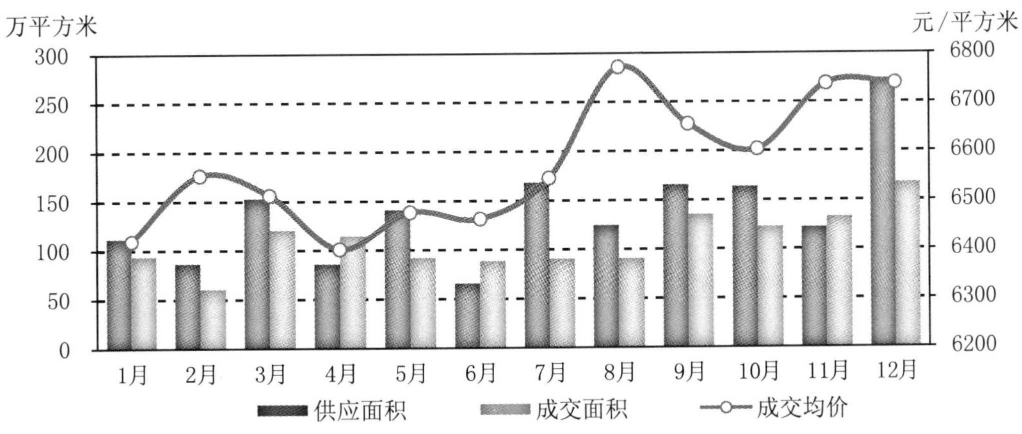


**图 4－70　2014 年 1—12 月西安市商品住宅供求及均价走势图**

数据来源：中国房地产决策咨询系统（CRIC）。

（三十七）兰州市

**1. 综述：开发投资继续增长，商品房市场供需两旺**

作为甘肃的省会城市，新区和新城加快推进，房地产开发投资规模继续提升，保持20%以上的增速。但兰州市房地产市场在2014年却一直处在低迷状态，基于上年需求过度透支，导致上半年商品房成交面积显著下滑，到下半年才有起色，全年供应面积和成交面积分别同比增加20%和34%。

**2. 投资建设：住宅开发投资同比增24%**

2014年全市完成房地产开发投资317.08亿元，同比增长23.17%，增速较2012年有所提升。其中，住宅完成投资212.53亿元，同比增长24.3%（见图4－71）。商品房施工面积为3284.6万平方米，同比上涨25.26%。商品房新开工面积624.4万平方米，同比增长8.55%。商品房竣工面积118.5万平方米，较2012年下降25.2%。

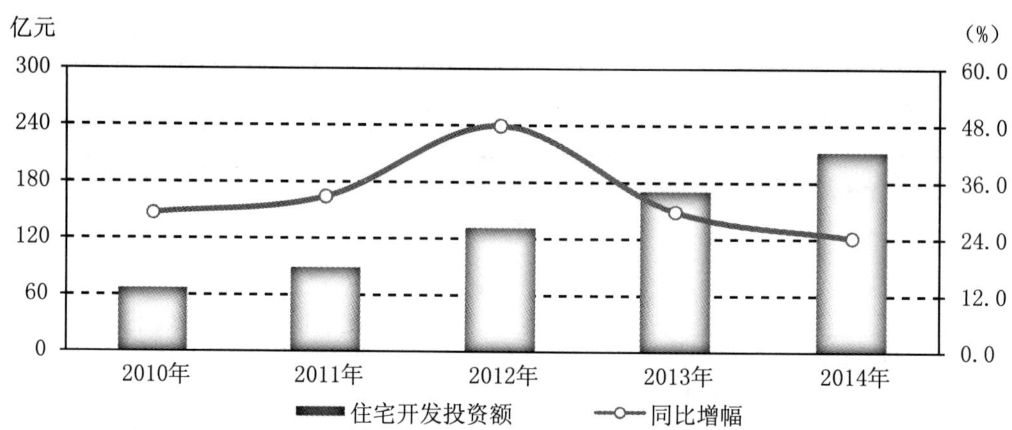


**图4－71　2010—2014年兰州市住宅开发投资额年度走势及同比增幅图**

数据来源：兰州市统计局。

**3. 市场表现：商品住宅成交面积同比激增34%，成交均价同比跌一成**

2014年兰州市商品住宅供应面积为408.70万平方米，同比上升20%。成交面积269.29万平方米，同比上涨34.2%。从月度成交走势来看，上半年住宅成交面积处在较低水平，下半年成交面积稳中有升。全年商品住宅成交均价为6586元/平方米，较上年下降9.8%，主要是市场下行，企业坚持“以价走量”的策略所致（见图4－72）。

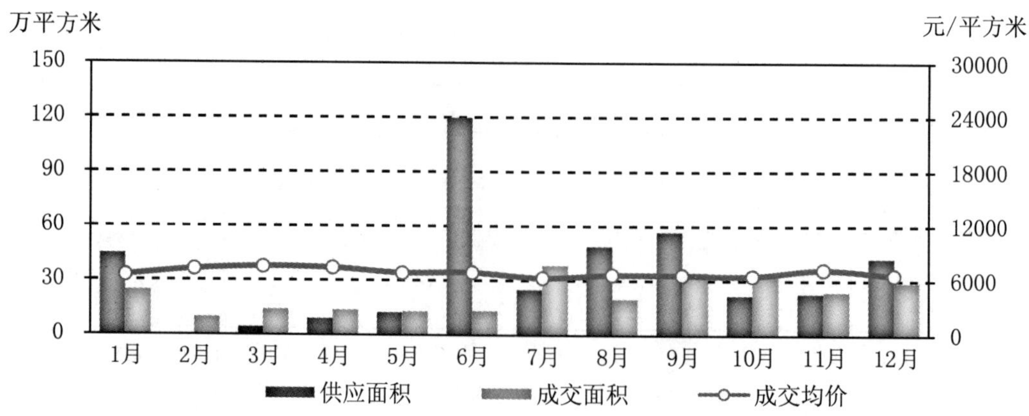


**图4－72　2014年1—12月兰州市商品住宅供求及均价走势图**

数据来源：中国房地产决策咨询系统（CRIC）。

（三十八）西宁市

**1. 综述：政策保持平稳，市场成交面积保持低位**

2014 年西宁市是房地产政策并没有太大的变动，总体市场环境相对平稳。房地产市场成交量呈现“两头高、中间低”的态势，总量仍较 2013 年有所下降。随着棚户区和城中村改造及新片区建设的加快，总体来看市场规模发展呈上涨趋势。

**2. 投资建设：房地产开发投资增加快，新开工面积下滑 28.7%**

2014 年全市完成房地产开发投资 3483 亿元，同比增长 26.2%，增速较 2013 年有所提升。其中，住宅完成投资 151.7 亿元，同比增长 21.9%（见图 4－73）。商品房施工面积为 1808.27 万平方米，同比下滑 1.7%。商品房新开工面积 461.21 万平方米，同比下降 28.7%。商品房竣工面积 490.96 万平方米，较 2013 年下降 6.4%。

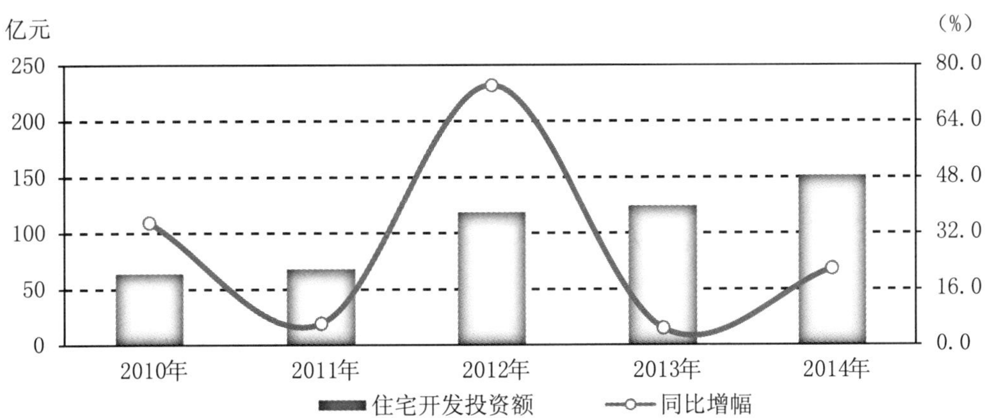


**图 4－73　2010—2014 年西宁市住宅开发投资额年度走势及同比增幅图**

数据来源：西宁市统计局。

**3. 市场表现：商品住宅供应面积同比增长 29%，成交均价上涨 12.5%**

西宁市全年商品住宅成交面积为 277.59 万平方米，同比下滑 13.9%。供应面积 322.60 万平方米，同比上升 28.8%。纵观西宁市 2014 年商品住宅成交走势，呈现“两头扬，中间抑”趋势。2014 年西宁市商品住宅成交均价为 5351 元/平方米，较 2013 年增长 12.5%（见图 4－74）。

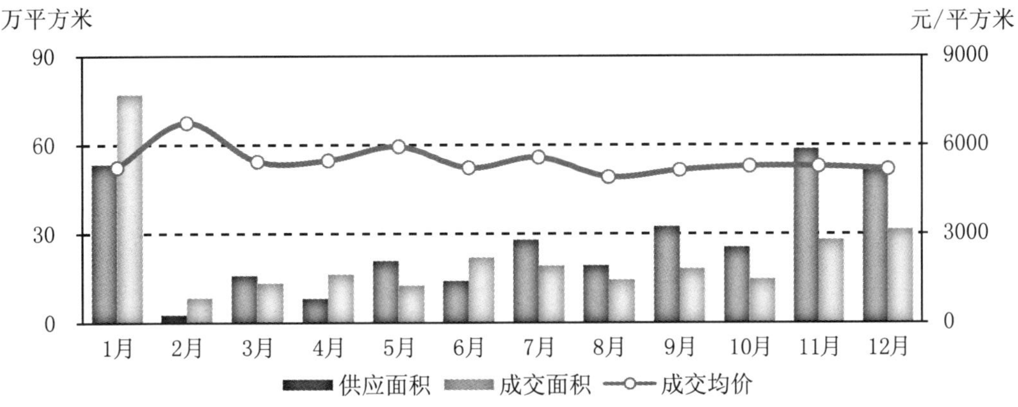


**图 4－74　2014 年 1—12 月西宁市商品住宅供求及均价走势图**

数据来源：中国房地产决策咨询系统（CRIC）。

（三十九）银川市

**1. 综述：政策环境相对宽松，待售面积去化压力较大**

2014 年银川市政策环境稳定，紧跟全国市场整体方向。房地产开发投资规模继续扩大，住宅开发投资同比增幅达 22%。在银川市商品房待售面积已经过高的情况下，库存去化压力尤为巨大。

**2. 投资建设：住宅投资增速小幅上扬，新开工面积同比下降 4.2%**

2014 年全市完成房地产开发投资 388.9 亿元，同比增长 17.6%。其中，住宅完成投资 239 亿元，同比增长 22.1%（见图 4－75）。商品房施工面积为 4208.92 万平方米，同比增长 19.5%。商品房新开工面积 1206.23 万平方米，同比下降 4.2%。商品房竣工面积 727.2 万平方米，同比增长 13.1%。

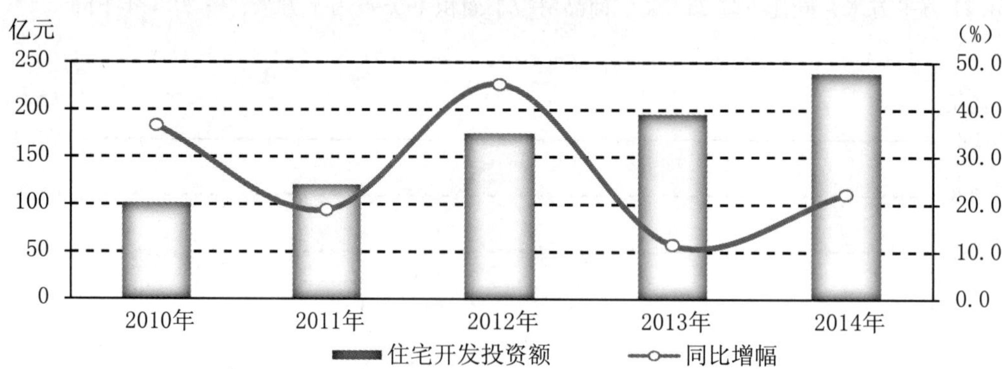


**图 4－75　2010—2014 年银川市住宅开发投资额年度走势及同比增幅图**

数据来源：银川市统计局。

（四十）乌鲁木齐市

**1. 综述：住宅开发投资增速放缓，商品住宅供求双降而价格上涨**

2014 年乌鲁木齐市房地产开发投资规模继续提升，而住宅开发投资和施工面积都较上年有不同程度下降。商品住宅的新增供应和成交量也较上年有大幅下滑，分别为 33% 和 45%。而房价则仍然维持上涨，同比涨幅达 14%，居于二线城市前列。

**2. 投资建设：住宅开发投资增速放缓，商品房竣工面积大幅提升**

2014 年全市完成房地产开发投资 330 亿元，同比增长 21.9%，增速较 2013 年有所下降。其中，住宅完成投资 213.2 亿元，同比增长 7.1%（见图 4－76）。商品房施工面积为 3589.0 万平方米，同比上升 15.1%。商品房新开工面积 887.29 万平方米，同比下降 3.6%。商品房竣工面积 681.3 万平方米，较 2013 年上涨 62.8%。

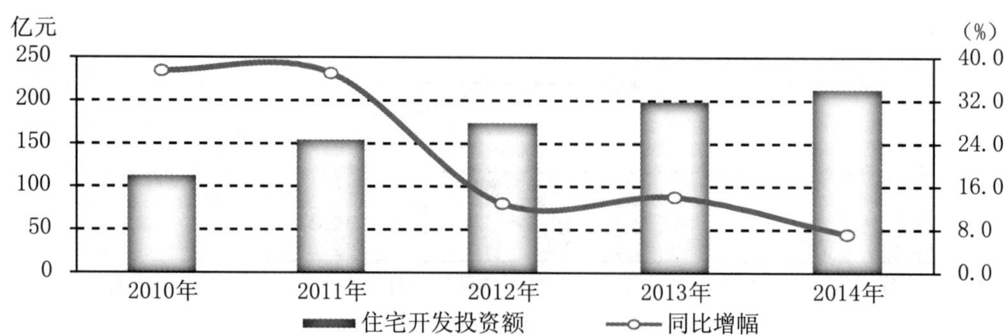


**图 4－76　2010—2014 年乌鲁木齐市住宅开发投资额年度走势及同比增幅图**

数据来源：乌鲁木齐市统计局。

**3. 市场表现：商品住宅成交面积大幅下滑，成交均价同比上涨14%**

乌鲁木齐市全年商品住宅供应面积446.72万平方米，同比下降32.8%。成交面积为309.51万平方米，同比下滑44.9%。上半年基本处在供小于求的局面，下半年供应面积持续增长，市场供应略大于成交。全年商品住宅成交均价为6760元/平方米，较2013年上涨14.4%（见图4-77）。

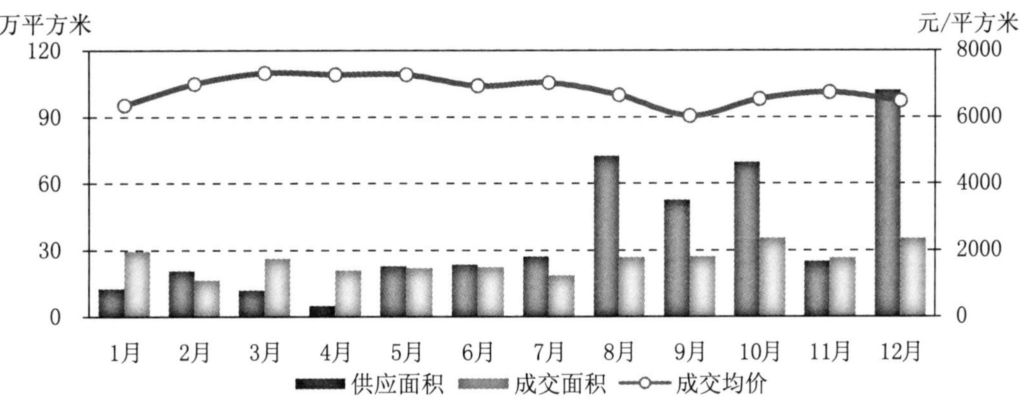


**图4-77　2014年1—12月乌鲁木齐市商品住宅供求及均价走势图**

数据来源：中国房地产决策咨询系统（CRIC）。

# Ⅴ.企业篇

# 导 读

本篇第一部分是由中国房地产业协会、中国房地产研究会和中国房地产测评中心联合发布的2014—2015年中国房地产开发企业三个重要的测评榜单，分别是2015年房地产开发企业500强综合实力榜单、2014年房地产上市公司综合实力百强榜单和2014年房地产企业品牌价值测评榜单。

第二部分是中国房地产年鉴首次收录由中国房地产业协会和住建部住宅产业化促进中心发布的2013—2014年度“广厦奖”获奖项目及开发单位名单。

第三部分是中国部分优秀房地产开发企业的情况展示，包括中国最具综合实力的百强开发企业和具有经营特色的开发企业，展示其基本发展历程、经营情况、重点项目等信息。

## 一、2014—2015 年度中国房地产开发企业测评榜单

（一）2015 年中国房地产开发企业 500 强测评（见表 5－1）

发布机构：中国房地产业协会　中国房地产研究会　中国房地产测评中心

**表 5－1　　2015 中国房地产开发企业 500 强榜单**

| 排　名 | 企业名称 | 排　名 | 企业名称 |
|---|---|---|---|
| 1 | 万科企业股份有限公司 | 35 | 宝龙地产控股有限公司 |
| 2 | 恒大地产集团 | 36 | 建发房地产集团有限公司 |
| 3 | 绿地控股集团有限公司 | 37 | 禹洲集团 |
| 4 | 保利房地产（集团）股份有限公司 | 38 | 上海升龙投资集团有限公司 |
| 5 | 中国海外发展有限公司 | 39 | 上海中建东孚投资发展有限公司 |
| 6 | 碧桂园控股有限公司 | 40 | 上海实业城市开发集团有限公司 |
| 7 | 世茂房地产控股有限公司 | 41 | 雨润地产集团 |
| 8 | 融创中国控股有限公司 | 42 | 龙光地产控股有限公司 |
| 9 | 龙湖地产有限公司 | 43 | 金辉地产 |
| 10 | 广州富力地产股份有限公司 | 44 | 浙江佳源房地产集团有限公司 |
| 11 | 华润置地有限公司 | 45 | 广州时代地产集团有限公司 |
| 12 | 华夏幸福基业股份有限公司 | 46 | 景瑞地产（集团）有限公司 |
| 13 | 招商局地产控股股份有限公司 | 47 | 亿达集团有限公司 |
| 14 | 金地（集团）股份有限公司 | 48 | 中骏置业控股有限公司 |
| 15 | 远洋地产控股有限公司 | 49 | 国购投资有限公司 |
| 16 | 绿城房地产集团有限公司 | 50 | 农工商房地产（集团）股份有限公司 |
| 17 | 荣盛房地产发展股份有限公司 | 51 | 浙江祥生房地产开发有限公司 |
| 18 | 北京首都开发控股（集团）有限公司 | 52 | 联发集团有限公司 |
| 19 | 复地（集团）股份有限公司 | 53 | 卓越置业集团有限公司 |
| 20 | 金科地产集团股份有限公司 | 54 | 朗诗集团股份有限公司 |
| 21 | 新城控股集团有限公司 | 55 | 首创置业股份有限公司 |
| 22 | 阳光城集团股份有限公司 | 56 | 方兴地产（中国）有限公司 |
| 23 | 融侨集团股份有限公司 | 57 | 中粮地产（集团）股份有限公司 |
| 24 | 旭辉控股（集团）有限公司 | 58 | 重庆华宇物业（集团）有限公司 |
| 25 | 江苏中南建设集团股份有限公司 | 59 | 三盛地产集团 |
| 26 | 建业住宅集团（中国）有限公司 | 60 | 中国奥园地产集团股份有限公司 |
| 27 | 四川蓝光和骏实业股份有限公司 | 61 | 上海证大房地产有限公司 |
| 28 | 泰禾集团股份有限公司 | 62 | 福晟集团 |
| 29 | 越秀地产股份有限公司 | 63 | 重庆新鸥鹏地产（集团）有限公司 |
| 30 | 路劲地产集团有限公司 | 64 | 海航地产控股（集团）有限公司 |
| 31 | 正荣集团有限公司 | 65 | 俊发地产有限责任公司 |
| 32 | 海亮地产控股集团有限公司 | 66 | 鑫苑（中国）置业有限公司 |
| 33 | 融信（福建）投资集团有限公司 | 67 | 上海城建置业发展有限公司 |
| 34 | 金融街控股股份有限公司 | 68 | 重庆隆鑫地产（集团）有限公司 |

续表

| 排　名 | 企业名称 | 排　名 | 企业名称 |
| --- | --- | --- | --- |
| 69 | K2 地产 | 112 | 当代置业（中国）有限公司 |
| 70 | 天朗控股集团 | 113 | 广东海伦堡地产集团有限公司 |
| 71 | 上海建工房产有限公司 | 114 | 阳光 100 集团有限公司 |
| 72 | 鸿坤地产集团 | 115 | 莱蒙国际集团有限公司 |
| 73 | 南京栖霞建设股份有限公司 | 116 | 广泽地产集团股份有限公司 |
| 74 | 西安紫薇地产开发有限公司 | 117 | 深业集团有限公司 |
| 75 | 龙记地产集团股份有限公司 | 118 | 郭氏投资集团有限公司 |
| 76 | 上海城投置地（集团）有限公司 | 119 | 新湖中宝股份有限公司 |
| 77 | 新疆华源实业（集团）有限公司 | 120 | 国贸地产集团有限公司 |
| 78 | 上海保集（集团）有限公司 | 121 | 中渝置地控股有限公司 |
| 79 | 东胜房地产开发集团 | 122 | 北京住总集团有限公司 |
| 80 | 山水文园投资集团 | 123 | 珠海华发实业股份有限公司 |
| 81 | 天山房地产开发集团有限公司 | 124 | 中航地产股份有限公司 |
| 82 | 苏州圆融发展集团有限公司 | 125 | 河南正商置业有限公司 |
| 83 | 北京江南投资集团有限公司 | 126 | 五矿建设有限公司 |
| 84 | 天同宏基集团股份有限公司 | 127 | 美的地产发展集团 |
| 85 | 方圆地产控股有限公司 | 128 | 安徽省文一投资控股集团 |
| 86 | 中锐地产集团 | 129 | 阳光新业地产股份有限公司 |
| 87 | 浙江中天房地产集团有限公司 | 130 | 鲁能置业集团有限公司 |
| 88 | 重庆泽京房地产开发有限公司 | 131 | 上海绿洲投资控股集团有限公司 |
| 89 | 中昂地产（集团）有限公司 | 132 | 花样年控股集团有限公司 |
| 90 | 荣和集团 | 133 | 宁波奥克斯置业有限公司 |
| 91 | 象屿地产集团有限公司 | 134 | 中国电建地产集团有限公司 |
| 92 | 众安房产有限公司 | 135 | 北京一方控股集团有限公司 |
| 93 | 厦门海投房地产有限公司 | 136 | 东渡国际（集团）有限公司 |
| 94 | 颐和地产集团 | 137 | 星河湾地产控股有限公司 |
| 95 | 福建中联房地产开发集团有限公司 | 138 | 厦门经济特区房地产开发集团有限公司 |
| 96 | 泉舜集团有限公司 | 139 | 上海中星（集团）有限公司 |
| 97 | 广州广电房地产开发集团股份有限公司 | 140 | 合生创展集团有限公司 |
| 98 | 滕州市房地产综合开发公司 | 141 | 上海大名城企业股份有限公司 |
| 99 | 四川蓝润实业集团有限公司 | 142 | 五洲国际控股有限公司 |
| 100 | 上海上投控股有限公司 | 143 | 杭州开元房地产集团有限公司 |
| 101 | 中天城投集团股份有限公司 | 144 | 翠屏国际控股有限公司 |
| 102 | 合景泰富地产控股有限公司 | 145 | 山西恒实房地产开发有限责任公司 |
| 103 | 世纪金源集团有限公司 | 146 | 浙江昆仑置业集团有限公司 |
| 104 | 贵州宏立城集团 | 147 | 信达地产股份有限公司 |
| 105 | 苏州伟业集团 | 148 | 华远地产股份有限公司 |
| 106 | 黑龙江宝宇房地产开发（集团）公司 | 149 | 河北燕阳集团 |
| 107 | 雅戈尔集团股份有限公司 | 150 | 湖北省联合发展投资集团有限公司 |
| 108 | 大华（集团）有限公司 | 151 | 深圳市中洲投资控股股份有限公司 |
| 109 | 长春新星宇房地产开发有限责任公司 | 152 | 云南城投置业股份有限公司 |
| 110 | 云南子元（集团）股份有限公司 | 153 | 中华企业股份有限公司 |
| 111 | 鲁商置业股份有限公司 | 154 | 福星惠誉房地产有限公司 |

续表

| 排　名 | 企业名称 | 排　名 | 企业名称 |
|---|---|---|---|
| 155 | 毅德国际控股有限公司 | 198 | 福建正祥投资集团有限公司 |
| 156 | 嘉凯城集团股份有限公司 | 199 | 北京国瑞兴业地产有限公司 |
| 157 | 宁波房地产股份有限公司 | 200 | 昆明佳达利房地产开发经营有限公司 |
| 158 | 上海鹏欣房地产（集团）有限公司 | 201 | 广州珠江实业开发股份有限公司 |
| 159 | 安徽国耀地产发展有限公司 | 202 | 天津住宅建设发展集团有限公司 |
| 160 | 上海中梁地产集团有限公司 | 203 | 广州东华实业股份有限公司 |
| 161 | 中冶置业有限责任公司 | 204 | 安徽新华房地产集团 |
| 162 | 江苏吴中地产集团有限公司 | 205 | 云南神州天宇地产集团 |
| 163 | 明发集团有限公司 | 206 | 宁波维科置业有限公司 |
| 164 | 绿都控股集团有限公司 | 207 | 深圳市振业（集团）股份有限公司 |
| 165 | 南益地产集团有限公司 | 208 | 杭州宋都房地产集团有限公司 |
| 166 | 厦门住宅建设集团有限公司 | 209 | 苏宁置业有限公司 |
| 167 | 德信控股集团有限公司 | 210 | 天地源股份有限公司 |
| 168 | 京投银泰股份有限公司 | 211 | 新疆广汇实业股份有限公司 |
| 169 | 北京融科智地房地产开发有限公司 | 212 | 冠城大通股份有限公司 |
| 170 | 泛海建设集团股份有限公司 | 213 | 江苏弘阳集团有限公司 |
| 171 | 天津市房地产发展（集团）股份有限公司 | 214 | 上海中环投资开发（集团）有限公司 |
| 172 | 福建中庚实业集团有限公司 | 215 | 中山市大信控股有限公司 |
| 173 | 广东珠江投资股份有限公司 | 216 | 银城地产股份有限公司 |
| 174 | 西安海荣房地产集团有限公司 | 217 | 海尔地产集团有限公司 |
| 175 | 北京华业地产股份有限公司 | 218 | 深圳市宝能投资集团有限公司 |
| 176 | 上海爱家集团有限公司 | 219 | 广东珠光集团有限公司 |
| 177 | 苏宁环球股份有限公司 | 220 | 四川省国嘉地产有限公司 |
| 178 | 东莞市光大房地产开发有限公司 | 221 | 南京新港高科技股份有限公司 |
| 179 | 和昌地产集团 | 222 | 澳海房地产开发有限公司 |
| 180 | 宁波银亿房地产开发有限公司 | 223 | 美林基业集团有限公司 |
| 181 | 海信房地产股份有限公司 | 224 | 河南正弘置业有限公司 |
| 182 | 郑州绿都地产集团有限公司 | 225 | 金大元集团（上海）有限公司 |
| 183 | 深圳市星河房地产开发有限公司 | 226 | 成都置信实业（集团）有限公司 |
| 184 | 恒盛地产控股有限公司 | 227 | 西藏城市发展投资股份有限公司 |
| 185 | 武汉地产开发投资集团有限公司 | 228 | 厦门源昌房地产开发有限公司 |
| 186 | 天津泰达建设集团有限公司 | 229 | 葛洲坝海集房地产开发有限公司 |
| 187 | SOHO 中国有限公司 | 230 | 恒通建设集团有限公司 |
| 188 | 广宇集团股份有限公司 | 231 | 中邦置业集团有限公司 |
| 189 | 上置集团有限公司 | 232 | 三湘股份有限公司 |
| 190 | 上海三盛宏业投资集团 | 233 | 坤和建设集团有限公司 |
| 191 | 合肥城建发展股份有限公司 | 234 | 上海陆家嘴金融贸易区开发股份有限公司 |
| 192 | 上海嘉宝实业（集团）股份有限公司 | 235 | 美好置业集团股份有限公司 |
| 193 | 杭州滨江房产集团股份有限公司 | 236 | 长春国信投资集团有限公司 |
| 194 | 重庆斌鑫集团有限公司 | 237 | 格力地产股份有限公司 |
| 195 | 浙江金龙房地产投资集团有限公司 | 238 | 天津天一建设集团有限公司 |
| 196 | 百步亭集团有限公司 | 239 | 顺发恒业股份公司 |
| 197 | 红星美凯龙房地产开发有限公司 | 240 | 浙江省赞成集团有限公司 |

续表

| 排名 | 企业名称 | 排名 | 企业名称 |
|---|---|---|---|
| 241 | 华南城控股有限公司 | 284 | 吉林亚泰房地产开发有限公司 |
| 242 | 宝业集团股份有限公司 | 285 | 金都房产集团有限公司 |
| 243 | 浙江中大集团股份有限公司 | 286 | 上海万业企业股份有限公司 |
| 244 | 上海张江高科技园区开发股份有限公司 | 287 | 中国房地产开发集团公司 |
| 245 | 辰兴房地产发展股份有限公司 | 288 | 苏州工业园区建屋发展集团有限公司 |
| 246 | 恒亿集团 | 289 | 江西恒茂房地产开发有限公司 |
| 247 | 京能置业股份有限公司 | 290 | 祥源控股集团 |
| 248 | 同景集团有限公司 | 291 | 新华联不动产股份有限公司 |
| 249 | 北京万通地产股份有限公司 | 292 | 武汉中央商务区城建开发有限公司 |
| 250 | 庭瑞集团 | 293 | 云南经典房地产开发集团有限公司 |
| 251 | 上海金桥出口加工区开发股份有限公司 | 294 | 杭州兴耀房地产开发集团有限公司 |
| 252 | 安徽高速地产集团有限公司 | 295 | 汉飞投资控股集团 |
| 253 | 中国武夷实业股份有限公司 | 296 | 福州深深房地产开发有限公司 |
| 254 | 安徽安粮控股股份有限公司 | 297 | 江苏阳光置业发展有限公司 |
| 255 | 福建五洲集团有限公司 | 298 | 江苏新能源置业集团有限公司 |
| 256 | 厦门新景地集团有限公司 | 299 | 武汉联通置业有限公司 |
| 257 | 祥泰实业有限公司 | 300 | 北京北辰实业股份有限公司 |
| 258 | 安徽华冶置业有限责任公司 | 301 | 人居置业有限公司 |
| 259 | 深圳市信义房地产开发有限公司 | 302 | 荣安地产股份有限公司 |
| 260 | 广东中海联投资有限公司 | 303 | 亿城集团股份有限公司 |
| 261 | 四川中德世纪置业有限公司 | 304 | 广西嘉和置业集团有限公司 |
| 262 | 南京城市开发（集团）有限责任公司 | 305 | 厦门市杏林建设开发有限公司 |
| 263 | 深圳香江控股股份有限公司 | 306 | 中惠熙元房地产集团有限公司 |
| 264 | 天津广宇发展股份有限公司 | 307 | 深圳市城市建设开发（集团）公司 |
| 265 | 昆明银海房地产开发有限公司 | 308 | 济南东拓置业有限公司 |
| 266 | 卧龙地产集团股份有限公司 | 309 | 长春豪邦房地产开发集团有限公司 |
| 267 | 河北卓达房地产集团有限公司 | 310 | 河南盛润置业集团有限公司 |
| 268 | 上海宝华企业集团有限公司 | 311 | 厦门恒兴置业有限公司 |
| 269 | 浙江广厦股份有限公司 | 312 | 洪客隆地产集团 |
| 270 | 郑州亚新房地产开发有限公司 | 313 | 安徽省金大地房屋开发有限公司 |
| 271 | 湖北奥山置业有限公司 | 314 | 中体产业集团股份有限公司 |
| 272 | 上亿企业集团有限公司 | 315 | 深圳经济特区房地产（集团）股份有限公司 |
| 273 | 保亿集团股份有限公司 | 316 | 福建永鸿投资发展集团 |
| 274 | 湖北人信房地产开发有限公司 | 317 | 西宁金座房地产开发有限公司 |
| 275 | 湖南新长海发展集团 | 318 | 奥宸地产（集团）有限公司 |
| 276 | 三正房地产开发有限公司 | 319 | 青建集团股份公司 |
| 277 | 嘉裕房地产集团 | 320 | 安徽省恒泰房地产开发有限责任公司 |
| 278 | 河南和谐置业有限公司 | 321 | 天洋置地有限公司 |
| 279 | 大连海昌集团有限公司 | 322 | 江苏凤凰置业投资股份有限公司 |
| 280 | 中新苏州工业园区置地有限公司 | 323 | 沈阳宏发房屋开发有限公司 |
| 281 | 深圳市天健房地产开发实业有限公司 | 324 | 长春市万龙房地产开发有限责任公司 |
| 282 | 山东众成地产集团有限公司 | 325 | 北京兴创投资有限公司 |
| 283 | 北京科技园建设（集团）股份有限公司 | 326 | 广州市番禺祈福新邨房地产有限公司 |

续表

| 排　名 | 企业名称 | 排　名 | 企业名称 |
|---|---|---|---|
| 327 | 杭州华元房地产集团有限公司 | 370 | 成都万华投资有限责任公司 |
| 328 | 吉林省伟峰实业有限公司 | 371 | 北京电子城投资开发股份有限公司 |
| 329 | 淮矿地产有限责任公司 | 372 | 湖南省湘诚房地产开发有限公司 |
| 330 | 湖南鑫远集团有限公司 | 373 | 天阳置业有限公司 |
| 331 | 新疆百商投资集团有限公司 | 374 | 河南亚星置业集团 |
| 332 | 武汉南国置业股份有限公司 | 375 | 沈阳格林豪森房地产开发有限公司 |
| 333 | 名门地产（河南）有限公司 | 376 | 广西红日东升投资有限公司 |
| 334 | 君华集团有限公司 | 377 | 江苏美好置地有限公司 |
| 335 | 天津贻成集团有限公司 | 378 | 江苏运杰置业有限公司 |
| 336 | 新沃置业有限公司 | 379 | 济南银丰房地产开发有限公司 |
| 337 | 广西瀚林地产开发有限公司 | 380 | 云南实力集团有限公司 |
| 338 | 北京和裕房地产开发有限公司 | 381 | 昆明城建房地产开发股份有限公司 |
| 339 | 湖北清能地产集团有限公司 | 382 | 安徽置地投资有限公司 |
| 340 | 陕西泰华置业发展有限公司 | 383 | 天津松江股份有限公司 |
| 341 | 江苏常发地产集团有限公司 | 384 | 卓尔发展集团有限公司 |
| 342 | 深圳市联投置地有限公司 | 385 | 山西大唐双喜置业有限公司 |
| 343 | 大连友谊（集团）股份有限公司 | 386 | 福建华辰房地产有限公司 |
| 344 | 金轮天地控股有限公司 | 387 | 深圳市物业发展（集团）股份有限公司 |
| 345 | 安徽大富房地产开发有限公司 | 388 | 中弘控股股份有限公司 |
| 346 | 广东鼎峰地产集团有限公司 | 389 | 深圳市博林房地产开发有限公司 |
| 347 | 山东省三名投资有限公司 | 390 | 中国·经纬置地有限公司 |
| 348 | 江西中江地产股份有限公司 | 391 | 合肥拓基房地产开发有限责任公司 |
| 349 | 广西金源置业集团有限公司 | 392 | 泰宏建设发展有限公司 |
| 350 | 沈阳富禹房屋开发有限公司 | 393 | 上海金臣房地产开发有限公司 |
| 351 | 中国宝安集团股份有限公司 | 394 | 山东黄金地产旅游集团有限公司 |
| 352 | 深圳市富通房地产集团有限公司 | 395 | 腾辉集团 |
| 353 | 金桥房地产开发股份有限公司 | 396 | 海南昌茂企业（集团）有限公司 |
| 354 | 云南中原实业集团有限公司 | 397 | 江苏大港股份有限公司 |
| 355 | 上海新黄浦置业股份有限公司 | 398 | 昌建地产 |
| 356 | 成都森宇实业集团有限公司 | 399 | 四川省景茂置业集团有限公司 |
| 357 | 云南堃驰房地产有限公司 | 400 | 广州云星房地产开发集团有限公司 |
| 358 | 中房置业股份有限公司 | 401 | 美都控股股份有限公司 |
| 359 | 国兴融达地产股份有限公司 | 402 | 昆明佳湖房地产开发有限公司 |
| 360 | 天津天保基建股份有限公司 | 403 | 广东利海集团有限公司 |
| 361 | 上海同济科技实业股份有限公司 | 404 | 西安经发地产有限公司 |
| 362 | 远大集团置业投资有限公司 | 405 | 博泰投资集团有限公司 |
| 363 | 昆明诺仕达企业（集团）有限公司 | 406 | 山东建大教育置业有限公司 |
| 364 | 上海汇成（集团）有限公司 | 407 | 长沙高鑫房地产开发有限公司 |
| 365 | 北京建工集团有限责任公司 | 408 | 青海三榆房地产集团有限公司 |
| 366 | 鑫塔房地产开发有限责任公司 | 409 | 长春宝雍阁房地产开发有限责任公司 |
| 367 | 苏州新区高新技术产业股份有限公司 | 410 | 河南天伦地产集团有限公司 |
| 368 | 合肥华邦投资置业有限公司 | 411 | 山东外海置业投资有限公司 |
| 369 | 天津九胜投资发展有限公司 | 412 | 青岛银盛泰房地产有限公司 |

续表

| 排　名 | 企业名称 | 排　名 | 企业名称 |
|---|---|---|---|
| 413 | 青岛城市建设集团股份有限公司 | 457 | 江苏通宇房地产开发有限责任公司 |
| 414 | 柏庄控股集团有限公司 | 458 | 湖南运达房地产开发有限公司 |
| 415 | 上海金丰投资股份有限公司 | 459 | 无锡市民生房地产开发有限公司 |
| 416 | 云南官房企业集团有限公司 | 460 | 武汉裕亚置业集团有限公司 |
| 417 | 洛阳祝福房地产开发有限公司 | 461 | 福州新榕城市建设发展有限公司 |
| 418 | 侨鑫集团有限公司 | 462 | 北京正阳恒瑞置业公司 |
| 419 | 郑州市永威置业有限公司 | 463 | 安徽皖投置业有限责任公司 |
| 420 | 喜地山国际实业有限公司 | 464 | 海南佳元房地产开发有限公司 |
| 421 | 江苏德惠建设集团有限公司 | 465 | 山东天业恒基股份有限公司 |
| 422 | 利嘉实业（福建）集团有限公司 | 466 | 烟台新潮实业股份有限公司 |
| 423 | 北京中关村科技发展（控股）股份有限公司 | 467 | 河南楷林置业有限公司 |
| 424 | 厦门海晟房地产开发有限公司 | 468 | 棕榈泉控股有限公司 |
| 425 | 山东东方佳园房地产开发有限公司 | 469 | 北京诚通嘉业集团 |
| 426 | 深圳华强新城市发展有限公司 | 470 | 江阴市长江房地产开发公司 |
| 427 | 永恒控股集团有限公司 | 471 | 江苏华厦融创置地集团有限公司 |
| 428 | 成都高投置业有限公司 | 472 | 吉林省新发房屋开发有限责任公司 |
| 429 | 合肥滨湖投资控股集团有限公司 | 473 | 力旺集团有限公司 |
| 430 | 广西盛天集团 | 474 | 浙江金昌房地产集团有限公司 |
| 431 | 乐富强房地产开发有限公司 | 475 | 上海正阳投资集团有限公司 |
| 432 | 洛阳天基地产有限公司 | 476 | 广东世荣兆业股份有限公司 |
| 433 | 厦门滕王阁房地产开发有限公司 | 477 | 宁波国骅集团有限公司 |
| 434 | 莱茵达置业股份有限公司 | 478 | 东莞宏远工业区股份有限公司 |
| 435 | 北京众美房地产开发有限公司 | 479 | 重庆康田置业有限公司 |
| 436 | 浙江得力房地产开发有限公司 | 480 | 平顶山市新利达房地产开发有限公司 |
| 437 | 中茵股份有限公司 | 481 | 山东丁豪房地产开发有限公司 |
| 438 | 绿景控股股份有限公司 | 482 | 宝安鸿基地产集团股份有限公司 |
| 439 | 郑州中方园建设发展股份有限公司 | 483 | 沈阳千缘房地产开发有限公司 |
| 440 | 正源房地产开发有限公司 | 484 | 甘肃天庆房地产集团有限公司 |
| 441 | 河南新合鑫置业有限公司 | 485 | 河南英地置业有限公司 |
| 442 | 上海外高桥保税区开发股份有限公司 | 486 | 长春经开（集团）股份有限公司 |
| 443 | 江苏九洲投资集团有限公司 | 487 | 中房地产股份有限公司 |
| 444 | 东业地产（长沙）有限公司 | 488 | 北京天润置地集团有限公司 |
| 445 | 信地置业（合肥）有限公司 | 489 | 侨城地产集团有限公司 |
| 446 | 河南常绿集团 | 490 | 浩华地产集团公司 |
| 447 | 天津津滨发展股份有限公司 | 491 | 东莞市新世纪房地产开发有限公司 |
| 448 | 无锡红豆置业有限公司 | 492 | 无锡市华夏房地产开发有限公司 |
| 449 | 万泽实业股份有限公司 | 493 | 辽宁渥尔夫房地产开发有限公司 |
| 450 | 青特置业有限公司 | 494 | 安徽瑞吉置业有限公司 |
| 451 | 福建百宏房地产开发有限公司 | 495 | 武汉城投房地产开发有限公司 |
| 452 | 长沙房产（集团）有限公司 | 496 | 上海爱建股份有限公司 |
| 453 | 浙江钱江房地产集团有限公司 | 497 | 武汉中科辉创房地产投资有限公司 |
| 454 | 成都旭和房地产开发有限公司 | 498 | 河南佛光房地产开发有限公司 |
| 455 | 广州市纵横集团有限公司 | 499 | 中暨集团 |
| 456 | 宁波联合建设开发有限公司 | 500 | 河南朗润集团 |

（二）2014 中国房地产上市公司综合实力百强测评（见表 5－2）

发布机构：中国房地产业协会　中国房地产研究会　中国房地产测评中心

**表 5－2　　2014 年中国房地产上市公司综合实力百强测评榜单**

| 排　名 | 企业简称 | 企业代码 |
|---|---|---|
| 1 | 万　科 | 000002. SZ |
| 2 | 保利地产 | 600048. SH |
| 3 | 中国海外发展 | 00688. HK |
| 4 | 恒大地产 | 03333. HK |
| 5 | 龙湖地产 | 00960. HK |
| 6 | 世茂房地产 | 00813. HK |
| 7 | 碧桂园 | 02007. HK |
| 8 | 富力地产 | 02777. HK |
| 9 | 融创中国 | 01918. HK |
| 10 | 华润置地 | 01109. HK |
| 11 | 远洋地产 | 03377. HK |
| 12 | 招商地产 | 000024. SZ |
| 13 | 绿城中国 | 03900. HK |
| 14 | 华夏幸福 | 600340. SH |
| 15 | 佳兆业集团 | 01638. HK |
| 16 | 金地集团 | 600383. SH |
| 17 | 雅居乐地产 | 03383. HK |
| 18 | 金科股份 | 000656. SZ |
| 19 | 新城发展控股 | 01030. HK |
| 20 | 金隅股份 | 601992. SH |
| 21 | 保利置业集团 | 00119. HK |
| 22 | 金融街 | 000402. SZ |
| 23 | 华侨城 | 000069. SZ |
| 24 | 旭辉控股集团 | 00884. HK |
| 25 | 路劲基建 | 01098. HK |
| 26 | 建业地产 | 00832. HK |
| 27 | 中南建设 | 000961. SZ |
| 28 | 荣盛发展 | 002146. SZ |
| 29 | 阳光城 | 000671. SZ |
| 30 | SOHO 中国 | 00410. HK |
| 31 | 合生创展集团 | 00754. HK |
| 32 | 方兴地产 | 00817. HK |
| 33 | 泰禾集团 | 000732. SZ |
| 34 | 上实城市开发 | 00563. HK |
| 35 | 越秀地产 | 00123. HK |
| 36 | 宝龙地产 | 01238. HK |
| 37 | 沿海家园 | 01124. HK |
| 38 | 新世界中国 | 00917. HK |
| 39 | 禹洲地产 | 01628. HK |
| 40 | 建发股份 | 600153. SH |
| 41 | 瑞安房地产 | 00272. HK |
| 42 | 首开股份 | 600376. SH |
| 43 | 仁恒置地 | Z25. SI |
| 44 | 北京城建 | 600266. SH |
| 45 | 景瑞控股 | 01862. HK |
| 46 | 合景泰富 | 01813. HK |
| 47 | 雅戈尔 | 600177. SH |
| 48 | 陆家嘴 | 600663. SH |
| 49 | 新湖中宝 | 600208. SH |
| 50 | 首创置业 | 02868. HK |
| 51 | 深圳控股 | 00604. HK |
| 52 | 城投控股 | 600649. SH |
| 53 | 滨江集团 | 002244. SZ |
| 54 | 泛海控股 | 000046. SZ |
| 55 | 龙光地产 | 03380. HK |
| 56 | 恒盛地产 | 00845. HK |
| 57 | 嘉华国际 | 00173. HK |
| 58 | 中粮地产 | 000031. SZ |
| 59 | 中天城投 | 000540. SZ |
| 60 | 中渝置地 | 01224. HK |

续表

| 排　名 | 企业简称 | 企业代码 | 排　名 | 企业简称 | 企业代码 |
|---|---|---|---|---|---|
| 61 | 明发集团 | 00846. HK | 81 | 华远地产 | 600743. SH |
| 62 | 中骏置业 | 01966. HK | 82 | 栖霞建设 | 600533. SH |
| 63 | 华发股份 | 600325. SH | 83 | 张江高科 | 600895. SH |
| 64 | 北辰实业 | 601588. SH | 84 | 五矿建设 | 00230. HK |
| 65 | 花样年控股 | 01777. HK | 85 | 天　安 | 00028. HK |
| 66 | 时代地产 | 01233. HK | 86 | 众安房产 | 00672. HK |
| 67 | 中华企业 | 600675. SH | 87 | 宁波富达 | 600724. SH |
| 68 | 华南城 | 01668. HK | 88 | 新华联 | 000620. SZ |
| 69 | 苏宁环球 | 000718. SZ | 89 | 深振业 | 000006. SZ |
| 70 | 福星股份 | 000926. SZ | 90 | 五洲国际 | 01369. HK |
| 71 | 莱蒙国际 | 03688. HK | 91 | 大名城 | 600094. SH |
| 72 | 嘉凯城 | 000918. SZ | 92 | 中航地产 | 000043. SZ |
| 73 | 银亿股份 | 000981. SZ | 93 | 浦东金桥 | 600639. SH |
| 74 | 冠城大通 | 600067. SH | 94 | 顺发恒业 | 000631. SZ |
| 75 | 中国奥园 | 03883. HK | 95 | 荣安地产 | 000517. SZ |
| 76 | 毅德国际 | 01396. HK | 96 | 南京高科 | 600064. SH |
| 77 | 卓尔发展 | 02098. HK | 97 | 云南城投 | 600239. SH |
| 78 | 阳光 100 中国 | 02608. HK | 98 | 天房发展 | 600322. SH |
| 79 | 信达地产 | 600657. SH | 99 | 上置集团 | 01207. HK |
| 80 | 鲁商置业 | 600223. SH | 100 | 万通地产 | 600246. SH |

（三）2014 年中国房地产开发企业品牌价值测评（见表 5－3）

发布机构：中国房地产业协会　中国房地产研究会　中国房地产测评中心

**表 5－3　　2014 年中国房地产开发企业品牌价值 50 强榜单**

| 排　名 | 企业名称 | 品牌价值（亿元） | 排　名 | 企业名称 | 品牌价值（亿元） |
|---|---|---|---|---|---|
| 1 | 中国海外发展有限公司（中海地产） | 319. 39 | 8 | 广州富力地产股份有限公司 | 163. 75 |
| 2 | 恒大地产集团有限公司 | 291. 86 | 9 | 碧桂园控股有限公司 | 157. 38 |
| 3 | 万科企业股份有限公司 | 271. 10 | 10 | 融创中国控股有限公司 | 147. 08 |
| 4 | 保利房地产（集团）股份有限公司 | 232. 89 | 11 | 华夏幸福基业股份有限公司 | 143. 45 |
| 5 | 绿地控股集团有限公司 | 180. 41 | 12 | 招商局地产控股股份有限公司 | 140. 30 |
| 6 | 龙湖地产有限公司 | 174. 28 | 13 | 金地（集团）股份有限公司 | 139. 31 |
| 7 | 世茂集团 | 164. 55 | 14 | 绿城房地产集团有限公司 | 124. 90 |

续表

| 排　名 | 企业名称 | 品牌价值（亿元） | 排　名 | 企业名称 | 品牌价值（亿元） |
|---|---|---|---|---|---|
| 15 | 佳兆业集团控股有限公司 | 115.79 | 33 | 正荣集团有限公司 | 57.27 |
| 16 | 远洋地产控股有限公司 | 113.62 | 34 | 融信（福建）投资集团有限公司 | 56.98 |
| 17 | 金融街控股股份有限公司 | 107.56 | 35 | 宝龙地产控股有限公司 | 54.37 |
| 18 | 新城控股集团有限公司 | 104.46 | 36 | 上海升龙投资集团有限公司 | 53.89 |
| 19 | 融侨集团股份有限公司 | 97.50 | 37 | 金辉地产 | 53.42 |
| 20 | 华润置地有限公司 | 96.80 | 38 | SOHO 中国有限公司 | 52.92 |
| 21 | 复地（集团）股份有限公司 | 95.20 | 39 | 禹洲地产股份有限公司 | 50.08 |
| 22 | 雅居乐地产控股有限公司 | 94.83 | 40 | 龙光地产控股有限公司 | 49.82 |
| 23 | 金科地产集团股份有限公司 | 88.23 | 41 | 上海实业城市开发集团有限公司 | 48.60 |
| 24 | 路劲地产集团有限公司 | 88.02 | 42 | 天朗控股集团 | 46.72 |
| 25 | 阳光城集团股份有限公司 | 76.81 | 43 | 卓越置业集团有限公司 | 44.80 |
| 26 | 越秀地产股份有限公司 | 75.30 | 44 | 合生创展集团有限公司 | 43.76 |
| 27 | 亿达集团有限公司 | 69.03 | 45 | 浙江佳源房地产集团有限公司 | 41.88 |
| 28 | 江苏中南建设集团股份有限公司 | 68.72 | 46 | 景瑞地产有限公司 | 40.88 |
| 29 | 建业住宅集团（中国）有限公司 | 68.36 | 47 | 大华（集团）有限公司 | 39.20 |
| 30 | 旭辉控股（集团）有限公司 | 62.58 | 48 | 农工商房地产（集团）股份有限公司 | 38.25 |
| 31 | 首创置业股份有限公司 | 58.24 | 49 | 雨润控股集团有限公司 | 37.80 |
| 32 | 泰禾集团股份有限公司 | 57.69 | 50 | 联发集团有限公司 | 36.07 |

## 二、2013—2014 年度广厦奖获奖项目（见表 5－4）

发布机构：中国房地产业协会　住房和城乡建设部住宅产业化促进中心

**表 5－4　　2013—2014 年度“广厦奖”获奖项目及开发单位名单**

| 序号 | 地　区 | 编　号 | 项目名称 | 单　位 |
|---|---|---|---|---|
| 1 | 北　京 | GSJ0423－01－21（23/2－1） | 西堤红山 | 华润置地（北京）股份有限公司 |
| 2 | 北　京 | GSJ0424－01－21（23/2－2） | 观澜时代花园 | 北京金隅嘉业房地产开发有限公司 |
| 3 | 天　津 | GSJ0444－02－12（19/2－1） | 天津市军粮城示范小城镇军丽园 | 天津市滨丽建设开发投资有限公司 |
| 4 | 天　津 | GSJ0445－02－12（19/2－2） | 天津华厦津典川水园 | 天津华厦建设发展股份有限公司 |
| 5 | 河　北 | GSJ0446－03－06（06/2－1） | 廊坊万达广场 | 廊坊万达广场商业管理有限公司 |
| 6 | 河　北 | GSJ0447－03－06（06/2－2） | 石家庄裕华万达广场 | 石家庄万达广场商业管理有限公司 |
| 7 | 山　西 | GSJ0494－04－07（07/1－1） | 太原恒大绿洲首期 A 区 | 恒大地产集团太原有限公司 |
| 8 | 辽　宁 | GSJ0454－06－31（36/7－1） | 大德御庭 | 鞍山大德东山置业有限公司 |
| 9 | 辽　宁 | GSJ0455－06－31（36/7－2） | 华润中心三期（悦府） | 华润（沈阳）地产有限公司 |
| 10 | 辽　宁 | GSJ0456－06－31（36/7－3） | 东方圣克拉一期 | 大连软件园发展有限公司 |

续表

| 序号 | 地 区 | 编 号 | 项目名称 | 单 位 |
|---|---|---|---|---|
| 11 | 辽 宁 | GSJ0457－06－31（36/7－4） | 沈阳华润中心二期（酒店）项目 | 华润（沈阳）地产有限公司 |
| 12 | 辽 宁 | GSJ0458－06－31（36/7－5） | 大连万达中心 | 大连万达物业管理有限公司 |
| 13 | 辽 宁 | GSJ0459－06－31（36/7－6） | 沈阳北一路万达广场 | 沈阳铁西万达广场商业管理有限公司北一路分公司 |
| 14 | 辽 宁 | GSJ0511－06－31（36/7－7） | 阳光驿城 | 大连市公共租赁住房投资管理有限公司 |
| 15 | 黑龙江 | GSJ0429－08－19（22/8－1） | 兴十四花园小区 | 黑龙江富华房地产开发有限公司 |
| 16 | 黑龙江 | GSJ0430－08－19（22/8－2） | 群力新区玫瑰湾住宅小区一期工程 | 哈尔滨综合开发建设有限公司 |
| 17 | 黑龙江 | GSJ0431－08－19（22/8－3） | 荣耀天地 | 黑龙江宝宇房地产开发有限责任公司 |
| 18 | 黑龙江 | GSJ0432－08－19（22/8－4） | 辰能·溪树庭院二期 | 黑龙江辰能盛源房地产开发有限公司 |
| 19 | 黑龙江 | GSJ0433－08－19（22/8－5） | 保利水韵长滩1－3期 | 黑龙江保利澳娱房地产开发有限公司 |
| 20 | 黑龙江 | GSJ0434－08－19（22/8－6） | 大庆万达广场 | 大庆万达广场商业管理有限公司 |
| 21 | 黑龙江 | GSJ0508－08－19（22/8－7） | 辰能·溪树河谷（一期） | 黑龙江辰能同发置业有限责任公司 |
| 22 | 黑龙江 | GSJ0509－08－19（22/8－8） | 汇锦庄园（一期） | 哈尔滨汇智成功房地产开发有限公司 |
| 23 | 上 海 | GSJ0437－09－23（29/7－1） | 上海宝山万达广场 | 上海宝山万达广场商业管理有限公司 |
| 24 | 上 海 | GSJ0438－09－23（29/7－2） | 奉贤翡翠国际广场甲级1号/3号/4号办公楼 | 上海绿地汇置业有限公司 |
| 25 | 上 海 | GSJ0439－09－23（29/7－3） | 御澜湾苑 | 上海仁杰河滨园房地产有限公司 |
| 26 | 上 海 | GSJ0440－09－23（29/7－4） | 三湘海尚城 | 上海湘源房地产发展有限公司 |
| 27 | 上 海 | GSJ0441－09－23（29/7－5） | 绿地岛语树雅苑 | 上海绿地澜湾置业有限公司 |
| 28 | 上 海 | GSJ0442－09－23（29/7－6） | 上海地产馨逸公寓 | 上海地产馨逸置业有限公司 |
| 29 | 上 海 | GSJ0443－09－23（29/7－7） | 崧泽华城逸泰雅苑 | 上海中建东孚投资发展有限公司 |
| 30 | 江 苏 | GSJ0483－10－27（34/4－1） | 南通金鼎湾国际 | 南通金鼎湾房地产开发有限公司 |
| 31 | 江 苏 | GSJ0484－10－27（34/4－2） | 南京市岱山保障房项目齐修北苑 | 绿城房地产集团南京有限公司 |
| 32 | 江 苏 | GSJ0485－10－27（34/4－3） | 南京金穗花园 | 南京建和房地产开发有限公司 |
| 33 | 江 苏 | GSJ0486－10－27（34/4－4） | 中洋高尔夫公寓 | 江苏中洲置业有限公司 |
| 34 | 浙 江 | GSJ0466－11－33（39/7－1） | 荣安府 | 荣安地产股份有限公司 |
| 35 | 浙 江 | GSJ0467－11－33（39/7－2） | 绿城温州鹿城广场锦玉园 | 温州绿城房地产开发有限公司 |
| 36 | 浙 江 | GSJ0468－11－33（39/7－3） | 雅戈尔·长岛花园（高层组团） | 雅戈尔置业控股有限公司 |
| 37 | 浙 江 | GSJ0469－11－33（39/7－4） | 和塘雅苑 | 宁波市保障性住房建设投资有限公司 |
| 38 | 浙 江 | GSJ0470－11－33（39/7－5） | 田园地块经济租赁房一期项目 | 杭州市租赁房投资有限公司 |
| 39 | 浙 江 | GSJ0471－11－33（39/7－6） | 嘉和中心 | 银亿房地产股份有限公司 |
| 40 | 浙 江 | GSJ0472－11－33（39/7－7） | 温州龙湾万达广场 | 温州万达广场商业管理有限公司 |

续表

| 序号 | 地　区 | 编　号 | 项目名称 | 单　位 |
|---|---|---|---|---|
| 41 | 福　建 | GSJ0475-13-09（12/3-1） | 泉州浦西万达广场（购物中心） | 泉州万达广场商业物业管理有限公司 |
| 42 | 福　建 | GSJ0476-13-09（12/3-2） | 厦门湖里万达广场购物中心 | 厦门湖里万达广场商业管理有限公司 |
| 43 | 福　建 | GSJ0477-13-09（12/3-3） | 漳州碧湖万达广场（购物中心） | 漳州万达广场商业管理有限公司 |
| 44 | 江　西 | GSJ0473-14-09（12/2-1） | 长虹金域中央1-3期工程 | 景德镇长虹置业有限公司 |
| 45 | 江　西 | GSJ0474-14-09（12/2-2） | 南昌红谷滩万达广场 | 南昌红谷滩万达广场商业管理有限公司 |
| 46 | 山　东 | GSJ0495-15-40（40/12-1） | 瑞源·名嘉汇 | 青岛鲁泽置业集团有限公司 |
| 47 | 山　东 | GSJ0496-15-40（40/12-2） | 翔宇经典 | 滕州市翔宇房地产开发有限公司 |
| 48 | 山　东 | GSJ0497-15-40（40/12-3） | 泰山新兴园小区 | 山东新兴元地产开发有限公司 |
| 49 | 山　东 | GSJ0498-15-40（40/12-4） | 海映山庄 | 威海丰荟集团有限公司 |
| 50 | 山　东 | GSJ0499-15-40（40/12-5） | 鲁信含章花园 | 山东鲁信置业有限公司 |
| 51 | 山　东 | GSJ0500-15-40（40/12-6） | 方正·凤凰城 | 山东方正房地产开发有限公司 |
| 52 | 山　东 | GSJ0501-15-40（40/12-7） | 渤海锦绣城小区 | 山东省博兴县渤海置业有限公司 |
| 53 | 山　东 | GSJ0502-15-40（40/12-8） | 宝通陆号小区 | 潍坊泰和置业有限公司 |
| 54 | 山　东 | GSJ0503-15-40（40/12-9） | 紫藤花园住宅小区 | 山东大源置业有限公司 |
| 55 | 山　东 | GSJ0504-15-40（40/12-10） | 聊城市东昌华庭住宅组团工程 | 聊城市昌华房地产开发有限公司 |
| 56 | 山　东 | GSJ0505-15-40（40/12-11） | 御龙金湾 | 东阿县昌隆房地产发展有限公司 |
| 57 | 山　东 | GSJ0506-15-40（40/12-12） | 中建文化城二期（公建地块） | 山东中建房地产开发有限公司 |
| 58 | 河　南 | GSJ0487-16-09（10/2-1） | 郑州中原万达广场 | 郑州万达广场商业管理有限公司 |
| 59 | 河　南 | GSJ0488-16-09（10/2-2） | 郑州二七万达广场 | 郑州万达广场商业管理有限公司二七分公司 |
| 60 | 湖　北 | GSJ0478-17-26（31/5-1） | 福星惠誉·水岸星城 | 福星惠誉房地产有限公司 |
| 61 | 湖　北 | GSJ0479-17-26（31/5-2） | 滨江星城 | 天门市汉江房地产开发有限公司 |
| 62 | 湖　北 | GSJ0480-17-26（31/5-3） | 万科金域蓝湾 | 武汉万科万威房地产开发有限公司 |
| 63 | 湖　北 | GSJ0481-17-26（31/5-4） | 乾坤豪府 | 湖北乾坤房地产开发有限公司 |
| 64 | 湖　北 | GSJ0482-17-26（31/5-5） | 天门新城银座帝景湾 | 湖北星星宏基置业有限公司 |
| 65 | 湖　南 | GSJ0489-18-12（15/5-1） | 中建·芙蓉和苑 | 中建信和地产有限公司 |
| 66 | 湖　南 | GSJ0490-18-12（15/5-2） | 晋合·湘水湾（一期） | 晋合置业（湖南）有限公司 |
| 67 | 湖　南 | GSJ0491-18-12（15/5-3） | 睿泰·康桥美郡（一、二期） | 株洲睿泰房地产开发有限公司 |
| 68 | 湖　南 | GSJ0492-18-12（15/5-4） | 特变·水木融城 | 湖南特变电工房地产开发有限责任公司 |
| 69 | 湖　南 | GSJ0493-18-12（15/5-5） | 岳麓欧城 | 湖南宏凌房地产开发有限公司 |
| 70 | 广　东 | GSJ0507-19-15（21/1-1） | 华发新城五期 | 珠海华发实业股份有限公司 |
| 71 | 广　西 | GSJ0427-20-10（13/2-1） | 南宁华润中心购物中心 | 华润置地（南宁）有限公司 |
| 72 | 广　西 | GSJ0428-20-10（13/2-2） | 南宁华润中心西写字楼 | 华润置地（南宁）有限公司 |

续表

| 序号 | 地　区 | 编　号 | 项目名称 | 单　位 |
|---|---|---|---|---|
| 73 | 海　南 | GSJ0448－21－15（17/6－1） | 佳元·江畔人家 | 海南佳元房地产开发有限公司 |
| 74 | 海　南 | GSJ0449－21－15（17/6－2） | 儋州市利用住房公积金贷款支持保障性住房建设试点项目（怡心花园3400套） | 儋州市保障性住房建设管理服务中心 |
| 75 | 海　南 | GSJ0450－21－15（17/6－3） | 龙栖湾温泉1号 | 海南龙圣投资置业有限公司 |
| 76 | 海　南 | GSJ0451－21－15（17/6－4） | 信达·海天下（一期、二期） | 海南信达置业有限公司 |
| 77 | 海　南 | GSJ0452－21－15（17/6－5） | 鲁能·三亚湾美丽五区一期 | 海南三亚湾新城开发有限公司 |
| 78 | 海　南 | GSJ0453－21－15（17/6－6） | 鸿坤·理想海岸 | 东方绿洲实业有限公司 |
| 79 | 重　庆 | GSJ0435－22－18（22/2－1） | 龙湖·时代天街（后工项目）一期工程 | 重庆龙湖成恒地产开发有限公司 |
| 80 | 重　庆 | GSJ0436－22－18（22/2－2） | 美全·22世纪 | 重庆美全置业有限公司 |
| 81 | 四　川 | GSJ0419－23－11（16/4－1） | 交大·归谷国际住区 | 成都交大房产开发有限责任公司 |
| 82 | 四　川 | GSJ0420－23－11（16/4－2） | 华润·万象城 | 华润置地（成都）发展有限公司 |
| 83 | 四　川 | GSJ0421－23－11（16/4－3） | 绵阳涪城万达广场 | 绵阳万达广场商业管理有限公司 |
| 84 | 四　川 | GSJ0422－23－11（16/4－4） | 成都金牛万达广场（大商业部分） | 成都金牛万达广场商业管理有限公司 |
| 85 | 陕　西 | GSJ0510－27－06（06/1－1） | 中国铁建·曲江梧桐苑 | 中铁二十一局集团德盛和置业有限公司 |
| 86 | 宁　夏 | GSJ0460－30－17（17/6－1） | 东城人家一二期 | 宁夏中房实业集团股份有限公司 |
| 87 | 宁　夏 | GSJ0461－30－17（17/6－2） | 建发·宝湖湾（一期） | 银川建发集团股份有限公司 |
| 88 | 宁　夏 | GSJ0462－30－17（17/6－3） | 银帝·宝湖天下一期 | 宁夏银帝房地产开发有限公司 |
| 89 | 宁　夏 | GSJ0463－30－17（17/6－4） | 华雁·香溪美地B区一期 | 宁夏亘元房地产开发有限公司 |
| 90 | 宁　夏 | GSJ0464－30－17（17/6－5） | 吉泰·润园一期 | 宁夏吉泰房地产开发有限公司 |
| 91 | 宁　夏 | GSJ0465－30－17（17/6－6） | 永昌·凤凰水城 | 吴忠市永昌房地产开发有限公司 |
| 92 | 新　疆 | GSJ0425－31－14（14/2－1） | 华源·贝鸟语城 | 新疆华源实业（集团）有限公司 |
| 93 | 新　疆 | GSJ0426－31－14（14/2－2） | 52小区天富春城 | 石河子开发区天富房地产开发有限责任公司 |

## 三、中国部分优秀房地产企业介绍

### （一）万科企业股份有限公司

#### 1. 企业简介

万科企业股份有限公司成立于1984年5月，1988年进入房地产行业，1991年成为深圳证券交易所第二家上市公司，是目前中国市值最高的专业住宅开发企业，业务覆盖珠三角、长三角、环渤海三大城市经济圈以及中西部地区，共计65个大中城市。此外，公司已进入旧金山、纽约、中国香港、新加坡等4个海外城市及地区，参与6个房地产开发项目。

2014年，公司坚持积极销售策略。对于新开盘项目，公司以新推盘当月销售率为核心管理指标，力争保持较好的销售节奏；对于在售项目，公司持续关注库存去化情况。此外，公司积极借鉴互联网思维，依托网络平台和工具，变革房地产销售模式，在部分城市发起全民经纪人营销创新，主动整合渠道资源，取得较好成效。

**2. 财务数据**（见表5-5~表5-8）

表5-5　**2014年销售业绩及同比**

| 分　类 | 2014年 | 同比（%） |
|---|---|---|
| 销售金额（亿元） | 2151 | 25.9 |
| 销售面积（万平方米） | 1806 | 21.2 |
| 销售均价（元/平方米） | 11909 | 3.8 |

数据来源：中国房地产决策咨询系统（CRIC）。

表5-6　**2013—2014年财务指标**

单位:%

| 财务指标 | 2014年 | 2013年 |
|---|---|---|
| 净负债率 | 5.41 | 30.67 |
| 三费费用率 | 7.36 | 6.75 |
| 总资产周转率 | 28.05 | 29.69 |
| 长短期债务比 | 2.02 | 1.35 |
| 现金短债比 | 2.75 | 1.36 |
| 净利润增长率 | 5.41 | 16.82 |
| 销售毛利率 | 25.10 | 27.18 |
| 销售净利率 | 13.98 | 14.36 |

数据来源：万科企业2014年年报。
注：长短期债务比=长期借款/（短期借款+一年内到期非流动负债），下同。
　　现金短债比=货币资金/（短期借款+一年内到期非流动负债），下同。

表5-7　**2014年重点新增土地储备**

| 城　市 | 宗地名称 | 属　性 | 成交时间 | 建筑面积（万平方米） | 成交总价（亿元） | 楼板价（元/平方米） |
|---|---|---|---|---|---|---|
| 北　京 | 北京市昌平区沙河镇七里渠地块 | 综　合 | 1月 | 24.01 | 36.08 | 17791 |
| 深　圳 | 深土交告（2014）3号龙岗区G01003-0024地块 | 商　办 | 2月 | 25.06 | 17.66 | 7047 |
| 西　安 | 西安高家堡项目 | 商　住 | 4月 | 47.65 | 9.50 | 1992 |
| 南　昌 | 南昌DADJ2014024地块 | 商　住 | 6月 | 9.41 | 3.80 | 4009 |
| 郑　州 | 万科美景万科城一期后续 | 住　宅 | 8月 | 53.10 | 6.36 | 1198 |
| 合　肥 | 河庐阳N1405号地块 | 商　住 | 9月 | 42.42 | 25.45 | 6000 |
| 杭　州 | 杭政储出（2014）30号 | 住　宅 | 10月 | 9.97 | 9.08 | 9107 |
| 深　圳 | 深圳地铁红树湾站上盖综合体项目 | 综　合 | 11月 | 41.90 | 67.15 | 16026 |
| 上　海 | 松江区方松街道SJC10008单元05-06号地块 | 商　住 | 12月 | 8.04 | 8.86 | 11019 |

数据来源：中国房地产决策咨询系统（CRIC）。

表 5－8　　2014 年重点新开盘项目

| 项目名称 | 城　市 | 项目名称 | 城　市 |
|---|---|---|---|
| 万科欧泊 | 广　州 | 万科 VCITY | 上　海 |
| 万科时一区 | 上　海 | 万科海上传奇 | 上　海 |
| 京投银泰万科西华府 | 北　京 | 万科西庐 | 杭　州 |
| 万科东荟城 | 广　州 | 万科森林公园 | 合　肥 |
| 中粮万科长阳半岛五期 | 北　京 | 住总万科橙 | 北　京 |

数据来源：中国房地产决策咨询系统（CRIC）。

（二）大连万达集团股份有限公司

**1. 企业简介**

大连万达集团股份有限公司创立于 1988 年，目前已经形成商业地产、高级酒店、文化旅游和连锁百货四大核心产业。2014 年，企业资产 5341 亿元，年收入 2424.8 亿元，这是万达集团连续第 9 年保持环比 30% 以上的增速。其中万达商业地产已在全国开业 109 座万达广场，持有物业面积规模全球第二。万达酒店管理公司目前已在全国开业运营 71 家五星级和超五星级酒店。万达文化集团是中国最大的文化企业，2014 年年收入 341.4 亿元。万达百货已在全国开业 99 家百货店。

**2. 财务数据**（见表 5－9～表 5－12）

表 5－9　　2014 年销售业绩及同比

| 分　类 | 2014 年 | 同比（%） |
|---|---|---|
| 销售金额（亿元） | 1602 | 23.1 |
| 销售面积（万平方米） | 1263 | 19.3 |
| 销售均价（元/平方米） | 12680 | 3.2 |

数据来源：中国房地产决策咨询系统（CRIC）。

表 5－10　　2013—2014 年财务指标

单位：%

| 财务指标 | 2014 年 | 2013 年 |
|---|---|---|
| 净负债率 | 56.68 | 52.98 |
| 三费费用率 | 18.65 | 17.36 |
| 总资产周转率 | 0.23 | 0.15 |
| 长短期债务比 | 3.92 | 5.38 |
| 现金短债比 | 2.52 | 3.51 |
| 净利润增长率 | 0.88 | －10.56 |
| 销售毛利率 | 42.57 | 43.03 |
| 销售净利率 | 23.27 | 14.97 |

数据来源：万达企业 2014 年年报。

表 5－11　　2014 年重点新增土地储备

| 城　市 | 宗地名称 | 属　性 | 成交时间 | 建筑面积（万平方米） | 成交总价（亿元） | 楼板价（元/平方米） |
|---|---|---|---|---|---|---|
| 无　锡 | 滨湖区 XDG－2013－55 号等地块 | 住　宅 | 1 月 | 92.57 | 14.01 | 1513 |
| 济　南 | 高新区贤文片区地块 | 商　住 | 3 月 | 93.60 | 12.20 | 1303 |
| 九　江 | DGA2014002 号等地块 | 商　住 | 4 月 | 81.17 | 7.58 | 934 |
| 十　堰 | 十政储出（2013）125 号地块 | 商　住 | 6 月 | 67.42 | 4.10 | 608 |
| 南　宁 | 五象新区良堤路东侧地块 | 商　住 | 7 月 | 60.53 | 8.80 | 1454 |
| 青　岛 | 胶南市滨海公路南侧地块 | 商　住 | 8 月 | 277.49 | 42.17 | 1727 |
| 诸　暨 | 东三环与永乐路交叉口地块 | 商　住 | 8 月 | 58.12 | 4.23 | 728 |
| 合　肥 | 合土资 36 号 BH201411 号地块 | 商　住 | 8 月 | 61.05 | 3.99 | 654 |
| 乐　山 | 中心城区通江区乐青路地块 | 商　住 | 10 月 | 70.83 | 3.65 | 515 |
| 重　庆 | 永川新城区 D10－1－A 号等地块 | 商　住 | 12 月 | 48.18 | 3.44 | 714 |

数据来源：中国房地产决策咨询系统（CRIC）。
注：九江、十堰、诸暨和乐山为万达 2014 年新进入的城市。

表 5－12　　2014 年重点新开盘项目

| 项目名称 | 城　市 | 项目名称 | 城　市 |
|---|---|---|---|
| 万达文化旅游城 | 合　肥 | 通州万达广场 | 北　京 |
| 万达华府 | 佛　山 | 万达东方影都 | 青　岛 |
| 巴南万达广场 | 重　庆 | 角美万达广场 | 漳　州 |
| 万达华府 | 苏　州 | 南沙万达广场 | 广　州 |
| 万达茂 | 南　宁 | 万达城 | 无　锡 |

数据来源：中国房地产决策咨询系统（CRIC）。

## （三）恒大地产集团有限公司

### 1. 企业简介

恒大地产集团有限公司成立于 1997 年，是集民生住宅、文化旅游、快消、健康及体育为一体的企业集团。总资产 4600 亿元，员工 8 万人。恒大在 4 个直辖市、29 个省会及重要城市设立分公司（地区公司），在全国 150 多个主要城市拥有大型项目 300 多个。2014 年 8 月，恒大在继续实施“规模＋品牌”战略的同时，首次正式提出多元发展战略，明确了进入世界 500 强的宏伟目标。

### 2. 财务数据（见表 5－13～表 5－16）

表 5－13　　2014 年销售业绩及同比

| 分　类 | 2014 年 | 同比（%） |
|---|---|---|
| 销售金额（亿元） | 1315 | 31.0 |
| 销售面积（万平方米） | 1820 | 22.2 |
| 销售均价（元/平方米） | 7227 | 7.2 |

数据来源：中国房地产决策咨询系统（CRIC）。

表 5－14　　2013—2014 年财务指标

单位：%

| 财务指标 | 2014 年 | 2013 年 |
|---|---|---|
| 净负债率 | 85.90 | 148.00 |
| 三费费用率 | 13.00 | 10.10 |
| 总资产周转率 | 1.28 | 0.88 |
| 长短期债务比 | 0.49 | 2.70 |
| 现金短债比 | 0.75 | 1.50 |
| 净利润增长率 | 31.40 | 49.30 |
| 销售毛利率 | 28.53 | 29.31 |
| 销售净利率 | 16.17 | 14.64 |

数据来源：恒大地产集团 2014 年年报。

表 5－15　　2014 年重点新增土地储备

| 城　市 | 宗地名称 | 属　性 | 成交时间 | 建筑面积（万平方米） | 成交总价（亿元） | 楼板价（元/平方米） |
|---|---|---|---|---|---|---|
| 北　京 | 朝阳区来广营乡 LGY－04、LGY－03、LGY－06 地块二类居住、小学中学用地 | 商　住 | 3 月 | 11.92 | 20.50 | 17198 |
| 大　连 | 沙河口区大城（2014）－7 号 | 商　住 | 4 月 | 23.06 | 17.07 | 7405 |
| 北　京 | 大兴区黄村镇 DX00－0101－0201 等地块 F2 公建混合住宅用地项目 | 商　住 | 4 月 | 17.48 | 41.60 | 23793 |
| 成　都 | 青羊区苏坡街道万家湾社区 4、5 组界内（南地块） | 商　住 | 4 月 | 16.53 | 11.14 | 6740 |
| 东　莞 | 万江区 2014WG028 | 商　住 | 5 月 | 21.78 | 3.86 | 1772 |
| 东　莞 | 万江区 2014WG029 | 商　住 | 5 月 | 16.61 | 5.70 | 3432 |
| 成　都 | JN04（21/252）：2014－033 | 商　住 | 6 月 | 72.89 | 18.00 | 2469 |

数据来源：中国房地产决策咨询系统（CRIC）。

表 5－16　　2014 年重点新开盘项目

| 项目名称 | 城　市 | 项目名称 | 城　市 |
|---|---|---|---|
| 恒大国香山 | 深　圳 | 恒大华府 | 广　州 |
| 恒大中央广场 | 合　肥 | 恒大·海口文化旅游城 | 海　口 |
| 恒大中心 | 合　肥 | 恒大照母山 | 重　庆 |
| 恒大帝景 | 济　南 | 恒大绿洲 | 沈　阳 |
| 恒大天玺 | 济　南 | 恒大山水城二期 | 宁　波 |

数据来源：中国房地产决策咨询系统（CRIC）。

（四）绿地控股集团有限公司

**1. 企业简介**

绿地集团创立于 1992 年 7 月 18 日，至今 20 余年来，始终坚持“绿地，让生活更美好”的企业宗旨，做政府所想、为市场所需，通过产业经营与资本经营并举发展，已形成目前“房地产主业突出，能源、金融等相关产业并举发展”的产业布局，在2014《财富》世界企业500强中位列第268位，在上榜的中国内地企业中位列第40位。绿地集团注重海外市场拓展，截至2014年年底已在全球100多个城市投资超过300个项目。

**2. 财务数据**（见表5-17~表5-19）

表5-17　　**2014年销售业绩及同比**

| 分　类 | 2014年 | 同比（%） |
|---|---|---|
| 销售金额（亿元） | 2408 | 49.8 |
| 销售面积（万平方米） | 2115 | 29.8 |
| 销售均价（元/平方米） | 11385 | 15.4 |

数据来源：中国房地产决策咨询系统（CRIC）。

表5-18　　**2014年重点新增土地储备**

| 城　市 | 宗地名称 | 属　性 | 成交时间 | 建筑面积（万平方米） | 成交总价（亿元） | 楼板价（元/平方米） |
|---|---|---|---|---|---|---|
| 上　海 | 宝山区N12-1001单元大场镇区域D-05地块 | 商　业 | 1月 | 4.20 | 5.23 | 12467 |
| 北　京 | 昌平区北七家镇CP07-0600-0047、0048、0060、0061地块F2公建混合住宅用地项目 | 商　住 | 1月 | 17.90 | 23.50 | 13131 |
| 三　亚 | 田独镇SY2014-02号H1-11地块 | 商　业 | 2月 | 1.19 | 1.61 | 13542 |
| 三　亚 | 田独镇SY2014-02号H1-12地块 | 商　业 | 2月 | 1.09 | 1.48 | 13542 |
| 长　沙 | 岳麓区滨湾镇银盆南路以西、滨湾路两厢地块 | 商　住 | 3月 | 41.21 | 28.17 | 6837 |
| 北　京 | 通州区运河核心区Ⅷ-05、08-2地块 | 商　住 | 8月 | 13.16 | 15.16 | 11520 |
| 北　京 | HD-0302-195、HD-0302-224地块 | 商　业 | 8月 | 8.37 | 11.30 | 13500 |
| 北　京 | HD-0302-194、HD-0302-223地块 | 商　业 | 8月 | 8.15 | 11.01 | 13500 |
| 上　海 | 松江区佘山镇集镇D-27、D-33号地块 | 住　宅 | 9月 | 13.58 | 13.00 | 9571 |
| 南　昌 | 西湖区孺子路以南、象山南路东西两侧DABJ2014075地块 | 商　住 | 11月 | 35.22 | 21.66 | 6150 |

数据来源：中国房地产决策咨询系统（CRIC）。

表5-19　　**2014年重点新开盘项目**

| 项目名称 | 城　市 | 项目名称 | 城　市 |
|---|---|---|---|
| 绿地中心二期 | 上　海 | 绿地海域笙晖 | 上　海 |
| 北京绿地中心·浦项中心 | 北　京 | 绿地汇中心 | 上　海 |
| 绿地璀璨天城 | 上　海 | 绿地21城滨江汇 | 昆　山 |
| 白云绿地中心 | 广　州 | 绿地旭辉城 | 杭　州 |
| 绿地外滩公馆 | 南　昌 | 绿地中心 | 南　宁 |

数据来源：中国房地产决策咨询系统（CRIC）。

（五）保利房地产（集团）股份有限公司

**1. 企业简介**

保利房地产（集团）股份有限公司成立于1992年，目前已完成以广州、北京、上海为中心，覆盖56个城市的全国化战略布局，拥有292家控股子公司，业务拓展到包括房地产开发、建筑设计、工程施工、物业管理、销售代理以及商业会展、酒店经营等相关行业。

**2. 财务数据**（见表5－20～表5－23）

**表5－20　2014年销售业绩及同比**

| 分　类 | 2014年 | 同比（%） |
|---|---|---|
| 销售金额（亿元） | 1367 | 9.1 |
| 销售面积（万平方米） | 1067 | 0.2 |
| 销售均价（元/平方米） | 12815 | 8.9 |

数据来源：中国房地产决策咨询系统（CRIC）。

**表5－21　2013—2014年财务指标**

单位:%

| 财务指标 | 2014年 | 2013年 |
|---|---|---|
| 净负债率 | 106.53 | 94.48 |
| 三费费用率 | 5.22 | 5.43 |
| 总资产周转率 | 0.30 | 0.31 |
| 长短期债务比 | 3.40 | 3.72 |
| 现金短债比 | 1.40 | 1.61 |
| 净利润增长率 | 19.95 | 18.90 |
| 销售毛利率 | 22.85 | 22.72 |
| 销售净利率 | 11.80 | 12.29 |

数据来源：保利房地产（集团）2014年年报。

**表5－22　2014年重点新增土地储备**

| 城　市 | 宗地名称 | 属　性 | 成交时间 | 建筑面积（万平方米） | 成交总价（亿元） | 楼板价（元/平方米） |
|---|---|---|---|---|---|---|
| 广　州 | 萝岗区 YP－P1－1 地块 | 住　宅 | 1月 | 47.38 | 43.50 | 9181 |
| 兰　州 | 保利领秀山项目 | 住　宅 | 1月 | 55.57 | — | — |
| 林　芝 | 鲁朗镇2013－03号地块 | 商　服 | 2月 | 5.69 | 0.66 | 1168 |
| 莆　田 | 莆田荔城区南郊濠浦片区地块（宗地编号：PS拍－2014－03号） | 住　宅 | 3月 | 16.01 | 5.00 | 3122 |
| 洛　阳 | LYTD－2014－08 地块 | 商　住 | 4月 | 26.76 | 4.80 | 1793 |

续表

| 城　市 | 宗地名称 | 属　性 | 成交时间 | 建筑面积（万平方米） | 成交总价（亿元） | 楼板价（元/平方米） |
|---|---|---|---|---|---|---|
| 茂名市 | 博贺湾新城启动区 WG2014－026 等地块 | 商　住 | 9 月 | 35.61 | 1.28 | 360 |
| 汕尾市 | 441502001007GB00070 等地块 | 商　住 | 9 月 | 68.02 | 3.17 | 466 |
| 海　口 | 海口市秀英港 A0201、A0202、A0203、A0301、A0302、A0303、A0703 地块 | 商　住 | 10 月 | 31.00 | 11.96 | 3860 |
| 乌鲁木齐 | 沙依巴克区 2010－1－A 等地块 | 住　宅 | 12 月 | 22.80 | 3.01 | 1320 |
| 乌鲁木齐 | 乌鲁木齐市 2014－42 等地块 | 住　宅 | 12 月 | 52.78 | 3.03 | 575 |

数据来源：中国房地产决策咨询系统（CRIC）。
注：海口、兰州、莆田、林芝、洛阳、茂名、汕尾及乌鲁木齐为保利地产 2014 年新进入的城市。

表 5－23　　2014 年重点新开盘项目

| 项目名称 | 城　市 | 项目名称 | 城　市 |
|---|---|---|---|
| 绿城·上海御园 | 上　海 | 海上五月花 | 厦　门 |
| 保利天悦 | 广　州 | 保利公馆 | 佛　山 |
| 保利西岸 | 上　海 | 保利东郡 | 合　肥 |
| 保利首开熙悦春天 | 北　京 | 枫丹壹號二期 | 北　京 |
| 保利东湾 | 佛　山 | 保利香槟国际 | 福　州 |

数据来源：中国房地产决策咨询系统（CRIC）。

## （六）中国海外发展有限公司

### 1. 企业简介

“中海地产”是中国海外集团房地产业务的品牌统称。中国海外发展有限公司 1979 年成立于香港，并于 1992 年在香港联交所上市。2007 年，中国海外率先入选香港恒生指数成分股。历经 30 余年的发展，中海地产已形成以港澳地区、长三角、珠三角、环渤海、东北、中西部为重点区域的全国性布局，业务遍布港澳及内地近 50 个城市。

### 2. 财务数据（见表 5－24～表 5－27）

表 5－24　　2014 年销售业绩及同比

| 分　类 | 2014 年 | 同比（%） |
|---|---|---|
| 销售金额（亿港元） | 1408 | 1.7 |
| 销售面积（万平方米） | 940 | －0.2 |
| 销售均价（港元/平方米） | 14984 | 1.8 |

数据来源：中国房地产决策咨询系统（CRIC）。
注：中国海外合约销售额（含合营项目和联营公司销售）。

表 5－25　　2013—2014 年财务指标

单位:%

| 财务指标 | 2014 年 | 2013 年 |
|---|---|---|
| 净负债率 | 31.66 | 28.17 |
| 三费费用率 | 3.26 | 3.77 |
| 总资产周转率 | 0.37 | 0.31 |
| 长短期债务比 | 3.19 | 21.01 |
| 现金短债比 | 2.27 | 12.54 |
| 净利润增长率 | 21.69 | 23.08 |
| 销售毛利率 | 32.70 | 32.52 |
| 销售净利率 | 23.07 | 27.94 |

数据来源：中海地产 2014 年年报。

表 5－26　　2014 年重点新增土地储备

| 城　市 | 宗地名称 | 属　性 | 成交时间 | 建筑面积（万平方米） | 成交总价（亿元） | 楼板价（元/平方米） |
|---|---|---|---|---|---|---|
| 兰　州 | 兰州安宁区北滨河路项目 | 住　宅 | 1 月 | 69.04 | 83.06 | 12031 |
| 济　南 | 华山北片区 2013－G226、2013－G227、2013－G228 地块 | 住　宅 | 1 月 | 178.20 | 31.63 | 1775 |
| 郑　州 | 郑政出〔2014〕17 号信息学院路西、文劳路北地块 | 住　宅 | 2 月 | 27.19 | 12.12 | 4456 |
| 广　州 | 荔湾区 AF040403、AF040402、AF040416、AF040415、AF040404 地块 | 商　住 | 2 月 | 106.00 | 95.99 | 9056 |
| 南　宁 | GC2014－013、GC2014－014、GC2014－015、GC2014－016 | 住　宅 | 2 月 | 163.34 | 23.74 | 1453 |
| 天　津 | 天津河西新八大里四里地块 | 商　住 | 6 月 | 45.30 | 50.40 | 11126 |
| 天　津 | 天津河西新八大里五里地块 | 商　住 | 7 月 | 41.34 | 39.30 | 9506 |
| 北　京 | 石景山区老古城综合改造项目 C 等地块 | 住　宅 | 11 月 | 42.55 | 59.00 | 13865 |

数据来源：中国房地产决策咨询系统（CRIC）。
注：太原和郑州为中海地产 2014 年新进入的城市。

表 5－27　　2014 年重点新开盘项目

| 项目名称 | 城　市 | 项目名称 | 城　市 |
|---|---|---|---|
| 中海九号公馆 | 深　圳 | 中海千灯湖花园 | 佛　山 |
| 中海九号公馆 | 成　都 | 中海国际社区 | 青　岛 |
| 中海锦城 | 佛　山 | 中海紫御豪庭 | 上　海 |
| 中海国际社区 | 济　南 | 中海·滨湖公馆 | 合　肥 |
| 中海华山珑城 | 济　南 | 国际社区 | 重　庆 |

数据来源：中国房地产决策咨询系统（CRIC）。

## （七）碧桂园控股有限公司

**1. 企业简介**

碧桂园控股有限公司是中国具领导地位的综合性房地产开发商之一，于2007年在香港联交所主板上市。截至2014年年底，除广东省外，碧桂园已在中国22个省、直辖市、自治区拥有物业开发项目，并成功进军海外市场，目前在马来西亚及澳大利亚拥有开发物业。

2014年，碧桂园一如既往的积极配合国家政策，应对市场变化，适时调整开发及销售计划，推出高性价比的房源契合以自用为主的市场需求。

**2. 财务数据**（见表5－28～表5－31）

**表5－28　　2014年销售业绩及同比**

| 分　类 | 2014年 | 同比（%） |
|---|---|---|
| 销售金额（亿元） | 1288 | 21.5 |
| 销售面积（万平方米） | 1928 | 21.0 |
| 销售均价（元/平方米） | 6680 | 0.4 |

数据来源：中国房地产决策咨询系统（CRIC）。

**表5－29　　2013—2014年财务指标**

单位：%

| 财务指标 | 2014年 | 2013年 |
|---|---|---|
| 净负债率 | 59.72 | 64.27 |
| 三费费用率 | 9.12 | 9.43 |
| 总资产周转率 | 0.38 | 0.34 |
| 长短期债务比 | 3.09 | 3.52 |
| 现金短债比 | 1.80 | 2.15 |
| 净利润增长率 | －1.79 | 28.51 |
| 销售毛利率 | 26.09 | 32.33 |
| 销售净利率 | 10.33 | 13.85 |

数据来源：碧桂园2014年年报。

**表5－30　　2014年重点新增土地储备**

| 城　市 | 宗地名称 | 属　性 | 成交时间 | 建筑面积（万平方米） | 成交总价（亿元） | 楼板价（元/平方米） |
|---|---|---|---|---|---|---|
| 徐　州 | 2014－1号云龙区地块 | 住　宅 | 2月 | 18.36 | 3.20 | 1743 |
| 句　容 | 开发区新122省道北侧地块 | 住　宅 | 2月 | 33.05 | 1.24 | 375 |
| 广　州 | 曾国房挂牌告字05号等地块 | 住　宅 | 3月 | 54.59 | 20.64 | 3781 |
| 青　岛 | 204号高新区棘洪滩街道地块 | 住　宅 | 5月 | 6.00 | 0.49 | 810 |

续表

| 城　市 | 宗地名称 | 属　性 | 成交时间 | 建筑面积（万平方米） | 成交总价（亿元） | 楼板价（元/平方米） |
|---|---|---|---|---|---|---|
| 启　东 | 汇龙镇 1428 号地块 | 住　宅 | 5 月 | 25. 61 | 3. 63 | 1471 |
| 哈尔滨 | 平房区 N·2014HTG011 地块 | 商　住 | 6 月 | 28. 69 | 1. 72 | 600 |
| 兰　州 | 城关区 G1404 号等地块 | 商　住 | 8 月 | 185. 99 | 2. 04 | 110 |
| 南　通 | 经济技术开发区 R14035 地块 | 住　宅 | 9 月 | 24. 20 | 3. 88 | 1605 |
| 石家庄 | 元氏县〔2014〕033 号等地块 | 商　住 | 11 月 | 81. 67 | 4. 41 | 540 |
| 苏　州 | 2014G79 号高新区通安镇地块 | 商　住 | 12 月 | 4. 50 | 0. 89 | 1978 |

数据来源：中国房地产决策咨询系统（CRIC）。
注：徐州和苏州为碧桂园 2014 年新进入的城市。

表 5－31　　2014 年重点新开盘项目

| 项目名称 | 城　市 | 项目名称 | 城　市 |
|---|---|---|---|
| 碧桂园·银河城 | 沈　阳 | 顺德碧桂园 | 佛　山 |
| 碧桂园·天玺湾 | 广　州 | 高淳碧桂园 | 南　京 |
| 碧桂园·新亚山湖城 | 清　远 | 南通碧桂园 | 南　通 |
| 容桂碧桂园 | 佛　山 | 天津碧桂园 | 天　津 |
| 无锡碧桂园 | 无　锡 | 碧桂园·威尼斯城 | 长　沙 |

数据来源：中国房地产决策咨询系统（CRIC）。

## （八）世茂房地产控股有限公司

### 1. 企业简介

世茂房地产控股有限公司于 2006 年 7 月 5 日在香港联合交易所主板上市。业务重点是在中国大陆经济发达或极具发展潜力的城市发展大型及高素质的综合房地产项目，包括住宅、酒店、零售及商用物业。截至 2014 年年底，集团拥有项目逾 110 个，分布于全国 40 多个城市，全年营业额 560. 81 亿元。

### 2. 财务数据（见表 5－32～表 5－35）

表 5－32　　2014 年销售业绩及同比

| 分　类 | 2014 年 | 同比（%） |
|---|---|---|
| 销售金额（亿元） | 702 | 4. 7 |
| 销售面积（万平方米） | 579 | 10. 5 |
| 销售均价（元/平方米） | 12130 | －5. 2 |

数据来源：中国房地产决策咨询系统（CRIC）。

表 5－33 2014 年财务指标

单位:%

| 财务指标 | 2014 年 |
|---|---|
| 净负债率 | 58.57 |
| 总资产周转率 | 0.28 |
| 净利润增长率 | 15.35 |
| 销售毛利率 | 32.50 |
| 销售净利率 | 14.45 |

数据来源：世茂房地产 2014 年年报。

表 5－34 2014 年重点新增土地储备

| 城　市 | 宗地名称 | 属　性 | 成交时间 | 建筑面积（万平方米） | 成交总价（亿元） | 楼板价（元/平方米） |
|---|---|---|---|---|---|---|
| 江　阴 | 江阴御龙湾项目地块 | 商　住 | 1 月 | 57.51 | 9.01 | 1567 |
| 重　庆 | 照母山地块 | 住　宅 | 1 月 | 66.33 | 14.25 | 2419 |
| 南　宁 | 五象新区地块 | 商业办公 | 5 月 | 47.94 | 5.91 | 1234 |
| 西　安 | 西安凤凰城地块 | 商　住 | 6 月 | 50.40 | 7.23 | 1435 |
| 合　肥 | 合经区 2014－008 号地块 | 住　宅 | 7 月 | 55.50 | 15.46 | 3652 |
| 上　海 | 周浦镇西社区 PDP0－1001 单元 A－03－02 地块 | 住　宅 | 9 月 | 8.39 | 15.35 | 18290 |
| 北　京 | 北京通州项目地块 | 商　办 | 10 月 | 20.66 | 26.86 | 12999 |
| 香　港 | 新界大屿山东涌第 53a 区东涌市地段第 38 号酒店用地 | 商　业 | 11 月 | 5.67 | 14.50 | 20447 |

数据来源：中国房地产决策咨询系统（CRIC）。
注：南宁、合肥、江阴、西安、重庆、香港为世茂 2014 年新进入的城市。

表 5－35 2014 年重点新开盘项目

| 项目名称 | 城　市 | 项目名称 | 城　市 |
|---|---|---|---|
| 世茂月亮湾 | 文　昌 | 世茂维拉 | 北　京 |
| 世茂锦绣长江五期 | 武　汉 | 世茂之西湖 | 杭　州 |
| 世茂海峡城 | 南　京 | 世茂九溪墅 | 张家港 |
| 世茂茂悦府 | 重　庆 | 世茂都 | 西　安 |

数据来源：中国房地产决策咨询系统（CRIC）。

**3. 联系方式**

公司地址：上海浦东银城中路 68 号 36 楼　公司网址：www.shimaoproperty.com

电话：021－38611188 传真：021－38611199

（九）融创中国控股有限公司

**1. 企业简介**

融创中国控股有限公司是一家在香港联交所上市的从事住宅及商业地产综合开发的企业，公司坚持区域聚焦和高端精品发展战略。迄今，在京、津、沪、渝、杭拥有众多处于不同发展阶段的项目，产品涵盖高端住宅、别墅、商业、写字楼等多种物业类型。

**2. 财务数据**（见表 5－36～表 5－39）

表 5－36　　**2014 年销售业绩及同比**

| 分　类 | 2014 年 | 同比（%） |
|---|---|---|
| 销售金额（亿元） | 659 | 29.5 |
| 销售面积（万平方米） | 326 | 37.0 |
| 销售均价（元/平方米） | 20193 | －5.4 |

数据来源：中国房地产决策咨询系统（CRIC）。

表 5－37　　**2013—2014 年财务指标**

单位：%

| 财务指标 | 2014 年 | 2013 年 |
|---|---|---|
| 净负债率 | 44.52 | 69.72 |
| 三费费用率 | 10.55 | 5.56 |
| 总资产周转率 | 0.24 | 0.37 |
| 长短期债务比 | 1.48 | 2.66 |
| 现金短债比 | 1.81 | 2.04 |
| 净利润增长率 | －7.48 | 33.62 |
| 销售毛利率 | 17.32 | 23.27 |
| 销售净利率 | 12.89 | 11.33 |

数据来源：融创 2014 年年报。

表 5－38　　**2014 年重点新增土地储备**

| 城　市 | 宗地名称 | 属　性 | 成交时间 | 建筑面积（万平方米） | 成交总价（亿元） | 楼板价（元/平方米） |
|---|---|---|---|---|---|---|
| 北　京 | 北京门头沟新城地块 | 商　住 | 1 月 | 11.03 | 18.20 | 16498 |
| 天　津 | 津南天拖北（挂）2013－169 号 | 商　住 | 1 月 | 23.13 | 20.86 | 9019 |
| 重　庆 | 渝国土房管告字〔2013〕70 号宗地 | 商　住 | 1 月 | 12.63 | 4.12 | 3263 |
| 杭　州 | 富春壹号院项目 | 住　宅 | 1 月 | 11.76 | 6.00 | 5101 |
| 杭　州 | 蒋村单元 E－01 地块 | 住　宅 | 1 月 | 19.34 | 21.20 | 10961 |
| 上　海 | 宝山区顾村镇 N12－1101 单元 05－01 地块 | 住　宅 | 3 月 | 11.91 | 23.54 | 20150 |
| 重　庆 | 重庆悦来地块 | 综　合 | 8 月 | 105.87 | 34.04 | 3215 |
| 苏　州 | 苏地 2014－G－58 号 | 住　宅 | 11 月 | 11.48 | 12.80 | 11146 |

数据来源：中国房地产决策咨询系统（CRIC）。

表 5 - 39　　2014 年重点新开盘项目

| 项目名称 | 城　市 | 项目名称 | 城　市 |
|---|---|---|---|
| 融创紫泉枫丹 | 重　庆 | 融创中心 | 天　津 |
| 河滨之城 | 杭　州 | 半湾半岛 | 天　津 |
| 世茂之西湖 | 杭　州 | 西长安壹号 | 北　京 |
| 杭州印 | 杭　州 | 枫丹壹號二期 | 北　京 |

数据来源：中国房地产决策咨询系统（CRIC）。

### （十）龙湖地产有限公司

**1. 企业简介**

龙湖地产有限公司 1993 年创建于重庆，发展于全国，业务涉及地产开发、商业运营和物业服务三大领域。2009 年，龙湖地产有限公司于香港联交所主板上市。截至 2014 年年底，集团拥有雇员万余人，业务遍布全国 24 个城市，已累计开发项目超过 100 个，建筑面积超过 2000 万平方米，待开发土地储备约 3959 余万平方米。

**2. 财务数据**（见表 5 - 40 ~ 表 5 - 43）

表 5 - 40　　2014 年销售业绩及同比

| 分　类 | 2014 年 | 同比（%） |
|---|---|---|
| 销售金额（亿元） | 491 | 1.9 |
| 销售面积（万平方米） | 454 | 6.6 |
| 销售均价（元/平方米） | 10802 | -4.4 |

数据来源：中国房地产决策咨询系统（CRIC）。

表 5 - 41　　2013—2014 年财务指标

单位:%

| 财务指标 | 2014 年 | 2013 年 |
|---|---|---|
| 净负债率 | 60.10 | 62.26 |
| 三费费用率 | 4.68 | 4.84 |
| 总资产周转率 | 0.33 | 0.31 |
| 长短期债务比 | 4.99 | 3.16 |
| 现金短债比 | 2.39 | 1.62 |
| 净利润增长率 | 1.33 | 25.79 |
| 销售毛利率 | 26.51 | 27.80 |
| 销售净利率 | 16.38 | 19.36 |

数据来源：龙湖 2014 年年报。

表 5－42　　2014 年重点新增土地储备

| 城　市 | 宗地名称 | 属　性 | 成交时间 | 建筑面积（万平方米） | 成交总价（亿元） | 楼板价（元/平方米） |
|---|---|---|---|---|---|---|
| 杭　州 | 滨江区中兴单元 R/B－02 地块 | 商　住 | 1 月 | 41.08 | 42.00 | 10223 |
| 北　京 | 密云司马台旅游度假区二期地块 | 住　宅 | 2 月 | 20.80 | 6.00 | 2885 |
| 北　京 | 丰台区城乡一体化卢沟桥乡西局村旧村改造项目 | 综　合 | 2 月 | 22.02 | 35.70 | 16212 |
| 南　京 | 南京鼓楼地块 | 商　住 | 5 月 | 38.30 | 25.40 | 6600 |
| 佛　山 | 广东佛山顺德新城地块 | 住　宅 | 6 月 | 29.60 | 7.20 | 2432 |
| 杭　州 | 西湖区古荡单元 B－R21－08 地块 | 住　宅 | 10 月 | 4.18 | 9.27 | 22197 |
| 广　州 | 华美牛奶厂 AT1003039 地块 | 住　宅 | 11 月 | 13.16 | 22.20 | 16866 |
| 广　州 | 华美牛奶厂 AT1004026、AT1004004 地块 | 住　宅、其　他 | 11 月 | 12.46 | 15.60 | 12524 |
| 杭　州 | 北干街道兴议村地块 | 商　住 | 12 月 | 10.98 | 8.24 | 7505 |
| 北　京 | 丰台区樊家村危改项目 3 号地零售商业用地 | 商　业 | 12 月 | 4.53 | 5.50 | 12148 |

数据来源：中国房地产决策咨询系统（CRIC）。
注：南京、广州、佛山为龙湖 2014 年新进入的城市。

表 5－43　　2014 年重点新开盘项目

| 项目名称 | 城　市 | 项目名称 | 城　市 |
|---|---|---|---|
| 龙湖长城源著 | 北　京 | 龙湖名景台 | 济　南 |
| 滟澜新宸 | 北　京 | 龙湖名景台 | 宁　波 |
| 龙湖·春江郦城 | 杭　州 | 龙湖紫悦湾 | 上　海 |
| 龙湖紫云台 | 上　海 | 龙湖时代天街 | 苏　州 |

数据来源：中国房地产决策咨询系统（CRIC）。

### （十一）广州富力地产股份有限公司

#### 1. 企业简介

广州富力地产股份有限公司成立于 1994 年，注册资金 8.06 亿元，集房地产设计、开发、工程监理、销售、物业管理、房地产中介等业务为一体，拥有国家建设部颁发的一级开发资质、甲级设计资质、甲级工程监理资质、一级物业管理资质及一级房地产中介资质，是中国综合实力最强的房地产企业之一。

2014 年，公司协议销售额达到人民币 544 亿元，同比增长 29%，但并未达到该年度原定的销售金额目标，而全年协议销售总建筑面积则增加 20% 至 405 万平方米。该年度的建设项目大部分亦按计划进行，并交付 316 万平方米可售面积的物业，与 2013 年相比增加 16%。

**2. 财务数据**（见表 5－44～表 5－47）

表 5－44　　2014 年销售业绩及同比

| 分　类 | 2014 年 | 同比（%） |
|---|---|---|
| 销售金额（亿元） | 544 | 28.8 |
| 销售面积（万平方米） | 405 | 20.0 |
| 销售均价（元/平方米） | 13432 | 6.8 |

数据来源：中国房地产决策咨询系统（CRIC）。

表 5－45　　2013—2014 年财务指标

单位：%

| 财务指标 | 2014 年 | 2013 年 |
|---|---|---|
| 净负债率 | 91.72 | 114.23 |
| 三费费用率 | 12.48 | 12.13 |
| 总资产周转率 | 0.22 | 0.42 |
| 长短期债务比 | 2.06 | 2.40 |
| 现金短债比 | 0.90 | 1.35 |
| 净利润增长率 | －28.87 | 39.00 |
| 销售毛利率 | 35.48 | 39.25 |
| 销售净利率 | 11.89 | 15.99 |

数据来源：富力 2014 年年报。

表 5－46　　2014 年重点新增土地储备

| 城　市 | 宗地名称 | 属　性 | 成交时间 | 建筑面积（万平方米） | 成交总价（亿元） | 楼板价（元/平方米） |
|---|---|---|---|---|---|---|
| 临　高 | 临土环资用告字〔2014〕002 号临城镇 E－03 号地块 | 住　宅 | 2 月 | 10.26 | 0.85 | 825 |
| 临　高 | 临土环资用告字〔2014〕002 号临城镇 E－01－2－A 号地块 | 住　宅 | 2 月 | 4.45 | 0.44 | 981 |
| 临　高 | 临土环资用告字〔2014〕002 号临城镇 E－01－2－B 号地块 | 住　宅 | 2 月 | 3.67 | 0.36 | 981 |
| 临　高 | 临土环资用告字〔2014〕001 号临城镇 E－02－B 号地块 | 商　业 | 2 月 | 3.37 | 0.56 | 1656 |
| 临　高 | 临土环资用告字〔2014〕002 号临城镇 E－01－1 号地块 | 住　宅 | 2 月 | 2.77 | 0.22 | 785 |
| 天　津 | 津静（挂）2013－76 号 | 住　宅 | 3 月 | 9.31 | 1.26 | 1353 |
| 天　津 | 津静（挂）2013－114 号 | 住　宅 | 5 月 | 26.15 | 3.53 | 1350 |
| 天　津 | 津静（挂）2013－113 号地块 | 商　服 | 6 月 | 5.40 | 2.13 | 3944 |

数据来源：中国房地产决策咨询系统（CRIC）。
注：临高为富力 2014 年新进入的城市。

表 5－47　　2014 年重点新开盘项目

| 项目名称 | 城　市 | 项目名称 | 城　市 |
|---|---|---|---|
| 富力惠兰美居 | 北　京 | 富力尚悦居 | 北　京 |
| 富力东山新天地 | 广　州 | 富力城 | 重　庆 |
| 富力新城 | 香　河 | 富力城 | 南　京 |
| 富力城 | 太　原 | 太原富力桃园 | 太　原 |
| 富力天禧 | 广　州 | 富力津门湖 | 天　津 |

数据来源：中国房地产决策咨询系统（CRIC）。

（十二）华润置地有限公司

**1. 企业简介**

华润置地有限公司是华润集团旗下的地产业务旗舰，1996 年 11 月在香港联合交易所上市，股票代码 HK1109，是中国内地最具实力的综合型地产开发商之一。华润置地坚持“住宅开发＋投资物业＋增值服务”的商业模式，住宅开发方面，已形成八大产品线。投资物业发展了城市综合体万象城、区域商业中心万象汇/五彩城和体验式时尚潮人生活馆 1234SPACE 三种模式。截至 2015 年 3 月底，万象城城市综合体项目已进入中国内地 21 个城市，并已在深圳、杭州、沈阳、成都、南宁、郑州、重庆、无锡等城市先后开业。

2014 年，公司聚焦主流市场，根据客户需求调整产品结构，凭借灵活、务实的销售策略，在内地房地产市场销售形势严峻的大环境下，仍实现销售业绩稳定增长。

**2. 财务数据**（见表 5－48～表 5－51）

表 5－48　　2014 年销售业绩及同比

| 分　类 | 2014 年 | 同比（%） |
|---|---|---|
| 销售金额（亿元） | 692 | 4.4 |
| 销售面积（万平方米） | 660 | 14.2 |
| 销售均价（元/平方米） | 10486 | －8.5 |

数据来源：中国房地产决策咨询系统（CRIC）。

表 5－49　　2013—2014 年财务指标

单位：%

| 财务指标 | 2014 年 | 2013 年 |
|---|---|---|
| 净负债率 | 41.49 | 39.17 |
| 三费费用率 | 6.72 | 5.70 |
| 总资产周转率 | 28.88 | 27.99 |
| 长短期债务比 | 3.47 | 2.99 |
| 现金短债比 | 2.08 | 1.74 |
| 净利润增长率 | 5.62 | 35.54 |
| 销售毛利率 | 30.60 | 28.17 |
| 销售净利率 | 18.15 | 21.27 |

数据来源：华润置地 2014 年年报。

表 5-50　　2014 年重点新增土地储备

| 城　市 | 宗地名称 | 属　性 | 成交时间 | 建筑面积（万平方米） | 成交总价（亿元） | 楼板价（元/平方米） |
|---|---|---|---|---|---|---|
| 福　州 | 榕土让〔2013〕10 号鼓楼区宗地 2013-51 号地块 | 住　宅、商　办 | 1 月 | 46.32 | 29.14 | 6292 |
| 北　京 | 京土整储挂（门）〔2013〕142 号北京市门头沟区门头沟新城 MC00-0017-6007 等地块 | 商　办 | 1 月 | 9.79 | 19.30 | 19704 |
| 沈　阳 | 沈土拍〔2013〕80 号皇姑区 2013-058 北塔钢材市场地块 | 商　住 | 1 月 | 41.70 | 12.34 | 2960 |
| 徐　州 | 华润绿地·凯旋门项目地块 | 商　住 | 1 月 | 32.76 | 11.12 | 3395 |
| 石家庄 | 〔2014〕001 号地块 | 商　业 | 2 月 | 40.65 | 14.30 | 3518 |
| 汕　头 | 汕头市金环路与长平路交界处东北角地块 | 商　服 | 5 月 | 46.85 | 15.70 | 3351 |
| 南　京 | 2014 年第 09 号浦口区 NO.2014G39 | 综　合 | 6 月 | 73.19 | 34.80 | 4755 |
| 宁　波 | 甬土资告〔2014〕7 号江北区湾头（JB05-04-13）地块 | 住　宅 | 9 月 | 11.53 | 10.38 | 9000 |
| 武　汉 | P（2014）016 号 | 商　住 | 9 月 | 68.61 | 26.94 | 3927 |
| 广　州 | 穗国房挂出告字〔2014〕30 号） | 住　宅 | 11 月 | 13.85 | 20.80 | 15023 |

数据来源：中国房地产决策咨询系统（CRIC）。
注：汕头为华润置地 2014 年新进入的城市。

表 5-51　　2014 年重点新开盘项目

| 项目名称 | 城　市 | 项目名称 | 城　市 |
|---|---|---|---|
| 华润中心·悦府 | 青　岛 | 华润·公元九里 | 北　京 |
| 华润置地中央公园 | 上　海 | 华润国际社区 | 昆　山 |
| 华润悦府 | 南　京 | 华润橡树湾 | 合　肥 |
| 华润·幸福里 | 南　宁 | 华润城润府 | 深　圳 |
| 华润银湖蓝山 | 深　圳 | 华润二十四城 | 重　庆 |

数据来源：中国房地产决策咨询系统（CRIC）。

## （十三）招商局地产控股股份有限公司

### 1. 企业简介

招商局地产控股股份有限公司是央企香港招商局集团三大核心产业的主营上市公司平台之一。近年来，公司紧跟市场及行业态势的变化，积极推动战略转型，在“中国一流的城市升级专家”的战略目标引领下，打造综合实力，实现快速均衡地发展。

2014 年，面对市场调整等不利因素，公司积极贯彻“面向市场、合理定价、加快去化”的销售战术要求，推动了销售业绩目标的实现。

2. 财务数据（见表 5－52～表 5－55）

表 5－52　　2014 年销售业绩及同比

| 分　类 | 2014 年 | 同比（%） |
|---|---|---|
| 销售金额（亿元） | 511 | 18.2 |
| 销售面积（万平方米） | 364 | 32.9 |
| 销售均价（元/平方米） | 14013 | －11.1 |

数据来源：中国房地产决策咨询系统（CRIC）。

表 5－53　　2013—2014 年财务指标

单位：%

| 财务指标 | 2014 年 | 2013 年 |
|---|---|---|
| 净负债率 | 33.28 | 16.50 |
| 三费费用率 | 5.50 | 6.32 |
| 总资产周转率 | 28.68 | 25.00 |
| 长短期债务比 | 2.81 | 1.90 |
| 现金短债比 | 2.33 | 2.29 |
| 净利润增长率 | 0.24 | 28.50 |
| 销售毛利率 | 33.64 | 37.99 |
| 销售净利率 | 13.45 | 13.68 |

数据来源：招商局地产 2014 年年报。

表 5－54　　2014 年重点新增土地储备

| 城　市 | 宗地名称 | 属　性 | 成交时间 | 建筑面积（万平方米） | 成交总价（亿元） | 楼板价（元/平方米） |
|---|---|---|---|---|---|---|
| 常　熟 | 常熟市虞山尚湖项目 | 住　宅 | 1 月 | 11.21 | 7.00 | 6250 |
| 西　安 | 西安市曲江新区项目 | 商　住 | 4 月 | 21.10 | 4.40 | 2085 |
| 句　容 | 句容市宝华镇宝四路项目 | 综　合 | 6 月 | 12.14 | 1.04 | 859 |
| 西　安 | QJ8－7－38 号地块 | 商　住 | 10 月 | 2.12 | 0.45 | 2108 |
| 西　安 | QJ8－7－39 号地块 | 商　住 | 10 月 | 17.48 | 3.70 | 2117 |
| 苏　州 | 苏地－60 号地块 | 住　宅 | 11 月 | 16.45 | 16.90 | 10272 |
| 上　海 | 宝山区杨行镇西城区项目 | 综　合 | 11 月 | 22.62 | 26.10 | 11541 |
| 成　都 | CH39（21/252）项目 | 商　住 | 12 月 | 41.96 | 18.14 | 4323 |
| 深　圳 | 深土交告〔2014〕24 号民治 A818－0462 地块 | 商　办 | 12 月 | 17.58 | 30.40 | 17294 |
| 沈　阳 | 沈阳奥体项目 | 商　服 | 12 月 | 21.91 | 4.82 | 2201 |

数据来源：中国房地产决策咨询系统（CRIC）。

注：常熟、西安、句容和沈阳为招商地产 2014 年新进入的城市。

表 5－55　　2014 年重点新开盘项目

| 项目名称 | 城　市 | 项目名称 | 城　市 |
|---|---|---|---|
| 臻　园 | 北　京 | 金山谷尚层 | 广　州 |
| 海上世界双玺花园 | 深　圳 | 南山雨果 | 上　海 |
| 雍华府 | 南　京 | 招商海德名门 | 上　海 |
| 招商·小石城八期 | 苏　州 | 招商海德公园 | 厦　门 |
| 坪山招商花园城 | 深　圳 | 招商花园城 | 重　庆 |

数据来源：中国房地产决策咨询系统（CRIC）。

## （十四）金地（集团）股份有限公司

### 1. 企业简介

金地（集团）股份有限公司初创于 1988 年，是经深圳市企业制度改革领导小组办公室以深企改办（1996）02 号文批准，以发起设立方式设立的股份有限公司。公司及子公司主要从事房地产开发经营、自有物业管理、兴办各类实体以及信息咨询服务。2014 年金地总资产已达到 1247 亿元。

2014 年公司实现结转收入 456 亿元，同比增长 31%。公司适时把握土地拓展时机，全年共获取 19 个项目、总计约 273 万平方米的可售面积，完成总投资额约 153 亿元，拿地时点集中在上半年及 11—12 月，较好实现了常态化、周期化的均衡投资。

### 2. 财务数据（见表 5－56 ~ 表 5－59）

表 5－56　　2014 年销售业绩及同比

| 分　类 | 2014 年 | 同比（%） |
|---|---|---|
| 销售金额（亿元） | 490 | 8.9 |
| 销售面积（万平方米） | 389 | 8.1 |
| 销售均价（元/平方米） | 12607 | 0.7 |

数据来源：中国房地产决策咨询系统（CRIC）。

表 5－57　　2013—2014 年财务指标

单位：%

| 财务指标 | 2014 年 | 2013 年 |
|---|---|---|
| 净负债率 | 59.05 | 43.82 |
| 三费费用率 | 5.25 | 7.68 |
| 总资产周转率 | 0.37 | 0.28 |
| 长短期债务比 | 1.73 | 1.98 |
| 现金短债比 | 1.14 | 1.57 |
| 净利润增长率 | 62.05 | 42.98 |
| 销售毛利率 | 24.66 | 22.50 |
| 销售净利率 | 7.85 | 6.35 |

数据来源：金地 2014 年年报。

表 5－58　　2014 年重点新增土地储备

| 城　市 | 宗地名称 | 属　性 | 成交时间 | 建筑面积（万平方米） | 成交总价（亿元） | 楼板价（元/平方米） |
|---|---|---|---|---|---|---|
| 苏　州 | 苏地 2013－G－115 号吴中区宝带路北侧、月浜街西侧 | 商　住 | 1 月 | 4.74 | 4.35 | 9178 |
| 北　京 | 京土整储挂（顺）〔2013〕145 号北京市顺义区新城第 19 街区 19－83－1、19－83－2、19－91 地块 | 综　合 | 1 月 | 14.53 | 21.60 | 14864 |
| 东　莞 | 凤岗镇官井头村 2014WG006 地块 | 商　住 | 2 月 | 8.78 | 6.37 | 7257 |
| 西　安 | 西土出告字〔2014〕26 号城南区西沣路以东、雁环路以北号地块 | 商　住 | 3 月 | 47.66 | 9.50 | 1993 |
| 沈　阳 | 宝马西项目（东望街西－2 地块） | 商　住 | 6 月 | 26.09 | 6.00 | 2300 |
| 沈　阳 | 沈阳市三一重装项目 | 商　住 | 11 月 | 44.29 | 9.25 | 2089 |
| 广　州 | 天河区黄云路华美牛奶厂 AT1004009 地块 | 住　宅 | 11 月 | 13.46 | 20.20 | 15007 |
| 南　京 | 浦口区顶山街道七里桥北路西侧 1 号地块（G57） | 住　宅 | 11 月 | 8.90 | 7.40 | 8315 |
| 上　海 | 2014 年 150 号公告宝山区宝山新城顾村 A 单元 08－07 地块 | 住　宅 | 12 月 | 19.40 | 26.80 | 13814 |

数据来源：中国房地产决策咨询系统（CRIC）。
注：苏州为金地 2014 年新进入的城市。

表 5－59　　2014 年重点新开盘项目

| 项目名称 | 城　市 | 项目名称 | 城　市 |
|---|---|---|---|
| 西山艺境 | 北　京 | 金地湖城大境·天锦 | 西　安 |
| 格林云墅 | 北　京 | 金地艺境 | 天　津 |
| 金地自在城 | 上　海 | 湖城艺境 | 南　京 |
| 新外滩 1 号 | 宁　波 | 金地铂悦二期 | 沈　阳 |
| 金地艺境（松江） | 上　海 | 金地自在城 | 南　京 |

数据来源：中国房地产决策咨询系统（CRIC）。

（十五）远洋地产控股有限公司

**1. 企业简介**

远洋地产创立于 1993 年，并于 2007 年 9 月 28 日在香港联合交易所主板上市（股票代码 03377）。2008 年 3 月，被纳入香港恒生综合指数及恒生香港中资企业指数成分股。公司业务范围涉及中至高端住宅、高级写字楼、零售物业、酒店式公寓开发、房地产销售及相关业务、工程及园林建设、物业管理、酒店及会所经营等。公司以北京为基地，拥有多区域、多元化的开发项目及投资物业组合。

**2. 财务数据**（见表 5－60～表 5－63）

**表 5－60　　2014 年销售业绩及同比**

| 分　类 | 2014 年 | 同比（%） |
|---|---|---|
| 销售金额（亿元） | 401 | 12.1 |
| 销售面积（万平方米） | 292 | 13.0 |
| 销售均价（元/平方米） | 13747 | －0.8 |

数据来源：中国房地产决策咨询系统（CRIC）。

**表 5－61　　2013—2014 年财务指标**

单位：%

| 财务指标 | 2014 年 | 2013 年 |
|---|---|---|
| 净负债率 | 65.94 | 44.30 |
| 三费费用率 | 5.98 | 5.86 |
| 总资产周转率 | 0.29 | 0.23 |
| 长短期债务比 | 3.08 | 1.75 |
| 现金短债比 | 1.46 | 1.25 |
| 净利润增长率 | －1.18 | 16.90 |
| 销售毛利率 | 21.00 | 24.27 |
| 销售净利率 | 11.84 | 14.99 |

数据来源：远洋 2014 年年报。

**表 5－62　　2014 年重点新增土地储备**

| 城　市 | 宗地名称 | 属　性 | 成交时间 | 建筑面积（万平方米） | 成交总价（亿元） | 楼板价（元/平方米） |
|---|---|---|---|---|---|---|
| 北　京 | 房山良乡 4 号地 | 住　办 | 1 月 | 10.50 | 11.90 | 11333 |
| 北　京 | 昌平未来科技城 F2 项目 | 住　办 | 1 月 | 22.40 | 24.44 | 10911 |
| 北　京 | 门头沟新城项目 | 商　业 | 1 月 | 24.30 | 39.73 | 16350 |
| 北　京 | 通州核心区 II－05，II－06 地块 | 综　合 | 7 月 | 14.60 | 17.66 | 12096 |
| 北　京 | 通州核心区 II－07－1，II－07－2 地块 | 综　合 | 7 月 | 19.80 | 23.31 | 11773 |
| 北　京 | 石景山区刘娘府项目 | 商　住 | 9 月 | 15.17 | 51.24 | 33777 |
| 北　京 | 通州区临空新村 31 地块 | 商　住 | 10 月 | 15.98 | 9.98 | 6245 |
| 上　海 | 惠南项目 | 商　住 | 12 月 | 24.60 | 22.15 | 9004 |
| 天　津 | 北辰宜兴埠项目 | 商　住 | 12 月 | 233.60 | 27.50 | 1177 |
| 青　岛 | 黄岛区五台山路地块 | 商　住 | 12 月 | 8.94 | 2.29 | 2562 |

数据来源：中国房地产决策咨询系统（CRIC）。

表 5－63　　2014 年重点新开盘项目

| 项目名称 | 城　市 | 项目名称 | 城　市 |
| --- | --- | --- | --- |
| 远洋世界（二期） | 武　汉 | 亚奥万和四季 | 北　京 |
| 远洋香缇 | 中　山 | 远洋城七期 | 天　津 |
| 远洋鸿郡 | 上　海 | 红星海·世界观六期 | 大　连 |
| 远洋天著三期 | 北　京 | 远洋荣域 | 大　连 |
| 远洋红熙郡 | 天　津 | 远洋锦上 | 中　山 |

数据来源：中国房地产决策咨询系统（CRIC）。

## （十六）绿城中国控股有限公司

### 1. 企业简介

绿城中国控股有限公司于2006 年7 月13 日在香港上市（股票代码：03900），以浙江省为主要基地，项目遍布浙江省内经济发达的城市，并拓展了长三角其他重要城市（包括上海、南京、苏州、无锡及南通）、环渤海经济圈重要城市（包括北京、天津、青岛、济南、大连）以及其他省会城市（合肥、郑州、长沙及乌鲁木齐等）。

2014 年，绿城并购案波折不断，12 月 23 日，绿城中国控股有限公司在杭州举行股权转让签约仪式，中国交通建设集团有限公司入主绿城。

### 2. 财务数据（见表 5－64～表 5－67）

表 5－64　　2014 年销售业绩及同比

| 分　类 | 2014 年 | 同比（%） |
| --- | --- | --- |
| 销售金额（亿元） | 794 | 27.9 |
| 销售面积（万平方米） | 391 | 26.5 |
| 销售均价（元/平方米） | 20307 | 1.0 |

数据来源：中国房地产决策咨询系统（CRIC）。
注：绿城集团（包括绿城中国控股有限公司与其附属公司连同其合营企业及联营公司）。

表 5－65　　2013—2014 年财务指标

单位：%

| 财务指标 | 2014 年 | 2013 年 |
| --- | --- | --- |
| 净负债率 | 76.71 | 60.07 |
| 三费费用率 | 10.94 | 9.82 |
| 总资产周转率 | 0.26 | 0.25 |
| 长短期债务比 | 1.94 | 4.07 |
| 现金短债比 | 0.75 | 1.87 |
| 净利润增长率 | －46.42 | －1.04 |
| 销售毛利率 | 25.38 | 30.27 |
| 销售净利率 | 10.02 | 20.66 |

数据来源：绿城 2014 年年报。

表 5－66　　2014 年重点新增土地储备

| 城　市 | 宗地名称 | 属　性 | 成交时间 | 建筑面积（万平方米） | 成交总价（亿元） | 楼板价（元/平方米） |
|---|---|---|---|---|---|---|
| 临　海 | 临海玫瑰园项目 | 住　宅 | 1 月 | 19.84 | 8.38 | 4224 |
| 淄　博 | 淄博理想之城项目 | 住　宅 | 3 月 | 88.54 | 13.80 | 2020 |
| 上　海 | 上海顾村项目 | 住　宅 | 3 月 | 11.91 | 23.54 | 19765 |
| 杭　州 | 杭州七堡地块 | 住　宅 | 10 月 | 54.00 | 44.41 | 8224 |
| 上　海 | 上海富源滨江项目 | 商　住 | 11 月 | 11.37 | 33.51 | 29475 |
| 苏　州 | 苏地 2014－G－58 号 | 住　宅 | 11 月 | 11.48 | 12.80 | 11146 |
| 天　津 | 津西解放（挂）2014－146 号宗地 | 商　住 | 11 月 | 71.00 | 65.50 | 9263 |
| 杭　州 | 萧政储出〔2014〕48 号地块 | 住　宅 | 12 月 | 5.32 | 4.81 | 9031 |

数据来源：中国房地产决策咨询系统（CRIC）。
注：临海、天津为绿城 2014 年新进入的城市。

表 5－67　　2014 年重点新开盘项目

| 项目名称 | 城　市 | 项目名称 | 城　市 |
|---|---|---|---|
| 花木绿城锦绣兰庭 | 上　海 | 绿城理想之城玫瑰园 | 青　岛 |
| 绿城九龙仓·钱塘明月 | 杭　州 | 桃源里 | 大　连 |

数据来源：中国房地产决策咨询系统（CRIC）。

## （十七）北京首都开发股份有限公司

### 1. 企业简介

北京首都开发股份有限公司是北京首都开发控股（集团）有限公司控股的大型房地产开发经营企业，具有国家一级房地产开发资质，在上海证交所挂牌上市。2007 年 12 月 27 日，公司取得中国证券监督管理委员会批准，向实际控股人北京首都开发控股（集团）有限公司发行股票购买其房地产主营业务资产，成为北京首都开发控股（集团）有限公司房地产业务的运作平台。公司注册资本 149467.5 万元，房地产开发综合实力在全国名列前茅。

### 2. 财务数据（见表 5－68～表 5－71）

表 5－68　　2014 年销售业绩及同比

| 分　类 | 2014 年 | 同比（%） |
|---|---|---|
| 销售金额（亿元） | 206 | 10.8 |
| 销售面积（万平方米） | 154 | 9.4 |
| 销售均价（元/平方米） | 13362 | 1.3 |

数据来源：中国房地产决策咨询系统（CRIC）。

表 5－69　　2013—2014 年财务指标

单位:%

| 财务指标 | 2014 年 | 2013 年 |
|---|---|---|
| 净负债率 | 193.54 | 187.76 |
| 三费费用率 | 9.46 | 13.63 |
| 总资产周转率 | 0.31 | 0.24 |
| 长短期债务比 | 0.89 | 2.17 |
| 现金短债比 | 0.51 | 1.00 |
| 净利润增长率 | 40.14 | －7.94 |
| 销售毛利率 | 59.80 | 65.62 |
| 销售净利率 | 9.98 | 10.68 |

数据来源：首开 2014 年年报。

表 5－70　　2014 年重点新增土地储备

| 城　市 | 宗地名称 | 属　性 | 成交时间 | 建筑面积（万平方米） | 成交总价（亿元） | 楼板价（元/平方米） |
|---|---|---|---|---|---|---|
| 北　京 | 京土整储挂（兴）〔2014〕031 号北京市大兴区黄村镇 DX00－0101－0801 等地块 C2 商业金融用地 | 商　办 | 4 月 | 9.48 | 7.63 | 8049 |
| 北　京 | 门头沟永定镇 MC00－0015－0068 地块 | 住　宅 | 10 月 | 23.83 | 33.80 | 14185 |
| 北　京 | 京土整储挂（朝）〔2014〕077 号北京市朝阳区东坝南区 1105－667 地块 | 商　住 | 11 月 | 7.63 | 8.10 | 10613 |
| 北　京 | 北京市房山区房山新城良乡组团（梅花庄旧村改造项目南区）08－05－01、08－05－03 地块限价商品住房项目 | 商　住 | 12 月 | 7.52 | 4.80 | 6383 |
| 福　州 | 榕土让〔2014〕05 号鼓楼区宗地 2014－14 号地块 | 商　业 | 12 月 | 7.40 | 6.02 | 8125 |

数据来源：中国房地产决策咨询系统（CRIC）。

表 5－71　　2014 年重点新开盘项目

| 项目名称 | 城　市 | 项目名称 | 城　市 |
|---|---|---|---|
| 首开国风美唐 | 北　京 | 虹桥万科润园 | 上　海 |
| 保利首开熙悦春天 | 北　京 | 练祁佳城金色榴乡园 | 上　海 |
| 首开常青藤 | 北　京 | 万科公园大道 | 沈　阳 |
| 首开·熙悦山 | 北　京 | 万科公园 5 号 | 成　都 |
| 山湖一号 | 苏　州 | 金第万科·金域东郡 | 北　京 |

数据来源：中国房地产决策咨询系统（CRIC）。

## （十八）复地（集团）股份有限公司

### 1. 企业简介

复地自1992年开始房地产开发和管理业务，开发领域遍及住宅、商办综合体、产业地产等多元化业态。业务覆盖上海、北京等超大型国际都市；天津、武汉、重庆、成都、西安、长春、太原、长沙、三亚、大同等区域中心城市，以及杭州、南京、无锡、宁波等长三角核心城市。

未来，复地集团将根据中国新型城镇化建设发展需求，不断深化“五大蜂巢”开发模式；继续致力于以人性化的视角，为客户提供最佳的人居空间解决方案，实践“以人为蓝图”的品牌理念，并在有关各方的价值最大化的同时，实现复地“成为国际一流的房地产开发商”的企业愿景。

### 2. 财务数据（见表5－72～表5－74）

**表5－72　　2014年销售业绩及同比**

| 分　类 | 2014年 | 同比（%） |
|---|---|---|
| 销售金额（亿元） | 197 | －1.5 |
| 销售面积（万平方米） | 144 | －2.2 |
| 销售均价（元/平方米） | 13650 | 0.7 |

数据来源：中国房地产决策咨询系统（CRIC）。

**表5－73　　2014年重点新增土地储备**

| 城　市 | 宗地名称 | 属　性 | 成交时间 | 建筑面积（万平方米） | 成交总价（亿元） | 楼板价（元/平方米） |
|---|---|---|---|---|---|---|
| 北　京 | 通州区运河核心区Ⅸ－06地块F3其他类多功能用地 | 商　业 | 5月 | 16.25 | 3.62 | 2229 |
| 北　京 | 通州区运河核心区Ⅸ－02地块F3其他类多功能用地 | 商　业 | 5月 | 7.67 | 14.36 | 18723 |
| 北　京 | 通州区运河核心区Ⅷ－05、08－2地块F3其他类多功能用地 | 商　业 | 5月 | 123.72 | 53.72 | 4342 |
| 北　京 | 通州区运河核心区Ⅷ－02、04、07等地块F3其他类多功能用地 | 商　业 | 8月 | 6.27 | 27.59 | 43998 |

数据来源：中国房地产决策咨询系统（CRIC）。

**表5－74　　2014年重点新开盘项目**

| 项目名称 | 城　市 | 项目名称 | 城　市 |
|---|---|---|---|
| 复地御钟山 | 南　京 | 复地紫藤里 | 上　海 |
| 复地新都国际 | 南　京 | 复地公园城 | 无　锡 |
| 复地黄龙和山 | 杭　州 | 复地东湖国际 | 武　汉 |
| 复地悦城 | 武　汉 | 复地复城国际 | 成　都 |
| 复地湖滨广场 | 天　津 | 复地朗香别墅 | 南　京 |

数据来源：中国房地产决策咨询系统（CRIC）。

**3. 联系方式**

地址：上海市复兴东路2号6楼　电话：021－23133700　邮编：200010

传真：021－23133844　主页：http：//www. forte. com. cn/

（十九）新城控股集团有限公司

**1. 企业简介**

新城控股集团有限公司总部位于上海，是一家香港主板上市企业（股票代码：01030），致力于开发运营优质住宅物业和城市综合体项目。新城控股旗下包含以住宅开发为主的子公司新城地产（股票代码：900950）。

经过22年的积累，新城控股集团目前总资产超过500亿元，已开发和正在开发的项目达100余个。集团业务版图主要分布在中国最富裕的长三角地区，并进一步向价值潜力不断提升的东部沿海城市群以及中西部重点城市拓展延伸，以建造更多幸福的住宅社区和愉悦的商业空间。

新城控股坚持“区域聚焦、高速周转、产品多元化”的发展战略，争做中国成长性和竞争力兼备的综合性房地产集团。2014年，新城控股实现合约销售245. 1亿元，超额完成全年销售目标，同比增长18. 8%，逆势中增幅比较显著。

**2. 财务数据**（见表5－75～表5－78）

表5－75　　**2014年销售业绩及同比**

| 分　类 | 2014年 | 同比（%） |
|---|---|---|
| 销售金额（亿元） | 245 | 18. 8 |
| 销售面积（万平方米） | 277 | 25. 5 |
| 销售均价（元/平方米） | 8852 | －5. 3 |

数据来源：中国房地产决策咨询系统（CRIC）。

表5－76　　**2013—2014年财务指标**

单位：%

| 财务指标 | 2014年 | 2013年 |
|---|---|---|
| 净负债率 | 73. 79 | 61. 12 |
| 三费费用率 | 7. 57 | 8. 61 |
| 总资产周转率 | 0. 41 | 0. 47 |
| 长短期债务比 | 3. 13 | 5. 39 |
| 现金短债比 | 1. 43 | 3. 41 |
| 净利润增长率 | －2. 20 | 8. 31 |
| 销售毛利率 | 18. 70 | 22. 55 |
| 销售净利率 | 8. 11 | 8. 27 |

数据来源：新城控股2014年报。

表 5－77　　2014 年重点新增土地储备

| 城　市 | 宗地名称 | 属　性 | 成交时间 | 建筑面积（万平方米） | 成交总价（亿元） | 楼板价（元/平方米） |
|---|---|---|---|---|---|---|
| 南　京 | 2014 年第 03 号栖霞区 NO. 2014G07 | 住　宅 | 3 月 | 36.88 | 30.00 | 8134 |
| 上　海 | 嘉定 C2－6 地块 | 住　宅 | 4 月 | 6.30 | 4.66 | 7394 |
| 杭　州 | 余政储出（2014）5 号 | 住　宅 | 4 月 | 5.04 | 4.03 | 8000 |
| 苏　州 | 苏地 2014－G－24 号吴中经济开发区友新路东侧、友翔路南侧 | 住　宅 | 7 月 | 26.63 | 8.20 | 3080 |
| 长　春 | 绿园区 220106001018GB00031/32 地块 | 综　合 | 8 月 | 40.08 | 9.00 | 2245 |
| 武　汉 | 汉阳区 P（2014）081/082 地块 | 综　合 | 8 月 | 54.26 | 14.70 | 2709 |
| 南　昌 | 高新区 DAFJ2014046 地块 | 综　合 | 8 月 | 43.70 | 6.17 | 1412 |
| 安　庆 | ［2014］34 号迎江区地块 | 综　合 | 11 月 | 66.89 | 5.96 | 892 |
| 海　口 | 28［2014］28 号琼山区 145516.77 平方米地块 | 商　业 | 12 月 | 36.38 | 5.16 | 1418 |
| 南　京 | 2014 年第 17 号 浦口区 NO. 2014G75 | 住　宅 | 12 月 | 31.67 | 8.60 | 2716 |
| 济　南 | 历城区田园新城片区 C－4 地块 | 综　合 | 12 月 | 35.43 | 3.29 | 928 |
| 青　岛 | 李沧区天水路以南 C－1、C－2、H 及 I－1 地块 | 住　宅<br>商　业 | 12 月 | 56.41 | 17.35 | 3075 |
| 上　海 | 松　江 | 住　宅 | 12 月 | 2.65 | 2.34 | 8829 |

数据来源：中国房地产决策咨询系统（CRIC）。

表 5－78　　2014 年重点新开盘项目

| 项目名称 | 城　市 | 项目名称 | 城　市 |
|---|---|---|---|
| 新城香溢璟庭 | 上　海 | 新城柏丽湾 | 昆　山 |
| 香溢荟苑 | 上　海 | 新城悠活城 | 常　州 |
| 丹阳吾悦广场 | 镇　江 | 张家港吾悦广场 | 苏　州 |
| 香溢紫郡 | 南　通 | 山语院 | 杭　州 |
| 西溪逸境 | 杭　州 | 香悦澜山 | 南　京 |

数据来源：中国房地产决策咨询系统（CRIC）。

**3. 联系方式**

地址：上海市中山北路 3000 号长城大厦 23 楼

电话：021－32522988　邮编：200063

（二十）阳光城集团股份有限公司

**1. 企业简介**

阳光城集团股份有限公司（简称“阳光城集团”），是阳光城控股投资的以房地产开发为主营业务的上市企业（上市代码：000671），1995 年始创于福州，2012 年管理总部迁至上海。

截至2014年12月底，阳光城集团已进入福建、上海、陕西、甘肃、山西、江苏、浙江等省市发展，土地总储备逾700万平方米，全国储备货值超1000亿元。企业综合实力及品牌价值快速提升。

阳光城集团逐步形成包括住宅（城市豪宅、浪漫城邦、时尚公寓、生态别墅）和商业（商务办公、商业综合体、星级酒店）两大类产品体系，涵盖全方位生活所需。

**2. 财务数据**（见表5-79～表5-82）

表5-79　　**2014年销售业绩及同比**

| 分　类 | 2014年 | 同比（%） |
| --- | --- | --- |
| 销售金额（亿元） | 231 | 4.8 |
| 销售面积（万平方米） | 176 | -5.6 |
| 销售均价（元/平方米） | 13123 | 11.0 |

数据来源：中国房地产决策咨询系统（CRIC）。

表5-80　　**2013—2014年财务指标**

单位:%

| 财务指标 | 2013年 | 2012年 |
| --- | --- | --- |
| 净负债率 | 253.80 | 299.22 |
| 三费费用率 | 6.76 | 8.31 |
| 总资产周转率 | 0.34 | 0.29 |
| 长短期债务比 | 0.64 | 2.07 |
| 现金短债比 | 0.32 | 0.64 |
| 净利润增长率 | 114.18 | 11.94 |
| 销售毛利率 | 25.64 | 26.76 |
| 销售净利率 | 10.00 | 9.13 |

数据来源：阳光城2014年年报。

表5-81　　**2014年重点新增土地储备**

| 城　市 | 宗地名称 | 属　性 | 成交时间 | 建筑面积（万平方米） | 成交总价（亿元） | 楼板价（元/平方米） |
| --- | --- | --- | --- | --- | --- | --- |
| 杭　州 | 杭政储出〔2013〕108号 | 住　宅 | 1月 | 13.83 | 11.300 | 8171 |
| 晋　江 | G2014-13号地块 | 住　宅 | 4月 | 11.67 | 3.195 | 2738 |
| 晋　江 | G2014-14号地块 | 住　宅 | 4月 | 4.80 | 1.319 | 2748 |
| 上　海 | 杨浦区平凉社区03F5-01（平凉街道47街坊） | 住　宅 | 11月 | 5.13 | 21.080 | 41092 |

数据来源：中国房地产决策咨询系统（CRIC）。

表 5－82　　2014 年重点新开盘项目

| 项目名称 | 城　市 | 项目名称 | 城　市 |
|---|---|---|---|
| 阳光城愉景湾 | 上　海 | 阳光城丽景湾 | 上　海 |
| 阳光凡尔赛宫 | 福　州 | 阳光城花满墅 | 上　海 |
| 阳光城翡丽湾 | 厦　门 | 林隐天下 | 西　安 |
| 阳光城新界 | 上　海 | 阳光理想城四期（花语海） | 福　州 |
| 阳光城愉景湾 | 上　海 | 阳光城领海 | 福　州 |

数据来源：中国房地产决策咨询系统（CRIC）。

**3. 联系方式**

地址：上海市浦东新区金新路 99 号 7－8 楼　电话：021－20800310

传真：021－20802300　邮编：201206　公司主页：www. yango. com. cn

（二十一）融侨集团股份有限公司

**1. 企业简介**

融侨集团股份有限公司由东南亚华人企业家林文镜先生，于 1989 年以港资形式在榕投资的房地产公司发展而来，是一家拥有国家一级资质以房地产开发为核心的外商投资企业，涉及酒店、物业、温泉、商业、港口等业务。多年来，融侨集团布局全国，业务拓展至福州、福清、武汉、合肥、天津、无锡、淮安、连云港、南京、郑州、厦门等城市。

**2. 财务数据**（见表 5－83 ~ 表 5－85）

表 5－83　　2014 年销售业绩及同比

| 分　类 | 2014 年 | 2013 年 | 同比（%） |
|---|---|---|---|
| 销售金额（亿元） | 228 | 217 | 5. 1 |
| 销售面积（万平方米） | 192 | 142 | 35. 3 |
| 销售均价（元/平方米） | 11875 | 15292 | －22. 3 |

数据来源：中国房地产决策咨询系统（CRIC）。

表 5－84　　2014 年重点新增土地储备

| 城　市 | 宗地位置 | 属　性 | 成交时间 | 建筑面积（万平方米） | 成交总价（亿元） | 楼板价（元/平方米） |
|---|---|---|---|---|---|---|
| 上　海 | 上海长宁区新华路街道 71 街坊 8/3 丘地块 | 商　办 | 12 月 | 12. 90 | 14. 76 | 11438 |
| 厦　门 | 马銮湾新阳片区翁角路与霞光路交叉口东北侧 | 商　住 | 10 月 | 14. 00 | 19. 76 | 14114 |
| 郑　州 | 郑州新郑市龙湖镇（2014）47 号、48 号、49 号三宗居住用地 | 住　宅 | 6 月 | 33. 40 | 2. 85 | — |

数据来源：中国房地产决策咨询系统（CRIC）。

注：三地市均为融侨 2014 年新进入的城市。

表 5－85　　2014 年重点新开盘项目

| 项目名称 | 城　市 | 项目名称 | 城　市 |
|---|---|---|---|
| 融侨外滩三期 | 福　州 | 融侨悦城 | 合　肥 |
| 融侨锦江悦府 | 福　州 | 融侨观山府 | 福　州 |
| 融侨城一期 | 武　汉 | 融侨·观邸 | 无　锡 |
| 融侨悦城 | 福　州 | 融侨观邸 | 南　京 |

数据来源：中国房地产决策咨询系统（CRIC）。

**3. 联系方式**

地址：福州仓山区闽江大道 167 号融侨水乡酒店 10 层

电话：0591－87730970　传真：0591－88318037　邮编：353000

邮箱：rongqiaogroup@ sina. cn

（二十二）旭辉控股（集团）有限公司

**1. 企业简介**

旭辉控股（集团）有限公司成立于2000 年，是一家以内地住宅开发为主营业务的香港上市房地产开发企业（股票代码 00884. HK）。旭辉总部设在中国上海，集房地产开发、建筑施工、商业管理、物业服务于一体，具有“中国房地产开发企业一级资质”“中国物业服务企业一级资质”。

“以战略为引导”，旭辉立足上海布局全国，扎根“长三角”区域、“环渤海湾”区域及“中西部”区域的同时，开发项目覆盖上海、北京、苏州、长沙、重庆、合肥、天津、杭州、武汉、沈阳、南京、嘉兴、廊坊、镇江、厦门、福州等多个城市，涵盖住宅、商务办公、商业综合体等多种业态。

**2. 财务数据**（见表 5－86～表 5－89）

表 5－86　　2014 年销售业绩及同比

| 分　类 | 2014 年 | 同比（%） |
|---|---|---|
| 销售金额（亿元） | 212 | 38. 4 |
| 销售面积（万平方米） | 173 | 21. 2 |
| 销售均价（元/平方米） | 12233 | 14. 0 |

数据来源：中国房地产决策咨询系统（CRIC）。

表 5－87　　2013—2014 年财务指标

单位：%

| 财务指标 | 2014 年 | 2013 年 |
|---|---|---|
| 净负债率 | 58. 16 | 66. 73 |
| 三费费用率 | 7. 63 | 8. 49 |
| 总资产周转率 | 0. 39 | 0. 36 |
| 长短期债务比 | 3. 57 | 3. 53 |

续表

| 财务指标 | 2014 年 | 2013 年 |
|---|---|---|
| 现金短债比 | 2.11 | 2.45 |
| 净利润增长率 | -2.04 | 1.00 |
| 销售毛利率 | 18.70 | 25.77 |
| 销售净利率 | 12.36 | 17.14 |

数据来源：旭辉 2014 年年报。

表 5-88　　2014 年重点新增土地储备

| 城　市 | 宗地名称 | 属　性 | 成交时间 | 建筑面积（万平方米） | 成交总价（亿元） | 楼板价（元/平方米） |
|---|---|---|---|---|---|---|
| 镇　江 | 丁卯新区谷阳路东项目 | 住　宅 | 1月 | 14.83 | 2.10 | 1416 |
| 北　京 | 大兴庄镇地块 | 商　住 | 2月 | 31.00 | 11.96 | 3860 |
| 苏　州 | 苏地 2014-G-17 号地块 | 住　宅 | 4月 | 4.76 | 1.38 | 2899 |
| 合　肥 | 高新区 KD4-2 号地块 | 住　宅 | 5月 | 21.91 | 11.65 | 5318 |
| 苏　州 | 苏地 2014-G-26 号地块 | 住　宅 | 7月 | 14.95 | 6.30 | 4213 |
| 上　海 | 洋泾社区 C000204 地块 | 综　合 | 9月 | 22.67 | 41.75 | 18419 |
| 苏　州 | 苏园土挂〔2014〕15 号地块 | 住　宅 | 11月 | 10.87 | 11.90 | 10949 |
| 南　京 | 浦口区 NO.2014G62 地块 | 住　宅 | 12月 | 11.44 | 4.90 | 4284 |
| 上　海 | 车亭公路 2 号-2 地块 | 住　宅 | 12月 | 10.39 | 6.29 | 6056 |
| 南　京 | 江宁区 NO.2014G63 | 商　住 | 12月 | 5.20 | 3.39 | 6516 |

数据来源：中国房地产决策咨询系统（CRIC）。
注：南京为旭辉 2014 年新进入的城市。

表 5-89　　2014 年重点新开盘项目

| 项目名称 | 城　市 | 项目名称 | 城　市 |
|---|---|---|---|
| 旭辉御府 | 沈　阳 | 旭辉香樟公馆 | 长　沙 |
| 旭辉亚瑟郡 | 上　海 | 旭辉国际广场 | 长　沙 |
| 新城旭辉府 | 上　海 | 旭辉御府 | 武　汉 |
| 恒基旭辉中心 | 上　海 | 旭辉城 | 重　庆 |

数据来源：中国房地产决策咨询系统（CRIC）。

**3. 联系方式**

地址：上海通协路 288 弄 3 号楼

电话：021-60701001　邮编：235000　主页：www.cifi.com.cn

（二十三）江苏中南建设集团股份有限公司

**1. 企业简介**

江苏中南建设集团股份有限公司起步于 1988 年，现已发展成为拥有各类员工 5 万余人、总资产 700 亿元，2014 年综合产值近 500 亿元的大型集团化上市企业。2015 年 3 月 24 日，中南集团 · 中南建设荣膺 2015 年中国房地产开发企业500强第25名，经营绩效5强，在进军中国一线品牌的征途中，又迈出了坚实的一步。

目前，集团拥有“房地产业”“建筑产业”“工业产业”“商业产业”四大产业板块，涉及房地产开发、造城、工程总承包、市政工程、地铁轨道交通、安装、装潢、钢结构、能源、机械、矿产、金融投资等领域，下辖江苏中南建设集团股份有限公司（证券代码：000961. SZ）、中南城市建设投资有限公司、中南建筑集团、南通市中南建工设备安装有限公司、金丰环球装饰工程（天津）有限公司等87家独立法人企业、150余家子分公司。其中，中南建筑具有房屋建筑工程施工总承包特一级资质（全国仅三家）。

**2. 财务数据**（见表5－90～表5－93）

表5－90　　**2014年销售业绩及同比**

| 分　类 | 2014年 | 同比（%） |
|---|---|---|
| 销售金额（亿元） | 207 | 32.4 |
| 销售面积（万平方米） | 264 | 28.8 |
| 销售均价（元/平方米） | 7846 | 2.8 |

数据来源：中国房地产决策咨询系统（CRIC）。

表5－91　　**2013—2014年财务指标**

单位：%

| 财务指标 | 2014年 | 2013年 |
|---|---|---|
| 净负债率 | 67.48 | 118.84 |
| 三费费用率 | 11.46 | 10.95 |
| 总资产周转率 | 0.29 | 0.32 |
| 长短期债务比 | 2.65 | 3.42 |
| 现金短债比 | 1.58 | 1.57 |
| 净利润增长率 | －33.87 | 32.09 |
| 销售毛利率 | 24.65 | 29.42 |
| 销售净利率 | 4.30 | 7.73 |

数据来源：中南建设2014年年报。

表5－92　　**2014年重点新增土地储备**

| 城　市 | 宗地名称 | 属　性 | 成交时间 | 建筑面积（万平方米） | 成交总价（亿元） | 楼板价（元/平方米） |
|---|---|---|---|---|---|---|
| 海　门 | 2014年03号公告海门镇C－36214004地块 | 商　业 | 2月 | 1.71 | 0.12 | 715 |
| 南　京 | 2014年第04号栖霞区NO. 2014G12 | 商　住 | 4月 | 36.18 | 25.70 | 7103 |
| 苏　州 | 苏园土挂〔2014〕08号朝阳路北、星塘街东 | 住　宅 | 4月 | 7.33 | 6.14 | 8380 |
| 苏　州 | 苏园土挂〔2014〕09号沙浜路东、朝阳路北 | 住　宅 | 4月 | 8.34 | 6.73 | 8069 |

数据来源：中国房地产决策咨询系统（CRIC）。

表 5 -93　　2014 年重点新开盘项目

| 项目名称 | 城　市 | 项目名称 | 城　市 |
|---|---|---|---|
| 中南锦苑 | 苏　州 | 中南世纪雅苑 | 南　京 |
| 中南锦苑 | 海　门 | 中南山海湾 | 烟　台 |

数据来源：中国房地产决策咨询系统（CRIC）。

**3. 联系方式**

地址：江苏省海门市上海路 889 号

电话：0513 -82738800　传真：0513 -82603488

邮编：226000　公司主页：http：//www. zhongnangroup. cn/

（二十四）建业地产股份有限公司

**1. 企业简介**

建业地产股份有限公司于 2007 年 11 月 15 日在开曼群岛注册成立为获豁免有限公司，并于 2008 年 6 月 6 日在香港联合交易所主板上市。成立伊始即确定了房地产主营业务和品牌化经营道路。建业立足于省域化发展，扎根中原 22 年，整合相关物业、教育、足球、服务、商业、酒店、绿色基地等资源，构筑企业的核心竞争力。

目前，建业已进入河南的 18 个地级城市和 18 个县级城市。

**2. 财务数据**（见表 5 -94 ~ 表 5 -97）

表 5 -94　　2014 年销售业绩及同比

| 分　类 | 2014 年 | 同比（%） |
|---|---|---|
| 销售金额（亿元） | 156 | 11. 1 |
| 销售面积（万平方米） | 218 | 6. 6 |
| 销售均价（元/平方米） | 7134 | 4. 3 |

数据来源：中国房地产决策咨询系统（CRIC）。

表 5 -95　　2013—2014 年财务指标

单位:%

| 财务指标 | 2014 年 | 2013 年 |
|---|---|---|
| 净负债率 | 43. 37 | 37. 19 |
| 三费费用率 | 17. 36 | 23. 96 |
| 总资产周转率 | 0. 27 | 0. 25 |
| 长短期债务比 | 5. 78 | 2. 64 |
| 现金短债比 | 4. 61 | 2. 53 |
| 净利润增长率 | 11. 73 | 24. 73 |
| 销售毛利率 | 33. 56 | 34. 08 |
| 销售净利率 | 10. 38 | 15. 61 |

数据来源：建业股份 2014 年年报。

表 5－96　　2014 年重点新增土地储备

| 城　市 | 宗地名称 | 属　性 | 成交时间 | 建筑面积（万平方米） | 成交总价（亿元） | 楼板价（元/平方米） |
|---|---|---|---|---|---|---|
| 焦　作 | 龙源路北侧、太极体育中心南侧、翁涧河西侧、市污水处理厂东侧宗地 | 住　宅 | 1 月 | 30.76 | 5.11 | 1661 |
| 商　丘 | 商丘市东至规划路、西至学院路、南至育红路、北至候恂路宗地 | 商　住 | 1 月 | 9.45 | 0.76 | 804 |
| 驻马店 | 驻马店市铜山大道与金雀路交叉口东南角宗地 | 住　宅 | 1 月 | 22.35 | 0.99 | 443 |
| 郑　州 | 郑政出〔2014〕24 号宗地 | 住　宅 | 4 月 | 19.92 | 3.03 | 1521 |
| 漯　河 | 西城区太白山路东侧、嘉陵江路南侧宗地 | 住　宅 | 6 月 | 12.02 | 1.56 | 1298 |
| 郑　州 | 朝阳路南、九如路东宗地 | 住　宅 | 8 月 | 10.84 | 14.44 | 13329 |
| 郑　州 | 郑政出〔2014〕110 号 | 住　宅 | 9 月 | 10.64 | 1.11 | 1047 |
| 郑　州 | 郑政出〔2014〕111 号 | 住　宅 | 9 月 | 13.57 | 1.37 | 1009 |

数据来源：中国房地产决策咨询系统（CRIC）。

表 5－97　　2014 年重点新开盘项目

| 项目名称 | 城　市 | 项目名称 | 城　市 |
|---|---|---|---|
| 森林半岛五期 | 焦　作 | 西平森林半岛 | 驻马店 |
| 壹号城邦 | 信　阳 | 长垣森林半岛 | 新　乡 |
| 长葛桂园 | 许　昌 | 上街联盟新城 | 郑　州 |
| 东京梦华－半亩园 | 开　封 | 商丘十八城 | 商　丘 |

数据来源：中国房地产决策咨询系统（CRIC）。

### 3. 联系方式

地址：郑州市农业东路建业总部港 E 座

电话：0371－66516000　传真：0371－66515003

## （二十五）四川蓝光和骏实业股份有限公司

### 1. 企业简介

四川蓝光和骏实业股份有限公司成立于 1990 年，系四川蓝光实业集团有限公司下属控股公司。公司以“民生住宅、商业综合体及文化旅游综合体”开发和运营为核心，以房地产金融业务为支撑，业务覆盖“以成都、重庆、昆明为核心的西南区域”“以北京、天津为中心的环渤海区域”“以上海、杭州为中心的长三角区域”“以武汉、长沙为中心的长江中游区域”“以西安、太原为中心的黄河中游区域”等五大区域，共计 30 余个大中城市。

2014 年，蓝光地产集团销售面积全国排名第 25 位，销售合同金额全国排名第 34 位。2014 年，蓝光品牌入围“2014 中国房地产公司品牌价值 TOP20”，品牌估值 55.41 亿元。

**2. 财务数据**（见表5－98～表5－100）

**表5－98　2014年销售业绩及同比**

| 分　类 | 2014年 | 同比（%） |
|---|---|---|
| 销售金额（亿元） | 210 | 1.8 |
| 销售面积（万平方米） | 260 | 9.5 |
| 销售均价（元/平方米） | 8093 | －7.1 |

数据来源：中国房地产决策咨询系统（CRIC）。

**表5－99　2014年重点新增土地储备**

| 城　市 | 宗地名称 | 属　性 | 成交时间 | 建筑面积（万平方米） | 成交总价（亿元） | 楼板价（元/平方米） |
|---|---|---|---|---|---|---|
| 无　锡 | 锡山区XDG－2009－80号地块 | 商　住 | 1月 | 23.94 | 5.65 | 2360 |
| 吴　江 | 太湖新城吴江顾家荡路以南秋枫路以东地块 | 商　住 | 2月 | 13.43 | 4.98 | 3713 |
| 吴　江 | 太湖新城吴江高新路以北苏河西路以西地块 | 住　宅 | 2月 | 11.52 | 4.28 | 3713 |
| 成　都 | CH07（252）：2014－020 | 商　住 | 4月 | 21.64 | 12.22 | 5650 |
| 成　都 | QL04（252）：2014－037 | 商　住 | 4月 | 11.35 | 1.51 | 1329 |
| 合　肥 | 瑶海区E1406号地块 | 商　住 | 8月 | 8.47 | 3.94 | 4650 |
| 成　都 | CH28（21/252）：2014－088 | 商　住 | 11月 | 22.33 | 5.58 | 2500 |
| 重　庆 | 大渡口区大渡口组团E分区E11/02号宗地 | 商　住 | 11月 | 18.19 | 7.83 | 4303 |
| 成　都 | WH15（252）：2014－121 | 商　住 | 12月 | 11.08 | 4.59 | 4141 |
| 成　都 | GX05（251/211）：2014－072 | 商　住 | 12月 | 5.48 | 1.60 | 2920 |

数据来源：中国房地产决策咨询系统（CRIC）。

**表5－100　2014年重点新开盘项目**

| 项目名称 | 城　市 | 项目名称 | 城　市 |
|---|---|---|---|
| 蓝光COCO现代 | 重　庆 | 蓝光空港国际城 | 成　都 |
| 蓝光天娇城 | 昆　明 | 蓝光金双楠 | 成　都 |
| 蓝光东方天地 | 成　都 | 蓝光锦绣城 | 成　都 |
| 蓝光COCO国际 | 成　都 | 蓝光COCO金沙 | 成　都 |
| 蓝光幸福满庭 | 成　都 | 蓝光御江台 | 重　庆 |

数据来源：中国房地产决策咨询系统（CRIC）。

## （二十六）泰禾集团股份有限公司

**1. 企业简介**

泰禾集团股份有限公司是一家以房地产开发为主，涉足酒店、化工、金融证券、生物医药等领域的综合性大型上市公司，总部位于福建省福州市。

19 年来，泰禾集团坚持“扎根福建本土，深耕一线城市”的发展战略，布局海西、长三角、京津冀三大经济圈，产品涵盖高端别墅、高层公寓、花园洋房、精品 SOHO、大型城市综合体等多种业态。凭借高品质、差异化的产品，泰禾集团在住宅、商业两大地产领域齐头并进。

**2. 财务数据**（见表 5－101～表 5－103）

表 5－101　　**2013—2014 年销售业绩**

| 分　类 | 2014 年 | 2013 年 |
|---|---|---|
| 销售金额（亿元） | 230 | 168 |
| 销售面积（万平方米） | 129 | 97 |
| 销售均价（元/平方米） | 17829 | 17309 |

数据来源：泰禾集团 2014 年年报。

表 5－102　　**2013—2014 资产与负债状况**

单位：万元，%

| 分　类 | 2014 年 | 2013 年 |
|---|---|---|
| 资产总额 | 6239545.25 | 3569537.01 |
| 负债总额 | 5567315.17 | 3060499.38 |
| 流动负债 | 3210762.38 | 1690466.02 |
| 货币资金 | 335398.59 | 661737.18 |
| 应收账款 | 42940.49 | 44002.81 |
| 其他应收款 | 26181.58 | 3637.52 |
| 本公司所有者股东权益 | 672230.09 | 509037.63 |
| 资产负债率 | 89.23 | 85.74 |
| 流动比率 | 1.89 | 2.04 |
| 速动比率 | 0.26 | 0.42 |

数据来源：泰禾集团 2014 年年报。

表 5－103　　**2013—2014 年现金流量状况**

单位：万元，%

| 分　类 | 2014 年 | 2013 年 |
|---|---|---|
| 销售商品房收到的现金 | 1310865.91 | 892330.28 |
| 经营活动现金净流量 | －1662570.52 | －1144127.19 |
| 现金净流量 | －404310.24 | 387634.68 |
| 销售商品房收到现金与主营收入比 | 1.57 | 1.46 |

续表

| 分 类 | 2014 年 | 2013 年 |
|---|---|---|
| 经营活动现金流量与净利润比 | -23.34 | -16.30 |
| 现金净流量与净利润比 | -5.68 | 5.52 |
| 投资活动现金净流量 | -52683.88 | -34550.91 |
| 筹资活动现金净流量 | 1310541.49 | 1566312.78 |

数据来源：泰禾集团 2014 年年报。

**3. 土地及项目情况**（见表 5-104、表 5-105）

**表 5-104　　2013—2014 年土地及在建规模**

| 分 类 | 2014 年 | 2013 年 |
|---|---|---|
| 土地储备（万平方米） | 111 | 275 |
| 房屋施工面积（万平方米） | 571 | 305 |

数据来源：泰禾集团 2014 年年报。

**表 5-105　　2014 年重点项目情况**

| 项目名称 | 城 市 | 规划建筑面积（万平方米） | 规划销售面积（万平方米） |
|---|---|---|---|
| 泰禾中国院子 | 北 京 | 11.57 | 10.22 |
| 泰禾北京院子 | 北 京 | 10.85 | 9.20 |
| 泰禾 1 号街区 | 北 京 | 25.26 | 21.47 |
| 泰禾拾景园 | 北 京 | 18.49 | 14.29 |
| 泰禾长安中心 | 北 京 | 17.95 | 10.05 |
| 上海·泰禾红御 | 上 海 | 14.47 | 12.42 |
| 上海·泰禾红桥 | 上 海 | 16.60 | 11.18 |
| 泰禾江阴院子 | 无锡江阴 | 29.34 | 17.60 |
| 泰禾南京院子 | 南 京 | 6.26 | 4.79 |

数据来源：泰禾集团 2014 年年报。

**4. 联系方式**

地址：福建省福州市湖东路 43 号奥林匹克大厦

电话：0591-87542888　传真：0591-87601956　邮编：350001

公司主页：http://www.thaihot.com.cn

## （二十七）越秀地产股份有限公司

### 1. 企业简介

越秀地产股份有限公司1985年在香港成立，是全国性的综合房地产开发商，历年来开发了60余个住宅项目和以华南第一高楼广州国际金融中心为代表的20多个商业地产项目，商业地产价值雄踞上市公司类房企前列；随着近年全国扩张步伐的启动，越秀地产已经在珠三角、长三角和环渤海及中部地区共12个城市实现重点布局。

**2. 财务数据**（见表5-106~表5-109）

表5-106　　2014年销售业绩及同比

| 分　类 | 2014年 | 同比（%） |
|---|---|---|
| 销售金额（亿元） | 220 | 50.4 |
| 销售面积（万平方米） | 189 | 63.3 |
| 销售均价（元/平方米） | 11672 | -8.1 |

数据来源：中国房地产决策咨询系统（CRIC）。

表5-107　　2013—2014年财务指标

单位:%

| 财务指标 | 2014年 | 2013年 |
|---|---|---|
| 净负债率 | 63.10 | 61.60 |
| 三费费用率 | 12.70 | 12.80 |
| 总资产周转率 | 0.12 | 0.31 |
| 长短期债务比 | 1.54 | 1.98 |
| 现金短债比 | 1.51 | 2.11 |
| 净利润增长率 | -3.78 | 16.03 |
| 销售毛利率 | 26.40 | 28.90 |
| 销售净利率 | 16.66 | 17.10 |

数据来源：越秀地产2014年年报。

表5-108　　2014年重点新增土地储备

| 城　市 | 宗地名称 | 属　性 | 成交时间 | 建筑面积（万平方米） | 成交总价（亿元） | 楼板价（元/平方米） |
|---|---|---|---|---|---|---|
| 杭　州 | 余杭区古墩路星汇悦城地块 | 商　住 | 1月 | 18.54 | 10.00 | 5394 |
| 广　州 | 红云涂料厂（白云同和）地块 | 住　宅 | 11月 | 64.89 | 64.51 | 9941 |

数据来源：中国房地产决策咨询系统（CRIC）。

表 5 – 109　　2014 年重点新开盘项目

| 项目名称 | 城　市 | 项目名称 | 城　市 |
|---|---|---|---|
| 星汇金沙 | 广　州 | 可逸江畔 | 广　州 |
| 滨海花园 | 南　沙 | 逸泉映翠 | 从　化 |
| 可逸兰亭 | 昆　山 | 星汇君泊 | 武　汉 |
| 星汇云锦 | 武　汉 | 星汇蓝湾 | 青　岛 |

数据来源：中国房地产决策咨询系统（CRIC）。

### （二十八）正荣集团有限公司

#### 1. 企业介绍

正荣集团有限公司是一家以房地产综合开发为主、资产经营与资本运作并举的大型房地产开发企业集团，是国家一级房地产开发企业，中国房地产业协会副会长单位。

自 1998 年成立以来，正荣集团投资、开发和运营的城市住宅、城市商业、城市旧改、主题地产等四大产品体系项目 68 个，总开发面积逾 2000 万平方米，总资产 600 多亿元。

目前已成功布局海峡西岸经济区、长三角经济区、中部经济圈与京津冀地区，业务覆盖上海、福州、南京、苏州、南昌、长沙、天津、西安、莆田等 12 个城市。

#### 2. 财务数据（见表 5 – 110、表 5 – 111）

表 5 – 110　　2014 年重点新增土地储备

| 城　市 | 宗地名称 | 属　性 | 成交时间 | 建筑面积（万平方米） | 成交总价（亿元） | 楼板价（元/平方米） |
|---|---|---|---|---|---|---|
| 苏　州 | 苏地 2013 – G – 121 号 | 商　住 | 1 月 | 21.28 | 15.60 | 7329 |
| 苏　州 | 苏地 2013 – G – 122 号 | 住　宅 | 1 月 | 25.40 | 16.80 | 6613 |
| 上　海 | 青浦区徐泾镇联民路东侧 A – 3A – 1、A – 3A – 2 地块 | 商　住 | 2 月 | 20.59 | 25.60 | 12433 |
| 上　海 | 上海市金山区枫泾镇 | 住　宅 | 2 月 | 12.33 | 6.25 | 5067 |
| 福州马尾 | 马尾革新厂地块 | 商　住 | 2 月 | 30.26 | 12.77 | 1686 |
| 天　津 | 津西青（挂）2013 – 05 号 | 住　宅 | 4 月 | 22.99 | 15.55 | 6765 |

数据来源：中国房地产决策咨询系统（CRIC）。
注：苏州和天津为正荣 2014 年新进入的城市。

表 5 – 111　　2014 年重点新开盘项目

| 项目名称 | 城　市 | 项目名称 | 城　市 |
|---|---|---|---|
| 正荣润江城 | 南　京 | 正荣国领 | 上　海 |

数据来源：中国房地产决策咨询系统（CRIC）。

#### 3. 联系方式

地址：福州市五四路 158 号环球广场 20F 正荣集团

电话：0591－87877233　传真：0591－87876833
邮编：335003　公司主页：http：//www. zhenro. com

## （二十九）海亮地产控股集团管理有限公司

### 1. 企业简介

2003年年初，海亮正式进入房地产行业。截至2013年年底，海亮地产拥有总资产超300亿元，在上海、重庆、浙江、江苏、安徽、四川、江西、山东、河南、陕西、内蒙古、甘肃、青海、宁夏、西藏等地拥有多家全资或控股房地产企业，形成全国化战略布局，并逐步拓展海外市场，推动企业国际化。

海亮地产以开发住宅及社区商业为主，通过以客户为导向的产品及服务创新，凭借高周转及成本领先、高品质为核心目标的全面精细化管理，打造具有海亮地产自身特色的生意模式，追求有质量的稳健增长。

### 2. 城市布局（见表5－112）

表5－112　　2012—2014年城市布局

| 类　型 | 2014年 | 2013年 | 2012年 |
| --- | --- | --- | --- |
| 住　宅 | 南　通 | 阜阳、六安、杭州、西宁、西安、赣州、苏州、成都、济南 | 合肥、蚌埠、兰州、济宁、南昌、鹰潭 |

数据来源：海亮地产2014年年报。

### 3. 财务数据（见表5－113～表5－115）

表5－113　　2012—2014年销售业绩

| 分　类 | 2014年 | 2013年 | 2012年 |
| --- | --- | --- | --- |
| 销售金额（亿元） | 168.04 | 153.58 | 109.86 |
| 销售面积（万平方米） | 239.00 | 209.00 | 140.00 |
| 销售均价（元/平方米） | 7030.96 | 7348.33 | 7847.14 |

数据来源：海亮地产2014年年报。

表5－114　　2012—2014年资产与负债状况

单位：万元，%

| 分　类 | 2014年 | 2013年 | 2012年 |
| --- | --- | --- | --- |
| 资产总额 | 3532832 | 3083619 | 2606867 |
| 负债总额 | 2278458 | 1855335 | 1339713 |
| 流动负债 | 1774646 | 1758019 | 1073044 |
| 货币资金 | 184225 | 199800 | 93577 |
| 应收账款 | 15543 | 18119 | 46688 |
| 其他应收款 | 513332 | 383589 | 148333 |
| 本公司所有者股东权益 | 829295.00 | 762213.00 | 713778.00 |

续表

| 分　类 | 2014 年 | 2013 年 | 2012 年 |
|---|---|---|---|
| 资产负债率 | 68. 85 | 70. 88 | 65. 24 |
| 流动比率 | 1. 35 | 1. 37 | 1. 47 |
| 速动比率 | 0. 56 | 0. 72 | 0. 56 |

数据来源：海亮地产 2014 年年报。

表 5 -115　　2012—2014 年现金流量状况

单位：万元,%

| 分　类 | 2014 年 | 2013 年 | 2012 年 |
|---|---|---|---|
| 销售商品收到的现金 | 957266. 0 | 972694. 0 | 395276. 0 |
| 经营活动现金净流量 | 101481. 0 | 153973. 0 | - 15934. 0 |
| 现金净流量 | - 18087. 0 | 93016. 0 | 20993. 0 |
| 销售商品收到现金与主营收入比 | 54. 4 | 58. 6 | 33. 3 |
| 经营活动现金流量与净利润比 | 66. 0 | 92. 4 | 8. 9 |
| 现金净流量与净利润比 | - 11. 8 | 55. 8 | 11. 7 |
| 投资活动现金净流量 | - 26202. 0 | - 10335. 0 | - 148772. 0 |
| 筹资活动现金净流量 | - 93366. 0 | - 50622. 0 | 185699. 0 |

数据来源：海亮地产 2014 年年报。

**4. 联系方式**

地址：上海市普陀区中江路 118 弄 22 号海亮大厦 22F

电话：021 -62091553　传真：021 -62102137　邮编：200062

邮箱：hldc_ brand@ hailiang. com　公司主页：www. hlland. com. cn

（三十）融信（福建）投资集团有限公司

**1. 企业简介**

融信（福建）投资集团有限公司成立于 2003 年 9 月，旗下包含地产开发、物业服务、金融产业、旅游酒店、贸易产业、工程建设、景观、教育等多项产业，并入股莆田农村商业银行。其中，地产开发具有国家一级房地产开发资质，目前，在福州、漳州、厦门、平潭、上海、杭州已累计取得土地超 6000 亩，总投资额超 1000 亿元。

**2. 城市布局**（见表 5 -116）

表 5 -116　　2012—2014 年城市布局

| 分　类 | 2014 年 | 2013 年 | 2012 年 |
|---|---|---|---|
| 住　宅 | 福州、漳州、厦门、平潭、闽侯、上海、杭州、长乐 | 福州、漳州、厦门、平潭、闽侯、上海、杭州 | 福州、漳州、厦门、平潭、闽侯 |
| 非住宅 | 上海、厦门、福州、漳州、闽侯 | 上海、厦门、福州、漳州、闽侯 | 厦门、福州、漳州、闽侯 |

数据来源：融信（福建）投资集团有限公司提供。

**3. 销售业绩**（见表 5－117）

**表 5－117　2012—2014 年销售业绩**

| 分　类 | 2014 年 | 2013 年 | 2012 年 |
|---|---|---|---|
| 销售金额（亿元） | 300 | 188 | 132 |
| 销售面积（万平方米） | 169 | 107 | 110 |
| 销售均价（元/平方米） | 17769 | 17609 | 12000 |

数据来源：融信（福建）投资集团有限公司提供。

**4. 重点项目**（见表 5－118）

**表 5－118　2014 年重点项目介绍**

| 项目名称 | 城　市 | 开盘日期 | 建筑面积（万平方米） | 销售面积（万平方米） | 销售均价（元/平方米） |
|---|---|---|---|---|---|
| 融信·澜郡 | 福　州 | 3 月 | 26.98 | 17.00 | 18649（含车位） |
| 融信·后海 | 福　州 | 10 月 | 12.49 | 11.63 | 16671 |
| 融信·大卫城（平潭） | 福　州 | 10 月 | 33.40 | 26.37 | 10991 |
| 融信·海上城 | 厦　门 | 10 月 | 45.09 | 7.30 | 23003 |
| 融信·观山海 | 漳　州 | 10 月 | 20.67 | 15.25 | 8508 |

数据来源：融信（福建）投资集团有限公司提供。

**5. 联系方式**

地址：福州市台江区广达路 108 号世茂国际中心 17 层

邮编：350004　服务热线：0591－96388　电话：0591－83201222　传真：0591－83335235

（三十一）金融街控股股份有限公司

**1. 企业简介**

金融街控股股份有限公司是以商务地产为主业的大型国有控股公司，2000 年在深交所上市。企业以“基业长青，建筑永恒”为愿景。金融街控股股份有限公司拥有 19 家全资及控股子公司，分别在北京、重庆、天津、惠州等地投资并开发房地产项目。

**2. 财务数据**（见表 5－119～表 5－122）

**表 5－119　2014 年销售业绩及同比**

| 分　类 | 2014 年 | 同比（%） |
|---|---|---|
| 销售金额（亿元） | 130 | －42.2 |
| 销售面积（万平方米） | 60 | －30.2 |
| 销售均价（元/平方米） | 21667 | 17.2 |

数据来源：中国房地产决策咨询系统（CRIC）。

表 5－120 **2013—2014 年财务指标**

单位:%

| 财务指标 | 2014 年 | 2013 年 |
|---|---|---|
| 净负债率 | 113.03 | 83.54 |
| 三费费用率 | 7.47 | 5.50 |
| 总资产周转率 | 0.27 | 0.27 |
| 长短期债务比 | 2.06 | 3.11 |
| 现金短债比 | 0.64 | 1.33 |
| 净利润增长率 | －11.58 | 30.54 |
| 销售毛利率 | 30.62 | 37.53 |
| 销售净利率 | 14.12 | 17.70 |

数据来源：金融街 2014 年年报。

表 5－121 **2014 年重点新增土地储备**

| 城　市 | 宗地名称 | 属　性 | 成交时间 | 建筑面积（万平方米） | 成交总价（亿元） | 楼板价（元/平方米） |
|---|---|---|---|---|---|---|
| 广　州 | 2014 挂－0113（荔湾区 AF040405 地块（穗国房挂出告字〔2014〕3 号） | 住　宅 | 2 月 | 23.03 | 29.94 | 13000 |
| 广　州 | 2014 挂－0623（番禺区市桥街盛泰路东郊工业区地块 | 商　住 | 7 月 | 8.96 | 8.05 | 8981 |
| 广　州 | 2014 挂－0626（黄埔区 CPPQ－A1－4） | 住　宅 | 7 月 | 8.84 | 5.75 | 6500 |
| 北　京 | 京土整储挂（西）〔2014〕050 号北京市西城区华嘉胡同 0110－633 地块 | 商　住 | 8 月 | 11.77 | 74.60 | 63377 |
| 北　京 | 京土整储挂（丰）〔2014〕058 号北京市丰台区南苑乡南苑村 1404－621 地块 | 综　合 | 9 月 | 20.51 | 42.20 | 20576 |

数据来源：中国房地产决策咨询系统（CRIC）。

表 5－122 **2014 年重点新开盘项目**

| 项目名称 | 城　市 | 项目名称 | 城　市 |
|---|---|---|---|
| 金融街·融汇四期 | 北　京 | 金融街融景城 | 重　庆 |

数据来源：中国房地产决策咨询系统（CRIC）。

## （三十二）宝龙地产控股有限公司

### 1. 企业简介

宝龙地产控股有限公司于 2009 年 10 月 14 日在香港联合交易所有限公司主板成功上市，是中国首家商业地产上市企业。专注于开发及经营高质量、大规模、多业态的综合性商业地产项目，以宝龙品牌开发的 54 个物业项目分布于天津、上海、重庆、福建、江苏、山东、河南、安徽、浙江等省（市）26 个经济增长迅速的城市。

2. 财务数据（见表5－123～表5－126）

表5－123　　2014年销售业绩及同比

| 分　类 | 2014年 | 同比（%） |
|---|---|---|
| 销售金额（亿元） | 107 | 13.6 |
| 销售面积（万平方米） | 121 | 22.3 |
| 销售均价（元/平方米） | 8809 | －7.1 |

数据来源：中国房地产决策咨询系统（CRIC）。

表5－124　　2013—2014年财务指标

单位：%

| 财务指标 | 2014年 | 2013年 |
|---|---|---|
| 净负债率 | 66.16 | 65.83 |
| 三费费用率 | 11.41 | 9.69 |
| 总资产周转率 | 0.18 | 0.16 |
| 长短期债务比 | 3.33 | 2.59 |
| 现金短债比 | 1.15 | 1.05 |
| 净利润增长率 | 7.67 | －36.73 |
| 销售毛利率 | 28.80 | 28.32 |
| 销售净利率 | 14.19 | 19.34 |

数据来源：宝龙2014年年报。

表5－125　　2014年重点新增土地储备

| 城　市 | 宗地名称 | 属　性 | 成交时间 | 建筑面积（万平方米） | 成交总价（亿元） | 楼板价（元/平方米） |
|---|---|---|---|---|---|---|
| 上　海 | 青浦区赵巷镇21A－02A、22A－04A、25A－04A、26A－02A地块 | 商　办 | 1月 | 25.42 | 8.04 | 3162 |
| 上　海 | 临港泥城社区DE03－M－1地块 | 商　业 | 1月 | 6.37 | 1.70 | 2670 |
| 上　海 | 宝山区罗店中心镇新镇区C6－2地块 | 商　业 | 6月 | 2.81 | 1.24 | 4430 |
| 青　岛 | 胶国土告字〔2014〕9号公告8号地块 | 商　业 | 7月 | 3.71 | 0.45 | 1219 |
| 青　岛 | 胶国土告字〔2014〕9号公告1号地块 | 商　业 | 7月 | 1.64 | 0.20 | 1219 |
| 青　岛 | 胶国土告字〔2014〕9号公告3号地块 | 商　业 | 7月 | 1.24 | 0.15 | 1219 |
| 青　岛 | 胶国土告字〔2014〕9号公告6号地块 | 商　住 | 7月 | 7.03 | 0.72 | 1023 |
| 青　岛 | 胶国土告字〔2014〕9号公告5号地块 | 商　住 | 7月 | 7.50 | 0.77 | 1023 |

数据来源：中国房地产决策咨询系统（CRIC）。

表 5 - 126　　2014 年重点新开盘项目

| 项目名称 | 城　市 | 项目名称 | 城　市 |
|---|---|---|---|
| 七宝宝龙城市广场 | 上　海 | 宝龙城 | 天　津 |
| 奉贤宝龙城市广场 | 上　海 | 下沙宝龙城市广场 | 杭　州 |
| 嘉定宝龙城市广场 | 上　海 | 青浦宝龙城市广场 | 上　海 |
| 宝龙城市广场 | 天　津 | 宝龙城市广场 | 烟　台 |

数据来源：中国房地产决策咨询系统（CRIC）。

**3. 联系方式**

联系地址：上海市长宁区虹桥路 1452 号古北国际财富中心 12F - 15F

邮政编码：200336　电话：021 - 51759999　传真：021 - 51752222

（三十三）建发房地产集团有限公司

**1. 企业简介**

建发房地产集团有限公司系厦门建发集团旗下的专业房地产开发企业。1980 年，建发房产就涉足当时尚处于启蒙时期的中国房地产业，是福建省较早与外商合资、合作开发房地产的企业之一。依托企业雄厚实力，凭借专业化的操作、科学化的管理和稳健务实的经营，建发房产从厦门出发，精耕福建，逐步拓展至香港、上海、成都、长沙、苏州、福州、泉州、漳州、龙岩、南平、三明等城市，成功开发了数十个高品质房地产项目，产品涉及城市核心精品、高端别墅、近郊大盘、商业地产、高端写字楼、城市综合体、大型公建等。建发房产还积极承建城市安居保障工程、构筑绿色节能建筑，并以房地产开发为核心在上、下游行业开拓出区域内领先的物业管理和土地一级运营业务，形成了旗下拥有 60 余家全资及控股企业的专业房地产开发集团。

**2. 城市布局**（见表 5 - 127）

表 5 - 127　　2012—2014 年新增城市布局

| 分　类 | 2014 年 | 2013 年 | 2012 年 |
|---|---|---|---|
| 住　宅 | 苏　州 | 泉州、三明 | 龙岩、南平 |

数据来源：建发房地产集团有限公司提供。

**3. 财务数据**（见表 5 - 128 ~ 表 5 - 130）

表 5 - 128　　2012—2014 年销售业绩

| 分　类 | 2014 年 | 2013 年 | 2012 年 |
|---|---|---|---|
| 销售金额（亿元） | 152 | 125 | 110 |
| 销售面积（万平方米） | 76 | 88 | 79 |
| 销售均价（元/平方米） | 19933 | 14217 | 13984 |

数据来源：建发房地产集团有限公司提供。

表 5－129　　2012—2014 年土地及在建规模

| 分　类 | 2014 年 | 2013 年 | 2012 年 |
|---|---|---|---|
| 土地储备（万平方米） | 146.85 | 200.49 | 180 |
| 在建规模（万平方米） | 189.81 | 174.00 | 86 |

数据来源：建发房地产集团有限公司提供。

表 5－130　　2014 年重点项目

| 项目名称 | 城　市 | 开盘日期 | 建筑面积（万平方米） | 销售面积（万平方米） |
|---|---|---|---|---|
| 中央天成 | 厦　门 | 11 月 | 18.26 | 2.25 |
| 鹭洲国际 | 成　都 | 9 月 | 27.35 | 5.66 |

数据来源：建发房地产集团有限公司提供。

**4. 联系方式**

地址：厦门市思明区环岛东路 1699 号建发国际大厦 38 楼

电话：18559201313　邮编：361008　公司主页：http：//www.cndrealty.com/home

（三十四）禹洲集团

**1. 企业简介**

禹洲集团成立于 1994 年，香港上市公司（股票代码：01628.HK），是集房地产开发、商业投资运营、酒店运营、物业管理为一体的多元化的综合性集团，具有房地产开发和物业管理双一级资质。目前，公司在中国厦门、上海、北京、天津、南京、福州、泉州、龙岩、漳州、合肥、蚌埠、香港及新加坡等地均设有分支机构，现已拥有近 70 家子公司。

创立之初，禹洲集团就注重住宅所承载的人与环境的和谐互融，首个项目就提出了“推窗一片绿，我家在禹洲”绿色产品定位。20 多年来，禹洲集团以高标准为城市打造精品项目的同时，积极践行企业公民的社会责任。禹洲集团致力于教育、环保公益事业以及各类慈善活动，捐赠总额近亿元。2014 年，禹洲集团公益基金会成立，以“支持公益慈善，践行社会责任，促进和谐发展”为宗旨，传播公益正能量。

**2. 城市布局**（见表 5－131）

表 5－131　　2012—2014 年城市布局

| 分　类 | 2014 年 | 2013 年 | 2012 年 |
|---|---|---|---|
| 住　宅 | 南京、香港 | 漳州、蚌埠 | 龙　岩 |

数据来源：禹洲集团提供。

**3. 财务数据**（见表5－132～表5－134）

表5－132　　2012—2014年销售业绩

| 分　类 | 2014年 | 2013年 | 2012年 |
|---|---|---|---|
| 销售金额（亿元） | 176 | 148 | 65 |
| 销售面积（万平方米） | 124 | 123 | 73 |
| 销售均价（元/平方米） | 14194 | 12000 | 8936 |

数据来源：禹州集团提供。

表5－133　　土地及在建

| 分　类 | 2014年 | 2013年 | 2012年 |
|---|---|---|---|
| 土地储备（万平方米） | 387 | 488 | 391 |
| 在建规模（万平方米） | 450 | 355 | 287 |

数据来源：禹州集团提供。

表5－134　　重点项目介绍

| 项目名称 | 城　市 | 开盘日期 | 建筑面积（万平方米） | 销售面积（万平方米） | 销售均价（元/平方米） |
|---|---|---|---|---|---|
| 禹洲·中央海岸 | 厦　门 | 2011年12月 | 56.37 | 45.6 | 12344 |
| 禹洲·翡翠湖郡 | 合　肥 | 2013年12月 | 35.23 | 11.82 | 7296 |
| 禹洲·云顶国际 | 厦　门 | 2013年8月 | 9.83 | 4.01 | 34907 |

数据来源：禹州集团提供。

**4. 联系方式**

地址：厦门市思明区湖滨南路55号禹洲广场

电话：0592－2505050　传真：0592－2505200　邮编：361004

公司主页：http://www.xmyuzhou.com.cn

（三十五）上海升龙投资集团有限公司

**1. 企业简介**

上海升龙投资集团有限公司1999年创办，总部位于上海市浦东新区陆家嘴。经过十余年的发展，升龙的事业布局遍布香港、上海、南京、天津、福州、厦门、泉州、昆明、西安、郑州、洛阳、济源、鹤壁等国内二十多个城市和地区，正逐步成长为大型房地产集团。

企业以建设城市未来为使命，进行多元化产品开发，物业涵盖超高层写字楼、都市综合体、高档住宅、五星级酒店等，以城市运营商的姿态，运用成熟完善的升龙模式，布局中国。

**2. 城市布局**（见表 5－135）

**表 5－135　　2012—2014 年城市布局**

| 分　类 | 2014 年 | 2013 年 | 2012 年 |
|---|---|---|---|
| 住　宅 | 郑州、洛阳、南京、天津、苏州、济源、鹤壁、福州、悉尼、珀斯、纽约、洛杉矶等 | 郑州、洛阳、天津、南京、济源、鹤壁、福州、悉尼、帕斯等 | 郑州、洛阳、天津、南京、济源、鹤壁、福州等 |
| 非住宅 | 南京、天津、福州、郑州、洛阳 | 南京、天津、福州、郑州、洛阳 | 郑州、天津、福州、郑州、洛阳 |

数据来源：升龙集团提供。

**3. 财务数据**（见表 5－136 ~ 表 5－138）

**表 5－136　　2012—2014 年销售业绩**

| 分　类 | 2014 年 | 2013 年 | 2012 年 |
|---|---|---|---|
| 销售金额（亿元） | 162 | 162 | 119 |
| 销售面积（万平方米） | 153 | 179 | 141 |
| 销售均价（元/平方米） | 10569 | 9050 | 8426 |

数据来源：升龙集团提供。

**表 5－137　　2012—2014 年土地及在建**

| 分　类 | 2014 年 | 2013 年 | 2012 年 |
|---|---|---|---|
| 土地储备（万平方米） | 963 | 1082 | 941 |
| 在建规模（万平方米） | 1185 | 1100 | 988 |

数据来源：升龙集团提供。

**表 5－138　　重点项目介绍**

| 项目名称 | 城　市 | 开盘日期 | 建筑面积（万平方米） | 销售面积（万平方米） | 销售均价（元/平方米） |
|---|---|---|---|---|---|
| 升龙城 | 郑　州 | 2012 年 4 月 | 280 | 183 | 8800 |
| 天汇广场 | 郑　州 | 2012 年 10 月 | 240 | 44 | 8600 |
| 升龙公园道 | 南　京 | 2014 年 6 月 | 25 | 5 | 27000 |
| 升龙天汇 | 南　京 | 2014 年 9 月 | 37 | 4 | 23000 |
| 升龙汇金中心 | 南　京 | 2014 年 11 月 | 110 | 76 | 15500 |

数据来源：升龙集团提供。

**4. 联系方式**

地址：上海市浦东新区银城中路 488 号天平金融大厦 37 楼

电话：021－61016288　传真：021－61016238　邮编：200120

公司主页：http：//www.shenglonggroup.com.cn/

## （三十六）上海中建东孚投资发展有限公司

**1. 企业介绍**

上海中建东孚投资发展有限公司是世界500强企业——中国建筑股份有限公司核心地产业务板块旗舰成员，是中国建筑第八工程局有限公司下属专业负责房地产投资开发和物业服务的全资子公司，拥有房地产开发一级资质和物业服务企业一级资质。中建东孚按照“商品住宅、保障房、商业地产和城市综合开发”四大业务线和“投资－开发－设计－施工”四位一体经营模式进行开发建设，项目遍布上海、北京、济南、青岛、西安、南京等多个大中城市，形成了山东和以上海为中心的长三角城市群的两大区域市场，已成为跨区域、多项目、多业态的房地产企业。

**2. 城市布局**（见表5－139）

表5－139　　2012—2014年城市布局

| 分　类 | 2014年 | 2013年 | 2012年 |
|---|---|---|---|
| 住　宅 | 上海、营口、包头、泰州 | 泰　州 | 上海、营口、包头 |

数据来源：上海中建东孚投资发展有限公司提供。

**3. 财务数据**（见表5－140～表5－142）

表5－140　　2012—2014年销售业绩

| 分　类 | 2014年 | 2013年 | 2012年 |
|---|---|---|---|
| 销售金额（亿元） | 179 | 109 | 51 |
| 销售面积（万平方米） | 160 | 131 | 40 |
| 销售均价（元/平方米） | 11182 | 8256 | 12687 |

数据来源：上海中建东孚投资发展有限公司提供。

表5－141　　2012—2014年土地及在建规模

| 分　类 | 2014年 | 2013年 | 2012年 |
|---|---|---|---|
| 土地储备（万平方米） | 342.30 | 727.30 | 808.00 |
| 在建规模（万平方米） | 146.98 | 98.84 | 55.27 |

数据来源：上海中建东孚投资发展有限公司提供。

表5－142　　重点项目介绍

| 项目名称 | 城　市 | 开盘日期 | 建筑面积（万平方米） | 销售面积（万平方米） | 销售均价（元/平方米） |
|---|---|---|---|---|---|
| 中建凤栖第 | 济　南 | 2013年5月 | 40 | 8 | 7819 |
| 中建锦绣天地 | 上　海 | 2014年12月 | 38 | 8 | 33574 |

数据来源：上海中建东孚投资发展有限公司提供。

**4. 联系方式**

地址：上海市浦东新区世纪大道1568号中建大厦26F　电话：021－61691804

传真：021－61691940　邮编：200122　公司主页：http：//www.cscecdf.com/

（三十七）上海实业城市开发集团有限公司

**1. 企业简介**

上海实业城市开发集团有限公司（以下简称“上实城开”，股票代码：0563.HK）由上海实业集团旗舰企业——上海实业控股有限公司（以下简称“上实控股”，股票代码：0363.HK）控股，在香港联交所主板上市，以中国房地产开发、运营等综合业务为主要投资方向，是上海实业集团旗下最具发展前景的房地产业务整合平台之一。

目前，公司的开发项目广泛分布于上海、北京、天津、重庆、西安等一线、二线城市，涵盖有高端居住社区、高档写字楼、购物中心、星级酒店、产权式公寓多种业态。通过产业经营与资本运作并举提速企业发展，2011年成功收购上海城开（集团）有限公司59%股权。

上实城开已制定三年发展规划，未来在区域布局上将呈现以上海为中心，集沿海、沿江两线，长三角、环渤海、中西部二线、三线城市的“一心、两线、三圈”的“弓形”布局。同时，凭借高效的项目运作和一流的经营管理模式，努力跻身地产红筹股前列。

**2. 财务数据**（见表5－143～表5－145）

表5－143　**2012—2014年销售业绩**

| 分　类 | 2014年 | 2013年 | 2012年 |
|---|---|---|---|
| 销售面积（万平方米） | 27 | 39 | 61 |
| 销售金额（亿元） | 47 | 66 | 67 |
| 销售均价（元/平方米） | 17800 | 16817 | 10990 |

数据来源：上海实业城市开发集团有限公司提供。

表5－144　**2012—2014年资产与负债状况**

单位：万元，%

| 分　类 | 2014年 | 2013年 | 2012年 |
|---|---|---|---|
| 资产总额 | 4606487.57 | 4173426.50 | 4187215.29 |
| 负债总额 | 2996898.72 | 2628352.56 | 2775562.05 |
| 流动负债 | 1709679.79 | 1804159.52 | 1764132.30 |
| 货币资金 | 549444.69 | 485281.46 | 426301.30 |
| 其他应收款 | 75240.49 | 195659.10 | 108117.58 |
| 本公司所有者股东权益 | 1609588.86 | 985541.56 | 111301.58 |
| 资产负债率 | 65.00 | 63.00 | 66.00 |
| 流动比率 | 1.91 | 1.89 | 1.98 |
| 速动比率 | 0.41 | 0.40 | 0.33 |

数据来源：上海实业城市开发集团有限公司提供。

表 5－145　　2012—2014 年现金流量状况

单位：万元，%

| 分　类 | 2014 年 | 2013 年 | 2012 年 |
|---|---|---|---|
| 销售商品收到的现金 | 598431.9 | 844352.6 | 722987.8 |
| 经营活动现金净流量 | 184392.0 | 88555.1 | 148668.6 |
| 现金净流量 | 50553.2 | 44805.7 | 173003.6 |
| 销售商品收到现金与主营收入比 | 97.0 | 87.0 | 84.0 |
| 经营活动现金流量与净利润比 | 360.0 | 290.0 | 4463.0 |
| 现金净流量与净利润比 | 110.0 | 147.0 | 5194.0 |
| 投资活动现金净流量 | 135275.1 | 171092.5 | 64606.5 |
| 筹资活动现金净流量 | 432289.9 | 214841.9 | 40271.5 |

数据来源：上海实业城市开发集团有限公司提供。

**3. 土地及项目情况**（见表 5－146、表 5－147）

表 5－146　　2012—2014 年土地及在建规模

| 分　类 | 2014 年 | 2013 年 | 2012 年 |
|---|---|---|---|
| 土地储备（万平方米） | 567.00 | 905.88 | 948.92 |
| 在建规模（万平方米） | 259.00 | 127.79 | 218.27 |

数据来源：上海实业城市开发集团有限公司提供。

表 5－147　　2014 年重点项目介绍

| 项目名称 | 城　市 | 开盘日期 | 建筑面积（万平方米） | 销售面积（万平方米） | 销售均价（元/平方米） |
|---|---|---|---|---|---|
| 万源城·御境 | 上　海 | 5 月 | 28.00 | 2.10 | 51500.00 |
| 上实城开·自然界 | 西　安 | 9 月 | 17.30 | 1.40 | 4803.24 |

数据来源：上海实业城市开发集团有限公司提供。

**4. 联系方式**

地址：上海市徐汇区虹桥路一号港汇中心一座 43 层

电话：021－64472222　传真：021－64482699　邮编：200030

邮箱：fur@ siud. com　公司主页：www. siud. com

（三十八）雨润地产集团

**1. 企业简介**

雨润控股集团旗下的雨润地产集团前身是 2003 年的成立的江苏地华实业集团，经过 10 多年的发展，现已经囊括了物流地产、旅游地产、住宅地产、商业地产等不同地产业态。开发项目遍布华东、东北、中西部重点城市，已经形成全国布局、重点突破的发展态势，并积极向海外拓展业务，是以开发高档住宅、城市综合体及旅游地产等高端产品线为主的大型房地产企业集团。

雨润地产坚持产品多元化、规模化和国际化的企业发展战略，坚持高质量、高效率、高品味的市场定位，以开发高档住宅、城市综合体及旅游地产等高端产品为主，不断推出五星级的品质和五星级的物业服务，建造了多个高端商业楼盘。

**2. 城市布局**（见表5－148）

**表5－148　　2012—2014年城市布局**

| 分　类 | 2014年 | 2013年 | 2012年 |
| --- | --- | --- | --- |
| 住　宅 | 建湖、南通、泗阳、诸暨、盱眙、扬州、建湖、杭州、开原、赤峰、滁州、惠州、徐州等 | 常州、长春、汝州、如皋、如东等 | 千岛湖、鞍山、沈阳、宿迁、威海等 |
| 非住宅 | 海安、诸暨、新沂、句容、沛县、赤峰、沭阳、湖州等 | 常州、丰县、汝州、如皋、如东等 | 宿迁、淮安、徐州等 |

数据来源：雨润地产集团提供。

**3. 财务数据**（见表5－149～表5－151）

**表5－149　　2012—2014年销售业绩**

| 分　类 | 2014年 | 2013年 | 2012年 |
| --- | --- | --- | --- |
| 销售金额（亿元） | 155 | 156 | 40 |
| 销售面积（万平方米） | 192 | 216 | 58 |
| 销售均价（元/平方米） | 8078 | 7222 | 6897 |

数据来源：雨润地产集团提供。

**表5－150　　2012—2014年土地及在建规模**

| 分　类 | 2014年 | 2013年 | 2012年 |
| --- | --- | --- | --- |
| 土地储备（万平方米） | 6570.0 | 6000.0 | 2500.0 |
| 在建规模（万平方米） | 3470.5 | 1230.0 | 640.0 |

数据来源：雨润地产集团提供。

**表5－151　　重点项目介绍**

| 项目名称 | 城　市 | 开盘日期 | 建筑面积（万平方米） | 销售面积（万平方米） | 销售均价（元/平方米） |
| --- | --- | --- | --- | --- | --- |
| 雨润国际广场 | 南　京 | 2013年 | 27 | 11 | 35500 |
| 星雨华府 | 常　州 | 2014年 | 128 | 68 | 6500 |
| 雨润城 | 徐　州 | 2014年 | 400 | 220 | 6000 |

数据来源：雨润地产集团提供。

**4. 联系方式**

地址：南京市建邺区雨润大街10号　邮编：210041

电话：025－52270000　传真：025－52270000　公司主页：www. yurun. com

（三十九）浙江佳源房地产集团有限公司

**1. 企业简介**

浙江佳源房地产集团有限公司始创于1995年，是一家以房地产开发为核心业务，以规划设计、建筑施工、物业服务、酒店管理、商业管理等为配套产业，同时拥有国家房地产开发、建筑工程施工总承包与物业管理一级资质的集团型企业。

截至2015年3月底，佳源集团已累计开发各类商住办项目98个，累计开发面积逾2000万平方米，开发区域涵盖了浙江、上海、江苏、安徽、河南、山东、辽宁、湖南、广东、广西、云南、四川、天津等13个省（自治区、直辖市）的44座城市（统计到县〈县改区〉，不含市辖区与乡镇），开发物业既包括了从公寓到别墅的各类型住宅物业，也包括酒店、社区商业以及新市镇商业综合体等商业物业。

**2. 城市布局**（见表5－152）

**表5－152　　2012—2014年城市布局**

| 分类 | 2014年 | 2013年 | 2012年 |
|---|---|---|---|
| 住宅 | 四平 | 丽水、绍兴、上虞、东阳、台州、南京、天津、平湖、 | 海宁、嘉善、安吉、武义、常州、合肥、蚌埠 |

数据来源：佳源地产提供。

**3. 财务数据**（见表5－153～表5－155）

**表5－153　　2012—2014年销售业绩**

| 分类 | 2014年 | 2013年 | 2012年 |
|---|---|---|---|
| 销售金额（亿元） | 152 | 136 | 106 |
| 销售面积（万平方米） | 231 | 207 | 139 |
| 销售均价（元/平方米） | 6600 | 6574 | 7595 |

数据来源：佳源地产提供。

**表5－154　　2012—2014年土地及在建规模**

| 分类 | 2014年 | 2013年 | 2012年 |
|---|---|---|---|
| 土地储备（万平方米） | 54.79 | 258.28 | 412.02 |
| 在建规模（万平方米） | 800.00 | 600.00 | 540.00 |

数据来源：佳源地产提供。

表 5 - 155　　重点项目介绍

| 序　号 | 名　称 | 所在城市 | 物业类型 | 权益比例（%） | 规划总建筑面积（万平方米） | 累计竣工面积（万平方米） |
|---|---|---|---|---|---|---|
| 1 | 嘉兴优优花园 | 嘉　兴 | 商　住 | 100 | 11.30 | — |
| 2 | 雪堰佳源中心广场 | 雪　堰 | 商　业 | 100 | 21.00 | 1.1413 |
| 3 | 嘉兴东方都市 | 嘉　兴 | 商　住 | 100 | 40.00 | 3.5729 |
| 4 | 嘉兴罗马都市 | 嘉　兴 | 商　住 | 100 | 72.00 | 16.8931 |
| 5 | 海盐巴黎都市 | 海　盐 | 商　住 | 100 | 48.00 | 2.5762 |
| 6 | 桐琴中心广场 | 武　义 | 商　业 | 100 | 28.15 | 8.6264 |
| 7 | 泰兴新天地 | 泰　兴 | 商　业 | 100 | 90.04 | 30.8085 |
| 8 | 黄桥佳源中心广场 | 黄　桥 | 商　业 | 100 | 39.80 | 4.9204 |
| 9 | 宿迁公园一号 | 宿　迁 | 商　住 | 100 | 40.05 | 17.1258 |
| 10 | 泗阳罗马都市 | 泗　阳 | 商　住 | 100 | 30.37 | 8.9365 |
| 11 | 安徽巴黎都市 | 合　肥 | 商　住 | 100 | 176.57 | 1.0880 |
| 12 | 蚌埠东方都市 | 蚌　埠 | 商　住 | 78 | 44.81 | 12.0500 |
| 13 | 南京紫金华府 | 南　京 | 商　住 | 100 | 19.20 | 0.2954 |

数据来源：佳源地产提供。

**4. 联系方式**

地址：浙江嘉兴中环南路 69 号　电话：0573 - 89977902　传真：0573 - 82509855 - 805

邮编：314050　邮箱：sec@ zjjiayuan. com. cn　公司主页：www. zjjiayuan. com. cn

（四十）景瑞地产（集团）有限公司

**1. 企业简介**

景瑞地产（集团）有限公司，成立于 1993 年，历经 21 年的探索和实践，现已发展成一家具备国家一级房地产开发企业资质，业务涵盖地产开发、物业管理的全国化品牌地产开发集团。2013 年在香港主板成功上市，登陆国际资本市场。

景瑞地产立足上海，“深耕长三角，产品价值领先，规模快速增长”，先后进入长三角区域 13 个核心城市，并战略性布点环渤海区域（天津）、西南片区（重庆），2014 年已形成“2 + 13”布局、全国 15 城 34 盘联袂开发的格局。

**2. 财务数据**（见表 5 - 156 ~ 表 5 - 159）

表 5 - 156　　2014 年销售业绩及同比

| 分　类 | 2014 年 | 同比（%） |
|---|---|---|
| 销售金额（亿元） | 91 | 10.2 |
| 销售面积（万平方米） | 99 | 19.0 |
| 销售均价（元/平方米） | 9201 | -9.7 |

数据来源：中国房地产决策咨询系统（CRIC）。

表 5－157　　2013—2014 年财务指标

单位:%

| 财务指标 | 2014 年 | 2013 年 |
| --- | --- | --- |
| 净负债率 | 121.64 | 113.73 |
| 三费费用率 | 8.99 | 10.39 |
| 总资产周转率 | 0.23 | 0.26 |
| 长短期债务比 | 0.90 | 1.31 |
| 现金短债比 | 0.87 | 1.08 |
| 净利润增长率 | －59.48 | 102.05 |
| 销售毛利率 | 18.29 | 22.03 |
| 销售净利率 | 5.30 | 17.51 |

数据来源：景瑞 2014 年报。

表 5－158　　2014 年重点新增土地储备

| 城　市 | 宗地名称 | 属　性 | 成交时间 | 建筑面积（万平方米） | 成交总价（亿元） | 楼板价（元/平方米） |
| --- | --- | --- | --- | --- | --- | --- |
| 杭　州 | 景瑞·申花壹号院项目地块 | 住　宅 | 1 月 | 9.27 | 9.71 | 10483 |
| 杭　州 | 景瑞·申花壹号院项目地块 | 住　宅 | 1 月 | 9.87 | 11.05 | 11197 |
| 无　锡 | 景瑞·望府项目地块 | 住　宅 | 1 月 | 25.39 | 3.91 | 1542 |

数据来源：中国房地产决策咨询系统（CRIC）。
注：无锡为景瑞 2014 年新进入的城市。

表 5－159　　2014 年重点新开盘项目

| 项目名称 | 城　市 | 项目名称 | 城　市 |
| --- | --- | --- | --- |
| 景瑞御蓝湾 | 杭　州 | 景瑞望府上域 | 宁　波 |
| 景瑞嘉城馥邸 | 上　海 | 申花壹号院 | 杭　州 |

数据来源：中国房地产决策咨询系统（CRIC）。

**3. 联系方式**

地址：上海市成都北路 333 号招商局广场东楼 22/23 楼　电话：021－52980000

（四十一）中骏置业控股有限公司

**1. 企业简介**

中骏置业控股有限公司（股票代码：1966.HK）是中骏集团的核心企业，总部位于厦门，自 1996 年成立至今，已成功确立了海西房地产市场的领先者地位。公司主要业务包括投资控股、房地产开发、物业投资及物业管理等，通过产业化规划发展，中骏置业现已成为一家具有住宅地产、商业地产、度假地产综合开发实力的全国性城市运营商。公司于 2010 年 2 月 5 日在香港联交所主板挂牌上市。

中骏置业以“全国一流、行业标杆”为企业愿景，全力构建并优化能涵盖房地产开发全过程的产业价值链，实施“立足海西、拓展环渤海、关注珠三角和长三角”的全国发展战略。中骏置业在海峡西岸经济区深耕细作的同时，已成功进入北京、上海、深圳等一线城市。

**2. 城市布局**（见表 5－160）

表 5－160　　2012—2014 年城市布局

| 分　类 | 2014 年 | 2013 年 | 2012 年 |
|---|---|---|---|
| 住　宅 | 深　圳 | 上　海 | 南　昌 |

数据来源：中骏置业控股有限公司提供。

**3. 财务数据**（见表 5－161～表 5－165）

表 5－161　　2012—2014 年销售业绩

| 分　类 | 2014 年 | 2013 年 | 2012 年 |
|---|---|---|---|
| 销售金额（亿元） | 119 | 108 | 60 |
| 销售面积（万平方米） | 130 | 102 | 67 |
| 销售均价（元/平方米） | 9154 | 10588 | 8955 |

数据来源：中骏置业控股有限公司提供

表 5－162　　2012—2014 年资产与负债状况

| 财务指标 | 2014 年 | 2013 年 | 2012 年 |
|---|---|---|---|
| 资产总额（万元） | 3444307 | 2692893 | 2002873 |
| 负债总额（万元） | 2342931 | 1842672 | 1310784 |
| 流动负债（万元） | 1418362 | 1059634 | 786365 |
| 货币资金（万元） | 473216 | 436527 | 312829 |
| 应收账款（万元） | 10105 | 16681 | 38835 |
| 其他应收款（万元） | 158611 | 48574 | 16256 |
| 本公司所有者股东权益（万元） | 1101376 | 850221 | 692088 |
| 资产负债率（%） | 68 | 68 | 65 |
| 流动比率（%） | 166 | 153 | 149 |
| 速动比率（%） | 56 | 56 | 53 |

数据来源：中骏置业控股有限公司提供

表 5－163　　2012—2014 年现金流量状况

单位：万元,%

| 分　类 | 2014 年 | 2013 年 | 2012 年 |
|---|---|---|---|
| 销售商品收到的现金 | 884638.00 | 835779.00 | 463956.00 |
| 经营活动现金净流量 | －211195.00 | －153390.00 | －135527.00 |
| 现金净流量 | 9221.00 | 105461.00 | 43116.00 |

续表

| 分 类 | 2014 年 | 2013 年 | 2012 年 |
|---|---|---|---|
| 销售商品收到现金与主营收入比 | 1.30 | 1.30 | 1.30 |
| 经营活动现金流量与净利润比 | -1.30 | -1.30 | -1.50 |
| 现金净流量与净利润比 | 0.06 | 0.90 | 0.50 |
| 投资活动现金净流量 | -144852.00 | -43778.00 | -44005.00 |
| 筹资活动现金净流量 | 365268.00 | 302629.00 | 222648.00 |

数据来源：中骏置业控股有限公司提供。

表 5-164　　2012—2014 年土地及在建规模

| 分 类 | 2014 年 | 2013 年 | 2012 年 |
|---|---|---|---|
| 土地储备（万平方米） | 945 | 958 | 860 |
| 在建规模（万平方米） | 389 | 308 | 194 |

数据来源：中骏置业控股有限公司提供。

表 5-165　　2014 年重点项目介绍

| 项目名称 | 城 市 | 开盘日期 | 建筑面积（万平方米） | 销售面积（万平方米） | 销售均价（元/平方米） |
|---|---|---|---|---|---|
| 泉州·四季花城 | 泉 州 | 2 月 | 35 | 10 | 高层：7000<br>商业：12000 |
| 南昌·蓝湾香郡 | 南 昌 | 5 月 | 30 | 10 | 高层：7200<br>别墅：13000 |
| 深圳·四季阳光 | 深 圳 | 5 月 | 28 | 10 | 高层：13000 |

数据来源：中骏置业控股有限公司提供。

**4. 联系方式**

公司名称：中骏置业控股有限公司　地址：厦门市高崎南五路 208 号中骏大厦

电话：0592-5721590　传真：0592-5721919

（四十二）国购投资有限公司

**1. 企业简介**

国购投资有限公司始创于 1993 年，是一家以房地产开发为核心业务，集产业投资、商贸物流、文化动漫、现代金融为一体的综合性企业集团。国购地产专注于主题商业设施投资、产业地产投资，集“国购广场”城市综合体、物流园区、动漫文化、专业市场、酒店、高档写字楼等各类业态，项目遍及全国 30 余座城市，累计投资、开发面积 3000 多万平方米。截至 2014 年年底，集团控股与参股企业达 90 家，其中房地产企业 27 家。

**2. 城市布局**（见表 5－166）

表 5－166 2012—2014 年城市布局

| 分 类 | 2014 年 | 2013 年 | 2012 年 |
| --- | --- | --- | --- |
| 新进入城市名称 | 宿州、无锡、泰州、赣州 | 南京、上海、蚌埠 | 安庆、北京 |

数据来源：国购投资有限公司提供。

**3. 财务数据**（见表 5－167、表 5－168）

表 5－167 2012—2014 年销售业绩

| 分 类 | 2014 年 | 2013 年 | 2012 年 |
| --- | --- | --- | --- |
| 销售金额（亿元） | 110 | 116 | 90 |
| 销售面积（万平方米） | 190 | 246 | 183 |
| 销售均价（元/平方米） | 5819 | 4700 | 4924 |

数据来源：国购投资有限公司提供。

表 5－168 2012—2014 年土地及在建规模

| 分 类 | 2014 年 | 2013 年 | 2012 年 |
| --- | --- | --- | --- |
| 期末待开发土地建筑面积（万平方米） | 412 | 637 | 722 |
| 当期竣工产品建筑面积（万平方米） | 152 | 141 | 117 |

数据来源：国购投资有限公司提供。

**4. 重点项目**

合肥京商商贸城项目总用地面积约 2624 亩，规划建筑面积约 630 万平方米，坐拥“火车站商圈”和“保税区商圈”两大核心商圈，涵盖五星级酒店、商业休闲街、大型商业广场、综合性商贸城、高端商务办公、企业总部大厦、物流集散中心等黄金业态，吸引了安徽 100 多个商会组织、千家实力企业、华东 10000 余经营户联袂进驻。

**5. 联系方式**

地址：安徽省合肥市肥西路 66 号汇金大厦　电话：0551－65378886

传真：0551－65378887　邮编：230061　公司主页：http://www.ahggjt.com

（四十三）农工商房地产（集团）股份有限公司

**1. 企业简介**

农工商房地产（集团）股份有限公司成立于 1988 年 5 月，具有房地产开发企业国家一级资质，是中国房地产业协会理事单位、上海市房地产行业协会副会长单位。

集团公司拥有下属企业近 91 家，拥有商业房产经营集团（华都集团）、建筑设计甲级企业、建筑施工一级企业、物业管理一级公司，从业人员 3000 人。

集团公司的房地产开发战略为立足精耕上海，深耕省会城市，拓展新兴市场，走房地产业下的多元化发展之路。足迹遍布上海、江苏、浙江、安徽、广西、河南、山东、湖南、湖北等八省一市。累计开发总量超2000万平方米。

**2. 土地及项目情况**（见表5-169、表5-170）

**表5-169　　2014年重点新增土地储备**

| 城　市 | 宗地名称 | 属　性 | 成交时间 | 建筑面积（万平方米） | 成交总价（亿元） | 楼板价（元/平方米） |
|---|---|---|---|---|---|---|
| 上　海 | 祝桥项目 | 住　宅 | 5月 | 13.43 | 3.5 | 2606 |

数据来源：中国房地产决策咨询系统（CRIC）。

**表5-170　　2014年重点新开盘项目**

| 项目名称 | 城　市 | 项目名称 | 城　市 |
|---|---|---|---|
| 农房熙藏苑 | 上　海 | 农房·上海公馆 | 武　汉 |
| 农房松江府 | 上　海 | 农房·燕山1号 | 溧　阳 |

数据来源：中国房地产决策咨询系统（CRIC）。

**3. 联系方式**

地址：上海市长寿路798号　电话：021-32211122

传真：021-32211650　邮编：200060　公司主页：http://www.nfgroup.com.cn

（四十四）联发集团有限公司

**1. 企业简介**

联发集团有限公司成立于1983年10月，是一家以房地产和物业租赁为核心业务的大型房地产运营商，现注册资本21亿元人民币，总资产240亿元人民币，开发区域已涵盖厦门、桂林、南昌、南宁、重庆、武汉、天津、扬州、鄂州和漳州。

公司开发面积近1000万平方米，拥有土地储备超600万平方米，已形成快速滚动发展与自主运营相结合的合理布局，持有物业面积超80万平方米。

**2. 财务数据**（见表5-171）

**表5-171　　2012—2014年销售业绩**

| 分　类 | 2014年 | 2013年 | 2012年 |
|---|---|---|---|
| 销售面积（万平方米） | 96 | 94 | 67 |
| 销售金额（亿元） | 98 | 96 | 60 |
| 销售均价（元/平方米） | 10208 | 10256 | 8955 |

数据来源：联发集团提供。

**3. 土地及项目情况**（见表 5－172、表 5－173）

表 5－172　**2012—2014 年土地及在建规模**

| 分　类 | 2014 年 | 2013 年 | 2012 年 |
|---|---|---|---|
| 土地储备（万平方米） | 610 | 607 | 537 |
| 在建规模（万平方米） | 306 | 257 | 208 |

数据来源：联发集团提供。

表 5－173　**重点新增土地储备**

| 项目名称 | 城　市 | 开盘日期 | 建筑面积（万平方米） | 销售面积（万平方米） | 销售均价（元/平方米） |
|---|---|---|---|---|---|
| 杏林湾一号 | 厦　门 | 2011 年 | 47 | 42 | 19000 |
| 联发旭景 | 桂　林 | 2011 年 12 月 | 27 | 27 | 6800 |
| 欣悦湾 | 厦　门 | 2013 年 7 月 | 21 | 9 | 21000（别墅）<br>12500（高层） |
| 联发乾景 | 桂　林 | 2013 年 9 月 | 29 | 29 | 6000 |
| 联发君澜天地 | 桂　林 | 2014 年 7 月 | 7 | 7 | 7500 |

数据来源：联发集团提供。

**4. 联系方式**

地址：厦门市湖里大道 31 号　电话：0592－6027576　传真：0592－6021724

邮编：361006　邮箱：info@ xudc. com　公司主页：www. xudc. com

（四十五）浙江祥生房地产开发有限公司

**1. 企业简介**

浙江祥生房地产开发有限公司成立于 1995 年的绍兴市，为房地产开发一级资质的企业。已形成了以浙江为中心，华中、华东区域为重点的全国布局，项目遍及上海、浙江、湖北、江苏、辽宁、福建、江西、安徽、山东等省份。公司拥有较强的多业态综合开发能力，业态涵盖公寓、别墅、城市综合体、酒店等。公司开发路线为精品战略，致力于成熟产品的标准化。公司已累计完成总建筑面积约 800 万平方米的开发，在建面积 230 多万平方米，拥有充足的土地储备。

**2. 城市布局**（见表 5－174）

表 5－174　**2012—2014 年城市布局**

| | 2014 年 | 2013 年 | 2012 年 |
|---|---|---|---|
| 住　宅 | 浙江绍兴 | 安徽滁州、山东济阳 | 福建南平 |
| 非住宅 | 浙江诸暨、浙江普陀山、湖北仙桃 | | |

数据来源：浙江祥生房地产开发有限公司提供。

**3. 财务数据**（见表 5－175～表 5－179）

表 5－175　　**2012—2014 年销售业绩**

| 分　类 | 2014 年 | 2013 年 | 2012 年 |
|---|---|---|---|
| 销售金额（亿元） | 120 | 48 | 30 |
| 销售面积（万平方米） | 70 | 59 | 40 |
| 销售均价（元/平方米） | 13427 | 8022 | 7460 |

数据来源：浙江祥生房地产开发有限公司提供。

表 5－176　　**2012—2014 年资产与负债状况**

单位：万元

| 分　类 | 2014 年 | 2013 年 | 2012 年 |
|---|---|---|---|
| 资产总额 | 1687439.29 | 1319652.81 | 1016559.82 |
| 负债总额 | 1225655.32 | 913376.77 | 707432.31 |
| 流动负债 | 809474.61 | 526301.62 | 464491.99 |
| 货币资金 | 34713.79 | 36328.99 | 25761.98 |
| 应收账款 | 9284.54 | 5846.66 | 8769.65 |
| 其他应收款 | 177730.37 | 165975.46 | 170577.95 |
| 本公司所有者股东权益 | 408780.30 | 360492.37 | 273143.85 |

数据来源：浙江祥生房地产开发有限公司提供。

表 5－177　　**2012—2014 年现金流量状况**

单位：万元，%

| 分　类 | 2014 年 | 2013 年 | 2012 年 |
|---|---|---|---|
| 销售商品收到的现金 | 370917.55 | 290397.61 | 150648.11 |
| 经营活动现金净流量 | 138271.45 | 14680.40 | 39213.29 |
| 现金净流量 | －1615.19 | 10567.00 | －20873.63 |
| 销售商品收到现金与主营收入比 | 1.41 | 1.23 | 0.84 |
| 经营活动现金流量与净利润比 | 4.76 | 0.56 | 2.06 |
| 现金净流量与净利润比 | －0.01 | 0.41 | －1.10 |
| 投资活动现金净流量 | －20129.23 | －12642.94 | －16980.32 |
| 筹资活动现金净流量 | －119757.42 | 8529.54 | －43106.60 |

数据来源：浙江祥生房地产开发有限公司提供。

表 5－178　　**2012—2014 年土地及在建规模**

| 分　类 | 2014 年 | 2013 年 | 2012 年 |
|---|---|---|---|
| 土地储备（万平方米） | 383.57 | 289.04 | 211.31 |
| 在建规模（万平方米） | 232.00 | 177.62 | 141.22 |

数据来源：浙江祥生房地产开发有限公司提供。

表 5－179　　重点项目介绍

| 项目名称 | 城　市 | 开盘日期 | 建筑面积（万平方米） | 销售面积（万平方米） | 销售均价（元/平方米） |
|---|---|---|---|---|---|
| 祥生·御江湾 | 上　海 | 2010 年 | 10.41 | 5.28 | 55000（排屋）<br>32000（普通住宅） |
| 祥生·君城 | 诸　暨 | 2011 年 | 48.93 | 48.40 | 10000 |
| 祥生·中央华府 | 济　南 | 2014 年 | 85.07 | 33.80 | 6000 |

数据来源：浙江祥生房地产开发有限公司提供。

**4. 联系方式**

地址：浙江省诸暨市苎萝东路 195 号祥生新世纪广场商务楼 14 楼

电话：0575－87016788　传真：0575－87019559

邮编：311800　邮箱：fcoffice@ xsjt. cn　公司主页：www. xsjt. cn

（四十六）朗诗集团股份有限公司

**1. 企业介绍**

朗诗集团股份有限公司创立于 2001 年，长期实施绿色科技差异化发展战略，是中国领先的绿色科技地产开发和运营企业。目前主营业务为住宅地产开发，同时积极开展绿建科技、绿色养老、绿色金融服务等新业务。业务目前已扩展至南京、上海、苏州等多个重点城市，并结合海外投资战略，在美国和德国开展地产业务。

**2. 财务数据**（见表 5－180～表 5－182）

表 5－180　　2014 年销售业绩及同比

| 分　类 | 2014 年 | 同比（%） |
|---|---|---|
| 销售金额（亿元） | 106 | 6.2 |
| 销售面积（万平方米） | 84 | 4.1 |
| 销售均价（元/平方米） | 12643 | 2.0 |

数据来源：中国房地产决策咨询系统（CRIC）。

表 5－181　　2014 年重点新增土地储备

| 城　市 | 宗地名称 | 属　性 | 成交时间 | 建筑面积（万平方米） | 成交总价（亿元） | 楼板价（元/平方米） |
|---|---|---|---|---|---|---|
| 上　海 | 临港新城芦潮港社区地块 | 商　住 | 1 月 | 8.47 | 5.60 | 6607 |
| 南　京 | 空港开发区建设路西 BE 地块 | 商　住 | 4 月 | 24.67 | 10.12 | 4101 |
| 苏　州 | 姑苏区 2014－G－1 号地块 | 商　住 | 4 月 | 6.65 | 6.00 | 9026 |
| 苏　州 | 吴江区太湖新城云龙路地块 | 商　住 | 4 月 | 34.36 | 9.82 | 2858 |
| 南　京 | 江宁滨江锦文路地块 | 商　住 | 6 月 | 11.12 | 2.00 | 1799 |
| 无　锡 | 新区运河西路地块 | 商　住 | 7 月 | 11.19 | 1.73 | 1548 |
| 苏　州 | 高新科技城富春江路西地块 | 住　宅 | 7 月 | 7.28 | 2.69 | 3703 |

数据来源：中国房地产决策咨询系统（CRIC）。

表 5 - 182　　2014 年重点新开盘项目

| 项目名称 | 城　市 | 项目名称 | 城　市 |
|---|---|---|---|
| 朗诗花漫里 | 杭　州 | 朗诗未来街区东园 | 杭　州 |
| 朗诗未来街区 | 南　京 | 朗诗玲珑屿 | 南　京 |
| 朗诗·虹桥绿郡 | 上　海 | 朗诗东吴绿郡 | 苏　州 |
| 朗诗未来家 | 苏　州 | 朗诗相门绿郡 | 苏　州 |
| 朗诗·太湖绿郡 | 无　锡 | 朗诗里程 | 武　汉 |

数据来源：中国房地产决策咨询系统（CRIC）。

**3. 联系方式**

地址：南京市建邺路 108 号

电话：025 - 84221000　邮编：210004　公司主页：http：//www. landsea. cn

（四十七）首创置业股份有限公司

**1. 企业简介**

首创置业股份有限公司于 2002 年 7 月由北京首都创业集团有限公司、北京阳光房地产综合开发公司、北京首创阳光房地产有限责任公司、北京首创科技投资有限公司、北京首创航宇经济发展有限公司、中国物业有限公司、意华国际企业有限公司等七家公司作为发起人发起设立，为一家于北京市设立的国有企业。公司及子公司主要从事房地产开发及投资、商业地产运营、酒店管理以及房地产策划咨询服务和投资控股。

2014 年，集团聚焦三大业务线和五大核心城市。年内新投项目合计地上规划建筑面积约 274 万平方米，新增土地投资人民币 194 亿元，同比增长 66%。新项目以住宅为主，位于五大城市。其中京沪投资占据总投资额约 70%。公司以“上规模、快周转、去库存、调结构”为经营方针，携手淘宝等电商展开互联网营销创新，构建多元复合营销渠道，有效实现销售增长。

**2. 财务数据**（见表 5 - 183 ~ 表 5 - 186）

表 5 - 183　　2014 年销售业绩及同比

| 分　类 | 2014 年 | 同比（%） |
|---|---|---|
| 销售金额（亿元） | 249 | 26. 8 |
| 销售面积（万平方米） | 250 | 29. 7 |
| 销售均价（元/平方米） | 9964 | -2. 3 |

数据来源：中国房地产决策咨询系统（CRIC）。

表 5－184　　2013—2014 年财务指标

单位：%

| 财务指标 | 2014 年 | 2013 年 |
|---|---|---|
| 净负债率 | 87. 19 | 58. 52 |
| 三费费用率 | 6. 81 | 7. 60 |
| 总资产周转率 | 0. 21 | 0. 15 |
| 长短期债务比 | 1. 80 | 1. 60 |
| 现金短债比 | 1. 20 | 1. 40 |
| 净利润增长率 | 31. 91 | 43. 43 |
| 销售毛利率 | 23. 42 | 29. 11 |
| 销售净利率 | 14. 67 | 10. 83 |

数据来源：首创 2014 年年报。

表 5－185　　2014 年重点新增土地储备

| 城　市 | 宗地名称 | 属　性 | 成交时间 | 建筑面积（万平方米） | 成交总价（亿元） | 楼板价（元/平方米） |
|---|---|---|---|---|---|---|
| 北　京 | 京土整储挂（顺）〔2013〕144 号北京市顺义区赵全营镇板桥村 F1－01 地块商业金融用地 | 商　业 | 1 月 | 5. 42 | 7. 35 | 13550 |
| 北　京 | 京土整储挂（平）〔2013〕143 号北京市平谷区大兴庄镇 A04－02、A04－05 地块 R2 二类居住用地、C2 商业金融用地国有建设用地 | 商　住 | 1 月 | 15. 05 | 7. 20 | 4783 |
| 北　京 | 京土整储挂（顺）〔2013〕152 号北京市顺义区赵全营镇镇中心区 E1－03、E3－03、E3－04 等地块 | 综　合 | 2 月 | 18. 30 | 25. 10 | 13713 |
| 天　津 | 津北富（挂）2014－052 号 | 商　住 | 5 月 | 23. 19 | 20. 87 | 9002 |
| 重　庆 | 渝国土房管告字〔2014〕25 号沙坪坝区双碑组团 E 分区 23－2/03、23－3/03、24－1/03、24－2/03 号宗地 | 综　合 | 6 月 | 24. 46 | 7. 50 | 3067 |
| 重　庆 | 渝国土房管告字〔2014〕25 号沙坪坝区双碑组团 E 分区 23－2/03、23－3/03、24－1/03、24－2/03 号宗地 | 综　合 | 6 月 | 24. 46 | 7. 50 | 3067 |
| 成　都 | CH15（252）：2014－045 成华区青龙街道东林社区 2、3、4 组地块 | 商　住 | 7 月 | 25. 66 | 12. 11 | 4720 |
| 成　都 | CH15（252）：2014－045 成华区青龙街道东林社区 2、3、4 组地块 | 住　宅 | 7 月 | 25. 66 | 12. 11 | 4720 |
| 上　海 | 2014 年 86 号公告嘉定区嘉定工业区胜辛北路以西、汇源路以北地块 | 住　宅 | 7 月 | 24. 62 | 13. 32 | 5411 |
| 上　海 | 2014 年 180 号公告青浦区盈浦街道淀山湖大道南侧 14－04 地块 | 住　宅 | 12 月 | 6. 92 | 9. 00 | 13005 |

数据来源：中国房地产决策咨询系统（CRIC）。

表 5－186　　2014 年重点新开盘项目

| 项目名称 | 城　市 | 项目名称 | 城　市 |
|---|---|---|---|
| 首创·新悦都 | 北　京 | 首创国际半岛 | 天　津 |
| 首创·伊林郡 | 北　京 | 首创光和城 | 重　庆 |
| 首创悦都 | 昆　山 | 首创·悦都 | 北　京 |
| 首创城 | 天　津 | 首创悦洳汇 | 北　京 |
| 首创鸿恩国际生活区 | 重　庆 | 首创漫香郡 | 西　安 |

数据来源：中国房地产决策咨询系统（CRIC）。

(四十八) 方兴地产（中国）有限公司

**1. 企业简介**

方兴地产（中国）有限公司是世界 500 强企业之一中国中化集团公司旗下房地产和酒店板块的平台企业，于 2007 年 8 月 17 日在香港联合交易所主板上市，是香港恒生综合指数成分股之一。方兴地产是一家大型高端地产开发商和运营商，业务板块涵盖高端地产开发、商务商业租聘及酒店投资与经营等，打造了以“金茂”品牌为核心的高端系列产品，已在北京、上海、三亚、长沙等地相继开发了多个优质地产项目。

**2. 财务数据**（见表 5－187～表 5－190）

表 5－187　　2014 年销售业绩及同比

| 分　类 | 2014 年 | 同比（%） |
|---|---|---|
| 销售金额（亿元） | 185 | 27.1 |
| 销售面积（万平方米） | 89 | 54.4 |
| 销售均价（元/平方米） | 20949 | －17.7 |

数据来源：中国房地产决策咨询系统（CRIC）。

表 5－188　　2013—2014 年财务指标

单位：%

| 财务指标 | 2014 年 | 2013 年 |
|---|---|---|
| 净负债率 | 58.06 | 44.50 |
| 三费费用率 | 15.01 | 12.91 |
| 总资产周转率 | 0.20 | 0.23 |
| 长短期债务比 | 10.48 | 4.38 |
| 现金短债比 | 3.45 | 2.41 |
| 净利润增长率 | 32.21 | 27.77 |
| 销售毛利率 | 39.12 | 44.40 |
| 销售净利率 | 12.12 | 11.95 |

数据来源：方兴 2014 年年报。

表 5－189

**2014 年重点新增土地储备**

| 城　市 | 宗地名称 | 属　性 | 成交时间 | 建筑面积（万平方米） | 成交总价（亿元） | 楼板价（元/平方米） |
|---|---|---|---|---|---|---|
| 杭　州 | 杭政储出（2013）110 号拱墅区（庆隆单元 GS04－01－R21－18 地块） | 住　宅 | 1 月 | 17.12 | 23.70 | 13840 |
| 上　海 | 2013 年 262 号公告闸北区大宁路街道 325 街坊地块 | 住　宅 | 1 月 | 21.21 | 101.00 | 47609 |
| 北　京 | 京土整储（开）〔2014〕003 号北京经济技术开发区河西区 X87R1 地块二类居住用地 | 商　住 | 2 月 | 18.03 | 29.00 | 16081 |
| 广　州 | 2014 挂－0830（荔湾区芳村大道南以西，鹤洞路以南 AF040125 地块 | 住　宅 | 9 月 | 22.74 | 32.43 | 14264 |
| 重　庆 | 渝国土房管告字〔2014〕44 号渝北区两路组团 F 标准分区 F98－1、F98－2、F99－1、F99－2、F100－2、F101－1、F102－1、F103－1、F104－1 号宗地 | 综　合 | 10 月 | 60.49 | 21.35 | 3529 |

数据来源：中国房地产决策咨询系统（CRIC）。
注：杭州为方兴 2014 年新进入的城市。

表 5－190

**2014 年重点新开盘项目**

| 项目名称 | 城　市 | 项目名称 | 城　市 |
|---|---|---|---|
| 亦庄金茂悦 | 北　京 | 金茂湾 | 青　岛 |
| 亚奥金茂悦 | 北　京 | 金茂珑悦 | 重　庆 |
| 望京·金茂府 | 北　京 | 南塘金茂府 | 宁　波 |
| 姑苏金茂府 | 苏　州 | 金茂府 | 北　京 |
| 黄龙金茂悦 | 杭　州 | 金茂梅溪湖 | 长　沙 |

数据来源：中国房地产决策咨询系统（CRIC）。

（四十九）三盛地产集团

**1. 企业简介**

三盛地产集团是中国房地产百强企业。2010 年起，三盛地产以每 1—2 年新增一个开发区域，每年新增 1～2个开发城市，各区域每 1—2 年新增 1～2 个开发项目的速度强势布局东南沿海、华东、华北、西南、华中等五区域。到 2014 年，三盛地产开发三十大项目，布局全国五大区域，十五大城市。开发业态涵盖住宅、旅游地产、教育地产、养老地产、城市综合体、商业地产等，形成 X＋住宅＋Y 的产业地产模式。公司 2014 年主要布局在北京、济南、厦门、福州等城市。

**2. 财务数据**（见表 5－191～表 5－193）

表 5－191　　**2012—2014 年销售业绩**

| 分　类 | 2014 年 | 2013 年 | 2012 年 |
|---|---|---|---|
| 销售金额（亿元） | 107 | 98 | 72 |
| 销售面积（万平方米） | 109 | 93 | 73 |
| 销售均价（元/平方米） | 9795 | 10512 | 9801 |

数据来源：福建三盛房地产开发有限公司提供。

**3. 土地及项目情况**

表 5－192　　**2013—2014 年土地及在建规模**

| 分　类 | 2014 年 | 2013 年 |
|---|---|---|
| 土地储备（万平方米） | 1638.70 | 1603.70 |
| 在建规模（万平方米） | 265.56 | 204.76 |

数据来源：福建三盛房地产开发有限公司提供。

表 5－193　　**重点项目介绍**

| 项目名称 | 城　市 | 开盘日期 | 建筑面积（万平方米） | 销售面积（万平方米） | 销售均价（元/平方米） |
|---|---|---|---|---|---|
| 三盛托斯卡纳 | 福　州 | 1 月 | 66 | 48 | 9533 |
| 三盛国际公园 | 福　州 | 3 月 | 111 | 69 | 12231 |
| 三盛海德公园 | 宁　德 | 5 月 | 34 | 22 | 12040 |
| 三盛国际海岸 | 青　岛 | 8 月 | 81 | 8 | 7784 |

数据来源：福建三盛房地产开发有限公司提供。

**4. 联系方式**

地址：福州市鼓楼区新权南路 9 号香格里拉酒店 5 层

电话：0591－28323333　传真：0591－28320009　邮编：350000

公司主页：http：//www.sansheng.com.cn/

（五十）上海证大房地产有限公司

**1. 企业简介**

证大房产于 1994 年开始涉足房地产业务，已经发展成为以上海为核心，足迹遍及浙江、江苏、四川、东北等地的综合性房地产集团，已经完成 100 万平方米以上的开发规模，具备各类物业的开发、经营和物业管理经验。上海证大房地产有限公司是证大集团房地产业务的旗舰公司，也是香港主板的上市公司。

**2. 财务数据**（见表 5－194、表 5－195）

表 5－194　　**2013—2014 年财务指标**

单位：%

| 财务指标 | 2014 年 | 2013 年 |
|---|---|---|
| 净负债率 | 125. 66 | 92. 67 |
| 三费费用率 | －64. 49 | －35. 09 |
| 总资产周转率 | 0. 08 | 0. 13 |
| 长短期债务比 | 1. 36 | 0. 78 |
| 现金短债比 | 0. 56 | 0. 73 |
| 净利润增长率 | －717. 55 | －85. 62 |
| 销售毛利率 | 30. 49 | 28. 81 |
| 销售净利率 | －39. 65 | 6. 11 |

数据来源：证大房产年报。

表 5－195　　**2014 年重点新开盘项目**

| 项目名称 | 城　市 | 项目名称 | 城　市 |
|---|---|---|---|
| 廊坊证大大拇指广场 | 廊　坊 | 证大大拇指广场 | 青　岛 |
| 南通壹城水清木华 | 南　通 | 九间堂别墅 | 上　海 |
| 证大家园 | 上　海 | 锦绣满堂花园 | 上　海 |
| 证大朱家角九间堂 | 上　海 | 证大光明城 | 长　春 |

数据来源：中国房地产决策咨询系统（CRIC）。

（五十一）福晟集团

**1. 企业介绍**

福晟集团是一家涉及地产开发、建筑施工、金融投资、建材生产及贸易等众多领域的大型综合性集团，业务横跨福建、湖南、河南、天津、江苏、广东、四川、广西等省、直辖市（自治区）及深圳市。集团现有员工 5000 多人，公司总资产达 300 亿元。

福晟集团专注开发高品质、高性价比的中端住宅产品。2014 年是福晟的写字楼元年，新开发福州福晟钱隆广场、福晟财富中心、福晟国际中心、福晟大厦、长沙钱隆国际、福晟金融中心等项目。

**2. 联系方式**

地址：福建省福州市晋安区福马路 81 号钱隆大第 9 号楼

邮编：350011　电话：0591－87840811　传真：0591－87278732

公司主页：www. fushenggroup. com. cn

（五十二）上海城建置业发展有限公司

**1. 企业介绍**

上海城建置业发展有限公司是上海城建集团全资子公司，拥有房产开发一级资质。目前，公司仍在建的品牌项目有安亭瑞仕华庭、无锡太湖瑞仕花园、无锡蠡湖瑞仕花园、南昌红谷滩瑞仕城际广场等，并承担了上海闵行浦江、青浦华新、嘉定云翔等超过330万平方米的保障房建设任务。公司项目主要分布在福建省及无锡、南昌、上海等城市。

**2. 财务数据**（见表5－196）

表5－196　　2012—2014年销售业绩

| 分　类 | 2014年 | 2013年 | 2012年 |
|---|---|---|---|
| 销售金额（亿元） | 39 | 43 | 49 |
| 销售面积（万平方米） | 42 | 49 | 37 |
| 销售均价（元/平方米） | 9246 | 8703 | 13468 |

数据来源：上海城建置业发展有限公司提供。

**3. 联系方式**

地址：上海市徐汇区南丹东路161号　电话：021－64877000　传真：021－64879559

邮编：200030　邮箱：service@ sucgfc. com　公司主页：www. sucgfc. com

（五十三）上海建工房产有限公司

**1. 企业简介**

上海建工房产有限公司是上海建工集团股份有限公司的核心成员企业，成立于1999年，具有一级房地产开发资质，注册资金9亿元，年开发量超过300万平方米。

公司原以住宅开发为主，主要开发地域在上海。近年来，为适应市场调控和自身发展要求，公司逐步优化了产品结构和地域结构，加大了工业地产和商业地产的开发力度，并进入了徐州、南京、苏州、南昌等地。成功开发了徐汇·龙兆苑、佳龙花园、上海滩·新昌城、海尚佳园、大唐国际公寓、上海滩·大宁城、浦江颐城、浦江坤庭、徐州汉源国际华城、嘉定工业园、汇豪商务广场、大唐国际广场等一大批经典楼盘和工业、商业地产。

**2. 重点项目介绍**（见表5－197）

表5－197　　重点项目介绍

| 项目名称 | 城　市 | 开盘日期 | 建筑面积（万平方米） | 销售面积（万平方米） | 销售均价（元/平方米） |
|---|---|---|---|---|---|
| 汇福家园 | 上　海 | — | 150. 0 | 123. 0 | 6000～9000 |
| 浦江颐城 | 上　海 | 2009年8月 | 45. 5 | 27. 5 | 20000～24000 |
| 浦江坤庭 | 上　海 | 2012年6月 | 23. 3 | 17. 3 | 19000～23000 |
| 海韵茗庭 | 上　海 | 2014年12月 | 8. 4 | 6. 0 | 27000～35000 |
| 颐湾丽庭 | 上　海 | 2015年1月 | 9. 0 | 5. 0 | 22000～25000 |

数据来源：上海建工房产有限公司提供。

**3. 联系方式**

地址：上海市东大名路666号　电话：021－55886262　传真：021－35312030

邮编：200080　邮箱：sjgfc@ sjgfc. com　公司主页：http：//www. sjgfc. com

（五十四）南京栖霞建设股份有限公司

**1. 企业简介**

南京栖霞建设股份有限公司是国家一级资质房地产开发企业。

**2. 财务数据**（见表5－198～表5－201）

**表5－198　　2014年销售业绩及同比**

| 分　类 | 2014年 | 同比（%） |
|---|---|---|
| 销售金额（亿元） | 36 | 27.29 |
| 销售面积（万平方米） | 37 | 57.49 |
| 销售均价（元/平方米） | 9699 | －19.54 |

数据来源：中国房地产决策咨询系统（CRIC）。

**表5－199　　2013—2014年财务指标**

单位：%

| 财务指标 | 2014年 | 2013年 |
|---|---|---|
| 净负债率 | 101.25 | 106.55 |
| 三费费用率 | 5.63 | 5.66 |
| 总资产周转率 | 0.20 | 0.16 |
| 长短期债务比 | 1.40 | 2.76 |
| 现金短债比 | 0.78 | 0.81 |
| 净利润增长率 | －94.15 | －49.80 |
| 销售毛利率 | 15.07 | 26.09 |
| 销售净利率 | 2.35 | 10.71 |

数据来源：栖霞建设股份有限公司2014年年报。

**表5－200　　2014年重点新增土地储备**

| 城　市 | 宗地名称 | 属　性 | 成交时间 | 建筑面积（万平方米） | 成交总价（亿元） | 楼板价（元/平方米） |
|---|---|---|---|---|---|---|
| 南　京 | 〔南京〕2014年第10号栖霞区 NO. 2014G40 | 商　办 | 4月 | 31.44 | 13.1 | 4167 |

数据来源：中国房地产决策咨询系统（CRIC）。

**表5－201　　2014年重点新开盘项目**

| 项目名称 | 城　市 | 项目名称 | 城　市 |
|---|---|---|---|
| 枫情水岸 | 南　京 | 瑜憬湾花园二期 | 无　锡 |
| 星叶羊山湖公馆 | 南　京 | 栖霞栖园 | 无　锡 |
| 瑜憬湾 | 南　京 | 枫情水岸二期 | 苏　州 |
| 栖霞栖庭 | 苏　州 | 东方天郡花园 | 南　京 |
| 栖霞·东方天郡 | 无　锡 | IALA国际自由水岸一期 | 苏　州 |

数据来源：中国房地产决策咨询系统（CRIC）。

**3. 联系方式**

地址：南京市龙蟠路9号兴隆大厦
电话：025－85633228　邮编：210004　公司主页：http：//www. chixia. com/

## （五十五）上海城投置地（集团）有限公司

**1. 企业简介**

上海城投置地（集团）有限公司是上海城投控股股份有限公司的全资企业，注册资本25亿元，具有房地产开发一级资质。

上海城投置地（集团）有限公司主要从事成片土地开发、保障性住房建设、普通商品房开发、办公园区及写字楼建设等。已完成项目开发30多个，竣工面积超过500万平方米。目前重点开发项目包括：新江湾城土地一级开发；新江湾城首府、露香园高端住宅；“湾谷”科技园；松江泗泾、浦东三林、青浦徐泾保障房基地等。

**2. 财务数据**（见表5－202～表5－204）

**表5－202　2012—2014年销售业绩**

| 分　类 | 2014年 | 2013年 | 2012年 |
|---|---|---|---|
| 销售金额（亿元） | 54 | 100 | 29 |
| 销售面积（万平方米） | 58 | 64 | 43 |
| 销售均价（元/平方米） | 9335 | 15722 | 6633 |

数据来源：上海城投置地提供。

**表5－203　2012—2014年资产与负债状况**

单位：万元，%

| 资产与负债 | 2014年 | 2013年 | 2012年 |
|---|---|---|---|
| 资产总额 | 2616226.49 | 2346313.11 | 1859362.53 |
| 负债总额 | 1888874.25 | 1676795.72 | 1298761.68 |
| 流动负债 | 1255088.72 | 732733.09 | 821875.64 |
| 货币资金 | 199657.62 | 268744.26 | 79932.68 |
| 应收账款 | 6084.24 | 3346.41 | 1010.35 |
| 其他应收款 | 32185.84 | 50022.13 | 3267.92 |
| 本公司所有者股东权益 | 619018.85 | 669517.39 | 560600.85 |
| 资产负债率 | 1.39 | 1.40 | 1.43 |
| 流动比率 | 1.76 | 2.61 | 1.73 |
| 速动比率 | 0.21 | 0.47 | 0.11 |

数据来源：上海城投置地提供。

表 5－204　　2012—2014 年现金流量状况

单位：万元

| 现金流量 | 2014 年 | 2013 年 | 2012 年 |
|---|---|---|---|
| 销售商品收到的现金 | 510420.21 | 414630.58 | 296006.24 |
| 经营活动现金净流量 | 7155.08 | 9635.21 | 93796.04 |
| 现金净流量 | －69086.64 | 188311.38 | 247256.92 |
| 销售商品收到现金与主营收入比 | 1.45 | 1.90 | 0.84 |
| 经营活动现金流量与净利润比 | 0.08 | 0.09 | 5.50 |
| 现金净流量与净利润比 | 0.76 | 1.73 | 14.50 |
| 投资活动现金净流量 | 27532.02 | 66314.58 | 35661.19 |
| 筹资活动现金净流量 | －103773.74 | 112361.59 | 117799.69 |

数据来源：上海城投置地提供。

**3. 土地及项目情况**（见表 5－205、表 5－206）

表 5－205　　2012—2014 年土地及在建规模

| 分　类 | 2014 年 | 2013 年 | 2012 年 |
|---|---|---|---|
| 土地储备（万平方米） | 50 | 26 | 50 |
| 在建规模（万平方米） | 127 | 252 | 320 |

数据来源：上海城投置地提供。

表 5－206　　3013 年重点项目介绍

| 项目名称 | 城　市 | 开盘日期 | 建筑面积（万平方米） | 销售面积（万平方米） | 销售均价（元/平方米） |
|---|---|---|---|---|---|
| 新江湾城首府 | 上　海 | 8 月 | 6.23 | 1.30 | 60000～70000 |
| “湾谷”科技园 | 上　海 | 7 月 | 39.49 | 29.95 | 15000～25000 |
| 露香园 | 上　海 | 7 月 | 6.38 | 3.40 | 70000～80000 |

数据来源：上海城投置地提供。

**4. 联系方式**

地址：上海杨浦区清波路 58 号　电话：021－25259068

传真：021－65907621　邮编：200438

（五十六）上海保集（集团）有限公司

**1. 企业简介**

上海保集（集团）有限公司成立于 1996 年，目前以房地产开发与经营为核心产业，同时辐射金融投资业、高科技与信息产业、国际贸易等多个领域，集团拥有近40家全资子公司，并在中国香港、加拿大、澳大利亚等地设有控股机构。集团及下属企业现有各类员工1600余人，历经十多年发展，保集集团开发足迹遍至上海、江苏扬州、浙江金华、江西南昌、山东滨州、天津等城市，累计开发面积达400万平方米。

**2. 城市布局**（见表5-207）

**表5-207　　2012—2014年城市布局**

| 分　类 | 2014年 | 2013年 | 2012年 |
|---|---|---|---|
| 住　宅 | 上海、宁波、金华、慈溪 | 天津、金华、南昌、福州 | 天津、金华、南昌、滨州 |
| 非住宅 | 上海、湖州、金华 | 上海、湖州 | 南　昌 |

数据来源：上海保集（集团）有限公司提供。

**3. 财务数据**（见表5-208~表5-211）

**表5-208　　2012—2014年销售业绩**

| 分　类 | 2014年 | 2013年 | 2012年 |
|---|---|---|---|
| 销售金额（亿元） | 86 | 82 | 63 |
| 销售面积（万平方米） | 67 | 92 | 71 |
| 销售均价（元/平方米） | 12833 | 8871 | 8884 |

数据来源：上海保集（集团）有限公司提供。

**表5-209　　2012—2014年资产与负债状况**

单位：万元

| 资产与负债 | 2014年 | 2013年 | 2012年 |
|---|---|---|---|
| 资产总额 | 1510588.68 | 1332546.32 | 1045747.29 |
| 负债总额 | 916625.25 | 748963.28 | 633400.68 |
| 流动负债 | 769400.25 | 540628.36 | 440576.58 |
| 货币资金 | 85408.01 | 87932.17 | 65714.57 |
| 本公司所有者股东权益 | 593963.43 | 583583.04 | 412346.61 |

数据来源：上海保集（集团）有限公司提供。

**表5-210　　2012—2014年土地及在建规模**

| 分　类 | 2014年 | 2013年 | 2012年 |
|---|---|---|---|
| 土地储备（万平方米） | 104.80 | 110.00 | 80.00 |
| 在建规模（万平方米） | 125.30 | 106.78 | 80.21 |

数据来源：上海保集（集团）有限公司提供。

表 5－211　　重点项目介绍

| 项目名称 | 城　市 | 开盘日期 | 建筑面积（万平方米） | 销售面积（万平方米） | 销售均价（元/平方米） |
|---|---|---|---|---|---|
| 保集御河湾 | 南　昌 | 2008 年 1 月 | 70.0 | 60.0 | 8436 |
| 金华保集外滩 | 金　华 | 2013 年 9 月 | 33.7 | 23.5 | 10991 |
| 上海保集澜湾 | 上　海 | 2013 年 10 月 | 23.5 | 12.5 | 32000 |
| 保集湖海塘 | 金　华 | 2013 年 12 月 | 60.0 | 45.0 | 9981 |
| 保集蓝郡 | 宁　波 | 2014 年 10 月 | 22.0 | 15.6 | 11000 |

数据来源：上海保集（集团）有限公司提供。

**4. 联系方式**

地址：上海市浦东新区东三里桥路 555 号

电话：021－50900888　传真：021－50899508　邮编：200125

邮箱：baozh@boill.com　公司主页：http://www.boill.com/

（五十七）中锐地产集团

**1. 企业简介**

中锐地产集团（其新加坡上市公司为中锐地产国际股份有限公司，交易代码：ACW）是一家以房地产开发为主营业务的企业集团，具有房地产开发企业一级资质，总部设在上海。

中锐地产扎根长江三角洲地区的核心区域，包括上海、苏州、无锡、徐州、张家港、宣城等城市，产品类型涵盖了住宅、写字楼、商业、保障房、教育园区开发及基础设施配套等，截至目前销售面积超过 200 万平方米。2014 年中锐地产进入澳大利亚市场。

**2. 财务数据**（见表 5－212、表 5－213）

表 5－212　　2012—2014 年销售业绩

| 分　类 | 2014 年 | 2013 年 | 2012 年 |
|---|---|---|---|
| 销售金额（亿元） | 46 | 49 | 36 |
| 销售面积（万平方米） | 58 | 65 | 28 |
| 销售均价（元/平方米） | 7901 | 7490 | 12657 |

数据来源：中锐地产集团提供。

表 5－213　　2012—2014 年土地及在建规模

| 分　类 | 2014 年 | 2013 年 | 2012 年 |
|---|---|---|---|
| 土地储备（万平方米） | 80.14 | 125.42 | 63.99 |
| 在建规模（万平方米） | 42.23 | 59.23 | 53.13 |

数据来源：中锐地产集团提供。

**3. 联系方式**

地址：上海市长宁区金钟路767－2号　电话：021－22192888

传真：021－22192821　邮编：200335　公司主页：www.chiwayland.com

## （五十八）浙江中天房地产集团有限公司

**1. 企业简介**

浙江中天房地产集团有限公司创立于2004年，是中天发展控股集团有限公司旗下的国家一级资质房地产开发企业，总部设于杭州。中天房产下辖近20家房地产开发子公司，业务覆盖长三角、环渤海两大城市经济圈以及中西部新兴经济圈，共计10多个大中城市，开发产品涵盖住宅、写字楼、酒店式公寓等。2014年，中天房产实现各类营业收入45.53亿元。

中天房产开发的中天世纪花城、杭州盛世钱塘、长沙中天广场、西安中天花园等一大批经典楼盘先后荣膺中国百佳经典楼盘，同时在创新文化、人居环境、建筑节能等国家级、省级试点上屡获殊荣。目前在建项目有淮安中天花园、杭州金地中天自在城、西安中天锦庭、西安中天诚品、杭州西城纪、杭州MCC现代创智中心、临安中天珺府、新疆博朗天御、上海中天总部大厦、杭州滨江官河锦庭、长沙中天栖溪里、杭州之江诚品等。

**2. 城市布局**（见表5－214）

表5－214　　**2012—2014年城市布局（新进入城市）**

| 分　类 | 2014年 | 2013年 | 2012年 |
|---|---|---|---|
| 住　宅 | 新　疆 | 咸　阳 | 临　安 |

数据来源：中天房产提供。

**3. 财务数据**（见表5－215～表5－218）

表5－215　　**2012—2014年销售业绩**

| 分　类 | 2014年 | 2013年 | 2012年 |
|---|---|---|---|
| 销售金额（亿元） | 46 | 39 | 9 |
| 销售面积（万平方米） | 17 | 32 | 20 |
| 销售均价（元/平方米） | 26486 | 11979 | 4537 |

数据来源：中天房产提供。

表5－216　　**2012—2014年土地及在建规模**

| 分　类 | 2014年 | 2013年 | 2012年 |
|---|---|---|---|
| 土地储备（万平方米） | 180 | 81 | 130 |
| 在建规模（万平方米） | 220 | 197 | 141 |

数据来源：中天房产提供。

表 5 - 217　　重点新增土地储备

| 宗地名称 | 属　性 | 成交时间 | 建筑面积（万平方米） | 成交总价（亿元） | 楼板价（元/平方米） |
|---|---|---|---|---|---|
| 淮安生态新城地块 | 商　住 | 2012 年 4 月 | 53.15 | 4.69 | 780 |
| 临安青山湖街道地块 | 住　宅 | 2012 年 10 月 | 54.00 | 9.75 | 1806 |
| 江北街道甘溪路 B - 15 地块 | 商　业 | 2012 年 11 月 | 3.33 | 0.32 | 964 |
| 杭政储出〔2013〕43 号 | 商　业 | 2013 年 06 月 | 5.57 | 6.70 | 12052 |
| 杭政储出〔2013〕49 号 | 住　宅 | 2013 年 07 月 | 12.81 | 8.36 | 6524 |
| 西咸新区 QH - 2013 - 033 - 2/3 | 商　业 | 2013 年 10 月 | 9.57 | 0.29 | 300 |
| 凤凰谷生态区地块 | 商　住 | 2013 年 12 月 | 15.60 | 8.25 | 530 |
| 新疆会展片区地块 | 商　住 | 2014 年 06 月 | 100.00 | 5.80 | 580 |
| 江滨北路 1 - 3 地块 | 商　住 | 2014 年 04 月 | 38.15 | 6.34 | 1662 |
| 杭政储出〔2014〕37 号 | 商　住 | 2014 年 12 月 | 18.96 | 26.99 | 14234 |
| 杭政储出〔2015〕1 号 | 住　宅 | 2015 年 2 月 | 10.40 | 9.31 | 8948 |
| 秦汉新城 QH - 2015 - 02 - 1/3 | 住　宅 | 2015 年 3 月 | 52.60 | 2.91 | 554 |

数据来源：中天房产提供。

表 5 - 218　　重点项目介绍

| 项目名称 | 城　市 | 开盘日期 | 建筑面积（万平方米） | 销售面积（万平方米） | 销售均价（元/平方米） |
|---|---|---|---|---|---|
| 中天世纪花城 | 东　阳 | 2006 年 5 月 | 100.0 | 85 | 7000 |
| 中天西城纪 | 杭　州 | 2011 年 10 月 | 110.0 | 8 | 19000 |
| 中天锦庭 | 西　安 | 2012 年 5 月 | 21.0 | 18 | 8000 |
| 中天 MCC | 杭　州 | 2012 年 7 月 | 7.2 | 5 | 22000 |
| 中天翡丽湾 | 淮　安 | 2012 年 9 月 | 56.0 | 42 | 4800 |
| 中天官河锦庭 | 杭　州 | 2012 年 12 月 | 18.6 | 12 | 22000 |
| 中天花园 | 淮　安 | 2013 年 4 月 | 20.5 | 18 | 5000 |
| 中天栖溪里 | 长　沙 | 2013 年 6 月 | 13.0 | 12 | 6000 |
| 中天博朗天御 | 新　疆 | 2014 年 9 月 | 100.0 | 21（一期） | 8200 |
| 中天之江诚品 | 杭　州 | 2014 年 11 月 | 20.0 | 11 | 16000 |

数据来源：中天房产提供。

**4. 联系方式**

地址：浙江省杭州市钱江新城城星路 69 号中天国开大厦　公司主页：www. zjztfc. net

电话：0571 - 28926510　传真：0571 - 28801609　邮编：310020

（五十九）象屿地产集团有限公司

**1. 企业介绍**

象屿地产集团有限公司前身为厦门象屿保税区建设有限公司，成立于 1993 年，是大型国有企业厦门象屿集团有限公司的全资子公司，系集土地成片开发、房地产开发和基础设施建设为一体的专业化集团公司。

经过20多年的持续发展，形成了以上海及长三角、重庆的核心发展区域，公司业务主要在福建、上海、江苏、重庆、湖南等省、直辖市。象屿地产以住宅开发为核心，同时涉足商业地产，累计开发面积逾500万平方米。

**2. 财务数据**（见表5－219）

**表5－219　　2012—2014年销售业绩**

| 分　类 | 2014年 | 2013年 | 2012年 |
|---|---|---|---|
| 销售金额（亿元） | 49 | 41 | 41 |
| 销售面积（万平方米） | 33 | 29 | 31 |
| 销售均价（元/平方米） | 14764 | 13931 | 13045 |

数据来源：象屿地产集团有限公司提供。

**3. 土地及项目情况**（见表5－220、表5－221）

**表5－220　　重点新增土地储备**

| 城　市 | 宗地名称 | 属　性 | 成交时间 | 建筑面积（万平方米） | 成交总价（亿元） |
|---|---|---|---|---|---|
| 上　海 | 闸北区470街坊6丘地块 | 住宅 | 2012年12月 | 9.10 | 18.30 |
| 江　苏 | 昆山花桥24－2地块 | 住宅 | 2013年12月 | 25.20 | 8.70 |
| 江　苏 | 昆山花桥15－1地块 | 住宅 | 2013年8月 | 36.56 | 14.27 |
| 上　海 | 新桥镇1号D地块 | 住宅 | 2014年3月 | 9.30 | 15.80 |
| 上　海 | 新桥镇1号C－1地块 | 住宅 | 2014年3月 | 8.60 | 13.45 |

数据来源：象屿地产集团有限公司提供。

**表5－221　　重点项目介绍**

| 项目名称 | 城　市 | 开盘日期 | 建筑面积（万平方米） | 销售面积（万平方米） | 销售均价（元/平方米） |
|---|---|---|---|---|---|
| 江南第一城 | 南　平 | 2007年8月 | 124.32 | 4.82 | 6326 |
| 象屿都城 | 上　海 | 2008年 | 27.40 | 0.05 | 25180 |
| 优山美地 | 长　沙 | 2010年7月 | 11.27 | 0.14 | 14721 |
| 象屿珑庭 | 昆　山 | 2010年10月 | 39.22 | 2.84 | 10060 |
| 象屿郦庭 | 上　海 | 2011年8月 | 7.76 | 0.01 | 56900 |
| 象屿鼎城 | 上　海 | 2012年6月 | 12.54 | 0.95 | 39043 |
| 两江公元 | 重　庆 | 2012年6月 | 56.40 | 13.48 | 6990 |
| 象屿品城 | 上　海 | 2012年10月 | 22.63 | 6.29 | 24821 |
| 象屿名邸 | 上　海 | 2014年9月 | 12.00 | 2.55 | 47667 |
| 象屿都城 | 昆　山 | 2014年11月 | 46.16 | 2.03 | 8624 |

数据来源：象屿地产集团有限公司提供。

**4. 联系方式**

地址：福建省厦门市湖里区象屿路89－99号国际航运中心E栋8楼

电话：0592－6039988　传真：0592－5651668　邮编：361006

地址：上海市黄浦区南苏州路 999 号象屿集团大厦 7 楼

电话：021－33313866　传真：021－33313868　邮编：200003

### （六十）厦门海投房地产有限公司

**1. 企业介绍**

厦门海投房地产有限公司成立于 1997 年 11 月，系厦门海沧投资集团有限公司下属子公司，国有一级房地产资质开发企业，中国城市房地产开发商策略联盟成员。公司注册资本金 10 亿元，总资产 95.8 亿元。

公司先后开发建设了如“未来海岸”“天湖城”“天心岛”“绿苑新城”等 43 个项目，建筑面积达 500.7 万平方米。

**2. 土地储备与项目情况**

从 2012—2014 年 6 月份，海投房产新增土地储备 182.72 万平方米，其中包含“一品江山”项目、“智慧城”项目、长泰科技创业园项目。

**3. 联系方式**

联系地址：福建省厦门市海沧区钟林路 8 号（361026）

联系电话：0592－6891906、0592－6890963　邮件地址：htfc@ haitou. cn

### （六十一）福建中联房地产开发集团有限公司

**1. 企业简介**

福建中联房地产开发集团有限公司成立于 1992 年，总部位于福州市，是一家以房地产开发为核心，同时涉足基础设施建设、物业管理、酒店投资与管理等行业的综合性集团企业。为一级资质房地产开发企业。企业开发项目主要分布在福建省的福清、福州、厦门、漳州等地。

**2. 财务数据**（见表 5－222、表 5－223）

表 5－222　**2012—2014 年销售业绩**

| 分　类 | 2014 年 | 2013 年 | 2012 年 |
|---|---|---|---|
| 销售金额（亿元） | 58 | 30 | 41 |
| 销售面积（万平方米） | 51 | 24 | 40 |
| 销售均价（元/平方米） | 11338 | 12612 | 10267 |

数据来源：中联地产提供。

表 5－223　**重点项目介绍**

| 项目名称 | 城　市 | 开盘日期 | 建筑面积（万平方米） | 销售面积（万平方米） | 销售均价（元/平方米） |
|---|---|---|---|---|---|
| 中联城 | 福清 | 2012 年 2 月 | 65.0 | 14.0 | 10000～11000 |
| 中联天玺 | 福清 | 2014 年 1 月 | 15.6 | 7.5 | 12000～13000 |
| 中联东郡 | 福州 | 2014 年 10 月 | 8.3 | 3.4 | 12500 |
| 中联锦江御景 | 漳州 | 2014 年 11 月 | 27.0 | 3.1 | 7500～8500 |

数据来源：中联地产提供。

**3. 联系方式**

地址：福建省福州市鼓楼区温泉街道树汤路96号中联大厦

邮编：350000　电话：0591－88201826　传真：0591－87760213

### （六十二）泉舜集团有限公司

**1. 企业简介**

泉舜集团是一家以房地产开发为主营业务，以金融为辅，以实业为支撑，以教育为事业的现代企业集团，总部设于香港，旗下拥有十余家紧密型企业，深耕厦门、郑州两地，发展战略以厦门辐射海西经济区，以郑州辐射中原经济区，布局北京、福州、洛阳、漳州等城市。

**2. 联系方式**

地址：厦门市湖里区枋湖北二路1521号

电话：0592－2931999　传真：0592－5191111　邮编：361009

### （六十三）上海上投控股有限公司

**1. 企业简介**

上海上投控股有限公司（简称“上投控股”）是上海实业集团全资子公司，注册资本20亿元。由上海市上投房地产有限公司、上海通达房地产有限公司、上海盛龙投资管理有限公司一体化整合而成。上投房产成立于1991年，通达房产成立于1993年，盛龙公司成立于2001年。

上投控股现有十一个职能部门、一家房地产金融投资公司、七家在建项目子公司、三家从事房地产销售代理、物业管理、园林绿化的专业子公司。

上投控股战略定位为：坚持“市场化、专业化、基金化”原则，确立贯穿“融投建管退”的金融地产商业模式，逐步形成“1+3+1”的业务主线、“一核多点”的区域布局（以上海为核心，有选择地拓展至长三角、珠三角等经济发达或有产业支持的核心城市），主要是上海、天津、苏州、绍兴等地最终成为地产与产业复合型投资管理机构。

上投控股拥有20多年专业开发经验，直接参与打造上海第一批涉外写字楼、公寓和酒店，如联谊大厦、雁荡大厦、希尔顿宾馆、建国宾馆等。已成功开发楼盘和代建项目，包括上海汇龙新城、海琪园、上海市财税综合大楼、上海国家会计学院、静安泰府名邸、宝山檀乡湾、长宁八八金庭综合项目、上海北竿山国际艺术中心、苏州现代园墅、绍兴国际华城、天津檀府、天津华亭佳园、华亭丽园等。

**2. 财务数据**（见表5－224、表5－225）

**表5－224　2012—2014年销售业绩**

| 分　类 | 2014年 | 2013年 | 2012年 |
|---|---|---|---|
| 销售金额（亿元） | 10 | 14 | 9 |
| 销售面积（万平方米） | 7 | 10 | 7 |
| 销售均价（元/平方米） | 14847 | 14000 | 13617 |

数据来源：上海上投控股有限公司提供。

表 5－225　　重点项目

| 项目名称 | 城　市 | 开盘日期 | 建筑面积（万平方米） | 销售面积（万平方米） | 销售均价（元/平方米） |
|---|---|---|---|---|---|
| 华亭佳园 | 天　津 | 2006 年 | 32. 88 | 28. 46 | 6500 |
| 泰府名邸 | 上　海 | 2006 年 | 9. 72 | 7. 68 | 31000 |
| 现代园墅 | 苏　州 | 2007 年 | 28. 34 | 18. 34 | 9500 |
| 长宁八八中心 | 上　海 | 2008 年 | 24. 6 | 8. 16 | 39000 |
| 华亭丽园 | 天　津 | 2010 年 | 24. 35 | 21. 98 | 10000 |

数据来源：上海上投控股有限公司提供。

**4. 联系方式**

地址：上海市长宁区遵义路 100 号 A 栋 22 楼

电话：021－62371888　传真：021－62372896　邮编：200051

（六十四）合景泰富地产控股有限公司

**1. 企业简介**

公司于 1995 年成立，于 2007 年在香港联交所主板上市，是广州大型房地产开发公司之一。经过 19 年的发展，集团已具有完整的物业开发体系和均衡的产品组合，并形成以广州、南宁及海南为中心的华南区域，以苏州、上海及杭州为中心的华东区域，以成都为中心的西南区域，以京津为中心的环渤海区域的发展战略布局。

2014 年，合景泰富加快了全新项目的推出，逐步形成快速周转模式，保证销售稳步增加。

**2. 财务数据**（见表 5－226 ~ 表 5－229）

表 5－226　　2014 年销售业绩及同比

| 分类 | 2014 年 | 同比（%） |
|---|---|---|
| 销售金额（亿元） | 205 | 25. 8 |
| 销售面积（万平方米） | 149 | 26. 3 |
| 销售均价（元/平方米） | 13758 | －0. 4 |

数据来源：中国房地产决策咨询系统（CRIC）。

表 5－227　　2013—2014 年财务指标

单位：%

| 财务指标 | 2014 年 | 2013 年 |
|---|---|---|
| 净负债率 | 66. 80 | 56. 30 |
| 三费费用率 | 10. 50 | 12. 97 |
| 总资产周转率 | 0. 16 | 0. 17 |
| 长短期债务比 | 6. 36 | 5. 82 |
| 现金短债比 | 3. 14 | 3. 54 |

续表

| 财务指标 | 2014年 | 2013年 |
|---|---|---|
| 净利润增长率 | 18.87 | 22.21 |
| 销售毛利率 | 35.52 | 36.25 |
| 销售净利率 | 31.23 | 24.76 |

数据来源：合景泰富2014年年报。

表5－228　　2014年重点新增土地储备

| 城市 | 宗地名称 | 属性 | 成交时间 | 建筑面积（万平方米） | 成交总价（亿元） | 楼板价（元/平方米） |
|---|---|---|---|---|---|---|
| 杭　州 | 余杭储出（2013）87号 | 住宅 | 1月 | 10.64 | 7.34 | 6899 |

数据来源：中国房地产决策咨询系统（CRIC）。

表5－229　　2014年重点新开盘项目

| 项目名称 | 城　市 | 项目名称 | 城　市 |
|---|---|---|---|
| 合景泰领峰 | 北　京 | 万景峰雅苑 | 上　海 |
| 合景瑜翠园 | 苏　州 | 合景·峰汇国际 | 苏　州 |
| 合景睿峰 | 苏　州 | 誉山国际 | 广　州 |
| 合景天峻广场 | 广　州 | 合景·天汇广场 | 南　宁 |
| 天　誉 | 成　都 | 合景·汀澜海岸 | 陵　水 |

数据来源：中国房地产决策咨询系统（CRIC）。

（六十五）苏州伟业集团

**1. 企业简介**

苏州伟业集团组建于2005年，是一家以房地产、建筑业为主营业务，BT、投资、物业经营等领域多元化发展的企业集团，年产值超60亿元，业务区域涉及江苏、吉林、辽宁和浙江，下属23家成员企业，是苏州房地产开发一级资质开发企业和建筑施工总承包一级资质企业。近三年企业项目主要分布的城市是海宁、锦州等地。

**2. 财务数据**（见表5－230～表5－234）

表5－230　　2012－2014年销售业绩

| 分　类 | 2014 | 2013 | 2012 |
|---|---|---|---|
| 销售金额（亿元） | 64 | 61 | 58 |
| 销售面积（万平方米） | 58 | 56 | 56 |
| 销售均价（元/平方米） | 10932 | 10931 | 10382 |

数据来源：苏州伟业集团提供。

表 5—231　　2012—2014 年资产与负债状况

单位：万元,%

| 分　类 | 2014 年 | 2013 年 | 2012 年 |
|---|---|---|---|
| 资产总额 | 514721.00 | 493974.00 | 482278.00 |
| 负债总额 | 414899.00 | 398176.00 | 414609.00 |
| 流动负债 | 341571.00 | 328544.00 | 326068.00 |
| 货币资金 | 53598.00 | 51438.00 | 75161.00 |
| 应收账款 | 16989.30 | 18877.00 | 14121.00 |
| 其他应收款 | 9454.00 | 4727.00 | 24946.00 |
| 本公司所有者股东权益 | 99822.00 | 95796.00 | 67666.00 |
| 资产负债率 | 80.60 | 80.60 | 85.96 |
| 流动比率 | 147.45 | 138.45 | 144.85 |
| 速动比率 | 37.25 | 29.43 | 43.37 |

数据来源：苏州伟业集团提供。

表 5－232　　2012—2014 年现金流量状况

单位：万元,%

| 分　类 | 2014 年 | 2013 年 | 2012 年 |
|---|---|---|---|
| 销售商品收到的现金 | 550780 | 517808 | 484858 |
| 经营活动现金净流量 | －936 | －37032 | 16966 |
| 现金净流量 | 2160 | －23723 | 20697 |
| 销售商品收到现金与主营收入比 | 97.80 | 96.00 | 95.00 |
| 经营活动现金流量与净利润比 | — | — | 2.34 |
| 现金净流量与净利润比 | 0.24 | — | 2.85 |
| 投资活动现金净流量 | －1523 | －530 | －860 |
| 筹资活动现金净流量 | 4619 | 13839 | 4591 |

数据来源：苏州伟业集团提供。

表 5－233　　2012—2014 年土地及在建

| 分　类 | 2014 年 | 2013 年 | 2012 年 |
|---|---|---|---|
| 土地储备（万平方米） | 127.28 | 114.46 | 91.57 |
| 在建规模（万平方米） | 276.14 | 201.33 | 168.8 |

数据来源：苏州伟业集团提供。

表 5－234　　重点项目介绍

| 项目名称 | 城　市 | 开盘日期 | 建筑面积（万平方米） | 销售面积（万平方米） | 销售均价（元/平方米） |
|---|---|---|---|---|---|
| 伟业·迎春商业广场 | 苏　州 | 2014 年 11 月 | 3.1 | 0.2 | 20000 |
| 伟业·东湖天玺 | 锦　州 | 2014 年 9 月 | 59.3 | 2.0 | 6500 |
| 伟业·迎春丽家 | 苏　州 | 2013 年 9 月 | 11.3 | 6.0 | 8000 |
| 伟业·迎春乐家 | 苏　州 | 2012 年 7 月 | 30.0 | 24.7 | 8000 |
| 伟业·迎春世家 | 苏　州 | 2012 年 5 月 | 25.0 | 20.0 | 9200 |

数据来源：苏州伟业集团提供。

**4. 联系方式**

公司名称：苏州伟业集团有限公司　地址：苏州市吴江区高新路 171 号

电话：0512－63407588　传真：0512－63407588　邮编：215200

公司主页：www.weiyegroup.com.cn

（六十六）大华（集团）有限公司

**1. 企业简介**

大华（集团）有限公司始创于 1988 年，总部位于上海，以房地产开发为主，兼及投资置业、物业管理、建筑施工及装潢、商业贸易、市政工程、酒店餐饮、工业仓储等产业的多元化经营的大型企业集团。具有国家一级房地产开发资质。目前已逐步形成了以大华（集团）有限公司为主体，40 余家控股、参股子公司、分公司为骨干，20 余家关联企业密切协作的房地产规模化经营的专业体系。

多年来，公司从上海迈向了全国，在武汉、南京、马鞍山、沈阳、大连、西安、烟台、海口等城市开发了一系列超大型社区和居住新镇。

**2. 财务数据**（见表 5－235～表 5－237）

表 5－235　　2014 年销售业绩及同比

| 分　类 | 2014 年 | 同比（%） |
|---|---|---|
| 销售金额（亿元） | 115 | 12.6 |
| 销售面积（万平方米） | 66 | －0.1 |
| 销售均价（元/平方米） | 17565 | 12.8 |

数据来源：中国房地产决策咨询系统（CRIC）。

表 5－236　　2014 年重点新增土地储备

| 城　市 | 宗地名称 | 属　性 | 成交时间 | 建筑面积（万平方米） | 成交总价（亿元） | 楼板价（元/平方米） |
|---|---|---|---|---|---|---|
| 西　安 | 西土出告字〔2013〕129 号城南区 HT01－26－8－3 号地块 | 商住 | 1 月 | 22.17 | 2.19 | 986 |

数据来源：中国房地产决策咨询系统（CRIC）。

表 5-237　　2014 年重点新开盘项目

| 项目名称 | 城　市 |
|---|---|
| 尚汇豪庭 | 上　海 |

数据来源：中国房地产决策咨询系统（CRIC）。

（六十七）北京住总房地产开发有限责任公司

**1. 企业简介**

公司是北京住总集团控股的具有国家一级房地产开发资质的大型国有房地产开发企业，总资产超 200 亿元，年开发规模超 200 万平方米，年经营收入超 60 亿元。

公司成立于 1988 年，深耕北京地产二十七载，早期开发建设了恩济里小区、安翔小区、法华寺小区、慧忠里小区、朝内危改、千鹤家园、晨光家园、翠城馨园、山水倾城等住宅项目。2007 年以来，致力于保障性住房建设，先后开发建设了旗胜家园、住欣家园、兴康家园、宏仁家园等经济适用房和两限房民生工程，保障房建设规模近 400 万平方米，为 4 万余户中低收入家庭解决了住房问题。近年来，与万科、首开、融创等房企合作，重点打造丽景长安、金域华府、金域缇香、万科橙、西长安壹号等项目，在北京市场取得了优异的销售业绩。

**2. 财务数据**（见表 5-238～表 5-240）

表 5-238　　2012—2014 年销售业绩

| 分　类 | 2012 年 | 2013 年 | 2014 年 |
|---|---|---|---|
| 销售金额（亿元） | 40 | 42 | 40 |
| 销售面积（万平方米） | 28 | 21 | 22 |
| 销售均价（元/平方米） | 14286 | 20146 | 18295 |

数据来源：北京住总房地产开发有限责任公司提供。
注：合作项目公司，按股权计算。

表 5-239　　2012—2013 年重点土地储备

| 序　号 | 地　点 | 宗地名称 | 属　性 | 成交时间 | 占面积（万平方米） | 规划建筑面积（万平方米） | 成交总价（亿元） |
|---|---|---|---|---|---|---|---|
| 1 | 北京市大兴区 | 大兴生物医药基地 5 号地 | 居住、教育 | 2012 年 9 月 | 10.3 | 15.5 | 10.8 |
| 2 | 北京市石景山区 | 苹果园交通枢纽商务区 F 地块 | 商　业<br>金　融 | 2012 年 11 月 | 1.1 | 3.9 | 3.72 |
| 3 | 成都市双流县 | 成都双流县胜利镇白塔村 1、2 组国有建设用地 | 居住兼容商　业 | 2013 年 10 月 | 15.4 | 27.8 | 4.31 |
| 4 | 北京市经济技术开发区 | 北京经济技术开发区河西区 X13R2 地块 | 居　住 | 2013 年 11 月 | 6.7 | 10.1 | 12.2 |
| 5 | 北京市大兴区 | 大兴亦庄新城 B01R1 地块 | 居　住 | 2013 年 11 月 | 5.2 | 10.9 | 16.4 |
| 6 | 北京门头沟区 | 门头沟区门头沟新城 MC16-073 等地块住宅混合公建、商业金融、托幼及医疗卫生用地 | 居住、商业 | 2013 年 12 月 | 16.8 | 34.7 | 58.66 |

数据来源：北京住总房地产开发有限责任公司提供。

表 5－240　　2014 年重点新开盘项目

| 项目名称 | 城　市 | 开盘时间 | 建筑面积（平方米） | 销售面积（平方米） |
|---|---|---|---|---|
| 万科橙 | 北　京 | 3 月 | 104428 | 53756 |
| 丽景长安 | 北　京 | 6 月 | 262875 | 64303 |
| 金域国际 | 北　京 | 9 月 | 254301 | 21017 |
| 西长安壹号 | 北　京 | 12 月 | 253697 | 49486 |

数据来源：北京住总房地产开发有限责任公司提供。
注：合作项目公司，按股权计算。

**3. 联系方式**

地址：北京市朝阳区慧忠里 320 号住总集团大厦 6、7 层

邮编：100101　电话：010－65953953　传真：010－65013985

（六十八）上海绿洲投资控股集团有限公司

**1. 企业简介**

上海绿洲投资控股集团有限公司成立于 1988 年，经过 27 年的发展，目前已发展成为一个集建筑施工和装潢、工业投资、物业管理、商业贸易、仓储物流、酒店餐饮等产业多元化经营的国家房地产开发一级资质的大型企业集团。集团房地产累计开发量近 600 万平方米以上。集团现拥有 8 家全资子公司、3 家控股子公司、7 家参股企业；企业注册资本 5.5 亿元，集团总资产 51.10 亿元。

2014 年，集团以品牌战略的实施为抓手，全力推进保障房和商品房开发建设，全年施工总面积 61.5 万平方米，开发的项目有绿洲北水湾名邸、绿洲古猗新苑（二期）等 6 个项目，实现销售 11.23 亿元。

**2. 财务数据**（见表 5－241 ~ 表 5－243）

表 5－241　　2012—2014 年销售业绩

| 分　类 | 2014 年 | 2013 年 | 2012 年 |
|---|---|---|---|
| 销售金额（亿元） | 12 | 22 | 20 |
| 销售面积（万平方米） | 8 | 26 | 28 |
| 销售均价（元/平方米） | 15563 | 8472（含保障房） | 7196（含保障房） |

数据来源：上海绿洲投资控股集团有限公司提供。

表 5－242　　2012—2014 年土地及在建规模

| 分　类 | 2014 年 | 2013 年 | 2012 年 |
|---|---|---|---|
| 土地储备（万平方米） | 4.74 | 21.07 | 37.34 |
| 在建规模（万平方米） | 65.59 | 125.80 | 101.58 |

数据来源：上海绿洲投资控股集团有限公司提供。

表 5-243　重点项目介绍

| 项目名称 | 城　市 | 开盘日期 | 建筑面积（万平方米） | 销售面积（万平方米） | 销售均价（元/平方米） |
| --- | --- | --- | --- | --- | --- |
| 绿洲北水湾名邸 | 上　海 | 2014 年 5 月 | 12. 32 | 2. 81 | 20260 |
| 绿洲古猗新苑（二期） | 上　海 | 2015 年 3 月 | 10. 66 | 1. 21 | 23900 |

数据来源：上海绿洲投资控股集团有限公司提供。

**4. 联系方式**

地址：上海市嘉定区盘安路 258 号　电话：021-69066666　传真：021-69066611

邮编：201899　邮箱：LZKG555@126. COM　公司主页：www. shoasisholding. com

（六十九）花样年控股集团有限公司

**1. 企业简介**

花样年控股集团有限公司于 1996 年在深圳启动物业开发业务，于 2009 年 11 月 25 日在香港联合交易所主板挂牌上市。2001 年从深圳进入成都，开始逐步实施“花开中国”发展战略，目前业务发展主要聚焦于中国经济发展最活跃的成渝经济区、珠江三角洲、长江三角洲及京津都市圈四大区域。

**2. 财务数据**（见表 5-244～表 5-247）

表 5-244　2014 年销售业绩及同比

| 分　类 | 2014 年 | 同比（%） |
| --- | --- | --- |
| 销售金额（亿元） | 102. 1 | 0. 4 |
| 销售面积（万平方米） | 138. 0 | 6. 8 |
| 销售均价（元/平方米） | 7398. 9 | -6. 0 |

数据来源：中国房地产决策咨询系统（CRIC）。

表 5-245　2013—2014 年财务指标

单位：%

| 财务指标 | 2014 年 | 2013 年 |
| --- | --- | --- |
| 净负债率 | 86. 70 | 104. 80 |
| 三费费用率 | 15. 69 | 10. 75 |
| 总资产周转率 | 0. 20 | 0. 26 |
| 长短期债务比 | 1. 99 | 4. 77 |
| 现金短债比 | 0. 96 | 1. 77 |
| 净利润增长率 | 11. 55 | 9. 29 |
| 销售毛利率 | 38. 42 | 38. 37 |
| 销售净利率 | 18. 78 | 16. 90 |

数据来源：花样年 2014 年年报。

表 5 - 246　　2014 年重点新增土地储备

| 城　市 | 宗地名称 | 属　性 | 成交时间 | 建筑面积（万平方米） | 成交总价（亿元） | 楼板价（元/平方米） |
|---|---|---|---|---|---|---|
| 南　京 | 高土告字〔2014〕1 号高淳区 NO. 2014G01 | 商住 | 2 月 | 5. 67 | 0. 72 | 1270 |
| 南　京 | 高土告字〔2014〕1 号高淳区 NO. 2014G02 | 商住 | 2 月 | 13. 42 | 1. 71 | 1274 |
| 南　京 | 高土告字〔2014〕1 号高淳区 NO. 2014G03 | 商住 | 2 月 | 13. 14 | 1. 68 | 1279 |

数据来源：中国房地产决策咨询系统（CRIC）。

表 5 - 247　　2014 年重点新开盘项目

| 项目名称 | 城　市 | 项目名称 | 城　市 |
|---|---|---|---|
| 花样年花郡 | 宁　波 | 花样年 · 花样城（五期） | 成　都 |
| 花样年别样城 | 苏　州 | 花样年花样城（一期） | 武　汉 |

数据来源：中国房地产决策咨询系统（CRIC）。

（七十）安徽国耀地产发展有限公司

**1. 企业简介**

安徽国耀地产发展有限公司创立于 2007 年，从事高品质地产开发及运营。公司目前业务主要分布在阜阳、滁州、池州等城市。

**2. 财务数据**（见表 5 - 248、表 5 - 249）

表 5 - 248　　2012—2014 年销售业绩

| 分　类 | 2014 年 | 2013 年 | 2012 年 |
|---|---|---|---|
| 销售金额（亿元） | 18 | 15 | 14 |
| 销售面积（万平方米） | 26 | 24 | 21 |
| 销售均价（元/平方米） | 6923 | 6506 | 6497 |

数据来源：安徽国耀地产发展有限公司提供。

表 5 - 249　　2012—2014 年土地及在建规模

| 分　类 | 2014 年 | 2013 年 | 2012 年 |
|---|---|---|---|
| 土地储备（万平方米） | 77. 32 | 34. 64 | 11. 32 |
| 在建规模（万平方米） | 39. 00 | 50. 81 | 21. 54 |

数据来源：安徽国耀地产发展有限公司提供。

**4. 联系方式**

地址：合肥市经开区松林路 426 号一方城市花园 14 栋 4 楼

电话：0551 - 63876362　传真：0551 - 63876371　邮编：230601

邮箱：273891263@ qq. com　公司主页：http：//www. guoyaoestate. com/

## （七十一）厦门明发集团有限公司

**1. 企业简介**

厦门明发集团有限公司创始于1994年，是一家以城市运营为核心，以商业地产、住宅地产、酒店经营为支柱产业，并涉及工业、商贸、投资等多项领域的大型现代集团企业。从2002年开始，明发将战略重点转向商业地产的开发和运营。

目前，集团成功开发运营及正在开发的项目有厦门明发商业广场、无锡明发商业广场、南京明发商业广场、合肥明发商业广场、扬州明发商业广场、漳州明发商业广场、洪濑明发商业中心等。

**2. 财务数据**（见表5－250～表5－253）

表5－250　　2014年销售业绩及同比

| 分　类 | 2014年 | 同比（%） |
|---|---|---|
| 销售金额（亿元） | 19 | －70.1 |
| 销售面积（万平方米） | 29 | －21.1 |
| 销售均价（元/平方米） | 6495 | －62.1 |

数据来源：中国房地产决策咨询系统（CRIC）。

表5－251　　2013—2014年财务指标

单位：%

| 财务指标 | 2014年 | 2013年 |
|---|---|---|
| 净负债率 | 81.26 | 63.80 |
| 三费费用率 | 13.87 | 12.37 |
| 总资产周转率 | 9.99 | 18.52 |
| 长短期债务比 | 0.48 | 0.31 |
| 现金短债比 | 0.39 | 0.32 |
| 净利润增长率 | －23.26 | －21.77 |
| 销售毛利率 | 26.00 | 35.12 |
| 销售净利率 | 27.85 | 21.95 |

数据来源：明发2014年年报。

表5－252　　2014年重点新增土地储备

| 城　市 | 宗地名称 | 属　性 | 成交时间 | 建筑面积（万平方米） | 成交总价（亿元） | 楼板价（元/平方米） |
|---|---|---|---|---|---|---|
| 南　京 | 浦口区NO.2014G77地块 | 住宅 | 12月 | 32.86 | 16.40 | 4991 |

数据来源：中国房地产决策咨询系统（CRIC）。

表5－253　　2014年重点新开盘项目

| 项目名称 | 城　市 | 项目名称 | 城　市 |
|---|---|---|---|
| 明发新城中心 | 南　京 | 明发国际新城 | 无　锡 |

数据来源：中国房地产决策咨询系统（CRIC）。

## （七十二）雅居乐地产控股有限公司

**1. 企业简介**

雅居乐地产控股有限公司主要从事大型综合性物业发展，同时亦广泛涉足酒店营运、物业投资及物业管理等多个领域。至2014年年底，雅居乐已在全国逾40个城市及地区拥有开发物业或土地储备。

2014年，雅居乐持续于包括中山、广州、佛山、惠州、河源、海南在内的房地产市场保持领先地位，各项目的预售成绩均处于前列位置。

**2. 财务数据**（见表5－254～表5－257）

表5－254　　2014年销售业绩及同比

| 分　类 | 2014年 | 同比（%） |
|---|---|---|
| 销售金额（亿元） | 442 | 10.7 |
| 销售面积（万平方米） | 459 | 31.5 |
| 销售均价（元/平方米） | 9625 | －15.8 |

数据来源：中国房地产决策咨询系统（CRIC）。

表5－255　　2013－2014年财务指标

单位：%

| 财务指标 | 2014年 | 2013年 |
|---|---|---|
| 净负债率 | 75.20 | 88.69 |
| 三费费用率 | 9.17 | 6.55 |
| 总资产周转率 | 0.32 | 0.34 |
| 长短期债务比 | 1.80 | 2.36 |
| 现金短债比 | 0.69 | 1.06 |
| 净利润增长率 | －13.16 | －20.01 |
| 销售毛利率 | 32.44 | 35.60 |
| 销售净利率 | 13.29 | 16.54 |

数据来源：雅居乐2014年年报。

表5－256　　2014年重点新增土地储备

| 城　市 | 宗地名称 | 属　性 | 成交时间 | 建筑面积（万平方米） | 成交总价（亿元） | 楼板价（元/平方米） |
|---|---|---|---|---|---|---|
| 文　昌 | 铜鼓岭地块 | 商　住 | 1月 | 33.03 | 0.98 | 297 |
| 吉隆坡 | Mont Kiara地块 | 住　宅 | 1月 | 16.71 | 3.43 | 2051 |
| 长　沙 | 灰汤镇灰汤村宁灰公路地块 | 商　住 | 2月 | 22.70 | 1.00 | 441 |

续表

| 城 市 | 宗地名称 | 属 性 | 成交时间 | 建筑面积（万平方米） | 成交总价（亿元） | 楼板价（元/平方米） |
|---|---|---|---|---|---|---|
| 佛 山 | 南海区大沥镇地块 | 住 宅 | 2月 | 14.33 | 6.66 | 4647 |
| 腾 冲 | 腾冲原乡项目地块 | 商 住 | 3月 | 50.08 | 1.48 | 296 |
| 吉隆坡 | Bukit Bintang 地块 | 商 业 | 5月 | 15.20 | 8.55 | 6716 |
| 郴 州 | 苏仙区望仙镇和平村等地块 | 住 宅 | 10月 | 14.53 | 0.93 | 638 |
| 文 昌 | 月亮湾旅游度假区地块 | 住 宅 | 12月 | 4.85 | 1.08 | 2224 |

数据来源：中国房地产决策咨询系统（CRIC）。
注：郴州为雅居乐2014年新进入的城市。

表 5－257　　2014 年重点新开盘项目

| 项目名称 | 城 市 | 项目名称 | 城 市 |
|---|---|---|---|
| 雅居乐·剑桥郡 | 广 州 | 雅居乐·清水湾 | 陵 水 |
| 雅居乐新城 | 中 山 | 雅景花园 | 中 山 |
| 雅居乐·富春山居 | 广 州 | 雅居乐·白鹭湖 | 惠 州 |
| 雅居乐·滨江花园 | 南 京 | 雅居乐花园 | 佛 山 |
| 雅居乐·长乐渡 | 南 京 | 雅居乐·星河湾 | 常 州 |

数据来源：中国房地产决策咨询系统（CRIC）。

（七十三）保利置业集团有限公司

**1. 企业简介**

保利置业集团有限公司是中华人民共和国国务院国有资产监督委员会（“国资委”）监管的大型中央企业之一，香港联交所股份代号：00119。保利置业集团有限公司业务遍及北京、香港、上海、苏州、宁波、余姚、德清、广州、佛山、深圳、惠州、贵阳、遵义、南宁、柳州、昆明、重庆、武汉、哈尔滨、济南、烟台、威海、万宁等城市。

**2. 财务数据**（见表 5－258～表 5－261）

表 5－258　　2014 年销售业绩及同比

| 分 类 | 2014 年 | 同比（%） |
|---|---|---|
| 销售金额（亿元） | 241 | －9.7 |
| 销售面积（万平方米） | 235 | －5.8 |
| 销售均价（元/平方米） | 10255 | －4.1 |

数据来源：中国房地产决策咨询系统（CRIC）。

表 5-259　　2013—2014 年财务指标

单位：%

| 财务指标 | 2014 年 | 2013 年 |
|---|---|---|
| 净负债率 | 105.06 | 81.36 |
| 三费费用率 | 11.31 | 11.38 |
| 总资产周转率 | 0.24 | 0.26 |
| 长短期债务比 | 1.65 | 1.72 |
| 现金短债比 | 0.88 | 1.00 |
| 净利润增长率 | -60.40 | 6.53 |
| 销售毛利率 | 19.81 | 23.43 |
| 销售净利率 | 3.26 | 9.49 |

数据来源：保利置业 2014 年年报。

表 5-260　　2014 年重点新增土地储备

| 城　市 | 宗地名称 | 属　性 | 成交时间 | 建筑面积（万平方米） | 成交总价（亿元） | 楼板价（元/平方米） |
|---|---|---|---|---|---|---|
| 贵　阳 | 南明区贵阳电厂棚改项目四、五号用地 | 住　宅 | 1 月 | 59.60 | 0.52 | 87 |
| 香　港 | 启德项目 | 住　宅 | 2 月 | 7.00 | 30.10 | 43000 |
| 宁　波 | 甬土资告〔2014〕4 号东部新城核心区 E-17 号/18 号/19 号/20 号/21 地块 | 商　住 | 4 月 | 32.50 | 23.55 | 7247 |
| 桂　林 | 保利文化中心项目 | 住　宅 | 4 月 | 14.00 | 23.55 | 16821 |
| 济　南 | 济国土资告字〔2014〕13 号 2014-G024、2014-G023 | 住　宅 | 4 月 | 26.10 | 0.52 | 198 |
| 南　宁 | 壮源学府 | 住　宅 | 5 月 | 11.40 | 1.78 | 1561 |
| 上　海 | 平凉街道 18 街坊项目 | 住　宅 | 5 月 | 11.00 | 32.40 | 29455 |
| 广　州 | 花都区 J11-SJ03 地块 | 商　住 | 9 月 | 9.90 | 4.10 | 5679 |

数据来源：中国房地产决策咨询系统（CRIC）。
注：香港和桂林为保利置业 2014 年新进入的城市。

表 5-261　　2014 年重点新开盘项目

| 项目名称 | 城　市 | 项目名称 | 城　市 |
|---|---|---|---|
| 保利·大江郡 | 柳　州 | 保利华庭 | 济　南 |
| 保利星海屿 | 上　海 | 保利独墅西岸 | 苏　州 |
| 保利绿地翡丽云邸 | 上　海 | 保利翡丽公馆 | 上　海 |
| 保利城 | 武　汉 | 保利溪湖 | 贵　阳 |
| 保利花城 | 广　州 | 保利凤凰湾 | 贵　阳 |

数据来源：中国房地产决策咨询系统（CRIC）。

### （七十四）九龙仓集团有限公司

**1. 企业简介**

九龙仓集团有限公司始创于1886年，以发展中、港两地地产及基建业务为策略重点。集团为会德丰有限公司的附属公司。九龙仓以地产发展为策略重点，并在收购土地、融资、项目发展、设计、建筑及市场推广各方面确立核心竞争力。

**2. 财务数据**（见表5－262～表5－265）

表5－262　　2014年销售业绩及同比

| 分　类 | 2014年 | 同比（%） |
|---|---|---|
| 销售金额（亿元） | 215 | 2.9 |
| 销售面积（万平方米） | 150 | 0 |
| 销售均价（元/平方米） | 14333 | 2.9 |

数据来源：中国房地产决策咨询系统（CRIC）。

表5－263　　2013—2014年财务指标

单位：%

| 财务指标 | 2014年 | 2013年 |
|---|---|---|
| 净负债率 | 18.90 | 20.40 |
| 三费费用率 | 12.56 | 11.21 |
| 总资产周转率 | 0.09 | 0.08 |
| 长短期债务比 | 8.01 | 8.85 |
| 现金短债比 | 2.16 | 2.58 |
| 净利润增长率 | 20.88 | －37.70 |
| 销售毛利率 | 48.94 | 55.65 |
| 销售净利率 | 95.51 | 94.50 |

数据来源：九龙仓2014年年报。

表5－264　　2014年重点新增土地储备

| 城市 | 宗地名称 | 属　性 | 成交时间 | 建筑面积（万平方米） | 成交总价（亿元） | 楼板价（元/平方米） |
|---|---|---|---|---|---|---|
| 杭　州 | 萧政储出（2014）48号 | 商　住 | 12月 | 5.32 | 4.81 | 9031 |

数据来源：中国房地产决策咨询系统（CRIC）。

表 5-265　　2014 年重点新开盘项目

| 项目名称 | 城　市 | 项目名称 | 城　市 |
|---|---|---|---|
| 臻　园 | 北　京 | 紫御江山 | 重　庆 |
| 九龙仓年华里 | 苏　州 | 九龙仓·碧堤半岛 | 苏　州 |
| 绿城玉兰公馆 | 上　海 | 寰宇天下 | 重　庆 |
| 国际社区 | 重　庆 | 九龙仓繁华里 | 苏　州 |
| 九龙仓碧玺 | 杭　州 | 九龙仓兰宫 | 上　海 |

数据来源：中国房地产决策咨询系统（CRIC）。

## （七十五）深圳华侨城控股股份有限公司

### 1. 企业简介

深圳华侨城股份有限公司于 1997 年 9 月 2 日成立，由国务院国资委直属的华侨城集团公司独家发起募集设立，公司主要从事旅游及相关文化产业经营、房地产及酒店开发经营、纸包装和印刷等产业的投资经营。公司旗下拥有华侨城房地产有限公司、香港华侨城、欢乐谷事业部、旅游事业部和酒店物业事业部五大运营中心，拥有国内数量最多、规模最大、效益最好的主题公园群。

2014 年，公司营业收入首次突破 300 亿元，总市值超过 600 亿元，全年全口径游客接待量突破 3000 万人次。公司首次超越六旗、雪杉会、海洋世界等美国传统优势企业，荣登全球景区集团排行榜第四（按年接待游客人次计），继续领跑亚洲。

### 2. 财务数据（见表 5-266 ~ 表 5-269）

表 5-266　　2014 年销售业绩及同比

| 分　类 | 2014 年 | 同比（%） |
|---|---|---|
| 销售金额（亿元） | 183 | 5.3 |
| 销售面积（万平方米） | 64 | -7.9 |
| 销售均价（元/平方米） | 28685 | 14.3 |

数据来源：中国房地产决策咨询系统（CRIC）。

表 5-267　　2013—2014 年财务指标

单位:%

| 财务指标 | 2014 年 | 2013 年 |
|---|---|---|
| 净负债率 | 46.92 | 55.58 |
| 三费费用率 | 13.07 | 13.42 |
| 总资产周转率 | 31.89 | 33.00 |
| 长短期债务比 | 2.40 | 2.88 |
| 现金短债比 | 1.65 | 1.00 |
| 净利润增长率 | 12.81 | 22.17 |
| 销售毛利率 | 54.63 | 50.43 |
| 销售净利率 | 18.20 | 17.60 |

数据来源：华侨城 2014 年年报。

表 5－268　　2014 年重点新增土地储备

| 城　市 | 宗地名称 | 属　性 | 成交时间 | 建筑面积（万平方米） | 成交总价（亿元） | 楼板价（元/平方米） |
|---|---|---|---|---|---|---|
| 重　庆 | 北部新区礼嘉组团 6 宗地 | 商　住 | 6 月 | 215.10 | 51.22 | 2381 |
| 深　圳 | 深土交告（2014）24 号民治 A818－0462 地块 | 商　业 | 12 月 | 17.58 | 30.40 | 17294 |

数据来源：中国房地产决策咨询系统（CRIC）。

表 5－269　　2014 年重点新开盘项目

| 项目名称 | 城　市 | 项目名称 | 城　市 |
|---|---|---|---|
| 臻　园 | 北　京 | 华侨城苏河湾 | 上　海 |
| 华侨城纯水岸·东湖 | 武　汉 | 曦山谷 | 深　圳 |
| 华侨城锦绣花园四期 | 深　圳 | 华侨城 | 天　津 |
| 华侨城新浦江城八期 | 上　海 | 北京华侨城五期 | 北　京 |

数据来源：中国房地产决策咨询系统（CRIC）。

（七十六）上海世茂股份有限公司

**1. 企业简介**

上海世茂股份有限公司，致力于商业地产的专业化销售和经营。世茂股份多年来立足于中国房地产高端市场，先后成功开发了上海世茂湖滨花园、福州世茂外滩花园、绍兴世茂广场、福州世茂百货和苏州世茂国际影城等项目，形成了长三角、环渤海和海西地区为主的战略布局。

**2. 财务数据**（见表 5－270～表 5－273）

表 5－270　　2014 年销售业绩及同比

| 分　类 | 2014 年 | 同比（%） |
|---|---|---|
| 销售金额（亿元） | 160 | 23.3 |
| 销售面积（万平方米） | 124 | 26.1 |
| 销售均价（元/平方米） | 12980 | －2.3 |

数据来源：中国房地产决策咨询系统（CRIC）。

表 5－271　　2013—2014 年财务指标

单位：%

| 财务指标 | 2014 年 | 2013 年 |
|---|---|---|
| 净负债率 | 33.50 | 34.27 |
| 三费费用率 | 9.88 | 11.01 |
| 总资产周转率 | 0.29 | 0.23 |
| 长短期债务比 | 1.06 | 1.58 |

续表

| 财务指标 | 2014 年 | 2013 年 |
|---|---|---|
| 现金短债比 | 0.90 | 1.27 |
| 净利润增长率 | 39.35 | 33.57 |
| 销售毛利率 | 41.40 | 41.80 |
| 销售净利率 | 14.90 | 16.18 |

数据来源：世茂股份 2014 年年报。

**表 5-272　　2014 年重点新增土地储备**

| 城　市 | 宗地名称 | 属　性 | 成交时间 | 建筑面积（万平方米） | 成交总价（亿元） | 楼板价（元/平方米） |
|---|---|---|---|---|---|---|
| 济　南 | 济南火车站北广场地块 | 商　住 | 1 月 | 168.31 | 23.00 | 1366 |

数据来源：中国房地产决策咨询系统（CRIC）。

**表 5-273　　2014 年重点新开盘项目**

| 项目名称 | 城　市 | 项目名称 | 城　市 |
|---|---|---|---|
| 世茂天城 | 济　南 | 世茂铜雀台 | 苏　州 |

数据来源：中国房地产决策咨询系统（CRIC）。

### （七十七）中信房地产股份有限公司

**1. 企业简介**

中信地产是一家具备一级房地产开发资质的房地产开发综合服务商，包括中信房地产股份有限公司及其下属子公司。公司的控股股东中国中信集团公司（简称中信集团）是中国最大的综合性企业集团，于 2014 年 8 月完成香港整体上市。

中信地产拥有二十多年房地产开发经验，注册资本 67.9 亿元。1979 年，中信集团成立房地产部；1986 年，中信房地产公司成立，是中国首批具有一级房地产开发资质的企业；2007 年，中信集团整合旗下房地产业务，重组成立了中信房地产股份有限公司。多年来，中信地产积极参与城市规划建设、土地整理与开发，在 30 多个城市累计开发房地产项目近百个，开发面积超过 2000 万平方米。截至 2014 年年底，中信地产总资产已超 1100 亿元，土地储备超 2000 万平方米。

**2. 财务数据**（见表 5-274～表 5-276）

**表 5-274　　2014 年销售业绩及同比**

| 分　类 | 2014 年 | 同比（%） |
|---|---|---|
| 销售金额（亿元） | 151 | -24.3 |
| 销售面积（万平方米） | 132 | -24.9 |
| 销售均价（元/平方米） | 11427 | -0.8 |

数据来源：中国房地产决策咨询系统（CRIC）。

表 5－275　　2014 年重点新增土地储备

| 城　市 | 宗地名称 | 属　性 | 成交时间 | 建筑面积（万平方米） | 成交总价（亿元） | 楼板价（元/平方米） |
|---|---|---|---|---|---|---|
| 上　海 | 嘉定区南翔镇 JDC2－0203 单元四宗地块 | 综　合 | 11 月 | 49.71 | 12.36 | 2486 |

数据来源：中国房地产决策咨询系统（CRIC）。

表 5－276　　2014 年重点新开盘项目

| 项目名称 | 城　市 | 项目名称 | 城　市 |
|---|---|---|---|
| 中信君廷 | 上　海 | 中信城市广场 | 天　津 |
| 中信城八期 | 长　春 | 中信国安府 | 北　京 |

数据来源：中国房地产决策咨询系统（CRIC）。

## （七十八）新世界中国地产有限公司

### 1. 企业简介

新世界中国地产有限公司为新世界发展有限公司的内地物业旗舰，资产总值约 1209 亿港元。公司自 20 世纪 80 年代初期即活跃于中国房地产市场，并于 1999 年 7 月在香港联交所上市，现为摩根士丹利资本国际（MSCI）中国指数成分股之一。其物业组合包括 34 个主要发展项目，分布于 25 个大城市或主要交通枢纽。

### 2. 财务数据（见表 5－277～表 5－279）

表 5－277　　2014 年销售业绩及同比

| 分　类 | 2014 年 | 同比（%） |
|---|---|---|
| 销售金额（亿元） | 128 | －26 |
| 销售面积（万平方米） | 87 | －33 |
| 销售均价（元/平方米） | 14676 | 9 |

数据来源：中国房地产决策咨询系统（CRIC）。

表 5－278　　2014 年重点新增土地储备

| 城　市 | 宗地名称 | 属　性 | 成交时间 | 建筑面积（万平方米） | 成交总价（亿元） | 楼板价（元/平方米） |
|---|---|---|---|---|---|---|
| 清　远 | 2014 挂－0116 | 商　业 | 2 月 | 7.00 | 0.29 | 414 |
| 清　远 | 2014 挂－0909 | 商　业 | 10 月 | 7.95 | 0.33 | 417 |

数据来源：中国房地产决策咨询系统（CRIC）。

表 5－279　　2014 年重点新开盘项目

| 项目名称 | 城　市 | 项目名称 | 城　市 |
|---|---|---|---|
| 新世界·名汇（公寓） | 沈　阳 | 新世界凯粤湾 | 广　州 |
| 金阳新世界一期－水临境 | 贵　阳 | 新世界丽樽 | 北　京 |
| 新世界·美丽沙 | 海　口 | 河畔新世界 | 成　都 |
| 新世界花园二期 B 区 | 沈　阳 | 金名都 | 佛　山 |

数据来源：中国房地产决策咨询系统（CRIC）。

（七十九）中国铁建房地产集团有限公司

**1. 企业简介**

中国铁建房地产集团有限公司（以下简称集团公司）隶属于世界 500 强企业——中国铁建股份有限公司（以下简称股份公司）。2007 年 4 月 20 日组建成立，12 月 26 日获得房地产开发一级资质；2008 年 7 月，变更为股份公司的全资子公司；2012 年 1 月 6 日变更为中国铁建房地产集团有限公司，注册资本金 70 亿元。

集团公司按照“立足北京、面向全国、走向海外”的战略布局，以“一个核心、两翼展开、沿海开拓、西南连线、沿江布点”为区域选择，不断筛选进入新城市，实现中国版图重要经济区域的快速覆盖。截至 2014 年 5 月，集团公司下辖 37 家全资或控股子公司，1 个海南筹备处。在北京、杭州、广州、天津、长春、合肥、长沙、成都、贵阳、上海、南宁、徐州、武汉、宁波、大连、南京、佛山等 17 个城市布局 48 个项目，规划总建筑面积 2160.72 万平方米。

**2. 财务数据**（见表 5－280～表 5－282）

表 5－280　　2014 年销售业绩及同比

| 分　类 | 2014 年 | 同比（%） |
|---|---|---|
| 销售金额（亿元） | 127 | －23.9 |
| 销售面积（万平方米） | 112 | －21.7 |
| 销售均价（元/平方米） | 11398 | －2.9 |

数据来源：中国房地产决策咨询系统（CRIC）。

表 5－281　　2014 年重点新增土地储备

| 城　市 | 宗地名称 | 属　性 | 成交时间 | 建筑面积（万平方米） | 成交总价（亿元） | 楼板价（元/平方米） |
|---|---|---|---|---|---|---|
| 广　州 | 2014 挂－0217 地块 | 住　宅 | 3 月 | 15.93 | 7.41 | 4652 |
| 北　京 | 京土整储挂（门）〔2014〕028 号地块 | 商　住 | 4 月 | 19.35 | 21.74 | 11234 |

数据来源：中国房地产决策咨询系统（CRIC）。

表 5－282　　2014 年重点新开盘项目

| 项目名称 | 城　市 | 项目名称 | 城　市 |
|---|---|---|---|
| 中铁阅山湖 | 贵　阳 | 中国铁建国际城二期 | 天　津 |
| 中国铁建·国际花园二期 | 北　京 | 天津诺德中心 | 天　津 |
| 中国铁建·青秀尚城 | 北　京 | 青秀城 | 南　京 |

数据来源：中国房地产决策咨询系统（CRIC）。

### （八十）仁恒置地集团有限公司

#### 1. 企业简介

仁恒置地集团有限公司于 1993 年成立，2006 年在新加坡交易所上市。目前集团已在中国五大主要经济区内 10 个重点高增长城市扎根，分别是长三角的上海、南京和苏州、珠三角的珠海及深圳、中国西部的成都及贵阳、渤海湾的天津与唐山、海南省三亚。

#### 2. 财务数据（见表 5－283 ~ 表 5－286）

表 5－283　　2014 年销售业绩及同比

| 分　类 | 2014 年 | 同比（%） |
|---|---|---|
| 销售金额（亿元） | 125 | －11.0 |
| 销售面积（万平方米） | 50 | －13.3 |
| 销售均价（元/平方米） | 25131 | 2.6 |

数据来源：中国房地产决策咨询系统（CRIC）。

表 5－284　　2013—2014 年财务指标

单位：%

| 财务指标 | 2014 年 | 2013 年 |
|---|---|---|
| 净负债率 | 68.77 | 56.88 |
| 三费费用率 | 8.72 | 8.72 |
| 总资产周转率 | 0.12 | 0.19 |
| 长短期债务比 | 8.52 | 3.82 |
| 现金短债比 | 3.18 | 1.98 |
| 净利润增长率 | 1.31 | －15.00 |
| 销售毛利率 | 29.20 | 35.50 |
| 销售净利率 | 11.60 | 13.10 |

数据来源：仁恒置地 2014 年年报。

表 5－285　　2014 年重点新增土地储备

| 城　市 | 宗地名称 | 属　性 | 成交时间 | 建筑面积（万平方米） | 成交总价（亿元） | 楼板价（元/平方米） |
|---|---|---|---|---|---|---|
| 苏　州 | 高新区狮子山地块 | 住　宅 | 4 月 | 17.12 | 13.50 | 7885 |

数据来源：中国房地产决策咨询系统（CRIC）。

表 5－286 **2014 年重点新开盘项目**

| 项目名称 | 城 市 | 项目名称 | 城 市 |
|---|---|---|---|
| 仁恒河滨花园二期 | 天 津 | 仁恒绿洲新岛 | 南 京 |
| 仁恒东郊花园 | 上 海 | 仁恒西郊花园 | 上 海 |
| 仁恒·双湖湾 | 苏 州 | 仁恒峦山美地 | 深 圳 |
| 仁恒森兰雅苑二、三期 | 上 海 | 仁恒滨河湾 | 成 都 |

数据来源：中国房地产决策咨询系统（CRIC）。

## （八十一）中铁置业集团有限公司

### 1. 企业简介

中铁置业集团有限公司是中国中铁股份有限公司的全资子公司，成立于2007年2月，注册资本金21亿元人民币。公司具有房地产开发、房屋建筑工程施工总承包、物业服务管理三个一级资质，并通过质量、环境、职业健康安全管理三标一体认证。经营范围包括：房地产开发与经营、策划、咨询，建筑工程施工，市政工程，装饰装修，建筑材料销售，机械设备租赁，投资管理，物业管理及相关服务。

目前，中铁置业已拥有36家子分公司，初步建立了覆盖环渤海、长三角、珠三角中心经济区域以及全国各中心城市的全国性战略布局。开发项目分布在北京、上海、深圳、西安、三亚、青岛、杭州、厦门、成都、长沙、贵阳、沈阳、石家庄、蚌埠、秦皇岛、烟台、遵义、亳州等地，累计开发面积超过1000万平方米。

**2. 财务数据**（见表5－287～表5－289）

表 5－287 **2014 年销售业绩及同比**

| 分 类 | 2014 年 | 同比（%） |
|---|---|---|
| 销售金额（亿元） | 93 | －11.6 |
| 销售面积（万平方米） | 96 | －13.0 |
| 销售均价（元/平方米） | 9699 | 1.6 |

数据来源：中国房地产决策咨询系统（CRIC）。

表 5－288 **2014 年重点新增土地储备**

| 城 市 | 宗地名称 | 属 性 | 成交时间 | 建筑面积（万平方米） | 成交总价（亿元） | 楼板价（元/平方米） |
|---|---|---|---|---|---|---|
| 武 汉 | 武告字（2014年）1号汉阳区四新大道与连通港交叉口西北角地块 | 商 住 | 2014/02 | 55.75 | 10.91 | 1957 |
| 成 都 | TF04（21）：2014－028 天府新区秦皇寺中央商务区宁波路以北，江苏路以东地块 | 商 业 | 2014/06 | 8.15 | 0.56 | 681 |
| 上 海 | 2014年82号公告青浦区赵巷镇27A－08A、30A－01A地块 | 商 住 | 2014/07 | 6.23 | 6.59 | 10578 |

数据来源：中国房地产决策咨询系统（CRIC）。

表 5-289　　2014 年重点新开盘项目

| 项目名称 | 城　市 | 项目名称 | 城　市 |
|---|---|---|---|
| 中铁东湖怡景 | 成　都 | 中铁花溪渡 | 北　京 |
| 诺德中央道 | 深　圳 | 诺德中心城 | 广　州 |
| 中铁逸都国际 | 贵　阳 | 东山国际新城 | 成　都 |
| 中铁逸都 | 上　海 | 中铁城锦南汇 | 成　都 |
| 中铁万科香湖盛景 | 沈　阳 | 中铁金花国际城 | 成　都 |

数据来源：中国房地产决策咨询系统（CRIC）。

## （八十二）北京城建投资发展股份有限公司

### 1. 企业简介

北京城建投资发展股份有限公司是由北京城建集团有限责任公司 1998 年独家发起，向社会公开发行 A 股股票募集的、以房地产为主业的地产商。公司总部设在北京。目前企业业务集中在北京，同时在重庆、合肥、淮安、石家庄、廊坊等城市有开发项目。截至 2014 年年底，公司总资产 503.52 亿元，归属母公司股东的权益 156.66 亿元。

### 2. 财务数据（见表 5-290 ~ 表 5-293）

表 5-290　　2014 年销售业绩及同比

| 分　类 | 2014 年 | 同比（%） |
|---|---|---|
| 销售金额（亿元） | 83 | -38.1 |
| 销售面积（万平方米） | 54 | -46.4 |
| 销售均价（元/平方米） | 15342 | 15.5 |

数据来源：中国房地产决策咨询系统（CRIC）。

表 5-291　　2013—2014 年财务指标

单位：%

| 财务指标 | 2014 年 | 2013 年 |
|---|---|---|
| 净负债率 | 57.55 | 59.07 |
| 三费费用率 | 9.04 | 8.15 |
| 总资产周转率 | 0.22 | 0.31 |
| 长短期债务比 | 3.15 | 5.50 |
| 现金短债比 | 1.69 | 3.12 |
| 净利润增长率 | 2.98 | -0.34 |
| 销售毛利率 | 34.66 | 33.24 |
| 销售净利率 | 14.98 | 14.08 |

数据来源：北京城建 2014 年报。

表 5－292　　2014 年重点新增土地储备

| 城　市 | 宗地名称 | 属　性 | 成交时间 | 建筑面积（万平方米） | 成交总价（亿元） | 楼板价（元/平方米） |
|---|---|---|---|---|---|---|
| 青　岛 | 青土资房告字〔2014〕07 号李沧区九水路南、习水路北、合川路东 354－360－370213－009－017－0011－02（A2－02－02）地块 | 商　住 | 6 月 | 12.69 | 5.85 | 4610 |
| 三　亚 | 三土环资告字〔2014〕12 号天涯镇 SY2014－12 号地块 | 住　宅 | 8 月 | 9.73 | 5.43 | 5581 |
| 北　京 | 京土整储挂（门）〔2014〕067 号北京市门头沟区永定镇 MC00－0015－0059 等地块 | 商　住 | 10 月 | 20.17 | 25.90 | 12842 |

数据来源：中国房地产决策咨询系统（CRIC）。

表 5－293　　2014 年重点新开盘项目

| 项目名称 | 城　市 | 项目名称 | 城　市 |
|---|---|---|---|
| 北京城建·世华龙樾二期 | 北　京 | 北京城建·畅悦居 | 北　京 |
| 北京城建·上河湾 | 北　京 | 首城南湖 1 号 | 天　津 |

数据来源：中国房地产决策咨询系统（CRIC）。

（八十三）凯德置地（中国）投资有限公司

**1. 企业简介**

凯德置地（中国）投资有限公司是新加坡嘉德置地集团在华的全资子公司，成立于 1994 年。以上海为起点，凯德中国目前已经成长为全国性的地产企业，核心业务涵盖住宅、商务房产、来福士综合体、房地产金融。

凯德中国核心业务总开发规模达到 1600 万平方米。公司拥有 8 座“来福士”综合体，总开发面积超过 290 万平方米，建成后价值超过 600 亿元人民币。同时管理着 7 支注资中国项目的房地产基金。

**2. 财务数据**（见表 5－294～表 5－296）

表 5－294　　2014 年销售业绩及同比

| 分　类 | 2014 年 | 同比（%） |
|---|---|---|
| 销售金额（亿元） | 76 | 25.4 |
| 销售面积（万平方米） | 46 | －4.4 |
| 销售均价（元/平方米） | 16646 | 31.2 |

数据来源：中国房地产决策咨询系统（CRIC）。

表 5－295　　2014 年重点新增土地储备

| 城　市 | 宗地名称 | 属　性 | 成交时间 | 建筑面积（万平方米） | 成交总价（亿元） | 楼板价（元/平方米） |
|---|---|---|---|---|---|---|
| 宁　波 | 江北区洪塘地块 | 住　宅 | 1 月 | 12.62 | 11.18 | 8858 |

数据来源：中国房地产决策咨询系统（CRIC）。

表 5－296　　2014 年重点新开盘项目

| 项目名称 | 城　市 | 项目名称 | 城　市 |
|---|---|---|---|
| 凯德莲公馆 | 上　海 | 凯德新玥 | 广　州 |
| 御金沙 | 广　州 | 凯德世纪名邸 | 成　都 |
| 凯德·城脉 | 佛　山 | | |

数据来源：中国房地产决策咨询系统（CRIC）。

（八十四）深圳控股有限公司

**1. 企业简介**

深圳控股有限公司（604. hk）自 1997 起在香港联合交易所主板上市。此外，公司控股股东是中国深圳市政府。深圳控股是一个深圳房地产发展商，在中国深圳以及华南地区不同城市专注房地产开发、投资与管理。

在中国不同城市保持共约 1000 万平方米（建筑面积）的土地储备及在深圳拥有约 60 万平方米（建筑面积）的投资物业。

**2. 财务数据**（见表 5－297～表 5－299）

表 5－297　　2014 年销售业绩及同比

| 分　类 | 2014 年 | 同比（%） |
|---|---|---|
| 销售金额（亿元） | 74 | －17.9 |
| 销售面积（万平方米） | 64 | －12.9 |
| 销售均价（元/平方米） | 11661 | －5.4 |

数据来源：中国房地产决策咨询系统（CRIC）。

表 5－298　　2013—2014 年财务指标

单位：%

| 财务指标 | 2014 年 | 2013 年 |
|---|---|---|
| 净负债率 | 60.33 | 61.00 |
| 三费费用率 | 15.59 | 16.65 |
| 总资产周转率 | 0.16 | 0.15 |
| 长短期债务比 | 1.44 | 1.00 |
| 现金短债比 | 0.80 | 0.61 |
| 净利润增长率 | 13.00 | 21.03 |
| 销售毛利率 | 29.46 | 36.80 |
| 销售净利率 | 25.34 | 31.70 |

数据来源：深圳控股 2014 年年报。

表 5－299　　2014 年重点新开盘项目

| 项目名称 | 城　市 |
|---|---|
| 深业城 | 佛　山 |

数据来源：中国房地产决策咨询系统（CRIC）。

（八十五）上海实业控股有限公司

**1. 企业简介**

上海实业控股有限公司是以基础设施投资、医疗卫生投资、房地产酒店业投资，涵及现代物流、消费品、零售、汽车零部件、信息技术及医药科技组成的五大业务板块为主要业务方向的公司。作为上实集团的旗舰企业，上实控股通过收购兼并、投资新产业等方式，取得海内、外优质资产，发展成为具规模的多元化综合企业。

2014 年，公司按照既定战略，全面推进融产结合，积极创新，强化资源分配，持续优化资产结构，促进各下属企业的业务协作和融合，提升战略管控和内控能力。主营业务保持了稳健和持续的发展。截至 2014 年年底，上海实业累计实现销售面积 86.0 万平方米，销售金额 51.9 亿元，同比分别下降 16.1% 和 37.1%。

**2. 财务数据**（见表 5－300～表 5－303）

表 5－300　　2014 年销售业绩及同比

| 分　类 | 2014 年 | 同比（%） |
|---|---|---|
| 销售金额（亿元） | 52 | －37.1 |
| 销售面积（万平方米） | 86 | －16.1 |
| 销售均价（元/平方米） | 6035 | 33.4 |

数据来源：中国房地产决策咨询系统（CRIC）。

表 5－301　　2013—2014 年财务指标

单位：%

| 财务指标 | 2014 年 | 2013 年 |
|---|---|---|
| 净负债率 | 34.10 | 18.26 |
| 三费费用率 | 20.32 | 18.80 |
| 总资产周转率 | 15.99 | 18.15 |
| 长短期债务比 | 1.42 | 1.45 |
| 现金短债比 | 1.43 | 1.81 |
| 净利润增长率 | 24.61 | －20.39 |
| 销售毛利率 | 37.94 | 29.24 |
| 销售净利率 | 21.50 | 15.97 |

数据来源：上海实业 2014 年年报。

表 5－302　　2014 年重点新增土地储备

| 城　市 | 宗地名称 | 属　性 | 成交时间 | 建筑面积（万平方米） | 成交总价（亿元） | 楼板价（元/平方米） |
|---|---|---|---|---|---|---|
| 上　海 | 2013 年 262 号公告嘉定区嘉定新城 G05－6 地块 | 综　合 | 1 月 | 5. 28 | 2. 64 | 5000 |
| 上　海 | 闵行区梅陇镇的地块 | 住　宅 | 3 月 | 15. 30 | 7. 67 | 5013 |
| 杭　州 | 余政储出〔2014〕18 号 | 商　住 | 5 月 | 17. 22 | 10. 69 | 6210 |
| 上　海 | 2014 年 89 号公告嘉定区嘉定新城 F04－2 地块 | 综　合 | 8 月 | 11. 79 | 8. 02 | 6800 |
| 杭　州 | 余政储出〔2014〕46 号 | 商　住 | 11 月 | 5. 96 | 9. 19 | 15410 |

数据来源：中国房地产决策咨询系统（CRIC）。

表 5－303　　2014 年重点新开盘项目

| 项目名称 | 城　市 | 项目名称 | 城　市 |
|---|---|---|---|
| 浐灞半岛 A11 组团 | 西　安 | 城开万源城四、五期 | 上　海 |
| 晶欣坊 | 上　海 | 洲际亚洲湾 | 成　都 |
| 上城奥邻 | 重　庆 | 晶杰苑 | 上　海 |

数据来源：中国房地产决策咨询系统（CRIC）。

# Ⅵ.保障篇

# 导 读

2014 年，全国城镇保障性安居工程实际开工 740 万套，基本建成 511 万套，超额完成了全年目标任务。其中，各类棚户区改造实际开工 506 万套，是历年的最高值。

一些地方在保障性安居工程建设和分配方面做出了积极探索，一些创新融资机制逐步得到应用。随着保障性安居工程建设的不断推进，未来保障性住房的重点也将由建设转向分配和管理。本篇收录了北京、上海保障性安居工程建设配管经验。

## 一、2014 年我国住房保障建设情况

2014 年，是落实“十二五”规划的关键一年，住房保障工作面临的主要任务，依然是加大力度推进以棚户区改造为重点的保障性安居工程。这一年，各地区、各部门坚决贯彻党中央、国务院关于完善住房保障机制、改善群众住房条件的决策部署，认真落实《关于加快棚户区改造工作的意见》（国发〔2013〕25 号）《关于切实推进棚户区改造工作的通知》（国办发〔2014〕36 号）的具体要求，深化改革、强化责任、突出重点、务求实效，圆满实现了保障性安居工程建设预期目标，住房保障各项工作取得令人瞩目的积极成效。

### （一）保障性安居工程建设任务全面完成

2014 年，全国城镇保障性安居工程建设目标任务是，新开工 700 万套以上，其中各类棚户区 470 万套以上，基本建成 480 万套，同时加强配套设施建设。2 月底，保障性安居工程协调小组与各省签订了目标责任书，各省也与市、县逐级落实了年度任务。到年底，全国城镇保障性安居工程实际开工 740 万套，基本建成 511 万套，超额完成了全年目标任务。其中，各类棚户区改造实际开工 506 万套，是历年的最高值。

分地区看，各省份均顺利完成了年度任务。其中，河南、安徽、湖北、四川、陕西、湖南等省的新开工量均超过 40 万套；陕西、湖南、安徽、河南、湖北等省基本建成量多。以棚户区改造为重点的保障性安居工程的顺利推进，让一大批翘首以盼的住房困难群众迁入新居。截至 2014 年年底，通过廉租住房、公共租赁住房、经济适用住房、棚户区改造安置住房等实物方式以及发放低收入住房困难家庭租赁补贴方式，全国累计解决了 4000 多万户城镇家庭的住房困难。

### （二）推进保障性安居工程建设力度继续加大

2014 年，各部门继续加大投入力度，完善支持政策，积极推进保障性安居工程建设。中央财政继续加大补助力度，全年安排下达城镇保障性安居工程补助资金 1980 亿元，较上年增加 251 亿元。

人民银行、银监会印发《关于进一步做好住房金融服务工作的通知》（银发〔2014〕287 号），明确加大保障性安居工程信贷支持力度，公共租赁住房和棚户区改造的贷款期限可延长至不超过 25 年。落实国务院要求，银行业金融机构继续加大对棚户区改造的信贷支持力度，全年仅国家开发银行就发放棚改专项贷款超过 4000 亿元。按照文件要求，各省、自治区、直辖市均完成了 2015—2017 年棚户区改造规划编制工作。

财政部、国家税务总局印发《关于促进公共租赁住房发展有关税收优惠政策的通知》（财税〔2014〕52 号），明确了公租房建设运营的税收优惠政策。国家发改委出台了《关于创新企业债券融资方式扎实推进棚户区改造建设有关问题的通知》（发改办财金〔2014〕1047 号），继续加大企业债券支持棚改力度。国土部门对保障房新增建设用地继续单列计划，并督导各地按需落实。林业、农业部门全力推进林区、垦区棚户区改造，审计部门继续开展住房保障专项审计。各部门、各地方继续加大对各地目标任务的完成、配套设施建设、工程质量、信息公开、竣工入住、公平分配、各项支持政策的落实情况等情况的督促检查，确保保障性安居工程是放心工程、民心工程，经得起群众、经得起历史的检验。

这一年，国务院办公厅积极督促协调，各部门各司其职、联手推进，确保各项工作顺利、规范推进。各地方抓住土地供应、资金筹措、征收拆迁等关键环节，大胆创新，千方百计破解工作中的难题，积累了更多抓开工、促竣工、强化分配的好经验。

### （三）新一轮棚户区改造持续有力推进

推进棚户区改造，作为保障性安居工程的组成内容，是解决中低收入群众住房困难的重要方式，是促进实体经济增长、消除城镇内部二元结构、推进新型城镇化的重要任务。从国内外的情况看，推动棚户区改造，都是住房政策的阶段性目标。2013 年，国务院决定要加快推进新一轮棚改，加快解决棚户区居民的住房困难。2014 年《政府工作报告》又强调，“改造约 1 亿人居住的城镇棚户区和城中村”，是今后一段时期住房保障工作的重要内容。

这一年，国务院办公厅印发《关于进一步加强棚户区改造工作的通知》（国办发〔2014〕36 号），指导各地完善棚户区改造规划、优化规划布局、加快项目前期工作、加强质量安全管理、加快配套建设、落实各项支持政策。各部门继续加大对棚改的补助、信贷、企业债券支持力度。

住房城乡建设部、国家开发银行印发了《关于进一步加强统筹协调用好棚户区改造贷款资金的通知》（建保〔2014〕155 号），指导各地立足当地实际，尊重群众意愿，积极采取以政府组织居民自主购买、政府购买存量房源作为安置房等方式，加快棚改居民的住房安置，推进棚改与利用存量商品住房的衔接。辽宁沈阳、安徽铜陵、四川成都、江西南昌、浙江诸暨等先行地方，棚改货币安置已经取得积极进展。

住房城乡建设部、农业部、国家林业局、国资委等部门，加大垦区、林区和央企棚户区改造的推进力度。经国务院同意，国资委、住建部等部门还出台了的《关于加快推进国有企业棚户区改造工作的指导意见》（国资发改组〔2014〕9 号），明确了国有企业棚户区改造的征管政策措施。

按住建部的统计，全国棚户区的底数约 4200 万套，到 2014 年年底，全国已累计改造了约 2100 万户，占到 50%，为完成“改造约 1 亿人居住的城镇棚户区和城中村”的目标任务打下了坚实基础。

### （四）保障房公平分配和后续管理机制初步建立

公平公正分配是保障性安居工程的“生命线”，能否真正分配给符合条件的住房困难群众，关系到这项重大民生工程的成败。特别是经过这几年的大规模建设，公租房等保障房已有相当存量，加强分配管理和入住后小区管理的任务更加艰巨。分地区看，北京、浙江、河南、新疆等地切实加强建章立制，已初步建立了保障基本、公正程序、公开过程的保障房分配和运营监管的制度体系；陕西、山西、辽宁、甘肃等地积极指导市县，统筹推进保障房小区建设及社区服务，政府社会管理和公共服务职能不断强化。

这一年，陕西、湖南等不少地方，指导各城市明确了公租房分配入住目标，并纳入对市县目标责任考核；督促市县出台了公租房分配管理办法，并向社会公布。上海、北京、浙江杭州等地，建立公租房常态化受理机制，随时受理公租房申请；河北、重庆等地，对在建的公租房项目，根据项目建设工期，提前制订分配方案，加快组织实施。四川成都、安徽芜湖、江西九江等地，对已分配入住的公租房，及时纳入街道和社区管理体系，推动和谐社区建设，加强后续管理。

### （五）推进住房保障立法和深化改革

2014 年，国务院法制办对《城镇住房保障条例（草案）》网上公开征求了意见。从公开征求意见稿看，《条例》明确了住房保障要“保基本”，实现方式是租售并举，即可以提供租赁型保障房，也可以提供购置型保障房；提出了要建立轮候机制、购置型保障房收益调节机制、租赁型保障房租和购转换机制、住房保障退出机制等。从地方情况看，北京市、山西省、湖北省、新疆维吾尔自治区等，也都在加快推进住房保障立法工作。

按照2015年5月1日正式颁布实施的《社会救助暂行办法》的要求，住房城乡建设部、民政部、财政部联合印发了《关于做好住房救助有关工作的通知》（建保〔2014〕160号），在住房保障制度框架内，按“优先安排、应保尽保”原则，建立了住房救助制度，即对住房困难的城镇最低生活保障家庭、分散供养的特困人员，通过配租公共租赁住房、发放租赁补贴解决其住房困难。

按照中央深化改革的总体部署，住房保障领域改革稳步推进。一是住房城乡建设部启动了北京、上海、深圳、成都、黄石、淮安等6个城市发展共有产权住房的试点。二是公租房廉租房并轨运行工作有序推进。住房城乡建设部印发了《关于并轨后公共租赁住房有关运行管理工作的意见》（建保〔2014〕91号），对并轨后公租房建设计划、准入分配、租金定价和退出管理等做出具体规定，全面推进公租房廉租房并轨运行。山东青岛、辽宁大连、吉林长春、福建厦门等地，整合原廉租住房和公共租赁住房受理窗口，方便群众申请，加强与相关部门的协调配合，做好申请人的资格审核，公租房廉租房并轨运行进展顺畅。

（住房和城乡建设部住房保障司）

## 二、全国各省、直辖市、自治区保障性安居工程建设情况

**表6-1　2014年全国各省、市、自治区保障性安居工程建设计划及完成情况汇总**

单位：万套

| 序号 | 地区 | 计划建设任务 | 实际建设情况 | 2014年计划任务 |
|---|---|---|---|---|
| 1 | 北京市 | 7.00 | 10.08 | 10.50 |
| 2 | 天津市 | 6.00 | 4.30 | 3.00 |
| 3 | 河北省 | 20.00 | 20.00 | 20.00 |
| 4 | 山西省 | 23.00 | 23.26 | 20.08 |
| 5 | 内蒙古 | 23.90 | 24.00 | 24.20 |
| 6 | 辽宁省 | 31.00 | 32.80 | 21.00 |
| 7 | 吉林省 | 28.46 | — | 16.66 |
| 8 | 黑龙江省 | 15.44 | 16.58 | 16.30 |
| 9 | 上海市 | 5.50 | 13.90 | 11.50 |
| 10 | 江苏省 | 26.00 | 26.55 | 26.60 |
| 11 | 浙江省 | 15.00 | 18.84 | — |
| 12 | 安徽省 | 46.00 | 46.64 | 40.00 |
| 13 | 福建省 | 9.40 | 12.87 | 12.00 |
| 14 | 江西省 | 33.63 | 33.05 | 23.00 |
| 15 | 山东省 | 31.58 | 31.60 | 54.50 |
| 16 | 河南省 | 64.00 | 66.59 | 49.00 |
| 17 | 湖北省 | 46.10 | 46.98 | 45.00 |
| 18 | 湖南省 | 44.16 | 38.97 | 51.83 |
| 19 | 广东省 | 5.00 | 6.60 | — |
| 20 | 广西壮族自治区 | 12.00 | 20.16 | 21.72 |
| 21 | 海南省 | 3.50 | 3.58 | 3.63 |

续表

| 序号 | 地区 | 计划建设任务 | 实际建设情况 | 2014 年计划任务 |
|---|---|---|---|---|
| 22 | 重庆市 | 2.00 | — | 4.00 |
| 23 | 四川省 | 50.00 | 51.86 | 35.00 |
| 24 | 贵州省 | 40.01 | 40.01 | 45.22 |
| 25 | 云南省 | 17.13 | 17.54 | 18.53 |
| 26 | 西藏自治区 | 7.19 | 7.20 | 6.58 |
| 27 | 陕西省 | 45.51 | 43.42 | 43.08 |
| 28 | 甘肃省 | 18.89 | 18.89 | 13.97 |
| 29 | 青海省 | 11.05 | 11.05 | 8.50 |
| 30 | 宁夏回族自治区 | 12.05 | 12.80 | 8.10 |
| 31 | 新疆维吾尔自治区 | 25.96 | 25.96 | 27.11 |

**1. 北京**

2014 年计划建设任务：2014 年北京计划新建保障性住房 7 万套，其中公租房 2 万套。

（资料来源：北京日报）

2014 年实际完成情况：共建设筹集各类保障房 10.1 万套、竣工 10.7 万套，分别完成年度建设计划的 144%和 107%，实现投资 541 亿元，完成年度计划的 108%。公开摇号分配保障房 3.8 万套。完成棚户区搬迁改造 2.3 万户，完成投资约 282.8 亿元，其中中心城区累计签订改造协议或完成搬迁居民 1.5 万户，为 2013 年完成量的近 4 倍。共落实自住型商品住房项目 53 个、房源约 5.5 万套，其中 32 个项目、3 万套房源已入市接受申购，剔除重复申购，28.1 万户刚需家庭申请了自住房，22 个项目完成摇号选房，1.9 万套房源完成签约。

（资料来源：北京住房和城乡建设委员会）

**2. 天津**

2014 年计划建设任务：2014 年天津市计划开工建设保障房 6 万套，其中经济适用住房 4.6 万套，限价商品住房 1.4 万套；计划竣工保障房 7.5 万套；新增发放“三种补贴”1 万户。

（资料来源：天津日报）

2014 年实际完成情况：截至 7 月底，本市已开工各类保障房 4.3 万套，基本建成 4.5 万套，新增租房补贴家庭 5800 户。

（资料来源：人民网）

**3. 河北**

2014 年计划建设任务：2014 年河北省目标开工建设保障性住房和棚户区改造住房 20 万套。

（资料来源：河北省住房和城乡建设厅）

2014 年实际完成情况：截至 10 月底，全省保障性安居工程已开工项目 813 个、20 万套（其中棚户区安置住房开工 14.4 万套，占棚户区开工任务的 102.4%），已提前完成全年开工任务。

（资料来源：河北日报）

**4. 山西**

2014 年计划建设任务：2014 年山西省计划新开工 23 万套保障性住房，基本建成 18 万套，年度计划投资

450 亿元。

（资料来源：山西省住建厅）

2014 年实际完成情况：2014 年全省城镇保障性住房新开工 23.26 万套，基本建成 21.02 万套，完成投资 528.05 亿元，均超额完成年度计划任务。

（资料来源：太原晚报）

**5. 内蒙古**

2014 年计划建设任务：2014 年，内蒙古计划新开工保障性安居工程 23.9 万套，基本建成 20 万套。其中保障性住房开工 3.7 万套，基本建成任务 6.4 万套；各类棚户区开工改造任务 20.2 万套，基本建成任务 13.6 万套。

（资料来源：内蒙古自治区住房和城乡建设厅）

2014 年实际完成情况：截至 11 月底，全区各类保障性安居工程已开工 24 万套，开工率 100.6%；基本建成 22.9 万套，基本建成任务完成率 114.7%，完成投资 484.4 亿元。已完成全年的保障性安居工程建设任务。

（资料来源：内蒙古自治区住房和城乡建设厅）

**6. 辽宁**

2014 年计划建设任务：2014 年，我省力争完成各类保障性安居工程住房 31 万套，其中保障性住房 2.5 万套、城市棚户区 24.2 万户（包括城中村 11.5 万户）、国有工矿棚户区 1.8 万户、国有林区棚户区 0.4 万户、国有垦区危房 2.1 万户。

（资料来源：华商晨报）

2014 年实际完成情况：截至 11 月底，辽宁省已完成保障性安居工程任务 32.8 万套，完成全年计划的 105.6%。其中，棚户区改造开工 30.05 万套，完成全年计划的 105.2%；基本建成 13.3 万套，完成全年任务的 133.2%。

（资料来源：辽宁日报）

**7. 吉林**

2014 年计划建设任务：2014 年全省计划开工建设保障性安居工程 28.46 万套，其中改造城市棚户区 15 万套、林业棚户区 1.21 万套、工矿棚户区 4.2 万套、国有垦区危房 1 万套、农村危房 6 万户、建设廉租住房 0.55 万套、公共租赁住房 0.5 万套。

（资料来源：吉林省住房和城乡建设厅）

**8. 黑龙江**

2014 年计划建设任务：2014 年，黑龙江省计划新开工建设各类保障性住房 15.44 万套，投资 180 亿元，改造农村泥草（危）房 22 万户。

（资料来源：新华网）

2014 年实际完成情况：2014 年黑龙江省保障性安居工程建设超额完成任务。其中各类保障房开工 16.58 万套，开工率 107.4%；基本建成 19.1 万套；完成投资 320 亿元。

（资料来源：人民网）

**9. 上海**

2014 年计划建设任务：2014 年，本市将新建筹措各类保障性住房和实施旧住房综合改造 5.5 万套，基本建成 11 万套。

（资料来源：新民晚报）

2014 年实际完成情况：2014 年上海新开工和筹措保障性住房和实施旧住房综合改造约 13.9 万套（户）、竣工（基本建成）约 11.3 万套，圆满完成国家下达给上海的目标任务。

（资料来源：上海市住房保障和房屋管理局）

**10. 江苏**

2014 年计划建设任务：2014 年全省计划新开工建设 26 万套保障房，竣工 23 万套。

（资料来源：新华日报）

2014 年实际完成情况：截至 2014 年年底，江苏省保障性安居工程基本建成 26.55 万套，新开工 27.75 万套，其中棚户区危旧房改造超过 18 万套，超额完成年初制定的 24 万套的保障房建设目标任务。

（资料来源：江苏省住房和城乡建设厅）

**11. 浙江**

2014 年计划建设任务：新开工保障性安居工程住房 15 万套、竣工 11.5 万套，入住 5 万套，新增廉租住房 3000 户。

（资料来源：浙江日报）

2014 年实际完成情况：截至 2014 年前 7 个月，全省保障性安居工程新开工 18.84 万套，基本建成 14.13 万套，新增租赁补贴 3671 户，分别完成国家下达年度任务的 134.6%、117.8%和 122.4%。

（资料来源：浙江日报）

**12. 安徽**

2014 年计划建设任务：2014 年，计划新开工保障性安居工程 46 万套，基本建成 27 万套，并落实廉租住房与公共租赁住房并轨运行制度，实行保障性住房租补分离制度，规范保障性住房租转售制度等，充分发挥保障房效益。

（资料来源：中安在线）

2014 年实际完成情况：2014 年安徽省住房和城乡建设工作中，重点民生工程实施取得了显著成效。其中，在城镇保障性住房建设方面，安徽省新开工各类保障性住房和棚户区改造安置房 46.64 万套，基本建成 27.49 万套，顺利完成全年目标任务。

（资料来源：人民网）

**13. 福建**

2014 年计划建设任务：2014 年全省计划新开工保障房 9.4 万套，基本建成 8 万套。

（资料来源：福建省住建厅）

2014 年实际完成情况：2014 年，我省保障性安居工程开工建设 12.87 万套，基本建成 12.13 万套，均超额完成国家下达任务 30%以上，连续五年超额完成国家下达的目标任务，并提前开工 2015 年项目 2.48 万套。累计配租配售 34.6 万套，配租配售率 97.1%。

（资料来源：厦门日报）

**14. 江西**

2014 年计划建设任务：2014 年，江西省保障性安居工程建设新开工任务 33.63 万套，基本建成 18 万套。开工改造各类棚户区 23 万户，重点抓好 15.2 万户的城市棚户区改造。

（资料来源：江西省住房和城乡建设厅）

2014 年实际完成情况：2014 年，江西省开工建设保障性安居工程 33.05 万套，基本建成 26.14 万套，分别占国家目标任务105.7%和145.2%。完成各类棚改20.63万套，成效为历年最好。

（资料来源：中国江西网）

**15. 山东**

2014年计划建设任务：2014年，山东将开工各类保障房31.58万套，其中改造棚户区23.95万套；基本建成18.97万套，建设公租房6.47万套。

（资料来源：新华网）

2014年实际完成情况：2014年，山东省开工各类保障房31.6万套，基本建成19万套，其中改造棚户区2622万平方米、23.9万户，保障房建设连续5年超额完成国家下达任务。

（资料来源：山东省人民政府）

**16. 河南**

2014年计划建设任务：2014年全省计划开工64万套保障房，计划基本建成27万套。

（资料来源：河南省住房和城乡建设厅）

2014年实际完成情况：截至2014年年底，全省新开工建设保障房66.59万套，开工率103.8%；基本建成28.84万套、完成率106.8%。

（资料来源：河南日报）

**17. 湖北**

2014年计划建设任务：2014年，全省计划开工各类保障房46.1万套，基本建成24万套，分配入住16万户。

（资料来源：湖北日报）

2014年实际完成情况：2014年，湖北省新开工保障性住房、棚户区改造住房46.98万套，基本建成26.49万套。

（资料来源：湖北日报）

**18. 湖南**

2014年计划建设任务：2014年国家下达湖南城镇保障性安居工程建设任务44.16万套，较2013年增加了33.62%，排全国第六位，计划基本建成27.88万套，同时下达湖南农村危房改造资金6.5亿元。

（资料来源：长沙晚报）

2014年实际完成情况：全省公租房（含廉租房）新开工158274套，占考核目标任务的105.5%；城市棚户区改造新开工197051户（含货币安置），占考核目标任务的109.5%；国有工矿棚户区改造新开工34374户，占考核目标任务的114.6%。

（资料来源：湖南住房和城乡建设网）

**19. 广东**

2014年计划建设任务：2014年国家下达广东省保障性住房和棚户区改造住房建设任务为87716套，新增租赁补贴4204户。

（资料来源：千讯咨询）

2014年实际完成情况：2014年，广东省新开工保障性住房6.6万套，棚户区改造4.1万套，基本建成保障性住房10.97万套，分别占年度任务的131.7%、110%、107.3%，完成投资222.5亿元。

（资料来源：广东建设报）

**20. 广西**

2014 年计划建设任务：2014 年广西计划开工建设 12 万套保障性住房（其中新增廉租住房租赁补贴 0. 97 万户，实物建房 11. 03 万套），基本建成 10 万套，分配入住 10 万套。

（资料来源：广西日报）

2014 年实际完成情况：2014 年全年保障房新开工 20. 16 万套、基本建成 11. 92 万套、分配入住 12. 83 万套，完成投资 217. 54 亿元，超额完成国家下达任务。

（资料来源：广西住房城乡建设厅网）

**21. 海南**

2014 年计划建设任务：2014 年海南省计划开工建设城镇保障性住房 3. 5 万套，其中公租房 4486 套、经适房 1291 套、限价房 1756 套、城市棚户区 20158 套、垦区棚户区改造 7263 套。同时，基本建成 2. 5 万套。

（资料来源：海南省发改委）

2014 年实际完成情况：截至 2014 年年底，海南全省开工建设城镇保障性住房 3. 58 万套，占计划的 102. 4%，其中棚户区改造开工 2. 74 万套，占年计划的 100%；基本建成城镇保障性住房 3. 02 万套，占年初计划任务的 120. 8%；已分配入住 2. 94 万套。

（资料来源：海南省住房城乡建设厅）

**22. 重庆**

2014 年计划建设任务：2014 年我市计划开工建设保障性住房和棚户区改造住房 2 万套、基本建成 8. 3 万套。

（资料来源：重庆市国土资源和房屋管理局）

2014 年实际完成情况：全年保障性住房新开工 1. 5 万套，竣工 0. 33 万套。累计建成公租房 2768 万平方米。

（资料来源：2014 年重庆市国民经济和社会发展统计公报）

**23. 四川**

2014 年计划建设任务：2014 年我省城镇保障性安居工程建设计划开工 50 万套，其中保障性住房建设开工目标 10 万套，危旧房棚户区改造目标为 40 万套。

（资料来源：新民网）

2014 年实际完成情况：截至 11 月底，2014 年城镇危旧房棚户区改造和保障性住房建设已开建 51. 86 万套，提前完成 50 万套的目标任务。

（资料来源：乐山日报）

**24. 贵州**

2014 年计划建设任务：贵州 2014 年新建保障房任务为 40. 01 万套。

（资料来源：贵阳晚报）

2014 年实际完成情况：截至 11 月底，已全部开工，基本建成 15. 93 万套，分配 14. 96 万套，完成投资 283. 06 亿元，分别为任务的 105. 63%、135. 72%和 188. 71%。

（资料来源：中国建设报）

**25. 云南**

2014 年计划建设任务：2014 年我省将开工建设城镇保障性安居工程 17. 13 万套，突出城市棚户区改造，年底前基本建成15万套保障性住房。

（资料来源：云南信息报）

2014年实际完成情况：截至2013年年底，云南省城镇保障性安居工程已开工17.41万套，占国家下达任务数17.35万套的2.37%；全省城镇保障性安居工程基本建成25.854套（含2013年结转的549万套），占国家下达计划数15万套的167.24%；完成投资240.91亿元。

（资料来源：春城晚报）

**26. 西藏**

2014年计划建设任务：2014年，我区保障性住房项目建设计划为7.19万套（户），总投资48.58亿元。其中，新建周转房0.51万套，总投资9.54亿元；新建公共租赁住房1.1万套，维修0.8万套，总投资19.58亿元；棚户区改造4.78万户，总投资19.46亿元。

（资料来源：中国西藏新闻网）

2014年实际完成情况：2014年西藏落实保障房建设投资60亿元，全年7.2万套的保障房建设计划中新建项目全部开工，大部分主体已完工。西藏2014年还对符合条件的1万余户城镇低收入住房困难家庭共计发放了4750万元的住房租赁补贴，解决城镇住房困难家庭“住房难”问题。

（资料来源：西藏自治区住房和城乡建设厅）

**27. 陕西**

2014年计划建设任务：2014年国家与我省签订实施保障性安居工程任务45.51万套（户），其中实物建房43.01万套，新增租赁补贴2.5万户。基本建成31万套（户）。

（资料来源：西安日报）

2014年实际完成情况：2014年全省保障性安居工程新开工43.42万套，基本建成31.59万套，新增发放租赁补贴2.76万户，完成投资797亿元。

（资料来源：陕西日报）

**28. 甘肃**

2014年计划建设任务：2014年甘肃省计划新建保障性住房和改造棚户区18.89万套（户），基本建成保障性住房和棚户区改造住房11.9万套（户）。

（资料来源：甘肃日报）

2014年实际完成情况：截至2014年11月底，全省实际开工建设保障性住房18.8933万套，占新开工计划18.8853的100.04%；当年及历年结转项目基本建成13.4909万套，占基本建成计划的113.33%。

（资料来源：甘肃省住房和城乡建设厅）

**29. 青海**

2014年计划建设任务：2014年我省计划新建城镇保障性安居工程11.05万套（户），其中城市棚户区改造9.02万（户），基本建成7.98万套（户），入住7.03万套（户）；新增廉租住房租赁补贴5000户。

（资料来源：青海日报）

2014年实际完成情况：2014年，青海省城镇保障性住房新增开工建设11.05万套（户），实际基本建成8.09万套（户）、入住7.58万套（户）。至此，青海省累计建设城镇保障性住房和棚户区改造住房45万套，基本建成36万套。

（资料来源：西宁晚报）

**30. 宁夏**

2014 年计划建设任务：开工建设保障性住房、棚户区改造住房共 120533 套（户），基本建成保障性住房、棚户区改造住房共 60000 套（户），新增发放租赁补贴 2690 户。

（资料来源：宁夏回族自治区住房和城乡建设厅）

2014 年实际完成情况：截至 2014 年年底，全区基本建成 12.8 万套，竣工验收 10 万套，分配入住 9.1 万套，入住率为 91%。

（资料来源：中国建设报）

**31. 新疆**

2014 年计划建设任务：2014 年年初，国家下达我区开工建设 25.96 万套、基本建成 20.8 万套保障房的任务。

（资料来源：新疆日报）

2014 年实际完成情况：2014 年全年，自治区共完成投资 260.57 亿元，新建保障房项目全部开工，基本建成 21.11 万套，占年度计划的 101.49%，超额完成计划任务。

（资料来源：自治区住房和城乡建设厅）

## 三、2014 年保障性安居工程建设地方经验

### （一）上海市住房保障工作的主要做法和经验总结

为有效整合住房保障资源，提高资金与房源的使用效率，促进租赁型保障住房专业化管理和可持续发展，按照国家部署，结合地方实际，上海市于 2013 年下半年出台《关于本市廉租住房和公共租赁住房统筹建设、并轨运行、分类使用的实施意见》（沪府发〔2013〕57 号）。2014 年以来，廉租住房和公共租赁住房并轨运行工作全面实施，并取得初步成效。

**1. 上海廉租住房、公共租赁住房制度的基本特点**

上海廉租住房制度建立于 2000 年，主要有四方面特点：①着重解决本市城镇户籍、低收入家庭的住房困难，准入标准设住房困难条件和收入、财产等经济条件；②采取租金补贴和实物配租相结合的保障方式；③对廉租房保障对象实行定期复核，不符合条件的要退出，符合条件的可延续保障，其中对经济条件上升但住房仍困难的实物配租家庭，允许按照共有产权保障住房的条件，购买已租住的廉租住房，实现“弹性退出”；④在“公廉并轨”之前，廉租住房的准入审核、租金补贴、房源建设筹措和运营管理等工作，均由区县住房保障机构负责实施，市和区县财政给予资金保证。

截至 2014 年年底，全市廉租住房保障家庭累计约 10.4 万户，其中供给房源的实物配租家庭约 0.7 万户。

上海公共租赁住房制度建立于 2010 年，主要有四方面特点：①面向在沪稳定就业且住房困难的常住人口供应，不限本市户籍，准入标准设住房困难条件，但不设收入、财产等经济条件，以适应不同层次住房困难群体解决基本居住的需求；②“只租不售”，并实行有限期租赁，租赁合同一般 2 年一签，租赁总年限不超过 6 年，期满后退出，着重解决阶段性居住困难；③租赁价格按略低于市场租金水平确定，形成与住房租赁市场良性互补、协调发展的格局；④采取“政府支持、企业运作”的管理模式，市和区县财政投入部分资本金，支持发展一批按照公司法设立的专业公租房运营机构，负责公租房的建设筹措、保障对象的审核与配租工作，采用市场机制实施经营管理，以“保本微利”为目标，着重体现公共服务的功能。此外，政府鼓励各类产业园区、

企事业单位，及农村集体经济组织利用自用土地和新增产业配套用地，建设公共租赁住房（单位租赁房）面向本园区、本单位符合条件的职工供应，政府给予税收、公用事业收费优惠等政策支持。

至 2014 年底，全市公共租赁住房（含单位租赁房）累计建设筹措 12 万余套、700 余万平方米；累计供应 110 余个项目约 6.92 万套，已分配入住约 5.34 万套。

**2. 廉租住房、公共租赁住房并轨运行的基本做法**

上海廉租住房和公共租赁住房的功能定位不同。两者并轨运行，主要是房源建设筹措和运营管理机制上的并轨，而不是将廉租住房、公共租赁住房基本制度进行合并。并轨运行的基本做法是：

第一，并轨后各区县廉租住房、公共租赁住房由区县公租房运营机构统一筹措和管理，市和区县财政用于房源筹措的补助资金统一注入公租房运营机构。2014 年，各区县公租房运营机构全面承担起新增廉租住房、公共租赁住房筹措任务，市政府安排从统筹的共有产权保障住房中转化 5600 余套作为廉租实物配租房源，由各区县公租房运营机构收购后定向使用，市财政给予专项补助资金 13 亿元（区县财政配套投入 26 亿元）支持收购工作；收购的房源可及时解决廉租房保障对象对实物配租的需求。

第二，区县住房保障机构将原筹措的廉租房源委托公租房运营机构实施租赁管理，并将存量房产作为政府实物出资逐步注入公租房运营机构；商品住宅中配建的公共租赁住房也作为区县政府实物出资注入区县公租房运营机构。2014 年，市住房保障房屋管理局会同市地税局等单位积极研究，解决了房源资产注入过程中产权过户、税收缴纳等一系列操作口径问题，使该项工作在全市面上顺利推进。

第三，在赋予各区县公租房运营机构更全面的廉租住房、公共租赁住房建设筹措和运营管理职能基础上，同步推进区县公租房运营机构监管机制的完善。市政府要求各区县公租房运营机构按照公司法规定做到自主经营、统筹收支、保本微利，着重实现社会综合效益；政府统筹考量公租房运营机构房源筹措、运营成本和租金收入水平等要素，以合理的投资回收期限和经济、社会综合效益为目标，健全公租房政策支持和运营补贴核定机制。同时，注重发挥住房保障管理部门对运营机构的支持引导和管理监督作用，根据各区县实际，可委托区县住房保障管理部门对公租房运营机构统一实施国资管理，或由区县住房保障管理部门为主，负责对公租房运营机构实施业务监管和考核。2014 年，市住房保障房屋管理局对全市各区县公租房运营机构首次开展了全面业务考核；通过制订具体细化的考核评分标准，使各区县公租房运营机构明确工作重点和努力方向，通过区县之间的横向比较和奖励先进，推动运营机构管理水平的整体提升。

第四，并轨后，区县住房保障机构从原有的廉租住房房源建设和租赁运营管理具体事务中解脱出来，回归行政管理本职，主要承担廉租住房和公共租赁住房保障对象申请受理、资格审核、违规行为查处等政府行政管理职能，与公租房运营机构的职责分工更加清晰合理。

**3. 廉租住房、公共租赁住房分类使用的主要措施**

在廉租住房、公共租赁住房并轨运行的同时，上海充分考虑上述两个住房保障制度功能定位的不同和两类住房保障对象基本情况的差异，通过做好廉租住房、公共租赁住房分类使用工作，使“四位一体”住房保障体系层次更加分明，保障措施更具针对性。

第一，在房源使用安排上，优先保证用于廉租实物配租房源的数量，并实行定向供应。廉租实物配租的房源，除部分在中心城区高价收储的小户型住房优先用于孤老、残疾等特困家庭外，大部分在近郊生活配套设施较全面的大型居住社区房源中安排，及时保证房源需求的供应规模；在城市交通便捷区域建设筹措的房源则侧重用于公租房保障对象。此外，市级企业集团定向建设的公共租赁住房以及产业园区、企事业单位投资建设的公共租赁住房（单位租赁房），由于其资金来源和房源功能定位的特殊性，主要向园区内企业等供应，暂不纳入并轨范围。

第二，在租金缴纳上，实行“统一定价、租补分离”。为保证公租房运营机构可持续发展，并轨后的公共租赁住房（含廉租实物配租住房）租赁价格不区分供应对象，统一按照略低于市场租金制订，市场租金水平经符合条件的房地产估价机构评估产生。按照“租补分离”的操作方式，廉租实物配租对象按家庭收入的一定比例承担自负租金，其余租金由政府补贴给公租房运营机构。公租房保障对象不享受政府租金补贴，鼓励用人单位采取发放租赁补贴、集体租赁公租房等方式尽责，减轻职工住房消费负担。

第三，在租后管理措施上，区分廉租房保障对象长期性居住困难和公租房保障对象阶段性居住困难的不同特点，实行不同政策。廉租住房租赁合同期限为 3 年，到期符合条件可续租，无租赁总年限限制；近郊大型居住社区内的廉租实物配租住房租赁满一定期限后，承租人如符合条件的，可以按照共有产权保障住房政策申请购买，实现分层保障方式的有机衔接。公共租赁住房严格实行“只租不售”和“有限期租赁”，租赁合同期限为 2 年，到期符合条件可续租，但租赁总年限不得超过 6 年。

2015 年，上海将继续做好廉租住房、公共租赁住房统筹建设、并轨运行、分类使用工作，重点抓好并轨后房源分配入住和供后管理工作：①抓紧开展新筹措廉租实物配租房源的摇号选房工作，及时分配入住；②依托房源所在地行政管理机构，通过政府购买服务等方式，及时发现和查处租后违规违约使用行为，建立健全分工明确、多方协同、快速反应、处置及时的供后管理长效工作机制，使租赁型保障住房管理水平再上新台阶。

（上海住房保障和房屋管理局）

### （二）北京市住房保障工作的主要做法和经验总结

#### 1. 北京市自住型商品住房运行情况

北京近年人口导入快，住房需求体量大、层次多。市委、市政府积极主动探索和推进分层次、分类型的住房供应体系建设，形成了“基本住房有保障、中端需求有支持、高端市场有控制”的总体思路。2014 年年初，将共有产权理念引入市场供应体系，创新推出自住型商品住房，在中端支持层面取得重大突破。实施以来，对分流刚需、改善预期、稳定房价发挥了积极作用。

（1）政策背景。

随着近年住房保障工作力度的不断加大，低收入家庭基本住房问题已得到了有效缓解，今后的发展思路也非常清晰，高端市场也比较完善，高收入群体可以较为顺畅地通过市场解决住房问题。唯有中等收入群体的政策支持一直处于缺位状态。

随着近年房价的持续较快上涨，形成了这样一个既不符合住房保障条件、到市场购房又存在一定困难的刚需“夹心层”群体，并呈现扩大趋势。这是北京市在住房问题上的关键点，甚至是最大的市情。

为从根本上破解“夹心层”的住房难题，让这部分群体有出路、有希望、有信心，市委、市政府决定拿出一定的土地出让收益，采取政府、企业、购房人“三家抬”的方式，大规模推出自住型商品住房，对夹心层“帮一把”，着力做实中端支持。

2013 年 3 月，在贯彻国办发〔2013〕17 号文的实施细则中，以房价控制目标的形式，首次明确提出该思路。10 月 23 日，正式发布自住房建设意见，年底前紧锣密鼓完成了供地 2 万套的目标。2014 年 2 月印发了自住房销售管理办法，政策框架体系基本成型，填补了中端支持的缺位，实现了“三端”解决住房需求上的无缝衔接，住房供应体系更加成熟和完善。

（2）主要做法。

按照“以需定供、量力而行、市场运作、严格监管”的原则，精准设计相关政策，严格细化各操作环节，确保自住型商品住房有效实现供需匹配、产品优质优价、分配公开公平公正、发展可持续。

**以需定供，销售对象锁定夹心层。**具体考虑：①坚持普惠制。不设过高门槛，符合在京购买商品房资格的家庭、包括非本市户籍家庭均可购买，体现首都包容性。②考虑迫切性。本市户籍无房家庭和保障房轮候家庭优先购买，既明确商品房属性，又与保障做好对接。同时，实现“以房控人”，防止人口无序流入及其导致的商品房价格上涨。③体现集约化。以 90 平方米以下为主，最大不超过 140 平方米。四是突出便利性。优先安排在轨道交通、配套设施成熟地段。

**量力而行，产品设计着眼可持续。**①定价确保可支付。既考虑中端需求的实际可支付性、政府的承受能力，又要遵循市场机制，满足企业合理利润，找到市场均衡点，充分调动三方积极性。按此原则，该类住房的单价比周边同质商品住房价格低 30% 左右，总价控制在 200 万以内。②功能突出居住性。为防止利用转让自住房获利，政策规定一个家庭只能购买一套，如将该住房出售，以后不能再购自住房，以抑制住房投资品属性的过度发挥，强化住房的消费品属性、社会功能。③转让获利要分享。取得产权证后，5 年内不得上市转让，5 年以后转让的，增值部分 30% 上缴财政，不仅避免政府土地让利成为投资获利工具，也使政府在前期土地出让中的让利，获得增值收益回报。

**市场运作，多渠道增加供应。**北京每年新建商品住房成交量在 8 ~ 12 万套，中端需求占一半左右。基于此，明确 2014 年通过集中建设、配建、竞建等多种途径，完成 5 万套自住型商品住房供地，占市场供应的 40% ~ 50%，在有效满足中端需求的同时，发挥对整个市场的稳定器作用。①责任主体属地化。按“全市统筹、区域均衡”原则，认真编制自住房供地计划，并纳入年度供地计划，分解到区县，落实属地责任，确保供地落到实处。②土地竞买市场化。自住房供地采取“限房价、竞地价”“限地价、竞自住型商品住房面积”等方式，供地前设定该类住房的最高售价、户型面积，作为土地竞买规则严格执行，并列为土地出让合同条款。③增加供应多样化。除通过“限房价、竞地价”集中建设外，还在商品住房用地出让中，配建、竞建自住房；鼓励市属国企拿出存量自有土地，在符合城市规划、补交政府土地收益后开发自住房，盘活闲置土地；鼓励在途商品住房项目，转化为自住房。

**严格监管，努力创建民心工程。**①参照保障房管理做法，全过程强化质量监督；②建立专门的项目调度工作机制，多部门加强项目调度，尽早形成实际上市供应；③全方位公开公平公正。在官网开设自住房专栏，及时公示自住房政策、地块信息、项目进展，帮助群众做好申请准备。严格购房资格审核，发现骗购的，一经查实，5 年内不得在京购房。参照小客车摇号经验，完成摇号软件的设计研发，会同市司法局等部门，研究制定现场摇号流程及全程公证方案。

（3）进展及成效。

截至 2014 年年底，全市共落实自住型商品住房项目 53 个、规划建筑面积 522 万平方米，可提供房源约 5.5 万套，最高售价每平方米 2.8 万元，最低仅 9500 元。其中 32 个项目、3 万套房源已入市接受网上申购，剔除重复申购，28.1 万户刚需家庭申请了自住房。22 个项目完成摇号选房，1.7 万套房源完成签约，占当前全市新建商品住房签约总套数的 24.6%。已签约的自住型商品住房套均总价 156 万元，比其他商品住房低 52.0%；35 岁以下购房人占 76.2%，比其他商品住房高 23.8 个百分点，有效满足了“夹心层”家庭的住房需求。

（北京住房和城乡建设委员会）

**2. 北京合作型保障房的主要做法和政策要点**

（1）政策要点。

居民有长期使用权

合作型保障房项目由政府指定机构持有，并与家庭签订长期使用协议。家庭不办理房屋转移登记手续，也就是居民不能办理产权证，但拥有房屋长期使用权。

合作型保障房只能用于家庭自住，不得转让、赠与、抵押、出租、出借、擅自调换或改变房屋居住用途。政府相关部门及委托的运营管理机构将开展入户检查等日常监督。

居民承担物业费、取暖费

合作型保障房家庭应当承担房屋及其附属设施的维修养护责任，负担房屋专项维修资金、物业服务费、供暖费等费用。具体内容将在签订的协议中予以约定。

回购价格将考虑折旧和物价等因素

合作型保障房实行封闭管理，家庭退出或取得其他住房的，房屋由政府依法收回，回收价格根据保障家庭原支付的长期使用费，并考虑折旧和物价水平等因素确定。

合作型保障房签约人死亡，其他家庭成员仍符合保障条件的，可继续居住合作型保障房；不符合保障条件的，合作型保障房由政府依法收回，继承人继承房屋回收价款。

经适房轮候家庭将先“尝鲜”

合作型保障房分配时，会根据家庭收入有个排序，收入更少的经适房家庭会优先分配。石景山区南宫项目将优先面向该区已取得经适房备案资格，且尚未配售的轮候家庭进行登记。如房源有剩余，再面向该区已取得限价房备案资格，且尚未配售的轮候家庭进行登记。丰台区高立庄项目此次也是对符合经适房申请条件，且申请家庭成员名下没有房产的轮候家庭进行摸底统计。

（2）主要做法。

目前试点的合作型保障房，包括石景山区南宫、五里坨，丰台区高立庄、通州土桥这 4 个项目，可以提供约 5000 套房源。目前石景山区和丰台区已启动预公告程序，先调查被保障家庭的意向等。

所谓合作型保障房，是由政府向需要保障的家庭无偿提供建设用地，由保障家庭承担房屋建设费用。简单说就是政府拿出土地，个人出建房的钱。

合作型保障房家庭承担的建设费用以房屋建设成本为基础确定，包括房屋建设前期工程费、建筑安装工程费、小区用地规划红线以内的基础设施建设费、装修费，以及由此产生的管理费、贷款利息、税费及合理利润。这一费用目前正在测算，平均下来在每平方米 5000 到 6000 元。

丰台区花乡高立庄项目的家庭负担费用预计不高于 6000 元/平方米；石景山区南宫小区项目的预测家庭负担部分为 5000 元/平方米左右。但最终具体价格尚未最终核定。

主要工作就是对这些合作型保障房的建设费用进一步核准，过去是土地费、建设费合在一起来计算房价，现在根据人大要求是土地和房屋建设费用要分离，目前正在把土地费和建设费分离出来，确定百姓承担的这一部分。

合作型保障房的“合作”体现在政府出地，百姓出钱，但建设方面的操作还应该是专业的，由政府的专业保障房企业或者委托开发企业建设。开发企业只获得和经济适用房相同的代建利润，仅有 3%。

（新京报）

# Ⅶ.发展篇

# 导 读

房地产市场正朝着业态细分和多元化方向发展。一些房地产企业开始从传统的住宅开发向商业地产、旅游地产、养老地产拓展；房地产企业的运营方式也由传统的开发向开发持有兼备，甚至向互联网等跨界方向转型发展；房地产企业的融资模式也由以银行贷款为主向资本市场上市融资、信托融资、私募基金以及海外渠道拓展。

本篇包含房地产金融、旅游地产、养老地产和物业管理等细分市场的2014年发展现状、存在问题及未来展望等内容，反映出这些分类地产在房地产整体产业中的地位日益上升。

## 一、房地产金融

（一）年度金融政策动向

**1. 多措并举降低企业融资成本**

2014年8月，国务院办公厅发布《关于多措并举着力缓解企业融资成本高问题的指导意见》，要求采取综合措施着力缓解企业融资成本高问题。2014年4月份以来，中国人民银行开始使用定向降准工具，下调符合条件的金融机构存款准备金率，并创设中期贷款便利等工具，促进降低社会融资成本。中国人民银行、银监会等部门联合发布《关于规范金融机构同业业务的通知》，银监会出台《关于完善和创新小微企业贷款服务提高小微企业金融服务水平的通知》《关于调整商业银行存贷比计算口径的通知》，银监会、财政部、中国人民银行联合发布《关于加强商业银行存款偏离度管理有关事项的通知》等，出台了一系列有助于降低企业融资成本的政策。

**2. 利率市场化改革迈出新步伐**

2014年3月1日，人民银行放开上海自贸区小额外币存款利率上限。11月21日，在调整人民币贷款和存款基准利率水平的同时，人民银行又推出利率市场化的重要举措，将人民币存款利率浮动区间上限由基准利率的1.1倍扩大至1.2倍。同时还简化了存贷款基准利率的期限档次，扩大了利率市场化定价的空间，健全了上海银行间同业拆放利率和市场利率定价自律机制，稳步扩大同业存单发行交易等。2014年央行还进行了常备借贷便利、中期借贷便利等货币政策工具创新。

**3. 人民币国际化步伐明显加快**

自2009年7月开展跨境贸易人民币结算试点以来，五年间人民币国际化取得阶段性成果。2014年全年跨境贸易人民币结算业务累计发生6.55万亿元，直接投资人民币结算业务累计发生1.05万亿元。2014年，中国先后与瑞士、斯里兰卡、俄罗斯、卡塔尔、加拿大5国的中央银行签署了本币互换协议，将签署协议央行或货币当局增加至28个；先后在伦敦、法兰克福、首尔、巴黎、卢森堡、多哈、多伦多、悉尼、吉隆坡建立了人民币清算安排。

**4. 存款保险制度呼之欲出**

2014年11月30日，国务院拟定《存款保险条例（征求意见稿）》。根据征求意见稿，存款保险实行限额偿付，最高偿付限额为人民币50万元。同一存款人在同一家投保机构所有被保险存款账户的存款本金和利息合并计算的资金数额在最高偿付限额以内的，实行全额偿付；超出最高偿付限额的部分，依法从投保机构清算财产中受偿。存款保险覆盖范围将包括投保机构吸收的人民币存款和外币存款；金融机构同业存款、投保机构的高级管理人员在本投保机构的存款以及存款保险基金管理机构规定不予保险的其他存款除外。

**5. 一批民营银行挂牌成立**

2014年3月10日，银监会经报国务院同意，确定了5家民营银行试点方案。2014年第三季度，银监会先后正式批准前海微众银行、天津金城银行、温州民商银行、浙江网商银行和上海华瑞银行五家民营银行的筹建申请。12月12日，深圳前海微众银行由深圳银监局批复开业。

**6. 保险业“新国十条”颁布**

2014年8月13日，《国务院关于加快发展现代保险服务业的若干意见》（又称“新国十条”）发布。《意见》从顶层设计的高度对保险业进行了重新定位，明确了中国保险业当前及今后很长一段时期的发展方向、战略目标和重要举措，提出到2020年基本建成保障全面、功能完善、安全稳健、诚信规范，具有较强服务能力、创新能力和国际竞争力，与我国经济社会发展需求相适应的现代保险服务业，为我国早日实现由保险大国向保险强国的转变奠定了重要的基础和坚实的保障。

**7. 沪港通获批开闸**

2014 年 4 月 10 日，证监会正式批复开展沪港通试点，并于 11 月 17 日正式开闸。沪港通试点中，两地投资者可以委托上交所会员或者香港联交所参与者，通过上交所或者联交所在对方所在地设立的证券交易服务公司，买卖规定范围内的对方交易所上市股票，中国结算、香港结算相互成为对方的结算参与人，为沪港通提供相应的结算服务。

**8. 做好住房金融服务放松限贷**

2014 年 9 月 30 日央行、银监会《关于进一步做好住房金融服务工作的通知》要求，对拥有 1 套住房并已结清相应购房贷款的家庭，再次申请贷款购买普通商品住房，银行业金融机构执行首套房贷款的政策，贷款最低首付款比例为 30%，贷款利率下限为贷款基准利率的 0.7 倍。

**9. 国开行助力"棚改"**

2014 年 3 月 5 日国务院总理李克强在《政府工作报告》中提出了改造约 1 亿人居住的城镇棚户区和城中村。4 月 2 日，国务院常务会议确定由国开行成立专门机构，实行单独核算，采取市场化方式发行住宅金融专项债券，重点用于支持棚改及城市基础设施等相关工程建设。此后，国开行发放棚改贷款 1949 亿元，同比增长达到了惊人的 433%。6 月，国开行住宅金融事业部筹建申请获得银监会批准，为全国棚改提速提供成本适当、长期稳定的建设资金。

**10. 央行降息促进降低经济运行成本**

降低企业融资成本是国务院 2013 年以来多次提出的政策向导。2014 年 11 月 20 日，央行宣布：自 2014 年 11 月 22 日起，金融机构一年期贷款基准利率下调 0.4% ~5.6%；一年期存款基准利率下调 0.25% ~2.75%。对于房地产业而言，降息是积极的利好，对于房地产企业降低融资成本加快发展、对于购房者降低贷款利息带来直接的实惠。但问题是，央行降息后商业银行又把利息上浮上去了，实际利息负担未见减少，从开发资金到位情况中个贷的下降可以看出降息未能有积极效应。

**11. 促进资本市场和私募投资基金健康发展**

2014 年 5 月 9 日国务院印发了《关于进一步促进资本市场健康发展的若干意见》，6 月 30 日中国证监会审议通过《私募投资基金监督管理暂行办法》。两个文件的出台为建立健全促进房地产私募基金，特别是创业投资基金发展的政策体系奠定了法律基础，推动财税、工商等部门加快完善私募基金财政、税收和工商登记等相关政策，促进私募基金发展，发挥其促进多层次资本市场平稳运行、优化资源配置和推进经济结构战略性调整等多方面的重要作用。

（二）房地产融资情况

**1. 银行贷款**

据人民银行统计，截至 2014 年年底，金融机构人民币各项贷款余额 81.68 万亿元，同比增长 13.6%，增速比上一年低 0.5 个百分点。全年增加 9.78 万亿元，同比多增 0.89 万亿元。

**房地产开发贷款、个人住房信贷增速明显上升**

房地产方面，2014 年年底，主要金融机构及小型农村金融机构、外资银行人民币房地产贷款余额 17.37 万亿元，同比增长 18.9%，增速比上一年低 0.2 个百分点；全年增加 2.75 万亿元，同比多增 4055 亿元，增量占同期各项贷款增量的 28.1%，与上年占比水平持平。

截至 2014 年年底，房地产开发贷款余额 5.63 万亿元，同比增长 22.6%，增速比上一年高 7.9 个百分点。其中，房产开发贷款余额 4.28 万亿元，同比增长 21.7%，增速比上一年高 5.3 个百分点；地产开发贷款余额

1.35 万亿元，同比增长 25.7%，增速比上一年高 15.9 个百分点。个人购房贷款余额 11.52 万亿元，同比增长 17.5%，增速高于同期各项贷款增速 3.9 个百分点；全年增加 1.72 万亿元，同比多增 196 亿元。

**保障房信贷支持力度继续加大**

截至 2014 年年底，房产开发贷款中的保障性住房开发贷款余额 1.14 万亿元，同比增长 57.2%，增速比上一年高 30.5 个百分点；全年增加 4119 亿元，同比多增 2589 亿元，增量占同期房产开发贷款的 55%，比上一年增量占比高 24 个百分点。

**2. IPO 上市**

2014 年国内房地产开发企业 IPO 仍主要选择在港交所上市。据不完全统计，2014 年有 7 家房地产企业在香港主板上市，募资金额超 350 亿港元（见表 7－1）。

**表 7－1　　2014 年国内部分房地产企业香港主板 IPO 统计**

单位：亿港元

| 时间 | 企业 | 募资金额 | 时间 | 企业 | 募资金额 |
|---|---|---|---|---|---|
| 1 月 | 力高地产 | 10.0 | 7 月 | 国瑞置业 | 15.8 |
| 3 月 | 阳光 100 | 20.0 | 8 月 | 中国宏泰 | 10.2 |
| 3 月 | 光谷联合 | 8.3 | 12 月 | 万达商业 | 288.0 |
| 6 月 | 亿达中国 | 14.2 | | | |

数据来源：中国房地产业协会金融专业委员会。

**3. 借壳及其他**

2014 年国内新股市场开闸活跃了资本市场的气氛。受此影响，据不完全统计，2014 年有近 30 多家上市房地产企业发布增发预案。其中绿地集团、万科企业通过借壳方式分别在上交所和港交所上市（见表 7－2）。

**表 7－2　　2014 年国内部分房地产企业募资情况统计**

单位：亿元

| 企业 | 募资情况 | 企业 | 募资情况 |
|---|---|---|---|
| 绿地集团 | 上交所 | 世荣兆业 | 10.29 |
| 万科企业 | 港交所 | 东华实业 | 43.32 |
| 中茵股份 | 17.15 | 阳光城集团 | 26.00 |
| 浦东金桥 | 30.00 | 三湘股份 | 10.50 |
| 武夷实业 | 8.00 | 莱茵置业 | 10.20 |
| 翠微股份 | 24.68 | 中天城投 | 27.00 |
| 亿城股份 | 30.60 | 中华企业 | 60.00 |
| 金隅股份 | 27.95 | 宜华地产 | 7.20 |
| 苏州高新 | 15.00 | 世联行 | 11.43 |
| 华远地产 | 16.00 | 投创荣安 | 7.00 |
| 葛洲坝 | 40.00 | 深圳万泽 | 12.00 |
| 大名城 | 30.00 | 金科地产 | 22.00 |
| 迪马股份 | 41.53 | 深国商 | 31.00 |

续表

| 企业 | 募资情况 | 企业 | 募资情况 |
|---|---|---|---|
| 天保基建 | 14.12 | 天津松江 | 17.00 |
| 阳光城 | 26.00 | 新华联不动产 | 4.00 |
| 大连控股 | 13.76 | 越秀地产（亿港元） | 38.00 |
| 新湖中宝 | 55.00 | | |

数据来源：中国房地产业协会金融专业委员会。
注：绿地集团借壳金丰投资

**4. 境内债券或票据发行**

债券市场一直是房地产企业中长期资金的重要融资渠道。据不完全统计，2014 年有 13 家房地产企业抛出债券再融资计划，期限以 5 年期居多，融资利率在 4% ~10% 之间（见表 7 -3）。

表 7 -3　　2014 年国内部分房地产企业债券发行情况统计

单位：亿元,%

| 时间 | 企业 | 品种 | 期限 | 金额 | 利率 |
|---|---|---|---|---|---|
| 1 月 | 华远集团 | 企业债 | 5 | 12.0 | 8.50 |
| 1 月 | 金隅股份 | 短　券 | 1 | 26.0 | 6.50 |
| 3 月 | 金隅股份 | 短　券 | 1 | 20.0 | 5.49 |
| 5 月 | 金隅股份 | 短　券 | 1 | 10.0 | 5.35 |
| 9 月 | 金隅股份 | 短　券 | 1 | 10.0 | 4.97 |
| 10 月 | 金隅股份 | 中　票 | 5 | 20.0 | 5.35 |
| 11 月 | 金隅股份 | 中　票 | 5 | 15.0 | 5.30 |
| 2 月 | 陆家嘴 | 中　票 | 5 | 16.0 | 5.79 |
| 3 月 | 陆家嘴 | 中　票 | 5 | 10.0 | 5.98 |
| 4 月 | 世茂股份 | 中期票据 | 3 | 10.0 | 8.37 |
| 8 月 | 世茂股份 | 中期票据 | 3 | 10.0 | 7.60 |
| 7 月 | 新城地产 | 公司债 | 5 | 20.0 | 8.90 |
| 9 月 | 凤凰股份 | 公司债 | 5 | 7.5 | 5.65 |
| 5 月 | 华南城 | 中　票 | 5 | 10.0 | 7.50 |
| 9 月 | 华南城 | 中　票 | 5 | 10.0 | 8.40 |
| 10 月 | 华南城 | 短　券 | 1 | 22.0 | 5.40 |
| 10 月 | 福星股份 | 公司债 | 5 | 16.0 | 9.20 |
| 10 月 | 卧龙地产 | 公司债 | 7 | 6.0 | 9.07 |
| 10 月 | 中华企业 | 公司债 | 5 | 15.5 | 5.47 |
| 11 月 | 浦东金桥 | 公司债 | 8 | 12.0 | 5.00 |
| 12 月 | 万科企业 | 中　票 | 3 | 18.0 | 4.70 |
| 12 月 | 保利地产 | 中　票 | 5 | 10.0 | 4.80 |

数据来源：中国房地产业协会金融专业委员会。

**5. 境外债券发行**

2014 年，受国内房地产市场走弱、融资成本抬高等因素影响，境外融资成为房地产企业融资的重要渠道（见表 7－4）。

**表 7－4　　2014 年国内部分房地产企业境外发债情况**

| 企业 | 市场 | 单位 | 品种 | 年限 | 金额 | 利率（%） |
|---|---|---|---|---|---|---|
| 瑞安地产 | 新交所 | 亿　元 | 票　据 | 3 | 25.00 | 6.88 |
| | | 亿美元 | 可换股永久后偿证券 | — | 5.00 | |
| 中国地产 | 新交所 | | 美元票据 | — | — | — |
| 雅居乐 | 港交所 | 亿美元 | 美元优先票据 | 5 | 5.00 | 8.38 |
| 新鸿基 | 港交所 | 亿美元 | 美元债券 | 10 | 3.00 | 五年期美债 +225 点 |
| 雅居乐 | 港交所 | 亿美元 | 有限票据 | 7 | 3.00 | 10.00 |
| 华润置地 | 港交所 | 亿美元 | 票　据 | 5 | 4.00 | 4.38 |
| | | 亿美元 | | 10 | 7.00 | 6.00 |
| 雅居乐 | 港交所 | 亿　元 | 优先票据 | 3 | 20.00 | 6.50 |
| 天誉置业 | — | 亿港元 | 公司债 | — | 0.30 | 10.00 |
| 金地 | 新交所 | 亿　元 | 点心债 | 3 | 7.50 | 6.88 |
| 合景泰富 | 港交所 | 亿美元 | 美元票据 | 5 | 3.50 | 12.75 |
| 龙湖地产 | 港交所 | 亿美元 | 优先票据 | 5 | 7.50 | 9.50 |
| 华南城 | 港交所 | 亿美元 | 美元优先票据 | 5 | 4.00 | 8.25 |
| 方兴地产 | 联交所 | 亿美元 | 美元票据 | 5 | 5.00 | 5.75 |
| 恒隆地产 | 港交所 | 亿美元 | 美元票据 | 7 | 5.00 | 美国国库加 235 点 |
| 恒隆地产 | 港交所 | 亿美元 | — | 7 | 5.00 | 美国国库加 235 点 |
| 时代地产 | — | 亿美元 | 美元票据 | 5 | 2.30 | 12.63 |
| 保利地产 | — | 亿美元 | 美元资券 | 5 | 5.00 | 5.25 |
| 仁恒置地 | — | 亿　元 | 债　券 | 3 | 4.00 | 新元互换利率加码 515 个基点 |
| 华润置地 | — | 亿美元 | 美元票据 | 5 | 3.50 | 4.38 |
| 越秀地产 | 联交所 | 亿美元 | 中期票据 | | 20.00 | — |
| 瑞安房地产 | | 亿美元 | 优先票据 | 5 | 5.50 | 9.63 |
| 佳兆业 | 港交所 | 亿美元 | 优先票据 | 5 | 0.04 | 9.00 |
| 世茂地产 | 贷款可通过美元或港元来支取 | 亿美元 | 美元贷款 | 4 | 6.00 | LIBOR/Hibor 加码 330 个基点 |
| 万科地产（香港） | 港交所 | 亿美元 | 美元债券 | 5 | 4.00 | 4.50 |
| 珠光控股 | 港交所 | 亿美元 | 优先票据 | 3 | 3.50 | — |
| 绿地集团 | 港交所 | 亿美元 | 高级票据 | 5 | 4.00 | 4.38 |
| 绿地集团 | 港交所 | 亿美元 | 高级票据 | 10 | 6.00 | 5.88 |

续表

| 企业 | 市场 | 单位 | 品种 | 年限 | 金额 | 利率（%） |
|---|---|---|---|---|---|---|
| 泛海控股 | 境　外 | 亿美元 | | | 3.50 | — |
| 景瑞控股 | 港交所 | 亿美元 | 优先票据 | 5 | 1.50 | 13.63 |
| 时代地产 | 港交所 | 亿　元 | 优先票据 | 3 | 9.00 | 10.38 |
| 新城控股 | 港交所 | 亿美元 | 优先票据 | 5 | 3.50 | 10.25 |
| 合景泰富 | 港交所 | 亿美元 | 优先票据 | 5 | 4.00 | 8.25 |
| 力高地产 | 港交所 | 亿美元 | 优先票据 | 5 | 1.30 | 13.75 |
| 绿地香港 | 港交所 | 亿美元 | 中期票据 | 3 | 5.00 | 4.38 |
| 世茂地产 | 港交所 | 亿美元 | 美元票据 | 3 | 5.00 | 9.65 |
| 珠光控股 | 港交所 | 亿美元 | 美元票据 | — | 0.40 | — |
| 当代置业 | 港交所 | 亿美元 | 美元票据 | 5 | 1.30 | 12.75 |
| 丽新国际 | 港交所 | 亿　元 | 票　据 | 4 | 6.50 | 7.70 |
| 勒泰商业 | 港交所 | 亿港元 | 债　券 | 8 | 4.00 | 8.00 |
| 天誉置业 | 港交所 | 亿港元 | 债　券 | 5 | 20.0 | 7.50~9.00 |
| 远洋地产 | 港交所 | 亿美元 | 美元高级债券 | 5 | 5.00 | 4.63 |
| 远洋地产 | 港交所 | 亿美元 | 美元高级债券 | 10 | 7.00 | 6.00 |
| 勒泰商业 | 港交所 | 亿港元 | 港元票据 | 3 | 2.00 | 10.00 |
| 泛海控股 | 港交所 | 亿美元 | 境外高级债 | 5 | 3.20 | 11.75 |
| 宝龙地产 | 港交所 | 亿　元 | 优先票据 | 3 | 15.00 | 10.75 |
| 新城控股 | 港交所 | 亿美元 | 优先票据 | 4 | 2.00 | 10.25 |
| 新城控股 | 港交所 | 亿　元 | 优先票据 | 2 | 15.00 | 9.75 |
| 天誉置业 | 港交所 | 亿港元 | 中期债券 | 5 | 23.00 | 到期日赎回债券本金额的100.55 |

**6. 房地产信托**

2014 年 68 家信托公司管理的信托资产规模和经营业绩增幅均有较大幅度回落，但总体平稳增长。房地产是资金信托的重要配置领域，对房地产的配置近年来表现一直比较平稳。2014 年资金信托投向房地产的规模为 1.31 万亿元，占资金信托投向比为 10.04%。

2014 年共新成立 7018 只信托计划，总规模达 7355.34 亿元；而 2013 年共成立 4706 只信托计划，7006.93 亿元。2014 年信托计划设立只数增加而单笔金额有所下降；

信托行业固有资产达 3586.02 亿元，所有者权益达 3196.22 亿元，全年一直处于上升走势，相比 2013 年年底分别上涨了 24.89%、25.09%，增速有所放缓；

集合资金信托、单一资金信托、财产管理信托余额分别为 4.29 万亿元、8.74 万亿元和 0.94 万亿元，占比分别为 30.70%、62.58% 和 6.72%，与年初相比分别上升 5.80%、下降 7.04% 和上升 1.23%；

投向基础产业、房地产、证券市场、金融机构、工商企业以及其他的余额分别为 2.77 万亿元、1.31 万亿元、1.84 万亿元、2.27 万亿元、3.13 万亿元、1.71 万亿元，占比分别为 21.24%、10.04%、14.18%、

17.39%、24.03%、13.12%；

融资类、投资类、事务管理类信托余额分别为4.70万亿元、4.71万亿元、4.56万亿元，占比分别为33.65%、33.70%和32.65%，与年初相比分别下降14.11%、上升1.16%和上升12.95%；

信托资产总规模达13.98万亿，其中房地产信托规模1.31万亿，占比10.04%；

新增信托总规模为1.03万亿元，新增房地产信托441.83亿元，新增房地产信托占新增信托总规模的比重为4.28%；

在新增房地产信托总规模当中，新增集合房地产信托规模为3079.48亿，占比为56.28%，新增单一房地产信托规模为2391.91亿元，占比为43.72%，集合房地产信托规模占比有变大趋势，大多数项目仍以住宅为主。

从房地产集合信托项目资金规模角度来看，2014年房地产集合信托项目资金规模在1亿元以下的有6只，在1亿~2亿元之间的有10只，在2亿~3亿元之间的有12只，在3亿~4亿元之间的有8只，在4亿~5亿元之间的有7只，在5亿~6亿元之间的有5只，6亿元以上的有4只（见表7-5）。

**表7-5　　房地产信托与其他融资模式的比较**

| | 融资形式 | 融资规模 | 融资门槛 | 资金用途 | 审批效率 | 融资成本 |
|---|---|---|---|---|---|---|
| 资本市场 | IPO、增发、发行债券等 | 较大 | 对企业资质要求很高，手续烦琐 | 限制较少 | 受政策影响，排队时间较长 | 较低 |
| 银行贷款 | 主要是开发贷、经营性物业抵押贷款的债权类融资 | 依据开发项目或投资物业收入规模测算 | 开发项目：具备四证、自有资金投资比例在30%以上经营性物业：具备营业证 | 受限 | 较慢：3—6个月 | 较低 |
| 券商及基金子公司 | 以通道业务为主的资管计划 | 较大 | 较低，但受监管机构的政策影响很大 | 限制较少 | 较快 | 较高 |
| 合伙私募 | 股权投资 | 根据项目具体情况确定（海外基金公司由于受外管局限制规模受限） | 对合作企业有严格审批条件 | 受限 | 依据融资规模而定 | 同股同权 |
| 信托融资 | 股权、债权、资产收益权融资，提供综合性的地产金融服务 | 根据项目具体情况确定，可大可小 | 依据不同的合作安排而定，受宏观调控影响比较小 | 限制较少，信托融资可贯穿房地产开发的全阶段 | 较快：1—2个月 | 视合作形式而定 |

**7. 房地产基金**

据不完全统计，2014年中国私募股权投资市场共有448支可投资中国内地的私募股权投资基金完成募集，披露投资金额的423支基金募集到位的可投资中国内地的总金额达到631.29亿美元，超越2008年再创历史新高；多层次资本市场建设、私募股权正式确立的宽松监管原则及对外投资合作的加快使得大量的国资背景产业基金、社会资本及中外合作基金相继设立，极大地促进了PE市场的募资积极性。

统计数据显示，投资市场共计投资943起案例，披露投资金额的847起投资案例共计投资537.57亿美元，较2013年实现大幅增长的同时创历史最高水平；新一轮国企混改、境内外并购市场的火爆、上市公司资本运作的活跃，以及生物医疗、移动互联网等新兴投资领域热潮的到来，在为不同层次私募股权投资机构带来机遇的同时，极大地带动了投资市场的膨胀，PE投资市场迎来“PE2.0时代”的到来。在退出市场上，共计实现386笔退出，其中IPO退出165笔，占比42.7%，较历史平均水平降幅明显；股权转让、并购等退出方式占比提升明显，退出渠道更趋多元化。房地产行业退出案例的提升成为股权转让激增的主要因素，香港资本市场延续了2013年的火爆，共计有56笔IPO案例实现退出。募资市场的火爆主要受益于新“国九条”明确构建多层次资本市场中鼓励大力发展私募行业，使得大量政府背景的产业资本涌入私募股权投资行业。与此同时，2014年正式确立的开放宽松的行政监管格局，极大地刺激了以境内外上市公司为主的资本的涌入，而2014年境内外合作的频繁开展也相继成立了数支规模较大的政府间合作基金。

从新募基金类型分析，448只新募基金仍以成长基金为主，共计235只，披露募集金额的216只基金共计募集386.17亿美元；其次为房地产基金，126只房地产基金中披露投资金额的121只基金共计募集104.39亿美元，完成募集数量及金额较2013年小幅下滑。并购基金完成募集68只，到位资金共计66.50亿美元，其中上市公司合作基金比例较大，相比2013年完成募集的并购基金增长了49只，金额增长了44.43亿美元，增幅明显。基础设施基金成为2014年度异军突进的基金类型，共计募集到位10只，披露投资金额的9只基金共计募集50.27亿美元。

从新募基金的币种分析，人民币基金共完成募集409只，披露募资金额的385只人民币基金共计募集483.04亿美元；外币基金共计募集39只，披露募集金额的38只基金共募集到位148.25亿美元。

2014年，退出市场共计实现386笔，退出方式相比2013年更为多元化。IPO作为主要的退出渠道，占比下滑，共有165笔案例通过IPO实现退出；其次为股权转让、并购，分别有76笔、68笔退出案例。在统计的8类退出方式中，IPO的平均回报水平依然最高，其次为借壳、并购。165笔IPO退出案例中，有56笔通过香港主板实现退出，上交所以36笔退出排名第二，之后依次为创业板、纳斯达克、中小板和纽交所。从回报水平来看，纳斯达克与上交所的回报水平优势明显。

2014年度的386笔退出案例分布于至少23个一级行业中，其中房地产、机械制造、互联网、生物技术、医疗健康及清洁技术行业的退出案例数排名比较靠前。房地产行业退出主要以股东回购及股权转让为主；而机械制造、生物技术/医疗健康及互联网仍然主要以IPO退出为主。从平均回报水平分析，食品和饮料、互联网及机械制造成为平均回报水平最高的三个行业。

随着不断有机构进入私募房地产基金市场，该领域的竞争也变得愈发激烈，对地产业投入的资金总量也在持续增加。这令地产商的融资成本有所下滑，同时私募房地产基金的收益也受到了一定的影响。这种现象在2014年有较为明显的显现。

尽管房地产私募基金的发展面临着重重困难，发展至今，人民币房地产基金的行业格局及发展阵营已基本形成。出于股东发起背景及基金管理团队的不同优势，不同基金在财务投资、项目投资方面各有侧重，股权、债权、夹层等各种投资类型也已纷纷实践。在提升行业发展的内在投资逻辑推动下，在房地产市场已发生巨大变化的客观形势下，勇于探索的房地产私募行业从业者亦在努力突破现有的发展瓶颈，开始将以获取土地为源头的项目建设模式转变为从项目开发伊始就注重与产业投资发展相结合，通过“产业+地产+金融+服务”的模式，在文化旅游、商业物流、健康医疗、绿色低碳、养老养生等产业领域进行全新实践。

目前市场上多数股权投资实质上都是一种夹层投资或者股权与债权结合的过渡模式。

我国尚没有真正意义上的私募房地产基金机构投资者。国际房地产私募基金的资金来源绝大多数来源于公共养老基金、企业养老基金、大学投资基金等机构投资者，其余来自于个人和基金合伙人，相比之下，机构LP的参与度较低，而散户LP的占比很高。根据国际私募房地产基金的经验以及结合投资人资产配置的实际因素，机构投资人成为人民币房地产基金未来主要资金来源是不可逆转的趋势，尤其是以养老金、险资为主体的机构投资者。

从宏观层面看，央行定向宽松等一系列货币政策初见成效，社会融资成本的下行趋势已逐步确立，房地产行业也有望从中受益。从行业环境看，房企利润率下行趋势已现，可选择融资渠道也逐步回归。这些因素将共同助推国内地产基金收益率逐步下降，向合理水平回归。

**8. 房地产互联网金融**

互联网金融自2013年起开始风靡国内并快速升温。将传统金融业与互联网精神结合，使得互联网金融更具透明度和凝聚力，中间成本低、操作便捷、参与度更高，大受市场欢迎。互联网支付、P2P网贷、大数据金融产品销售、众筹融资等多种互联网金融业态不断创新、演进。

房地产业作为资本市场的重要板块，在2014年与互联网金融加快了融合步伐，发展势头迅猛，对房地产本身、融资、个贷等行业业务领域产生了较大影响。同时2014年被称为房地产互联网金融的元年。2014年房地产互联网金融的新发展，大致划分为房地产电商金融P2P和房地产企业营销众筹两类。

**房地产电商金融P2P**

2014年，房地产门户网站成为房地产互联网金融平台建设的重要推动力量。搜房网、新浪乐居、搜狐焦点、平安好房网等门户网站相继推出房地产互联网金融产品，链接了开发商、购房者、投资人市场间的互联网金融空间。

天下贷。天下贷是由纽交所上市公司搜房网打造的房产信贷投融资交易平台，于2014年4月正式上线。主要通过互联网平台为有房屋贷款需求的人士取得贷款，同时也为平台投资人提供安全、便捷、高收益的投资回报。

房金所。房金所是易居中国、新浪、红杉资本联手打造的基于互联网房地产金融服务的投资理财平台，针对投资人提供安全、透明、便捷、高收益的固定收益理财产品，针对借款人提供购房综合授信的金融服务。

首付贷。首付贷是由搜狐焦点与搜易贷联合推出的一款创新互联网金融服务产品，旨在帮助购房者解决购房首付难题的互联网金融服务平台。

好房网。好房网是平安好房（上海）电子商务有限公司创建的房地产电子商务网站，是中国平安集团旗下重要成员之一，依托于中国平安强大的保险、银行、投资等综合金融业务支柱，致力于将金融与互联网融入房地产全产业链之中，推出全新的互联网金融房产营销模式。

基于房地产的互联网金融产品，亦即当下流行的P2P产品，主要瞄准购房过程中的首付款、抵押贷款等。P2P的典型模式为：网络信贷公司提供平台，由借贷双方自由竞价，撮合成交。资金借出人获取利息收益，并承担风险；资金借入人到期偿还本金，网络信贷公司收取中介服务费。其优越性在于，使传统银行难以覆盖的借款人在虚拟世界里能充分享受贷款的高效与便捷。

**房地产众筹**

众筹（CrowdFunding）是指通过互联网面向大众筹集资金，以帮助筹款人完成某个有特定意义的项目。2012年12月8日美国网站Fundrise率先将众筹的概念植入房地产中，诞生了“房地产众筹”模式。Fundrise提供用户住宅地产、商业地产及旅游地产等各种类型的不动产项目，投资门槛100美元，一经上线便获得了火爆的反响。

2014 年很多房地产企业都在尝试借助互联网金融渠道来筹集资金、促进销售，互联网金融的兴起让房地产企业多了一个融资渠道的来源。房地产市场低迷时期，涉足金融业成为房地产业多元化发展的一部分。自 2014 年下半年以来，国内各大房地产企业纷纷打出“互联网思维”的大旗，迅速吸收引进了房地产众筹模式，使得房地产众筹在房地产互联网金融领域格外耀眼。

（中国房地产业协会房地产金融专业委员会）

## 二、旅游地产

（一）年度旅游和旅游地产政策

**1. 3 月 5 日政府工作报告**

李克强总理在十二届全国人大二次会议上做政府工作报告时提出，将消费作为扩大内需的主要着力点。通过增加居民收入提高消费能力，完善消费政策，培育消费热点。要扩大服务消费，支持社会力量兴办各类服务机构，重点发展养老、健康、旅游、文化等服务，带实带薪休假制度。带薪休假制度的贯彻实施，将促进我国中长期度假市场需求的增长，而这类需要是确保旅游地产持续增长的基本保障。

**2. 5 月 1 日云南旅游条例**

2014 年 5 月 1 日，我国首个地方性旅游法规《云南省旅游条例》正式颁布和实施，其中，第二十三条指出，开发旅游资源和建设旅游设施，应当遵守有关环境和资源保护的法律、法规，依法进行环境影响评价。鼓励旅游经营者使用新能源、新材料，创建绿色环保旅游企业，开发生态旅游产品，倡导旅游者采用低碳、环保方式旅游。

第二十四条指出，以自然景观为主的旅游景区，应当加强对自然资源和生物多样性的保护，保障资源的可持续利用。利用民族文化资源、历史建筑和历史人文资源开展旅游经营的，应当保持其民族特色、传统格局和历史风貌。涉及文物保护的，按照有关规定办理批准手续。重点旅游城镇的新区规划和旧城改造，应当对旅游功能统筹规划；建筑规模和风格应当与周围景观相协调。

从以上条款内容可以看出，未来稀缺旅游资源的获得更难、开发限制更多、资源保护要求更高。在此要求影响下，未来云南重点旅游资源区的旅游地产开发，无论是在开发主体综合实力选择，还是在开发方案的审核方面都将更为严格，这必将推进云南旅游地产向精品化、高端化、深度化方向发展。

**3. 7 月 2 日国务院常务会议**

会议确定优化旅游发展软硬环境等三项措施以促进中国旅游业的改革发展。会议指出，要着力推动旅游业转型升级，旅游产品向观光、休闲、度假并重转变，旅游服务向优质高效提升。具体内容如下：

一要以改革开放增强旅游业发展动力。推动旅游市场向社会资本市场开发，进一步深化对外合资合作，提升旅游业水平。减少行政审批，在投融资、用地、宣传等方面加大政策扶持，做强旅游企业。根据该意见，未来旅游地产的投资开发仍将得到政府政策的支持，且开发方式将更加多元，国外优秀的旅游运营企业将会在中国旅游地产市场扮演重要角色。

二要优化旅游发展软硬环境。加大对旅游基础设施、公共服务和人才培养的投入。旅游基础设施建设既有利于改善旅游地产区域大环境，也是对提高旅游地产开发质量。而公共服务和人才培养的投入，将为旅游地产的发展提供持续内动力。

三要提升旅游产品品质和内涵。大力开发老年、民俗、养生、医疗旅游等。落实职工带薪休假制度。合理安排学校寒、暑假等假期，组织好夏令营、冬令营、研学旅行。用创意设计创新旅游产品。根据该措施，与养老、养生、文化为主题的旅游地产项目将受到市场追捧并向个性化方向发展。

**4.9 月 8 日国务院发文**

2014 年 9 月 8 日，国务院下发《关于促进旅游业改革发展的若干意见》（以下简称"意见"），明确了旅游业改革发展的重点任务分工及进度安排。该《意见》对旅游业产业地位及社会作用的强调以及对未来市场潜力的预期，为旅游地产的发展提供了极大的市场信心。

《意见》规定："坚持节约集约用地，按照土地利用总体规划、城乡规划安排旅游用地的规模和布局，严格控制旅游设施建设占用耕地。改革完善旅游用地管理制度，推动土地差别化管理与引导旅游供给结构调整相结合。编制和调整土地利用总体规划、城乡规划和海洋功能区规划时，要充分考虑相关旅游项目、设施的空间布局和建设用地要求，规范用海及海岸线占用。年度土地供应要适当增加旅游业发展用地。进一步细化利用荒地、荒坡、荒滩、垃圾场、废弃矿山、边远海岛和石漠化土地开发旅游项目的支持措施。在符合规划和用途管制的前提下，鼓励农村集体经济组织依法以集体经营性建设用地使用权入股、联营等形式与其他单位、个人共同开办旅游企业，修建旅游设施涉及改变土地用途的，依法办理用地审批手续。"

（二）年度发展调查

**1. 需求特征**

2014 年，休闲度假是中国最热门的消费话题。作为休闲度假的主要载体，旅游地产也受到了越来越多普通居民的关注。2014 年 9—12 月 CRIC 旅游地产在长三角、闽东南、两广、东三省、环渤海、西南、海南七大区域随机抽取问卷对象，共发放了 3500 份问卷，合计回收 3100 份有效问卷。其中长三角地区 500 份、两广地区 400 份、闽东南地区 200 份、东三省地区 500 份、环渤海地区 500 份、海南地区 500 份、西南地区 500 份。在此问卷调查数据的基础上，对中国居民的度假消费偏好和旅游地产置业偏好进行了全面的统计和分析。

**出行目的**。调研发现，中国居民的旅游动机多元化的趋势极为明显，仅 59% 的受访者的出行目的可以归纳到观光旅游、商务旅游、休闲度假、探亲访友、会议或奖励旅游等传统旅游动机中（见表 7－6）。

**表 7－6　　2014 年我国居民出行目的调研统计分析**

| 我国居民出行目的 | 占比（%） |
| --- | --- |
| 休闲度假 | 20 |
| 观光旅游 | 15 |
| 探亲访友 | 10 |
| 商务活动 | 10 |
| 会议或者奖励旅游 | 4 |
| 其　他 | 41 |

**旅行方式**。超过七成居民旅行会选择结伴同行，或与家人，或与朋友，这也与目前旅游目的地越来越注重家庭休闲度假产品开发基本相符（见表 7－7）。

表 7 – 7　　2014 年我国居民的主要旅行方式

| 我国居民的主要旅行方式 | 占比（%） |
|---|---|
| 家　人 | 41 |
| 朋　友 | 32 |
| 独自旅行 | 11 |
| 同　事 | 9 |
| 其　他 | 7 |

**旅游目的地偏好。**相对于 2013 年的数据，2014 年全国受访者选择海南、和西南度假所占的比例略有下滑，闽东南是近两年最兴的热点旅游目的地，28% 受访者表示喜欢这里休闲度假（见图 7 – 1）。此外，随着西北区域旅游业的兴起，其他的大部分受访者选择的是西北（宁夏、甘肃、青海等）区域。

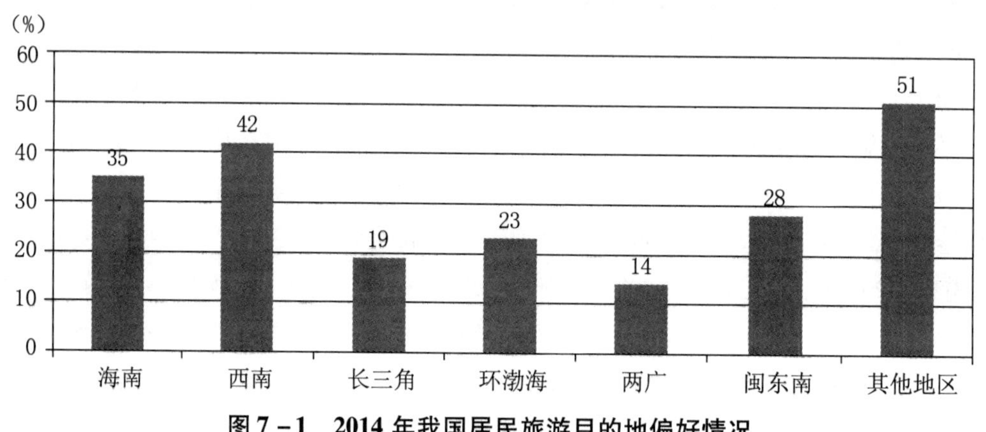


**图 7 – 1　2014 年我国居民旅游目的地偏好情况**

**旅游地产置业倾向。**2014 年购买旅游地产的潜在客户正在大增，数据显示，在随机抽样的受访者中近期就有购买旅游地产的人员占 8%，两年内有购买旅游地产打算的人员占到 17%，相较上一年，分别有 2 个和 5 个百分点的提升（见表 7 – 8）。

表 7 – 8　　2014 年我国居民旅游地产置业倾向

| 我国居民旅游地产置业倾向 | 占比（%） |
|---|---|
| 远期会有 | 41 |
| 无此打算 | 34 |
| 两年内会有 | 17 |
| 近期就有 | 8 |

**旅游地产置业目的。**对有购买旅游地产物业的受访者作进一步了解，发现基于旅游地产的增值保值性，接近 1/3 的人员表示购买旅游地产来投资（见表 7 – 9）。

表 7－9　　2014 年我国居民旅游地产置业目的

| 我国居民旅游地产置业目的 | 占比（%） |
|---|---|
| 度　假 | 29 |
| 投　资 | 26 |
| 养　老 | 16 |
| 其　他 | 29 |

**旅游地产置业区域偏好。**闽东南虽然为受访者最为偏好的旅游目的地之一，但在此购买旅游地产的意愿并不强烈。虽然在“偏好的旅游目的地”中海南、西南呈下跌趋势，但是在购置旅游地产度假物业时，超过 50% 的受访者还是会选择海南、西南等旅游地产发展较为成熟的区域。其中海南区域占到 28%。相较 2013 年，选择两广区域的人员比例下滑了 10 几个百分点（见图 7－2）。

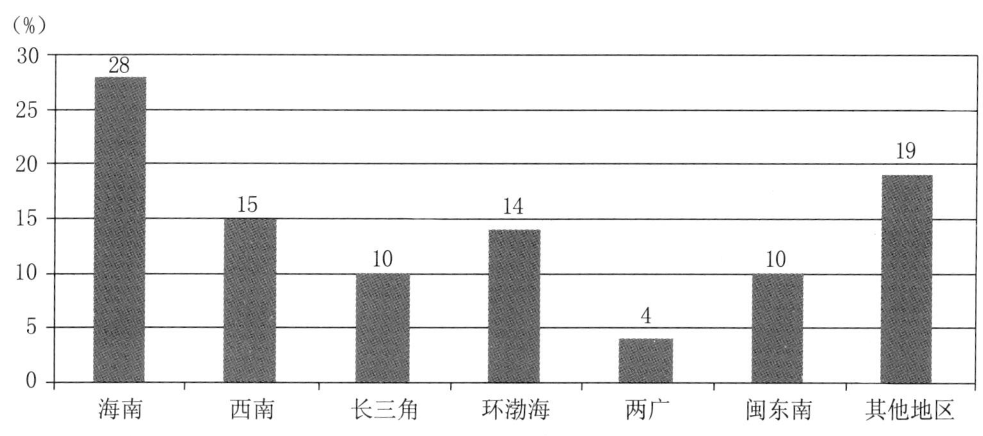


图 7－2　2014 年我国居民旅游地产置业区域偏好

**核心资源偏好。**从资源的偏好来看，湖景、海景、山景一直都是旅游地产项目的重大卖点，所占比例分别为：42%、31%、24%，但相对于 2013 年，受访者选择这三个资源的比例在下降，基于市场上会陆续推出新的旅游地产产品配套，比如休闲生态农业等（见图 7－3）。

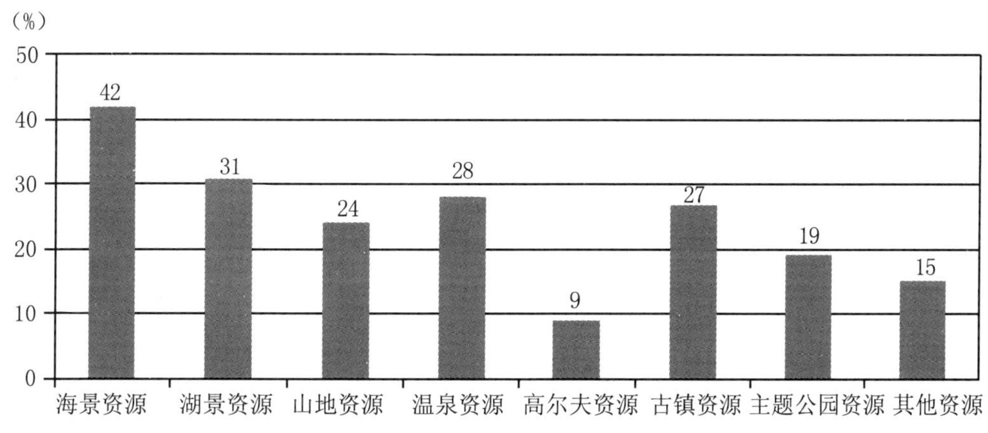


图 7－3　2014 年我国居民旅游地产置业景观资源偏好

**配套设施敏感性**。从数据来看，受访者比较关注旅游度假物业配套的吃、穿、玩，餐饮和购物配套还是稳居首位，其比例分别为49%和35%。同时，数据还显示，旅游地产置业客户也比较关注旅游地产的物业配套和度假配套（见图7-4）。

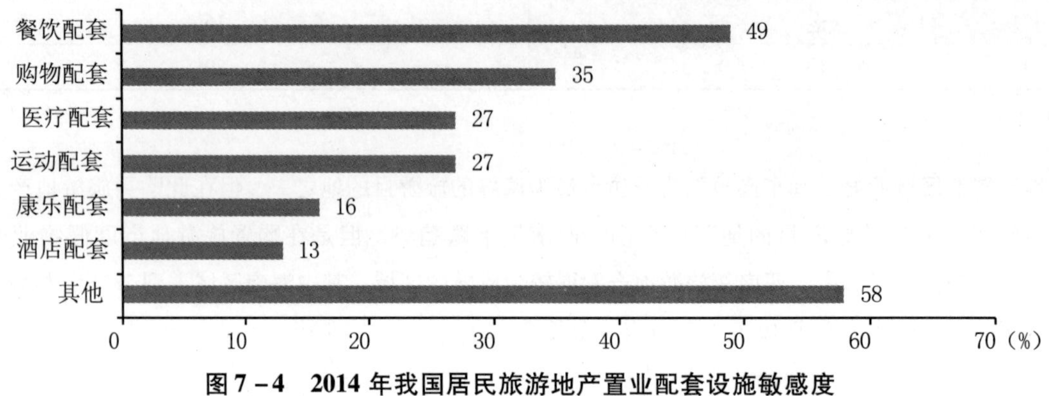


**图7-4　2014年我国居民旅游地产置业配套设施敏感度**

**物业类型偏好**。在物业类型的选择上，别墅产品仍然是多数意向置业者的选择。在公寓产品中自住和度假功能兼有的公寓是最受意向置业者欢迎的产品，相较于2013年，有了一个大的提升，2014年比例占到47%，而选择公寓、洋房、产权式公寓的比例相差不多，分别为：15%、18%、12%（见表7-10）。

**表7-10　　2014年我国居民旅游地产置业物业类型偏好**

| 我国居民旅游地产置业物业类型偏好 | 占比（%） |
|---|---|
| 别　墅 | 44 |
| 普通公寓 | 21 |
| 洋　房 | 17 |
| 产权式公寓 | 11 |
| 其　他 | 7 |

**面积段偏好**。对于度假物业的选择，70～120平方米的中小户型依旧是置业客户的首选，而面积大于250平方米的物业虽然选择者较少，但较2013年而言，已经提升2个百分点（见图7-5）。

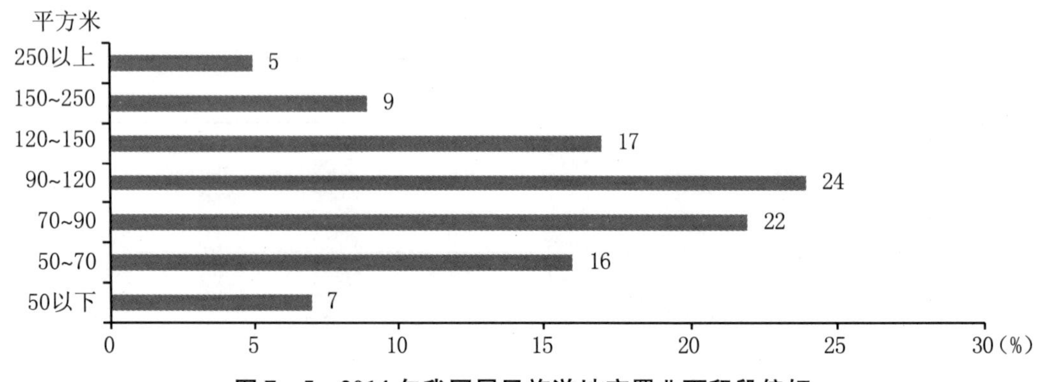


**图7-5　2014年我国居民旅游地产置业面积段偏好**

**价格承受能力表现。**在置业价格的接受能力上，目前我国居民更青睐低总价的产品，选择100万以下的旅游地产比例占57%。值得一提的是，较2013年而言，2014年能够接受500万以上豪宅的客户群已经占到5%（见图7-6）。

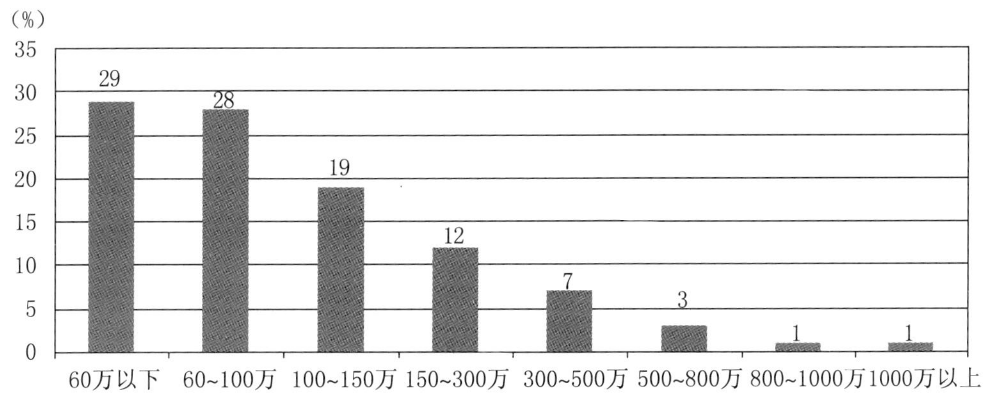


**图7-6 2014年我国居民旅游地产置业价格承受能力**

**信息获取渠道。**纸质的旅游地产项目信息传播作用最小，受众群所占比例极小，而相对立的网络宣传效果会有一个大的提升，其中网络广告占到33%（见图7-7）。

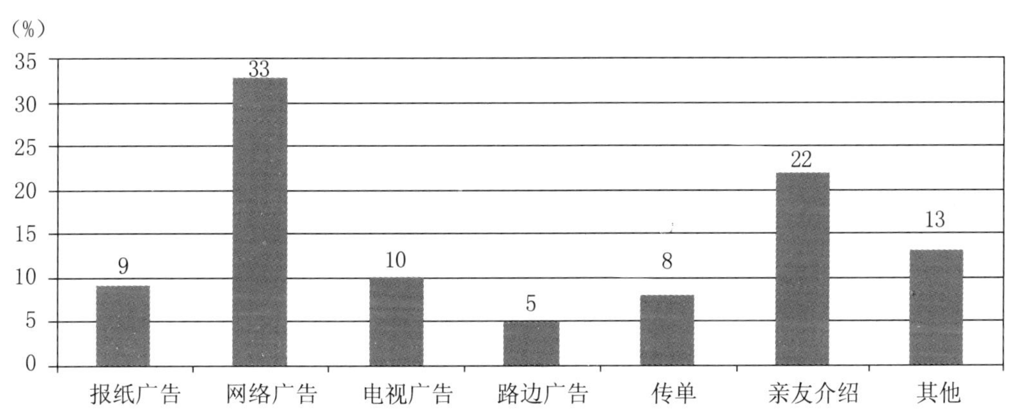


**图7-7 2014年我国居民旅游地产信息获取渠道**

**度假物业企业品牌偏好。**数据显示潜在置业者在购买度假物业时，大部分人会受到开发商企业品牌的影响，甚至有21.6%的受访者表示只会购买某些特定的企业开发的旅游地产（见表7-11）。

**表7-11 2014年我国居民对旅游地产度假物业购买的企业品牌偏好**

| 我国居民对旅游地产度假物业购买的企业品牌 | 占比（%） |
| --- | --- |
| 些许影响 | 60 |
| 只考虑某些企业开发的项目 | 22 |
| 毫无影响 | 18 |

**2. 规模数量**

随着房地产调整的持续深入，旅游地产等朝阳产业仍是不少房地产企业战略转型的主要选择。在此背景下，2014 年中国旅游地产仍然保持着良好的发展势头，全年全国新增旅游地产项目 2666 个，全国旅游地产总数达 7965 个（见图 7－8）。

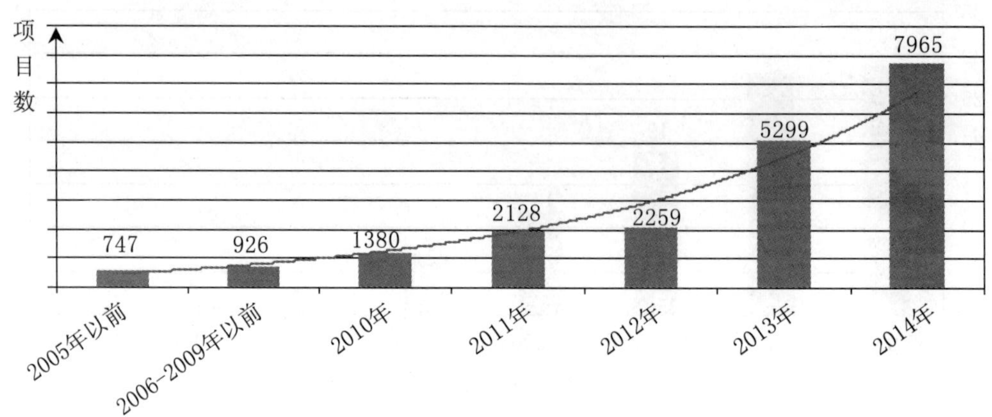


**图 7－8　我国旅游地产项目数量增长趋势**

从开发主体来看，旅游地产的开发主体规模依然在不断扩大。截至 2014 年年底，全国共有 5324 个来自不同领域的企业涉足旅游地产开发领域，相比 2013 年新增了 1766 家。当然，在这支庞大的旅游地产开发大军之中房地产企业仍然是主流，从各企业开发的旅游地产项目规模来看，排名前 10 的均为实力雄厚的房地产开发企业（见表 7－12）。

**表 7－12　　2014 年旅游地产开发项目规模排名前 10 的企业列表**

| 排名 | 开发商 | 占地面积（平方米） |
|---|---|---|
| 1 | 碧桂园地产 | 40910159 |
| 2 | 中信地产 | 26635894 |
| 3 | 雅居乐地产 | 22078331 |
| 4 | 恒大地产 | 18301402 |
| 5 | 万达集团 | 17512891 |
| 6 | 龙湖地产 | 15087909 |
| 7 | 世茂地产 | 12860623 |
| 8 | 万科地产 | 12212497 |
| 9 | 绿城地产 | 7450876 |
| 10 | 鲁能地产 | 2698260 |

从项目体量来看，2014 年不同体量项目的占比情况与 2013 年基本相同。体量在 20 万平方米以下的旅游地产项目约占旅游地产总数的七成，其中，近 30% 的旅游地产项目体量为 5 万平方米以下。体量在 50 万平方米以上的项目数量约占 9%（见表 7－13）。

表 7－13　　2014 年我国旅游地产项目占地规模情况

| 旅游地产项目占地规模 | 占比（%） |
|---|---|
| 5 万平方米以下 | 30 |
| 5～10 万平方米 | 21 |
| 10～20 万平方米 | 21 |
| 20～50 万平方米 | 19 |
| 50 万平方米以上 | 9 |

**3. 主要分布**

从发展格局来看，长三角、环渤海、海南三大区域是中国旅游地产项目最为集的三大区域，这三个区域的旅游地产项目数约占全国旅游地产项目总数的 57%。西南和两广区域的旅游地产也延续了前两年的快速发展势头，2014 年这两大区域的旅游地产项目数量分别增长了 1.5 倍和 1 倍，在全国旅游地产项目总数中的占比也分别增长 5 个百分点和 2 个百分点。除了往年提到的环渤海、长三角、海南、西南、两广以及闽东南六大个旅游地产发展重点区域以外，华中五省（湖北、湖南、河南、安徽、江西）的旅游地产发展也可圈可点（见图 7－9）。

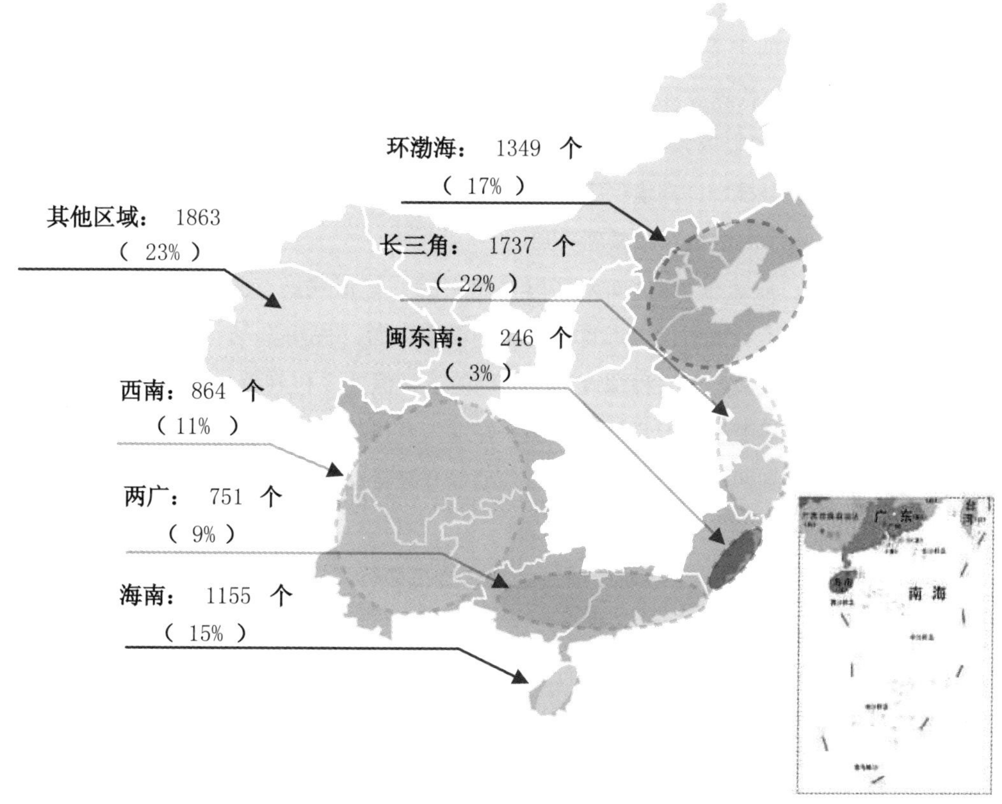


图 7－9　2014 年我国旅游地产发展格局示意图

**4. 依托资源**

从项目核心资源来看，湖泊、山地、滨海是旅游地产最为常见的核心资源。相对 2013 年，以滨海资源和以高尔夫等大型旅游项目为核心依托的旅游地产项目占比均有所下降。其中，以滨海资源为核心依托的旅游地产项目占比从 21% 下降到了 15%，而以高尔夫等大型旅游项目为核心依托的旅游地产项目占比则从 15% 下降到了 12%（见表 7－1）。

表 7－14　　2014 年我国依托不同资源的旅游地产项目占比情况

| 依托不同资源的旅游地产项目 | 占比（%） |
|---|---|
| 湖　泊 | 35 |
| 山　地 | 28 |
| 滨　海 | 15 |
| 高尔夫等大型旅游项目 | 12 |
| 古镇等历史文化资源 | 5 |
| 温　泉 | 5 |

（三）发展前景

**1. “丝绸之路”旅游年，呈现丝绸之路文化内涵**

国家旅游局将 2015 年中国旅游主题年确定为“美丽中国——2015 中国丝绸之旅旅游年”，口号确定为“游丝绸之路，品美丽中国”“新丝路、新旅游、新体验”“丝绸之路旅游年”是旅游行业贯彻落实习近平主席提出的“一带一路”战略构想的重要举措，预示着陕西、新疆、甘肃和宁夏等西部省份的经济、文化和旅游等产业，会借助丝绸之路概念踏上快速发展通道。尤其是经济带沿线各大拥有丝绸之路历史渊源、文化内涵的旅游景点和旅游地产项目，有望通过“丝绸之路旅游”带的集群效应，实现交通方面的互联互通，重大项目方面的实施和推进，品牌合作和联合推广，环境保障方面的突破等。

**2. 乡村旅游发力，“农味”旅游地产将成新亮点**

乡村旅游地产开发始于“农家乐”，进而发展出“民宿游”等形式。“农家乐”是一种简单的、陈旧的、过渡性的乡村旅游，初步满足了城市居民走近自然的精神需求；而“民宿游”，无论从参与深度，还是产品品质方面，都堪称乡村旅游的升级版，是一种深度的、休闲的、度假的乡村旅游。碍于乡村土地产权不清晰等障碍，乡村旅游在前几年发展稍显滞缓。但是伴随政策利好进入乡村旅游地产行业，未来发展前景十分乐观。总结来说，乡村旅游地产开发受到两个因素的带动，一是消费升级带动下的城市微旅游市场迅速崛起；二是政府政策导向，乡村旅游成为国家旅游业改革创新的重点。

**3. 首个地产项目“众筹”走俏，旅游地产项目金融化势在必行**

2014 年 9 月 30 日，央行、银监会《关于进一步做好住房金融服务工作的通知》发布，鼓励银行通过发行 MBS 和期限较长的专项金融债券等筹集资金以增加贷款投放。8 月 21 日，证监会发布了《私募投资基金监督管理暂行办法》，确立了监管部门对私募基金不设审批、事后监管、鼓励创新的监管政策。国家支持旅游地产发展政策的不断涌现，使旅游地产项目金融化成为一种时尚。旅游地产项目金融化是中国旅游地产的一次变革，这种变革是迟早的。可以说变革已经初露端倪。2014 年新兴的房地产金融平台频现，当下流行的平台诸如平安好房的“好房贷”，新浪与易居旗下的“一宝六贷”，搜狐旗下的“首付贷”以及易居的房金所等等，均是房地产与互联网的结合产物，房地产市场正在进入用互联网金融再造的阶段。

**4. 改善高空置率现象，旅游地产项目自运营平台搭建成风**

房地产行业的不断发展，国民休闲度假旅游需求的日渐成熟。供应和需求双方都不再满足“钱货两清、一次交易”的模式，“销售 + 运营”的地产开发模式应运而生。有实力的开发商不再只是寻找合作伙伴，而是自费搭建运营平台，将旗下项目相连结，形成联动发展。自运营平台化可以很大程度是改善空置率居高不下的现状。由于项目前期定位偏差、缺乏与所在地的产业结合、度假服务配套不完善，以及沿袭传统住宅营销模式、缺乏产业营销通道等多方面因素共同导致的空置问题，可以通过与城市配套相结合、分时度假营销等方式，借助自运营平台，实现旅游地产的重新盘活。

（克而瑞信息集团旅游地产事业部）

## 三、养老地产

（一）养老地产政策环境

随着养老产业政策密集出台，传统市场遭遇滑铁卢以及老年人口数量与养老需求的大幅增长，都直接或间接地推动了养老市场的快速发展。巨大市场潜在需求与养老设施供应严重不足的矛盾凸显，养老地产作为养老设施的主要部分具有稀缺性，行业投资价值日益显著。

受养老地产在成熟阶段表现出收益高、稳定性强、抗周期风险等特点吸引，以及国内养老地产的市场供需状况，各类机构纷纷进入养老地产投资、开发、运营领域，其中传统房地产开发商、产业投资者、保险公司、政府及国外投资机构成为主力。

2014 年 4 月 17 日国土资源部发布《养老服务设施用地指导意见》，明确了养老用地性质，各城市首块养老用地也相继拍出，养老地产项目百花齐放。如果说 2013 是养老服务业政策元年，那 2014 年是养老地产项目真正开局之年。打着养老概念圈地的少了，真正的养老地产项目多了，落地的养老项目多了。

（二）2014 年养老地产企业发展情况

进入养老地产市场的企业包括房地产开发企业、产业企业、险资企业、外资企业和其他企业五种类型。2014 年五大类型企业在养老地产项目方面的情况如下：

**1. 房地产开发企业**

| 说明 | 传统地产开发商基于对房地产细分领域的拓展、产品多元化的尝试以及寻找新的利润增长点等目的，介入养老地产投资开发，多以开发住房的思路开发养老地产，以养老的概念将产品进行差异化打造，最终以产品销售实现投资回报，养老地产的后期运营或者缺失或者委托专业养老服务机构。 | |
|---|---|---|
| 养老项目 | 中海地产 | 中海亲颐·玺悦（西安华山） |
| | 上海新东苑集团 | 新东苑·快乐家园（大连） |
| | 远洋集团 | 椿萱茂照料中心（大连） |
| | 绿城集团 | 乌镇雅园（嘉兴） |
| | 万科集团 | 万科城市花园·智汇坊（上海）、北京万科幸福家、万科怡园公寓（青岛） |
| | 保利集团 | 西塘安平老年健康生活小区（嘉兴） |
| | 花样年地产 | 健康产业园（深圳） |
| | 上海万峰房地产有限公司 | 香树湾国际养老社区（上海） |

**2. 产业企业**

| 说明 | 往往长期持有养老地产项目，以后期运营获得回报，相应的医疗康体、餐饮等养老配套服务较为全面 | |
|---|---|---|
| 养老项目 | 亲和源 | 荣华·亲和源（西安） |
| | 太阳城 | 运河源老年公寓（北京）、银龄公寓（北京） |
| | 乐成集团 | 乐成恭和苑（慈溪） |
| | 德地置业 | 天地建康城（上海） |
| | 永泰红磡养老投资集团 | 永泰·乐颐小镇 |
| | 复兴集团 | 复兴星堡 |
| | 日医学馆 | 日医学馆项目 |

**3. 险资企业**

| 说明 | 一般与养老保险产品挂钩，投保者在购买保险计划的同时获得入住养老社区的权利 | |
|---|---|---|
| | 泰康人寿 | 泰康之家·燕园（北京）、泰康之家·申园（上海） |
| | 合众人寿 | 合众优年生活持续健康退休社区（武汉、合肥、沈阳、南宁、济南） |
| | 平安保险 | 桐乡平安养生养老综合社区（嘉兴） |
| | 中国人寿 | 国寿（苏州）养老养生投资有限公司 |
| | 前海人寿 | 深圳项目 |
| | 养老项目 | 新华家园（北京）、新华家园（三亚） |

**4. 外资企业**

| 说明 | 进入国内养老地产的外资企业，一般具备比较丰富的养老地产项目运营经验、医疗护理经验等 | |
|---|---|---|
| 养老项目 | 凯建实业 | 凯健国际·浦东苑 |
| | 日本长乐控股株式会社 | 新华锦长乐颐养中心（青岛） |
| | 远洋地产、伦比亚太平洋管理有限公司 | 椿萱茂·凯健（亦庄）老年公寓 |
| | 台湾品安生命集团 | 大足养老中心（重庆） |
| | 美国安德丽投资集团有限公司 | 国际养老社区（马鞍山） |

**5. 其他机构**

| 说明 | 政府、基金、大型国企等，多数项目在前期建设或者方案阶段，更多偏重于社会福利，为老年人提供居住和照料服务 | |
|---|---|---|
| 养老项目 | 首都钢铁 | 一耐养老项目（北京） |
| | 中国石油 | 天府惠泽桃园颐养中心（成都） |
| | 中国水利水电 | 重庆三担健康城（重庆） |
| | 中国红十字会 | 济南曜阳老年国际公寓（济南）、福州曜阳老年国际公寓（福州）、五指山曜阳老年国际公寓（五指山） |
| | 扶绥县政府、五行创展投资 | 中国乐养城（崇左市） |
| | 宝钢集团 | 中国乐龄城（绵阳市） |
| | 钟山学院 | 江苏钟山颐养院 |

（三）2014年养老项目分布特征

从空间上看，2014年养老地产项目主要分布于以北京、天津、大连、青岛为代表的环渤海经济圈；以上海、嘉兴、南京为代表的长三角城市圈；以及广深地区、成渝地区、海南岛都是养老地产项目开发的热点地区，其他地区为散点状，如西安、武汉等（见图7-10）。

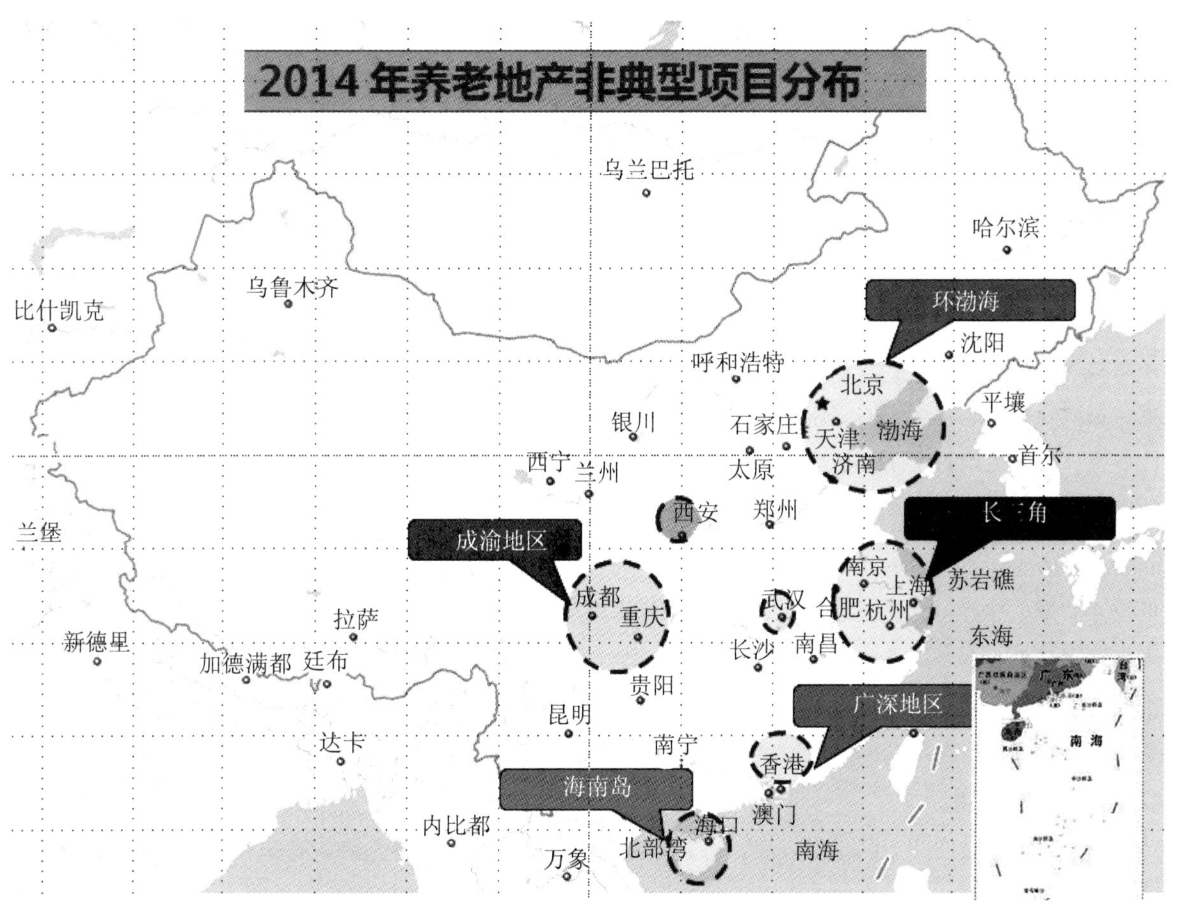


图7-10　2014年养老地产非典型项目分部

（四）养老地产行业存在的问题

**1. 养老地产市场发育尚不成熟**

支付能力问题。2009 年，中国的老龄化率 12.5%，当年的人均 GDP 为 3677 美元；日本同等老龄化水平的时间点为 1980 年（12.8%），当年日本的人均 GDP 已经超过了 9000 美元。也就是说，达到同等老龄化水平时，中国老百姓的平均收入仅为日本的 40%。“未富先老”，是中国不得不面对的一个痛。此外，实施了 30 多年的计划生育政策之后，形成 421 的家庭结构，如果不是老年人自己有足够的积蓄，要靠子女来实现养老地产的消费，经济压力非常之大。

养老观念问题。中国的老人和子女，都不希望把老人送到专门的养老机构去。从老年人的角度看，子孙绕膝是中国老人最希望的状态。一些市场化运作的养老机构入住的老人主要是公务员、教师、医生等高知人群。他们的普遍特点是：①思想比较开放，能够突破并接受传统观念；②子女多在国外，子女本来就不跟他们住在一起。但问题是，当下中国这个群体的数量还是十分有限的。

**2. 行业的政策支持力度不够**

国内舆论对于养老，一直有“养老事业”和“养老产业”两种说法。简单来说，“养老事业”是指政府兜底的具有社会福利性质的养老服务；“养老产业”则是指各类民间主体为老年人提供服务的盈利性经济活动的总和。

由于中国社会快速进入老龄化阶段，老龄人口快速增加，政府兜底的“养老事业”已经难以满足老年人的养老需求，养老必须依赖社会力量，也即“养老产业”的介入。然而，当前的养老政策，过于区分“养老产业”与“养老事业”，“养老产业”很少获得来自政策层面的支持，这也是社会化养老机构收费一直居高不下但又很难盈利的重要原因之一。

作为养老产业的重要一环，养老地产也面临的同样的问题。所以，在政策层面，应该加强对养老地产的支持，积极研究在土地政策、税收政策以及补贴政策对养老地产的支持，吸引社会力量积极介入养老地产的开发，为养老地产行业助力，有效解决中国养老问题。

**3. 社会养老服务配套跟不上**

养老地产不是孤立的，它是养老产业当中的一个环节，它的发展，需要养老产业各个环节的配合，尤其是社会化养老服务体系的支撑。但是，目前养老地产面临医疗、护理、教育、金融等上下游产业支持不足的社会大环境，也就是我们经常所说的“未备先老”。

比如说，养老地产对于康复护理的需求非常之大，但是整个社会这方面的供给却非常有限。据粗略估计，目前整个社会专业护理人员的缺口在 250 万以上。老年护理人员数量的不足，严重制约了养老地产的大规模开发。

很多养老地产项目，往往需要开发商自行开发并运营一家医疗机构，开发商的很多精力都消耗在这方面上。更为严重的是，很多养老地产开发商好不容易把医疗机构建起来之后，老年人医保卡的跨区域使用又成为一道难关。

整个养老行业上下游配套的滞后发展，已经成为制约养老地产快速发展的重要因素。

**4. 房地产思维严重**

一方面是看好银发时代下的银发经济；另一方面是传统地产行业日渐饱和，这迫使传统地产开发企业大量涌向养老地产市场。据统计，目前市场上参与养老地产开发的主体中，来自传统房地产开发企业的多大 80 多家，基本上占了整个市场的 7 成以上。

传统房地产开发企业的惯常做法就是，开发完房子一卖了之，基本上不需要面对后续持续经营的问题。在这种“房地产思维”之下，这些来自传统地产行业的养老地产开发商，在项目上大量采用销售的模式，以期快速回笼现金。因此，他们往往只重视项目硬件的打造，争取尽快卖出去。但是，一个养老地产项目的成功，不仅仅是把房子建成，请业主入住就可以了，更为重要的是需要持续的专业运营。缺少在养老运营方面的投入和持续关注，一个养老地产项目的成功只能是小概率事件。

（五）养老地产项目发展趋势

**1. 融资渠道多样化**

相较于传统住宅地产，养老地产因其兼具投资回报周期长与投资成本高的特征，往往很难获得银行贷款；部分上市公司虽然介入养老项目开发，但股市融资受整体市场环境影响较大，股市融资大门难开；2014 年民间借贷平均利率达 15.6%，资金匹配度不高，因此其融资渠道备受关注。目前，养老地产企业的融资渠道虽然依旧偏少，但是政府和民间都进行了很多有意义的尝试，融资渠道逐步呈现多样化趋势。

2013 年 9 月 13 日国务院下发文件，提出“逐步放宽限制，鼓励和支持保险资金投资养老服务领域”，这为保险资金大规模进入养老地产铺平道路。

原本热衷于投资常规地产的资本已经开始转向养老地产领域。挚信资本于 2010 年年底入股亲和源 1 亿人民币，美国城堡投资正准备募集 10 亿美元投资中国富裕地区的商业养老地产项目。长青基金已经与首创置业、重庆和润养老养生公寓发展公司等合作开发养老地产。

2014 年 5 月 22 日中国第一支权益类 REITs 产品中信启航上市，标志着 REITs 产品在中国市场的破冰。从国外经验看，REITs 是非常符合养老地产的资本市场产品，相信不久的将来，REITs 将成为养老地产拓宽资金的重要渠道。

2015 年预期会有更大范围的养老金融政策放开，如果对外资开放，将会对中国养老地产融资渠道产生重大影响。

**2. 客群大众化**

当前养老地产市场中，主流的产品为高端养老公寓、养老社区等，客户群体主要为具备较高支付能力的活跃高端老年人群。例如北京的燕达国际建康城，押金 50 万 ~ 100 万元，月费 8000 ~ 13000 元；杭州金色年华押金 50 万 + 年费。这种收费水平，远超出普通消费群体的接受能力，普通大众还只能依靠低水平的国家兜底方式养老。

从 2013 年开始，房企、险资与金融投资公司纷纷展开自身的养老地产业务布局，投资总额超千亿。随着大量养老地产企业进入市场，有限的高端养老市场竞争会越发激烈，在市场空间的限制下，会有更多企业在空间更加广阔大众化养老地产领域加大投资，从而推动养老地产从高端化向大众化转变。

**3. 养老项目社区化**

养老地产产品模式在不断探索中，目前有专门建设型综合养老社区模式如亲和源、北京太阳城；景区景点 + 养老社区（公寓）模式，如乌镇雅园；专门建设养老公寓模式，如和熹会、远洋椿萱茂；普通社区 + 养老社区（养老公寓）的社区养老模式如万科・随园嘉树。但从各个项目的运营情况来看，普通社区 + 养老社区模式更容易被大众接受。

养儿防老、子孙绕膝、天伦之乐等传统养老观念及害怕孤独、无助、冷漠等对老年群体影响深刻，大多数老人不愿远离子女独自居住。普通社区配建养老公寓（社区）的社区化养老是老年群体最容易接受的形式，是最符合中国国情的养老地产产品。

这种模式的好处有三个：一是心理层面，解决了老人不愿远离子女居住的问题。这种“混居”社区能够让老年人接触到其他年龄段的居住着，保持与外界环境的接触，解决了被抛弃，子孙不孝，孤独、无助的问题；二是经济层面，相对其他类型的养老公寓或专门建设的综合型养老社区，入住成本和服务成本较低，更容易接受；三是配套层面，比如北京就规定，新建社区必须配建800平方米以上的养老服务用房，这是第一次从政策上对养老地产的社区化做出引导。

我们认为，养老地产社区化是符合市场需求的，北京出台的政策就是在引导养老地产的发展方向。预期2015年，其他地区也会有相似的政策跟进；市场方面也会有更多项目涉足，例如万科良渚文化随园嘉树项目就是典型代表。

**4. 养老项目连锁化**

跟传统地产相比，养老地产是一个专业化程度非常高的地产类型。目前一些开发企业介入养老地产的做法很多是与成熟养老地产开发商合作，通过品牌引入、团队引入快速打开市场，这客观上带来了连锁化的发展。

亲和源在全国挑选适宜的地区进行品牌复制，除起家的上海亲和源外，还成立了海南亲和源老年俱乐部有限公司、辽宁亲和源投资有限责任公司、浙江琳轩亲和源投资有限公司、黄山光明亲和源老年俱乐部有限公司4家连锁公司，所有亲和源项目的服务理念、经营模式与上海亲和源保持一致，工作人员由上海亲和源统一培训。

当前在各类企业争相涌入养老地产行业的同时，取得先机的企业已经开始探索养老项目的品牌化、连锁化经营。连锁化可以自营或品牌输出，将优势资源共享，形成规模扩张，对于降低成本、快速占领市场、打响品牌有积极的推动作用。

连锁化可以自营或品牌输出，将优势资源共享，形成规模扩张，对于降低成本、快速占领市场、打响品牌有积极的推动作用。2015年，养老地产的连锁化会取得快速发展。

**5. 养老智能化**

2014年，中国养老护理人员缺口达250万，同时老年人口增长速度大于护理人员增长速度，因此养老护理人员不足的现象在将来相当长的一段时间内存在。欧美国家的探索和实践表明，智能化技术可以大幅度提高护理效率，减少老年人群对护理人员的依赖，同时提供性价比较好的辅助服务。

养老智能化可以在以下领域获得应用：一是监测技术在提早发现健康风险方面可以发挥关键性作用。美国的实践表明，居家智能网络可以在老人重大健康问题出现之前10—14天内监测到异常变化。英国的有关数据表明，早诊断，早干预可以节约大量医疗费用。二是远程照看和远程医疗技术在帮助老年人独立居住方面可以发挥关键性作用，远程技术试验可以显著降低糖尿病，心脏病患者住院次数和死亡率。三是日常生活辅助技术能帮助失能、半失能者完成日常生活，如开关、进食乃至消除孤独。

2014年5月（北京）国际服务贸易交易会上，多家科技企业展示了老年医疗健康云服务最新技术，“智能终端穿戴设备＋移动终端APP应用＋互联网云服务平台＋线下六位一体服务”大数据支持下的医疗健康、安全监控、智能养老新模式是最大的亮点、只能终端穿戴设备可以对体征数据24小时不间断采集、监测、实时上传到云服务平台，并依托专业团队对大数据进行分析对比，得出健康报告，根据老年人生活起居和饮食习惯给出健康管理建议。

养老智能化是养老护理人员不足情况下的有益补充，是大数据在康复、医疗、护理领域的重要实践，是养老地产发展的一个重要方向，2015年将有更多的养老智能化技术在养老项目中得到实践。

（克而瑞信息集团战略顾问事业部）

## 四、物业管理

（一）物业管理行业发展现状

**1. 行业发展不断快速，社会关注度稳步提升**

全国物业管理面积超过150亿平方米，管理的资产价值超过150万亿元，服务业主4亿~5亿人。根据第三次经济普查报告显示，全国物业服务企业10.5万家，比2008年年底增加4.66万家，增长79.8%，高于全国法人单位数量52.9%的增长速度。物业服务企业从业人员411.6万人，比2008年年底增加161.5万人，增长63.9%，高于全国从业人员数量30.4%的增长速度。物业服务企业从业人员占全国房地产业企业877.2万从业人员的47%。

**2. 政策法规频频出台，行业发展日趋规范**

从住房城乡建设部《业主大会和业主委员会指导规则》《物业承接查验办法》的制定，浙江省人民政府办公厅《关于加快发展现代物业服务业的若干意见》发布，以及《江苏省物业管理条例》修订颁发。到上海、北京、天津、重庆、四川、山东、湖南、安徽、江西、辽宁、广西、河北、陕西、新疆、成都、郑州、武汉、合肥、南京、福州等省市地方性法规和规范性文件的印发。国家和各地物业管理政策法规频频的出台，推动了物业管理法制体系的进一步健全和完善，对培育市场、规范服务、引导行业健康有序发展起到了积极作用。

**3. 服务品质不断提升，业主满意度逐步提高**

物业服务企业从市场竞争出发，积极转变服务观念，从“以企业为中心”转变为“以客户为中心”，更加关注客户需求的识别和满足，推行客户关系管理，实施客户满意战略。各地从改善民生出发，大力开展物业管理行风建设，规范物业服务行为。上海实施住宅区综合管理三年行动计划，搭建“962121”物业服务平台；河北、成都、北京、重庆、内蒙古、宁夏等地开展“物业服务质量年”活动；深圳市开展“第三方业主满意度测评”。这些活动的开展对减少物业服务投诉、信访数量和促进管理区域的和谐产生了积极作用。

（二）物业管理行业发展问题

**1. 物业服务费欠缴率高**

据2013年《北京市物业服务企业经营状况调研报告》对2740个物业项目的统计数据显示，物业服务费平均欠缴率达到21.51%，有57万户业主欠缴物业服务费，欠缴总额达20.53亿元，户均3233元，直接导致84.6%的物业服务企业处于亏损状态，亏损最多的企业达到498万元。一些物业服务企业不堪重负，加之业主的不理解，只好退出亏损的项目，给居民的正常生活造成了影响。

**2. 企业成本压力大**

用工成本的持续刚性上涨，以广州为例，2010—2013年间，职工最低工资标准和社保福利的政策性刚性调升超过50%。同时，对物业管理适用5%的营业税税率，相对交通运输业、建筑业、邮电通信业、文化体育业等行业3%的税率明显偏高。此外，物业服务企业向业主收取的物业服务费由物业服务支出和酬金两部分构成，其中服务支出属代业主支付清洁、秩序维护、绿化养护、设备设施维修保养等开支，与居民水电费、取暖费和燃气费一样具有代收代付的性质，作为税基不合理。物业服务企业经营风险日益加剧。

**3. 行业责任边界不清**

物业管理涉及政府部门、建设单位、业主、物业管理企业等多方主体，权利义务关系十分复杂，责任交织，边界模糊，成为矛盾和纠纷的多发地。建设单位遗留的质量缺陷、车位不足造成的“停车难”、市政公用设施设备运营管理出现问题、业主私搭乱建等产生的矛盾，致使物业管理行业代人受过的现象较为普遍存在。

此外，部分省市至今没有落实《物业管理条例》关于“物业管理区域内，供水、供电、供气、供热、通信、有线电视等单位应当向最终用户收取有关费用”的规定，导致水、电、气、暖等总表和分表的差额部分由物业服务企业承担。

**4. 从业队伍人才匮乏**

管理规模扩大和业主要求的提高，使得行业对懂经济、会经营、善管理、知晓法律，具有创新开拓精神的复合型人才需求激增，人才匮乏已经成为制约行业发展的突出问题。此外，一线员工流动率不断走高，也是当前企业遇到的难题。深圳部分物业服务企业提供的资料表明，基层员工年平均离职率在50%左右，秩序维护员离职率有的高达80%。企业留不住有经验的管理人员和熟练操作员工，对保持和提升管理服务水平都带来负面效应。

（三）企业特色服务理念

**1. 万科物业：睿服务体系**

万科物业睿服务体系，主要由项目现场、属地管理中心（专家、顾问师）及云端技术平台三部分构成。属地管理中心的专家组对拟接管项目做数据审计、综合评估、改造训练与上线运营以及对已接管项目现场人员做训练、督导与评价；云端的统一技术平台对属地专家提供运营管理技术支持以及为项目员工与客户提供应用终端；项目现场运用云端技术来实现项目高效运营和良好的客户感受。睿服务体系根据各岗位的特性，将现场员工划分为管家、场所管理、秩序维护以及业务支持四大模块，实现了从管理视角到客户视角、从被动等候到主动发现客户需求的双重转变。睿服务体系大量运用技术手段，各类岗位配置、作业流程甚至是员工的经验都能通过软件应用及改造的硬件固化到相应的工具当中。现场岗位操作简单易行，配套标准化的训练体系让员工能够迅速、精准地掌握岗位核心技能。属地的专家将在全新的合伙人激励机制下，运用这一套新的标准化体系对项目现场做训练、督导与评价。通过平台的运作，整个万科物业将成为一个内生驱动的系统，持续、稳定地为客户、员工、合作方提供服务，实现系统的价值，实现万科物业的可持续发展。

**2. 长城物业：打造一应云物业生态圈和社商生态圈**

“一应云智慧平台”包括“物业云”与“社商云”两个部分。“物业云”包括了呼叫中心（可自设远程坐席）、o－crm（客户关系管理）系统、pms（物业管理）系统、eln（在线学习）系统等子系统，企业可以根据需要自由组合并选择使用。“社商云”是一套针对物业企业开展社区商务而定制的运营管理系统，包括订单系统、库存系统、结算系统、会员系统、积分系统、商家管理系统、店面管理系统等10多个子系统。生态圈的打造可以提升顾客满意度，提高物业服务效率，提供社区开源平台。这三个价值，有助于物业企业可持续发展，推动社区生活方式碟变进行。

**3. 绿城服务集团：推广和使用“幸福绿城”APP**

随着移动互联技术的发展，众多房企依托物业，纷纷瞄准移动互联网为基础的物业服务模式，以求在传统的物业管理费用之外，通过平台开展增值服务带来长期的利润，实现由开发向服务的模式转型。“幸福绿城”APP，正在绿城物业服务的众多社区里大范围的推广和使用。每位业主只要通过APP，就可以轻松了解到小区的最新信息和公告，可以随时报修、提建议、投诉，可以随时购买桶装水和粮油米面等生活品，并获得上门配送服务，还能找到家政、洗衣、外卖、购物、旅游等其他日常服务内容，并能实现线上下单甚至支付，能极大地方便小区住户。近一年来，“幸福绿城”APP分阶段已在200多个小区推广，拥有了近5万的注册用户，占入住业主数的50%以上。未来“幸福绿城”APP功能将更为强大，譬如，物业公司会整合基于小区1公里范围内的实体商店服务，并与电商、物流公司形成联盟组建独立的O2O生态，建立会员体系。更为关键的是，新型物业公司未来还将是一家整合互联网金融服务的公司，为家庭提供理财、融资、借贷、投资等系列化的金融服务。

**4. 彩生活：上市后积极进行行业并购**

彩生活物业集团 2014 年 6 月在香港上市，成为第一家中国上市的物业服务企业。2014 年 11 月成功收购新加坡 Steadlink Asset 公司，首度进入国际物业管理业务，取得了海外物业管理的经验。2015 年 2 月 16 日又斥资人民币 3.3 亿元收购高端物业巨头开元国际 100% 之权益，是迄今为止国内物业管理行业出现的规模最大的一宗并购案例。管理覆盖范围已延伸至中国 109 个城市及海外 1 个城市，集团在有关城市订约管理 796 个住宅社区，并与 469 个住宅社区订立顾问服务合约，合约管理建筑面积合共超过 2 亿平方米。

（四）行业创新发展方向

**1. 推进市场化进程**

市场决定资源配置是市场经济的一般规律。行业应坚持以市场为导向，处理好政府、企业和市场的关系，贯彻落实《国家发展改革委关于放开部分服务价格意见的通知》（发改价格〔2014〕2755 号）文件要求，使市场在资源配置中起决定性作用，加快形成物业服务收费水平随成本变动，通过市场动态调节达到“质价相符”的价格联动机制。

**2. 实现多元化发展**

物业服务企业作为一种生活性服务行业，把握业主从传统消费向新型消费升级的大趋势，充分利用掌握终端客户资源的优势地位，从建立新的商业模式、服务方式和管理方法入手，挖掘和整合物业管理服务平台的商业价值，拓展服务范围，延伸服务链条，实现战略性、多元化的跨界经营，满足业主不断增长的各类服务需求，逐步向现代物业服务集成商、物业资产运营商、物业保障服务商等模式转变。

**3. 建立共赢发展模式**

充分发挥市场机制作用，积极引导社会资本参与行业发展，鼓励企业通过参股控股、兼并重组、协作联盟、上市等方式做大做强，形成一批具有较强核心竞争力、较高品牌美誉度的现代物业企业集团，提高中型企业的专业服务能力和内部管理水平，引导小型物业服务企业规范发展，逐步形成以示范龙头企业为引领、中小企业协同发展的良好态势。

**4. 重构行业专业价值**

宣传行业优秀企业在服务质量提升、商业模式创新、经营绩效改善、社会责任承担等方面突出作为，实现房产的保值与增值，树立企业优质服务、创新发展的专业品牌价值。充分发挥物业管理在“提供管理服务，让业主安居乐业，构建和谐幸福家园，建设智慧社区”上的优势，彰显物业管理在以人为核心的新型城镇化进程中的社会价值。

**5. 唤起社会对物业的认同**

长期以来，由于扭曲的价格，导致社会对物业服务价值认识上的扭曲，物业服务企业和业主对服务内容和价格会存在较大偏差，物业服务价值被严重低估了，似乎就是保洁、保安等简单的重复劳动。物业管理的本质是通过专业水准对物业进行保养和维护，使其在保证正常使用的同时，物业能够保值、增值，业主共同的利益和社会公共利益能够合理体现。物业也是一个有生命力的物体，合理的付出，选一个好的物业服务企业是保证巨额资产健康、长寿的基本要素。物业服务企业应该用行动和事实来证明物业管理的价值所在，让业主感受到，把他们一生中最贵的资产托付给有专业水准的企业打理，确实物有所值。

（中国物业管理协会）

# 附：

## 2014 年北京物业管理行业发展情况

### （一）北京物业管理行业概况

**1. 管理概况**

截至 2014 年 9 月，北京市 8 亿多平方米的城镇房屋建筑中，有 5.72 亿平方米、6416 个项目实施了物业管理，占全部城镇房屋建筑面积的 72%。其中，有 4.34 亿平方米、3909 个住宅项目由物业企业实施专业化物业管理，覆盖了北京市住宅总量的 80% 以上。北京市共有注册物业企业 2756 家，其中，一级企业 127 家、二级企业 353 家、三级企业 2276 家。此外，还有 57 家外埠企业在京从事物业管理经营活动。北京市已成立业主大会 1126 个，其中居住类 1081 个、非居住类 45 个，实施物业管理的居住项目业主大会成立比例为 27.7%。

**2. 行业特点**

据北京物业管理行业协会抽样调查表明，北京物业管理行业属于劳动密集型行业。企业管理人员平均占比为 25%，一线作业人员占 73.6%。整体学历水平低。中专以下学历占比为 75.29%。技术力量薄弱。企业管理人员仅 6.37% 的人员有技术职称，操作人员中有 53.08% 没有技工证书。从业人员年龄结构偏大。29 岁以下（含 29 岁）占比 28.03%；30 ~ 49 岁占 45.99%；50 岁以上（含 50 岁）占 27.08%。其中，男性多偏重于技术维修和秩序维护岗位，女性在保洁、客服岗位中占多数。平均薪资低，收入差距大。加权平均后企业的平均职工工资 4.5 万元/年。以一线作业人员为例，工程技术人员平均年薪为 3.854318 万元，保安、保洁、绿化员、车管工平均年薪则在 2.5 万元以下。但企业高管如董事长、总经理等年薪高则可达 44.3 万元，次之的有 32.34 万元、26 万元、21.7 万元，最低的则是 4.65 万元。物业项目经理人薪水也有一定的差距，最高年薪可达 37 万元，次之的 17 万元之多，最低的则是 4.6 万元。

**3. 成本构成**

成本构成基本没有变化，即仍由管理人员费用、共用设施设备维护费用、清洁卫生费用、绿化养护费用、秩序维护费用、办公费用、固定资产折旧、公共责任保险费以及税金等 9 大部分组成，以 2013 年的数据为例，这九部分占比分别为：27%、27%、11%、4%、15%、9%、1%、1%、5%。成本逐年持续上涨。人工、材料、能源等刚性成本连年上涨，北京市最低工资标准由 2000 年的 412 元上涨至 2014 年的 1560 元，几乎翻了两番，比如聘用一名保洁人员的工资由 2000 年的 400 元上涨至 2014 年的 2500 元左右，上涨幅度非常明显。

**4. 服务费收支**

服务费价格水平低。据北京物业管理行业协会抽样调查数据，普通住宅小区项目平均物业费为 1.17 元/平方米/月；经济适用房平均物业费为 0.94 元/平方米/月；拆迁安置项目平均物业费为 1.62 元/平方米/月；写字楼项目平均物业费为 10.38 元/平方米/月；政府类项目平均物业费为 9.18 元/平方米/月；医院、学校项目平均物业费为 1.72 元/平方米/月。工业园区项目平均物业费为 12 元/平方米/月。在物业费上涨困难的情况下，企业收入不增长而成本在增长，经营压力大。收费模式以包干制为主。包干制模式是最为主流的收费经营方式，在目前公示项目中包干制项目占比 83%，酬金制只占 17%。欠缴数额巨大。根据北京市住建委 2011 ~ 2013 年数据统计，3 年欠缴费平均为 18.43 亿元。2013 年欠费户数达到 57 万户，户均欠费 3233 元。

**5. 商品住宅专项维修资金使用情况**

自 2009 年以来，北京市商品住宅专项维修资金使用量以年均增长 85% 的速度快速增长。进入 2014 年，这种快速增长的趋势依然在持续。截至9月底，北京市当年累计支取商品住宅专项维修资金4.97亿元，同比增长88%，已超过2013年全年使用3.92亿元的水平，截止2014年9月北京市已经累计支取商品住宅专项维修资金12.7亿元，约占资金归集总量382亿元的3.3%。

截至2014年9月底，在使用维修资金进行的维修工程中屋面防水和电梯维修所占比例较大，从近三年统计数据来看，这两项维修工程资金使用量分别占当年资金使用总量的73%、77%和67%，其他维修工程按资金使用量从多到少排列分别为消防系统维修更新、供水系统维修更新、外墙维修、门禁系统维修更新、给排水管线维修等。

城六区中维修资金使用量排在前三位的是丰台区、朝阳区、海淀区，分别为11628万元、10213万元、6192万元；远郊区中昌平区、通州区维修资金使用量较大，分别为5211万元和4537万元。5个区共申请使用专项维修资金3.78亿元，占北京市资金使用量的76%。

自2013年11月28日《关于简化程序方便应急情况下使用住宅专项维修资金有关问题的通知》（京建法〔2013〕20号）文件印发后，截至2014年9月底北京市已审核应急支取项目256个，使用资金约7784万元。

（二）制约行业发展的主要问题

**1. 调价机制缺失，物业费上调困难**

缺乏合理的调价机制、物业收费标准偏离服务成本是制约物业管理市场健康发展的一个重要因素。目前北京市商品房物业服务收费实行的是市场调节价，经济适用住房实行政府指导价。商品房由于业主大会成立困难、物业管理市场主体协商机制不健全、业主对物业费上调存在排斥心理等多种原因，物业费难以上涨，严重背离质价相符的基本市场规律，物业企业普遍出现亏损情况，普通住宅和老旧小区尤为严重。

**2. 业主大会运作不规范，物业服务市场主体缺位**

业主大会成立难、运行不规范问题突出，原因有几个方面：一是业主参与意识不强，自身组织能力弱，从发起成立申请到成立筹备组再到开会形成决议最后备案这一整套流程非常繁琐，加之业主委员会成员又完全属于奉献行为，没有任何报酬，因此很多业主参与积极性并不高；二是2010年北京市出台《北京物业管理办法》，明确将业主大会成立和运行的监督指导权放到了街道办事处和乡镇人民政府，但街道、乡镇对组建业主大会心存顾虑，加之人员不足、对政策不熟悉，因此对这项工作的推动并不积极；三是业委会委员准入门槛低，素质参差不齐，加之业委会法律地位不清晰，不具备法人资格，实际上成了只有权力没有义务或很少义务的一个主体，政府无法对其实行有效监管。

**3. 物业企业参差不齐，市场化水平不高**

北京市目前注册的物业企业中，有82.6%的是规模较小、管理面积较小、服务水平不高、市场竞争力不强的三级企业，有些企仅仅管理着一个项目，没有规模效益，既不利于通过集约化、规模化的经营降低成本提高效益，也不利于行业主管部门的监管。此外，大量低水平企业依靠吸纳低端就业人员降低物业费争夺市场份额，也在无形中破坏了健康有序的市场环境，导致企业间的恶性竞争。

**4. 多部门职责不明确，行政监管力量不足**

从实际情况来看，物业管理不再是一个简单的行业管理问题，而是一个复杂的社会管理问题。物业管理涉及的行政职能部门有27个之多，涵盖了住建、国土、规划、公安、工商、地税、城管、质监、民防、水务、卫生、市政市容、消防、交通、法院、民政、社会管理、园林绿化等部门，还涉及供电、供水、排水、燃气、通讯等多个专业经营公司，但地方规章对上述部门在物业管理区域内的职责分工没有明确界定，加之行政指导监管力量不足，导致这二十几个部门在小区内的履职不到位，最终将管理触角止步于小区红线之外，客观上形成“只要在小区内，就是物业企业的事”的局面。

**5. 业主欠费，缺乏有效治理手段**

业主欠费是对物业企业和全体业主合法权益的侵害，如果得不到根治容易形成负面效应，破坏市场环境，使行业处于恶性循环中。业主欠费原因是多方面的，有的是因为对物业服务的某些瑕疵不满，有的是因为花钱购买服务的意识尚未建立，当然也有一些是纯粹的恶意欠缴。目前通行的办法是物业企业和业主双方协商解决或者是到法院起诉解决，这两种方式解决起来成本都很高，而且效果不好。前者协商不好很容易形成长期的矛盾纠纷，后者存在立案难、判决难、执行难问题。

**6. 专项维修资金使用、续筹难，增值收益不高**

维修资金使用难的原因很复杂，除了受到上位法关于使用维修资金需要 2/3 以上业主同意的限制，体制上多头管理、使用审核和资金支付相分离的模式使得支取步骤更为繁琐。另外，北京存在大量产权类型复杂的小区，同一小区甚至同一栋楼内既有普通商品房，又有房改房、央产房、中央国家机关房屋等多种性质的房屋，维修资金也涉及中直、国管、住房资金管理中心等多个部门，使用起来很复杂，有的小区支用一笔资金甚至需要几年的时间，这在客观上也加剧了企业的经营压力和矛盾纠纷发生的风险。

**7. 老旧小区遗留问题严重，市场化难**

老旧小区的物业管理问题很复杂，有一部分属于历史遗留问题，但归根结底还是业主消费意识滞后、支付能力和意愿不足，这部分小区的业主原来没有交物业费的意识，全部由单位负担，引入准物业管理和专业化的物业管理，都涉及一定的费用，这其中就会产生矛盾，因此很多小区推行专业化、市场化的物业管理比较困难。

（北京物业管理行业协会）

# Ⅷ.大事记

# 2014 年全国房地产大事记

**1. 房企金融机构频联姻，海外融资创四年内月度新高**

2014 年首月，内地房企掀起了新一轮海外发债融资高潮。包括万达集团、中海地产、世茂房地产、合景泰富、佳兆业等在内的逾 20 家内地房企，都在 1 月份陆续披露境外发债计划或意向计划，涉及总额度超过 600 亿元人民币，资金规模同比增幅超过四成；而 600 亿元的单月融资规模，更创造了四年内单月新高。

**2. 国土部不再安排人口 500 万以上特大城市新增建设用地**

1 月 10 日，国土部部长姜大明在全国国土资源工作会议上就实施国土资源节约集约利用行动计划，着重严控增量、盘活存量问题做出阐释：中央要求东部三大城市群发展要以盘活土地存量为主，今后将逐步调减东部地区新增建设用地供应，除生活用地外，原则上不再安排人口 500 万以上特大城市新增建设用地。

**3. 京沪杭深首月土地出让金逾千亿元**

开年以来，各地土地市场热度不减，成交规模仍然较高，尤其是北京、深圳、上海、杭州四个城市，截至 1 月 23 号土地出让金已达 970 亿元，同比大增 251%。其中，北京土地成交总额高达 403.10 亿元，已经接近去年一季度的总量，杭州 331.48 亿元的土地出让金比上一年前 4 月的还高，而上海闸北区大宁路街道 325 街坊地块，最终以 101 亿元成交，溢价率达 111.59%，再一次推高上海本月的土地成交额。财政部最新数据显示，2014 年全年，国有土地使用权出让收入 4.26 万亿元，同比增加 1340 亿元，增长 3.2%。

**4. 春节后杭州首降价，全国市场进入调整**

2 月 18 日，杭州德信·北海公园项目，针对“楼王”推出“准现房清盘特惠价”活动，均价仅为 15800 元/平方米，而其降价前，整个项目中间套均价在 18000 元/平方米左右，降幅高达数千元。随后，邻近的天鸿·香榭里项目将在售价格从 17000 元/平方米左右降至 13800 元/平方米。这一事件打响了杭州楼市 2014 年降价的第一枪，并引发了全国媒体的关注。从 3 月开始的一轮“降价潮”，起初还只是中小开发商在降价促销。进入 4 月，随着九龙仓、万科等大型开发商也纷纷加入促销打折的队伍，降价潮开始在全国蔓延。

**5. 我国今后一个时期保持经济中高速增长有基础**

2 月 24 日，中共中央政治局召开会议，讨论国务院拟提请第十二届全国人民代表大会第二次会议审议的《政府工作报告》稿。中共中央总书记习近平主持会议。会议强调，今年我国发展面临的形势依然错综复杂，有利条件和不利因素并存。我国仍处于可以大有作为的重要战略机遇期，新型工业化、城镇化持续推进，区域发展回旋余地很大，今后一个时期保持经济中高速增长具有良好基础。

**6. 2014 年房企海外投资热潮不退**

3 月 3 日绿地集团对外宣布，就马来西亚新山市两个项目签署合作备忘录，计划斥资近 200 亿元人民币进行投资建设，其中一项目将成为迄今为止中国企业在马来西亚投资的最大规模房地产单体项目。8 月 7 日，万达集团宣布已中标洛杉矶比佛利山市威尔谢尔大道 9900 号项目地块，将投资 12 亿美元，建设高端综合性地标项目。这也是万达集团在年内，继西班牙、芝加哥后的第三宗大型海外投资。12 月 15 日，绿地集团在美国纽约的布鲁克林太平洋公园项目正式开工，该项目计划总投资超 50 亿美元，是中国房企迄今为止在美最大投资。加上洛杉矶绿地中心项目，绿地在美项目总投资额达 60 亿美元。2014 年，在国内房地产市场不景气的背景下，房企“出海”势头凶猛。

**7. 乐居成功在美纽交所上市**

3 月 10 日，易居（中国）控股有限公司宣布旗下全资子公司乐居控股有限公司（“乐居”）已向美国证监会递交了招股书。与此同时，易居宣布与腾讯签署战略合作协议，将共同开发基于房地产移动电商的相关软件和工具。4 月 17 日，乐居在纽约证券交易所正式上市，股票代码 LEJU，发行价 10 美元，发行数量 1000 万股，首日收盘价 11. 86 美元，涨幅 18. 6%。

**8. 万科启动合伙人制，掀房企股权激励潮**

3 月 15 日，在万科春季例会上，总裁郁亮正式提出“事业合伙人”制度。4 月 23 日万科召开合伙人创始大会，共有 1320 位员工首批入围，其中包括郁亮在内的全部 8 名董事、监事、高级管理人员。之后代表万科事业合伙人集体的盈安合伙在资本市场，先后通过 9 次增持，购买万科 3. 59 亿股，占总股本的 3. 26%。此外，万科的项目跟投制度自 4 月 1 日开始实施到 5 月 25 日，已有 19 家公司的 29 个项目进行跟投。自万科推出“事业合伙人”后，碧桂园、龙湖、绿地等大型房企也纷纷推行各自的合伙人计划。

**9. 国家新型城镇化规划出台**

3 月 16 日，中共中央、国务院印发《国家新型城镇化规划（2014—2020 年）》，《规划》提出四大任务即有序推进农业转移人口市民化、优化城镇化布局和形态、提高城市可持续发展能力、推动城乡发展一体化，同时强调要统筹推进人口管理、土地管理、资金保障、城镇住房、生态环境保护等制度改革。

**10. 2014 中国房地产 500 强发布，万科恒大万达位列三甲**

3 月 19 日，“2014 中国房地产 500 强测评成果发布会暨 500 强峰会”在北京举行。会上，中国房地产研究会、中国房地产业协会与中国房地产测评中心联合发布了《2014 中国房地产开发企业 500 强测评研究报告》，报告显示，万科集团以超群的综合实力连续六年位居榜首，恒大地产和万达集团跻身三强，绿地集团、保利房地产、中国海外、世茂房地产、碧桂园、绿城和龙湖地产分列四到十位。

**11. “京津冀”一体化推动区域楼市升温**

3 月底，中央强调了京津冀协同发展的战略，三地的发展蓝图也成为不久前结束的全国“两会”中代表、委员热议的焦点。这让早已规划多年，但始终发展缓慢的京津冀一体化再度看到了“春天”。虽然具体规划尚未出台，相关举措还未制订，但燕郊、涿州、固安等环北京地区的楼市却持续“升温”。3 月 26 日，河北省出台《关于加快新型城镇化进程的意见》，进一步明确了京津冀一体化战略部署。《意见》出台后，河北部分区域楼市升值空间优势突显。

**12. 住建部确立共有产权住房试点城市**

4 月 2 日，住建部召集部分城市在北京召开一场共有产权住房试点城市座谈会，北京、上海、深圳、成都、黄石、淮安等 6 个城市明确被列为全国共有产权住房试点城市。除了开展共有产权房试点，住建部领导亦要求，各地在完善试点的基础上，探索建立符合国情的保障性住房供应体系。

**13. 养老服务设施用地政策落地**

4 月 23 日，国土资源部发布了《养老服务设施用地指导意见》提到，经养老主管部门认定的非盈利性养老服务机构，其养老服务设施用地可采取划拨方式供地；盈利性养老服务设施用地，应当以租赁、出让等有偿方式供应，原则上以租赁方式为主。在逐渐加重的老龄化趋势背景下，养老设施用地政策终于在更高层面上有了具体的定调。

**14. 288 房价指数 21 个月以来首次环比下跌**

5 月 1 日，克而瑞信息集团（CRIC）、易居房地产研究院、中国房地产测评中心联合发布 2014 年 4 月“中住 288 指数”。报告显示，2014 年 4 月，中国城市住房（一手房）价格 288 指数为 1098.3 点，较上月下降 0.3 点，环比微跌 0.02%，同比上涨 6.90%，全国一手房价格指数自 2012 年 7 月以来连续 21 个月上升后首次出现下跌。至 2014 年 12 月，288 指数已环比连降九月，同比更首次出现下跌，降幅为 0.74%。

而这一变化趋势与国家统计局公布的房价指数相一致。6 月 18 日，统计局公布了 5 月份 70 个大中城市住宅销售价格变动情况。数据显示，5 月新建住宅销售价格较上月下跌 0.2%，为过去两年来首次环比下跌。

**15. 福建光耀地产发声明，承认因资金问题延迟交楼**

5 月 6 日，中国百强房企——光耀地产因多个楼盘交付不了，公司面临倒闭。此外，光耀地产还被中华人民共和国最高法院列入全国失信被执行人名单中，主要因资金链出现问题。次日，光耀地产发布澄清公告，回应称濒临停业或已经停业消息不实，但间接承认资金链紧绷和多个项目延迟交房的事实。在市场销售不佳的情况下，中国房地产企业因资金链问题导致经营风险进一步加剧。

**16. 房地产税列入经济体制改革九大重点任务**

5 月 16 日至 17 日，2014 年全国经济体制改革工作会议在北京召开，房地产税列入今年经济体制改革重点。会议提出，要深化财税金融改革。实施全面规范、公开透明的预算制度，规范政府举债融资制度，推进营改增试点、消费税、资源税、房地产税、环境保护税等税制改革。

**17. 多城房产中介联合抵制搜房网**

5 月 29 日，杭州 9 家二手房中介公司集体下架杭州搜房网的所有房源，打响了此次一系列抵制事件的第一枪。同日，重庆 10 家中介机构也结成联盟，向搜房网提出了约束涨价行为和竞争手段等要求。随后类似的联盟在全国各地纷纷成立，北京、青岛、深圳等多家中介宣布停止与搜房网合作，并提出改变收费方式等诉求。90 天内搜房市值蒸发 225 亿元；6 月 27 日，搜房网宣布基本同意中介公司的三大诉求，双方达成和解。此次搜房网与中介之间的博弈才告一段落。

**18. 房地产中介行业服务收费走向市场化**

6 月 13 日国家发改委和住建部发布《关于放开房地产咨询收费和下放房地产经纪收费管理的通知》，将房地产经纪服务的收费定价权下放到省级政府自行决定。未来，房地产经纪服务收费有望逐步走向市场化，服务费用将和中介公司的服务质量挂钩，由市场决定。

事实上，2014 年房地产中介行业一方面受到市场销售下行带来的业绩下滑压力，另一方面不得不面对互联网平台冲击所引发的行业变革，于是开始探索新的经营模式。最终何种模式能够成为最终赢家，还有待市场检验。

**19. 京沪穗汉四城开展以房养老试点**

6 月 23 日，中国保险监督管理委员会下发《关于开展老年人住房反向抵押养老保险试点的指导意见》，决定从 7 月 1 日起，在北京、上海、广州、武汉等四个城市开展老年人住房反向抵押养老保险试点，试点工作至 2016 年 3 月 31 日。至此，此前讨论广泛的“以房养老”试点政策落地。

**20. 万科完成股票 B 转 H 交易方案**

6 月 25 日，随着香港联交所的上市锣声敲响，万科 B 转 H 方案终于修成正果。上市 21 年的万科 B 股成为历史，转板后的股票将以 H 股的形式在香港联交所上市交易，股票代码“2202. HK”，股票简称“万科企业”。万科也成为继中集和丽珠之后，国内第三家成功实现 B 转 H 的上市公司。

**21. 互联网金融联袂房地产业成趋势**

5 月 15 日，平安旗下的平安好房网上线，高调宣布实行“房地产 + 互联网 + 金融”的模式，打造房地产业的“淘宝”，宣称“去中介”与“零手续费”，好房宝 1 号正是该公司的首款金融产品。7 月 1 日，由新浪和易居中国联手打造的国内首家互联网房地产金融服务平台“房金所”正式预告上线，立志于精心打造国内最大、最专业、最透明的房地产互联网金融 O2O 服务平台。11 月 11 日，远洋地产拿出上万套房源与京东联手推出众筹项目，这是互联网金融与房产电商模式的又一次创新。当前，房地产企业金融化趋势受到业界的普遍关注，尽管眼下进军金融领域的房地产企业不多，却有愈演愈烈的趋势，“互联网金融”已经成为近来中国资本市场的关键词之一。

**22. 国开行获央行万亿资金再贷款，支持棚户区改造**

今年二季度，央行给予国开行 3 年期的再贷款 1 万亿元，专门用于支持住房金融事业部，而这部分资金主要投向是棚户区改造，贷款利率 6%，还款来源是国开行住宅金融事业部未来在银行间债市发行的住宅金融专项债券。7 月 10 日，央行行长周小川表示，央行要通过货币市场的有效传导机制，来体现央行政策利率对市场的引导作用，央行正为短期利率和中期利率准备工具。

**23. 搜房宣布战略入股世联行及合富辉煌**

7 月 10 日，搜房宣布两宗战略合作，分别入股中国排名第一和第四的新房代理公司深圳世联行及合富辉煌。根据公告，搜房将从世联行的定向增发交易中认购其 10% 的总股份，涉及总额约 1.2 亿美元；搜房将从合富辉煌的定向增发中认购，并且向现有股东购买股份，总股份达到合富辉煌流通股本 17%，涉及总额约 9100 万美元。

**24. 新一轮户籍制度改革启动**

7 月 30 日，国务院发布《关于进一步推进户籍制度改革的意见》。《意见》共分为五部分，以进一步调整户口迁移政策、创新人口管理、切实保障农业转移人口及其他常住人口合法权益三个方面为切入点，提出了 11 条具体政策措施，新一轮户籍制度全面改革正式进入实施阶段。

**25. 邯郸房企融资危机，民间借贷乱象堪忧**

2014 年 7 月，河北省邯郸市的标杆房地产企业金世纪老板史虞豹负债 30 多亿元，跑路香港，引发邯郸房企连锁反应。随后，万聚、卓峰等本地知名开发商资金链出现断裂，无力兑付民间集资本金和利息，引发集资群众恐慌，导致业主围堵马路，一大批参与集资的群众浮出水面，邯郸楼市陷入危机。这次邯郸房地产企业涉及民间集资规模达 93 亿元，波及全市约 10% 的家庭。

**26. 中国首次进行土地管理利用情况专项审计**

8 月 17 日，全国土地管理利用情况专项审计由中国国务院主导，审计范围一直下到县级，主要针对 2008—2013 年五年内的土地出让金收支、土地征收、储备、供应、整治、耕地保护及土地执法情况进行审计，涉及财政、国土、住建、发改委、林业、农业等多个系统。审计署的 18 个特派办将全程参与。这是中国首次全国性土地管理工作审计，其中土地出让金问题最为民众所关注。

**27. 恒大千亿进军粮油产业，房企跨界涉足多元化领域**

8 月 27 日，“恒大粮油”四个大字及“放心粮、放心油”字样首次出现在广州恒大足球队的球服，显示了恒大地产进军粮油产业的决心。9 月 1 日，恒大粮油、恒大乳业、恒大畜牧三大集团举办成立揭牌仪式暨恒大粮油集团全国订货会，119 亿元的天量订单，超过 5000 人在内蒙古开了一场史无前例的草原现场订货大会，演绎了一场比任何一个项目开盘都更热闹的盛大演出。随后，恒大又大步进军乳业，今年 9 月收购新西兰咔哇熊乳业，生产咔哇熊婴幼儿配方奶粉。经历了长期而审慎的调研，在经过前三个战略阶段后，恒大正式进入第四阶段——“多元 + 规模 + 品牌”战略阶段，由此开启一系列房企跨界涉足多元化领域的篇章。

**28. “央四条”颁布，个贷放松刺激住房需求**

2014 年 9 月 30 日，中国人民银行和银监会发布《关于进一步做好住房金融服务工作的通知》，简称“央四条”，重点内容是放松个人房贷，要点是：认房不认贷，对于拥有一套房并已结清贷款再购第二套普通商品住房的家庭，贷款最低首付款比例为 30%，贷款利率下限为贷款基准利率的 0.7 倍。

**29. 京沪调整普通住宅标准**

9 月 30 日，北京市住建委对目前执行的北京市普通住宅标准的认定以及契税缴纳标准进行调整，五环内总价不超过 468 万或单价不超过 3.96 万元/平米，二者满足其一即可；11 月 13 日，上海市住房保障和房屋管理局发布了《关于调整本市普通住房标准的通知》，自 11 月 20 日起，上海市对普通住房的认定标准调整为：单套建筑面积在 140 平方米以下；实际成交价格内环线以内的低于 450 万元/套，内环线与外环线之间的低于 310 万元/套，外环线以外的低于 230 万元/套。

**30. 国务院常务会议提出“稳定住房消费，加强保障房建设”**

10 月 29 日，国务院总理李克强主持召开国务院常务会议，部署推进消费扩大和升级，促进经济提质增效的措施。在房地产领域，会议明确提出，要稳定住房消费，加强保障房建设，放宽提取公积金支付房租条件。

**31. 两会召开第六届中国房地产科学发展论坛，适应新常态、迈向新发展**

10 月 30 日至 31 日，以“创新转型”为主题的第六届中国房地产科学发展论坛在天津召开，刘志峰会长作《迈向新发展》主题演讲。本次论坛聚焦房地产新形势，探索新理念，总结新模式，推广新技术，提出了房地产业在下一阶段的发展思路，为历届规模最大、人数最多、影响力最大的一届论坛。

**32. 地方相继调整公积金贷款政策**

继各地限购松绑、央行“9·30”新政后，多地陆续发文调整公积金政策。据不完全统计，上海、苏州、武汉、贵阳、长春、成都、杭州、济南、南京等超过 30 个城市对公积金贷款政策进行不同程度调整。

**33. 年底土地市场火爆，一线城市地王频出**

在政策面持续刺激的大环境下，年底土地市场迎来“地王”的井喷式成交。11 月 18 日，中民投联合体以 248.5 亿元夺得黄浦区小东门街道 616、735 街坊地块，刷新上海总价地王记录；11 月 24 日，越秀地产以 64 亿元竞得红云涂料厂地块，广州年度总价“地王”诞生。浦东前滩 12 月两块土地以每平方米 6.6 万元楼板价转让。

**34. 国务院颁布农村土地流转意见**

11 月 20 日，中共中央办公厅、国务院办公厅印发了《关于引导农村土地经营权有序流转发展农业适度规模经营的意见》，《意见》提出，按照中央统一部署、地方全面负责的要求，在稳步扩大试点的基础上，用 5 年左右时间基本完成土地承包经营权确权登记颁证工作。农民流转土地后可以到小城镇买房就业，促进城镇化的发展，带动房地产的投资与开发。

**35. 央行定向下调存款准备金率和人民币存贷款基准利率**

2014 年 4 月 25 日，央行宣布下调县域农村商业银行人民币存款准备金率 2 个百分点，下调县域农村合作银行人民币存款准备金率 0.5 个百分点；2014 年 6 月 16 日，央行再次宣布对符合审慎经营要求且“三农”和小微企业贷款达到一定比例的商业银行下调人民币存款准备金率0.5个百分点，财务公司、金融租赁公司和汽车金融公司人民币存款准备金率下调0.5个百分点；11月21日，央行宣布降息：自2014年11月22日起，金融机构一年期贷款基准利率下调0.4%～5.6%；一年期存款基准利率下调0.25%～2.75%，同时结合推进利率市场化改革，将金融机构存款利率浮动区间的上限由存款基准利率的1.1倍调整为1.2倍；其他各档次贷款和存款基准利率相应调整。

**36. 政府首提分类调控，各地纷纷放松限购**

2014年3月5日的政府工作报告称，要“针对不同城市情况分类调控，增加中小套型商品房和共有产权住房供应，抑制投机投资性需求，促进房地产市场持续健康发展。”未提房价，仅提“分类调控”，这是近十年来政府工作报告首次未强调“房地产调控”工作的重要性。与此同时，政府工作报告中用大篇幅阐述了住房保障机制的完善。截至2014年11月底，在全国的限购城市中，除四个一线城市及三亚外，其他城市均放松或取消了限购，很多省级政府和城市级政府出台了刺激需求的一揽子措施。

**37. 融绿并购风波再起，企业并购渐成趋势**

5月22日，融创中国与绿城中国签订协议，以约62.98亿港币的代价收购绿城24.313%的股份。收购之后，融创与九龙仓并列绿城第一大股东，中国房地产行业有史以来最大的并购案由此产生。随后，孙宏斌对绿城管理层进行了改组，并加强了销售。然而，10月宋卫平反悔，欲收回绿城，收购事宜生变。12月18日，融创与绿城签署相关协议，终止曾于今年5月22日签署的收购协议。12月23日，中国交通建设集团与绿城控股集团大股东宋卫平及其他关联股东在杭州正式签署协议：宋卫平出让绿城中国24.288%股份给中交建集团；中交建集团与九龙仓成绿城中国并列第一大股东。

**38. 93个房地产项目获“广厦奖”，体现“四突出”**

12月5日，中国房地产业协会、住建部住宅产业化促进中心联合举行“广厦奖”颁奖大会。“广厦奖”是迄今为止中国房地产业唯一的全国层面的综合大奖，本次大会共有93个项目获奖，其中，住宅项目68个（包括11个公租房、保障房项目）、非住宅项目25个。获奖项目体现了“四突出”：以普通商品房为主，突出了政策和民生导向；突出了规划设计的导向作用；突出了先进发展理念和生产方式，注重绿色低碳，住宅产业化；突出了客观公正的选拔导向，引入社会第三方独立机构，体现了“广厦奖”的大众性、公正性和科学性。

**39. 万达商业地产上市，刷新港股最大规模IPO**

万达商业地产于12月8日开始其IPO路演，于12月15日确定发行价，12月23日正式在港交所挂牌上市，成为香港近三年最大的IPO。万达本次共发行6亿新股，集资250.8亿～297.6亿港元，算上15%超额配股权可增至288.42亿～342.24亿港元，上市后将成为中国市值最大的上市房企，超过1500亿元。

**40. 中央经济工作会议提出努力保持经济稳定增长**

12月9日至11日，2014年中央经济工作会议在北京举行，会议提出了明年经济工作的总体要求和主要任务。会议要求，要努力保持经济稳定增长。关键是保持稳增长和调结构之间平衡，坚持宏观政策要稳、微观政策要活、社会政策要托底的总体思路，保持宏观政策连续性和稳定性，继续实施积极的财政政策和稳健的货币政策。这些要求对房地产业发展具有重大的指导意义。

**41. 《不动产登记暂行条例》出台**

6月12日，有关不动产登记信息平台顶层设计的研讨会在北京召开。此次研讨会的召开，标志着不动产登记信息平台建设的研究和设计工作正式启动。7月30日，国务院总理李克强主持召开国务院常务会议，讨论《不动产登记暂行条例（征求意见稿）》，决定向社会公开征求意见。12月22日，国务院颁布第656号国务院令，《不动产登记暂行条例》正式公布，并自2015年3月1日起施行。《条例》的正式公布，标志着不动产统一登记工作顶层设计基本完成，转而进入正式落实阶段。

**42. 佳兆业现债务违约风波，房地产业资金链再临考验**

11月28日，佳兆业位于深圳的3个项目2000多套房源被锁原因不明；随后在12月4日佳兆业称其主要股东正向另一股东生命人寿的全资附属富德资源投资，转让集团5.755亿股，并在12月5日完成转让交易；几日后，佳兆业公告宣布郭英成辞任执行董事、董事会主席、提名委员会主席、薪酬委员会成员及该公司授权代表，管理权移交生命人寿；12月31日，佳兆业发布公告称，上海万科将接手佳兆业上海青湾兆业房地产开发有限公司100%股权及股东贷款，总代价为12亿元。尽管佳兆业否认破产重组传闻，但该公司陷入债务违约风波却是不争的事实，导致房企资金链紧张风险或将进一步暴露。

**43. 2014年房企销售TOP100发布，万科蝉联销售金额榜首**

12月31日，克而瑞信息集团联合中国房地产测评中心隆重发布了《2014年中国房地产企业销售TOP100排行榜》。这是首次将榜单扩容至TOP100。万科与绿地的榜首之争无疑是本次榜单最大的焦点。万科、绿地今年分别蝉联销售金额和面积榜桂冠，两家“2000亿”企业就此诞生。此外，共有七家房企跻身千亿榜单，TOP10金额和面积门槛大幅提升。

**44. 一线城市首套房贷利率跌破基准**

临近年末，在一系列政策的刺激下，一线城市房贷利率的“最低位”又全部重回“8时代”。截至12月底，北上广深四大城市首套房贷的平均利率，均已降至基准利率以下。其中，北京最低，首套房贷平均利率跌破九四折，上海次之，平均约为九五折，广州和深圳则分别为九八折和九九折。不少银行降低了折扣利率的门槛，甚至有部分银行已经对九折利率不再设限。

**45. 险资频繁入股房企，涉“招保万金”等企业**

今年以来，险资频频举牌房地产企业，成为关注的焦点话题。据统计，133家A股房企中，险资进入前10大股东的房企为21家，占比达到15.8%。其中，中国人保入股5家房企，安邦保险入股4家，中国人寿入股3家，生命人寿入股2家。市场格局或因为险资频繁举牌房企而发生变化。

**46. 2014年全国房地产投资再创历史新高，新开工面积继续走低，销售改善**

国家统计局发布的数据显示，2014年全年，全国房地产开发投资95036亿元，同比名义增长10.5%，投资总量再创历史新高；2014年1—12月，房屋新开工面积179592万平方米，同比下降10.7%；商品房销售面积120649万平方米，同比下降7.6%；商品房销售额76292亿元，下降6.3%。整体来看，在限购限贷放松及降息等多种利好政策支持下，12月房地产成交量回暖。

# 企业形象展示

# 企业形象展示名录

1. 北京住总房地产开发有限责任公司
2. 新城控股集团有限公司
3. 世茂房地产控股有限公司
4. 江苏中南建设集团股份有限公司
5. 上海中建东孚投资发展有限公司
6. 正荣集团有限公司
7. 上海实业城市开发集团有限公司
8. 厦门海投房地产有限公司
9. 景瑞地产（集团）有限公司
10. 建业住宅集团（中国）有限公司
11. 中锐地产集团
12. 安徽国耀地产发展有限公司
13. 禹洲集团
14. 融侨集团股份有限公司
15. 中骏置业控股有限公司
16. 联发集团有限公司
17. 海亮地产控股集团有限公司
18. 浙江佳源房地产集团有限公司
19. 三盛地产集团
20. 农工商房地产（集团）股份有限公司
21. 建发房地产集团有限公司
22. 上海建工房产有限公司
23. 上海城投置地（集团）有限公司
24. 上海绿洲投资控股集团有限公司
25. 朗诗集团股份有限公司
26. 南京栖霞建设股份有限公司
27. 复地（集团）股份有限公司
28. 融信(福建)投资集团有限公司
29. 雨润地产集团
30. 上海上投控股有限公司
31. 旭辉控股（集团）有限公司
32. 浙江祥生房地产开发有限公司
33. 国购投资有限公司
34. 泰禾集团股份有限公司
35. 福晟集团
36. 苏州伟业集团
37. 宝龙地产控股有限公司
38. 上海证大房地产有限公司
39. 浙江中天房地产集团有限公司
40. 上海升龙投资集团有限公司
41. 泉舜集团有限公司
42. 阳光城集团股份有限公司
43. 福建中联房地产开发集团有限公司
44. 象屿地产集团有限公司
45. 上海保集（集团）有限公司

46—47.上海城建置业发展有限公司

48. 金科地产集团股份有限公司
49. 龙光地产控股有限公司
50. 重庆华宇物业（集团）有限公司
51. 重庆斌鑫集团有限公司
52. 重庆康田置业有限公司
53. 重庆新鸥鹏地产（集团）有限公司
54. 广州富力地产股份有限公司
55. 重庆隆鑫地产（集团）有限公司
56. 侨城地产集团有限公司
57. 四川蓝润实业集团有限公司
58. 重庆泽京房地产开发有限公司
59. 喜地山国际实业有限公司
60. 中山市大信控股有限公司
61. 卓越置业集团有限公司
62. 天朗控股集团
63. 融创中国控股有限公司
64. 广东巴德士化工有限公司
65. 清远市简一陶瓷有限公司
66. 湖北蓝盾之星科技股份有限公司
67. 富思特新材料科技发展股份有限公司
68. 潍坊市宏源防水材料有限公司
69. 常熟优德爱涂料有限公司
70. 上海全筑建筑装饰集团股份有限公司
71. 江苏卧牛山保温防水技术有限公司

72—73. 克而瑞信息集团

74. 丁祖昱评楼市

北京住总房地产开发有限责任公司
二十七载
专注地产
客户至上
品牌为先

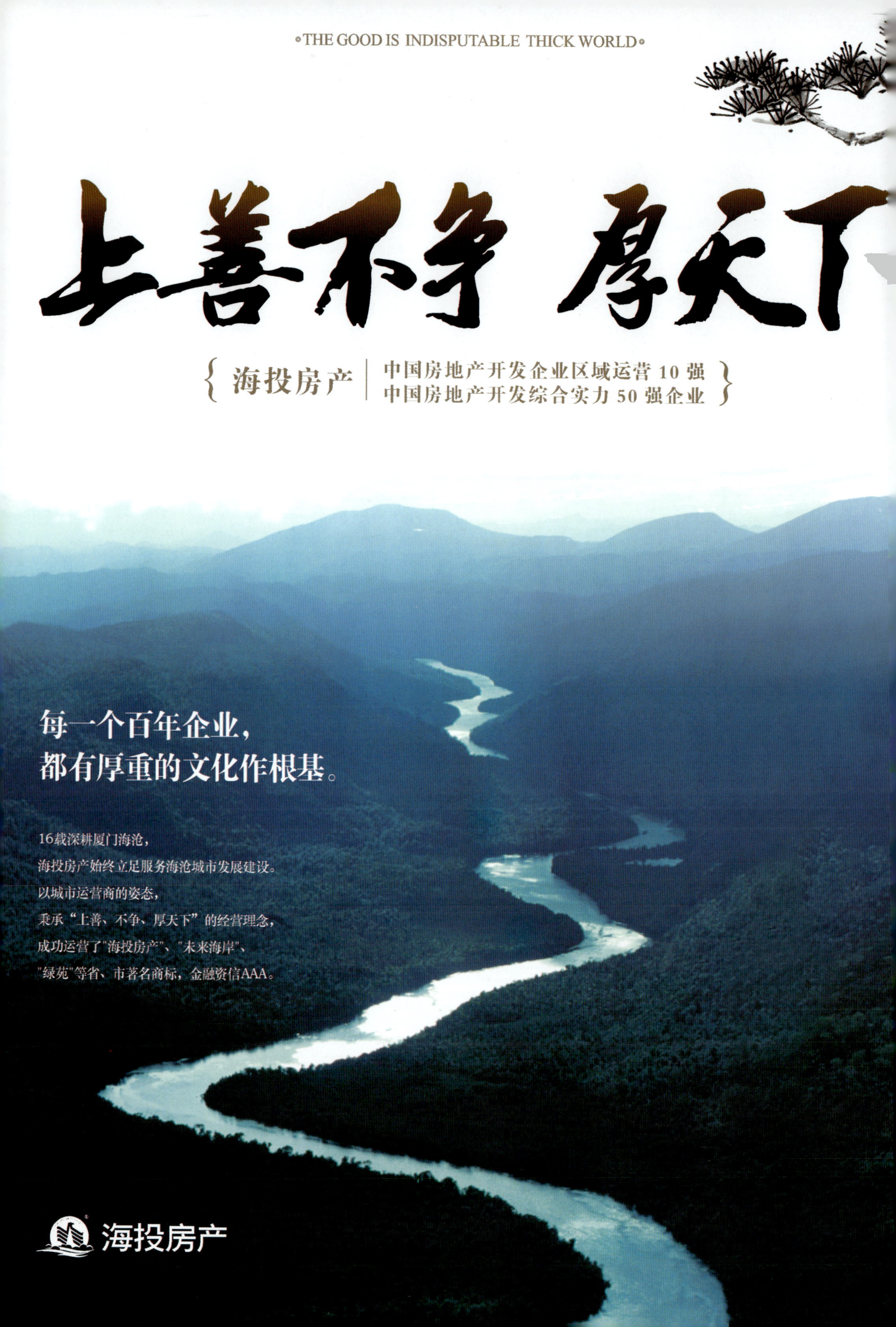

THE GOOD IS INDISPUTABLE THICK WORLD
上善不争 厚天下
海投房产
中国房地产开发企业区域运营10强
中国房地产开发综合实力50强企业
每一个百年企业，
都有厚重的文化作根基。
16载深耕厦门海沧，
海投房产始终立足服务海沧城市发展建设。
以城市运营商的姿态，
秉承“上善、不争、厚天下”的经营理念，
成功运营了"海投房产"、"未来海岸"、
"绿苑"等省、市著名商标，金融资信AAA。
海投房产

安 徽 国 耀 地 产 发 展 有 限 公 司

安徽国耀地产发展有限公司创立于2007年，从事高品质地产开发及运营，
以“致力于成为中国城镇化进程的优秀推动者，
为民众建造优质生活，为社会奉献至美产品”为企业使命，
秉承“创新空间、创优生活、客户导向、精细管理”的开发理念，
以“客户喜爱、员工热爱、社会尊重、政府满意”为企业标准。
站在国际视野，提升本土品质，
开发类型涵盖高档住宅、城市综合体、大型综合批发市场、高端会所等。
所开发项目均成为当地标志性楼盘和区域带动性项目，
获评“中国最具影响力地产品牌” “投资天津功勋企业” “中国别墅金鼎奖”等诸多荣誉。

Anhui Guoyao Estate Development Co., Ltd.

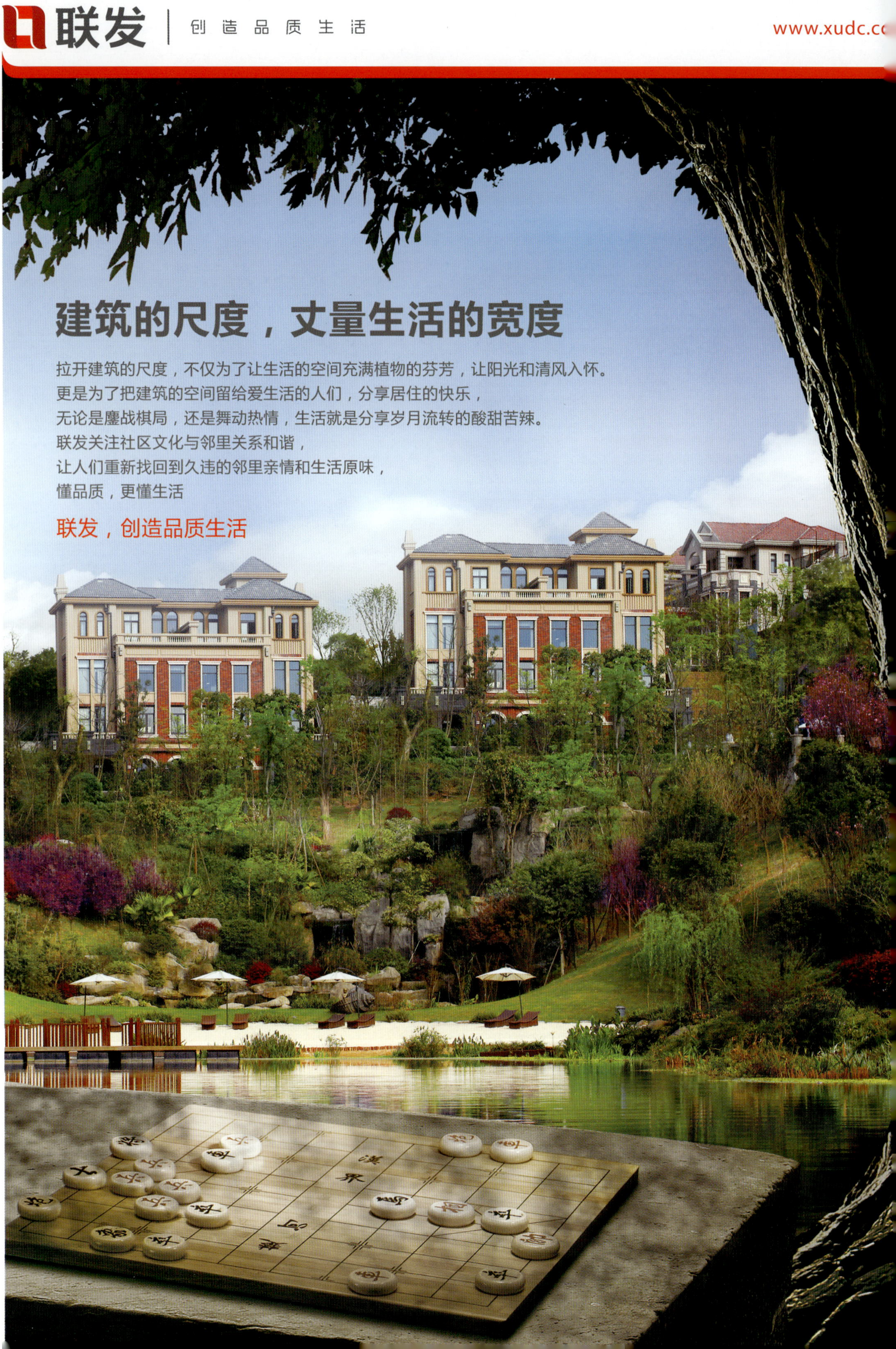
联发
创造品质生活
www.xudc.c
建筑的尺度，丈量生活的宽度
拉开建筑的尺度，不仅为了让生活的空间充满植物的芬芳，让阳光和清风入怀。
更是为了把建筑的空间留给爱生活的人们，分享居住的快乐，
无论是鏖战棋局，还是舞动热情，生活就是分享岁月流转的酸甜苦辣。
联发关注社区文化与邻里关系和谐，
让人们重新找回到久违的邻里亲情和生活原味，
懂品质，更懂生活
联发，创造品质生活

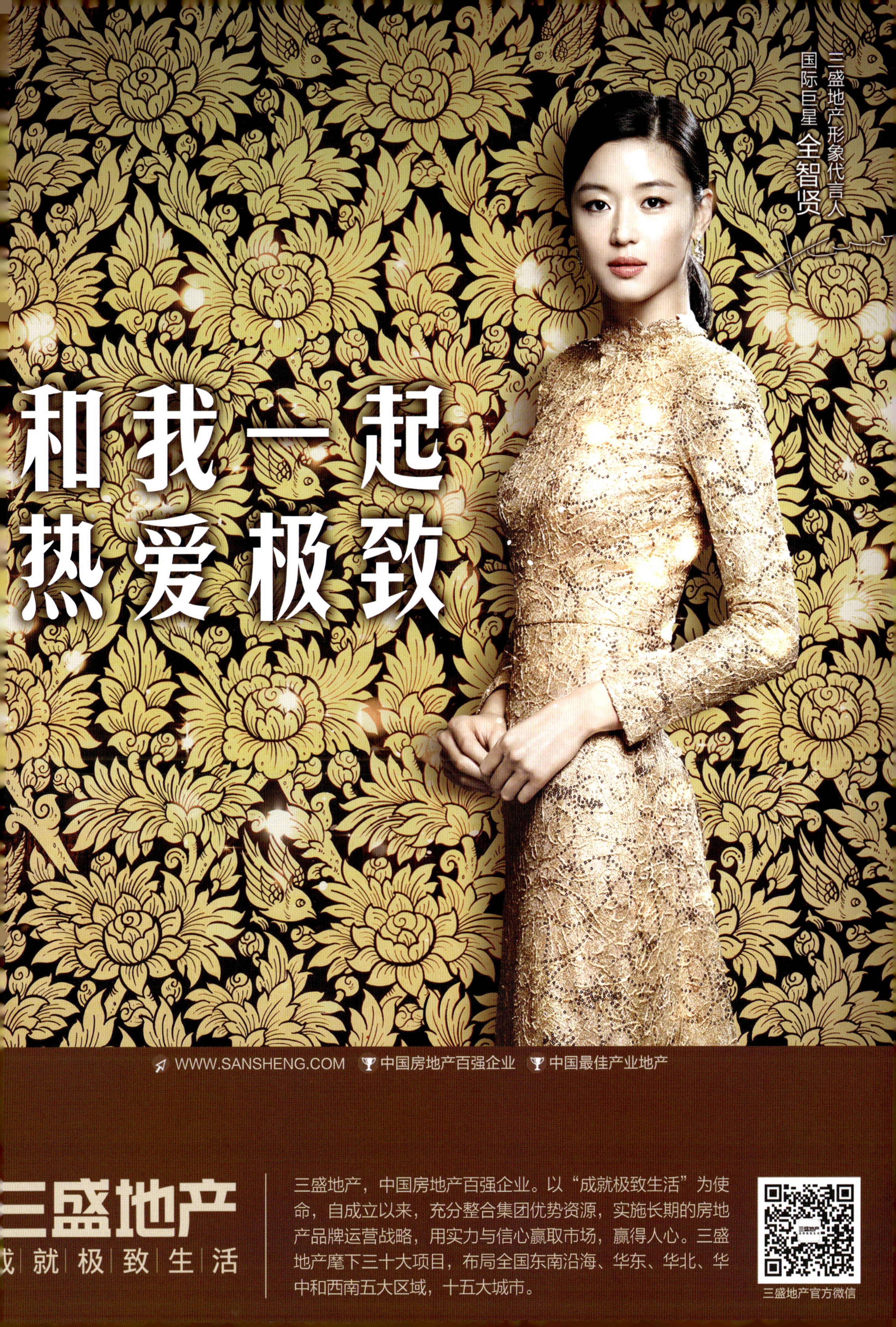
三盛地产形象代言人
国际巨星 全智贤
和我一起
热爱极致
WWW.SANSHENG.COM
中国房地产百强企业
中国最佳产业地产
三盛地产
就 极 致 生 活
三盛地产，中国房地产百强企业。以“成就极致生活”为使命，自成立以来，充分整合集团优势资源，实施长期的房地产品牌运营战略，用实力与信心赢取市场，赢得人心。三盛地产麾下三十大项目，布局全国东南沿海、华东、华北、华中和西南五大区域，十五大城市。
三盛地产官方微信

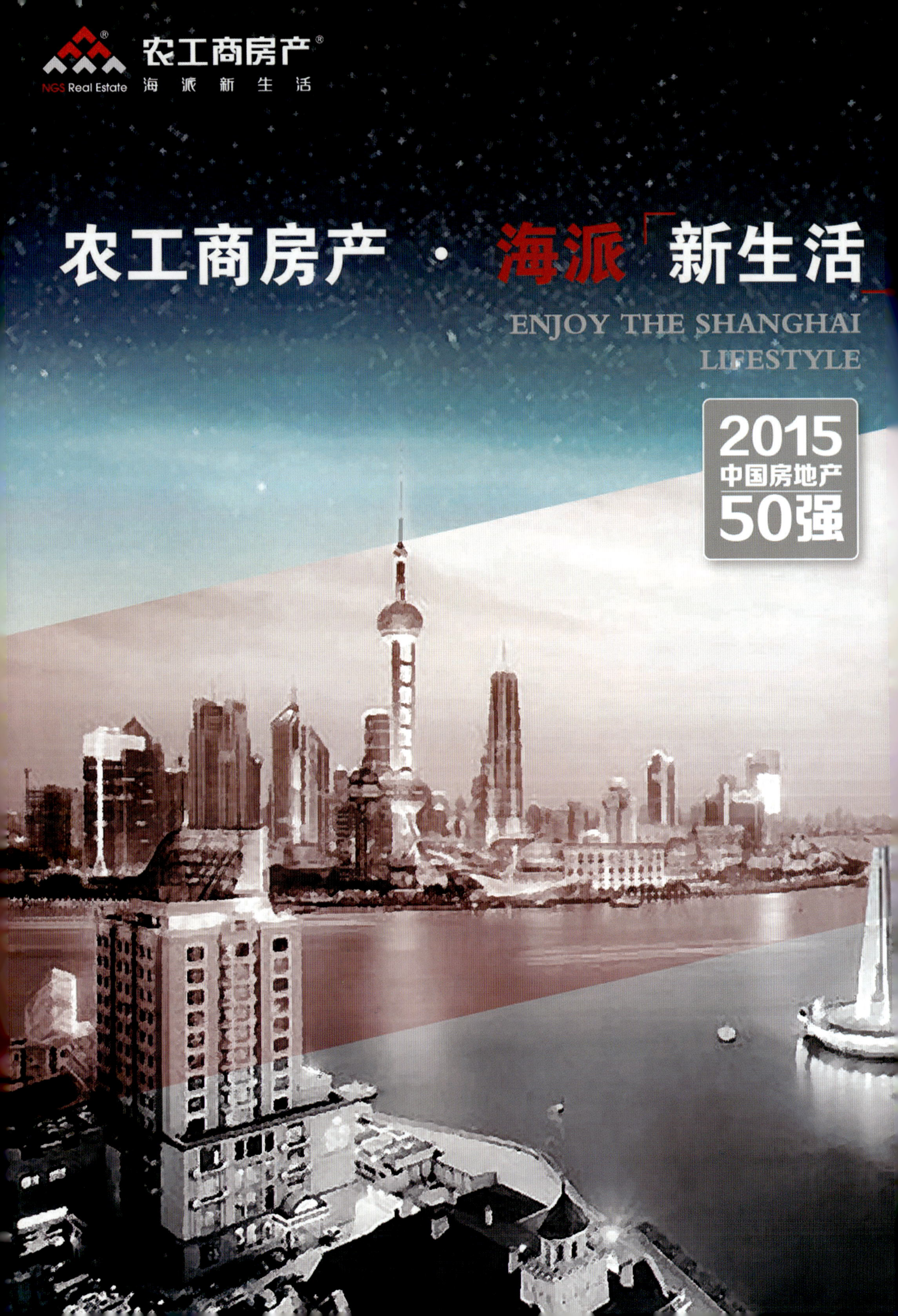
农工商房产®
NGS Real Estate
海派新生活
农工商房产 · 海派「新生活」
ENJOY THE SHANGHAI LIFESTYLE
2015
中国房地产
50强

上海建工房产
诚信立业、用户为上、和谐发展、共同进步
上海建工房产有限公司始终坚持“市场为导向、用户是根本”的经营理念，宏扬建工品牌，建筑一流房产，创造更多价值。

汇小流
成江海

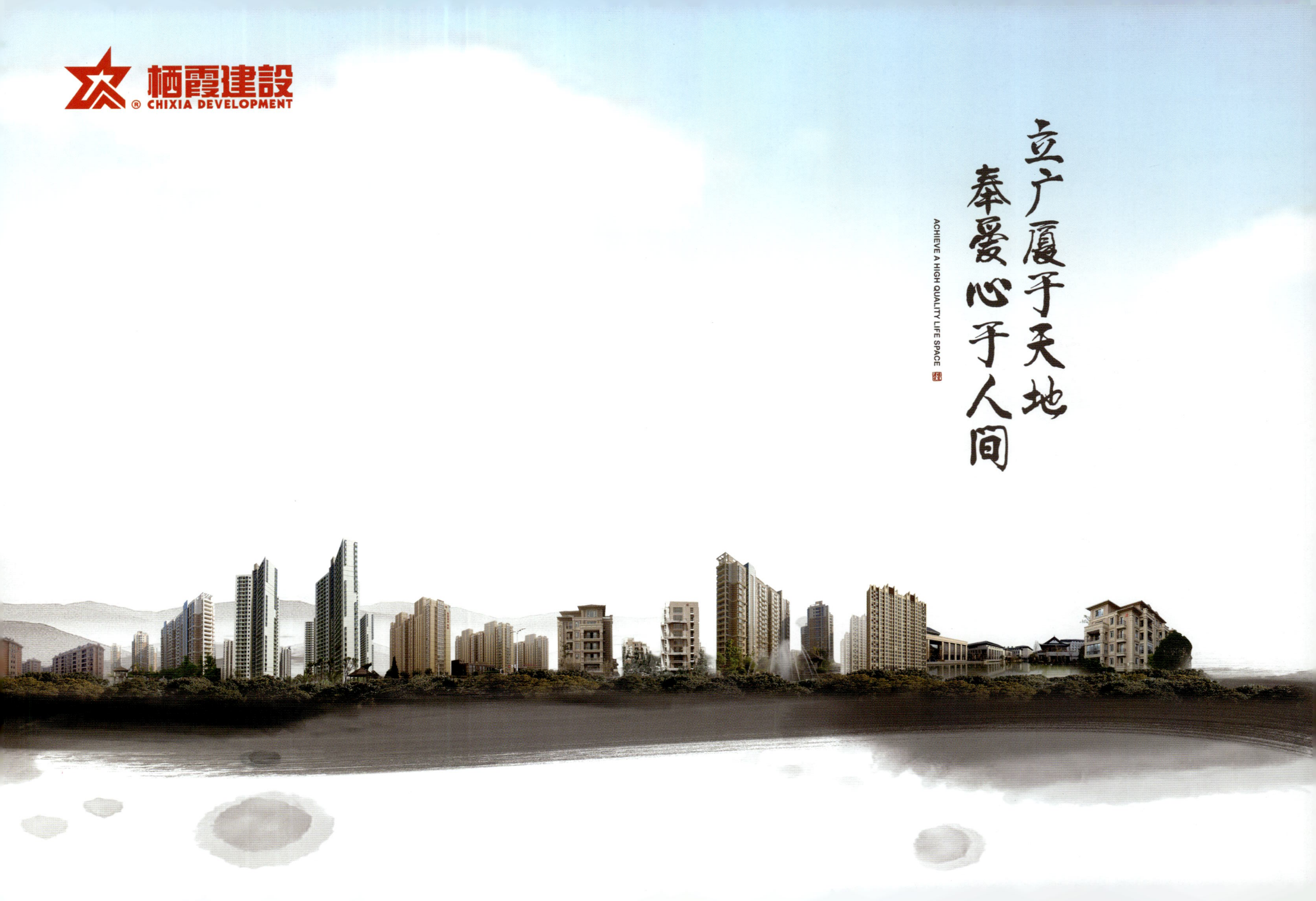

栖霞建設
® CHIXIA DEVELOPMENT

长跑者旭辉

KEEP RUNNING

· MOTORCYCLE RACE

# 2015·超车

2015年 弯道超车，白金十年。

厚积薄发，守正出奇。
中国500强，长跑在路上……

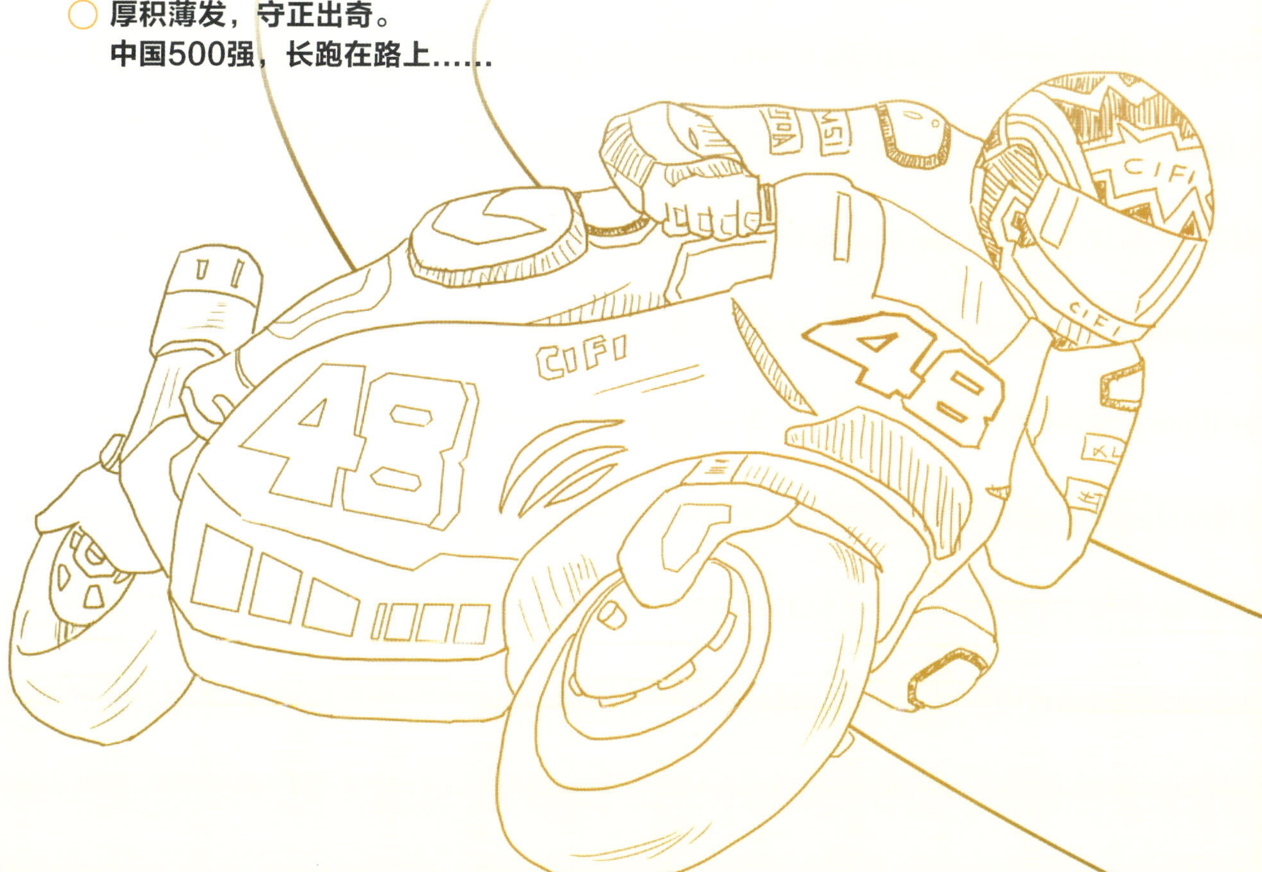

中国房地产30强

泰禾集团是一家以房地产为主，涉足酒店、化工、金融证券、生物医药等产业的综合性大型上市公司。公司坚持“扎根福建本土，深耕一线城市”的战略，已成功布局海西、长三角、京津冀三大经济圈，凭借高品质、差异化的产品，在住宅、商业两大地产领域齐头并进，迅速成长为地产翘楚，目前已跻身“中国房地产30强”。

## 文化筑居中國

上海 泰禾红御
THAIHOT MANSION

泰禾长安中心
CHANG AN CENTER

泰禾·红誉

泰禾 福州院子
CATHAY COURTYARD

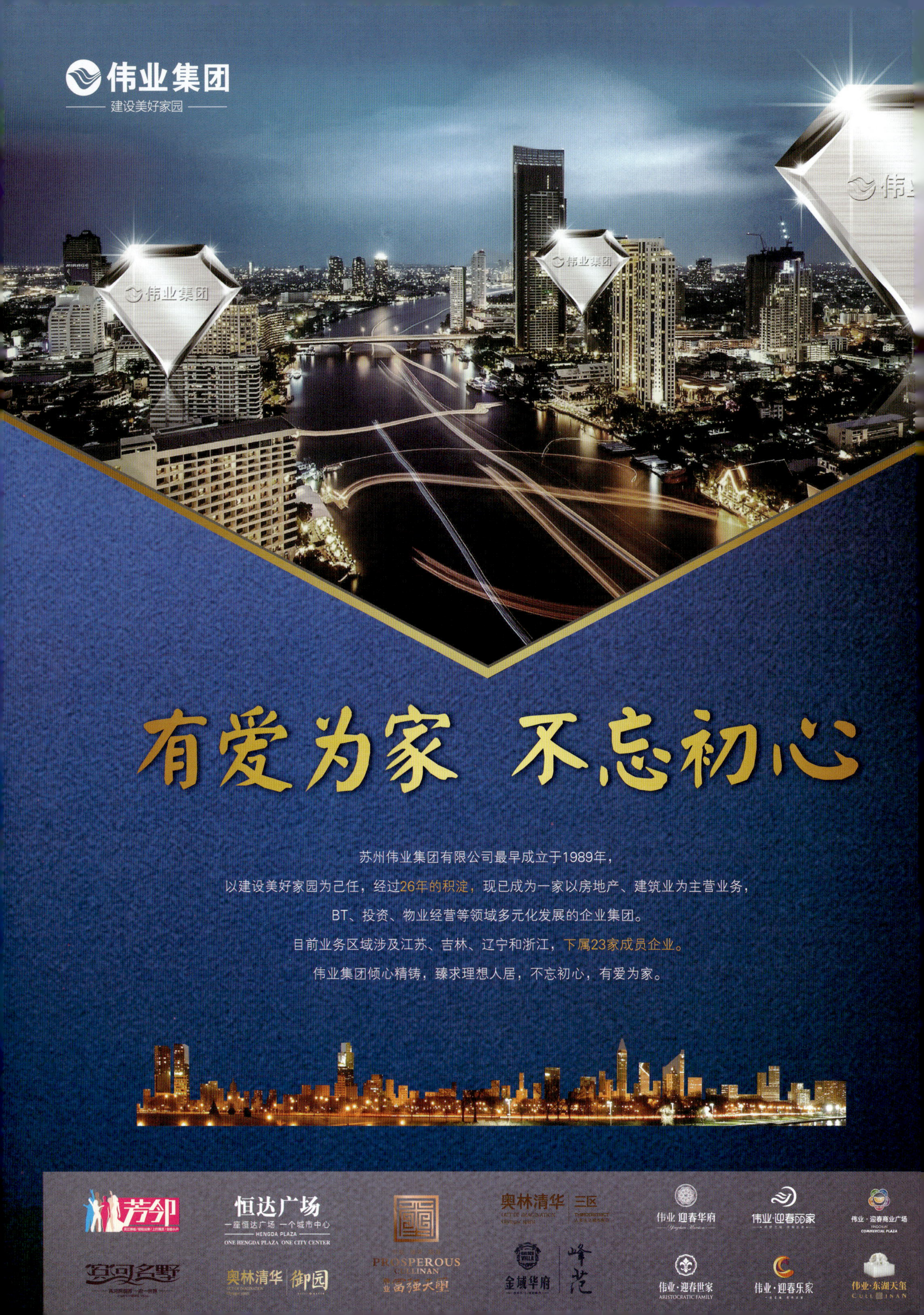

伟业集团
建设美好家园
有爱为家 不忘初心
苏州伟业集团有限公司最早成立于1989年，
以建设美好家园为己任，经过26年的积淀，现已成为一家以房地产、建筑业为主营业务，
BT、投资、物业经营等领域多元化发展的企业集团。
目前业务区域涉及江苏、吉林、辽宁和浙江，下属23家成员企业。
伟业集团倾心精铸，臻求理想人居，不忘初心，有爱为家。
芳邻
恒达广场
一座恒达广场 一个城市中心
HENGDA PLAZA
ONE HENGDA PLAZA ONE CITY CENTER
PROSPEROUS CULLINAN
奥林清华 三区
伟业·迎春华府
伟业·迎春丽家
伟业·迎春商业广场
YINGCHUN COMMERCIAL PLAZA
宜河名野
奥林清华 御园
金域华府
峰范
伟业·迎春世家
ARISTOCRATIC FAMILY
伟业·迎春乐家
伟业·东湖天玺

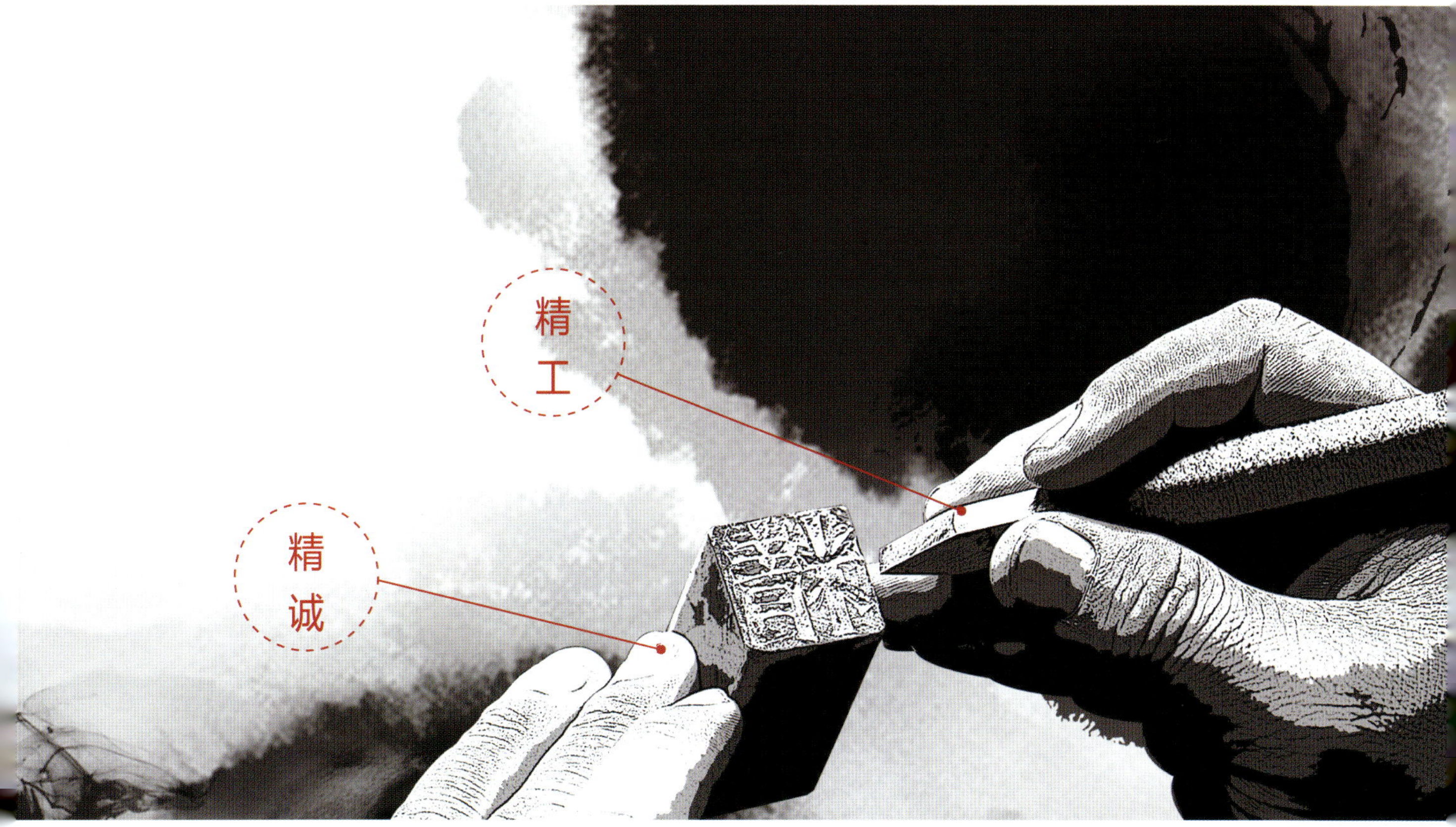

# 城建置业——品质生活的创造者

上海城建置业发展有限公司是上海城建集团全资子公司，拥有房产开发一级资质，曾获评中国房地产百强企业“百强之星”、位列中国房地产百强企业第68位、上海市房地产开发50强企业第12位，中国房地产企业责任地产10强，品牌价值TOP10首位。

公司秉承“质量第一，诚信至上”的核心价值观，以“专业化、纵深化、市场化”的发展理念，先后开发建设了古北瑞仕花园、金桥瑞仕花园、大宁瑞仕花园、悠和家园、瑞和新苑、沪东商业中心、城建国际中心、城建地产大厦、瑞和宜山大厦、瑞和国顺大厦等大量优秀住宅和高档写字楼，至今累计开发面积近1250万平方米。

多年来，公司逐步建立起了以“瑞仕”、“瑞和”两大住宅类品牌和“瑞仕国际”、“瑞仕城际”、“瑞智”三大写字楼、商业、工业、服务业或住宅综合产品类品牌为主的完整品牌运营体系，不断实践和占据自身在不同房产品领域的市场主导地位。

与此同时，公司全心打造“瑞仕汇”高端品牌服务平台，不断努力为业主创造更多服务附加值，提升业主生活品质。

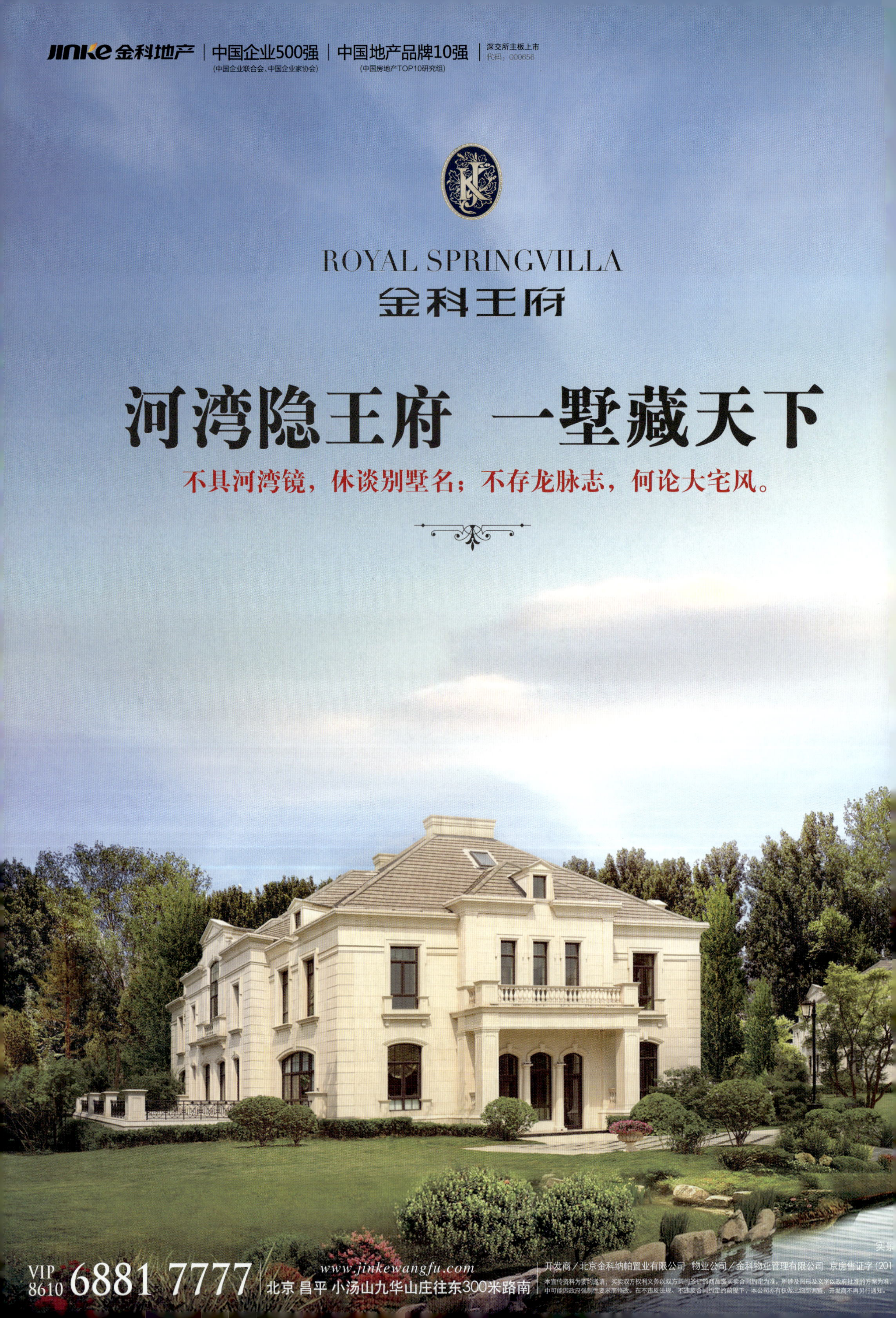
JINKE 金科地产
中国企业500强
(中国企业联合会、中国企业家协会)
中国地产品牌10强
(中国房地产TOP10研究组)
深交所主板上市
代码：000656
ROYAL SPRINGVILLA
金科王府
河湾隐王府 一墅藏天下
不具河湾镜，休谈别墅名；不存龙脉志，何论大宅风。
VIP 8610 6881 7777
www.jinkewangfu.com
北京 昌平 小汤山九华山庄往东300米路南
开发商／北京金科纳帕置业有限公司 物业公司／金科物业管理有限公司 京房售证字（201
本宣传资料为要约邀请，买卖双方权利义务以双方共同签订的商品房买卖合同约定为准。所涉及图形及文字以政府批准的方案为准，
中可能因政府强制性要求而修改。在不违反法规、不违反合同约定的前提下，本公司亦有权做出细部调整，开发商不再另行通知。

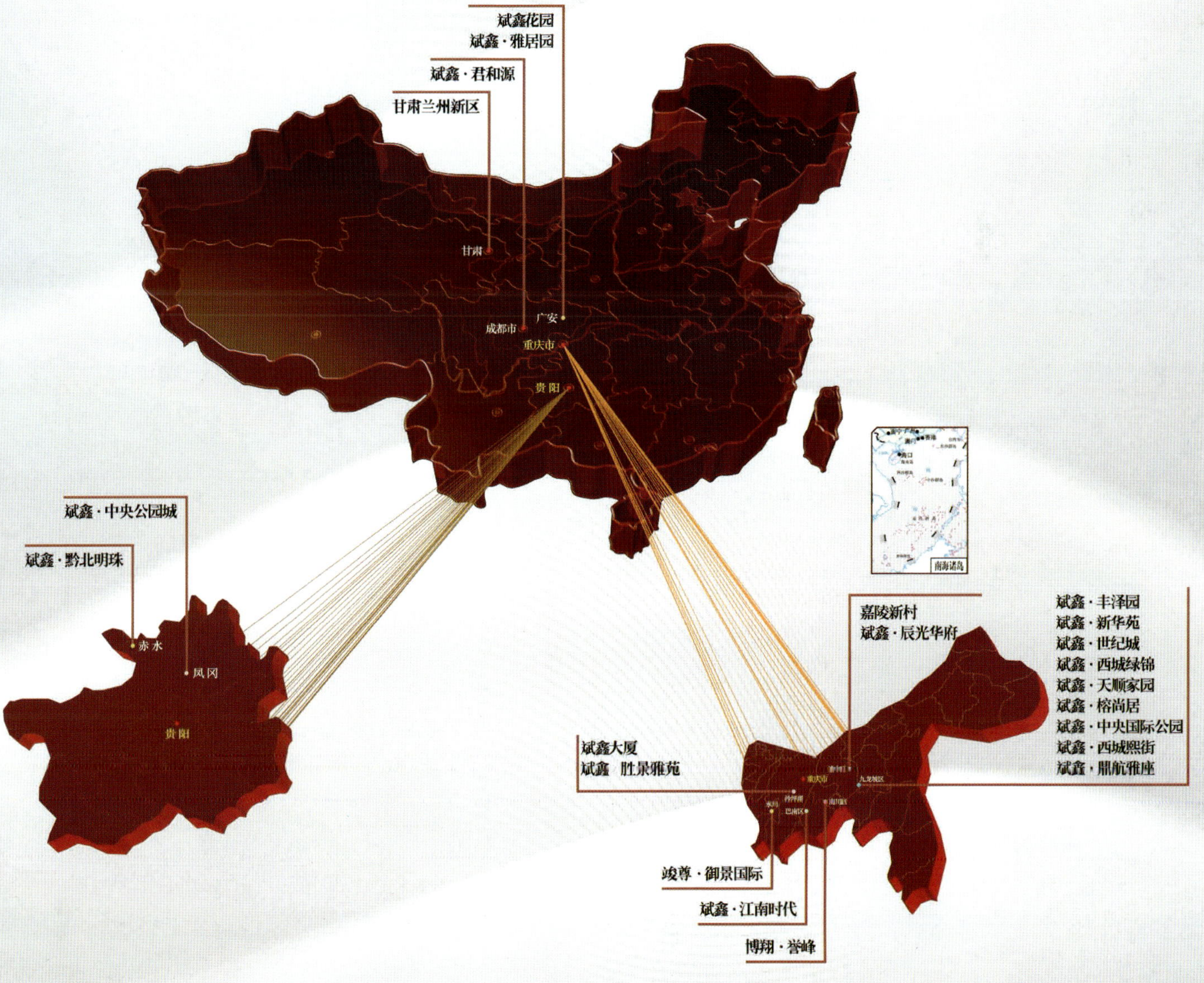

# 新鸥鹏：变革中国教育新路径

新常态下，每个行业、每个企业都需要新思维、新突破。

万科寻求多元化、绿地做大全球市场、万达把商业变"轻"，新鸥鹏进军教育地产……

房地产企业，不约而同，利用自身优势，都在为未来寻求可持续增长的道路。

2.7平方公里最大的中国教育产业园、首个中国教育CBD……新鸥鹏不仅为地产转型提供了一个样板案例，同时，也正在变革着中国教育新的路径。

2.7平方公里最大中国教育产业园

## 新战略
### 打造中国教育新繁荣

2015年1月，新鸥鹏"教育+地产"、"打造中国教育新繁荣"……引发全国关注。

新鸥鹏集团在业界被称为"教育地产冠军"，早已走在了行业前列。产品实现3次升级，从企业产品：建房子，做开发；到城市产品：建社区，做服务；最终实现社会产品：建学校，做教育。

早在2002年，新鸥鹏就开始战略布局，进入了教育行业，创办了第一所学校：巴川中学。现在，巴川已连续14年成为重庆中考冠军，成为了全国数一数二的品牌中学。

自创立之日起，新鸥鹏就确立了教育立企、以教育产业为使命的宗旨，可以说，从巴川中学的落子开局，开启的是新鸥鹏以地产作为载体，因教育而发展、因教育而享誉全国的一个时代。

新鸥鹏陆续创办巴川国际(连锁)幼儿园、巴川小班实验中学、巴川国际学校、巴川新高中等品牌学校，在校师生超过50000人。新鸥鹏已成为西部地区、乃至全国最具规模、最有影响力的教育企业。

值得一提的是，2010年开始，新鸥鹏集团还在世界7个国家和城市设立了办事处，开展了全球性的教育合作交流。2014年，新鸥鹏再次投资300亿元，率先启动建设2.7平方公里、最大的"中国教育产业园"，汇聚全球教育资源。2015年，新鸥鹏规划在重庆"陆家嘴"江北嘴，建设第一个中国教育CBD……

新鸥鹏一路开风气之先，在2015年继续推动"打造中国教育新繁荣"战略：以教育产业为主体，以地产、金融为两翼，采取立足学历教育、发展培训教育、做大在线教育等步骤，进行全国化布局，通过5年时间，努力实现"3个100"（校园100所、师生100万、教育综合体100个），把企业建成一个具有国际竞争力的上市公司。

## 新样本
### 首个中国教育CBD

在寸土寸金的重庆"陆家嘴"江北嘴，建设第一个中国教育CBD，打响新鸥鹏2015"打造中国教育新繁荣"战略的第一炮。

2014年，新鸥鹏一举夺下重庆江北嘴324亩优质地块，引发各界关注。在万科、保利、九龙仓等名企云集的江北嘴，新鸥鹏凭什么突围。2015年，新鸥鹏江北嘴项目——新鸥鹏教育城——第一个中国教育CBD规划出炉，揭晓答案。

"地产只是载体，发展教育才是新鸥鹏之本"——李战洪在接受媒体采访时表示，这将是新鸥鹏"551"产城融合模式的一个典范。

新鸥鹏的"551产城融合模式"就是：围绕一座城市，新鸥鹏为发展、做大、做强教育，设计了五个教育硬件载体和五个软件载体。五个教育物理载体为：1、中国教育产业园；2、城市教育综合体；3、区域中心教育广场；4、片区教育天地；5、社区智慧邻里。同时，在这些教育物理载体里，设计、包含了五个教育产业软件载体：1、线上与线下教育；2、学历教育与非学历教育；3、国内教育与国际教育；4、专业培训与兴趣教育；5、课堂文化与课外实践五大教育模块。

"新鸥鹏教育城将成为新样板"。李战洪表示，新鸥鹏教育的优势将得到淋漓尽致的发挥。

巴川中学江北嘴校区效果图

## 新路径
### 0-100岁全周期教育体系

新鸥鹏教育的核心是：关注、聚焦、投资人们的"0~100岁全周期教育体系的成长管理"。

现在，新鸥鹏教育已形成包括学前教育、基础教育、高等教育在内的完整教育体系，下辖4所中学、2所大学，31所幼儿园。

特别是学历教育，构建了一个"12+3+4"的教育成长管理闭环。"12"是指3年幼儿园+6年小学+3年初中；"3"是指3年高中；"4"是指4年大学。

新鸥鹏目前已经开始布局全国，包括重庆、成都、济南、西安、北京、天津等各大中心城市。

14年，新鸥鹏办教育扎扎实实做了六件事。

第一件事：创办2所大学。一所是中国最大的房地产专业院校——重庆房地产学院，在校生近10000人，就业率连续5年位居重庆第一名；第二所是融智学院，已是全国独立学院经济类本科十强。

第二件事：巴川中学14年蝉联重庆中考第一。被誉为中国的教育专家。

第三件事：办巴川国际高中。已成为中国第一，亚洲第二的国际数理高中，并由有"哈佛附中"之称的美国弥尔顿中学校长杰瑞·佩担任校长。

第四件事：设计、规划了5个教育标准硬件和软件模块，计划打造大大小小的"都市型智慧系列教育体"50个。

第五件事：建"最大中国教育产业园"。2014年7月，落子重庆的"中国教育产业园"，对新鸥鹏打造一流云教育平台具有战略意义。

第六件事：建万亩青少年实验基地。与世界教育理念接轨，强调课堂理论教育与课外实践教育结合，新鸥鹏在重庆有超过10000多亩的青少年实验基地。

用房地产收益发展教育，而今又以教育助推房地产转型，这在中国房地产行业绝无仅有。

新鸥鹏始于教育、兴于教育、以地产为载体的发展探索，对行业、对中国无疑具有十分重要的示范意义。

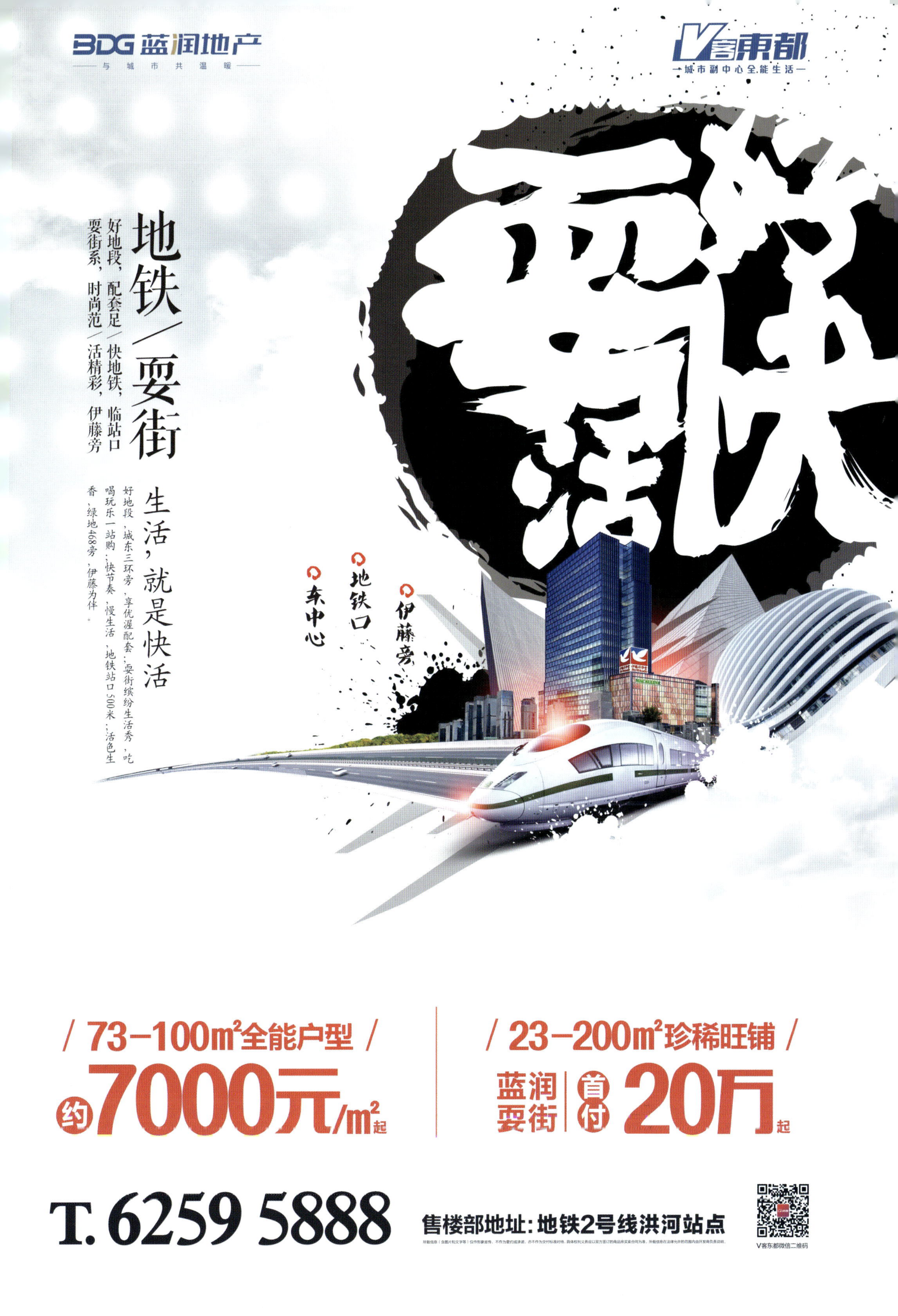
BDG 蓝润地产
与城市共温暖
V客東都
城市副中心全能生活
地铁/耍街
好地段，配套足/快地铁，临站口
耍街系，时尚范/活精彩，伊藤旁
生活，就是快活
好地段，城东三环旁，享优渥配套，耍街缤纷生活秀，吃
喝玩乐一站购，快节奏，慢生活，地铁站口500米，活色生
香，绿地468旁，伊藤为伴。
东中心
地铁口
伊藤旁
/ 73-100㎡全能户型 /
约7000元/㎡起
/ 23-200㎡珍稀旺铺 /
蓝润耍街
首付20万起
T. 6259 5888
售楼部地址：地铁2号线洪河站点
所载信息（含图片和文字等）仅作形象宣传，不作为要约或承诺，亦不作为交付标准对待，具体权利义务应以双方签订的商品房买卖合同为准，所载信息在法律允许的范围内由开发商负责说明。
V客东都微信二维码

喜地山成立于1999年，凭借近十年沉淀的雄厚实力背景和卓越的服务信誉，在市场竞争中显现出强劲的竞争优势和发展潜力。

公司斥巨资30亿开发的“KING MALL金港国际购物中心”以30多万平方米的规模屹立于空港CBD核心，是集“金融、文化、娱乐、休闲、购物、居家”等为一体的现代商业航空母舰，也是重庆最具国际化品质的第三代体验式购物中心。喜地山集团旗下重庆润山置业有限公司为商业地产开发、招商、购物中心管理为一体的综合开发企业。公司目前开发的“东方国际广场”位于江北嘴CBD商务区核心地段，该项目业态涵盖超五星级酒店、5A级写字楼及顶级SHOPPINGMALL。

金港国际

东方国际

公司秉承”以人为本，人才领先“的战略思想强化内部管理，强大的管理咨询团队促进企业稳健发展，搭建具吸引力的人才平台。公司大力倡导“真实，信任，创新，分享”的企业核心价植观，以“共建幸福美好人生”作为企业理念，努力搭建企业与员工，企业与社会和谐发展的事业平台。

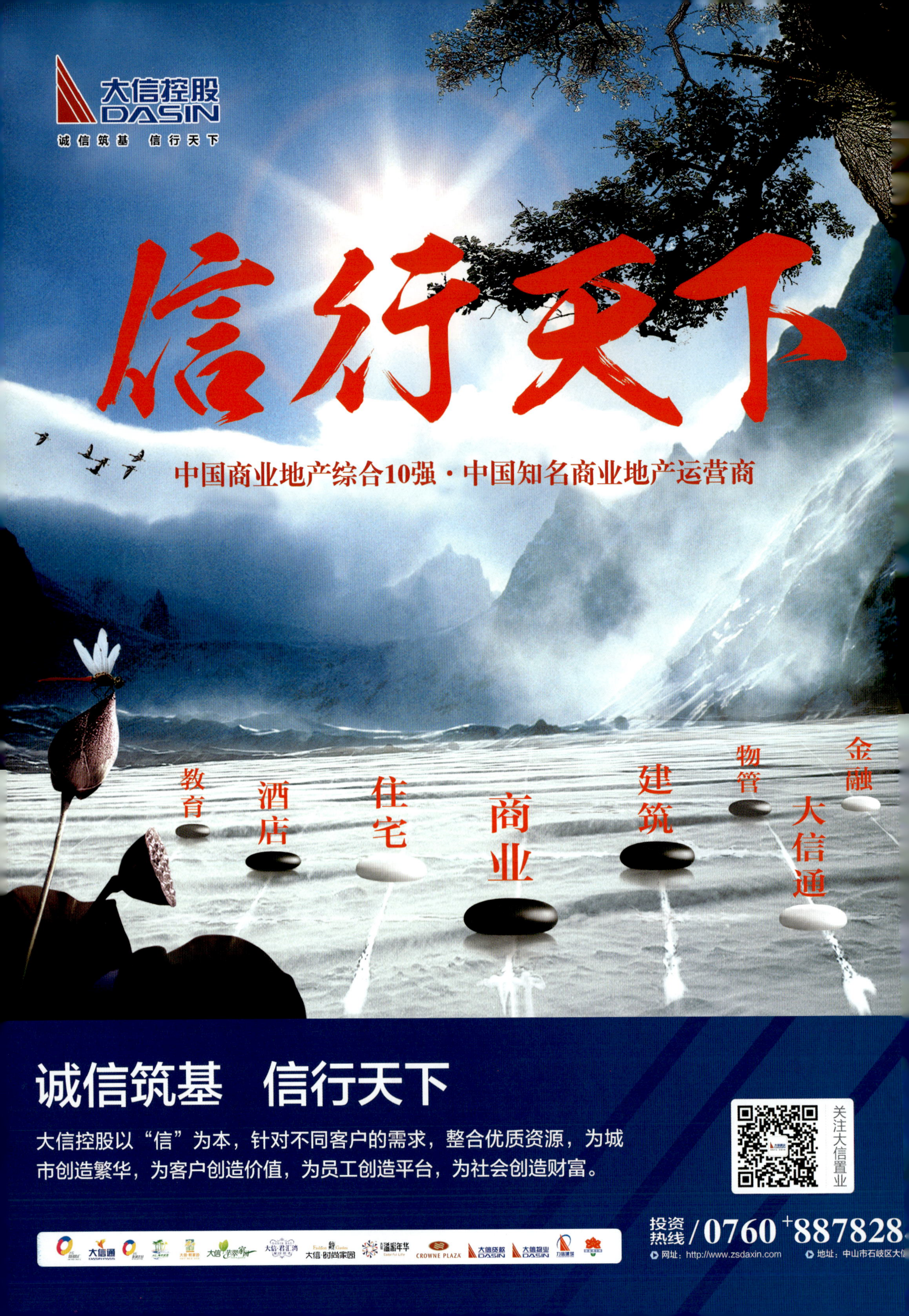

大信控股
DASIN
诚信筑基 信行天下
信行天下
中国商业地产综合10强·中国知名商业地产运营商
教育
酒店
住宅
商业
建筑
物管
大信通
金融
诚信筑基 信行天下
大信控股以“信”为本，针对不同客户的需求，整合优质资源，为城市创造繁华，为客户创造价值，为员工创造平台，为社会创造财富。
关注大信置业
投资热线/0760+887828
网址：http://www.zsdaxin.com
地址：中山市石岐区大信

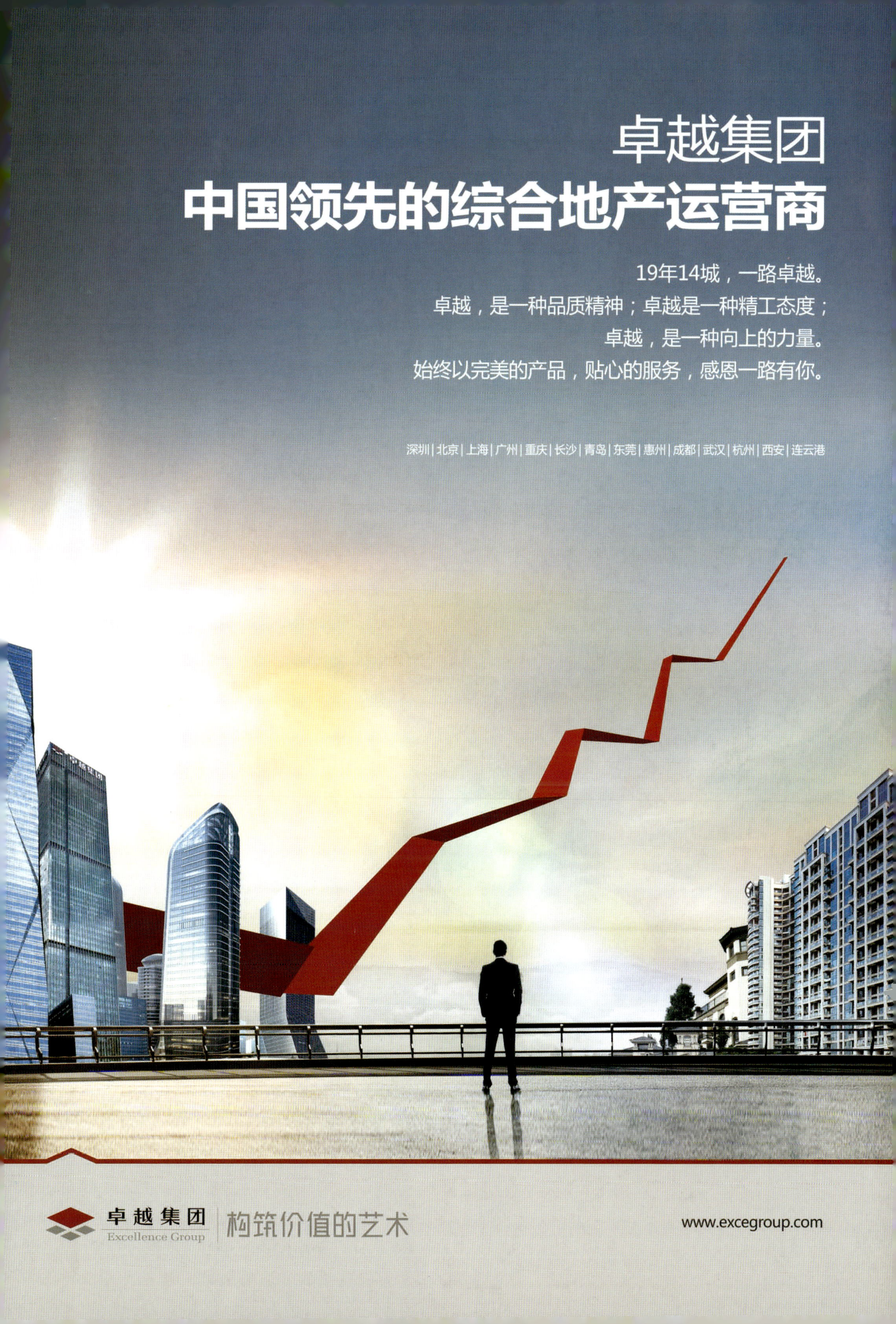
卓越集团
中国领先的综合地产运营商
19年14城，一路卓越。
卓越，是一种品质精神；卓越是一种精工态度；
卓越，是一种向上的力量。
始终以完美的产品，贴心的服务，感恩一路有你。
深圳|北京|上海|广州|重庆|长沙|青岛|东莞|惠州|成都|武汉|杭州|西安|连云港
卓越集团
Excellence Group
构筑价值的艺术
www.excegroup.com

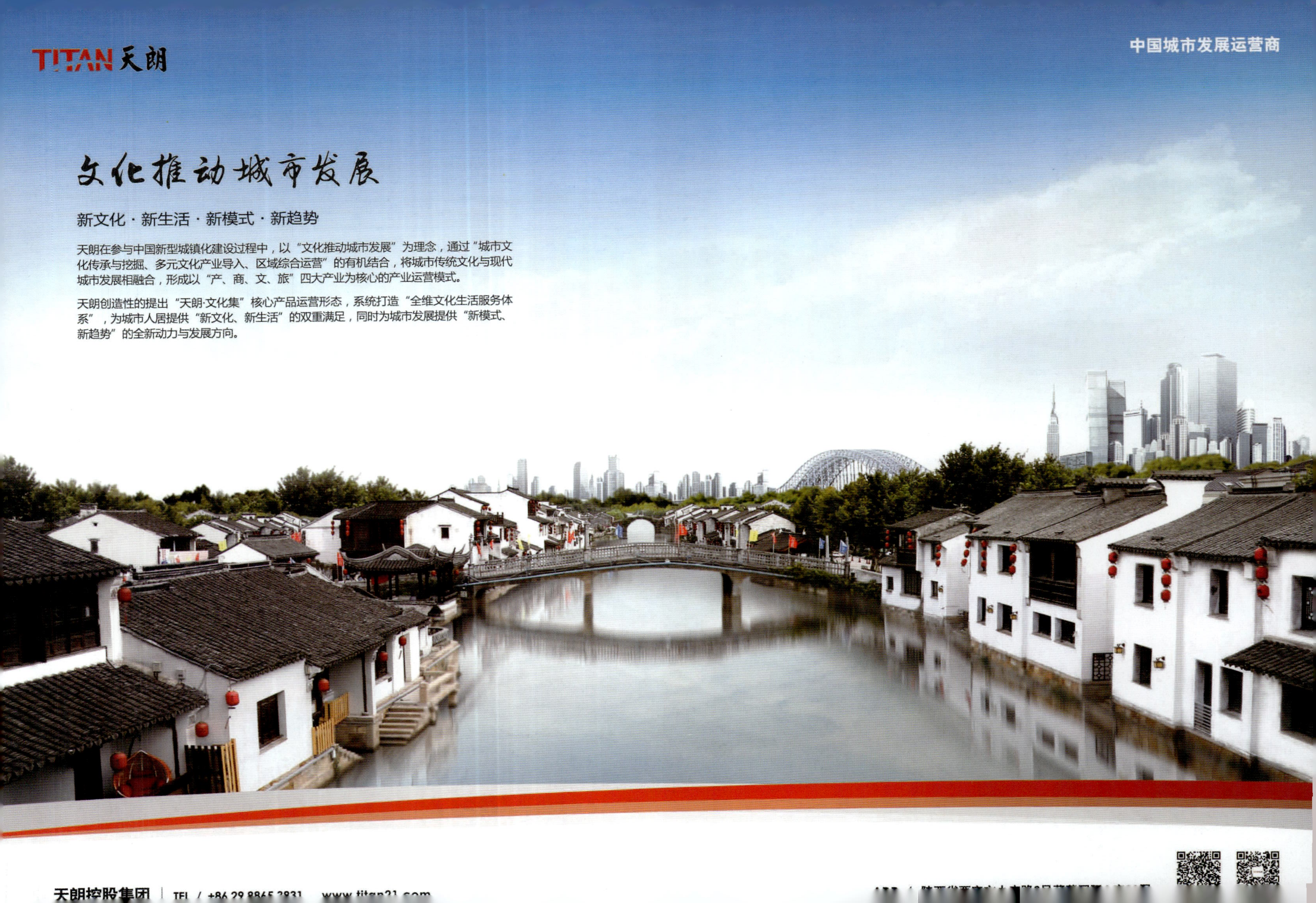
TITAN 天朗
中国城市发展运营商
文化推动城市发展
新文化 · 新生活 · 新模式 · 新趋势
天朗在参与中国新型城镇化建设过程中，以“文化推动城市发展”为理念，通过“城市文化传承与挖掘、多元文化产业导入、区域综合运营”的有机结合，将城市传统文化与现代城市发展相融合，形成以“产、商、文、旅”四大产业为核心的产业运营模式。
天朗创造性的提出“天朗·文化集”核心产品运营形态，系统打造“全维文化生活服务体系”，为城市人居提供“新文化、新生活”的双重满足，同时为城市发展提供“新模式、新趋势”的全新动力与发展方向。
天朗控股集团 | TEL / +86 29 8865 3831 www.titan21.com

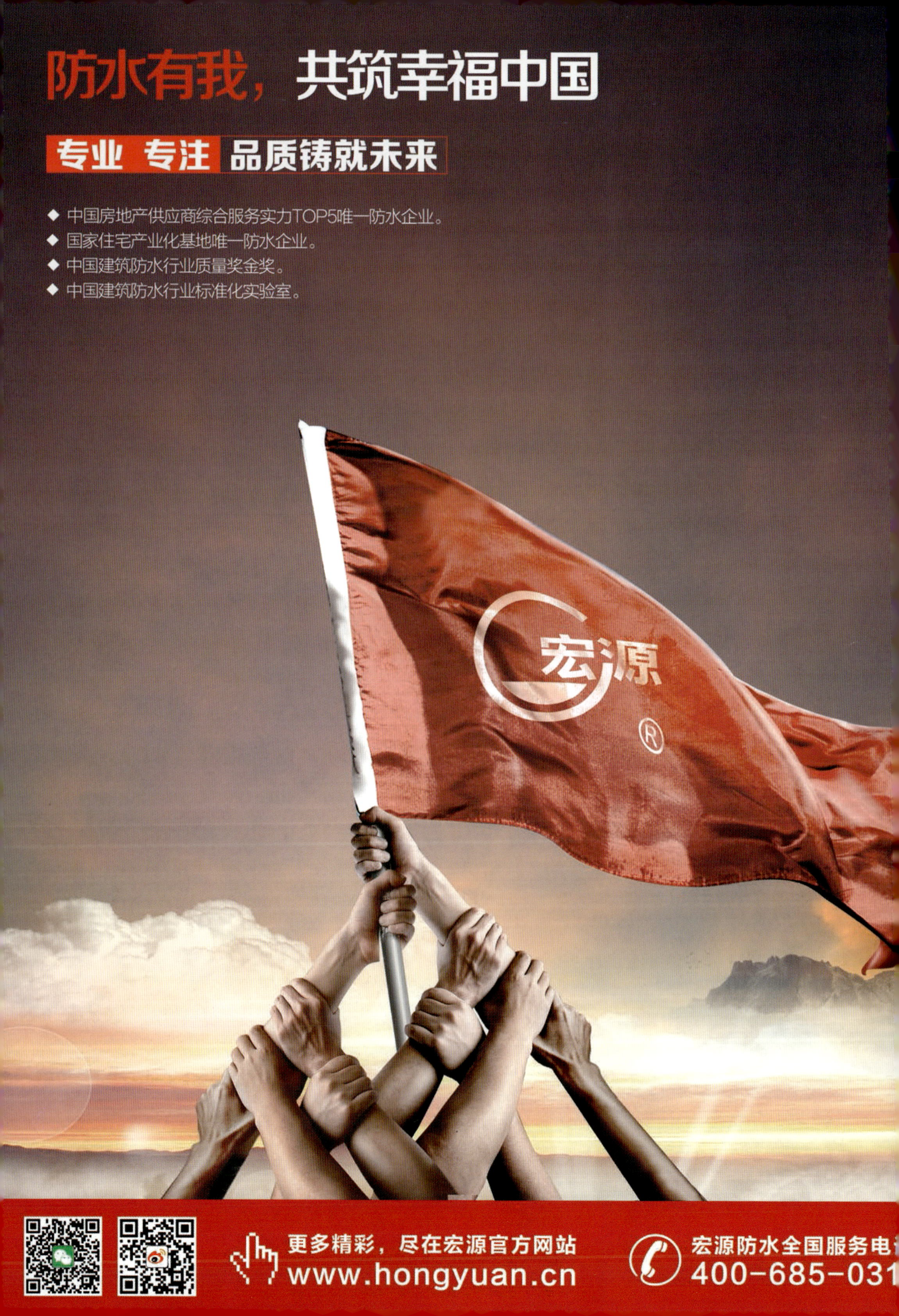
防水有我，共筑幸福中国
专业 专注 品质铸就未来
◆ 中国房地产供应商综合服务实力TOP5唯一防水企业。
◆ 国家住宅产业化基地唯一防水企业。
◆ 中国建筑防水行业质量奖金奖。
◆ 中国建筑防水行业标准化实验室。
宏源®
更多精彩，尽在宏源官方网站
www.hongyuan.cn
宏源防水全国服务电
400-685-031

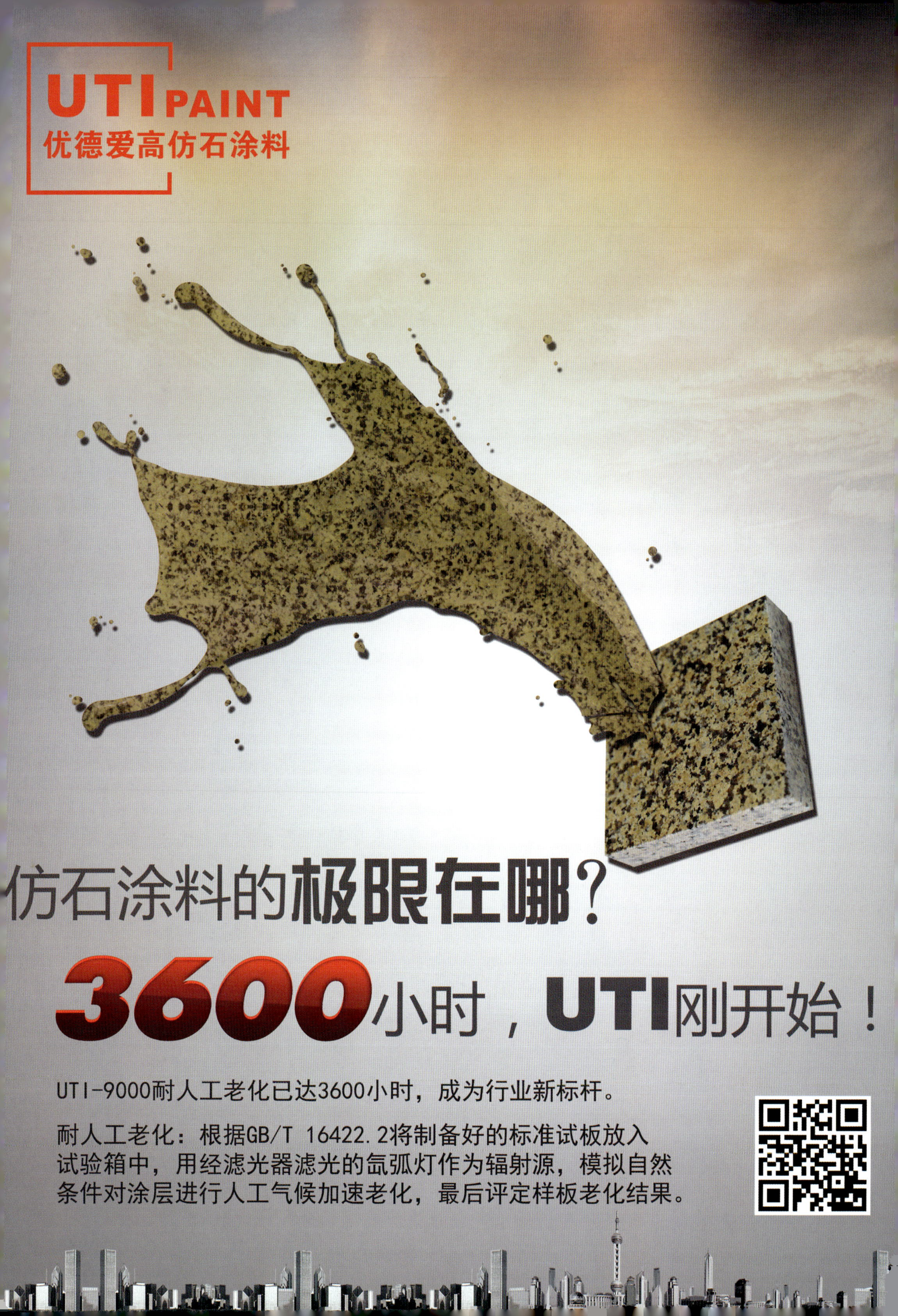

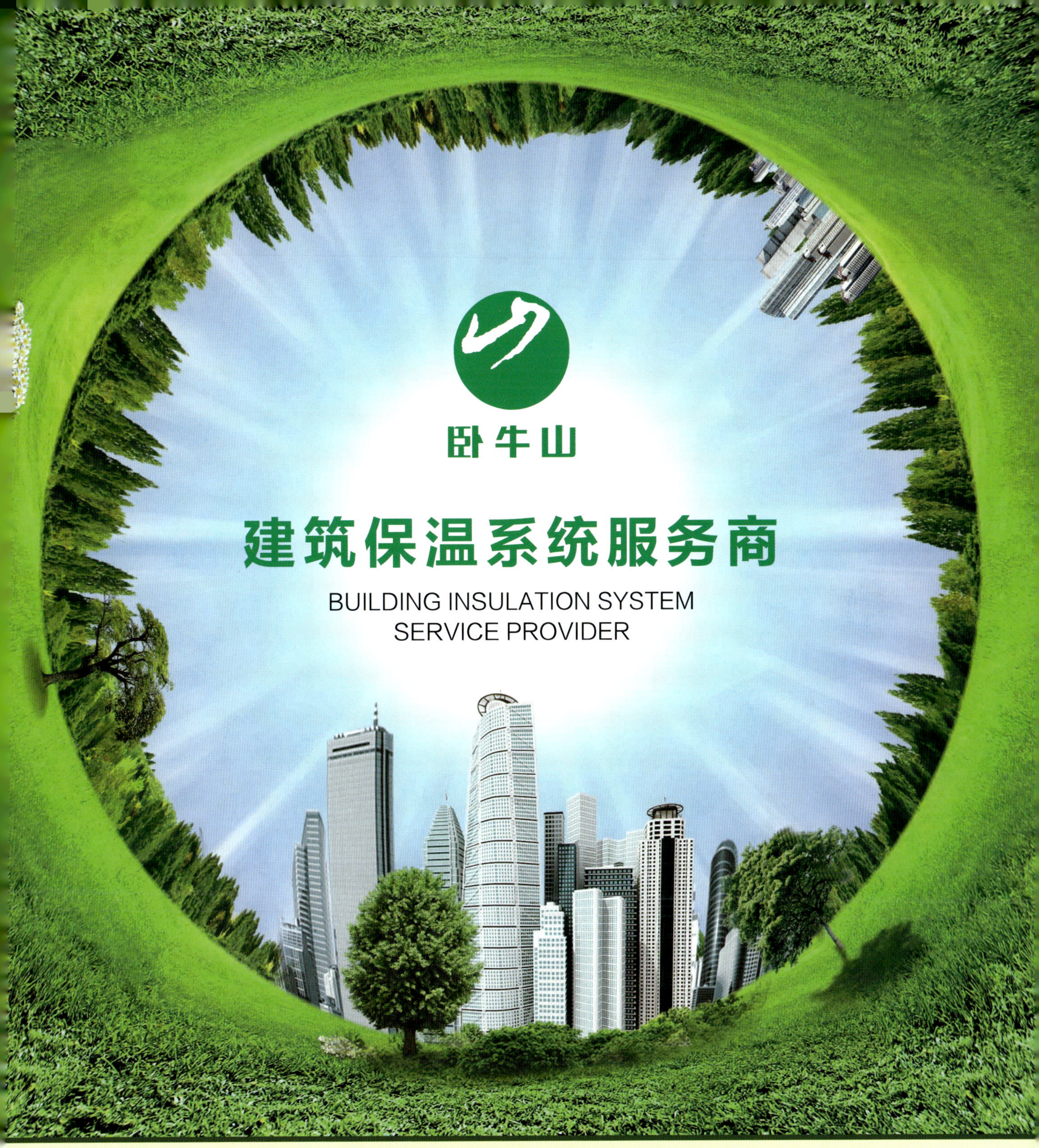
卧牛山
建筑保温系统服务商
BUILDING INSULATION SYSTEM
SERVICE PROVIDER